本书为教育部人文社科后期资助项目“荷兰民法典（译著）”
（批准号：13JHQ004）的最终成果

明德民法学文库

荷兰民法典

高圣平　夏　沁｜译

BURGERLIJK WETBOEK

法律出版社
LAW PRESS · CHINA
北京

图书在版编目(CIP)数据

荷兰民法典 / 高圣平, 夏沁译. -- 北京 : 法律出版社, 2024
(明德民法学文库)
ISBN 978-7-5197-8554-3

Ⅰ. ①荷… Ⅱ. ①高… ②夏… Ⅲ. ①民法-法典-荷兰 Ⅳ. ①D956.33

中国国家版本馆 CIP 数据核字(2023)第 219679 号

荷兰民法典
HELAN MINFADIAN

高圣平 夏 沁 译

策划编辑 赵明霞
责任编辑 赵明霞
装帧设计 汪奇峰

出版发行 法律出版社
编辑统筹 法商出版分社
责任校对 晁明慧 张翼羽
责任印制 胡晓雅
经　　销 新华书店

开本 710 毫米×1000 毫米 1/16
印张 70 **字数** 1205 千
版本 2024 年 11 月第 1 版
印次 2024 年 11 月第 1 次印刷
印刷 三河市龙大印装有限公司

地址:北京市丰台区莲花池西里 7 号(100073)
网址:www.lawpress.com.cn
投稿邮箱:info@lawpress.com.cn
举报盗版邮箱:jbwq@lawpress.com.cn

销售电话:010-83938349
客服电话:010-83938350
咨询电话:010-63939796

书号:ISBN 978-7-5197-8554-3
定价:248.00 元

凡购买本社图书,如有印装错误,我社负责退换。电话:010-83938349

高圣平

1966年—，湖北省仙桃市人，著名法学家，中国人民大学吴玉章讲席教授、博士生导师，教育部长江学者奖励计划特聘教授，马工程项目首席专家，享受国务院政府特殊津贴，教育部人文社会科学重点研究基地中国人民大学民商事法律科学研究中心副主任，中国人民大学不动产法研究中心主任，《法学家》杂志社副社长、常务副主编。

其研究涵盖民商法、担保法、土地法及房地产法等多个前沿领域，学术成果丰硕，出版专著多部，在《中国社会科学》《中国法学》《中外法学》《比较法研究》等国内外核心期刊上发表论文百余篇，多篇文章被权威机构转载或引用，为推动我国民商法理论与实践的发展做出了重要贡献。

所著《农地金融化的法律困境与出路》获第七届钱端升法学研究成果奖一等奖、《动产担保交易制度比较研究》荣获第三届全国法学教材与科研成果二等奖、《动产抵押制度研究》荣获中国法学会民法学研究会优秀科研成果奖（青年学术著作奖）、《民法典担保制度体系研究》入选2022年国家社科成果文库、《承包地三权分置的法律表达》荣获2024年第九届高等学校科学研究优秀成果奖（人文社会科学）二等奖。

身具中国法学会理事、中国法学会案例法学研究会副会长、中国法学会民法学研究会常务理事、中国农业农村法治研究会副会长等社会兼职。不仅在学术界享有盛誉，同时在实务界亦具有广泛影响力，参与民法典、农村土地承包法修正案、土地管理法修正案、民法典担保制度司法解释的论证与起草工作。

夏　沁

1992年—，出生于湖南省常德市，中国人民大学法学院博士后，中南大学法学院副教授、硕士生导师，法学院学术发展中心主任、土地法制研究中心执行主任，入选中南大学升华学者优青岗。荷兰马斯赫里赫特大学法学院、德国汉堡大学私法研究所访问学者。

曾获得中国法学会民法学研究会2021年“佟柔民商法发展基金青年优秀研究成果奖”、湖南省法学会民商法研究会2022-2023年年会“通程律师事务所青年学术基金”优秀论文奖一等奖、湖南省优秀博士论文等荣誉。

在《法学家》《清华法学》《农业经济问题》等核心学术期刊发表论文20余篇，多篇被人大复印资料转载。主持国家社会基金后期资助项目“物上之债制度研究”、湖南省社会科学成果评审委员会一般资助项目等。

中国人民大学法学院
明德民法学文库

编审委员会

总　序

随着我国《民法典》的颁布,民法进入了一个法典化时代,民法学也迎来了繁荣和发展的新局面。习近平总书记指出,在《民法典》颁布后,要“坚持以中国特色社会主义法治理论为指导,立足我国国情和实际,加强对民事法律制度的理论研究,尽快构建体现我国社会主义性质,具有鲜明中国特色、实践特色、时代特色的民法理论体系和话语体系,为有效实施民法典、发展我国民事法律制度提供理论支撑”。[1] 这就为民法典时代的民法学研究指明了方向,中国民法学人开始了从“照着讲”向“接着讲”的努力。

40 余年筚路蓝缕,中国特色社会主义民法体系探索之路的每一步都留下中国人民大学民法学人的脚印。中国人民大学法学院民商法教研室是新中国最早设立的专门从事民商法教学和研究的机构,国内第一个民法学硕士、博士学位授予点,最早接受民商法学博士后研究人员,已成为国内公认的培养高层次民商法人才的工作母机。1988 年、2002 年和 2007 年,中国人民大学民商法学科连续三次被列为国家重点学科。2000 年,以民商法教研室为骨干的中国人民大学民商事法律科学研究中心成立,成为我国民商法领域唯一的教育部人文社会科学重点研究基地。在《民法典》编纂过程中,中心组织民法学人积极参与《民法典》的制定,献言献策,中心研究团队亦是学术界参与的主力军,充分发挥了参与国家重大立法的智库作用,为《民法典》的颁布作出了

〔1〕 习近平:《充分认识颁布实施民法典重大意义,依法更好保障人民合法权益》,载习近平:《论坚持全面依法治国》,中央文献出版社 2020 年版,第 283 页。

重要的贡献。人格权、侵权责任法的独立成编，功能主义担保观的确立等制度变革，都见证着人大民法学人的辛勤付出。

自佟柔先生起，在数十年持之以恒的研究中，人大民法学人始终秉持实践思维，志在面向中国实际、解决中国问题，相关研究亦因应时势之所需，既包括宏观视角下的立法体系论，亦关注微观领域下的规范解释论，初步建构起了对中国的民事法治具有解释力和回应力的民法学学术体系、学科体系和话语体系，为中国民法学研究立足中国，走向世界作出了杰出贡献。

为进一步推进民法各领域的理论研究和实务发展，推动民法典的真正落地，中国人民大学法学院与相关机构合作，共同推出"明德民法学文库"。纳入本文库的图书主要涉及以下几类：

第一，系统诠释中国民法的体系化著作。自 1950 年《婚姻法》颁布以来，新中国民事立法已走过七十年，随着民法典的问世，立足我国国情和实际，具有鲜明中国特色、实践特色、时代特色的民法理论体系已初步建立。鉴于此，本文库拟收录我国民法研究的重要体系化专著，系统阐述中国民法的价值追求、基本架构及具体理论、以期为有效实施民法典、发展我国民事法律制度提供坚实的理论支撑，亦向世界各国发出民法学研究的"中国声音"。

第二，专注民法典理解与适用的解释论佳作。"天下之事，不难于立法，而难于法之必行。"民法典的颁布不仅意味着立法论时代的谢幕，亦昭示着解释论时代的开端。法教义学视角下，规范文本是一切逻辑推理与实践适用的出发点。因此，本文库将立足实践立场与规范视角，对民法典理解与适用中的重难点问题进行解释论上的探究，以求实现民法法典化体系下外在规范体系和内在价值体系的自洽，举学术之力助益相关司法解释的出台，促进法律规范的真正落地。

第三，新时代民法重难点问题的研究性专著。当今世界，以区块链、大数据、云计算、人工智能、基因检测与基因编辑为代表的新一轮科技革命正风起云涌，深刻改变着既有的经济关系、政治关系和社会关系，也给以其作为主要调整对象的法律提出了新的挑战。作为市场经济基本法的民法，必须直面社会发展带来的民事权益保护的新旧问题。物债二分等传统问题历久弥新，非典型担保、个人信息保护、生物信息安全等新生问题方兴未艾，凡此种种都亟待理论与实务界的关注。为此，本文库将陆续出版系列研究性专著，立足基本理论，聚焦实践中的重难点问题，结合最新的比较法研究成果，系统全面地探讨新时代中国民法面对的新问题及新对策。

第四，世界各国最新立法、理论、实务译著。21 世纪以来经济社会的发展也给世界各国民法带来了新气象，自德国债法改革伊始，法国、日本等相继进行了债法、担保法领域的改革。他山之石可以攻玉，新时代各国民法变革的经验无疑会为我国民法的发展提供借鉴。本文库将组成专家委员会遴选各国民法学出版物，引进版权，并组织具有相应理论水准、业务知识和外语水平的专家学者进行翻译，汲取比较法之养分，在中国的民法学土壤上开出灿烂之花。

“道阻且长，行则将至；行而不辍，未来可期。”人大民法学人愿与读者携手并肩，一同推进中国民法学事业的新发展！

是为序。

代译序:《荷兰民法典》及其世界影响

作为世界上较新的现代立法之一,《荷兰民法典》具有跨时代的意义。学者评价道,“荷兰民法典的编纂是跨越国界和文化的产物”[1]。这些年,荷兰先后启动了两次民法典编纂工作,制定了1838年的《荷兰民法典》和1992年的《荷兰民法典》。现行适用的法典为1992年的《荷兰民法典》,其几乎完全整合了1838年制定的民法典和商法典,综合吸收了法国和德国民商法典的相关内容,成为大陆法系中兼具德法特色又有自身创新的民法典。正是此种创新使《荷兰民法典》在世界民法史上占据了重要的地位,影响了包括瑞士、俄罗斯、加拿大、巴西、阿根廷等多个国家和地区的法典立法。[2] “荷兰民法典在编纂的过程中不断地更新行为法和法官法作为法典的调整内容,使之成为现代民法典立法史上一座重要的里程碑。”[3]

《荷兰民法典》的世界影响是多方面的:其一,体例上,《荷兰民法典》提供了民商事法律关系统合立法的基本模式,破除了民商分立和民商合一的争论;其二,技术上,《荷兰民法典》采用了开放条款与强制条款、法院法、分条款与连接条款等手段,呈现了稳定、可预期以及开放的法典文本;其三,结构上,《荷兰民法典》架构了多层次多体系的法典结构,勾勒了主体法—财产法为主线

---

〔1〕 Martijn van der Burg, *Cultural and Legal Transfer in Napoleonic Europe: Codification of Dutch Civil Law as A Cross-national Process*, 1 Comparative Legal History 1 (2015).

〔2〕 See E. M, *Meijers and the Recodification of the Dutch Civil Code after World War II: Renewal's Only Victory? School of Modern History*, Oxford University, 1997, p. 2 – 5.

〔3〕 Brenninkmeijer & Alex F. M, *Codes of Conduct for the Judiciary in Civil Law Countries: The Dutch Example Part A. Brenninkmeijer*, 22 Netherlands Quarterly of Human Rights 59 (2004).

而形成一般规则到特殊规则的层级规则体系；其四，内容上，《荷兰民法典》吸纳了婚姻法的登记伴侣关系、商事法的财产登记关系、国际法运输关系等最新规范，成为走在时代前沿的法律文本。如今，《荷兰民法典》已颁布并施行20余年，其在司法实践中的良好运行再次印证了法典立法的科学性和前瞻性。“该民法典的开放性、融和性与现代性，被包括法德在内的许多国家誉为‘法典化体系中最具现代化的民法典’。”[1]就此而论，《荷兰民法典》对于世界范围内的民法典立法而言，具有重大的借鉴意义。

一、历史溯源：从法国式融为德国式立法的《荷兰民法典》

历史上，荷兰王国的民法典立法与国家政权更迭密切相关。如果说1838年的《荷兰民法典》是荷兰沦为法国附属国的产物，那么1992年的《荷兰民法典》则是荷兰被德国占领后稳定政局的产物。《荷兰民法典》的产生既是时代选择的结果，更是政治选择的结果。可以说，《荷兰民法典》的立法史也是一部政权更迭史。

(一)《法国民法典》是1838年《荷兰民法典》立法的蓝本

1838年正式颁布的《荷兰民法典》整体上是以《法国民法典》为蓝本的。由于时间紧迫，起初法律委员会反对接受无法按期完成的任务，后1799年年底受史密得(De Smidt)教授提出的民法典草案的启发，委员会于1801年提出民法典总则草案，并在1804年提交最高法院(HNG)评估审议。1806年年初，最高法院以民法典不应包含解释性内容驳回草案。同年，路易斯拿破仑继任荷兰的国王，陆续指定罗尔(Roell)、乔纳斯(Joannes)收集资料，制定法典草案。1808年，民法典草案基本完成并提交立法会议表决通过，最终在1809年正式实施生效。该民法典基本上涵括民商事规范，较充分地体现荷兰本土特色，成效斐然。但是随着1810年荷兰沦为法国的附属国而被废止。次年，拿破仑法典完全地、自动地引入荷兰并生效。[2]

荷兰于1813年重新恢复独立，着手准备起草本国民法典。1814年，威廉国王(Willem)重新指定立法委员会并确定带有浓烈反法国色彩的立法纲要，该纲要第100条即明确指出，将制定一部包含民法一般规范、刑事规则、商事规范、诉讼方式的法典。1815年，以柯朴尔(Kemper)教授为首的委员会试图根据荷兰立法传统确立具备荷兰特色的民法典并于1820年提出基本草案(Ontwerp)，但深受法国影响的南荷兰议会代表认为法典已经施行且本土化问题可以由司法解决，故应当保持拿破

---

〔1〕 焦富民、盛敏：《论荷兰民法典的开放性、融和性与现代性——兼及对中国制定民法典的启示》，载《法学家》2005年第5期。

〔2〕 参见高仰光、邓欣：《〈荷兰民法典〉的前世与今生》，载《中国人大》2018年第10期。

仑法典,而否定该提案。[1] 1822 年,立法委员会又以《拿破仑法典》为基础提出新的草案,并于 1824 年提交国会审议。1830 年,皇室正式颁布荷兰民法典与商法典、民事程序法典、刑事程序法典,并宣布次年生效施行,就此基本确定民商分立的立法模式。不久之后,南荷兰发动起义独立为比利时,立法委员会根据已颁布民法典进行部分修正(Beperkte / Gedeeltelijke Herziening),以契合荷兰本土传统,但这并未从根本上改变以《法国民法典》为蓝本的立法模式。1838 年,《荷兰民法典》正式颁布并生效。[2] 就法典内容和结构而言,具有如下特点:

其一,整体上延续《法国民法典》的内容。1807 年《拿破仑法典》共 2281 条,包括第 1 编人法和家庭法,第 2 编财产法,第 3 编财产权取得方法。1838 年《荷兰民法典》共 2031 条,包括第 1 编人法和家庭法,第 2 编法人,第 3 编物权,第 4 编债权,第 5 编证据法与时效。而《拿破仑法典》第 3 编基本涵盖债法和举证以及时效的规定。事实上,自法国大革命到 1838 年的《荷兰民法典》施行前的很长一段时间内,由于荷兰法律并没有完全独立,本国法学研究也不成熟,有关民事立法的司法实践以及条文释义基本上由法国学者、法官以及立法者所确定。[3] 这就意味着,《法国民法典》不仅影响《荷兰民法典》的基本内容,而且很大程度上影响法典的实施和理解。例如,荷兰传统法学观点认为非婚生子女不享有任何权利,但受到《拿破仑法典》的影响,《荷兰民法典》以及法院都认可其享有财产权以及部分继承权。

其二,一定程度上保留罗马法传统。在 1838 年《荷兰民法典》正式施行之前,立法委员会曾多次根据罗马法的法学理论以及法律实践发展,起草民法典。尽管这些草案都没有生效,但也影响到《荷兰民法典》财产法的部分内容。《荷兰民法典》中所有权、地役权以及用益物权等制度都能在罗马法中找到根源。最终,委员会在《拿破仑法典》的基础上,特别地增加以及修正某些条款,以契合传统罗马法的规范。例如,修改物权客体的范围,限缩为有体物,增加主从物的条款,明确土地所有权人对土地附属物也享有所有权。[4] 其实,荷兰传统民法根植于罗马法,法国民法也是如此。典型的,如《荷兰民法典》第 1379 条取自《拿破仑民法典》第 1156 条,明确在遵

---

〔1〕 See EO. H. P & Florijn berkenwoude, *Ontstaan en ontwikkeling van het nieuwe Burgerlijk Wteboek*, University pers Maastricht, 1995, p. 17 – 19.

〔2〕 Gerrit Meijer, *Influence of the Code Civil in the Netherlands*, 14 European Journal of Law and Economics 230 (2002).

〔3〕 学者指出《荷兰民法典》与《拿破仑民法典》内容基本相同的原因在于两者有相似的习惯法以及教会法的法源。See Adriaan Van Hamel, *General Survey of Events, Sources, Persons and Movements in Continental Legal History* (1912), Maastricht University, 2004, p. 477.

〔4〕 Gerrit Meijer, *Influence of the Code Civil in the Netherlands*, 14 European Journal of Law and Economics 230 (2002).

循文义原则解释合同条款的同时,还应当考虑当事人的真实意图。但事实上,《拿破仑法典》第1156条是法国的波地埃(Pothier)教授逐字翻译罗马法条文而确定的。这也是《拿破仑法典》能在荷兰顺利颁布并施行的内在原因。[1]

1838年的《荷兰民法典》历经40年立法,尽管法典结构和部分内容受到德国民法理论以及罗马法传统的影响,但并未动摇《拿破仑法典》的基础性地位。如学者所言,"荷兰民法典表征出明显的法国特征,商法典也是如此,基本上是以1807年的法国民法典与法国商法典为蓝本制定的"[2]。

(二)《德国民法典》是1992年《荷兰民法典》整合的底本

在第二次世界大战爆发后不久,荷兰于1940年被德国占领,荷兰社会、司法管理制度以及司法信任因此受到巨大的冲击。在此情况下,法典的移植性与本土化之间的矛盾开始激化。学界以及司法部门陆续著述法典条文评释,但是法典语言表达和印刷存在大量的错误,此外,评注释义之间也存在多方面的冲突,越发加深移植民法典的本土化问题。1838年的《荷兰民法典》的权威性不断被动摇,这为全面修改法典提供了足够的吸引力和充分的动力。再次编纂《荷兰民法典》重建法律制度也被认为是恢复社会稳定的最佳方式。哈密斯(Themis)甚至发表40页论文指出法典存在的编订错误。其后,越来越多学者批判1838年的《荷兰民法典》语言与体系存在较大的缺陷,指出"荷兰法典的翻译转化,既没有考虑到荷兰社会的实际发展情况,也没有兼顾到法律施行的有效性,尤其是实践中适用法律可能面临着的问题"[3]。例如,1838年的《荷兰民法典》第1112条至第1131条确定的物权与债权区分的规则,直接转译自《法国民法典》相关条文,现实生活中根本无法适用。同时战后社会和政治亟须重建,这就意味着全面修改法典的政治时机趋于成熟。其实,尽管立法者多年不断补充相关部分的法律和适用规则在一定程度上妨碍民法典的体系化,但同时为全面修改法典提供立法契机。例如,立法者制定独立的执行法(Invoeringswetten)明确有关民法典的修改规定,应当适用其他现行规定和过渡法律。事实上,任何部分修改都会考虑到对法典整体可能产生的影响,因此部分修改非但不会阻止法典的全面修改,还能够为法典实现全面修改铺平道路。[4]

---

〔1〕 Van Kan. J, *Het Burgerlijk Wetboek en de Code Civil*, in P. Scholten & E. M. Meijers (ed.), Gedenkboek Burgerlijk Wetboek 1838 – 1938, W. E. J. Tjeenk Willink Zwolle, 1938, p. 265 – 266.

〔2〕 C. H. van Rhee, *Pro Memorie*, 1 Bijdragen tot de Rechtsgeschiedenis der Nederlanden 172 (1999).

〔3〕 EO. H. P & Florijn berkenwoude, *Ontstaan en ontwikkeling van het nieuwe Burgerlijk Wteboek*, University pers Maastricht, 1995, p. 28 – 29.

〔4〕 See EO. H. P & Florijn berkenwoude, *Ontstaan en ontwikkeling van het nieuwe Burgerlijk Wteboek*, University pers Maastricht, 1995, p. 31 – 39.

于是 1947 年,立法委员会以 1838 年的《荷兰民法典》整体上不符合社会与司法实践的发展为由,正式确定全面修改的方案,并委托梅捷尔斯(E. M. Meijers)教授起草新的民法典。[1] 事实上,“1838 年的民法典是错误的‘复制品’,首先许多规定不适合高度发达的工业社会;其次,法典没有结合社会化立法;最后,存在大量技术性错误需要修正。可以说民法典已经不能准确反映现实,法院司法才是真正的法”[2]。因此,全面修改成为解决法典内在矛盾的必然选择。1954 年,梅捷尔斯教授公布新法典草案第 1 编至第 4 编的解释说明书,明确法院判决以及特别法确定的权利优先于 1838 年《荷兰民法典》的规定,以此实现相关内容的全面更新。

《德国民法典》的债权物权区分结构则成为荷兰立法委员会推进民法典全面修改的基本方案。早在 19 世纪,随着以萨维尼为代表的法学家大量地涌现,德国法学理论逐渐占据主导地位。而在民法的发展过程中,法学理论起到重要的作用,可以说法律体系的建立与形成基本上是由法学理论所决定的。由此,《荷兰民法典》的体系结构,尤其是财产法体系,显现出与《拿破仑法典》的差异。1807 年的《拿破仑法典》并不区分物权和债权,第 711 条以及第 1583 条确定当事人合同生效的同时,买方取得货物的所有权。《荷兰民法典》则明确区分物权与债权,确定卖方发货(delivery)为买方取得所有权的前提条件。事实上,德国法学理论以及德国部落发展对荷兰法学理论以及实践也产生了深远的影响。例如,罗维(Leeuwen)所著的《罗马—荷兰法》以及乔纳斯(Joannes)所著的《法律实践和商法》,都体现出德国法学理论的基本元素。荷兰法院则开始尝试运用德国法学理论再解释民事规范。例如,《荷兰民法典》确定合同自由的原则,然荷兰法院在审理合同纠纷时却广泛运用诚实信用条款,从而干预合同双方当事人甚至实质上改变合同条款。[3]

(三)1838 年《荷兰民法典》整合为 1992 年《荷兰民法典》的基本路径

就内容整合而言,新民法典基本上实现了对 1838 年民法典与商法典的融合。新民法典草案第 1 编自然人与家庭在 1958 年公布,并在 1970 年生效,第 2 编法人在 1960 年公布,并在 1976 年生效,第 3 编财产法总则、第 5 编物权、第 6 编债法总则在 1980 年为立法委员会采纳,第 8 编运输法在 1991 年生效。1992 年,新民法典正式

---

〔1〕 与此相对,还存在部分修改的方案。但随着民法典修改的推进,部分修改方案的弊端也逐渐显现:其一,就表达而言,严重破坏法典的形式风格的统一性、语言表达的科学性以及基本规范的统筹性;其二,就结构而言,导致各个修改部分之间的不协调以及法典整体连接的断裂;其三,就内容而言,难以维系部分修正案的稳定性以及法典内容规范的时代性。如埃瑟教授(T. M. C. Asser)所言,如今,在民法典中融入部分修正案必将导致适用以及学习法律的困难,可以说部分修改已经弊大于利。

〔2〕 E. M. Meijers, *De Honderdjarige burgerlijke wetgeving*, 55 Verzamelde Privaatrechtelijke Opstellen 140(1954).

〔3〕 J. G. Sauveplanne, *Codified And Judge Made Law*, North-Holland Publishing Company, 1982, p. 112.

颁布施行后，第3编、第5编、第6编、第7编(典型合同)随即生效。其后，第4编在2003年生效，第10编国际私法于2012年生效。而受到欧洲法以及国际法层面的知识产权法典化的影响，立法委员会至今并未采纳知识产权法作为民法典组成部分。与此同时，商法典第1编基本规则以及第2编运输权利义务中的绝大多数条文被并入新民法典之中而废止。至于商法典中剩余部分的条文，立法者在新民法典第7编预留充分的空间(已经生效却并未完成)，从而能够实现1838年的商法典彻底融入民法典之中。[1]

就体系结构而言，新民法典借助潘德克吞体系大体上实现民商事规范的系统性统筹。荷兰再次启动民法典编纂还只是可能受到德国的影响，但是新民法典体系结构的重构则确定无疑是受到德国民法典的影响。1992年的新民法典采用了潘德克吞的立法体系，首先区分人法(第1编和第2编)与财产法的一般规则(第3编)，其次在财产法中区分物权(第5编)和债权(第6编)，最后在债权中又区分一般规则(第6编)和特殊合同(第7编和第8编)，由此形成一般规则到特殊规则的层级立法体系。这样的结构使得法典具有一定的延展性。[2] 是以，尽管商法典的大部分内容，诸如公司法、金融法、保险法、运输法，并没有受到德国商法典的影响，但是新民法典还是能够在潘德克吞的体系结构中安排商法典的内容，从而实现民商规范的统筹立法，消费者保护法以及劳动法也因此能够融入民法典之中。

可以说，1992年的《荷兰民法典》基本完成法国民商法典与德国民商法典的融合，成为兼具德法特色的民法典。事实上，《荷兰民法典》的立法历程从始至终都带有浓烈的政治色彩，明显地受到政治决定的引导，1992年的《荷兰民法典》如此，1838年的《荷兰民法典》也是如此。[3] 申言之，政治因素在《荷兰民法典》的立法进程中起到了决定性作用。

二、体例流变：从民商分立走向民商合一的《荷兰民法典》

可以看出，两部《荷兰民法典》采用了不同的立法体例，完成了从民商分立向民商合一的巨大转变。此种转变历经了长达100余年漫长的准备过程，最终以体系化的方案实现了法典立法模式的彻底转向。这一过程中，荷兰立法界、司法部门、学界、实务界等对民法典的立法模式展开了多次激烈的讨论，最后民商合一成为多方

---

〔1〕 See Julio Césa, *The Scope and Structure of Civil Codes*, Dordrecht Springer, 2013, p. 291 – 299.

〔2〕 See Bob Wessels, *Business and Bankruptcy Law in the Netherlands*, Kluwer Law International Ltd, 1999, p. 8 – 13.

〔3〕 参见[荷]阿瑟·哈特坎普：《荷兰民法典的修订：1947—1992》，载《外国法译评》1998年第1期。

共同的选择。

(一)坚持民商分立立法模式的主要理由

1838 年的《荷兰民法典》混合了罗马法以及德国法,不仅没有改变民商分立的立法模式,反而发展精致的民法理论,加深民商分立的趋势。此时的民法典坚持采用民商分立立法模式的主要理由如下:

第一,商法的起源具有独立性。民法起源于古罗马时期的罗马法。而商法则起源于中世纪意大利、西班牙、荷兰以及英国的交易习惯、利益以及商业需求。14 世纪至 15 世纪的地中海,随着商业运输的发展,商事交易中习惯、通例以及实践规则演变为统一的商人习惯法,并出现特定的商人阶层以及商事法院。一直到 18 世纪末,大陆法系地区的商法都保持法律地位的独立性。此时期的商事规范具有完全不同于罗马民法的特点。例如,商事"所有权"的概念是以票据交易、保险权利以及航海运输法中某些要素为基础构成的。如学者所言,"习惯法在商法中的法源地位决定商法典的独立性,民法典则更多地由民事立法决定"[1]。就荷兰立法而言,商法典不仅深受本国习惯法的影响,立法的筹备工作也早于民法典。

第二,商法的性质具有自治性。商法实质上是有关商事主体以及商事行为的法律规范。其中,效率和经济是商事主体进行商事交易的基础前提和最终目的。而商事主体在商事交易过程中又基本具备平等的磋商能力。这就决定商法自治的必要性和可行性。事实上,"商法的自治性足以论证商法典的独立性"[2]。申言之,"商事规范要能够使得商事交易具有效率性,使得商事主体信任彼此,能够通过提供一定的担保实现自由交易,从而能够推动商业发展和繁荣。因此,这样的性质决定商事主体应当适用独立的法律规范确定交易双方的权利义务"[3]。也就是说,商法自治性决定商事规范具有完全不同的特点,必须让交易双方主体信任彼此,赋予其最大限度上的交易自由,并允许主体之间商定简化的交易形式以及便捷的审理程序。

第三,商法的适用具有技术性与复杂性。一方面,商事交易不只是简单地涉及买卖合同,而是一系列相互关联的合同,诸如,留置、保证、质押、票据合同等,而民法通常只涉及单一类型合同的处理规则,由此在复杂的商事领域适用简单的民法规范变得极其困难。例如,有关事实的证明,通常合同并没有明确的规定,而应当从协议

[1] J. G. Kist, *Beginselen van handelsregt volgens de Nederlandsche wet*, 6 delen, Amsterdam Publishing, 1877, p. 3 – 4.

[2] R. J. Q. Klomp, *Opkomst en ondergang van het handelsrecht. Over de aard en de positie van het handelsrecht-in het bijzonder in verhouding tot het burgerlijk recht*, in Nederland in de negentiende en twintigste eeuw, diss. Amsterdam Publishing, 1998, p. 52.

[3] T. M. C. Asser, *Handelsregt en handelsbedrijf*, oratie UvA. Amsterdam Publishing, 1862, p. 3 – 4.

的性质以及公司广告等法定条款的范围中推定。[1] 另一方面，商法并不只是某个地区的规范，而是所有地区形成司法确信的共同规范。然而，不同国家和地区适用不同的民法规范并设有不同的法院裁判系统，由此导致商事交易的不确定性，使得商法的适用越发复杂。事实上，“有关商人阶层以及商事交易的共同规范已经脱离民法发展成为一个民事规范所不及的学科”[2]。这也就决定了商法典是一个独立的体系。

第四，商法的范围具有自我发展性。就调整范围而言，首先，商法本身涵盖广泛的经济关系。商事关系涉及多方面的经济生活，包括买卖、保证、保险、运输、破产等领域。在民法与商法比较之中，可以发现例外性的商事规范几乎涵盖商法的全部领域。其次，解释扩充商法的适用范围。商法不仅具有完全不同于民法的解释路径，还形成了延展性解释体系，由此构成自我发展、自我经营的实体。最后，司法扩展商法的适用范围。商法的法律确信不仅来自科学权威的立法规定，更多还来自法律实践，特别是法院司法实践对商事交易活动具有决定性影响。就此可以说，商法所涉范围的广泛性使得商法成为独立的、封闭的整体。[3]

（二）采用民商合一立法模式的应然选择

其实，绝大多数支持民商分立立法模式的学者并没有否定商法典是民法典的特别法。例如，邓普斯（Diephuis）认为商法性质上和范围上形成连贯的、完整的部分，所以商法具有独立性，但同时明确民法典是一般法，商法典则是特殊法。[4] 事实上，1838 年的商法典第 1 条也明确规定民法典是商法典的一般法。1870 年，学术界就商法典独立的必要性和可行性展开激烈讨论，部分学者的态度开始转变。例如，埃瑟教授在 1862 年的就职演讲中主张民商分立，但在首届 NJV 会议上却明确表示反对分立的立法程序。[5] 1883 年后，大部分学者转向支持民商合一的立法模式，主张重新编纂可以统一民商事规范的民法典。19 世纪末，莱维（J. A. Levy）教授几乎成为全荷兰唯一坚持商法典独立的学者，理由包括：其一，商法有独特的法源，即商事习惯法；其二，商法有独特的方法，即未受到罗马法的影响；其三，商法有独特的目

---

〔1〕 R. J. Q. Klomp, *Opkomst en ondergang van het handelsrecht. Over de aard en de positie van het handelsrecht-in het bijzonder in verhouding tot het burgerlijk recht*, in Nederland in de negentiende en twintigste eeuw, diss. Amsterdam Publishing, 1998, p. 38 – 39.

〔2〕 C. D. Asser e. a., *Wetboek van Koophandel met aanteekeningen*, Amsterdam Publishing, 1873, p. 1 – 2.

〔3〕 See J. A. Levy, *herzieningonzerhandelswet. Inleiding tot Het algemeene Duitsche handels-wetboek, vergeleken met het Ned. Wetb. Van Koophandel*, Amsterdam Publishing, 1868, p. 40 – 51.

〔4〕 G. Diephuis, *Handboek voor het Nederlandsche handelsregt I*, Groningen Publishing, 1865, p. 10.

〔5〕 See T. M. C. Asser, *Is Beneexceptionele regtsmagtinhandels zaken wenschelijk?*, 1 Handelingen der Nederlandsche Juristen-Vereeniging 63 (1870).

的,即国际性;其四,商法有独特的解释原则,即诚实信用的原则,因此应当按照《德国商法典》修改《荷兰商法典》。但该主张遭到大部分学者强烈的批评和反对,首先荷兰与德国的商事立法并不具有可比性,其次德国的商事立法是过时的。事实上,19 世纪民法受到经济全球化的影响具有国际性的特点,商法解释或者方法的独立对于商业利益也不再具有必要性。而商事习惯法既是行为规范,也是裁判规范,但法院在裁判过程中主要依据商事立法而非习惯法。[1] 因此,正如学者所言,"莱维所提到的德国商法典必须与同时代的荷兰商法典才有比较的意义。就新时代的立法而言,荷兰商事立法不应当再跟随德国商法典的脚步,而应当成为德国立法的模范"[2]。

同时与民法典不同的是,立法者认为应当对商法典进行全面修改。早在 1863 年,莫得曼(Modderman)教授在其著名的《商法典改革》一文中明确提出全面修改才是修改商法典唯一可行的方式。其后,该主张为司法部采纳并作为修改商法典的基本原则。[3] 事实上,随着经济的发展,商法典,尤其公司法、破产法等适用的情形,已经发生较大的变化。例如,1838 年民商分立的立法模式意味着存在两套破产体系:其一,商事主体适用商法典的规定;其二,民事主体适用民事诉讼法典的规定。然而 19 世纪末,民事主体财产关系已经高度经济化,再难以区分商事主体与民事主体而适用不同的破产程序。在市场经济环境中,如果民事主体无法如同商事主体适用商法典的"无能力"免责的规则,将导致过重的财产责任,从而违背公平的价值理念。是以,立法者于 1896 年颁布新破产法,确定所有的法律主体都可以适用破产免责制度,就此拉开民商合一立法的序幕。后 1935 年,立法者颁布废止法案(AfschaffingsWet)明确废止商事主体、商事行为的概念,由此正式废止民法典与商法典的区分。[4] 例如,废止法案规定买卖法以及保管法并没有身份性特征,应当适用于一切法律主体。这也意味着荷兰在立法上承认民商合一的立法模式。其后,权利的社会化以及劳动者在资本市场中地位的强化则进一步加深这种立法趋势。

到 20 世纪中期,民商合一成为民法典再法典化的世界选择。随着法律社会化的推进,19 世纪制定的法典出现解构的现象,于是各国纷纷兴起再法典化运动。所

---

〔1〕 See B. J. Polenaar, *Is het noodzakelijk of wenschelijk tusschen handelsrecht en burgerlijk recht te onderscheiden en ze tot voorwerpen van afzonderlijke wettelijke regeling te maken*? Rechtsgeleerd Magazijn, 1883, p. 415 – 429.

〔2〕 C. J. H. Jansen, *Het Allgemeines Deutsches Handelsgesetzbuch* (1861) *en de Nederlandse beoefening van het handelsrecht in de tweede helft van de 19e eeuw*, 32 GROM 57(2015).

〔3〕 See EO. H. P & Florijn berkenwoude, *Ontstaan en ontwikkeling van het nieuwe Burgerlijk Wteboek*, University pers Maastricht, 1995, p. 48 – 53.

〔4〕 H. de Groot & P. A. Stein, *Grondtrekken van het handelsrecht*, Grondtrekken Kluwer Deventer, 2002, p. 3 – 5.

谓再法典化还是在于实现零散的、细碎的法律规范的逻辑体系一致,实质上也就是一个体系化的过程。其一,再法典化意味着法律持续的系统化。法律的法典化并不是法律停止发展,相反是把具备内在关联性的规则整合成抽象性的统一体,从而延续法律的发展。其二,再法典化也意味着法律适用的系统化。法典化并不会带来法律的僵硬。而且还有利于法院通过系统性适用法律解决灵活多变的现实纠纷。其三,再法典化还意味着法律规范的系统化。法典化不仅能为法院裁判提供适当的路径,防止法官的任意裁决,而体系视角下法律解释和司法实践还能够有效地解决法律适用不足的困难,为未知法律关系提供空间,从而实现法律的统一性和确定性。然而,就传统的商法而言,以功能为导向的商事实践并不足以形成体系,也无法应对日益变化的经济生活,因此可以说1838年《荷兰商法典》实质上只是商事法律实践的汇编。如学者所言:“民商分立的立法模式将商法典置于民法体系之外,不仅无法实现商事规范的体系化,而且还会严重地破坏私法体系的统一性和连贯性。”〔1〕就此而论,1838年的《荷兰民法典》的再法典化成为重构私法体系的必然路径。事实上,法典的体系化主要是通过科学性的概念定义以及综合性的一般规则实现的。而民商合一立法模式意味着通过民法的抽象性概念特别是财产法的一般规则实现对商法的调整,实现稳定性的民法与灵活性的商法的统一,也由此能够实现私法的体系化。申言之,民商合一的立法模式是时代发展的必然产物,具有理论上的应然性。〔2〕

(三)民商分立演变为民商合一的具体方式

就法典文本而言,1838年的《荷兰民法典》共5编,1838年的商法典共2编,1992年的民法典则整合1838年的民法典与商法典,共10编(第9编知识产权法最终并未纳入民法典)。就法典结构而言,1992年的民法典增加的财产法总则编,分化为债法总则编和典型合同、典型合同(续),延伸并扩展1838年的民法典的体系结构。具体而言,1838年商法典内容条款融入1992年民法典之中的情况如下:

首先,商法典第1编商法一般性规范中有关章节融入民法典第2编法人、第3编财产法总则、第7编典型合同、第7编之一典型合同(续)以及公司法、破产法、保险法等特别法中。其一,第2章商业账簿一般性规则并入民法典法人编第1章一般规则中第2:10条以及财产法总则编第1章一般性规则第1节之二账簿,具体性规则整合入公司法之中;其二,第3章合伙和公司中公司主体内容(诸如,主体资格定

〔1〕 Arthur Hartkamp, *The Relation Between Civil Law and Commercial Law*, in Drie treden/Over politiek, beleid en recht/Festschrift Job de Ruiter, W. E. J. Tjeenk Willink Zwolle, 1995, p. 316.

〔2〕 See F. W. Grosheide, *Karakteristiek van het privaatrecht*, Ars Aequi Libri Nijmegen, 2001, p. 37 – 39.

义、商事登记、合并、转化、股权权利义务、资产转让等规定)并入民法典法人编第4章股份公司以及第5章有限责任公司,公司组织结构规则(诸如,董事会、监事会、股东大会、审计、年报等规定)置于公司法,合伙一般性规定、合伙人权利义务、退伙以及普通合伙和有限合伙则并入民法典典型合同(续)编之中;其三,第5章商事代理并入民法典财产法总则编第3章代理一般规则以及民法典典型合同编第7章第3节居间合同和第4节商业代理合同之中;其四,第8章破产制度完全并入破产法;其五,第9章保险制度中主体规范并入民法典法人编第3章合作社和互助保险协会,行为规范并入民法典典型合同编第17章保险合同,其他规范则整合到保险法之中。[1]

其次,商法典第2编的绝大部分内容独立为民法典第8编运输法的内容。民法典第8编按照交通方式将运输法分为七个部分,每个部分再从一般到具体划分为若干章节,即运输一般性规则(运输工具定义、运输合同的定义)、海商法(海运、船员、商业运营、意外事故、责任限制)、内水运输法(内水运输、船员、商业运营、意外事故、责任限制)、道路运输法(公路运输、意外事故)、航空法(航空、运营)、铁路运输法(铁路运输合同、意外事故)、时效,以此完成对商法典第二部分基本内容的整合。[2]其一,第1章海运、第2章承运人、第3章船东、第4章船员调整合为第二部分海商法(海运、船员、商事运输)。其二,第5章货物以及人员运输整合为第四部分道路运输法(一般规则、货物运输、人员运输、搬家服务合同)。其三,第6章碰撞和第7章援助转化为第八部分各分章中意外事故的相关规定。其四,第8章运输保险、第9章内陆运输保险以及第12章非海上贸易调整为第一部分运输一般性规定以及其他各分部中有关保险赔偿的规定。其五,第10章航空运输整合为第五部分航空法。其六,第11章责任限制调整为第二部分海事法以及第三部分内水运输法中责任限制一章的规定。其七,第13章内水运输转化为第三部分内水运输法。[3] 其八,商法典第2编各章节中有关运输的时效规定整合为民法典第8编单独一章特殊时效。[4]

最后,商法典剩余部分将陆续整合入民法典体系之中,彻底完成民商合一的立法。就目前商法典的内容而言,可以划分为两类:第一类,只存在于商法典之中。例

---

〔1〕 See Mr. J. A. Fruin, *Wetboek van Koophandel*, *Erste Boek van de koophandel in het algemeen*, in de nederlandse Wetboeken, W. E. J. Tjeenk Willink Zwolle, 1982, p. 563 – 625.

〔2〕 See Bob Wessels, *Business and Bankruptcy Law in the Netherlands*, Kluwer Law International Ltd, 1999, p. 22 – 24.

〔3〕 See Mr. J. A. Fruin, *Wetboek van Koophandel*, *Erste Boek van de koophandel in het algemeen*, in de nederlandse Wetboeken, W. E. J. Tjeenk Willink Zwolle, 1982, p. 629 – 776.

〔4〕 See J. H. Nieuwhuis e. a., *Burgerlijk Wetboek Boken* 7 *en* 8, Kluwer BV Deventer, 1994, p. 748 – 779.

如,商法典第 1 编第 4 章商业股票和经纪人,第 6 章汇票和期票,第 7 章支票、不记名票据和收据;第二类,部分已经整合到民法典体系之中,部分仍然规定在商法典之中。例如,商法典第 1 编第 3 章合伙和公司,第 2 编第 1 章海运、第 3 章船东、第 4 章船员以及第 13 章内海运输。这些内容都将被整合入民法典之中。就整合方式而言,民法典针对两种类型的商事规范采取不同的方式。第一类全部留白。民法典为以后商事规范的整合专门预留整章的空间。例如,民法典第 7 编典型合同编第 16 章、第 7 编之一典型合同(续)编第 6 ~ 8 章都是预留的空白章节。第二类部分留白。民法典在已定章节中预留某些条文的空间。例如,第 8 编第二部分海商法中预留第 2 节船员、第 3 节商业运营中第 8:553 条至第 8:539 条,第 5 节责任限制中第8:760 条至第8:769条。第三部分内水运输法中预留第 2 节船员、第 5 节责任限制中第 8:1067条至第 8:1079 条。第四部分道路运输法预留第2 节意外事故中第 8:1211 条至第 8:1299 条。第五部分航空法中预留第 3 节。如此一来,商法典的剩余内容都能在民法典体系之中找到适当的位置,从而最终完成民商合一的立法。

三、法典圆融:从拼凑封闭成为体系开放的《荷兰民法典》

显然,民商合一立法并不是简单地整合 1838 年的民法典与商法典的法律文本,而是实现民商事规范体系的统一。此后,民商合一的立法模式对其后国家和地区的民法典立法产生了重大的影响。这些主要是通过法典的编纂技术、结构体系以及文本内容实现的。

(一)多样化、多类型条款结合有利于法典保持开放性

一方面,开放条款与强制条款(Open Norm and Hard Norm)有效地平衡了法典的开放性和封闭性。所谓开放条款是指形成某一抽象性标准的条文。就民法典条文功能的不同,开放条款可以分为三类:其一,义务性开放条款。民法典第 6 编债法总则编中绝大部分条款都是义务性开放条款。例如,第 6:34 条规定诚实信用履行的一般性义务,第 6:212 条确定不当得利为承担损害义务的依据,第 6:233 条规定"不合理负担"为认定合同无效的标准。其二,概念性开放条款。民法典各部分的一般性规定之中基本是概念性开放条款。例如,民法典第 3 编明确法律行为、代理等概念,民法典第 8 编一般规定中明确船、海运、内水运输、铁路运输、货物运输合同等一系列概念。其三,原则性开放条款。例如,民法典第 3 编的第 3:11 条确定诚实信用原则,第 3:12 条确定合理公平原则,第 3:13 条规定禁止权利滥用,第 3:14 条规

定不得违背公法。[1] 不难发现,开放条款有助于实现民法典体系的开放性。但同时值得注意的是,开放的民法典可能导致法律的模糊性,故而需要强制条款。

所谓强制条款,是指法律确定的禁止性或者必须性条文。民法典第5编中有关所有权、共有、相邻权、地役权、建筑物区分所有权等绝大部分内容以及第3编有关转让、占有、使用权、质押、抵押等大部分内容都是法律确定的必须性强制条款。债法部分也有少量的强制条款。例如,民法典第7编第10章劳动合同中确定必须性规定,旨在重新调整雇主和员工之间的利益关系,保护劳动者的权利。再如,民法典第6编第6:250条明确不得适用公正原则的法定情形,属于禁止性强制条款。[2] 强制条款通过硬性标准确定民法的调整边界,从而有利于保障法典的稳定性。如此一来,民法典既能在开放体系之中整合入商事规范,同时不会破坏法典的稳定性。可以说,开放条款与强制条款是商事规范整合到民法典体系中的基础。

另一方面,分条款(Sub-title)与连接条款(Linking provisions)使民法典保持高度的区分统一的状态。所谓分条款,是实现民法典内部特殊性、区分性立法的条款。整体而言,《荷兰民法典》是从抽象到具体,从一般到特殊的结构体。分条款则在此基础上,进一步划分出内部功能不同、性质内容不同的法律,从而产生分领域(Subdivision areas),诸如人格法、婚姻家庭法、商法、消费者保护法等。例如,民法典债法总则编第6:193条之一到第6:193条之七就是以分条款的形式在侵权行为的基础上确定不公平的商业行为,呈现出特殊性立法的特点。再如,消费者权益的规则以分条款的形式整合入民法典合同法以及侵权行为章节之中,这也表明民法典体系内部可以接受不同类型的法律形式,呈现出区分性的特点。诚如学者所言:"分条款的形式能够在不破坏法典体系的同时,实现内部立法的补充、修改与废止。"[3]

所谓连接条款,则是实现民法典融合性立法的条款。例如,民法典财产法总则编第3:15条明确公正、诚实信用等基本原则,第3:59条明确有关法律行为的规定都同样地适用于财产法以外的其他法律。债法总则编第6:216条则明确有关合同的一般性规则、形成、条件以及法律效力等规定同样地适用于多方法律行为以及单方法律行为。不难发现,"这些连接条款扩展财产法规则的适用范围,也扩展民法典

〔1〕 See Bob Wessels, *Business and Bankruptcy Law in the Netherlands*, Kluwer Law International Ltd, 1999, p. 31 - 33.

〔2〕 See MR. P. H. M. Gerver, e. a., *Het System van het Nederlandse Privaarecht naar het Nieuwe Burgerlijk Wetboek*, Gouda Quint BV, 1990, p. 14 - 17.

〔3〕 Bob Wessels, *Civil Code Revision in the Netherlands: System, Contents and Future*, 41 Netherlands International Law Review 164 (1994).

的适用范围"[1]。正是如此,连接条款使法典化的立法不仅不会割裂内部民商事规范之间关联性,而且有利于实现民法与商法之间交流,确保民法体系成为融合的统一体。是以,商事规范既能够在民法典体系之中保持独特性,同时不会因此隔绝与民法之间的关联性。可以说,分条款和连接条款是商事规范在民法典体系中实现独特性安排的关键。[2]

此外,由于私法本质上属于授权性规范,故而民法典大量地采用准则性条款(Standardization provision)保障主体的自由,[3]这就意味着需要法院在具体案件中进一步决定适用民商事规范的条件。例如,民法确定的责任自负的理性人标准,法院在特定案件中并不能直接适用该标准,而需要判断是否有理由相信民事主体在特定的情况下行为是合理的。[4] 申言之,民法的性质决定法院对于适用法律具有关键性作用。

(二)多层次、多结构规范叠构使法典具备体系性

《荷兰民法典》采用了潘德克吞立法体系,形成了以主体法—财产法为主线而形成一般规则到特殊规则的层级立法结构。不仅如此,民法典立法旨在不断地整合商法典的内容以及其他特别法,诸如公司法、劳动合同法、消费者保护法,形成统一的体系。但实际上,经营者与消费者,劳动者与一般主体之间适用的法律规范并非完全一致,甚至是完全不同的。例如,民法典债法总则编第6:236条规定的黑名单(black list)以及第6:237条规定的灰名单(grey list)仅适用于消费者;[5]第6:214条则规定从事商事交易中经营主体或者成员有权制定法定规章。再如,债法总则编第6:245条明确有关合同法律效力的一般性规定不得适用于劳动合同。这也就表明统一民法典同时是多结构的。就民商事规范而言,存在一般性民事规范、经营者规范以及消费者规范三重规范结构。

其一,一般性民事规范,为民法典的一般性规定。例如,法律行为、代理、侵权行为等一般性规则。此规范体系适用于所有的民事主体。其二,经营者规范,主要包括特别条款或者特别法。例如,不公平商业行为、商事合伙合同以及公司法、商事登记法等规定。该规范体系适用从事商事交易的经营者或者经营者之间的法律关系。

---

[1] Bob Wessels, *Business and Bankruptcy Law in the Netherlands*, Kluwer Law International Ltd, 1999, p. 29.

[2] 焦富民、盛敏:《论荷兰民法典的开放性、融和性与现代性——兼及对中国制定民法典的启示》,载《法学家》2005年第5期。

[3] 所谓准则性条款,是指确定一般性、抽象性标准的条文。开放条款和强制条款实质上也都是以一般性标准确定规范内容的准则性条款。

[4] See J. M. van Dunne, *Rechtszekerheid en billijkheid: een jachtlustige tweeling*, NJB 1993, p. 97 – 98.

[5] 所谓黑名单和灰名单是法院在一般情形下,用来判断消费者合同中的相关规定是否对消费者造成不合理的负担的条款列表。

其三,消费者规范,即有关消费者的特别条款。例如,欧盟消费者保护指令转化的消费者买卖合同、消费者不合理负担认定等相关规定。此规范体系适用于消费者与经营者之间的法律关系。[1] 可以发现,三重体系的法律规范有所不同但又统一于民法典体系之中,形成有机的统一体,从而既能实现民商事规范的统辖,又能突出商事规范的独特性。就此而论,多体系是实现民商合一立法的核心。

事实上,《荷兰民法典》之外还存在法院法,即民法典授权法院在审理案件的过程中能够确定具体的适用规则。如学者所言,"法院不仅能够发展法典体系,实现一般性规则的具体化,还有助于法典适应日益变化的社会需求"[2]。其实,1992 年的《荷兰民法典》立法上为法院适用、解释法律预留充分的空间。"新的荷兰民法典延续对司法实践的信任,确认法院制定法律的重要地位。"[3] 例如,民法典债法总则编第6:109条明确规定在特定情形下,全额赔偿将造成明显不能接受的结果,法院有权根据责任性质、法律关系性质以及财产状况,减少赔偿金额。再如,民法典第 6 编第 6:258 条也规定在不可预见的情形下,法院有权根据上述因素修改或者解除协议。[4] 这就表明当事人的经济背景、行为意图以及风险能力都是法院需要考虑的因素。如此一来,法院也能够根据商事交易的特征确定不同的适用规则。由此可以说,法院法是商事规范在民法典体系中实现妥当适用的重要环节。

尤其在 1992 年的《荷兰民法典》颁布之后,法院对于发展法典体系、解释既有条文以及契合社会变化显得愈加重要。例如,《荷兰民法典》只是规定买卖不破租赁,最高法院则根据立法者意图认可其他转移租赁物的非买卖行为也不破租赁,从而实现对租赁人的保护。[5] 其实,荷兰民法再法典化不仅旨在改革法律,更重要的还在于构建适合法院适用法律的体系。如此一来,新民法典既是对法院司法实践的总结,也为法院发展法律开创一个新的起点。诚如学者所言,"法典立法具有一般性、抽象性,现实生活则具有特定性和具象性。这就决定法院需要将这些规则适用于具体情形之中,实现立法规范与具体案件的结合。因此,法律体系的建立和发展正是立法与司法之间相互作用的结果"[6]。然而,尽管法典中的抽象概念以及一般性条款能够有效地统合民商事规范,但是也降低了法律体系的确定性。在商事司法实践

---

[1] See B. Wessels, *BIerop bedrijf en Onderneming*, *Inaugural lecture*, Vrije University, Amsterdam Publishing, 1988, p. 23.

[2] J. G. Sauveplanne, *Codified And Judge Made Law*, North-Holland Publishing Company, 1982, p. 110 – 111.

[3] Bob Wessels, *Business and Bankruptcy Law in the Netherlands*, Kluwer Law International Ltd, 1999, p. 32.

[4] See A. S Hartkamp, *Judicial Discretion under the New Civil Code of the Netherlands*, American Journal of Comparative Law, 1992, p. 551.

[5] See Supreme Court ("Hoge Raad") 9 November 1906, W. 8453.

[6] J. G. Sauveplanne, *Codified And Judge Made Law*, North-Holland Publishing Company, 1982, p. 119 – 120.

中,法院可能会忽视具体条款,向一般性条款逃逸,由此无法实现商事规范的特殊性。其实不然。一般而论,荷兰法院会遵循民法典的文本做出预期解释(Anticipating Interpretation):一来,民法典被视为最为重要的、宪定的判决依据;二来,立法者具有法定的权威性;三来,法典条文具备可适用性;四来,有利于实现法院法向法典法的过渡。[1]

(三)多方面、多维度制度更新有助于法典保有前沿性

就民法典内容而言,法典对法律社会化制度的吸收"是一次规则与价值体系的革新;于民法而言,这是一次从近代民法向现代民法典的转型","民法发生了自我转变,本身就蕴盖了一个涉及弱势缔约方(劳动者、消费者与承租者)保护的部分"[2]。此种更新是随着市场经济的发展而推进的。相应地,商法典的部分内容被直接废止,部分内容则转化为一般性的民事规范。例如,已婚妇女具有独立于丈夫从事商事交易的权利转化为从事法律行为的权利。再如,保险法中受益人规则转化为涉他合同的一般性规定。可以说,"民法典与商法典的融合,通过特殊性商事规范的一般化,特别是商事规范成为合同法的一般规则,导致民法发生商法化"。[3] 其实,1992年的《荷兰民法典》之中某些一般性规则实质上就是由特殊性的商事规范转化而来的。主要包括,其一,目击人证明规则;其二,连带责任;其三,默认规则;其四,债权时效;其五,惩罚金规则;其六,迟延履行;其七,价格决定机制;其八,代理规则;其九,损害赔偿规则;其十,补偿规则。以留置权为例,1838年商法典明确留置权的适用条件为主体之间存在商事来往即可,1992年民法典债法总则编第6:52条、第6:626条以及财产法总则编第3:290条即将商事留置权的条件作为留置权的一般性规定,明确在债务人迟延履行或者不履行的情形下,债权人就有权留置某一充分法律关系中的财产(a sufficient relationship)。[4] 另外,民商事规范的同化还意味着一般性民事规范取代特殊性商事规范,从而废止该部分的商事规范。例如,民法典财产法总则编的代理规则取得商法典商事代理制度,该部分内容即被废止。

当然,民商合一立法的中心还是在于实现民商事制度的整体更新。为此,一方面,需要确定民商事制度的存在状态。就1992年民法典体系而言,主要存在两种形

---

[1] S. Hartkamp, *Civil Code Revision in the Netherlands: A Survey of Its System and Contents, and Its Infuence on Dutch Legal Practice*, 35 Louisiana Law Review 1089 (1975).

[2] 粟瑜、王全兴:《意大利民法典劳动编及其启示》,载《法学》2015年第10期。

[3] H. Franken & J. de Ruiter, *Drie treden: over politiek, beleid en recht*, W. E. J. Tjeenk Willink Zwolle, 1995, p. 322.

[4] See H. Franken & J. de Ruiter, *Drie treden: over politiek, beleid en recht*, W. E. J. Tjeenk Willink Zwolle, 1995, p. 318 – 322.

式:其一,民法典之中的特别规定。商法典大部分内容被立法直接废止或者转化为一般性民事规范被间接废止,其他部分内容则以特别规定的方式存在于民法典之中。诸如,民法典债法总则编第6:185条确定产品质量严格责任。民法典法人编第2章协会第2:29条以及第6章基金会第2:302条规定商事登记规则。除此之外,民法典还吸收国际条约以及欧盟指令中有关的商事规范。例如,民法典运输法编第8:383条就是来自海牙公约中免除责任的规则。其二,民法典之外的特别立法。商事规范还以特别法的形式存在。例如,2009年修订的公司法,1918年的商事登记法以及1921年的商号法。[1] 如此,商事规范能够体现出经济性、风险趋向性、复杂性、国际性、灵活性等特征。[2]

另一方面,法典提供了民商事制度区分适用基本标准。1921年的商事登记法引入"从事商事交易"的标准(in the course of business or profession),确定广泛意义上的商事登记主体,包括有限责任公司、合作社、基金等,营利性不再是判断商事主体的标准。由此,"商事主体的身份也不再是决定适用商事规范的关键性因素,商事交易才是"[3]。1992年民法典延续该标准,以从事商事交易与不从事商事交易的区分取代商事主体(商事行为)与非商事主体(非商事行为)之间的对立。诸如,民法典债法总则编第6:170条第2款明确第1款规定的责任承担规则不适用于不从事商事交易的自然人,第6:171条和第6:181条则明确从事商事交易的主体的损害赔偿责任。[4] 如学者所言,"商事交易为民法典均衡社会地位以及经济地位不平等的双方主体提供新的认定标准,不仅契合经济发展的需求,而且还不会破坏私法体系的统一性"[5]。是以,1992年的民法典能够在民商合一立法体例之中实现商事规范的独特性。

事实上,1992年民法典与1883年民法典存在明显的区别。1838年民法典是过时的、矛盾的、不系统的以及不确定的,给律师和法官适用法律造成巨大的困扰。1992年民法典则在整合商法典以及特别法的基础之上,重构法典体系,实现民商合

[1] H. J. G. van Huizen, *Inleiding Handelsrecht*, Kluwer, 2016, p. 192 - 202.

[2] See L. Timmerman, *Bezinning op hethandelsrecht*, TVVS, 1990, p. 1 - 5.

[3] R. J. Q. Klomp, *Opkomst en ondergang van het handelsrecht. Over de aard en de positie van het handelsrecht-in het bijzonder in verhouding tot het burgerlijk recht*, in Nederland in de negentiende en twintigste eeuw, diss. Amsterdam Publishing, 1998, p. 169.

[4] M. L. Hendrikse, *Het bijzondere, zelfstandige karakter van het (internationaal) handelsrecht*, Capita internationaal handelsrecht, 2013, p. 13 - 17.

[5] R. J. Q. Klomp, *Opkomst en ondergang van het handelsrecht. Over de aard en de positie van het handelsrecht-in het bijzonder in verhouding tot het burgerlijk recht*, in Nederland in de negentiende en twintigste eeuw, diss. Amsterdam Publishing, 1998, p. 189.

一的立法。就此而论,民法再法典化正是为恢复混乱的法律秩序,构建逻辑统一的私法体系。因此,1992 年《荷兰民法典》能够确保法律适用的统一、清晰以及确定。

四、结语:法典体系化的第三条路径

“表征法律发展动态性最为相关的两个因素,即法典解构以及重构。”[1] 随着《法国商法典》《德国商法典》《日本商法典》等商事法典的解构,民商领域分立割据的局面被打破,民商事裁判规范在程序层面统一,传统民商分立模式已然生变。而后再法典化运动中,民商事法典更是初步在实体层面实现规范体系的统一。例如,德国通过 2002 年债法现代化改造翻新债法编,从而统合民商事债法的主要内容。[2] 本质上,解构与重构是一种具有时代特征与因果联系的历史现象。只有从历史发展中比较区分各种历史现象的异同,才能找到民商事规范之间的时代特征以及因果联系。“不同的历史条件决定不同的现代化路径。”[3] 如果没有深入研究民商事规范所具有的时代特征,只能是一叶障目,更难以作为借鉴的经验。《荷兰民法典》体系化路径是世界商法体系化发展的重要方面,其或许能成为德国、法国之外法典体系化的第三条路,为现代化民法典立法提供重要参考意义。

---

〔1〕 Maria Luisa Murillo, *The Evolution of Codification in the Civil Law Legal Systems: Towards Decodification and Recodification*, 11 Transnational Law & Policy 2(2001).

〔2〕 See Reinhard Zimmermann, *The New German Law of Obligations: Historical and Comparative Perspectives*, Oxford University Press, 2010, p. 126 – 127.

〔3〕 张飞岸:《历史比较:现代化研究不可或缺的视野》,载《中国人民大学学报》2010 年第 2 期。

目　录

第一编　自然人与家庭　1
第一章　通则　1
第二章　姓名　1
第三章　住所　4
第四章　户籍　5
第一节　户籍员　5
第二节　户籍登记簿的保管　6
第三节　户籍证与证件的当事人　7
第四节　出生证与死亡证　8
第五节　户籍证的事后变更　10
第六节　特定司法裁判的登记证件　12
第七节　户籍证件及其副本、摘录的证明力　13
第八节　户籍证件的公开　13
第九节　户籍登记簿的增加、更正及事后变更　14
第十节　外国证件的登记以及命令制作替代出生证的司法裁决　14
第十一节　外国证件或者法院裁判有效性的确认裁决　17
第十二节　拒绝制作户籍证或者其他行为的法律救济　17
第十三节　变更出生证上性别说明的法院判决　18
第十四节　与户籍和国籍事项相关的咨询委员会　19
第五章　婚姻　20
一般规定　20
第一节　结婚的条件　20
第二节　结婚前必须办理的手续　21

第三节　结婚的异议　23
第四节　婚姻的缔结　24
第五节　婚姻无效　25
第五节之一　[2009 年 3 月 1 日废止]　27
第六节　婚姻关系存在的证据　27
第五章之一　登记伴侣关系　27
第六章　配偶的权利和义务　30
第七章　夫妻共有财产[适用于 2012 年 1 月 1 日后]　33
第一节　一般规定　33
第二节　夫妻共有财产的管理　35
第三节　夫妻共有财产的终止　35
第四节　因法院裁判而终止夫妻共有财产　38
第八章　婚姻协议[适用于 2012 年 1 月 1 日后]　38
第一节　婚姻协议的一般规定　38
第二节　婚姻上的分享义务　40
第二节第一分节　婚姻上的分享义务的一般规定　40
第二节第二分节　期间性的分享义务　42
第二节第三分节　最终分享义务　43
第三节　[2003 年 1 月 1 日废止]　43
第九章　婚姻关系的终止　44
第一节　婚姻关系终止的一般规定　44
第二节　离婚　44
第十章　分居以及分居后终止婚姻关系　47
第一节　分居　47
第二节　分居后婚姻关系的终止　48
第十一章　血亲关系　49
第一节　一般规定　49
第二节　对通过婚姻而产生的父亲身份的否认　50
第二节之一　对通过婚姻而产生的母亲身份的否认　51
第三节　认领　52
第四节　父亲身份的司法确认　53
第五节　家庭身份的主张和争议　54

第六节　特别监护人　54
第十二章　收养　55
第十三章　未成年人　57
第一节　一般规定　57
第二节　赋予未成年人行为能力　57
第三节　儿童保护理事会　58
第四节　对未成年人行使监护权的登记　60
第十四章　对未成年人的照管权　60
第一节　一般规定　60
第二节　亲权　62
第二节第一分节　婚姻关系存续期间及终止后父母的共同照管权以及离婚后父母一方的照管权　62
第二节第一分节之一　登记伴侣关系期间父母共同行使照管权　64
第二节第二分节　离婚以外的其他情形下由父母一方行使照管权　64
第二节第二分节之一　未成年母亲宣告成年后的照管权　66
第二节第三分节　父母对子女财产的管理　66
第三节　父母双方或者一方行使照管权的共同规定　67
第三节之一　父母一方与非父母共同行使照管权　69
第三节之一第一分节　父母一方和非父母依法共同行使照管权　69
第三节之一第二分节　法院裁决由父母一方和非父母共同行使照管权　69
第三节之一第三分节　父母一方和非父母共同行使照管权的共同规定　70
第四节　对未成年人实施监管　71
第五节　亲权的撤销和剥夺　77
第六节　对未成年人的监护　80
第六节第一分节　对未成年人监护的一般规定　80
第六节第二分节　父母指定的监护　81
第六节第三分节　法院指定的监护　82
第六节第四分节　法人监护　83
第六节第五分节　监护人的免职　85
第六节第六分节　无能力行使监护权　85
第六节第七分节　对被监护的未成年人实施监管　85
第六节第八分节　剥夺监护权　86

第六节第九分节　监护人对未成年人的人身监管　87
第六节第十分节　监护人对未成年人财产的管理　88
第六节第十一分节　监护终止时提供账目　95
第十五章　与儿童交往和分享信息　96
第十六章　成年人监护　97
第十七章　抚养　103
第一节　一般规定　103
第二节　关于未成年子女、继子女的照顾和抚养费用的规定　106
第十八章　缺席、失踪和宣告死亡　108
第一节　基于缺席主体利益而为的信托管理　108
第二节　失踪者　109
第三节　特定情况下的宣告死亡　112
第十九章　成年人信托管理　113
第二十章　成年人的保护性监管(保佐)　121
第二编　法人　127
第一章　通则　127
第二章　协会　138
第三章　合作社和互助保险协会　146
第一节　一般规定　146
第二节　大型合作社和大型互助保险协会的监事会　149
第三节　行政诉讼　[2013 年 1 月 1 日废止]　153
第四章　股份公司　153
第一节　一般规定　153
第二节　股份　157
第三节　股份公司的资本　165
第四节　股东大会　177
第五节　股份公司的董事会和对董事会的监督　186
第六节　大型股份公司的监事会　193
第七节　股份公司的解散　200
第八节　上诉　[2013 年 1 月 1 日废止]　201
第五章　有限责任公司　201
第一节　一般规定　201

第二节 股份 205
第三节 有限责任公司的资本 212
第四节 股东大会 218
第五节 有限责任公司的董事会和对董事会的监督 224
第六节 大型有限责任公司的监事会 230
第七节 公司解散 237
第八节 上诉 [2013 年 1 月 1 日废止] 237
第六章 基金会 237
第七章 合并和分立 243
第一节 一般规定 243
第二节 合并的一般规定 243
第三节 股份公司和有限责任公司合并的特别规定 249
第三节之一 跨境合并的特别规定 252
第四节 分立的一般规定 256
第五节 被分立或者新设公司为股份公司或者有限责任公司的特别规定 264
第八章 争议解决规则和检查权 267
第一节 股东间争议解决的规则 267
第二节 检查权 273
第三节 公开招标 278
第九章 年度财务会计报告和年度报告 280
第一节 一般规定 280
第二节 年度财务会计报告的一般规定 281
第三节 关于资产负债表和说明的规定 283
第三节第一分节 资产负债表的主要项目划分 283
第三节第二分节 资产 283
第三节第三分节 股本权益和负债 285
第四节 关于损益表和说明的规定 287
第五节 关于说明的特殊规则 289
第六节 关于计量原则和损益确认规则的规定 293
第七节 年度报告 297
第八节 其他规定 298
第九节 审计 299

第十节　公开 300
第十一节　基于法人经营规模的豁免 302
第十二节　关于不同性质的法人的规定 305
第十三节　合并年度财务会计报告 308
第十四节　关于银行的规定 311
第十五节　关于保险公司的规定 314
第十五节第一分节　一般规定 314
第十五节第二分节　关于资产负债表和说明的规定 314
第十五节第三分节　关于损益表和说明的规定 318
第十五节第三分节之一　总损益说明 321
第十五节第四分节　关于说明的特别规定 321
第十五节第五分节　关于计量原则和损益确认规则的特别规定 322
第十五节第六分节　关于合并年度财务会计报告的特别规定 324
第十六节　法律诉讼 325
第三编　财产法总则 330
第一章　通则 330
第一节　定义 330
第一节之一　电子财产交易 332
第一节之二　账簿 334
第二节　关于登记财产的登记 334
第二章　法律行为 339
第三章　代理 345
第四章　财产的取得和丧失 349
第一节　一般规定 349
第二节　财产的转让和定限物权的抛弃 350
第三节　依据时效的取得和丧失 354
第五章　占有和持有 355
第六章　信托财产的管理 358
第七章　财产共同体 358
第一节　一般规定 358
第二节　若干特殊财产共同体 364
第三节　无效分割和可被宣告无效的分割 365

第八章 用益权 366
第九章 质权和抵押权 371
第一节 一般规定 371
第二节 质权 372
第三节 托管凭证持有人的质权 377
第四节 抵押权 377
第十章 财产上的追索权 383
第一节 一般规定 383
第二节 特定财产上的特别优先权 384
第三节 全部财产上的一般优先权 385
第四节 留置权 385
第十一章 诉讼权利 386
第四编 继承 395
第一章 通则 395
第二章 法定继承 397
第三章 未分居配偶和其他法定继承人的法定继承 398
第一节 未分居配偶和子女的法定继承 398
第二节 其他法定权利 403
第四章 遗嘱 408
第一节 遗嘱的一般规定 408
第二节 遗嘱能力和受益人 410
第三节 特留份 412
第三节第一分节 一般规定 412
第三节第二分节 特留份的范围 412
第三节第三分节 特留份的实现 416
第四节 遗嘱的形式 419
第五节 遗嘱撤回 422
第五章 遗嘱的各种内容 423
第一节 指定继承 423
第二节 遗赠 423
第二节第一分节 一般规定 423
第二节第二分节 视同遗赠的赠与和其他行为 425

第三节　遗嘱义务 426
第四节　基金会 427
第五节　附期限和附条件遗赠 427
第六节　遗嘱执行人 428
第七节　遗嘱中的信托管理 431
第七节第一分节　一般规定 431
第七节第二分节　信托管理人 432
第七节第三分节　信托管理的法律效果 434
第七节第四分节　信托管理终止 437
第六章　继承的法律效果 438
第一节　一般规定 438
第二节　继承或者遗赠的接受和放弃 440
第三节　遗产清算 443
第四节　遗产分配 449
第五编　物权 451
第一章　所有权总则 451
第二章　动产所有权 451
第三章　不动产所有权 455
第四章　相邻不动产所有权人的权利和义务 458
第五章　共有 462
第六章　地役权 463
第七章　永租权 466
第八章　地上权 470
第九章　公寓权 471
第一节　一般规定 471
第二节　业主协会 477
第三节　保险合同所生的权利 480
第四节　设立公寓权的公证文书的修改和区分的终止 481
第六编　债法总则 485
第一章　通则 485
第一节　一般规定 485
第二节　债务人的按份债务和连带债务 486

第三节 多数债权人 487
第四节 选择之债 488
第五节 附条件之债 489
第六节 债的履行 489
第七节 中止履行的权利 493
第八节 债权人迟延 494
第九节 债务不履行的效力 495
第九节第一分节 一般规定 495
第九节第二分节 债务人迟延 496
第九节第三分节 债务不履行的其他效力 497
第九节第四分节 违约金条款 498
第十节 损害赔偿的法定义务 498
第十一节 金钱之债 502
第十二节 抵销 506
第二章 债权和债务的转移以及债权的放弃 509
第一节 债权的转移 509
第二节 代位清偿 510
第三节 债务承担和概括承受 511
第四节 债权放弃和混同 512
第三章 侵权行为 513
第一节 一般规定 513
第二节 对人和对物的责任 514
第三节 产品责任 519
第三节之一 不正当商业行为 521
第四节 误导和比较广告 527
第四节之一 电子交易中的法律责任 528
第五节 关于追索权的暂行规则 530
第四章 侵权行为和合同之外的债 531
第一节 无因管理 531
第二节 无因偿付 531
第三节 不当得利 533

第五章　合同总则 533
第一节　一般规定 533
第二节　合同的订立 534
第二节之一　有关欧盟服务指令的提供商及其服务的信息 537
第三节　格式条款 539
第四节　合同的法律效力 545
第五节　双务合同 548
第七编　典型合同 552
第一章　买卖合同和互易合同 552
第一节　买卖合同的一般规则 552
第二节　出卖人的义务 555
第三节　出卖人不履行义务的特别后果 557
第四节　买受人的义务 559
第五节　买受人违约的特别后果 560
第六节　解除合同的情形 560
第七节　损害赔偿 561
第八节　撤销权 561
第九节　试用买卖 562
第九节之一　远程合同 562
第十节　财产权利的买卖 563
第十节之一　出让不动产的使用权 563
第十一节　[预留] 563
第十二节　互易合同 563
第一章之一　分时使用、长期度假产品、协助交易和交易系统合同 564
第二章　融资担保合同 567
第二章之一　消费者信用合同 569
第一节　一般规定 569
第二节　订立消费者信用合同前的信息 572
第三节　消费者信用合同的信息和权利 573
第四节　年收费率 579
第五节　债权人和信贷中介机构 579
第六节　附则 580

第七节　关于消费者信用合同的其他规定 580
第二章之二　货物信用合同 584
第一节　有关动产和非登记财产的信贷 584
第二节　不动产的租购合同 587
第一分节　一般规定 587
第二分节　租赁购买住房合同 589
第三节　有关住宅不动产的消费者信用合同 591
第一分节　一般规定 591
第二分节　签订信用合同前的信息和行为 593
第三分节　年收费率 595
第四分节　有关信用合同的信息和权利 596
第五分节　附则 597
第二章之三　贷款合同 598
第二章之四　质押合同 598
第三章　赠与合同 600
第四章　租赁合同 603
第一节　一般规定 603
第二节　出租人的义务 604
第三节　承租人的义务 605
第四节　租赁物转让时的租赁移转和租赁终止 608
第五节　住房租赁 610
第五节第一分节　一般规定 610
第五节第二分节　租金和其他报酬 612
第五节第三分节　共同租赁和继续租赁 618
第五节第四分节　租赁的终止 621
第六节　经营场所租赁 626
第五章　农业租赁 632
第一节　一般规定 632
第二节　农业租赁合同的形式 633
第三节　农业租赁合同的批准 633
第四节　农业租赁合同的期限 635
第五节　农业租金 636

第六节 农业出租人的义务 638
第七节 农业承租人的义务 640
第八节 农业租赁物转让时的农业租赁移转 643
第九节 农业租赁承担 643
第十节 农业租赁合同的终止 644
第十一节 农业承租人的优先购买权 647
第十二节 特种农业租赁合同 650
第十二节第一分节 公共机构农业租赁 650
第十二节第二分节 保留地农业租赁 651
第十二节第三分节 零碎地农业租赁 652
第十二节第四分节 种植地农业租赁和空地农业租赁 653
第十三节 强制性规定 654
第十四节 附则 655
第六章 借款合同 656
第七章 委托合同 656
第一节 一般规定 656
第二节 委托代理 658
第三节 居间合同 661
第四节 商业代理合同 661
第五节 医疗合同 666
第七章之一 旅行合同 671
第一节 定义和范围 671
第二节 信息义务和一揽子旅游合同的内容 674
第三节 旅游开始前对旅游合同的修改 676
第四节 一揽子旅游的实施 679
第五节 破产情况下的保护 682
第六节 旅行安排 682
第七节 附则 683
第七章之二 支付交易 684
第一节 一般规定 684
第二节 支付交易的授权 689
第三节 支付交易的执行 695

第三节第一分节 支付令、费用和转让金额 695
第三节第二分节 执行期和价值日 696
第三节第三分节 责任 698
第四节 附则 700
第八章 出版合同 701
第九章 保管合同 701
第十章 劳动合同 703
第一节 一般规定 703
第二节 休假和请假 711
第三节 平等对待 715
第四节 劳动合同的特别约定 716
第五节 雇主的特别义务 718
第六节 雇员的特别义务 722
第七节 企业移转时雇员的权利 722
第八节 劳动合同终止 724
第九节 商业代理人的特别规定 744
第十节 劳务派遣合同的特别规定 744
第十一节 与海事劳动合同有关的特别规定 746
第十一节之一 有关海上捕捞的海事劳动合同的特别规定 761
第十一节之二 海上捕捞的合作合同 763
第十一章 集体劳动合同 [预留] 763
第十二章 承揽合同 763
第一节 一般规定 763
第二节 非从事职业或者经营活动的自然人作为定作人建造住宅的特别规定 766
第十三章 商业合作协议 767
第十四章 保证合同 767
第一节 一般规定 767
第二节 职业或者经营外的保证 768
第三节 保证在主债务人和保证人以及保证人和对债务承担责任的非债务人之间的法律效果 770

第十五章　和解合同　771
第十六章　特许经营合同　774
第十七章　保险合同　778
第一节　一般规定　778
第二节　损害保险合同　784
第三节　定额保险合同　788
第三节第一分节　一般规定　788
第三节第二分节　人寿保险合同　791
第十八章　终身年金　794
第十九章　汇票和其他商业票据　[预留]　794
第二十章　支票　[预留]　794
第七编之一　典型合同(续)　795
第五章之一　分期付款买卖合同　795
第六章至第八章　795
第九章　合伙　795
第一节　一般规定　795
第二节　合伙人之间的债务　796
第三节　合伙人对第三人的债务　797
第四节　合伙解散的各种方式　798
第十章至第十二章　799
第十三章　使用借贷合同　799
第一节　一般规定　799
第二节　借用人的义务　799
第三节　出借人的义务　800
第十四章　消费借贷合同　800
第十五章　永久年金合同　800
第十六章　射幸合同　801
第一节　[废止]　801
第二节　[废止]　801
第三节　赌博和打赌　801
第十七章至第十九章　[废止]　802
第二十章　附则　802

第八编 运输法 803
第一部分 通则 803
第一章 一般规定 803
第二章 运输的一般规定 805
第一节 货物运输合同 805
第二节 货物多式联运合同 807
第三节 货物运输承揽合同 810
第四节 旅客运输合同 812
第五节 国内公共旅客运输合同 814
第六节 旅客多式联运合同 817
第二部分 海商法 818
第三章 海上航运合伙 818
第一节 一般规定 818
第二节 海船上的权利 821
第三节 海船优先权 824
第四节 对海船上货物的优先权 826
第五节 附则 828
第四章 海员和船长 828
第一节 海船船员 828
第二节 船长 828
第五章 经营 829
第一节 一般规定 829
第二节 海上货物运输合同 831
第三节 海上旅客运输合同 847
第四节 若干特殊的合同 854
第六章 事故 855
第一节 碰撞 855
第二节 救助 856
第三节 共同海损 862
第四节 海船上的危险物质 863
第五节 油污损害责任 866
第五节第一分节 一般规定和适用范围 866

第五节第二分节 船舶所有人的责任 867
第五节第三分节 责任保险 868
第五节第四分节 行政诉讼 [2013 年 1 月 1 日废止] 871
第七章 海事请求权的责任限额 871
第三部分 内水航运法 874
第八章 内水船舶和船上的货物 874
第一节 内水航运合伙 874
第二节 内水船舶上的权利 875
第三节 登记内水船舶的租购 878
第四节 内水船舶上的优先权 881
第五节 对内水船舶上货物的优先权 883
第六节 附则 885
第九章 内水船舶的船员和船长 885
第一节 海船船员 [预留] 885
第二节 船长 885
第十章 经营 886
第一节 一般规定 886
第二节 内水货物运输合同 886
第三节 内水旅客运输合同 903
第四节 若干特殊的合同 906
第十一章 事故 908
第一节 碰撞 908
第二节 救助 909
第三节 共同损失 909
第四节 内水船舶上的危险物质 910
第十二章 内水船舶所有权人的责任限额 913
第四部分 道路运输法 915
第十三章 道路运输 915
第一节 一般规定 915
第二节 道路货物运输合同 916
第三节 道路旅客运输合同 926
第四节 搬家合同 930

第十四章 事故 936
第一节 车辆上的危险品 936
第二节 第 8:1221 条至第 8:1299 条 [预留] 940
第五部分 航空法 940
第十五章 航空器 940
第一节 航空器上的权利 940
第二节 航空器上的优先权 943
第三节 附则 944
第十六章 经营 944
第一节 一般规定 944
第二节 航空货物运输合同 945
第三节 航空旅客运输合同 952
第四节 连续运输 956
第十七章 第 8:1421 条至第 8:1549 条 [预留] 957
第六部分 铁路运输 957
第十八章 铁路货物运输合同 957
第一节 一般规定 957
第二节 运输合同的订立和履行 958
第三节 责任 964
第四节 权利行使 969
第五节 承运人之间的关系 971
第十九章 事故 972
第一节 铁路车辆和铁路基础设施的责任 972
第二节 铁路车辆上的危险品 972
第七部分 附则 976
第二十章 时效和除斥期间 976
第一节 一般规定 976
第二节 货物运输 976
第三节 特殊经营合同 980
第四节 运输承揽合同 980
第五节 旅客运输 980
第六节 旅游合同 982

第七节　航运合伙　982
第八节　对海船船长或者内水船舶船长的请求权　983
第九节　碰撞　983
第十节　救助　984
第十一节　共同海损　984
第十二节　海船、内水船舶、车辆和铁路车辆上的危险物质　985
第十三节　航空法　985
最后规定　986
第九编　知识产权法　[预留]　987
第十编　国际私法　988
第一章　通则　988
第二章　姓名　991
第三章　婚姻　993
第一节　签约和承认婚姻的有效性　993
第二节　配偶间的法律关系　994
第三节　婚姻财产制度　995
第四节　离婚和分居　996
第四章　登记伴侣关系　998
第一节　在荷兰境内缔结的登记伴侣关系　998
第二节　对荷兰境外登记伴侣关系的承认　998
第三节　登记伴侣之间的法律关系　999
第四节　登记伴侣财产制度　1000
第五节　终止荷兰境内的登记伴侣关系　1000
第六节　承认荷兰境外登记伴侣关系的终止　1001
第七节　扶养义务　1001
第八节　过渡性法律　1002
第五章　继承权　1002
第一节　家庭关系　1002
第二节　通过承认或者司法裁定确认父子关系而形成的家庭关系　1003
第三节　通过合法化途径建立的家庭关系　1004
第四节　因血缘关系形成的家庭关系　1004
第五节　对外国法院判决和法律事实的承认　1005

第六节 过渡性法律 1006
第六章 收养 1006
第一节 一般规定 1006
第二节 在荷兰颁布的收养法令 1006
第三节 对外国收养的承认 1007
第四节 过渡性法律 1008
第七章 家庭法的其他事项 1008
第一节 父母的责任和对儿童的保护 1008
第二节 国际诱拐儿童 1009
第三节 [预留] 1009
第四节 抚养义务 1009
第八章 联合体 1009
第九章 代理 1011
第十章 物权 1011
第一节 一般规定 1011
第二节 物权制度 1012
第三节 与债权有关的物权制度 1013
第四节 公司股份的物权制度 1014
第五节 可转让证券的物权制度 1015
第十一章 信托法 1015
第十二章 继承 1016
第十三章 合同义务 1017
第十四章 非合同义务 1018
第十五章 海事法、内陆航行法和航空法的规定 1018
第十六章 仲裁 1020
附 录 术语表 1021
译后记 1075

第一编　自然人与家庭

第一章　通　　则

第 1:1 条　个人自由与行为能力

1. 荷兰境内,任何人均是自由的,且有资格享有民事权利。

2. 禁止以任何方式或者基于任何名义的人身奴役。

第 1:2 条　胎儿的行为能力

在保护胎儿利益的必要范围内,妇女所怀的胎儿视为已出生。出生时是死体的,视为从未存在。

第 1:3 条　血缘关系和姻亲关系的亲等

1. 血缘的亲等取决于确定血缘关系的生育次数。认领、确认身份的司法判决或者收养,视为一次生育。

2. 通过婚姻或者登记伴侣关系,配偶或者登记的伴侣的一方和另一方的血亲间产生了姻亲关系。一方姻亲关系的亲等程度和另一方与其血亲之间血缘关系的亲等相同。

3. 姻亲关系并不因婚姻关系的解除而消灭。

第二章　姓　　名

第 1:4 条　名字

1. 每个人的名字均记载于其出生证之上。

2. 当名字不适当或者与已有姓氏相似时,户籍员应当拒绝将名字登记在出生证上,除非这些姓氏是常见的名字。

3. 当申报人没有提供名字或者其提供的所有名字都被拒绝并且没有更换为一个或者多个其他更合适的名字时,户籍员应当依法提供给孩子一个或者多个名字,并且依职权确定出生证上载明的名字。

4. 由本人或者其法定代理人申请,地方法院可以裁决变更已登记的名字。该变更裁决仅根据第1:20条之一第1款在出生证上添加变更标志时,才发生效力。在荷兰境外出生的人申请变更名字的,地方法院在必要时应当依职权指令出生证的登记或者制作第1:25条之七第1款所称的证件或者法院裁判,或者第1:25条之三所称的法院裁决。

第1:5条　姓氏

1. 子女仅与母亲有法律上的亲属关系时,从母姓。子女仅与父亲有法律上的亲属关系时,从父姓。

2. 当子女通过认领而与父亲建立法律上的亲属关系时,仍从母姓,除非其母亲和认领人在认领时共同声明子女应当从父姓。这一声明应当载入出生证。胎儿的认领参照适用前两句的规定。父母也可以在缔结婚姻或者登记伴侣关系时共同声明其子女从另一方的姓氏。此声明应当形成关于姓氏选择的文书。子女通过确认亲权身份的判决而与父亲建立法律上的亲属关系时,仍然保持母亲的姓氏,除非母亲和经法院确权的父亲共同声明子女从父亲的姓氏。法院确认父亲身份的判决应当载明这项声明。

3. 当子女通过收养而与养父母建立法律上的亲属关系,养父母是不同性别的婚姻双方的,从父姓,除非养父母在收养时共同声明子女随母姓。当养父母之间未缔结婚姻或者他们是同性别的婚姻双方的,子女仍保留原来的姓氏,除非收养双方在收养时共同声明子女从其中一方的姓氏。当子女通过收养而与其父母的配偶、登记伴侣或者同居者建立法律上的亲属关系时,子女仍然保留原有的姓氏,除非父母和上述人共同声明子女的姓氏从其配偶、登记伴侣或者同居者的姓氏。法院作出收养决定的裁判应当载明养父母的这项声明。

4. 子女出生时与父母双方都建立了法律上的亲属关系的,父母双方都应当在出生申报之前或者之时共同声明子女可以从其中一方的姓氏。父母双方在出生申报前作出声明的,应当制作有关姓氏选择的文书。父母双方在出生申报时作出声明的,应当载入出生证。声明不是在出生申报时作出的,可以向任一户籍员作出。

5. 关于本条第4款所称的选择姓氏的声明,出生申报之时尚未作出选择的,户籍员依照父亲的姓氏记载子女的姓氏。已选择的,子女从出生之时即具有父母所选择的姓氏。

6. 母亲在子女出生后根据第1:199条第2项否认已死亡配偶的身份的,并且她在子女出生时和否认时都已经再婚的,她和她的新配偶在否认时可以共同声明子女从其中一方的姓。该声明应当形成有关姓氏选择的文书。没有声明的，子女从父姓。

7. 子女与父母建立法律上的亲属关系时年满 16 周岁的，可以在户籍员或者公证人面前，在收养或者法院确认父亲身份的判决时，在法官面前表示其愿选择的姓。该声明应当载入认领证件或者收养判决或者确认父亲身份的判决之中。

8. 本条第 2 款、第 3 款、第 4 款或者第 6 款所指的父母双方的声明仅能就其第一个子女的姓氏作出。父母双方的其他子女或者父母一方与子女非父母的配偶或者登记伴侣依法共同行使监护权的其他子女，与第一个子女的姓相同，但不影响适用本条第 7 款的规定。当其他子女依据出生证或者法律而拥有和第一个子女不同的姓氏时，父母双方可以声明其与第一个子女的姓相同。在出生申报之前或者之时作出的姓氏选择所涉及的子女出生时是死体的，这一姓氏选择会被记载在第 1:19 条之九第 1 款所称的证件上，并且其效力仅及于该子女。

9. 父母一方在必须作出姓氏选择之前已经死亡并且未作此种选择的，另一方应当作出有关姓氏选择的声明。父母一方由于身体或者精神状态而被监护，或者为其利益而设定保佐人时，同样适用上述规定。

10. 子女的父亲和母亲都不明时，户籍员应当在出生证上记载临时名字和姓氏，并等待国王颁布命令，为其确定名字和姓氏。

11. 子女的父亲是贵族，其却无法根据本条第 2 款至第 9 款获得姓氏的，该子女无法获得贵族的身份。

12. 皇室成员的婚生子女的姓氏由国王下令决定。

第 1:6 条　姓氏证据

出生证对于每个人的姓氏有完全的证明力。

第 1:7 条　国王变更及决定姓名

1. 由本人或者其法定代理人申请，国王可以决定变更其姓氏。

2. 姓氏或者名字不详的人可以向国王申请确定其姓氏或者名字。

3. 国王关于姓氏作出的变更或者决定，对在国王发布命令前已成年或者不在其监管之下的子女的姓氏，不发生效力。

4. 尽管经事后认领或者法院判决确认父亲身份的，国王对姓氏作出的变更或者决定仍然有效。

5. 关于允许姓氏变更的依据，即本条第 1 款和第 2 款中提出、处理申请的方式和变更姓氏的费用，应当由枢密院令规定之。

6. 司法部长准备提议国王下令批准本条第 1 款或者第 2 款所称申请的，应当将该提议书面通知于申请人和姓氏被变更和决定之人。对于未成年人姓氏的申请，还应当通知于其父母以及未成年人姓氏被变更的直接关联者。该提议的书面通知视为裁决。

第 1:8 条　在他人未许可的情况下使用其姓名

未经他人许可使用其姓名，造成是他人或者属于其家族、家庭或者亲属的假象的，属于侵权行为。

第 1:9 条　使用配偶或者登记伴侣的姓氏

1. 已经结婚或者登记伴侣关系的女子有权使用她配偶或者登记伴侣的姓氏，或者将其置于她的姓氏之前或者之后而结合使用。以上规定同样地适用于已经结婚或者登记过的伴侣关系，并且该关系终止后没有再婚或者开始新的登记伴侣关系的女子。

2. 婚姻关系由于离婚而解除且没有婚生后代存活的，或者登记伴侣关系以第 1:80条之三第 3 项或者第 4 项的方式终止的，在有充分的理由的情形下，经前配偶或者前登记伴侣申请，法院可以剥夺其根据本条第 1 款所享有的使用或者继续使用前配偶或者前登记伴侣姓氏的权利。

3. 已经结婚或者登记过伴侣关系的，并且婚姻关系或者登记伴侣关系终止后没有再婚或者开始新的登记伴侣关系的男子，参照适用本条第 1 款和第 2 款的规定。

第三章　住　　所

第 1:10 条　自然人和法人的住所

1. 自然人的住所为其经常居住地，没有经常居住地的，为其实际居住地。

2. 法人的住所为法律或者公司章程或者细则所规定的地点。

第 1:11 条　住所的丧失和变更

1. 自然人以其行为表明放弃住所的，其住所丧失。

2. 自然人按照法定的方式将其住所变更通知给相关市政府的，推定其住所已变更。

第 1:12 条　无完全行为能力人的派生住所

1. 未成年人与其监护人的住所一致；成年被监护人与其监护人的住所一致。父母双方共同对未成年子女行使监护权，且双方没有共同住所的，他们子女的住所为事实上与父母一方居住或者最近居住一方的住所。

2. 当个人的财产处于信托管理时，对涉及信托管理的事项，个人与其管理人的住所一致。

3. 为了个人的利益而建立保佐关系时，对涉及保佐的事项，被保佐人与保佐人的住所一致。

4. 成年监护、民法典第 1 编第 19 章所称的信托管理或者保佐期间，涉及法院地域管辖的，均不适用本条第 1 款、第 2 款、第 3 款的规定。成年监护、民法典第 1 编第 19 章所称的信托管理、民法典第 4 编第 5 章第 7 节的信托管理或者第 7:182 条所称的信托管理，涉及有管辖的地方法院指定另一地方法院分院专属管辖的，同样不适用以上规定。

5. 住所依法律由他人住所而定的，该他人死亡、丧失监护权或者资格，该住所作为派生住所继续存在，直到取得新住所为止。

第 1:13 条　死者的最后住所

死者死亡时的住所为其最后住所。

第 1:14 条　主营业地或者分支机构的住所

有主营业地或者分支机构的主体，其住所与涉及他的主营业地的事项或者涉及分支机构的事项的住所一致。

第 1:15 条　住所的选择

主体仅在以下情形下才能选择与他实际住所不同的地点作为住所：法律的强制性规定，或者书面或者电子协议的要求，并且该协议涉及一个或者多个法律行为或者法律关系且对他所选择的住所存在正当利益。当所选择的住所是通过电子协议产生的，参照适用第 6:227 条之一第 1 款的规定。

第四章　户　　籍

第一节　户　籍　员

第 1:16 条　户籍员与特别户籍员

1. 每个市至少要有两个户籍员，市政府可以决定增加户籍员的人数。一个或者多个户籍员还可能承担特定的职务。这就是本章所称的特别户籍员。

2. 本条第 1 款所称的户籍员由市政府任命、停职或者解职。任命有一定的期限。

3. 户籍员只能是本市或者其他市的公务员。特别户籍员也可以不是一个市的公务员。

4. 户籍员或者特别户籍员只有在所属市的地方法院作出以下宣誓或者保证才能被任命：

“我宣誓（保证）我将公平准确地履职并且尽可能地遵守关于户籍的规定。而且,为了取得户籍员这个职位,我宣誓(保证)不会以任何名义或者借口,直接或者间接地赠与或者允诺任何人。而且,我不会为了做或者不做职务上的事情而直接或者间接地接受他人的允诺或者赠与。请万能的主赐予我力量。(这就是我所声明和保证的)”

第1:16条之一　户籍员的具体职责

1. 户籍员负责管理户籍证件以及事后变更的记载、保管这些登记证件以及保证登记数据的可读性。

2. 特别户籍员只能履行第1:45条、第1:45条之一、第1:63条、第1:64条、第1:65条、第1:67条、第1:77条之一、第1:80条之一第3款以及第1:80条之七所规定的职责。

第1:16条之二　参加法律诉讼的权利

当户籍员根据本章规定或者民法典第1编其他章的规定参与法律诉讼时,可以不委托律师。

第1:16条之三　户籍办公室的办公时间

市政府决定户籍办公室每天的办公时间。为了控制户籍员在周末、公共节假日以及市政府规定的其他节日办公的工作量,可以特别规定这些特别的日期,登记处只办公几个小时或者完全不办公。

第1:16条之四　授权

市政府规定的有关户籍员履行职责以及履行其他有关事项的规定,由枢密院令规定之。

第二节　户籍登记簿的保管

第1:17条　户籍登记簿

1. 每个市都设有出生登记簿、结婚登记簿、登记伴侣关系登记簿以及死亡登记簿。

2. 除本条第1款所称的登记簿以外,海牙市设有本章第6节所称的法院裁判的登记簿。

第1:17条之一　将登记簿移往市档案馆

1. 户籍登记簿在移送到《1995年档案法》[St(2)276]所称的市档案馆之前,应当存放于市政厅。

2. 出生登记簿、婚姻登记簿或者伴侣关系登记簿、死亡登记簿,分别在完成登记的100年、75年和50年后,从市政厅移送到市档案馆。

第 1:17 条之二　市档案馆的管理者的职责

第 1:17 条之一所称的市档案馆的管理者负有保管登记簿、记载事后登记并提供登记簿的副本和摘录的职责。

第 1:17 条之三　授权

对登记簿组织和管理的任何事项以及对第 1:17 条之二所称的与登记簿有关的行为的事项,由枢密院令规定之。

第三节　户籍证与证件的当事人

第 1:18 条　户籍证

1. 根据户籍证或者有关法律的规定,户籍员只能在证件上填写必须提到的或者记载的事项。

2. 在制作户籍证之前,户籍员有权要求出示法律要求的证件。为了制作户籍证或者确认户籍证上的有关信息,户籍员也有权要求出示其认为必要的证件。最后,户籍员有权从户籍登记处或者其他公共登记簿中收集信息,并且无须为此支付费用。

3. 所有关于户籍证件的制作事项,由枢密院令规定之。

第 1:18 条之一　户籍证的当事人

1. 户籍证的当事人指向户籍员报告事实或者在户籍员面前作出表示的人。

2. 户籍证的利害关系人指声明或者表示会给自己或者对方或者双方带来法律效力的人。

3. 利害关系人可以通过委托行为确定委托代理人。

4. 当代理人作出某项声明时,代理人和被代理人都视为户籍证的当事人。

5. 户籍员作为当事人或者利害关系人时,不得制作户籍证。

第 1:18 条之二　拒绝制作户籍证的理由

1. 当户籍证的当事人或者利害关系人没有提交第 1:18 条第 2 款所称的文件时,或者当户籍员认为其提交的文件不充分时,户籍员可以拒绝制作相关的证件。

2. 户籍员认为制作户籍证违背荷兰公共秩序的,可以拒绝制作相关的证件。

3. 关于本条第 1 款或者第 2 款所称的拒绝,户籍员应当书面通知当事人和利害关系人并附上理由。同时户籍员应当告知本章第 12 节规定的救济措施。书面通知的副本应当寄送给本地的警察局长。

第 1:18 条之三　制作户籍证的第二份正本以及它的替代品

1. 根据枢密院令的规定,户籍登记簿上所记载的所有证件,都应当制作第二份正本或者一份副本。

2. 所有关于第二份正本或者副本的保管以及事后声明的事项，都应当由枢密院令规定之。

3. 当户籍证遗失或者损毁时，司法部指定保管第二份正本的中央保管处应当制作第二份正本的副本以作为替代品。这些副本将替代那些遗失或者损毁的户籍证。

4. 应当制作一份被替代户籍证的清单并公布在荷兰政府公报上。

5. 国家应当负担替代户籍证的费用，除非户籍证的替代与市政府的保管有关。此情形下，该替代费用应当由市政府负担。

6. 关于实施户籍证替代所涉事项的具体细则由司法部确定。

第四节　出生证与死亡证

第 1:19 条　出生证

1. 婴儿的出生证由其出生地所在的市的户籍员制作。

2. 婴儿出生地不明的，由发现婴儿所在地的户籍员制作户籍证。该市视为婴儿的出生地。

第 1:19 条之一　旅途中出生的婴儿

1. 在荷兰境内的移动交通工具上或者行驶的船舶上或者在国内航行的航空器上出生的婴儿，其出生证由该婴儿离开交通工具、船舶或者航空器之地或者船舶停泊之地的户籍员制作。该市视为婴儿的出生地。

2. 在荷兰籍的船舶的航海途中或者在荷兰籍航空器的国际航行中出生的婴儿，船长或者机长有义务于 24 小时内在两个见证人面前，如有可能，在孩子的父亲面前，在其日志中制作临时出生证。船长或者机长应当尽快将出生证的副本送交海牙的户籍员。该户籍员根据其收到的副本制作出生证。户籍员发现信息有遗失或者不正确的，可以更正或者补充信息。对于与出生证有关的人，应当向其寄送一份出生证的摘录。

第 1:19 条之二　特殊情况

婴儿的出生地点或者出生日期不明，或者其母亲的姓名包括其名字不明的，出生证应当根据检察院的指示和命令制作。

第 1:19 条之三　特殊情况

根据第 1:5 条第 10 款的规定，户籍员将临时姓名记载于出生证上时，应当立即向司法部寄送一份完整的出生证副本。

第 1:19 条之四　特殊情况

1. 婴儿的性别不能确定的，制作出生证时，婴儿的性别记载为不能确定。

2. 婴儿出生3个月后或者婴儿在此期间内死亡，在报告死亡时，应当制作新的出生证。其中的性别可以确定的，应当根据相关的医学证明来记载，本条第1款所提的证件将被废止。

3. 在本条第2款所称的期间内没有提交医学证明，或者虽然在此期间内提交但是仍然不能确定婴儿的性别的，新的出生证应当记载婴儿的性别不能确定。

第1:19条之五　出生报告

1. 婴儿的母亲有权报告婴儿的出生。

2. 婴儿的父亲有义务报告婴儿的出生。

3. 没有父亲或者父亲无法报告的，报告义务由下列人承担：

(1)婴儿出生时在场的人；

(2)婴儿出生所在房屋的占有者，婴儿出生在医院或者护理机构、监狱或者类似机构，则这些机构的负责人或者受其特别委托进行报告的下属。

4. 仅在没有本条第3款第1项所称之人或者不能进行报告时，第3款第2项所称之人才须承担义务。

5. 当有权或者有义务报告出生的人不存在而又必须制作出生证的情况下，由市长报告出生。

6. 向户籍员报告出生的义务必须在三天之内履行。三天后才报告出生的，户籍员应当向检察院报告。

7. 户籍员应当根据《身份证法》第1条所称的文件来确认报告人的身份。

8. 当有人报告时，户籍员可以要求报告人提供婴儿出生时在场的医生或者助产士关于婴儿是报告中所称的母亲所生的声明。婴儿出生时没有医生或者助产士在场的，户籍员可以要求提供以后的医生的声明。

9. 户籍员要求提供本条第8款所称的声明而没有提供，或者声明表明婴儿的母亲身份不明的，应当适用第1:19条之二的规定。

第1:19条之六　死亡证

1. 死亡证由死者死亡地的户籍员制作。

2. 发现遗体但不能完全确定死者死于何处或者何时的，死亡证由遗体发现地或者上岸地的户籍员制作。

3. 在海上设置的设施上死亡并且遗体已经被运送到荷兰领土内的，参照适用本条第2款的规定，但不适用本条第1款的规定。

第1:19条之七　于旅途中死亡

1. 在荷兰境内的交通工具上或者在行驶的船舶上或者在荷兰国内航行的航空

器上死亡的个人,死亡证由遗体离开交通工具、船舶或者航空器之地或者船舶停靠之地的户籍员制作。该市视为死者的死亡地。

2. 在荷兰籍的船舶的航海途中或者在荷兰籍航空器的国际航行中死亡的,船长或者机长有义务于24小时内在两个见证人面前,在其日志中制作临时死亡证。船长或者机长应当尽快将死亡证的副本送交海牙的户籍员。该户籍员根据其收到的副本制作死亡证。户籍员发现信息有遗失或者不正确的,他可以更正或者补充信息。对于与死亡证有关的人,应当向其寄送一份死亡证的摘录。

第1:19条之八　死亡报告

1. 凭借自身知识意识到他人死亡的个人,有权报告死亡。

2. 保管遗体的人根据本条第1款所称的人的授权,在《遗体保管法》[St(2) 1991,130]规定的土葬或者火葬期限内可以报告死亡。

3. 不存在有权报告死亡的个人,或者在《遗体保管法》规定的土葬或者火葬期限内没有报告死亡,而又必须制作死亡证的,由市长报告。

4. 在第1:19条之六第2款、第3款所称的情形下,由助理检察官报告。

第1:19条之九　出生时已死亡的婴儿

1. 婴儿出生时是死体的,制作的证件应当登记在死亡登记簿上。

2. 婴儿在第1:19条之五第6款所称的期限内死亡,但尚未报告出生的,应当制作出生证和死亡证。

3. 在上述各款的情形下,报告参照适用第1:19条之八的规定。在本条第2款的情形下,第1:19条之五不适用。

第1:19条之十　授权

1. 向户籍员提交的所有文件的事项,以及出生证、死亡证和临时出生证、临时死亡证的制作和内容都应当由枢密院令规定之。

2. 下列事项也由枢密院令规定:

(1)由于交通中断或者其他特殊情况而导致出生证和死亡证的制作和登记的方式和地点不能按通常方式进行;并且

(2)死亡证的制作方式和地点与军人以及其他在战役、战场或者在荷兰境外的公职单位死亡的人员相关。

第五节　户籍证的事后变更

第1:20条　已登记证件的额外变更

1. 户籍员在户籍证上增加事后变更标志,包括:户籍证和其他关于姓名的选择、子女的认领、母亲否认父亲身份的文件，有关变更或者确定姓名的决定书，对先前姓名选择的确认书，有关变更或者确定姓名的判决以及撤销此种确认或者决定的判决，多重国籍人按另一国法律使用的不同姓名的声明，终止登记伴侣关系的证件或者转换登记伴侣关系或者婚姻关系的证件，以及下列作出的 3 个月以上的法院裁判：

(1)变更名字或者姓氏的裁决，变更登记性别的裁决，收养或者解除收养，认领无效，确认父亲身份的司法判决，承认或者否认确认父亲身份的判决，或者对此裁判的撤销；

(2)婚姻关系、登记伴侣关系的废止或者关于此项法院裁判的变更，需要他们的结婚证或者伴侣关系登记证，或者伴侣关系证或者结婚证的变更证件分别登记在荷兰的户籍登记簿上。

2. 户籍员在户籍证上增加事后变更标志，包括：解除婚姻关系或者终止登记伴侣关系的终审裁判，分居后解除婚姻关系或者关于此项裁判的变更，其中他们的结婚证或者登记伴侣关系证，或者转换登记伴侣关系或者结婚关系的变更证件分别登记在荷兰的户籍登记簿上。

第 1:20 条之一　已登记证件的其他额外变更

1. 第 1:20 条所称的事后变更，除了第 1 款第 2 项的变更以及关于终止登记伴侣关系、变登记伴侣关系为婚姻关系或者变婚姻关系为登记伴侣关系的变更，应当记载在当事人的出生证上。姓氏的变更或者决定与当事人子女有关的，事后变更也要附载于他们子女的出生证上。

2. 第 1:20 条第 1 款第 2 项和第 2 款所称的事后变更，以及第 1:20 条第 1 款所称的终止登记伴侣关系及转换登记伴侣关系或者婚姻关系的变更应当记载于当事人的结婚证或者登记伴侣关系登记证上。

3. 个人由于结婚或者离婚而变更姓氏，事后变更尚未记载于结婚证上的，应当附载于其后的结婚证或者离婚证上。这项事后变更也应当附载于当事人的出生证上，涉及其子女姓名变更的，还应当附载于子女的出生证上。

4. 户籍员从司法官处收到有关准备结婚的证件、对婚姻关系或者登记伴侣关系或者法院裁决的异议证件，或者撤销此异议的证件的，应当将事后变更附载于这些证件之上。

第 1:20 条之二　外国证件以及外国法院的裁判

1. 对于在荷兰境外的主管机构根据当地法律制作或者作出的，与荷兰户籍证件有相同效力的证件或者法院裁判，户籍员应当依利害关系人的申请或者依职权，在户籍登记簿中,根据第1:20条的规定在相关的婚姻证、登记伴侣关系证、转换登记伴侣关系或者婚姻关系的证件或者出生证上作出事后变更,但妨碍荷兰公共秩序的除外。根据利害关系人的申请,涉及其子女的姓名变更的,姓氏的事后变更应当附载于当事人子女的出生证上。

2.户籍员依职权作出事后变更的,应当将该证书和事后变更的副本寄送给当事人或者与这些文件相关的人。

第1:20条之三　拒绝登记外国证件或者法院裁判的事后报告

参照适用第1:18条和第1:18条之二的规定。

第1:20条之四　授权

所有关于文件的提交、事后变更的制作以及其内容,均由枢密院令规定之。

第1:20条之五　政府机构和公证人向户籍员提供信息

1.对于第1:20条第1款所称的裁判,法院的书记员应当在裁判作出之日的3个月后,将副本寄送给户籍员。

2.司法部应当立即将变更或者确定姓名的决定以及包含变更或者确定姓名的入籍决定的副本,寄送给保管当事人出生证的户籍员。

3.制作认领文书的公证人,应当立即将副本或者摘录寄送给保管当事人出生证的户籍员。

第1:20条之六　其他户籍员向户籍员提供信息

1.将姓名选择的事项记载于出生证上的户籍员,应当将此副本寄送给制作姓名选择证件的户籍员。该证件应当自副本收到之日起保存18个月。

2.在子女的出生证上作出姓名选择或者认领的事后变更的户籍员,应当将此出生证和事后变更的副本寄送给予这些文件相关的人。他还应当将这些文件的副本寄送给制作姓名选择或者认领证件的户籍员。认领证件应当自收到副本之日起保存18个月。未能收到该副本的,认领证件应当自制作该证件之日起保存18个月。

第1:20条之七　公共登记簿的事实登记

户籍员在未成年人的出生证上作出事后登记,从而表明该未成年人是被认领的或者其姓名已变更的,该户籍员应当将这一事实告知第1:244条所称的记载未成年人法律事实的公共登记簿的保管人。

第1:20条之八　[1995年1月1日废止]

第六节　特定司法裁判的登记证件

第1:21条　外国婚姻及外国登记伴侣关系

1.关于婚姻或者登记伴侣关系的终审裁判,包括婚姻或者登记伴侣关系无效的裁判、离婚、登记伴侣关系的解除、分居后的婚姻关系的解除、此类裁判的撤销或者第1:80条之三第1款第3项所称的登记伴侣关系的终止及其撤销,未记载在任何荷兰户籍登记簿上的,由海牙市的户籍员制作相关证件。

2. 本条第1款所称的证件应当登记在海牙的出生、死亡以及婚姻登记簿上。

3. 所有关于向户籍员递交的文件、制作登记文件及其内容的事项,由枢密院令规定之。

第七节　户籍证件及其副本、摘录的证明力

第1:22条　户籍证件的证明力

1. 出生证记载的出生地点、日期、时间、子女的性别及其母亲的事实,具有对抗任意第三人的证明力。出生证表明出生地点不明的,其所记载的发现地点具有相同的证明力。

2. 死亡证中关于死者的死亡地点、日期、时间以及死亡证所记载死亡的事实或者根据第1:19条之六第2款制作的死亡证上记载的遗体发现地点、日期、时间,具有对抗任意第三人的证明力。

3. 除以上事项外,户籍证件与其他证件具有相同的证明力。

第1:22条之一　副本和摘录的证明力

由被授权的户籍登记簿保管员以法定形式制作和签发的副本或者摘录与原件具有相同的证明力,除非有证据证明其与原本不符。

第八节　户籍证件的公开

第1:23条　户籍证件的查阅权

户籍证件,包括第二份正本,除本节另有规定外,应当公开。

第1:23条之一　审阅权的限制

只有检察院和户籍登记簿的登记员可以审阅户籍证件。此外,法院和检察院可以命令审议这些证件。

第1:23条之二　副本和摘录

1. 任何人都有权请求负责签发户籍证件副本和摘录的户籍员签发其管理的出生证、结婚证、伴侣关系登记证、变更婚姻关系为登记伴侣关系的证件、变更登记伴侣关系为婚姻关系的证件或者死亡证的摘录。摘录包括枢密院令规定的具体信息,但不包括申请人的后代或者证件所涉及之人的信息。

2. 只有申请人表明他对签发本条第1款所指的副本或者认领、母亲否认父亲身

份的证件副本有正当利益的,才可以签发副本。户籍员可以签发其保管的与本条第1款相关的其他证件的副本。此副本包含的具体信息由枢密院令规定之。

3. 签发摘录或者副本的申请必须与一个或者多个特定的人有关。

4. 一切有关制作摘录和副本及其内容的事项由枢密院令规定。在民法典第1编生效以前制作的证件摘录也由枢密院令规定。

5. 户籍员拒绝签发本条第1款所称的摘录或者副本的,应当向申请人提供载明拒绝理由的书面声明。

第1:23条之三　第二份正本的制作

户籍证件的第二份正本由户籍员保管的,应当公开。

第九节　户籍登记簿的增加、更正及事后变更

第1:24条　增加和更正

1. 根据利害相关人或者检察院的申请,地方法院可以命令增加事后变更或者缺失证件,或者撤销错误的登记证件或者事后变更,不完全或者错误的登记证件或者事后变更于户籍证上。地方法院可以裁决的方式更正不完全或者错误的登记证件或者事后变更,也可对不在法院的管辖范围内的同一个人或者其后代作出相同的更正登记证件或者事后变更的裁决。

2. 法院的书记员,应当至少在作出相关判决之日起3个月后将裁决的副本寄送给制作或者应当制作事后变更的市户籍员。该市被撤销的,户籍员应当将副本寄送给保管被撤销市档案的户籍员。

第1:24条之一　错误以及书写或者拼写错误

1. 检察官可以批准更正所在辖区的户籍登记簿的明显错误。即使不在管辖范围内的。检察官也可以对同一人或者其后代户籍证上的错误做出相同的批准。

2. 户籍员也可以依职权更正明显的书写或者拼写错误。

第1:24条之二　实施增加、更正及撤销

1. 在第1:24条所指的户籍登记簿增加的情形下,应当在该登记簿上制作新的证件。

2. 根据枢密院令的规定,本节所指的更正或者撤销,应当在相关证件上附载事后变更。

第十节　外国证件的登记以及命令制作替代出生证的司法裁决

第1:25条　外国证件的登记

1. 经检察院的命令或者利害关系人的申请,外国主管机构根据当地规定而制定

的出生证、结婚证、登记伴侣关系证及死亡证应当登记在海牙市的出生证簿、结婚证簿、登记伴侣关系证簿或者死亡证簿上：

（1）证件所涉及的人现在拥有荷兰国籍、已拥有荷兰国籍或者曾拥有荷兰国籍；

（2）根据2000年的《外国人法》第8条第3项和第4项，证件所涉及的人在荷兰有合法居留权的。

2. 出生证所涉及的外国人及事后变更必须根据民法典第1编增加到出生证上的，经检察院的命令或者利害关系人的申请，外国主管机构根据当地规定而制定的出生证应当登记在海牙市的出生证簿上。

3. 海牙市的户籍登记员可以依职权登记前述条款所称的证件。

4. 在海牙市的户籍登记员根据第3款和第4款登记婚姻证或者登记伴侣关系证之前，他必须收到2000年的《外国人法》第44条第1款第11项所称的警察局长的声明。只有经配偶或者登记伴侣的申请，警察局长才能制作这份声明。与申请一起必须提交的还有2000年的《外国人法》第44条第1款第1项所称的副本。当申请人在荷兰境内无住所的，这份声明应当根据配偶或者登记伴侣关系的另一方的申请而制作。存在以下情况之一，无须以上所称的声明：

（1）配偶或者登记伴侣能合理证明他们在荷兰境外有住所的；

（2）相关配偶或者登记伴侣虽然没有荷兰国籍，但是根据2000年的《外国人法》第8条第2项、第4项或者第5项在荷兰境内有合法居留权的；

（3）在登记之前，婚姻或者登记伴侣关系已经缔结至少10年的；或者

（4）婚姻或者登记伴侣关系已经终止的。

5. 地方法院批准收养的，应当依职权单独作出本条第1款和第2款所称的出生证登记的裁决。

6. 登记证件所包含的内容，由枢密院令规定之。

7. 海牙市的户籍登记员可依据职权更正已在荷兰户籍簿上登记的证件或者司法裁判，或者即将登记证件上发现的明显错误或者书写、拼写错误。证件上应当特别记载这些更正。

8. 海牙市的户籍员已经依职权登记证件的，还必须将证件的副本寄送给证件的相关人。

第1:25条之一　对外国证件上明显错误的更正

1. 已经登记在海牙市的户籍簿上的外国证件存在明显错误，并被外国主管机构依据当地规定作出更正的，海牙市的户籍员应当在收到更正决定及证件的副本，并经检察官批准后，在该登记证件上作出事后变更的更正。

2. 已经登记在海牙市的户籍簿上的外国证件存在明显书写或者拼写错误的，并被外国主管机构依据当地规定作出更正的，海牙市的户籍员无须经检察官批准，可以本条第 1 款规定的方式依职权在证件的副本上作出更正。

第 1:25 条之二　登记证件的事后变更

按照本编规定在荷兰境内制作的必须记载于出生证、结婚证及死亡证的事后变更，应当附载于第 1:25 条所称的登记证件。

第 1:25 条之三　确定制作替代出生证所必需的信息

1. 在荷兰境外出生的个人没有或者无法提交主管机构根据当地规定制作的出生证的，经检察院、利害关系人或者海牙市户籍员的申请，海牙地方法院可以确定制作出生证所必需的信息：

（1）此人有荷兰国籍、曾经有荷兰国籍或者不具有荷兰国籍的荷兰公民；

（2）此人根据 2000 年的《外国人法》第 8 条第 3 项、第 4 项享有的合法居留权；

（3）根据民法典第 1 编规定应当在出生证上附载事后变更。

2. 地方法院应当考虑所有关于出生的证据和说明。可以获得这些说明的，还应当确认姓氏、名字以及父母的出生地点和日期。

3. 地方法院批准收养的，应当依职权单独作出本条第 1 款所称的裁决。

第 1:25 条之四　对错误或者不完整信息的更正

确认信息错误或者不完整的，经检察院或者海牙市户籍员的申请，海牙地方法院可以变更其根据第 1:25 条之三作出的裁决。

第 1:25 条之五　[1995 年 4 月 1 日废止]

第 1:25 条之六　根据法院判决确认替代出生证的必要信息的登记证件

1. 法院书记应当在裁决作出之日起的 3 个月后，将裁决副本寄送给海牙市的户籍员。

2. 前款所指的户籍员根据第 1:25 条之三所称的裁决制作的登记证件，视为第 1:19 条所指的出生证件。该证件应当与裁决一致，且载明此裁决。

3. 地方法院根据第 1:25 条之四作出裁决的，应当对本条第 1 款所称的证件附载事后变更。

第 1:25 条之七　本节法定条款的适用

1. 在荷兰境外由主管机构根据当地法律规定制作的证件或者裁判，参照适用第 1:25 条至第 1:25 条之二的规定。违背荷兰公共秩序的，不得作出第 1:25 条所称的登记。

2. 关于外国出生的儿童的收养，且存在前款所称的证件或者司法裁判的，批准收养的地方法院,应当依职权单独作出登记该证件或者裁判的裁决。

第十一节　外国证件或者法院裁判有效性的确认裁决

第 1:26 条　确认裁决

1. 对于外国主管机构根据当地规定制作的证件或者裁判,对此有正当利益的主体可申请地方法院作出确认裁决。确认该证件或者判决可依法载入荷兰户籍登记簿。

2. 本条第 1 款所称的确认裁决也可以根据户籍员或者检察院的申请作出。

第 1:26 条之一　事后变更

作出第 1:26 条第 1 款所称的确认裁决时,地方法院可以经申请或者依职权裁定,根据第 1:24 条第 1 款将事后变更附载于已经登记在荷兰户籍登记簿的证件上。

第 1:26 条之二　无证件记载于荷兰户籍登记簿上

在荷兰户籍登记簿上没有记载申请人证件的,海牙地方法院可以根据其申请或者依职权,裁决登记根据第 1:25 条有资格在海牙市户籍簿上登记的并在国外制成的证件,以及裁决更正根据第 1:24 条第 1 款登记的证件。在裁决时,地方法院也可以作出第 1:25 条之三所称的裁决以及根据第 1:24 条第 1 款更正由海牙市户籍员制作的证件。

第 1:26 条之三　[1995 年 4 月 1 日废止]

第 1:26 条之四　外国证件或者法院判决的公证副本

地方法院可以要求提交与申请有关的外国证件或者裁判的公证副本。参照适用《民事诉讼法典》第 986 条第 3 款和第 4 款的规定。

第 1:26 条之五　法院书记员向户籍员提供信息

法院书记员应当将法院裁决的副本寄送给管理利害关系人户籍登记簿的户籍员,并且必须附上法院裁决的事后变更。法院对在国外制作的证件作出登记裁决的,书记员还应当将法院裁决的副本寄送给海牙市的户籍员。

第 1:26 条之六　[1995 年 4 月 1 日废止]

第十二节　拒绝制作户籍证或者其他行为的法律救济

第 1:27 条　对户籍员拒绝的救济

户籍员根据第 1:18 条之二或者第 1:20 条之三拒绝制作证件、拒绝事后变更或者实施其他合作行为的,利害关系人可以在该决定作出的 6 个月内,向户籍员所在区域的地方法院申请救济,但涉及结婚或者伴侣登记异议的证件及签发副本和摘录的情形除外。

第 1:27 条之一　法院的附加裁决

地方法院根据申请或者依职权,可以在其裁决中作出第 1:26 条所称的确认裁决以及第 1:26 条之一或者第 1:26 条之二所称的裁决。

第 1:27 条之二　书记员向利害关系人及户籍员提供信息

法院的书记员应当向利害关系人及户籍员寄送法院裁决的副本。

第 1:27 条之三　[1995 年 4 月 1 日废止]

第十三节　变更出生证上性别说明的法院判决

第 1:28 条　易性及出生证的变更

1. 任何具有荷兰国籍的主体,在出生证上登记的是男性但不能生育孩子,或者出生证上登记为女性但不能生孩子的情形下,确信其应当是另一种性别而非出生证上所记载的性别并且从医学、心理学观点来看转换性别是可能的,其就可以申请地方法院裁决变更出生证上的性别说明。

2. 适用本条第 1 款、第 1:28 条之一及第 1:28 条之二规定的,出生证应当包括在外国制作的出生证的登记证件及第 1:25 条之三所称的裁决。

3. 在申请前至少有 1 年在荷兰有住所并有合法的居留权,并满足第 1 款规定的其他要求的,无荷兰国籍的主体可以提出本条第 1 款所称的申请。其出生证没有记载在荷兰户籍登记簿上的,可以要求地方法院作出将出生证登记到海牙户籍登记簿上的裁决。

第 1:28 条之一　请愿书内容和专家报告

1. 提交前条规定的申请时,必须同时提交以下文件:

一份出生证的副本。

一份由枢密院令规定的专家共同签署的专家报告,该报告应当在提交申请之日至少前 6 个月签发,表明:

(1) 申请人确信其应当是另一种性别而非出生证上所记载的性别,并且考虑到申请人此种方式生活的时间及其他可获知的情况,资深专家认为这种确信是永久性的;

(2) 从医学和心理学的角度上来看,申请人在生理上变为其期望性别的程度是否可能及可被接受;

(3) 申请人出生证上登记的是男性但不能生育孩子,或者出生证上登记为女性但不能生孩子。

2. 申请人已经变更为其期望的性别的,专家报告就不必再包括本条第 1 款第 1 项所称的内容。

第 1:28 条之二　批准申请

1. 地方法院确定申请人已经确信其是另一种性别而非出生证上所记载的性别且此种确信是永久的,并且申请人符合第 1:28 条第 1 款规定的条件,应当批准其申请。

2. 地方法院批准申请人变更出生证上的性别说明的,还可根据其申请,裁决变更其名字。

第 1:28 条之三　性别变更的法律效力

1. 根据民法典第 1 编的规定,性别说明的变更在户籍员将法院变更性别的裁决事后附载于出生证之日起,即具有法律效力。

2. 性别说明的变更不应当影响前款所称日期时已存在的亲属关系,也不影响根据民法典第 1 编享有或者承担的任何与亲属关系有关的权利、权力和义务。与第 1:157条和第 1:394 条有关的申请,也可以在前款所称的日期之后提出。

第十四节　与户籍和国籍事项相关的咨询委员会

第 1:29 条　咨询委员会

与户籍和国籍相关的事项,应当设立咨询委员会。

第 1:29 条之一　咨询委员会的组成

1. 咨询委员会由 9 名至 15 名成员组成;

2. 咨询委员会至少应当包括 1 名法官、1 名学者、2 名户籍员及 2 名市个人信息管理局的人员;

3. 司法部在与内务部协议后,任命及免职前款所述成员。此外,主席与秘书由司法部长任命。

第 1:29 条之二　咨询委员会的职责

1. 根据户籍员或者其他行政主体的申请,咨询委员会应当对所咨询的关于户籍和国籍的法律适用问题提出建议;

2. 建议涉及公众利益的,应当公开。公开方式由咨询委员会决定。

第 1:29 条之三　户籍员必须向咨询委员会寻求建议的情形

户籍员对来源于荷兰境外制作的证书的信息,或者其他文件中的资料是否适合记载在户籍证件上存在合法疑问的,有义务向咨询委员会寻求建议。

第 1:29 条之四　户籍员不遵循咨询委员会的建议

户籍员不遵循咨询委员会建议的,应当告知咨询委员会和检察官。

第1:29条之五　授权

司法部有权对有关咨询委员会责任和程序的问题作出具体的规定。

第1:29条之六　每四年对咨询委员会的审议

咨询委员会每4年向司法部提交报告,内容包括履行职责的情况以及改进意见。

第五章　婚　　姻

一般规定

第1:30条　法律只对配偶间的民事法律关系有效

1. 同性或者异性的双方当事人之间可以缔结婚姻。

2. 本法只涉及婚姻的民事法律关系。

第一节　结婚的条件

第1:31条　最小年龄

1. 男子和女子必须年满18周岁才可以结婚。

2. 当准备结婚的双方年满16周岁,并且女方提供医生出具的怀孕证明或者子女已出生的,结婚不受前款规定的限制。

3. 基于令人信服的理由,司法部可以决定免除本条第1款所称的条件。

第1:32条　精神障碍　[2015年1月1日废止]

第1:33条　一夫一妻制

每个人在同一时间只能和一个人结婚。

第1:34条　[1998年4月1日废止]

第1:35条　未成年人结婚的同意　[2015年12月5日废止]

第1:36条　地方法院的替代批准　[2015年12月5日废止]

第1:37条　对因挥霍财产或者酗酒而被监护的成年人结婚的同意

1. 因挥霍财产或者酗酒而被监护的成年人,未经监护人同意不得结婚。

2. 不能取得监护人同意的,成年人可申请地方法院分院作出替代授权的批准。

第1:38条　因精神障碍而被监护的成年人结婚的同意

未经地方法院分院的同意,因精神障碍而被监护的成年人不得结婚。

第1:39条　对地方法院分院批准的上诉

1. 地方法院分院批准结婚的裁决的上诉期限为14天;此期限内,该裁决不具有执行效力。

2. 对批准提出上诉的人，有义务在该上诉期限内，以法院送达的方式通知婚姻缔结地的市户籍员。没有履行上述通知义务的主体，在上诉法院撤销了地方法院分院的判决，但婚姻已经缔结的情形下，不得以未经其同意为由而宣称婚姻无效。

第 1:40 条　[1988 年 1 月 1 日废止]

第 1:41 条　亲属关系的结婚限制

1. 具有直系血亲或者兄弟姐妹关系的人之间不得结婚。

2. 基于令人信服的理由，对于仅通过收养而形成的兄弟姐妹关系的人之间，司法部可以决定解除前款所称的限制。

第 1:41 条之一　例外规定

在家庭关系中属于三等或四等亲属的自然人之间不得缔结婚姻，除非准备结婚的配偶各自向户籍员作出宣誓声明，表明他们自愿同意结婚。

第 1:42 条　登记伴侣关系

缔结婚姻关系的双方不得同时存在登记伴侣关系。

第二节　结婚前必须办理的手续

第 1:43 条　结婚声明　[2015 年 9 月 1 日废止]

第 1:44 条　结婚声明的必要文件

1. 作出结婚的正式声明前，准备结婚的双方必须向户籍员提交以下文件：

(1) 双方的姓氏、名字、居住地和出生信息，以及不存在三代或四代旁系血亲的声明，或第 1:41 条之一所称的宣誓声明；

(2) 需要经他人表示同意的，应当提交同意婚姻的证明文件，该证件由户籍员或者公证人制作，制作结婚证时，也需要提交该证件，法院批准结婚的，必须提交法院批准的裁决；

(3) 任何生前为同意结婚表示的人的死亡证；

(4) 第二次或者多次结婚的，或者与曾经有登记伴侣关系的人结婚的，应当提供以前的结婚和登记伴侣关系不会阻碍新的婚姻的证据；

(5) 结婚曾经被异议的，异议已取消的证据；

(6) 由司法部免除或者批准的，免除或者批准的证据；

(7) 第 1:62 条规定的豁免；

(8) 被邀请出席婚礼的证人的姓名及地址的书面文件；

(9) 一方未取得荷兰国籍的，或者不是《外国人法》第 8 条第 2 项、第 4 项或者第 5 项所称的荷兰合法居民的，应当提交结婚不是为了取得荷兰居住权或者荷兰国籍的声明；

(10)将举行婚礼的荷兰市镇名称。

2. 准备结婚的一方定居在荷兰境外的(其中一方拥有荷兰国籍)，仅能向海牙市的公证登记处提出结婚申请。

第 1:45 条　无出生证时的替代选择

1. 准备结婚的一方不能提交前条所称的出生证的，当事人可以向户籍员声明宣誓，包括性别、地点、国家，以及尽可能准确的出生日期和父母的个人详细资料。

2. 此种声明应当记录在结婚证书上。

第 1:45 条之一　无死亡证时的替代选择

准备结婚的双方无法提交第 1:44 条第 1 款第 3 项所称的死亡证的，也可以采用前条所称的方式予以替代。

第 1:46 条　结婚正式声明的有效期限

准备结婚的双方在结婚正式声明证件出具之日起 1 年内没有结婚的，除非提交一份新的结婚声明，否则不能结婚。

第 1:47 条　对同意的调查　[2015 年 12 月 5 日废止]

第 1:48 条　父母一方再婚及列出财产清单

对前次婚姻所生的子女有监护权的父母一方再婚的，户籍员应当立即将结婚的正式声明递交给父母一方所在地的地方法院分院。

第 1:49 条　婚约

1. 婚约不产生请求结婚的诉讼权利，也不产生违背婚约而请求损害赔偿的权利；一切与法律规定相违背的婚约条款都是无效的。

2. 然而，在已经制成结婚正式声明证件的情形下，可以要求赔偿所造成的直接经济损失，但不包括间接损失。该请求权的诉讼时效为 18 个月，自结婚正式声明证件制成之日起计算。

第 1:49 条之一　结婚证

1. 荷兰公民在荷兰境外结婚的，经其申请，可根据 1980 年 9 月 5 日《慕尼黑公约》[Tr(2)1981，71，和 1982，116]附件签发结婚证。

2. 该证件的签发者为：

(1)在荷兰有住所的，其住所地的户籍员；

(2)在荷兰没有住所的，但曾有住所的，最后住所地的户籍员；

(3)在荷兰境内从没有住所的，荷兰驻结婚所在地的使馆或者领馆的馆长。

3. 申请人应当向主管机关提交第 1:44 条第 1 款第 1 项、第 2 项、第 3 项、第 4 项和第7项所称的文件,必要时,还应当提交第1:45条、第1:45条之一和第1:27条之二所称的文件,证明不存在荷兰法所规定的结婚限制条件的,才能出具此证件。

4. 结婚证的有效期为6个月,从签发之日起计算。

第三节　结婚的异议

第1:50条　结婚异议的根据

准备结婚的双方不符合结婚条件的,或者双方或者一方并不履行法定的夫妻义务而是为了获准进入荷兰而结婚的,当事人可以提出结婚异议。

第1:51条　血亲及其他人提出的结婚异议

1. 准备结婚的双方不具备结婚条件的,一方的直系血亲、兄弟姐妹、监护人、保佐人有权提出结婚异议。

2. 准备结婚的一方处于监护之下,并且婚姻明显对另一方不利的,前款所称的对方的血亲、监护人或者保佐人也可以提出异议。

第1:52条　与准备结婚的一方有婚姻关系或者登记伴侣关系的人提出的结婚异议

与准备结婚一方有婚姻关系或者登记伴侣关系的人,可以已经存在婚姻关系或者登记伴侣关系为由,对缔结新的婚姻关系提出异议。

第1:53条　检察院对结婚的异议

1. 检察院知道存在第1:31条至第1:33条、第1:41条及第1:42条规定的结婚障碍情形的,有义务对准备缔结的婚姻提出异议。

2. 被监护或者临时监护的未成年人缔结婚姻违背其利益的,检察员有权对准备缔结的婚姻提出异议;此时也应当考虑准备结婚另一方的利益。

3. 此外,准备结婚的双方或者一方为了获准进入荷兰并不履行法定的婚姻义务的,检察员有权以该虚假结婚违背荷兰公共秩序为由提出结婚异议。

第1:54条　提出结婚异议的手续

1. 结婚异议采用将文书送达至可能举行婚礼的市之一的户籍员的方式提出。

2. 本条第1款所称的文书应当包括在该市选择住所和提出异议的理由,并记载异议人有权提出异议的资格,上述事项不全的,异议无效。

3. 接受送达的户籍员应当立即通知可能举行婚礼的其他市的户籍员。

4. 异议人应当立即将异议的副本送达至被异议人。

第1:55条　异议的撤销

可以通过以下方式撤销异议:

(1)与提出异议相同的方式;

(2)在前条所称的户籍员面前作出声明;

(3)在公证人面前作出声明;

(4)经利害关系人申请,法院作出最终生效的裁判。

第1:56条　结婚异议的法律效力

异议被撤销前不得结婚。在撤销异议案件的审理期间缔结婚姻的,异议人可申请继续审理该案件,地方法院认为异议有理由的,应当判决婚姻无效。

第1:57条　户籍员不得协助存在婚姻障碍的结婚

户籍员知道存在第1:31条至第1:33条、第1:41条、第1:41条之一和第1:42条规定的婚姻障碍的,即使没有人提出结婚异议,也不得协助制作婚姻声明书或者缔结婚姻。

第四节　婚姻的缔结

第1:58条　证件的有效性

1. 户籍员应当再次核实非荷兰公民的未来配偶在荷兰居住的合法性。

2. 户籍员认为拟结婚双方或其中一方的意图不是履行法律规定的婚姻义务,而是为了获得进入荷兰的机会,并且根据2000年《外国人法》第8条第2项、第4项或者第5款的规定,上述主体不存在合法居留权的,其应当拒绝根据第1:18条之三第2款起草结婚证书。

第1:59条　[1994年11月1日废止]

第1:60条　[1994年11月1日废止]

第1:61条　[1995年4月1日废止]

第1:62条　14日的等待期及其免除

1. 结婚声明证件制成之日起14日之内不得结婚。

2. 对婚姻声明有管辖权的地方法院所在地的检察院,基于令人信服的理由,可以免除14日的等待期。

第1:63条　婚礼举行地及必要的证人

1. 婚礼应当在市政厅公开举行,并有至少2名户籍员及最多4名成年见证人到场;

2. 以电子方式通知结婚的,一方应当在举办结婚仪式前出示《身份认定义务法》第1条所称的文件,以证明其身份。

第1:64条　在市政厅以外的地点举行婚礼

准备结婚的一方基于法定障碍而不能前往市政厅的,由6名成年见证人在场,可以在本市其他特别场所举行婚礼。

第1:65条　准备结婚双方必须亲自到场

准备结婚双方必须亲自到户籍员面前举行婚礼。

第1:66条　代理结婚

基于令人信服的理由,司法部可以允许准备结婚的一方或者双方授权他人代理其参加婚礼。

第1:67条　准备结婚双方必须明确同意结婚

1. 准备结婚的双方必须在户籍员面前,在证人在场时,明确表示愿意结婚并忠诚地履行所有的法定的夫妻义务。

2. 该声明作出后,户籍员应当立即宣告双方结为配偶并制作结婚证。

第1:68条　宗教仪式

当事人向神职人员表明他们已在户籍员面前缔结婚姻的,才可以举行宗教仪式。

第五节　婚姻无效

第1:69条　可以申请婚姻无效的人

1. 没有其他特别规定的,下列人员可因婚姻不符合结婚条件而申请婚姻无效:

(1)配偶一方的直系长辈血亲;

(2)一方配偶;

(3)对婚姻无效有直接法律利益的其他人,但仅能在婚姻终止后申请;

(4)在婚姻关系没有终止的情形下,检察院也可以申请。

2. 与准备结婚一方有婚姻关系或者登记伴侣关系的人,可以存在婚姻关系或者登记伴侣关系为由,申请缔结的婚姻无效。

第1:70条　户籍员未经授权或者缺少见证人而无效的婚姻

1. 在未经授权的户籍员面前举行婚礼或者没有规定人数的见证人到场的,配偶的父母,或者配偶一方或者检察院,可以申请宣告婚姻无效。

2. 处于婚姻关系的状态并在户籍员面前制成结婚证的,配偶一方可以申请宣告婚姻无效的权利消灭。

第1:71条　因胁迫或者误解而无效的婚姻

1. 配偶一方因受到非法胁迫而结婚的,可以申请宣告婚姻无效。

2. 配偶一方在缔结婚姻时对另一方或者其声明的意义发生误解时,同样可以申请宣告婚姻无效。

3. 从停止胁迫或者发现误解之日起,配偶双方共同生活6个月内未能提出申请的,配偶一方申请宣告婚姻无效的权利即告消灭。

第1:71条之一　假结婚的无效

配偶双方或者一方为了获准进入荷兰并不履行法定的夫妻义务的,检察员有权以该虚假结婚违背荷兰公共秩序为由申请宣告婚姻无效。

第1:72条　一方被监护不得成为宣告婚姻无效的理由

婚姻不得以配偶一方在缔结婚姻时处于成年人监护的状态而被宣告无效,即使婚姻明显对另一方不利。

第1:73条　因先前的精神障碍而宣告婚姻无效

基于精神障碍而宣告婚姻无效的申请,只能在一方精神障碍消失后由其提出。精神障碍消失后共同居住6个月以上的,配偶一方不得再申请。

第1:74条　因一方未达到法定婚龄而宣告婚姻无效

结婚时没有达到法定婚龄,但是申请时已经达到的,或者女方在申请前已怀孕的,不得申请宣告婚姻无效。

第1:75条　因缺少第三人同意而宣告婚姻无效

1. 缺少第三人同意的,仅该第三人可以申请宣告婚姻无效,或者在第1:38条规定的情形下,仅成年配偶的法定监护人可以申请宣告婚姻无效。有权申请宣告婚姻无效的人,明示或者默示同意结婚,或者在其知道缔结婚姻后超过3个月的,不得再申请。

2. 婚礼在荷兰境内举行时,或者在荷兰境外举行而在荷兰户籍登记簿上登记之时,推定有权申请宣告婚姻无效的人已知道该婚姻。

第1:76条　只有依本节规定才能宣告婚姻无效

在不违反第1:56条的前提下,依本节规定而提出申请的,法院应当宣告婚姻无效。

第1:77条　无效婚姻的法律效力

1. 法院的终审裁决一经生效,婚姻即宣告为无效;其效力溯及至婚姻缔结之时。

2. 但以下情形之一,裁决不产生溯及力,而与离婚具有相同的法律效力:

(1)对配偶双方的子女;

(2)对于善意缔结婚姻关系的一方,但因为存在先前的婚姻或者登记伴侣关系而宣告婚姻无效的,其对共有财产没有请求权;

(3)对于配偶以外的其他人及其子女,只要其在婚姻无效记载于户籍登记簿之前,已经善意取得了权利。

第五节之一　[2009 年 3 月 1 日废止]

第 1:77 条之一　[2009 年 3 月 1 日废止]

第六节　婚姻关系存在的证据

第 1:78 条　原则规定:只有通过结婚证才能证明婚姻关系的存在

除以下条文的规定外,在荷兰境内缔结的婚姻只能用结婚证,或者第 1:80 条之七所称的登记伴侣关系变更为婚姻关系的证件予以证明。

第 1:79 条　在没有结婚证时,婚姻关系存在的证据

婚姻登记簿不存在或者丢失,或者结婚证或者第 1:80 条之七所称的登记伴侣关系变更为婚姻关系的证件缺失,但存在事实婚姻的,可以通过证人或者文件证明婚姻关系的存在。

第 1:80 条　婚生子女的证据

在法律诉讼中,对特定父母的子女是否婚生存疑的,父母以夫妻名义公开生活的事实足以为此提供证据。

第五章之一　登记伴侣关系

第 1:80 条之一　登记伴侣关系的条件

1. 一个人在同一时间只能与另一个同性或者异性缔结登记伴侣关系。

2. 缔结登记伴侣关系的人不得同时结婚。

3. 户籍员制作伴侣关系登记证件时,即成立登记伴侣关系。

4. 准备缔结登记伴侣关系的双方,应当通知一方住所地的户籍员并提交婚姻状况的详细信息,先前有登记伴侣或者结过婚的,还应当提交原伴侣或者原配偶姓名的说明。准备缔结登记伴侣关系的双方,至少有一方拥有荷兰国籍,并且双方住所都在荷兰境外,但期望在荷兰的市登记为伴侣关系的,应当向海牙市的户籍员提交正式声明。参照适用第 1:43 条第 2 款、第 3 款、第 4 款及第 1:46 条的规定。

5. 当事人不符合伴侣关系的条件,或者准备登记双方或者一方为了获准进入荷兰而不履行法定的登记伴侣关系义务的,可以提出登记伴侣关系的异议。对于异议,参照适用第 1:51 条、第 1:52 条、第 1:53 条第 2 款和第 3 款、第 1:54 条至第 1:56 条的规定。存在第 1:31 条、第 1:32 条、第 1:41 条和本条第 1 款和第 2 款所称障碍的,检察官有义务提出异议。户籍员知道存在上述障碍的,即使没有人提出异议,也不得制作登记伴侣关系的公告证件或者登记此伴侣关系。

6. 对于伴侣关系的登记,参照适用第1:31条、第1:32条、第1:35条至第1:39条、第1:41条、第1:44条至第1:49条、第1:58条、第1:62条至第1:66条的规定。

7. 对于登记伴侣关系无效的宣告,参照适用第1:69条至第1:73条、第1:74条、第1:75条至第1:77条第1款和第2款的规定。

8. 对于登记伴侣关系存在的证明,参照适用第1:78条、第1:79条的规定。

第1:80条之二　双方的权利和义务

对于登记伴侣关系,参照适用本编第6章、第7章和第8章的规定,分居的规定除外。

第1:80条之三　登记伴侣关系的终止

1. 有以下情形的,登记伴侣关系终止:

(1)一方死亡;

(2)根据本编第18章第2节和第3节,失踪人被宣告死亡或者推定死亡,但在其登记伴侣缔结新的婚姻或者登记伴侣关系时仍然生存的,因举行新的婚礼或者缔结新的登记伴侣关系而终止;

(3)协议终止的情形下,由户籍员登记伴侣双方和一名或者多名律师或者公证人签名并注明日期的声明,该表明应当载明登记伴侣关系的双方商定自何时起终止伴侣关系;

(4)双方或者一方申请终止关系;

(5)变更登记伴侣关系为婚姻关系。

2. 登记伴侣关系在荷兰境内缔结的,户籍员有权进行本条第1款第3项所称的声明的登记。登记伴侣关系在荷兰以外缔结的,只有对终止登记伴侣关系有管辖权的法院在符合《民事诉讼法典》第4条第4款的规定的情形下,户籍员才有权进行本条第1款第3项所称的声明的登记。

3. 双方有以下情形之一的,登记伴侣关系不因为本条第1款第3项所称的协议而终止:

(1)分别或者共同对他们的一个或者多个子女行使监护;

(2)根据第1:253条之一或者第1:253条之二十共同对一个或者多个子女行使监护。

第1:80条之四　协议终止登记伴侣关系

1. 第1:80条之三第3项所称的终止登记伴侣关系的协议必须至少包括双方关于登记伴侣关系永久的终止及终止意愿的声明。此外,协议还必须包括以下内容,否则无效:

(1)对收入不足并且不能以合理方式获得生活费的一方,应当支付其生活费;

(2)对于双方的主要住所,可成为承租人的一方,或者在协议规定的期限内对一方或者双方所有的住房和家庭用品,有权使用的一方;

(3)登记伴侣关系中的共有财产的分割或者根据本编第 8 章的规定对共有财产的分割;

(4)养老金的支付或者分割。

2. 对于登记伴侣关系的协议终止,参照适用第 1:155 条、第 1:157 条第 4 款至第 6 款、第 1:158 条、第 1:159 条第 1 款至第 3 款、第 1:159 条之一、第 1:160 条、第 1:164 条的规定。

3. 第 1:80 条第 3 项所称的声明,只有在协议缔结后 3 个月内送达至户籍员,才可以登记在户籍登记簿上。

第 1:80 条之五　登记伴侣关系的终止

1. 对于第 1:80 条之三第 4 项所称的登记伴侣关系的终止,参照适用第 1:151 条、第 1:153 条、第 1:155 条、第 1:157 条至第 1:160 条、第 1:164 条及第 1:165 条的规定。

2. 经登记伴侣关系一方或者双方的申请,将法院裁决登记于户籍登记簿上时,登记伴侣关系即发生终止的法律效力。参照适用第 1:163 条第 3 款的规定。

第 1:80 条之六　前登记伴侣重新缔结新的登记伴侣关系

双方终止登记伴侣关系后,重新缔结登记伴侣关系或者结婚的,登记伴侣关系的法律效力依法自动恢复,视同未曾终止。但是,终止登记伴侣关系后、新的登记伴侣关系或者婚姻关系登记前,所实施的法律行为的效力,按当时的具体情形判断。对于本编第 8 章所称的情形在新的登记伴侣关系或者婚姻关系缔结以前已成立或者变化的,参照适用第 1:119 条的规定。

第 1:80 条之七　变更登记伴侣关系为婚姻关系

1. 双方当事人通知户籍员变更其缔结的登记伴侣关系为婚姻关系的,一方住所地的户籍员可以就此制作变更证件。登记伴侣关系的双方,至少一方拥有荷兰国籍,并且双方住所都在荷兰以外,但期望在荷兰变更其缔结的登记伴侣关系为婚姻关系的,由海牙市的户籍员进行此种变更。

2. 参照适用第 1:65 条和第 1:66 条的规定。

3. 变更导致登记伴侣关系的终止,并且从变更证件登记在婚姻登记簿上时,成立婚姻关系。关于变更之前出生的子女,变更不会对其在法律上的亲属关系产生任何影响。

第六章　配偶的权利和义务

第1:81条　提供支持和生活需要的义务

配偶间互负忠诚、相互支持和帮助的义务。他们有义务满足对方的基本生活需要。

第1:82条　照顾及抚养子女的义务

配偶间有照顾子女并承担照顾和养育的费用的义务。

第1:83条　[2001年6月22日废止]

第1:84条　家务费用

1. 家务费用,包括照顾和养育子女的费用,由配偶共同收入负担,共同收入不足的,应当按个人收入的比例负担;个人收入不足的,由共有财产负担,仍不足,按个人财产的比例负担。另有约定或者规定的除外。

2. 为了能实际支付本条第1款所称的家务费用,配偶双方都有义务从自己管理的财产中提取金钱填补家用,另有约定或者规定的除外。

3. 书面协议可变更本条第1款和第2款的规定。

4. 配偶间就本条第1款至第3款的适用发生争议的,可经一方或者双方的申请,由地方法院作出裁决。

5. 基于情势变更,经一方或者双方的申请,地方法院可以变更以前的裁决或者配偶间达成的协议。

第1:85条　家庭债务的连带责任

配偶一方就另一方因日常家务而产生的全部债务,包括代表家庭作为一个雇主与清洁工及其他类似的雇员签订的劳动合同而产生的债务,承担连带责任。

第1:86条　家庭债务责任的减轻

1. 基于正当理由,根据一方的申请,地方法院可以裁决一方不对另一方将要承担的前条所称的债务承担责任。

2. 基于情势变更,法院可以以相同方式变更或者废止根据本条作出的裁决。

3. 本条所称的法院裁决仅在其登记于第1:116条所称的婚姻登记簿上的14日后,才可以对抗不知情的第三人。

4. 法院可以决定在法院指定的一家或者数家报纸上公示该裁决。此情形下,法院裁决在未经公示前,不得对不知情第三人产生任何不利影响。

第1:87条　资产从配偶一方向另一方转移的补偿

1. 配偶一方取得应当归属为个人财产的资产,或者履行或者消减应当归属于个人财产的债务,而由另一方配偶的财产支付或者偿还的,前段所称的配偶负有法定的补偿义务。

2. 补偿数额为支付补偿时该资产价值的一定比例。该比例:

(1)在取得资产由另一方财产支付的情形下,为其财产支付数额占该资产对价的份额;

(2)在履行或者消减债务由另一方财产偿还的情形下,为其财产支付数额与该资产在履行或者消减时的价值之间的比例。

3. 关于此种补偿,还适用以下规定:

(1)一方配偶经另一方同意而为本条第 1 款所称的使用的,补偿数额至少应当等于另一方支付财产的名义价值;

(2)该种资产依其性质用于消费的,补偿数额应当为另一方支付财产的名义价值;

(3)资产转让且没有可替代资产的,本条第 2 款所称的价值为转让时的价值。就此,定额保险对受益人的指定,或者附有不可撤销请求权的第三人利益条款,视同转让。

4. 配偶双方可以协议变更本条第 1 款至第 3 款的规定。另一方配偶以个人财产支付一方配偶的取得、履行或者消减,为其应当承担的义务,无须补偿。

5. 本条第 1 款至第 4 款所称的补偿无法确定其数额的,应当予以估值。

第 1:88 条　需要取得另一方同意的法律行为

1. 配偶一方实施下列法律行为,应当取得另一方的同意:

(1)对于配偶双方共同或者另一方单独居住的住房转让、设定负担或者设立使用权的协议,对于此住房中的物品或者家庭用品的转让、设定负担或者设立使用权的协议,终止此种使用的法律行为;

(2)赠与,但不过分的通常赠与除外;

(3)在自己的职业或者营业范围外,作为保证人为第三人承担保证或者连带责任,或者为第三人债务提供担保;

(4)分期付款协议,但明显完全或者主要用于自己的职业或者营业范围的除外。

2. 一方根据法律规定而有义务实施法律行为或者先前经同意或者无需同意而实施法律行为,无须取得另一方同意。

3. 法律对法律行为的实施规定了法定条件的,另一方必须以书面形式作出同意。

4. 赠与人死后才赠与并且生前不会实际进行赠与的,无须另一方的同意,对此不适用本条第 1 款第 2 项的规定。然而,通过定额保险的方式,受益人在投保人生前已经接受赠与或者可以接受赠与的,需要取得另一方的同意。

5. 本条第 1 款第 3 项所称的法律行为,由股份有限公司或者有限责任公司的董事为了公司的正常经营实施,并且其单独或者与其他董事共同持有多数股份的,无须取得另一方的同意。

6. 另一方因缺席或者因其他原因不能决定自己的意志,或者不予同意的,配偶一方可以申请地方法院分院作出替代授权。

第 1:89 条　可撤销的法律行为

1. 与前条相违背的、由配偶一方实施的法律行为是可撤销的;只有另一方可以此主张撤销。

2. 在相对人善意的情况下,不适用前款规定,但赠与行为除外。

3. 可撤销事由发生在婚姻终止或者分居之前的,不影响配偶一方据此对法律行为行使撤销权。配偶另一方因法律行为而成为债务人的,在民法典第 3 编第 1:52 条第 1 款规定的期间尚未届满时,才能适用第 1:51 条第 3 款的规定。

4. 撤销的声明或者撤销的诉讼,无须向实施该法律行为的配偶作出或者提起,对此不适用民法典第 3 编第 1:50 条第 1 款和第 3 编第 1:51 条第 2 款的规定。

5. 以此主张撤销的配偶,也可以提起任何因法律行为的撤销而引发的诉讼。

第 1:90 条　婚姻关系存续期间的财产管理

1. 夫妻一方有权管理其个人财产以及第 1:97 条所称的夫妻共有财产。

2. 配偶一方管理财产时,可以排除另一方行使与财产有关的一切权利,包括处分、实施和许可与财产有关的事实行为,但并不影响另一方根据婚姻关系使用该财产的权利。

3. 有权管理财产的一方可以将管理权授权给另一方,考虑到婚姻关系及财产的性质,参照适用关于委托的法律规定。

4. 管理财产的配偶一方可以与另一方作为当事人,加入另一方已经实施的与该财产有关的法律行为的,此时配偶双方视为一方。加入声明应当对该法律行为涉及的各方作出。参照适用民法典第 3 编第 1:56 条的规定。对法律行为有特定形式要求的,这些要求同样也适用于该加入声明。加入法律行为的配偶一方可以排除附属及已产生的诉讼权利和义务;此时,其仅视为已经取得权利的第三人的义务主体。

第 1:91 条　法院命令将管理权委托给配偶另一方

1. 配偶一方缺席或者由于其他原因而发现自己无法管理个人或者共有财产,或者严重怠于管理夫妻共有财产的，根据配偶另一方的申请，地方法院可以将财产或者部分财产的管理权委托给他，并撤回前段所称配偶的管理权。法院在委托授权时还可以对财产管理和本条第4款意义上的代理作出具体的规定。

2. 参照适用第1:86条第2款、第3款、第4款及第1:90条第3款的规定。

3. 法院应当传唤配偶双方，为本条第1款所称的配偶设定代理人的，还应当同时传唤该代理人。

4. 受法院委托管理财产的配偶，有权代理被撤回管理权的配偶一方实施与财产相关的其他管理行为。

第1:92条　第三人的保护

1. 第三人无法识别没有登记的动产权利人或者无记名证券持有人的，可以将实际占有该物或者证券的配偶视为享有管理权。

2. 由于配偶一方与善意第三人实施法律行为而导致配偶另一方管理财产权受到妨碍时，另一方知道后没有在合理期间内表示异议的，不再享有停止妨害的权利。第三人对其指定了行使停止妨害权利的合理期间，其未能行使的，此权利同样消灭。

3. 婚姻关系存续期间由于配偶间的财产转移或者配偶一方与双方共有财产之间的转移而产生赔偿请求权的，配偶不得以该请求权未到期和不可支付对抗第三人。

第1:92条之一　第6章对分居配偶不适用

本章规定不适用于分居的配偶。

第七章　夫妻共有财产

[适用于2012年1月1日后]

第一节　一般规定

第1:93条　婚姻协议的授权

夫妻之间财产关系适用本章的规定。婚姻协议可明确或者依条款性质变更本章的规定，本章另有规定或者违背条款性质的除外。

第1:94条　夫妻共有财产

1. 自婚姻缔结之日起，配偶间依法成立决定共有财产制。

2. 涉及资产的，夫妻共有财产的财产包括共有财产制开始到终止期间内的现有以及将有的属于配偶的财产，但以下情形除外：

(1)遗嘱人或者捐赠人决定不属于夫妻共有财产；

(2)根据《离婚后支付养老金法》[St(2)1994,342]的规定,养老金以及与此相关的遗嘱养老金;

(3)民法典第4:29条、第4:30条所称的用益财产权及据此设定的用益权,以及第4:34条所称的收益权。

3. 配偶一方因特定方式而产生的归属个人的财产和债务属于夫妻共有财产,只要这与该归属不相违背。

4. 基于不属于共有财产的资产取得的孳息,也不属于共有财产。基于不属于共有财产的请求权,不属于共有财产;同样适用于基于一方配偶资产的赔偿请求权,包括该资产价值减少而产生的赔偿请求权。

5. 涉及债务的,夫妻共有财产的债务包括配偶双方的所有债务,但以下情形除外:

(1)与不属于共有财产的资产有关;

(2)配偶一方作出第4:126条第1款和第2款第1项和第3项所称的赠与、合同约定或者自然债务的变更。

6. 配偶对资产归属发生争议,并且双方都无法证明其权利的,该资产视为夫妻共有财产。上述推定不得损害配偶债权人的利益。

第1:95条　财产补偿:资产的取得

1. 配偶一方有偿取得资产,并且配偶个人财产所支付的金额超过了该资产应当给付对价一半以上的,不属于共有财产。由共有财产支付对价的,配偶一方应当向夫妻共有财产作出补偿。补偿金额应当根据第1:87条第2款和第3款予以确定。

2. 资产属于共有财产,并且配偶一方以其个人财产支付对价的,其有权从夫妻共有财产取得根据第1:87条第2款和第3款确定的补偿金额。

第1:96条　财产补偿:债务偿还

1. 配偶一方的债务,无论该债务是否属于共有财产,债权人都可以请求以夫妻共同资产或者配偶的个人资产偿还。

2. 配偶一方的债务,不属于共有财产的,在另一方提出一方配偶的个人资产足以清偿债务时,债权人不得请求以夫妻共同资产偿还。

3. 配偶一方以其个人财产清偿夫妻共有财产的债务的,其有权从夫妻共有财产取得补偿。与夫妻共同资产相关的债务,其补偿金额根据第1:87条第2款和第3款确定。

4. 配偶一方的债务,不属于共有财产,但以夫妻共有财产清偿的,应当向夫妻共有财产作出补偿。与夫妻共同资产相关的债务,其补偿金额根据第1:87条第2款和第 3 款确定。

5. 配偶一方主张债权人要求用以清偿债务的资产，不属于共有财产的，其应当承担该种主张的举证责任。

第 1:96 条之一　财产补偿：定额保险的支付

配偶一方，通过在其死亡时向其指定的受益人支付定额保险金的方式，对第三人作出赠与，此时，保险费由共有财产支付的，其应当向夫妻共有财产作出补偿。该补偿金额为支付保险金的一定比例，也就是夫妻共有财产所占的保险费的比例。

第 1:96 条之二　配偶协议确定补偿金额

配偶可以协商确定第 1:95 条、第 1:96 条以及第 1:96 条之一所称的补偿金额。参照适用第 1:87 条第 4 款的规定。无法准确确定补偿金额的，应当予以估值。

第二节　夫妻共有财产的管理

第 1:97 条　管理权

1. 登记一方名下的资产或者一方通过继承、遗赠、遗赠抚养协议或者赠与取得资产，由其管理。除此以外，配偶双方都有权管理夫妻共有财产。参照适用第 3:170 条的规定。

2. 配偶一方经管理夫妻共有财产一方的同意，将管理的夫妻共有财产用于另一方的职业或者经营，对于职业或者经营通常范围内的法律行为，该财产的管理权归后者，其他行为由双方共同管理。除双方另有约定外，该同意在职业或者经营期间持续有效，但基于正当理由，经配偶一方的申请，地方法院可随时裁定停止此种同意。

3. 配偶就夫妻共有财产的管理发生纠纷的，可以申请地方法院作出裁决。

第 1:98 条　告知义务　[2012 年 1 月 1 日废止]

第三节　夫妻共有财产的终止

第 1:99 条　夫妻共有财产终止的理由

1. 夫妻共有财产因以下原因而依法终止：

(1) 婚姻关系或者登记伴侣关系由于死亡而终止的，死亡时；

(2) 婚姻关系或者登记伴侣关系由于法院裁决而终止的，向法院提出离婚或者解除登记伴侣关系的申请时；

(3) 分居的，向法院提出分居申请时；

(4) 法院裁决终止夫妻共有财产的，向法院提出终止夫妻共有财产的申请时；

(5) 合意终止登记伴侣关系的，缔结终止登记伴侣关系的协议时；

(6)配偶或者登记伴侣一方失踪,另一方重新结婚或者缔结新的登记伴侣关系的,作出第1:417条第1款所称的终审裁决之时;

(7)通过后续的婚姻协议取消夫妻共有财产的,第1:120条第1款所称之时。

2. 本条第1款第2项、第3项、第4项所称的申请终止共有财产以及第5项所称的缔结协议,只有在相关的申请或者协议登记在第1:116条所称的婚姻资产登记簿上的,才能对抗不知情的第三人。

3. 本条第1款第2项、第3项、第4项所称的申请以及第5项所称的协议,未能导致离婚、登记伴侣关系终止、分居、通过法院裁判解除夫妻共有财产或者通过合意解除登记伴侣关系的,视同从未提出过申请或者缔结协议。夫妻共有财产的法律效果依法自动恢复,但存在其他终止夫妻共有财产情形的除外。

4. 当事人提出本条第1款第2项、第3项、第4项所称申请的同时,可根据民法典第3编第7章提出禁止被告分割夫妻共有财产(第3:187条)、决定分割方式(第3:185条)或者确认分割(第3:185条)的诉讼。

第1:100条　夫妻共有财产终止时的分割以及债权人的受偿权

1. 配偶双方对终止的夫妻共有财产享有相同的财产份额,除非婚姻协议或者书面约定以其他方式分割,但一方死亡或者由婚姻协议解除而引发的终止除外。

2. 夫妻共有财产终止但尚未分割的,债权人仍然有权请求以夫妻共有财产受偿。

第1:101条　特定财产优先分配的权利

夫妻共有财产终止后,配偶任何一方都有权取回自己使用的衣物、首饰及其他小物件,还可以取回职业和经营范围内的财产、家庭的文件和纪念品,但应当按评估价格予以支付。

第1:102条　夫妻共有财产的债务的责任

夫妻共有财产终止后,配偶一方对共有财产终止前应当负责的共同债务,承担全部责任。对于共有财产的其他债务,一方与另一方承担连带责任,但仅在夫妻共有财产分割的资产范围内清偿该债务,不适用第3:190条第1款和第3:191条第1款的规定。第二段所称的偿还债务的诉权,与在该段中形成的对抗一方配偶债务的诉权同时存在。

第1:103条　夫妻共有财产的抛弃

1. 配偶一方都有权抛弃夫妻共有财产;任何违背该权利的约定都是无效的。

2. 一方抛弃的夫妻共有财产,属于配偶另一方。

3. 抛弃夫妻共有财产的一方,不得取回抛弃的财产,但个人使用的床、床上用品及衣物除外，其也可以取回家庭文件及纪念品，但应当按评估价格予以支付。

4. 抛弃共有财产的配偶一方，对共有财产终止前无须负责的共同债务，不再承担责任；其对配偶另一方分担此共同债务的责任也予以免除。

5. 对共有财产终止前应当负责的共同债务，仍需承担责任。对共有财产终止前双方负连带责任的共同债务，一方清偿超过该债务的一半的，其可以向另一方追偿超过的部分。

6. 配偶另一方对夫妻共有财产终止前无须负责的债务，全部或者部分清偿的，可以向抛弃共有财产的一方追偿。对夫妻共有财产终止前双方都负连带责任的共同债务，另一方清偿超过该债务的一半的，其可以向抛弃共有财产的一方追偿超过的部分。

第1:104条　抛弃的法定要求

1. 拟行使前条规定的权利的配偶一方，应当在共有财产终止后3个月内将抛弃证件登记到第1:116条规定的婚姻财产登记簿上，否则其将丧失该权利。

2. 共有财产终止是由于一方死亡而引起的，该3个月的期限从拟行使抛弃权的配偶一方知道另一方死亡之日起计算。共有财产是由于裁判终止或者分居引起的，该3个月期限从法院终审裁决生效之日起计算。

第1:105条　配偶一方继承人的抛弃

1. 由于配偶一方死亡而终止夫妻共有财产的，或者在前条规定的期限内死亡而没有抛弃共有财产的一方，其继承人有权从知道其死亡之日起3个月内，按前条规定的方式抛弃共有财产。

2. 配偶从共有财产取回个人的床、床上用品及衣物的请求权不得转让，也不转移给其继承人。

第1:106条　抛弃证件的登记期限的延长

抛弃证件登记地所在的地方法院，基于特殊情况，在期限未届满时，可以一次或者数次延长该证件的登记期限。

第1:107条　抛弃权的灭失

1. 配偶一方或者其继承人，已经占用共有财产或者隐匿、侵占共有财产的，不得抛弃共有财产。日常的管理以及保管行为，不产生此效力。

2. 抛弃共有财产后隐匿或者侵占共有财产的，丧失第1:103条第4款所称的权利。

第1:108条　夫妻共有财产的清算

1. 配偶一方或者其继承人，在另一方或者其继承人抛弃共有财产后，也抛弃共有财产的,不产生第1:103条第2款、第3款规定的效力,并且对共有财产享有权利的人有义务进行清算。在可能的范围内,参照适用民法典第4编第6章第3节关于清算的规定。

2. 有清算义务的人,经正式通知要求其提供清算账目后,仍然不履行义务的,不再享有第1:103条第4款所称的权利。

第四节　因法院裁判而终止夫妻共有财产

第1:109条　夫妻共有财产终止的理由

配偶一方因任意行为而引发债务、浪费共有财产、明显妨碍对方管理共有财产,或者拒绝提供有关共有财产、以共有财产负责的债务以及共有财产的管理方式的必要信息,另一方可以向(地方法院)申请终止夫妻共有财产。

第1:110条　申请终止夫妻共有财产的公告

申请终止夫妻共有财产的配偶,可以援用《民事诉讼法典》规定的具体方式维护自己的权利。

第1:111条　法院裁决终止共有财产的法律效力

1. 批准申请的,被申请的配偶一方,从案件开始审理或者开始审理前6个月,因任意行为而引发债务、浪费共有财产、未取得另一方同意或者授权而实施第1:88条所称的法律行为,给共有财产造成损害的,应当承担共有财产受到损害的赔偿责任。

2. 前款所称的请求权应当在终审裁决生效之日起3年内提出。

第1:112条　对第三人的保护　[2012年1月1日废止]

第1:113条　夫妻共有财产的恢复

夫妻共有财产终止后,配偶只能通过婚姻协议恢复共有财产制。

第八章　婚姻协议

[适用于2012年1月1日后]

第一节　婚姻协议的一般规定

第1:114条　婚前或者婚姻关系存续期间婚姻协议的订立

婚姻协议由准备结婚的配偶双方在婚前订立(婚前协议)或者婚姻关系存续期间订立(婚后协议)。

第1:115条　公证文书;对代理的书面授权

1. 婚姻协议应当采用公证文书,否则无效。

2. 授权他人代表一方订立婚姻协议必须采用书面形式，授权书中必须包括婚姻协议的内容。

第 1:116 条　对第三人的保护

1. 只有婚姻协议登记在公开的婚姻财产登记簿上时，其中的约定才可以对抗不知情的第三人，该约定应当在结婚仪式举行地的地方法院的登记处登记；结婚仪式在荷兰境外举行的，应当在海牙法院的登记处登记。

2. 婚姻财产登记簿的设置和查询，由枢密院令规定之。

3. 枢密院令可以规定，登记在不同于本条第 1 款所称的地方法院的登记处。枢密院令还可以规定，必须以符合法律规定的方式在登记簿中登记信息。

第 1:117 条　订立婚前协议的无能力

1. 婚前协议的订立和变更，只有在经法定主体的同意，并且该他人将同意订立或者变更婚前协议记载于公证文书上时，才能发生法律效力；需要地方法院批准的，将法院裁决附于原有的公证文书上即可。申请法院的批准，参照适用第 1:39 条第 1 款的规定。

2. 婚前协议自举行婚礼时生效；不得指定其他时间。

第 1:118 条　被监护成年人的无能力

被监护的成年人配偶在结婚后只有经过监护人的同意，才可以订立或者变更婚姻协议。

第 1:119 条　订立婚后协议的法院批准

1. 婚姻关系存续期间，配偶双方拟订立或者变更婚姻协议的，需要获得地方法院的批准。申请法院批准时，配偶双方还应当同时提交公证文书的草案。申请书的提交无须律师的涉入。

2. 在危及配偶双方的债权人的追偿权，或者婚姻协议的内容与法律的强制性规定、道德、公共秩序相冲突的情形下，地方法院才能完全或者部分地拒绝给予批准。

3. 公证文书没有在法院的批准裁判生效之日起 3 个月内制成，该批准不再有效。

第 1:120 条　婚后协议对第三人的保护

1. 婚后协议的订立或者变更，自制成公证文书之日起生效，公证文书载明更迟的日期的除外。

2. 婚后协议登记在公开的婚姻财产登记簿上至少 14 日后，其中的约定始得对抗不知情的第三人。

第 1:121 条　婚姻协议的内容

1. 当事人在婚姻协议中可以变更法律中关于夫妻共有财产的规定，只要此种变更不违反法律的强制性规定、道德或者公共秩序。

2. 当事人不得在婚姻协议中约定，在共同关系存续期间，一方承担的债务份额高于其享有的共同资产的份额。

3. 当事人不得约定变更因监护子女而产生的权利（父母的职责），也不得改变法律所规定的配偶一方死亡时，生存一方的权利。

第 1:122 条　[2012 年 1 月 1 日废止]

第 1:123 条　[2012 年 1 月 1 日废止]

第 1:124 条　[2012 年 1 月 1 日废止]

第 1:125 条　[2012 年 1 月 1 日废止]

第 1:126 条　[2012 年 1 月 1 日废止]

第 1:127 条　[2012 年 1 月 1 日废止]

第 1:128 条　[2012 年 1 月 1 日废止]

第 1:129 条　[2002 年 9 月 1 日废止]

第 1:130 条　对抗第三人的、关于个人财产的证据　[2018 年 1 月 1 日废止]

第 1:131 条　配偶间证据的不足

1. 未采用夫妻共有财产制度的配偶，对无记名证券或者没有登记的物品的所有权存在争议时，双方都无法证明其权利的，推定配偶双方各占一半的财产份额。

2. 上述推定不得损害配偶双方的债权人的利益。

第二节　婚姻上的分享义务

第二节第一分节　婚姻上的分享义务的一般规定

第 1:132 条　第 2 节的适用

1. 婚姻协议中规定了配偶双方负有一项或者多项分享收入或者财产的义务的，适用本节的规定。

2. 婚姻协议可以明示或者根据条款性质变更本节的规定，法律另有规定的除外。

第 1:133 条　分享特定收入或者财产的共同义务

1. 配偶之间分享收入或者财产的义务是相互的。

2. 分享义务只涉及该义务存续期间获得的收入或者财产。分享义务不涉及通过继承、遗赠、遗赠扶养协议或者赠与所获得的财产，也不涉及财产的孳息、财产及孳息的替代物。分享义务同样不涉及民法典第 4:29 条、第 4:30 条所称的用益财产权及据此设定的用益权，以及根据第 4:34 条、第 4:35 条、第 4:36 条和第 4:126 条第

2 款第 1 项、第 3 项以及民法典第 4 编第 4 章第 2 节取得的权利。

第 1:134 条　遗嘱人或者捐赠人作出的例外规定

婚姻协议规定通过继承、遗赠、遗赠抚养协议或者赠与所获得的财产及其孳息属于分享义务范围的，遗嘱人可以在遗嘱中规定该项财产不涉及分享义务。对于捐赠财产及其孳息，捐赠人也可以做出此种规定。

第 1:135 条　收入或者财产的等额分享

1. 双方配偶均有权等额分享属于分享义务范围的收入或者财产。

2. 分享义务，参照适用民法典第 3:181 条、第 3:183 条、第 3:195 条至第 3:200 条的规定。为了判断配偶一方是否遭受第 3:196 条所称的损失，以第 3:142 条所称的时间为准。参照适用《民事诉讼法典》第 677 条至第 680 条的规定。

3. 配偶一方故意隐瞒、抛弃或者藏匿应当分享的财产，导致其价值没有被分享的，该配偶应当赔偿另一方该财产的全部价值，而不是等额分享的价值。

第 1:136 条　以应分享财产取得财产

1. 以应分享财产取得财产的，按照取得时应分享财产支付的对待给付占全部对待给付的比例，所取得财产的相应份额归入应分享财产。配偶一方取得财产时产生的债务，该债务计入应分享财产，或者以应分享财产支付该债务的，取得的财产按前段的规定归入应分享财产。

2. 配偶之间对财产是否归属为分享财产有争议的，双方都不能证明不属于应分享财产的，推定该财产为应分享财产。上述推定不得损害配偶双方的债权人的利益。

第 1:137 条　由分享义务产生的金钱请求权

1. 分享只能产生金钱请求权的，不适用本条第 3 款的规定。

2. 根据婚姻协议的分享条款，配偶之间相互产生请求权的，两项请求权依法抵销，仅保留差额。

3. 依照合理和公平的标准，金钱支付不可接受时，配偶一方才有义务接受并请求以其他财产代替金钱履行债务。

第 1:138 条　对应分享的个人财产没有管理义务

1. 配偶一方对另一方处于分享义务的财产没有管理义务。管理财产不善的，一方无须向对方负损害赔偿责任。

2. 配偶一方可以要求另一方每年提供关于应分享收入和应分享财产的详细书面说明，并附上签名。不得变更本款的规定。

3. 配偶之间对书面说明的争议，根据一方的申请，由地方法院裁决确定。

第1:139条　相互分享义务的取消及赔偿费

1. 配偶一方因任意行为而引发债务、浪费财产或者拒绝提供第1:138条第1款所称的应分享收入或者财产说明的,另一方可以申请取消相互的分享义务。

2. 被申请的配偶一方,在案件开始审理后或者之前6个月内,因任意行为而引发债务、浪费应分享财产、没有取得另一方同意或者授权而实施第1:88条所称的法律行为的,有义务赔偿其对应分享财产造成的损害。

3. 不得变更本条第1款和第2款的规定。

第1:140条　金钱债务支付的延长

1 基于令人信服的理由,经负有分享义务的配偶一方的申请,地方法院可以裁定金钱义务分期支付或者在一个确定的期间后一次性或者分期支付,是否附加利息由法院裁判决定。法院应当注意平衡双方当事人的利益。法院可以要求有分享义务的配偶在规定期限内就所负的金钱债务提供物的担保或者人的担保。

2. 本条第1款所称的配偶死亡的,其法定概括继承人参照适用前款的规定。

3. 不得变更本条第1款和第2款的规定。

第二节第二分节　期间性的分享义务

第1:141条　期间分享义务的特别条款

1. 婚姻协议中的分享义务仅涉及婚姻存续的某段特定期间,并且期间届满时没有收入或者财产分享的,则分享义务在该期间届满后仍然存续,并扩展到尚未实现的分享部分的投资和再投资所得的净收益及其孳息。

2. 婚姻协议中的分享义务仅涉及婚姻存续的某段特定期间,这些义务应当在第1:142条所称的时间终止,即使该期间未届满。

3. 婚姻关系终止时,本条第1款所称的婚姻协议中的一定期间的分享义务没有履行的,推定现有财产为应分享财产,但考虑到分享义务的性质和范围,根据合理和公平的标准应当得到不同结果的除外。参照适用第1:143条的规定。

4. 一方不以自己的名义经营企业,但持有有限责任公司多数股份,或者对该企业利润是否直接或者间接分配给自己有决定权的,并且婚姻协议中的分享义务包括了企业利润的,基于一般合理性,在确定此配偶的分享义务的范围时应当考虑企业的未分配利润,而不适用本条第1款的规定。

5. 配偶另一方以自己名义经营企业的,参照适用本条第4款的规定。

6. 本条第1款所称的分享请求权的诉讼时效为3年,自婚姻关系终止或者分居的终审裁决作出之日起计算。该诉讼时效期间不得缩短。

第二节第三分节　最终分享义务

第 1:142 条　应分享财产及其范围的参考时间

1. 应分享财产及其范围以下列时间为准：

(1)婚姻关系或者登记伴侣关系由于死亡而终止的，死亡时；

(2)婚姻关系由于离婚而终止的，向法院提出离婚起诉时；

(3)分居的，向法院提出分居申请时；

(4)根据第 1:139 条取消相互分享义务的，提出取消义务的申请时；

(5)合意终止登记伴侣关系的，缔结终止登记伴侣关系的协议时；

(6)配偶一方或者双方申请终止登记伴侣关系的，提出申请之时；

(7)配偶或者登记伴侣一方失踪，另一方重新结婚或者缔结新的登记伴侣关系的，作出第 1:147 条所称的终审裁决之时；

(8)通过后续的婚姻协议取消相互分享财产义务的，第 1:120 条第 1 款所称之时。

2. 书面协议可以变更本条第 1 款前段、第 2 项和第 6 项的规定。

第 1:143 条　应分享财产的描述说明

1. 自第 1:142 条第 1 款所称的时间开始，任何一方可以请求对方提交关于应分享财产的描述说明。

2. 参照适用《民事诉讼法典》第 671 条至第 676 条和第 679 条的规定。

3. 配偶一方死亡的，他的法定概括继承人参照适用上述条款的规定。

4. 不得变更本条第 1 款至第 3 款的规定。

第 1:144 条　[2002 年 9 月 1 日废止]

第 1:145 条　[2002 年 9 月 1 日废止]

第三节　[2003 年 1 月 1 日废止]

第 1:146 条　[2003 年 1 月 1 日废止]

第 1:147 条　[2003 年 1 月 1 日废止]

第 1:148 条　[2003 年 1 月 1 日废止]

第九章　婚姻关系的终止

第一节　婚姻关系终止的一般规定

第 1:149 条　婚姻关系的终止

有以下情形之一,婚姻关系终止:

(1)一方死亡;

(2)根据本编第 18 章第 2 节或者第 3 节的规定,对失踪人宣告死亡或者推定死亡的,在其配偶缔结新的婚姻或者登记伴侣缔结新的登记伴侣关系时仍然生存的,因举行新的婚礼或者缔结新的登记伴侣关系而终止婚姻关系;

(3)根据本章第 2 节的规定离婚;

(4)根据本编第 10 章第 2 节的规定分居后终止婚姻。

第二节　离　　婚

第 1:150 条　申请离婚

未处于分居状态的,配偶一方或者双方可单独或者共同申请由地方法院裁决离婚。

第 1:151 条　婚姻关系永久破裂

婚姻关系永久破裂的,配偶一方可申请由地方法院裁决离婚。

第 1:152 条　[1993 年 1 月 1 日废止]

第 1:153 条　关于期待利益的临时措施

1. 在因申请离婚的配偶一方先死亡而可以得到预期利益的情形下,申请离婚会导致该预期利益的消灭或者严重减损,并且另一方因此不同意离婚的,法院需要根据案件具体情形,采取对双方都公平的临时措施,才可以同意离婚申请。法院可以对此指定期限。

2. 有以下情形之一,不适用本条第 1 款的规定:

(1)可合理期待配偶另一方会对此情形做充分准备的;

(2)配偶另一方对婚姻关系的永久破裂负主要责任的。

第 1:154 条　双方配偶共同申请离婚

1. 配偶双方都认为婚姻关系永久破裂的,可以共同申请由法院裁决离婚。

2. 在法院作出裁决之前,配偶任何一方都有权撤回该申请。

第 1:155 条　养老金分配请求权

在离婚的情形下,配偶一方在婚姻关系存续期间有养老金请求权的,配偶另一方可根据《养老金分配权法》，享有养老金分配权，除非一方配偶按照该法的规定排除其适用。

第 1:156 条　[1993 年 1 月 1 日废止]

第 1:157 条　配偶一方的生活费(扶养费)

1. 配偶一方因收入不足并不能以合理方式获得生活费的，经其申请，法院可以在离婚裁决或者后来的裁判中，规定由另一方支付生活费。

2. 在确定支付生活费的持续时间或者数额时，法院可以考虑有权领取生活费的一方死亡前所需的生活费。

3. 经配偶一方的申请，法院可以裁决指定支付生活费的数额和期间。指定的期间，不得超过该裁决登记在户籍簿之日起的 12 年。

4. 法院没有指定期间的，支付生活费的义务自裁决登记在户籍簿之日起经过 12 年依法终止。

5. 本条第 4 款所称的期间届满的，按照合理和公平的标准，不能期待有权取得生活费的一方接受该期间届满的，经其申请，法院可以继续指定支付期间。申请应当在期间终止前 3 个月内提出。法院应当在裁决中确定支付期间在届满后是否延长。

6. 婚姻存续期间不超过 5 年并且没有婚生子女的，扶养义务自离婚裁决登记在户籍簿上之日起，经过和婚姻存续相同的期间依法终止。法院指定期间的，其指定的支付期间不得超过前款规定的期间。参照适用本条第 5 款的规定，但其中“第 4 款所称的期间”更换为“本款前段所称的期间”。

第 1:158 条　离婚后支付生活费的协议

配偶双方可以在离婚裁决作出前或者作出后，约定离婚后一方是否向另一方支付生活费以及支付的数额。协议中没有约定支付期间的，参照适用第 1:157 条第 4 款、第 5 款、第 6 款的规定。

第 1:159 条　双方约定不得变更离婚协议

1. 在第 1:158 条所称的离婚协议中可以约定，无论在何种情况下，关于支付生活费的义务不得被法院裁决变更。此种约定必须采用书面形式。

2. 离婚协议订立后 3 个月内，没有提出离婚申请的，本条第 1 款所称的约定不再有效。申请共同离婚的，参照适用前述规定。

3. 本条第 1 款所称的约定，由于重大情势变更，根据合理和公平的标准，一方不能继续遵守此约定的，可以申请法院在离婚裁决或者以后的判决中对此约定作出变更。

第1:159条之一　根据《工作和帮助实施法》从(前)配偶一方获得补偿

第1:158条和第1:159条所称的协议不妨碍根据《工作和帮助实施法》第6.5节从配偶一方获得补偿,也不影响可获得的补偿数额。

第1:160条　支付生活费(扶养费)义务的终止

前配偶一方重新结婚、缔结新的登记伴侣关系或者与他人如同结婚一样共同生活的,另一方向其支付生活费的义务即终止。

第1:161条　[1995年11月2日废止]

第1:161条之一　[1995年11月2日废止]

第1:162条　[1995年11月2日废止]

第1:162条之一　[1995年11月2日废止]

第1:163条　离婚裁决的登记

1.离婚裁决自登记于户籍簿上时,发生离婚的法律效力。

2.该登记由配偶一方或者双方申请。

3.离婚的终审裁决生效之日起6个月内,没有提出登记申请的,该裁决失效。

第1:164条　共有财产的损害赔偿

1.配偶间有共有财产的,在提出离婚申请之后或者此前6个月内,任意缔结债务合同、浪费共有财产、未取得另一方同意或者授权而实施第1:88条所称的法律行为,对共有财产造成损害的,在离婚裁决登记于户籍簿上后,有义务赔偿共有财产受到的损害。

2.根据前款提起诉讼的,不得迟于该裁决登记之日起的后3年。

第1:165条　配偶一方的居住权

1.配偶一方在裁决登记时,居住在配偶另一方单独或者双方共同享有住宅使用权的住宅的,经其申请,法院可以在离婚裁决或者后来的判决中,允许其在离婚裁决登记于户籍簿的6个月内,继续居住在住宅中并有权使用家庭用品,但要为此支付合理的补偿。

2.该期间,配偶另一方未经前款所称的有权继续住在住宅中的配偶一方同意而实施法律行为的,不得损害其根据前款享有的权利。

3.享有居住权的配偶一方拒绝同意或者不能做出意思表示的,经另一方申请,受理离婚申请的地方法院可以决定不适用前款的规定。

第1:166条　离婚后双方重新结婚

离婚后双方重新结婚或者缔结新的登记伴侣关系的,婚姻的所有法律效力依法恢复,视同未曾离婚。但是,在婚姻关系终止后、新的婚姻关系或者登记伴侣关系前,所实施的法律行为的效力,按照行为时的具体情形判断。涉及本编第 8 章所称的订立或者变更婚姻协议的,参照适用第 1:119 条的规定。

第 1:167 条　[1982 年 7 月 5 日废止]

第十章　分居以及分居后终止婚姻关系

第一节　分　居

第 1:168 条　[2001 年 6 月 22 日废止]

第 1:169 条　离婚的大多数条款适用于分居

1. 当事人可以与离婚相同的理由及方式申请分居。

2. 参照适用第 1:151 条、第 1:154 条至第 1:159 条之一的规定,第 1:157 条第 3 款至第 6 款所称的期间,自分居裁决登记于第 1:116 条所称的婚姻财产登记簿上之日起计算,并且婚姻的存续期间也计算至该日。

3. 配偶一方因分居而承担的支付给另一方扶养费的义务,在婚姻关系终止时即终止。

第 1:170 条　[1995 年 11 月 2 日废止]

第 1:171 条　[1995 年 11 月 2 日废止]

第 1:171 条之一　[1995 年 11 月 2 日废止]

第 1:172 条　[1995 年 11 月 2 日废止]

第 1:173 条　分居产生效力的时间

1. 分居裁决自登记于第 1:116 条所称的婚姻财产登记簿上时,产生分居的法律效力。

2. 该登记由配偶一方或者双方申请。

3. 法院同意分居的终审裁决生效之日起 6 个月内,没有提出登记申请的,该裁决失效。

第 1:174 条　夫妻共有财产受损时的责任

1. 配偶间有共有财产的,在提出分居申请之后或者此前 6 个月内,任意缔结债务合同、浪费共有财产、未取得另一方同意或者授权而实施第 1:88 条所称的法律行为,对共有财产造成损害的,在分居裁决登记于户籍簿上后,有义务赔偿共有财产所受到的损害。

2. 根据前款提起诉讼的,不得迟于该分居裁决登记之日起的后 3 年。

第 1:175 条　配偶一方的居住权

1. 配偶一方在裁决登记时,居住在配偶另一方单独或者双方共同享有住宅使用权的住宅的,经其申请,法院可以在分居裁决或者后来的判决中,允许其在分居裁决登记于户籍簿的6个月内,继续居住在住宅中并有权使用家庭用品,但要为此支付合理的补偿。

2. 该期间,配偶另一方未经前款所称的有权继续住在住宅中的配偶一方同意而实施法律行为的,不得损害其根据前款享有的权利。

3. 享有居住权的配偶一方拒绝同意或者不能做出意思表示的,经另一方申请,受理分居申请的地方法院可以决定不适用前款的规定。

第1:176条　因调解而终止分居

1. 分居因调解而终止的,配偶双方应当向第1:116条所称的婚姻财产登记簿的户籍员申请终止分居;自该终止登记作出之时,分居终止。

2. 经该登记后,有关婚姻的所有法律效力依法恢复,视同未曾分居。但是,在分居登记后、分居终止登记前实施的法律行为的效力,按行为时的具体情形判断。

第1:177条　[2001年6月1日废止]

第1:178条　[1982年7月5日废止]

第二节　分居后婚姻关系的终止

第1:179条　分居的期间

1. 分居持续不少于3年的,经配偶一方申请,法院应当裁决终止分居配偶之间的婚姻关系。

2. 因配偶一方持续实施严重过错行为,不能期待另一方维持他们的婚姻的,另一方可以申请将该期间缩短为1年甚至更短。

第1:180条　关于预期利益(养老金)的法定措施

1. 在因申请解除婚姻关系的配偶一方先死亡而可以得到预期利益的情形下,申请解除婚姻关系会导致该预期利益的消灭或者严重减损,并且另一方因此不同意解除婚姻关系的,法院需要根据案件具体情形,采取对双方都公平的临时措施,才可以同意解除婚姻关系的申请。法院可以对此指定期限。

2. 以下情形之一,不适用本条第1款的规定:

(1)可合理期待配偶另一方会对此情形做充分准备的;

(2)配偶一方持续实施严重过错行为,以至于不能期待申请解除婚姻关系一方向其支付扶养费的。

第1:181条　因配偶双方的共同申请而终止婚姻关系

经分居的配偶双方共同申请,法院应当裁决解除婚姻关系。

第1:182条 关于离婚申请的大多数规定适用于分居后解除婚姻关系

分居后婚姻关系的解除,参照适用第1:154条第2款、第1:157条至第1:160条的规定,第1:157条第3款至第6款所称的期间应当扣除配偶一方存在向另一方支付扶养费义务的期间,并且婚姻的存续期间计算至分居裁决登记于第1:116条所称的婚姻财产登记簿上之日。

第1:183条 婚姻关系解除登记于户籍簿上时生效

1. 自解除婚姻关系的法院裁决登记于户籍簿上之日起,婚姻关系即发生解除的法律效力。

2. 参照适用第1:163条第2款、第3款及第1:166条的规定。

第1:184条 [1971年10月1日废止]

第1:185条 [1971年10月1日废止]

第1:186条 [1971年10月1日废止]

第1:187条 [1971年10月1日废止]

第1:188条 [1971年10月1日废止]

第1:189条 [1971年10月1日废止]

第1:190条 [1971年10月1日废止]

第1:191条 [1971年10月1日废止]

第1:192条 [1971年10月1日废止]

第1:193条 [1971年10月1日废止]

第1:194条 [1971年10月1日废止]

第1:195条 [1971年10月1日废止]

第1:196条 [1971年10月1日废止]

第十一章 血亲关系

第一节 一般规定

第1:197条 法律上的亲属关系

子女、其父母以及他们的血亲之间存在亲属关系。

第1:198条 子女的母亲

生下子女或者收养子女的女子,是其母亲。

第1:199条 子女的父亲

子女的父亲是:

(1)在子女出生时,与生他(她)的女子有婚姻关系的,但本条第2项另有规定的除外。

(2)与生下子女的女子有婚姻关系的男子在子女出生前306日之内死亡,而终止婚姻关系的,即使女子再次结婚,其仍是该子女的父亲;在子女出生前第306日已经分居或者分开生活的,女子可以在生下子女1年内,在户籍员面前声明她死去的丈夫不是该子女的父亲,这一声明应当记载于户籍证件上。在此种情况下,此时的配偶为该子女的父亲。

(3)认领子女的人。

(4)依法被确认父亲身份的人。

(5)收养子女的人。

第二节　对通过婚姻而产生的父亲身份的否认

第1:200条　父亲身份的否认和时间限制

1. 根据第1:199条第1项或者第2项产生的父亲身份,可以该男子不是该子女的生父来否认,申请的主体包括:

(1)该子女的母亲或者父亲;

(2)该子女自己。

2. 男子在结婚前已经知道女子怀孕的,则子女的母亲或者父亲不得否认根据第1:199条第1项或者第2项所产生的父亲身份。

3. 男子同意生育子女的行为的,则子女的父亲或者母亲不得否认根据第1:199条第1项或者第2项所产生的父亲身份。

4. 母亲就生育子女的情况欺诈父亲的,父亲的认定不适用本条第2款和第3款的规定。

5. 母亲应当在子女出生后1年内向地方法院提出对否认父亲身份进行司法确认的申请。父亲应当在知道其可能不是子女的生父的事实之日起1年内提出该申请。

6. 子女在知道该男子可能不是自己的生父时的3年内,应当向地方法院提出对否认父亲身份进行司法确认的申请。子女知道此事时还未成年的,应当在成年后3年内提出该申请。

第1:201条　父母一方或者子女死后否认父亲身份

1. 当父亲或者母亲在第1:200条第5款所称的期间终止前死亡的,死去配偶一方的子女可以向地方法院提出否认父亲身份的司法确认的申请,没有子女的,可由死去配偶一方的父母提起。该申请应当自死亡之日或者申请人知道死亡事实之日起1年内提出。

2. 父亲在第1:200条第5款所称的期间终止前死亡的,他的子女可以向地方法院提出否认父亲身份的司法确认的申请。其子女在其死亡时已成年的,应当自其死亡之日或者知道其死亡之日起1年内提出申请。其子女在其死亡时未成年的,应当在其假若生存可以自己提出申请之日起1年内提出,其子女在其死亡之后才知道死亡事实的,应当自知道起1年内提出。

第1:202条　否认父亲身份的法院裁决的效力

1. 否认父亲身份的终审裁决生效后,因婚姻而产生的父亲身份视为未曾发生过法律效力。

2. 善意第三人取得的权利不受损害。

3. 否认父亲身份的司法裁决生效后,不得请求返还照顾和养育费、生活和教育费以及因父亲身份而享有的权益。此外,对于曾经享有的财产利益,在提出申请时已不再享有的主体,也不负有返还该财产利益的义务。

第二节之一　对通过婚姻而产生的母亲身份的否认

第1:202条之一　母亲身份的否认和时间限制

1. 根据第1:198条第1款产生的母亲身份,可以该母亲不是该子女的生母来否认,申请的主体包括:

(1)第1:198条第1款第1项所指的母亲;

(2)第1:198条第1款第2项所指的母亲;

(3)该子女自己。

2. 第1:198条第1款第1项所指的母亲怀孕的或者第2项所指的母亲接受人工授精的,不得否认第1:198条第1款产生的母亲身份。

3. 母亲应当在知道其可能不是子女的生母的事实之日起1年内提出该申请。

4. 子女应当在成年后3年内,向地方法院提出否认母亲身份的司法确认的申请。

第1:202条之二　母亲死后否认母亲身份

1. 第1:198条第1款所指的母亲在第1:202条之一第3款所称的期间前死亡的,其子女可以向地方法院提出否认母亲身份的司法确认的申请,没有子女的,可由其父母提出。该申请应当自死亡之日或者申请人知道死亡事实之日起1年内提出。

2. 母亲身份的否定,参照适用第1:201条第2款和第1:202条的规定。

第三节　认　　领

第 1:203 条　认领方式

1. 认领可以下列方式进行：

(1)由户籍员制作认领证件；

(2)公证文书。

2. 认领行为自作出时，认领即发生法律效力。

第 1:204 条　无效认领

1. 有以下情形之一的，认领无效：

(1)根据第 1:41 条不得与该子女的母亲结婚的男子认领的；

(2)不满 16 周岁的未成年人认领的；

(3)被认领子女未满 16 周岁，未经其母亲事先书面同意的；

(4)被认领子女年满 12 周岁，未经该子女事先书面同意的；

(5)认领人在认领时与其他女子而非该子女的母亲结婚的，除非地方法院已确认，该男子和该子女的母亲存在与婚姻有同等程度的关系，或者该男子与子女之间存在密切的个人关系；

(6)子女已有两对父母的。

2. 前款第 3 项和第 4 项要求的同意，也可以在认领证件上表示。

3. 认领不损害母亲和子女的关系，也不损害子女的利益，并且该男子是该子女的生父的，对子女未满 16 周岁需要母亲的同意或者年满 12 周岁需要子女的同意的情形，经该男子的申请，可以由地方法院的批准取代母亲或者子女的同意。

4. 认领人由于精神障碍被监护的，只有取得地方法院分院同意后，才可以进行认领。

第 1:205 条　认领的撤销

1. 认领人并非子女生父的，下列人可以申请地方法院撤销该认领：

(1)被认领子女，除非认领是在子女成年后进行的；

(2)认领人受胁迫、发生误解、被欺诈或者在未成年期间情事滥用的，由认领人撤销；

(3)母亲受胁迫、发生误解、被欺诈或者在未成年期间情事滥用的，由母亲撤销。

2. 认领人不是该子女的生父，检察院可以以违反荷兰的公共秩序为由，申请撤销。

3. 在受胁迫或者情事滥用的情形下，认领人或者母亲的申请应当在事由消失后

1 年内提出,在错误或者受欺诈的情形下,应当在发现错误或者欺诈之后 1 年内提出。

4. 被认领子女知道该男子可能不是自己的生父时,应当在知道此事实后 3 年内申请撤销。知道此事实时未成年的,可以在成年后 3 年内提出撤销该认领的申请。

5. 认领人或者母亲在本条第 3 款所称的期间内死亡的,参照适用第 1:201 条第 1 款的规定。被认领子女在本条第 4 款所称的期间内死亡的,参照适用第 1:201 条第 2 款的规定。

第 1:206 条　撤销认领的效力

1. 撤销认领的终审裁决生效后,认领视同未曾发生过法律效力。

2. 善意第三人取得的权利不受损害。

3. 认领被撤销后,不得请求返还照顾和养育费、生活和教育费以及因父亲身份而享有的权益。此外,对于曾经享有的财产利益,在提出申请时已不再享有的主体,也不负有返还该财产利益的义务。

第四节　父亲身份的司法确认

第 1:207 条　法院确认父亲身份

1. 男子是子女的生父的,或者与该子女的母亲同居期间同意实施可能生育子女的行为,即使他已经死亡的,下列人可以以此为由,向地方法院申请确认父亲身份:

(1) 子女未满 16 周岁的,由母亲申请;

(2) 该子女。

2. 有以下情形之一,法院不得确认父亲的身份:

(1) 子女有两对父母的;

(2) 该男子根据第 1:41 条规定不得与该子女的母亲结婚的;

(3) 该男子是未满 16 周岁的未成年人,达到该年龄前已死亡的除外。

3. 母亲应当在子女出生后 5 年内提出申请,不知道该子女可能的生父的身份或者住所的,应当在知道其身份和住所之日起 5 年内提出。

4. 子女在确认父亲身份前死亡的,但本条第 1 款所称的男子尚生存的,该子女的子女可以向地方法院申请确认父亲身份。其应当自该子女死亡之日或者知道该子女死亡之时起 1 年内提出申请。

5. 确认父亲身份的终审裁决生效时,其效力可溯及至子女出生之时。善意第三人取得的权利不受损害。此外,对于曾经享有的财产利益,在提出申请时已不再享有的主体,也不负有返还该财产利益的义务。

第 1:208 条　在同一诉讼程序中对子女生活费的确定

在作出确认父亲身份裁决的同时,根据当事人的申请,法院出于子女的利益的考虑,可以裁决该父亲定期缴纳第 1:404 条所称的照顾和养育费,以及第 1:395 条之一所称的生活和教育费。

第五节　家庭身份的主张和争议

第 1:209 条　出生证上的家庭身份

个人实际上生活并保持着与出生证所称的家庭身份一致的个人关系时,他人不得对此人的血亲关系提出异议。

第 1:210 条　对家庭身份提出主张或者异议的诉讼权利不因时效而消灭

对家庭身份提出主张或者异议的诉讼权利不因时效而消灭。

第 1:211 条　有权主张家庭身份的人员

1. 下列人员可以对家庭身份提出申请和主张:

(1)子女;

(2)子女死亡时未成年或者此后 3 年内,该子女的继承人。

2. 子女已经提出本条第 1 款所称申请的,其继承人可以继续此项法律诉讼。

第六节　特别监护人

第 1:212 条　在诉讼过程中,为未成年人指定一个特别监护人

对血亲关系的案件有管辖权的地方法院,可以专门指定特别监护人代表作为利害关系人的未成年人的申请人。

第 1:213 条　[1998 年 4 月 1 日废止]

第 1:214 条　[1998 年 4 月 1 日废止]

第 1:215 条　[1998 年 4 月 1 日废止]

第 1:216 条　[1998 年 4 月 1 日废止]

第 1:217 条　[1998 年 4 月 1 日废止]

第 1:218 条　[1998 年 4 月 1 日废止]

第 1:219 条　[1998 年 4 月 1 日废止]

第 1:220 条　[1998 年 4 月 1 日废止]

第 1:221 条　[1998 年 4 月 1 日废止]

第 1:222 条　[1998 年 4 月 1 日废止]

第 1:223 条　[1998 年 4 月 1 日废止]

第1:224条　[1998年4月1日废止]

第1:225条　[1998年4月1日废止]

第1:226条　[1998年4月1日废止]

第十二章　收　　养

第1:227条　收养的理由

1. 根据收养人一方单独或者双方共同的申请,地方法院可裁决批准收养。收养人双方根据第1:41条不得结婚的,不得共同申请收养。

2. 在提出申请前持续共同生活至少3年的,收养人双方才可以共同申请收养。收养人是被收养人父母一方的配偶、登记伴侣或者其他同居者的,只有在提出申请前持续与被收养人父母一方共同生活至少3年的,才可以提出收养申请。子女在其父母一方与收养人保持关系期间出生或者将在此期间出生的,不适用本条前段的规定。

3. 收养明显符合子女的利益并且可以确定在申请收养时以及可合理预见的将来,不能期待子女的父母或者父母一方可以履行父母职责,并且此种情况符合第1:228条规定的所有条件的,法院可以批准收养。

4. 子女在收养人与其父母一方保持关系期间出生或者将要出生,并且是通过《人工授精捐赠者的信息法》第1条第3项所称的捐赠人工授精而生的,并经过该法规定提交的声明证实的,法院应当批准收养,除非收养明显不符合子女利益或者不符合第1:228条规定的条件。

5. 被收养子女的名字不明的,法院应当征求拟收养人的意见后,在收养裁决上确定一个或者多个名字,被收养子女年满12周岁的,还应当征求其意见。

6. 未成年父母在收养案件中具有完全诉讼行为能力。

第1:228条　收养的条件

1. 收养的条件是:

(1) 被收养子女在首次收养申请提出时,仍然是未成年人的,并且在收养申请提出之日已年满12周岁的,在法庭上听取意见时没有反对收养;该规定同样适用于被收养子女在收养申请提出之日未年满12周岁的,但能够对自己的利益作出合理判断的,对收养申请没有反对。

(2) 该子女不是收养人的孙子女或者外孙子女。

(3) 收养人一方或者双方与被收养子女的年龄差距不少于18周岁。

(4) 被收养子女的父母均不表示反对。

(5)在提出收养申请之时,被收养子女的母亲已年满16周岁。

(6)收养人一方或者双方已经照顾和养育该被收养子女至少1年;父母或者养父母一方的配偶、登记伴侣、同居者已经共同照顾和养育被收养子女至少1年,上述1年期间自他们实际共同照顾和养育该被收养子女之日起计算。

(7)父母一方或者双方没有或者不再对被收养子女有监护权的;但父母一方的配偶、登记伴侣或者其他同居者收养该子女的,则该父母一方应当单独或者共同与前述人行使监护权。

2. 有以下情形之一的,本条第1款第4项所称的被收养子女父母一方的异议无效:

(1)被收养子女与其父母没有或者很少有密切的家庭关系;

(2)父母虐待该被收养子女或者严重疏忽照顾和养育的;

(3)父母对该被收养子女实施犯罪行为,根据《刑法典》第2编第13章至第15章、第18章至第20章确定有罪的。

3. 子女是在其母与同性的同居者保持密切关系期间出生的,不适用本条第1款第6项的规定。

第1:229条　收养的法律效力:法律上的亲属关系

1. 收养后,被收养子女与养父母及其血亲建立法律上的亲属关系。

2. 同时,被收养子女与其原父母及其血亲停止法律上的亲属关系。

3. 当该子女父母一方的配偶、登记伴侣或者其他同居者收养该子女时,不适用本条第2款的规定,被收养子女与其父母及其血亲在法律上的亲属关系并不消灭。

4. 被收养子女在被收养时,与已经终止法律上亲属关系的父母一方保持联系的,地方法院可以裁定他们有继续交往的权利。参照适用第1:377条之一第2款、第3款和第1:377条之五及第1:377条之七的规定。

第1:230条　收养生效之时

1. 收养终审裁决生效之时,收养即发生法律效力。

2. 子女在其父母一方与收养人保持密切关系时出生的,并且收养申请是在子女出生前提出的,收养的效力溯及至子女出生之时;收养申请是在该子女出生后6个月内提出的,收养的效力溯及至向法院提出申请之时。在收养之前,该子女与其父母一方已经存在的法律上的亲属关系会由于收养而破坏的,不适用本款前段的规定。在前段所称的情形下,收养人在提出申请后死亡的,法院也可以作出收养的裁判。

3. 法院适用第1:228条所规定的条件有明显错误的,收养的效力不受其影响。

第 1:231 条　收养的解除

1. 根据被收养人的申请,法院可以裁决解除收养关系。

2. 收养关系的解除明显符合被收养人的利益,法院认为该解除合理,并且,解除申请提出的时间不早于被收养人成年前 2 年、不晚于成年后 5 年的,法院才可以批准解除收养关系。

第 1:232 条　收养的撤销

1. 被收养人及其子女与养父或养父母及其亲属之间的家庭关系,可以通过撤销而不再存续。

2. 收养后不再存续的原家庭关系,因撤销而恢复。

3. 收养的撤销应参照适用第 1:230 条的规定。

第十三章　未 成 年 人

第一节　一 般 规 定

第 1:233 条　未成年人

未满 18 周岁,并且没有结婚或者登记为伴侣关系,也没有结过婚或者缔结过登记伴侣关系的,以及不能根据第 1:253 条之八之一宣告成年的,是未成年人。

第 1:234 条　未成年人的限制行为能力

1. 除法律另有规定外,未成年人需经法定代理人同意,才能以自己的名义实施法律行为。

2. 未成年人法定代理人的同意只能针对一项特定的法律行为或者具有特定目的的法律行为。

3. 未成年人实施的该年龄在社会交往中通常可以独立作出的法律行为,视为已取得其法定代理人的同意。

第二节　赋予未成年人行为能力

第 1:235 条　完全行为能力的未成年人实施特定法律行为

1. 未成年人年满 16 周岁的,可以向地方法院分院申请赋予其行为能力,以取得成年人特定的行为能力。

2. 行使监护权的父母不同意,且适当遵守第 1:253 条之一规定的,该授权不得违背父母的意志。

3. 地方法院分院批准赋予行为能力的,应当明确规定赋予行为能力的范围。该行为能力只限于接受和处分收入的全部或者部分、缔结租赁合同和农业租赁合同、加入合伙企业以及从事职业或者经营。地方法院不得授予未成年人处分登记财产、有价证券或者附有抵押权的请求权的行为能力。

4. 对于赋予行为能力本身以及未成年人实施所赋予行为能力范围内的法律行为,该未成年人可以独立地起诉或者应诉。这些法律行为不适用第1:12条第1款的规定。

第1:236条　撤销赋予行为能力的裁决

1. 未成年人滥用行为能力或者有滥用危险的,地方法院分院可以裁决撤销赋予该未成年人的行为能力。

2. 经未成年人父母的申请,其对未成年人行使监护权并且适当遵守第1:253条之一第1款的规定,或者经未成年人法定监护人的申请,地方法院分院可以裁决撤销赋予该未成年人的行为能力。

第1:237条　赋予行为能力的公告

1. 赋予或者撤销赋予行为能力的裁决,应当在政府公告和该裁决指定的报纸上公告。

2. 公告必须详细而准确地记载赋予未成年人行为能力的目的和范围。公告之前,赋予或者撤销赋予行为能力的裁决不得对抗善意第三人。

第三节　儿童保护理事会

第1:238条　儿童保护理事会的职责和权力

1. 荷兰应当设有儿童保护理事会。

2. 儿童保护理事会的职责和权力由法律规定。儿童保护理事会以司法部长的名义行使权力、履行职责。

3. 为了履行职责,理事会应当了解儿童保护的发展状况,促进与保护儿童和青少年的机构间的合作,并依申请或者依职权向国家机关及机构提出建议。

4. 儿童保护理事会的活动不得违反儿童保护机构的宗教原则或者意识形态。

5. 儿童保护理事会的地址、《青少年监管法》第1.1条所称的认证机构合作方式、理事会的组织,由枢密院令规定之。

第1:239条　保护未成年人利益的权利以及申诉程序

1. 基于未成年人的利益,儿童保护理事会保护在荷兰有住所或者最后住所,或者有实际居所的未成年人;理事会也保护在荷兰没有住所或者最后住所,或者没有实际居所的未成年人。

2. 住所、最后住所或者实际居所在某一法院辖区的未成年人的保护,由该辖区的理事会的工作机构管辖。

3. 前款中，位于不同地区的多个理事会的工作机构对同一未成年人有管辖权的，一个工作机构已行使职权的，其他工作机构不再行使职权。

4. 对于在荷兰没有住所或者最后住所，或者没有实际居所的荷兰未成年人的利益保护，由阿姆斯特丹法院辖区的理事会的工作机构管辖。

5. 关于由儿童保护理事会正在处理或者已经处理过的关于未成年人保护的申诉事项，由枢密院令规定之。

第 1:240 条　提供职业上的秘密

根据法律规定或者基于从事公职或者职业的原因，负有保守秘密义务的人，可以在理事会认为行使职权必要的范围内，不经秘密涉及人的同意，向理事会提供有关信息。

第 1:241 条　儿童的保护措施（监护与临时监护）

1. 儿童保护理事会知道未成年人没有监护人或者监护人没有履行职责的，理事会应当申请法院安排监护权的行使。

2. 对未成年人的道德或者精神利益、健康有严重危险的，且有紧急和必要性的，青少年法庭可以责令《青少年监管法》第 1.1 条所称的认证机构对该未成年人行使临时监护。在此情形下，理事会应当在 6 周内申请法院安排监护权的行使。

3. 未满 6 个月的未成年人，并且没有法人对其行使监护权的，在未经理事会的事先书面同意而将其寄养的情况下，青少年法庭也可以采取本条第 2 款所称的临时措施。

4. 经儿童保护理事会或者检察院的申请，青少年法庭可以裁决确定本条所称的临时监护。该裁决可以规定由基金会行使监护未成年人及其财产的权利以及临时监护的期间。

5. 临时监护从青少年法庭裁定之日起经过 6 周失效，除非在此期间提请法院安排监护权的行使。前段所称的申请满足《民事诉讼法典》第 1:278 条的要求的，青少年法庭可以另行确定该期间，但最长不得超过 12 周。

6. 除非本条第 5 款所称的申请已经提出，青少年法庭可以撤销或者变更临时监护的裁决。此情形下，在申请提出之前，青少年法庭对临时监护之事项有管辖权。

7. 未成年人自己提出在 2000 年《外国人法》第 28 条所称的期限内居留的申请并为此而居留在荷兰的，法院可以裁决第 1:302 条第 2 款所称的法人对其行使临时监护，法院也可以命令此法人对司法部长指定的其他类别的未成年人行使临时监护，此时不适用本条第 2 款的规定。

第1:241条之一　对认证机构行使临时监护权的,参照适用第1:243条

《青少年监管法》第1.1条所称的认证机构行使临时监护的,参照适用第1:243条的规定。

第1:242条　儿童保护理事会了解情况的职责

儿童保护理事会应当了解一切与未成年人监护权相关的措施和情况。

第1:243条　无偿为儿童保护理事会提供服务

1. 当儿童保护理事会为履行职责而提出请求时,市政府和户籍员应当无偿为理事会提供一切信息、户籍簿的副本和摘录。理事会根据本章或者第9章、第10章、第14章、第15章和第17章以及《民事诉讼法典》规定履行职责或者行使职权时,枢密院令规定的机构和个人应当无偿向理事会提供其适当履行职责所必需的信息。

2. 儿童保护理事会为履行职责而向法院提出申请的,法院的书记员应当无偿提供其为此目的而要求的文件、副本和摘录。

3. 根据儿童保护理事会的申请送达文书的,按通常标准收取费用。律师为儿童保护理事会提供服务的,可以收取报酬。

4. 儿童保护理事会根据本章或者第9章、第10章、第12章、第14章、第15章及第17章的规定参加法律诉讼的,无须委托律师,但涉及诉讼案件除外。

第四节　对未成年人行使监护权的登记

第1:244条　公开的监护权登记簿

地方法院负责保管公开监护权的登记簿,该登记簿应当记载对未成年人行使监护权的法律事实。对于应当记载的法律事实和记载方式,由枢密院令规定之。

第十四章　对未成年人的照管权

第一节　一般规定

第1:245条　照管权行使的基本原则

1. 所有的未成年人都应当被照管。

2. 照管权是指亲权(也称为父母的职责)或者对未成年人的监护权。

3. 亲权由父母双方共同行使或者父母一方行使。对未成年人的监护权由父母以外的人行使。

4. 对未成年人的照管权包括保护其人身利益、管理其财产、代理其实施法庭内外的行为。

5. 根据第1:253条之十九之一所称的父母一方与另一个人共同行使照管权的,

或者法院根据第1:253条之二十所称的共同职责而作出裁决的,除非法律另有规定,视为父母双方共同行使亲权。

第1:246条　无能力对未成年人行使照管权

下列人员没有能力对未成年人行使照管权:未成年人、处于监护下的成年人、因精神障碍而无法行使照管权的,但间歇性的精神障碍除外。

第1:246条之一　[1995年11月2日废止]

第1:247条　亲权的范围

1. 亲权包括照顾和抚养未成年子女的权利和义务。

2. 前款所称的"照顾和抚养"包括照顾和负责子女的精神和身体健康及安全,并促进其人格的发展。照顾和抚养子女时,父母不得实施精神或者身体暴力或者其他有辱人格的行为。

3. 亲权包括父母一方促进子女与另一方的关系的义务。

4. 父母对子女共同行使照管权的,婚姻或者登记伴侣关系由于一方死亡或者分居以外的原因而终止的,或者父母已终止同居并且登记在第1:252条第1款所称的照管权登记簿上的,子女仍然享有由父母照顾和养育的权利。

5. 遵守本条第4款的规定,在婚姻关系、登记伴侣关系或者同居终止时可能产生实际障碍的情形下,父母可以在离婚协议或者照管计划中约定排除该障碍。

第1:247条之一　登记的同居关系终止时的照管计划

同居关系登记在第1:252条第1款所称的照管权登记簿上并且父母已终止同居的,他们应当制定《民事诉讼法典》第815条第2款所称的照管计划。

第1:248条　法定监护或者继父母参照适用第247条第2款的规定

未成年人的监护人以及对未成年人没有照管权而照顾和抚养未成年人的主体,参照适用第1:247条第2款的规定。

第1:249条　未成年子女的义务

未成年人应当尊重父母或者监护人的照管权,并且应当考虑其他家庭成员的利益。

第1:250条　特别监护人的指定

在照顾和抚养未成年人或者管理其财产过程中,未成年人的利益与照管他的父母一方或者双方、监护人或者监护人之一的利益发生冲突时,地方法院分院认为对保护未成年人的利益有必要并考虑冲突利益的性质后,经利害关系人申请或者依职权,应当指定特别监护人代理未成年人实施法庭内外的行为。

第二节　亲　　权

第二节第一分节　婚姻关系存续期间及终止后父母的共同照管权以及离婚后父母一方的照管权

第 1:251 条　婚姻关系存续期间及终止后父母的共同照管权

1. 婚姻关系存续期间,父母共同行使照管权。

2. 婚姻由于一方死亡或者分居以外的原因终止的,父母双方继续享有共同照管权。

第 1:251 条之一　婚姻关系终止后,申请变更共同照管权为单独照管权

1. 婚姻由于一方死亡或者分居终止以外的原因终止的,有以下情形之一的,经父母双方或者一方申请,法院可以裁决照管权归属一方:

(1)未成年人在父母之间受到不可接受的干扰或者损害的危险,并且不能期待在可预见的将来此状况有明显改变的;

(2)由于其他原因,基于子女利益的最大化而有必要驳回申请。

2. 根据本条第 1 款所作出的裁决,可以包含在分居、离婚或者分居后终止婚姻的裁决中,也可以事后作出。

3. 根据本条第 1 款作出的裁决,没有涉及父母所有的子女的,经父母一方或者儿童保护理事会的申请,地方法院可以将该裁决扩展到其他子女。

4. 年满 12 周岁的未成年人表示仅由父母一方行使照管权的,法院可以依职权,根据本条第 1 款作出裁决。未成年人未满 12 周岁,但法院认为其就此能对自己的利益作出合理判断的,也可以依据职权,根据本条第 1 款作出裁决。

第 1:252 条　父母离婚后对婚姻关系存续期间出生的子女的照管权

1. 父母婚姻关系或者登记伴侣关系已经终止的,经他们共同申请,并且已经将共同照管权登记在第 1:244 条所称的公开的登记簿上,他们对婚姻关系或者登记伴侣关系存续期间出生的子女享有共同照管权。子女已经处于父母的共同照管下的,不得提出前段所称的申请。

2. 有以下情形之一的,法院应当拒绝登记:

(1)父母一方或者双方不能行使照管权的;

(2)父母一方被取消或者剥夺照管权,由另一方行使照管权的;

(3)监护人被要求承担照管权的;

(4)行使照管权的人不存在的;

(5)父母一方和非父母的人共同行使照管权的。

3. 父母一方或者双方因其他原因而不是因其未成年或者被成年监护的原因不能行使照管权的，才有权在申请被拒绝的情况下提起上诉。此时，其可以向地方法院申请作出登记的裁决。有合理理由担心子女的利益由于批准上诉而受损的，地方法院应当驳回上诉。

第 1:253 条　前配偶之间复婚后照管权的恢复

1. 前配偶之间复婚或者缔结登记伴侣关系，且此前一方对子女行使照管权的，依法恢复为双方共同行使照管权，但一方无法行使照管权或者被取消或者剥夺照管权，或者父母一方与非父母一方的人共同行使照管权的除外。

2. 照管权没有恢复的一方可以向地方法院申请恢复照管权。地方法院在有充足的理由相信批准其申请会给子女的利益带来损害时，才可以驳回此申请。

3. 因调解而终止分居的，参照适用本条第 1 款和第 2 款的规定。

4. 前登记伴侣对子女共同行使照管权，且重新缔结登记伴侣关系或者结婚的，参照适用本条第 1 款和第 2 款的规定。

第 1:253 条之一　法院对亲权行使的安排

1. 父母对共同行使照管有争议的，经一方或者双方申请，由地方法院对此争议作出裁判。地方法院应当按照最有利于子女利益的原则作出裁判。

2. 经父母一方或者双方的申请，地方法院也可以安排亲权的行使方式和内容。该安排具体包括：

(1)父母各方照顾和抚养职责的分配，并且只有在保护子女利益的情况下，才可以暂时禁止父母一方与子女接触；

(2)决定主要和子女居住的父母一方(子女的主要住所)；

(3)不和子女经常居住的父母一方获取子女人身和财产重要事务的信息的方式或者提出意见的方式；

(4)根据第 1:337 条之三第 1 款和第 2 款，从第三人处获取信息的方式。

3. 父母负有第 1:247 条之一所称的义务却不履行的，本条第 1 款和第 2 款所称的法院应当在该义务适当履行前，依职权决定强制履行该义务。基于子女利益的最大化，法院不得决定实施拘留。

4. 参照适用第 1:377 条之一、第 1:377 条之五及第 1:377 条之七的规定。但其中的“交往权”(接触权)或者“探视安排”替换为“照顾和养育职责的分配”。

5. 法院对本条第 1 款或者第 2 款所称的申请作出裁判之前，应当对父母进行调解，在调解不能并且不违背子女的利益的情形下，也可以经申请或者依职权，实施法律允许的强制措施，或者根据《民事诉讼法典》第 812 条第 2 款的规定裁决全部或者部分立即强制执行。

6. 地方法院应当在申请提出后 6 个月内处理该申请。

第二节第一分节之一　登记伴侣关系期间父母共同行使照管权

第 1:253 条之一的之一　对登记伴侣关系存续期间出生的子女行使照管权

1. 对登记伴侣关系存续期间出生的子女,由其父母共同行使照管权。

2. 本条第 1 款所称的情形,参照适用父母的共同照管权的规定,但第 1:251 条第 2 款及第 1:251 条之一第 2 款、第 3 款的规定除外。

第二节第二分节　离婚以外的其他情形下由父母一方行使照管权

第 1:253 条之二　仅由母亲一方行使照管权

1. 只能确定子女的母亲,或者子女的父母没有结婚,也没有结过婚并且没有共同行使照管权的,母亲依法单独对子女行使照管权,但其不能行使照管权的除外。

2. 本条第 1 款所称的母亲没有法律能力行使照管权的,在其具有行使照管权的能力时,依法取得照管权,但此时其他人有照管权的除外。

3. 前款所称其他人有照管权之时,有权行使照管权的父母可以向地方法院申请授予其照管权。

4. 父母另一方对子女行使照管权的情形下,仅在法院认为符合子女的最佳利益时,才可以批准授予本条所称的照管权。

5. 监护人对子女行使照管权的情形下,仅在法院有充分的理由认为批准申请将损害子女的利益时,才可以驳回此申请。

第 1:253 条之三　父亲行使照管权的申请

1. 有权行使照管权的父亲没有和母亲共同行使照管权的,可以向地方法院申请由父母共同行使或者由自己单独行使照管权。

2. 父亲申请由父母共同行使照管权的,而父母另一方不同意共同行使照管权的,只有在以下情形下才可以驳回此申请:

(1)未成年人在父母之间受到不可接受的干扰或者损害的危险,并且不能期待在可预见的将来此状况有明显改变的;

(2)由于其他原因,基于子女利益的最大化而有必要驳回申请。

3. 父母一方对子女行使照管权的情形下,父亲申请单独行使照管权的,仅在法院认定符合子女的最佳利益时,才可以批准此申请。

4. 无人对子女行使照管权或者监护人行使照管权的情形下,父亲单独申请照管权的,仅在法院有充足的理由认为批准申请将损害子女的利益时,才可以驳回此申请。

5. 母亲也可以提出本条第 1 款所称的共同行使照管权的申请。

第 1:235 条之四　无人行使照管权

1. 在第 1:253 条之二第 1 款所称的情形下,无人对子女行使照管权的,有权行使照管的母亲、父亲或者父母双方,可以向地方法院申请由母亲或者父亲单独行使照管权或者由双方共同行使照管权。

2. 仅在法院有充足的理由认为批准本条第 1 款所称的申请将会损害子女的利益时,才可以驳回此申请。

3. 父母双方不以共同行使照管权为目的而申请行使照管权的,法院应当批准将照管权授予其认为最符合子女利益的一方。

4. 法院对只有父母一方提出行使照管权的申请作出裁判前,另一方自动取得对子女的照管权的,仅在法院认为最符合子女的利益时,才可以批准此申请。

第 1:253 条之五　对子女照管权的丧失

法院批准第 1:253 条之二、第 1:253 条之三和第 1:253 条之四所称的父母一方的申请的,此时行使照管权的另一方将丧失对子女的照管权。法院裁判由父母共同行使照管权的除外。

第 1:253 条之六　父母一方死亡后的照管权

行使照管权的父母一方死亡的,其死亡时尚生存的另一方已经在行使照管权的,可以依法自动取得对子女的照管权。

第 1:253 条之七　对子女单独行使照管权的父母一方死亡后的照管权

1. 对子女单独行使照管权的父母一方死亡的,法院可以决定由生存的另一方或者第三人行使照管权。

2. 法院可以依据儿童保护理事会、生存的父母的申请或者依职权作出裁决。

3. 法院对于生存的父母一方提出的行使照管权的申请,仅在其有充足的理由认为批准申请会损害子女的利益时,才可以驳回此申请。

4. 死亡的父母一方根据第 1:292 条为其子女指定了监护人的,同样适用前款的规定。

第 1:253 条之八　父母一方死亡后对监护人指定的调整

1. 父母一方死亡后由法院指定监护人的,法院可以在生存另一方有能力行使照管权的情形下,随时变更此裁决,由生存一方行使照管权。

2. 法院仅在生存一方提出行使照管权的申请的情况发生变化,或者其裁决所依据的信息不正确或者不完整的情况下，才可以批准前款所称的申请。

3. 死亡的父母一方根据第1:292条指定了监护人并且此监护人已开始行使监管权的，参照适用本条的规定。生存的父母一方在行使监护权开始后1年内提出申请的，仅在法院有充分理由认为批准申请将会损害子女的利益时，才可以驳回此申请。

第二节第二分节之一　未成年母亲宣告成年后的照管权

第1:253条之八之一　未成年母亲宣告成年

1. 年满16周岁的未成年母亲拟行使照管权而对子女照顾和抚养的，可以向青少年法庭申请宣告其成年。

2. 儿童保护理事会也可以为该未成年母亲提出申请。但此申请需要得到该女子的书面同意。该女子撤回同意的，此申请即失效。

3. 孩子出生之前由母亲本人或者该母亲代表提出本条第1款所称的申请，在此情形下，未成年母亲在生孩子时应当年满16周岁。

4. 青少年法庭仅在其认为最符合母亲和子女的利益时，才可以批准此申请。其他人对其子女行使照管权的，宣告成年可以使该未成年母亲单独行使对其子女的照管权。

5. 就提出宣告成年的申请，未成年母亲在法律诉讼中有行为能力并可以对此提起上诉。

第二节第三分节　父母对子女财产的管理

第1:253条之九　管理和代理

1. 父母共同行使照管权的，双方共同管理未成年子女的财产，并共同代理子女实施民事法律行为，另一方没有表示反对的，一方可以单独实施上述行为。

2. 参照适用第1:253条之一的规定，但“地方法院”替换为“地方法院分院”。

3. 父母一方单独行使照管权的，该方单独管理其未成年子女的财产，并单独代理子女实施民事法律行为。

4. 可以通过以下方式变更本条第2款、第3款的规定：

(1)法院裁决父母一方行使照管权的情形下，经双方共同申请或者一方单独申请而另一方不表示反对的，可以决定不行使照管权的一方有权管理子女的财产；

(2)根据第1:276条第2款取消或者剥夺照管权的；

(3)将财产赠与或者遗赠给未成年人的主体，在作出赠与或者遗嘱中规定由其他人管理该财产的。

5. 在本条第4款第3项的情形下，父母或者单独行使照管权的父母一方，有权要求该管理人提供管理受赠或者受遗赠财产的账目。

6. 在赠与人或者遗嘱人规定的财产管理终止后，应当适用本条第 1 款、第 2 款、第 3 款的规定。

第 1:253 条之十 父母应当以善意管理人的方式管理子女的财产（管理不善的责任）

父母或者父母一方应当以善意管理人的方式管理子女的财产。管理不善的，父母应当对此承担损害赔偿责任，但就父母依法可以享有的财产孳息除外。

第 1:253 条之十一 参照适用未成年人法定监护人的管理权的规定

父母或者父母一方对子女财产的管理权，参照适用第 1:342 条第 2 款、第 1:344 条至第 1:357 条以及第 1:370 条所称的未成年人法定监护人的管理权的规定。

第 1:253 条之十二 父母的收益权

1. 对子女行使照管权的父母有权依法取得其子女财产的孳息。子女和父母一方共同居住，并取得经常性的收入的，应当按照其经济能力承担相应的家务费用。

2. 父母一方被取消照管权的，参照适用本条第 1 款的规定，除非另一方对子女行使照管权。

3. 父母的收益权也存在收益权上的负担。

第 1:253 条之十三 立遗嘱或者赠与时对父母收益权的排除

遗嘱人在遗嘱中或者赠与人在赠与时规定该子女的父母不得享有该财产的收益权的，父母不得对子女的这部分财产享有收益权。

第三节 父母双方或者一方行使照管权的共同规定

第 1:253 条之十四 未结婚父母的共同照管权的终止

1. 因情势变更，或者裁判所依据的信息不正确或者不完整的，未结婚的父母可以向地方法院申请终止第 1:251 条之一第 1 款、第 1:252 条第 1 款、第 1:253 条之十七第 5 款、第 1:277 条第 1 款所称的共同照管权。此情况下，地方法院应当裁决确定继续对未成年子女行使照管权的父母一方。

2. 参照适用第 1:251 条之一第 1 款和第 3 款的规定。

第 1:253 条之十五 父母一方单独行使照管权的变更

根据本章第二节第一分节、第二分节和第二分节之一或者第 1:253 条之十四作出的父母一方单独行使照管权的裁判，发生情势变更的，或者作出决定所依据的信息不正确或者不完整的，经父母一方或者双方申请，地方法院可以变更此裁判。

第 1:253 条之十六 照管权生效的时间

1. 法院将照管权委托给父母双方或者一方的，相关的终审裁决生效时，照管权即生效。该法院裁决被宣告立即执行的,在裁定交付或者寄达的次日起,照管权即生效。

2. 婚姻经法院裁决终止或者分居而产生的照管权,在婚姻终止的裁决登记于户籍簿之前,或者分居裁决登记于第 1:116 条所称的婚姻财产登记簿之前,照管权不发生法律效力。

3. 根据第 1:252 条第 1 款作出登记,并且只有父母一方被委托行使照管权的,仅在法院的书记员撤销此登记后,照管权才发生法律效力。书记员应当书面通知父母双方此登记被撤销的事实。

第 1:253 条之十七　无能力行使照管权的效力

1. 父母共同对未成年子女行使照管权的情形下,一方基于第 1:246 条所称的原因不能行使照管权的,由另一方单独行使。不能行使的原因消失的,依法自动恢复父母的共同照管权。

2. 父母共同对未成年子女行使照管权的情形下,双方都基于第 1:246 条所称的原因不能行使照管权的,由地方法院为该未成年子女指定法定监护人。

3. 父母一方单独对未成年子女行使照管权的情形下,基于第 1:246 条所称原因不能行使照管权的,地方法院应当指定另一方行使照管权,但有充分的理由认为子女的利益将受到损害的除外。此时,地方法院应当为该未成年子女指定法定监护人。

4. 本条第 2 款和第 3 款所称的法院裁决,经父母一方、未成年人的血亲或者姻亲、儿童保护理事会的申请或者依职权作出。

5. 本条第 3 款所称的不能行使照管权的原因消失的,且地方法院确信可将子女委托于父母的,经其申请,该父母一方可以再次对其子女行使照管权。经父母一方或者双方的申请,可以由父母双方共同行使照管权。

第 1:253 条之十八　参照适用第 1:253 条之十七的情形

1. 有以下情形之一的,参照适用第 1:253 条之十七的规定:

(1)父母一方或者双方都不可能暂时或者持续地行使照管权的;

(2)父母一方或者双方下落不明的。

2. 在本条第 1 款所涉的期间,父母一方或者双方应当中止行使照管权。

第 1:253 条之十九　取得照顾和抚养子女但无监管权的继父母的同意

1. 子女经对其行使照管权的父母同意,交给他人照顾和抚养不少于 1 年并成为其家庭成员的,父母只有取得负责照顾和抚养子女的他人的同意才能变更该子女的住所。

2. 无法取得前款所要求的同意的,经父母的申请,该同意可以地方法院裁定授权予以取代。仅在法院有充足的理由认为批准申请将损害子女的利益时,才可以驳回此申请。

3. 本条第 2 款所称的申请被驳回的,裁决在地方法院规定的期间内继续有效,但不得超过 6 个月。此期间内,当事人对未成年人监管或者取消或者剥夺父母一方或者双方的亲权提出申请的,在法院就此申请作出终审裁判前,该裁决继续有效。

第三节之一 父母一方与非父母共同行使照管权

第三节之一第一分节 父母一方和非父母依法共同行使照管权

第 1:253 条之十九之一 父母一方和非父母依法共同行使照管权

1. 在结婚或者登记伴侣关系期间出生的子女,由父母一方与子女父母的配偶或者登记伴侣共同行使照管权;此情形下,该子女父母的配偶或者登记伴侣不是子女的父母,除非该子女和父母另一方有法律上的亲属关系。

2. 本条第 1 款所称的共同照管权参照适用父母共同行使照管权的规定,但第 1:251条第 2 款和第 1:251 条之一第 2 款和第 3 款除外。

第三节之一第二分节 法院裁决由父母一方和非父母共同行使照管权

第 1:253 条之二十 共同照管权的申请

1. 子女由父母一方行使照管权的,经行使照管权的父母及另一个与子女有密切个人关系的人共同申请,地方法院可以裁定由他们共同行使照管权。

2. 子女与其父母另一方也存在着法律上的亲属关系,满足下列条件的,才可以批准申请:

(1)父母一方与子女的非父母在申请前持续共同照顾子女不少于 1 年的;并且

(2)提出申请的父母一方在申请前持续单独地行使照管权不少于 3 年的。

3. 法院考虑到父母另一方的利益,有充足的理由认为批准申请将损害子女的利益的,应当驳回此申请。

4. 在第 1:253 条之十七第 1 款和第 1:253 条之十八所称的情况下,不得批准本条第 1 款所称的共同照管权。法人不得行使此种共同照管权。

5. 当事人提出本条第 1 款所称的申请的同时,还可以申请将子女的姓氏变更为行使照管权的父母一方的姓氏或者与子女有个人关系一方的姓氏。有以下情形之一的,法院应当驳回变更姓氏的申请:

(1)该子女年满 12 周岁,听取其意见后,其对申请表示不同意的;

(2)本条第 1 款所称的申请被驳回的;

(3)批准变更姓氏的申请违背该子女的利益的。

第1:253条之二十一　申请共同照管权的生效时间

本分节所称的申请的共同行使照管权的终审裁决生效时,共同照管权即生效;或者该法院裁决立即执行的,在裁决交付或者寄达的次日起,共同照管权即生效。

第1:253条之二十二　本分节所称共同照管权的适用

1. 父母一方和非父母共同行使照管权的,参照适用第1:246条、第1:247条、第1:249条、第1:250条、第1:253条之一、第1:253条之十至第1:253条之十三、第1:253条之十七第1款以及第1:253条之十八的规定。

2. 参照适用第1:253条之九的规定,但行使照管权的父母一方根据第1:253条之九第4款第1项或者第3项,对该子女的财产没有管理权的除外。

3. 参照适用第1:253条之十四的规定。地方法院在作出终止第1:253条之二十所称的共同照管权之前,应当按照最有利于子女利益的原则给父母双方或者不行使照管权的父母一方提出申请由父母双方或者一方行使照管权的机会。

4. 地方法院在终止第1:253条之二十所称的共同照管权后,指定他人为子女的监护人的,法院可以基于情势变更,随时为了该子女的利益,经父母一方或者双方的申请,决定由父母一方或者双方共同行使照管权。

5. 参照适用第1:253条之十七第2款的规定,在地方法院指定监护人之前,应当按照最有利于子女利益的原则给不行使照管权的父母一方提出申请由其单独行使照管权的机会。非父母也可以提出第1:253条之十七第2款所称的申请。

6. 父母一方和非父母共同行使照管权的,参照适用本章第4节和第5节的规定,但取消或者剥夺父母一方的共同照管权时,仅在法院已经按照最有利于子女利益的原则给不行使照管权的父母提出申请由其单独行使照管权的机会后,非父母一方才能单独行使照管权。

第三节之一第三分节　父母一方和非父母共同行使照管权的共同规定

第1:253条之二十三　与子女父母共同行使照管权的非父母对该子女的抚养义务

与子女父母共同行使照管权的非父母有义务为该子女提供抚养费。共同照管权由于子女成年而终止的,支付抚养费的义务存续到该子女年满21周岁。法院终止共同照管权的终审裁决生效的,或者行使照管权的父母一方死亡的,支付抚养费的义务只在共同照管权期间存在,除非法院基于特殊原因,经父母或者共同行使照管权的非父母一方申请,决定延长该期间。子女年满21周岁的,该支付抚养费的义务即终止。参照适用第1:392条第3款、第1:395条之一第1款、第1:395条之二、第1:397条、第1:398条、第1:399条、第1:400条、第1:401条第1款、第4款、第5款、第1:402条、第1:402条之一、第1:403条、第1:404条第1款、第1:406条以及第1:408条的规定。

第1:253条之二十四　与非父母一方共同行使照管权的父母一方死亡的法律效力

1. 与非父母一方共同行使照管权的父母一方死亡的，非父母一方依法自动取得对子女的监护权。

2. 生存的父母一方有能力对其子女行使照管权的，经其申请，地方法院可以随时裁定由其行使照管权。

3. 此情形下，不适用第1:253条之七和第1:253条之八的规定。

第1:253条之二十五　第1:253条之十九之一和第1:253条之二十所称的共同照管权的终止

1. 将照管权委托给父母共同行使的裁决，或者终止父母一方和非父母共同照管权的终审裁决生效之日起，第1:253条之十九之一和第1:253条之二十所称的共同照管权即终止。

2. 本条第1款所称的裁决被宣告立即执行的，在裁定交付或者寄达的次日起，父母一方和非父母的共同照管权即终止。

第四节　对未成年人实施监管

根据2023年1月1日生效的《青少年监管法》修改。

第1:254条　认证机构

本节中，认证机构指《青少年监管法》第1.1条所称的认证机构。

第1:255条　命令监管未成年人的理由

1. 未成年人在成长过程中受到严重威胁的，青少年法庭决定由认证机构对其实施监管，包括：

(1)与消除对未成年人行使监护权的父母的威胁有关的或者未能被父母充分接受的必要照顾；

(2)有理由期望父母或行使监护权的一方能够在考虑到未成年人的品德和心理发展的情况下，承担第1:247条第2款所称的照顾和抚养的责任。

2. 青少年法庭可以根据儿童保护理事会或检察院的要求对未成年人实施监管。此外，儿童保护理事会没有提出请求的，父母和将未成年人作为其家庭成员而照顾和抚养的人也有权提出请求。

3. 市议会在收到《青少年监管法》第2.4条第1款所称的调查请求后,未能提交监管令的请求,可以书面形式向通知提出请求的市行政部门。在收到此种通知后,市长可要求儿童保护理事会就是否有必要由认证机构对未成年人实施监护向青少年法庭征求意见。儿童保护理事会应当在收到此种要求的2周内,就是否下达未成年人的监管令征求法官的意见。此种情况下,法官可依职权颁布监管令。

4. 法院颁布监管令时应当说明未成年人发展过程中所受的具体威胁,以及监管令适用的期限。

5. 本条第2款所称的申请不涉及父母对其行使亲权的所有未成年人,青少年法庭可根据儿童保护理事会的要求或动议进行补充,并在满足本条第1款所称的理由的情形下,对未成年人实施监管。

第1:256条　接受机构

1. 青少年法庭可指定《寻求庇护者接待机构法》第1条第4款所称的机构对已提交《外国人法》第28条所称的发放临时居留证申请的未成年人或者为其提交申请的未成年人实施监管,并由司法部长对此种接受机构予以监督。

2. 司法部长可以对本条第1款所称的接受附加条件或规则,并在一定时期内确定接受机构。

3. 第1:326条第4款和第5款参照适用本条第1款所称的监管和接受机构的规定。

4 根据第1:259条变更接受机构的,应当指定一个与《青少年监管法》所称的未成年人居住地所在的城市有合同或补助关系的认证机构。该接受机构不再符合本条第1款中所称的实施监管的要求的,亦适用本条款。此种情况下,青少年法庭应当替换接受机构,除非基于连续性的原因,有必要由该机构继续执行任务。

第1:257条　临时监管

1. 有充分理由相信满足第1:255条第1款所称的理由的,并且措施对于消除对未成年人的威胁是必要的,青少年法庭可以临时指定认证机构对未成年人实施监管。

2. 参照适用第1:255条第2款的规定。青少年法庭应当确定此种监管的期限最多为3个月,并且可以随时撤销此种监管。

第1:258条　监管令的期间

监管令的期限不得超过1年,但符合第1:260条所称的延长情形的除外。不得扣除临时监督的期限。

第 1:259 条　认证机构的变更

法官可以根据认证机构、儿童保护理事会、行使照管权的父母或年满 12 周岁的未成年人的申请,将认证机构变更为另一个认证机构。

第 1:260 条　申请延长监管令期限的主体

1. 符合第 1:255 条第 1 款所称的理由的,青少年法庭可以延长监管令的期限,每次最多不超过 1 年。

2. 青少年法庭可以根据实施监管的认证机构的申请延长监管令。认证机构未提出申请的,儿童保护理事会、父母、将未成年人作为其家庭成员而照顾和抚养的人以及检察院有权提出申请。

第 1:261 条　取消监管令和申请主体

1. 不符合第 1:255 条第 1 款所称的理由的,青少年法庭可以取消监管令。

2. 青少年法庭可以根据认证机构的申请,取消监管令。认证机构未提出申请的,儿童保护理事会、行使照管权的父母或年满 12 周岁的未成年人有权提出申请。

第 1:262 条　认证机构的义务

1. 认证机构对未成年人实施监管的,应当向未成年人和行使照管权的父母提供帮助和支持,以确保在监管令有效期内消除第 1:255 条第 5 款所称的对未成年人发展的具体威胁。认证机构应当确保行使照管权的父母尽可能地承担起照顾和抚养子女的责任。

2. 就未成年人的年龄而言,其发展水平以及独立处事和安排生活的能力是必要的,认证机构应当更注重提高未成年人相关方面的独立性。

3. 认证机构应当促进行使照管权的父母之间或者行使照管权的父母与未成年人之间的家庭关系。

第 1:262 条之一　[已废止]

第 1:262 条之二　监管令的争议

除《青少年监管法》第 4.2.1 条所称的行为外,关于执行监管令的争议可以提交给青少年法庭予以审理。青少年法庭应当按照最符合未成年人利益的原则,决定行使照管权的父母、年满 12 周岁的未成年人、认证机构、将未成年人作为其家庭成员而照顾和抚养的人,或者符合《青少年监管法》第 1.1 条所称的照顾者或青年援助者,作为监管主体。在作出决定之前,青少年法庭应当尽可能在有关各方之间达成和解。

第 1:263 条　书面指示

1. 认证机构可以就未成年人的照顾和抚养作出书面指示,以履行其任务。监护人或未成年人不同意、不配合或不充分配合执行《青少年监管法》第 4.1.3 条第 1 款所称的计划的，但为消除未成年人成长过程中的具体威胁而必须实施的，认证机构可以作出书面指示。

2. 行使照管权的父母和未成年应当遵循书面指示。

3. 认证机构可以要求青少年法庭确认其作出的书面指示。不遵守此种指示的，认证机构可以采取法律授权的强制措施，除非基于儿童的最大利益而不得实施此种措施。

第 1:264 条　向青少年法庭申请撤销书面指示

1. 根据行使照管权的父母或年满 12 周岁的未成年人的申请，青少年法庭可以宣布书面指定全部或部分无效。该申请不产生延缓执行指示的效力，除非青少年法庭作出相反规定。

2. 提交申请时，还应当提交认证机构的决定。

3. 提交申请的期限为 2 周，从发送或发布决定的次日起算。

4. 对于期限届满后提交的申请，不可合理地归因于申请人的过错的，该申请仍可被接受。

第 1:265 条　书面指示的撤销

1. 根据指定对象的申请，认证机构可因情况变化而全部或部分撤销其书面指示。

2. 认证机构应当在收到申请后 2 周内以书面形式作出决定。

3. 参照适用第 1:264 条的规定。

4. 认证机构未能作出决定或者未能按时作出决定的，视为驳回申请。此种情况下，认证机构未能作出决定的，可以继续计算向法院提出申请的期限，认证机构在 2 周后作出决定的，此期限即终止。

第 1:265 条之一　安置令

仅通过安置令才可以将未成年人带离家庭安置。

第 1:265 条之二　离家安置

1. 为了照顾和抚养未成年人或者了解其精神或者身体状况，经申请，青少年法庭可以许可《青少年监管法》第 1.1 条所称的负责执行监管令的认证机构，将未成年人带离家庭安置。

2. 儿童保护理事会或者检察院也可提出该申请。

3. 对于《青少年监管法》第 6.1.2 条第 1 款或者第 6.1.3 条第 1 款所称的接纳和居留，无须取得本条第 1 款所称的授权，上述各款所称的授权均可。第 1:265 条之一的授权应当是本条第1款所称的授权。

第1:265条之三　离家安置的期间

1. 除按照本条第2款规定予以延长外,安置令的期间最长为1年。临时对未成年人实施监管和离家安置的,该期限不得从1年的期间中予以扣除。

2. 根据认证机构的申请,青少年法庭可以延长离家安置的期间,但每次最长为1年。认证机构未提出申请的,可以根据儿童保护理事会或检察院申请予以延长。

3. 安置令颁布满3个月后未能执行的,该安置令即失效。

第1:265条之四　离家安置的终止

1. 为了照顾和抚养未成年人或进行第1:265条之二第1款所称的调查而不再需要离家安置的,并且基于未成年人的利益不反对终止的,认证机构可以终止离家安置。

2. 行使照管权的父母一方、年满12周岁未成年人或者将未成年人作为其家庭成员而照顾和抚养的人可以因情况变化而申请认证机构:

(1)终止离家安置;

(2)缩短期限;

(3)撤销授权下未成年人居住地的变更,除非已经根据第1:265条之九予以授权。

3. 认证机构应在收到申请2周内作出书面决定。

4. 根据本条第2款所称人员的申请,青少年法庭可以全部或部分撤销授权,或缩短授权期限。参照适用第1:264条第1款、第1款第2句、第2款至第4款以及第1:265条第4款的规定。

第1:265条之五　认证机构的权利

1. 青少年法庭在批准离家安置时,以及在批准后,可以根据经认证机构的申请确定由其行使部分权利,但以执行监管令所需为限。具体包括:

(1)未成年人在教育机构的注册;

(2)同意对未满12周岁的未成年人或者年满12周岁的未成年人进行治疗,并且该未成年人没有能力合理判断自己在这方面的利益;

(3)根据《外国人法》第14条或第28条的规定,为未成年人的利益申请居留证。

2. 部分行使监护权的期限不得超过已批准的安置令的期限。

3. 青少年法庭可以延长部分行使监护权的期限,但每次最长为1年。

4. 根据申请,参照适用本条第1款和第3款所称的决定的规定。

5. 认证机构可以提出本条第1款、第3款和第4款所称的申请。认证机构未提出申请的，应当授权儿童保护理事会或者将未成年人作为其家庭成员而照顾和抚养的人提出。

第1:265条之六　在离家安置期间限制行使照管权的父母与未成年人接触

1. 在离家安置期间内，认证机构可以限制行使照管权的父母与未成年人接触。

2. 认证机构的决定视为书面指示。青少年法庭作出最符合子女利益安排的决定的，应当参照适用第1:264条和第1:265条的规定。

第1:265条之七　父母与子女的交往权的变更

1. 在监管令的有效期内，青少年法庭可以根据认证机构的要求，在符合未成年人利益的必要范围内，制定或修改照顾和抚养任务的分工或者有关行使交往权的安排。

2. 经行使照管权的父母、交往权(接近权)人、已年满12周岁的未成年人和认证机构的申请，青少年法庭可以情势变更、决定所依据的信息不正确不完整为由，变更本条第1款所称的决定。

3. 监管终止后，根据本条所确立的安排应当视为第1:253条之一第2款第1项或第1:377条之一第2款所称的安排。

第1:265条之八　对未成年人的必要医疗

1. 为避免未成年人的健康受到严重损害，在不满12周岁的未成年人需要医疗而对其行使照管权的父母拒绝同意其医疗的情形下，经认证机构的申请，该同意可替换为青少年法庭的决定。

2. 12周岁或年满12周岁不能被视为有能力合理评价其在这方面的利益的未成年人的治疗参照适用本条第1款的规定。

第1:265条之九　未成年人住所的变更

1. 对于将未成年人作为其家庭成员而照顾和抚养1年以上的人，认证机构应当申请青少年法庭允许其改变住所。

2. 青少年法庭应当根据认证机构的申请给予许可，但青少年法庭认为对未成年人的最大利益有必要时应当予以拒绝的除外。

3. 青少年法庭拒绝本条第2款所称的申请的，可以决定实施监管和离家安置的期限最长为1年。认证机构有义务执行安置令。

第1:265条之十　监管期限和安置期限的延长

1. 认证机构判断不延长第1:260条第2款所称的监管期限或者不延长第1:265条之三第2款所称的安置期限是适当的，其应当在适当时候，但最迟不得晚于实施监管或离家安置期限届满前2个月,向儿童保护理事会通知此种决定,同时应当提交实施监管或者离家安置的进展报告。

2. 认证机构可以在批准的期限内终止离家安置。认证机构应当在适当的时候通知儿童保护理事会此种决定,但最迟不得晚于其预定终止日期届满前1个月,并且提交实施离家安置的进展报告。

3. 实施监管或者离家安置2年或者2年以上的,认证机构应当提交的报告应当附上儿童保护理事会关于延长此种决定的意见。认证机构应当在适当的时候通知儿童保护理事会其提出上述申请的决定,但最迟不得晚于监管期限届满前2个月。

第1:265条之十一 程序性规定

1. 本条规定的申请应以书面形式提出。提出上述申请的情况下,当事人无须委托律师,但第1:262条之二所称的申请除外。

2. 认证机构提出申请或者被传唤参加听证会时,应当在提出申请时或者被传唤后立即将《青少年监管法》第4.1.3条第1款所称的行动计划以及监管报告送交青少年法庭。

3. 本条第2款所称的计划和报告还应当送至儿童保护理事会。

4. 认证机构为履行职务而提出申请的情况下,基金会无须委托律师,并考虑免除其费用;法院的书记员应当无偿向基金会提供其所要求的文本、副本和摘录。

第五节 亲权的撤销和剥夺

第1:266条 取消亲权的理由

1. 有以下情形之一的,在不违背子女利益的情形下,地方法院可以不适合或者不能履行照顾和抚养义务为由而撤销父母对一个或者多个子女的照管权:

(1)未成年人的发展受到严重威胁,并且父母没有能力对该未成年人的个人和发展可以接受的期间内履行第1:247条第2款所称的照顾和教育的责任的;

(2)父母滥用亲权的。

2. 适用本条第1款时,中止亲权的同时,也可以终止亲权。

第1:267条 可以申请撤销亲权的人

1. 经儿童保护理事会或者检察院的申请,法院可以裁定撤销亲权。儿童保护理事会未提出申请的,父母以及将未成年人作为其家庭成员照顾和抚养至少1年的人也有权提出此种申请。

2. 儿童保护理事会在收到负责监督该未成年人的经认证的机构为此目的提出的调查要求后,未提出本条第1款所称的申请,其应当书面通知经认证的机构该事项。经认证的机构在收到该通知后可以要求儿童保护理事会就是否有必要终止监护权征求法院的意见。收到认证机构提出的此种请求的儿童保护理事会应当在该请求提出后的2周内向法院提出是否应当终止监护权的申请。此情况下,法院可以自行宣布终止亲权。

第1:267条之一　可以申请撤销亲权的人

驳回终止监护权申请的法院可以将未成年人置于第1:255条所称的监督之下。

第1:268条　自愿或者强制撤销亲权

1. 地方法院认为最符合子女利益的,可以下列理由剥夺父母对一个或者多个子女的照管权:

(1)滥用亲权,或者严重疏忽照顾和抚养一个或者多个子女符合第1:266条第1款所称的情况的;

(2)对未满12岁的未成年人或12岁以上不能被认为有能力对其该方面的利益作出合理评价的未成年人进行医疗,以避免对其健康的严重威胁,而有监护权的父母拒绝同意的。

2. 父母共同行使监护权,在其中一方暂停监护期间,另一方应单独行使监护权,但青少年法庭命令《青少年监管法》第1.1条所称的认证机构对未成年人进行临时监护的除外。该情况下,也应当中止该家长的照管权。

3. 中止涉及父母双方或拥有唯一亲权的父母的,法院应当委托《青少年监管法》第1.1条所称的认证机构对未成年人进行临时监护。认证机构具有监护人的权利。

4. 参照适用第1:267条的规定。

5. 中止行使照管权的命令应当在命令下达之日起3个月后失效,除非在该期限结束前利害关系人请求终止该权利。

第1:269条　剥夺亲权的理由

符合第1:268条所称的中止父母双方或一方行使亲权的理由的,法院可以根据第1:255条所称的方式安置子女。

第1:270条　有权申请剥夺亲权的人　[2015年1月1日废止]

第1:271条　亲权的中止及临时监护的规定　[2015年1月1日废止]

第1:271条之一　用监护替代亲权中止及临时监护　[2015年1月1日废止]

第1:272条　必要的紧急措施　[2015年1月1日废止]

第1:272条之一　用监护替代撤销或者剥夺亲权　[2015年1月1日废止]

第1:273条　[1995年5月1日废止]

第1:274条　只有父母一方被撤销或者剥夺亲权

1. 父母双方共同行使照管权的,撤销或者剥夺一方的照管权后,由另一方单独行使照管权。

2. 父母一方单独行使照管权的，撤销或者剥夺其照管权后，另一方可以随时向地方法院申请行使照管权。仅在法院有充足的理由认为批准申请会损害子女的利益时，才可以驳回此申请。

3. 地方法院驳回前款所称的申请的，可以随时变更此裁决。但地方法院只能以作出此裁决时未考虑的情况为由，且经所涉及的父母的申请，才可变更此裁决。

第 1:275 条　没有父母行使照管权的；监护人的指定

1. 父母一方已被剥夺或者撤销亲权而另一方无权单独照管的，地方法院应当为其子女指定监护人。

2. 任何有能力行使监护权的人，在案件审理期间，都可以向地方法院申请成为所涉及的未成年人的监护人。

3. 在第 1:268 条第 2 款第 4 项所称的剥夺亲权的情形下，地方法院应当优先指定申请时对该子女已照顾和抚养 1 年以上的一人或者多人为监护人，只要其具有行使监护权的法律能力。

第 1:276 条　在剥夺或者取消亲权后对子女财产的管理

1. 被撤销或者剥夺照管权的父母仍管理子女财产的，应当同时裁决其向接替其管理财产的人提供账目。

2. 由不同人行使照管权的子女拥有共有财产的，地方法院可以指定行使照管权的一人或者第三方，在财产分割前管理此财产。管理人应当符合法院规定的所有条件。

3. 父母一方已被指定为管理人的，前款所称的财产管理适用第 1:253 条之十一的规定；其他情形下，参照适用本章第 6 节第 10 分节的规定。管理人享有撤销未成年共有人管理或者处分其管理下财产的法律行为的排他性权利。

第 1:277 条　亲权的恢复

1. 地方法院确信未成年人可以重新委托给被撤销或者剥夺亲权的父母的，经父母的申请，可以恢复其亲权。未结婚的父母拟共同行使照管权的，可以由父母双方共同提出申请。

2. 在撤销或者剥夺父母一方亲权，而将照管权委托给父母另一方行使的情形下，被撤销或者剥夺亲权的父母一方提出前款所称的申请时，地方法院不能恢复其亲权，但照管权委托给父母另一方的裁决所依据的情况发生变化的，或者裁决所依据的信息是不完整或者不正确的除外。参照适用第 1:253 条之十八之四的规定。

第 1:278 条　亲权恢复的申请；延缓期间

1. 儿童保护理事会也可以提出第 1:277 条所称的申请。

2. 调查期间,儿童保护理事会和申请恢复其亲权的父母都可以向地方法院请求延缓,并规定最长不超过6个月的延缓期;在此期间,子女与申请恢复其亲权的父母同住。地方法院随时可以终止该延缓期间。

第六节　对未成年人的监护

第六节第一分节　对未成年人监护的一般规定

第1:279条　[1995年11月2日废止]

第1:280条　监护的开始

对未成年人的监护始于:

(1)父母任命的监护人:父母死亡后,其表示接受监护权之时。该表示应当亲自作出或者由他特别委托的代理人作出;根据《民事诉讼法典》第1编第1节第1分节的规定,该表示应当在对未成年人所涉事项有管辖权的地方法院的书记员面前作出。该表示必须在任命送达至被任命人之日起14日内作出,被任命人在荷兰境外的,在送达至被任命人2个月内作出。任何利害关系人以及儿童保护理事会都可以指令送达。

(2)表示愿意接受任命后,由法院任命的监护人:终审决定生效之日。此决定被宣告立即生效并执行的,在任命决定交付或者寄达的次日。口头表示应当在任命他为监护人的地方法院作出,书面表示应当提交给任命地的地方法院的书记员。

第1:281条　监护的终止

1. 下列裁决生效时,监护终止:

(1)监护人被免职或者剥夺其监护权;

(2)将其监护的未成年人的照管权委托给父母双方或者一方;

(3)根据第1:299条之一的规定,监护权被委托给另一个监护人。

2. 本条第1款所称的裁决被宣告立即生效并执行的,监护权在该裁决交付或者寄达的次日终止。

第1:282条　共同监护

1. 经监护人和其他与该子女有密切关系的人共同申请,法院可以裁定由他们共同行使监护权。

2 共同行使监护权期间,本条第1款所称的双方都视为监护人。

3. 有充足的理由认为批准申请会损失子女的利益时,应当驳回此申请。

4. 对于第1:296条和第1:297条所称的临时监护权,不能行使共同监护权。法人不得成为共同监护人。

5. 参照适用第1:253条之一的规定。

6. 两名监护人共同行使监护权的,他们都有照顾和抚养未成年人的义务,不适用第1:336条的规定。存在共同监护权的,参照适用第1:253条之二十三的规定。

7. 当事人提出本条第1款所称的申请时,还可以申请将子女的姓氏变更为监护人之一的姓氏。有以下情形之一的,法院应当驳回此申请:

(1)该子女年满12周岁,经听取其意见后,其对申请表示不同意的;

(2)共同行使监护权的申请被驳回的;

(3)批准变更姓氏的申请违背子女的利益的。

第1:282条之一　共同监护的终止

终止共同行使监护权的终审裁决生效时、监护权根据第1:281条终止时或者其中一个监护人死亡时,共同监护即终止。

第1:282条之二　一个共同监护人死亡

与他人共同行使监护权的监护人死亡时,由另一个监护人对该子女单独行使监护权。

第1:283条　《青少年监管法》所称的认证机构的申请

《青少年监管法》第1.1条所称的认证机构、第1:302条第2款所称的法人向法院提出有关行使监护权的申请时,无须委托律师,并考虑免除其费用。法院的书记员应当无偿提供其所要求的文本、副本和摘录。

第1:284条　[1995年11月2日废止]

第1:285条　[1995年11月2日废止]

第1:286条　[1995年11月2日废止]

第1:287条　[1995年11月2日废止]

第1:288条　[1995年11月2日废止]

第1:289条　[1995年11月2日废止]

第1:290条　[1995年11月2日废止]

第1:291条　[1995年11月2日废止]

第1:291条之一　[1995年12月15日废止]

第六节第二分节　父母指定的监护

第1:292条　遗嘱监护

1. 父母一方可以在遗嘱中指定一方或者双方在其死后作为监护人或者共同监护人,对子女行使监护权。

2. 父母不得指定法人为监护人。

3. 父母双方都行使了上述权利的，并且双方都死亡且无法判断先后的，地方法院应当依职权决定遗嘱指定监护的效力。

第 1:293 条　遗嘱监护的无效

有以下情形之一的，遗嘱监护无效或者失效：

(1) 父母一方死亡的，父母另一方依法自动或者通过法院裁决取得对子女的监护权的；

(2) 死亡时对子女没有监护权的；

(3) 与死去的父母共同行使监护权的人依法自动成为监护人的。

第 1:294 条　[1995 年 11 月 2 日废止]

第六节第三分节　法院指定的监护

第 1:295 条　法院指定监护的权限

未成年人没有处于亲权照管的状态下并且没有依法被监护的，由地方法院指定监护人。

第 1:296 条　监护开始前的临时监护

1. 根据第 1:280 条的规定，在监护开始前，有必要对未成年人作出安排的，地方法院可以为此期间指定临时监护人。

2. 本条第 1 款所称的情形消失的，地方法院经替代人的申请应当免除该临时监护人的资格。

第 1:297 条　替代指定监护人的临时监护

1. 有必要对以下情形作出安排的，地方法院也可指定临时监护人：

(1) 监护人暂时不能行使监护权的；

(2) 监护人下落不明的；

(3) 监护人不行使监护权的。

2. 根据本条第 1 款第 3 项指定临时监护人的，地方法院可以规定临时监护人的报酬，并且使对未成年人有责任的监护人承担替换费用以及临时监护人实施行为所产生的费用，这不影响未成年人对临时监护人行为结果的追索权。

3. 本条第 1 款所称的情形结束的，经临时监护人本人或者替代其的人的申请，地方法院可以免除临时监护人的资格，除非有充足的理由认为批准申请会损害该子女利益的。

4. 在共同监护的情形下，监护人之一有本条第 1 款所称的情形的，由另一监护人单独对子女行使监护权。此情形结束的，共同监护应当重新发生法律效力。此情形不适用本条第2款的规定。

第1:298条　监护权的中止

前两条所称的临时监护的期间内,原监护人的监护权中止。

第1:299条　申请设立监护的人

地方法院可经未成年人的血亲或者姻亲、儿童保护理事会、债权人或者其他利害关系人申请或者依职权指定监护人,但第1:282条之一所称的情形除外。

第1:299条之一　养父母申请成为监护人

1. 经监护人同意,照顾和抚养未成年人1年以上并将其作为家庭成员的人可以申请青少年法庭指定其或者第1:302条所称的法人担任监护人,但基于监管救济或者临时监护安置的除外。

2. 未成年人作为家庭成员并由两个及两个以上的人照顾和抚养的,必须共同提出本条第1款所称的申请。

3. 儿童保护理事会也可以提出本条第1款所称的申请。

4. 仅在青少年法庭认为申请最符合未成年人的利益且监护人不会自愿放弃其监护权的情形下,才可以批准此申请。此时,只要申请担任监护人的主体具有行使监护权的法律能力,青少年法庭应当优先指定其为监护人。

5. 当事人提出本条第1款所称申请的,在法院对此申请的终审决定生效前,不适用第1:336条之一第2款的规定。

6. 共同监护的情形下,本条第1款所称的同意应当由监护人双方共同作出。

第1:300条　[1984年5月1日废止]

第1:301条　户籍员向地方法院提供信息

1. 户籍员必须不迟延地向地方法院通知以下事项:

(1)死者留下的一个或者多个未成年子女;

(2)母亲不能依法自动行使监护权的,其子女的出生报告。

2. 留下未成年子女的死者,在婚姻已经终止或者分居的,但父母另一方尚生存的情形下,户籍员也应当将该情形通知给地方法院。收到报告的地方法院应当将其寄送给裁决终止婚姻或者确定分居的地方法院。

第六节第四分节　法人监护

第1:302条　将监护权委托给法人

1. 法院可以将监护权委托给《青少年监管法》第1.1条所称的认证机构。

2. 处于监护之下的未成年人提出《外国人法》第28条所称的固定期限的居留许

可申请并为此在荷兰居留的,或者属于司法部长指定类别的其他未成年人的,法院仅应当委托司法部长认可的法人行使监护权,不得任命自然人为监护人。

3. 司法部长可以规定本条第 2 款所称认可的法人的条件和义务以及认可的期限。

4. 对于本条第 2 款所称的法人,参照适用第 1:303 条、第 1:304 条、第 1:328 条的规定。

第 1:303 条　法人行使监护权的权利和义务

除法律另有规定外,《青少年监管法》第 1.1 条所称的认证机构与其他监护人享有相同的权利和义务。

第 1:304 条　认证机构的董事责任

1.《青少年监管法》第 1.1 条所称的认证机构的董事,对不充分行使监护权造成的任何损害与认证机构承担连带责任。

2. 董事可以证明自己对损害没有责任的,应当免除其责任。

第 1:305 条　照顾进程(对未成年人的离家安置)　[2016 年 8 月 1 日废止]

第 1:306 条　在荷兰境外安置

1. 未经地方法院批准,《青少年监管法》第 1.1 条所称的认证机构不得将委托给它的未成年人安置到荷兰境外。

2. 法院仅在认为安置到荷兰境外最符合未成年人的利益时,才可以批准该安置。

第 1:306 条之一　临时监护

本章第 6 节不适用于第 1:241 条、第 1:268 条、第 1:331 条所称的临时监护。

第 1:307 条　[1995 年 11 月 2 日废止]

第 1:308 条　[1995 年 11 月 2 日废止]

第 1:309 条　[1995 年 11 月 2 日废止]

第 1:310 条　[1995 年 11 月 2 日废止]

第 1:311 条　[1995 年 11 月 2 日废止]

第 1:312 条　[1995 年 11 月 2 日废止]

第 1:313 条　[1995 年 11 月 2 日废止]

第 1:314 条　[1995 年 11 月 2 日废止]

第 1:315 条　[1995 年 11 月 2 日废止]

第 1:316 条　[1995 年 11 月 2 日废止]

第 1:317 条　[1995 年 11 月 2 日废止]

第 1:318 条　[1995 年 11 月 2 日废止]

第 1:319 条　[1995 年 11 月 2 日废止]

第六节第五分节　监护人的免职

第 1:320 条　[1995 年 11 月 2 日废止]

第 1:321 条　[1995 年 11 月 2 日废止]

第 1:322 条　免职理由

1. 监护人有下列情形之一的,可以申请免除其职位:

(1)证明自己在被任命为监护人后,由于精神或者身体上的缺陷,不能履行自己职责的;

(2)年满 65 周岁的;

(3)有能力行使监护权的人书面表示愿意行使监护权,且地方法院认为这最符合未成年人利益的。

2. 共同行使监护权的情形下,只有监护人双方都申请免职的,才适用本条第 1 款的规定。

第 1:323 条　因免职而终止共同监护

经监护人一方或者双方申请,地方法院可以终止共同监护。在此情形下,地方法院应当决定单独行使监护权的一方。

第六节第六分节　无能力行使监护权

第 1:324 条　因无能力担任监护人而免职

1. 监护人根据第 1:246 条的规定之一而无能力行使监护权的,地方法院应当解雇该监护人并任命另一监护人替代他。

2. 地方法院可经监护人自身、未成年人的血亲或者姻亲之一、儿童保护理事会、债权人或者利害关系人的申请,或者依职权作出此决定。

3. 在共同监护的情形下,监护人一方出现本条第 1 款所称的情形的,另一方应当单独行使监护权。

4. 无能力行使监护权的理由消失的,共同监护应当重新生效。

第 1:325 条　[1995 年 11 月 2 日废止]

第六节第七分节　对被监护的未成年人实施监管

第 1:326 条　对被监护的未成年人实施监管

1. 对被自然人监护的未成年人,可以实施监管。

2. 对其监管,参照适用第1:254条至第1:265条的规定,但该监管及其延长也可以由监护人申请。

第六节第八分节　剥夺监护权

第1:327条　剥夺监护权的理由

地方法院认为最符合未成年人利益的,可以下列理由剥夺监护人对一个或者多个未成年人的监护权:

(1)未成年人在成长过程中受到严重威胁,而监护人无法在被认为对该未成年人的发展可以接受的期限内承担第1:247条第2款所称的照顾和抚养责任;

(2)监护人滥用监护权;

(3)未能取得《收养外国儿童法》第2条所称的必要的原则性授权。

第1:328条　剥夺《青少年监管法》所称的认证机构的监护权

未成年人在成长过程中,其发展受到严重威胁,法院可以终止《青少年监管法》第1.1条所指的认证机构或者第1:302条第2款所称机构的监护权:

(1)未能履行《青少年监管法》第4.1.1条第2款所称的职责;

(2)未能按照第1:305条规定向儿童保护理事会通报情况。

第1:329条　程序性规定

1. 仅经监护人、未成年子女的四亲等以内的血亲或者姻亲、儿童保护理事会或者检察院的申请,才可裁定剥夺监护权。

2. 在第1:336条之一所称的情形下,照顾和抚养未成年人的人也可以申请剥夺监护权。

3. 在第1:367条所称的情形下,儿童保护理事会未提出申请的,地方法院也可以裁定剥夺监护权。

第1:330条　[1995年11月2日废止]

第1:331条　剥夺监护权过程中的临时监护

1. 有以下情形之一的,法院有权完全或部分中止监护人行使监护权:

(1)有充分的理由相信满足第1:266条第1款开头以及第1项和第2项所称的理由,而且该措施对于消除未成年人所存在的严重威胁是必要的;

(2)对于未满12周岁的未成年人或者年满12周岁不能合理判断自己利益的未成年人进行医疗,以避免其健康受到严重威胁,但被监护人拒绝的。

2. 共同行使监护权的情形下,在中止其中一人的监护权后,应当由另一监护人单独行使监护权,除非法院委托《青少年监管法》第1.1条所称的认证机构对该儿童实施临时监护。在此种情况下,该另一监护人的监护权也被中止。

3. 参照适用第1:329条第1款和第2款的规定。

4. 中止行使监护权应当在命令下达之日起3个月后失效,但在期限届满前经申请终止监护权的除外。

第1:331条之一　实施监管取代中止监护和临时监护

地方法院可以对未成年子女实施第1:255条所称的监管,以取代中止监护以及根据第1:331条实施的临时监护。

第1:332条　中止监护和临时监护　[2015年1月1日废止]

第1:332条之一　剥夺监护权的申请被驳回后的监管

地方法院驳回剥夺监护权的申请后,可以对该未成年人实施第1:255条所称的监管。

第1:333条　[1995年5月1日废止]

第1:334条　剥夺监护权的法律效力

1. 地方法院裁定剥夺监护权的,应当同时为未成年人确定另一种形式的照管权,但本条第3款所称的共同监护的情形除外。

2. 有能力行使照管权的人,在案件审理期间,可以书面向地方法院申请委托其对该未成年人行使照管权。

3. 共同监护的情形下,一方监护人的监护权被剥夺的,另一方监护人应当继续单独行使监护权。

第1:335条　被剥夺的监护权不得恢复

被剥夺对特定未成年人行使监护权的人,不得再次被任命为该未成年人的监护人。

第六节第九分节　监护人对未成年人的人身监管

第1:336条　监护人的义务

监护人应当确保未成年人得到符合其经济能力和财产的照顾和抚养。

第1:336条之一　养父母的权利

1. 未成年人经监护人的同意,由他人照顾和抚养1年以上并将其作为家庭成员的,监护人只有在经照顾和抚养未成年人的人同意后,才可以变更该未成年人的住所。

2. 不能取得前款所称的同意的,监护人可以向地方法院申请以其批准替代。仅在认为最符合未成年人利益的情况下,地方法院才可以批准此申请。

3. 驳回监护人申请的,裁决在地方法院规定的期间内有效,该期间最长不得超过6个月。但此期间内提出对未成年人实施监管、剥夺监护权的申请或者第1:299条之一所称的申请的,在此申请的终审决定生效之前,该裁决继续有效。

4. 在共同监护的情形下,本条第1款所称的同意必须由监护人双方共同作出。

第六节第十分节 监护人对未成年人财产的管理

第1:337条 代理未成年人并管理其财产

1. 监护人代理未成年人实施民事行为。

2. 监护人必须以善良监护人的方式管理未成年人的财产。管理不善的,应当赔偿对未成年人财产造成的损害。

3. 未成年人通过赠与、遗赠所得到的财产,由财产管理人管理的,监护人可以要求管理人提供管理该财产的账目。财产管理终止的,该财产自动地归为监护人的管理。

第1:337条之一 共同监护参照适用第10分节和第11分节的规定

1. 共同监护的情形下,本节第10分节和第11分节所称的权限,由监护人共同行使,除非另一方监护人表示反对,一方监护人也可单独行使上述权限。

2. 各监护人均应当承担本节第10分节和第11分节所称的义务。

第1:338条 制作书面清单

1. 监护人应当确保在监护开始时尽快清点未成年人的财产。

2. 监护人应当在监护开始后8周内向未成年人住所地所在辖区的地方法院的书记员书面说明监护开始时未成年人的钱款、股票以及其他流通证券和存折。

3. 监护人应当在监护开始后8周内向未成年人住所地所在辖区的地方法院的书记员提交财产和债务的清单;此清单应当由监护人签名以确保其可靠性。

4. 该书面清单应当包括监护开始后、书面清单制作前的未成年人财产变化的报告。

第1:339条 声明而不是书面清单

1. 未成年人的财产价值不超过11,250欧元的,监护人可以按照司法部长确定的方式作出经过签名的声明,无须提交财产清单。监护人对同一父母的两个以上子女行使监护权的,仅在这些未成年人的财产总额不超过22,500欧元时,才可作出这种声明。

2. 地方法院分院可以随时作出裁决,要求提交裁决之日的未成年人财产的书面清单,该清单的制作方式适用前条的规定。

第1:340条　延长提交财产清单或者声明的期限

1. 必要之时,地方法院分院可以延长提交前条所称的书面清单或者声明的期限。

2. 在此期限内未能提交前条所称的财产清单或者声明的,地方法院分院应当在期限终止后10日内传唤监护人。

第1:341条　监护人对未成年人的请求权

1. 在第1:339条所称的书面清单或者声明中,监护人必须说明他对未成年人享有的请求权。缺失该说明的,监护人在未成年人成年之前不得行使该请求权。

2. 监护人不能行使的请求权,该权利的本金不产生利息。

第1:342条　未成年人后来取得财产时制作书面清单的义务

1. 未成年人在监护期间通过赠与、继承或者受遗赠取得财产的,参照适用前四条的规定。

2. 通过赠与、继承或者受遗赠所取得的财产必须向赠与税、继承税或者转移税的税务员申报,该税务员在职务中知晓未成年人取得财产的,应当通知未成年人住所地的地方法院分院。

第1:343条　监护人代表未成年人实施行为的权力

监护人可以实施其认为对未成年人利益有用、必要或者值得的一切行为,具体受到本法条款的特别规制,监护人因管理不善而需承担的赔偿责任不受影响。

第1:344条　未成年人无记名有价证券的保管

1. 除地方法院分院另有规定外,监护人应当将未成年人的无记名有价证券保管于:

(1)荷兰中央银行;

(2)根据《金融监管法》的规定,允许在荷兰境内从事金融业务的信贷机构。

2. 地方法院分院可以对未成年人的存折和钱款的保管方式作出指示。地方法院分院批准分割共有财产的,可以同时作出前条所称的指示。《民事诉讼法典》第1编第3章第2节所称的地方法院分院对这些事项有管辖权。

3. 未成年人和他人共有的无记名有价证券、存折和钱款,只有处于监护人的实际管理下,才可适用前款的规定。

第1:345条　地方法院分院的授权

1. 监护人为未成年人实施下列行为,应当得到地方法院分院的授权:

(1)缔结处分未成年人财产的合同,但行为涉及金钱,属于日常的管理行为或者根据法院命令作出的除外;

(2)赠与,但通常的、不过分的除外;

(3)接受附条件或者附义务的赠与或者遗赠;

(4)将金钱借给他人或者使未成年人成为保证人或者承担连带责任;

(5)约定未成年人享有权利的共有财产在一定期限内不得分割。

2. 地方法院分院可以决定,监护人对未成年人行使债权请求权或者处分《金融监管法》第1.1条所称的信贷机构的存款的,需要得到授权。

3. 监护人缔结解决未成年人所涉争议的合同,属于《民事诉讼法典》第87条所称的情形、争议或者不确定的对象的价值不超过700欧元、该合同视为一项管理行为的,无须取得地方法院分院的授权。

第1:346条　当监护人试图购买、出租未成年人财产时应得到地方法院分院的批准

1. 监护人不得购买、出租或者承租未成年人的财产或者农场,除非缔结合同前得到地方法院分院的批准。

2. 监护人获得公开出售、出租或者承租未成年人财产或者农场的权利的,其必须在合同订立后1个月内向地方法院分院申请批准。

第1:347条　可撤销行为的撤销

1. 监护人违反第1:345条或者第1:346条的规定,以未成年人名义实施的法律行为是可撤销的;该可撤销的事由只能由未成年人提出。

2. 相对人是善意且有偿的以及没有对未成年人造成损害的行为,不适用前款的规定。

第1:348条　取得对未成年人的债权请求权或者其财产上的定限物权

1. 监护人不得通过订立合同从第三人处取得对未成年人的债权请求权或者其财产上的定限物权,但地方法院分院事先批准监护人与第三人订立此合同的除外。

2. 未经批准的,此合同无效。

第1:349条　监护人代表未成年人的诉讼权利

1. 未经地方法院分院的授权,监护人为未成年人提起诉讼或者上诉的,应当驳回该起诉或者上诉。

2. 未经地方法院分院的授权,监护人不得对未成年人提起诉讼或者使其处于确定的司法裁判中。

3. 在监护人为未成年人应诉或者对缺席判决提起上诉之前,需为此诉讼提供账目的,可以申请地方法院分院的授权。

第1:350条　财产投资

1. 监护人应当确保未成年人财产投资的效率化。

2. 将未成年人的金钱用于投资的，应当得到地方法院分院的授权。地方法院分院没有作出其他规定的，监护人可以不经其许可而以未成年人名义将钱存入第1:344条第1款第2项所称的信贷机构的账户，此情形下，该账户应当用于未成年人金钱的投资。监护人未经地方法院分院的授权不得支取。

第1:351条　未成年人的企业的经营

1. 未成年人财产的全部或者部分被投资于商业、农业或者工业企业的，监护人仅经地方法院分院的授权后，才能继续经营该企业，无论是为未成年人单独经营或者与他人共同经营。

2. 未经地方法院分院的授权，监护人不得分割未成年人享有权利的共有财产。

第1:352条　授权欠缺

监护人违反第1:350条或者第1:351条实施的行为，没有获得授权的，仍然有效。

第1:353条　对已终止的夫妻共有财产享有的份额的抛弃

监护人未经地方法院分院的授权，不得抛弃未成年人对已终止的夫妻共有财产享有的份额。

第1:354条　询问监护人

地方法院分院可以随时传唤监护人，并对其进行询问。监护人有义务提供地方法院分院所需的任何信息。

第1:355条　未成年人父母一方重新结婚时制作书面清单

1. 对前次婚姻所生的未成年子女行使照管权或者管理其财产的父母一方拟与其他人缔结新的婚姻关系或者伴侣关系的，地方法院分院可以命令此父母一方制作未成年子女财产的书面清单并将该清单或者其副本在指定日期提交给地方法院分院的登记处。

2. 参照适用第1:339条、第1:340条及第1:341条的规定。

第1:356条　地方法院分院的指示和授权

1. 地方法院分院仅在对未成年人利益有用、必要、值得时才可以作出本分节所称的指示和授权。其认为适当的，可以作出特别授权，或者附加条件的一般授权。

2. 地方法院分院可以随时撤回已作出的指示或者授权，也可以变更所附的条件。

第1:357条　实施法定措施的费用

遵循法院裁决，以未成年人的名义采取措施而支出的费用，由未成年人承担；监护人必须使用未成年人财产的，法院可以指示监护人出卖其财产或者在其财产上设定限物权,以取得经济收入,该指示可取代第 1:345 条所称的地方法院分院的授权。

第 1:358 条　监护人的费用补贴和报酬

1. 监护人可以向未成年人请求一切必要的、正确的以及有正当理由的费用。

2. 地方法院分院已确定监护人每年为照顾和抚养未成年人所支出的费用或者管理财产的费用的,监护人对于该费用的支出无须提供详细的账目。

3. 地方法院分院认为监护人管理财产的负担较重的,且监护人取得报酬也是合理的,可以许可监护人取得报酬,该报酬由未成年人负担。除上述情形外,监护人不得取得报酬,但未成年人的父母在任命文书中已规定报酬的除外。

第 1:359 条　监护人定期提交关于财产管理的账目

1. 经另一监护人的申请或者依职权,地方法院分院可以随时要求监护人向地方法院登记处提交其管理未成年人财产的年度、每两年度或者每三年度的账目。

2. 地方法院分院应当规定提交管理未成年人财产账目的时间。

3. 共同监护的情形下,只有一方监护人提交账目的,其必须将此账目的副本提交给另一方监护人。另一方监护人可以在 2 个月内向法院提出其对账目的异议。

第 1:360 条　对管理财产的账目的更正和审查

1. 当事人对账目有异议的,地方法院分院可以命令更正此账目。

2. 地方法院分院可以任命一名或者多名专家,审查提交的账目。

3. 发现监护人管理不善的,地方法院分院可以要求监护人承担全部或者部分的审查费用。

4. 专家在期限内提交的书面报告的副本,应当送交至监护人。

5. 共同监护的情形下,本条第 4 款所称的副本应当送交至监护人双方,并且法院可以规定由监护人双方共同承担本条第 3 款所称的费用。

第 1:361 条　账目的保管

地方法院的登记处应当保管监护人定期提交的账目或者副本。

第 1:362 条　管理不善的责任

地方法院分院经另一方监护人的申请或者依职权,根据提供的管理财产的账目,可以确定监护人因管理不善给未成年人造成的损害并责令监护人对未成年人承担赔偿责任。

第 1:363 条　监护人提供的担保

1. 地方法院分院可以随时命令监护人对其实施的财产管理行为提供担保。地方法院分院应当确定担保种类和数额。将无记名有价证券存放于荷兰中央银行,可于该证券上成立质权。

2. 地方法院分院可以规定合理期限,此间监护人必须向法院证明其已提供符合要求的担保。

3. 地方法院分院可以允许监护人替换其所提供的担保。考虑到监护人的利益,确实要求取消担保或者无须继续提供担保的,地方法院分院可授权监护人以未成年人的名义取消该担保。

第1:364条 提供担保义务的终止

1. 监护人提供的账目得到批准或者有关监护人财产管理的诉讼时效根据第1:377条届满的,其提供担保的义务即终止。

2. 此情形下,删除国家借贷债务登记簿上的抵押登记和质押登记的费用应当由未成年人负担。

第1:365条 因监护人的失职,向儿童保护理事会通知

监护人不履行下列职责的:

(1)经地方法院分院传唤出庭;

(2)提交第1:339条所称的书面清单或者声明;

(3)提交地方法院分院指定的定期账目;

(4)以法定方式保管未成年人的存折、钱款以及没有记载未成年人姓名的无记名证券;

(5)向地方法院分院提交证明其已经提交担保的证据;

(6)地方法院分院根据第1:362条责令监护人赔偿的损失。

地方法院分院可将上述情况通知给儿童保护理事会。

第1:366条 因监护人管理不善,向儿童保护理事会通知

与前条相同,地方法院分院可以将下列事实通知给儿童保护理事会:

(1)监护人应当经地方法院分院的授权但未经授权,而实施的财产管理行为;

(2)监护人实施财产管理行为时,存在不忠实、疏忽或者滥用职权的行为,并有过错的。

第1:367条 剥夺监护权的可能

儿童保护理事会从地方法院分院收到前两条所称的通知的,应当调查监护人对未成年人的其他行为,并且在收到通知后的6周内向地方法院分院询问,是否应当根据第1:327条第1款第2项剥夺监护人的监护权。

第1:368条 [1995年11月2日废止]

第1:369条 两名及以上被监护人的共有财产

1. 不同的监护人监护的两名及两个以上的未成年人有共有财产的,其一的未成年人住所地的地方法院分院可以指定监护人之一或者第三人在该财产分割前对其实施保护性管理。指定的财产管理人应当按照法院的要求提供担保。

2. 不同的法院对本条第 1 款所称事项都具有管辖权的,其一的法院行使管辖权后,其他法院的权限即消灭。

3. 本条第 1 款所称的对共有财产的保护性管理参照适用监护人管理未成年人财产的规定。所涉未成年人对处于保护性管理之下的共有财产实施管理行为或者将其转让或者在其上设定负担的,该指定管理人享有撤销该行为的权利。

第 1:370 条　未成年人财产保护性管理的设立

1. 地方法院分院认为最符合未成年人的利益的,经监护人申请或者依职权,可以对未成年人全部或者部分财产,包括孳息,实施保护性管理,直到未成年人成年为止。在共同监护的情形下,仅经监护人双方的共同申请,才可以实施保护性管理。

2. 地方法院分院应当任命法定管理人并决定其报酬。在设立保护性管理时,地方法院分院可以命令监护人应当全部或者部分地补偿未成年人因保护性管理而产生的费用,并且监护人在管理人履行职责时,仍对未成年人负有义务,但这不影响监护人对管理人的追偿权。在共同监护的情形下,地方法院分院应当规定监护人双方都需承担此义务。

3. 前条所称的保护性管理参照适用监护人管理未成年人财产的规定。所涉未成年人对处于保护性管理之下的共有财产实施管理行为或者将其转让或者在其上设定负担的,该指定管理人享有撤销该行为的权利。

4. 地方法院分院可裁决,法定管理人应当从其保护性管理下的财产中向监护人,或者在共同监护的情形下向监护人双方支付的款项,以用于监护人对未成年人的照顾和抚养或者用于管理不处于保护性管理下的其他财产。经监护人、法定管理人的申请或者依职权,地方法院分院可以随时变更此裁决。

5. 法定管理人有义务应地方法院分院的要求而提供信息。

6. 法定管理人有义务每年以及在保护性管理终止时在地方法院分院,向监护人、共同监护情形下监护人双方、成年的被监护人或者未成年人死亡时的继承人提供账目。

7. 当事人对账目产生争议的,由地方法院分院决定。

8. 当事人一方没有履行提供账目的义务的,适用《民事诉讼法典》第 771 条及以后的规定。

9. 地方法院分院经法定管理人、监护人之一的申请或者依职权,可以随时终止保护性管理或者解雇法定管理人,由他人代替之。

第1:371条 监护人住所变更的通知

监护人有义务通知地方法院登记处关于其住所变更的情况。

第1:371条之一 监护人迁至另一地区时,法院书记员的通知义务

1. 任命监护人的地方法院的书记员应当不迟延地将此事通知给监护人住所地所在的地方法院分院。

2. 监护人住所地不再位于该法院辖区或者由其他法院辖区的监护人继任的,书记员应当将有关监护的文件不迟延地寄送至现在监护人或者继任监护人住所地辖区法院的登记处,并载明其住址。

第六节第十一分节 监护终止时提供账目

第1:372条 提供有关履行管理的账目

监护人的财产管理终止的,监护人必须提供相应的账目。其费用由监护人支付。该费用最终应当由未成年人负担,但由于剥夺监护权而终止财产管理的除外。未成年人的财产不足以清偿该费用的,由其父母承担;父母的财产也不足以清偿的,由国家负担。

第1:373条 被提供账目的主体

1. 监护人的账目必须提供给成年的被监护人、监护人的继承人或者负责管理财产的继任者。

2. 共同监护终止的情形下,监护人一方单独行使监护权的,终止行使监护权的人还应当向单独继续行使监护权的人提供账目。

第1:374条 在地方法院分院提交账目

1. 监护人的财产管理终止的,其应当在其住所地辖区的地方法院分院提交管理财产的账目。

2. 当事人对账目产生争议的,由地方法院分院决定。

3. 当事人一方没有履行提供账目的义务的,适用《民事诉讼法典》第771条及以后的规定。

第1:375条 已成年的子女与监护人共同实施或者对监护人实施的可撤销的法律行为

已成年的子女与前监护人共同实施或者对前监护人实施的关于已终止的监护或者提交账目的行为是可撤销的;该可撤销的事由只能由已经成年的子女提出。

第1:376条 被监护的未成年人的债务不计算利息

当事人对账目达成一致意见后,未成年人对监护人所负的债务,未迟延履行的,不得计算利息。

第 1:377 条　时效

未成年人或者其监护人在监护期间提出的因管理财产所引发的任何诉讼,诉讼时效均为 5 年,从监护终止之日起计算。

第十五章　与儿童交往和分享信息

第 1:377 条之一　交往权和探视权

1. 儿童享有与其父母联系以及与其他人保持密切联系的交往权(接近权)。对儿童没有照管权的父母,有权利和义务与其子女保持接触。

2. 在父母双方或者一方的要求下,或者其他与儿童保持密切联系的个人的要求下,法院应当在特定的时期安排行使交往权("探视安排"),或者在特定的时期拒绝行使交往权。

3. 法院仅应当在以下情形拒绝行使交往权:

(1)接触将严重损害儿童的精神或者身体发育;

(2)父母或者其他与儿童保持密切联系的个人没有能力或者明显没有立场与儿童接触;

(3)儿童年满 12 周岁,并在听证会上表示,强烈反对与父母或者与其保持密切联系的个人接触;

(4)接触违背儿童的重大利益。

第 1:377 条之二　信息和咨询

1. 对子女行使照管权的父母一方必须告知没有照管权父母另一方有关儿童财产的事项,并且父母一方必须咨询另一方有关这些事项的决定,必要时,可以通过第三方解决。经父母一方的申请,法院可以为此作出安排。

2 基于儿童利益的需要,法院可以根据行使照管权的父母一方申请或者依职权,裁决不适用本条第 1 款的规定。

3. 参照适用第 1:377 条之五的规定。

第 1:377 条之三　由第三方专家提供的信息

1. 在不违反第 1:377 条之二规定的前提下,没有照管权的父母一方可基于第三人的专业性,由第三人告知其重要的事实以及有关照顾、抚养儿童的环境,但该第三人不会以同样的方式向行使照管权的主体或者经常与子女居住的主体提供信息,或者此种信息服务无法保护儿童利益的除外。

2. 拒绝提供信息的,经本条第 1 款所称的父母一方的申请,法院可指令必须按照此裁决的方式提供信息。与儿童利益相冲突的,法院应当拒绝此申请。

第1:377条之四　交往权的生效

1. 除本条第2款的规定外,交往权的效力始于法院相关的终审裁决生效之时,或者被宣告立即执行的,始于裁决交付或者寄达的次日。

2. 法院裁决或者曾裁决对子女行使照管权的,交往权的效力始于父母一方或者监护人行使照管权之后。

第1:377条之五　变更交往权或者探望权的决定

在父母双方或者一方的要求下,或者其他与儿童保持密切联系的个人的要求下,法院可以情势变更、决定所依据的信息不正确不完整为由,变更其所确定的交往权或者探望权的决定。

第1:377条之六　[2009年3月1日废止]

第1:377条之七　未成年人可要求法院作出特定决定

年满12周岁的未成年人表示愿意的,法院可依职权根据第1:377条之一、第1:377条之二作出特定的决定,或者根据第1:377条之五变更在此之前的法院决定。未成年人不满12周岁,但法院认为其有能力合理地评估自己对此事的利益的,同样适用上述规定。

第1:377条之八　[2009年3月1日废止]

第十六章　成年人监护

第1:378条　成年人监护的理由

1. 由于精神疾病或者心智失常致使成年人暂时性地或者永久地不能顾及自身利益,或者威胁到自身或者他人安全的,地方法院分院可为成年人指定监护人:

(1)基于成年人身体或者精神状况;或者

(2)有酗酒或者吸毒的习惯。

并且以上利益无法通过更合适或者影响更小的方式实现的。

2. 可预期未成年人达到法定年龄时会出现上述情形的,法院可裁定在该未成年人成年前适用成年人监护。

3. 根据《精神病院特别就医法》所称的在法院诉讼未决获得临时或者有条件的授权、医学观察的授权、继续住院的授权或者根据该法第33条第1款的授权的,法院有权为所涉成年人指定监护人。

第1:379条　成年人监护的申请

1. 所涉成年人自己,其配偶、登记伴侣或者其他生活伙伴,其直系血亲或者姻亲或者四代以内旁系血亲之一,第1:253条之二十或者第1:253条之十九之一所称的对相关成年人行使照管权的主体,其法定监护人、本编第19章所称的其法定管理人以及本编第20章所称的其法律顾问可向法院提出成年人监护的申请。

2. 检察院以及照顾成年人或者为其提供指导的机构也可向法院提出成年人监护的申请。此情形下,申请书还应当说明本条第1款所称的主体——不包括第三代和第四代的旁系血亲——未提出申请的理由。

第1:380条　临时监管

1. 申请成年人监护的调查期间,法院可经申请或者依职权,任命临时监管人;法院裁决应当指定该临时监管的生效日期。

2. 法院裁决应当明确法定管理人的权限。它可以指令法定管理人对成年人的特定的资产或者全部资产实施临时监管。法院可以授予法定管理人其他权限,但不包括处于监护下的成年人的法定监护人没有的权利。申请提出后,未取得法定财产管理人批准的,该成年人不能管理或者处置被管理的资产,或者订立处置其资产的合同,法院另有规定的除外。

3. 法院也可以裁定,在公布法定管理人的任命后,相关成年人所产生的债务在临时监护期间,或者在其后作出成年人监护权的裁决,且成年人监护生效的情况下,无法由被管理资产偿还。

4. 在申请成年人监护权的调查期间,法院可随时变更或者撤销本条所称的裁决。

5. 法定管理人有权获得国安部和司法部为此设定的报酬。

第1:381条　成年人监护的生效和无行为能力的成年人

1. 成年人监护自法院作出成年人监护的裁决之日起生效。在第1:378条第2款所称的情况下,自所涉成年人达到法定年龄之日起生效。

2. 除法律另有规定外,被监护的成年人丧失实施法律行为的行为能力。

3. 经法定监护人的批准,对于法定监护人本人有权代理其监护下的成年人实施的法律行为,被监护的成年人仍有实施该法律行为的行为能力。法定监护人仅能批准实施特定的法律行为或者有特定原因的法律行为。批准有特定原因的法律行为的,必须采用书面形式。

4. 对被监护成年人的照顾、护理、治疗和指导,参照适用第1:453条和第1:454条的规定。

5. 符合设立基金目的的,被监护的成年人仍有行为能力处置其法定监护人为提供其生活费而设立的基金。

6. 在与成年人监护相关的诉讼中,被监护的成年人有参诉和上诉的行为能力。

第 1:382 条　家庭法律行为的实施

除法律另有规定外,因不计后果消费或者习惯性酗酒而被监管的成年人仍有实施家庭法律行为的行为能力。

第 1:383 条　指定成年人的法定监护人

1. 法院裁决确定成年人监护的,应当同时或者尽快为所涉成年人指定法定监护人。其还应当确定被指定主体的意愿并且评估该主体的适格性。

2. 在指定法定监护人时,法院应当尊重所涉成年人的建议,但有充分理由反对其提出的建议的除外。

3. 被监护的成年人已经结婚或者登记为伴侣关系的,或者与其他伴侣保持密切联系的,应当指定其配偶、登记伴侣或者其他生活伴侣为法定监护人,除非已适用本条第 2 款的规定。不适用前段规定的,应当指定其父母、子女、兄弟姐妹为法定监护人。成年人在被监护后缔结婚姻关系或者登记伴侣关系或者与其他伴侣保持密切联系的,其配偶或者登记伴侣或者其他生活伴侣可申请被法院任命为法定监护人,并更换当前的法定监护人。

4. 具有完全行为能力的法人可被指定为成年人的法定监护人。

5. 下列人员不得被指定为成年人的法定监护人:

(1) 无行为能力的自然人(未成年人和被监护的成年人)。

(2) 被置于保护性监管的人员。

(3)《破产法》第 287 条第 3 款所称的被监护的成年人的法定管理人。

(4) 立即参加或者正在参加救济或者护理的人员。

(5) 照顾被监护的成年人或者为被监护的成年人提供指导的机构的管理层或者人事处的人员。

(6) 与照顾被监护成年人或者为被监护成年人提供指导的机构有关的人员,由于:

①构成该机构管理层组成部分的机构或者人员,可以单独或者与他人共同行使法人股东大会一半以上的表决权,或者可以任命或者解聘一半以上的有表决权的董事或者监事;

②第 2:24 条之二所称的构成团体部分的人员和机构;

③法人的执行机构是该机构管理层或者人事处的组成部分。

6. 本编第 19 章所称的将一项或者多项资产置于信托管理之下的主体,处于破产状态的主体以及适用自然人债务偿还计划的主体,不能被任命为成年人的法定监护人,除非它涉及本条第3款所称的主体,并且被监护的成年人的财产处于共同的法定监护人的管理。

7. 除本条第3款所称的主体外,其他主体已经是成年人的法定监护人,法定管理人或者代表三个以上主体的法律顾问的,仅在与其有关的商业或者教育行为,以及适当情况下对作为成年人的法定监护人的人员的招募、培训和指导以及对这些人员的监督时,才有资格被指定,该主体同时应当符合枢密院令设定的质量标准以及第1:386条和第3:15条之九所称的要求。

8. 本条第7款所称的主体应当向任命其的法院,提交以下文件:

(1)符合本条第7款规定质量标准和要求的声明;

(2)第2:393条第1款所指的审计师意见,证明其符合标准和要求的;以及

(3)第2:10条所称的审计师关于资产负债表和损益表(收益表)的声明,或者合适的情形下,符合第2编第9章规定的年度财务会计报告。第2:393条第1款所称的情形不适用第2:396条第7款的规定。

枢密院令可就声明和报告的布局和内容以及提交方式制定具体规则。该主体表明其已在被任命之前的12个月内提交了声明并向法院报告的,可以免除此种提交义务。

9. 本条第8款所指的免除提交审计师声明的义务的主体包括:

(1)根据《金融监管法》拥有金融企业可以从事银行业务的主体;

(2)公证人;

(3)法警;

(4)审计师(会计师)。

前款所提及的从事专业实践的企业和自然人,可以由枢密院令完全或者部分地免除本条第7款所称的对招聘、培训和商业行为的要求。

10. 法院可为成年人指定两名法定监护人,除非有正当理由反对此种任命。有两名法定监护人的,其一监护人可以单独执行属于法定监护人的任务。必要之时,法院可以在法定监护人之间建立职责分工。法定监护人之间存在意见分歧的,地方法院分院应当根据监护人之一或者第1:379条第2款所称的机构的申请作出裁决。该法院还可决定酬金的分配。

11. 法定监护人的职责始于其被指定为法定监护人的法院裁决交付或者送达的次日。自此,被指定的临时监护人的职责即终止。临时管理人必须向地方法院分院指定的法定监护人提交其管理的账户。临时监护人被指定为法定监护人时,必须直接向地方法院分院提交该账户。法定监护人在被监护的成年人达到法定年龄前被

任命的，其职责始于成年人监护的生效。

12. 法院驳回成年人监护的申请的，临时监护自法院作出拒绝指定法定监护人的终审裁决生效的次日终止，但法院另有规定的除外。

第 1:384 条　撤销成年人监护裁决的效力

由于上诉法院或者最高法院撤销成年人监护的法院裁决，导致成年人监护的申请最终被驳回的，法定监护人的职责应当在上诉法院或者最高法院作出撤销裁决的次日终止。在此之前法定监护人或者所涉成年人经法定监护人同意而实施的法律行为，对该成年人有效并具有法律约束力。

第 1:385 条　成年人监护参照适用未成年人监护的法律规定

1. 除第 1:383 条和第 1:384 条另有规定外，有以下情形之一的，成年人监护参照适用第 1:250 条、第 1:280 条第 2 项、第 1:281 条第 1 款第 1 项和第 2 款、第 1:322 条第 1 款第 1 项和第 3 项、第 1:324 条、第 1:336 条以及第 1:372 条至第 1:377 条所称的对未成年人监护的规定：

(1) 父母一方被指定为该成年人的法定监护人的，无须第 1:280 条所称的声明；

(2) "地方法院"和"法院"更改为"地方法院分院"；

(3) 儿童保护理事会应当没有监护权或者照管权；

(4) 因令人信服的理由或者因不符合法定监护人的要求，经成年人的法定监护人或者共同的法定监护人或者第 1:379 条所称的有权提起成年人监护的主体的申请，或者依职权，地方法院分院可以随时免除法定监护人的职位；

(5) 成年人的法定监护人的权利终止的，其应当根据第 1:374 条规定，在管理终止时向有管辖权的地方法院分院提交管理财产的账目。

2. 法定监护人应当每 5 年或者在地方法院分院作出决定后，向地方法院分院报告成年人监护的情况。法定监护人应当特别就成年人监护权是否必须继续或者能够实施其他代替措施，发表意见。法定监护人应当将有关成年人监护或者其继续的重要事实，立即报告给地方法院分院。

第 1:386 条　法定监护人的管理权及报酬

1. 成年人的法定监护人的管理权参照适用未成年人的监护人的管理权的规定。除地方法院分院裁决确定其他时间外，法定监护人应当在监护期间内每年提交其管理账目的陈述。国安部和司法部可建立必须编制提述的账目范本。第 1:383 条第 7 款所称的法定监护人应当每年提交第 1:388 条第 8 款所称的声明和报告。有要求的，法定监护人还应当向地方法院分院报告其活动。法定监护人有权获得国安部和司法部为此设定的报酬。

2. 除为被监护的成年人提供充分照顾的财产外,法定监护人应当确保对被监护的成年人的财产进行有效投资。

3. 除地方法院分院另有规定外,根据《金融监管法》可能会在荷兰从事银行业务的,成年人的法定监护人必须尽快在金融企业开立账户;此外,法定监护人仅在执行职务时有权使用该银行账户支付或者收取款项。

4. 对于第1:365条至第1:367条的规定,检察院可代替儿童保护理事会,以第1:385条第1款第4项所称的免职替代第1:327条第1款第2项所称的对未成年人监护人的免职。法院的书记员仅应当寄送第1:371条之一所称的通知,并且仅在所涉成年人的监护不受第1:12条第4款影响的情况下,寄送该条所称的文件。

5. 已婚或者登记为伴侣关系的一方被置于成年人监护下的,并且有关配偶或者登记伴侣的个人财产或者其共有财产的管理方式与法律规则或者婚姻协议所规定的不同的,法院应当在裁决成年人监护时,确定该不同的分配是否或者在多大程度上适用于法定监护人。

6. 地方法院分院可要求成年人的法定监护人提供其表达意见的账簿、文件和其他数据载体及副本。

第1:387条 [1994年1月17日废止]

第1:388条 [1994年1月17日废止]

第1:389条 成年人监护的终止

1. 成年人监护结束于:

(1)设立期限届满时;

(2)有关成年人死亡时;

(3)代表成年人参与本编第19章所称的信托管理或者第20章所称的保护性监管的,由终审法院裁决取代成年人监护时。

2. 在成年人监护不必要或者继续监护不适当的情形下,地方法院分院可经法定监护人或者第1:379条所称的有权提请成年人监护的主体的申请,或者依职权,裁决终止该成年人监护。该裁决一经作出即具有法律约束力。

3. 根据第1:379条所称的有权提请成年人监护的主体和法定监护人可以申请延长在特定时期内确立的成年人监护。地方法院分院应当在其提出申请后的两个月内作出裁决。参照适用第1:384条的规定。裁决拒绝延长申请的,无相应的法律救济措施。

第1:390条 有关成年人监护的法院裁决的公布

确立或者终止成年人监护的法院裁决,或者用于废止(撤销)确立成年人监护的法院裁决以及第1:380条(临时监管)所称的法院裁决的必须在裁决可执行后的10日内,由法院的书记员在政府公报中予以公布。

第1:391条　成年人监护的公共登记簿

1. 枢密院令指定的政府机构为此目的而持有的公共登记簿,用于登记有关成年人监护和本编第19章所称的信托管理的法律事实。登记簿应当记载关于成年人监护和信托管理的下列情况,并注明日期:

(1)成年人和所有权人的姓名和出生日期;

(2)法院裁决的摘要,其中记载由于浪费或者存在问题债务,而确立、继续(延长)或者终止成年人监护或者信托管理的情况;

(3)法院裁决的摘要,其中记载法院根据第1:436条第3款第3句的规定而作出的裁定,或者由于身体或者精神状况而确立、继续(延长)或者终止信托管理的情况;

(4)确立成年人监护的理由;

(5)成年人监护或者信托管理终止的日期;

(6)法院裁决的摘要,其中记载任命、终止或者免除成年人的法定监护人或者法定管理人的情况;

(7)法定监护人或者法定管理人的姓名和住所,或者法院确定的法定监护人或者法定管理人之间的职责分工。

2. 所有人都可以无偿查阅公共登记簿,并可以要求根据《法院收费法》的规定支付摘要的费用。

3. 地方法院分院的书记员应当传递本条第1款第1项至第7项所称的信息,并代表本条第1款所称的户籍员宣告本条所指的被监护的成年人或者所有权人的死亡。

4. 由于采取措施的期限届满而终止成年人监护或者信托管理的,应当在该期限届满后删除公共登记簿中的登记。因法院裁决而终止成年人监护或者信托管理的,应当在该法院裁决最终生效时删除公共登记簿中的登记。因被监护的成年人或者所有权人死亡而删除公共登记簿中登记的,应当在地方法院分院的书记员收到有关死亡的通知书后的次日删除。

第十七章　抚　　养

第一节　一般规定

第1:392条　法定抚养义务人(抚养子女)

1. 下列人员,基于血缘关系或者亲属关系而负有抚养义务:

(1)父母;

(2)子女;

(3)女婿、媳妇、公婆和继父母。

2. 该义务仅存在于特定人确需抚养的情形下,涉及父母和继父母对未成年子女、继子女的抚养义务以及第1:395条之一所称的抚养义务的除外。

3. 根据本编第5章、第6章、第9章以及第10章的规定,本条第1款所称的主体没有义务提供抚养的,其也可因配偶或者前配偶或者已登记的伴侣或者前登记伴侣关系而负担此种抚养义务。

第1:393条 [1998年4月1日废止]

第1:394条 母亲伴侣对子女的抚养义务

子女的父亲作为其母亲的生活伴侣,对导致其母怀孕负有责任的,有义务提供照顾和抚养孩子的费用,以及在子女达到法定年龄后根据第1:395条之一和第1:395条之二的规定,向其提供生活费和教育费。该义务仅存在于子女确需抚养的情形下。

第1:395条 继父母的抚养义务

在不违背第1:395条之一的前提下,继父母仅有义务抚养其婚姻期间或者登记伴侣关系期间其配偶或者登记伴侣的未成年子女,但该子女必须实际上属于其家庭成员。

第1:395条之一 对年龄在18周岁到21周岁的子女的抚养义务

1. 父母有义务对其尚未达到21周岁的成年子女提供抚养和教育。

2. 继父母仅有义务对其婚姻期间或者登记伴侣关系期间其配偶或者登记伴侣的未成年子女支付前款所需的费用,直到该子女年满21周岁,但该子女必须实际上属于其家庭成员。

第1:395条之二 子女达到法定年龄后抚养费的调整

法院已裁决确定抚养费金额的,父母或者继父母或者涉及第1:394条所称的主体,必须向照顾和抚养的未成年子女或者继子女支付抚养费,直至该子女达到法定年龄,其后该裁决所确定的金额,视为第1:395条之一所称的抚养和教育的费用。

第1:396条 岳子女与岳父母之间的抚养义务

1. 岳父母与女婿儿媳之间的抚养义务因婚姻的解除而消灭。

2. 该义务因岳子女一方与其配偶分居或者岳父母一方再婚而消灭。

第1:397条 抚养费金额的确定

1. 直系血亲和拟制血亲之间的抚养费金额,应当根据被抚养人的实际需要以及抚养义务人的支付能力依法确定。

2. 两名及两名以上的血亲或者姻亲有义务对同一人提供抚养的,他们各自有义务向被抚养人支付部分抚养费。这部分的数额应当根据抚养义务人的财务能力以及其与被抚养人之间的关系依法确定。

第 1:398 条　抚养义务人承担抚养费

1. 有义务提供抚养的主体拒绝支付抚养费时,地方法院分院可以决定,被抚养人的血亲或者姻亲根据其需要支付抚养费并向其提供所有的生活必需品。

2. 父母可以本条第 1 款的方式向法院申请免除向他们的成年子女支付抚养费的义务。

第 1:399 条　抚养义务的限制

基于被抚养人不能合理期待全部或者部分取得抚养费的,法院有权决定直系血亲与拟制血亲之间支付抚养费的差别;该决定不影响以下章节关于未成年子女与继子女的抚养和教育费用的规定。

第 1:400 条　承担抚养费的先后次序

1. 抚养义务人对两个及以上的主体承担抚养费,但其经济能力不足以完全支付的,其未成年人子女、继子女以及未满 21 周岁的子女优先于其他人取得抚养费,而其配偶、前配偶、登记伴侣、前登记伴侣、父母、未成年人子女、继子女以及已年满 21 周岁的子女优先于其岳子女与岳父母取得抚养费。

2. 协议放弃法律规定的抚养权利和义务的,该协议无效。

第 1:401 条　变更或者撤销抚养义务的理由

1. 法院的裁判或者抚养协议由于情势变更而不再符合法律(法定)标准的,其后的法院裁决可对其进行更改或者撤销。前段不适用于法院经申请根据第 1:157 条变更期限的情形或者第 1:158 条所称的协议变更期限的情形。

2. 法院已根据第 1:157 条第 3 款、第 5 款或者第 6 款第 2 句确定期限的,或者第 1:158条所称的协议已约定期限的,在发生重大情势变更,以至申请人无法依据合理和公平的标准预期该期限继续的情形下,经前配偶一方的申请,法院可以更改该期限。但法院根据第 1:157 条第 5 款排除了延长该期限的可能的除外。本款所称的延期的申请,参照适用第 1:157 条第 5 款第 2 句和第 3 句的规定。

3. 当事人可以书面方式协商确定,本条第 1 款第 1 句应当适用第 1:158 条所称的协议变更期限的情形。

4. 法院可以更改或者撤销因基于不正确或者不完整的信息,而作出的自始不符合有关抚养费的法律(法定)标准的裁判。

5. 法院可以变更或者撤销完全不遵守法律(法定)标准的抚养协议。

第 1:402 条　抚养费的支付期限和支付方法

1. 法院裁判确定、变更或者撤销抚养费时,还应当确定支付抚养费的起止日期。

2. 法院确定抚养费的支付金额时,还应当确定周付、月付或者季付的支付方式。

3. 在法院裁判生效后,抚养义务人应当支付一期或者多期款项,或者必须偿还多期款项的,法院应当允许分期付款。

第 1:402 条之一　抚养费的年度指数

1. 根据法院裁判或者协议设定的抚养费的金额,每年应当按照司法部确定的百分比依法变更,该百分比应当与截至任意年份的 9 月 30 日的工资指数与上一年的相应指数的百分比差异相对应;本条第 3 款和第 4 款的规定不受影响。

2. 该变更自本条第 1 款所称的特定日期后的 1 月 1 日生效。裁决已确定百分比的,应当发布在政府公报上。

3. 工资指数的具体内容由枢密院令规定之。

4. 变更抚养费金额的百分比可以下调 1/10。因此,在上述百分比的数值中第 2 个或者后面的数字是 5,应当向下取整。

5. 在整个抚养义务期间或者特定时期内,法院裁判或者协议可排除变更法律规定的抚养费金额。此情况下,法院的裁判或者协议也可以规定,按法律规定以外的其他方式定期更改抚养费,并在适当时期更改其时间和方式。

6. 适用前款第 2 句的法院裁判,以及在该法院裁判作出之后,法院可以规定抚养义务人必须向被抚养人提供能够确定和变更抚养费金额的信息。经抚养义务人和被抚养人的申请,法院可事后作出或者变更上述裁判。

7. 每年依法变更抚养费的权利被排除的,法院可裁判撤销该排除。不适用本条第 5 款第 2 句所称的排除的,法院仅在第 1:401 条所称的情况下才可作出撤销裁判。

8. 法院作出支付抚养费的执行令,应当适当遵守在此期间依法作出的或者根据本条第 5 款第 2 句生效的所有变更的裁判。

第 1:403 条　抚养费的诉讼时效

当事人请求支付抚养费的诉讼时效为 5 年,从向法院提交申请之日起计算。

第二节　关于未成年子女、继子女的照顾和抚养费用的规定

第 1:404 条　根据经济能力分配承担抚养费的比例

1. 父母必须根据各自的经济能力,确定其因照顾和抚养未成年子女而需承担的抚养费的比例。

2. 第1:395条所称的情形下,继父母应当平等地承担抚养费。

第1:405条　[1998年4月1日废止]

第1:406条　确定未成年子女的抚养费金额

1. 父母或者继父母未履行或者未适当履行其对未成年子女的照顾和抚养义务的,另一方父母或者该子女的法定监护人,可请求地方法院裁决确定该父母或者继父母为此目的必须支付的抚养费金额。

2. 上述条款所称的抚养费金额也可能已经由地方法院在有关照管权的决定中予以确定。

第1:406条之一　申请人

对未成年人行使照管权的主体可基于第1:394条以未成年子女的名义提出申请。子女的父母或者法定监护人无须第1:394条第1款和第2款所称的授权即可提出此类申请。

第1:406条之二　[2003年1月1日废止]

第1:406条之三　[1997年1月1日废止]

第1:406条之四　[1997年1月1日废止]

第1:407条　金额的变化

地方法院必须在分居后的离婚裁判中确定对未成年子女行使照管权的一方;经一方父母的申请,地方法院也可以同时变更根据先前作出的行使照管权的裁判中确定的必须定期支付抚养费的金额。

第1:408条　必须支付的抚养费的方式

1. 根据法院裁判或者根据《民事诉讼法典》第822条第1款第3项作出的决定所确定的照顾和抚养的费用或者抚养和教育的费用,应当以未成年子女的名义向抚养并照顾该子女的父母支付,或者分别支付给其法定监护人,或者在子女达到法定年龄时支付给该子女。

2. 经本条第1款所称的权利人或者抚养义务人的申请,或者经抚养费的债权人和债务人的共同申请,国家抚养监管局可征集、收取和追讨此种费用。为此,抚养费的债权人应当向国家抚养监管局提交执行令,由此授权国家抚养监管局进行追讨,必要时可采取止赎措施(执行中的出售)。

3. 国家抚养监管局可向抚养费的债务人追讨抚养费用以及诉讼和取消抵押品赎回权的费用。这些费用的收回是通过枢密院令为此目的规定的增加本条第1款中所称的金额而实现的(增加欠款本金的10%)。

4. 在有权获得抚养费的债权人表明抚养义务人在过去6个月中至少一次未能

履行其定期付款义务的情形下,仅经其申请,国家抚养监管局才能进行追讨。此情形下,国家抚养监管局应当自提出申请之日起不超过6个月内收回该款项。

5. 在追讨本条第3款中所称的费用之前,国家抚养监管局必须通过挂号信的方式通知抚养债务人;内容包括其未根据抚养义务支付特定款项,该数额将按照前款所述的方式增加,并且有意向该抚养债务人追回这些款项。自挂号信寄出14天后,国家抚养监管局可采取强制措施追讨该债务。

6. 经本条第1款所称的债权人的申请而追讨费用的,仅在向国家抚养监管局至少支付了半年的款项并且不存在本条第4款第2句所称的费用时,国家抚养监管局才可终止本次追讨。经抚养费的债权人的申请已经开始上一轮的追讨的,该半年期限应当每年延长1倍。

7. 在有关子女达到法定年龄时,追讨应当以该成年子女的名义继续进行,但其要求停止追讨的除外。

8. 关于照顾和抚养的费用或者抚养和教育的费用的执行令应当适当遵守本条第3款所称的增加的方式执行。

9. 未成年人未满21周岁的10年内未进行实际收债的追偿的,国家抚养监管局可终止该追偿。此事项应当书面通知给抚养费的债权人。

10. 抚养费的债务人应当首先清偿本条第3款所称的费用,然后清偿该费用的应付利息,最后清偿抚养费的本金,以及相关的应计利息。

11. 国家抚养监管局应当确保将抚养未成年子女的款项支付给有权获得该抚养费的主体。

12. 参照适用第1:243条第2款、第3款和第4款的规定。

13. 除本条第1款、第7款和第11款的规定外,由法院裁判确定的以配偶或者登记伴侣的名义支付的抚养费,包括法院裁判确定的以配偶或者登记伴侣的名义支付的临时抚养费,应当参照适用本条的规定,但在其向监管局提交申请后的10年内未进行实际收债的追偿的,国家抚养监管局可终止该追讨。

第十八章 缺席、失踪和宣告死亡

第一节 基于缺席主体利益而为的信托管理

第1:409条 所有权人缺席的情况下,任命法定管理人

1. 离开住所且未对其缺席期间的财产管理作出充分安排的,并且有必要填补管理空白或者代表该缺席主体的,经任何利益相关人或者检察院的申请,地方法院分院可以任命法定管理人管理缺席主体的全部或者部分财产以及该主体的其他利益。

2. 本节所称的失踪者或者失联者，即使无法证实其确已离开住所的，视同为离开住所。

第 1:410 条　适用保护性监管和未成年人监护的规定

1. 除地方法院分院另有规定外，前条所称的基于缺席主体利益而为的信托管理参照适用第 1:338 条、第 1:339 条、第 1:340 条、第 1:342 条至第 1:357 条、第 1:358 条第 1 款和第 1:359 条至第 1:363 条的规定，同时法定管理人有义务每年向地方法院登记处提交财产管理的书面账目。

2. 法定管理人有权获得国安部和司法部为此设定的报酬。

3. 合理的情况下，地方法院分院对提交的书面账目的认可并不影响被管理财产的所有权人要求法定管理人在管理结束后就同一期间的情况再次提交书面账目的权利。

4. 除地方法院分院另有规定外，法定管理人也可以保护缺席主体的财产之外的其他利益。

5. 地方法院分院可以随时解雇法定管理人，并替换为其他人。

第 1:411 条　基于缺席主体利益而为的信托管理的终止

有以下情形之一的，基于缺席主体利益而为的信托管理终止：

(1) 所有权人和法定管理人共同决定的。

(2) 所有权人提前 1 个月通知法定管理人停止管理其财产的。

(3) 已经确认所有权人死亡的。

第二节　失　踪　者

第 1:412 条　授权他人行使继承或者受遗赠的权利

1. 失踪者有权继承份额或者受遗赠的，且其死亡时其他主体可取得该权利的，经其他主体的申请，地方法院分院应当授权其他主体替代失踪者行使继承或者受遗赠的权利。

2. 在必要的情况下，地方法院分院可以传票的方式传召他人，以及为其他利益相关人实施保护性措施。

3. 法院根据本条第 1 款授权后，确定失踪者在继承开始时仍然生存的，失踪者或者其他利益相关人可以主张返还其他主体从该财产中获得的资产以及利益（孳息），但也应当适当遵守宣告推定失踪者死亡的法院裁决所规定的限制。

4. 人寿保险的第一受益人失踪的，参照适用本条第 1 款至第 3 款的规定。

第 1:413 条　法院裁决宣告推定失踪者死亡

1. 已失踪并且经过下款所称的期间的，任何利害关系人可申请法院传召失踪者，以证明其尚生存，无法证明的，地方法院应当宣告推定失踪者死亡。

2. 本条第1款所称的期间：

(1)该期间为5年，自失踪者离开住所或者知其最后消息起计算；

(2)失踪满1年的且知其可能死亡的，该期间缩短至1年。

3. 检察院也可提出本条第1款所称的申请。

第1:414条　传召失踪者出庭的程序

1. 地方法院应当裁决规定传召失踪者出庭的日期和时间。传召期限为1个月，或者法院认为必要的更长的期限。传召程序应当遵守《民事诉讼法典》第1编第3章第3节的法律规定。

2. 失踪者没有出庭的，并且没有其他人确信失踪者尚存活的，地方法院应当宣告推定失踪者死亡，其也有权再次作出本条第1款所称的裁决，并要求听取证人证词以及出示证明符合第1:413条规定的支持性证据。

3. 宣告推定死亡的法院裁决，应当载明失踪者被推定死亡的日期；该日期应当为知其最后消息的次日，但有足够的理由认为失踪者在该日期后仍存活的除外。

4. 法院可确定由失踪者的资产支付申请人根据第1:413条第1款所支出的费用。

第1:415条　[1978年7月10日废止]

第1:416条　不得对第1:413条所称的法院裁决上诉

当事人不得对第1:413条第1款所称的宣告推定失踪者死亡的法院裁决提起上诉。

第1:417条　死亡证明

1. 宣告推定失踪者死亡的法院裁决为终审裁决且具有约束力的，在案件的审理期间，法院的书记员应当将该法院裁决的副本寄送给死者住所地的户籍员，或者死者在荷兰没有住所的，寄送给海牙市的户籍员。其后，该户籍员应当制作与法院裁决内容一致的死亡证明，并载明该证明是根据法院裁决作出的。

2. 该死亡证明具有完全的证明力，其足以证明失踪者在该证明所记载的日期死亡的事实。

第1:418条　失踪人的继承人、受遗赠人的义务

1. 在继承人和受遗赠人占有被宣告死亡的人的遗产之前，由于必须返还给可能回归的失踪者的，或者必须移交给优先于继承人或者受遗赠人的权利人的，地方法院分院可以要求他们提供担保。

2. 继承人有义务在占有遗产后制作适当的书面清单。

3. 除非有重要原因并经地方法院授权,登记财产不得转让或者设定负担。该财产的分割无法通过出售和实物分割之外的方式实现的,可交由第三人管理;该第三人应当与权利主体协商分配该财产的收益。

4. 对被宣告死亡的人的遗产分割应当制作公证文书,该文书必须载明分配给受遗赠人和其他受益人的财产。

5. 不得浪费遗产,也不得做出过分的捐赠。

6. 继承人和受遗赠人应当向地方法院分院提供所有必要的信息。

7. 本条规定的义务应当在地方法院分院指定的日期届满,或者根据第 1:417 条制作死亡证明之日起 5 年后届满。宣告推定失踪者死亡的法院裁决,也可以规定根据具体情况不履行本条所称的一项或者多项义务。

第 1:419 条　文件存放于地方法院登记处

提供担保的文书、遗产的书面清单以及财产分割的文书的正本或者副本必须存放于地方法院的登记处。

第 1:420 条　法定管理人的任命

1. 地方法院分院认为继承人或者受遗赠人没有履行前两条规定的义务的,可以指定 1 名法定管理人管理继承人或者受遗赠者有权取得的失踪者的财产;地方法院分院认为该继承人或者受遗赠人已履行法定义务的,可决定终止该管理。

2. 除地方法院分院另有规定外,前款所称的管理参照适用第 1:338 条、第 1:339 条、第 1:340 条、第 1:342 条至第 1:357 条、第 1:358 条第 1 款和第 1:359 条至第 1:363条的规定,同时法定管理人有义务每年向地方法院登记处提交财产管理的书面账目。

3. 法定管理人有权获得国安部和司法部为此设定的报酬。

4. 地方法院分院可以随时解雇法定管理人,并替换为其他人。

第 1:421 条　配偶或者登记伴侣的义务

基于财产共同体的解散或者婚姻关系的平等性而获得被宣告死亡的人的财产的配偶或者登记伴侣,参照适用前三条关于继承人从被宣告死亡的人的遗产中获得财产的规定。配偶或者登记伴侣没有义务为此提供担保。

第 1:422 条　失踪者的重新返回或者死亡证明上的死亡日期错误

1. 失踪者重新返回的,或者其死亡证明上记载的死亡日期错误的,根据前述条款占有失踪者的财产的主体或者基于信托管理占有其资产的主体,必须向重新返回的失踪者或者有权使用该财产的主体,提交账目并移交该财产。

2. 善意第三人的权利应当受到保护。但以无偿方式获得财产的,法院可以裁决因此而享有利益的权利人对丧失该财产的第三人予以公正合理的补偿。

3. 为第三人的利益以失踪者的生命投保的,该第三人有权取得失踪者重新返回之前已经支付的和已经到期的保险金;此情形下,不得从该保险中派生出其他请求权。

第 1:423 条　错误的死亡证明

1. 根据第 1:417 条的规定,开具死亡证明之日起 5 年内该证明被证实错误的,善意占有失踪者财产的人仅需返还失踪者财产利益(孳息)的一半;此后,该死亡证明被证实错误的,其不必返还其享有的任何利益(孳息)。

2. 开具死亡证明之日起 10 年后该证明被证实错误的,善意占有失踪者财产的人仅需返还其当时仍占有的财产、转让财产的价款以及财产替代物;其不必返还或者补偿从失踪者财产中获得的收益和已废弃的财产,也没有提供账目的义务。

3. 开具死亡证明之日起 20 年届满的,财产占有者返还财产的义务即消灭。

第 1:424 条　[废止]

第 1:425 条　重新返回的失踪者对子女的民事地位和照管权

1. 失踪者的配偶缔结新的婚姻关系的,但失踪者在根据第 1:417 条制作的死亡证明所载明的死亡日期后仍然生存的,为确定该配偶在新的婚姻之前所生子女的身份,其与失踪者的婚姻视为在记载的死亡日期解除。

2. 被宣告死亡的人重新返回后无法对其未成年子女行使照管权的,可以申请地方法院授权。失踪者基于子女的利益与另一方父母共同申请的,或者没有人行使照管权的,或者由法定监护人行使照管权的,仅在法院有充足的理由认为批准申请会损害子女的利益时,才可以驳回此申请。其他情形下,仅在认为最符合未成年人利益的,地方法院才可以批准此申请。

第三节　特定情况下的宣告死亡

第 1:426 条　宣告死亡

1. 有以下情形之一的,但找不到失踪者的尸体,考虑到所有因素后可认为其确已死亡的,经检察院或者任何利益相关人的申请,地方法院可以宣告失踪者已经死亡:

(1)在荷兰境内失踪的;

(2)在以荷兰为基地的船只或者飞机航行中失踪的;

(3)失踪者有荷兰国籍;

(4)失踪者在荷兰境内有住所或者经常居住地。

2. 有以下情形之一的，某人在荷兰境外死亡，并且没有制作死亡证明或者无法提交该死亡证明的，经检察院或者任何利益相关人的申请，地方法院可以宣告其已经死亡：

(1)在以荷兰为基地的船只或者飞机航行中死亡的；

(2)死者有荷兰国籍；

(3)死者在荷兰境内有住所或者经常居住地。

3. 本条第2款和第3款所称的申请或者裁决或者附随文件，应当尽可能包含第1:427条所提及的信息。

第1:427条　法院裁决的内容

1. 地方法院在作出第1:426条所称的宣告死亡的法院裁决时，应当载明死亡的日期，并在可能的情况下载明死亡的时间。死亡日期不明的，地方法院应当确定该日期并在法院裁决中载明此情况。地方法院应当考虑到所有关于致使死亡的因素以及确定死亡时间的证据和迹象，并以此作出裁决。

2. 法院裁决还应当载明死者的姓氏、名字、性别，并在可能的情况下载明死者的住所、出生地和出生日期以及死者配偶或者登记伴侣的姓氏和名字。

第1:428条　[1995年4月1日废止]

第1:429条　死亡登记簿

法院裁决为终审裁决且具有约束力的，在案件审理期间，法院的书记员应当将该法院裁决的副本寄送给海牙市的户籍员。该户籍员应当据此制作死亡证明并登记于死亡登记簿。

第1:430条　死亡登记簿的法律效力

1. 根据第1:429条制作的死亡证明视为第1:19条之六第1款所称的死亡证明。

2. 某人根据第1:426条被宣告死亡的，在其重新返还时证实第1:429条所称的死亡日期是错误的，参照适用第1:422条、第1:423条和第1:425条的规定。

第十九章　成年人信托管理

第1:431条　成年人信托管理的理由

1. 基于下列情况之一，成年的所有权人暂时或者永久地无法照顾自己的财产权益：

(1)他的身体或者精神状况；

(2)浪费(不计后果的支出)或者存在问题债务。

地方法院分院可以裁决对其所有或者将所有的资产中的一项或者多项资产实施信托管理。本章所称的所有权人的财产包括婚姻共有财产或者登记伴侣的共有财产,该财产不包括所有权人的配偶或者登记伴侣享有排他性管理权的财产。

2. 可预期未成年人在达到法定年龄时处于前款所称的情形的,法院可以裁决在未成年人成年之前实施信托管理。

3. 可预期所有权人在可预见的将来处于本条第 1 款所称的情形的,法院也可裁决实施信托管理。

4. 案件的审理期间,法院获得临时授权或者条件授权的,包括根据《精神病院接待法》规定进行医学观察的授权,继续住院的授权或者该法第 33 条第 1 款的授权,该法院也有权管辖涉案成年的所有权人的一项或者多项资产置于信托管理的诉讼事项。

第 1:432 条　设立信托管理的申请人

1. 案涉所有权人自己,其配偶、登记伴侣或者其他生活伙伴,其直系血亲或者姻亲或者四代以内旁系血亲之一,第 1:253 条之二十或者第 1:253 条之十九之一所称的对相关成年人行使照管权的主体,其法定监护人、本编第 19 章所称的其法定管理人以及本编第 20 章所称的其法律顾问,均可申请信托管理。在第 1:432 条第 3 款所称的情形下,仅所有权人可申请信托管理。

2. 检察院和照顾所有权人或者向其提供指导的机构可以申请信托管理。由于浪费(不计后果的支出)或者存在问题债务而申请信托管理的,所有权人住所地的市长也可以提出申请。此情形下,申请书还应当说明本条第 1 款所称的主体——不包括第三代和第四代的旁系血亲——未提出申请的理由。

3. 申请设立或者废止成年人监护的审理期间,法院可在拒绝或者授权该申请前,依职权裁决实施本章所称的信托管理。

4. 所有权人处于成年人监护状态的,其必须向有管辖权裁定终止该成年人监护的法院申请对该所有权人的一项或者多项财产实施信托管理。法院在终止该成年人监护时,可依职权裁决实施本章所称的信托管理。

5. 第 1:91 条所称的将配偶的财产管理权转让给另一方的情形,或者请求法院作出此种裁决的情形,参照适用本条第 2 款和第 3 款的规定。

第 1:433 条　信托管理财产的替换

1. 除法院裁决另有规定外,将一项或者多项资产置于信托管理的财产包括所有被置于信托管理的财产以及这些财产衍生的孳息和其他利益。

2. 地方法院分院可以经第 1:432 条第 1 款和第 2 款所称的主体的申请,或者依职权,将既定的信托管理扩大到一个或者多个其他所有权人的财产或者从信托管理中移走一项或者多项资产,并且还可以决定本条第 1 款的规则不适用于一项或者多项资产。此情形下,参照适用第 1:434 条第 1 款的规定。地方法院分院还可以指定作出第 1:441 条第 1 款第 6 项所称的一项或者多项行为,并撤回对该行为的指定。

第 1:434 条　信托管理财产的特定化

1. 在第 1:432 条和第 1:433 条第 2 款所称的法院裁决中,法院可依职权确定置于信托管理以及解除信托管理的具体资产。

2. 信托管理的设立和解除,自法院裁决交付或者寄送至申请人后的次日生效,但法院裁决载明了更晚日期的除外。在第 1:431 条第 2 款所称的情形下,信托管理自所涉的未成年人达到法定年龄时生效。

第 1:435 条　法定管理人的指定

1. 法院裁决确定信托管理的,应当同时或者尽快为所有权人指定法定管理人。其还应当确定被指定主体的意愿并且评估该主体的适格性。

2. 必要之时,法院可指定一名临时管理人。

3. 在指定法定管理人时,法院应当尊重所有权人的建议,但有充分理由反对他提出的建议的除外。

4. 所有权人已经结婚或者登记为伴侣关系的,或者与其他伴侣保持密切联系的,应当指定其配偶、登记伴侣或者其他生活伴侣为法定管理人,除非已适用前款的规定。不适用前段规定的,应当指定其父母、子女、兄弟姐妹为法定管理人。所有权人在被信托管理后缔结婚姻关系或者登记伴侣关系或者与其他伴侣保持密切联系的,经其配偶或者登记伴侣或者其他生活伴侣的申请,法院可任命这些主体为法定管理人,并更换当前的法定管理人。

5. 法院可指定具有完全行为能力的法人为法定管理人。

6. 法院不得指定下列人员为法定管理人:

(1)无行为能力的自然人(未成年人和被监护的成年人)。

(2)被置于保护性监管的人员。

(3)本编第 19 章所称的将一项或者多项资产置于信托管理之下的人员。

(4)处于破产状态的人员。

(5)适用自然人债务偿还计划的人员。

(6)《破产法》第 287 条第 3 款所称的被监护的成年人的法定管理人。

(7)立即参加或者正在参加救济或者护理的人员。

(8)与照顾所有权人或者为所有权人提供指导的机构有关的人员,其为:

①构成该机构管理层组成部分的机构或者人员,可以单独或者与他人共同行使法人股东大会一半以上的表决权,或者可以任命或者解聘一半以上的有表决权的董事或者监事;

②第2:24条之二所称的构成团体部分的人员和机构;

③法人的执行机构是该机构管理层或者人事处的组成部分。

7. 除本条第4款所称的主体外,其他主体已经是成年人的法定监护人,法定管理人或者代表3个以上主体的法律顾问,仅在与其有关的商业或者教育行为,以及适当情况下对作为所有权人的法定管理人的人员的招募、培训和指导以及对这些人员的监督时,才有资格被指定为法定管理人;其同时应当符合枢密院令设定的质量标准以及第1:436条第4款和第3:15之九所称的要求。

8. 本条第7款所称的主体应当向任命其的法院提交以下证明文件:

(1)符合本条第7款规定质量标准和要求的声明;

(2)第2:393条第1款所指的审计师意见,证明其符合标准和要求的;以及

(3)第2:10条所称的审计师关于资产负债表和损益表(收益表)的声明,或者在合适的情形下,符合第2编第9章规定的年度财务会计报告。第2:393条第1款所称的情形不适用第2:396条第7款的规定。

声明和报告的布局和内容以及提交方式的具体规则由枢密院令规定之。该主体表明其已在被任命之前的12个月内提交了声明并向法院报告的,可以免除此种提交义务。

9. 本条第8款所指的免除提交审计师声明义务的主体包括:

(1)根据《金融监管法》的规定拥有金融企业可以从事银行业务的主体;

(2)公证人;

(3)法警;

(4)审计师(会计师)。

前款所提及的从事专业实践的企业和自然人,可以由枢密院令完全或者部分地免除本条第7款所称的对招聘、培训和商业行为的要求。

10. 自法院任职决定作出后次日起,被指定的人为法定管理人。

第1:436条　法定管理人的义务

1. 法定管理人必须尽快制作所有被置于信托管理的财产的书面清单,并根据《民事诉讼法典》第266条将清单副本提交给具有管辖权的法院的书记员。

2. 参照适用第1:339条、第1:363条和第1:364条的规定。

3. 登记财产被置于信托管理的,法定管理人必须尽快向本法第3编第1章第2

节所称的公共登记簿的保管者出示信托管理和被任命为法定管理人的法院裁决，以进行必要的登记。企业或者商业合伙企业中的股份被置于信托管理的，法定管理人必须向商业登记簿的保管者出示相关的法院裁决以进行登记。地方法院分院经第1:432条第1款和第2款所称的信托管理的申请，或者依职权，基于所有权人身体或者精神状况，对其所有或者将所有的资产设立信托管理作出的裁决，以及任命、中止或者解雇法定管理人的法院裁决，应当由法院的书记员登记于第1:391条所称的公共登记簿。

4. 除地方法院分院另有规定外，根据《金融监管法》的规定可能会在荷兰从事银行业务的，法定管理人必须尽快在金融企业开立账户；此外，法定管理人在执行职务时有权使用该银行账户支付或者收取款项。

5. 地方法院分院可以随时要求法定管理人出庭并接受询问。法定管理人有义务向地方法院分院提供所有必要的信息。

6. 地方法院分院可要求法定管理人提供其表达意见的账簿、文件和其他数据载体及副本。

第1:437条　两名以上的法定管理人

1. 法院可以任命两名法定管理人，但有正当理由反对此种任命的除外。

2. 除法院另有规定外，任命两名法定管理人的，各自仅能在被指定的信托管理范围内实施管理活动。

3. 法定管理人之间存在争议的，地方法院分院应当经其一或者第1:432条第2款所称的机构的申请解决该纠纷。地方法院分院还可以决定酬金的分配。

第1:438条　管理行为和处分权

1. 信托管理期间，仅法定管理人而非所有权人有权对被置于信托管理下的资产实施管理行为。

2. 信托管理期间，所有权人应当与法定管理人合作，或者法定管理人拒绝提供必要的合作的，其必须经法院授权方可转移或者抵押被置于信托管理下的资产。

第1:439条　交易相对人的保护

1. 一项法律行为因被信托管理的所有权人单独处理或者实施而可撤销的，该可撤销事由仅能对抗已经或者应当知道该信托管理的交易相对人。

2. 某资产被转让或者设定负担的，但被信托管理的所有权人无权处分的，该处分权的缺失仅能对抗取得该资产或者定限物权时已经或者应当知道该信托管理的交易相对人。

第1:440条　信托管理财产的索赔

1. 已经或者应当知道信托管理的债权人，不得请求以被信托管理的财产偿还其与所有权人之间因信托财产而产生的债务,除非符合第1:438条第2款的规定。信托管理的终止也是如此。

2. 根据第1:431条第1款对所有资产实施信托管理的,对于其他不处于信托管理本可用于清偿的财产,参照适用本条第1款。

第1:441条　法定管理人的职责

1. 信托管理期间,法定管理人在法庭内外代表所有权人并在权限范围内履行职责。法定管理人应当确保对信托管理的资产进行有效投资,除为所有权人提供充分照顾的财产外。法定管理人还可以代表所有权人实施所有有利于适当信托管理的行为。

2. 实施下列行为之一,法定管理人应当取得所有权人的同意,所有权人不能或者不愿同意的,必须获得地方法院的授权:

(1)处置受信托管理的资产或者订立协议处置此类资产,但该行为可视为正常的管理行为或者基于法院裁决必须实施的除外;

(2)接受有义务或者有条件的赠与;

(3)借款或者将所有权人作为保证人或者连带债务人;

(4)同意所有权人有权获得的遗产在特定时期内不会被分割;

(5)订立协议终止所有权人所涉的纠纷,除非该纠纷涉及《民事诉讼法典》第87条所称的案件,或者纠纷的标的额不超过700欧元;

(6)信托管理裁决或者以后的法院裁决中指明的其他行为。

3. 地方法院分院也可以在其认为适当的条件下,持续地授权法定管理人实施前款所述的行为,并且可以随时更改或者撤回已授予的授权。

4. 法定管理人(不包括所有权人)有权请求分配属于信托财产的尚未分割的股份。此种分配,即使基于法院裁决,法定管理人也应当根据本条第2款取得同意或者授权。地方法院分院也可以参照适用第3:181条指定中立第三人代表所有权人请求分配财产,以替代其授权。

5. 法定管理人(不包括所有权人)有权接受所有权人享有的遗产。除非取得所有权人的同意,否则法定管理人不能接受;接受之前,法定管理人还必须按照第4:190条第1款清点死者的遗产。

第1:442条　保护与法定管理人交易的当事人

1. 以法定管理人的身份实施法律行为的,对方的权利义务规定在本法第3编第3章。关于法定管理人权限的法律规定以及与权限相关的事实不得对抗不知情或者不应当知情的交易相对人。

2. 在不影响第6:172条规定的前提下,所有权人对法定管理人以所有权人的名义实施的法律行为以及由此引发的债务承担责任。信托管理下的资产可充分清偿债务的,所有权人无须以其他财产偿还该债务。

第1:443条　授权启动法律程序

法定管理人代表所有权人提起任何法律诉讼前,可以请求所有权人或者法院同意其事先免责,或者所有权人不能或者不愿同意的,可以请求地方法院分院作出替代授权。

第1:444条　法定管理人的责任

法定管理人未能尽到谨慎管理人的义务管理信托财产的,应当对所有权人承担失职的法律责任,但不可归因于法定管理人的除外。

第1:445条　提供账目

1. 除另有规定外,法定管理人应当每年向所有权人提供账目;在信托管理终止时,也应当向所有权人提供账目;法定管理人终止管理义务并由另一位管理人继任时,应当向继任者提供账目。账目应当由地方法院分院提交。国安部和司法部可建立必须编制提述的账目范本。第1:383条第7款所称的法定监护人应当每年提交第1:388条第8款所称的声明和报告。有要求的,法定监护人还应当向地方法院分院报告其活动。法定监护人有权获得国安部和司法部为此设定的报酬。

2. 所有权人无法评估所提供的账目的,或者待提供的所有权人的账目不明的,法定管理人应当向地方法院分院提交账目。合理的情况下,地方法院分院对提交的书面账目的认可并不影响被管理财产的所有权人要求法定管理人在管理结束后就同一期间的情况再次提交书面账目的权利。

3. 地方法院分院可依职权或者经法定管理人申请,解除法定管理人定期向法院提供账目的义务;地方法院分院也可以决定每隔几年提交一次账目。

4. 第1:435条第7款所称的法定管理人应当每年提交第1:435条第8款所称的声明和报告。

5. 本条所称的法定管理人的提供账目参照适用本法第1编第14章第6节第10分节和第11分节所称的未成年人行使监护权的提供账目的程序的法律规定。

第1:446条　结算账目时利益和资产回报的周期性分配

1. 除地方法院分院另行规定外,信托管理财产所产生的净收益(减去应当付给法定管理人的报酬)应当分配给每次结算账目时的所有权人。经所有权人的申请,地方法院分院可以设定其他分配日期。

2. 法定管理人结算其所管理的信托财产的最终账目后,应当立即将所有资产移交给有权管理该资产的人。但法定管理人可以扣留该资产至全额偿还所欠其的款项为止。

3. 法定管理人直接向地方法院分院提交账目的,净收益或者将要移交的资产仍受法定管理人的信托管理,直到所有权人能够收取或者能够确定归属为止,但地方法院分院另有规定的除外。

第 1:446 条之一　5 年后:就继续工作向地方法院分院报告

法定管理人应当每 5 年或者在地方法院分院作出决定后,向地方法院分院报告信托管理的发展情况。法定管理人应当特别就信托管理是否必须继续或者能够实施其他代替措施,发表意见。法定管理人还应当将有关信托管理或者其继续的重要事实,立即报告给地方法院分院。

第 1:447 条　法定管理人的报酬

1. 法定管理人有权获得国安部和司法部为此设定的报酬。基于特殊情况,地方法院分院可以在固定或者不特定的时期内确定与信托管理裁决或者法律规定的不同的报酬。

2. 有两名及两名以上的法定管理人的,地方法院分院应当根据他们各自所从事工作的重要性,按比例分配他们共同享有的报酬。

第 1:448 条　法定管理人职责的终止

1. 法定管理人的职责终止于:

(1)信托管理结束时;

(2)固定期限内被任命为法定管理人的情形下:期限届满时;

(3)其死亡、破产,或者属于自然人债务还款计划或者置于成人监护之下时;

(4)本章所称的将法定管理人的一项或者多项自有资产置于信托管理之下时;

(5)地方法院分院为此目的设定日期解雇法定管理人时。

2. 经法定代理人本人的申请,或者基于强制理由或者由于其不再满足成为法定管理人的条件的,法院应当裁决解雇;该裁决由共同法定管理人或者第 1:432 条第 1 款和第 2 款所称的有权申请信托管理的人申请作出,或者依职权作出。审理期间,地方法院分院可在信托管理内准予采取临时措施,并中止法定管理人的职位。必要之时,地方法院分院还可以在未事先征询法定管理人的意见下实施上述行为。此情况下的法院裁决两周后即失效,但在裁决时允许法定管理人听证的除外。

3. 前法定管理人必须继续实施所有无法推迟的行为,以便在继任者接受管理信托财产前不会对所有权人造成损害。本条第 1 款第 3 项所称的情形下,该义务应当分别由其继承人、破产清算人或者自然人债务还款计划的管理人承担,但不知道信托管理存在的除外;本条第 1 款第 4 项所称的情形下,前句适用于该款所称的信托管理的法定管理人。

4. 参照适用第 1:384 条的规定。

5. 因令人信服的理由,或者由于法定管理人不再满足成为法律管理人的条件而被解雇的,地方法院分院可以决定不再需要提供任何账目。地方法院分院也可以扣押法定管理人的账簿、文件和数据载体以及属于所有权人的任何资产。法院可以出入为此需要经过的任何地方。

第 1:449 条　信托管理的终止

1. 信托管理在其存续期间届满后或者所有权人死亡或者被置于成年人监护之下时终止。

2. 已证明不再需要信托管理或者继续的,地方法院分院可经法定管理人或者第 1:432 条第 1 款和第 2 款所称的有权申请信托管理的人的申请,或者依职权,终止该信托管理。终审的法院裁决一经作出立即生效,除非该裁决指定了更早的生效时间。

3. 第 1:432 条第 1 款和第 2 款所称的有权申请信托管理的人,以及法定管理人可以申请延长在特定时期内设立的信托管理。地方法院分院应当在提出申请后两个月内作出裁决。参照适用第 1:384 条的规定。对于拒绝延长申请的裁决无法律救济措施。

第二十章　成年人的保护性监管(保佐)

第 1:450 条　保护性监管的理由

1. 成年人由于身体或者精神状况而暂时或者永久地不能或者很难保护自己的非财产利益的,地方法院分院可为其利益裁决实施保护性监管。

2. 可预期未成年人在达到法定年龄时处于前款所称的情形的,法院可以裁决在未成年人成年之前实施保护性监管。

3. 可预期成年人在可预见的将来处于本条第 1 款所称的情形的,法院也可以裁决实施保护性监管。

4. 案件的审理期间,法院获得临时授权或者条件授权的,包括根据《精神病院接待法》规定进行医学观察的授权,继续住院的授权或者该法第 33 条第 1 款的授权,该法院也有权管辖涉案的成年人实施保护性监管的诉讼事项。

第 1:451 条　设立保护性监管的申请人

1. 所涉成年人自己,其配偶、登记伴侣或者其他生活伙伴,其直系血亲或者姻亲或者四代以内旁系血亲之一,第1:253条之二十或者第1:253条之十九之一所称的对相关成年人行使照管权的主体,其法定监护人、本编第19章所称的其法定管理人,均可申请保护性监管。在第1:432条第3款所称的情形下,仅成年人本人可申请设立保护性监管。

2. 除第1:450条第3款所称的情形外,检察院和照顾所涉成年人或者向其提供指导的机构可以申请实施保护性监管。此情形下,申请书还应当说明本条第1款所称的主体——不包括第三代和第四代的旁系血亲——未提出申请的理由。

3. 申请设立或者废止成年人监护的审理期间,法院可在拒绝或者授权该申请前,依职权裁决实施本章所称的保护性监管。

4. 申请变更成年人监护为保护性监管的,必须向有管辖权裁定终止该成年人监护的法院提出。法院在终止该成年人监护时,可依职权裁决实施本章所称的保护性监管。

5. 保护性监管自法院裁决交付或者寄送至申请人后的次日生效,但法院裁决载明了更晚日期的除外。在第1:450条第2款所称的情形下,保护性监管自所涉的未成年人达到法定年龄时生效。

第1:452条　法律顾问的指定

1. 法院裁决确定保护性监管的,应当同时或者尽快为成年人指定法律顾问。其还应当确定被指定主体的意愿并且评估该主体的适格性。

2. 必要之时,法院可指定1名临时顾问。

3. 在指定法律顾问时,法院应当尊重所有权人的建议,但有充分理由反对其提出的建议的除外。

4. 所涉成年人已经结婚或者登记为伴侣关系的,或者与其他伴侣保持密切联系的,应当指定其配偶、登记伴侣或者其他生活伴侣为法律顾问,除非已适用前款的规定。不适用前段规定的,应当指定其父母、子女、兄弟姐妹为法律顾问。成年人在被保护性监管后缔结婚姻关系或者登记伴侣关系或者与其他伴侣保持密切联系的,经其配偶或者登记伴侣或者其他生活伴侣的申请,法院可任命这些主体为法律顾问,并更换当前的法律顾问。

5. 法院可指定具有完全行为能力的法人为法律顾问。

6. 法院不得指定下列人员为法律顾问:

(1)无行为能力的自然人(未成年人和被监护的成年人)。

(2)被置于保护性监管的人员。

(3)立即参加或者正在参加救济或者护理的人员。

(4)照顾被监护的成年人或者为被监护的成年人提供指导的机构的管理层或者人事处的人员。

(5)与照顾所有权人或者为所有权人提供指导的机构有关的人员,其为:

①构成该机构管理层组成部分的机构或者人员,可以单独或者与他人共同行使法人股东大会一半以上的表决权,或者可以任命或者解聘一半以上的有表决权的董事或者监事;

②第2:24条之二所称的构成团体部分的人员和机构;

③法人的执行机构是该机构管理层或者人事处的组成部分。

7.除本条第4款所称的主体外,其他主体已经是成年人的法定监护人,法定管理人或者代表3个以上主体的法律顾问,仅在与其有关的商业或者教育行为,以及适当情况下对作为成年人的保护性监管的人员的招募、培训和指导以及对这些人员的监督时,才有资格被指定为法律顾问;其同时应当符合枢密院令设定的质量标准以及第1:436条第4款和第3:15之九所称的要求。

8.本条第7款所称的主体应当向任命其的法院提交以下文件:

(1)符合本条第7款规定质量标准和要求的声明;

(2)第2:393条第1款所指的审计师意见,证明其符合标准和要求的;以及

(3)第2:10条所称的审计师关于资产负债表和损益表(收益表)的声明,或者合适的情形下,符合第2编第9章规定的年度财务会计报告。第2:393条第1款所称的情形不适用第2:396条第7款的规定。

声明和报告的布局和内容以及提交方式的具体规则由枢密院令规定之。该主体表明其已在被任命之前的12个月内提交了声明并向法院报告的,可以免除此种提交义务。

9.法院可为成年人指定两名法律顾问,除非有正当理由反对此种任命。有两名法律顾问的,其中1名法律顾问可以单独执行属于法律顾问的任务。必要之时,法院可以在法律顾问之间建立职责分工。法律顾问之间存在意见分歧的,地方法院分院应当根据法律顾问之一或者第1:451条第2款所称的机构的申请作出裁决。该法院还可以决定酬金的分配。

10.法律顾问的职责自法院裁决交付或者寄送至申请人后的次日生效,但法院裁决载明了更晚日期的除外。

第1:453条　无行为能力的成年人在保护性监护下执行特定的法律行为

1.除法律或者条约另有规定外,在保护性监管期间内,所涉成年人无行为能力实施与其照顾、护理、治疗以及提供协助和支持有关事项的法律行为。

2. 关于本条第 1 款所称的法律行为，法律顾问应当在法庭内外代表涉案成年人，但法律或者条约排除此种代表的除外。法律顾问可以授权所涉成年人亲自实施这些法律行为。

3. 关于本条第 1 款所称的法律行为以外的其他行为，在所涉行为的性质允许的情况下，法律顾问应当代替涉案的成年人行事。

4. 法律顾问应当就有关非财产性质的事项向所涉成年人提供咨询，并照管其该方面的利益。

5. 所涉成年人反对法律顾问实施本条第 2 款或者第 3 款所称的行为的，为防止对所涉成年人造成不利益，法律顾问只有在明显必要时才可实施此种行为。

第 1:453 条之一　无行为能力行使亲权

1. 法院认为有必要的，可以决定参照适用第 1:246 条的规定。

2. 设立保护性监管的期间内，法院可以经第 1:451 条第 1 款或者第 2 款所称的申请人或者法律顾问或者检察院的申请，或者依职权，作出本条第 1 款所称的决定。

第 1:454 条　法律顾问的职责

1. 法律顾问在实施保护性监管时，应当尽可能多地让所涉成年人参与。法律顾问应当鼓励所涉成年人自己实施可以视为能够合理评估其利益的法律行为和其他行为。法律顾问负有谨慎行事的义务。

2. 法律顾问未能尽到谨慎行事的义务照顾成年人利益的，应当对所涉成年人承担失职的法律责任，但不可归因于法律顾问的除外。

第 1:455 条　法律顾问以所涉成年人名义行事，所涉成年人的债务责任

在不影响第 6:172 条规定的前提下，成年人对法律顾问以成年人的名义实施的法律行为以及由此引发的债务承担责任。

第 1:456 条　授权启动法律程序

法律顾问代表所涉成年人提起任何法律诉讼前，可以请求该成年人或者法院同意其事先免责；所涉成年人不能或者不愿同意的，可以请求地方法院分院作出替代授权。

第 1:457 条　可撤销的法律行为

1. 违反第 1:453 条第 2 款和第 3 款规定实施的法律行为是可撤销的。

2. 该法律行为是由所涉成年人实施或者针对所涉成年人实施的，可撤销事由仅能对抗知道或者应当知道保护性监管的交易相对人；对该交易相对人，所涉成年人推定为无行为能力人。

3. 该法律行为是由法律顾问实施或者针对法律顾问实施的，可撤销事由仅能对抗知道或者应当知道法律顾问无权实施该法律行为的事实的交易相对人。

第 1:458 条　信托管理与保护性监管

所涉成年人的一项或者多项财产受到本法第 1 编第 19 章所称的信托管理的情形下,法定管理人并非同时是法律顾问的,其无权对第 1:453 条第 1 款所称的事项采取行为。

第 1:459 条　向地方法院分院的报告

1. 地方法院分院可以随时要求法律顾问出庭并接受询问。法律顾问有义务向地方法院分院提供所有必要的信息。

2. 第 1:452 条第 7 款所称的法律顾问应当每年提交第 1:452 条第 8 款第 1 项和第 2 项所称的声明和报告。法律顾问应当每两年提交 1:452 条第 8 款第 3 项所称的声明。地方法院分院可以在其他时间评估报告的内容。

3. 法律顾问应当每 5 年或者在地方法院分院作出决定后,向地方法院分院报告保护性监管的发展情况。法律顾问应当特别就保护性监管是否必须继续或者能够实施其他代替措施发表意见。法律顾问还应当将有关保护性监管或者其继续的重要事实,立即报告给地方法院分院。

4. 因裁定的保护性监管期届满或者裁定终止的,在保护性监管终止时,法律顾问必须向其继任者,地方法院分院以及所涉的处于保护性监管的成年人提交书面报告。

第 1:460 条　法律顾问的费用和报酬

1. 法律顾问可以向被置于保护性监管的成年人收取在执行监管过程中必须付出的费用。

2. 法律顾问有权获得国安部和司法部为此设定的报酬。

第 1:461 条　法律顾问职责的终止

1. 法律顾问的职责终止于:

(1)保护性监管结束时;

(2)固定期限内被任命为法律顾问的情形下:期限届满时;

(3)其死亡时;

(4)被置于成年人监护时,或者已为其裁决确定保护性监管时;

(5)地方法院分院为此目的设定日期解雇法律顾问时。

2. 经法律顾问本人的申请,或者基于强制理由或者由于其不再满足成为法律顾问的条件的,地方法院应当裁决解雇。该裁决由共同法律顾问或者第 1:451 条第 1 款和第 2 款所称的有权申请保护性监管的人申请作出,或者依职权作出。审理期间,地方法院分院可在保护性监管内准予采取临时措施,并中止法律顾问的职位。必要之时,地方法院分院还可以在未事先征询法律顾问的意见下实施上述行为。此情况下的法院裁决两周后即失效,但在裁决时允许法律顾问听证的除外。

3. 前法律顾问必须继续实施所有无法推迟的行为,直到继任者有权监管第1:453条第1款所称的事项,以便不会对所涉成年人造成损害。在本条第1款第4项所称的情形下,该义务由前法律顾问的清算人或者法律顾问承担,但其不知道保护性监管的除外。

4. 参照适用第1:384条的规定。

第1:462条　保护性监护的终止

1. 保护性监管在其存续期间届满后或者所有权人死亡或者被置于成年人监护之下时终止。

2. 已证明不再需要保护性监管的,地方法院分院可经法律顾问或者第1:451条第1款和第2款所称的有权申请保护性监管的人的申请,或者依职权,终止该保护性监管。终审的法院裁决一经作出立即生效,除非该裁决指定了更早的生效时间。

3. 第1:451条第1款和第2款所称的有权申请保护性监管的人,以及法律顾问可以申请延长在特定时期内设立的保护性监管。地方法院分院应当在提出申请后两个月内作出裁决。参照适用第1:384条的规定。裁决拒绝延长申请的,并无相应的法律救济措施。

第二编　法　人

第一章　通　　则

第 2:1 条　公法人

1. 国家、省、市管理局、水务局和根据《宪法》享有立法权的团体机构具有法人资格。

2. 仅在法律规定或者法律授权机构享有部分行政职能的情况下,该机构才具有法人资格。

3. 除第 2:5 条外,本章以下规定不适用于前款所称的公法人。

第 2:2 条　宗教法人

1. 宗教团体以及其独立分支机构和下属组织,具有法人资格。

2. 此类法人按其章程自治,但违反法律的除外。除第 2:5 条外,本章以下规定不适用前款所称的宗教法人;但以下规定与其章程和法人本质相适应的,准用之。

第 2:3 条　私法人

协会、合作社、互保协会、股份有限公司、有限责任公司和基金会具有法人资格。

第 2:4 条　成立瑕疵和未设立的法人

1. 缺乏法律规定的设立此类法人所必需的、由公证人签署的文书或者不反对声明的,法人不成立。公证人签署的文书缺乏公证形式的,仅妨碍根据文书中的遗嘱所设立法人的成立。

2. 设立法人的法律行为无效并不影响其成立;部分发起人的行为无效,不影响其他发起人行为的效力。

3. 未设立的法人有财产的,经利害关系人或者检察院的申请,法院应当指定一名或者多名清算人。参照适用第 2:22 条的规定。

4. 未设立法人的财产应当按照解散法人的清算方式进行清算。被指定的执行董事,对其任职期间到期的上述财产的债务承担连带责任。无人根据前款承担责任的,其还对在此期间为该财产的利益实施的法律行为承担责任。无人根据前两款承担责任的,行为人承担连带责任。

5. 法人成立后需继承未设立法人的财产的,法院可以经其申请决定不清算该财产,并且将该财产归为已成立的法人的财产。

第 2:5 条　法人和自然人平等

除法律另有规定外,对于财产法的规定,法人与自然人享有相同的权利。

第 2:6 条　公告及未公告的后果

1. 根据本编的要求,需要公告法人细则或者公司章程的修改的,在公告之前以及在修改的章程按照规定公告之前,该修改不得对抗不知情的相对人或者第三人。法人解散同样适用本款的规定。

2. 法律允许章程规定的缺乏管理权限的管理人员或者董事代表法人实施法律行为的,但该法律行为发生时缺乏依照前款所述的程序进行限制或者免除权利的公告的,也不能对抗不知情的相对人。除管理人员与董事外,由章程授权代表法人的代表同样适用前述的规定。

3. 法人不得以商业登记簿登记信息的不正确或者不完整性对抗不知情的相对人;不得以该信息正确及完整地登记在别处或者载入章程作为相对人知情的证据。

4. 除法律另有规定外,相对人不能以自己不知情对抗对依照前述方式予以公告的法人;但公告未能遵照法律规定或者缺乏公告通知的除外。

5. 破产登记和延期付款登记的法院裁判不适用本条前 2 款的规定。

第 2:7 条　无权代表法人处分的行为(无权处分原则)

法人实施的法律行为超越其目的并且相对人知道或者不经调查即应当知道的,该行为是可撤销的;仅法人有权以此为由主张撤销。

第 2:8 条　法人组织内部的公平合理原则

1. 法人及根据法律或者章程与其组织有关的人,相互之间必须遵循公平合理原则为一定的行为。

2. 他们之间由法律、习惯、章程、细则或者决议产生的规则,在具体情况下不符合公平合理原则的,不予适用。

第 2:9 条　董事履行职责及法律责任

1. 董事对法人负有适当履行其职责的义务。未依法或者公司章程赋予一位或者多位董事分配待履行的职责的,应当由一位董事负责。

2. 每位董事均对日常事务负责。其应当对不当履行职责的全部后果承担失职的法律责任,但董事对分配给他的任务没有重大过错,并且也没有疏忽采取措施避免其后果的除外。

第 2:10 条 账簿保管

1. 对于法人的财产状况和一切有关的业务,董事有义务按照该业务的要求,设置账簿并保存与之有关的一切簿册、文件和其他信息记录,以便随时确定其权利和义务。

2. 在不影响本编以下各章规定的前提下,董事有义务每年在会计年度终止后 6 个月内制作法人的资产负债表和损益表。

3. 董事有义务保管本条第 1 款和第 2 款所称的账簿、文件和其他信息记录 7 年。

4. 在复制信息可准确完整传输,并且信息在新载体可以长期完整保存并可以在合理期限内阅读的情况下,所有的书面信息和数据信息,除纸面的资产负债表和损益表之外,均可以传输并存储在其他数据载体中。

第 2:10 条之一 会计年度

法人章程没有规定会计年度的,其会计年度为日历年度。

第 2:11 条 法人作为另一法人董事的责任

法人作为另一法人的董事的,其应当对该另一法人在此期间产生的债务,承担连带责任。

第 2:12 条 根据公司章程取消表决权

除成员、股东或者机关成员的资格外,在授予特定人权利或者免除特定人义务的决议中,公司章程可以规定取消特定人本人、其配偶、登记伴侣以及直系血亲的表决权。

第 2:13 条 表决效力;表决结果

1. 表决中存在单方法律行为无效情形的,该表决无效;表决不得撤销,也无法基于撤销而无效。

2. 无行为能力人作为法人成员的,在不与章程冲突的情形下,可自己行使表决权;其他情形下,表决权由法定代理人行使。

3. 除章程另有规定外,在法人机构的全体会议上宣读的主席决定的表决结果,具有法律效力。对非书面形式提案进行表决的,决议的内容同样适用上述规定。

4. 宣读主席决定后立即被质疑表决结果的正确性的,经拥有全体会议多数表决权的成员的申请,或者原来是个别或者书面表决的,经任何出席的表决权人的申请,应当重新表决。重新表决的,原表决结果失效。

第 2:14 条　无效决议;批准

1. 法人机构的决议违反法律或者章程的,该决议无效,但法律另有规定的除外。

2. 因决议未实施法律或者章程规定的先行行为或者通知而无效的,作出决议的法人机构可经法人另一机构的批准而生效。行为欠缺必要条件的,同样适用上述规定。

3. 在另一机构指定的合理期限届满后,决议机构或者决议的相对人不得再批准决议生效。

第 2:15 条　可撤销决议

1. 在不影响法律关于撤销的其他规定的前提下,有以下情形之一,法人机构的决议是可撤销的:

(1)违反法律或者章程中关于决议成立的规定;

(2)违反第 2:8 条规定的公平合理原则;

(3)违反法律或者章程的细则。

2. 前款第 1 项所称的规定,不包括涉及第 2:14 条第 2 款所称的情形的规定。

3. 有以下情形之一的,决议应当由法人住所地的地方法院裁判撤销:

(1)由有正当利益并对未适当履行义务的对方法人提起诉讼的;

(2)由法人自己根据有效的董事会决议,对经法人申请由地方法院的临时保全法官指定的人提起诉讼的;此情形下,诉讼费用由该法人承担。

4. 董事以自己名义提起诉讼的,经法人申请,地方法院的临时保全法官应当指定在诉讼中代替董事实施行为的人。

5. 请求撤销决议的权利,在决议公开或者利害关系人知道决议或者被告知决议之日起,经过 1 年消灭。

6. 根据本条第 1 款第 1 项可撤销的决议,可以经由后续决议修正而生效;后续决议与被修正的决议受到相同条件的限制。当事人提起撤销诉讼并且法院已经在审理的,后续决议不产生修正的效力。法院裁判支持诉讼请求的,被撤销的决议视为通过后续决议再次作出(自后续决议通过之日起生效),但从该决议目的得出相反结论的除外。

第 2:16 条　决议无效或者可撤销的效力;第三人保护

1. 确认法人决议无效或者可撤销的法院裁判最终生效后,除第三人异议和再审外,该裁判对任何人都具有法律约束力。法人作为一方当事人的,任何成员或者股东均有权申请再审。

2. 决议涉及对相对人实施法律行为或者此类法律行为的生效条件的,决议的无效和可撤销不得对抗不知道也不应当知道其瑕疵的相对人。但任命董事或者监事的决议的无效或者可撤销,可以对抗被任命的人;其不知道也不应当知道瑕疵的,法人应当承担损害赔偿责任。

第 2:17 条　法人存续期限

法人存续期限为不定期。

第 2:18 条　法人变更

1. 根据下列各款,一种形式的法人可以变更为其他形式的法人。

2. 法人变更需要以下条件:

(1) 符合为此目的修改章程的决议要求,同时,除基金会变更外,应当至少取得 9/10 的表决同意;

(2) 修改章程的决议;以及

(3) 变更公证文书,包含新的章程。

3. 股份公司变更为有限责任公司或者反之,无须前款第 1 项所称的多数表决。

4. 法人变更为基金会或者股份公司,或者有限责任公司变更为协会,需经法院的授权。

5. 法人仅在提交变更的公证文书草案后,才能向地方法院提出变更申请。变更决议无效或者可撤销的诉讼已经在审理的,应当驳回其变更的申请。没有充分考虑未表决或者其他有权向法院提出申请或者提起诉讼的人的利益的,也应当驳回其变更申请。变更需要法院授权的,公证人应当在变更文书中声明基于该文书草案作出此种授权。

6. 基金会变更后的章程中必须说明,变更时的财产和孳息仅在取得法院的同意后,才可以用于变更时规定的目的以外的其他目的。法人财产和孳息根据合并和分立移转的,其章程同样适用上述规定。

7. 法人应当向变更前应登记的公共登记簿以及此后必须登记的登记簿的登记员,或者自愿登记为协会的登记簿保管员,申请登记。

8. 形式变更不终止法人的存续。

第 2:19 条　法人解散

1. 有以下情形之一的,法人解散:

(1) 股东大会为此目的通过决议,或者法人为基金会的,其董事会通过该决议,但基金会章程另有规定的除外;

(2)根据法人章程,出现导致其解散的情形,该情形非决议也非旨在解散的行为;

(3)根据《破产法》第16条第1款的规定,由于破产财产的状态而被宣布破产或者终止破产的,或者根据《破产法》第173条第1款被宣布破产的;

(4)协会、合作社或者互助协会没有成员的;

(5)商会作出第2:19条之一所称的裁决的;

(6)法院在法律规定的情形下将其解散的。

2. 在本条第1款第2项或者第4项的情形下,经董事、利害关系人或者检察院的申请,法院可以裁决宣告法人是否解散以及何时解散。该裁决对任何人都具有法律约束力。法人已经登记在公共登记簿的,法院的书记员应当确保登记包含此裁决。

3. 下列人员可以提出解散并登记在法人的公共登记簿上的申请:

(1)在第1款第1项、第2项和第4项的情形下,有清算人的,由清算人申请,否则由董事申请;

(2)在第1款第3项的情形下,由破产管理人申请;

(3)在第1款第5项的情形下,由商会申请;

(4)在第1款第6项的情形下,由法院的书记员申请。

4. 法人解散时没有财产的,立即终止。此情形下,董事或者第2:19条之一所称的商会,应当向法人登记处登记簿的登记员申请登记。

5. 法人需要清算财产的,解散后继续存在。法人在发出通知的文件上,必须在其名称后附加:清算中。

6. 在清算的情形下,清算终止时,法人即终止。清算人或者破产管理人应当向法人登记处的公共登记簿的登记员申请注销登记。

7. 法人终止时,登记簿上记载的关于法人的信息,应当自此开始保管10年。

第2:19条之一　由商会解散法人

1. 对于商事登记簿上登记的股份公司、有限责任公司、合作社或者互助保险协会,商会证实其至少存在以下情形中的两种的,应当裁决解散:

(1)法人在商事登记簿上至少1年没有登记的董事,同时没有申请登记的,或者有登记的董事,但所有登记的董事都有以下情形之一:

①董事死亡;

②至少1年无法按照登记簿上登记的地址或者市镇基本人口信息登记地址联系董事的,或者董事在市镇个人信息基本管理局至少持续1年没有登记地址的。

(2)法人至少1年未能根据第2:394条、第2:396条或者第2:397条披露年度财务会计报告或者资产负债表和说明的。

(3)法人至少1年没有回应《一般税法》第9条第3款所称的催告申报公司税的。

2. 在商事登记簿登记的社团或者财团,但未能按照商事登记簿所登记的经营范围实施经营的,商会证实存在本条第1款第2项所称的情况的,并且其至少1年没有缴纳商事登记费用的,可以裁决解散。

3. 商会根据已知信息认为本条第1款和第2款所称的法人应当解散的,其应当将此通知给法人以及登记的董事。该通知应当以挂号信的方式并载明解散的意图及理由,寄送给法人以及登记的董事最后已知的地址。商会应当将该通知登记于商业登记簿。在本条第1款第2项所称的情况下,商会应当将其解散的意图登载于荷兰政府公报。公告费用不能从法人财产受偿的,由司法部长承担。

4. 在挂号信载明的日期后经过8周的,商会应当裁决解散该法人,除非在此之前,其认为第3款所称的情况不存在或者不再存在的。

5. 该解散裁决应当通知给法人及其登记的董事。

6. 商会应当将解散裁决登载于荷兰政府公报。参照适用本条第3款第4句的规定。

7. 未能根据第2:23条第1款指定清算人的,除第2:19条第4款的情形外,商会应当作为解散的法人的财产清算人。经商会的申请,地方法院可指定1名或者多名清算人替代它。

8. 当事人对本条第4款所称的裁决,向行政法院提起上诉的,商会应当予以登记。有关上诉的决定,商会同样应当予以登记。撤销原裁决的,商会应当将此种通知登载于荷兰政府公报。解散裁决作出后,法人的或者对法人的请求权,存在于第3:320条所称的诉讼时效的延长期间。

第2:20条　受到禁止的法人

1. 法人的业务违背公共秩序的,经检察院申请,地方法院应当宣告禁止并解散该法人。

2. 法人章程规定的目的违背公共秩序的,经检察院申请,地方法院应当解散该法人。在解散之前,地方法院应当允许法人在其规定的期间内变更其目的不再违背公共秩序。

3. 欧盟理事会于2001年12月27日发布的2580/2001号条例(PbEGL344)第2条第3款或者欧盟理事会于2002年5月27日发布的881/2002号条例(PbEGL139)

附件1所列举的法人,或者欧盟理事会于2001年12月27日发布的2001/931号共同立场(PbEGL344)的附件并以星号注明的法人,被法律禁止并且无权实施法律行为。

第2:21条　由法院解散法人

1.有以下情形之一的,地方法院应当解散法人:

(1)成立有瑕疵的;

(2)章程不满足法定条件的;

(3)不符合法律对此种形式法人的规定的。

2.法院规定一定期限,并且期限届满后该法人已经满足法定条件的,地方法院不再解散该法人。

3.法人违反本编关于法人形式的禁止性规定的,或者严重违反章程的,地方法院可以裁判解散该法人。

4.法院可经利害关系人或者检察院的申请,裁判解散法人。

第2:22条　资产的信托管理

1.在审理解散法人案件的期间,经申请,法院可裁决对法人资产实施信托管理;裁决应当载明实施信托管理的生效期间。

2.法院应当任命一名或者多名信托管理人,并规定其权限和报酬。

3.除法院另有规定外,法人机构未经信托管理人的同意,不得作出决议,法人的法定代理人未经信托管理人的协作,不得以法人名义实施法律行为。

4.法院可以随时变更或者撤回该裁决;法院对解散申请作出终审裁判后,该信托管理即终止。

5.信托管理人应当向法人登记处登记簿的登记员申请登记上述裁决,并根据法律或者章程对董事的要求,申请登记关于自己的必要信息。

6.登记前,法人因处于信托管理而无权利实施一定的法律行为。但当事人不知道也不应当知道该信托管理的,该行为视为有效。

第2:22条之一　法院临时剥夺股东的让与和出质权

1.检察院申请解散股份公司或者有限责任公司之前或者申请时,可以申请法院对所称的申请作出终审裁判之前,临时剥夺股东将其股份转让、出质或者设定用益权的权限。

2.法院可在简易审查后作出裁决。该裁决的作出以法院在指定期限内决定提出解散的申请为条件。不得对该裁决提起上诉。

3.裁决应当尽可能在当日送达股东和公司。法院的书记员应当确保该裁决登记在法人登记处的登记簿上。

4. 前款所称的送达后的 8 日内，股东可以对该裁决提出异议。异议不停止裁决的执行，但地方法院的临时保全法官经股东申请而赋予其权限的除外。股东不得以试图或者计划转让股份为由，对裁决提出异议。

5. 解散股份公司或者有限责任公司的申请，必须在提出后的 8 日内送达股东。

第 2:23 条　清算人

1. 地方法院或者章程没有指定其他清算人的，由董事担任解散的法人的财产清算人。对于非由法院任命的清算人，除章程另有规定外，适用关于董事任命、中止、免职以及监督的规定。法院解散的法人，其财产由法院指定的一个或者多个清算人清算。

2. 地方法院解雇清算人的，可以指定 1 名或者多名清算人。没有清算人的，经利害关系人或者检察院的申请，地方法院应当指定 1 名或者多名清算人。法院指定的清算人有权取得相应的报酬。

3. 地方法院对清算人的指定，在书记员将任命通知送达于清算人的次日生效；任命的决定立即执行或者最终生效的，书记员应当立即通知。

4. 清算人应当向法人登记处登记簿的登记员申请登记该任命决定，并按照法律或者章程对董事的要求，申请登记关于自己的必要的信息。

5. 对于指定的清算人，经清算人本人的申请或者基于重大事由经共同清算人或者检察院的申请，地方法院可以决定在其规定的时间解雇该清算人。

6. 被免职的清算人，应当向该清算人的继任者提供账目。继任者由法院指定的，该清算人应当在法院向继任者提供账目。

第 2:23 条之一　清算人的权利、义务和责任

1. 除章程另有规定外，清算人在符合清算人职务的范围内，与董事具有相同的权利、义务和责任。

2. 有两名以上清算人的，任一清算人有权实施所有的行为和活动，但另有规定的除外。清算人之间发生争议的，其一清算人可以申请有关地方法院解决其纠纷。前句所称的法院应当确定其报酬的分配。

3. 地方法院和监察法院可以对清算事务发布必要的命令，无论是否采用强制执行手令的形式。清算人有义务执行其命令和指示。不得对该命令和指示提起上诉或者其他诉讼。

4. 清算人认为可能资不抵债的，其应当向法院申请宣告破产，但所有已知债权人同意不进行破产而继续清算的除外。

5. 破产中的清算不适用本条上述规定和第 2:23 条之二至第 2:23 条之三的

规定。

第2:23条之二　剩余清算

1. 解散的法人的财产向全部债权人履行债务后仍有剩余的，清算人应当按照比例向根据章程有权取得剩余财产的人或者成员或者股东，分配该剩余财产。没有人对剩余财产享有权利的，清算人应当将该剩余财产分配给国家，国家应当尽可能按照法人的目的使用该财产。

2. 清算人应当制作清算的书面账目；该账目应当载明剩余财产的范围和组成。两个以上的主体对剩余财产享有权利的，清算人应当按照分配的规则，制定分配方案。

3. 剩余财产包括金钱以外的资产，但章程或者法院裁决没有具体指示的，可以考虑按照下列方式分配：

(1)由每一个权利人分配剩余财产的一部分；

(2)一个或者多个权利人分配的资产超过其份额的，其应当对其他权利人就超出的价值予以补偿；

(3)变卖后分配净收益。

4. 清算账目和分配方案应当备置于法人登记簿所在机关以供查阅；任何情况下，法人有办公地点，备置在该地点，没有的，备置在法人住所地所在辖区的地方法院的其他地点。上述文件应当保存2个月以供公共查阅。清算人应当在报纸上登载查阅地点和查阅截止时间。法院可以命令清算人在荷兰政府公报上公布这些文件。

5. 清算账目和分配方案根据本条第4款登载和公布后，任何债权人或者权利人可以通过申请，向地方法院提出异议。清算人应当以与清算账目和分配方案相同的方式通知该异议。

6. 由于法人的财产状况导致可以预先分配的，清算人可以预先向权利人进行分配。异议期内，未经法院的授权，清算人不得进行预先分配。

7. 异议撤回或者对其作出终审决定的，清算人应当以与异议相同的方式通知该撤回。法院作出变更分配方案的决定的，清算人应当以相同方式向权利人通知该变更方案。

8. 清算人应当提存最后一次付款后6个月内无法使用的款项。

9. 清算人经过清点后发现不存在其他财产时，清算即终止。

10. 在清算终止后1个月内，清算人应当将其管理的账目以及其在清算中所涉的管理责任报告提交给法院。

第2:23条之三 再次剩余清算

1. 法人终止后,债权人或者权利人主张自己对财产享有权利,或者表明存在财产的,经利害关系人的申请,法院可以重新清算并尽快任命清算人。此情形下,法人在限于完成重新清算的范围内继续存在。清算人有权请求权利人返还其从剩余财产中超额受领的部分。

2. 此时,法人的或者对法人的请求权存在于第3:320条所称的诉讼时效的延长期间。

第2:24条 保管账簿、文件和其他数据资料的责任

1. 章程或者股东大会指定的人必须在法人终止后保管解散的法人的账簿、文件和其他数据信息7年。法人为基金会的,由董事指定的人保管。

2. 没有保管人,并且最后的清算人也不计划保管的,经利害关系人的申请,法人住所地所在辖区的地方法院应当指定保管人,并且尽可能指定与法人有关的人。不得对该指定提起上诉或者其他诉讼。

3. 保管义务开始后的8日内,保管人应当向解散的法人登记处登记簿的保管员报告其姓名、地址。

4. 法人为基金会的,本条第2款所称的地方法院经申请,可以许可利害关系人查阅账簿、文件和其他数据信息;其他情况下,地方法院可以许可基于法人原成员或者股东或者股份存管凭证持有人以及他们的权利继受者等有正当利益的人查阅。

第2:24条之一 子组织的定义

1. 有以下情形之一的,为法人的子组织:

(1)法人或者其一个或者多个子组织,无论是否根据与其他表决权人的合同,可以单独或者共同行使股东大会半数以上的表决权的法人;

(2)法人或者其一个或者多个成员或者股东,无论是否根据与其他表决权人的合同,即使在全体表决权人表决的情况下,也可以单独或者共同任命或者免职半数以上董事或者监事的法人。

2. 以自己名义实施行为的合伙企业,其中合伙人为法人或者一个或者多个子组织,并且就其债务向债权人承担全部责任的,视同子组织。

3. 适用本条第1款时,为他人持有股份的,股份中的权利不视为自己的权利。他人为自己持有股份,并且有权决定股份中的权利行使或者自己取得股份的,股份中的权利视为自己的权利。

4. 适用本条第1款时,出质股份中的表决权,可以由质权人决定权利行使的,视为质权人的权利。为质权人在通常营业活动中提供的贷款而出质股份的,只有质权人为自己利益行使权利时,该表决权才视为质权人的权利。

第 2:24 条之二　集团的定义

法人或者合伙企业有组织联结为的经济体是集团。在一个集团中相互联系的法人和合伙企业是集团的成员。

第 2:24 条之三　参股的定义

1. 法人或者合伙企业或者其一个或者多个子组织,为了与法人长期保持提供服务的关系,单独或者共同为自己认缴或者让他人认缴法人注册资本的,为参股。认缴了法人已认缴的注册资本的 1/5 以上的,推定为参股。

2. 有以下情形之一的,合伙企业应当认定为参股:

(1) 合伙人对法人或者其子组织债务向债权人承担全部责任的;或者

(2) 合伙人与法人或者其子组织长期保持提供服务关系的。

第 2:24 条之四　对现任股东,其代表和投票的评估

1. 在确定成员或者股东投票情况或者出席或者代表的情况时,或者在确定缴足股本或者代表的情况时,没有考虑到第 2:228 条第 5 款所称的与法律或者章程有关的成员资格或者股份的,法人不得启动投票程序。

2. 在本条第 1 款的情况下,考虑到第 2:228 条第 5 款所称的与章程有关股份,但涉及有限责任公司的第 2:24 条之三、第 2:63 条之一、第 2:152 条、第 2:201 条之一、第 2:220 条、第 2:224 条之一、第 2:262 条、第 2:265 条之一、第 2:333 条之一第 2 款、第 2:334 条之三十五第 2 款、第 2:336 条第 1 款、第 2:346 条、第 2:379 条第 1 款和第 2 款、第 2:407 条第 2 款、第 2:408 条第 1 款和第 2:414 条的情形时,法人不得启动投票程序。

第 2:25 条　强行法

除法律另有规定外,当事人不得变更本编的规定。

第二章　协　　会

第 2:26 条　协会的一般定义

1. 协会是有成员,并根据第 2:53 条第 1 款或者第 2 款以外的特定目的设立的法人。

2. 协会通过多方法律行为设立。

3. 协会不得向其成员分配利润。

第 2:27 条　协会的公证文书

1. 通过公证文书设立的协会,必须遵守以下各款的规定。

2. 公证文书应当以荷兰文制作。协会住所地在弗里斯兰省的，文书可以弗里西语制作。参与订立文书的授权书（意定代理权），必须采用书面方式。

3. 公证文书应当包含协会章程。

4. 章程包括以下内容：

(1) 协会的名称及其所在的荷兰市镇；

(2) 协会的目的；

(3) 成员对协会的义务，或者施加此类义务的方式；

(4) 召开成员大会的方式；

(5) 协会理事的任命和免职方法；

(6) 在协会解散的情况下，协会剩余财产的用途，或者确定该种用途的方式。

5. 在其面前制作公证文书的公证人，应当确保该文书符合本条第 2 款至第 4 款的规定。未能履行该义务的，公证人对因此受到的损害的人承担赔偿责任。

第 2:28 条　公证文书中的协会章程

1. 协会没有按照前条第 1 款设立的，成员大会可以决议将章程制成公证文书。

2. 参照适用前条第 2 款至第 5 款的规定。

第 2:29 条　商事登记

1. 协会章程载入公证文书的，其理事有义务将协会登记于商事登记簿上，并在登记处备置文书副本或者包含章程的公证摘录。

2. 未能申请初始登记并在登记处备置的，全体理事与协会应当对协会受约束的法律行为承担连带责任。

第 2:30 条　限制行为能力的“非正式协会”取得资产

1. 协会的章程未能载入公证文书的，该协会不得取得登记资产，也不得成为继承人。

2. 协议的法律行为产生的债务在理事任职期间到期的，理事与协会对该债务承担连带责任。理事免职后，对其任职期间协会实施的法律行为产生的债务，没有他人根据前 1 句与协会承担连带责任的，该理事继续承担连带责任。没有事先征求其意见并且知道后拒绝作为理事承担责任的，其不承担以上各句的责任。没有他人根据第 1 句或者第 2 句与协会承担连带责任的，该责任应当由行为人承担。

3. 前款所称的协会理事可以将协会登记于商事登记簿。章程采用书面形式的，章程的副本应当在登记处备置。

4. 已为前款所称的登记的，仅在相对人证明协会未能履行其债务时，本条第 2 款所称的受约束的人才需承担责任。

第 2:31 条　[1992 年 1 月 1 日废止]

第 2:32 条　[1994 年 9 月 1 日废止]

第 2:33 条　成员加入

除章程另有规定外,由理事会决议新成员的加入,理事会不同意加入的,成员大会可以决定同意所涉人员的加入。

第 2:34 条　成员的人身性(不得自由转让)

1. 除章程另有规定外,协会的成员资格具有人身性。

2. 除章程另有规定外,通过合并或者分立终止的法人,其成员资格,分别转变为继受法人的成员资格或者根据分立文书所附的清单转变为继受法人的成员资格。

第 2:34 条之一　附有义务的成员

成员可以仅承担章程中的或者根据章程确定的债务。

第 2:35 条　成员的终止;成员的免除

1. 有以下情形之一的,成员资格即终止:

(1)该成员死亡的,但章程允许按继承法移转的除外;

(2)该成员退出的;

(3)协会取消该成员资格的;

(4)该成员被免除的。

2. 在章程规定的情形下,或者成员不再满足章程对成员资格的要求时,或者不能合理要求协会允许其成员资格继续的,协会可以取消该成员的资格。除章程规定属于其他机构的事务外,理事会可决议取消该成员的资格。

3. 仅在成员违反协会的章程、细则或者决议时,或者给协会造成不合理的损害时,该成员的资格才可以被免除。

4. 除章程规定属于其他机构的事务外,成员资格应当由理事会决议免除。理事会应当尽快将决议书面通知该成员,并载明理由。除根据章程作出免除决议外,成员可以在收到该决议后 1 个月内向成员大会或者章程指定的机构或者第三人申诉。章程可以包括其他申诉的规定,但设定的申诉期间不得短于 1 个月。在申诉期间以及审理申诉的期间,成员资格中止。

5. 除章程另有规定外,成员资格在会计年度内终止的,其仍有义务支付全部的年费。

6. 协会应当确保成员能够方便地查阅关于退出和取消成员资格的必要信息。任何情况下,协会使用的通信手段都应当加载于网站主页以及内部刊物的第 1 页、第 2 页或者第 3 页。

第 2:36 条 成员的退出

1. 除章程另有规定外,协会的成员仅能在会计年度终止时退出和取消成员资格,并遵守 4 周的预告期;该期限不适用《一般期间法》。任何情况下,成员应当在表示退出和取消成员资格后的会计年度终止的时间退出,或者不能合理要求继续成员资格的,立即退出。

2. 成员退出违反前款规定的,应当在取消成员资格的时间之后最早允许的时间退出。

3. 决议限制成员权利或者加重成员义务的,在成员知道或者对其通知后的 1 个月内,该成员可以立即退出;该决议对其不适用。在章程中准确描述的权利和义务变更,以及金钱性权利义务变更的情形下,章程可以取消成员此种退出权。

4. 决议变更协会为另一种法人形式、合并或者分立的,成员可以在对其通知后的 1 个月内立即退出。

第 2:37 条 理事的任命、停职和解雇

1. 协会的理事应当从成员中选任。章程可以任命成员以外的其他人为理事。

2. 协会理事应当由股东大会选任。章程可以规定其他的选任方式,但任何成员都有权间接或者直接投票表决理事的任命。

3. 章程可以任命由成员以外的其他人为一个或者多个理事,但此类理事的数量应当少于全部理事的半数。

4. 章程规定必须从有约束力的名单中通过会议选任理事的,该会议可以有效表决票的 2/3 多数决议,取消名单的约束力。章程可以规定该会议必须投出一定数额的表决票;该数额不得超过全体表决权人表决票总数的 2/3。

5. 根据章程,在股东会议以外由协会成员或者协会分支机构选任理事的,该理事的相关候选人必须由协会的成员提出。章程可以规定该权利仅由一定数目的成员共同行使,但该数目不得超过可以参加选举的成员数目的 1/5。章程也可以规定提出的候选人获得一定数额的赞成票才能当选,但该数额不得超过有效表决票的2/3。

6. 任命机关可随时免除或者暂停有一定任期的理事的职务。不得以法院的裁决恢复协会和理事之间的劳动合同。

7. 除章程另有规定外,理事会应当从其成员中任命一名理事会主席、一名秘书以及一名财务主管。

第 2:38 条 成员大会;参会;表决权

1. 没有被中止资格的成员,有权出席成员大会并表决;被中止资格的成员有权出席审议其中止决议的成员大会,并发表意见,以下各条款的适用也不受影响。协会章程可以规定由特定成员享有多票表决权。

2. 除协会章程另有规定外,理事会主席和秘书或者其替代者应当担任成员大会的主席和秘书。

3. 协会章程可以规定非协会且非协会其他机构的成员,也可以在成员大会中表决。非协会成员的表决票总数不得超过协议成员的有效表决票的一半。

4. 除协会章程另有规定外,根据本条第 1 款或者第 3 款享有表决权的主体,可以书面授权他人代为表决(意定代理权)。

5. 意定代理权以电子形式授予的,应当符合以书面方式授予意定代理权的要求。

6. 协会章程可以规定根据本条第 1 款或者第 3 款享有表决权的主体,可以通过电子通信手段行使表决权。

7. 适用本条第 6 款时,应当确认通过电子通信手段进行表决的人的身份,并且该表决权人可以直接参加成员大会讨论并直接行使表决权。章程也可以规定通过电子通信手段参加会议的表决权人有权参与决议。

8. 协会章程可以规定通过电子通信手段在成员大会召开之前表决,并且不早于成员大会召开前 30 日的,视同在成员大会中表决。

9. 协会章程和根据章程制定的规则可以规定使用电子通信手段的条件。理事会应当在召集时告知该条件。

第 2:39 条　理事会成员(代表);全体成员表决

1. 章程可以规定成员大会由成员从中选举出的代表组成。选举方式和代表数量由章程规定;任何成员必须间接或者直接参与代表的选举。关于选举,参照适用第 2:37 条第 4 款和第 5 款的规定。属于协会其他机构并且非代表的成员,参照适用第 2:38 条第 3 款的规定。

2. 章程可以规定成员大会的特定决议交由全体成员表决。章程可以规定全体成员表决的情形、时间和方式。在全体成员表决期间,决议应当中止执行。

第 2:40 条　成员大会的责任和权力;成员大会外通过的决议

1. 成员大会是协会的权力机构,拥有一切的权力,但法律或者章程规定由其他机构行使的除外。

2. 全体成员或者代表一致同意的决议,且理事会事先知情的,即使该决议未在成员大会中作出,仍具有与成员大会决议相同的效力。

第 2:41 条　成员大会的召开

1. 理事会认为适当时,或者根据法律或者章程有义务时,应当召集成员大会。

章程可以将此权限授予理事会以外的人。

2. 享有成员大会1/10表决权或者章程规定的更低数额的成员或者代表提出书面请求的,理事会有义务在提出请求后4周内召集成员大会。

3. 申请人提出书面请求14日后没有结果的,除章程对此种情形下成员大会召集另有规定外,该申请人可以自己按照理事会召集成员大会的方式召集成员大会,或者在至少一份协会业务地点广泛发行的日报上公告召集成员大会。申请人可以规定由理事以外的人主持会议并且制作会议记录。

4. 除章程另有规定外,申请人采用电子方式提出请求的,该请求应当符合本条第2款所称的申请的书面要求。

5. 除章程另有规定外,某个成员或者代表同意通过电子方式召集的,其应当按照为此告知的地址发送可阅读和可复制的信息的方式进行召集。

第2:41条之一 协会的分支机构

非法人的协会分支机构,设有成员大会和理事会的,参照适用第2:37条至第2:41条的规定;分支机构的细则可以规定上述条文中关于章程的规定。

第2:42条 章程的修正案;解散协会的提议

1. 协会章程仅能通过成员大会决议进行修改,该成员大会的召集至少应当提前7日告知章程修改的建议。

2. 为审议章程修改建议而召集成员大会的,理事会必须在成员大会之前至少5日将载有拟修改内容的建议副本,置于适当地点以供成员查阅,直到会议日结束为止。对于协会分支机构和代表,理事会必须在召集成员大会之前至少14日告知修改建议,此时不适用前1句的规定。

3. 章程修正的决议应当由全体成员或者代表出席或者由代理人出席成员大会并经全体同意的,不适用前2款的规定。

4. 解散协会的提议参照适用本条和下一条前2款的规定。

第2:43条 章程修正案的形成

1. 除章程另有规定外,章程修改的决议需经有效表决票的2/3多数同意。

2. 章程排除修改权限的,经全体成员或者代表或者由代理人出席成员大会并一致同意后,理事会仍然可以修改该章程。

3. 章程限制其中一条或者数条修改权限的规定的,理事会仅能在遵守同样限制的情形下进行修改。

4. 章程排除其中一条或者数条修改权限的规定的,仅经全体成员或者代表或者由代理人出席成员大会并一致同意,理事会才能修改该章程。

5. 具有完全权利能力的协会,其章程修改仅在制作成公证文书后才生效。理事有义务将修改的文书的副本和修改后的章程备置于协会登记簿所在处。

6. 具有限制权利能力的协会,其章程副本根据第 2:30 条第 3 款备置于协会登记簿所在处的,理事同样有义务备置修改的副本以及修改后的章程。

第 2:44 条　理事会的义务和权利

1. 除章程的限制外,理事会有义务管理协会。

2. 仅在契合章程规范的目的时,理事会才有权签订取得、转让登记资产或者对其设定负担的合同,以及协会作为保证人或者连带债务人或者为他人债务提供担保的合同。章程可以限制该权限或者附条件。排除、限制或者附条件同样适用于理事会代表协会实施前述行为的权利,但章程另有规定的除外。

第 2:45 条　代表协会的授权

1. 除法律另有规定外,理事会可以代表协会。

2. 章程可以将代表权授予 1 名或者多名理事。章程还可以规定仅协会的 1 名理事与另 1 名或者多个理事合作才能代表协会。

3. 除法律另有规定外,理事会或者理事享有的代表权无限制且无条件。只有协会可以主张法律允许的或者规定的对代表权的限制或者条件。

4. 章程也可以将代表权授予理事以外的其他人。

第 2:46 条　协会成员的权利和义务

除章程有相反规定外,协会可以成员的名义约定权利,并且章程有明确规定的,协会也可以为成员约定义务。协会可以成员的名义请求行使约定权利以及要求赔偿相关的损害,但该成员提出异议的除外。

第 2:47 条　协会与理事或者监事的冲突

协会与 1 名或者多名理事或者监事存在利益冲突的,成员大会可以指定一人或者多人代表该协会。

第 2:48 条　财务报告和年度决算

1. 会计年度终止后 6 个月内,理事会应当提交协会事务及实施管理的年度报告。理事会应当将资产负债表和损益表及其说明提交给成员大会批准。该文件应当经理事和监事签名;有一人或者多人未签名的,应当载明原因。期间届满后,任何成员可以向法院请求裁判全体理事履行该义务。

2. 没有监事会的,并且没有对文件的正确性向成员大会提交第 2:393 条第 1 款所称的会计师出具的意见的,成员大会应当每年任命 2 名成员组成委员会,其成员不得同时是理事。委员会应当审查本条第 1 款第 2 句所称的文件,并向成员大会报告其审查结果。理事会有义务向委员会提供其为审查所要求的一切信息，经请求出示现金和财产，以及提供协会的账簿、文件和其他数据信息。

3. 协会有一个或者多个根据法律应当在商事登记簿上登记的企业的，损益表应当载明该企业的销售净收入。

第 2:49 条　协会和企业的年度决算和年度报告

1. 对于第 2:360 条第 3 款所称的协会，每年在会计年度终止后 6 个月内，理事会应当将年度财务会计报告备置于协会的办公地点以供成员查阅；基于特殊情况，成员大会可以延长该期限，但最多延长 5 个月。该期限内，理事会也可以提供年度报告以供查阅，但协会适用第 2:396 条第 7 款或者第 2:403 条规定的除外。

2. 年度财务会计报告应当由理事和监事签名；有一人或者多人未签名的，应当载明原因。

3. 理事会应当在该期限届满后 1 月内召集成员大会，审议年度财务会计报告。年度财务会计报告的审议，不因此免除理事或者监事的责任。

4. 第 2:360 条第 3 款所称的协会不适用第 2:48 条第 1 款的规定。该协会适用第 2:48 条第 2 款的规定，但其中文件是指本条第 1 款所称的文件。

5. 仅在法律允许时，第 2:360 条第 3 款所称的协会才可用法定公积金弥补其亏损。

6. 经申请，经济部长可以基于重要理由豁免制作、提供和审议年度财务会计报告的义务。

第 2:50 条　财务报表和年度决算的可获取性

第 2:360 条第 3 款所称的协会应当确保，在召集成员大会审议年度财务会计报告前，已经将年度财务会计报告、年度报告以及第 2:392 条第 1 款所称的附加的信息备置于协会办公地点以供查阅。协议成员可以查阅该文件并无偿取得其副本。

第 2:50 条之一　破产中理事和监事的责任

章程载入公证文书并对其征收公司税的协会破产的情形下，参照适用第 2:131 条、第 2:138 条、第 2:139 条、第 2:149 条和第 2:150 条的规定。

第 2:51 条　在破产或者正式终止付款的情况下的登记要求

在商事登记簿登记的协会在破产或者正式终止付款的情形下，对于根据《破产法》在荷兰政府公报上登载的公告，登载义务人应当同时向登记簿的登记员报告此事项。

第 2:52 条　章程改变本章法律规定的要求

本章规定可以通过章程改变的，此种改变仅能以书面章程的方式作出。

第三章　合作社和互助保险协会

第一节　一般规定

第 2:53 条　合作社的定义

1. 合作社是以公证文书载明为合作社而设立的协会。其章程必须表明,合作社设立的目的是根据保险协议以外的其他与成员订立的合同,为成员提供利益而从事或者让他人从事的经营并为成员提供特定的物质性需求。

2. 互助保险协会是以公证文书载明为互助保险协会而设立的协会。其章程必须表明,协会设立的目的是根据与成员订立保险合同,为成员利益从事的保险经营。

3. 合作社章程可以允许其与成员以外的其他人,订立其与成员订立的相同的合同;协会成员或者原成员填补亏损的义务被排除的,互助保险协会的章程适用同样的规定。

4. 合作社或者互助保险协会行使前款所称的职权的,不得使其与成员订立的合同仅处于次要地位。

第 2:53 条之一　第 2 章对合作社和互助保险协会的可适用性

1. 除第 2:26 条第 3 款和第 2:44 条第 2 款外,合作社和互助保险协会可适用本编第 2 章的规定。

2. 第 2:415 条所称的银行、《金融监管法》第 3:111 条第 1 款所称的不豁免以及第 2:427 条所称的保险公司参照适用第 2:135 条的规定。

第 2:54 条　合作社和互助保险协会的设立

1. 合作社和互助保险协会通过公证文书的多方法律行为设立。

2. 合作社的名称应当包含“合作”的字样,互助保险协会的名称应当包含“相互”或者“互相”的字样。法人名称必须根据第 2:56 条以 W. A.、B. A. 或者 U. A. 结尾。

第 2:54 条之一　[1988 年 11 月 25 日废止]

第 2:55 条　成员和前成员对法人亏损的责任

1. 解散时的成员或者解散前 1 年内退出的成员,根据章程所设定的标准对法人亏损承担责任;合作社或者互助保险协会被宣告破产后并经过破产清算解散的,前述的 1 年期间不从解散前起算,而是从破产宣告前起算。章程可以规定 1 年以上的责任期间。

2. 章程没有为各成员应当承担的责任设定标准的,各成员应当承担等额责任。

3. 1 名或者多名成员或者原成员不能清偿其责任份额的,不能清偿部分由其他成员或者原成员按照其份额的比例承担。清算人基于行使受偿权无法给清算财产带来利益而放弃从1名或者多名成员或者前成员受偿的权利的,同样产生前段所述的责任。清算人受到依法负有监督职责的人监督的,仅经监督人的许可,清算人才能放弃前述的受偿权。

4. 负有填补亏损责任的成员和原成员,应当直接支付预计亏损的份额,并附加50%或者清算人认为足额的更低的数额,用于暂时填补附加的受偿费用以及证明可能不能履行其义务的份额。

5. 成员或者原成员之间无权抵销本条规定的债务。

第2:56条　对亏损责任的排除和限制

1. 合作社或者互助保险协会的章程可以变更前条的规定,排除成员或者前成员填补亏损的义务或者限定其偿还的最高额。法人名称仅在第一种情况下以U. A.(排除责任)结尾以及在第二种情况下以B. A.(有限责任)结尾的情况下,成员才可以主张前段所称的排除和限制。法人名称以W. A.(法定责任)结尾的,不适用第1句的规定。

2. 除在电报和广告中以外,法人有义务使用完整的名称(包括相关的简称)。

第2:57条　监事会　[2021年7月1日废止]

第2:57条之一　监事的任命　[2021年7月1日废止]

第2:58条　年度报表和年度报告

1. 每年在会计年度终止后6个月内,理事会应当将年度财务会计报告备置于法人办公地点以供成员查阅;基于特殊情况,成员大会可以延长该期限,但最多延长5个月。该期限内,理事会也可以提供年度报告以供查阅,但法人适用第2:396条第7款或者第2:403条规定的除外。理事会应当在该期限届满后的1个月内,召集成员大会,审议年度财务会计报告。参照适用第2:48条第2款的规定。年度财务会计报告的审议,不因此免除理事或者监事的责任。

2. 年度财务会计报告应当由理事和监事签名;有一人或者多人未签名的,应当载明原因。

3. 法人应当确保在召集成员大会审议年度财务会计报告前,已经将年度财务会计报告、年度报告以及第2:392条第1款所称的附加的信息备置于协会的办公地点以供查阅。法人成员可以查阅该文件并无偿取得其副本。

4. 仅在法律允许时,才可用法定公积金弥补其亏损。

5. 经申请,经济部长可以基于重要理由豁免制作、提供和审议年度财务会计报告的义务。

第 2:59 条　变更与成员订立的合同

1. 合作社或者互助保险协会的决议,无权变更其与成员在从事经营中订立的合同,但合作社或者互助保险协会在合同中明确保留该权限的除外。章程、细则、格式条款或者类似规定,尚不足以进行此种变更。

2. 仅以书面形式通知其成员前款所称的变更时,合作社或者互助保险协会才可以主张该变更。

第 2:60 条　成员退出的条件

合作社可以在章程中规定符合其目的和意图的成员退出条件,同时保留成员退出合作社的自由。条件超过允许范围的,该条件无效。

第 2:61 条　合作社的细则

合作社章程没有完全地排除其成员或者原成员填补亏损义务的,应当适用以下规定:

(1)成员的申请应当采用书面形式。应当以书面形式告知申请人同意或者拒绝其成为成员。同意成为成员的,应当同时告知其合作社记录中的成员登记号码。但为证明同意其成为成员的,无须出示前段所称的书面申请和书面告知。

(2)成员的申请书应当由理事会保存至少 10 年。但成员资格可以通过合作社记录中该成员签名并且注明日期的声明证明的,无须保存该文书。

(3)退出或者取消成员资格的表示,仅能通过单独的书面形式作出,或者通过合作社记录中经成员签名并注明日期的声明作出。理事会应当向作出退出表示的成员送交认可书。未能在 14 日内送达该认可书的,成员有权以执行令的方式再次作出退出表示,该费用由合作社承担。

(4)理事会认证的成员名单副本应当备置于合作社登记的商事登记簿所在处。每个会计年度终止后 1 个月内,理事会应当将该会计年度内的成员名单变更的书面报告,附加于商事登记簿所在处备置的成员名单之上;商会认为必要的,理事会应当备置新的名单。

第 2:62 条　互助保险协会的细则

互助保险协会应当适用以下规定:

(1)作为投保人在互助保险协会中订立保险合同的,依法自动成为该互助保险协会的成员。根据互助保险协会的章程,非成员也可以成为投保人的,该规定可以变更。

(2)除章程另有规定外,由于保险合同产生的成员资格,持续到该成员与互助保险协会订立的全部保险合同终止时。该合同权利和义务转让或者移转的,合同产生的成员资格移转给继受人,但章程另有规定的除外。

(3)互助保险协会的担保资本被划分为股份的,参照适用第2:79条至第2:89条、第2:90条至第2:92条、第2:95条、第2:96条第1款、第2:98条第1款至第6款以及第2:98条之三第1款和第2款的规定。

第2:63条　禁止滥用“合作”、“相互”或者“互相”

1. 非合作社或者互助保险协会的主体,不得在实施经营的过程中使用“合作”、“相互”或者“互相”的字样。

2. 违反该禁止性规定的,任何合作社或者互助保险协会可以请求法院禁止违反者在其营业中使用上述字样,并处以法院确定的强制罚金。

第二节　大型合作社和大型互助保险协会的监事会

第2:63条之一　“附属组织”的定义

本节中,附属组织指:

(1)合作社或者互助保险协会或者其中一个或者多个附属组织,单独或者共同为自己认缴不少于已认缴资本半数的法人;

(2)登记在商事登记簿上的企业,并且合作社或者互助保险协会作为合伙人对其债务向债权人承担全部责任的合伙企业。

第2:63条之二　强制商事登记;“大型”的标准

1. 合作社或者互助保险协会适用本条第2款的,应当在成员大会审议年度财务会计报告后2个月内,将合作社或者互助保险协会满足本条第2款所称的条件的声明登记于商事登记簿。在适用第2:63条之三第3款规定前,理事会应当申报此后各期年度财务会计报告;该声明需从登记簿上涂销的,应当在涂销后第一期年度报告中载明。

2. 有以下情形之一的,合作社或者互助保险协会有义务提交声明:

(1)根据资产负债表和说明确定的净资产超过国王诏令为此设定的限额的;

(2)法人或者附属组织依法有义务设置劳动委员会的;并且

(3)法人与附属组织在荷兰境内合计雇佣至少100名雇员的。

3. 本条第2款第1项所称的限额,从枢密院令确定的时间开始,每2年最多按照枢密院令确定的价格指数的比例提高或者降低1次;该数额应当四舍五入到整百万欧元。四舍五入前的数额与最后确定的数额差额不超过100万欧元的,无须重新确定。

4. 本条第2款第1项所称的净资产,在附属组织为有限合伙企业的情形下,包括有限合伙人共同缴纳和待缴纳的出资额,但导致重复计算的除外。

第 2:63 条之三　强制适用双重组织结构

1. 已连续 3 年在商业登记簿登记第 2:63 条之二所称的声明的法人应当适用第 2:63 条之六至第 2:63 条之十的规定。此期间内作出的错误地涂销的声明被撤销的,该期间不视为中断。

2. 由于法人不再满足第 2:63 条之二第 2 款的条件而涂销登记的,仅在涂销 3 年后法人仍没有义务提交新的声明时,才停止适用第 2:63 条之六至第 2:63 条之十的规定。

3. 适用本条第 1 款规定时,合作社或者互助保险协会应当使其章程符合第 2:63 条之六至第 2:63 条之十的规定。

第 2:63 条之四　控股公司和分配

1. 法人的业务完全或者几乎完全限于附属组织及其和附属组织参股的其他法人的管理和融资的,并且在荷兰境内的附属组织的雇员在第 2:158 条和第 2:268 条所称的劳动委员会中有代表的,不适用第 2:63 条之六至第 2:63 条之十的规定。

2. 经合作社或者互助保险协会的申请,司法部长在征求社会经济理事会的意见后,可以豁免适用第 2:63 条之六至第 2:63 条之十中的一条或者数条的规定。该豁免可以被施加限制或者附有要求。该豁免还可以被变更或者被撤回。

第 2:63 条之五　自愿适用双重组织结构

合作社或者互助保险协会不适用第 2:63 条之三规定的,并且其或者其附属组织根据《劳动委员会法》的规定设置了劳动委员会的,可以在其章程明确监事的任命和免职以及监事会的职责和权限,参照适用第 2:63 条之六至第 2:63 条之十的规定。劳动委员会不再存在或者不再适用《劳动委员会法》的规定的,章程中的此种规定失效。

第 2:63 条之六　监事会的任命

1. 大型合作社和大型互助保险协会应当设立监事会。

2. 除本条第 8 款规定外,监事会的任命未根据章程作出或者在本条适用于法人之前,应当由监事会向成员大会提名决定。

3. 监事会至少由 3 名成员组成。监事数量少于 3 人的,监事会应当立即采取措施补足缺额。

4. 成员大会、劳动委员会和理事会可以向监事会推荐或者提名监事候选人。监事会应当及时告知必须补足缺额的时间及其原因。

5. 监事会应当告知成员大会和劳动委员会其提名的监事候选人的姓名。

6. 成员大会应当任命被提名的监事候选人，但劳动委员会在知道后2个月内或者成员大会在2个月后的第一次会议上，以下列理由提出异议的除外：

(1)未能适当遵守本条第4款第2句或者第5款的规定；

(2)可预期候选人不适合履行监事职责的；或者

(3)可预期按照建议任命后，监事会的组成不适当的。

7. 异议应当告知监事会并说明理由。

8. 劳动委员会提出异议的，但经监事会为此指定的代理人的申请，阿姆斯特丹上诉法院的企业法庭宣告该异议无理由的，仍然可以任命被提名的候选人。成员大会提出异议或者在为此召集的成员大会中没有任命被提名的候选人的，经前述的代理人的申请，企业法庭应当任命该候选人，但企业法庭认为成员大会的异议有理由的除外。

9. 提出本条第6款所称的异议的成员大会或者劳动委员会，可以指定代理人为此抗辩。

10. 不得对企业法庭的决定提出上诉。企业法庭不得裁判确定法律诉讼的费用。

11. 适用本条时，劳动委员会是指法人或者附属组织的企业的劳动委员会。有两个以上劳动委员会的，享有相同的权利。有关企业或者企业设置了中央劳动委员会的，劳动委员会根据本条享有的权利归中央劳动委员会。劳动委员会应当至少向法人征求过一次意见后才可以作出本条所称的决定。

第2:63条之七 监事空缺时的任命

1. 没有监事的，劳动委员会和理事会可以向成员大会推荐或者提名监事候选人。召集大会的主体，应当及时通知劳动委员会和理事会监事任命的事项将在大会审议。

2. 根据第2:63条之六第5款将被任命的监事的姓名通知给劳动委员会后2个月内，劳动委员会没有根据第2:63条之六第6款提出异议的，任命有效。劳动委员会提出异议的，但经成员大会指定的代理人的申请，阿姆斯特丹上诉法院的企业法庭宣告该异议无理由的，任命仍然有效。

3. 参照适用第2:63条之六第10款和第11款的规定。

第2:63条之八 职位的不兼容

1. 以下人员不得同时担任监事：

(1)法人的工作人员；

(2)子组织的工作人员；

(3)定期参与决定本条第1款第1项和第2项所称的人员的劳动条件的雇员组织(工会)的理事和所雇用的人员。

2. 章程可以规定至多2/3的监事从法人成员属于的一个集团中任命。

第2:63条之九　辞职、解雇和停职

1. 监事应当自上次任命至担任监事满4年时离职。公司章程可以将该期限延长到4年期限届满后或者法人可适用本条之日后的第一次成员大会。

2. 监事存在职责疏忽、其他重大事由或者因重大情势变更,不能合理要求法人继续任命其为监事的,经其申请,阿姆斯特丹上诉法院的企业法庭可以此为由解雇该监事。监事会、成员大会或者劳动委员会为此指定的代理人,可以提出前段所称的申请。参照适用第2:63条之六第11款的规定。

3. 仅监事会有权中止监事的职务。未能在中止开始后1个月内向企业法庭提出本条第2款所称的申请的,该中止依法自动失效。

第2:63条之十　需要监事会批准的决议

1. 理事会的以下决议,应当经过监事会的批准:

(1)以法人的名义发行债券的;

(2)法人作为其普通合伙人的有限合伙企业或者普通合伙企业发行债券的;

(3)申请本条第1款第1项或者第2项所称的债券准入《金融监管法》第1:1条所称的监管市场或者多边交易工具或者在非欧盟成员国与监管市场或者多边交易工具类似的系统中上市交易,或者申请撤回此种准入的;

(4)开始或者终止法人或者附属组织与其他法人或者合伙企业或者有限合伙企业或者普通合伙企业负完全责任的合伙人的长期合作关系,并且该合作关系或者其终止对法人有重大意义的;

(5)法人或者附属组织对公司参股的,其价值不少于根据法人资产负债表和说明确定的净资产的1/4,以及此种参股的重大增加或者减少;

(6)数额等于根据法人资产负债表和说明确定的净资产的1/4的;

(7)修改章程的建议;

(8)解散法人的建议;

(9)破产和正式终止付款的申请;

(10)同时或者短时间内终止法人或者附属组织相当数量雇员的劳动合同;

(11)法人或者附属组织相当数量雇员的劳动环境发生重大变更。

2. 本条第1款所称的决议,未经监事会批准的,不影响理事会或者理事的代表权。

3. 本条第 1 款第 4 项、第 5 项、第 6 项、第 10 项所称的法人决议,仅能由理事会作出。

第三节　行政诉讼　[2013 年 1 月 1 日废止]

第 2:63 条之十一　[2013 年 1 月 1 日废止]

第四章　股 份 公 司

第一节　一 般 规 定

第 2:64 条　股份公司的定义;设立

1. 股份公司是注册资本被划分为可转让股份的法人。股东不对以公司名义实施的行为承担个人责任,也不对公司亏损承担超出其基于股份应缴纳数额的责任。股份公司的股份应当至少有 1 股由他人并且非为公司或者其子组织持有。

2. 股份公司应当通过一人或者多人以公证文书的形式设立。设立公司的公证文书应当由每位发起人签署,并由根据该文书持有 1 股或者多份股份的所有人签署。

3. 设立公司的公证文书必须在司法部长发表无异议声明之日起 3 个月内执行,在期间届满时未执行的,应当受到处罚。经任何利益相关人的申请,司法部长可以出于令人信服的理由将该期间延长至多 3 个月。

第 2:65 条　荷兰文;书面代理

设立股份公司的公证文书应当采用荷兰文。授权参与制作该文书的文书(意定代理权),必须采用书面形式。

第 2:66 条　设立公司的公证文书的内容

1. 设立的公证文书必须包含股份公司的章程。章程应当包含股份公司的名称、住所和目的。

2. 公司名称应当以"股份公司"的字样的全文或者其缩写"N. V."开头或者结尾。

3. 住所必须位于荷兰。

第 2:67 条　公司章程的内容

1. 公司章程应当载明注册资本的数额以及以欧元为单位的股份的数量和面额,最多不超过 2 位小数点。存在不同类型的股份的,公司章程应当载明每种股份的数量和面额。设立公司的公证文书应当载明已认缴股份的金额以及实缴股份的金额。存在不同类型股份的,已认缴注册资本的金额以及实缴股份的金额应当按种类分别列出。设立公司的公证文书还应当载明设立时认缴股份的主体以及第 2:86 条第 2 款第 2 项和第 3 项所称的信息、认缴股份的金额和种类以及实缴金额。

2. 注册资本和已认缴资本应当达到最低资本额。其最低资本额为 45,000 欧元。根据欧洲共同体法有义务提高已认缴的资本额的,枢密院令可以规定提高该数额。股份公司在提高前已成立的,提高后的数额自该日后经过 18 个月生效。

3. 已认缴资本的实缴金额至少为 45,000 欧元。

4. 注册资本应当至少认缴 1/5。

5. 2002 年 1 月 1 日前成立的股份公司,注册资本数额和股份面额可以用荷兰盾表示,最多不超过 2 位小数点。

第 2:67 条之一　将金额转换为欧元

1. 公司章程规定将股份公司的注册资本数额和股份面额从荷兰盾转换为欧元的,已认缴股份金额和实缴金额应当根据《欧盟条约》第 109 条之十二第 4 款确定的汇率转换为欧元,并最多近似到小数点后 2 位。每股以欧元计算的近似面额最多可以比原来用荷兰盾表示的面额高或者低 15%。第 2:67 条所称的以欧元为单位的股份面额总和是以欧元计算的注册资本的金额。已认缴股份的金额和实缴金额的总和,是以欧元计算的已认缴资本的金额和实缴金额。公证文书应当载明以欧元为单位的已认缴资本的金额以及实缴金额。

2. 根据本条第 1 款转换后的已认缴资本总额高于根据《欧盟条约》第 109 条之十二第 4 款确定的汇率转换的已认缴资本金额的,差额应当由可分配公积金或者第 2:389 条或者第 2:390 条所称的公积金补足。该公积金不足的,公司应当提取金额等于可分配公积金和不可分配公积金的差额的负值公积金。该差额没有通过未分配利润和公积金补足之前,公司不得进行第 2:105 条所称的分配。符合本条规定的,视为公司完全缴纳股份出资。

3. 根据本条第 1 款转换后的已认缴资本总额低于根据《欧盟条约》第 109 条之十二第 4 款确定的汇率转换的已认缴资金额的,公司可按照其差额提取不可分配的公积金。此情形下,不适用第 2:99 条的规定。

第 2:67 条之二　以与第 2:67 条之一不同的方式变更股份面额

公司以不同于第 2:67 条之一的方式变更股份面额的,该变更应当取得权利受到损害的各组股东的批准。该变更产生金钱或者债权请求权的,其总金额不得超过被变更的股份面额的 1/10。

第 2:67 条之三　荷兰盾的面额和等额欧元

1. 股份公司章程规定注册资本和股份面额用荷兰盾表示的,在交易中可以使用等额的欧元(最多2位小数),但应当指向适用本条的规定。此种等额欧元的使用不具有法律效力。

2. 股份公司章程规定注册资本和股份面额用荷兰盾表示,且在2002年1月1日之后对用荷兰盾表示的一条或者数条规定进行修改的,章程中所有数额必须转换为欧元。此情形下,应当适用第2:67条之一和第2:67条之二的规定。

第2:68条 [2011年7月1日废止]

第2:69条 商事登记

1. 董事有义务将公司登记在商事登记簿上,并将设立公司的公证文书和根据第2:93条之一、第2:94条和第2:94条之一附加的文件的副本和摘要,以及根据第2:94条之一第4款最后1句制作的文件副本,备置于商事登记簿所在处。同时,其必须向保管员告知由法人承担的与设立法人有关的费用。

2. 除股份公司外,董事还应当对其在其担任董事期间的法律行为承担连带责任,该期间内,公司在以下时间之前受到约束:

(1)向商事登记簿首次申请登记和备置文件、摘要和副本时;

(2)实缴资本达到规定的最低资本额时;

(3)设立时已经缴纳认缴资本面额的1/4。

3. 适用第2:94条之一第4款最后1句规定,并且提交会计师意见后不迟延地以公司名义要求缴纳第2:67条第3款和第2:80条第1款所称的必要出资的,不适用本条第2款第2项和第3项所规定的责任。

第2:70条 [1992年1月1日废止]

第2:71条 股份公司转换为其他类型的法人

1. 股份公司根据第2:18条转换为社团、合作社或者互助保险协会时,各股东应当为成员,但根据本条第2款请求损害赔偿的股东除外。

2. 转换的决议适用第2:100条的规定,但股份公司变更为有限责任公司的除外。决议通过后,未同意该决议的股东均有权向公司请求赔偿其股份的损失。该赔偿必须在公司通知股东可以请求损害赔偿后,1个月内以书面形式向公司提出。通知应当采用与召集股东大会相同的方式。

3. 无法对损害赔偿达成一致意见的,经一方当事人的申请,许可变更的地方法院或者地方法院的临时保全法官,可以指定一名或者多名独立专家评估确定。此时,应当适用第2:351条和第2:352条的规定。

第2:72条 其他类型的法人转换为股份公司

1. 有限责任公司根据第2:18条转换为股份公司的,转换的文书应当附有第

2:393条第1款所称的会计师出具的意见(审计报告),表明其在变更前5个月内特定日期的公司净资产至少等于实缴和已缴纳的资本额。

2. 其他类型的法人根据第2:18条转换为股份公司的,转换的文书应当附有:

(1)第2:393条第1款所称的会计师出具的意见(审计报告),表明其在变更前5个月内特定日期的公司净资产至少等于已认缴资本的最低资本额,净资产可以是计入股份中的在该日之后、但最晚应当在转换后不迟延地缴纳的出资价值;

(2)法人有成员,并且通过法人公积金无法完全缴清成员股份出资的,该成员的书面同意;

(3)基金会的变更需经法院授权。

3. 社团、合作社或者互助保险协会根据第2:18条转换为股份公司的,各成员应当为股东。成员仍可根据第2:36条第4款退出的,此类转换无法进行。

第2:73条　[1994年9月1日废止]

第2:74条　股份公司的解散

1. 股份公司由于财产不足无法实现其目的时,经检察院的申请,地方法院应当解散该公司;股份公司停止实现其目的的活动时,经检察院的申请,地方法院也可以解散该公司。检察院拟提出解散申请的,应当通知公司登记的商事登记簿所在的商会。

2. 已认缴资本或者实缴金额低于最低资本额的,经检察院的申请,地方法院应当解散该公司。

3. 在法院裁判解散公司之前,法院可以允许公司在其规定的期间内补正瑕疵或者转换为有限责任公司。

第2:75条　载明名称及其住所、认缴资本和实缴金额

1. 股份公司作为当事人发行的所有文书、打印文件或者公告,除电报和广告外,必须清楚地载明公司的完整名称及其住所。

2. 股份公司提及其资本的,必须载明已认缴资本和实缴金额。

第2:76条　[1988年11月25日废止]

第2:76条之一　可变资本投资股份公司的定义

1. 可变资本投资股份公司指符合下列条件的股份公司:

(1)目的完全是将收益分配给股东,并且将其财产用于分散风险投资;

(2)董事会根据章程有权发行、取得或者转让资本分成的股份;

(3)投资管理人取得《金融监管法》所称的股份发行的监管授权或者声明;

(4)章程明确规定公司为可变资本投资股份公司。

2. 公司应当向商事登记簿和金融市场管理基金会告知其为可变资本投资股份公司。可变资本投资股份公司作为当事人发行的所有文书、打印文件或者公告，除电报和广告外，必须在公司名称处明确此种情况。

第 2:77 条　[2014 年 1 月 1 日废止]

第 2:78 条　已认缴的注册资本

除章程另有规定外，公司章程所指的股份持有人共同构成公司注册资本的一部分，其中的注册资本指注册资本中已认缴的部分。

第 2:78 条之一　公司机构

适用第 2:87 条、第 2:96 条、第 2:96 条之一、第 2:101 条第 6 款和第 2:129 条时，公司机构指股东大会、特种股份股东会、董事会、监事会以及董事会和监事会的联席会议。

第二节　股　　份

第 2:79 条　股份和零碎股份的定义

1. 股份是指根据股份公司章程被划分的注册资本的份额。

2. 零碎股份是指根据股份公司章程被分割出或者可分割出的部分份额。

3. 除法律另有规定外，零碎股份和零碎股份持有人参照适用本章对股份和股东的规定。

第 2:80 条　缴纳已认缴股份的义务

1. 当事人对已认缴的股份必须依法按照股份面额缴纳出资，同时溢价认购的，还应当缴纳溢价的份额。未超过认缴面额的 3/4 的，当事人可以约定在公司提出请求后才需要缴纳。

2. 承担发行公司股份的工作的当事人，可以通过合同约定认缴股份时缴纳的金额低于股份面额的出资，但最晚应当在认缴股份时缴纳该面额的 94% 的出资。

3. 除第 2:99 条规定的情形外，公司不得全部或者部分免除股东缴纳出资的义务。

4. 股东以及第 2:90 条所称的前股东无权抵销本条对其施加的债务。

第 2:80 条之一　股份的(外币)现金出资

1. 除约定其他类型的出资外，股东必须以现金的方式缴纳其出资。

2. 仅设立公司的公证文书载明允许用外币出资的，设立前或者设立时才可以用外币出资；设立后，仅经过股份公司的同意，才允许以外币的方式缴纳出资。根据《欧盟条约》第 109 条之十二第 4 款规定，出资币种统一为欧元的，不视为外币出资。

3. 以外币方式缴纳的出资可以在自由兑换为荷兰货币的金额范围内,履行出资义务。该金额按照缴纳出资日的汇率确定;在设立前1个月之前缴纳出资的,按照设立日的汇率确定;适用下1句的情形下,按照下1句所称的日期的汇率确定。股份或者股份存管凭证发行后,将不迟延地准入《金融监管法》第1:1条所称的监管市场或者多边交易工具中上市交易,或者在非欧盟成员国与监管市场或者多边交易工具类似的系统中上市交易的,公司可以要求按照应缴纳出资的最后1日之前2个月内的特定日期的汇率缴纳出资。

第2:80条之二　非货币出资

1. 当事人约定以现金以外的方式出资的,其出资必须符合根据经济标准进行的估价。工作成果或者劳务请求权不得用于出资。

2. 现金以外的其他出资,必须在认缴股份后或者在公司接受其他方式缴纳额外出资或者作出此约定之日后不迟延地履行。

第2:81条　只承担票面额义务

不得违背股东意愿向股东施加除支付其名义上的股份以外的任何其他义务,也不允许通过修改章程违背此义务。

第2:82条　记名股份和无记名股份

1. 股份分为记名股份或者无记名股份。

2. 除公司章程另有规定外,股东有记名股份和无记名股份的,经该股东的申请,股份公司必须将已认缴出资的记名股份转换为无记名股份,或者反之亦然,股东仅需支付转换成本。

3. 公司仅在全额缴纳股份的出资后,才可以对股东发行无记名股份,但不影响第2:80条第2款的规定。

4. 通过修改章程将无记名股份变为记名股份的,股东仅在将股票证书返还给公司后,才能行使股份所附的权利。无记名股份的股东通过合并或者分立转变为记名股东的,参照适用上述规定,但此时仅需提交该股票。

第2:83条　保护善意第三人取得的股份

对于取得股份的善意第三人,无法证明无记名股票未缴清出资的,公司不得对其主张缴纳该出资;或者记名股票记载了股份面额已经缴纳的公司声明的,公司也不得主张未缴纳该出资。

第2:84条　清算人和破产清算人的权利

根据章程和细则的规定,股份公司的清算人或者破产情形下的破产管理人有权请求并收取一切尚未缴纳的出资。

第 2:85 条　股东名册

1. 股东登记簿应当由股份公司的董事会保管。该登记簿应当记载所有记名股东的姓名或者名称以及地址,以及取得股份的时间、认可或者送达的时间和每股股份缴纳的金额。该登记簿还应当记载股份的用益权人或者质权人的姓名或者名称以及地址,以及取得权利的时间、认可或者送达的时间以及其根据第 2:88 条第 2 款和第 4 款以及第 2:89 条享有股份的权利。

2. 董事会应当定期更新股东登记簿;其还应当记载尚未缴足的出资义务及其豁免情况。

3. 董事会经申请应当向股东、用益权人和质权人无偿提供登记簿中与其股权有关的摘录。股份上受到用益权或者质权限制的,该摘录还应当载明其享有的第 2:88 条第 2 款和第 4 款以及第 2:89 条所称的权利。

4. 董事会应当将登记簿备置于公司办公地点以供股东以及享有的第 2:88 条第 2 款和第 4 款以及第 2:89 条所称的权利的用益权人和质权人查阅。为满足当地立法或者交易所的规定而在荷兰境外保管的登记簿不适用于前段的规定。任何人都可以查阅登记簿中未缴清出资的信息;董事会应当提供该信息的副本和摘录,查阅者仅需支付其成本。

第 2:86 条　记名股份的发行和转让以及限制

1. 发行或者转让第 2:86 条之三所称的股份以外的记名股份的,或者转让此类股份的定限物权之前,当事人应当在一名于荷兰有办公地点的公证人面前制作公证文书。公司设立时发行股份的,无须单独制作发行股份的文书。

2. 发行或者转让股份的公证文书应当载明:

(1) 法律行为的依据以及取得股份或者定限物权的方式;

(2) 作为公证文书的一方当事人的自然人的姓名、出生日期、出生地点、住所和地址;

(3) 作为公证文书的一方当事人的法人类型、名称、住所和地址;

(4) 与公证文书相关的股份的数量和种类;

(5) 与发行股份的法律行为相关的公司名称、住所和地址。

第 2:86 条之一　向公司和第三人转让的效力

1. 根据第 2:86 条第 1 款转让记名股份或者其定限物权的,该转让依法自动对公司产生效力。除非公司是法律行为的当事人,否则当事人需得到公司的同意或者公证文书根据第 2:86 条之二的规定送达公司后,或者通过本条第 2 款所称的在股东登记簿上登记而获得认可后,才可以行使股份中的权利。

2. 公司知道本条第 1 款所称的法律行为的,并且未同意当事人的申请或者受领公证文书的,可以通过将受让人的股份或者定限物权登记在股东登记簿上,而主动认可该法律行为。公司应当立即以挂号信的方式通知该法律行为的当事人,并请求其提供第 2:86 条之二第 1 款所称的副本或者摘录。公司收到上述文件后,应当在文件上以第 2:86 条之二的认可方式加以注明,作为认可的证据;登记之日即为公司认可的日期。

3. 对于本条第 1 款所称的法律行为,股东登记簿未对其进行变更登记的,不得对抗公司,也不得对抗认为股东登记簿上登记主体为股东或者定限物权人的善意第三人。

第 2:86 条之二　认可的形式要求和送达

1. 除第 2:86 条之一第 2 款的情形外,公司应当在公证文书中同意或者通过向公司提交的文书的副本或者摘录进行认可。

2. 基于提交的公证文书的副本或者摘录进行认可时,公司应当在交付的文件上加注日期声明。

3. 送达至公司的文书,包括公证文书的副本或者摘录。

第 2:86 条之三　在证券市场转让记名股份

1. 转让记名股份或者其定限物权,在公司的股份或者股份存管凭证准入《金融监管法》第 1:1 条所称的监管市场或者多边交易工具中上市交易,或者在非欧盟成员国与监管市场或者多边交易工具类似的系统中上市交易,或者有理由期待公司的股份或者股份存管凭证在法律行为实施以后将很快上市交易的情形下,适用本条以下的规定。

2. 转让记名股份或者其定限物权,需要为此制作公证文书,除公司为法律行为当事人以外,还需要公司以书面形式同意该转让。同意书应当在文书中进行认可,或者在文书上或者文书的公证或者由让与人认证的副本或者摘录上加注日期声明进行认可,或者采用本条第 3 款所称的方式进行认可。向公司送达文书或者文书的副本或者摘录,视同认可。转让涉及未缴清出资的股份的,仅在文书确定正确的日期后,才能进行认可。

3. 对于已发行的记名股份,章程还可以规定转让需要将股票交还给公司。股票存在丢失、被盗或者损毁的情形,并且无法根据章程替代的,不适用该规定。股东将股票交还给公司的,公司可以通过在股票上加注同意的标志进行认可,或者将收到的股票更换为载有受让人姓名的新股票进行认可。

4. 未经公司同意或者向公司送达的情况下,当事人也可以设定质权。此情形下,参照适用本法第3:239条的规定,公司同意或者向公司送达应当替代该条第3款所称的通知。

第2:86条之四 股份证书的复本

1. 股票持有人可以向公司申请提供其丢失股票的复本。

2. 持有人应当证明其股票确已丢失,并说明股票的相关特征。

3. 公司应当将签发复本的申请公布于《金融监管法》第1:1条所称的监管市场或者多边交易工具或者非欧盟成员国与监管市场或者多边交易工具类似的系统中的价格清单上,或者股票未能上市的,公布于全国性日报上。

4. 任何利害关系人可以在申请公布次日起6周内,向地方法院提出签发复本的异议。

5. 未能提出异议或者异议经终审裁判认定无理由的,公司应当向请求人签发复本,申请人应当支付费用。签发复本后,被替代的股票不再具有权利。该复本应当取代丢失的股票。

6. 公司章程对丢失股票的替代另有规定的,不适用本条的规定。

第2:87条 股份转让的限制

1. 公司章程可以限制记名股份的转让。该限制不得导致转让不可能或者极其困难。对于共有财产的股份的分配,同样适用上述规定。违背该限制的转让无效。

2. 公司章程规定股份转让需要公司机构或者第三人批准同意的,但在章程规定的最长3个月期限内未对该申请作出决定的,或者股东收到拒绝批准时,未能收到一个或者多个竞买人对股东申请批准所涉及的股份的购买意愿的,视为已经批准。购买安排中,股东转让股份的价款应当由1名或者多名独立专家评估确定。

3. 公司章程规定拟转让股份的股东首先必须向其他股东或者公司机构指定的第三人提出要约的,股东转让股份的价款应当由一名或者多名独立专家评估确定。股东知道他可以向竞买人出卖要约中的全部股份及其价格之后1个月内,有权撤回要约。已确定不能出卖要约中的全部股份的,要约人可以在确定之后章程规定的不少于3个月的期限内自由转让其股份。

4. 公司自身仅经本条第2款或者第3款所称的股东同意,才能成为竞买人。

5. 股东有义务根据法律将股份转让给前股东的,不适用章程关于股份转让的规定。

第2:87条之一 股东向他人发出要约和转让股份的义务

1. 公司章程可以规定,在章程为此目的规定的特定情形下,股东有义务对其股份向其他人发出要约和转让。章程还可以规定股东未能遵守发出要约和转让义务的,可以中止其表决权、参与股东大会的权利以及请求分配财产的权利。

2. 公司章程可以规定股东未能在章程规定的合理期限内履行发出要约和转让股份的义务的,即授权公司不可撤回地发出要约和转让股份的权利(意定代理权)。股东无法按照章程的安排向任何竞买人转让所有股份的,意定代理权即告消灭,并且永久地免除股东关于本条第1款所称的义务。

3. 该安排中,股东应当取得等于其持有股份的、由一名或者多名独立专家评估确定的价款。

第2:87条之二　股东的质量要求

1. 公司章程可以规定股东不符合或者不再符合章程所规定的一项或者多项要求时,可中止其表决权、参与股东大会的权利和请求分配财产的权利。

2. 股东由于不符合章程的要求而无法行使本条第1款所称的一项或者多项权利的,并且无义务对其他人发起要约和转让股份的,则在股东提出请求后3个月内,公司未能按照章程的安排指定股东可以转让所有股份的竞买人的,应当永久地免除本条第1款所称的对股东的要求。

3. 该安排中,股东应当取得等于其持有股份的、由一名或者多名独立专家评估确定的价款。

第2:88条　股份设定用益权的限制

1. 公司章程不得限制或者排除股份设定用益权的权限。

2. 股东持有附带用益权的股份的,不影响其行使表决权。

3. 不同于前款规定,当事人设定用益权时可以规定,将股份自由转让给用益权人的,用益权人享有表决权。不能将股份自由转让给用益权人的,仅在设定用益权时规定转移表决权的,并且该规定或者该用益权经章程指定的有权对拟转让股份予以批准的公司机构批准的,或者在章程未指定时经股东大会批准的,用益权人才享有表决权。章程可以变更前1句的规定。对于第4:19条和第4:21条所称的用益权,用益权人也享有表决权,但当事人另有约定或者地方法院分院根据民法典第4:23条第4款另有规定的除外。

4. 没有表决权的股东和享有表决权的用益权人,享有法律授予其参与公司发行股份存管凭证的权利。没有表决权的用益权人也享有此种权利,但设定用益权时或者公司章程中排除此种权利的除外。

5. 除公司章程另有规定外,股东享有股份中以取得股份为目的的权利,用益权人根据用益权的内容取得此种请求权的,股东必须向用益权人补偿该权利的价值。

第2:89条　股份设定质权的限制

1. 公司章程不得限制或者排除无记名股份出质的权限。除公司章程另有规定外,记名股份可以设定质权。

2. 股东持有附带质权的股份的,不影响其行使表决权。

3. 不同于前款规定,当事人设定质权时可以规定,将股份自由转让给质权人的,质权人享有表决权。不能将股份自由转让给质权人的,仅在设定质权时规定转移表决权的,并且该规定或者该用益权经章程指定的有权对拟转让股份予以批准的公司机构批准的,或者在章程未指定时经股东大会批准的,质权人才享有表决权。他人取得质权人的权利的情形下,仅在经前 1 句所称的机构批准的,或者未指定时经股东大会批准的,该他人才享有表决权。公司章程可以变更本款前 3 句的规定。

4. 没有表决权的股东和享有表决权的质权人,享有法律授予其参与公司发行股份存管凭证的权利。没有表决权的质权人也享有此种权利,但设定质权或者质权移转时或者公司章程中排除此种权利的除外。

5. 质权人转让股份或者质权人取得股份应当适用公司章程关于股份转让的规定,但质权人可以享有股东与转让股权有关的一切权利并承担有关的一切义务。

6. 根据第 2:86 条之三第 4 款设定的质权,仅在该质权得到公司同意或者向公司送达后,质权人才享有本条规定的权利。

第 2:89 条之一　公司取得自己股份的质权

1. 仅有以下情形之一的,股份公司才能取得自己的股份或者其发行的此类股份存管凭证的质权:

(1)已缴清出质股份的出资的;

(2)待出质的自己股份和此类股份存管凭证,以及自己的股份和此类股份存管凭证的总面额,不得超过已认缴资本的 1/10 的;并且

(3)股东大会批准质押合同。

2. 根据《金融监管法》规定在荷兰境内可以从事银行经营的金融企业,在通常的经营活动中取得该企业的股份或者此类股份存管凭证的质权的,不适用本条的规定。此种股份或者股份存管凭证不纳入第 2:98 条第 2 款和第 2:98 条之一的调整范围。

第 2:90 条　原股东的责任

1. 未缴纳出资的股份转让或者分配后,原股东必须对该未缴纳的出资向股份公司承担连带责任。董事会与监事会可以共同采用公证文书或者登记私文书的方式免除原股东的其他责任;此情形下,原股东在公证文书或者私文书登记后 1 年内仍负有缴纳出资的责任。

2. 原股东向公司缴纳出资后,取得公司对后续股东的权利。

第 2:91 条 [1992 年 1 月 1 日废止]

第 2:91 条之一 股东取得公司全部股份的通知义务

1. 股东取得公司全部股份的,应当在其最后一次取得后 8 日内以书面形式向公司通知此事项。

2. 股东由于第三人取得其一支或者多支股份,而不再持有公司全部股份的,应当在 8 日内以书面形式向公司通知此事项。持有全部股份的股东死亡或者由于合并或者分立不再存在的,继受人应当在死亡或者合并或者分立后 1 个月内以书面形式通知公司此事项。

3. 适用本条时,公司所有股份属于配偶或者登记伴侣的共有财产的,该公司视为只有一个股东,并且配偶或者登记伴侣任何一方都有义务履行上述通知义务。

4. 本条不考虑公司或者子组织持有的股份。

第 2:92 条 股东的平等权利

1. 除公司章程另有规定外,所有股东应当按照股份面额比例享有相等的权利和义务。

2. 相同情况下,股份公司必须以相同的方式对待股东或者此类股份存管凭证的持有人。

3. 公司章程可以规定持有某种类型股份的股东具有公司章程中关于公司控制权所描述的特殊权利。

第 2:92 条之一 收购小股东的股份

1. 股东为自己对股份公司的出资达到该公司已认缴资本的 95% 时,可以向其他所有股东提起诉讼,请求将股份转让给自己。两个以上关联组织对公司的认缴的资本达到该数额时,并且共同提起将股份转让给他们的诉讼的,同样适用该规定。

2. 阿姆斯特丹上诉法院企业法庭对索赔作出一审判决。仅能对撤销原判的决定提起上诉。

3. 一个或者多个被告未出庭的,法院必须依职权审查原告是否满足本条第 1 款所称的条件。

4. 被补偿的被告由于转让受到重大物质性损害的,或者一个被告是由章程规定的、涉及公司控制权的某种特殊股份的持有人,或者一个原告对被告放弃提起诉讼的权利的,法院应当驳回所有原告的诉讼请求。

5. 法院认为本条第 1 款至第 4 款不妨碍支持原告的诉讼请求的,可以命令 1 名或者多名专家评估拟转让股份的价值并作出报告。参照适用第 2:350 条第 3 款前 3 句、第 2:351 条和第 2:352 条的规定。法院应当确定股份在其规定日期的转让价格。没有支付价款的,应当自应转让之日起按照法定利息数额附加利息;该期间内对股份的财产分配应当作为给付价款的一部分。

6. 法院支持诉讼请求的,应当裁判受让人对股东或者未来的股东支付规定的价款以及利息,而股东或者未来的股东应当移交没有负担权利的股份。关于法律诉讼的费用,法院应当作出其认为适当的裁判。被告未提出抗辩的,无须承担相应的费用。

7. 法院的转让裁判最终生效的,受让人应当按照其知道的地址,书面通知应当转让股份的股东应付款日期和地点以及价格。除知道所有人地址外,它还应当在全国性日报上公告。

8. 受让人可以随时将尚未转让的股份的确定价格和利息提存,并告知其知道股份上设立的质权、用益权和扣押,从而免除本条第 6 款和第 7 款所称的义务。该通知使得对股份的扣押转变为对给付请求权的扣押。该提存使得无负担权利的股份移转给受让人,质权和用益权转变为给付请求权。股份转让给提出合法收购要求的主体后,该股份的股票和息票不再对公司产生任何请求权。此时,受让人应当以本条第 7 款规定的方式告知提存情况和提存时的每股价款。

第三节　股份公司的资本

第 2:93 条　以设立中股份公司名义实施的法律行为

1. 以设立中股份公司名义实施的法律行为,仅在公司成立后以明示或者默示的方式认可其效力或者根据本条第 4 款受到约束时,该法律行为才对公司产生法律效力。

2. 以设立中股份公司名义实施法律行为的主体,在公司成立后认可该法律行为之前,对该法律行为承担连带责任,但当事人明确作出相反规定的除外。

3. 在公司不履行其认可的法律行为的义务的情形下,以设立中公司的名义实施法律行为的主体,知道或者应当知道公司可能无法履行义务的,对第三人因此受到的损害承担连带责任;经公司许可而产生的董事责任不受影响。公司在设立后 1 年内宣告破产的,推定公司无法履行义务。

4. 发起人仅能在设立的公证文书中规定公司受到发行股份、接受股份的出资、任命董事、任命监事以及第 2:94 条第 1 款所称的法律行为的约束。发起人未能充分尽到谨慎义务的,参照适用第 2:94 条和第 2:138 条的规定。

第 2:93 条之一　银行声明

1. 公司设立前或者设立时以金钱的方式出资的,设立的公证文书中必须包含一项或者多项声明，表明其设立时必须缴纳的认缴股份的出资：

(1)在公司设立后立即交由股份公司支配；或者

(2)在公证文书中接受出资的情形下，最早设立前5个月的某个时间，在公司设立后立即交由公司支配。

2. 以外币的方式出资的，声明必须表明公司在第2:80条之一第3款的日期按照规定的汇率可自由兑换的用于清偿出资义务的货币金额。

3. 本条第1款所称的声明，必须由《金融监管法》第1:1条所称的在欧盟或者《欧洲经济区协定》所规定的成员国可以从事银行经营的金融企业作出。该声明仅能对公证人作出。

4. 发起人在公司设立前从本条第1款第2项所称的账户中取款的，对该款项负有补偿义务，直到公司明确表示认可该取款。

5. 公证人必须立即将设立情况通知出具声明的银行。未能继续设立的，公证人必须将该声明退还给银行。

6. 公司设立后以外币的方式出资的，公司应当在出资后2个月内将本条第3款所称的银行出具的本条第2款所称的证明备置于商事登记处。

第2:94条　股份公司负担的法律行为

1. 下列法律行为，必须全部纳入公司设立的公证文书中，或者包含在该公司公证文书中的原始文件或者经认证的摘录中：

(1)与认购股份有关，并且对股份公司施加特殊义务的法律行为；

(2)以公开认缴以外的其他方式取得股份的法律行为；

(3)为担保股份公司设立的发起人或者与设立有关的第三人带来利益的法律行为；

(4)以金钱以外方式出资的，必须全部加载于设立的公证文书上，或者将原件或者公证副本附于设立文书之后并在设立文书中提及。未遵守前1句的，该法律行为不对公司产生任何法律效力。

2. 公司设立后，前款所称的法律行为，未经股东大会批准的，仅在章程明确授予董事会权限的情形下，才可以实施。

3. 第2:80条第2款所称的约定不适用本条规定。

第2:94条之一　股份公司设立中以其他形式出资的估价

1. 公司设立时约定以金钱以外方式出资的，发起人应当制作此种出资的说明书，并载明出资额以及估值方法。该方法必须符合交易中公认的评估标准。该说明应当包括缴纳的出资在不早于设立前6个月的某个日期的状况。该说明还应当由所有发起人签名并附于设立的公证文书之后。

2. 第2:393条第1款所称的会计师必须出具关于出资说明的审计报告,并附于设立的公证文书之后。会计师应当按照交易中公认的评估标准说明出资价值,并且该价值至少等于清偿认缴资本的金额。说明书制作后,该价值严重降低的,会计师还应当制作第二份说明。

3. 设立公司的公证文书规定的出资涉及以下情形的,无须说明和审计报告:

(1)以《金融监管法》第1:1条所称的有价证券或者货币市场工具出资,并且该有价证券或者货币市场工具按照出资日之前3个月的《金融监管法》第1:1条所称的监管市场上交易的平均行情进行估价;

(2)以金钱以外的方式出资,而且并非以本款第1项所称的有价证券或者货币市场工具出资的,由按其教育背景和工作经验作为独立专家进行估价,该专家估价应当采用交易中公认的评估标准并且出资估价的基准日不早于出资前6个月;

(3)以金钱以外的方式出资,而且并非以本款第1项所称的有价证券或者货币市场工具出资的,估价来自出资之前会计年度的年度财务会计报告,并且该年度财务会计报告根据欧洲议会和理事会2006年5月17日颁布的《关于年度财务会计报告和合并年度财务会计报告法定审计、修改理事会78/660/EEG号83/349/EEG号指令并废止理事会84/253/EEG号指令的2006/43/EG号指令》进行审计。

4. 设立公司之前行情受到特殊情况影响,导致本条第3款第1项的有价证券或者货币市场工具在出资日的估价发生重大情势变更,或者设立公司之前本条第3款第2项或者第3项的出资在出资日的估价由于新的特殊情况发生重大情势变更的,设立人有义务再次制作说明书;该说明书应当由全体发起人签名并附上本条第2款所称的审计报告。该说明还应当由所有发起人签名并附于设立公司的公证文书之后。设立公司后出资,并且设立和出资之间知道发生本款第1句所称的情况的,董事会有义务再次制作说明书,并附本条第2款所称的会计师的审计报告。

5. 公司设立时以金钱以外的方式出资,适用本条第3款的,公司应当在出资后1个月内将发起人关于出资的声明备置于商事登记簿处,并载明出资额和估值方法。声明应当载明估价至少等于清偿认缴资本的金额,同时载明在估价和出资之间没有发生新的特殊情况。声明还应当经所有发起人签名;一人或者多人未签名的,应当载明原因。

6. 符合以下条件之一的,无须说明和审计报告:

(1)全体发起人决定免除制作专家意见的义务的;

(2)适用本编第9章或者根据其适用的法律满足欧洲共同体理事会关于公司法

的第4号指令的一个或者多个法人,应当认缴所有以金钱以外的方式出资的发行股份的;

(3)各出资法人在出资时享有该法人认缴股份面额的不可分配的公积金,并且必要之时,董事会应当从可分配的公积金中分离不可分配的公积金的;

(4)各出资法人表明,其提供不少于认缴股份面额的款项,并且对于发行股份与出资时的会计年度的经确认的年度财务会计报告备置于商事登记处后1年之间的期间产生的公司对第三人的债务,或者在公司不能履行并且债权人在备置后2年内对出资法人提出书面请求后,该款项即用于履行该债务的;

(5)各出资法人已经将其最后经确认的资产负债表及说明连同会计师的审计报告置备于商事登记处,并且自资产负债表基准日起尚未经过18个月的;

(6)各出资法人分离出等于其认缴股份面额的公积金,并且该公积金的性质与此种分离不冲突的;

(7)公司将本款第1项所称的决议送交商事登记处,并且各出资法人将本款第4项所称的声明送交同一商事登记处的。

7. 适用前款时,出资法人在该款第4项所称的期间内不得转让通过该出资认缴的股份,并且应当将前款第6项所称的公积金保留至该期间届满后2年。此后,该公积金必须包括等于前款第4项所称的请求权已经提出而未履行的金额。原公积金可基于提出的请求权的给付,予以减少。

8. 出资法人和所有本条第6款第4项所称的债权人可以申请法人住所地的地方法院分院对公司财产实施信托管理,并且根据本条第6款第4项提供的款项清偿其债务。必要之时,参照适用《破产法》关于确认债权和清算的规定。债权人不得以请求权抵销其对出资法人的债务。请求权仅能以附信托管理的负担而让与,并且仅能以附信托管理的负担而强制变卖,但基于财产管理人的利益以此种身份实施的行为并产生的债务除外。地方法院分院可以裁决确定财产管理人的权限和报酬;它也可以随时裁决变更。

第2:94条之二　股份公司设立后以其他形式出资的估价

1. 公司设立后约定以金钱以外的方式缴纳出资的,公司应当根据第2:94条之一第1款制作出资说明书。该说明应当涉及缴纳的出资在不早于认缴股份后或者在对继续出资提出请求或者做出约定之日前6个月的某个日期的状况。该说明还应当经所有的董事签名;一人或者多人未签名的,应当载明原因。

2. 参照适用第2:94条之一第2款的规定。

3. 第2:94条之一第3款第1项、第2项和第3项所称的情形下,董事会可以决议免除制作说明和提交审计报告的义务。出资前发生第2:94条之一第4款第1句所称的情况的，董事会有义务再次制作说明书，并附本条第2款所称的审计报告。

4. 适用本条第3款时，公司设立后约定以金钱以外的方式缴纳出资的，公司应当不迟于出资前第8日将包含出资说明的公告备置于商事登记处，并载明出资额、估值方法、出资人姓名或者名称、其出资缴纳的已认缴资本中的金额以及第2:96条第1款所称的发行新股决议的日期。公告中还应当载明估价至少等于清偿认缴资本的金额，同时载明在估价和出资之间没有发生新的特殊情况。公告应当经所有的董事和监事签名；一人或者多人未签名的，应当载明原因。出资之日后1个月内，公司应当将该声明备置于商事登记簿处，其中应当载明本款第1句所称的公告与出资日之间没有发生与股价有关的新的特殊情况。该声明应当经所有的董事签名；一人或者多人未签名的，应当载明原因。

5. 未制作说明和本条第3款第2句所称的审计报告的，并且也未能根据第2:94条之一第3款第2项和第3项出资的，在第2:96条第1款所称的发行新股决议作出之日单独或者共同代表不少于5%的已认缴资本的股东，可以请求董事会制作说明书，并附上第2:94条之一第2款所称的审计报告。股东在不晚于出资日前一日向董事会提出请求，并且在提出请求时与发行新股决议之前一样代表不少于5%的已认缴资本的，董事会应当执行其请求。

6. 全体股东可以决议免除制作说明和审计报告的义务，并且公司根据第2:94条之一第6款第2项至第8项行为的，无须制作说明或者审计报告。参照适用第2:94条之一第7款和第8款的规定。

7. 公司应当在认购股份或者继续出资到期之日后8日内，将出资的审计报告或者副本备置于商事登记处，并载明出资人的姓名或者名称以及其出资缴纳的已认缴资本中的金额。

8. 以其他公司公开发行的股份、股份存管凭证或者可转换为股份或者股份存管凭证的权利或者息票出资的情形下，该有价证券全部或者部分准入《金融监管法》第1:1条所称的监管市场或者多边交易工具中上市交易，或者在非欧盟成员国与监管市场或者多边交易工具类似的系统中上市交易的，不适用本条的规定。

第2:94条之三　从公司发起人处取得财产

1. 股份公司实施的法律行为，有以下情形，未经股东大会批准或者未作出本条第3款所称的声明的，可以基于公司的利益予以撤销：

(1)为取得设立公司前后1年内属于发起人的资产，包括被抵销的债权；并且

(2)该法律行为在商事登记簿上登记后2年内实施。

2. 请求股东大会批准的,公司应当制作取得资产和对价的说明书。该说明应当涉及所描述对象在不早于设立日的某个日期的状况。该说明应当载明资产和对待给付的价值以及估值方法。该方法必须符合交易中公认的评估标准。该说明还应当经所有的董事签名;一人或者多人未签名的,应当载明原因。

3. 参照适用第 2:94 条之一第 2 款的规定,但审计报告必须声明,取得的资产按照交易中公认的评估标准作出的估价,至少等于对待给付的价值。

4. 参照第 2:94 条之二第 3 款的规定。法律行为按照前 1 句实施的,不得以欠缺本条第 3 款所称的审计报告为由予以撤销。参照适用第 2:94 条之二第 4 款的规定,但说明应当载明本条第 1 款所称的法律行为的日期。

5. 对于上述各款所称的文件的查阅和副本的获取,参照适用第 2:102 条的规定。

6. 公司应当在实施法律行为后的 8 日内,或者在事后批准的情况下,批准后的 8 日内,在商事登记处备置本条第 3 款所称的审计报告。

7. 有以下情形之一的,不适用本条的规定:

(1)资产通过公开拍卖或者交易所取得的;

(2)取得资产的约定条款属于公司通常经营活动的;

(3)为取得该资产提交了第 2:94 条之一第 2 款所称的审计报告;

(4)资产通过合并或者分立取得的。

第 2:94 条之四 [1986 年 1 月 20 日废止]

第 2:95 条 公司不得认购自己的股份

1. 股份公司不得认购自己公司的股份。

2. 公司违反前款规定认购的股份,认购时应当自动移转给全体董事。各董事对该股份的全部出资以及自认购时的法定利息,承担连带责任。股份在设立时认购的,全体发起人参照适用本款的规定。

3. 他人以自己的名义为公司认购股份的,视为认购自己的股份。

第 2:96 条 发行新股的权利

1. 股份公司设立后,仅能根据股东大会决议,或者由股东大会或者章程为此目的指定的公司其他机构在规定的不超过 5 年的期限内发行新股。作出此种指定的同时,公司必须确定可发行股份的数量。该指定可以延长,但最多不超过 5 年。除指定时有相反规定外,该指定不可撤回。

2. 发行不同种类股份的情形下,股东大会作出发行新股或者本条第 1 款所称的决议时,应当事先或者同时取得由于发行而受到损害的各组股份股东的批准。

3. 公司应当在股东大会作出发行新股或者本条第 1 款所称的决议后 8 日内将决议全文备置于商事登记处。

4. 公司应当在每季度结束后 8 日内将该季度发行股份的报告登记于商事登记簿,并载明发行股票的数量和种类。

5. 公司授予认股权的,参照适用本条的规定,但对已取得认股权的主体发行股份的,不适用本条的规定。

第 2:96 条之一　股东的优先认购权

1. 除以下两款外,任何股东按照其股份数额占全部股份的比例,对新发行的股份享有优先认购权。除公司章程另有规定外,发行的新股非金钱的方式出资的,股东不享有优先认购权。对于向股份公司或者关联公司的雇员发行的新股,股东也不享有优先认购权。

2. 除公司章程另有规定外,有以下情形之一的,股东对发行的新股不享有优先认购权:

(1)利润分配不超过或者仅在有限的范围内超过面值的特定百分数的;或者

(2)清算时剩余财产分配不超过或者仅在有限的范围内超过面值的。

3. 除公司章程另有规定外,股东对发行的前款第 1 项和第 2 项所称的种类的新股不享有优先认购权。

4. 公司应当在荷兰政府公报和全国性日报上公告有优先认购权的新股发行以及行使此种优先认购权的期限,但所有股份都是记名股份并且按照股东提供的地址以书面形式向所有股东通知此事项的除外。

5. 优先认购权可行使的期限,至少应当为荷兰政府公报上公告或者将通知寄达至股东之后的 2 周。

6. 股东大会可以通过决议限制或者排除优先认购权。此种决议的提议必须书面说明提议理由以及提议发行新股的价格。股东大会决议或者章程指定该公司机构在规定的不超过 5 年的期限内限制或者排除优先认购权的,根据第 2:96 条第 1 款指定的公司机构可以限制或者排除优先认购权。该指定可以延长,但最多不超过 5 年。除指定时有相反规定外,该指定不可撤回。

7. 有效表决票代表的已认缴股份不足半数的,限制或者排除优先认购权的决议或者股东大会为此指定的决议,应当取得有效表决票的 2/3 的多数同意。公司应当在决议后 8 日内将决议全文备置于商事登记处。

8. 公司授予认股权时,股东享有优先认购权;参照适用上述各款。对已取得认股权的主体发行股份的,股东不享有优先认购权。

第 2:96 条之二　投资公司的豁免

可变资本投资股份公司不适用第 2:96 条和第 2:96 条之一的规定。

第 2:97 条　认购股份少于公告发行的数量

在公司设立后发行股份的情形下,认购数额少于已公告发行数额的,仅在发行条件中明确规定了此种情形时,公司才可以按照实际认购数额发行股份。

第 2:98 条　股份公司取得自己的股份

1. 股份公司取得自己未缴纳出资的股份的,该取得无效。

2. 除无偿取得外,净资产减去取得支付的价款不低于资本的实缴和已经请求缴纳的部分加上依法或者依章程必须保留的公积金时,股份公司不能取得自己已经全部缴清出资的股份。在不影响前 1 句规定的情况下,公司股份准入《金融监管法》第 1:1 条所称的监管市场或者多边交易工具中上市交易,或者在非欧盟成员国与监管市场或者多边交易工具类似的系统中上市交易的,公司取得、持有或者取得质权的本公司股份面额,不得超过已认缴资本的半数。

3. 本条第 2 款所称的要求中,净资产数额为最后经审议的资产负债表减去取得本公司股份的基金、第 2:98 条之三第 2 款所称的借款以及资产负债表日之后对子组织以外的人分配的利润或者公积金。会计年度届满已经超过 6 个月而未审议年度财务会计报告的,不得根据本条第 2 款取得本公司的股份。

4. 仅由股东大会授权董事会为此种取得的,股份公司才可以有偿取得本公司的股份。此种授权最长期间为 5 年。不同于前 1 句的规定,对于在《金融监管法》第 1:1 条所称的监管市场或者多边交易工具或者非欧盟成员国与监管市场或者多边交易工具类似的系统中上市交易的股份,此种授权最长期间为 18 个月。股东大会在授权中应当规定可取得的股份数额、取得方式和价款的上限。公司章程可以排除或者限制公司取得本公司股份。

5. 公司章程允许公司取得本公司股份并按照一定的规则转让给公司或者关联公司的雇员的,无须获得上述授权。此种股份必须在交易所价格列表上载明。

6. 公司通过概括继受取得的股份不适用本条第 1 款至第 4 款的规定。

7. 根据《金融监管法》在荷兰境内可以从事银行经营的金融企业,受委托或者为自己取得本公司股份的,不适用本条第 2 款至第 4 款的规定。

8. 可变资本投资股份公司不适用本条第 2 款至第 4 款的规定。可变资本投资股份公司的注册资本,减去持有的本公司股份,至少应当达到注册资本的 1/10。

9. 本条所称的股份,包括股份存管凭证。

第 2:98 条之一　非法取得股份公司自己的股份的法律效力

1. 股份公司违反前条第 2 款至第 4 款取得本公司的记名股份的,该取得无效。

各董事对于善意让与人因此受到的损害,承担连带责任。

2. 股份公司违反前条第 2 款至第 4 款取得本公司的无记名股份和此类股份存管凭证的,自其取得时应当移转给董事共同持有。各董事对于公司取得时支付的价款以及自取得时的法定利息,承担连带责任。

3. 公司在变更为股份公司后,无偿取得或者通过概括继受取得本公司股份的,不得在超过 3 年的期间内与子组织共同持有超过已认缴资本 1/10 的股份;设有质权的公司股份,应当计算在内。持有的超额股份,在 3 年期间的最后一日应当移转给董事共同持有。各董事对公司支付的价款以及该日起的法定利息,承担连带责任。本款所称的股份,包括股份存管凭证。

4. 通过概括继受取得本公司未缴清出资的股份的,并且未在 3 年内转让或者注销的,参照适用上述各款的规定。

5. 未经股东大会授权,根据前条第 5 款取得本公司股份或者此类股份存管凭证,并且已持有超过 1 年的,参照适用第 3 款的规定。

第 2:98 条之二　他人以自己名义为股份公司取得该公司股份

他人以自己的名义为股份公司取得公司股份或者股份存管凭证的,必须不迟延地转让给该公司,而取得相应的价款。该股份为记名股份的,参照适用前条第 2 款的规定。

第 2:98 条之三　禁止同时通过其他关联人持有或者获得公司股票

1. 股份公司不得为他人认购或者取得本公司股份或者此类股份存管凭证提供担保、价格保证、以其他方式保证他人或者作为连带债务人或者以其他方式承担他人债务。其子组织也适用该禁止性规定。

2. 股份公司和子组织不得为他人认购或者取得本公司股份或者此类股份存管凭证提供借款,但董事会对此作出决议并且符合以下条件的除外:

(1)借款的提供,包括公司取得的利息、向公司提供的担保,符合公平市场条件;

(2)净资产减去提供的借款不低于资本的实缴和已经请求缴纳的部分加上依法或者依章程必须保留的公积金;

(3)审慎审查第三人,或者涉及多方交易的各当事人的信用状况;

(4)为增加股份公司已认缴资本过程中的股份认购或者取得公司自己持有的股份而提供借款的,认购或者取得股份的价格公平。

3. 本条第 2 款第 2 项所称的要求中,净资产数额为最后经审议的资产负债表减去取得本公司股份的基金以及资产负债表日之后对子组织以外的人分配的利润或者公积金。会计年度届满已经超过 6 个月而未审议年度财务会计报告的,公司不得实施本条第2款所称的交易。

4. 公司应当保留相当于本条第2款所称的借款数额的不可分配的公积金。

5. 董事会作出本条第2款所称的提供借款的决议的，应当事先得到股东大会的批准。有效表决票代表的已认缴股份不足半数的，该批准的决议需要取得有效表决票的2/3多数同意。不同于前1句的规定，股份或者此类股份存管凭证在《金融监管法》第1:1条所称的监管市场或者《金融监管法》第1:1条所称的多边交易工具中上市交易的，该批准决议需要取得有效表决票的95%多数同意。

6. 请求股东大会作出本条第5款所称的批准决议的，请求人必须在召集股东大会时载明此事项。召集人在召集的同时，应当在商事登记处备置报告以供股东和经公司合作发行的此类股份存管凭证持有人查阅，并载明提供借款的理由、公司与之有关的利益、提供借款的条件、第三人认购或者取得的股份的行情以及公司破产或者清算时与借款有关的风险。

7. 股份公司应当在本条第5款所称的批准作出后8日内，将本条第6款所称的报告或者其副本备置于商事登记处。

8. 股份公司或者关联公司的雇员认购或者取得股份或者此类股份存管凭证的，不适用本条第1款至第7款的规定。

9. 根据《金融监管法》的规定，在荷兰境内从事银行经营的金融企业，实施其通常经营活动中的行为的，不适用本条第1款至第7款的规定。

第2:98条之四　通过子公司获得本公司股份

1. 子公司不得为自己认购或者让他人认购股份公司的股份。仅在股份公司自己根据第2:98条第1款至第6款可以取得本公司股份时，子公司才可以为自己取得或者让他人取得此种股份。

2. 子公司违反前款规定的，各董事对子公司支付的价款以及自认购或者取得之时起的法定利息，承担连带责任。给付补偿时，子公司应当将所涉股份转让给各董事。董事能证明认购或者取得股份不可归责于股份公司的，无须作出此种补偿。

3. 子公司可以在：

(1)成为子公司之后；

(2)其母公司变更为股份公司后；

(3)作为子公司无偿或者通过概括继受取得股份公司的股份后。

不得在超过3年的期间内与股份公司及其子公司共同持有超过已认缴资本1/10的股份。股份公司的董事对子公司支付的在3年期限最后一日持有或者让他人持有的股份价值以及自此时起的法定利息，承担连带责任。给付补偿时，子公司应当将所涉股份转让给各董事。董事能证明继续持有股份不可归责于股份公司的，无须作出此种补偿。

4. 本条所称的股份，包括股份存管凭证。

第 2:99 条 减少股份公司的资本

1. 股东大会可以决议通过注销股份或者通过变更章程减少股份面额，从而减少已认缴的资本。决议必须规定决议涉及的股份以及决议执行的具体方法。

2. 注销股份的决议，仅能涉及公司自己持有的股份或者此类股份存管凭证，或者公司章程规定可以通过返还款项而注销的种类的股份，或者公司章程规定抽签选中的股份可以通过返还款项而注销的种类的被抽中股份。

3. 不返还款项和免除出资义务而减少已认缴资本的，同种股份中的所有股份必须按比例进行。经所有股东的同意，可改变此种按比例的要求。

4. 仅在执行减少已认缴资本的决议时，出资人才可以部分返还款项或者免除其出资义务。此种返还款项或者免除出资义务必须对所有股份按比例进行，但公司章程规定返还或者免除可以只对特定种类的股份进行的除外；对该种股份也应当按照比例进行。经所有股东的同意，可改变此种按比例的要求。

5. 存在不同种类股份的情形下，减资决议需要事先或者同时取得由于发行而受到损害的各组同种股份股东的批准。

6. 有效表决票代表的已认缴股份不足半数的，减资决议需要取得有效表决票的 2/3 多数同意。本条第 5 款所称的决议参照适用该规定。

7. 召集审议本条所称的决议的股东大会时，召集文件中应当载明减少已认缴资本的目的和执行方式。参照适用第 2:123 条第 2 款、第 3 款和第 4 款的规定。

第 2:100 条 公司减少资本的公告要求

1. 股份公司应当将第 2:99 条第 1 款所称的决议备置于商事登记处并登载在全国性日报上。

2. 股份公司必须对所有请求清偿债务的债权人提供担保，否则，法院将有理由宣告下 1 款所称的异议。债权人已经有足够的担保或者公司财产状况已为债务清偿提供足够保障的，不适用该规定。

3. 本条第 1 款所称的公告后 2 个月内，任何债权人可以对减少已认缴资本的决议向地方法院提出异议，并载明其要求的担保。申请人不能证明减少资本将导致对其债权不能受偿，并且公司没有提供清偿债务的足额担保的，法院将驳回该申请。

4. 法院作出决定前，可以让公司在其指定期限内提供规定的担保。减少资本的，法院可以在诉讼中命令其提供担保并处以强制罚金。

5. 在可以提出异议期间，公司作出的减少已认缴资本的决议不发生效力。及时提出异议的，或者异议被撤回或者被取消的，决议才生效。在此之前，公司不得制作减少资本所需要的变更章程的公证文书。

6. 公司由于亏损而决议将资本减少到净资产以下的，无须提供担保，并且该决议立即生效。

7. 可变资本投资股份公司有效取得待注销的自己的股份的，不适用本条的规定。

第 2:101 条　年度报表和报告

1. 每年在公司会计年度终止后 5 个月内，董事会应当将年度财务会计报告备置于公司办公地点以供股东查阅，基于特殊情况，股东大会可以延长该期限，但最多延长 6 个月。公司发行的有价证券在《金融监管法》所称的监管市场上市交易的，该期间为 4 个月。该期间不得延长。该期间内，董事会也可以提供年度报告以供股东查阅，但公司适用第 2:396 条第 7 款或者第 2:403 条规定的除外。公司董事会适用第 2:158 条至第 2:161 条和第 2:164 条规定的，应当同时将年度财务会计报告送交第 2:158 条第 11 款所称的劳动委员会。

2. 年度财务会计报告应当经所有的董事和监事签名；一人或者多人未签名的，应当载明原因。

3. 年度财务会计报告应当由股东大会审议。年度财务会计报告的审议，不免除董事或者监事的责任。

4. 公司章程不得规定审议年度财务会计报告的决议由公司机构或者第三人批准。

5. 公司章程不能包含任何对年度财务会计报告或者其中的项目设定要求或者提出有约束力建议的规定。

6. 公司章程可以规定股东大会以外的机构有权规定会计年度的利润予以保留的部分或者亏损填补方式。

7. 经申请，经济部长可以基于重要理由豁免制作、提供和审议年度财务会计报告的义务。公司的有价证券在《金融监管法》所称的监管市场中上市交易的，不得豁免制作年度财务会计报告的义务。

第 2:102 条　公司年度报表的查阅

1. 股份公司应当确保，在召集大会审议年度财务会计报告前，已经将年度财务会计报告、年度报告和第 2:392 条第 1 款所称的附加信息置于其办公地点以供查阅。股东或者经公司合作发行的此类股份存管凭证的持有人，可以查阅该文件并无偿取得其副本。

2. 公司发行无记名股份、无记名股份存管凭证或者无记名债券的,并且该文件经审议后必须公开的,任何人都可以查阅该文件并取得其副本,并最多应当支付制作副本的成本。该文件备置于商事登记处的,此种权利即消灭。

第 2:103 条　[2006 年 12 月 31 日废止]

第 2:104 条　以法定公积金弥补亏损

仅在法律允许时,公司才可以法定公积金弥补亏损。

第 2:105 条　利润分配

1. 除公司章程另有规定外,公司利润应当分配给股东。

2. 股份公司仅在净资产超过实缴资本和已请求缴纳资本与依法和依章程必须保留的公积金数额时,才可以将利润分配给股东和其他权利人。

3. 仅经审议年度财务会计报告后表明可以分配时,公司才可以分配利润。

4. 仅在公司章程允许并且中期财务报告满足本条第 2 款的要求时,才能在中期分配利润。该报告应当涉及分配决议公布之月前第 3 个月首日的财产状况。公司应当按照交易中公认的评估标准制作财务报告。财务报告中,公司应当依法或者依章程提取公积金。财务报告应当经所有董事签名;一人或者多人未签名的,当载明原因。公司应当在分配决议公布后 8 日内,将财务报告备置于商事登记处。

5. 计算利润分配时,公司应当考虑自己持有的股份,但公司章程另有规定的除外。

6. 计算向各股东分配的利润数额时,公司应当考虑股东名义数额中有义务出资的部分,但公司章程另有规定的除外。

7. 公司章程可以规定股东请求权的诉讼时效长于 5 年。股份存管凭证持有人对股东的请求权参照适用此种规定。

8. 分配利润违反本条第 2 款或者第 4 款规定的,股东或者其他权利人知道或者应当知道不允许该分配的,应当返还已分配的利润。

9. 任何股东不得被完全排除在分配利润之外。

10. 公司章程可以规定持有特定种类股份的股东应得的利润,也可以全部或者部分为其利益保留利润。

第 2:106 条　[1981 年 9 月 1 日废止]

第四节　股 东 大 会

第 2:107 条　股东大会的权力

1. 在法律和公司章程规定的权限范围内,股东大会享有不属于董事会或者公司其他机构的权力。

2. 董事会和监事会应当向股东大会提供其要求的一切信息,但违背公司重大利益的除外。

第 2:107 条之一　需经股东大会批准的决议

1. 有以下情形之一,董事会关于公司或者企业的身份或者性质的重大变更的决议,必须经过股东大会的批准:

(1)向第三人转让企业或者几乎整个企业;

(2)开始或者终止公司或者子公司与其他法人或者合伙企业或者有限合伙企业或者普通合伙企业负完全责任的合伙人的长期合作关系,并且该合作关系或者其终止对公司有重大意义;

(3)根据股份公司的资产负债表及说明,或者公司制作合并资产负债表的,根据最后一次审议的公司年度财务会计报告中的合并资产负债表及说明中的资产数额,取得或者处置另一公司的资本额不少于其资产金额的1/3。

2. 本条第 1 款所称的决议,未经股东大会批准的,不影响董事会或者董事的代表权。

3. 公司根据法律规定设置劳动委员会的,董事会仅在第 2:114 条所称的召集之前,及时交由劳动委员会处理相关事项后,才能请求股东大会的批准。请求股东大会批准时,董事会还应当同时提供劳动委员会的意见。劳动委员会主席或者其指定的成员可以在股东大会中解释其意见。未表达意见的,不影响批准该申请的决议的效力。

4. 适用本条第 3 款时,公司和关联公司的大多数雇员在荷兰境内工作的,劳动委员会包括子公司的劳动委员会。有两个或者两个以上的劳动委员会的,该权利由各委员会共同行使。相关公司设置了中央劳动委员会的,该权限归中央劳动委员会享有。

第 2:108 条　年度股东大会

1. 股份公司每年至少应当召开一次股东大会。

2. 公司章程未规定更短期限的,年度股东大会应当在公司会计年度终止后 6 个月内召开。

第 2:108 条之一　公司资产严重减少时,召开会议

董事会有合理理由认为股份公司净资产等于或者低于实缴资本和已请求缴纳的部分的半数的,股东大会应当在 3 个月内对此采取必要的措施。

第 2:109 条　召集股东大会

董事会和监事会有权召集股东大会;公司章程可以授权其他主体召集股东

大会。

第 2:110 条　法院授权召集股东大会

1. 一名或者多名已认缴资本 1/10 或者公司章程规定的更低数额的股东,可以共同代表公司申请地方法院的临时保全法官授权其召集股东大会。申请人无法证明其事先向董事会和监事会书面申请召集股东大会并详细载明提请审议的事项的,并且享有该权利的董事会和监事会,都没有采取必要措施以便在其申请后 6 周内召开股东大会的,保全法官应当驳回此申请。公司股份或者经公司合作发行的此类股份存管凭证在《金融监管法》第 1:1 条所称的监管市场中上市交易的,该期限应当为 8 周。

2. 适用本条时,经公司合作发行的股份存管凭证持有人视为股东。

3. 除公司章程另有规定外,采用电子方式的召集也需满足本条第 1 款所称的书面申请的要求。

第 2:111 条　取得法院授权的形式要求

1. 在听取股份公司意见或者传唤其出庭后,并且申请人简要地证明其满足前条的要求并且对召集股东大会有正当利益,地方法院的临时保全法官应当批准前条所称的申请。地方法院的保全法官应当确定召集股东大会的形式程序或者期限。它还应当指定一名负责主持股东大会的人。

2. 根据本条第 1 款召集股东大会时,召集通知中应当载明该会议是通过法院裁决授权进行的。采用此种方式进行的召集,即使被证明授权违反,仍具有法律效力。

3. 除向最高法院提起法律审的上诉外,不得对法院的裁决提起其他上诉。

第 2:112 条　个别股东召集股东大会的权利

根据第 2:109 条或者公司章程授权召集股东大会的主体未能召开第 2:108 条或者第 2:108 条之一或者公司章程所称的股东大会的,任何股东经地方法院的临时保全法官的授权,均可以召集股东大会。参照适用第 2:110 条第 2 款和第 2:111 条的规定。

第 2:113 条　召集的形式

1. 召集人应当召集所有的股东和经公司合作发行的此类股份存管凭证持有人参加股东大会。

2. 召集股东大会的通知应当在全国性日报上公告。

3. 公司章程可以规定,采用向股东登记簿上记载的地址寄送书面召集通知的方式召集记名股东。

4. 除公司章程另有规定外,经记名股东和经公司合作发行的此类股份存管凭证持有人的同意，召集可以采用电子方式进行，包括向其为此告知的地址，并寄送可阅读和可复制的通知。

5. 公司章程可以规定，采用在股东大会召开前可直接地和永久地进入的电子方式，召集无记名股东和经公司合作发行的此类股份存管凭证持有人。

6. 不同于本条第 2 款的规定，股份或者经公司合作发行的此类股份存管凭证在《金融监管法》第 1:1 条所称的监管市场中上市交易的，可以通过在股东大会召开前可直接地和永久地进入的电子方式进行召集；不影响本条第 3 款和第 4 款的适用。

第 2:114 条　召集的内容

1. 召集通知应当载明：

(1) 待审议的事项；

(2) 股东大会召开的地点和时间；

(3) 书面授权参加股东大会的程序（意定代理权）；

(4) 公司股份或者经公司合作发行的此类股份存管凭证在《金融监管法》第 1:1 条所称的监管市场中上市交易的，通过电子通信的方式参加股东大会并行使表决权的程序，该权利可根据第 2:117 条之一的方式行使的，还应当载明《金融监管法》第 5:25 条之十一之一所称的公司网址。

2. 除所有已认缴资本的股东一致同意外，对于未在召集通知或者以相同方式并遵守召集期限作出的公告中载明的审议事项，不得在股东大会上通过有法律效力的决议。

3. 依法或者依章程必须对股东大会作出通知的，可以附载于召集通知上，也可以附载于召集通知提及的备置于公司办公地点的通知文件中。

4. 不同于本条第 1 款的规定，召集通知中可以载明股东和经公司合作发行的此类股份存管凭证持有人可以在公司办公地点查阅本条第 1 款第 1 项和第 3 项的事项，但有关的股份或者此类股份存管凭证在《金融监管法》第 1:1 条所称的监管市场中上市交易的除外。

第 2:114 条之一　申请在股东大会上审议事项的股东权利

1. 1 名或者多名单独或者共同代表公司已认缴资本不少于 2/3 股东申请股东大会审议某事项的，并且公司不迟于股东大会之前 60 日收到附理由的申请或者决议草案的，该事项必须附载在召集通知或者以相同方式作出的公告中。公司章程可以降低已认缴资本的要求，或者缩短提出申请的期限。

2. 适用本条时，经公司合作发行的股份存管凭证持有人视为股东。

3. 除公司章程另有规定外，采用电子方式的申请也需满足本条第 1 款所称的书面申请的要求。

第2:115条　召集通知的最短期限

除第2:111条第2款和第3款规定的情形外,召集通知应当不迟于股东大会召开前第15日发出。该期限过短或者没有发出召集通知的,股东大会不得通过任何有法律效力的决议,但取得所有已认缴资本股东一致同意的除外。

第2:116条　股东大会召开的地点

股东大会应当在公司章程载明的荷兰境内的某地点或者股份公司住所所在市镇的其他地点召开。在不适当地点召开的,股东大会不得通过任何有法律效力的决议,但取得所有已认缴资本股东一致同意的除外。

第2:117条　股东大会上股东的权利

1. 任何股东都有权亲自或者通过书面方式授权意定代理人代表其出席股东大会,并在股东大会中发言和行使表决权。组成一股的各零碎股份的持有人应当通过其中一人或者以书面方式授权的意定代理人,共同行使该权利。公司章程可以限制代表股东出席股东大会的权利。但公司章程不得排除股东授权律师、公证人、候选公证人、注册会计师、财务会计顾问代表的权利。

2. 经公司合作发行的此类股份存管凭证持有人有权亲自或者以书面方式授权意定代理人代表其出席股东大会,并在股东大会中发言。参照适用本条第1款后段第1句和第2句的规定。

3. 公司章程可以规定股东不履行法律或者章程规定的义务的,也无权参加股东大会。公司章程规定股东必须在股东大会前交付其保管的股票的,应当在召集股东大会时载明交付地点和最晚交付的时间。该日期不得早于股东大会召开前第7日。该规定也适用于经公司合作发行的股份存管凭证持有人。

4. 董事和监事可在股东大会上行使建议权。

5. 受委托进行第2:393条第1款所称的年度财务会计报告审计的注册会计师,有权出席审议年度财务会计报告的股东大会,并在股东大会中发言。

6. 以电子形式授予的意定代理权,应当符合以书面方式授予的意定代理权的要求。公司股份或者经公司合作发行的此类股份存管凭证允许在《金融监管法》第1:1条所称的监管市场中上市交易的,公司应当向股东提供以电子方式授予的意定代理权的选择。

7. 公司股份或者经公司合作发行的此类股份存管凭证允许在《金融监管法》所称的监管市场中上市交易的,公司章程不得排除或者限制股东或者此类股份存管凭证持有人出席股东大会的权利。

第 2:117 条之一　通过电子通信手段参加股东大会

1. 公司章程可以规定任何股东都有权亲自或者以书面方式授权意定代理人代表其通过电子通信手段出席股东大会，并在股东大会中发言和行使表决权。

2. 适用本条第 1 款时，股东大会应当对通过电子通信手段表决的人的身份进行确认，经确认后，该表决权人可以直接参加股东大会讨论并直接行使表决权。章程也可以规定通过电子通信手段参加会议的表决权人有权参与决议。

3. 公司章程或者根据章程制定的细则可以规定使用电子通信手段的条件，但该条件应当是为确认股东身份和通信的可信与安全合理所必需的条件。召集主体应当在召集时告知股东该条件。

4. 经公司合作发行的股份存管凭证持有人参照适用本条第 1 款至第 3 款的规定。

5. 以电子形式授予的意定代理权，应当符合以书面方式授予意定代理权的要求。

第 2:117 条之二　股东大会召开前以电子方式行使表决权

1. 公司章程可以规定通过电子通信手段在股东大会召开之前的表决，视为在股东大会中的表决。该表决的时间不得早于本条第 3 款所称的登记日。

2. 适用本条第 1 款时，在股东大会召集时规定的期间内有此种权利并且在董事会指定的登记簿上登记的人，视为有表决权和出席权的主体；该主体不包括股东大会召开时所涉股份的权利人。

3. 登记日为股东大会召开前的第 30 日。

4. 股东大会的召集通知应当载明登记日以及有表决权和出席权的主体为此种特殊登记的方式，以及他们行使权利的方式。

第 2:118 条　股东大会上的表决权；投票数

1. 仅股东享有表决权。各股东至少享有 1 票的表决权。公司章程可以规定股东不履行法律或者章程规定的义务的，也无权行使表决权。

2. 注册资本被划分为等额股份的，各股东表决权票数等于其持有的股份数量。

3. 注册资本被划分为不同面额的股份的，各股东表决权票数等于其持有的股份面额总和相对于最小股份面额的倍数；不足 1 票的表决权不予考虑。

4. 公司章程可以限制同一个股东的表决权票数，但持有同等股份面额的股东应当有同样数量的表决权票数，并且该限制对股份面额较大的股东不应当比股份面额较小的股东更为有利。

5. 公司章程可以其他方式变更本条第 2 款和第 3 款的规定，但注册资本被分为

100 份股份以上的，单个股东的表决权不得超过 6 票；注册资本的股份不足 100 份的，单个股东的表决权不得超过 3 票。

6. 组成一股的多个零碎股份，视为一股。

7. 公司或者其子公司持有股份的，在股东大会上不享有表决权；其持有的此类股份存管凭证同样不享有表决权。在股份归属公司或者其子公司之前设立用益权或者质权的，不得排除公司或者其子公司的股份的用益权人和质权人的表决权。公司或者其子公司享有设立用益权或者质权的股份的，不得行使表决权。

第 2:118 条之一　股票市场中股份公司的股份存管凭证持有人的表决权

1. 经公司合作发行的股份存管凭证在《金融监管法》第 1:1 条所称的监管市场或者多边交易工具中上市交易的，或者在非欧盟成员国与监管市场或者多边交易工具类似的系统中上市交易的，此类股份存管凭证持有人可以申请授予其意定代理权，从而排除被代理人在授予意定代理权的股东大会中，行使所涉股份中的表决权。此种授权的股份存管凭证持有人可以根据自己的意见行使表决权。在此情形下，不适用第 2:88 条第 4 款和第 2:89 条第 4 款的规定。

2. 有以下情形之一的，被代理人才可限制、排除或者撤回授予意定代理权：

(1) 公布或者公开发出关于公司股份或者此类股份存管凭证的要约，或者可合理期待将作出此种要约，而并未对此要约与公司达成任何协议的；

(2) 根据相互间的合作规则，一名或者多名股份存管凭证持有人与一名或者多名股东单独或者共同认缴或者通过子公司认缴不少于 25% 的已认缴资本的；

(3) 被代理人认为此类股份存管凭证持有人行使表决权实质上违反公司或者附属企业的利益的。

被代理人应当将限制、拒绝或者撤回授权通知给股份存管凭证持有人和其他股东，并载明理由。

3. 被代理人是法人，并且可以通过以下主体在法人董事会中享有多数表决权的，其不得享有限制、排除或者撤回授权的权利：

(1) 公司或者其关联公司的董事或者前任董事以及监事或者前任监事；

(2) 公司或者其关联公司雇用的自然人；

(3) 公司或者其关联公司的长期顾问。

4. 被代理人是法人的情形下，本条第 3 款所称的主体对限制、排除或者撤回授权的决议，以及对表决权行使方式的决议，没有表决权。

第 2:119 条　指定有权参加股东大会并享有表决权的主体

1. 股东大会可以授权董事会在最长 5 年的期间内召集股东大会时规定，适用第

2:117 条第 1 款和第 2 款以及第 2:117 条之一第 1 款和第 4 款时,在第 2 款所称的登记日有此种权利并且登记于董事会指定的登记簿上的人,视为有表决权和出席权的主体;该主体不包括股东大会召开时所涉股份或者此类股份存管凭证的权利人。公司章程也可以为此目的授予董事会不定期的权限。

2. 登记日为股东大会召开前的第 30 日。

3. 股东大会的召集通知应当载明登记日以及有表决权和出席权的主体为此种特殊登记的方式,以及他们行使权利的方式。

第 2:120 条　多数投票;法定人数

1. 法律或者公司章程没有规定更高多数的,决议的表决通过需要取得有效表决票绝对多数的投票。选举人员中票数相等的,该表决应当通过抽签的方式决定;其他表决中票数相等的,该表决应当视为不通过;法律或者章程规定其他解决方案的,不适用上述规定。该解决方案可以是委托第三人投票表决。

2. 除法律或者公司章程另有规定外,决议的有效性不取决于股东大会中代表的资本份额。

3. 公司章程规定决议的有效性取决于股东大会中代表和未代表资本份额的,除公司章程另有规定外,可以重新召集股东大会。此时决议的通过不取决于股东大会中代表的资本份额。重新召集股东大会时,召集通知必须载明决议的通过不取决于股东大会中代表的资本份额及其原因。

4. 公司董事会应当记录通过的决议。该记录应当备置于公司办公地点以供股东和经公司合作发行的此类股份存管凭证持有人查阅。这些股东和此类股份存管凭证持有人有权请求提供记录的副本或者摘录,并最多支付制作成本。

第 2:121 条　公司章程的修改

1. 股东大会有权修改公司章程;在公司章程排除其修改权限的情形下,经所有已认缴资本股东的一致同意,股东大会仍有权修改公司章程。

2. 公司章程限制其中一条或者多条修改章程权限的规定时,股东大会仅能在遵守该限制的情形下修改公司章程。

3. 公司章程排除其中一条或者多条修改章程权限的规定时,股东大会仅在取得所有已认缴资本股东的一致同意后,才能修改公司章程。

第 2:121 条之一　转换特定金额的荷兰盾为欧元的决议

1. 根据第 2:67 条之一的规定增加股份面额和注册资本的决议,需要绝对多数表决通过。有效表决票代表的已认缴股份不足半数的,关于减少股份面额和注册资本的决议,需要不少于 2/3 多数的有效表决票通过。存在不同种类股份的情形下,增加或者减少股份面额和注册资本的决议,应当事先或者同时取得由于变更而受到损害的各组股东的批准。

2. 适用前款规定时,特定种类的股份应当包括不同面值的股份。

第 2:122 条　公司章程修正案和保护第三人

公司章程修正案规定授予公司股东以外的人权利的,在未取得其同意的情况下,该修改不能损害该他人的权利;但授予权利明确保留了修改该规定的权限的除外。

第 2:123 条　修改公司章程提议的公告

1. 申请人向股东大会提议修改公司章程的,其必须在召集股东大会的通知中载明。

2. 召集股东大会修改公司章程的主体,在股东大会结束前,必须同时将提议的副本备置于公司办公地点以供股东查阅。参照适用第 2:114 条第 2 款的规定。

3. 自备置之日到股东大会结束的期间,股东有权取得前款所称的提议副本。股份公司应当无偿提供该副本。

4. 经公司合作发行的股份存管凭证持有人参照适用本条关于股东的规定。

第 2:124 条　修正案的公证文书

1. 公司章程的修改应当制作成公证文书,否则该修改无效。文书应当用荷兰文表达。

2. 该文书可由同意修改的股东大会的公证记录制成,或者事后制作成公证文书。未经股东大会的授权,董事会也可协助制作公证文书。

第 2:125 条　[2011 年 7 月 1 日废止]

第 2:126 条　公司章程修改备置于商事登记处

董事会必须将公司章程修正案以及公证文本的副本和修改后的公司章程备置于商事登记处。

第 2:127 条　破产时,公司章程的修改

股份公司处于破产程序中的,未经破产管理人的同意,股东大会不得修改公司章程。

第 2:128 条　在股东大会外通过的决议

1. 公司章程可以规定股东可以通过股东大会之外的方式作出决议,但公司已发行无记名股份或者经公司合作发行无记名股份存管凭证的除外。公司章程有此种规定的,该决议仅能采用全体有表决权的股东一致同意的方式表决通过。该表决应当采用书面形式。

2. 除公司章程另有规定外,表决也可以采用电子通信的方式。

第五节　股份公司的董事会和对董事会的监督

第 2:129 条　董事会的职责和权力

1. 根据公司章程的限制,管理委员会负责管理公司。公司股份或者经公司合作发行的此类股份存管凭证允许在《金融监管法》第 1:1 条所称的监管市场或者多边交易工具或者非欧盟成员国与监管市场或者多边交易工具类似的系统中上市交易,在任何情况下,这些凭证还应当包括决定公司的政策和战略等文件。

2. 公司章程可以指定特定姓名或者职位的董事拥有超过 1 票的表决权。1 名董事的表决权不得超过其他董事表决权的总和。

3. 仅公司章程或者根据章程制定的细则可以规定,董事会决议需取得公司其他机构的批准。

4. 公司章程可以规定董事会应当遵守其他公司机构关于章程规定的领域应当遵循的一般性管理的指示。

5. 董事履行职责时应当注意保护公司及其相关企业的利益。

6. 董事的直接或者间接的个人利益与本条第 5 款所称的利益相违背的,其不得参加审议和决策。董事会无法通过决议的,该决议应当由监事会表决通过。在没有监事会的情况下,除非公司章程另有规定,否则该决议应当由股东大会表决通过。

第 2:129 条之一　非执行董事与执行董事的划分

1. 公司章程可以明确规定董事会按照职责分为 1 名或者多名执行董事和 1 名或者多名非执行董事。前款所称的职责划分不得剥夺非执行董事对董事履行职责的监督职责。执行董事不得担任董事会主席、提出董事候选人和确定执行董事的报酬。非执行董事应当为自然人。

2. 股东大会未能安排任务的,执行董事不得参与关于确定执行董事薪酬并将审计财务报表交由《审计监督法》第 27 条规定的外部审计师进行审议的决策。

3. 公司章程或者根据章程制定的细则可以规定由一名或者多名董事表决通过对其所属的职责的决议。根据章程制定的此种具体规定,必须采用书面形式。

第 2:130 条　代表权

1. 除法律另有规定外,董事会有权代表公司。

2. 各董事也可单独代表公司,但公司章程规定在董事会之外只有 1 名或者多名董事享有代表权的除外。公司章程还可以规定公司的 1 名董事只有经另 1 名或者多个董事合作才能代表公司。

3. 除法律另有规定外，董事会或者董事享有的代表权无限制且无条件。仅公司可以主张法律允许或者规定的对代表权的限制或者条件。

4. 公司章程也可以授予董事以外的其他主体代表权。

第 2:131 条　公司与董事的劳动合同的管辖权

关于股份公司与董事之间劳动合同的诉讼，包括第 2:138 条所称的金额不确定或者超过 25,000 欧元的诉讼，由公司住所所在地的地方法院管辖。关于本条第 1 句所称的合同，当事人提出第 7:671 条之二和之三所称的申请的，同样由该地方法院管辖。地方法院分院不得审理和裁判本条第 1 句和第 2 句所称的事项。

第 2:132 条　董事的任命

1. 首任董事由设立公司的公证文书任命，继任的董事由股东大会任命。适用第 2:129 条之一时，股东大会应当决定任命董事为执行董事或者非执行董事。根据第 2:162 条规定由监事会任命的情形下，不适用前两句的规定。

2. 公司章程可以通过限定董事必须满足的要求，从而限制任命为董事的人员的范围。股东大会可以决议改变章程规定的要求。该决议应当由有效表决票代表已认缴资本的数额超过半数的 2/3 多数表决通过。

3. 公司已发行股份或者经公司合作发行的此类股份存管凭证，并且这些股份和存管凭证被允许准入《金融监管法》第 1:1 条所称的监管市场或者指定的多边贸易工具上市交易的，或者在与非欧盟成员国的此类受监管市场或者多边贸易工具相当的系统中上市交易的，董事与公司之间的法律关系不应当视为劳动合同。

第 2:132 条之一　不得被任命为董事的主体

1. 以下人员不得被任命为股份公司的董事：

(1) 担任两个以上的法人的监事或者非执行董事；

(2) 担任法人的监事会主席，或者在董事职务分为执行董事和非执行董事的情况下的法人的董事会主席。

2. 适用本条时：

(1) 公司章程或者根据章程设置的法人监督机构的成员视为监事；

(2) 集团中彼此联系的各种法人的任命视为一项任命；

(3) 所指的法人是：在两个连续的资产负债表日，以及随后没有中断的两个连续的资产负债表日，未满足第 2:397 条第 1 款和第 2 款所指的至少两项要求的股份公司和有限责任公司，以及第 2:297 条之一第 1 款所称的基金会；

(4) 董事的任务分为执行董事和非执行董事的，执行董事在本条第 1 款中等同于董事；

(5)第2:249条之一第2款第3项或者第2:356条所称的临时任命不视为任命;

(6)枢密院令根据《退休金法》第105条之一和《强制性职业退休金计划法》第110条之一规定所称的监事会成员或者非执行董事的任命,应当以符合枢密院令标准化的方式进行。

3. 任命按照前款规定无效的,不影响参加的决策(通过决议)的有效性。

第2:133条　可能被任命为董事的候选人提名

1. 公司章程可以规定股东大会应当从提名的候选人中任命董事。

2. 但股东大会可以通过有效表决票代表已认缴资本的数额超过半数的2/3多数决议取消此种候选人名单的约束力。

3. 任选名单仅提及一名应当填补空缺的候选人的情形下,有关提名的决议应当具有任命该候选人的效力,除非该提名具有约束力。

4. 董事由监事会任命的,不适用上述各款的规定。

第2:134条　董事的停职和罢免

1. 有权任命董事的机构可以随时中止或者免除任何董事的职务。

2. 公司章程规定停职或者罢免仅能通过代表特定数额资本的股东以特定多数决议进行的,并且有效表决票代表已认缴资本的数额超过半数的,该特定的多数不得超过2/3。

3. 法院不得以裁判恢复股份公司和董事之间的劳动合同。

4. 公司章程必须规定在没有董事任职或者履行其职责有障碍的情况下,临时管理(管理)公司的方式。一名或者多名董事不再任职或者履行其职责有障碍的,公司章程也可以提供此类规定。

第2:134条之一　劳动委员会对任命、停职和罢免董事的意见

1. 股份公司依法设置劳动委员会的,董事会仅在第2:114条所称的召集之前,由劳动委员会及时表达相关意见,才能提议股东大会任命董事、中止或者免除董事职务。拟提议股东大会任命、中止职务或者免职时,董事会应当同时提供劳动委员会的意见。劳动委员会主席或者其指定的成员可以在股东大会中解释其意见。相关主体没有表达其意见的,不影响有关任命、中止职务或者免职的决议的效力。

2. 适用本条第1款时,公司和关联公司的大多数雇员在荷兰境内工作的,劳动委员会包括子公司的劳动委员会。有两个或者两个以上的劳动委员会的,该权利由各委员会共同行使。有关企业设置了中央劳动委员会的,该权限归中央劳动委员会。

第 2:135 条　董事的薪酬规则

1. 股份公司必须制定有关董事薪酬的规则。该规则由股东大会确定。薪酬规则至少应当包括第 2:383 条之三至第 2:383 条之五中关于董事会的事项。

2. 股份公司依法设置劳动委员会的,董事会仅在第 2:114 条所称的召集之前,由劳动委员会及时表达相关意见,才能提议股东大会确定薪酬规则。董事会提议股东大会确定报酬规则时,应当同时提供劳动委员会的意见。劳动委员会主席或者其指定的成员可以在股东大会中解释其意见。相关主体没有表达其意见的,不影响关于薪酬规则的决议的效力。

3. 适用本条第 2 款时,公司和关联公司的大多数雇员在荷兰境内工作的,劳动委员会包括子公司的劳动委员会。有两个及以上劳动委员会的,该权利由各委员会共同行使。有关企业设置了中央劳动委员会的,该权限归中央劳动委员会。

4. 股东大会应当根据本条第 1 款所称的规则确定董事薪酬,但公司章程为此目的规定由其他机构确定的除外。

5. 公司章程规定董事薪酬由股东大会以外的机构确定的,该机构对于股份或者认股权形式报酬的规则提案,应当交由股东大会批准。提案中至少应当规定可以授予董事会的股份或者认股权的数额以及授予和变更的适用标准。股东大会未批准该提案的,不影响所涉机构的代表权。

6. 本条第 4 款所称的机构有权在合理和公平标准不可接受的情况下适当调整董事的奖金。适用本条时,奖金应当理解为薪酬的不固定部分。该部分的权利完全或者部分取决于某些目标的实现或者某些情况的发生。

7. 在有关实现基本目标或者获得奖金的信息不正确的情形下,公司有权全部或者部分地追回该奖金。公司监事会、非执行董事或者由股东大会为此目的任命的特别代表可以公司名义提出索赔。参照适用第 6 编第 4 章第 2 节的规定。

8. 本条第 1 款所称的规则未被股东大会通过的,公司应当按照现有的规则或惯例确定董事的报酬,并将修订后的规则提交给下一次股东大会表决通过。

第 2:136 条　申请股份公司破产

除公司章程另有规定外,未经股东大会的指示,董事会无权申请宣告股份公司破产。

第 2:137 条　公司与唯一股东之间实施的法律行为的书面记录

1. 公司与持有全部股份的股东或者全部股份属婚姻或者登记伴侣共有财产的所有人实施的法律行为的,并且公司由该股东或者配偶或者登记伴侣一方代表的,该法律行为应当采用书面形式。适用本条前 1 句时,公司或者子公司持有的股份不计算在内。没有遵守本条第 1 句规定的,当事人可以为公司的利益撤销该法律行为。

2. 法律行为根据规定属于公司通常经营活动的,不适用本条第 1 款的规定。

第 2:138 条　股份公司破产时,董事的责任

1. 股份公司破产时,董事会存在明显不适当地履行其职责的情形的,并且这明显是造成破产的主要原因的,各董事对不能通过清算得到清偿的部分,承担连带责任。

2. 董事会未能履行第 2:10 条或者第 2:394 条所称的义务,即为不适当履行其职责并且推定该不适当履行职责是造成破产的主要原因。公司是普通合伙企业或者有限合伙企业负完全责任的合伙人的,并且未能履行第 3:15 条之九所称的义务的,同样适用上述规定。轻微违反义务的情形不适用本款的规定。

3. 董事能证明其不适当履行职责不可归责于他,并且他没有怠于采取措施避免结果发生的,不承担责任。

4. 考虑到董事会不适当履行职责的性质和严重程度、破产的其他原因以及清算方式,法院认为董事承担的责任数额过高的,可酌情减少其责任额度。考虑到董事在不适当履行职责期间的任职时间,法院认为董事承担的责任数额过高,也可酌情减少其责任额度。

5. 不能清偿债务的数额未知的,法院可以决定是否根据本条第 4 款,规定董事个人应清偿的部分,并裁判根据《民事诉讼法典》第 2 编第 6 章的规定制作财产清单。

6. 仅在公司破产前 3 年内不适当履行职责的情形下,当事人才可根据本条对一名或者多名董事提起法律诉讼。董事已经被免责的,当事人也可提起前段所称的诉讼。

7. 适用本条时,与董事一样决定或者共同决定公司管理的人,视为董事。不得对法院指定的管理人提起本条所称的诉讼。

8. 本条不影响破产管理人根据公司与董事之间的合同或者第 2:9 条提起法律诉讼进行索赔的权利。

9. 董事根据本条负有责任但不能承担其债务的,并且董事实施本无义务实施的法律行为而导致公司清偿能力降低的,在该法律行为明显完全或者几乎完全以降低清偿能力为目的的情形下,破产管理人可以为破产财产利益在诉讼外撤销该法律行为。参照适用第 3:45 条第 4 款和第 5 款的规定。

10. 破产财产不足以根据本条或者第 2:9 条提起法律诉讼或者事先调查诉讼

的,破产管理人可以申请司法部长预先提供必要的资金。司法部长可以对判断申请是否有理由和批准申请的界限制定规则。该申请必须附理由、费用的合理估算和调查范围。涉及事先调查诉讼的,该申请还需要取得破产裁判法官的批准。

第2:139条　董事作出误导性年度财务会计报告和数据的责任

公司的财务状况在年度财务会计报告或者中期报告,或者年度报告中被错误地陈述的,董事对第三人因此受到的损害承担连带责任。董事能证明不可归责于他的,不承担责任。

第2:140条　监事会

1.除非可适用第2:129条之一的规定,公司章程应当规定设立监事会。监事会应当由一个或者多个自然人组成。

2.监事会对董事会的管理以及公司和附属企业的一般事务,承担监督职责。它应当向董事会提出建议。监事应当以公司及所属企业的利益为导向履行其职责。

3.公司章程可以设置监事会及监事职责的其他补充规定。

4.公司章程可以指定特定名字或者职位的监事拥有超过1票的表决权。1名监事的表决权不得超过其他监事表决权的总和。

5.监事的直接或者间接的个人利益与本条第2款所称的利益相违背的,其不得参与审议和决策。此时,监事会无法表决通过决议,该决议应当由股东大会表决通过,但公司章程另有规定的除外。

第2:141条　董事会通知监事会的义务

1.董事会应当及时向监事会提供其履行职责所需的信息。

2.关于公司管理策略的主要方面、一般和财务风险以及公司行政和审计制度,董事会应当每年至少以书面形式向监事会报告一次。

第2:142条　监事的任命

1.监事非由设立公司的公证文书任命的,应当由股东大会任命。公司章程可以规定设置监事必须满足的要求,从而限制任命为董事的人员的范围。该要求可以通过有效表决票代表已认缴资本的数额超过半数的2/3多数决议排除适用。

2.参照适用第2:133条第1款和第2款的规定,但根据第2:158条被任命为监事或者可适用第2:164条之一的情形除外。

3.推荐监事或者提名监事候选人时,应当载明其年龄、职业、已持有的公司股份以及其具有或者曾具有的与履行监事职责有重要关系的因素;还应当载明其已经担任监事的法人;其中法人属于同一个集团,载明集团即可。推荐和提名任命或者连任候选人的,应当说明理由。对于连任的候选人,应当考虑其履行监事职责的情况。

第 2:142 条之一　不能被任命为监事的主体

1. 以下人员不得被任命为股份公司的监事:在两个连续的资产负债表日,以及随后没有中断的两个连续的资产负债表日,未满足第 2:397 条第 1 款和第 2 款所指的至少两项要求的,或者为 5 个以上法人的监事或者非执行董事。担任监事会主席或者在董事职务分为执行董事和非执行董事的情况下,董事会主体应当加倍计算。

2. 适用本条时:

(1)公司章程或者根据章程设置的法人监督机构的成员视为监事。

(2)集团中彼此联系的各种法人的任命视为一项任命。

(3)所指的法人是:在两个连续的资产负债表日,以及随后没有中断的两个连续的资产负债表日,未满足第 2:397 条第 1 款和第 2 款所指的至少两项要求的股份公司和有限责任公司,以及第 2:297 条之一第 1 款所称的基金会。

(4)董事的任务分为执行董事和非执行董事的,执行董事在本条第 1 款中等同于董事。

(5)第 2:249 条之一第 2 款第 3 项或者第 2:356 条所称的临时任命不视为任命。

(6)枢密院令根据《退休金法》第 105 条之一和《强制性职业退休金计划法》第 110 条之一规定所称的监事会成员或者非执行董事的任命,应当以符合枢密院令标准化的方式进行。

3. 任命按照前款规定无效的,不影响参加的决策(通过决议)的有效性。

第 2:143 条　股东大会外对监事的任命

公司章程可以规定一名或者多名监事由股东大会以外的机构任命,但任命的人数最多为监事总数的 1/3。监事根据第 2:158 条和第 2:159 条任命的,不适用本条前 1 句的规定。

第 2:144 条　监事的停职或者罢免

1. 有权任命监事的机构,也有权中止或者免除其职务,但适用第 2:161 条第 2 款和第 3 款或者第 2:161 条之一的除外。

2. 参照适用第 2:134 条第 2 款和第 3 款的规定。

第 2:144 条之一　劳动委员会对任命、停职和罢免董事的意见

1. 股份公司依法设置劳动委员会的,董事会仅在第 2:114 条所称的召集之前,由劳动委员会及时表达相关意见,才能提议股东大会任命监事、中止或者免除监事职务。董事会提议股东大会任命、中止职务或者免职时,应当同时提供劳动委员会的意见。劳动委员会主席或者其指定的成员可以在股东大会中解释其意见。相关主体没有表达其意见的,不影响有关任命、中止职务或者免职的决议的效力。

2. 适用本条第 1 款时,公司和关联公司的大多数雇员在荷兰境内工作的,劳动委员会包括子公司的劳动委员会。有两个及以上劳动委员会的,该权利由各委员会共同行使。有关企业设置了中央劳动委员会的,该权限归中央劳动委员会。

第 2:145 条　监事的薪酬

股东大会可以向监事支付薪酬。

第 2:146 条　[2013 年 1 月 1 日废止]

第 2:147 条　监事会罢免董事

1. 除公司章程另有规定外,监事会有权随时中止由股东大会任命的董事的职务。

2. 股东大会可以随时废止该中止,但董事的任命权属于监事会的除外。

第 2:148 条　[1984 年 1 月 1 日废止]

第 2:149 条　地方法院的管辖;监事会的责任

监事会职责及其履行参照适用第 2:9 条、第 2:131 条和第 2:138 条的规定。

第 2:150 条　监事作出误导性年度财务会计报告和数据的责任

公司的财务状况在年度财务会计报告中被错误地陈述的,监事和董事对第三人因此受到的损害应当承担连带责任。监事证明此种情形不可归因于其不履行监督职责的,不承担责任。

第 2:151 条　除董事以外的其他人实施管理行为　[2021 年 7 月 1 日废止]

第六节　大型股份公司的监事会

第 2:152 条　定义

适用本节时,附属组织是指:

(1)股份公司或者其中一个或者多个附属组织,单独或者共同为自己认缴不少于已认缴资本半数的法人;

(2)登记在商事登记簿上的企业,并且股份公司或者其附属组织作为合伙人对其债务向债权人承担全部责任的合伙企业。

第 2:153 条　强制商事登记;"大型"的标准

1. 股份公司适用本条第 2 款的,应当在股东大会审议年度财务会计报告后 2 个月内将满足本条第 2 款所称的条件的声明登记于商事登记簿。在适用第 2:154 条第3款的规定前,董事会应当申报此后各期年度财务会计报告;该声明需从登记簿上涂销的,应当在涂销后第一期年度报告中载明。

2. 有以下情形之一的,股份公司有义务提交声明:

(1)根据资产负债表和说明确定的净资产超过国王诏令为此设定的限额的;

(2)法人或者附属组织依法有义务设置劳动委员会的;

(3)法人与附属组织在荷兰境内合计雇佣至少100名雇员的。

3. 有以下情形之一的,股份公司没有义务提交声明:

(1)公司是第2:63条之六至第2:63条之十、第2:158条至第2:161条和第2:164条或者第2:268条至第2:271条和第2:274条所称的法人的附属组织,或者公司是欧洲共同体发布的2157/2001号条例(PbL294)所称的欧洲股份公司的附属组织,并且其章程规定参照适用第2:158条第1款至第12款、第2:159条、第2:161条、第2:161条之一和第2:164条的规定,或者公司是欧洲共同体发布的1435/2003号条例(PbEUL207)所称的欧洲合作社的附属组织,并且其章程规定参照适用第2:158条第1款至第12款、第2:159条、第2:161条、第2:161条之一和第2:164条的规定,而且监督机关成员的免职应当由该条例第52条所称的股东大会在公司章程规定的占全部表决权1/3有效表决票的情况下以2/3多数表决通过的;

(2)公司业务完全或者几乎完全限于关联公司、本公司和参股的其他法人的管理和融资,并且公司和关联公司的雇员大多数在荷兰境外工作的;

(3)公司完全或者几乎完全为第2项或者第2:263条第3款第2项所称的公司以及该条款中的关联公司和法人提供管理和融资服务的;

(4)根据相互合作协议,公司由两个以上且为第2:63条之六至第2:63条之十、第2:158条至第2:161条和第2:164条、第2:268条至第2:271条和第2:274条所称的法人或者此种法人的附属组织持有其半数以上已认缴资本而参股的。

4. 本条第2款第1项所称的限额,从枢密院令确定的时间开始,每2年最多按照枢密院令确定的价格指数的比例提高或者降低1次;该数额应当四舍五入到整百万欧元。四舍五入前的数额与最后确定的数额差额不超过100万欧元的,无须重新确定。

5. 本条第2款第1项所称的净资产,在附属组织为有限合伙企业的情形下,包括有限合伙人共同缴纳和待缴纳的出资额,但导致重复计算的除外。

第2:154条　强制适用双重组织结构

1. 已连续3年在商业登记簿登记第2:153条所称的声明的法人应当适用第2:158条至第2:164条的规定。此期间内错误涂销的声明已被撤销的,该期间不视为中断。

2. 法人不再满足前条第2款的条件而被涂销登记的，仅在涂销3年后法人仍没有义务提交新的声明时，该法人才停止适用第2:158条至第2:164条的规定。

3. 适用本条第1款时，公司章程应当符合第2:158条至第2:164条的规定。

4. 公司在第一次召开股东大会后适用第2:158条至第2:164条或者第2:158条至第2:161条和第2:164条时，其满足第2:153条第3款、第2:154条第2款、第2:155条或者第2:155条之一所称的条件的，董事会应当向股东大会提议，在不适用第2:158条至第2:164条或者第2:158条至第2:161条和第2:164条的情况下，监事任命和免职以及监事会职责和权限的方案，或者提议全部继续适用或者除第162条以外全部继续适用该条款。该决议需要绝对多数的表决通过。不得限制股东大会根据本条通过决议的权限。

5. 董事会最晚应当在本条第4款所称的决议通过后12个月内，向股东大会提交修改章程的方案。股东大会未能审议章程修正案的，经任何下1款所称的有权限的人的申请，阿姆斯特丹上诉法院企业法庭应当审议该章程。此时，参照适用本条第4款的最后2句的规定。

6. 董事会或者监事会为此指定的代理人以及第2:114条之一所称的有提案权的人，有权申请企业法庭审议公司章程。

7. 必要之时，企业法庭应当明确其根据申请作出的裁决的法律效力。企业法庭的书记员应当将该裁决的副本备置于商事登记处。

第2:155条 强制适用双重组织结构的例外一

1. 不同于第2:154条的规定，以下持有不少于已认缴资本半数的公司不适用第2:162条的规定：

(1)多数雇员在荷兰境外工作的法人或者其附属组织。

(2)根据相互合作协议，多个此类法人或者其附属公司。

(3)根据相互合作协议，一个或者多个法人以及一个或者多个适用第2:153条第3款第1项或者第2:263条第3款第1项，或者适用第2:63条之六至第2:63条之十、第2:158条至第2:161条和第2:164条或者第2:268条至第2:271条和第2:274条的法人。

2. 公司雇员与该法人雇员多数在荷兰境内工作的，不适用前款的例外。

3. 适用本条时，法人的雇员包括法人关联公司的雇员。

第2:155条之一 强制适用双重组织结构的例外二

1. 不同于第2:154条的规定，公司有以下情形之一的，不适用第2:162条的规定：

(1)一个自然人持有或者让他人持有全部已认缴的资本，或者两个以上自然人根据相互合作协议持有或者让他人持有全部已认缴的资本；

(2)第2:1条所称的基金会、协会或者法人持有或者让他人持有全部已认缴的资本，或者两个以上此类法人根据相互合作协议持有或者让他人持有全部已认缴的资本。

2.配偶或者登记伴侣视为本条第1款所称的自然人。直系血亲在自然人死亡后6个月内订立相互合作协议的，同样视为本条第1款所称的自然人。

第2:156条　双重组织结构的豁免

经股份公司的申请，司法部长征求社会经济理事会的意见后，可以豁免第2:158条至第2:164条所称的一项或者多项义务；该豁免可以施加限制或者附有要求。司法部长可以修改或者撤销该豁免。

第2:157条　自愿适用双重组织结构

1.股份公司不适用第2:154条规定的，并且其或者其附属组织根据《劳动委员会法》的规定设置了劳动委员会的，其章程可以明确监事的任命和免职以及监事会的职责和权限，参照适用第2:158条至第2:164条的规定。此时，还可以排除适用第2:162条的规定。劳动委员会不再存在或者不再适用《劳动委员会法》的规定的，本条所称的章程规定即失效。

2.股份公司适用第2:155条或者第2:155条之一规定的，可以根据第2:162条规定任命董事和对其免职。

第2:158条　监事会的任命

1.股份公司应当设立监事会。

2.监事会至少由3名成员组成。监事数量少于3人的，监事会应当立即采取措施补足缺额。

3.监事会应当考虑公司性质、业务活动以及监事所需要的专业能力和背景，从而决定监事任职条件、人数和组成。首次确定监事的任职条件后，其后的每次变更都应当经过股东大会和劳动委员会的讨论。

4.除本条第9款的规定外，未在设立公司的公证文书中或者公司适用本条之前任命监事的，监事的候选人由监事会提名、股东大会任命。监事会应当同时将候选人通知给股东大会和劳动委员会。提名候选人应当附理由。在不影响第2:160条适用的前提下，章程不得限制任命的人员的范围。仅在第2:114条所称的召集之前，由劳动委员会及时表达相关意见，监事会才能向股东大会提名候选人。劳动委员会主席或者其指定的成员可以在股东大会中解释其意见。相关主体没有表达其意见的，不影响对于任命的决议的效力。

5.股东大会和劳动委员会可以向监事会推荐和提名监事候选人。监事会应当及时告知必须补足缺额的时间、原因和任职条件。监事会还应当告知股东会和劳动委员会享有本条第 6 款所称的填补空缺的推荐权。

6. 劳动委员会应当按照监事会成员人数的 1/3 提名监事会的候选人,但监事会认为推荐人不适合履行监事职责或者按照推荐任命监事将导致监事会组成不适当而提出异议的除外。监事会成员人数不能被 3 整除的,应当按照最接近被 3 整除的较低数额确定被授权推荐的人数。

7. 监事会对推荐提出异议的,应当告知劳动委员会并载明理由。监事会应当不迟延地与劳动委员会协商,以便对提名达成一致意见。无法与劳动委员会达成一致意见的,监事会为此目的指定的代理人应当向阿姆斯特丹上诉法院企业法庭申请宣告该异议有理由。仅在监事会与劳动委员会协商开始后经过 4 周,代理人才可以提出上述申请。企业法庭宣告异议无理由的,监事会应当将劳动委员会推荐的人员载入候选人名单。企业法庭宣告异议有理由的,劳动委员会可根据本条第 6 款重新推荐人选。

8. 企业法庭应当传唤劳动委员会出庭。不得对企业法庭作出的裁判提起上诉。企业法庭不得对有关法律诉讼的费用作出裁判。

9. 股东大会可以通过不少于已认缴资本 2/3 的有效表决票的绝对多数决议,驳回候选人的提名。股东以绝对多数否定候选人的,但该多数代表的已认缴资本不足 1/3 的,可以重新召集股东大会,并以绝对多数驳回候选人的提名。此时,监事会必须提出新的候选人。参照适用本条第 5 款至第 8 款的规定。股东大会没有任命候选人也未能通过驳回候选人决议的,监事会应当任命候选人为监事。

10. 股东大会有权最多连续 2 年将本条第 5 款的权限授予股东选举出的股东委员会;此情形下,监事会应当向股东委员会通知本条第 5 款所称的事项。股东大会可以随时取消此种授权。

11. 适用本条时,劳动委员会是指公司或者附属组织的企业的劳动委员会。有多个劳动委员会的,各劳动委员会可以单独行使本条的权限;涉及本条第 6 款所称的候选人时,该款的权限由各劳动委员会共同行使。有关企业设置了中央劳动委员会的,本条所称的权利归中央劳动委员会享有。

12. 公司章程可以变更本条第 2 款、第 4 款至第 7 款和第 9 款的规定,但不得变更本条第 9 款前 2 句的规定。股东大会决议修改公司章程之前,其应当取得监事会和劳动委员会的批准。

第 2:159 条 监事空缺时的任命

1. 除第 2:161 条之一所称的理由外,监事职位空缺的,股东大会应当任命监事。

2. 此种情形下,劳动委员会可以向股东大会推荐监事人选。召集股东大会的主体,应当及时通知劳动委员会将在股东大会中审议监事的任命,并载明该监事是否由劳动委员会根据第2:158条第6款推荐任命。

3. 参照适用前条第6款、第7款、第8款、第10款和第11款的规定。

第2:160条　职位的不兼容

以下人员不得同时担任监事:

(1)公司的工作人员;

(2)子公司的工作人员;

(3)定期参与决定本条第1款第1项和第2项所称的人员的劳动条件的董事以及雇员组织(工会)所雇用的人员。

第2:161条　监事的辞职、解雇和停职

1. 监事应当自上次任命至担任监事满4年时离职。公司章程可以将该期限延长到4年期限届满后或者法人可适用本条之日后的第一次股东大会。

2. 监事存在职责疏忽、其他重大事由或者因重大情势变更,不能合理要求法人继续任命其为监事的,经其申请,阿姆斯特丹上诉法院的企业法庭可以此为由解雇该监事。监事会、股东大会或者第2:158条第11款所称的劳动委员会指定的代理人,可以提出前段所称的申请。参照适用第2:158条第10款和第11款。

3. 仅监事会有权中止监事的职务。未能在中止开始后1个月内向企业法庭提出本条第2款所称的申请的,该中止依法自动失效。

第2:161条之一　对监事会不信任

1. 股东大会可以不少于已认缴资本2/3的有效表决票的绝对多数,通过对监事会不信任的决议。该决议应当附理由。对企业法庭根据本条第3款任命的监事,股东大会不得作出该决议。

2. 仅董事会将决议提议和理由通知给劳动委员会后,股东大会才可以通过本条第1款所称的决议。该通知至少应当在股东大会审议之前30日发出。劳动委员会对决议提议表明意见的,董事会应当将该意见告知监事会和股东大会。劳动委员会可以在股东大会中解释其意见。

3. 本条第1款所称的决议可导致全体监事立即被免职。此时,董事会应当不迟延地向阿姆斯特丹法院企业法庭申请及时任命一名或者多名监事。企业法庭应当规定该种任命的法律效力。

4. 监事会应当在企业法庭为此目的指定的期限内,根据第2:158条组成新的监事会。

第2:162条　董事的任命

监事会有权任命公司董事;该权限不得通过任何有约束力的候选人名单予以限

制。监事会应当将其拟任命董事通知给股东大会；在听取股东大会对其拟免职的意见后，才可以免除董事的职务。参照适用第2:158条第11款的规定。

第2:163条　[2004年10月1日废止]

第2:164条　需经监事会批准的决议

1. 有以下情形之一的，董事会决议应当经过监事会的批准：

(1) 发行和取得股份，以及以公司为债务人发行债券，或者公司作为完全责任合伙人的有限合伙企业或者普通合伙企业发行债券的；

(2) 发行公司股份存管凭证方面的合作的；

(3) 申请本条第1项或者第2项所称的证券准入《金融监管法》第1:1条所称的监管市场或者多边交易工具或者非欧盟成员国与监管市场或者多边交易工具类似的系统中上市交易，或者申请撤回此种准入的；

(4) 开始或者终止公司或者附属组织与其他法人或者合伙企业或者有限合伙企业或者普通合伙企业负完全责任的合伙人的长期合作关系，并且该合作关系或者其终止对公司有重大意义的；

(5) 法人或者附属组织对公司参股的，其价值不少于根据法人资产负债表和说明确定的净资产的1/4，以及此种参股的重大增加或者减少的；

(6) 数额等于根据法人资产负债表和说明确定的净资产的1/4的；

(7) 提议修改章程的；

(8) 提议解散公司的；

(9) 申请破产和正式终止付款的；

(10) 同时或者短时间内终止法人或者附属组织相当数量雇员的劳动合同的；

(11) 法人或者附属组织相当数量雇员的劳动环境发生重大变更的；

(12) 建议减少已认缴资本的。

2. 本条第1款所称的决议，未经监事会批准的，不影响董事会或者董事的代表权。

第2:164条之一　非执行董事和执行董事的申请

1. 公司章程可以规定适用第2:129条之一，从而改变第2:158条第1款的规定。有此种规定时，非执行董事参照适用第2:158条第2款至第12款、第2:159条、第2:160条、第2:161条和第2:161条之一关于监事会和监事的规定。

2. 适用第2:129条之一时，非执行董事有权任命公司的执行董事；此种权限不得通过任何有约束力的候选人名单予以限制。参照适用第2:162条第2句和第3句的规定。

3. 适用第2:129条之一第3款时，不包括第2:164条所称的董事会决议。

4. 适用第 2:129 条之一时，第 2:164 条第 1 款所称的决议，应当经过公司非执行董事多数的批准。未经批准的，董事会或者董事的代表权不受影响。

第 2:165 条　[1987 年 4 月 1 日废止]

第七节　股份公司的解散

第 2:166 条　[2020 年 1 月 1 日废止]

第 2:167 条　适用范围

1. 本条适用于其股票或与公司合作发行的存托凭证已被允许在《金融监管法》第 1:1 条所称的监管市场中上市交易的公司。

2. 适用本节时，关联方是指由国际会计准则委员会通过并由欧盟委员会认可的准则所定义的关联方。

3. 一项交易在以下情况下是重要的：

(1) 有关交易的信息是欧洲议会和理事会 2014 年 4 月 16 日发布的《关于市场滥用的第 596/2014 号条例(欧盟)》第 7 条第 1 款所称的内部信息。

(2) 该交易是由公司和一个关联方之间签订的，包括：

①一个或多个单独或共同占已发行股本至少 1/10 的股份持有人；

②公司的董事；

③公司的监事长。

4. 适用第 2:169 条第 1 款至第 4 款时，同一财政年度内与同一关联方达成的非重要交易应当合并计算。

第 2:168 条　评估程序

对于在正常经营过程中按正常市场条件达成的交易，监事会或管理委员会应当建立一个内部程序，定期评估此种条件是否获得满足。

第 2:169 条

1. 公司应当披露与关联方不是在正常业务过程中达成，也不是在达成交易时的正常市场条件下达成的重大交易。

2. 本条第 1 款所称的披露应至少包含以下信息：

(1) 与关联方关系的性质；

(2) 关联方的名称；

(3) 交易的日期；

(4) 交易的价值；

(5) 从公司和非关联股东的角度评估交易是否公平合理所需的其他信息。

3. 适用第2:129条之一时,与关联方不是在正常业务过程中达成的,或不是在正常市场条件下达成的重大交易,应当取得监事会或管理委员会的批准。没有监事会或没有适用第2:129条之一的,该交易应当获得股东大会的批准。

4. 管理委员会成员、监事会成员或股东参与与关联方的交易的,其不得参与表决。参照适用第129条第6款第2句和第3句以及第140条第5款第2句的规定。

5. 本条不适用于以下情形中的交易:

(1)公司与子公司之间;

(2)关于根据第2:135条或第2:145条授予或支付的常务董事和监事的报酬,或其中的某些内容;

(3)第2:398条第7款第2项条所称的信贷机构,根据荷兰银行或欧洲中央银行采取的保障其稳定性的措施而订立;

(4)在同等条件下向所有股东保证所有股东获得平等待遇和公司及其附属企业的利益。

第2:170条　参照适用

公司的子公司与公司的相关方进行重大交易的,参照适用第2:168条和第2:169条第1款、第2款、第5款的规定。

第2:171条　[1992年1月1日废止]

第2:172条　[1992年1月1日废止]

第2:173条　[1992年1月1日废止]

第2:174条　[1992年1月1日废止]

第八节　上诉　[2013年1月1日废止]

第2:174条之一　[2013年1月1日废止]

第五章　有限责任公司

第一节　一般规定

第2:175条　有限责任公司的定义;设立

1. 有限责任公司是指注册资本被划分为一股或者多股可转让股份的法人。所有股份均为记名股份。股东对以公司名义实施的行为不承担个人责任,并且对公司亏损不承担超出基于其股份应缴纳金额的责任。公司或者其子公司之一以外的主体至少持有一股具有表决权的股份。

2. 公司通过一人或者多人以公证文书的方式设立。该文书应当由各发起人和在文书中认购一股或者多股股份的人签署。

第2:176条　荷兰文;书面代理

设立有限责任公司的公证文书应当采用荷兰文表达。授权参与制作该文书的文书(意定代理权),必须采用书面形式。

第2:177条　设立公司的公证文书的内容

1.设立公司的公证文书必须包含有限责任公司的章程。章程应当包含有限责任公司名称、住所和设立目的。

2.公司名称应当以"有限责任公司"字样的全文或者其缩写"B.V."开头或者结尾。

3.公司住所必须位于荷兰境内。

第2:178条　公司章程的内容

1.公司章程应当载明注册资本的数额以及以欧元为单位的股份的数量和面额,该数额和面额最多不超过2位小数点。存在不同类型的股份的,公司章程应当载明每种股份的数量和面额。设立公司的公证文书应当载明已认缴股份的金额以及实缴股份的金额。存在不同类型股份的,已认缴注册资本的金额以及实缴股份的金额应当按种类分别列出。设立公司的公证文书还应当载明设立时认缴股份的主体以及第196条第2款第2项和第3项所称的信息、认缴股份的金额和种类以及实缴金额。

2.实缴资本和已认缴资本及其缴足部分以及股票的面额可以指定为外币。2002年1月1日前成立的有限责任公司,注册资本数额和股份面额可以用荷兰盾表示,该数额和面额最多不超过2位小数点。

第2:178条之一　将金额转换为欧元

公司章程规定将有限责任公司的注册资本数额和股份面额从荷兰盾转换为欧元的,已认缴股份金额和实缴金额应当根据《欧盟条约》第109条之十二第4款确定的汇率转换为欧元,并且该金额最多近似到小数点后2位。每股以欧元计算的近似面额最多可以比原来用荷兰盾表示的面额高或者低15%。第2:178条所称的以欧元为单位的股份面额总和是以欧元计算的注册资本的金额。已认缴股份的金额和实缴金额的总和,是以欧元计算的已认缴资本的金额和实缴金额。公证文书应当载明以欧元为单位的已认缴资本的金额以及实缴金额。

第2:178条之二　以与第2:178条之一不同的方式变更股份面额

公司以不同于第2:178条之一的方式变更股份面额的,该变更应当获得权利受到损害的各组股东的批准。该变更产生金钱或者债权请求权的,其总金额不得超过被变更的股份面额的1/10。

第2:178条之三　荷兰盾的面额和等额欧元

1.有限责任公司章程规定注册资本和股份面额用荷兰盾表示的,公司在交易中可以使用等额的欧元(最多2位小数),但应当指向适用本条的规定。此种等额欧元的使用不具有法律效力。

2.有限责任公司章程规定注册资本和股份面额用荷兰盾表示的,并且在2002年1月1日之后公司章程对用荷兰盾表示的一条或者数条规定进行修改的,章程中所有数额必须转换为欧元。此情形下,应当适用第2:178条之一和第2:178条之二的规定。

第2:179条　[2011年7月1日废止]

第2:180条　商事登记

1.董事有义务将公司登记在商事登记簿上,并将设立公司的公证文书和根据第204条附加的文件的摘要,备置于商事登记簿所在处。

2.除有限责任公司外,董事还应当对其担任董事期间的法律行为承担连带责任。该期间内,公司在向商事登记簿所在处首次申请登记和置备文件、副本和摘要之前受到约束。

第2:181条　有限责任公司转换为其他类型的法人

1.有限责任公司根据第2:18条转换为社团、合作社或者互助保险协会时,各股东应当为成员,但公司提出本条第2款所称的损害赔偿请求的除外。

2.转换的决议适用第2:209条的规定,但有限责任公司变更为股份公司的除外。决议通过后,未同意该决议的股东均有权向公司请求赔偿其股份的损失。股东必须在公司通知其可以请求损害赔偿后,1个月内以书面形式向公司提出该赔偿请求。通知应当采用与召集股东大会相同的方式。

3.当事人无法对损害赔偿达成一致意见的,经一方当事人的申请,许可变更的地方法院或者地方法院的临时保全法官,可以指定1名或者多名独立专家评估确定股东受到的损害。此时,应当适用第2:351条和第2:352条的规定。

第2:182条　[1992年1月1日废止]

第2:183条　其他类型的法人转换为有限责任公司

1.其他类型的法人根据第2:18条转换为有限责任公司的,转换的文书应当附有:

(1)第2:393条第1款所称的会计师出具的意见(审计报告),表明其在变更前5个月内特定日期的公司净资产至少等于已认缴资本的最低资本额;净资产可以是

计入股份中的在该日之后、但最晚应当在转换后不迟延的缴纳的出资价值;

(2)法人有成员的,并且通过法人公积金无法完全缴清成员股份出资的,该成员的书面同意;

(3)法院同意基金会更变的授权书。

2. 社团、合作社或者互助保险协会根据第2:18条转换为有限责任公司的,各成员应当成股东。成员仍可根据第2:36条第4款退出的,此类转换无法进行。

3. 转换后,股东、用益权人和质权人未能在第2:194条所称的登记簿中登记的,不得行使股份所附带的权利。未经上述主体同意的,不得向其发行没有获利权或者没有表决权的股份。已发行股票但未将股票交还给公司之前,上述主体不得为此种登记。

第2:184条 [1994年9月1日废止]

第2:185条 有限责任公司的解散

1. 有限责任公司由于财产不足无法实现其目的时,经检察院的申请,地方法院应当解散该公司;有限责任公司停止实现其设立目的的活动时,经检察院的申请,地方法院也可以解散该公司。检察院拟提出解散申请的,应当通知公司登记的商事登记簿所在的商会。

2. 法院裁判解散公司之前,可以允许公司在其规定的期间内补正瑕疵。

第2:186条 载明名称及其住所和认缴资本和实缴金额

1. 有限责任公司作为当事人发行的所有文书、打印文件或者公告,除电报和广告外,必须清楚地载明公司的完整名称及其住所。

2. 有限责任公司在本条第1款所称的文件中提及资本的,该文件必须载明已认缴资本和实缴金额。

第2:187条 [1988年11月25日废止]

第2:188条 [2014年1月1日废止]

第2:189条 已认缴的注册资本

除章程另有规定外,公司章程所指的股份持有人共同构成公司注册资本的一部分,其中的注册资本指注册资本中已认缴的部分。

第2:189条之一 公司机构

适用第2:195条、第2:206条、第2:210条第6款和第2:239条时,公司机构是指股东大会、特种股份股东会、董事会、监事会以及董事会和监事会的联席会议。

第二节　股　　份

第 2:190 条　股份的定义

股份是根据公司章程划分的注册资本的份额。

第 2:191 条　缴纳已认缴股份的义务

1. 当事人对已认缴的股份必须依法缴纳股份面额的出资。其可以约定在公司提出请求后才需要缴纳未超过认缴面额 3/4 的部分金额。

2. 除第 2:208 条规定的情形外,公司不得全部或者部分免除股东缴纳出资的义务。

3. 股东以及第 2:199 条所称的前股东无权抵销本条对其施加的债务。

第 2:191 条之一　股份的(外币)现金出资

1. 除约定其他类型的出资外,股份的出资必须以现金的方式缴纳。

2. 仅设立公司的公证文书载明允许用外币出资的,出资主体在设立前或者设立时才可以用外币出资;公司设立后,仅经过有限责任公司的同意,出资主体才允许以外币的方式缴纳出资。根据《欧盟条约》第 109 条之十二第 4 款的规定,出资币种统一为欧元的,不视为外币出资。

3. 以外币方式缴纳出资的主体可以在自由兑换为荷兰货币的金额范围内,履行其出资义务。该金额应当按照缴纳出资日的汇率确定;在公司设立前 1 个月之前缴纳出资的,应当按照设立日的汇率确定。

第 2:191 条之二　非货币出资

1. 约定以现金以外的方式出资的,该出资必须根据经济标准进行估价。工作成果或者劳务的请求权不得用于出资。

2. 出资人以现金以外的其他方式出资的,该出资人必须在认缴股份后或者在公司接受其他方式缴纳额外出资或者作出此约定之日后不迟延地履行其出资义务。

第 2:192 条　特定类型股份的义务和要求

1. 关于所有股份或者某种类型(类别)的股份,公司章程可能涉及以下义务或者要求:

(1)明确规定对有限责任公司或者第三方或者相互之间的股东应当履行的某些义务属于股东关系;

(2)附加要求于股东关系;

(3)确定在公司章程规定的情况下,股东有义务转让其股份或者股份的一部分或者提出转让的要约。

第 1 项、第 2 项或者第 3 项提到的义务或者要求,即使在规定的条件或者时间下,也不得违背股东的意愿而强加给股东。

2. 公司章程可以具体规定,本条第 1 款第 1 项、第 2 项或者第 3 项所指的义务或者要求的生效取决于有限责任公司章程中为此目的指定的决议(决定)。

3. 本条第 1 款第 3 项所指的公司章程中的安排必须使得该股东获得由一名或者多名独立专家评估其股份价值的价格。公司章程可以规定一种不同于前段的估价方法。但该估值方法不得违背股东的意愿。

4. 公司章程可以规定股东不遵守公司章程中所载的义务或者不满足该条款中所载的要求,可推迟其表决权获得(取得)的分配权利或者参加股东大会的权利。股东不能行使前段所提到的一项或者多项权利的,并且股东没有义务转让其股份或者要约的,该延期将在股东提出要求的 3 个月后,有限责任公司未能安排股东根据公司章程向其指定候选人转让股份的情形下失效。参照适用本条第 3 款的规定。没有股东能够行使其表决权,该权利即应当推迟。

5. 公司章程可以规定股东在合理时间内未履行本条第 1 款第 3 项所指的义务的,有限责任公司可获得授权并代表相关股东将股份出售给其他人或者将股份转让给其他人;此种授权是不可撤销的。有限责任公司也有权在股东破产期间或者适用于自然人的债务偿还计划期间提出转让要约或者交割股份。没有股东可以根据本条第 1 款第 3 项提出要约或者将股份转让给候选人的,有限责任公司不能获得如前所述授权(授权书),股东将放弃其提出转让要约或者转让其股份的义务以及本条第 4 款所指的延期的权利;该放弃是不可撤销的。

第 2:192 条之一　要求有限责任公司指定其他候选人认购股份

1. 股东不受第 2:192 条第 2 款所称的公司章程规定的义务或者要求的约束,但由于预定的收购方受该义务或者要求的约束,导致其转让其股份是不可能的或者极为困难的,其可以要求有限责任公司指定其他可以根据公司章程中的规定将其股份转让给其的候选人。该指定参照适用第 2:192 条第 3 款的规定。有限责任公司在提出请求后的 3 个月内未指定此类候选人的,该股东可以在该 3 个月期限届满后的 6 个月内转让其股份给他人;此时,获得该股份的一方也不受公司章程规定的义务或者要求的约束。

2. 由于预定的收购方受公司章程规定的估值方法约束,导致股份转让是不可能的或者极其困难的,适用本条第 1 款的规定。

第 2:193 条　清算人和破产管理人的权利

有限责任公司的清算人或者破产时的破产管理人有权请求并收取一切尚未缴

纳的出资。公司章程或者第 2:191 条第 1 款规定不得排除该权利,但在公司宣布破产之日后才规定要支付股份的,出资主体应当在宣布破产之日支付其出资的现金价值。

第 2:194 条　股东名册

1. 股东登记簿应当由有限责任公司的董事会保管。该登记簿应当记载所有记名股东的姓名或者名称、地址,以及取得股份的时间、认可或者送达的时间和每股股份缴纳的金额。该登记簿还应当记载股份的用益权人或者质权人的姓名或者名称、地址,以及取得权利的时间、认可或者送达的时间以及其根据第 2:197 条第 2 款和第 4 款以及第 2:198 条享有股份的权利。

2. 董事会应当定期更新股东登记簿;其应当记载尚未缴足的出资义务及其豁免情况。

3. 股东和其他根据本条第 1 款必须记录在登记册中的人,应当及时向董事会提供记录所需的信息。

4. 董事会经申请应当向股东、用益权人和质权人无偿提供登记簿中与其股权有关的摘录。股份上受到用益权或者质权限制的,该摘录还应当载明其享有的第 2:197条第 2 款和第 4 款以及第 2:198 条所称的权利。

5. 董事会应当将登记簿备置于公司办公地点以供股东以及享有的第 2:197 条第 2 款和第 4 款以及第 2:198 条所称的权利的用益权人和质权人查阅。为满足当地立法或者交易所的规定而在荷兰境外保管的登记簿不适用于前段的规定。任何人都可以查阅登记簿中关于未缴清出资的信息;董事会应当提供该信息的副本和摘录,查阅者仅需支付其成本。

第 2:195 条　股份转让的限制

1. 除公司章程另有规定外,有效的股份转让要求出售其一个或者多个股份的股东,首先按其所持股份的比例向共同股东提出要约。除非公司章程另有规定,对于根据公司章程的安排未附有表决权或者参与利润或者公积金分配的某种类型(类别)的股份持有人,只能通过前句所称的相同类型(类别)提出要约。经股东的要求,股东可获得由一名或者多名独立专家评估确定其股份价值的价格。要约涉及的所有股份并非都以现金购买的,要约人可以自要约确定之日起 3 个月内自由转让其所有股份。

2. 适用本条第 1 款时,根据遗赠进行的转移视为死者进行的转移。

3. 公司章程可能包括在特定时期内排除股票的可转让性的规定。违反公司章程中此类排除规定的转让无效。本款第 1 句所指的公司章程的规定必须获得与可转让性排除有关的所有股份持有人的同意。

4. 公司章程可以不同于本条第 1 款或者第 3 款的方式限制股份的可转让性。违反此种限制进行的转让无效。公司章程的规定必须使转让其股份的股东获得由一名或者多名独立专家评估确定其股份价值的价格。公司章程可以规定不同于上 1 句的估价方法。但该估值方法不得违背股东的意愿。

5. 由于股份转让不能或者极其困难的,可不适用公司章程中关于股份可转让性的规定,但适用本条第 3 款的规定或者公司章程规定股东必须遵守的估值方法除外。

6. 股东依法将其股份转让给前股东的,不适用本条第 1 款和公司章程关于股份可转让性的规定。

7. 处于因丧失抵押品赎回权而被没收财产、破产、自然人的债务偿还计划、遗赠、共有财产被分配或者被质押的情形下,法院可宣布不适用本条第 1 款及公司章程中有关股份全部或者部分可转让性的规定。扣押债权人、破产清算人、利害关系人可以分别通过遗赠、分配或者质押而请求法院作出裁判。法院仅在基于申请人的利益考虑并且他人的利益并未因此而受到不成比例的损害的情况下,或者变更《民事诉讼法典》第 474 条之七第 4 款的情况下才可批准该请求。法院还可以裁判扣留第 2:194 条所称的有限责任公司的股东名册。

第 2:195 条之一　[2012 年 10 月 1 日废止]

第 2:195 条之二　[2012 年 10 月 1 日废止]

第 2:196 条　记名股份的发行和转让以及限制

1. 发行或者转让股份,或者转让此种股份的定限物权之前,当事人应当在 1 名于荷兰有办公地点的公证人面前制作公证文书。有限责任公司设立时发行股份的,无须单独制作发行股份的文书。

2. 发行或者转让股份的公证文书应当载明:

(1)法律行为的依据以及取得股份或者定限物权的方式;

(2)作为公证文书的一方当事人的自然人的姓名、出生日期、出生地点、住所和地址;

(3)与公证文书的一方当事人的法人类型、名称、住所和地址;

(4)与公证文书相关的股份的数量和种类;

(5)与发行股份的法律行为相关的公司名称、住所和地址。

第 2:196 条之一　向公司和第三人转让的效力

1. 根据第 2:196 条第 1 款转让记名股份或者其定限物权的,该转让依法自动对公司产生效力。除非公司是法律行为的当事人,否则该当事人需得到公司的同意或者公证文书根据第2:196条之二的规定送达公司后,或者通过本条第2款所称的在股东登记簿上登记而获得认可后,才可以行使股份中的权利。

2. 公司知道本条第1款所称的法律行为的,并且未同意当事人的申请或者受领公证文书的,可以通过将受让人的股份或者定限物权登记在股东登记簿上,而主动认可该法律行为。公司应当立即以挂号信的方式通知该法律行为的当事人,并请求其提供第2:196条之二第1款所称的副本或者摘录。公司收到上述文件后,应当在文件上以第2:196条之二的认可方式加以注明,作为认可的证据;登记之日即为公司认可的日期。

3. 对于本条第1款所称的法律行为,股东登记簿未对其进行变更登记的,不得对抗公司,也不得对抗认为股东登记簿上登记主体为股东或者定限物权人的善意第三人。

第2:196条之二　认可的形式要件和送达

1. 除第2:196条之一第2款的情形外,公司应当在公证文书中同意或者通过向公司提交的文书的副本或者摘录进行认可。

2. 基于提交的公证文书的副本或者摘录进行认可时,公司应当在交付的文件上加注日期声明。

3. 送达至公司的文书,包括公证文书的副本或者摘录。

第2:196条之三　存管凭证的转让的提交或者送达

交付或者转让附有出席股东大会权利的已发行股份的存管凭证的,参照适用第2:196条之一和第2:196条之二的规定,但此种转让的公证文书的副本必须提交或者送达至第2:196条之二所称的公司。

第2:197条　股份设定用益权的限制

1. 公司章程不得限制或者排除股份设定用益权的权限。

2. 股东持有附带用益权的股份的,不影响其行使表决权。

3. 不同于前款规定,当事人设定用益权时可以规定,根据第2:195条第1款将股份自由转让给用益权人的情形下,由用益权人享有表决权。不能将股份自由转让给用益权人的,仅在设定用益权时规定转移表决权的,并且该规定或者该用益权经章程指定的有权对拟转让股份予以批准的公司机构批准的,或者在章程未指定时经股东大会批准的,用益权人才享有表决权。章程可以变更前1句的规定。对于第4:19条和第4:21条所称的用益权,用益权人也享有表决权,但当事人另有约定或者地方法院分院根据民法典第4:23条第4款另有规定的除外。参照适用第2:196条之一和第2:196条之二所称公证文书的规定。

4. 没有表决权的股东和享有表决权的用益权人,享有法律授予参与公司发行股份存管凭证的权利。没有表决权的用益权人也享有此种权利,但设定用益权时或者公司章程中排除此种权利的除外。

5. 除公司章程另有规定外,股东享有股份中以取得股份为目的的权利,用益权人根据用益权的内容取得此种请求权的,股东必须向用益权人补偿该权利的价值。

第2:198条　股份设定质权的限制

1. 除公司章程另有规定外,股份可以设定质权。

2. 股东持有附带质权的股份的,不影响其行使表决权。

3. 不同于前款规定,当事人设定质权时可以规定,根据第2:195条第1款将股份自由转让给质权人的情形下,由质权人享有表决权。不能将股份自由转让给质权人的,仅在设定质权时规定转移表决权的,并且该规定或者该用益权经章程指定的有权对拟转让股份予以批准的公司机构批准的,或者在章程未指定时经股东大会批准的,质权人才享有表决权。他人取得质权人的权利的情形下,仅在经前1句所称的机构批准的,或者未指定时经股东大会批准的,该他人才享有表决权。

4. 没有表决权的股东和享有表决权的质权人,享有法律授予参与公司发行股份存管凭证的权利。没有表决权的质权人也享有此种权利,但设定质权或者质权移转时或者公司章程中排除此种权利的除外。

5. 质权人转让股份或者质权人取得股份的,应当适用第2:195条和公司章程关于股份转让的规定,但质权人可以享有股东与转让股权有关的一切权利并承担有关的一切义务。

第2:199条　原股东的责任

1. 未缴纳出资的股份转让或者分配后,原股东必须对该未缴纳的出资向有限责任公司承担连带责任。董事会与监事会可以共同采用公证文书或者登记私文书的方式免除原股东的其他责任;在此情形下,原股东在公证文书或者私文书登记后1年内仍负有缴纳出资的责任。

2. 原股东向公司缴纳出资后,即取得公司对后续股东的权利。

第2:200条　[1992年1月1日废止]

第2:201条　股东的平等权利

1. 除公司章程另有规定外,所有股东按照其股份面额比例享有相等的权利和义务。

2. 在相同情况下,有限责任公司必须以相同的方式对待股东或者此类股份存管凭证的持有人。

3. 公司章程可以规定某种类型的股份具有公司章程中关于公司控制权所描述的特殊权利。

第 2:201 条之一　收购小股东的股份

1. 股东为自己对有限责任公司的出资达到该公司已认缴资本的 95% 时，可以向其他所有股东提起诉讼，请求其将股份转让给自己。两个以上关联组织对公司的认缴的资本达到该数额时，并且共同提起将股份转让给他们的诉讼的，同样适用该规定。

2. 阿姆斯特丹上诉法院企业法庭应当对此类转让股权的诉讼作出一审判决。仅能对该判决提起法律审的上诉。

3. 一个或者多个被告未出庭的，法院必须依职权审查原告是否满足本条第 1 款所称的条件。

4. 被补偿的被告仍因转让受到重大物质性损害的，或者一个被告是由章程规定的、涉及公司控制权的某种特殊股份的持有人，或者一个原告对被告放弃提起诉讼的权利的，法院应当驳回所有原告的诉讼请求。

5. 法院认为本条第 1 款至第 4 款不妨碍支持原告的诉讼请求的，可以命令 1 名或者多名专家评估拟转让股份的价值并作出报告。参照适用第 2:350 条第 3 款前 3 句、第 2:351 条和第 2:352 条的规定。法院应当确定股份在其规定日期的转让价格。受让人未能及时支付价款的，转让价格应当自应转让之日起按照法定利息数额附加利息；该期间内，拟转让股份的财产分配应当作为给付价款的一部分。

6. 法院支持诉讼请求的，应当判决受让人对股东或者未来的股东支付规定的价款以及利息，并且股东或者未来的股东应移交没有负担任何权利的股份。关于法律诉讼的费用，法院应当作出其认为适当的裁判。被告未提出抗辩的，无须承担相应的费用。

7. 法院的转让判决最终生效的，受让人应当按照其知道的地址，以书面方式通知应转让股份的股东应付款日期和地点以及价格。除知道所有人地址外，法院还应当在全国性日报上公告该判决。

8. 受让人可以随时将尚未转让的股份的确定价格和利息提存，并告知其知道的质权、用益权和扣押，从而免除本条第 6 款和第 7 款所称的义务。通知后，股份的扣押转变为对给付请求权的扣押。提存后，无负担权利的股份移转给受让人，质权和用益权转变为给付请求权。股份转让给提出合法收购要求的主体后，该股份的股票和息票不再对公司产生任何请求权。此时，受让人应当以本条第 7 款规定的方式告知该提存的情况以及提存时每股的价款。

第 2:202 条　不得发行无记名股份的存管凭证

有限责任公司不得发行无记名股份的存管凭证。违反该规定发行的,权利人不得行使无记名存管凭证在流通中的股份的权利。

第三节　有限责任公司的资本

第 2:203 条　以设立中有限责任公司的名义实施的法律行为

1. 以设立中有限责任公司名义实施的法律行为,仅在公司成立后以明示或者默示的方式认可其效力或者根据本条第 4 款受到约束时,该法律行为才对公司产生法律效力。

2. 以设立中有限责任公司名义实施法律行为的主体,在公司成立后认可该法律行为之前,对该法律行为承担连带责任,但当事人明确作出相反规定的除外。

3. 在公司不履行其认可的法律行为的义务的情形下,以设立中有限责任公司的名义实施法律行为的主体,知道或者应当知道公司可能无法履行义务的,对第三人因此受到的损害承担连带责任;经公司许可而产生的董事责任不受影响。公司在设立后 1 年内宣告破产的,推定知道公司无法履行义务。

4. 发起人仅能在设立的公证文书中规定有限责任公司受到发行股份、接受股份的出资、任命董事、任命监事以及第 2:94 条第 1 款所称的法律行为的约束。发起人未能充分尽到谨慎义务的,参照适用第 2:9 条和第 2:138 条的规定。

第 2:203 条之一　[2012 年 10 月 1 日废止]

第 2:204 条　有限责任公司负担的法律行为

1. 下列法律行为,必须全部纳入公司设立的公证文书中,或者包含在该公司公证文书中的原始文件或者经认证的摘录中:

(1)与认购股份有关,并且对股份公司施加特殊义务的法律行为。

(2)为担保股份公司设立的发起人或者与设立有关的第三人带来利益的法律行为。

(3)以金钱以外方式出资的法律行为。未遵守前 1 句的,该法律行为不对公司产生任何法律效力。

2. 公司设立后,前款所称的法律行为,未经股东大会批准的,仅在章程明确授予董事会权限的情形下,才可以实施。

第 2:204 条之一　有限责任公司设立中出资价值的评估

1. 公司设立时约定以金钱以外的方式出资的,发起人应当制作此种出资的说明书，并载明出资额以及估值方法。该方法必须符合交易中公认的评估标准。该说明应当包括缴纳的出资在不早于设立前6个月的某个日期的状况。该说明还应当由所有发起人签名并附于设立的公证文书之后。

2. 出资人在出资前已经知道在本条第1款所称的日期之后，出资价值会严重降低的，应当制作一份新的说明。

第2:204条之二　有限责任公司设立后出资价值的评估

1. 公司设立后约定以金钱以外的方式缴纳出资的，公司应当根据第2:94条之一第1款制作出资说明书。该说明应当涉及缴纳的出资在不早于认缴股份后或者在对继续出资提出请求或者作出约定之日前6个月的某个日期的状况。该说明还应当经所有的董事签名；一人或者多人未签名的，应当载明原因。

2. 参照适用第2:204条之一第2款的规定。

3. 以其他公司公开发行的股份、股份存管凭证或者可转换为股份或者股份存管凭证的权利或者息票出资的情形下，该有价证券全部或者部分准入《金融监管法》第1:1条所称的监管市场或者多边交易工具中上市交易，或者在非欧盟成员国与监管市场或者多边交易工具类似的系统中上市交易的，不适用本条的规定。

第2:204条之三　[2012年10月1日废止]

第2:205条　公司不得认购自己的股份

有限责任公司不得认购自己公司的股份。

第2:206条　发行新股的权利

1. 有限责任公司设立后，仅能根据股东大会决议发行股份。股东大会可将该权限授予公司的其他机构，也可撤回该授予。

2. 公司授予认股权的，参照适用本条的规定，但对已取得认股权的主体发行股份的，不适用本条的规定。

第2:206条之一　股东的优先认购权

1. 除公司章程另有规定外，任何股东按照其股份数额占全部股份的比例，对新发行的股份享有优先认购权，但不影响以下两款的规定。除公司章程另有规定外，发行的新股以非金钱的方式出资的，股东不享有优先认购权。对于向股份公司或者关联公司的雇员发行的新股，股东也不享有优先认购权。

2. 除公司章程另有规定外，有以下情形之一的，股东对发行的新股不享有优先认购权：

(1)利润分配不超过或者仅在有限的范围内超过面值的特定百分数的；或者

(2)清算时剩余财产分配不超过或者仅在有限的范围内超过面值的。

3. 除公司章程另有规定外,股东对发行的前款第 1 项和第 2 项所称的种类的新股不享有优先认购权。

4. 公司应当在荷兰政府公报和全国性日报上公告拟发行有优先认购权的新股以及行使此种优先认购权的期限,但所有股份都是记名股份并且按照股东提供的地址以书面形式向所有股东通知此事项的除外。

5. 优先认购权可行使的期限,至少应当为通知寄达至股东之后的 4 周。

6. 除公司章程另有规定外,授予第 2 款第 1 项和第 2 项所称的认股权时,股东享有优先认购权;参照适用上述各款。对已取得认股权的主体发行股份的,股东不享有优先认购权。

第 2:207 条　有限责任公司取得自己的股份

1. 有限责任公司取得自己未缴纳出资的股份的,该取得无效。

2. 除无偿取得外,在净资产减去取得支付的价款不低于资本的实缴和已经请求缴纳的部分加上依法或者依章程必须保留的公积金时,或者董事会知道或者有理由预见到收购后的有限责任公司不再能够继续偿还其应收债务时,有限责任公司不能取得自己已经全部缴清出资的股份。

3. 除无偿取得外,在不能继续偿还到期债务和应收债务的情形下,收购时可合理预见到这种结果的主体,对有限责任公司负有连带责任,由于收购产生的赔偿,自收购日起产生法定利息。参照适用第 2:248 条第 5 款的规定。董事能证明该赔偿不可归责于他,而且他并没有疏忽采取措施避免后果的责任的,该董事不承担任何责任。就本条而言,制定公司政策或者共同参与公司政策的主体,视为董事。知道或者有理由预见有限责任公司将不再能够在收购后继续支付其应收债务和可收回债务的股票的转让人,对有限责任公司承担因购买他的股份而产生的赔偿的责任,该最高赔偿额为他所转让的股份的购买价格,并自购买之日起产生法定利息。董事根据第 1 句偿还到期债务的,其他董事应当根据已偿还的部分按比例支付给他。董事和转让人无权抵销本条对其施加的债务。

4. 公司章程可以排除或者限制有限责任公司对其自身股份的收购。

5. 公司通过概括继受取得的股份不适用本条第 1 款至第 4 款的规定。

6. 本条中的股份,包括股份存管凭证。

第 2:207 条之一　非法取得有限责任公司自己的股份的法律效力

1. 有限责任公司违反第 2:207 条第 2 款取得记名股份的,或者违反第 2:207 条第 4 款所称的排除或者限制的,该取得无效。各董事对于善意让与人因此受到的损害,承担连带责任。

2. 公司在变更为股份公司后,无偿取得或者通过概括继受取得本公司股份的,不得在超过3年的期间内与子组织共同持有超过已认缴资本1/10的股份;设有质权的公司股份,应当计算在内。持有的超额股份,在3年期间的最后一日应当移转给董事共同持有。各董事对公司支付的价款以及该日起的法定利息,承担连带责任。给付补偿时,子公司应当将股份转让给给付人。

3. 取得有限责任公司未缴清出资的股份的,并且未在3年内转让或者注销的,应当在3年期间最后一天结束时依法转移给董事共同持有。参照适用本条第2款最后1句的规定。

4. 本条中的股份,包括股份存管凭证。

第2:207条之二　以他人名义而为公司认购或者取得的股份

他人以自己的名义为公司利益认购或者取得本公司的股份或者此类股份存管凭证的,视为自己认购或者取得。

第2:207条之三　[2012年10月1日废止]

第2:207条之四　子公司取得公司的股份

1. 子公司不得为自己认购或者促使认购有限责任公司的股份。除无偿取得外,仅在有限责任公司的董事会已批准的情形下,子公司才能以自己的名义收购或者促使收购该股份。违反前1句的收购无效。董事会批准的决议(决定)参照适用第2:207条第2款的规定。董事对子公司负有连带责任的,参照适用第2:207款第3款的规定。

2. 法人成为附属公司后或者取得附属公司在有限责任公司中的股份后,与该有限责任公司及其后其他子公司一起持有有限责任公司的股份,持有最少的股份的公司应当在收购后成为子公司,并且依法转给董事共同持有。董事缺席的,应当以抽签方式分配有表决权的股份。每位董事在子公司成为子公司时或者在收购时对子公司支付的股份价值承担连带责任,并自此计算法定利息。

3. 本条中的股份,包括股份存管凭证。

第2:208条　减少有限责任公司的资本

1. 股东大会可以决议通过注销股份或者通过变更章程减少股份面额,从而减少已认缴的资本。决议必须规定决议涉及的股份以及决议执行的具体方法。

2. 注销股份的决议,仅能涉及公司自己持有的股份或者此类股份存管凭证,或者公司章程规定可以通过返还款项而注销的种类的股份,或者公司章程规定抽签选中的股份可以通过返还款项而注销的种类的被抽中股份。

3. 不返还款项和免除出资义务而减少已认缴资本的,同种股份中的所有股份必须按比例进行。经所有股东的同意,可改变此种按比例的要求。

4. 仅在执行减少已认缴资本的决议时,出资人才可以部分返还款项或者免除其出资义务。此种返还款项或者免除出资义务必须对所有股份按比例进行,但公司章程规定返还或者免除可以只对特定种类的股份进行的除外;对该种股份也应当按照比例进行。经所有股东的同意,可改变此种按比例的要求。

5. 召集审议本条所称的决议的股东大会时,应当载明减少已认缴资本的目的和执行方式。参照适用第2:233条第2款、第3款和第4款的规定。

6. 支付股份以减少已认缴资本的决议适用第2:216条第2款至第4款的规定。仅净资产(资产总额减去负债)超过依法或者依章程必须保留的公积金时,公司才可偿还或者免除本条所指的支付股份义务。

第2:209条　[2012年10月1日废止]

第2:210条　年度财务会计报告和年度报告

1. 每年在公司会计年度终止后5个月内,董事会应当将年度财务会计报告备置于公司办公地点以供股东查阅,基于特殊情况,股东大会可以延长该期限,但最多延长6个月。公司发行的有价证券在《金融监管法》所称的监管市场上市交易的,该期间为4个月。该期间不得延长。该期间内,董事会也可以提供年度报告以供股东查阅,但公司适用第2:396条第7款或者第2:403条规定的除外。公司董事会适用第2:268条至第2:271条和第2:274条规定的,应当同时将年度财务会计报告送交第2:158条第11款所称的劳动委员会。

2. 年度财务会计报告应当经所有的董事和监事签名;一人或者多人未签名的,应当载明原因。

3. 年度财务会计报告应当由股东大会审议。年度财务会计报告的审议,不免除董事或者监事的责任。

4. 公司章程不得规定审议年度财务会计报告的决议由公司机构或者第三人批准。

5. 股东均为公司董事的,并且其他有权出席股东大会的人知悉年度财务会计报告并同意采用第2:238条第1款所称的方式的,由各董事和监事签署的年度财务会计报告也应当进行本条第3款所称的审议。在改变本条第3款的情况下,该审议还可以免除董事和监事的职务。公司章程可以排除采用本款第1句所指的方式。

6. 公司章程不能包含任何对年度财务会计报告或者其中的项目设定要求或者提出有约束力建议的规定。

7. 公司章程可以规定股东大会以外的机构有权规定会计年度的利润予以保留

的部分或者亏损填补方式。

8. 经申请,经济部长可以基于重要理由豁免制作、提供和审议年度财务会计报告的义务。公司的有价证券在《金融监管法》所称的监管市场中上市交易的,不得豁免制作年度财务会计报告的义务。

第 2:211 条　[1984 年 1 月 1 日废止]

第 2:212 条　公司年度报表的查阅

1. 股份公司应当确保,在召集大会审议年度财务会计报告前,已经将年度财务会计报告、年度报告和第 2:392 条第 1 款所称的附加信息置于其办公地点以供查阅。股东或者经公司合作发行的此类股份存管凭证的持有人,可以查阅该文件并无偿取得其副本。

2. 公司发行无记名股份、无记名股份存管凭证或者无记名债券的,并且该文件经审议后必须公开的,任何人都可以查阅该文件并取得其副本,并最多应当支付制作副本的成本。该文件备置于商事登记处的,此种权利即消灭。

第 2:213 条　[1984 年 1 月 1 日废止]

第 2:214 条　[1984 年 1 月 1 日废止]

第 2:215 条　以法定公积金弥补亏损

仅在法律允许时,才可以用法定公积金弥补亏损。

第 2:216 条　利润分配

1. 股东大会有权分配通过年度财务会计报告确定的利润,并通过采用法定的方式分配利润,以使有限责任公司的净资产(总资产和负债)超过依法或者依公司章程必须保留的公积金。公司章程可以限制股东大会享有的第 1 句所称的权利,也可以将其授予有限责任公司的其他机构。

2. 董事会未批准分配决议的,该决议无效。董事会仅在知道或者有合理理由预见有限责任公司不能再继续偿还其应收和可收回债务时,才能拒绝批准该决议。

3. 不能继续偿还到期债务和应收债务的情形下,收购时可合理地应当预见到这种结果的主体,对有限责任公司负有连带责任,由于收购而产生的赔偿,自收购日起产生法定利息。参照适用第 2:248 条第 5 款的规定。董事能证明该赔偿不可归责于他,而且他并没有疏忽采取措施避免后果的责任的,该董事不承担任何责任。知道或者应当有理由预见有限责任公司将不再能够在收购后继续支付其应收债务和可收回债务的股票的转让人,对有限责任公司承担因购买他的股份而产生的赔偿的责任,该最高赔偿额为他所转让的股份的购买价格,并自购买之日起产生法定利息。董事根据第 1 句偿还到期债务的,其他董事应当根据已偿还的部分按比例支付给他。董事和转让人无权抵销本条对其施加的债务。

4. 适用本条第 3 款时,单独决定或者与董事共同决定公司管理的人,视为董事。不得对法院指定的管理人提起本条所称的诉讼。

5. 计算利润分配时,公司应当考虑自己持有的股份,但公司章程另有规定的除外。

6. 计算向各股份分配的利润数额时,公司应当考虑股份名义数额中有义务出资的部分,但公司章程另有规定的除外。

7. 公司章程可以规定某种类型的股票不包含或者以有限的方式包括公司的利润或者公积金。

8. 对于本条第 6 款或者第 7 款所指的公司章程中的安排,在因修改公司章程而损害股票持有人的情形下,需要取得该持有人的批准。

9. 公司章程可规定股东请求权的诉讼时效长于 5 年,并且在更长时间后消灭。此情况下,存管凭证持有人对发行该存管凭证的股份的股东提出的索偿,参照适用公司章程中的此类规定。

10. 公司章程可以规定持有特定种类股份的股东应得的利润,也可以全部或者部分为其利益保留利润。

11. 有限责任公司的股份制分配或者未缴股份的债权均不适用本条第 3 款的规定。

第四节　股 东 大 会

第 2:217 条　股东大会的权利

1. 在法律和公司章程规定的权限范围内,股东大会享有不属于董事会或者公司其他机构的权利。

2. 董事会和监事会应当向股东大会提供其要求的一切信息,但违背公司重大利益的除外。

第 2:218 条　年度股东大会

有限责任公司每年至少应当召开一次股东大会,或者根据第 2:210 条第 5 款或者第 2:238 条第 1 款至少召开一次。

第 2:219 条　召集股东大会

董事会和监事会有权召集股东大会;公司章程可以授权其他主体召集股东大会。

第 2:220 条　股东申请召集股东大会的权利

1. 1 名或者多名已认缴资本 1/10 或者公司章程规定的更低数额的股东,可以书面申请董事会和监事会召集股东大会;申请书必须详细载明提请审议的事项。除基于有限责任公司的重大利益提出反对外,享有该权利的董事会和监事会,应当采取必要措施以便在其申请后4周内召开股东大会。章程可以规定减少被请求的资本部分,并且缩短必须召开股东大会的期限。

2. 适用本条时,股份存管凭证持有人与有权参加股东大会的其他人视为股东。

3. 除公司章程另有规定外,采用电子方式的召集也需满足本条第1款所称的书面申请的要求。

第2:221条　取得法院授权的形式要求

1. 在听取股份公司意见或者传唤其出庭后,并且申请人简要地证明其满足前条的要求并且对召集股东大会有正当利益,地方法院的临时保全法官应当批准前条所称的申请。地方法院的保全法官应当确定召集股东大会的形式程序或者期限。它还应当指定1名负责主持股东大会的人。

2. 根据本条第1款召集股东大会时,召集通知中应当载明该会议是通过法院裁决授权进行的。采用此种方式进行的召集,即使被证明授权违法,仍具有法律效力。

3. 除向最高法院提起法律审的上诉外,不得对法院的裁决提起其他上诉。

第2:222条　个别股东召集股东大会的权利

根据第2:219条或者公司章程授权召集股东大会的主体未能召开第2:218条或者第2:108条之一或者公司章程所称的股东大会的,任何股东经地方法院的临时保全法官的授权,均可以召集股东大会。参照适用第2:220条第2款和第2:221条的规定。

第2:223条　召集的形式

1. 召集人应当按照第2:194条所称的股东登记簿上记载的地址向股东和有权出席股东大会的其他人寄送召集信,召集其参加股东大会。

2. 除公司章程另有规定外,经记名股东和有权出席股东大会的其他人的同意,召集可以采用电子方式进行,包括向其为此告知的地址,并寄送可阅读和可复制的通知。

第2:224条　召集的内容

1. 召集通知在召集股东大会时应当载明有待审议的事项。

2. 除所有已认缴资本股东一致同意并且董事和监事有机会提出建议外,对于未在召集通知或者以相同方式并遵守召集期限作出的公告中载明的审议事项,股东大会不得通过有法律效力的决议。

3. 依法或者依章程必须对股东大会作出通知的,可以附载于召集通知上,也可以附载于召集通知提及的备置于公司办公地点的通知文件中。

第 2:224 条之一　申请在股东大会上审议事项的股东权利

1. 1 名或者多名单独或者共同代表公司已认缴资本 1/100 的股东申请股东大会审议某事项的,并且公司不迟于股东大会之前 30 日收到附理由的申请或者决议草案的,该事项必须附载在召集通知或者以相同方式作出的公告中。公司章程可以降低已认缴资本的要求,或者缩短提出申请的期限。

2. 适用本条时,经公司合作发行的股份存管凭证持有人视为股东。

3. 除公司章程另有规定外,采用电子方式的申请也需满足本条第 1 款所称的书面申请的要求。

第 2:225 条　召集通知的最短期限

除第 2:111 条第 2 款和第 3 款规定的情形外,召集通知应当不迟于股东大会召开前第 8 日发出。该期限过短或者没有发出召集通知的,股东大会不得通过任何有法律效力的决议,但取得所有已认缴资本股东一致同意并且董事和监事有机会提出建议的除外。

第 2:226 条　股东大会召开的地点

1. 股东大会可在公司章程中为此目的载明召开的地方,或者在有限责任公司为其住所(所在地)的市镇举行。公司章程中载明的地点可能是荷兰境外的地点。

2. 有限责任公司成立后在荷兰境外召开股东大会的,其为此目的提出的旨在修改公司章程的决议只能在代表全部已发行股本的股东均出席股东大会上以多数表决的方式进行,并且仅在所有有权出席股东大会的人均同意修改公司章程的范围内进行修改。

3. 有权出席该大会的人均同意举行该大会的地点的,并且董事和监事在作出决策之前有机会提供建议的,股东大会可在原本应当举行的地方举行。

第 2:227 条　股东大会上股东的权利

1. 任何股东都有权亲自或者通过书面方式授权意定代理人代表其出席股东大会,并在股东大会中发言和行使表决权。

2. 附有出席大会权利的股份存管凭证持有人享有出席股东大会的权利,并且股东因股份设立用益权或者质权而不享有表决权的,由用益权人和质权人享有表决权。不享有表决权的用益权人和质权人,但公司章程有规定并且设立用益权或者质权未有其他规定的,有权参加股东大会。公司章程可以具体规定,附加或者撤回公司为此目的成立而发行的股份存管凭证中附带出席会议的权利。

3. 股东有权亲自或者以书面方式授权意定代理人行使表决权。

4. 公司章程安排授予股份发行的存管凭证持有人出席大会的,仅在取得有关存管凭证持有人同意的情况下,才可修改授予出席大会的权利,但公司章程明确保留该权利的除外。股份的用益权人和质权人参照适用前1句的规定。

5. 公司章程可以限制代表股东出席股东大会的权利。但章程不得排除股东授权律师、公证人、候选公证人、注册会计师、财务会计顾问代表的权利。

6. 公司章程可以规定股东不履行法律或者章程规定的义务的,也无权参加股东大会。公司章程规定股东必须在股东大会前交付其保管股票的,应当在召集股东大会时载明交付地点和最晚交付的时间。该日期不得早于股东大会召开前第3日。

7. 董事和监事可在股东大会上行使建议权。

8. 以电子形式授予的意定代理权,应当符合以书面方式授予意定代理权的要求。

第2:227条之一　通过电子通信手段参加股东大会

1. 公司章程可以规定任何股东都有权亲自或者以书面方式授权意定代理人代表其通过电子通信手段出席股东大会,并在股东大会中发言和行使表决权。

2. 适用本条第1款时,股东大会应当对通过电子通信手段表决的人的身份进行确认,经确认后,该表决权人可以直接参加股东大会讨论并直接行使表决权。章程也可以规定通过电子通信手段参加会议的表决权人有权参与决议。

3. 公司章程或者根据章程制定的细则可以规定使用电子通信手段的条件,但该条件应当是为确认股东身份和通信的可信与安全合理所必须的条件。召集主体应当在召集时告知股东该条件。

4. 经公司合作发行的股份存管凭证持有人参照适用本条第1款至第3款的规定。

5. 以电子形式授予的意定代理权,应当符合以书面方式授予意定代理权的要求。

第2:227条之二　股东大会召开前以电子方式行使表决权

公司章程可以规定通过电子通信手段在股东大会召开之前的表决,视为在股东大会中的表决,但该表决不得早于股东大会召开前30日。

第2:228条　股东大会上的表决权;投票数

1. 仅股东享有表决权。各股东至少享有1票的表决权。公司章程可以规定股东不履行法律或者章程规定的义务的,也无权行使表决权。

2. 注册资本被划分为等额股份的,各股东表决权票数等于其持有的股份数量。

3. 注册资本被划分为不同面额的股份的,各股东表决权票数等于其持有的股份面额总和相对于最小股份面额的倍数;不足1票的表决权不予考虑。

4. 公司章程可以其他方式变更本条第2款和第3款的规定。股东大会所有的决议应当适用公司章程的安排。修改公司章程中有关表决权变更的决议只能在代表全部已认缴资本的股东大会上以多数票表决通过。

5. 公司章程可以变更本条第1款至第4款的规定,即规定股东不享有股东大会的表决权。该规定仅能针对某种类型的股份,或者表明所有股东已同意章程的安排,或者在认缴股份之前公司章程已作出此种安排。该股东持有的股份在公司章程中应当称为无表决权的股份。无表决权的股份无权参与公司利润或者公积金分配的,章程不得根据第2:216条第7款作出具体的安排。

6. 公司或者其子公司持有股份的,在股东大会上不享有表决权;其持有的此类股份存管凭证同样不享有表决权。在股份归属公司或者其子公司之前设立用益权或者质权的,不得排除公司或者其子公司的股份的用益权人和质权人的表决权。公司或者其子公司享有设立用益权或者质权的股份的,不得行使表决权。

第2:229条　[1992年1月1日废止]

第2:230条　多数投票;法定人数

1. 法律或者公司章程没有规定更高多数的,决议的表决通过需要取得有效表决票绝对多数的投票。选举人员中票数相等的,该表决应当通过抽签的方式决定;其他表决中票数相等的,该表决应当视为不通过;法律或者章程规定其他解决方案的,不适用上述规定。该解决方案可以是委托第三人投票表决。

2. 除法律或者公司章程另有规定外,决议的有效性不取决于股东大会中代表的资本份额。

3. 公司章程规定决议的有效性取决于股东大会中代表和未代表资本份额的,除公司章程另有规定外,可以重新召集股东大会。此时决议的通过不取决于股东大会中代表的资本份额。重新召集股东大会时,召集通知必须载明决议的通过不取决于股东大会中代表的资本份额及其原因。

4. 公司董事会应当记录通过的决议。该记录应当备置于公司办公地点以供股东和经公司合作发行的此类股份存管凭证持有人查阅。这些股东和此类股份存管凭证持有人有权请求提供记录的副本或者摘录,并最多支付制作成本。

第2:231条　公司章程的修改

1. 股东大会有权修改公司章程;在公司章程排除其修改权限的情形下,经所有已认缴资本股东的一致同意,股东大会仍有权修改公司章程。

2. 公司章程限制其中一条或者多条修改章程权限的规定时,股东大会仅能在遵守该限制的情形下修改公司章程。

3. 公司章程排除其中一条或者多条修改章程权限的规定时，股东大会仅在取得所有已认缴资本股东的一致同意后，才能修改公司章程。

4. 修改公司章程的决议损害某种特殊类型的股份持有人的权利的，该决议应当取得该组股东的批准授权，但章程明确保留修改的权利的除外。法律规定的授权同意的条件不受影响。

第 2:231 条之一　转换特定金额的荷兰盾为欧元的决议

1. 根据第 2:178 条之一的规定增加股份面额和注册资本的决议，需要绝对多数表决通过。有效表决票代表的已认缴资本不足半数的，关于减少股份面额和注册资本的决议，需要不少于 2/3 多数的有效表决票通过。存在不同种类股份的情形下，增加或者减少股份面额和注册资本的决议，应当事先或者同时取得由于变更而受到损害的各组股东的批准。

2. 适用前款规定时，特定种类的股份应当包括不同面值的股份。

第 2:232 条　公司章程修正案和保护第三人

公司章程修正案规定授予公司股东以外的人权利的，在未取得其同意的情况下，该修改不能损害该他人的权利；但授予权利明确保留了修改该规定的权限的除外。

第 2:233 条　修改公司章程提议的公告

1. 申请人向股东大会提议修改公司章程的，其必须在召集股东大会的通知中载明。

2. 召集股东大会修改公司章程的主体，在股东大会结束前，必须同时将提议的副本备置于公司办公地点以供股东查阅。参照适用第 2:224 条第 2 款的规定。

3. 自备置之日到股东大会结束的期间，股东有权取得前款所称的提议副本。股份公司应当无偿提供该副本。

4. 经公司合作发行的股份存管凭证持有人参照适用本条关于股东的规定。

第 2:234 条　公司章程修正案的公证文书

1. 公司章程的修改应当制作成公证文书，否则该修改无效。文书应当用荷兰文表达。

2. 该文书可由同意修改的股东大会的公证记录制成，或者事后制作成公证文书。未经股东大会的授权，董事会也可协助制作公证文书。

3. 公司的注册股本已变更的，公证文书必须注明已认缴部分的出资。

第 2:235 条　[2011 年 7 月 1 日废止]

第 2:236 条　公司章程修改备置于商事登记处

董事会必须将公司章程修正案以及公证文书的副本和修改后的公司章程备置于商事登记处。

第 2:237 条　破产时公司章程的修改

有限责任公司处于破产程序中的,未经破产管理人的同意,股东大会不得修改公司章程。

第 2:238 条　在股东大会外通过的决议

1. 公司章程可以规定股东可以通过股东大会之外的方式作出决议,除公司章程另有规定外,表决也可以采用电子通信的方式。

2. 在股东大会外通过的决议,应当以书面形式进行表决。决议以书面或者电子方式记录的,应当载明各股东的投票方式。该决议必须满足以书面形式表决的要求。除公司章程另有规定外,表决也可以采用电子通信的方式。决议通过之前,董事和监事均可提出意见。

第五节　有限责任公司的董事会和对董事会的监督

第 2:239 条　董事会的职责和权利

1. 除公司章程的限制外,有限责任公司应当由董事会负责治理。

2. 公司章程可以指定特定姓名或者职位的董事拥有超过 1 票的表决权。一名董事的表决权不得超过其他董事表决权的总和。

3. 仅公司章程或者根据章程制定的细则可以规定,董事会决议需取得公司其他机构的批准。

4. 公司章程可以规定董事会应当遵守其他公司机构关于章程规定的领域应当遵循的一般性管理的指示。

5. 董事履行职责时应当注意保护公司及其相关企业的利益。

6. 董事的直接或者间接的个人利益与本条第 5 款所称的利益相违背的,其不得参加审议和决策。董事会无法通过决议的,该决议应当由监事会表决通过。在没有监事会的情况下,除非公司章程另有规定,否则该决议应当由股东大会表决通过。

第 2:239 条之一　非执行董事与执行董事的划分

1. 公司章程可以明确规定董事会按照职责分为一名或者多名执行董事和 1 名或者多名非执行董事。前款所称的职责划分不得剥夺非执行董事对董事履行职责的监督职责。执行董事不得担任董事会主席、提出董事候选人和确定执行董事的报酬。非执行董事应当为自然人。

2. 股东大会未能安排任务的，执行董事不得参与关于确定执行董事薪酬并将审计财务报表交由《审计监督法》第27条所称的外部审计师进行审议的决策。

3. 公司章程或者根据章程制定的细则可以规定由1名或者多名董事表决通过对其所属的职责的决议。根据章程制定的此种具体规定，必须采用书面形式。

第2:240条　代表权

1. 除法律另有规定外，董事会有权代表公司。

2. 各董事也可单独代表公司，但公司章程规定在董事会之外只有1名或者多名董事享有代表权的除外。公司章程还可以规定公司的1名董事只有经另1名或者多名董事合作才能代表公司。

3. 除法律另有规定外，董事会或者董事享有的代表权无限制且无条件。仅公司可以主张法律允许或者规定的对代表权的限制或者条件。

4. 公司章程也可以授予董事以外的其他主体代表权。

第2:241条　公司与董事的劳动合同的管辖权

关于有限责任公司与董事之间劳动合同的诉讼，包括第2:248条所称的金额不确定或者超过25,000欧元的诉讼，由公司住所所在地的地方法院管辖。关于本条第1句所称的合同，当事人提出第7:685条所称的申请的，同样由该地方法院管辖。地方法院分院不得审理和裁判本条第1句和第2句所称的事项。

第2:242条　董事的任命

1. 首任董事由设立公司的公证文书任命，继任的董事由股东大会任命。适用第2:239条之一时，股东大会应当决定任命董事为执行董事或者非执行董事。根据第2:272条规定由监事会任命的情形下，不适用前两句的规定。

2. 公司章程可以通过限定董事必须满足的要求，从而限制任命为董事的人员的范围。股东大会可以决议改变章程规定的要求。

第2:242条之一　不得被任命为董事的主体

1. 以下人员不得被任命为有限责任公司的董事：

(1)担任两个以上的法人的监事或者非执行董事；

(2)担任法人的监事会主席，或者在董事职务分为执行董事和非执行董事的情况下的法人的董事会主席。

2. 适用本条时：

(1)公司章程或者根据章程设置的法人监督机构的成员视为监事。

(2)集团中彼此联系的各种法人的任命视为一项任命。

(3)所指的法人是:在两个连续的资产负债表日,以及随后没有中断的两个连续的资产负债表日,未满足第2:397条第1款和第2款所指的至少两项要求的股份公司和有限责任公司,以及第2:297条之一第1款所称的基金会。

(4)董事的任务分为执行董事和非执行董事的,执行董事在本条第1款中等同于董事。

(5)第2:249条之一第2款第3项或者第2:356条所称的临时任命不视为任命。

(6)枢密院令根据《退休金法》第105条之一和《强制性职业退休金计划法》第110条之一规定所称的监事会成员或者非执行董事的任命,应当以符合枢密院令标准化的方式进行。

3. 任命按照前款规定无效的,不影响参加的决策(通过决议)的有效性。

第2:243条　可能被任命为董事的候选人提名

1. 公司章程可以规定股东大会应当从提名的候选人中任命董事。

2. 但股东大会可以通过有效表决票代表已认缴资本的数额超过半数的2/3多数决议取消此种候选人名单的约束力。

3. 在任选名单仅提及1名应当填补空缺的候选人的情形下,有关提名的决议应当具有任命该候选人的效力,除非该提名具有约束力。

4. 董事由监事会任命的,不适用上述各款的规定。

5. 由某种特别类型的股份持有人通过的任命决议,参照适用本条第1款、第2款和第3款的规定。

第2:244条　董事的停职和罢免

1. 有权任命董事的机构可以随时中止或者免除任何董事的职务。公司章程可以规定由公司的另一机构罢免董事,但监事会根据第2:272条任命董事的除外。适用第2:239条之一时,董事会随时有权罢免董事。

2. 公司章程规定停职或者罢免仅能通过代表特定数额资本的股东以特定多数决议进行的,并且有效表决票代表已认缴资本的数额超过半数的,该特定的多数不得超过2/3。

3. 法院不得以裁判恢复股份公司和董事之间的劳动合同。

4. 公司章程必须规定在没有董事任职或者履行其职责有障碍的情况下,临时管理(管理)公司的方式。

第2:245条　董事的薪酬规则

1. 公司必须制定有关董事薪酬的规则。该规则由股东大会确定。

2. 第 2:415 条所称的银行,如采取有限责任公司形式的,参照适用第 2:135 条的规定。

第 2:246 条　申请有限责任公司破产

除公司章程另有规定外,未经股东大会的指示,董事会无权申请宣告公司破产。

第 2:247 条　公司与唯一股东之间实施的法律行为的书面记录

1. 公司与持有全部股份的股东或者全部股份属婚姻或者登记伴侣共有财产的所有人实施的法律行为的,并且公司由该股东或者配偶或者登记伴侣一方代表的,该法律行为应当采用书面形式。适用本条前 1 句时,公司或者子公司持有的股份不计算在内。没有遵守本条第 1 句规定的,当事人可以为公司的利益撤销该法律行为。

2. 法律行为根据规定属于公司通常经营活动的,不适用本条第 1 款的规定。

第 2:248 条　有限责任公司破产时,董事的责任

1. 有限责任公司破产时,董事会存在明显不适当地履行其职责的情形的,并且这明显是造成破产的主要原因的,各董事对不能通过清算得到清偿的部分,承担连带责任。

2. 董事会未能履行第 2:10 条或者第 2:394 条所称的义务,即为不适当履行其职责并且推定该不适当履行职责是造成破产的主要原因。公司是普通合伙企业或者有限合伙企业负完全责任的合伙人的,并且未能履行第 3:15 条之九所称的义务的,同样适用上述规定。轻微违反义务的情形不适用本款的规定。

3. 董事能证明其不适当履行职责不可归责于他的,并且他没有怠于采取措施避免结果发生的,不承担责任。

4. 考虑到董事会不适当履行职责的性质和严重程度、破产的其他原因以及清算方式,法院认为董事承担的责任数额过高的,可酌情减少其责任额度。考虑到董事在不适当履行职责期间的任职时间,法院认为董事承担的责任数额过高,也可酌情减少其责任额度。

5. 不能清偿债务的数额未知的,法院可以决定是否根据本条第 4 款,规定董事个人应清偿的部分,并裁判根据《民事诉讼法典》第二编第六章的规定制作财产清单。

6. 仅在公司破产前 3 年内的不适当履行职责的情形下,当事人才可根据本条对一名或者多名董事提起法律诉讼。董事已经被免责的,当事人也可提起前段所称的诉讼。

7. 适用本条时,与董事一样决定或者共同决定公司管理的人,视为董事。不得对法院指定的管理人提起本条所称的诉讼。

8. 本条不影响破产管理人根据公司与董事之间的合同或者第 2:9 条提起法律诉讼进行索赔的权利。

9. 董事根据本条负有责任但不能承担其债务的,并且董事实施本无义务实施的法律行为而导致公司清偿能力降低的,在该法律行为明显完全或者几乎完全以降低清偿能力为目的的情形下,破产管理人可以为破产财产利益在诉讼外撤销该法律行为。参照适用第 3:45 条第 4 款和第 5 款的规定。

10. 参照适用第 2:138 条第 10 款的规定。

第 2:249 条　董事作出误导性年度财务会计报告和数据的责任

公司的财务状况在年度财务会计报告或者中期报告,或者年度报告中被错误地陈述的,董事对第三人因此受到的损害应当承担连带责任。董事能证明不可归责于他的,不承担责任。

第 2:250 条　监事会

1. 除非可适用第 2:239 条之一的规定,公司章程应当规定设立监事会。监事会应当由 1 个或者多个自然人组成。

2. 监事会对董事会的管理以及公司和附属企业的一般事务,承担监督职责。它应当向董事会提出建议。监事应当以公司及所属企业的利益为导向履行其职责。

3. 公司章程可以设置监事会及监事职责的其他补充规定。

4. 公司章程可以指定特定名字或者职位的监事拥有超过 1 票的表决权。1 名监事的表决权不得超过其他监事表决权的总和。

5. 监事的直接或者间接的个人利益与本条第 2 款所称的利益相违背的,其不得参与审议和决策。此时,监事会无法表决通过决议,该决议应当由股东大会表决通过,但公司章程另有规定的除外。

第 2:251 条　董事会通知监事会的义务

1. 董事会应当及时向监事会提供其履行职责所需的信息。

2. 关于公司管理策略的主要方面、一般和财务风险以及公司行政和审计制度,董事会应当每年至少以书面形式向监事会报告一次。

第 2:252 条　监事的任命

1. 监事非由设立公司的公证文书任命的,应当由股东大会任命,或者某种特别类型的股份的表决会议,应当至少有一名监事参与决策。前 1 句所称的公司章程的安排参照适用第 2:228 条第 4 款第 3 句的规定。任命是根据第 2:268 条进行的,不适用本款第 1 句的规定。公司章程可以规定设置监事必须满足的要求,从而限制任命为董事的人员的范围。股东大会可以决议改变章程规定的要求。

2. 参照适用第2:243条第1款和第2款的规定,股东大会已任命监事长(监事会成员),或者公司章程有此规定的,股东大会应当确定某种类型(类别)或者指示的份额。

3. 推荐监事或者提名监事候选人时,应当载明其年龄、职业、已持有的公司股份以及其具有或者曾具有的与履行监事职责有重要关系的因素;还应当载明其已经担任监事的法人;其中法人属于同一个集团,载明集团即可。推荐和提名任命或者连任的候选人的,应当说明理由。对于连任的候选人,应当考虑其履行监事职责的情况。

4. 公司章程必须包含1名或者多名监事缺席或者未能履行职责的情况下临时履行职务和权利的方式。公司章程还可以规定未能履行职责的情况。

第2:252条之一　不能被任命为监事的主体

1. 以下人员不得被任命为有限责任公司的监事:在两个连续的资产负债表日,以及随后没有中断的两个连续的资产负债表日,未满足第2:397条第1款和第2款所指的至少两项要求的,或者为5个以上法人的监事或者非执行董事。担任监事会主席或者在董事职务分为执行董事和非执行董事的情况下,董事会主体应当加倍计算。

2. 适用本条时:

(1)公司章程或者根据章程设置的法人监督机构的成员视为监事。

(2)集团中彼此联系的各种法人的任命视为一项任命。

(3)所指的法人是:在两个连续的资产负债表日,以及随后没有中断的两个连续的资产负债表日,未满足第2:397条第1款和第2款所指的至少两项要求的股份公司和有限责任公司,以及第2:297条之一第1款所称的基金会。

(4)董事的任务分为执行董事和非执行董事的,执行董事在本条第1款中等同于董事。

(5)第2:249条之一第2款第3项或者第2:356条所称的临时任命不视为任命。

(6)枢密院令根据《退休金法》第105条之一和《强制性职业退休金计划法》第110条之一规定所称的监事会成员或者非执行董事的任命,应当以符合枢密院令标准化的方式进行。

3. 任命按照前款规定无效的,不影响参加的决策(通过决议)的有效性。

第2:253条　股东大会以外的监事

公司章程可以规定一名或者多名监事由股东大会或者某种特殊类型的股份持

有人会议以外的机构任命 1 名或者多名监事，但任命的人数最多为监事总数的 1/3。公司章程的此类安排参照适用第 2:228 条第 4 款第 2 句的规定。监事根据第 2:268 条和第 2:269 条被任命的，不适用本条前 1 句的规定。

第 2:254 条　监事的停职或者罢免

1. 有权任命监事的机构，也有权中止或者免除其职务，但适用第 2:271 条第 2 款和第 3 款或者第 2:271 条之一的除外。

2. 参照适用第 2:244 条第 2 款和第 3 款的规定。

第 2:255 条　监事的薪酬

股东大会可以向监事支付薪酬。

第 2:256 条　[2013 年 1 月 1 日废止]

第 2:257 条　监事会罢免董事

1. 除公司章程另有规定外，监事会有权随时中止由股东大会任命的董事的职务。

2. 股东大会可以随时废止该中止，但董事的任命权属于监事会的除外。

第 2:258 条　[1984 年 1 月 1 日废止]

第 2:259 条　地方法院的管辖；监事会的责任

监事会职责其履行参照适用第 2:9 条、第 2:241 条和第 2:248 条的规定。

第 2:260 条　监事作出误导性年度财务会计报告和数据的责任

公司的财务状况在年度财务会计报告中被错误地陈述的，监事和董事对第三人因此受到的损害应当承担连带责任。监事证明此种情形不可归因于其不履行监督职责的，不承担责任。

第 2:261 条　除董事以外的其他人实施管理行为

1. 监事或者其他人，根据公司章程或者股东大会决议在特定时期内或者特定情况下实施通常属于董事会职责的行为的，在关于公司和第三人的权利义务方面，视为董事。

2. 批准实施通常为董事会职责的特定行为，或者授予实施此种行为的权利的，不视为实施通常属于董事会职责的行为。

第六节　大型有限责任公司的监事会

第 2:262 条　定义

本节中，附属组织是指：

(1) 有限责任公司或者其中一个或者多个附属组织，单独或者共同为自己认缴不少于已认缴资本半数的法人；

(2)登记在商事登记簿上的企业，并且有限责任公司或者其附属组织作为合伙人对其债务向债权人承担全部责任的合伙企业。

第2:263条 强制商事登记；“大型”的标准

1. 有限责任公司适用本条第2款的，应当在股东大会审议年度财务会计报告后2个月内将满足本条第2款所称的条件的声明登记于商事登记簿。在适用第2:264条第3款的规定前，董事会应当申报此后各期年度财务会计报告；该声明需从登记簿上涂销的，应当在涂销后第一期年度报告中载明。

2. 有以下情形之一的，有限责任公司有义务提交声明：

(1)根据有限责任公司的资产负债表和说明确定的净资产超过国王诏令为此设定的限额的(自2014年10月1日起，该限额为1600万欧元)；

(2)有限责任公司或者附属组织依法有义务设置劳动委员会的；

(3)有限责任公司与附属组织在荷兰境内合计雇用至少100名雇员的。

3. 有以下情形之一的，有限责任公司没有义务提交声明：

(1)公司是第2:63条之六至第2:63条之十、第2:158条至第2:161条和第2:164条或者第2:268条至第2:271条和第2:274条所称的法人的附属组织的；

(2)公司业务完全或者几乎完全限于关联公司、本公司和参股的其他法人的管理和融资，并且公司和关联公司的雇员大多数在荷兰境外工作的；

(3)公司完全或者几乎完全为本款第2项或者第2:153条第3款第2项所称的公司以及该条款中的关联公司和法人提供管理和融资服务的；

(4)根据相互合作协议，公司由两个以上第2:63条之六至第2:63条之十、第2:158条至第2:161条和第2:164条、第2:268条至第2:271条和第2:274条所称的法人或者此种法人的附属组织持有其半数以上已认缴资本而参股的。

4. 本条第2款第1项所称的限额，从枢密院令确定的时间开始，每2年最多按照枢密院令确定的价格指数的比例提高或者降低1次；该数额应当四舍五入到整百万欧元。四舍五入前的数额与最后确定的数额差额不超过100万欧元的，无须重新确定。

5. 本条第2款第1项所称有限责任公司的净资产，在附属组织为有限合伙企业的情形下，包括有限合伙人共同缴纳和待缴纳的出资额，但导致重复计算的除外。

第2:264条 强制适用双重组织结构

1. 已连续3年在商业登记簿登记第2:263条所称的声明的法人应当适用第2:268条至第2:274条的规定。此期间内错误涂销的声明已被撤销的，该期间不视为中断。

2. 法人不再满足前条第 2 款的条件而被涂销登记的,仅在涂销 3 年后法人仍没有义务提交新的声明时,该法人才停止适用第 2:268 条至第 2:274 条的规定。

3. 适用本条第 1 款的,公司章程应当符合第 2:268 条至第 2:274 条的规定。

4. 公司在第一次召开股东大会后适用第 2:268 条至第 2:274 条或者第 2:268 条至第 2:271 条和第 2:274 条时,其满足第 2:263 条第 3 款、第 2:264 条第 2 款、第 2:265条或者第 2:155 条之一所称的条件的,董事会应当向股东大会提议,在不适用第 2:268 条至第 2:274 条或者第 2:268 条至第 2:271 条和第 2:274 条的情况下,监事任命和免职以及监事会职责和权限的方案,或者提议全部继续适用或者除第 2:272条以外全部继续适用该条款。该决议需要绝对多数的表决通过。不得限制股东大会根据本条通过决议的权限。

5. 董事会最晚应当在本条第 4 款所称的决议通过后 12 个月内,向股东大会提交修改章程的方案。股东大会未能审议章程修正案的,经任何下 1 款所称的有权限的人的申请,阿姆斯特丹上诉法院企业法庭应当审议该章程。此时,参照适用本条第 4 款的最后两句的规定。

6. 董事会或者监事会为此指定的代理人以及第 2:224 条之一所称的有提案权的人,有权申请企业法庭审议公司章程。

7. 必要之时,企业法庭应当明确其根据申请作出的裁决的法律效力。企业法庭的书记员应当将该裁决的副本备置于商事登记处。

第 2:265 条　强制适用双重组织结构的例外一

1. 不同于第 2:264 条的规定,以下持有不少于已认缴资本半数的公司不适用第 2:262 条的规定:

(1) 多数雇员在荷兰境外工作的法人或者其附属组织;

(2) 根据相互合作协议,多个此类法人或者其附属公司;

(3) 根据相互合作协议,一个或者多个法人以及一个或者多个适用第 2:153 条第 3 款第 1 项或者第 2:263 条第 3 款第 1 项,或者适用第 2:63 条之六至第 2:63 条之十、第 2:158 条至第 2:161 条和第 2:164 条或者第 2:268 条至第 2:271 条和第 2:274条的法人。

2. 公司雇员与该法人雇员多数在荷兰境内工作的,不适用前款的例外。

3. 适用本条时,法人的雇员包括法人关联公司的雇员。

第 2:265 条之一　强制适用双重组织结构的例外二

1. 不同于第 2:264 条的规定,公司有以下情形之一的,不适用第 2:272 条的规定：

(1)一个自然人持有或者让他人持有全部已认缴的资本，或者两个以上自然人根据相互合作协议持有或者让他人持有全部已认缴的资本；

(2)第2:1条所称的基金会、协会或者法人持有或者让他人持有全部已认缴的资本，或者两个以上此类法人根据相互合作协议持有或者让他人持有全部已认缴的资本。

2. 配偶或者登记伴侣视为本条第1款所称的自然人。直系血亲在自然人死亡后6个月内订立相互合作协议的，同样视为本条第1款所称的自然人。

第2:266条　双重组织结构的豁免

经有限责任公司的申请，司法部长征求社会经济理事会的意见后，可以豁免第2:268条至第2:274条所称的一项或者多项义务；该豁免可以施加限制或者附有要求。司法部长可以修改或者撤销该豁免。

第2:267条　自愿适用双重组织结构

1. 有限责任公司不适用第2:264条规定的，并且其或者其附属组织根据《劳动委员会法》的规定设置了劳动委员会的，其章程可以明确监事的任命和免职以及监事会的职责和权限，参照适用第2:268条至第2:274条的规定。此时，还可以排除适用第2:272条的规定。劳动委员会不再存在或者不再适用《劳动委员会法》的规定的，本条所称的章程规定即失效。

2. 有限责任公司适用第2:265条或者第2:265条之一规定的，可以根据第2:272条规定任命董事和对其免职。

第2:268条　监事会的任命

1. 有限责任公司应当设立监事会。

2. 监事会至少由3名成员组成。监事数量少于3人的，监事会应当立即采取措施补足缺额。

3. 监事会应当考虑公司性质、业务活动以及监事所需要的专业能力和背景，从而决定监事任职条件、人数和组成。首次确定监事的任职条件后，其后的每次变更都应当经过股东大会和劳动委员会的讨论。

4. 除本条第9款的规定外，未在设立公司的公证文书中或者公司适用本条之前任命监事的，监事的候选人由监事会提名、股东大会任命。监事会应当同时将候选人通知给股东大会和劳动委员会。提名候选人应当附理由。在不影响第2:270条适用的前提下，章程不得限制任命的人员的范围。

5. 股东大会和劳动委员会可以向监事会推荐和提名监事候选人。监事会应当及时告知必须补足缺额的时间、原因和任职条件。监事会还应当告知股东会和劳动委员会享有本条第6款所称的填补空缺的推荐权。

6. 劳动委员会应当按照监事会成员人数的1/3提名监事会的候选人,但监事会认为推荐人不适合履行监事职责或者按照推荐任命监事将导致监事会组成不适当而提出异议的除外。监事会成员人数不能被3整除的,应当按照最接近被3整除的较低数额确定被授权推荐的人数。

7. 监事会对推荐提出异议的,应当告知劳动委员会并载明理由。监事会应当不迟延地与劳动委员会协商,以便对提名达成一致意见。无法与劳动委员会达成一致意见的,监事会为此目的指定的代理人应当向阿姆斯特丹上诉法院企业法庭申请宣告该异议有理由。仅在监事会与劳动委员会协商开始后经过4周,代理人才可以提出上述申请。企业法庭宣告异议无理由的,监事会应当将劳动委员会推荐的人员载入候选人名单。企业法庭宣告异议有理由的,劳动委员会可根据本条第6款重新推荐人选。

8. 企业法庭应当传唤劳动委员会出庭。不得对企业法庭作出的裁判提起上诉。企业法庭不得对有关法律诉讼的费用作出裁判。

9. 股东大会可以通过不少于已认缴资本2/3的有效表决票的绝对多数决议,驳回候选人的提名。股东以绝对多数否定候选人的,但该多数代表的已认缴资本不足1/3的,可以重新召集股东大会,并以绝对多数驳回候选人的提名。此时,监事会必须提出新的候选人。参照适用本条第5款至第8款的规定。股东大会没有任命候选人也未能通过驳回候选人决议的,监事会应当任命候选人为监事。

10. 股东大会有权最多连续2年将本条第5款的权限授予股东选举出的股东委员会;此情形下,监事会应当向股东委员会通知本条第5款所称的事项。股东大会可以随时取消此种授权。

11. 适用本条时,劳动委员会实指公司或者附属组织的企业的劳动委员会。有多个劳动委员会的,各劳动委员会可以单独行使本条的权限;涉及本条第6款所称的候选人时,该款的权限由各劳动委员会共同行使。有关企业设置了中央劳动委员会的,本条所称的权利归中央劳动委员会享有。

12. 公司章程可以变更本条第2款、第4款至第7款和第9款的规定,但不得变更本条第9款前2句的规定。股东大会决议修改公司章程之前,其应当取得监事会和劳动委员会的批准。

第2:269条　监事空缺时的任命

1. 除第2:271条之一所称的理由外,监事职位空缺的,股东大会应当任命监事。

2. 此种情形下，劳动委员会可以向股东大会推荐监事人选。召集股东大会的主体，应当及时通知劳动委员会将在股东大会中审议监事的任命，并载明该监事是否由劳动委员会根据第2:268条第6款推荐权任命。

3. 参照适用前条第6款、第7款、第8款、第10款和第11款的规定。

第2:270条　职位的不兼容

以下人员不得同时担任监事：

(1)公司的工作人员；

(2)子公司的工作人员；

(3)定期参与决定本条第1款第1项和第2项所称的人员的劳动条件的董事以及雇员组织(工会)所雇用的人员。

第2:271条　监事的辞职、解雇和停职

1. 监事应当自上次任命至担任监事满4年时离职。公司章程可以将该期限延长到4年期限届满后或者法人可适用本条之日后的第一次股东大会。

2. 监事存在职责疏忽、其他重大事由或者因重大情势变更，不能合理要求法人继续任命其为监事的，经其申请，阿姆斯特丹上诉法院的企业法庭可以此为由解雇该监事。监事会、股东大会或者第2:268条第11款所称的劳动委员会指定的代理人，可以提出前段所称的申请。参照适用第2:268条第10款和第11款。

3. 仅监事会有权中止监事的职务。未能在中止开始后1个月内向企业法庭提出本条第2款所称的申请的，该中止依法自动失效。

第2:271条之一　对监事会不信任

1. 股东大会可以不少于已认缴资本1/3的有效表决票的绝对多数，通过对监事会不信任的决议。该决议应当附理由。对企业法庭根据本条第3款任命的监事，股东大会不得作出该决议。

2. 仅董事会将决议提议和理由通知给劳动委员会后，股东大会才可以通过本条第1款所称的决议。该通知至少应当在股东大会审议之前30日发出。劳动委员会对决议提议表明意见的，董事会应当将该意见告知监事会和股东大会。劳动委员会可以在股东大会中解释其意见。

3. 本条第1款所称的决议可导致全体监事立即被免职。此时，董事会应当不迟延地向阿姆斯特丹法院企业法庭申请及时任命1名或者多名监事。企业法庭应当规定该种任命的法律效力。

4. 监事会应当在企业法庭为此目的指定的期限内，根据第2:268条组成新的监事会。

第 2:272 条　董事的任命

监事会有权任命公司董事;该权限不得通过任何有约束力的候选人名单予以限制。监事会应当将其拟任命董事通知给股东大会;在听取股东大会对其拟免职的意见后,才可以免除董事的职务。参照适用第 2:268 条第 11 款的规定。

第 2:273 条　[2004 年 10 月 1 日废止]

第 2:274 条　需要经监事会批准的决议

1. 有以下情形之一的,董事会决议应当经过监事会的批准:

(1)发行和取得股份,以及以公司为债务人发行债券,或者公司作为完全责任合伙人的有限合伙企业或者普通合伙企业发行债券的;

(2)发行公司股份存管凭证方面的合作的;

(3)申请本条第 1 项或者第 2 项所称的证券准入《金融监管法》第 1:1 条所称的监管市场或者多边交易工具或者非欧盟成员国与监管市场或者多边交易工具类似的系统中上市交易,或者申请撤回此种准入的;

(4)开始或者终止公司或者附属组织与其他法人或者合伙企业或者有限合伙企业或者普通合伙企业负完全责任的合伙人的长期合作关系,并且该合作关系或者其终止对公司有重大意义的;

(5)法人或者附属组织对公司参股的,其价值不少于根据法人资产负债表和说明确定的净资产的 1/4,以及此种参股的重大增加或者减少的;

(6)数额等于根据法人资产负债表和说明确定的净资产的 1/4 的;

(7)提议修改章程的;

(8)提议解散公司的;

(9)申请破产和正式终止付款的;

(10)同时或者短时间内终止法人或者附属组织相当数量雇员的劳动合同的;

(11)法人或者附属组织相当数量雇员的劳动环境发生重大变更的;

(12)建议减少已认缴资本的。

2. 本条第 1 款所称的决议,未经监事会批准的,不影响董事会或者董事的代表权。

第 2:274 条之一　非执行董事和执行董事的申请

1. 公司章程可以规定适用第 2:239 条之一,从而改变第 2:268 条第 1 款的规定。有此种规定时,非执行董事参照适用第 2:268 条第 2 款至第 12 款、第 2:269 条、第 2:270 条、第 2:271 条和第 2:271 条之一关于监事会和监事的规定。

2. 适用第 2:239 条之一时,非执行董事有权任命公司的执行董事;此种权限不得通过任何有约束力的候选人名单予以限制。参照适用第 2:272 条第 2 句和第 3 句的规定。

3. 适用第 2:239 条第 3 款时,不包括第 2:274 条所称的董事会决议。

4. 适用第 2:239 条之一时,第 2:274 条第 1 款所称的决议,应当经过公司非执行董事多数的批准。未经批准的,董事会或者董事的代表权不受影响。

第 2:275 条　[1987 年 4 月 1 日废止]

第七节　公 司 解 散

[该节内容置于第 2:19 条至第 2:24 条规定]

第 2:276 条　[2016 年 1 月 1 日废止]

第 2:277 条　[1992 年 1 月 1 日废止]

第 2:278 条　[1992 年 1 月 1 日废止]

第 2:279 条　[1992 年 1 月 1 日废止]

第 2:280 条　[1992 年 1 月 1 日废止]

第 2:281 条　[1992 年 1 月 1 日废止]

第 2:282 条　[1992 年 1 月 1 日废止]

第 2:283 条　[1992 年 1 月 1 日废止]

第 2:284 条　[1992 年 1 月 1 日废止]

第八节　上诉　[2013 年 1 月 1 日废止]

第 2:284 条之一　[2013 年 1 月 1 日废止]

第六章　基　金　会

第 2:285 条　基金会的定义;无成员不得分配收益

1. 基金会是通过法律行为设立的法人。基金会没有成员并且其章程应当载明使用财产的目的。

2. 章程授权填补基金会机构职位空缺的一人或者多人,不视为基金会的成员。

3. 基金会的目的不得包含向发起人、机构的工作人员或者其他人分配财产,但基于慈善性或者社会性目的的除外。

第 2:286 条　基金会的设立

1. 基金会必须通过公证文书设立。

2. 公证文书应当用荷兰文制作。基金会住所在弗里斯兰省的,该文书也可以用弗里斯兰文制作。授予其他主体参与制作文书的(意定代理权),该文书必须采用书面形式。通过遗嘱的方式设立基金会的,该遗嘱必须采用公证文书的形式,此时,基金会的章程必须使用荷兰文或者弗里斯兰文。

3. 公证文书必须包含基金会的章程。

4. 基金会章程应当包括以下内容:

(1)基金会的名称,名称含有“基金会”的字样;

(2)基金会的目的;

(3)任命或者罢免理事的方式;

(4)基金会住所地所在的荷兰市镇;

(5)基金会因解散而清算的剩余资产的用途,或者此种情况下确定此种财产用途的方式。

5. 在其面前制作公证文书的公证人,应当确保基金会的章程包含本条第2款至第4款的事项。公证人未能履行该义务的,对因此受到的损害的主体承担个人责任。

第2:287条　章程未指定住所

章程未指定基金会住所的,其住所为公证人制作公证文书时办公地点所在的市镇。

第2:288条　[2003年1月1日废止]

第2:289条　基金会在商事登记簿上的登记

1. 基金会理事有义务将发起人的姓名及住所或者最后住所登记于商事登记簿上,并在登记处备置公证文书的副本或者包含章程的摘录。

2. 未申请本条第1款所称的初次登记和备置的,各理事对基金会受约束的法律行为,与基金会承担连带责任。

第2:290条　[1992年1月1日废止]

第2:291条　理事会的职责和权力

1. 除章程的限制外,基金会应当由理事会负责管理。

2. 仅基于基金会章程的规定,理事会才有权签订取得、转让登记资产或者对其设定负担的合同,以及基金会作为保证人或连带债务人、担保第三人或者为他人债务提供担保的合同。基金会章程可以限制该权限或者附条件。除章程另有规定外,代理基金会实施前述所称行为的主体同样适用排除、限制或者附条件的规定。

第2:292条　代表基金会的权利

1. 除法律另有规定外,理事会有权代表基金会。

2. 章程可以授权1名或者多名理事代表基金会。它也可以规定1名理事仅与另一名或者多名理事合作才能代表基金会。

3. 除法律另有规定外，理事会或者理事享有的代表权，无限制且无附加条件。仅基金会可以主张法律允许或者规定的对代表权的限制或者条件。

4. 基金会章程也可以将代表权授予理事以外的其他人。

第2:293条　基金会章程的修改

仅在基金会章程有此种规定时，基金会的机构才有权修改章程。修改必须采用公证文书的形式，否则该修改无效。理事必须将修改的公证文书副本和修改后的章程备置于第2:289条所称的登记处。

第2:294条　法院修改基金会章程

1. 不修改基金会章程会造成设立时不能合理预期的结果，并且章程没有规定修改的可能性或者有修改权的主体拒绝此种修改的，经发起人之一、理事会或者检察院申请，地方法院可以修改章程。

2. 地方法院应当尽可能少地修改基金会的章程；有必要变更基金会设立目的的，地方法院应当确定与现有目的有联系的目的。遵守上述规定的情况下，必要之时，地方法院有权以不同于申请的方式变更基金会章程。

3. 为防止基金会基于第2:21条或者第2:301条第1款第1项的原因被申请解散，地方法院可以参照适用本条前2款的规定修改基金会章程。

第2:295条　对可能导致基金会解散的修改决议的撤销

修改章程的决议可能导致基金会基于第2:21条或者第2:301条第1款的原因被申请解散的，并且该修改没有变更基金会形式的，经基金会、利害关系人或者检察院的申请，地方法院可以撤销该决议。此情形下，应当适用第2:15条第3款和第4款以及第2:16条的规定。

第2:296条　地方法院可依职权行使前两条所授予的权力

基金会基于第2:21条或者第2:301条第1款第1项所称的原因被申请解散的，地方法院可依职权行使前两条所授予的权力。

第2:297条　检察院的监督

1. 对理事是否遵守法律或者章程存在重大怀疑的，地方法院的检察院有权要求理事会提供必要的信息。

2. 未满足或者未适当满足检察院的要求的，地方法院的临时保全法官经申请可以命令理事向检察院提供基金会的簿册、文件和其他信息记录以供查阅并出示基金会的财产。理事不得对临时保全法官此种裁决提起上诉或者撤销原判的诉讼。

第 2:297 条之一　不得被任命为基金会理事的主体

1. 本条适用于存在以下情形的基金会：

(1)依法或者依章程必须建立等同于或者对应第 2 编第 9 章所称的年度财务会计报告；

(2)在两个连续的资产负债表日，以及随后没有中断的两个连续的资产负债表日，未满足第 2:397 条第 1 款和第 2 款所指的至少两项要求。基于第 2:397 条第 1 款的目的，净营业额应当理解为基金会的总收入，或者分别是基金会依法或者依章程将其包括在财务帐户中的总收益。

2. 以下人员不得被任命为基金会的理事：

(1)担任两个以上法人的监事或者非执行理事；

(2)担任法人的监事会主席，或者在理事职务分为执行理事和非执行理事的情况下的法人的理事会主席。

3. 适用本条时：

(1)章程或者根据章程设置的法人监督机构的成员视为监事；

(2)集团中彼此联系的各种法人的任命视为一项任命；

(3)所指的法人是：在两个连续的资产负债表日，以及随后没有中断的两个连续的资产负债表日，未满足第 2:397 条第 1 款和第 2 款所指的至少两项要求的股份公司和有限责任公司，以及第 2:297 条之一第 1 款所称的基金会；

(4)理事分为执行理事和非执行理事的，执行理事在本条第 1 款中等同于理事；

(5)第 2:349 条之一第 2 款第 3 项或者第 2:356 条所称的临时任命不视为任命；

(6)枢密院令根据《退休金法》第 106 条之一和《强制性职业退休金计划法》第 110 条之三之一规定所称的监事会成员或者非执行理事的任命，应当以符合枢密院令标准化的方式进行。

4. 任命按照前款规定无效的，不影响参加的决策(通过决议)的有效性。

第 2:297 条之二　不得被任命为特定基金会监事的主体

1. 以下人员不得被任命为监事：第 2:297 条之一第 1 款所称的基金会的监督机构并且为 5 个以上法人的监事或者非执行理事。担任监事会主席或者在理事职务分为执行理事和非执行理事的情况下，理事会主体应当加倍计算。

2. 适用本条时：

(1)章程或者根据章程设置的法人监督机构的成员视为监事；

(2)集团中彼此联系的各种法人的任命视为一项任命；

(3)所指的法人是：在两个连续的资产负债表日，以及随后没有中断的两个连续的资产负债表日，未满足第2:397条第1款和第2款所指的至少两项要求的股份公司和有限责任公司，以及第2:297条之一第1款所称的基金会；

(4)第2:349条之一第2款或者第2:356条第3项所称的临时任命不视为任命；

(5)枢密院令根据《退休金法》第106条之一和《强制性职业退休金计划法》第110条之三之一规定所称的监事会成员或者非执行理事的任命，应当以符合枢密院令标准化的方式进行。

3. 任命按照前款规定无效的，不影响参加的决策(通过决议)的有效性。

第2:298条 由法院罢免理事

1. 理事有以下情形之一的，经检察院或者任何利害关系人申请，地方法院可以将其免职：

(1)作为或者不作为违反法律或者章程规定的，或者可归因于其管理不善的；

(2)未能遵守或者未能适当遵守地方法院的临时保全法官根据第2:297条作出的裁决。

2. 审理期间，地方法院可采取临时措施并终止所涉理事的职责。

3. 由地方法院罢免的理事，在其免职后5年内不得再次担任基金会的理事。

第2:299条 由法院填补理事的空缺

仅在理事全部或者部分不符合章程的规定，并且章程未包含填补空缺的相关规定的，经利害关系人或者检察院的申请，地方法院才可以填补理事的空缺。此时，地方法院应当尽可能地遵守章程的规定。

第2:299条之一 基金会报告企业的净收入

基金会拥有一家或者多家根据法律应当在商事登记簿上登记的企业的，其损益表应当载明这些企业的净营业额。

第2:300条 拥有大型企业的基金会的年度财务会计报告和年度报告

1. 每年在会计年度终止后6个月内，理事会应当将年度财务会计报告备置于法人办公地点以供成员查阅。基于特殊情况，股东大会可以延长该期限，但最多延长5个月。第2:360条第3款所称的基金会应当确保在召集股东大会审议年度财务会计报告前，已经将年度财务会计报告备置于协会的办公地点以供查阅。该期间内，理事会也可以提供年度报告以及第2:392条第1款所称的附加的信息以供查阅，但适用第2:396条第7款或者第2:403条规定的除外。理事会应当在该期间届满后的1个月内，召集股东大会，审议年度财务会计报告。本条第3款所称的主体可以查阅前述文件并无偿取得其副本。

2. 年度财务会计报告应当由基金会的理事和监事签名；有一人或者多人未签名

的,应当载明原因。

3. 年度财务会计报告应当由章程授权的机构在不超过本条第1款所称的有关期间结束后1个月之内通过。章程未授予任何机构此类权力的,该授权可由监事会行使;无监事会的,可由理事会行使。

4. 仅在法律允许时,第2:360条第3款所指的基金会才可用法定公积金弥补其亏损。

5. 经申请,经济部长可以基于重要理由豁免制作、提供和审议年度财务会计报告的义务。

第2:300条之一　基金会理事的责任

1. 关于理事履行职责,参照适用第2:131条和第2:138条第1款和第3款至第10款的规定。

2. 有以下情形之一的,关于理事履行职责的内容,参照适用第2:138条第2款和第2:139条的规定:

(1)须缴纳公司税款的基金会;

(2)法律要求或根据法律要求编制财务报表的基金会,该报表等同于或相当于第9章所称的年度账户。

3. 关于理事会成员履行职责的内容,参照适用下列规定:

(1)本条第1款和第2款的规定,但第2款中的第2:139条应当变更为第2:150条;

(2)第2:9条的规定。

第2:301条　由法院解散基金会

1. 有以下情形之一的,经利害关系人或者检察院的申请,地方法院应当解散基金会:

(1)基金会财产完全不足以实现其目的,并且可预见通过捐赠或者其他方式取得充足财产的可能性非常小;

(2)基金会目的已经实现或者不能再实现,并且也不考虑变更其目的的。

2. 地方法院可以驳回第2:294条所称的申请,同时依职权解散基金会。

第2:302条　法院裁判登记在商事登记簿

审理期间,法院书记员应当确保将以下事项的终审裁判登记在第2:289条所称的登记簿上:

(1)涂销、补充或者变更登记簿的登记事项;

(2)基金会章程的变更;

(3)变更或者补充理事;

(4)修改基金会章程的决议的撤销。

第2:303条　破产或者延期付款的公告

在基金会宣告破产或者延期付款的情形下,理事会或者理事应当根据《破产法》在荷兰政府公报上登载相关的公告。登载义务人同时应当申请在第2:289条所称的登记簿上登记。

第2:304条　基金会形式的养老金

1. 适用第2:285条时,养老基金或者第7:631条第3款第3项所称的基金的参加者,不视为从事此种基金业务的基金会的成员。

2. 适用第2:285条第3款时,根据养老金请求权或者包含第7:631条第3款第3项所称的劳动合同请求权进行的分配,不视为对此种基金会发起人或者机构成员的分配。

第2:305条　[1984年1月1日废止]

第2:306条　[1984年1月1日废止]

第2:307条　[1984年1月1日废止]

第七章　合并和分立

第一节　一般规定

第2:308条　有关合并和分立规定的法律适用

1. 本章规定适用于协会、合作社、互助保险协会、基金会、股份公司和有限责任公司。

2. 本章规定不适用于行为能力受到限制的协会(第2:30条所称的非正式协会)和公寓所有权人组成的协会(第5:124条所称的协会)。

3. 本章规定也适用于股份公司、有限责任公司或者欧洲合作社与有限责任公司的合并,或者与根据欧盟或者欧洲经济区另一成员国的法律设立的资合公司的合并。

第二节　合并的一般规定

第2:309条　合并的定义;财产的概括继受

合并是指两个以上法人实施的法律行为,其一法人通过概括继受取得其他法人财产,或者该法律行为共同设立新法人后,该新法人通过概括继受取得原有法人的财产。

第 2:310 条　可以相互合并的法人类型

1. 法人可以与相同类型的法人合并。

2. 收购的法人为新设立法人的,其必须与被合并法人的类型相同。

3. 适用本条时,股份公司和有限责任公司视为同一类型的法人。

4. 协会、合作社、互助保险协会或者基金会可以作为收购的法人,与其持有全部股份的股份公司或者有限责任公司合并。基金会、股份公司、有限责任公司可以作为收购的法人,与其唯一成员的协会、合作社或者互助保险协会合并。

5. 解散的法人在清算中已实施财产分配的,不得成为合并的当事人。

6. 法人在破产期间和延期付款期间不得成为合并的当事人。

第 2:311 条　被合并法人的终止

1. 除收购的法人外,被合并的法人在合并生效后依法自动终止。

2. 被合并法人的成员或者股东,通过合并转变为收购的法人的成员或者股东,但在第 2:310 条第 4 款、第 2:333 条、第 2:333 条之一或者第 2:333 条之八第 3 款的情形下,或者按照股份交换比率不享有一股股份权利的股东除外。

第 2:312 条　合并提案及其内容

1. 被合并法人的董事会应当制作合并的提案。

2. 该提案至少应当载明:

(1)拟合并法人的类型、名称和住所;

(2)合并前和合并后的收购法人的章程,或者其为新设立的法人的,设立法人的公证文书的草案;

(3)任何根据第 2:320 条享有的由收购法人承担义务的权利和补偿,该权利授予成员或者股东以外对被合并法人享有利润分配权或者认股权等特别权利的人,以及开始时间;

(4)与合并相关的、分配给拟合并法人或者董事和监事或者所涉合并的其他人的利益;

(5)合并后构成董事会的提议,有监事会的,构成监事会的提议;

(6)被合并法人:其财务信息开始计入收购的法人年度财务报告或者其他财务信息的时间;

(7)与被合并法人成员资格或者股权移转有关的预期措施;

(8)继续或者终止业务的提议;

(9)必要之时,必须批准合并决议的主体。

3. 合并提案应当经拟合并法人的所有董事签名;有一人或者多人未签名的,应当载明原因。

4. 除所有拟合并法人是协会或者基金会外，合并提案必须经监事会批准并由所有监事签名；有一人或者多人未签名的，应当载明原因。提案还应当载明合并对收购的法人的商誉和可分配公积金金额的影响。

第 2:313 条　合并提案的说明；年度报告或者中期财务报告

1. 拟合并法人的董事会应当书面说明合并理由，并从法律、经济和社会角度评价合并对营业的预期影响。

2. 法人最近一个会计年度经审议的年度财务会计报告或者其他财务信息，在合并提案备置或者披露之前超过 6 个月的，董事会应当制作财务会计报告或者中期财务报告。该报告应当涉及不早于备置之前第 3 个月首日的财产状况。财务报告应当与最近经审议的年度财务报告或者其他财务信息的项目划分和估价方法一致，但由于现值严重偏离账面价值而有理由改变的除外。财务报告必须依法或者依章程提取公积金。

3. 在第 2:310 条第 4 款和第 2:333 条的情况下，被合并法人无须作出解释说明，但收购法人以外的主体对被合并法人享有利润分配权或者认股权等特别权利的除外。

4. 取得拟合并法人的所有成员或者股东同意的，不适用本条第 1 款的规定。

5. 符合关于《金融监管法》第 5:25 条之四所称的半年财务报告的要求的，不适用本条第 2 款的规定。

第 2:313 条之一　[1987 年 6 月 8 日废止]

第 2:314 条　文件备置于商事登记处

1. 拟合并法人应当将以下文件备置于商事登记处，或者以电子通信方式在商事登记簿上公开：

(1) 合并提案；

(2) 拟合并法人最近 3 次经审议的、已提供查阅或者必须提供查阅的年度财务会计报告或者其他财务信息，以及审计报告；

(3) 拟合并法人过去 3 年已提供查阅或者必须提供查阅的年度报告；

(4) 第 2:313 条第 2 款要求的法人的年度财务会计报告必须提供查阅的中期财务报告或者未审议的年度财务会计报告。

2. 董事会应当将未公开提供查阅的年度财务会计报告和年度报告，以及对合并提案的说明备置于法人的办公地点，或者没有办公地点的，备置于一名董事的住所，或者通过电子方式以供查阅。上述文件应当备置至合并之时，并且在此之后，于收购法人或者董事的地址继续备置6个月,以供成员或者股东以及对法人享有利润分配权或者认股权等特别权利的人查阅,或者以电子方式保存以供查阅。上述人员在此期间内可以无偿取得其副本。经成员或者股东的同意,董事会可以以电子方式向其提供上述文件的副本。成员或者股东可以存储文件的电子副本的,法人没有义务提供副本。

3. 拟合并法人应当在全国性日报上公告将备置上述文件以供查阅,同时载明备置的公共登记簿或者电子方式查阅以及根据本条第2款备置或者电子方式查阅的地址。

4. 拟合并法人的劳动委员会或者有雇员参与的理事会,或者法人或者其子组织雇员作为其成员的雇员协会书面提出建议或者意见的,该建议或者意见应当与合并提案一同或者收到后不迟延地备置于本条第2款所称的地址。参照适用本条第2款第2句至第5句的规定。

5. 拟合并法人的董事会修改合并提案的,参照适用本条第1款至第4款的规定。

6. 基金会不适用本条第2款和第4款的规定。

第2:315条　情势变更

1. 拟合并法人的董事会有义务向股东大会和其他拟合并法人通知在合并提案后发生的影响资产和负债的重大变更。

2. 基金会章程中应当规定批准合并的人必须履行该义务。

3. 取得被合并法人所有成员或者股东同意的,不适用本条第1款的规定。

第2:316条　为债权人担保;债权人提起的异议

1. 至少一个拟合并法人必须对提出请求所有债权人的债务提供担保,否则法院将宣告下1款所称的异议有理由。债权人已经有足够的担保或者收购法人合并后的财产状况对债务清偿的保障不低于原来的状况的,不适用该规定。

2. 在拟合并法人公告合并提案并将其备置或者披露之后1个月内,任何债权人可以向地方法院提出异议,并载明其要求的担保。申请人不能合理地证明收购法人合并后的财产状况对债务清偿的保障低于原来的状况的,并且未能从法人取得足够的保障的,地方法院应当驳回此申请。

3. 法院作出决定前,可以让法人在其指定期限内提供规定的担保。

4. 债权人及时提出异议的,仅该异议被撤回或者被取消后,拟合并法人才可以制作合并的公证文书。

5. 已经制作合并文书的,法院可以在诉讼或者救济措施中命令提供指定的担保;不提供担保的,法院可处以强制罚金。

第 2:317 条　通过合并决议的法人机构

1. 合并决议由股东大会表决通过;对于基金会,决议由有权修改章程的机构通过,没有规定的,由董事会表决通过。决议不得变更合并提案。

2. 合并决议仅能在所有拟合并法人公告合并提案并将其备置或者披露之日起 1 个月后,表决通过。

3. 合并决议的表决通过方式与变更章程的决议相同。章程规定其修改需要取得特定的机构或者主体批准的,合并决议同样适用该批准的规定。章程条款单独规定不同的投票多数方式来修改公司章程的,合并决议需要这些表决多数中的最大表决权。章程排除修改的,合并决议需要取得全体有表决权的成员或者股东的一致同意。合并后,继续适用公司章程有关规定的,不适用前两句的规定。

4. 章程对合并决议另有规定的,不适用本条第 3 款的规定。

5. 基金会的合并决议需经地方法院的批准,但章程规定可以修改章程所有条款的除外。地方法院有充分理由认为合并违背基金会利益的,应当驳回该申请。

第 2:317 条之一　[1987 年 6 月 8 日废止]

第 2:318 条　合并的公证文书;合并生效的时间

1. 合并应当制作成公证文书,并且自该文书制成后次日起生效。该文书仅能在所有拟合并法人公告合并提案并将其备置或者披露后 6 个月内制作,或者由于存在异议而不能在该期限内制作的,应当在异议被撤回或者被取消后 1 个月内完成制作。

2. 公证人应当在合并的公证文书制定完成时声明合并所需的决议已经遵守本节和下 1 节以及章程的形式要求,并且遵守本节和下 1 节以及章程的其他规定。

3. 收购法人应当在制作公证文书后 8 日内,将合并事项登记于商事登记簿。合并的公证文书和公证人声明的副本应当备置于各商事登记处。

4. 收购法人应当在 1 个月内向权利移转或者可以登记合并事项的其他公共登记簿的登记员报告合并登记的进展。登记资本因合并移转给收购法人的,收购法人应当在该期限内向本法第 3 编第 1 章第 1 节所称的公共登记簿的登记员提交合并登记所需的文件。

第 2:319 条　消灭的成员权或者股份上的质权或者用益权

1. 被合并法人的成员权或者股权上设立的质权和用益权将移转到其替代资产上。

2. 质权和用益权所在的成员权或者股权没有替代资产的,收购法人必须提供同等价值的替代物。

第 2:320 条　被合并法人享有的特别权利

1. 成员或者股东以外的人,对被合并法人享有利润分配权或者认股权等特别权利的,应当对收购法人享有同等的权利或者取得同等价值的损害补偿。

2. 当事人对损害补偿无法达成协议的,经一方当事人的申请,收购法人住所所在辖区的地方法院的临时保全法官可指定 1 名或者多名独立专家评估确定补偿金额。

3. 特别权利上设立的质权和用益权参照适用第 2:319 条的规定。

第 2:321 条　最后一个会计年度和最后一个年度财务会计报告;法定公积金

1. 在被合并法人的财务信息开始计入收购法人年度财务报告或者其他财务信息时,被合并法人的最后一个会计年度即终止。

2. 合并后,收购法人应当承担被合并法人制作年度财务会计报告或者其他财务信息的义务。

3. 被合并法人最后一次年度财务会计报告或者其他财务信息与收购法人首次年度财务会计报告或者其他财务信息中的资产和负债价值之间估值存在差异的,收购法人必须对此加以说明。

4. 收购法人提取法定公积金的方式必须与被合并法人应当保留的公积金一致,除非保留公积金的法律依据已经消灭。

第 2:322 条　法院变更或者解除现有协议

1. 因合并导致被合并法人的协议根据合理和公平原则难以维持不变的,经一方当事人的申请,法院应当裁决变更或者解除该协议。此种变更或者解除可裁决为具有溯及力。

2. 合并的公证文书备置于被合并法人住所的公共登记簿之日起 6 个月后,前款所称的提起诉讼的权利即告消灭。

3. 交易相对人因变更或者解除协议受到损害的,收购法人有义务予以赔偿。

第 2:323 条　撤销合并

1. 仅有以下情形之一的,法院可撤销合并:

(1)公证人签名的合并公证文书并非公文书的;

(2)未遵守第 2:310 条第 5 款和第 6 款、第 2:316 条第 4 款或者第 2:318 条第 2 款规定的;

(3)合并所需的股东大会决议或者基金会的董事会决议无效、不具有法律效力或者具有可撤销的原因的;

(4)未遵守第2:317条第5款规定的。

2.撤销由成员、股东、董事或者其他利害关系人对收购法人提起诉讼,由收购法人住所地的法院作出裁判。未经法院撤销的合并是有效的。

3.瑕疵补正后,或者合并的公证文书备置于被合并法人住所的公共登记簿之日起6个月后,上述主体提起撤销诉讼的权利即消灭。

4.有以下情形之一的,法院不得撤销合并:

(1)法人在法院指定的期限内已补正瑕疵的;

(2)合并已产生难以消除的影响的。

5.提起撤销诉讼的主体由于导致撤销合并的瑕疵而受到损害的,并且法院不撤销合并的,法院可以命令法人赔偿其受到的损害。法人有权向对瑕疵有过错的人追偿,但最高数额为其因瑕疵获得的利益。

6.审理期间,法院的书记员应当确保将撤销诉讼登记于商事登记簿上。

7.合并前的法人对被合并的法人合并后、登记撤销诉讼之前产生的债务承担连带责任。

8.撤销合并的终审裁判对任何人均具有法律约束力。第三人不得对该裁判提出异议或者申请撤销。

第2:323条之一　[1987年6月8日废止]

第2:323条之二　[1987年6月8日废止]

第三节　股份公司和有限责任公司合并的特别规定

第2:324条　本节规定的适用

股份公司或者有限责任公司的合并适用本节的规定。

第2:325条　股份(兑换率,附加费用,注销)

1.拟合并公司之一的股份或者此类股份的存管凭证准入《金融监管法》第1:1条所称的监管市场或者多边交易工具中上市交易,或者在非欧盟成员国与监管市场或者多边交易工具类似的系统中上市交易的,可以股份或者此类股份存管凭证在合并提案规定合并生效前的某个时间的市场价格来确定兑换率。

2.股份的兑换率中包括金钱或者债权的,其金额合计不得超过股份面额的1/10。

3.合并的公证文书中,收购公司持有的本公司或者其他拟合并公司的股份,最高可按照分配给新股东的股份面额予以注销。此情形不适用第2:99条、第2:100条、第2:208条和第2:216条的规定。

4. 拟合并法人持有或者他人为其持有的被合并法人的股份,自兑换后即告消灭。

第2:326条　合并提案中的附加信息

合并提案除载明第2:312条所称的信息外,还应当附加:

(1)股份的兑换率和根据兑换率应给付的金额;

(2)被消灭的公司的股东分配收购公司的利润的时间和程度;

(3)根据第2:325条第3款可被注销的股份;

(4)合并对没有投票权或利润权的股份持有人的影响;

(5)适用第2:330条之一的情况下,对股份的赔偿金额;

(6)适用第2:330条之一的情况下,请求赔偿的最高总额。

第2:327条　说明中的附加信息

董事会必须在合并提案的说明中载明:

(1)确定股份的兑换率的方法;

(2)该方法是否适合特定的事件;

(3)按照使用的方法得出的估价结果;

(4)使用一种以上方法的,估价所采用的方法的相对重要性以及是否在交易中被普遍适用的标准接受;

(5)估价和确定兑换率的困难程度。

第2:328条　审计意见和补充事项的报告

1. 由董事会任命的第2:393条所称的审计师必须对合并提案进行审计,并根据附属文件,按其判断,对确定的股份的兑换率是否合理发表意见。其还必须对以下事项发表意见:被合并法人的净资产数额,在各自年度财务会计报告或者中期财务报告之日,按照交易中公认的估值方法,不少于其股东通过合并取得的全部股份的面额加上根据兑换率有权请求给付的金额以及股东根据第2:330条之一有权获得赔偿的总金额。

2. 审计师应当同时制作一份报告,陈述其对第2:327条所称的董事会作出的说明的意见。

3. 两个以上拟合并的公司为股份公司的,仅经其共同申请,阿姆斯特丹上诉法院企业法庭才能批准指定同一个审计师。

4. 审计师有权同时审计所有拟合并公司。

5. 审计意见参照适用第2:314条的规定,审计报告参照适用第2:314条第2款和第3款的规定。

6. 取得拟合并公司所有股东的同意的,不适用本条第 1 款第 1 句和第 2 款的规定。

第 2:329 条　股份存管凭证持有人的查阅权

经公司合作发行的股份存管凭证持有人也适用第 2:314 条第 2 款的规定。

第 2:330 条　股东大会的合并决议

1. 有效表决票代表的已认缴资本不足半数的,股东大会在任何情况下都需要 2/3多数表决通过合并决议。公司合并涉及《金融监管法》所称的以公众资本的按照分散风险的原则集体投资为目的的投资机构的,并且持有人提出申请的,其份额可以直接或者间接从公司的资产中回购或者赎回,所需的多数不得超过 3/4。任何为避免交易所市价严重偏离份额的基本价值而与同一个投资机构进行的交易,视为本款第 2 句所称的回购或者赎回。

2. 存在不同种类股份的情形下,股东大会的合并决议需要事先或者同时取得因合并受到损害的各组同种股份股东的批准。仅在所有拟合并公司公告合并提案并将其备置或者披露之日起 1 个月后,股东大会才可以批准该提案。

3. 决定合并或者作出本条第 2 款所称的批准的股东大会决议,应当采用公证文书的形式。

第 2:330 条之一　赔偿金额

1. 收购公司或者在适用第 2:333 条之一的情况下,分配股份的集团公司非私人公司的,对合并提案投反对票的无利润股份持有人和无表决权股份持有人可向公司申请赔偿。赔偿请求必须在公司通知股东可以请求赔偿后 1 个月内以书面形式向公司提出。该通知应当以与股东大会通知相同的方式进行。

2. 本条第 1 款所称的赔偿金额应当由 1 名或多名独立专家确定。专家们应当出具一份关于估值的书面报告,此处适用第 2:314 条第 2 款的规定。根据公司章程或公司与相关股东签订的协议,各方之间适用确定股份价值或确定赔偿的规定的,专家应当在适当遵守这些规定的情况下编写其报告。公司章程或者公司与相关股东签订的协议中包含明确标准的,可以不经进一步讨论确定赔偿金的,可以免去任命专家。

3. 除非合并公司决定由收购公司支付赔偿金,否则在赔偿金支付完毕之前,公证员不得对合并予以公证。原股份在合并生效时失效。

第 2:331 条　董事会的合并决议

1. 除公司章程另有规定外,收购法人可通过董事会决议决定合并。

2. 仅在公司公告合并提案,并且备置时已经载明此种意图的,股东大会才能审议董事会的决议。

3. 1 名或者多名股东代表公司已认缴资本至少 1/20 或者公司章程规定的更低数额的,并且在公告后 1 个月内请求董事会召集审议合并的股东大会的,不得通过董事会决定合并的决议。此情形适用第 2:317 条和第 2:330 条的规定。

4. 除公司章程另有规定的外,收购公司与其持有全部股份的公司合并的,被合并法人可通过董事会决议决定合并。

第 2:332 条 [2011 年 7 月 1 日废止]

第 2:333 条 全部持股时的简化合并

1. 收购法人与其持有全部股份的公司或者其为唯一成员的协会、合作社或者互助保险协会合并的,不适用第 2:326 条至第 2:328 条的规定。

2. 某人或者其他人为收购公司持有拟合并公司全部股份的,并且该收购公司根据合并的公证文书不得分配股份的,不适用第 2:326 条至第 2:328 条的规定。

3. 收购协会、合作社、互助保险协会或者基金会与其持有全部股份的股份公司或者有限责任公司合并的,仅适用本节第 2:329 条的规定。

第 2:333 条之一 三角合并;关联公司

1. 合并的公证文书可以规定被合并法人的股东成为收购法人的关联公司的股东。此情形下,该股东不再是收购法人的股东。

2. 仅关联公司单独或者与其他关联公司共同提供收购法人的全部已认缴资本的,才可以作出前款所称的合并。关联公司的决议参照适用第 2:317 条第 1 款至第 4 款、第 2:330 条和第 2:331 条的规定。

3. 分配股份的关联公司,与收购法人一并视为拟合并的法人。关联公司应当根据第 2:312 条至第 2:329 条承担收购法人的义务,但第 2:316 条、第 2:317 条、第 2:318条第 4 款、第 2:321 条第 2 款和第 4 款、第 2:323 条第 7 款规定的义务除外;适用第 2:328 条第 3 款时,此种关联公司不予考虑。此情形下,收购法人不应当适用第 2:312 条第 2 款第 2 项、第 2:320 条、第 2:325 条第 3 款和第 2:326 条第 1 款第 2 项的规定。

第三节之一 跨境合并的特别规定

第 2:333 条之二 跨境合并适用本编第七章第三节之一的规定

1. 股份公司、有限责任公司或者欧洲合作社与有限责任公司,或者与根据欧盟或者欧洲经济区另一成员国法律设立的资合公司的合并,适用本节的规定。

2.《金融监管法》所称的以公众资本按照分散风险的原则集体投资为目的的投资机构,并且经持有人提出申请,其份额可以直接或者间接从投资机构的资产中回购或者赎回的,适用本节的规定。

第 2:333 条之三 可进行跨境合并的不同成员国的公司类型

1. 股份公司或者有限责任公司可与根据欧盟或者欧洲经济区另一成员国法律设立的资合公司合并。在根据欧盟或者欧洲经济区另一成员国法律设立的资合公司的合并中,股份公司或者有限责任公司也可作为收购公司。

2. 住所在荷兰的欧洲合作社可与根据欧盟或者欧洲经济区另一成员国法律设立的合作社合并。在根据欧盟或者欧洲经济区另一成员国法律设立的合作社合并中,住所在荷兰的欧洲合作社可作为收购法人。除本节另有规定外,该合并同样适用第 2:324 条至第 2:333 条的规定。

3. 股份公司或者有限责任公司可以适用第 2:333 条之一的规定,与根据欧盟或者欧洲经济区另一成员国法律设立的资合公司合并。收购公司和第 2:333 条之一第 1 款所称的关联公司的住所在应当在荷兰境内。

4. 第 2:333 条之二第 2 款所称的投资机构可与根据欧盟或者欧洲经济区另一成员国法律设立的股份公司合并。该公司是以公众资本按照分散风险的原则集体投资为目的的投资机构,并且经持有人提出申请,其份额可以直接或者间接从投资机构的资产中回购或者赎回。任何为避免交易所市价严重偏离份额基本价值而与同一个公司进行的交易,视同回购或者赎回。

第 2:333 条之四 合并提案载明的附加信息

共同合并提案除载明第 2:312 条和第 2:326 条所称的信息外,还应当附加:

(1) 章程载明的收购公司类型、名称和住所;

(2) 合并对就业可能产生的影响;

(3) 收购公司第 2:333 条之十一所称的关于雇员参与规则的程序的相关信息;

(4) 关于应当转让给收购公司的资产和负债的估值信息;

(5) 最后审议的日期或者根据第 2:313 条制作的年度财务会计报告或者中期财务报告;

(6) 第 2:333 条之八所称的股份赔偿金额的提案。

第 2:333 条之五 荷兰政府公报的信息登载

1. 拟合并公司应当将各拟合并公司的以下信息登载于荷兰政府公报:

(1) 章程载明的公司类型、名称和住所;

(2) 记录拟合并公司信息的登记簿的登记号码;

(3) 小股东和债权人可行使权利的规则,以及其无偿获取关于其权利完整信息的地址。

2. 多个拟合并的公司住所在荷兰境内的,可以通过共同公告履行前述的义务。

3. 此情形下,不适用第 2:314 条第 3 款的规定。

第 2:333 条之六　书面说明可供劳动委员会或者雇员查阅

第 2:314 条第 2 款所称的书面说明应当在合并之前提供给劳动委员会查阅,或者公司名下企业没有劳动委员会的,提供给公司雇员查阅。

第 333 条之七　审计意见中的附加信息

第 2:328 条第 1 款第 2 句所称的审计意见中,通过合并取得的全部股份面额,应当加上根据兑换率有权请求给付的金额,以及股东根据第 2:333 条之八有权请求损害赔偿的金额。

第 2:333 条之八　赔偿请求

1. 收购公司根据欧盟或者欧洲经济区另一成员国的法律设立的,并且被合并公司的股东不同意合并提案的,可以在被合并公司通过合并决议之日起 1 个月内请求损害赔偿。

2. 当事人对损害赔偿无法达成协议的,经一方当事人的申请,阿姆斯特丹上诉法院企业法庭应当指定 1 名或者多名独立专家评估确定赔偿金额。

3. 合并生效时,请求损害赔偿所涉的股份即告消灭。

4. 适用本条时,第 2:118 条之一所称的股份存管凭证持有人视为股东。

第 2:333 条之九　公证文书中载明的信息

1. 不同于第 2:318 条第 1 款的规定,收购公司根据欧盟或者欧洲经济区另一成员国的法律设立的,合并的生效方式和日期应当根据收购公司住所所在国家的法律确定。

2. 此情形下,不适用第 2:318 条第 2 款的规定。

3. 公证人应当声明合并成立所需的决议已遵守本章第 2 节、第 3 节和第 3 节之一以及公司章程关于公司跨境合并的形式规定,并且遵守本节的其他规定。

4. 收购公司根据欧盟或者欧洲经济区另一个成员国的法律设立的,公证人可以在确定提出第 2:333 条之八所称的损害赔偿请求或者损害赔偿请求后,再作出本条第 3 款所称的声明,但其他拟合并公司决定收购公司必须履行损害赔偿义务的除外。此情形下,公证人应当在声明中载明已经提出的赔偿请求。

5. 收购公司根据荷兰的法律设立的,公证人应当在第 2:318 条第 1 款所称的文书中声明,被合并公司对合并提案作出的决议已经遵守本条所称的形式规定,并且已根据第 2:333 条之十一确认关于雇员参与的规则。

第 2:333 条之十　商事登记簿保管员的手续

收购法人商事登记处的登记员,应当在合并登记后不迟延地将合并事项通知给

第2:333条之五所称的被合并法人登记的登记处。

第2:333条之十一　雇员参与的要求

1.本条中,关于雇员参与的规则指《欧洲法人雇员参与法》第1:1条第1款所称的雇员参与规则。

2.有以下情形之一的,参照适用2001年10月8日欧盟理事会《关于欧洲股份公司的欧洲共同体2157/2001号条例》(PbL294)第12条第2款至第4款;《欧洲法人雇员参与法》第1:4条至第1:12条,第1:14条第1款、第2款、第3款第1项和第4款,第1:16条,第1:17条,第1:18条第1款第1项、第8项、第9项、第10项和第3款及第6款,第1:20条,第1:21条第2款第1项(其中25%替换为33%),第4款和第5款,第1:26条第3款和第1:31条第2款以及本法第7:670条第4款和第11款以及第7:670条之一第1款第1项的规定:

(1)至少一个拟合并公司在备置或者披露第2:314条所称的合并提案之前6个月内平均雇员数超过500名,并且对该拟合并公司适用关于雇员参与的规则的;

(2)至少一个拟合并公司适用雇员参与的规则,并且收购公司不满足第2:157条、第2:158条至第2:164条或者第2:158条至第2:161条和第2:164条或者第2:267条、第2:268条至第2:274条或者第2:268条至第2:271条和第2:274条的规定的。

3.各拟合并公司的股东大会可决议免除关于雇员参与规则的协商。该决议导致《欧洲法人雇员参与法》第1:31条所称的关于雇员参与规则的标准自收购公司合并登记时适用。

4.《欧洲法人雇员参与法》第1:1条所称的特别协商小组可决议免除或者终止关于雇员参与规则的协商。该决议的终止应当采用《欧洲法人雇员参与法》第1:11条第1款所称的订立协议的程序。此种特别协商小组的决议需要成员人数的2/3多数表决通过,同时代表2/3的雇员应当是来自不少于2个成员国的成员。

5.收购公司是根据荷兰的法律设立的,公司章程应当明确第2:158条至第2:164条或者第2:158条至第2:161条和第2:164条或者第2:267条、第2:268条至第2:274条或者第2:268条至第2:271条和第2:274条关于适用雇员参与规则的效力。

6.股东大会可以决定以第2:158条至第2:164条,或者第2:158条至第2:161条和第2:164条,或者第2:267条、第2:268条至第2:274条,或者第2:268条至第2:271条和第2:274条关于适用雇员参与规则的效力,为批准第2:317条所称的合并决议的条件。股东大会作出批准决议时,可以在章程中授权对其适用或者生效作出必要的变更。

7. 公司在合并生效后3年内参与本章所称的合并的，参照适用本条的规定。

8. 适用《欧洲法人雇员参与法》第1:17条第2款时，本法第2:318条第1款所称的6个月的期间延长到《欧洲法人雇员参与法》第1:17条第2款所称的协商延长的期间终止后3个月，但该期间最长为1年3个月。

第2:333条之十二　跨境合并无效不以本节规定为据

法院裁判不得以本节为由宣告合并无效或者撤销合并。此情形下，不适用第2:323条的规定。

第四节　分立的一般规定

第2:334条之一　新设分立和存续分立的定义；分立当事人

1. 分立包括新设分立和存续分立。

2. 新设分立是指两个以上的法人按照分立的公证文书所附的清单概括继受分立后停止存续的法人的财产的法律行为。

3. 存续分立是指一个或者多个法人按照分立的公证文书所附的清单概括继受分立后不停止存续的法人的财产或者其一部分，其中至少一个法人的成员资格或者股份根据本节或者下1节的规定授予拟分立法人的成员或者股东，或者至少一个法人通过分立由拟分立法人设立的法律行为。

4. 分立当事人为拟分立法人以及任何收购法人，但通过分立设立的法人除外。

第2:334条之二　可以分立的法人类型

1. 拟分立的当事人必须是同种类型的法人。

2. 分立新设立的收购法人，必须与被分立法人的类型相同。

3. 适用本条时，股份公司和有限责任公司视为相同类型的法人。

4. 协会、合作社、互助保险协会或者基金会分立时，新设立的法人取得其全部股份的，可以新设股份公司或者有限责任公司。

5. 解散的法人在清算中已实施财产分配的，不得成为分立的当事人。

6. 法人在破产期间和延期付款期间不得成为分立的当事人。

7. 所有收购法人都应当通过分立设立股份公司或者有限责任公司，并且拟分立法人通过分立成为唯一股东的，拟分立法人可以在破产期间或者延期付款期间。拟分立法人破产的，破产管理人可以作出分立决议，并且承担分立决议产生的义务和本节和下1节规定的董事的义务；法人在延期付款期间，其分立决议需要取得财产管理人的批准。破产不适用第2:334条之四第2句、第2:334条之六第2款第5项所称的拟分立法人部分财产的估价的规定,以及第2:334条之七第2款、第2:334条之九第1款、第2:334条之十一、第2:334条之二十三和第2:334条之三十二的规定;延期付款不适用第2:334条之四第2句和第2:334条之二十三的规定。

第2:334条之三　分立对于当事人的法律效力

1. 拟分立法人全部财产(资产和负债)移转给分立所涉的一个或者多个其他法人的,其在分立决议生效后依法自动终止。

2. 至少一个收购法人通过分立新设为股份公司或者有限责任公司的,并且拟分立法人取得其全部股份的,不适用本条第1款的规定。

第2:334条之四　转让和保留的财产的价值

除收购法人为股份公司或者有限责任公司外,各收购法人取得的拟分立法人的财产部分价值(资产和负债)在分立时至少为零。除拟分立法人为股份公司或者有限责任公司外,拟分立法人保留的财产部分的价值,加上通过分立取得的收购法人股份的价值,同样适用上述规定。

第2:334条之五　成员和股东的地位

1. 拟分立法人的成员或者股东经分立后依法成为收购法人的成员或者股东。

2. 收购法人或者拟分立法人持有或者他人为其持有的一个拟分立法人的股份,不得转变为收购法人的股份。

3. 有以下情形之一的,不适用本条第1款的规定:

(1)收购法人为通过分立新设的股份公司或者有限责任公司,并且拟新设的法人取得其全部股份的;

(2)收购法人适用第2:334条之二十九或者第2:334条之三十五的;

(3)按照股份的兑换率无权取得一股股权的。

第2:334条之六　分立提案及其内容

1. 分立当事人的董事会均应当制作分立的提案。

2. 该提案至少应当载明:

(1)分立当事人的类型、名称和住所,收购法人是通过分立设立的,该法人的类型、名称和住所;

(2)分立前和分立后收购法人和继续存续的拟分立法人的章程,收购法人是新设立的法人的,设立法人的公证文书的草案;

(3)拟分立法人移转财产是全部财产或者部分财产;

(4)拟分立法人移转的各部分财产的清单明细,以及拟分立法人不移转全部财产的,其仍保留的财产部分的清单明细,以及收购法人和继续存续的拟分立法人估算损益表或者营业损益表；

(5)各收购法人将取得的以及继续存续的拟分立法人保留的拟分立法人的财产部分按照第2:334条之七第2款所称的年度财务会计报告或者中期财务报告的估价,该估价时应当考虑该规定第2句,以及收购法人通过分立取得的继续存续的拟分立法人股份的估价；

(6)任何根据第2:334条之十六享有的由受让法人承担义务的权利和补偿,该权利授予成员或者股东以外对拟分立法人有利润分配权或者认股权等特别权利的人,以及开始时间；

(7)与分立相关的、分配给拟分立的当事人或者董事和监事或者所涉分立的其他人的利益；

(8)分立后收购法人和分立后存续的拟分立法人构成董事会的提议,有监事会的,构成监事会的提议；

(9)移转各部分财产的法人,其财务信息开始计入收购法人年度财务报告或者其他财务信息的时间；

(10)与拟分立法人成员或者股东取得收购法人成员资格或者股权转移有关的预期措施；

(11)继续或者终止业务的提议；

(12)必要之时,必须批准分立决议的主体。

3. 分立提案应当经各分立当事人的所有董事签名；有一人或者多人未签名的,应当载明原因。

4. 除所有拟分立当事人是协会或者基金会外,分立提案必须经监事会批准并由所有监事签名；有一人或者多人未签名的,应当载明原因。提案还应当载明分立对收购法人和继续存续的拟分立法人商誉和可分配公积金金额的影响。

第2:334条之七　分立提案的说明；年度财务会计报告和中期报告

1. 各分立当事人的董事会应当书面说明分立理由,并从法律、经济和社会角度评价分立对营业的预期影响。

2. 法人最近一个会计年度经审议的年度财务会计报告或者其他财务信息,在分立提案备置或者披露之前超过6个月的,董事会应当制作财务会计报告或者中期财务报告。它应当涉及不早于置备之前第3个月首日的财产状况。财务报告应当与最近经审议的年度财务报告或者其他财务信息的项目划分和估价方法一致,但由于现值严重偏离账面价值而有理由改变的除外。财务报告必须依法或者依章程提取公积金。

3. 符合关于《金融监管法》第5:25条之四所称的半年财务报告的要求的,不适用本条第2款的规定。

第2:334条之八 文件备置于商事登记处

1. 各拟分立法人应当将以下文件备置于商事登记处,或者以电子通信方式在商事登记簿上公开:

(1)分立提案;

(2)拟分立当事人最近3次经审议的、已提供查阅或者必须提供查阅的年度财务会计报告或者其他财务会计信息,以及审计报告;

(3)拟分立当事人过去3年的已提供查阅或者必须提供查阅的年度报告;

(4)第2:334条之七第2款要求的,以及法人年度财务会计报告要求必须提供查阅的中期财务报告或者未审议的年度财务会计报告。

2. 董事会应当将未公开提供查阅的年度财务会计报告和年度报告,以及对分立提案的说明备置于法人的办公地点,或者没有办公地点的,备置于1名董事的住所,或者通过电子方式以供查阅。上述文件应当备置至分立之时,并且在此之后,于收购法人和继续存续的拟分立法人或者董事的地址继续备置6个月,以供成员或者股东以及对法人享有利润分配权或者认股权等特别权利的人查阅,或者以电子方式保存以供查阅。上述人员在此期间内可以无偿取得其副本。经成员或者股东的同意,董事会可以以电子方式向其提供上述文件的副本。成员或者股东可以存储文件的电子副本的,法人没有义务提供副本。

3. 拟分立当事人应当在全国性日报上公告将备置上述文件以供查阅,同时载明备置的公共登记簿或者电子方式查阅以及根据本条第2款备置或者电子方式查阅的地址。

4. 拟分立当事人的劳动委员会或者有雇员参与的理事会,或者当事人,或者其子组织雇员作为其成员的雇员协会书面提出建议或者意见的,该建议或者意见应当与分立提案一同或者收到后不迟延的备置于本条第2款所称的地址。参照适用本条第2款第2句至第5句的规定。

5. 拟分立当事人的董事会修改分立提案的,参照适用本条第1款至第4款的规定。

6. 基金会不适用本条第2款和第4款的规定。

第2:334条之九 情势变更

1. 拟分立当事人的所有董事会有义务向股东大会和其他拟分立法人,通知在分立提案后发生的影响资产和负债的重大变更。

2. 基金会章程中应当规定批准分立的人必须履行该义务。

第 2:334 条之十　拟分立法人的法律关系的整体转移

1. 拟分立法人作为当事人的法律关系不能整体移转的,第 2:334 条之十二所称的异议有理由。

2. 法律关系涉及移转给收购法人的不同资产和负债相关的,可以按照该法律关系移转给各有关收购法人财产部分的关系的比例,分割移转给各有关的收购法人。

3. 法律关系与继续存续的拟分立法人保留的财产部分有关的,参照适用本条第 2 款的规定。

4. 本条第 1 款至第 3 款的规定不影响法律关系的相对人根据第 2:334 条之十一和第 2:334 条之十八享有的权利。

第 2:334 条之十一　为债权人担保

至少一个拟分立法人必须对提出请求所有债权人的债务提供担保,否则法院将宣告下 1 条所称的异议有理由。债权人已经有足够的担保或者收购法人分立后的财产状况对债务清偿的保障不低于原来的状况的,不适用该规定。

第 2:334 条之十二　债权人对分立提起异议

1. 所有分立当事人法人公告分立提案并将其备置或者披露之后 1 个月内,任何分立当事人法律关系的相对人,都可以分立提案对于其法律关系违反第 2:334 条之十或者未根据第 2:334 条之十一提供其请求的担保为由,向地方法院申请对分立提案提出异议。此情形下,申请书应当载明请求的担保。申请人不能合理地证明收购法人分立后的财产状况对债务清偿的保障低于原来的状况的,并且未能从法人取得足够的保障的,地方法院应当驳回此申请。

2. 法院作出决定前,可以让法人在其指定期限内对分立提案作出法院规定的变更并按照第 2:334 条之八进行披露,或者提供规定的担保。

3. 相对人及时提出异议的,仅该异议被撤回或者被取消后,才可以制作分立的公证文书。

4. 已经制作分立文书的,法院可以在诉讼或者救济措施中:

(1)命令违反第 2:334 条之十移转的法律关系必须全部或者部分转让给一个或者多个其指定的收购法人或者继续存续的拟分立法人,或者命令两个以上的此种法人对履行法律关系中的债务承担连带责任;

(2)命令提供指定担保而不提供担保的,可处以强制罚金。

5. 本条第 4 款第 1 项所称的转让给收购法人或者给收购法人造成损害的,另一方应当给予补偿。

第 2:334 条之十三　通过分立决议的法人机构

1. 分立决议由股东大会表决通过;对于基金会,决议由有权修改章程的机构通过,没有规定的,由董事会表决通过。决议不得变更分立提案。

2. 分立决议仅能在所有分立当事人公告分立提案并将其备置或者披露之日起 1 个月后,表决通过。

3. 分立决议的表决通过方式与变更章程的决议相同。章程规定其修改需要取得特定的机构或者主体批准的,分立决议同样适用该批准的规定。章程条款单独规定不同的投票多数方式来修改公司章程的,分立决议需要这些表决多数中的最大表决权。章程排除修改的,合并决议需要取得全体有表决权的成员或者股东的一致同意。

4. 章程对分立决议另有规定的,不适用本条第 3 款的规定。

5. 基金会的分立决议需经地方法院的批准,但章程规定可以修改章程所有条款的除外。地方法院有充分理由认为分立违背基金会利益的,应当驳回该申请。

第 2:334 条之十四　分立的公证文书;分立生效的时间

1. 分立应当制作成公证文书,并且自该文书制作后次日起生效。该文书仅能在所有拟分立法人公告分立提案并将其备置或者披露后 6 个月内制作,或者由于存在异议而不能在该期限内制作的,应当在异议被撤回或者被取消后 1 个月内完成制作。

2. 公证人应当在分立的公证文书制定完成时声明分立所需的决议已经遵守根据本节和下 1 节以及章程的形式要求,并且遵守本节和下 1 节以及章程的其他规定。公证文书应当附第 2:334 条之六第 2 款第 4 项所称的清单。

3. 收购法人应当在制作公证文书后 8 日内,将分立事项登记于商事登记簿。分立的公证文书和公证人声明的副本应当备置于各商事登记处。拟分立法人分立后停止存续的,各收购法人有登记义务。对于各次登记,分立的公证文书和公证人声明的副本应当备置于该登记处。

4. 分立时涉及资产移转的收购法人应当在 1 个月内向权利移转或者可以登记分立事项的其他公共登记簿的登记员报告分立登记的进展。登记资本因分立移转给收购法人的,收购法人应当在该期限内向本法第 3 编第 1 章第 1 节所称的公共登记簿的登记员提交分立登记所需的文件。

第 2:334 条之十五　分立法人的成员权或者股份上的质权或者用益权

1. 拟分立法人在成员资格和股份上设立的质权和用益权的权利人,取得所涉成员或者股东根据分立的公证文书取得的物权。拟分立法人分立后继续存续的,原质权或者用益权也继续存在。

2. 质权和用益权所在的成员权或者股权没有替代资产的，收购法人必须向前述的权利人提供同等价值的替代物。

第 2:334 条之十六　对分立法人享有的特别权利

1. 成员或者股东以外的人，对被分立法人享有利润分配权或者认股权等特别权利的，应当对收购法人享有同等的权利或者取得同等价值的损害赔偿；必要之时，应当一并考虑他对继续存续的拟分立法人可行使的权利。

2. 当事人对损害赔偿无法达成协议的，经一方当事人的申请，由拟分立法人住所所在辖区的地方法院的临时保全法官可指定 1 名或者多名独立专家评估确定补偿金额。

3. 特别权利上设立的质权和用益权参照适用第 2:334 条之十五的规定。

第 2:334 条之十七　最后一个会计年度和年度财务会计报告；法定公积金

1. 分立后停止存续的法人在涉及其财产的财务信息开始计入收购法人年度财务报告或者其他财务信息时，最后一个会计年度即终止。

2. 被分立法人分立后停止存续的，收购法人应当承担制作年度财务会计报告或者其他财务信息的义务。

3. 被分立法人最后一次年度财务会计报告或者其他财务信息与收购法人首次年度财务会计报告或者其他财务信息中的资产和负债价值估值存在差异的，收购法人必须对此加以说明。

4. 收购法人提取法定公积金的方式必须与被分立法人应当保留的公积金的一致，除非保留公积金的法律依据已经消灭。

第 2:334 条之十八　法院变更或者解除现有协议

1. 因分立导致分立当事人的协议根据合理和公平原则难以维持不变的，经一方当事人的申请，法院应当裁决变更或者解除该协议。此种变更或者解除可裁决为具有溯及力。

2. 分立的公证文书备置于被分立法人住所的公共登记簿之日起 6 个月后，前款所称的提起诉讼的权利即告消灭。

3. 交易相对人因变更或者解除协议受到损害的，收购法人有义务予以赔偿。

第 2:334 条之十九　分立后法人资产或者负债归属的不确定性

1. 无法根据分立的公证文书所附清单确定分立后法人的资产和负债的，适用本条第 2 款至第 4 款的规定。

2. 被分立法人的全部财产移转的，收购法人为共同权利人。该财产的资产和负债应当按照其取得的被分立法人财产部分的价值比例,分配给各收购法人。

3. 未移转全部权利的,本条第 1 款所称的资产和负债应当属于被分立法人。

4. 收购法人根据本条第 2 款对债务承担责任的,为连带债务人。

第 2:334 条之二十　分立法人的债务责任

1. 收购法人和继续存续的拟分立法人应当对被分立法人分立时的债务承担责任。

2. 涉及不可分债务的,收购法人和继续存续的拟分立法人对全部债务承担连带责任。

3. 涉及可分债务的,收购法人对全部债务承担责任,或者债务未移转给收购法人的,继续存续的被分立法人对全部债务承担责任。其他法人对可分债务的责任,限于分割时取得或者保留的财产价值。

4. 债务转移给其他法人而非收购法人,或者债务未移转给收购法人的,在其他法人未履行义务之前,继续存续的被分立法人不履行该债务。

5. 承担连带责任的债务人参照适用本条所称的责任规定。

第 2:334 条之二十一　撤销分立

1. 有以下情形之一的,法院可撤销分立:

(1)公证人签名的分立的公证文书并非公文书的;

(2)未遵守第 2:334 条之二第 5 款和第 6 款、第 2:334 条之十二第 3 款或者第 2:334 条之十四第 2 款第 1 句的规定的;

(3)分立所需的股东大会决议或者基金会的董事会决议无效、不具有法律效力或者具有可撤销的原因的;

(4)未遵守第 2:334 条之十三第 5 款规定的。

2. 撤销由成员、股东、董事或者其他利害关系人对所有收购法人和继续存续的拟分立法人提起诉讼,由拟分立法人住所地的法院作出裁判。未经法院撤销的分立是有效的。

3. 瑕疵补正后,或者分立的公证文书备置于收购法人和继续存续的拟分立法人的住所的公共登记簿之日起 6 个月后,上述主体提起撤销诉讼的权利即消灭。

4. 有以下情形之一的,法院不得撤销分立:

(1)法人在法院指定的期限内已补正瑕疵的;

(2)分立已产生难以消除的影响的。

5. 提起撤销诉讼的主体由于导致撤销分立的瑕疵而受到损害,并且法院不撤销分立的,法院可以命令法人赔偿其受到的损害。法人有权向对瑕疵有过错的人追偿,但最高数额为其因瑕疵获得的利益。

6. 审理期间,法院的书记员应当确保将撤销诉讼登记于第 2:334 条之十四第 3 款所称的商事登记簿上。

7. 被分立法人对收购法人分立后、登记撤销诉讼之前产生的债务,承担连带责任。

8. 撤销分立的终审裁判对任何人均具有法律约束力。第三人不得对该裁判提出异议或者申请撤销。

第五节　被分立或者新设公司为股份公司或者有限责任公司的特别规定

第 2:334 条之二十二　本节规定的适用

分立或者新设股份公司或者有限责任公司的情形下,适用本节的规定。

第 2:334 条之二十三　分立公司资本的附加要求

分立时,继续存续拟分立公司保留的财产部分加上收购法人通过分立取得的股份价值,至少应当等于其实缴和已请求缴纳的出资部分,加上分立后依法和依章程必须保留的公积金。

第 2:334 条之二十四　股份(兑换率,附加费用,注销)

1. 拟分立公司之一的股份或者此类股份的存管凭证准入《金融监管法》第 1:1 条所称的监管市场或者多边交易工具中上市交易,或者在非欧盟成员国与监管市场或者多边交易工具类似的系统中上市交易的,可以股份或者此类股份存管凭证在分立提案规定分立生效前的某个时间的市场价格来确定兑换率。

2. 股份的兑换率中包括金钱或者债权的,其金额合计不得超过股份面额的 1/10。

3. 分立的公证文书中,收购公司持有的本公司或者其他拟分立公司的股份的,最高可按照分配给新股东的股份面额予以注销。此情形不适用第 2:99 条、第 2:100 条、第 2:208 条和第 2:209 条的规定。

4. 拟分立公司分立后消灭的,拟分立法人持有或者他人为其持有的拟分立法人的股份,自兑换后即告消灭。

第 2:334 条之二十五　分立提案中的附加信息

分立提案除载明第 2:334 条之六所称的信息外,还应当附加:

(1)股份的兑换率和根据兑换率应给付的金额;

(2)拟分立公司的股东分配收购公司的利润的时间和程度;

(3)根据第2:334条之二十四第3款可被注销的股份。

第2:334条之二十六　说明中的附加信息

董事会必须在分立提案的说明中载明:

(1)确定股份的兑换率的方法;

(2)该方法是否适合特定的事件;

(3)按照使用的方法得出的估价结果;

(4)使用一种以上方法的,估价所采用的方法的相对重要性以及是否在交易中被普遍适用的标准接受;

(5)估价和确定兑换率的困难程度。

第2:334条之二十七　审计意见和补充事项的报告

1. 由董事会任命的第2:393条所称的审计师必须对分立提案进行审计,并根据附属文件,按其判断,对确定的股份的兑换率是否合理发表意见。

2. 拟分立法人在分立后继续存续的,审计师还必须对以下事项表示意见:该公司保留的财产部分价值加上收购公司在分立中取得的股份价值,在年度财务会计报告或者中期财务报告基准日,按照交易中公认的估值方法,至少等于实缴和已请求缴纳部分的资本加上公司在分立后依法或者依章程必须保留的公积金。

3. 审计师应当同时制作一份报告,陈述其对第2:334条之二十六所称的董事会作出的说明的意见。

4. 两个以上拟分立的当事人为股份公司的,仅经其共同申请,阿姆斯特丹上诉法院企业法庭才能批准指定同一个审计师。

5. 审计师有权同时审计所有拟分立的当事人。

6. 审计意见参照适用第2:334条之八的规定,审计报告参照适用第2:334条之八第2款和第3款的规定。

7. 取得拟分立公司所有股东的同意的,不适用本条第1款至第3款的规定。

第2:334条之二十八　用于收购公司授予股份的法律规定

1. 对于收购股份公司授予的股份,参照适用第2:94条之一和第2:94条之二的规定。第2:94条之一或者第2:204条之一所称的审计意见不必附于设立的公证文书后。

2. 涉及本条第1款的审计意见,参照适用第2:334条之八的规定。

第2:334条之二十九　新设分立情形中的股份划分

1. 在新设分立的情形下,分立的公证文书可以规定被分立法人的股东成为不同收购公司的股东。此种情形下:

(1)分立提案除载明第2:334条之六和第2:334条之二十五所称的事项外,还应当载明各收购公司的股东;

(2)董事会应当在分立提案说明中告知划分所依照的标准;

(3)第2:334条之二十七所称的审计师还必须对以下事项发表意见:考虑到附属文件,提案的划分是否合理;

(4)拟分立公司的分立决议应当在股东大会中以代表不少于95%已认缴资本的有效表决票的3/4多数表决通过。

2. 取得各分立当事人所有股东的同意的,不适用本条第1款第3项的规定。

第2:334条之三十　股份存管凭证持有人的查阅权

经公司合作发行的股份存管凭证持有人也适用第2:334条之八第2款的规定。

第2:334条之三十一　股东大会的分立决议

1. 有效表决票代表的已认缴资本不足半数的,股东大会在任何情况下都需要2/3多数表决通过分立决议。

2. 存在不同种类股份的情形下,股东大会的分立决议需要事先或者同时取得因分立受到损害的各组同种股份股东的批准。仅在所有分立当事人公告分立提案并将其备置或者披露之日起1个月后,股东大会才可以批准该提案。

3. 决定分立或者作出本条第2款所称的批准的股东大会决议,应当采用公证文书的形式。

第2:334条之三十二　董事会的分立决议

1. 除公司章程另有规定外,收购公司可通过董事会决议决定分立。所有收购法人都应当是分立设立的股份公司或者有限责任公司,并且拟分立公司通过分立成为其唯一股东的,同样适用上述规定。

2. 仅在公司公告分立提案,并且备置时已经载明此种意图的,股东大会才能审议董事会的决议。

3. 一名或者多名股东代表公司已认缴资本至少1/20或者公司章程规定的更低数额的,并且在公告后1个月内请求董事会召集审议分立的股东大会的,不得通过董事会决定分立的决议。此情形适用第2:334条之十三和第2:334条之三十一的规定。

4. 除公司章程另有规定的外,收购公司持有拟分立法人所有股份的,拟分立法人可通过董事会决议决定分立。

第2:334条之三十三　[2011年7月1日废止]

第2:334条之三十四　收购法人分立适用的规定

1. 所有收购法人分立设立,并且拟分立法人在分立后为其唯一股东的,不适用

第2:334条之六第4款第1句、第2:334条之二十三和第2:334条之二十五至第2:334条之二十七的规定。

2. 所有收购法人分立设立，并且拟分立法人的股东在分立后按其持有拟分立法人股份的比例而成为股东的，不适用第2:334条之七、第2:334条之九以及第2:334条之二十五至第2:334条之二十八的规定。

第2:334条之三十五　三角分立；关联公司

1. 分立的公证文书可以规定拟分立法人的股东成为收购法人的关联公司的股东。此情形下，该股东不再是收购法人的股东。

2. 仅关联公司单独或者与其他关联公司共同提供收购法人的全部已认缴资本的，才可以作出前款所称的分立。关联公司的决议参照适用第2:334条之十三第1款至第4款、第2:334条之三十一和第2:334条之三十二的规定。

3. 分配股份的关联公司，与收购法人一并视为拟分立的当事人。关联公司应当根据第2:334条之六至第2:334条之三十承担收购法人的义务，但第2:334条之十一至第2:334条之十三以及第2:334条之十七第2款和第4款规定的义务除外；适用第2:334条之二十七第4款时，此种关联公司不予考虑。此情形下，收购法人不应当适用第2:334条之六第2款第2项、第2:334条之二十四第3款和第2:334条之二十五第1款第2项的规定。适用第2:94条之二和第2:204条之二时，收购公司取得财产和关联公司分配股份，视为同一个公司所为。

第八章　争议解决规则和检查权

第一节　股东间争议解决的规则

第2:335条　本节规定的适用

1. 有限责任公司适用本节的规定。

2. 公司章程包含以下规定的股份公司适用本节的规定：

(1)仅提供记名股份；

(2)包含限制股份转让的内容；

(3)不允许与股份公司合作发行股份存管凭证。

第2:336条　强制转让股份的法律诉讼

1. 一名或者多名单独或者共同持有不少于1/3的已认缴资本的股东，可以因另一股东损害公司利益而不能合理容忍其继续保持股东身份的事由，向法院对该另一股东提起诉讼，并可以请求根据第2:341条转让其股份。

2. 公司或者其子公司之一不得提起诉讼。公司或者其子公司之一是此类股份的存管凭证持有人的,仅在公司或者子公司为他人持有股份存管凭证的情况下,该股东才有权提起法律诉讼。基于管理目的而持有股份的人,仅事先经有关股份存管凭证持有人的同意,才可对其管理的股份提起诉讼。

3. 公司住所地的地方法院对前款所称的诉讼具有专属管辖权。申请人仅能向阿姆斯特丹上诉法院企业法庭对该诉讼提起上诉。适用《民事诉讼法典》第 344 条的规定,但其中“合议庭”替换为企业法庭。

4. 诉讼程序中的公司或者一个或者多个股东表明其愿意采取措施尽可能消除或者减少公司受到的损害的,法院可以在其指定的期限内作出不予赔偿的决定。

5. 本条第 3 款第 1 句和第 2 句所称的法院对当事人之间或者一方当事人与公司之间发生的与本条第 1 款所称的行为有关的法律诉讼也具有管辖权。

第 2:337 条　公司章程或者协议中争议解决规则的排他性

1. 公司章程或者协议包含解决股东争议规则的,并且在使得股份转让不可能或者极其困难的范围内,当事人不得请求根据本节修改该规则。

2. 公司章程或者协议可以规定,本条所指的争端应当立即提交至阿姆斯特丹上诉法院企业法庭分庭进行审理或者仲裁,或者变更为第 2:336 条第 3 款和第 5 款所称的另一种方式由法院管辖。

第 2:338 条　被告不得转让股份或者对其设立质权、用益权

1. 在传票送达至被告前,到作出终审裁判为止,被告不得将其股份转让或者设立质权和用益权,但原告同意的除外。原告拒绝同意,但被告对该法律行为有正当利益的,审理期间法院经被告请求可以裁判同意。不得对法院的该裁判提出上诉。

2. 在法院支持诉讼请求的终审裁判生效后,被告仅在遵守第 2:339 条至第 2:341条的前提下,才能转让其股份。

3. 授权采取《民事诉讼法典》第 233 条所称的临时措施的,该措施的效力可持续至股份被转让时。法院应当尽快批准采取此类临时措施。

第 2:339 条　任命专家

1. 在法院支持诉讼请求的情况下,法院应当任命 1 名或者 3 名专家以书面形式报告所涉股份的价格。此外,适用《民事诉讼法典》第 194 条至第 199 条的规定。参照适用本法第 2:351 条和第 2:352 条的规定。除法院另有规定外,仅能对支持诉讼请求裁判以及第 2:340 条第 1 款所称的裁判提起上诉。不得对专家的任命提起上诉。

2. 各方根据公司章程或者第 2:337 条第 1 款所称的协议在各方之间适用评估股份价值的规则的,专家应当在遵守此种规则的情况下作出报告。

3. 当事人就股份的价值达成一致意见的，并且公司章程或者第2:337条第1款所称的协议明确规定评估股份价值的标准并且法院可以据此评估价格的，法院可以考虑变更本条第1款规定，不任命专家。

第2:340条　法院确定股份价格

1. 法院应当在专家提出报告后确定所涉股份的价格。同一个裁判中，法院也可以规定由当事人承担专家费用。听取公司的意见后，法院还可以裁判由公司承担专家费用。法院也可以在当事人或者当事人与公司之间分配该费用。

2. 未任命专家的，法院应当在支持诉讼请求的裁判中确定股份的价格。

3. 公司章程或者有关评估股份价值的协议中的规则会导致明显不公平的价格的，法院不得考虑适用该规则。

4. 法院裁判的内容包含法院要求股东根据第2:341条第5款以固定价格转让股份的，原告需以现金的方式支付该股份的价格。适用第2:341条第6款的，该裁判及于同意提起诉讼的此类股份的存管凭证的持有人。

第2:341条　股份的转让

1. 被告有义务在对其送达第2:340条第1款所称的终审裁判的副本之日起2周内，将股份转让给原告，原告有义务以固定的价格支付并受领该股份，但本条第2款规定的情形除外。当裁判书没有立即宣布可强制执行时，仅在作出终审裁判后，向被告人的送达才具有本款第1句中所称的效力。各股东应当尽可能地按持有股份比例受领，但另有约定的除外。诉讼中加入原告的一方，表示愿意与原告处于相同地位的股东，视为原告。

2. 拟转让股份的主体根据第2:195条或者章程的限制安排规定必须向共同股东或者其他人提出要约的，公司在对其送达终审裁判的副本后，该主体应当不迟延地以被告的名义向股东或者其他人提出书面要约，其应当尽可能遵守章程中的规则并同时告知固定的价格。受要约人可以在收到要约后1个月内以书面形式通知公司接受要约。上述期限届满后1周内，公司应当通知被告和原告是否有人作出承诺、承诺的股份数量和承诺主体。收到通知后，被告有义务不迟延地将股份移交给共同股东或者其他人，受让人应当同时支付价款。

3. 本条第2款所称的情形下，无人接受股份要约或者承诺的股份数量比提出要约的数量少的，或者收到公司转让通知后2周内没有以固定的价格向愿意移交股份的被告支付价款的，剩余的股份或者未按时支付价款的股份适用本条第1款的规定。参照适用本条第1款第2句的规定。

4. 被告未转让其股份的，公司应当以被告的名义转让该股份；同时，受让人应当支付价款。

5. 一个或者多个原告无法在受领股份的同时支付固定价款的,其他原告必须在确定不支付价款后 2 周内受领股份并同时支付固定价款,各原告应当尽可能按持有股份比例履行上述义务。

6. 除原告外,基于管理目的持有股份的股东,以及同意提起诉讼的此类股份存管凭证持有人对本条规定的义务承担责任,各持有人应当尽可能按持有股份存管凭证比例履行上述义务。一个或者多个股份存管凭证持有人不履行的,其他同意提起诉讼的股份存管凭证持有人有义务履行该份额,各持有人应当尽可能按持有股份存管凭证比例履行上述义务。

7. 经任何一方当事人的申请,已受理法律诉讼的一审法院或者上诉法院,应当对与履行有关的争议作出裁判。不得对该裁判提起上诉或者其他法律救济。

第 2:341 条之一　裁判被宣告无效的法律效力

1. 对第 2:340 条第 1 款所称的裁判在提出法律补救后被宣布为无效的,基于该裁判而实施法律行为的主体,应当承担消除该法律行为已确立的法律效力的义务。

2. 难以撤销法律行为已确立的法律效力的,法院可以经申请裁判限制或者消除该法律行为的法律效力。该裁判还可以规定由获得不正当优势的当事人向因其受到损害的当事人承担损害赔偿的义务。

第 2:342 条　表决权的强制移转

1. 一名或者多名单独或者共同认缴不少于 1/3 的已认缴资本的股东,可以因股份质权人或者用益权人损害公司利益而不能合理容忍其继续保留表决权的事由,向法院提起诉讼,并请求将表决权转移给股东。

2. 股东并非原告的情形下,原告必须立即向其送达传票副本。适用第 2:336 条第 2 款、第 3 款和第 4 款以及第 2:339 条第 2 款的规定。参照适用第 2:337 条和第 2:338 条第 1 款的规定。在第 2:338 条第 1 款所称的情形下,用益权人或者质权人不得将其用益权或者质权转让给其他人。

3. 法院支持转让表决权的诉讼请求的,该转让在终审裁判作出时立即生效。

第 2:342 条之一　[1984 年 1 月 1 日废止]

第 2:343 条　股份的强制转让

1. 股东由于 1 名或者多名共同股东的行为损害公司利益而不能合理容忍其继续保留股份的,可以请求共同股东退出并要求共同股东必须根据第 2:343 条之一第 1 款、第 2 款、第 3 款的规定购买其股份。股东基于一个或者多个共同股东或者公司本身的行为,可以对公司提起退出该公司的法律诉讼。根据第 2:98 条或者第 2:207

条排除公司收购的股份的，即使未考虑第2:98条第4款所称的授权要求，或者公司章程中有类似条款的规定，或者对公司章程的修改导致提起法律诉讼会损害原告利益的，股东不得对公司提起的此类法律诉讼。法院支持诉讼请求时，不适用第2:207条第3款的规定。

2. 适用或者参照适用第2:336条第3款和第5款，第2:337条，第2:338条第1款和第3款，第2:339条和第2:340条第1款、第2款和第3款的规定。

3. 在对股东提起法律诉讼的情形下，认为仅应当向该股东或者公司提起法律诉讼的当事人，也可以对另一股东或者公司提起诉讼。法院最迟应当在当事人提交答辩状的当天进行出庭传票。

4. 确定股份价格时，可合理认为该行为将减少拟转让股份的价值的，并且该减少不应当或者不会完全保留给原告的，法院可以经申请合理地增加与被告人或者除被告人以外的其他人相关的股份价格。

5. 在股东提起退出公司法律诉讼时，法院可以命令其在必要之时应当在适用第2:343条之一第5款后将相关股份转让给被告。

6. 在诉讼程序中，公司或者一个或者多个共同股东表示愿意采取尽可能多的措施消除或者限制股东遭受的损害的，法院可以裁判在确定的期限内中止对其的诉讼程序及法律索赔。

第2:343条之一　强制购买的法院裁判的法律效力

1. 将确定股份价格的判决书副本正式送达被告后的两周内，各被告有义务购买法院确定的股份的数量，除本条第2款中规定的价格外，应当以固定价格进行支付，原告有义务将这些股份转让给被告。裁判未宣布可立即强制执行的，正式送达的判决书副本仅在判决书被宣布仍可强制执行后方可进行，或者判决已成为终审裁判并具有法律约束力时，才产生本条第1句所述的法律效力。在诉讼程序中加入被告一方，并表示希望与被告人享有同等地位的股东，视为被告。

2. 拟转让一股或者多股股份的股东必须根据第2:195条或者公司章程中为此目的的安排首先向其共同股东或者其他人提出要求，公司应当在送达判决书副本后立即以原告的名义以书面形式将这些股份提供给股东或者其他人，并参照适用法律或者公司章程，公司也应当通知这些共同股东和其他人相关股份的固定价格。共同要约人和其他人可以在要约以书面通知公司的方式发送给他们后的1个月内接受。在原定期限届满后的1周内，公司应当通知原告和被告承诺的股份数额以及承诺的主体。收到此类通知后，原告有义务立即将相关股份转让给共同股东或者接受要约的其他人，被告应当同时要支付股份的价格。此时，参照适用本条第1款第2句的规定。

3. 在本条第 2 款所称的情况下，在原告提出的 2 周内没有接受任何股份的，或者接受的股份数量少于要约数量的，或者没有支付固定价格的，剩余的股份或者未按时支付价款的股份的情形适用本条第 1 款的规定，但为其他股东或者其他人购买的股份的被告人，应当尽可能地根据本条第 1 款为各被告人确定股份的数量比例。

4. 原告无权转让其股份的情况下，公司可以其名义转让该股份，而获得这些股份的人应当同时支付股份的价格。

5. 一名或者多名被告违约并以固定价格同时支付股份价格的，另一被告必须在确定违约后的 2 周内，以所涉股份同时支付固定价格的方式进行交付，并尽可能地根据本条第 1 款确定的每股股份的数量比例。

6. 除原告外，基于管理目的持有股份的股东，以及同意提起诉讼的此类股份存管凭证持有人应当对本条规定的义务承担责任，各持有人应当尽可能按持有股份存管凭证比例履行上述义务。一个或者多个股份存管凭证持有人不履行的，其他同意提起诉讼的股份存管凭证持有人有义务履行该份额，各持有人应当尽可能按持有股份存管凭证比例履行上述义务。本款第 1 句和第 2 句仅适用于原告及时提起诉讼的存管凭证的持有人。必要之时，被告应当向原告提供为此目的所需的信息。

7. 经任何一方当事人的申请，已受理法律诉讼的一审法院或者上诉法院，应当对与转移或者付款的履行有关的争议作出裁判。不得对该裁判提起上诉或者其他法律救济。

第 2:343 条之二　强制购买的法院裁判的法律效力

第 2:343 条之一第 1 款所称的裁判被宣布无效的，应当参照适用第 2:341 条之一的规定。

第 2:343 条之三　强制购买的法院裁判的法律效力

1. 股东与其 1 名或者多名股东或者公司达成协议，表明股东应当在支付评估价格的同时转让其股份的，可以申请法院根据第 2:336 条第 2 款所称的联合请求的方式确定相关股份的价格。在另一方当事人答辩状不表示反对的情况下，一方当事人也可以提出该申请。

2. 当事人在指定一个或者多个专家时，可以请求法院明确需遵守的评估方法，与评估有关的日期以及在评估中必须考虑的其他情况。当事人之间没有异议的，法院应当按照合理和公正的原则作出裁判。

3. 申请程序的规则，应当尽可能参照适用第 2:343 条第 2 款和第 2:343 条之一的规定。

4. 当事人在申请书中或者根据本条第 1 款第 2 句明确表示愿意接受专家报告以及和解协议的效力的，尽可能地参照适用专家报告的法律规定。一方当事人仅可在法院的书记员根据《民事诉讼法典》第 205 条第 1 款寄送专家报告之日起的 4 周内援用第 7:904 条第 2 款的规定。适用第 7:904 条时，第 2:336 条第 3 款所称的法院应当具有管辖权。该法院应当经当事人一方的申请，对与转移或者付款的履行有关的争议作出裁判。

5. 不得对本条所称的法院裁判提起上诉或者其他法律救济。

第二节　检　查　权

第 2:344 条　本节规定的适用

本节规定适用于：

(1) 合作社、互助保险协会、股份公司和有限责任公司；

(2) 拥有企业并且依法应当设置劳动委员会的基金会和具有完全行为能力的社团。

第 2:345 条　申请调查法人的政策和业务

1. 经第 2:346 条和第 2:347 条所称的权利人的书面申请，阿姆斯特丹上诉法院企业法庭应当任命一人或者多人，全部或者部分或者特定时期检查法人的政策和业务。包括法人作为承担全部责任的合伙人的有限合伙企业与普通合伙企业的政策和业务。

2. 基于公共利益的考虑，阿姆斯特丹上诉法院的检察长可以申请进行本条第 1 款所称的检查。准备申请调查时，检察长可以任命一名或者多名专家负责收集关于法人政策和业务的信息。法人有义务提供其所要求的信息，并且经申请应当提供账簿和文件以供专家查阅。

第 2:346 条　申请检调查的权利

以下人员有权提出第 2:345 条所称的申请：

(1) 涉及协会、合作社或者互助保险协会：法人成员不少于 300 名的，至少为总人数的 1/10，或者在股东大会共同享有 1/10 表决权的成员；

(2) 涉及股份公司或者有限责任公司：1 名或者多名单独或者共同代表至少 1/10 的已认缴资本的股东或者此类股份的存管凭证持有人，或者持有股份或者此类股份的存管凭证面额达到 225,000 欧元或者章程规定的更低金额的权利人；

(3) 被章程或者与法人协议授予此种权利的人员。

第2:347条　工会申请调查的权利

第2:345条所称的有权提出申请的主体为雇员在法人企业中工作的雇员协会,并且该协会应当具有2年以上的完全行为能力,但根据其章程,协会目的是保护作为雇员的成员利益,并且在该行业或者企业中活动的除外。

第2:348条　通知监管机构

法人由于其经营的性质而受荷兰中央银行或者荷兰金融市场管理局监管的,书记员应当将申请书副本寄送给监管机构。

第2:349条　不予受理申请人或者上诉法院检察官的申请

1.申请人或者辩护律师未事先书面通知有关法人董事会和监事会的,并且未表明此后法人有理由对该异议进行审查并采取适当措施的,可以不接受其提出的检查政策或者业务的申请。法人提出申请时,不适用前1句的规定。此情况下,申请人应当尽快将拟提出申请的意图或者提出申请的情况分别通知监事会或者董事会以及劳动委员会。适用本条第1款时,由法人章程所建立或者根据其成立的监督机构视为监事会。

2.雇员协会未能事先给法人独立或者作为承担完全责任的合伙人拥有的企业的劳动委员会提供书面表达意见的机会的,企业法庭不得受理其申请。检察长申请时,应当告知其是否给企业的劳动委员会表达意见的机会。

第2:349条之一　尽快申请和临时措施

1.企业法庭应当尽可能快地审理申请。申请人和法人可由辩护律师代理出庭或者亲自出庭。企业法庭在作出裁判前,可依职权询问证人和专家。

2.与法人状况相关或者出于调查的利益的考虑,需要立即采取措施的,企业法庭可以经第2:345条所称的申请,在法律诉讼的任何阶段采取此种临时措施,但最多限于法律诉讼中。

第2:350条　充分理由:赔偿和调查费用

1.仅证明有充分理由怀疑政策或者业务的正确性时,企业法庭才能批准调查的申请。

2.企业法庭驳回申请并且认为申请非基于正当理由的,法人有权向企业法庭对申请人提起因申请造成损害的赔偿诉讼。申请人提出申请的住所视为对申请人提起诉讼的住所。

3.企业法庭批准申请的,应当确定调查所需的最高费用的金额。调查期间,企业法庭经指定的主体的申请,并听取原申请人的意见后,可以提高该金额。企业法庭应当确定其任命的人员的报酬。法人必须支付调查费用和合理费用;发生争议时,经一方当事人的申请,企业法庭可对争议作出裁判。企业法庭可以规定法人应当为调查费用提供担保。

4. 企业法庭与负责调查的主体应当同时任命 1 名专员法官。要求进行适当调查的,专员法官可以经利害关系人的申请,对调查的方式作出指示。专员法官对申请作出决定前,应当允许负责调查的主体对申请提出意见。专员法官还可以根据自己的要求向负责调查的主体作出指示。专员法官在作出上述指示之前,应当允许在诉讼程序中出庭的法人对其申请的观点发表意见。专员法官还可以允许其他人发表意见。不得对本款所称的专员法官的决定提起上诉。

第 2:351 条　调查员的权利;保密义务

1. 企业法庭任命的人员有权查阅其认为正确履行职务需要了解的法人信息和第 2:345 条第 1 款所称的合伙企业的簿册、文件和其他信息记录。法人和合伙企业必须根据该人员要求出示财产。董事、监事以及法人或者合伙企业雇用的人员,经申请有义务提供进行调查所需要的一切信息。调查期间内,原董事、监事以及法人或者合伙企业雇用的主体负有同样的义务。

2. 因正确履行职务的需要,企业法院经其任命的人员的申请,可以授权其查阅与被调查法人有密切联系的另一个法人的簿册、文件和其他信息记录并要求其出示财产。参照适用本条第 1 款第 3 句和第 4 句的规定。

3. 禁止负责调查法人的人员在其受托范围外公布其调查获悉的信息。

4. 负责调查的人员应当草拟关于其调查结果的调查报告。该人员可在报告中提到与调查结果有关的其他人员的评论。禁止提供已提交给他的符合前段内容的报告或者仅包含部分内容的信息。

5. 负责调查的人员不承担赔偿责任,但根据报告或者调查结果,出于对报告中所列结论或者调查结果的正确性的考虑,故意不恰当或者有重大过错地履行其职责的除外。

第 2:352 条　企业法庭庭长的补充命令

1. 拒绝根据前条向负责检查的人员提供簿册、文件和其他信息记录或者对其出示财产的,经负责调查的人员的申请,第 2:350 条第 4 款所称的专员法官应当根据情况发布必要的命令。

2. 上述命令可以包括指示警察提供必要的协助,并且允许进入簿册、文件和其他信息或者财产所在的住宅以及进入该住宅必须经过的住宅。仅出示企业法庭庭长的许可才能违背住户的意愿进入其住宅。

第 2:352 条之一　听证

负责调查的主体可以申请企业法庭询问一个或者多个证人。该申请应当载明被询问证人的姓名和住址以及必须询问的事实和情况。调查人员有权参加听证会并询问证人。

第 2:353 条　调查报告

1. 调查报告应当备置于阿姆斯特丹上诉法院的书记员处。报告必须载明其是否遵守了第 2:351 条第 4 款第 2 句的规定。

2. 上诉法院检察长、法人和申请人及其律师应当收到调查报告的副本。第 2:348条所称的情形下,荷兰中央银行或者荷兰金融市场管理局也应当收到调查报告的副本。企业法庭可以决定将调查报告的全部或者部分内容提供给其指定的主体或者任何其他人查阅。

3. 除法人外,禁止他人将报告内容提供给第三方查阅,但经他人申请并取得企业法庭授权的除外。雇员协会有权不经授权将报告信息提供给予法人有关的企业的劳动委员会。

4. 调查报告备置于阿姆斯特丹上诉法院的书记员处后,该法院的书记员应当尽快通知申请人和法人该事项;企业法庭发布命令的,书记员还应当确保在荷兰政府公报上公告该命令并取得本条第 2 款所称的授权。

第 2:354 条　费用承担

收到调查报告后,该报告表明申请无充分理由的,经法人的申请,企业法庭可以决定由申请人承担全部或者部分的调查费用,或者报告表明不正确的管理和不适当的业务应当由董事、监事或者法人雇用的其他人承担责任的,企业法庭可以决定由此人承担全部或者部分的调查费用。参照适用第 2:350 条第 2 款最后 1 句的规定。

第 2:355 条　管理不当;采取其他额外措施

1. 调查报告表明管理不当的,企业法庭可以命令根据调查结果采取下一条规定的一项或者多项措施;经原申请人或者其他满足第 2:346 条或者第 2:347 条所称的要求并且提供报告供其查阅的人的申请,或者经检察院基于公共利益提出的申请,企业法庭可作出此类命令。

2. 该申请应当在调查报告备置于阿姆斯特丹上诉法院的书记员处后 2 周内提出。

3. 参照适用第 2:348 条和第 2:349 条之一的规定。

4. 第 2:348 条所称的情形下,企业法庭在作出决定前,应当允许荷兰中央银行或者荷兰金融市场管理局对申请发表意见。

5. 法人保证采取特定措施尽可能地消除或者减轻管理不当的状态或者造成的损害的,企业法庭可以决定在其规定的期间内不采取临时措施。

第 2:356 条 企业法庭可以采取的措施

前条所称的措施包括:

(1)中止或者撤销法人董事会、监事会、股东大会或者其他机构的决议;

(2)中止或者免除 1 名或者多名董事或者监事的职位;

(3)临时任命 1 名或者多名董事或者监事;

(4)暂时变更企业法庭为此目的确定的章程的规定;

(5)以管理人的名义临时转让持有的股份;

(6)解散法人。

第 2:357 条 临时措施的其他规定

1. 企业法庭应当明确命令采取临时措施的生效期限;经第 2:355 条所称的申请人、法人或者检察院的申请,企业法庭可以延长或者缩短该期限。

2. 必要之时,企业法庭应当具体说明其采取措施的法律效果。

3. 法人不得决议撤销企业法庭命令其采取的一项或者多项措施;为此目的通过的决议无效。

4. 企业法庭可以规定由法人支付其临时任命的董事或者监事的报酬。

5. 企业法庭可以指示该董事或者监事定期向其报告。

6. 企业法庭可以决定法人应当支付评估董事、监事或者管理人在其临时任命期间正当履行职责的合理费用。

7. 解散法人不符合成员、股东或者法人雇用的人员的利益或者公共利益的,企业法庭不得裁判解散该法人。

第 2:358 条 企业法庭裁定的公开

1. 企业法庭有权命令执行第 2:356 条第 1 项至第 5 项所称的临时措施。

2. 企业法庭的书记员应当将企业法庭的裁判副本备置于法人或者公司商事登记处。该裁判不能立即执行的,应当在终审生效后备置。

3. 在第 2:348 条所称的情形下,书记员应当将企业法庭的裁判副本送交给荷兰中央银行或者荷兰金融市场管理局。

第 2:359 条 上诉

1. 除《民事诉讼法典》第 426 条第 1 款所称的人员外,无论是否参加企业法庭审理的法律诉讼,法人均有权根据本节的规定对企业法庭的裁判提起上诉。

2. 企业法庭关于调查被指控的主体或者任命董事、监事或者管理人的命令被宣布无效而丧失法律效力的,企业法庭授予该人的补偿或者报酬视为从未发生。

第三节　公开招标

第 2:359 条之一　本节规定的适用

1. 本节适用于股份在《金融监管法》第 1:1 条所称的监管市场中上市交易的公司,但该条所称的投资公司,经持股人的申请,其份额可以直接或者间接从投资公司的资产中回购或者赎回的除外。

2. 适用本节时,经公司合作发行的股份存管凭证视为股份,股份存管凭证的持有人视为股东。

第 2:359 条之二　受保护或者不受保护的公司(目标公司)

1. 公司章程可以规定采用《金融监管法》第 5:70 条或者第 5:74 条所称的招标方式,发布公司拟发行股份的公告,具体效果如下:

(1)招标结果公告前或者要约失效前,公司不得实施任何阻碍公开招标的行为,但取得股东大会批准或者寻求替代公开招标行为的除外,该股东大会的召集不得迟于股东大会召开前第 42 日;

(2)本条所称的公告前公司通过的决议尚未完全执行的,且该决议不属于企业正常业务范围并且执行决议阻碍公开招标的,继续执行该决议需取得股东大会批准;该股东大会的召集不得迟于股东大会召开前第 42 日;

(3)公司章程、公司和股东或者股东之间的协议限制股份转让的,不适用于在公开招标承诺期限内向要约人转让的股份;

(4)公司章程、公司和股东或者股东之间的协议限制行使表决权的,不适用于股东大会审议第 1 项或者第 2 项所称的行为的决议;

(5)股东大会期间审议第 1 项或者第 2 项所称的行为的决议的每一股,代表一票。

2. 公司章程可以规定通过公开招标持有代表已认缴资本至少 75% 的股份的股东,有权在公开招标届满后的短时间内召集股东大会,但根据公司章程授予股东的有关任命或者罢免董事、监事或者任何特殊权利的决议应当无效。该股东大会的召集不得迟于股东大会召开前第 42 日。股东大会期间每一股代表一票,并且不适用公司章程、公司和股东或者股东之间的协议对行使表决权的限制。

3. 股东因适用本条第 1 款第 3 项、第 4 项或者第 5 项或者第 2 款受到损害的,有权获得公平的补偿。

4. 合伙企业或者法人或者其关联公司,对适用本条第 1 款或者第 2 款所称的法人发布公开招标公告的,而该合伙企业或者法人不适用该规定或者根据执行欧洲议会和理事会 2004 年 4 月 21 日《关于公开要约收购的 2004/25/EG 号指令》(PbEUL142)第 9 条第 2 款和第 3 款或者第 11 条的国内法规范不适用此类规定的,目标公司可以决定该特殊情况不适用本条第 1 款和第 2 款的规定。需经股东大会批准的决议,不得在发布公开招标公告前 18 个月前作出。

5. 公司适用本条第 1 款或者第 2 款时,应当通知荷兰金融监管机构。其股份在欧盟其他成员国监管市场中上市交易的,还应当通知该国的金融监管机构。

6. 阿姆斯特丹上诉法院企业法庭对股东、经公司合作发行的此类股份的存管凭证的持有人、董事或者监事提起的本条第 1 款至第 4 款所称的一切诉讼具有管辖权。

第 2:359 条之三　公开招标发出后强制转让股份

1. 公开招标的股东,为自己认缴不少于 95% 的目标公司已认缴资本的,并且代表目标公司至少 95% 的表决权的,可以对其他全体股东提起将其股份转让给自己的诉讼。两个以上关联公司共同认缴该部分已认缴资本的,并且代表该部分表决权的,其共同提起将股份转让给公开竞标主体的诉讼的,同样适用上述规定。

2. 存在不同种类股份的,仅在原告对该种类股份认缴不少于 95% 的已认缴资本并且代表至少 95% 的表决权的情形下,才可提起该种股份的诉讼。

3. 法律诉讼必须在公开招标期限届满后 3 个月内提起。

4. 阿姆斯特丹上诉法院企业法庭应当对此类诉讼作出一审判决。仅能对该判决提起法律审的上诉。

5. 一个或者多个被告没有出庭的,法院必须依职权审查原告是否符合本条第 1 款或者第 2 款所称的要求。

6. 法院认为本条第 1 款和第 2 款不妨碍支持诉讼请求的,应当确定对拟转让股份应支付的公平价格。发布《金融监管法》第 5:74 条所称的公开招标的,并且取得所涉股份的 90% 的,要约中对待给付的价格视为公平价格。发布《金融监管法》第 5:70 条所称的公开招标的,要约中对待给付的价格视为公平价格。不适用本款第 2 句和第 3 句规定的情形下,法院可以命令 1 名或者 3 名专家对股份转让价格作出报告。参照适用第 2:350 条第 3 款前 3 句、第 2:351 条和第 2:352 条的规定。价格应当以金钱的方式表示。受让人未能及时支付价款的,其应当自法院规定的应支付价款之日起至股份转让之日按照法定利息金额支付利息;此期间内宣布的对该股份的财产分配,属于给付日价款的一部分。

7. 法院支持诉讼请求的,应当判决受让人对股东或者未来的股东支付相关规定固定的价款以及利息,并且股东或者未来的股东应交付无任何负担的股份。对于法律诉讼的费用,法院应当作出其认为适当的裁判。被告未提出抗辩的,不承担相应的费用。

8. 法院的转让判决最终生效时,受让人应当按照其知道的地址,以书面方式通知应转让股份的股东应付款日期和地点以及价格。除知道所有人地址外,法院还应当在全国性日报上公告该判决。

9. 受让人可以随时将尚未转让的股份的确定价格和利息提存,并告知其知道的质权、用益权和扣押的情况,从而免除本条第 7 款和第 8 款所称的义务。告知后,股份的扣押转变为对给付请求权的扣押。提存后,无负担的股份移转给受让人,质权和用益权转变为给付请求权。转让后可以对股份分配财产的,该股份的股票和息票不再对公司产生请求权。受让人应当以本条第 8 款规定的方式告知该提存的情况以及提存时每股的价款。

第 2:359 条之四　强制购买

1. 公开招标的股东,为自己认缴不少于 95% 的目标公司已认缴资本的,并且代表目标公司至少 95% 的表决权的,可以对其他全体股东提起将其股份转让给自己的诉讼。两个以上关联公司共同认缴该部分已认缴资本的,并且代表该部分表决权的,其中一人发出公开招标的,同样适用上述规定。

2. 存在不同种类股份的,仅在原告对该种类股份认缴不少于 95% 的已认缴资本并且代表至少 95% 的表决权的情形下,才可提起该种股份的诉讼。

3. 法律诉讼必须在公开招标的承诺期限届满后 3 个月内提起。

4. 阿姆斯特丹上诉法院企业法庭应当对此类诉讼作出裁判。仅能对该裁判提起法律审的上诉。

5. 一个或者多个被告未出庭的,法院必须依职权审查被告是否符合本条第 1 款或者第 2 款所称的要求。

6. 法院的转让裁判最终生效时,受让人应当以书面的形式通知应移转股份的股东应付款日期和地点以及价格。

7. 参照适用第 2:359 条之三第 6 款、第 7 款和第 9 款的规定。

第九章　年度财务会计报告和年度报告

第一节　一般规定

第 2:360 条　本章规定的适用

1. 合作社、互助保险协会、股份公司和有限责任公司适用本章的规定。第 2:415 条所称的银行、《金融监管法》第 1:1 条所称的电子货币发行机构也适用本章的规定。

2. 有限合伙企业与普通合伙企业,其中所有合伙人为根据外国法设立的对其债务向债权人承担全部责任的资合公司的,同样适用本章的规定。

3. 对于拥有一个或者多个企业且依法必须在商事登记簿上登记的基金会和协会,其在连续两个资产负债表日以及此后不间断的资产负债表日的销售净收入不少于第2:396条第1款第2项或者第2:398条第4款金额半数的,同样适用本章的规定。基金会和协会依法或者根据法律有义务制作与本章所称的年度财务会计报告等同的财务报表,并且将其公开的,不适用本款第1句的规定。

第二节　年度财务会计报告的一般规定

第2:361条　第九章的财务术语

1. 年度财务会计报告是指,由资产负债表、损益表及说明构成的普通年度财务会计报告,制作合并年度财务会计报告的,为法人合并年度财务会计报告。

2. 有必要提供第2:362条第1款所称的信息的,合作社和第2:360条第3款所称基金会和协会应当用营业损益表取代损益表;营业损益表应当尽可能地参照适用关于损益表的规定。营业账目应当尽可能参照适用关于收入和费用的规定。

3. 年度财务会计报告及其组成部分,包括董事会制作的形式和法人有权限的机构审议的形式,也适用本章的规定。

4. 适用第2:367条、第2:370条第1款、第2:375条、第2:376条、第2:377条第5款和第2:381条时,必须向其他公司披露信息的关联公司,指:

(1)无论是否有法人资格,根据第2:24条第1款、第3款和第4款可在该法人中行使权利的公司;

(2)法人、集团公司或者本款第1项所称的公司的子公司。

第2:362条　财务状况信息;使用的会计准则

1. 年度财务会计报告应当遵守交易中普遍公认的规则提供此种信息,据此对财产(资产和负债)和损益状况作出判断,以及年度财务会计报告性质允许的范围内,对法人的偿付能力和变现能力作出判断。集团的国际分支机构业务证明是合理的,法人可以按照欧盟其他成员国交易中普遍公认的规则编制年度财务会计报告,提供第1句所称的信息。

2. 资产负债表和说明应当公平、清楚和持续地表明资产在会计年度终止时的金额和组成。资产负债表可以显示其构成的财产状况,应当遵循利润使用或者亏损弥补的方式,或者在尚未确定时适当遵循假定的情况。资产负债表开头应当说明资产负债表中是否已实际分配利润。

3. 损益表和说明应当公平、清楚和持续地表明会计年度的损益金额,以及收入和支出项目中各损益项目。

4. 提供本条第 1 款所称的信息的,法人应当根据特别规定和本章规定在年度财务会计报告中补充相关的信息。必要之时,法人也可以不遵守有关规定;不遵守的理由应当记载在说明中,并在必要时说明对财产和损益的影响。

5. 无论在该会计年度是否实际收到或者支出,会计年度的收入和费用应当计入年度财务会计报告。

6. 在制作年度财务会计报告之后、股东大会审议之前发现的关于资产负债表日财务状况的事项,对于本条第 1 款所称的信息是不可忽视的,审议年度财务会计报告时应当考虑此事项。此后发现,年度财务会计报告不能提供上述信息的,董事会应当不迟延地通知成员或者股东并备置在商事登记处;年度财务会计报告根据第 2:393条进行审计的,通知应当附上审计意见。根据《金融监督法》的规定,允许在规范市场上交易流通证券的法人,已根据该法第 5:25 条之十三第 6 款将声明寄送给荷兰金融市场管理局的,视为已满足本款第 2 句中所称的备置在商业登记处的要求。

7. 法人业务或者集团分支机构业务证明是合理的,年度财务会计报告或者合并年度财务会计报告可以用外币编制。其中项目应当以荷兰文书写,但股东大会决议为此目的使用其他语言的除外。

8. 法人可以根据国际会计准则委员会审议并经欧盟委员会批准的会计准则编制年度财务会计报告,但法人应当适用其审议和批准的全部准则。根据本章制作合并年度财务会计报告的法人,不得根据审议和批准的准则编制普通年度财务会计报告。根据第 1 句所称的准则编制合并年度财务会计报告的法人,在其普通年度财务会计报告中,也可以适用合并年度财务会计报告中适用的相同的估值方法。

9. 根据本条第 8 款所称的准则制作年度财务会计报告的法人,仅适用本章第 7 节至第 10 节、第 2:365 条第 2 款、第 2:373 条、第 2:383 条、第 2:383 条之二至第 2:383条之五、第 2:389 条第 8 款和第 10 款以及第 2:390 条的规定。银行也可以适用第 2:421 条第 5 款的规定。

10. 法人应当在说明中披露编制年度财务会计报告所遵循的标准。

第 2:363 条　年度财务会计报告和说明中的信息排列

1. 年度财务会计报告和说明中的信息集合、细分和排列,应当符合第 2:362 条第 1 款所称的提供信息的要求。为此,必须遵守本条第 6 款和本章本节的其他规定。

2. 年度财务会计报告中的资产和负债或者收入和费用,根据本章规定列为单独项目的,不得相互抵销。

3. 该项目在整个年度财务会计报告对于获取法定信息的重要性可忽略的,无须单独列明。根据本章应当载明的内容,单独列出和与其他类似记载合并对获取该信息的重要性可忽略的,可以不计入。根据第 2:378 条、第 2:382 条和第 2:383 条应当披露的内容,不得忽略。

4. 仅存在充分理由,资产负债表和损益表的项目划分才可以与前 1 年不同;说明中应当载明差异及其原因。

5. 年度财务会计报告中各项目应当尽可能披露前一个会计年度的金额;有比较的必要的,应当转换该金额,并载明其差异。

6. 根据枢密院令,司法部长可以规定其描述的法人的年度财务会计报告的项目划分的布局和详细规则。适用该枢密院令时,项目布局、名称和说明可以根据法人的经营性质予以调整。

第三节　关于资产负债表和说明的规定

第三节第一分节　资产负债表的主要项目划分

第 2:364 条　固定资产和流动资产;负债

1. 资产负债表上资产按照法人在业务活动中是否可长期持续使用,可分为固定资产和流动资产。

2. 固定资产可分为无形固定资产、有形固定资产和金融固定资产。

3. 流通资产可分为存货、债权、有价证券、速动资产以及未列在应收账款中的递延资产。

4. 负债可分为所有者权益、储备金、债务以及未列在应付账款的递延资产。

第三节第二分节　资　　产

第 2:365 条　无形固定资产项目

1. 无形固定资产项目应当分别列明:

(1)与公司设立和发行股份有关的费用;

(2)研发费用;

(3)特许权、许可费用以及知识产权的购置成本;

(4)从第三人处取得的商誉成本;

(5)无形固定资产的预付款。

2. 法人借记本条第1款第1项和第2项所称的费用的,必须对此进行说明并提取相应金额的公积金。

第2:366条　有形固定资产项目

1. 有形固定资产项目应当分别列明:

(1)土地及建筑物;

(2)机器设备;

(3)其他固定经营设备,技术和管理设备;

(4)建造中的有形固定资产和有形固定资产的预付款;

(5)生产过程未使用的有形固定资产。

2. 有形固定资产项目还应披露法人对有形固定资产仅享有长期的定限物权或者债权性质的使用收益权的金额。

第2:367条　金融固定资产项目

金融固定资产项目应当分别列明:

(1)关联公司的股份、此类股份的存管凭证和其他形式的股权;

(2)其他参股;

(3)对关联公司的债权;

(4)对参股该法人的其他法人和合伙企业或者该法人参股的法人的债权;

(5)其他有价证券;

(6)其他应收账款,应当分别列明对成员或者记名股东的借款和预付款产生的债权。

第2:368条　价值变动概述;将现实价值转换为历史价值

1. 固定资产各项目应当说明在本会计年度内价值的变动,还应当披露以下内容:

(1)会计年度初的账面价值;

(2)会计年度中取得的资产账面价值总额,以及会计年度终止时资产账面价值总额;

(3)会计年度内根据第2:390条第1款的重新估值;

(4)会计年度内的折旧、摊销、减值和增值;

(5)会计年度末的账面价值。

2. 固定资产各项目还应当披露:

(1)资产负债表日现存资产重新估值的金额;

(2)资产负债表日的折旧、摊销和减值的金额。

第 2:369 条　存货项目

流动资产中的存货项目应当分别列明：

(1)原材料和消耗的辅助材料；

(2)半成品；

(3)产成品和商品；

(4)存货的预付款。

第 2:370 条　短期应收账款项目

1. 流动资产项目中的债权应当分别列明：

(1)对交易债务人的债权；

(2)对关联公司成员的债权；

(3)对参股该法人的其他法人和合伙企业或者该法人参股的法人的债权；

(4)已认缴资本的出资；

(5)其他应收账款，但适用第 2:371 条和第 2:372 条的除外，并且应当分别载明对成员或者记名股东的借款和预付款产生的债权。

2. 本条第 1 款所称的各组应收账款应当指明剩余的到期期限超过 1 年的债权的金额。

第 2:371 条　有价证券项目

1. 流动资产表现为第 2:361 条第 4 款所称的公司的股份和其他形式利益的，并且该公司财务信息未合并的，该流动资产应当分别在有价证券项目下列明。流动资产的项目应当载明其他在《金融监管法》第 1:1 条所称的监管市场或者多边交易工具或者非欧盟成员国与监管市场或者多边交易工具类似的系统中上市交易的有价证券总价值。

2. 流动资产的项目还应当披露法人不能自由处分的有价证券的金额。

第 2:372 条　流动资产项目

1. 流动资产包括现金、银行账户和储蓄账户的余额以及汇票和支票。

2. 流动资产的项目还应当披露法人不能自由处分的流动资产的金额。

第三节第三分节　股本权益和负债

第 2:373 条　股本权益和公积金项目

1. 所有者权益项目应当分别列明：

(1)已认缴的资本；

(2)股份溢价；

(3)重估公积金；

(4)按照类型区分的其他法定公积金；

(5)公司章程规定的公积金；

(6)其他公积金；

(7)未分配利润,其中本会计年度未用于此用途的税后利润应当分别载明。

2. 已认缴资本未缴清出资的,说明应当披露实缴资本;已经请求出资的,说明应当披露实缴和已请求缴纳的出资。此情形下,说明还应当披露已认缴的资本。

3. 缴纳出资的义务不得与自己或者子公司持有的本公司股份或者此类股份的存管凭证相抵销。

4. 法定公积金指根据第2:67条之一第2款和第3款、第2:94条之一第6款第6项、第2:178条之一第2款和第3款、第2:365条第2款、第2:389条第6款、第2:390条所称的必须保留的公积金。

5. 年度财务会计报告使用外币的,本条第1款第1项所称的项目的金额应当按照资产负债表日的汇率进行换算。公司章程规定已认缴资本采用其他货币形式的,说明还应当载明本条第1款第1项所称的项目使用其他货币的换算汇率以及此种货币表示的金额。

第2:374条　负债和费用的储备金

1. 资产负债表应当将性质明确的、资产负债表日可能或者确定但不知道金额以及产生时间的义务,计提为储备金。该费用产生于本会计年度终止前的事件的,并且在多个会计年度内等额分摊的,还应当为此后会计年度将发生的费用计提储备金。

2. 资产负债表不得为资产的减值计提储备金。

3. 储备金应当在资产负债表中按照义务、损失和费用的性质单独列明,并根据其性质进行准确定义。说明应当尽可能地指明视为长期储备金的范围。

4. 任何情况下,资产负债表应当分别列明:

(1)本会计年度之后产生的,但必须计入本会计年度或者之前的会计年度的税收储备金,包括为计量结果超过历史成本或者重置成本部分的税收计提的储备金;

(2)养老金义务储备金。

第2:375条　负债项目

1. 负债项目应当分别列明:

(1)债券、质押债券和其他贷款,其中可转换债务应当分别列明;

（2）对银行的款项；

（3）对未减少资产项目，收取订货的预付款；

（4）对供货商的债务以及交易信用和预付款；

（5）未付款的汇票和支票；

（6）对关联公司的款项；

（7）在尚未披露的范围内，对参股该法人的其他法人和合伙企业或者该法人参股的法人的债务；

（8）税费以及社会保险费的债务；

（9）养老金债务；

（10）其他债务。

2. 对于本条第 1 款列出的各类债务，法人应当披露剩余到期期限超过 1 年的金额，并载明适用的利率。法人还应当分别载明剩余到期期限超过 5 年的金额。

3. 对于本条第 1 款列出的各类债务，法人应当披露提供物的担保的债务以及担保形式。此外，必须提供第 2：362 条第 1 款所称的信息的，无论是否附条件，法人还应当披露法人与有负担或者无负担资产有关的债务。

4. 法人应当披露顺位后于其他债务的债务金额，并说明后顺位的性质。

5. 债务偿付金额超过收到的款项金额的，最晚在赎回日，该差额可作为资产项目记入资产负债表。

6. 对于剩余到期期限超过 1 年的债务，法人必须在年度财务会计报告的下一个会计年度偿还的，应当披露所涉债务的金额。

7. 法人还应当披露可转换债务的转换条件。

第 2：376 条　附条件的债务

对其他人的债务承担责任或者对贴现汇票或者支票仍承担风险而产生负债的，并且未在资产负债表中计提储备金的，法人应当按照其担保形式进行披露和分类。法人还应当单独披露为关联公司利益承担的债务。

第四节　关于损益表和说明的规定

第 2：377 条　损益表

1. 损益表应当分别列明以下项目：

（1）正常经营活动的收入和支出、对其征税以及正常经营活动的税后利润；

（2）非经常性收入和支出、对其征税和特别税后利润；

（3）其他税费；

(4)税后利润。

2. 正常经营活动的收入和支出应当按照本条第3款或者第4款单独列明。

3. 损益表应当分别列明以下项目:

(1)净营业额;

(2)与前一个资产负债表日相比,存货中产成品和半成品的增加或者减少;

(3)计入资产项目的自己经营生产的产品;

(4)其他营业收入;

(5)工资;

(6)社会保障费用,其中养老费用应当分别列明;

(7)原材料和消耗的辅助材料的成本以及其他外部成本;

(8)按各组资产计入的无形固定资产和有形固定资产的折旧和减值;

(9)超过法人通常金额减值的流动资产的减值;

(10)其他营业费用;

(11)参股利润;

(12)其他属于固定资产的有价证券和债权的净收益;

(13)其他应收利息和类似收入;

(14)金融固定资产和流动资产中的有价证券的价值变化;

(15)应付利息和类似费用。

4. 损益表应当分别列明以下项目:

(1)净营业额;

(2)营业成本,包括折旧、摊销和减值,但成本的利息除外;

(3)总营业额,即第1项和第2项的差额;

(4)销售费用(分销成本),包括折旧、摊销和特殊减值;

(5)一般管理费用,包括折旧、摊销和特殊减值;

(6)其他营业收入;

(7)参股利润;

(8)其他属于固定资产的有价证券和债权的净收益;

(9)其他应收利息和类似收入;

(10)金融固定资产和流动资产中的有价证券的价值变化;

(11)应付利息和类似费用。

5. 本条第3款第11项至第15项和第4款第7项至第11项中,损益表应当单独披露与关联公司相关的收入和支出。

6. 净营业额指法人提供营业中的商品或者服务的收益，减去折扣和类似事项以及对营业额征收的税费。

7. 法人非日常营业活动的收入和支出，视为非经常性损益。该损益应当按性质和金额加以说明，但该损益对判断利润仅有次要意义的除外。不计入特别收入和支出的，必须分配给另一个会计年度的收入和支出同样适用上述规定。

第五节　关于说明的特殊规则

第 2:378 条　股本权益的变动表

1. 说明应当载明所有者权益在本会计年度内的变化。其中应当披露：

(1)会计年度初各项目的账面价值；

(2)本会计年度内各项目的增减，并按性质分类；

(3)会计年度末各项目的账面价值。

2. 该清单应当按照各类股份区分实缴和已认缴资本的项目。法人及其子公司为自己或者让他人为自己持有的股份和此类股份存管凭证的最终情形和变动信息，应当单独列明。法人还应当披露所有者权益各项目比历史成本或者账面价值降低的情况。

3. 法人应当披露本会计年度内各股份到期和自愿缴纳的出资方式，包括本会计年度内实施的适用第 2:94 条、第 2:94 条之三、第 2:204 条具有商业内容的法律行为。对于股份公司，其应当披露他人为其持有的本公司股份和此类股份存管凭证的收购或者转让；还应当披露各涉及股份和此类股份存管凭证交易中收购原因、数量、面额和约定的价格，以及其代表的资本份额。

4. 对于股份公司，其应当披露以下情形中本公司股份和此类股份存管凭证的数量、类型以及面额：

(1)股份公司或者他人为股份公司在资产负债表日享有质权的；

(2)股份公司或者子公司根据第 2:98 条第 5 款收购并在资产负债表日持有股份的。

第 2:379 条　有关参股权益和集团关系的信息

1. 法人应当披露以下组织的名称、住所和已认缴资本的数额：

(1)单独或者与其子公司共同为自己或者让他人为自己认缴至少 1/5 的已认缴资本的组织；

(2)向债权人承担全部责任的合伙人。

2. 除以下情形外，法人应当披露本条第 1 款第 1 项所称的各子公司最近一次年度财务会计报告中的净资产和损益：

(1)子公司的财务信息与法人合并的；

(2)法人和子公司根据第2:389条第1款至第7款编制资产负债表或者合并资产负债表的；

(3)子公司的财务信息不重要或者根据第2:408条未与法人合并的；

(4)法人为自己认缴的子公司资本不足半数，并且子公司依法无须公开资产负债表的。

3. 法人还应当披露以下信息，但此种组织依法无须公开其在法人中的利益的除外.

(1)集团核心公司的名称和住所；

(2)财务信息已并入集团核心公司公开的合并年度财务会计报告的各组织的名称和住所，并且可以不超过成本价的费用取得该年度财务会计报告副本的地点。

4. 法人有充分理由认为载明上述财务信息会对其造成严重损害的，经济部长经其申请可以豁免本条第1款、第2款和第3款所称的义务。每次豁免期限最长为5年。说明应当披露得到豁免或者申请豁免的时间。申请期间无须披露申请豁免的信息。

5. 法人可一并披露本条和第2:414条所要求披露的事项。法人可以将包含此种披露的说明部分单独备置于商事登记处，以供所有人查阅，但两部分之间必须相互参照。

第2:380条　按照经济业务和国度分列营业额

1. 法人的经营机构从事不同行业的业务的，应当通过数字说明各种业务对净营业额的贡献。

2. 净营业额应当按照为法人提供的商品或者服务的各个地区相应地进行划分。

3. 参照适用第2:379条第4款的规定。

第2:381条　未来的重要财产义务

1. 法人应当披露其在未来数年内承担的、未列入资产负债表的重要财产义务，如从长期合同中产生的义务。对关联公司的此种义务应当分别予以披露。参照适用第2:375条第3款的规定。

2. 未计入资产负债表的安排所产生的风险和利益非常重要的，并且判断法人财务状况有必要公开该风险或者利益的，法人还应当披露该安排的性质、商业目的和财产效果。

3. 法人还应当披露其与关联当事人未按照正常市场条件进行的交易、该交易的金额、与关联当事人关系的性质以及与法人财务状况有关的必要的交易信息。单个交易的信息可以按照性质进行合并，但该信息对与关联当事人交易产生的法人财务状况信息有必要的除外。集团内两个以上成员之间的交易，其中交易当事人的子公司完全由集团一个或者多个成员所有的，可以不予披露。

第 2:381 条之一　金融工具

金融工具以现值计价的，法人应当披露以下信息：

(1)现值采用某种计价模型和估值技术的，作为计价属性的假设；

(2)每类金融工具的现值、损益表中包含的价值变化、第 2:390 条第 1 款所称的重新估值的公积金的价值变化、自愿提取的储备金的减少；

(3)每类衍生金融工具的数额和性质的信息以及金额、时间和将来现金流的确定性的条件。

第 2:381 条之二　有关金融工具的信息

金融工具未以现值计价的，法人应当披露以下信息：

(1)对每类金融工具：

①可通过第 2:384 条第 4 款规定的方法确定的，金融工具的现值；

②金融工具的数量和性质。

(2)对于金融固定资产，计价高于现值并且未适用第 2:387 条第 4 款规定的：

①单项资产或者适当划分的各组资产的账面价值和现值；

②账面价值未降低的原因，以及实现账面价值的证据的性质。

第 2:382 条　雇员配备

法人应当披露本会计年度内根据经营组织分类的雇员的平均数量。法人还应当披露在荷兰境外工作的雇员数量。损益表不适用第 2:377 条第 3 款规定的，法人还应当披露该条款第 5 项和第 6 项的信息。

第 2:382 条之一　外聘审计师的报酬

1. 法人应当披露本年度法人支出的审计报酬、其他监管事务报酬、税务顾问服务报酬以及审计师和《审计师组织监管法》第 1 条第 1 款第 1 项和第 5 项所称的审计师组织提供其他非审计服务的报酬。

2. 法人有子公司或者财务信息合并入法人的其他组织的，应当在本年度会计报告中一并披露其向该子公司或者其他组织收取的报酬。

3. 法人的财务信息并入合并年度财务会计报告的，并且该合并年度财务会计报告适用欧洲议会和理事会《国际准则的条例》或者欧盟理事会《关于公司法的第七号指令》的，无须披露其报酬。

第 2:383 条　(前)董事和监事取得的薪酬、贷款和担保

1. 法人应当单独披露董事和原董事合计以及监事和原监事合计的工资金额,包括养老金和其他福利。该金额是本会计年度应当向法人收取的金额。法人有子公司或者财务信息合并入法人的其他组织的,应当在本年度会计报告中一并披露其向该子公司或者其他组织收取的报酬。披露可追溯到单个自然人的,可以忽略。

2. 除本条第 1 款第 1 句外,法人、子公司和财务信息合并入法人的其他组织为法人董事和监事提供的贷款、预付款和担保金额,也适用上述规定。法人还应当披露尚未支付的金额、利息,以及本会计年度应偿付的金额和其他重要条件。

第 2:383 条之一　经营企业的协会和基金会的利润分配

第 2:360 条第 3 款所称的基金会和协会应当根据其章程披露税后利润的分配方式以及具体的分配方案。

第 2:383 条之二　第 2:283 条之三至第 2:383 条之五的适用范围

不同于第 2:383 条的规定,股份公司可适用第 2:383 条之三至第 2:383 条之五的规定,但公司章程规定仅发行记名股份、限制安排且不允许经公司合作发行此类股份的存管凭证的除外。

第 2:383 条之三　(前)董事和监事的薪酬

1. 公司应当披露各董事的薪酬,并单独列明以下金额:

(1)定期支付的薪酬;

(2)将来必须支付的薪酬;

(3)职务终止时的付款;

(4)利润分配和奖金支付,该金额仅在本会计年度支付。该奖金全部或者部分基于公司设定的目标实现的,公司应当披露以奖金形式支付的薪酬。公司还应当披露该目标在本会计年度的实现情况。

2. 公司应当支付各原董事在本会计年度的薪酬。公司还应当披露原董事薪酬的金额,并应当单独列明将来必须支付的薪酬和职务终止时的付款。

3. 监事的薪酬在本会计年度由公司承担的,公司应当披露各监事薪酬的金额。公司以利润分配或者奖金的形式支付薪酬的,应当单独披露以此种形式授予监事薪酬的决议的理由。参照适用本条第 1 款第 4 项最后两句的规定。

4. 原监事的薪酬在本会计年度由公司承担的,公司应当披露各原监事薪酬的金额。

5. 公司有子公司或者财务信息合并入公司的其他组织的,应当在本条第 1 款至第 4 款的各类薪酬中一并披露本会计年度向该子公司或者其他组织收取的金额。

6. 公司应当具体规定第 2:135 条第 6 款至第 8 款所称的已调整或者追回的薪酬的金额。

第 2:383 条之四　董事、监事和雇员所享有的购股权

1. 公司授予董事或者雇员认购公司股份或者子公司股份的权利的,应当披露关于各董事和全体雇员的以下信息:

(1)行使价低于授予权利(期权)时的股份价格的,股份的行使价以及普通股份的价格。

(2)本会计年度初尚未行使的认购股份权利的数量。

(3)本会计年度内授予的认购股份权利的数量及有关条件;此种条件在本会计年度变更的,应当单独披露该变更。

(4)本会计年度内行使的权利数量,还应当随时披露行使权利涉及的股份数量和价格。

(5)本会计年度末尚未行使的认购股份权利的数量,还应当披露:

①授予权利的行使价;

②未行使权利的剩余期限;

③行使权利的重要条件;

④与授予权利(期权)有关的财务安排;

⑤其他对评估有关权利(期权)价值具有重要意义的信息。

(6)可适用的情况下,授予或者行使权利(期权)的标准。

2. 公司授予监事认购本公司或者子公司股份的权利的,还应当披露各监事的此种权利,以及授予监事此种权利的决议的理由。参照适用本条第 1 款的规定。

3. 公司应当披露为本条第 1 款和第 2 款的权利行使,资产负债表日购回和资产负债表日后将购回以及资产负债表日发行和资产负债表日后将发行的数份数量。

4. 适用本条时,经公司合作发行的股份存管凭证视为股份。

第 2:383 条之五　为股份有限公司的董事和监事提供的贷款、预付款和担保

公司应当披露,公司、子公司和财务信息合并入法人的其他组织为公司各董事和各监事提供的贷款、预付款和担保金额。公司还应当披露尚未支付的金额、利息,以及本会计年度偿付的金额和其他重要条件。

第六节　关于计量原则和损益确认规则的规定

第 2:384 条　计量原则

1. 法人应当按照第 2:362 条第 1 款至第 4 款的规定,选择资产和负债的计量原则以及损益确认规则。历史成本或者重置成本以及现值均为可考虑的计量原则。

2. 法人适用计量原则时,应当谨慎行事。仅在资产负债表日实现的利润,才能计入。会计年度终止之前的事件产生的义务,在编制年度财务会计报告之前已知悉的,应当计入。会计年度终止之前的事件产生的预期义务和可能的损失,在编制年度财务会计报告之前已知悉的,可以计入。

3. 资产和负债计价时,应当假定资产和负债用于法人持续的业务活动,但该假定不正确或者对该假定有合理怀疑的除外;此情形下,法人应当说明其对资产和损益产生的影响。

4. 枢密院令可以规定以现值计价的内容、限制以及程序规则。

5. 法人应当说明各项目涉及资产和负债的计量原则以及损益确认规则。法人还应当说明外币金额转换的计量原则;同时应当披露汇率差异的处理方式。

6. 法人仅有充分理由,才可以适用与前一个会计年度不同的资产和负债的计量原则以及损益确认规则;同时应当说明变更的理由。法人还应当调整本会计年度或者前一个会计年度的信息,并说明对资产和损益具有重要意义的信息。

7. 下列项目的价值变动:

(1)金融工具;

(2)其他投资;

(3)市场报价经常变化的农产品存货,可不同于本条第2款第2句的规定,在损益中直接确认,但本节另有规定的除外。衍生金融工具在本条第8款所称情形外的价值变动,必要之时,可不同于本条第2款第2句的规定,在损益中直接确认。

8. 实际用于防范资产、预定资产、其他未计入资产负债表的义务以及直接涉及重新估值的公积金交易的风险金融工具的价值变动,必要之时,应当在该金融工具防范的价值变动发生的同一时期的损益中确认。

第2:385条　不同计量;子公司利益计量

1. 资产和负债对第2:362条第1款所称的信息有不同意义的,应当按照其重要性不同分别计量。

2. 同类存货和有价证券的计量,必须采用"先进先出"(FIFO)、"后进先出"(LIFO)或者类似规则的加权平均价格。

3. 定期更换并且其总价值不重要的有形固定资产和原材料与消耗的辅助材料的存货,其数量、构成和价值仅会发生微小变化的,可以按照固定数量和固定价值计入。

4. 第2:365条第1款第4项和第5项所称的资产的价值最高为支出费用,并随折旧而减少。

5. 法人持有或者让他人为自己持有的股份或者此类股份的存管凭证,不得计入资产。法人在子公司中享有的利益,应当按照或者不按照利益比例,扣除子公司自己持有或者让他人为自己持有的法人股份或者此类股份存管凭证的历史成本;法人在其成立子公司之前取得股份或者此类股份存管凭证的,应当扣除或者按比例扣除其成立子公司之时的账面价值。

第 2:386 条 折旧

1. 无论是否为本会计年度的损益,均需计提折旧和摊销。

2. 说明应当阐述计提折旧和摊销的方法。

3. 与法人设立或者发行股份有关的费用计入资产的,其折旧年限最长为 5 年。研发费用和商誉费用计入资产的,应当按照预期使用年限予以折旧。仅商誉可明显归属于更长期限的,其折旧期限才可以超过 5 年。法人必须记载并说明此折旧期限。

4. 使用寿命有限的固定资产,应当根据预期的未来使用期限,每年计提折旧。

5. 根据第 2:375 条第 5 款计入资产的债务,在偿付之前应当每年按照合理份额计提摊销。

第 2:387 条 其他资产的减值

1. 无论是否为本会计年度的损益,均需考虑资产的减值。

2. 流动资产在资产负债表日的现值低于历史成本或者重置成本的,应当按照现值计价。第 2:362 条第 1 款提供其他计价方式的,应当按照更低的价值计价。

3. 可合理预见流动资产将在短期内发生减值的,计价时必须予以考虑。

4. 固定资产计价时,应当考虑该资产预期可持续的减值。金融固定资产计价时,应当随时考虑该资产在资产负债表日发生的减值。

5. 资产根据上述各款作出冲销,但未根据第 2:390 条第 3 款借记重估公积金账户的,应当借记为损益账户。减值不再存在的,应当恢复。资产根据本条第 3 款和第 4 款进行冲销的,应当在损益表或者说明中分别阐述。

第 2:388 条 历史成本;重置成本

1. 资产按照历史成本计价的,包括购置价格和辅助成本。

2. 资产按照重置成本计价的,包括正常原材料和消耗的辅助材料的成本以及其他直接与制造有关的成本。重置成本也可包括可以归于资产重置的间接成本和该期间的债务利息;此情形下,法人应当说明计入资本的利息。

第 2:389 条 参股权益的计量

1. 法人可对其参股公司的商业和财务政策施加重大影响的,应当根据本条第 2

款和第3款进行会计处理。法人或者一个或者多个子公司单独或者共同可以按自己判断行使或者让他人行使1/5以上成员、合伙人或者股东表决权的,推定为施加重大影响。

2. 法人应当根据评估参与权益的资产、储备金、债务和损益的计量原则,计价被参股组织的资产、储备金和债务,以及计价参股净资产价值和损益。法人必须披露此种估值的方法。

3. 法人没有足够的信息评估资产净值的,可以根据本章其他规定评估,并按照其在参股组织损益中的份额和分配的财产进行调整。法人必须披露此种估值的方法。

4. 法人参股非第2:415条所称的银行参股的,其年度财务会计报告可以按照本章第14节的规定计入银行的参与权益。第2:415条所称的银行参股的主体非银行法人的,其年度财务会计报告应当按照关于银行的规定计入,但适用第2:424条规定的除外,并且不影响本条第5款第1句的适用。被参股法人的业务与银行的从事业务直接相关的,不适用该例外的规定。

5. 公司参股非第2:427条所称的保险公司参股的,其年度财务会计报告按照本章第15节的规定计入保险公司的参与权益。第2:427条所称的保险公司参股的主体非保险公司法人的,其年度财务会计报告应当按照关于保险公司的规定计入,但不影响本条第4款第1句的适用。

6. 法人应当保留等于其股份自第一次根据本条第2款或者第3款计价后从参股产生的正值损益以及直接的财产增加的份额的储备金。第一次计价后参股的累计损益不是正值的,不予考虑。储备金可以与法人自此之后审议年度财务会计报告之前分配的财产,以及参股的直接财产的金额进行冲销;储备金同样可以与可实现的、不受限制的财产分配进行冲销。该储备金可以转变为资本。本款所称的财产分配,不包括股份分配。

7. 第一次根据本条第2款或者第3款评估的价值低于历史成本或者原来参股的账面价值的,差额应当借记利润或者净资产,或者借记商誉。法人作此种计提时,将根据第2:385条第5款减少资产的历史成本。

8. 参股因投资和损益从参股的货币转换为法人年度财务会计报告使用的货币而增值或者减值的,应当贷记或者借记汇率变动的储备金。为防范外国参股的汇率风险而借款的,借款的汇率变动同样贷记或者借记汇率变动的储备金。储备金可以为负值。参股权益全部或者部分转让的,涉及参股转让部分应当从此种储备金中撤回。汇率变动的储备金为负值的,该金额范围内的储备金,不得进行分配。

9. 说明中载有充分理由的,可以不适用本条第 1 款的规定。

10. 法人普通年度财务会计报告的净资产和损益与合并年度财务会计报告存在差异的,应当在普通年度财务会计报告的说明中予以披露。

第 2:390 条　重估公积金

1. 对于有形固定资产、无形固定资产和非农产品存货的增值,应当计入重估公积金。其他按照现值计价的资产的增值,应当贷记重估公积金,但根据第 2:384 条确认为收入的除外。本会计年度资产增值在资产负债表日存在并确认为本会计年度收入的,法人应当借记本会计年度的自由公积金或者损益,从而计提重估公积金。对于前 1 句提到的资产,市场份额经常变动的,不计提重估公积金。在重估公积金承担的第 2:384 条第 8 款所称的金融工具发生亏损的金额范围内,不得从公积金中分配财产。资产重新估值的金额比原来高的,重估公积金可以与该资产有关的递延税收进行冲销。

2. 重估公积金可转换为资本。

3. 重估公积金,不得超过与重估公积金有关的资产按照历史成本或者重置成本计价的账面价值与资产按照现值计价的账面价值之间的差额。该公积金可与资产转让时从资产提取的公积金进行冲销。资产按照现值计价而减值的,应当借记重估公积金;该重估公积金仅因该资产之前重新估值的,应当贷记。

4. 贷记损益账户而借记重估公积金的,应当分别列明。

5. 说明中应当载明重新估值的记账对税收和利润是否有影响,以及有何种影响。

第七节　年 度 报 告

第 2:391 条　年度报告的最低要求

1. 年度报告应当真实、公正地反映年度财务会计报告中记载财务信息的法人和关联公司的资产负债表日的情况、本会计年度的发展情况以及损益的可靠说明。年度报告应当包括对与法人和关联公司的规模和复杂性相应的、对资产负债表日的情况、本会计年度的发展情况以及损益的全面、完整的分析。必要之时,年度报告应当详细解释法人和关联公司的发展、业绩或者状况,包括财务和非财务指标以及环境和劳动力因素。年度报告还应当指出法人面临的主要风险和不确定性。年度报告应当以荷兰文编写,但股东大会为此目的决议使用其他语言的除外。

2. 年度报告应当载明预期发生的事件;在不违反重要利益的范围内,年度报告应当特别关注投资、融资和人员配备以及对营业额和盈利能力的发展所依赖的情况。年度报告应当载明关于研究和开发活动的情况,以及年度财务会计报告不必考虑的、预期会产生影响的特别情况。第2:383条之二的股份公司适用时,年度报告还应当载明公司董事和监事薪酬的规则,以及该规则在本会计年度内的实施方式。

3. 法人使用的金融工具仅对判断资产、负债、财务状况和损益具有重要性的,年度报告应当载明法人风险管理的目标以及政策。年度报告应当关注与防范各类重要交易风险有关的政策。此外,年度报告还应当关注法人在价格、信用、流动性和现金流量方面的风险。

4. 年度报告不得与年度财务会计报告相冲突。必须包含本条第1款所称的内容时,年度报告应当引用年度财务会计报告的项目并作补充解释。

5. 枢密院令可以对年度报告的内容作具体规定。该内容可包括枢密院令指定的行为准则的履行以及关于公司治理的内容、披露和审计意见。

6. 枢密院仅在其将草案提交给两院议会4周后,才可以颁布本条第5款所称的法案。

第八节　其他规定

第2:392条　附加信息

1. 董事会应当在年度财务会计报告和年度报告中附加以下信息:

(1)第2:395条第5款所称的审计意见,或者载明未出具审计意见的原因;

(2)对章程中关于利润分配的规定的调查;

(3)利润分配和亏损的处理,或者无法确定的,此类处理的建议的陈述;

(4)与法律规定不同的,对章程中填补合作社或者互助保险协会亏损的规定的调查;

(5)列出章程授予行使特别权利的人员的名单,并说明权利的性质,但该信息根据第2:391条第5款载入年度报告的除外;

(6)息票和类似权利的数量并载明其中的权力和权利的陈述;

(7)资产负债表日后对法人以及合并年度财务会计报告涉及的组织的财务有重要影响的事件并载明其影响的范围的陈述;

(8)分支机构以及分支机构所在国家,使用的商号与法人名称不同的商号。

2. 该信息不得与年度财务会计报告和年度报告相冲突。

3. 本条第1款第5项的权利以股份体现的,年度财务会计报告和年度报告还应当载明各权利人持有的股份数量。对公司、协会、合作社、互助保险协会或者基金会享有此种权利的,还应当载明董事的姓名。

4. 经济部长基于重大事由予以豁免的，不适用本条第 1 款第 5 项和第 3 款的规定。本条第 1 款第 5 项所称的信息，根据第 2:391 条第 5 款必须在年度报告中载明的，不得豁免。

5. 第 2:360 条第 3 款所称的基金会或者协会的董事会无须在年度财务会计报告和年度报告中附加本条第 1 款第 2 项和第 3 项的信息。

第九节　审　　计

第 2:393 条　审计意见

1. 法人应当委托注册会计师或者登记在《财务会计顾问法》第 36 条第 1 款所称的登记簿上的财务会计顾问进行审计。法人可以为此目的委托审计师组织进行审计。

2. 股东大会有权作出上款所称的委托。股东大会未委托的，监事会有权委托，没有监事会或者缺少监事会的，董事会有权委托。法人章程不得以候选人的方式限制委托审计师的权限。股东大会和作出委托的人可以随时撤回委托；董事会作出的委托，也可以由监事会撤回。仅基于充分的理由，才可以撤回委托；对审计方法或者审计人员意见不一致的，不属于充分理由。股东大会经审计师的请求，应当听取其对关于撤回委托或者准备撤回委托的通知发表的意见。法人撤回委托或者审计师提前终止的，董事会和审计师应当不迟延地通知荷兰金融市场管理局并且充分地说明理由。

3. 审计师应当检查年度财务会计报告是否提供第 2:362 条第 1 款所要求的信息。同时在其审计的范围内，审计师还应当确认年度财务会计报告是否满足法律或者依法确定的规定，是否按照本章编制以及与年度报告是否符合，是否附加第 2:392 条第 1 款第 2 项至第 7 项所称的信息。

4. 审计师应当将其审计情况向监事会和董事会报告。审计师至少应当报告与自动数据处理系统有关的可靠性和持续性的结论。

5. 审计师应当在审计报告中，发表关于年度财务会计报告可靠性的意见。审计师应当分别对普通年度财务会计报告与合并年度财务会计报告发表意见。审计意见至少应当包含：

(1) 被审计的年度财务会计报告以及该年度财务会计报告适用法律规定的说明；

(2) 审计范围的说明，至少应当载明审计遵守的准则；

(3) 年度财务会计报告是否提供要求的信息，是否遵守法律或者依法规定的要求；

(4)审计师未在本条第6款第2项所称的意见中说明的特定事项；

(5)根据本条第3款审计发现的缺陷，年度报告是否符合本章规定以及是否已经附加第2:392条第1款第2项至第7项所要求的信息；

(6)关于年度报告与年度财务会计报告是否一致的声明。

6. 本条第5款所称的审计意见应当采用以下形式：

(1)无保留意见；

(2)保留意见；

(3)否定意见；

(4)拒绝表示意见。

审计师应当在意见中签名并注明日期。

7. 审计师未将年度财务会计报告必须附加的审计意见告知有权审议年度财务会计报告的机构的，不得审议年度财务会计报告，但其他信息中载明未附审计意见的法定原因的除外。

8. 任何利害关系人均可请求法人履行本条第1款所称的义务。

第十节　公　开

第2:394条　在商事登记处公开财务报表

1. 法人有义务在审议后8日内公开年度财务会计报告。法人应当将一份完整的以荷兰文编制的年度财务会计报告备置于商事登记处，或者未以荷兰文编制的，应当备置法文、德文或者英文版本的年度财务会计报告。该版本副本上应当指明审议和批准的日期。

2. 法人未在编制期限届满后2个月内依法审议年度财务会计报告的，董事会应当不迟延地按照本条第1款所称的方式公开年度财务会计报告；年度财务会计报告中应当载明尚未审议及其原因。法院撤销年度财务会计报告后2个月内，应当将裁判中与年度财务会计报告有关命令的副本备置于商事登记处，并载明该裁判。

3. 在会计年度终止后13个月内，法院必须将年度财务会计报告按照本条第1款所称的方式公开。

4. 法人应当以与年度财务会计报告相同的方式，公开采用相同语言或者以荷兰文编制的年度报告以及第2:392条所称的其他信息。除第2:391条第1款第1项、第3项和第6项外，该文件应当备置于法人办公地点，以供任何人查阅，并且经申请仅支付成本即可取得全部或者部分副本；法人应当确保将此事项登记在商事登记处。

5. 经济部长作出第 2:58 条、第 2:101 条或者第 2:210 条所称的豁免的,不适用上述各款的规定;此时,豁免决定的副本应当备置于商事登记处。

6. 上述各款所称的文件应当保管 7 年。在移转时能够准确完整地复制信息,并且信息在新载体可以长期完整保存并在合理期限内阅读的情形下,商会可以将该文件中的信息,移转到商事登记簿所在地的另一信息载体中。

7. 任何利害关系人均可请求法人履行本条第 1 款至第 5 款所称的义务。

8. 公司发行的有价证券在《金融监管法》所称的监管市场上市交易的,履行本条所称的义务指:

(1)经审议的年度财务会计报告根据该法第 5:25 条之十五第 1 款提交到荷兰金融市场管理局,即为履行本条第 1 款所称的义务;

(2)通知根据该法第 5:25 条之十五第 2 款提交到荷兰金融市场管理局,即为履行本条第 2 款第 1 句所称的义务;

(3)年度报告和第 2:392 条所称的其他信息根据该法第 5:25 条之十五第 4 款提交到荷兰金融市场管理局,即为履行本条第 4 款第 1 句所称的义务。

第 2:395 条　财务报表公开的其他方式

1. 法人根据上述规定以外的其他方式公开年度财务会计报告的,在任何情况下应当附上第 2:393 条第 5 款所称的审计意见。适用前 1 句时,对于第 2:397 条所称的法人可以该条的形式公开的年度财务会计报告的,也视为该法人的年度财务会计报告。法人未提交审计意见的,应当载明理由。

2. 法人仅按照不同于前条规定的其他方式公开资产负债表或者损益表或者年度财务会计报告的,应当清楚地引用其所依据的法律规定;未公开的,应当载明该事实。此时,法人可以不附上第 2:393 条第 5 款所称的审计意见。法人在公开上述报表时,应当载明是否提交审计意见;已提交该意见的,应当载明第 2:393 条第 6 款所称的内容,并载明审计意见中是否有特别注意的、未在第 2:393 条第 6 款第 2 项所称的意见中说明的特定事项;未提交审计意见的,应当载明理由。

3. 法人尚未审议年度财务会计报告的,应当在本条第 1 款和第 2 款所称的文件中说明。法人作出第 2:362 条第 6 款最后 1 句所称的声明的,应当同时在说明中载明。

第 2:395 条之一　小型法人

1. 法人在两个连续资产负债表日以及此后的资产负债表日不间断地满足以下三个条件中的两项的,适用本条第 3 款至第 6 款的规定:

(1)根据资产负债表及说明,资产按照历史成本或者重置成本计价不超过350万欧元的;

(2)本会计年度净营业额不超过700万欧元的;

(3)本会计年度平均雇员人数少于10人的。

2. 适用本条第1款时,应当包括必须并入法人的合并年度财务会计报告的关联公司的资产价值、净营业额和雇员人数。法人适用第2:408条规定的,不适用该规定。

3. 第2:364条第3款和第4款所称应计资产和负债的规定不适用第3:377条第3款第10项所称其他业务费用的规定。法人应当在资产负债表说明未包括应计资产和负债的事实。

4. 除第2:364条第1款、第2:365条第1款第1项、第2:370条第1款第4项、第2:373条第1款,以及第2:374条第1款和第2:375条第1款所称的项目合计总债务剩余期限不超过1年金额外,法人无须根据本章第3节其他规定披露信息。此外,法人还应当在资产负债表披露第2:378条第3款第2句所称的信息。

5. 在本章第4节规定的报表中,除第3:377条第1款第1项所称的报表外,无须制作其他的报表,但披露第3:377条第3款第1项、第4项第5项、第7项所称的日常活动的收入和支出,以及可以合并成为第3:377条第3款第10项所称的一个项目的第8项和第9项的内容除外。

6. 此情形下,不适用本章第5节、第6节所称声明的要求以及第7节至第9节的规定。

7. 不同于本章第6节的规定,法人适用对其可适用的所有税务会计计量原则的情形下,资产和负债的计价以及损益的确认应当考虑到1969年《公司税法》第2章所称的应纳税利润的计量原则。法人适用该计量原则的,应当在说明中载明。枢密院令可以对该计量原则适用和说明中的信息作出具体规定。

8. 对本条第3款和第4款所称资产负债表的限制仅适用第2:394条的规定。

第十一节　基于法人经营规模的豁免

第2:396条　中型法人

1. 法人在两个连续资产负债表日以及此后的资产负债表日不间断地满足以下三个条件中的两项的,适用本条第3款至第9款的规定:

(1)根据资产负债表及说明,资产按照历史成本或者重置成本计价不超过600万欧元的;

(2)本会计年度净营业额不超过1200万欧元的;

(3)本会计年度平均雇员人数少于50人的。

2. 适用本条第1款时,应当包括必须并入法人的合并年度财务会计报告的关联公司的资产价值、净营业额和雇员人数。法人适用第2:408条规定的,不适用本条的规定。

3. 除第2:364条、第2:365条第1款第1项、第2:368条第2款第1项、第2:370条第1款第4项、第2:373条第1款至第5款的第1句、第2:375条第3款和第2:376条规定外,以及第2:370条第2款和第2:375条第2款所称的省略利率说明和结果保留声明外,法人无须根据本章第3节其他规定披露信息,也无须披露未分配利润。

4. 法人损益表载明的第2:377条第3款第1项至第4项和第7项或者第4款第1项至第3项和第6项所称的项目可以合并为总营业利润;法人应当以杠杆比率载明净营业额与上年相比提高或者降低的比例。

5. 需对重估公积金作出第2:378条第1款所称的说明,不影响第2:378条第3款第2句的规定;法人应当披露每类股份已认缴份额和面额、本会计年度发行的股份以及法人和子公司为自己持有的股份和此类股份的存管凭证。此情形下,不适用第2:380条、第2:381条第2款和第3款、第2:381条之二第1项以及第2:383条第1款的规定。

6. 不同于本章第6节的规定,法人适用对其可适用的所有税务会计计量原则的情形下,资产和负债的计价以及损益的确认应当考虑到1969年《公司税法》第2章所称的应纳税利润的计量原则。法人适用该计量原则的,应当在说明中载明。枢密院令可以对该计量原则适用和说明中的信息作出具体规定。

7. 此情形下,不适用第2:383条之二至第2:383条之五、第2:391条和第2:393条第1款的规定。

8. 受本条第3款限制的资产负债表和说明仅适用第2:394条的规定。说明中无须公开关于损益表的具体信息以及第2:378条第3款第2句所称的信息。

9. 法人不以盈利为目标的,并且符合以下条件之一的,无须适用第2:394条的规定:

(1)本条第8款所称的文件经债权人、股东和此类股份存管凭证持有人的申请,直接向其无偿寄送或者备置于法人办公地点以供其查阅的;

(2)在商事登记处置备审计意见,并且说明中载明法人在本会计年度的业务未超越其目的并且该法人适用本条规定的。

第 2:397 条　大型法人

1. 除第 2:396 条的情形外,法人在两个连续资产负债表日以及此后的资产负债表日不间断地满足以下 3 个条件中的两项的,适用本条第 3 款至第 7 款的规定:

(1)根据资产负债表及说明,资产按照历史成本或者重置成本计价不超过 2000 万欧元的;

(2)本会计年度净营业额不超过 4000 万欧元;

(3)本会计年度平均雇员人数少于 250 人。

2. 适用本条第 1 款时,应当包括必须并入法人的合并年度财务会计报告的关联公司的资产价值、净营业额和雇员人数。法人适用第 2:408 条规定的,不适用该规定。

3. 法人损益表中载明第 2:377 条第 3 款第 1 项至第 4 项和第 7 项或者第 4 款第 1 项至第 3 项和第 6 项所称的项目可以合并为总营业利润;法人应当以杠杆比率载明净营业额与上年相比提高或者降低的比例。

4. 此情形下,不适用第 2:380 条的规定。第 2:382 条之一所称的信息经荷兰金融市场管理局的申请已向其提供,不适用第 2:382 条之一的规定。

5. 对于必须根据本章第 3 节规定进行披露的信息,仅需在公开的资产负债表和说明中,根据第 2:364 条,第 2:365 条第 1 款第 4 项,第 2:366 条,第 2:367 条第 1 项至第 4 项,第 2:370 条第 1 款第 2 项和第 3 项,第 2:373 条,第 2:374 条第 3 款和第 4 款,第 2:375 条第 1 款第 1 项、第 2 项、第 6 项和第 7 项和第 3 款以及第 2:376 条的规定和递延项目进行披露。总债权和总债务以及本条第 1 款所称的需要单独披露的项目适用第 2:370 条第 2 款和第 2:375 条第 2 款的规定。本条第 3 款和第 4 款的规定可限制公开的损益表和说明。

6. 根据第 2:381 条第 2 款应当披露的信息,限于有关该安排的性质以及商业目的的信息。除非法人是股份公司,否则不适用第 2:381 条第 3 款的规定。此情况下,第 2:381 条第 3 款所称的信息披露,限于法人和其主要股东或者法人和其董事或者监事之间直接或者间接缔结的交易。

7. 第 2:392 条第 1 款第 5 项和第 6 项以及第 3 款所称的信息无须公开。

8. 年度报告无须关注第 2:391 条第 1 款所称的非财务指标。

第 2:398 条　关于适用第 2:395 条之一、第 2:396 条和第 2:397 条的细节

1. 第一个和第二个会计年度,或者第一个会计年度满足有关要求的法人,应当适用第 2:395 条之一、第 2:396 条或者第 2:397 条的规定。

2. 股东大会在会计年度开始后最近 6 个月内未作出相反的决议的,应当适用第

2:395 条之一第 2 款至第 7 款、第 2:396 条第 3 款至第 8 款以及第 2:397 条第 3 款至第 7 款的规定。

3. 第 401 条第 1 款所称的投资公司或可转让证券投资公司不适用第 2:395 条之一和第 2:397 条的规定。

4. 根据欧盟法有此种义务的,枢密院令可以降低第 2:396 条第 1 款和第 2:397 条第 1 款的金额,并且在允许的情况下,也可以提高该金额。

5. 适用第 2:396 条第 1 款和第 397 条第 1 款时,对于第 2:360 条第 3 款所称的基金会或者协会,依照该基金或者协会的总资产,应当遵守第 2:396 条第 2 款所称的净营业额和平均雇员人数的规定。

6. 欧洲议会和理事会 2013 年 6 月 26 日发布的《关于某些类型企业的年度财务报表、综合财务报表和相关报告》(第 2013/34/EU 号指令)第 2 条第 15 款所称的私募股权公司不适用第 2:395 条之一的规定,该指令修订了欧洲议会和理事会的第 2006/43/EC 号指令,并废除了理事会第 78/660/EEC 号和第 83/349/EEC 号指令(OJ 2013, L 182)。

7. 作为公法人的以下机构不适用第 2:395 条之一至第 2:397 条的规定:

(1)欧洲议会和理事会在 2004 年 4 月 21 日发布的《关于金融工具市场》(第 2004/39/EC 号指令)(OJEU 2004, L 145)第 4 条第 1 款第 14 项所称的允许在成员国监管市场之中上市交易的证券机构;

(2)欧洲议会和理事会在 2013 年 6 月 26 日发布的《关于信贷机构活动准入和信贷机构及投资公司审慎监管》(第 2013/36/EU 号指令)第 3 条第 1 款所称的信贷机构,而且不是第 2013/36/EU 号指令第 2 条第 5 款所指的机构。该指令修订了第 2002/87/EC 号指令并废除了第 2006/48/EC 号和第 2006/49/EC 号指令(OJ 2013, L 176);

(3)1991 年 12 月 19 日发布的《关于保险企业年度账目的理事会指令》(91/674/EEC)(OJ 1991, L 374)第 2 条第 1 款所称的保险机构;

(4)因其规模或者功能而被理事会命令指定的机构。

第十二节　关于不同性质的法人的规定

第 2:399 条　[1993 年 10 月 15 日废止]

第 2:400 条　非银行的金融机构

非第 2:415 条所称的银行的金融机构,经其申请,财政部长可以决定适用本章第 14 节的规定,该决定可以附条件或者不附条件,但适用第 2:424 条规定的除外。

第 2:401 条　投资公司

1. 适用《金融监管法》第 4 章(金融企业行为监管)的投资管理人、投资公司和可转让证券的投资公司,适用本章的同时,必须满足该法或者根据该法制定的规定中,关于年度财务会计报告的要求。该投资管理人、投资公司和可转让证券的投资公司,可以变更第 2:394 条第 2 款、第 3 款和第 4 款以及第 2:403 条的规定或者根据该条文制定的规定。

2. 根据《金融监管法》第 1:1 条的规定,投资公司和可转让证券的投资公司的投资可以按照市价计量。与前一个资产负债表日相比发生的不利的汇率变动,借记公积金,无须借记损益;有利的汇率变动贷记公积金。资产负债表或者说明中应当载明该金额。

3. 可变资本的投资公司不适用第 2:378 条第 3 款第 2 句的规定。

第 2:402 条　合并财务报表

1. 法人的财务信息纳入合并年度财务会计报告的,需将其对法人参股的税后损益作为单独项目列入自己的损益表进行披露。合并年度财务会计报告应当载明适用前 1 句的规定。

2. 第 2:398 条第 7 款所称的机构适用本条的规定。

第 2:403 条　集团豁免(负债已为集团子公司承担后)

1. 符合以下条件的,属于集团的法人无须根据本章编制年度财务会计报告:

(1)资产负债表在任何情况下均应当载明固定资产金额、流动资产金额、所有者权益、储备金和债务的金额的,损益表在任何情况下均应当载明正常经营活动税后损益和其他税后损益的金额的;

(2)成员和股东在本会计年度开始后、年度财务会计报告审议前书面声明同意不适用该要求的;

(3)法人的财务信息并入其他法人或者合伙企业的合并年度财务会计报告,并且该合并年度财务会计报告适用欧洲议会和欧盟理事会发布的《年度财务会计报告的国际准则》(PbEGL243)或者欧盟理事会发布的《关于公司法的第七号指令》或者关于银行和其他金融机构或者保险公司的年度财务会计报告和合并年度财务会计报告的两个指令的;

(4)对于合并财务会计报告,未用荷兰文编制或者译成荷兰文,并应当用法文、德文或者英文编制的;

(5)审计意见和年度报告使用与合并年度财务会计报告使用相同的语言编制或者翻译成相同的语言的;

(6)本款第3项所称的法人或者合伙企业书面声明对法人的法律行为产生的债务承担连带责任的；

(7)本款第2项和第6项所称的声明备置于法人登记的商事登记处，并且在资产负债表日后6个月内或者经批准的更晚的公开时间后1个月内，将本款第4项和第5项所称的文件或者翻译件备置于商事登记处的。

2.集团或者集团一部分编制合并年度财务会计报告，并且该集团由本条第1款第6项所称的法人或者合伙企业与其他关联法人或者合伙企业组成的，仅在该法人或者合伙企业也提供书面的责任声明时，才可适用本条第1款；此情形下，参照适用本条第1款第7项和第2:404条的规定。

3.适用本条第1款的法人，不适用第2:391条至第2:394条的规定。

4.集团中的法人为第2:415条所称的银行的，不同于第1款第1项的规定，其资产负债表在任何情况下均应当载明资产金额、负债金额以及所有者权益金额，损益表在任何情况下均应当载明正常经营活动税后损益和其他税后损益的金额。

5.集团中的法人为第2:427条所称的保险公司的，不同于第1款第1项的规定，其资产负债表在任何情况下均应当载明投资金额、债权金额、所有者权益金额、技术储备金金额、债务金额，损益表在任何情况下均应当包含非技术账户金额，其中至少应当载明正常损害和人寿保险经营活动税后损益和其他税后损益的金额。

第2:404条　责任终止

1.第2:403条所称的责任承担的声明，可以通过为此目的在商事登记处备置的撤回声明而撤回该声明。

2.债权人对主张撤回之前实施的法律行为产生的债务，可以向债务人提起撤回的法律诉讼。

3.满足以下条件的，债务人承担的剩余责任即终止：

(1)法人不再属于集团的；

(2)责任终止的通知至少提前2个月备置于法人登记的商事登记处的；

(3)在全国性日报上公告并将通知备置以供查阅经过2个月的；

(4)债权人对该终止未及时提出异议或者撤回异议，或者异议经终审裁判宣告无理由。

4.债务人不为债权受偿提供等于现存责任金额的担保或者其他担保的，本条第5款所称的异议有理由。责任终止后，根据法人财产状况或者其他事由可保障其债权充分受偿的，不适用该规定。

5.在本条第3款所称的公告后2个月内，负有剩余责任的情况下，债权人可以向作为主债务人的法人住所地的地方法院提出对其终止有异议的申请。

6. 仅在法院指定的期限届满后未提供指定的担保的,法院才可以宣告异议有理由。

第 2:404 条之一 [1988 年 11 月 25 日废止]

第十三节 合并年度财务会计报告

第 2:405 条 集团的合并年度财务会计报告

1. 合并年度财务会计报告是指将构成集团或者集团一部分的法人和合伙企业的资产、负债和损益作为一个整体载明的年度财务会计报告。

2. 合并年度财务会计报告必须根据第 2:362 条第 1 款提供与被并入的法人和合伙企业整体有关的信息。

第 2:406 条 合并要求

1. 单独或者与其他公司共同作为集团核心的法人,应当编制合并年度财务会计报告。该报告应当并入集团中子公司、其他关联公司以及其他可对其行使管理权和控制权的法人的财务信息。

2. 不适用本条第 1 款的,但集团有一个或者多个子公司或者其他可对其行使管理权和控制权的法人,应当编制合并年度财务会计报告。该财务信息的范围涉及集团的一部分的,该部分应当由法人、法人的子公司以及其他可对其行使管理权和控制权的法人编制。

3. 非第 2:415 条所称的银行的法人,其年度财务会计报告的重要部分涉及一个或者多个银行的财务信息的,说明中至少应当载明各银行整体上偿付能力的信息。

4. 非第 2:427 条第 1 款所称的保险公司的法人,其年度财务会计报告的重要部份涉及一个或者多个保险公司的财务信息的,说明中至少应当载明各保险公司整体上偿付能力信息。

5. 非第 2:415 条所称的银行的法人,可在合并年度财务会计报告中与合并的银行以及第 2:426 条第 1 款第 2 句所称的组织,适用第 2:424 条的规定。

第 2:407 条 合并编制的例外

1. 有以下情形之一的,不适用合并编制年度财务会计报告的规定:

(1)合并涉及的公司在整体中的重要性可以忽略;

(2)合并涉及的公司仅以不成比例的费用或者花费很长时间才能获取估值的必要信息;

(3)合并涉及的公司仅以转让为目的。

2. 有以下情形之一的,可以不合并编制年度财务会计报告:

(1)合并时不超过第 2:396 条设定的限度的;

(2)合并公司非第 2:398 条第 7 款所称的机构的;

(3)在本会计年度开始后 6 个月内,股东大会没有向法人提出反对合并的书面异议的。

3. 法人根据管理关联公司的合作规则,其财务信息不并入合并年度财务会计报告的,其财务信息可以不并入合并年度财务会计报告。法人在关联公司和参股管理和融资之外,没有从事其他经营活动,并且其资产负债表适用第 2:389 条的,才适用该规定。

第 2:408 条　对集团部分无合并编制的要求

1. 有以下情形之一的,集团部分可以不合并编制年度财务会计报告:

(1)在本会计年度开始后 6 个月内,至少 1/10 的法人成员或者 1/10 的已认缴资本的持有人向法人提出反对合并的书面异议的;

(2)必须并入的法人的财务信息载入更大的合并年度财务会计报告的;

(3)合并年度财务会计报告和年度报告根据欧盟理事会发布的《关于公司法的第七号指令》或者欧盟理事会发布的关于银行和其他金融机构或者保险公司的年度财务会计报告和合并年度财务会计报告的指令编制,或者无须遵守该规定,采用类似的方式编制的;

(4)合并财务会计报告与审计意见以及年度报告,未使用荷兰文编制或者译成荷兰文,而应当使用法文、德文或者英文编制,并且应当使用相同的语言的;

(5)在资产负债表日后 6 个月内或者经批准的更晚的公开时间后 1 个月内,将第 4 项所称的文件或者翻译件备置于法人登记的商事登记处的。

2. 司法部长为年度财务会计报告指定的规则视为《关于公司法的第七号指令》的规定。司法部长仅能在会计年度尚未开始前,撤回其指定的规则。

3. 法人必须在说明中载明适用本条第 1 款的规定。

第 2:409 条　适当合并

有以下情形的,法人或者合伙企业的财务信息可按照在其中利益的比例,并入合并年度财务会计报告:

(1)一个或者多个公司根据合作规则与其他股东、成员或者合伙人在法人或者合伙企业中,行使第 2:24 条之一第 1 款所称的权利和权力;

(2)此时,满足法定并入的要求。

第 2:410 条　合并年度财务会计报告的项目

1. 除第 2:365 条第 2 款、第 2:378 条、第 2:379 条、第 2:382 条之一、第 2:383

条、第 2:383 条之二至第 2:383 条之五、第 2:389 条第 6 款和第 8 款以及第 2:390 条外，合并年度财务会计报告参照适用本章关于年度财务会计报告及其组成部分的规定。

2. 存货基于特殊情况需支付不成比例的费用的，可不单独列出。

3. 法人在说明中载明充分理由的，除法人年度财务会计报告的估值方法和计量原则外，还可以适用其他估值方法和计量原则。

4. 外国法人和本国法人共同作为集团核心的，该外国法人可以根据本国法律并入年度财务会计报告，同时应当说明对资产和损益产生的影响。

5. 对于完全并入年度财务会计报告的公司，应当作为整体载明第 2:382 条所称的信息；对于按照比例并入的公司，应当单独载明第 2:382 条所称的信息。

第 2:411 条　集团资产

1. 合并年度财务会计报告可不单独列出所有者权益。

2. 合并年度财务会计报告应当载明集团资产中不属于法人的股份和被合并的损益。

第 2:412 条　合并日期

1. 合并年度财务会计报告的资产负债表日为法人年度财务会计报告的资产负债表日。

2. 法人不得根据资产负债表日之前或者之后超过 3 个月的信息编制合并年度财务会计报告。

第 2:413 条　合并差额

法人的信息首次并入的，并且与原来的权益计量结果存在价值差异的，合并年度财务会计报告必须载明两者的差额以及计算方法。价值减少的，该差额应当适用第 2:389 条第 7 款的规定，价值增加的，在差额未反映与参股有关的不利影响的情况下，该差额应当纳入集团的权益资产。

第 2:414 条　集团公司和参与利益方的名单

1. 法人应当按照下列类别，披露法人和合伙企业的名称及住所：

(1)完全并入合并年度财务会计报告的；

(2)按其中利益的比例部分并入合并年度财务会计报告的；

(3)根据第 2:389 条在合并年度财务会计报告中记账参股的；

(4)没有法人资格并且未根据本款第 1 项、第 2 项或者第 3 项载明的；

(5)一个或者多个并入的组织或者子组织单独或者共同为自己认购至少 1/5 已认缴资本并且未根据本款第 1 项、第 2 项或者第 3 项载明的。

2. 法人应当同时披露以下信息：

(1)各组织完全并入合并的范围,但该情况仅包括可行使多数表决权以及按比例认购资本的除外；

(2)法人或者合伙企业的财务信息根据第 2:409 条并入年度财务会计报告的事件；

(3)适当情形下,根据本条第 1 款第 3 项、第 4 项或者第 5 项载明的子组织不并入的原因；

(4)认购的已认缴资本的部分；

(5)根据本条第 1 款第 5 项载明的组织最近采用的年度财务会计报告中的所有者权益和损益的金额。

3. 法人应当载明适用本条第 1 款第 3 项的子组织的名称、住所和已认缴资本的持有份额。参股利益的重要性低,但有利于提供法律要求的信息的,法人不得拒绝载明该信息。其中利益不足半数并且依法无须公开资产负债表的组织,不适用本条第 2 款第 5 项的规定。

4. 根据本条第 1 款和第 2 款披露的事项参照适用第 2:379 条第 4 款的规定。

5. 法人应当载明以书面形式接受承担第 2:403 条所称的责任的法人。

第十四节　关于银行的规定

第 2:415 条　本节的适用范围

本节中的银行是指在荷兰境内有住所,并且取得从事《金融监管法》第 1:1 条所称的银行经营活动许可证的金融企业。

第 2:416 条　本章规定的适用

1. 除本节另有规定外,银行也适用本章第 1 节、第 2 节、第 5 节至第 10 节和第 13 节以及第 2:365 条第 2 款、第 2:366 条第 2 款、第 2:368 条、第 2:373 条第 2 款至第 5 款、第 2:374 条第 1 款、第 2 款和第 4 款、第 2:375 条第 5 款和第 7 款、第 2:376 条第 2 句、第 2:377 条第 7 款、第 2:402 条、第 2:403 条和第 2:404 条的规定。

2. 涉及银行的,参股权益以及无形资产和有形资产视为固定资产。从事经营活动中可持续性使用的其他有价证券和其他资产,视为固定资产。

3. 涉及执行本节规定的,枢密院根据第 2:363 条第 6 款以及第 2:417 条起草具体规则时,应当听取荷兰中央银行的意见。

4. 涉及银行的,经济部长仅在听取荷兰中央银行意见后,才可经申请作出第 2:58条第 5 款、第 2:101 条第 4 款、第 2:210 条第 4 款、第 2:379 条第 4 款或者第

2:392条第4款所称的豁免。

第2:417条　银行年度财务会计报告的法定安排

为执行1986年12月8日欧洲理事会发布的关于银行的年度财务会计报告和合并年度财务会计报告的指令(86/635/EEC),枢密院令应当具体规定关于资产负债表和损益表以及说明的内容。

第2:418条　[预留]

第2:419条　不同法定类型的银行和特殊类型银行的项目

非第2:360条第1款所称的法人类型的银行或者特殊类型的银行,基于其法人类型或者特殊的经营性质,资产负债表和损益表的项目划分、术语使用和项目描述可以与规定不同。

第2:420条　关于银行损益表的特殊规定

1. 固定资产中有价证券和参股权益减值的,并且该减值未借记重估公积金的,可以在损益表中与先前的增值相冲销。

2. 对银行和客户的债权以及可能导致信用风险的附条件义务和不可撤回的保证义务的储备金的减值和增值,同样适用本条第1款的规定。

3. 有价证券不属于固定资产而属于证券投资组合的,其按照现值计价的增值,应当贷记损益。法人应当根据第2:387条第1款至第3款,考虑此种有价证券的减值。

第2:421条　说明中的调整规则

1. 固定资产中的项目适用第2:368条的规定;第2:420条第1款所称的贷记可以与其他项目合并计入。

2. 不计入资产负债表的表外项目仅适用第2:376条第2句的规定。

3. 第2:378条第3款第1句所称的类似行为,应当合并计入。银行从事正常经营取得的股份和此类股份存管凭证的质权不适用第2:378条第4款第1项的规定。

4. 仅有关信息未在资产负债表的表外项目列出的,才能适用第2:381条第1款第1句的规定。此情形下,不适用第2:381条第2款和第3款的规定。

5. 除欠款金额外,不适用第2:383条第2款的规定。

第2:422条　有价证券投资的估值

1. 具有固定收益率或者可变收益率的可出售的有价证券以及有固定资产的有价证券应当按照历史成本或者赎回价值进行计量估值,但不影响第2:387条第4款的适用。

2. 该有价证券按赎回价值计入资产负债表的,应当披露其赎回价值与历史成本的差额并且摊销自取得时的损益。历史成本高于赎回价值，该差额也可以计入一次性损益。

3. 不属于固定资产的有价证券应当按照历史成本、赎回价值或者现值计量估值。按赎回价值计量估值的，参照适用本条第 2 款第 1 句的规定。

第 2:423 条　资产负债表外币项目的汇率

1. 未涵盖在现货或者期货交易中以外币计价的固定资产，应当按照资产负债表日或者该资产取得日的即期汇率计算。

2. 未交割的用外币计价的期货交易，应当按照资产负债表日的即期或者远期汇率计算。

3. 其他用外币计价的资产和负债，应当按照资产负债表日的即期汇率计算。

4. 外币资产和负债转化汇率产生的差额，应当计入当期损益。涉及固定资产或者对冲固定资产的期货交易，也可以贷记或者借记不可分配公积金；此时还应当披露正值差额和负值差额。

第 2:424 条　银行风险的特殊责任项目

基于规避一般经营风险的谨慎原则，银行可以在资产负债表的负债项下的储备金项目后设置一般银行风险的项目。该项目的贷记和借记的金额应当单独计入损益表。

第 2:425 条　集团豁免

根据《金融监管法》第 3:111 条第 1 款的规定，适用豁免的银行的财务信息以及作为其他银行豁免责任的基础信息，可计入合并年度财务会计报告中，而无须根据本章规定编制年度财务会计报告和年度报告。适用豁免的银行不适用第 2:393 条和第 2:394 条的规定。合并年度财务会计报告应当附加与合并年度财务会计报告中的全体法人和机构有关的年度报告和其他信息。

第 2:426 条　由银行和非银行组成的混合集团

1. 非银行组织并入银行的合并年度财务会计报告的，该组织应当按照银行的财务会计标准进行会计处理。仅该组织直接从事银行经营的扩展业务的，或者提供银行经营业务的附属服务的，才可适用第 2:424 条的规定。

2. 作为集团核心、其信息并入集团或者集团一部分的关联公司，不从事或者几乎不从事银行经营以外的业务的，其合并年度财务会计报告应当按照银行的财务会计标准进行编制。仅该关联公司在关联公司和参股权益的管理和融资之外，没有其他业务的，才适用该规定。

3. 此情形下，不适用第 2:407 条第 2 款和第 3 款的规定。第 2:407 条第 1 款第

3 项所称的公司是另一银行的子组织，并且该另一银行在该子组织中取得利益来自融资贷款的，母银行的年度财务会计报告应当并入子银行的年度财务会计报告。该年度财务会计报告还应当披露融资贷款的主要条件。

第十五节　关于保险公司的规定

第十五节第一分节　一般规定

第 2:427 条　本节的适用范围

1. 本节中的保险公司指在荷兰境内有住所，根据《金融监管法》的规定可以从事保险经营活动或者承受风险业务，并且适用该法第 3:72 条的金融企业。

2. 从事保险经营活动的法人不是保险公司的，但有助于提供第 2:362 条第 1 款所称的信息的，也应当适用关于保险公司的规定。

3. 适用本节时，从事实物丧葬的保险经营视为从事人寿的保险经营。

第 2:428 条　本章规定的适用

1. 除本节另有规定外，保险公司适用本章第 1 节、第 2 节、第 5 节至第 10 节和第 13 节以及第 2:365 条，第 2:366 条第 2 款，第 2:368 条第 1 款，第 2:373 条，第 2:374款，第 2:375 条第 2 款、第 3 款和第 5 款至第 7 款，第 2:376 条，第 2:377 条第 7 款，第 2:402 条，第 2:403 条和第 2:404 条的规定。

2. 涉及保险公司的，参股权益以及无形资产和有形资产视为固定资产。从事经营活动中可持续性使用的其他有价证券和其他资产，视为固定资产。

3. 涉及执行本节规定的，第 2:363 条第 6 款或者第 2:442 条第 1 款以及第 2:444 条第 2 款所称的枢密院令起草规定时，应当听取荷兰中央银行的意见。

4. 涉及保险公司的，经济部长仅在听取荷兰中央银行的意见后，才可经申请作出第 2:58 条第 5 款、第 2:101 条第 4 款、第 2:210 条第 4 款或者第 2:392 条第 4 款所称的豁免。

第十五节第二分节　关于资产负债表和说明的规定

第 2:429 条　资产负债表的主要项目

1. 资产项目应当分别列明：

(1)根据第 2:365 条所称的方式列明的无形固定资产；

(2)投资；

(3)保险利益权利人承担投资风险的投资以及储蓄投资；

(4)应收账款；

(5)其他资产;

(6)递延资产;

(7)衍生金融工具。

2. 负债项目应当分别列明:

(1)根据第2:373条所称的方式列明的所有者权益;

(2)次级债务;

(3)保险业务的技术储备金;

(4)保险权益权利人承担投资风险的保险以及储蓄银行的技术储备金;

(5)根据第2:374条所称的方式列明的储备金;

(6)将义务再保险的再保险合同中的未到期债务;

(7)债务;

(8)递延债务;

(9)衍生金融工具。

3. 适用第2:430条第6款时,应当单独列出本条第1款第2项所称的投资:

(1)视为固定资产的投资;

(2)视为证券资产组合的流动资产的投资;

(3)视为证券资产组合以外流动资产的投资。

第2:430条　投资项目

1. 投资项目应当分别列明:

(1)无论是否在建中的土地和建筑物及其预付款,其中自用的土地和建筑物应当分别载明;

(2)对关联公司的投资和参股权益;

(3)其他金融投资。

2. 承担再保险的公司的资产负债表还应当分别载明再保险合同中不能自由处分的债权债务。

3. 对关联公司的投资和参股权益,应当单独列出:

(1)关联公司的股份、此类股份的存管凭证和其他形式的股权;

(2)其他参股权益;

(3)关联公司发行的具有固定收益率或者可变收益率的有价证券,以及针对关联公司的债权;

(4)具有固定收益率或者可变收益率的,由再保险公司中具有参股权益或者再保险公司中具有参股权益的其他法人或者合伙企业发行的有价证券,以及对再保险公司中具有参股权益或者在保险公司中具有参股权益的其他法人或者合伙企业的债权。

4. 其他金融投资项目应当分别列明：

(1)股份、此类股份的存管凭证、参股证券以及其他可变收益证券；

(2)具有固定收益率或者可变收益率的有价证券；

(3)投资池中的收益；

(4)已提供担保的应收账款；

(5)贷款产生的其他应收账款；

(6)银行存款；

(7)其他金融工具。

5. 除非其他金融投资项目在整个金融投资中仅具有次要意义，否则应当明确其性质和规模。

6. 以下情形中，属于固定资产的投资与属于流动资产的非证券组合投资，采用不同的计量原则的，应当单独列出本条第 1 款第 1 项和第 3 项以及第 4 款第 1 项至第 7 项所称的投资项目：

(1)视为固定资产的投资；

(2)视为证券资产组合的流动资产的投资；

(3)视为证券资产组合以外流动资产的投资。

第 2:431 条　关于固定资产的豁免

第 2:430 条第 1 款第 3 项所称的其他金融投资不适用第 2:368 条第 1 款的规定。

第 2:432 条　应收账款项目

1. 应收账款项目应当分别列明：

(1)因再保险合同以外的其他保险合同引起的债权，其中对投保人的债权和对居间人的债权应当分别披露；

(2)因再保险合同引起的债权；

(3)其他应收账款。

2. 本条第 1 款列出的各类别债权应当分别载明对其他参股本保险公司的债权或者对本保险公司参股的法人和合伙企业的债权。

第 2:433 条　其他资产项目

1. 其他资产项目应当分别列明：

(1)第 2:366 条第 1 款所称的不包括土地和建筑物的有形资产，以及第 2:369

条所称的存货；

(2)第 2:372 条第 1 款所称的流动资产；

(3)其他资产。

2. 除非其他资产项目在整个资产中仅具有次要意义，否则应当明确其性质和规模。

第 2:434 条　递延资产项目

1. 递延资产项目应当分别列明：

(1)应计的但尚未到期的利息和租金；

(2)未贷记未到期的保险费技术储备金或者人寿保险技术储备金的情形下，递延购置成本；

(3)其他递延资产。

2. 该项目还应当披露人寿保险和责任保险的递延购置成本。

第 2:435 条　技术储备金项目

1. 技术储备金项目应当分别列明：

(1)未到期保险费储备金和未到期风险储备金，包括有关的巨灾储备金；

(2)人寿保险储备金；

(3)支付未偿债务的赔偿和支付保险利益的储备金；

(4)分配利润和贴现的储备金；

(5)分配递延利润的储备金；

(6)根据法律或者依法允许平衡损益的情形下的平衡储备金；

(7)其他技术储备金。

2. 与技术储备金的性质不冲突的情形下，保险技术储备金应当适用第 2:374 条的规定。

3. 技术储备金，包括第 2:429 条第 2 款第 4 项所称的技术储备金，应当在资产负债表中与再保险合同保险的部分进行冲销。贴现利息同样应当与该储备金进行冲销。

4. 技术储备金与购置成本相冲销的，应当分别披露。

5. 除未到期风险储备金在整个未获取保险费储备金中仅具有次要意义的以外，应当明确其范围。

6. 人寿保险经营中，无须披露未获取保险费技术储备金和未到期保险金储备金。

7. 人寿保险的技术储备金，可以包括第 2:374 条第 4 款第 2 项所称的储备金。

此时,说明还应当披露该储备金的金额。

第 2:436 条　负债项目

1. 负债项目应当分别列明:

(1)因再保险以外的保险合同产生的债务;

(2)因再保险合同产生的债务;

(3)债券、质押债券和其他贷款,其中可转换贷款应当分别披露;

(4)对银行的债务;

(5)其他债务,其中税费和社会保险费债务应当分别披露。

2. 本条第 1 款列出的各类债务应当分别载明对其他参股本保险公司的债务或者对本保险公司参股的法人和合伙企业的债务。

3. 本条第 1 款列出的各类债务适用第 2:375 条第 2 款的规定。

4. 保险合同债务不适用第 2:376 款的规定。

第十五节第三分节　关于损益表和说明的规定

第 2:437 条　保险公司损益表的细则

1. 本节损益表应当包括赔偿保险技术账户、人寿保险技术账户和非技术账户。上述技术账户应当按照保险公司的经营性质适用。

2. 从事或者几乎完全从事赔偿保险经营的保险公司,可以按照再保险合同的性质适用技术账户,或者仅设赔偿保险技术账户。仅设赔偿保险技术账户的,应当按照人寿保险和责任保险分别披露总保险费。

3. 赔偿保险技术账户应当分别计入责任保险正常经营损益和税前损益。

4. 人身保险技术账户应当分别计入责任保险正常经营损益和税前损益。

5. 非技术账户项目应当分别列明:

(1)责任保险和人寿保险正常经营税前损益、未划归损害和人寿保险的投资收入和损失和未实现的投资收益和损失、从技术储备金转入或者转出的已划归投资收益、其他损益、正常经营损益的税收以及税后损益;

(2)特别损益以及由此产生的税费和特别税后利润;

(3)其他税费;

(4)税后利润。

6. 未实现的损益适用第 2:438 条第 4 款的规定。

第 2:438 条　技术保险账户项目;投资汇率差额

1. 除再保险损益外,技术账户项目应当分别列明:

(1)已获取的保险费;

(2)投资收益;

(3)未实现的投资收益;

(4)其他收入;

(5)支付未偿债务的赔偿和支付保险利益的储备金;

(6)无须计入其他账户的技术储备金的增减;

(7)分配利润和贴现的技术储备金的增减;

(8)营运成本;

(9)与投资有关的费用;

(10)按照本条第 4 款的方式载明的未实现的投资损失;

(11)其他费用;

(12)记入非技术账户的投资收益;

(13)平衡储备金的增减。

2. 除责任保险经营的投资可直接分配外,在赔偿保险储备金中,可以责任保险已分配的投资收益取代本条第 1 款第 2 项和第 3 项的项目,无须列明本条第 1 款第 9 项、第 10 项和第 12 项的项目,仅需在责任保险技术账户中建立本条第 1 款第 13 项的项目。

3. 投资收益从损益表的一部分分配到另一部分时,应当披露转移分配的原因和计量原则。

4. 投资根据现值计价而增值的,必须计入本条第 1 款第 3 项所称的损益表项目,或者不满足本条第 2 款或者适用第 2:445 条第 3 款规定的,记入非技术账户项目。适用第 1 句时,投资减值不借记第 2:440 条第 5 款第 2 项所称的投资损失,而借记本条第 1 款第 10 项所称的项目。第 2:429 条第 1 款第 3 项所称的投资增值和减值的,必须按照前 2 句的方式计入损益表。

5. 除适用本条第 4 款第 1 句外,本会计年度根据现值计价实现的投资增值应当计入本条第 1 款第 2 项所称的损益表账户项目。

第 2:439 条　技术保险账户项目

1. 技术账户和非技术账户应当根据实际情况分别列出以下各款的项目。

2. 已获取保险费项目应当分别列明:

(1)本会计年度到期的总保险费,不包括与保险费有关的税费或者其他法律或者依法收取的费用;

(2)保险公司支付和有义务支付的再保险费,应当扣除本会计年度初已有义务支付的再保险费；

(3)未到期保险费技术储备金的增减，相关情况下，未到期风险技术的储备金；

(4)本款第 3 项所称的再保险部分的增减。

3. 人寿保险技术账户项目中，未获取保险费的技术储备金的增减可作为人寿保险技术储备金增减的一部分，并且无须根据本条第 2 款第 4 项分别列明。

4. 支付未偿债务的赔偿和支付保险利益项目应当分别列明：

(1)保险公司为自己支付的赔偿或者保险金，其中已支付的赔偿或者保险金总额及其中的再保险部分应当分别列明；

(2)保险公司为自己支付的赔偿或者保险金储备金的增减，其中再保险部分以及两项金额的总合应当分别列明。

5. 技术储备金的增减无须计入其他帐户的，该项目必须分别列明：

(1)人寿保险自有账户的技术储备金，其中再保险部分和两项金额的总合应当分别载明；

(2)其他技术储备金的增减。

6. 除前三个会计年度累计收入和本会计年度收入均不足以弥补本会计年度的技术账户损益 1/10 外，说明应当按照不同行业披露本会计年度借记前三个会计年度计提的待支付的赔偿和保险储备金的收入的性质和金额。说明还应当按照不同行业披露本会计年度借记前第四个及之前会计年度计提的待支付的赔偿和保险储备金的收入的性质和金额。说明也应当载明有价证券适用贴现的影响。

第 2:440 条　说明中可能的项目

1. 运营成本项目应当分别列明：

(1)购置成本；

(2)递延购置成本的增减；

(3)未计入购置成本的支付的赔偿或者投资损失的管理费用、人事费用和资产折旧；

(4)运营成本中冲销的、根据再保险合同取得的佣金和利润分配。

2. 与订立保险合同直接或者间接有关的费用，视为购置成本。

3. 其他投资收益项目应当分别列明：

(1)参股权益的收益；

(2)其他投资收益，其中土地和建筑物收益以及土地和建筑物以外的其他投资收益应当单独列明；

(3)未记入重估公积金的，投资减值的重新调整；

(4)投资出售的收益。

4.本条第3款第1项和第2项涉及的与关联公司有关的收益,还应当单独列出。

5.与投资有关的费用项目应当单独列明:

(1)与投资管理有关的费用,包括利息费用;

(2)未借记重估公积金、投资折旧以及摊销的情形下,投资的减值;

(3)投资出售的亏损。

6.说明应当包含收入分配以及贴现的金额。

第十五节第三分节之一　总损益说明

第2:440条之一　总损益

损益表应当包含总损益构成的说明。总损益等于本会计年度初资产负债表和本会计年度末资产负债表的所有者权益的差额,并且该差额应当根据出资额和撤资额进行调整。

第十五节第四分节　关于说明的特别规定

第2:441条　按行业和地区划分营业额;佣金

1.按行业和地区划分营业额的,不适用第2:380条的规定。

2.经营责任保险和责任再保险业务的保险公司,应当在说明中披露以下信息:

(1)已记账保费;

(2)已取得保费;

(3)未偿债务要求的赔偿;

(4)运营成本;

(5)再保险收入与费用总合的金额。

3.至少1/10的已记账保险费来自再保险的,该信息应当按照责任保险和责任再保险分别列出。

4.关于责任保险的信息应当单独列明以下各类保险:

(1)事故和疾病保险;

(2)机动车法定责任保险;

(3)其他机动车保险;

(4)海事、航空和运输的责任保险;

(5)火灾和其他财产的责任保险;

(6)除机动车法定责任保险和海事、航空和运输的责任保险之外的一般责任保险;

(7)信用和保证保险;

(8)法律援助保险;

(9)救助保险;

(10)各组记账保费超过1000万欧元的,各类金钱损失保险。

保险公司应当至少披露3个主要类别的信息。

5.经营人寿保险或者人寿再保险业务的保险公司,应当在说明中披露已记账保险费,包括再保险部分以及再保险损益的金额。至少1/10的已记账保险费来自再保险的,已记账保险费应当分别列出人寿保险和再保险。

6.已记账保费项目应当分别列明:

(1)集体保险合同和个人保险合同产生的保险费;

(2)单一保险费和经常性保险费;

(3)保险利益的权利人应当承担基于投资风险的合同产生的保险费,包括有或者没有利润分配的合同;本款第1项、第2项或者第3项的金额不超过总已记账保费1/10的,无须披露。

7.来自以下地区的保险合同的已记账保费金额,应当包括再保险部分:

(1)荷兰境内;

(2)欧盟其他地区;

(3)其他国家。

超过总已记账保险费的1/20的,应当单独载明。

8.无论佣金的性质为何,说明应当披露支付和有义务支付的佣金。

9.说明还应当披露:

(1)保险公司必须具有偿付能力的金额;

(2)保险公司董事会认为必须具有偿付能力的金额;

(3)现有偿付能力的金额。

第十五节第五分节　关于计量原则和损益确认规则的特别规定

第2:442条　以现值计量的投资价值

1.仅符合枢密院令的规定,公司才应当按投资现值计量其市价,不影响第2:389条的适用。

2.保险利益的权利人应当按现值计量承担风险的投资以及储蓄投资。

3. 资产负债表的投资各项目按现值计量的,应当载明历史成本或者重置成本。

4. 土地和建筑物的投资项目按现值计量的,无须适用第 2:386 条第 4 款的规定。涉及自用土地和建筑物的投资项目,说明应当载明此种投资已拨归的损益金额以及已划归的房屋成本金额。

5. 非第 2:384 条第 8 款规定的范围的情形下,第 2:430 条第 4 款第 1 项所称的投资,包括可转换债券和衍生金融工具,应当按现值计量。

第 2:443 条　有价证券和类似应收账款的估值

1. 具有固定收益率或者可变收益率、构成投资的有价证券,应当按现值或者赎回价值计量,但不影响第 2:387 条第 4 款的适用。此种有价证券没有赎回价值的,应当按现值或者历史成本计价,但不影响第 2:387 条第 4 款的适用。

2. 该有价证券按赎回价值计入资产负债表的,应当披露赎回价值与历史成本的差额并且摊入自取得时的损益。历史成本高于赎回价值的,该差额也可计入一次性损益。

3.(已废止)

4. 有物的担保的应收账款和第 2:430 条第 4 款第 4 项所称的其他应收账款,同样可以按照赎回价值进行计量。

第 2:444 条　技术储备金的估值

技术储备金应当根据商业领域可接受的计量原则进行估值。计量技术储备金时,保险公司必须按照合理和公平原则履行可预见的保险合同义务。人寿保险以及定期支付赔偿或者保险金的技术储备金的金额,应当由该方面的专家进行评估。

第 2:444 条之一　未到期保费和未到期的风险储备金

1. 保险公司为确定未到期保费和未到期的风险储备金的,包括巨灾储备金,应当考虑:

(1)本会计年度内收到的与下一个会计年度有关的风险的保费;

(2)在会计年度末可能出现的现有保险单的损坏和费用,但未被与保险费有关的储备金以及下一会计年度或者下一个会计年度应当收取的保险费涵盖的除外。

2. 对于损失补偿性保险,应当分别地、谨慎地确定未交保险费的储备金。保险类型允许,并且该统计方法与单独计算产生相同结果的,允许使用统计或者数学方法。

第 2:444 条之二　人寿保险储备金

1. 保险公司为人寿保险准备的储备金根据充分谨慎的预期方法计算的,应当考虑未来将要收取的保费以及在下列保险条件下的所有未来义务。

2. 保险公司变更本条第1款规定时,采用该方法计算得出的技术储备金不少于预期储备金的,或者由于涉及的人寿保险类型的性质而无法适用预期方法的,可以采用追溯方法。

第2:444条之三　为应得赔偿和利益的储备金

1. 保险公司为应支付的赔偿金或者利益而准备储备金的,包括预期赔偿金的数额,应当考虑:

(1)在资产负债表日之前产生已报告但尚未清偿的赔偿金或者义务,在资产负债表日之前产生但尚未报告的赔偿金或者义务;

(2)与解决损害赔偿或者利益有关的费用;

(3)代位权与损害赔偿和利益有关的预期收入,以及将要获得的保险财产的所有权。

2. 参照适用第2:435条之一第2款的规定。对于定期支付的费用,应当按照公认的方法进行估值。

3. 仅损害赔偿的结算至少在自编制年度账目之日起的4年后持续进行的,才可以扣减储备金以支付应当支付的赔偿或者利益,而不是定期支付。该方案根据可靠的赔偿计划进行的,还应当考虑所有增加赔偿成本的因素。因支付的损失贴现而减少未偿损失或者应付款的储备金的,资产负债表说明还应当列出折现储备金的金额以及折现方法。

4. 关于共同保险应当支付的赔偿金和义务,应当至少成比例地等于作为第一保险人的共同保险人按照适用的规则或者标准惯例在第一家保险公司因共同体共同保险而持有的储备金。

第2:444条之四　关于利润分享和折扣的规定

在未导致人寿保险和保险储备金增加的范围内,保险公司的利润分享和折扣储备金包括以利润形式分享给保单持有人,被保险人或者有权享有保险的人使用的金额;在未导致成员账户金额增加的范围内,包括保险结果部分偿还的保费金额。

第十五节第六分节　关于合并年度财务会计报告的特别规定

第2:445条　保险公司与其他公司组成的混合集团

1. 非保险公司并入银行的合并年度财务会计报告的,该组织应当根据保险公司的规定记账。

2. 作为集团核心、其信息并入集团或者集团一部分的关联公司,不从事或者几乎不从事银行经营以外的业务的,其合并年度财务会计报告应当根据银行的要求编制。仅该关联公司在关联公司和参股权益的管理和融资之外,且没有其他业务的,才适用该规定。

3. 涉及责任或者人寿保险公司的合并损益表,所有的投资收益必须计入非技术账户。责任保险和人寿保险的技术账户中,不应当列出第 2:438 条第 1 款第 9 项、第 10 项和第 12 项所称的项目,并且应当以责任保险和人寿保险已划归的投资收益取代第 2:438 条第 1 款第 2 项和第 3 项所称的项目。

4. 此情形下,不适用第 2:407 条第 2 款的规定。

第 2:446 条　合并项目

1. 合同按照市场条件订立并且保险金权利人对此享有权利的,无须消除合并中因订立合同产生的收益和损失。适用此规定时,公司应当披露对财产和损益产生的影响,但该影响仅具有次要意义的除外。

2. 涉及再保险信息的合并年度财务会计报告,第 2:412 条第 2 款所称的 3 个月期限应当延长到 6 个月。

3. 外国保险公司构成集团的一部分的,在合并年度财务会计报告中,该组织技术储备金应当按照其准据法规定的计量原则进行估值,但该组织的准据法不允许变更计量原则的除外。说明应当载明适用此种例外的规定。

4. 由保险利益的权利人承担风险的投资和储蓄投资参照适用本条第 3 款的规定。

第十六节　法律诉讼

第 2:447 条　修改财务报表的要求

1. 经第 2:448 条所称的申请人的申请,阿姆斯特丹上诉法院企业法庭,可以命令适用本章的第 2:360 条所称的法人或者合伙企业、章程住所在荷兰境内的《金融报告监管法》第 1 条第 2 项所称的有价证券发行机构或者《金融监管法》第 1:1 条所称的投资机构,按照其指示编排年度报告或者其他附加信息。

2. 仅申请人认为本条第 1 款所称的文件不满足欧洲议会和欧盟理事会 2002 年 7 月 19 日发布的《年度财务会计报告的国际准则》(PbEGL243)第 3 条的规定或者根据其制定的其他规定以及本章或者《金融监管法》的规定时,才能提出申请。该申请应当载明需要修改的文件的具体方面。

3. 该申请不涉及第 2:393 条第 5 款所称的审计意见。

第 2:448 条　申请人

1. 以下人员有权提出第 2:447 条所称的申请:

(1)任何利害关系人;

(2)基于公共利益的考虑,阿姆斯特丹上诉法院的检察长。

2. 文件涉及《金融监管法》第 1 条第 2 项所称的有价证券发行机构需要遵守该法第 4 条规定的,荷兰金融市场管理局也有权提出此申请。

第 2:449 条　申请的期限

1. 第 2:447 条所称的申请应当在年度财务会计报告审议后 2 个月内提出。第 2:447 条所称的申请涉及《金融监管法》第 1 条第 2 项所称的有价证券发行机构的,本款第 1 句所称的期限应当为 9 个月。

2. 未审议年度财务会计报告的,法人可以在年度财务会计报告备置于商事登记处后 2 个月内,或者涉及《金融监管法》第 1 条第 2 项所称的有价证券发行机构的,在 9 个月内,提出申请。备置于商事登记处后审议年度财务会计报告的期限,在备置通知或者备置的年度财务会计报告中表明审议后 2 个月终止,或者涉及《金融监管法》第 1 条第 2 项所称的有价证券发行机构,之后 9 个月终止。

3. 可取得《金融监管法》第 3 条第 2 款所称的通知的,该期限在公众可根据该条或者该条指定的规定的方式取得该通知后 2 个月终止,但不得早于本条第 1 款和第 2 款所称的终止时间。

4. 对于文件中未发现的瑕疵,该期限在申请人应当合理知道后 2 个月终止,或者涉及《金融监管法》第 1 条第 2 项所称的有价证券发行机构的,之后 9 个月终止,但最晚在前款所称的期限后 2 年终止。

第 2:450 条　企业法庭的审理

1. 企业法庭应当尽快审理第 2:447 条所称的申请。该案件应当不公开审理;该裁判应当公开宣布。

2. 企业法庭确定首次审理时间的同时,还应当指定申请涉及的法人、合伙企业或者第 2:447 条第 1 款所称的有价证券发行机构或者投资机构提交书面答辩状的期限。

3. 申请涉及的法人、合伙企业或者第 2:447 条第 1 款所称的有价证券发行机构或者投资机构以外的利害关系人,该利害关系人不得被传唤也无须提交答辩状,但不影响本条第 4 款至第 8 款的适用。

4. 申请涉及《金融监管法》第 1 条第 2 项所称的有价证券发行机构,并且非由荷兰金融市场管理局提起的,企业法庭应当允许荷兰金融市场管理局对申请的事项发表意见,并且适用《民事诉讼法典》第 194 条的规定,向企业法庭提交专家报告发表的意见。

5. 企业法庭仅在允许负责审计年度财务会计报告的审计师对申请事项发表意见后,才可以作出决定。

6. 申请涉及《金融监管法》第1:1条所称的保险人或者银行的,企业法庭仅在允许荷兰中央银行和荷兰金融市场管理局对申请事项发表意见后,才可以作出决定。

7. 申请涉及《金融监管法》第1:1条所称的投资企业的,企业法庭仅在允许荷兰中央银行和荷兰金融市场管理局对申请事项发表意见后,才可以作出决定。

8. 申请涉及《金融监管法》第1:1条所称的投资公司的,企业法庭仅在允许荷兰中央银行和荷兰金融市场管理局对申请事项发表意见后,才可以作出决定。

第2:451条　企业法庭批准申请的效力

1. 企业法庭批准第2:447条所称的申请的,应当命令法人、合伙企业或者机构必须提供其年度财务会计报告、年度报告或者其他信息。该命令应当包含对此的详细指示。

2. 法人、合伙企业或者机构有义务按照法院的命令准备文件,涉及年度财务会计报告的,必须按照法院命令作出审议报告的决议。

3. 企业法庭也可依职权决定法院命令同时或者仅与一份或者多份将来的文件相关。

4. 法院命令涉及与申请有关的年度财务会计报告的,企业法庭可以裁判撤销年度财务会计报告审议的决议。企业法庭也可以限制此种撤销的法律效果。

5. 基于情势变更,经法人、合伙企业或者机构的申请,企业法庭可以裁判撤回涉及将来文件的命令。企业法庭仅在允许原命令申请人发表意见后,才可以作出上述裁判。

第2:452条　申请证券发行人的声明

1. 经荷兰金融市场管理局的申请,阿姆斯特丹上诉法院企业法庭可以命令章程住所在荷兰境内的《金融监管法》第1条第2项所称的有价证券发行机构,向申请人提供欧洲议会和欧盟理事会2002年7月19日发布的《关于年度财务会计报告的国际准则》(PbEGL243)第3条所称的准则或者根据其制定的其他准则,以及本章或者《金融监管法》第5:25条之三第2款和第4款、第5:25条之四第2款或者第4款至第10款或者第5:25条之六规定的财务报告的声明。

2. 当事人必须充分考虑到《金融监管法》第2条至第4条的规定,在以下日期之日起9个月后,才可合理地提出该申请。

(1)根据《金融监管法》第1条第4项第1、第2和第3分段的第1条所称的文件根据《金融监督法》第5:25条之十五第1款和第4款被寄送至荷兰金融市场管理局之日；

(2)根据《金融监管法》将第1条第4款所称的文件根据《金融监管法》第5:25条之十三第6款被寄送至荷兰金融市场管理局之日；

(3)该日期涉及发行在荷兰境内正式的可转让证券的机构，并且该机构的可转让证券被允许在系统上进行交易并且可与非欧盟成员国的受监管市场相比的，第2:394条第1款所称的公开年度财务会计报告之日。

3. 参照适用第2:450条第1款和第2款的规定。申请涉及的法人、合伙企业或者第2:447条第1款所称的有价证券发行机构或者投资机构以外的利害关系人，不得被传唤也无须提交书面的答辩状。

4. 企业法庭批准申请的，可以规定有价证券发行机构提供关于本条第1款所称的声明的具体方式。有价证券发行机构有义务按照法院命令提供声明。

5. 企业法庭可以规定有价证券发行机构未遵守命令的，有价证券发行机构应当向荷兰金融市场管理局缴纳企业法庭规定的强制罚金。参照适用《民事诉讼法典》第611条之一至第611条之九的规定。

第2:453条　企业法庭裁判的公布；法律审的上诉

1. 企业法庭的书记员应当将企业法庭的裁判副本备置于法人或者公司章程住所地的商事登记处。裁判涉及《金融监管法》第1条第2项所称的有价证券发行机构的，书记员还应当将裁判副本寄送给荷兰金融市场管理局。不能立即执行的裁判副本，应当在终审裁判生效后备置。

2. 除《民事诉讼法典》第426条第1款所称的主体外，法人、合伙企业和机构，无论其是否出庭，均有权对企业法庭根据本章作出的裁判提起法律审的上诉。

第2:454条　外国证券发行人发布公告的命令

1. 经荷兰金融市场管理局的申请，阿姆斯特丹上诉法院企业法庭可以命令《金融监管法》第1条第2项所称的根据其他国家法律设立的有价证券发行机构发布《金融监管法》第3条第2款所称的公告。

2. 荷兰金融市场管理局仅能基于本条第1款所称的文件不满足《金融监管法》第5:25条之三第2款、第4款和第5款或者第5:25条之二十二第1款的规定而提出申请。申请书应当载明前句所称不满足规定的文件的具体方面。

3. 该申请不涉及《金融监管法》第5:25条之三第4款所称的审计意见。

4. 该申请应当在以下日期之日起9个月后提出：

(1)根据《金融监管法》第1条第4项第1、第2和第3分段的第1条所称的文件根据《金融监督法》第5:25条之十五第1款和第4款被寄送至荷兰金融市场管理局之日；

(2)根据《金融监管法》将第 1 条第 4 款所称的文件根据《金融监管法》第 5:25 条之十三第 6 款被寄送至荷兰金融市场管理局之日；

(3)该日期涉及发行在荷兰境内正式的可转让证券的机构，并且该机构的可转让证券被允许在系统上进行交易并且可与非欧盟成员国的受监管市场相比的，第 2:394 条第 1 款所称的公开年度财务会计报告之日。

参照适用本法第 2:449 条第 3 款和第 4 款的规定。

5. 企业法庭审理时，参照适用本法第 2:450 条第 1 款至第 3 款以及第 5 款至第 7 款的规定。

第 2:455 条　法院命令发布公告的内容

1. 企业法庭批准第 2:454 条所称的申请的，应当命令有价证券发行机构在企业法庭指定的期限内公开以下内容：

(1)如何适用第 2:454 条第 2 款所称的规定并说明对财务报告产生的影响；

(2)财务报告不满足第 2:454 条第 2 款规定的具体方面，并说明对财务报告产生的影响。该命令还应当包含对此的详细指示。

2. 有价证券发行机构有义务按照命令发布公告。

3. 基于情势变更，经金融机构的申请，企业法庭可以裁判撤回涉及将来文件的命令。企业法庭仅在听取荷兰金融市场管理局的意见后才能作出上述裁判。

4. 法院命令涉及《金融监管法》第 1 条第 2 项所称的根据其他国家法律设立有价证券发行机构的，书记员应当将裁判副本寄送给荷兰金融市场管理局。

5. 参照适用第 2:452 条第 5 款和第 2:453 条第 2 款的规定。

第三编　财产法总则

第一章　通　　则

第一节　定　　义

第3:1条　财产的定义

财产包括所有的物和所有的其他财产权利。

第3:2条　物的定义

物为人类可以控制的有形物体。

第3:2条之一　动物

1. 动物不是物。

2. 动物适用与物有关的规定,并应当遵守基于法定规则和不成文法规则以及公共秩序和公共道德产生的限制、义务和法律原则。

第3:3条　不动产与动产

1. 不动产是指土地、尚未开采的矿物、附着于土地上的植物,以及直接或者通过与其他建筑物或者工作物相结合而持久地附着于土地上的建筑物和工作物。

2. 所有非不动产的物均为动产。

第3:4条　组成部分

1. 依一般观念,构成该物的任何要件为物的组成部分。

2. 在不对另一物造成实质性损害的前提下,附属于主物的其他某物无法分离的,该物属于主物的组成部分。

第3:5条　家用物品

家用物品是指房屋内所有可移动的物品,包括家庭物品、装饰品或者家具,但藏书或者艺术收藏品以及科学性或者历史性物品除外。

第3:6条 财产权利

财产权利是指可以单独转让,也可以与另一权利一同转让的权利,或者使其所有权人获得物质利益而设立的权利,或者通过交换取得现实的或者预期的物质利益的权利。

第3:7条 从权利

从权利是指与另一权利相联系但无法独立存在的权利。

第3:8条 定限物权

定限物权衍生于具有更广泛权能的权利,该权利反过来受到定限物权的约束。

第3:9条 天然孳息和法定孳息

1. 依一般观念,天然孳息指视为他物孳息的物。

2. 依一般观念,法定孳息指视为财产孳息的权利。

3. 个人终身租金条款视为终身租金权的孳息。

4. 天然孳息从原物中分离时,其构成独立的物;法定孳息可以收取时,其构成一项独立的权利。

第3:10条 登记财产

登记财产由登记的财产构成(包括物和财产权利),并且其转移或者创设必须登记在为此目的而设置的公共登记簿上。

第3:11条 善意

某人知道或者在合理的情形下应当知道其善意必然涉及的事实或者权利的,则他未不得以善意作为某种法律效力的条件。无法查询但该人有合理理由怀疑的,并不妨碍他被视为应当知道该事实或者权利的人。

第3:12条 合理和公平原则

在特定情形下确定合理与公平的原则时,必须参照普遍接受的法律原则、荷兰的基本法律概念以及特定法律所涉的相关的社会利益和个人利益。

第3:13条 滥用权利

1. 权利人不得滥用其享有的权利。

2. 权利的滥用是指行为人行使一项权利完全出于损害他人利益的意图或者设定该权利的目的以外的意图行使该权利,或者行为人行使权利时,未能合理地安排而致使该权利产生的利益和导致的损害失衡。

3. 一项权利的性质可能要求该权利不得被滥用。

第3:14条 不得违反公法

任何人均不得违背成文或者不成文的公法规则,行使依私法享有的权利。

第 3:15 条　法律适用范围的扩张

在与所涉的法律关系的性质不冲突的范围内,财产法以外的领域也可适用本编第 3:11 条至第 3:14 条的规定。

第一节之一　电子财产交易

第 3:15 条之一　电子签名的法律效力

欧洲议会和理事会 2014 年 7 月 23 日发布的《关于内部市场电子交易的电子识别和信托服务并废除第 1999/93/EC 号指令的第 910/2014 号指令(OJEU 2014 L 257)》第 3 条第 12 款所称的电子合格签字、第 3 条第 10 款所称的另一种电子签名以及第 11 条所称的高级电子签名应当与手写签名具有相同的法律效力,适用电子签名时,应当考虑到使用电子签名的目的和案件的所有其他情况,确保所用的签名方法足够可靠。

第 3:15 条之二　合格证书　[2017 年 3 月 10 日废止]

第 3:15 条之三　法律适用范围的扩张

在与所涉的法律关系的性质不冲突的范围内,财产法以外的领域也可参照适用本节的规定。

第 3:15 条之四　数据和信息可被获取

1. 认证服务商应当以方便、直接和永久地访问的方式,向使用该服务的人提供下列信息:

(1)其身份和所处的地理位置。

(2)包括其电子邮件地址在内的使他能够迅速联系并以直接有效的方式与他通信的信息。

(3)在商业登记簿或者类似的公共登记簿中登记范围内,登记簿及其登记号码或者该登记簿中的等效识别手段。

(4)一项活动需取得政府机构的许可的,许可范围内有关主管监管当局的信息。

(5)从事受管制的职业的,还应当提供下列信息:

①向服务提供商登记的专业团体或者类似机构;

②专业头衔以及授予该头衔的《欧洲经济区协定》的成员国或者缔约国;

③引用在荷兰境内适用的专业规则以及访问这些规则的方式;

④服务提供商从事须缴纳增值税活动的范围内:1968 年《增值税法》第 2 条之一第 1 款第 7 项所称的增值税标识号。

2.“信息社会服务”涉及价格的,认证服务商应当明确标明服务的价格,并且必须特别指出它们是否包括包容性税收和交付成本,包括的情形下,还应当包括税收和交付成本以及收取费用。

3."信息社会服务"应当理解为通常以电子方式在一定距离内或者从远处以金钱交换的方式执行的,以服务消费者的个人要求为交换而进行的任何服务。当事人无须同时出现在同一地方。一项服务是通过有线、无线电或者光学或者其他电磁波专门通过电子设备发送和接收的,该服务应当使用电子设备进行处理,包括以数字压缩和数据存储等电子方式进行。

第 3:15 条之五　使用商务通信时的义务

1.商业通信是信息社会服务的一部分或者本身就属于此种服务的,指示使用该种通信方式的人必须确保:

(1)商业通信是可以识别的;

(2)可从商业通信中推断出其身份;

(3)包含促销优惠,竞赛或者游戏的商业通信,要清楚地表明其资格具备的性质和条件;

(4)被接收者一旦接收以电子方式发送的未经请求的商业通信,就可以清楚、明确地识别出来。

2.[废止]

3.本条所称的商业通信是通过电子手段进行的任何形式的通信,其旨在直接或者间接地促进从事商业、工业或者手工艺活动的公司、组织或者个人的商品、服务或者形象的宣传,除可以直接访问公司、组织或者个人的活动的信息(特别是域名或者电子邮件地址)外,还包括从事受监管的职业。该公司、组织或者个人独立编写的、无偿的商品、服务或者形象的通信不视为商业通信。

第 3:15 条之六　联络点

1.基于下列目的,授予或者使用信息社会服务的人可以向司法部根据经济事务部的要求而指定的法人获取:

(1)有关合同权利和义务以及发生争端时可用的投诉和补救机制的一般信息;

(2)有关当局、协会或者组织的详细信息,从中可以获取进一步的信息或者实际帮助。

2.本条第 1 款所指的法人为履行其职责,应当与位于欧盟其他成员国和加入《欧洲经济区协定》其他缔约国的组织进行合作。

3.被任命为税务和海关总署(税收信息),或者服务检查和经济控制局(经济信息)的公务员的,其任务是检测是否存在任何违反本法第 3:15 条之四和第 3:15 条之五第1款规定的情形。

第一节之二　账　　簿

第3:15条之七　保存账簿和会计账簿的义务

1. 任何以自己名义从事营业或者独立从事执业的人,都必须根据业内公认业务或者专业标准,保存显示其财产状况和与其所从事的营业或者执业有关的每一事项的账簿票据和其他凭证,以便随时确定其权利和义务。

2. 本条第1款所称的人参照适用第2:10条第2款至第4款的规定。

第3:15条之八　应要求而披露账簿和会计账簿

下列人员对所涉事项有直接和充分的利益的,可以要求披露账簿、票据和其他信息载体:

(1)与遗嘱人账簿、票据和其他信息相关的继承人;

(2)与财产共同体有关的账簿、票据和其他信息相关的共同体成员;

(3)与合伙企业的账簿、票据和其他信息相关的合伙人;

(4)涉及破产人或者属于自然人债务偿还计划的人的账簿、票据和其他信息,破产或者适用自然人债务偿还计划时的债权人。

第二节　关于登记财产的登记

第3:16条　登记财产的公共登记簿

1. 公共登记簿应当登记所有必须为此目的而设置的登记财产法律状态的项目。

2. 法律应当具体规定公共登记簿的类型、方式、地点、提交保管人的文件的种类与内容,以及登记簿的组织、登记方式和查阅程序。

第3:17条　可在用于登记财产的公共登记簿中登记的事实

1. 除本条所称的可根据其他法律规定登记的事实外,以下事实也可登记在公共登记簿上:

(1)变更或者以其他方式对登记财产法律状态产生重要影响的法律行为;

(2)与登记财产相关的继承,包括第4:189条和第4:226条第4款所称的国家继承,以及根据第4:226条第1款和第2款向国家交付登记财产的事实;

(3)已登记的附条件法律行为所附的条件成就,已登记的附期限法律行为所附的不确定日期的到来,以及登记财产的用益权人的死亡;

(4)登记财产的共有人之间达成的协议或者其他规则;

(5)判决具有暂时的强制执行力,或者法院的书记官在宣告判决时宣称已无法对该判决提起上诉或者以其他法律救济方式而改变该判决的,或者在作出判决之日起3个月后,其宣称没有对该判决提起上诉的,或者以其他法律救济方式改变该判决的,与登记财产法律状态或者处分该财产的权利有关的判决;

(6)为获得涉及登记财产的法律状态的判决而提起的起诉和上诉;

(7)执行或者保全性扣押登记财产;

(8)有权取得登记财产的权利人的姓名变更;

(9)取得登记财产的时效,或者消灭登记财产的定限物权的时效;

(10)根据特别法律规定废止、撤销或者变更已进行登记的裁定和判决;

(11)准备拆除现有用于运输或者重新安置能量、液体或者气体物质的一根或者多根电缆或者管道网络。

2. 法律有特别规定的,租赁和承租人合同以及农业租赁协议以及仅构成或者终止债务索偿的其他事实。

第3:18条　提交文件

公共登记簿的保管人在收到登记所需文件时,应当签发给提交文件的人一份凭证,以证明其已收到相关文件。该凭证应当标明收到文件的日、时、分以及文件性质。

第3:19条　登记时间

1. 登记所需要的文件已被提交且符合法律要求的,并且满足对登记的其他法律要求的,公共登记簿保管人应当即时进行登记。

2. 公共登记簿保管人收到登记所需文件的时间,视为登记的时间。

3. 根据提交文件的人的要求,公共登记簿保管人应当将在凭证上注明已经完成登记。

4. 公共登记簿保管人在收到登记所需要的文件后,认为提交的文件中所述特征与拟登记财产应当有的特征不符合的,或者认为提交文件的人并无相关权限的,或者该行为与其他法律行为相冲突的,其可以向提交人以及其他相关利害关系人指出该事项。

第3:20条　拒绝登记

1. 不符合第3:19条第1款所称的要求的,公共登记簿保管人应当拒绝登记。保管人应当将登记申请记载于临时登记簿上并附上拒绝登记的理由。

2. 无正当理由拒绝登记的,地方法院的临时法官可经利害关系人的申请,在临时禁止令程序中,命令在不损害有关法院的管辖权的情形下保管人应当进行登记。临时法官也可以传唤其指定的其他利害关系人。临时法官的命令依法具有强制执行力。

3. 法院命令公共登记簿保管人执行被拒绝的登记的,该登记应当在原告的要求下立即进行。

4. 从最初申请之日起两周内利害关系人已申请本条第 2 款中所称的命令的,并且已根据基于同样文件重新申请自初审时 1 周内被拒绝的登记的,该最初申请的时间视为登记时间。保管人在重新提出申请后,自最初申请提出之日起或者自一审程序中向其提交诉状之日起 2 周内办理登记的,该最初申请时间视为登记时间。

5. 仅登记在本条第 1 款第 2 句中的临时登记簿上的事实,视为通过查阅登记簿不能获知的事实,但根据前款规定视为在查阅时已登记的除外。

6. 不再具备适用本条第 4 款的申请条件的,或者考虑到提交最初申请的期限内已完成登记的,公共登记簿保管人应当撤销临时登记。

第 3:21 条　登记顺位

1. 除法律另有规定外,同一登记财产进行的多项登记的顺位取决于其登记时间的先后顺序。

2. 两项登记同时作出,并且导致不同的人对同一登记财产享有不相容的权利的,应当按以下规则确定其顺位:

(1) 提交的用于登记的公证文书、判决书或者其他官方文件生效日期不同的,按生效时间的先后顺序;

(2) 同一天起草数份公证文书的,按公证文书或者声明生效时间的先后顺序。

第 3:22 条　未遵守程序要求

事实已登记于登记簿上的,当事人不得以未遵守登记所需手续为由嗣后对登记的有效性提出异议。

第 3:23 条　非善意

对于能通过查阅登记簿而获知的事实,登记财产的受让人不得以其不知为由主张善意。

第 3:24 条　防止不完整的公共登记簿的财产登记

1. 以特别资格取得特定财产的法律行为进行登记时,有关该登记财产的事实应当登记却没有登记的,除受让人知道该事实外,不能以此对抗受让人。

2. 以下情形,不适用本条第 1 款的规定:

(1) 依其性质应当登记于民事身份登记簿、婚姻财产登记簿或者继承登记簿的事实,即使因荷兰法律不适用于该事实而不能被登记的;

(2) 登记在监护登记簿上的监护的设立和终止;

(3)登记在破产登记簿或者破产管理登记簿上的裁判;

(4)继承的接受或者拒绝;

(5)因时效而导致事实权利终止的。

3. 法律行为应当登记之时未登记而在被继承人死亡后的3个月内登记的,继承和遗嘱处分行为不适用本条第1款的规定。

第3:25条 防止登记的公证文书或者其他公文文书中的错误事实

以特别资格取得特定财产的法律行为进行登记时,一项与登记财产有关的错误事实根据经公证人员验证的文书已登记于登记簿上的,该事实不得被援引以对抗受让人,但受让人知道该错误事实或者通过查阅登记簿能够知道该事实可能存在错误的除外。

第3:26条 防止错误的登记事实

以特别资格取得特定财产的法律行为进行登记时,一项登记财产的错误事实已登记于登记簿上的,可合理地确保登记与真实情形一致的主体不得援引该错误事实以对抗受让人,但受让人知道该错误事实或者通过查阅登记簿能够知道该事实可能存在错误的除外。

第3:27条 法院关于登记财产上权利的宣告

1. 主张对登记财产享有权利的人可向法院提起诉讼,请求确认其权利。法院必须通过书面传票分别传唤在公共登记簿中登记为所有人或者扣押人的利害关系人出庭。依照本款第1句提起法律诉讼的人,有义务配合传唤上述所称的主体到法庭。在宣告之前,法院认为最符合可能未出庭的人的利益的,可采取措施或者要求提交其认为有用的证据。根据该条作出宣告的,公共登记簿保管人不得在裁判生效之前进行登记。

2. 任何利害关系人,无论其是否出庭,均可对于此种裁判提起上诉。但应当遵循以下例外情形的规定。据此提起上诉和撤销之诉的诉状必须在8日内登记于《民事诉讼法典》第433条所称的登记簿上,否则无效。不适用《民事诉讼法典》第335条的规定。对于未出庭的利害关系人,已经在登记簿上登记的,上诉期间自有关裁判送达之日起算,或者未登记的,自公开传唤之日起算。仅出庭的利害关系人可以提起撤销原判之诉。

3. 除非未出庭的以及未被个别传唤的利害关系人能够证明相关的法院宣告不正确,否则法院按照本条第1款作出的登记宣告应当推定为正确。但不得援引任何错误事实对抗在不知情的情形下依据特定资格而获得权利的继受人。

4. 本条第1款中所称的公告必须由法院执行员按照《民事诉讼法典》第54条第

2 款和第 3 款发布。本条第 2 款规定的公开传唤也必须由法院执行员按同样方式发布,但法院依本条第 1 款采取措施的除外。在必要的范围内,法院可以在国内外一家或者多家报纸上重复性或者一次性地公告该措施。

第 3:28 条　无效声明

1. 在公共登记簿上进行登记的财产登记不生效的,依直接利害关系人的申请,在登记生效情形下将获得利益的其他人必须提供登记无效的书面声明。该声明必须说明登记不生效的理由,但登记涉及抵押或者扣押的除外。

2. 本条第 1 款所称的声明也可以登记在公共登记簿上。与抵押或者扣押有关的,仅在取得登记权利人、利害关系人或者抵押权人、扣押权人授权的情况下,登记机关才可以撤销该登记。

第 3:29 条　法院涂销登记的命令

1. 未提供无效声明的,法院可以根据直接利害关系人的申请宣告登记不生效。为取得法院的此种裁判而传唤登记簿上载明的人,为所有未进行新的登记的继受人。

2. 法院在宣布登记无效前,可基于未出庭权利人的利益,命令采取某些措施或者要求提供证据。

3. 根据《民事诉讼法典》第 443 条的规定,自提出撤销之诉、上诉和撤销原判之诉的 8 日内必须进行登记。已登记的被告可提起上诉而非撤销之诉,未作出新的登记的继受人亦同。与《民事诉讼法典》第 143 条相反,在任何情形下,提起撤销之诉的期限自涉及已登记被告的裁判送达之日起算;该裁判未送达本人的,自该送达使得已登记的被告的继受人的撤销之诉的期限起算,但该裁判未被遵守的情形下法院已采取前述进一步措施的除外。仅出庭的有利害关系的当事人可以提起撤销原判之诉。

4. 公共登记簿保管人在法院作出此种宣告登记不生效的终审裁判之前不得进行登记。未生效的登记与抵押或者扣押有关的,法院应当授权登记机关撤销该登记。

第 3:30 条　荷兰的国家赔偿责任

根据公平和合理原则,国家对任何人因不应当由其负责而适用第 3:24 条、第 3:25条或者第 3:27 条导致其权利丧失的情形承担责任,但不得减轻《土地登记法》第 117 条第1款和第 2 款所称的土地登记和公共登记机构应当承担的责任。

第 3:31 条　荷兰的公证人

与登记财产有关的法律规定登记应当具备公证文书或者公证声明的,此种文书或者声明必须由荷兰公证人制作。

第二章　法律行为

第 3:32 条　实施法律行为的行为能力

1. 自然人具有实施法律行为的行为能力,但法律另有规定的除外。

2. 自然人丧失行为能力实施法律行为的,该法律行为无效。无行为能力人实施的单方法律行为未针对一个或者多个特定的人作出的,该法律行为无效。

第 3:33 条　通过表示行为表达效果意思

法律行为要求具备能够产生法律效力的意思的,该意思必须通过行为人的意思表示表达。

第 3:34 条　精神障碍

1. 精神受到永久性或者暂时性损害的人作出的意思表示,此种精神损害妨碍其对所涉利益作出合理评估的,或者此种意思表示是基于精神障碍的影响作出的,视为未作出相应的意思表示。此种法律行为对有精神障碍的人有损害的,推定为基于精神障碍的影响作出的意思表示,但实施法律行为时不可合理预见该损害的除外。

2. 缺乏此种意思的法律行为无效。有精神障碍的人因缺乏意思表示实施的单方法律行为,并且未针对一个或者多个特定的人作出的,该法律行为无效。

第 3:35 条　合理推断法律行为的意思表示

当事人不得援引缺乏意思表示以对抗根据当时的情势可合理解释为由该他人对其作出的有特定含义的意思表示的人。

第 3:36 条　合理推断第三人的法律地位

第三人基于他人的意思表示或者行为,对法律关系的设立、存在或者消灭作出合理认定的,并且因信赖该认定的正确而合理行为的,该他人不得以其意思错误对抗该第三人。

第 3:37 条　构成法律行为的意思表示的形式和效力

1. 除法律另有规定外,意思表示可以任何形式作出,包括通知;意思表示可通过行为进行推断。

2. 符合相关规定的,法律规定必须以书面形式作出意思表示的,该意思表示也可通过传票的形式作出。

3. 对特定的人作出的意思表示必须送达至特定的主体后,该意思表示方可生效。意思未送达该主体或者未准时送达的,但此种情形由该主体自身行为或其需对之负责的人的行为所致的,或者因该主体的个人原因并理应当由该主体承担后果的其他情形所致的,该意思表示仍可生效。

4. 在意思表示通过发出人指定的人或者通知方式,错误地通知给接收人的情形下,除非接收人指定使用特定的通知方式,否则该接收到的意思表示即视为发出人的意思表示。

5. 撤回对特定人作出的意思表示的,该撤回通知必须在该意思表示到达之前或者同时到达该主体,方为有效。

第 3:38 条　附期限(生效和失效时间)和附条件

1. 除非法律规定或者所涉法律行为的性质不得附期限或者附条件,否则可附期限或者附条件设立法律行为。

2. 满足后继条件或者先例条件的成就不具有溯及力。

第 3:39 条　法律行为未满足形式要求时的效力

除法律另有规定外,法律行为不符合法定形式的,该法律行为无效。

第 3:40 条　违反法律、善良风俗和公共秩序

1. 法律行为因其内容或者应当有含义违反善良风俗或者公共秩序的,该法律行为无效。

2. 法律行为违反强制性法律规定的,该法律行为无效;该规定旨在保护多方法律行为中的一方当事人的,该行为仅可被宣告为无效,但该规定应当与所违反的法律规定的基本原则基本一致。

3. 非旨在使冲突法律行为归于无效的法律规定,不适用前款的规定。

第 3:41 条　部分无效

导致法律行为无效的原因仅涉及法律行为的一部分,并且考虑到一项法律行为的内容和应有含义,其他部分仍能够作为独立的法律行为生效的,法律行为部分无效不影响其余部分的效力。

第 3:42 条　转换

无效法律行为的应有含义与另一视为有效的法律行为的应有含义一致时,在某种程度上,当事人可预见行为无效时将会选择另一行为的,该无效的法律行为可通过法律行为的实施转化为另一有效的法律行为,但对非行为当事人的利害关系人不合理的除外。

第 3:43 条　无权实施的法律行为

1. 直接实施的或者通过参与人实施的、旨在取得财产的下列法律行为,均为无效,受让人对此应当承担损害赔偿责任:

(1)法官、检察官、法官助理、书记员、出庭律师、诉状律师、法警和公证人处理的与他们有关的职务或者工作所在地区的法院的未决诉讼相关的法律行为；

(2)公务员在行使公职时出售财产或者在行使公职时受其监督出售财产；

(3)取得属于国家、省、市镇或者其他公共机构并委托给公务员进行管理和监督的所有财产。

2. 遗嘱人为确定其继承人订立遗嘱，以及上述继承人据以获得继承财产实施的法律行为，不适用本条第1款第1项的规定。

3. 本条第1款第3项所称的情形已获得司法部长的批准或者涉及公开出售的，该法律行为有效。前述的批准，必须是所涉直辖市所在省的委员会，或者所涉直辖市所在省的皇家总督的行政长官的批准。

第3:44条　实施法律行为的意思缺陷

1. 因胁迫、欺诈或者情势滥用实施的法律行为，是可撤销的。

2. 非法恐吓他人或者以造成他人人身或者财产损害为要挟，迫使他人作出某种法律行为的，即构成法律上的胁迫。胁迫必须是足以使一个有理性的人受到影响的行为。

3. 故意以提供错误信息或者隐瞒其负有告知义务的任何事实，或者通过其他手段诱使他人实施某种法律行为的，即构成法律上的欺诈。即使不真实，但以通常语言作出的陈述，并不构成欺诈。

4. 某人知道或者应当知道他人正在被引诱作出的法律行为系由于该他人处于紧急状态、依赖、放任、精神状态不正常或者无经验等特定情势所致的，他知道或者应当知道该情形并应当阻止该他人作出相关的法律行为，但却促成此法律行为发生的，即构成法律上的情势滥用。

5. 胁迫、欺诈或者情势滥用等行为是由非法律行为的当事人实施的，并且法律行为的相对人对此不知情的，行为人可援引该瑕疵对抗相对人。

第3:45条　欺诈交付

1. 债务人实施无义务实施的法律行为时，知道或者应当知道其行为将损害一个或者多个债权人就债务人财产的追索权的，该行为可被宣告为无效；无论在该行为之前或者之后，任何受到该法律行为不利影响的追索权人可以此为理由申请宣告该法律行为无效。

2. 除无偿取得权利的行为外，涉及直接针对一个或者多个特定人的多方行为或者单方行为的情形下，债务人或者对债务人执行债务的另一方知道或者应当知道该行为会对一个或者多个债权人产生损害的，该法律行为可基于欺诈被宣告为无效。

3. 无偿取得权利的法律行为因欺诈交付被宣告无效的，该无效宣告对不知道或者不应当知道该法律行为会对债权人造成损害的受益人不产生效力,但该受益人应当证明,在作出该意思表示时或者在申请宣告无效的诉讼时其并未从该法律行为中获得利益。

4. 债权人以欺诈交付为由提出撤销一项法律行为的,其仅能以自身利益申请宣告该法律行为无效,且仅以消除其追偿权受到的损害为限。

5. 善意第三人有偿取得一项财产,但取得该财产的法律行为因欺诈交付被宣告无效的,该财产权应当受到保护。在该第三人能够证明他人向其主张财产权利时其未从法律行为中获得利益的范围内,宣告无效不会对无偿取得该财产的善意第三人产生效力。

第 3:46 条　存在欺诈性交付的法律推定

1. 对债权人产生不利影响的法律行为,在该行为被宣告无效的理由被援引之前的 1 年内已实施的,且债务人在此以前并未受该法律行为约束的,可推定任何一方当事人知道或者应当知道以下法律行为会对债权人造成损害:

(1) 订立债务人的债务价值明显超过对方债务价值的协议。

(2) 履行未到期和可要求偿还的债务或者为此类债务提供担保。

(3) 由自然人作为债务人与以下人员实施的法律行为或者实施的法律行为与以下人员有关:

①其配偶、养子女或者三亲等以内的血亲或者姻亲;

②法人或者上述人员作为董事会或者监事会的成员,或者作为单独或者共同地直接或者间接持有至少一半的已认缴资本的股东。

(4) 由法人的债务人与以下自然人实施的法律行为,或者实施的法律行为与以下自然人有关:

①作为董事会或者监事会的成员,或者其配偶、养子女或者三亲等以内的血亲或者姻亲;

②与其配偶或者上述人员共同作为股东直接或者间接地持有至少一半的已认缴资本的股东;

③其配偶、养子女或者三亲等以内的血亲或者姻亲共同作为股东直接或者间接持有至少一半的已认缴资本的股东。

(5) 有以下情形之一的,由法人的债务人与另一个法人实施的法律行为,或者与另一法人实施的有关的法律行为:

①其中一法人是另一法人董事会的成员;

②其中一法人的董事会成员是另一法人的董事会成员,或者其配偶、养子女或

者三亲等以内的血亲或者姻亲是另一法人的董事会成员；

③其中一法人的董事会或者监事会成员，其配偶、养子女或者三亲等以内的血亲或者姻亲共同作为股东直接或者间接持有另一法人至少一半的已认缴资本；

④同一法人或者同一自然人，无论是否有其配偶、养子女或者三亲等以内的血亲或者姻亲，直接或者间接持有两个法人至少一半的已认缴资本的股东。

(6)由法人的债务人与关联公司实施的法律行为，或者实施的法律行为与关联公司有关。

2. 配偶包括登记伴侣或者任何其他生活伴侣。

3. 养子女指作为自己的子女长期抚养和教育的人。

4. 董事会或者监事会成员或者股东包括在实施法律行为前 1 年内具有此种资格的人。

5. 法人的董事会成员本身是第三法人的董事会成员，并且该法人本身也是第三法人的董事会成员的，该法人等同于该第三法人的董事会成员中的法人。

第 3:47 条　实施无偿法律行为推定构成欺诈性交付

债务人无偿实施的法律行为损害一个或者多个债权人的追偿权的，并且该无偿法律行为是在援引无效理由之前的 1 年内由债务人实施的，推定该债务人知道或者应当知道该法律行为会对债权人造成损害。

第 3:48 条　欺诈性交付中债务人范围的扩张

适用前述 3 条时，债务人包括为保证他人债务实现而提供担保的人。

第 3:49 条　宣告法律行为无效的途径

法律行为可通过法律程序以外的声明或者法院裁判而宣告无效。

第 3:50 条　法律程序外的宣告无效

1. 通过法律程序以外的声明宣告法律行为无效的，该声明必须由基于其利益而有理由宣告该法律行为无效的人向该法律行为的当事人作出。

2. 涉及登记财产的撤销之诉，即该财产已在公共登记处登记或者已经制作公证文书的，除所有当事人均同意宣告无效外，法律程序以外的声明不能宣告一项有关登记财产的法律行为无效。

第 3:51 条　法院裁判宣告无效

1. 法院在其裁判中认可对无效理由的上诉时，即宣告该法律行为无效。

2. 宣告法律行为无效的诉讼必须对该法律行为的当事人提起。

3. 宣告法律行为无效的诉讼是基于正在进行的诉讼或者其他法律诉讼提起的，可随时以无效理由提起上诉。提起此类上诉的人必须尽快通知未出庭的该法律行为的当事人。

第 3:52 条　无效法律行为的诉讼时效

1. 宣告法律行为无效的诉讼时效,适用以下规则:

(1)无行为能力的,自无行为能力终止之日起 3 年,该无行为能力人有法定代理人的,自法定代理人知道该行为之日起 3 年;

(2)受胁迫或者情势滥用的,自该影响停止之日起 3 年;

(3)欺诈、错误或者对债权人产生损害的,自债权人发现之日起 3 年;

(4)存在其他无效性理由的,自权利人能行使该项权利之日起 3 年。

2. 宣告法律行为无效的诉讼时效届满的,采取此种措施的主体不得再以同一理由通过法律程序以外的声明宣告该法律行为无效。

第 3:53 条　无效法律行为的溯及力

1. 法律行为无效的,该效力可溯及至法律行为作出之时。

2. 法律行为已产生难以消除的结果的,法官可依当事人的申请全部或者部分地拒绝适用无效的效力。当事人不合理地利用此种拒绝时,法官可以命令其补偿因此受到损害的主体。

第 3:54 条　无效法律行为的弥补

1. 另一方当事人及时地提出变更法律行为以替代无效法律行为,并且足以弥补该行为产生的不利后果的,一方当事人以情势滥用为由提请宣告多方法律行为无效的权利即消灭。

2. 法官可经一名或者多名当事人的申请,变更法律行为的效力以消除其不利后果,而不以情势滥用为由宣告该法律行为无效。

第 3:55 条　确认无效法律行为和指定宣告法律行为无效的时限

1. 在规定的期限后,有权宣告法律行为无效的权利人已确认所涉法律行为有效的,并且以此为理由申请宣告无效的诉讼时效起算的,援引无效理由的权利即告消灭。

2. 诉讼时效起算后,直接利害关系人通知享有申请宣告无效的权利人在合理期间内在确认和申请宣告无效之间做出选择,而权利人未在此期间内做出选择的,援引无效理由的权利亦告消灭。

第 3:56 条　第 50 条至第 55 条的当事人

适用本法第 3:50 条至第 3:55 条时,当事人包括:

(1)指向一个或者多个特定人的单方法律行为的情形下,该特定的人;

(2)其他单方法律行为的情形下,与该法律行为的效力有直接利害关系的人。

第3:57条　第三人的同意

一项法律行为为产生预期的法律效力需要取得该行为当事人以外的其他人的批准、授权、许可或者其他形式的同意时,直接利害关系人均可通知该法律行为的当事人,并明确该通知规定的合理期间内未取得第三人同意的,该法律行为对其不产生法律效力。

第3:58条　批准

1. 法律行为有效所必需的法定条件仅在行为完成后方可成就的,在法律行为的法定条件成就前,直接利害关系人均可主张该法律行为不生效,但在此期间内,所有利害关系人均认为法律行为有效的,并且该法律行为也已获得批准的,该法律行为视为有效。

2. 法律行为因未成年人或者受监护的成年人无行为能力而无效的,但之后因已达到法定年龄或者取消成人监护权而具有行为能力的,该法律行为不适用前款的规定。

3. 第三人在此期间内取得的有效权利,不构成批准的障碍。

第3:59条　本章适用范围的扩张

在与所涉的法律关系的性质不相冲突的范围内,财产法以外的领域也可适用本章的规定。

第三章　代　　理

第3:60条　代理权的定义

1. 代理权是指本人授予代理人以本人的名义实施一项或者多项法律行为的权利。

2. 适用本章时,法律行为包含对他人意思表示的承诺。

第3:61条　相对人依诚实信用而行为

1. 本人可以明示或者默示的方式授予代理权。

2. 法律行为以他人名义实施的,并且另一方当事人基于该特定情形能合理地推定该他人的意思表示或者行为取得充分代理权的,其不得以此种推定错误对抗另一方当事人。

3. 根据法律或者惯例公开的代理权包含另一方当事人无法预见的或者非常见的限制的,其不得被援引以对抗该当事人,但该当事人事实上知道此种限制的除外。

第3:62条　一般授权与特别授权

1. 普通代理权指授予包括主要事务以及所有可能的法律行为的代理权,但明确排除的法律行为除外。仅在以书面形式明确规定的情形下，普通代理权才可包括实施处分行为的权限。

2. 依据一般条款授予的特别代理权仅在有明确规定的情形下，才可包括实施处分行为的权限。但为某一特定目的而授予的代理权，可包括所有可能实现该目的的管理行为和处分行为。

第 3:63 条　授权代理和无行为能力

1. 某人无法为自己实施法律行为的，并非无权担任他人的代理人。

2. 代理人根据委托人授予的代理权实施的有效、无效或者可宣告无效的法律行为，均与无行为能力人自己实施此种法律行为的效力相同。

第 3:64 条　再代理

除委托人另有规定外，代理人仅在以下情形中可将代理权再授予给他人：

(1)转委托的权利源于实施法律行为的性质，或者符合惯例；

(2)考虑到委托人的利益，并且委托人本人无法采取必要的措施；

(3)代理权所涉的财产不位于代理人国籍所在国的。

第 3:65 条　共同代理

除另有规定外，共同授予两个或者两个以上的人代理权的，每个代理人均有权独立实施所涉的代理法律行为。

第 3:66 条　代理效力和所实施法律行为的效力

1. 代理人以本人名义在其权限范围内实施的法律行为对本人具有法律约束力。

2. 判断法律行为的合法性和法律效力时，其效力与是否存在法律上的意思表示或者有瑕疵或者知悉某些特定事实有关的，应当考虑与本人、代理人或者与两者均有关的上述因素，并考虑每个因素在形成法律行为或者确定其内容时的比例。

第 3:67 条　合同订立后披露委托人的姓名

1. 代理人以委托人名义订立合同的，必须在法律、协议或者惯例规定的期间内，披露其姓名，缺少此类规定的情况下，应当在合理的期间内披露其姓名。

2. 代理人未及时披露委托人姓名的，视为为自己签订合同，但协议另有约定的除外。

第 3:68 条　代理人与委托人实施的法律行为

除协议另有约定外，代理人与委托人实施法律行为的，仅在该行为的内容十分确定以至于能够排除双方之间的利益冲突时，方可与委托人实施此种法律行为。

第 3:69 条　代理权的追认

1. 无权代理人以他人的名义实施的法律行为，经该他人追认后，可产生与依照代理权实施的法律行为同等的法律效力。

2. 必须以特定形式授予实施法律行为的代理权的，也适用上述所称的追认的规定。

3. 第三人在追认时已表明其认为该行为因不存在代理权而无效的，该追认无效，但第三人知道或者在合理情形下应当知道代理人在实施行为时未被授予充分代理权的除外。

4. 直接利害关系人均可为以其名义实施法律行为的人设定合理的期限。该利害关系人无须接受部分的或者附条件的追认。

5. 委托人可授权第三人追认的权利。

第 3:70 条　保证存在适当的代理权

代理人应当向对方当事人保证其具有代理权及权限范围，但该当事人知道或者应当知道其不具有充分代理权，或者代理人已经将代理权限范围完全告知该当事人的除外。

第 3:71 条　代理证明

1. 当事人要求代理人提供代理证明，但未及时收到委托人的书面授权书或者确认书的，可以拒绝代理人作出的意思表示。

2. 委托人已将代理事项通知给他方当事人的，或者代理权已依法或者依惯例规定的方式公开的，或者代理权产生于他方当事人已知的委任的，该当事人不得要求提供代理证明。

第 3:72 条　代理权终止

有以下情形之一的，代理权终止：

(1) 委托人死亡、处于成年人监护或者破产状态；

(2) 代理人死亡、处于成年人监护或者破产状态，但另有规定的除外；

(3) 委托人撤销代理权；

(4) 代理人放弃代理权。

第 3:73 条　代理权终止后代理人仍有权行使的权利

1. 委托人死亡或者处于成年人监护状态的，在处理事务必要的范围内，代理人仍有权实施该法律行为。

2. 委托人死亡或者处于成年人监护状态，但延迟履行将导致损害发生的，代理人仍有权实施该法律行为。代理人放弃代理权的情形同样适用该规定。

3. 前述各款规定的权利于委托人或者代理人死亡、处于成年人监护状态或者代理人放弃代理权之日起 1 年后消灭。

第3:74条　不可撤销的代理

1. 代理人为委托人或者第三人的利益实施法律行为的,当事人可以约定代理不可撤销或者不因委托人死亡或者处于成年人监护状态而终止。

2. 代理包含前款所称的约定的,他方当事人可以推定该约定符合有效要件,但存在明显相反情形的除外。

3. 除另有规定外,即使超出第3:64条所称的情形的,代理人也可将自己享有的本条第1款所称的不可撤销的代理权授予给他人。

4. 根据委托人、委托人的继承人或者监护人的要求,地方法院可基于重大理由修改或者终止不可撤销的代理。

第3:75条　代理权证明方式和代理权终止

1. 代理人的代理权终止后,该代理人必须在委托人的要求交回证明代理权的文件或者允许委托人在文件上注明代理权已终止。代理权通过公证文书的形式授予的,持有原始文书的公证人经委托人的申请,应当在原始文书上注明代理权已终止。

2. 委托人有理由相信代理人在代理权终止后继续以委托人的名义行事的,可以请求地方法院的临时法官裁决确定代理权的终止方式;此种终止可以对抗任何人。不得对根据本款所作出的裁决提起上诉。

第3:76条　代理权终止后保护第三人的规则

1. 仅可援引代理权已终止的情形对抗不知道代理权终止,也不知道以下情形的他方当事人:

(1)代理权终止或者终止的情形已通知他方当事人的,或者以某种方式公开的,并且依法或者依一般观念,该方式足以证明委托人终止代理权以对抗他方当事人是正确的;

(2)委托人死亡已众所周知的;

(3)派生代理权的委任或者雇佣关系以某种对第三人显而易见的方式终止的;

(4)他方当事人仅通过代理人的意思表示获知授予代理权的。

2. 前款所称的情形下以委托人的名义实施法律行为的代理人,应当对不知道代理权终止的他方当事人承担损害赔偿责任。但代理人不知道也不应当知道其代理权已被终止的除外。

第3:77条　被代理人死亡后代理人所实施的有效法律行为

依据代理权实施的合法的法律行为,在委托人死亡后,对委托人的继承人以及他方当事人,具有与在委托人生存期间所实施的法律行为同等的法律效力。

第3:78条　可对非意定代理适用的条款

非依代理权但以代理人身份实施的法律行为,在不产生不同的结果的范围内,参照适用第3:63条第1款、第3:66条第1款、第3:67条、第3:69条、第3:70条和第3:71条，以及第3:75条第2款的规定。

第3:79条　本章关于代理的规定适用于财产法以外的领域

在与所涉的法律关系的性质不相冲突的范围内，财产法以外的领域也可参照适用本章的规定。

第四章　财产的取得和丧失

第一节　一般规定

第3:80条　概括继受或者特别继受和财产的丧失

1. 权利人可通过概括继受或者特别继受取得财产。

2. 权利人可通过继承、财产的混同，或者第2:309条所称的合并以及第2:334条之一所称的分立，以及《金融监督法》第1:1条，第3:1条之一第1项、第2项、第3项以及第3:77条之一第2项、第3项、第4项或第3:27条第1款所称的转让计划的批准等概括继受的方式取得财产。

3. 权利人可通过转让、时效、征收(强制性购买)和法律规定的其他取得权利的方式等特别继受的方式取得财产。

4. 权利人可通过法律为此目的设定的方式丧失财产。

第3:81条　定限物权的产生和消灭

1. 独立且可转让的权利的所有权人在该权利范围内，可设立法律为此目的所承认的定限物权。其还可以遵守有关此种财产转让和此种定限物权设定的规则的情形下，转让设有定限物权的权利。

2. 有以下情形之一的，定限物权即消灭：

(1)衍生该定限物权的权利消灭；

(2)设定期限届满或者该权利的解除条件成就；

(3)定限物权人抛弃；

(4)在授权所有权人、定限物权人或者分别授权他们的情形下，该权利依法终止；

(5)所有权与定限物权混同；

(6)法律规定的导致特定类型的定限物权消灭的其他方式。

3. 前款第3项所称的抛弃以及第5项所称的混同对又取得被消灭的定限物权的人，不会产生任何不利的影响。前款第5项所称的混同对享有定限物权并有义务尊重已被消灭定限物权的人，不会产生任何有利的影响。

第 3:82 条　从财产权利

从财产权利依法归属于其所附属的财产。

第二节　财产的转让和定限物权的抛弃

第 3:83 条　可转让的财产权利

1. 所有权、定限物权和债权均可以转让,但依法或者依权利的性质不得转让的除外。

2. 债权人和债务人可以协议排除债权的可转让性。

3. 在法律允许的情形下,其他权利也可以转让。

第 3:84 条　转让的要求

1. 财产转让应当由处分权人根据有效的法律依据进行交付。

2. 转让的财产必须在权利证书中被充分地定义。

3. 以提供担保为目的而转让财产的法律行为,或者并非旨在将该财产归入受让人财产的转让财产的法律行为,不构成该财产转让的有效的法律依据。

4. 履行附条件义务而转让财产时,该权利的取得应当受所附条件的限制。

第 3:85 条　在特定期限内或者附停止期间的财产转让

1. 在特定期间内转让财产的债务,视为特定期间内在该财产上设定使用权的债务。

2. 附停止期间转让财产的债务,视为立即转让财产的债务,并在相应期间内为让与人在该财产上设定使用权。

第 3:86 条　无权处分

1. 在无处分权的情况下,让与人根据第 3:90 条、第 3:91 条或者第 3:93 条的规定转让动产、非登记财产,或者见票即付或者凭指示付款权利的,该转让有效,但该转让应当为有偿且受让人应当为善意。

2. 本条第 1 款所称的财产根据第 3:90 条、第 3:91 条或者第 3:93 条的规定以有偿的方式转让的,并且该财产负有受让人在转让时不知道也不应当知道的定限物权的,该定限物权即消灭;根据第 3:91 条的规定转让的,其消灭与交付同样受到所附的停止条件的限制。

3. 动产所有权人因物品被盗窃而丧失其占有的,可自被盗窃之日起 3 年内,请求返还该动产,但存在以下情形的除外:

(1) 自然人从事某一执业或者营业而从让与人处取得被盗物品,并且该让与人的营业为除拍卖以外的类似物品的公开交易,且为此目的设立了营业场所的,或者自然人以其营业而非拍卖向受让人收购被盗物品的；

(2)被盗物品涉及货币、见票即付票据或者凭指示付款票据的。

4. 前款所称的期间参照适用第3:316条、第3:318条和第3:319条关于诉讼时效中断的规定。

第3:86条之一 保护文化遗产

1. 根据某国的国内法该动产是1993年3月15日欧洲共同体委员会发布的《关于非法流出成员国国境的文物的返还》的第93/7/EEC号指令第1(1)条所界定的文物，且该指令所界定的该物已非法流出该国境内的，欧盟成员国或者加入《欧洲经济区协议》的其他缔约国不得援引第3:86条对抗该国，并要求返还该动产。

2. 不得援引第3:86条对抗作为所有权人要求返还动产的人。该动产应当在此人丧失对动产的占有时根据《文化遗产保护法》被确定为受保护对象，或者根据该法第14条之一的规定被禁止带出荷兰境内。根据该法第14条之一第2款所称的列有保护对象的目录或者清单载明为所有权人的主体，被推定为该物的所有权人。

3. 占有人在获得该物时已尽到必要的谨慎义务的，法院裁判支持本条第1款所称的诉讼的，应当同时考虑到特定情形而裁判对占有人作出合理的补偿。法院支持本条第2款所称的诉讼的，同样适用前1句的规定，但根据第3:86条第3款返还而无须补偿的除外。

4. 本条第3款所称的补偿应当至少包括根据第3:120条和第3:121条向占有人支付的补偿。

第3:86条之二 1970年联合国教科文组织公约之下的文物保护

1. 不得对1970年11月14日在巴黎缔结的《关于禁止和防止非法进出口文化遗产和非法转让其所有权的公约》的缔约国援引第3:86条的规定，也不得对根据1970年《联合国教科文组织关于禁止和防止非法进出口文化遗产和非法转移其所有权的施行公约》第4条提起法律诉讼，以及根据《民事诉讼法典》第1011条之一要求归还该条意义上的动产的该国家或者所有权人援引第3:86条的规定。

2. 法院裁判支持前款所称的法律诉讼的，应当同时考虑到特定情形而裁判对占有人作出合理的补偿，但根据第3:86条在无偿的情况下可追回该动产的除外。

3. 本条2款所称的补偿在任何情况下均应当包括根据第3:120条和第3:121条负担的债务。该债务应当在交付动产时支付。

第3:87条 提供让与人信息的义务

1. 受让人自其取得财产之日起3年内被要求转让财产的，必须立即提供让与人要求的或者受让人取得财产时足以满足此要求的全部信息。受让人不遵守此项义务的,不能援引第3:86条和第3:86条之一关于保护善意受让人的规定。

2. 货币不适用前款的规定。

第3:87条之一　在取得文物时尽到必要的注意义务

1. 确定占有人在获取文化物品时是否按照1970年《联合国教科文组织关于禁止和防止非法进出口文化遗产和非法转移其所有权的施行公约》第1条的规定尽到必要的注意义务转让文化遗产的所有权时,应当考虑收购时的以下情形:

(1)各方的能力;

(2)支付的价格;

(3)占有人是否已查阅其可以合理获得的任何被盗文化遗产登记簿以及任何其他相关信息和文献,以及是否已查阅任何可访问的机构;

(4)占有人是否已经采取合理的主体在这种情况下应当采取的所有其他措施的事实。

2. 未履行以下义务的,《刑法典》第437条所称的经销商即未尽到第3:86条之二第2款所称的取得文物时的必要尽职调查义务:

(1)核实让与人的身份;

(2)要求让与人书面声明他有权处置该物品;

(3)在该经销商保存的登记簿中记录:文化物品的起源,让与人的名称和地址,支付给让与人的购买价以及该物品的描述;

(4)鉴于文化物品的性质在特定情况下有权查阅的,查阅该被盗文化物品的登记簿。

3. 拍卖人在接受公开出售的文化物品后,可不按照本条第1款和第2款的规定行事,或者将其返还给提供给他的人。拍卖人通过拍卖出售该物品的,对可能因第3:86条之二要求返还该物品而提起法律诉讼的人,构成侵权行为。

第3:88条　无权处分

1. 让与人不具备处分权的,但受让人为善意,且让与人不具有处分权是其前手转让无效所致的,以及前手转让的无效并非由于让与人不具有处分权所造成的,登记财产、记名权利及非第3:86条所称的其他财产权的转让即为有效。

2. 第3:86条之一第1款、第2款以及第3:86条之二第1款不适用本条第1款的规定。

第3:89条　不动产交付

1. 不动产交付应当采用以下形式:双方当事人必须为此目的制作公证文书,并将该文书记载于为此目的设立的公共登记簿上。受让人或者让与人均可将该文书提交给公共登记簿的保管人进行登记。

2. 本条第 1 款所称的文书必须明确地说明转让的法律依据；与转让本身无关的次要条件，不必记录在文书中。

3. 本条第 1 款所称的文书的一方当事人是代理人的，文书中必须明确地载明代理权。

4. 转让其他登记财产所需的交付参照适用本条的规定。

第 3:90 条　动产交付

1. 非登记财产且处于让与人控制下的动产交付，通过将该动产交由受让人占有时完成。

2. 动产交付后继续由让与人实际控制的，此种交付仅在该动产交由受让人控制后，才可对在该动产上享有在先权利的第三人发生效力，但该第三人同意转让的除外。

第 3:91 条　前条所称的交付

前条所称的转让附停止条件的，动产交付通过将该动产交由受让人实际控制而完成。

第 3:92 条　所有权保留

1. 当事人协议将一方未登记的动产的所有权保留给另一方的，在其履行其所负的给付义务前，推定后者有义务以该给付的履行为停止条件，将该物转让给前者。

2. 仅在涉及让与人根据协议向受让人交付动产的对待给付请求权，或者让与人根据协议为受让人完成工作的对待给付请求权，以及因未履行此种合同而产生请求权的情形下，让与人和受让人才可以合法地约定所有权保留。协议条件与上述法律原因不符的，上述约定视为未约定。

3. 让与人以履行对待给付以外的方法获得清偿的，或者受让人根据第 6:60 条免除其义务的，或者对待给付的诉讼时效届满的，本条第 1 款所称的条件视为已成就。除当事方另有约定外，该对待给付权利的抛弃同样适用上述规定。

第 3:92 条之一　[2008 年 1 月 5 日废止]

第 3:93 条　无记名票据或者记名票据的交付

与让与人的债权有关的可转让票据由其控制时，该见票即付权利所需的交付，通过第 3:90 条、第 3:91 条和第 3:92 条所称的方式和效力进行票据交付而完成。票据经背书的，处于让与人控制下的凭指示付款权利的转让同样适用上述规定。

第 3:94 条　前条规定情形外的交付

1. 在前条规定以外的情形下，仅对一个或者多个特定人行使的权利是通过文书交付的,让与人或者受让人应当为此目的向上述特定人发送通知。

2. 对特定人行使权利的交付,在文书制作之日尚不知该特定人的,该交付的效力溯及至文书制作之日。此情形下,该权利在当日属于让与人,且让与人应当在确定该特定人后立刻作出必要的通知。

3. 可通过让与人与受让人签订文书进行交付的,并且该权利在交付时已经存在的,或者在当时已存在的法律关系的基础上直接取得的,让与人或者受让人无须将其通知给要向其行使权利的人。受让人仅在通知让与人之后才能要求行使权利的人完成交付。对于已取得本款第 1 句所称的交付权利的一方,仅在本款第 2 句所称的通知发出之日仍保持其善意情况下,才可适用第 3:88 条第 1 款的规定。

4. 拟对之行使权利的人,可要求交付公证或者私人文书及其法律依据的书面摘要。该摘要必须由让与人交付,但不必包括对转让双方和其他人而言不重要的条款和条件。未以公证或者私人文书作为法律依据的,其内容摘要必须以书面形式载明。

第 3:95 条　其他财产的交付

未被第 3:89 条至第 3:94 条规定所涵盖的财产,且在遵守第 3:96 条和第 3:98 条规定的情形下,该财产的交付由让与人和受让人为此目的制作的文书的交付而完成。

第 3:96 条　共有财产中份额的交付

共有财产中份额的交付,与该财产本身的交付具有相同的方式并产生相同的法律效力。

第 3:97 条　未来财产的交付

1. 未来财产可以预先交付,但禁止成为合同标的的财产和不动产除外。

2. 未来财产的预先交付不得对抗因在先交付而预先取得该财产的人。涉及未来动产的,该交付自预先取得该财产之日起生效。

第 3:98 条　定限物权的转让、设立和抛弃

除法律另有规定外,财产上的定限物权的设立、转让和抛弃参照适用本节关于财产转让的规定。

第三节　依据时效的取得和丧失

第 3:99 条　取得时效

1. 未登记财产的动产权利以及见票即付与不记名票据的权利,由善意占有人不间断地占有该权利 3 年后取得;其他财产经过不间断地占有 10 年后取得。

2. 根据《文化遗产保护法》被确定为保护对象的动产,或者构成该法第 4.22 条第 2 款所称的公共收藏物或者馆藏物的动产,在动产被确定为此种保护对象之后或者在动产构成此种公共收藏物或者馆藏物的期间开始占有的,不适用本条第 1 款的规定。

3. 不能援引本条第 1 款的规定对抗本法第 3:86 条之一第 1 款和第 3:86 条之二第 1 款所称的提起法律诉讼的人。

第 3:100 条　取得被继承人的遗产

占有被继承人全部财产的人,在权利人就某项继承财产主张权利的诉讼时效届满之前,不能依时效取得该继承财产或者该继承财产项下的其他财产。

第 3:101 条　取得时效的起算

取得时效自占有开始的次日起算。

第 3:102 条　原取得时效继续

1. 通过概括继受占有他人财产的,已起算的时效继续以新占有者的名义进行。

2. 非依据概括继受占有他人财产的善意占有人适用前述规定。

第 3:103 条　自主占有的非自愿丧失

自主占有在 1 年内恢复或者在 1 年内提起恢复占有的诉讼的,非自愿丧失占有不构成时效中断的原因。

第 3:104 条　取得时效的中断或者延长

1. 取得时效随着终止占有的诉讼时效中断或者延长而相应地中断或者延长。

2. 在本条和以下两条规定中,诉讼时效包括执行法院裁决的请求权的时效期间。

第 3:105 条　取得时效经过后由占有人取得

1. 终止占有的诉讼时效届满时,占有财产的人并非善意的,占有人也可取得该财产。

2. 终止占有的诉讼时效届满前非自愿丧失占有的人,在丧失占有后 1 年内已恢复占有的,或者在 1 年内提起恢复占有的诉讼的,视为前款所称的占有人。

第 3:106 条　定限物权的消灭

在行使定限物权被某种与该权利相冲突的情势妨碍的范围内,该定限物权因定限物权人向所有权人主张终止上述情势而消灭。

第五章　占有和持有

第 3:107 条　直接占有和间接占有

1. 占有是为自己持有财产的法律状态。

2. 非由他人为其持有财产的占有,为直接占有。

3. 由其他人为其持有财产的占有,为间接占有。

4. 持有相应地分为直接持有和间接持有。

第 3:108 条　自主占有或者他主占有

占有人必须根据一般观念并充分遵守本节的规则占有财产;除此之外,还应当基于外部事实确定某人是否占有财产以及为自己或者为他人占有财产。

第 3:109 条　占有推定为自主占有

占有财产的人,推定为自主占有。

第 3:110 条　为另一个立即占有取得的财产

双方约定其中一人以特定方式取得的财产将由该人为另一人占有的,在该法律关系存续期间其将立即为另一人占有其取得的财产。

第 3:111 条　他主占有的继续

根据法律关系为他人占有财产的人,在法律基础未因其为之持有财产的人的行为或者后者的权利被提出异议而发生明显的改变的情形下,将继续在相同的法律基础上占有该财产。

第 3:112 条　自主占有的取得

占有可通过实施占有、转移或者根据概括继受而取得。

第 3:113 条　自主占有的控制

1. 占有人可通过对财产的实际控制而对财产实施自主占有。

2. 财产由他人占有的,仅凭控制行为不足以构成自主占有。

第 3:114 条　自主占有的移转

占有人可通过使受让人对财产施加如同占有人自身对财产施加的控制,来转移其占有。

第 3:115 条　仅通过双方意思表示而实现自主占有的移转

有以下情形之一的,无须实质性的行为,仅凭双方的意思表示足以转移占有:

(1)让与人占有该物并且此后根据在交付时达成的约定为受让人占有该物的;

(2)受让人在交付前已经为让与人占有该物的;

(3)第三人为让与人占有该物并且在转移后为受领人占有的。此情形下,占有在第三人确认转移或者收到让与人或者受让人发出转移的通知之前,不发生转移。

第 3:116 条　概括继受的占有

继受人依据概括继受取得占有和持有的,其具有与其前手相同的法律地位,并受到相同的瑕疵限制。

第 3:117 条　占有的丧失

1. 占有人明确抛弃其财产或者由他人占有该财产的情形下，财产占有人即丧失其占有。

2. 已开始占有财产的，该占有持续至发生前述的丧失占有的事由之一时终止。

第 3:118 条　善意自主占有

1. 占有人善意地认为自己占有财产时为所涉财产的所有权人并有理由认为其为所有权人的，为善意占有人。

2. 占有人一旦善意占有的，视为持续的善意占有。

3. 依一般观念，占有推定存在善意；非善意必须进行证明。

第 3:119 条　法律推定占有人为权利人

1. 财产的占有人，推定为该财产的所有权人。

2. 对于登记财产，确定另一方当事人或者其前手曾为该财产的权利人的，并且占有人本人无法援引以特别资格取得该财产的事实并且此后有必要在公共登记簿处登记的，不适用此种推定。

第 3:120 条　善意的自主占有

1. 分离出的天然孳息和已到期的法定孳息，属于善意占有财产的占有人。

2. 财产的所有权人要求善意占有人返还财产或者已从该占有人处收回财产的，其有义务向该占有人偿还其为该财产支付的费用，以及根据本法第 6 编第 3 章的规定向第三人支付因占有人占有而产生的赔偿金；在占有人可获得财产孳息和其他利益的范围内，上述义务终止。全部偿还将导致占有人对所有权人具有不合理利益的，法官可酌情减少应当收取的赔偿。

3. 尚未收取前款所称的赔偿的，善意占有人有权停止返还财产。

4. 其知道权利交付所需的行为尚未发生，但相信和能够相信自身已合法地取得所涉财产的人，也适用本条的规定。

第 3:121 条　非善意的自主占有

1. 非善意的占有人有义务向所有权人返还财产，以及分离出的天然孳息和已到期的法定孳息。根据本法第 6 编第 3 章的规定，其还应当对所有权人遭受的损害承担赔偿责任。

2. 在根据有关不当得利的规则所能主张的权利范围内，该占有人可要求所有权人偿还其为财产或者因收取孳息所支付的费用。

3. 自所有权人对善意占有人主张其权利之日起，善意占有人也适用本条的规定。

第 3:122 条　通过转让财产免除补偿

所有权人为免除其根据前两条应当承担的偿还义务,而将自己承担损失的财产转让给占有人的,占有人必须对此进行合作。

第 3:123 条　自主占有人有权移除对财产的改动或者添加

对某物进行改动或者添加但能将该物恢复原状的,占有人可以主张将所作的改良或者增设移除而不主张按照第 3:120 条和第 3:121 条的规定赔偿。

第 3:124 条　他主占有参照适用第 120 条至第 123 条的规定

为他人占有财产的第三人主张其为所有权人时,在充分考虑该占有人与该他人的法律关系以及占有人的法律地位的情形下,占有人可参照适用前述 4 条的规定。

第 3:125 条　财产的自主占有人和他主占有人对第三人提起诉讼

1. 财产的占有人嗣后非自愿丧失占有或者受到妨碍的情形下,可以向第三人提起与财产权利人相同的诉讼,请求返还财产或者排除妨碍。但占有人必须在丧失财产或者发生妨碍后 1 年内提起此种诉讼。

2. 被告比原告对财产的持有享有更优的权利的,或者基于更优的权利实施妨碍行为的,法院应当驳回前述的诉讼,但被告以暴力或者秘密方式从原告处取得占有或者妨碍其占有的除外。

3. 本条第 1 款所称的 1 年期限届满,但仍存在可诉事由的,占有人或者持有人始终可基于侵权行为对第三人提起诉讼。

第六章　信托财产的管理

第 3:126 条至第 3:165 条　[预留]

第七章　财产共同体

第一节　一 般 规 定

第 3:166 条　共有的定义

1. 一项或者多项财产属于两个或者两个以上的所有权人时,即存在财产共同体。

2. 除共有人之间的相互法律关系产生其他结果的外,共有人在财产共同体内享有均等的份额。

3. 共有人之间的法律关系应当遵守第 6:2 条规定的合理和公平原则。

第 3:167 条 共有财产的代位

已替代共有财产的财产必须视为为共同体所有。

第 3:168 条 收益、使用和管理共有财产的规则

1. 共有人可以通过协议对共有财产的收益、使用和管理作出具体的安排。

2. 不存在此种协议安排的情况下，地方法院可应当有关当事人的申请为此目的作出具体的安排，并在必要时命令对一项或者多项共有财产实施信托管理。法院作出此类裁决时，应当适当考虑公平性，以及各共有人利益和整体利益。

3. 根据有关当事人的申请，地方法院可以根据不可预见的情势，修改或者终止现有的收益、使用和管理共有财产的规则。

4. 共有财产收益、使用和管理的协议或者法院安排对共有人的继受人也具有约束力。

5. 在地方法院未作其他安排的情形下，其可以因特殊情形就第 4:159 条所称的报酬作出不同的安排，并且可以随时命令共有人提供第 4:160 条所称的担保。按照本条第 2 款实施的管理参照适用第 4:154 条、第 4:157 条至第 4:166 条、第 4:168 条、第 4:172 条、第 4:173 条和第 4:174 条的规定。此种管理可因共有人的共同决定而终止，或者由地方法院经某一共有人的申请而终止。

第 3:169 条 共有财产的使用

除共有财产收益、使用和管理的协议或者法院安排另有规定外，各共有人均有权在与其他共有人的权利不相冲突的情形下，使用共有财产。

第 3:170 条 共有财产的管理

1. 日常维护或者保存共有财产的行为，以及通常不能推迟的一般行为，可由所有共有人实施，必要时可由任一共有人独立于其他共有人实施。任一共有人均有权为共同体的利益中断时效，以维持对财产共同体的法律诉讼。

2. 除此之外，共同管理财产的行为可由共有人共同实施，但共有财产收益、使用和管理的协议或者法院安排另有规定的除外。管理行为包括一切对财产的正常利用以及基于共同债权受领给付的行为。

3. 除前述所称的行为外，其他涉及共有财产的行为必须由共有人共同实施。

第 3:171 条 提起诉讼的权利

除协议另有规定外，各共有人均有权为共同体的利益提起诉讼和上诉。共有财产协议或者法院安排授予一个或者多个共有人管理权的，即排除其他共有人的此种权利，但另有规定的除外。

第 3:172 条 孳息、其他利益和费用

除协议或者法院安排另有规定外，共有人按其持有份额的比例享有共有财产所产生的孳息和其他利益,并且必须按上述比例承担为共同体利益实施的行为所产生的费用。

第3:173条　提供账目

各共有人均可要求代表所有共有人实施管理的共有人,每年以及至少在管理终止时提供其管理共有财产的账目。

第3:174条　共同债务和共有财产的实现

1. 法院对分割诉讼享有管辖权或者已受理此种诉讼的,可以在某一共有人的申请下,授权其为清偿共同体所负的债务或者因其他重大原因而出售或者变卖共有财产。被变卖的财产对某共有人有特殊价值的,并且该共有人愿意支付评估价值以单独取得该财产的,法院可裁判允许此种行为。

2. 无论共同债务属于已存在的债务或者属于为保持共同体财产必须承担的债务,本条第1款所称法院可以经某一共有人的申请,授权其以共有财产设立质权或者抵押权,以此为清偿共同债务提供担保。

第3:175条　共有财产份额的处分权

1. 除共有人之间的法律关系产生不同的结果外,各共有人均可处分其在财产共同体中的份额。

2. 根据共有人之间的法律关系,仅经全体共有人的同意,才能处分其份额的,参照适用第3:168条第3款和第4款的规定。

3. 共有人的债权人可以扣押和执行共有人在共有财产中的份额。在一个或者多人债权人通过止赎赎回权出售该份额后,其他共有人不得对取得此种份额的人施加任何限制。

第3:176条　份额的取得

1. 取得共有人份额或者该份额上的定限物权的人,必须立即将取得事宜通知给其他共有人或者他们或者法院指定的共有财产的管理人。

2. 受让份额的人除取得转让的份额外,还有义务承担让与人对共同体所负债务。让与人和受让人对此种债务承担连带责任。受让人可以通过将该份额转让给其他共有人而免除此种义务,其他共有人有义务配合此种转让的进行。

3. 共有财产的全部份额丧失抵押物赎回权的,不适用前述各款的规定。

第3:177条　份额上设有定限物权时的共有财产的移转

1. 共有财产被分割或者转让时,某一共有人的份额上设有定限物权的,该定限物权在该共有人取得的财产上继续存在,但不及于其他共有人所取得的财产,或者由其他共有人之一取得的,该定限物权不再约束该财产,并不影响定限物权人或者其份额上设有定限物权的共有人,根据其相互法律关系,向另一方主张超出份额的补偿。

2. 定限物权人有义务配合共有人所涉的份额在定限物权设定后进行的分割和转让。

3. 在所涉的共有财产分配给本条第 1 款所称的共有人时,被分配给该共有人的财产上同时设立质权或者抵押权的,为担保其因分割而对其他共有人负有或者可能负有的债务而约定的质权或者抵押权,优先于该共有人在其份额上设立的定限物权。

第 3:178 条　申请分割共有财产的权利

1. 各共有人以及在共有人份额中享有定限物权的人,可随时申请分割共有财产,但与财产共同体的性质或者下列各款的规定不符的除外。

2. 根据某一共有人的申请,法院在受理分割诉讼后,可以命令在分割前先行清偿共同体应当承担的全部或者部分到期的债务。

3. 对一个或者多个共有人延迟分割的利益比分割本身利益更大的,法院在受理分割诉讼后,可以经该共有人的申请,一次或者多次延迟分割共有财产,每次最长期限为 3 年。

4. 未提起分割诉讼的,对分割诉讼享有管辖权的法院可以根据任一共有人的申请,作出本条第 2 款和第 3 款所称的决定。

5. 有权申请分割的共有人可以通过协议一次或者多次排除其请求分割的权力,每次最长期限为 5 年。该协议参照适用第 3:168 条第 3 款和第 4 款的规定。

第 3:179 条　分割全部共有财产的请求

1. 申请分割共有财产的,各共有人均可以要求分割全部的共有财产和共同债务,但有重大理由进行部分分割的除外。共有人必须保证第 3:178 条所称的不得分割的财产被排除在外。

2. 一项或者多项共有财产未被分割的,仅可产生要求补充分割的效力。

3. 共同债务的分担适用第 6 编第 2 章第 3 节的规定。

第 3:180 条　债权人可以请求分割共有财产

1. 在偿还债权所必需的范围内,对某一共有人享有到期债权的债权人可以申请分割共有财产。此种情形适用第 3:178 条第 3 款的规定。

2. 债权人获得法院决定分割共同体财产的命令后,可以申请执行分割共有财产,并有义务配合该执行。

第 3:181 条　中立人的指定

1. 负有合作义务的共有人或者其他人在法院作出分割的决定后不予配合的,并且决定未指定中立人的,一审中已开庭审理分割诉讼的法院可经利害关系人的申请指定一名中立人。该中立人在分割中代表所有相关的当事人,并应当尽其所能的照顾各方的利益。拒绝合作的各方有利益冲突的,法院应当为每方指定一名中立人。

2. 中立人必须将分割所得交付给其所代表的人,并在将该资产移交给权利人之前依照第1:410条所称的信托管理的规定管理该项所得。

3. 中立人有权获取报酬,该报酬应当由根据分割获得财产的所有权人支付。经中立人的申请,法院可决定应当支付报酬的金额。

第3:182条　分割

所有的共有人亲自参加或者由其代理人参加的法律行为,而根据该行为仅其中一名共有人获得共同体的一项或者多项财产,其他人均被排除在外的,该行为视为分割。该行为旨在偿付一个或者多个共有人的债务,并且此种债务并非前句所称法律行为所产生的债务的,不属于分割。

第3:183条　分割的方式

1. 共有人和有义务合作的人可以自由独立地管理其财产,并且亲自或者通过指定代表人的方式进行合作的,该共有财产可通过各方认为合适的方法和形式进行分割。某一共有人的权利被置于信托管理的,分割还应当由取得必要的同意或者管理人的授权。

2. 其他情形下,除法官另有决定外,分割行为必须通过公证文书进行,并取得地方法院的批准。该法院具有为无管理财产自由的人指定法定代理人以作出处分行为的管辖权。

第3:184条　抵销

1. 各共有人均可在分割时要求另一共有人以其份额抵销其所欠共同体的债务。此种抵销与债务人的清偿债务的能力无关。涉及附有期限的债务的,分割时该债务的现金值即为抵销价值。

2. 条件尚未成就的附停止条件的债务,不适用前款的规定。

第3:185条　法院分割

1. 在共有人和有义务合作的人无法达成分割协议的范围内,法院有权根据有关当事人的申请,并适当考虑公平性,以及各共有人利益和整体利益,作出分割方式或者自行分割的决定。

2. 法院可决定采用以下方式进行分割:

(1)将共有财产的一部分分配给各共有人;

(2)将共有财产超额分配给一个或者多个共有人,并由其将超出应得价值的剩余部分补偿给其他共有人；

(3)变卖共有财产或者该财产的一部分所得的净收益进行分割。

3. 必要之时,法院可以命令因超额分配获得超出应分配价值的人分期偿付全部或者部分超出部分的价值。法院还可以命令该共有人按法院确定的种类和金额提供担保。

第3:186条　交付

1. 向各共有人移交其因分割所得的财产的,必须以与转让财产相同的方式进行交付。

2. 各共有人以与全体共有人在分割前持有财产相同的法律依据,继续持有其取得的财产。

第3:187条　所有权的证书和其他文件

1. 有关被分割财产的证明文件和权属证书,应当与被分割财产一并移交给分得该财产的人。

2. 整体财产证明文件和本条第1款所称的有关证明文件,由多数共有人为此目的任命的人保存。该被任命人负有允许全体共有人查阅该证明文件的义务,其中任一共有人提出请求的,必须在该共有人支付费用的情形下,向其提供文件的副本和摘要。

3. 前款所称的多数不存在的,法院可经某一共有人的申请作出任命决定。其他情形下,地方法院的法官可根据任一共有人的申请作出此种任命。不得对根据本款作出的决定提起上诉。

第3:188条　损害赔偿

1. 除共有人另有协议外,共有人有义务按照其份额补偿由于分割前被侵占或者受妨碍带来的损害,以及在分割时某一共有人无法足额偿付某项已被全额分配的债权造成的损害。

2. 某一共有人由于自身过错导致财产被侵占或者受妨碍的,其他共有人不承担对其损害进行补偿的义务。

3. 债务人因无法足额偿付其造成损害而产生的债务,自分割和被分配的债权到期之日起3年后消灭。

4. 某一共有人无法根据本条第1款承担其应偿还的损害赔偿的债务的,其他共有人应当按照比例增加应承担的补偿份额。

第二节　若干特殊财产共同体

第 3:189 条　特殊的财产共同体

1. 尚未解散的婚姻共同体、登记合伙、商事合伙、航运合伙，以及尚未终止的建筑物被区分公寓权形成的共同体，不适用本章的规定。

2. 继承共同体、已解除的婚姻关系、登记合伙、商事合伙和航运合伙，以及已经终止的建筑物区分公寓权形成的共同体，适用本节的下列规定及未被本章第 1 节排除适用的规定。

第 3:190 条　共有财产中的份额的处分

1. 共有人不得单独处分其在共有财产中的份额，债权人未经其他共有人的同意不得通过止赎赎回权的方式出售该份额。

2. 但允许该份额的共有人可以不经其他共有人的同意在其财产份额上设立质权或者抵押权。质权人和抵押权人不得通过丧失抵押物赎回权的方式出售属于共同体的财产，但取得其他共有人同意的除外。

第 3:191 条　全部共有财产的份额的处分

1. 除共有人之间的法律关系产生不同的结果外，各共有人均有权处分其在共有财产中的份额，并且债权人可以通过止赎赎回权的方式出售该份额。

2. 根据共有人之间的法律关系，未取得全体共有人一致同意而无权处分其份额的，参照适用第 3:168 条第 3 款、第 4 款的规定。

第 3:192 条　以共有财产偿还债务

共同体所负的债务可通过共有财产进行偿还。

第 3:193 条　债权人反对分割

1. 在清偿到期债务前共同体已解散的，或者有权对共有财产主张追索权的债权人因共有财产不足，或者因共同体没有得到适当的管理或者清算的，或者因债权人开始对共同体财产进行追索而承担不能获得全部清偿或者不能在合理期限之内获得清偿的，该债权人有权申请法院任命清算人。本款的清算参照适用第 4 编第 6 章第 3 节关于死者遗产清算的规定。

2. 各共有人的债权人因某一共有人的行为严重损害其利益时，也有权申请法院任命清算人。

3. 已解散的共同体和商业合伙不适用本条第 1 款和第 2 款的规定，但可适用本款下列规定。对共同体财产行使追索权的债权人有权反对共有财产的分割。在债权人提出反对后，该分割可被宣告无效，但仅可由该债权人基于该理由主张宣告无效，并且该债权人仅可为自己的利益主张宣告无效且不得超过恢复其所受损害的必要限度。

第3:194条　共有财产清单

1. 任一共有人均可要求在分割开始时制作共有财产的清单；

2. 共有人故意隐瞒、丢失或者藏匿既存的属于共有财产的财产的，其对该财产的份额归其他共有人享有。

第三节　无效分割和可被宣告无效的分割

第3:195条　无效分割

1. 未经全体共有人和全体需要合作的其他人参与的分割无效，但在分割以公证文书作出的情形下，此时仅未参与分割的人能申请宣告该分割无效。该申请宣告无效的权利的诉讼时效为1年，自此人知道或者应当知道分割事宜之日起算。

2. 无权取得共有财产的人参与分割的，或者分割中某一共有人取得的份额大于其应得的份额的，基于共同体的利益可以追回被错误分割的份额；但分割持续有效的除外。

第3:196条　无效分割

1. 除宣告无效的一般情形外，共有人因待分割的一项或者多项财产或者债务的价值方面存在错误而遭受多于该价值1/4的损失的，也可申请宣告该分割无效。

2. 共有人可证明分割财产的损失超过1/4的，推定该共有人在待分割的一项或者多项财产或者债务的价值方面存在错误。

3. 为确定是否发生损失，共有人在分割时应当对共同体的财产和债务进行价值评估。未分割的共有财产和共同债务不包括在内。

4. 共有人明确地接受分割的风险和危险的，不得以待分割的一项或者多项财产或者债务在价值方面存在错误而申请宣告该分割无效。

第3:197条　其他共有人补偿损害

某一共有所有人以其份额实际价值的1/4受到损失为由申请宣告分割无效的权利，因其他共有人以金钱或者实物补偿该共有人应获份额中未获分配部分而消灭。

第3:198条　无效分割的调整

共有人申请宣告分割无效的，法院在不违反第3:53条、第3:54条规定的情形下，可以调整或者修改分割方案而不宣告分割无效。

第3:199条　排除错误的一般规定的适用

本节所称的分割不适用第6:228条至第6:230条的规定。

第 3:200 条　宣告分割无效的诉讼时效

不考虑分割财产交付或者移交给共有人的期间的,自该分割完成之日起 3 年后,请求宣告分割无效的诉讼权利即告消灭。

第八章　用　益　权

第 3:201 条　用益权的定义

用益权是指授予另一人(用益权人)使用他人一项或者多项财产并享有该财产孳息的物权。

第 3:202 条　用益权的产生

用益权可通过设立或者时效产生。

第 3:203 条　用益权的设立

1. 用益权可由两人或者两人以上有权共同地或者连续地取得使用的人设立。在后者的情形下,连续有权使用的人在用益权设立时必须已经存在。

2. 用益权设定的期限不得超过用益权人的终身。为两人或者两人以上主体设立的用益权,其中一人权利终止时,该部分份额由其余各用益权人按份额比例享有;在最后一个用益权人的权利消灭前,该用益权不终止,除非用益权设立时另有规定。

3. 用益权人是法人的,该用益权因法人的解散而终止,但最长应当自用益权设立之日起 30 年后终止。

第 3:204 条　[2003 年 1 月 1 日废止]

第 3:205 条　用益财产的清单

1. 除非指定的管理人对必须或者已经制作关于用益权财产的详细清单外,用益权人必须在所有权人在场的情形下或者至少自此后要求其适当在场的情况下通过公证文书制成财产清单。所有权人在场,并且其与用益权人已经就财产清单的保管达成协议的,可以通过私署文书制成财产清单。

2. 所有权人和用益权人均有权在财产清单中注明一切有利于确定所涉的用益财产状态和数量的特定细节。

3. 用益权人未同时履行制作财产清单的义务的,所有权人有权中止交付所涉的用益财产。

4. 用益权人必须每年向所有权人寄送一份已签署的详细报告,该报告应当载明不再存在的财产及其替代财产和所涉财产产生的非孳息的利益。

5. 用益权人可根据前款规定免除其应当承担的义务。

6. 用益权人应当负担第 3:4 款所称的财产清单和年度报告的费用,但双方另有协议的除外。

第 3:206 条　为所有权人提供担保

1. 用益权人必须向所有权人提供担保,以保证对所有权人义务的履行,但用益权人被免除此种义务,或者通过指定的法定管理人的管理能够充分保证所有权人的利益的除外。

2. 用益权人免于提供担保的,所有权人可要求用益权人每年向其展示所涉的用益财产。可转让单据或者货币(包括银行账户)上设立用益权的,注册信用机构(银行)出具的声明也视为满足上述要求,但特殊情况除外。

第 3:207 条　使用或者消费被设定用益权的财产的权利

1. 用益权人可按照用益权设立时的约定,或者未作出此种约定时,应当合理考虑以符合此类财产性质和当地惯例的方式使用或者消费所涉的用益财产。

2. 此外,用益权人有权实施所有关于妥善管理用益财产的行为。有关财产的所有其他行为仅能由所有权人和用益权人共同实施。

3. 对于所涉的用益财产及其管理,用益权人对所有权人承担善良用益权人的注意义务。

第 3:208 条　变更用益财产的用途;取回添附物的权利

1. 设立用益权时未取得所有权人的同意或者地方法院授权的,用益权人不得改变所涉财产在用益开始时的预定用途和功能。

2. 除设立的公证文书另有规定外,用益权人有权在其权利存续期间和终止时,移除对用益财产所作的变更和增设,并恢复原状。

第 3:209 条　保险义务

1. 用益权人有义务代表所有权人对用益财产购买保险,该保险必须涵盖此类财产通常由保险单所涵盖的危险。用益财产为建筑物的,用益权人至少必须购买防止火灾的保险。

2. 在用益权人未完全履行前款规定的义务的范围内,所有权人有权投保并要求用益权人偿还该费用。

第 3:210 条　用益权之下的债权和合同

1. 除设立用益权时另有规定外,用益权人有权通过诉讼方式和非诉讼方式请求偿还基于用益权产生的债权,并接受由此产生的偿付。

2. 除设立用益权时另有规定外,用益权人仅有权以妥善管理用益财产为目的解除并终止用益权的协议。

3. 所有权人仅在取得用益权人同意或者地方法院的授权后,方可实施前款所述的行为。不得对地方法院依照本款作出的授权提起上诉。

第3:211条　仅以类型标明的财产

1. 仅根据其类型在财产清单或者年度报告中标明的财产,所有权人也可保留对该财产设定用益权的权利。

2. 用益权人必须将该财产和自己的其他财产进行分离。

第3:212条　用益权人处分用益财产的权利

1. 用益财产具有转让功能的,用益权人有权根据其功能处分该财产。

2. 设立用益权时,所有权人也可赋予用益权人前款规定之外的对所涉财产的处分权。该财产不适用第3:208条,第3:210条第2款,第3:217条第2款、第3款第2句和第4款的规定。

3. 其他情形下,用益权人仅在取得所有权人的同意或者地方法院授权的情况下,才能转让所涉财产或者在其上设定负担。仅基于用益权人或者所有权人的利益且不损害第三人利益的情形下,法院才可作出此种授权。

第3:213条　用益财产的代位

1. 已处分的用益财产由另一财产替代的,该替代财产应当属于所有权人,并且立即设有用益权的负担。用益权项下的债务的追偿所得和替代性赔偿,包括因价值减损产生的赔偿请求权,同样适用本款的规定。

2. 用益期间产生的不属于孳息的所有收益,均属于该用益权。

第3:214条　设立用益权的货币和银行账户的投资

1. 除设立用益权时另有规定外,用益财产为货币(包括银行账户)的,用益权人必须在与所有权人商议后进行收益性的投资,或者基于用益财产的其他利益而使用。

2. 对本条第1款规定货币的使用有争议的,该争议应当由设立用益权时为此目的指定的人决定,未指定的,由地方法院决定。不得对地方法院依照本款作出的决定提起上诉。

第3:215条　处分和使用用益财产的权利

1. 在用益权设立时或者设立后,用益权人有权整体或者部分地处分或者使用用益财产的,所有权人可在用益权终止时,在用益权人或者其受让人无法证明用益财产已经消耗或者因意外事件灭失的范围内,请求交付用益财产或者其替代财产。

2. 授予用益权人处分或者使用用益财产的权利时,所有权人可以指定两名以上的人,须经其同意才能处分或者使用该用益财产。用益财产由指定的法定管理人管理的,该管理人必须协助用益权人对用益财产的处分或者使用。

3. 用益权人有权处分或者使用用益财产的,也可将该财产以符合惯例的方式进行小额赠与。

第3:216条 孳息的获取

用益期间,用益权人享有所有可分离的或者可收取的孳息。此外,设立用益权时,所有权人和用益权人可以协商确定将何种收益视为用益财产的孳息。

第3:217条 用益权人出租用益财产的权利

1.除设立用益权时另有规定外,用益权人有权出租用益财产。

2.出租设立用益权时尚未出租的不动产的,用益权人无权未经所有权人同意或者地方法院的授权将其出租给第三方,但用益权设立时已赋予用益权人出租权的除外。

3.所有权人在用益权终止时,必须承认和遵守由用益权人在用益期间内已经适当设立与用益财产有关的所有租赁。但他可以拒绝承认未经其同意的,约定的租赁期限超过当地惯例所允许范围的租赁,或者超过5年的第7编第4章第6节所称的商业场所租赁,或者超过12年的农场租赁或者超过6年的耕地租赁,或者附有对所有权过于苛刻的非通常条件的租赁。

4.承租人可要求所有权人在其设定的合理期间内表明是否遵守租赁合同,所有权人在此期间未作出表示的,其不得拒绝承认租赁合同。

5.前述各款的规定并不意味着所有权人有义务遵守用益权人所设立的住宅租赁,但在用益权终止时承租人以此作为第7:271条至第7:277条规定所称的主要住所的,所有权人必须继续履行与承租人的租赁合同,并参照适用第7:269条第2款的规定。

第3:218条 用益权人和所有权人对第三人提起诉讼的权利

为取得与他们权利相关的法院裁决,用益权人和所有权人均有权在确保另一方能及时地参与诉讼的情形下,独立地对第三人提起诉讼和上诉。

第3:219条 表决权

除第2:88条和第2:197条以及第5:123条规定的情形外,附属于用益财产的表决权应当归所有权人行使,但用益权设立时有相反规定的除外。在第4:19条和第4:21条所称的用益权的情形下,除用益权设立时当事人有相反规定或者地方法院根据第4:23条第4款的规定另有裁决外,用益权人也享有表决权。

第3:220条 日常费用和修缮

1.用益权人应当承担和实施用益财产的日常费用以及日常修缮。有必要进行重大修缮的,用益权人必须通知所有权人并取得进行该修缮的许可。但所有权人没有义务向用益权人提供对用益财产的任何修缮服务。

2. 用益权人收益受到限制并且所有权人对孳息享有份额的，所有权人应当按比例承担根据前款所称的应当由用益权人承担的费用。

第 3:221 条　用益权人的不履行

1. 用益权人严重不履行其义务的，地方法院可以基于所有权人的请求，赋予所有权人管理权，或者将用益财产置于指定的法定管理人的信托管理之下。

2. 案件审理期间，法院可根据可立即执行的裁决将用益财产置于指定的法定管理人的信托管理之下。

3. 地方法院可对用益财产的经营或者管理作出其认为适当的指示。此外，地方法院可因特殊情形就第 4:159 条所称的报酬制定不同的规则，并且可随时命令信托管理人提供第 4:160 条所称的担保，可适用第 4:154 条、第 4:157 条至第 4:166 条、第 4:168 条、第 4:170 条、第 4:172 条、第 4:173 条、第 4:174 条和第 4:177 条第 1 款的规定。用益权人和所有权人可以共同决定终止该管理，或者经任意一方的申请，地方法院也可决定终止该管理。

第 3:222 条　集合财产

1. 遗产、企业或者类似的集合财产作为用益财产的，所有权人可要求用益权人以用益财产支付集合财产的债务，或者所有权人在以自己的财产偿付此债务的范围内，可以从一项或者多项用益财产中取得等值补偿，包括自偿付之日起的利息。用益权人以自己的财产偿付此债务的，并且该债务不属于用益财产的，所有权人在用益权终止时必须偿付用益权人支付的金额。

2. 负有额外负担的财产上设立的用益权参照适用前款规定。

第 3:223 条　让与（转让或者设定负担）用益权的权利

用益权人可转让其用益权或者在其上设定负担，用益权的存续期间不受影响。将用益权转让给另一方的，受让人和原用益权人就因用益权产生的所有义务对所有权人承担连带责任。转让原用益权时，用益权的继受人无权享有所有权人赋予原用益权人在法律规定之外的转让、使用或者消耗用益财产的权利。

第 3:224 条　用益权人抛弃用益权

用益权人因与之相关的职责和义务而抛弃其用益权的，所有权人必须在此方面进行合作。此种情况下，应当考虑抛弃用益权本身必须付出的成本。

第 3:225 条　返还用益财产于所有权人

用益权终止时，用益权人或者其继承人有义务将用益财产再次交由所有权人支配。

第 3:226 条　使用权和居住权

1. 除下列规定外，使用权和居住权参照适用本章关于用益权的规定。

2. 仅授予一般使用权的,其使用权人有权使用其权利项下的物,并在其家庭需要的限度内享有孳息。

3. 仅授予居住权的,其居住权人有权与其家庭居住于其权利项下的住宅。

4. 前款所称的特定用益权之一的使用权人不得对其权利进行转让或者设定负担,也不允许他人使用该物或者居住该住宅。

第九章　质权和抵押权

第一节　一般规定

第3:227条　担保物权:质权和抵押权

1. 质权和抵押权均是以他人财产设立的担保物权,旨在授予担保权人(质权人和抵押人)以质押财产或者抵押财产就其债权优先于其他债权人受偿的权利。其中,抵押权为设立在不动产或者已登记的船舶或者飞机上的担保物权;质权为设立在其他财产上的担保物权。

2. 一物所有权应当包含该物之上设立的质权或者抵押权的全部范围。

第3:228条　可设定担保物权的客体

所有可转让的财产均可设立质权或者抵押权。

第3:229条　抵押或者质押财产的代位

1. 质权或者抵押权按照法律规定可转化为对替代质押财产或者抵押财产的补充性损害赔偿债权的质押或者抵押,该债权还包括因质押财产或者抵押财产减损而产生的请求权。

2. 该担保物权优先于上述债权所设立的任何其他担保物权。

第3:230条　不可分的担保物权

所担保的债务存在两名或者两名以上的债权人或者债务人,并且该债务此后被分割的,质权或者抵押权不可被分割。

第3:231条　为既存债权或者将来债权设定的担保

1. 可在既存债权或者将来债权上设立质权或者抵押权。该债权可为记名债权、凭指示付款债权或者见票即付债权。所涉主体可为质押人或者抵押人,也可为其他人。

2. 上述主体必须充分确定以质权或者抵押权担保债权的要求。

第3:232条　[废止]

第3:233条　质押人或者抵押人非为债务人时的责任

1. 在财产减损危及对债权人的担保,并且可归责质押人、抵押人或者应当对之负责的人的范围内,非债务人的质押人或者抵押人应当对抵押财产或者质押财产的减损承担责任。

2. 质权人或者抵押权人对担保财产行使求偿权,并且此费用的支出使担保财产获得更高收益的,前款所称的质押人或者抵押人可向质权人或者抵押权人主张担保财产的维护成本以外的费用。

第 3:234 条　必须先变卖债务人的抵押财产

1. 债务人和第三人的财产同时被用以担保同一债务的,债权人可以请求在担保债务索偿开始时先行变卖债务人的财产。

2. 两项或者两项以上的财产为同一债务提供担保的,其中一项财产上设有变卖担保财产时可能会忽略的定限物权的,该定限物权人参照适用本条第 1 款的规定。

3. 债权人拒绝根据本条第 1 款或者第 2 款提出请求的,地方法院的临时法官可经任何利害关系人的申请,或者在抵押的情形下经将要公证变卖的公证人的申请,对此拒绝行为作出裁判。该裁判可中止变卖的执行。不得对根据本款作出的裁判提起上诉。

第 3:235 条　流押或者流质禁止

质权人或者抵押权人之间关于有权取得质押财产或者抵押财产的任何约定,均为无效。

第二节　质　　权

第 3:236 条　普通质权的设立

1. 在动产、见票即付或凭指示付款的权利上,或者在此类物或权利上的用益权上设定的质权,通过将该物或见票即付票据或凭指示付款票据交由质权人或当事人为此目的指定的第三人占有而设立。在凭指示付款的权利或其上的用益权上设立质权的,该质权的设立还应当背书。

2. 以法律确定的方式在其他财产上设立质权的,参照适用该财产的交付方式。

第 3:237 条　"非占有型质押"的设立

1. 在动产、见票即付或凭指示付款的权利上,或者在此类物或权利上的用益权上设定的质权,未将该物、见票即付票据交由质权人或者第三人占有的,也可以通过制作公证文书或者私署文书而设立。

2. 质押人必须在文书中声明其有权出质财产,并且声明该财产未负担定限物权,或者声明其已负担的定限物权。

3. 质押人或者债务人未向质权人履行其义务的,或者有充分的理由认为会出现上述不履行的情形的，质权人有权要求将出质物或者见票即付票据交由自己占有或者第三人占有。担保财产上设有多个质权，且质押人或者债务人尚未履行其义务的，质权人均有权行使上述权利，此情形下顺位在后的质权人仅能要求将出质物或者见票即付票据交付给质权人一致同意的或者为此目的指定的质权人或第三人占有。

4. 质押人或者债务人未履行事先在设立的质权上收取孳息或者收割农作物的义务的，地方法院可经质权人的申请，决定授予质权人收取该孳息和农作物的权利。质押人是土地的所有权人或者该孳息和农作物的权利源于土地上的定限物权的，该决定应当载入公共登记簿。

5. 不得对根据前款作出的决定提起上诉。

第 3:238 条　无处分权的质押人设立次质押

1. 次质权人在取得交由其或者第三人占有的物、见票即付票据或者已背书的凭指示付款的票据时为善意的，并且由无权处分该物或者权利的质押人在非占有型质押后再次于动产、见票即付或者凭指示付款设立质押的，或者在上述物或权利上的用益权上设立质押的，该次质权有效。

2. 本条第 1 款所称的质押财产在质押设立时已设有定限物权的，但质权人在第 1 款所称的时间不知道也不应当知道该款所称的财产上设有定限物权的，该质权优先于定限物权。

3. 设立质权的动产所有人因盗窃而丧失其占有的，或者质权设立于该动产的用益权上的，参照适用第 3:86 条第 3 款的前段、该款第 2 项以及第 4 款的规定。

4. 根据第 3:86 条之一第 1 款、第 2 款以及第 3:86 条之二第 1 款的规定，或者《被占领土的文化遗产返还法》第 6.15 条的规定，不得援引第 3:86 条的规定对抗他人的，也不得援引本条规定对抗请求返还该物的人。

第 3:239 条　"非公开"质押

1. 质权设立于可向一个或者多个特定人行使的权利上，而非见票即付或凭指示付款的权利上的，或者设立于该权利的用益权上的，该质权成立时所涉权利已经存在或者根据当时的法律关系可以直接取得的，该质权可以不通知上述主体，通过公证文书或者私署文书而设立。

2. 参照适用第 3:237 条第 2 款的规定。

3. 质押人或者债务人未向质权人履行其义务，或者有充分的理由认为会出现上述不履行情形的，质权人有权将质押事宜通知给本条第 1 款所称的人。质权人和质押人也可协商确定产生该权利的其他情形。

4. 质权人作出本条第3款所称的通知时是善意的,根据本条第1款规定设立质权的质权人仅适用第3:88条的规定。

第3:240条　共有财产份额的质押

共有财产份额的质权的设立和效力,参照适用在该财产上设立质权的方式和效力。

第3:241条　质权人关于所担保债权的性质和数额的声明

根据质押人的要求,质权人必须向质押人提交书面声明,以说明质押财产所担保的债权的性质,并尽可能地载明该债权的金额。

第3:242条　质权人无权转质押

除质权人已被明确地授予转质押的权利外,其无权将一项质物转质押给第三人。

第3:243条　适当保管质押财产的义务

1. 质权人或者第三人根据质权持有质押物时,应当作为善良质权人保管该质押财产。

2. 质押人必须为保存和维护质押财产支付必要的费用,包括与财产相关的费用;该费用也由质权担保。质权人无权要求质押人支付其他基于质押财产利益所产生的费用,但该费用的产生经过质押人同意的除外。前述规定不影响质押人因无因管理或者不当得利产生的请求权。

第3:244条　担保应计利息的质押

除另有规定外,担保一项或者多项特定债权的质权也担保该债权3年内根据法律或者协议产生的法定或者约定的利息。

第3:245条　质权人或者质押人起诉第三人的权利

质权人及质押人均有权在确保另一方能及时参与诉讼的情形下,独立地对第三人提起保护质押财产的诉讼和上诉。

第3:246条　接受所质押的债权给付的权利

1. 债权上设有质权的,质权人有权通过法律程序或者法律程序以外的方式请求债务人承担履约责任。债务人未收到质押通知的,质押人有权保留上述权利。

2. 设有质权的债权未到期的,但可通过终止使其到期的,前款所称权利人享有终止权。此权利人不得无故对他人行使此权利。

3. 债权上设有若干质权的,前两款授予质权人的权利应当由最先顺位的质权人行使。

4. 债务人收到设立上述质权的通知后,质押人仅在取得质权人同意或者地方法院授权后,才可行使该权利。

5. 质权人或者质押人经地方法院授权而行使设有质押的债权的,该债权上所设的质权的担保范围及于收取的收益。

第 3:247 条　质押财产所附的表决权

除第 2:89 条、第 2:198 条规定的情形以及法律另有规定外,质押财产所附的表决权应当由质押人行使。

第 3:248 条　诉讼外变卖质押财产

1. 债务人未清偿质押所担保的债务的,质权人有权无须取得任何人的同意而公开变卖质押财产,并以变卖所得收益优先清偿其应得部分。

2. 当事人可以约定仅在法院根据质押人的申请裁定债务人违约后,才可公开变卖质押财产。

3. 低顺位的质权人或者占有人变卖质押财产时,该财产之上设有的高顺位质权仍保有优先受偿的效力。

第 3:249 条　变卖程序开始的通知

1. 除另有规定外,质权人应当通知债务人和质押人以及财产占有人和其他定限物权人变卖质押财产的事项。该通知应当尽可能地在合理限度内至少提前 3 日发布并载明变卖的地点和时间;该通知还应当符合枢密院令的规定。

2. 通知必须尽可能准确地载明变卖质押财产需支付的费用。质押人在变卖前可赎回质押财产,但应当偿付已发生的执行费用。

第 3:250 条　公开拍卖

1. 变卖时质押财产赎回权取消的,该变卖应当根据当地惯例并按照通常的条款和条件进行公开拍卖。

2. 质押财产在商品市场或者交易所交易的情形下,可通过该市场上适当的经纪人,或者通过交易所中有资质的中介人,在市场或者交易所中,根据该市场或者交易所适用的一般交易的规则和习惯进行公开拍卖。

3. 质押人也可投标竞价。

第 3:251 条　变卖的方式

1. 除另有规定外,地方法院的临时法官可根据质权人或者质押人的申请,裁决确定与前条规定不同的变卖方式;地方法院的临时法官也可根据质权人的申请,裁决质权人作为买受人并以其确定的价款金额取得质押财产。

2. 质权人有权在变卖质押财产后,与质押人约定以不同于前款方式变卖质押财产。质押财产上同时设有定限物权或者被扣押的,定限物权人或者扣押人应当协助此种方式的变卖。

第3:252条　变卖已完成的通知

除另有规定外,质权人必须尽可能地通知债务人、质押人及财产的扣押人、定限物权人变卖的完成情况。该通知应当在合理限度内最迟于变卖的次日发出,且应当符合枢密院令的规定。

第3:253条　变卖收益的分配

1.支付执行费用后,质权人应当在净收益扣除其享有的质权应得的金额,并将余额返还给质押人。其他质权人或者定限物权人对质押财产的权利因执行而消灭的,或者债权人已扣押质押财产或者变卖财产的收益的,质权人应当根据《民事诉讼法典》第490条之二的规定行事。

2.质权人不得以抵销的方式用前款所称的净收益清偿其所欠的债务,但涉及质押人破产、中止支付、对其适用自然人债务重组计划或者遗产被执行时对其进行的清偿除外。质权在决定适用该债务重组计划后设立的,并且债权和债务均在此决定后产生的,适用自然人债务重组计划的质押人,可以通过抵销的方式进行清偿。

第3:254条　质押适用抵押财产的变卖规则

1.根据第3:237条在动产上设立的质权,依一般观念该动产旨在长期服务于特定的不动产且从动产的外观上可以作出此种判断的,或者质权设立于在特定工厂或车间用于生产经营的设备或工具上的,并且该质权所担保的债权同时被抵押权担保的,以及该抵押权设立于该不动产、工厂、车间或者其所负担的定限物权上的,此时,债权人有权约定根据有关抵押权的规定一并执行质押财产和抵押财产。

2.债权人根据本条第1款的约定而将抵押和质押的财产一并变卖的,质权参照适用第3:268条至第3:273条的规定,但排除适用第3:248条至第3:253条的规定。

3.本条第1款所称的约定以及与之相关的质权可载入抵押权登记的登记簿。

第3:255条　货币质押

1.以货币质押的,在债务到期后,质权人有权根据第3:253条进行追偿而无须作出上述通知。质押人有权要求以质押的货币偿付到期债务,并且提出此要求的,质权人必须以质押的货币清偿该债务。

2.参照适用第3:252条的规定。

第3:256条　质权消灭

质权消灭后,质权人必须履行其应有的职责以恢复质押人对质押财产的实际控制,并且必须向质押人提供相关的书面证明说明质权已消灭。质权所担保的债权设有定限物权的,该定限物权人必须履行此种义务。

第3:257条 未对质押财产尽到适当的照顾义务

占有质押财产的人严重不履行其应有的照顾该财产的义务的,地方法院可经质押人或质权人的申请,命令将质押财产交由质押人或质权人,或者进行提存。

第3:258条 质权终止和质权人抛弃

1. 除根据第3:237条第1款规定设立的质权外,第3:236条第1款规定的质押财产归于质押人控制的,质权即终止。

2. 质押人可通过合同的形式抛弃质押,但质权人应当以书面或者电子声明的方式表示同意。以电子声明的方式作出同意的,参照适用第6:227条之一的规定。

第三节 托管凭证持有人的质权

第3:259条 为特殊存管凭证持有人而依法设立的质权

1. 某人通过发行托管凭证使他人可分享以发行人自己名义取得的股份或者债券的收益的,托管凭证持有人有权向托管凭证发行人主张该发行人向其许诺的款项。

2. 原始股份或者债券采用登记形式,且托管凭证与原始股份或者债券的发行人合作发行的,托管凭证持有人也取得该股份或者债券上设立的质权。非与债务人合作发行登记债券的,托管凭证持有人在向债务人通知托管凭证发行的事项后即取得此种质权。涉及股份或者见票即付债券发行托管凭证的,在该股份凭证或者债券无须交由托管凭证持有人或者第三人控制的情况下,托管凭证持有人也可取得此种质权。

3. 仅在托管凭证持有人未获得应得清偿时,其才可全部或者部分变卖本条第2款所称的质押财产并就收益优先受偿,但必须遵守以下规则。托管凭证持有人行使上述权利的,其应当向托管凭证发行人住所地地方法院的临时法官申请,并要求其指定一名财产管理人参与变卖和收益分配。未取得全体托管凭证持有人的同意的,变卖范围仅涉及有关同意变卖的托管凭证持有人权利相对应的部分;该托管凭证持有人的权利因收益分配而消灭。为不同意变卖的托管凭证持有人的利益,地方法院的临时法官可根据任何托管凭证持有人的申请或者依职权,命令采取一定措施,并裁决变卖须经其批准方产生效力。

第四节 抵 押 权

第3:260条 抵押权的设立

1. 抵押权通过抵押人与抵押权人之间制定的公证文书而设立。此种公证文书应当由公证人基于此目的而草拟,且应当载明抵押人将登记财产抵押给抵押权人的内容。其后,该文书应当登记在为此目的置备的公共登记簿之上。文书应当载明抵押所担保的债权,或者据之确定债权的事实;文书还应当载明抵押所担保的债权金额,或者未确定该金额时,应当载明依抵押权可对抵押财产追偿的最大数额。抵押权人在该文书中必须载明其在荷兰境内的住所。

2. 除另有规定外,债务人应当承担设立抵押的费用。

3. 根据本条第 1 款规定草拟公证文书时,仅公证文书中载明并授权的主体,方可代理抵押人实施相应的法律行为。

4. 此外,抵押权的设立也适用有关在不动产上设立定限物权的一般法律规定。

第 3:261 条　为未支付的价款提供担保的抵押权

1. 买卖合同中规定在买卖财产上设立抵押权以担保未支付价款的,并且该规定在交付文书中载明的,在同时登记设立抵押的文书和交付文书的情形下,该抵押优先于所有同时登记于公共登记簿处的其他权利。

2. 财产分割时被分割财产上设立抵押以担保被分配到该财产的,此种因分割该共有人对其余共有人负有或者可能会负有的债务的抵押,参照适用本条第 1 款的规定。

第 3:262 条　变更抵押和其他定限物权的顺位

1. 在公共登记簿中登记的公证文书载明其他抵押权人对此表示同意的,该文书可以约定某项抵押权优于同一财产上的一项或者多项抵押权根据登记时间所确定的顺位。

2. 按相互关系划分的抵押权和其他定限物权视为以不同于实际登记顺序设立的,可以参照适用本条第 1 款的规定。

第 3:263 条　为债权之应计利息提供担保的抵押

1. 除抵押文书另有规定外,担保一项或者多项特定债权的抵押,也担保该债权 3 年内产生的法定利息。

2. 约定担保一项或者多项特定债权的抵押担保该债权的利息超过 3 年的,并且未载明此种利息最大数额的,该条款无效。

第 3:264 条　抵押文书中的“租赁条款”

1. 抵押文书可包含明示条款而限制抵押人的下列权利:

①未经抵押权人同意出租抵押财产;

②关于抵押财产的出租方式和期限;

③关于预付租金;

④转让租金的债权或者质押租金。

抵押权人不仅可以援引此约定对抗抵押财产的受让人，还可以对抗承租人、租金债权的取得人或者该权利的质权人。在此权利变卖时仍属于抵押权人并且交易情形表明其已将此权利交由受让人行使的范围内，抵押权人和被强制变卖抵押财产后的受让人也可以援引该条款。

2. 抵押权人已向上述主体寄送《民事诉讼法典》第 544 条所称的通知或者接管传票后，才可援引前款所称的约定条款。适用关于宣告无效的规定的，本法第 3:52 条第 1 款所称的期间自前述通知或者接管时起算，并且仅基于援引约定的人的利益作出与约定相反的法律行为且该法律行为与其权利相冲突的，才可宣告该行为无效。

3. 违背关于农业租赁的强制性规定的，当事人之间关于农场建筑物或者耕地的约定无效。农业租赁合同约定的内容偏离农业租赁局发布的有约束力的命令的，或者根据约定的变更合同被农业租赁局宣告无效因而无法遵守该约定的，该约定无效。约定抵押人承担少于 12 年的农场出租义务或者少于 6 年的耕地出租义务的，该规定无效。

4. 违反关于此种租赁的强制性法规的，当事人之间关于住宅或者商业场所租赁的约定无效。住宅或者商业场所在抵押权设立时已被出租的，并且新的租赁不包括对抵押权人更苛刻的特殊条件的，抵押权人不得以排除住宅或者商业场所租赁的约定对抗承租人。

5. 援引租赁条款会导致住宅的承租人根据第 7:271 条至第 7:277 条的规定搬出居住场所的，仅在地方法院的临时法官依抵押权人的申请批准后，才可援引该约定。承租人已书面同意宣告租赁合同无效的，或者租赁合同在《民事诉讼法典》第 516 条所称的公告后订立的，无须取得此种批准。

6. 除抵押权人在适当遵守租赁合同的情形下明显能够收取足够的收益以满足所有约定的租赁条款并能援引该约定对抗承租人的外，地方法院的临时法官应当作出上述批准。作出该批准的法官，应当同时命令已被传唤或者已出庭的承租人和次承租人搬出所涉房产，并限定自其对承租人和次承租人寄送裁判通知日起 1 年内搬出。不得对作出该批准的裁判提起上诉。

7. 本条第 2 款所称的宣告无效而失去其权利的承租人，有权要求赔偿因宣告无效所遭受的损失。抵押财产执行后的净收益在满足承租人不能对抗的抵押权人之后，承租人有权从该收益中优先受偿。受让人也有权援引租赁条款的，预期损失的金额应当从顺位较低的债权人的部分扣除，直至受让人确定不对承租人行使其权利时为止。

8. 本条所称的承租人包括第7:266条第1款或者第7:267条第1款所称的共同承租人。

第3:265条　不得变更的条款

抵押文书中附有明示约定禁止抵押人变更抵押财产的结构或者状态的条款的,或者禁止抵押人未经抵押权人同意而变更的,但其后,地方法院根据有关租赁规定授权抵押人进行变更的,或者农业租赁局根据农业租赁的规定授权出租人或者承租人进行变更的,抵押权人不得援引该约定。

第3:266条　迁离权

抵押设立后抵押人被要求对抵押财产的减损提供担保的情形下,抵押人对抵押财产改造或者增设的,并且他没有义务进行该改造或者增设并作为对债权的额外担保的,抵押人有权移除该改造或者增设,并恢复原状。有权在抵押财产上收取孳息或者收获的农作物的权利人,有权收取该孳息或者农作物;在执行之前无法收取的,权利人和受让人应当根据农业租赁相互义务的规定履行义务。新的承租人必须遵守有关农场租赁相互义务的规定。

第3:267条　管理条款(抵押权人对抵押财产进行管理的权利)

抵押文书可以约定抵押人严重不履行其对抵押权人义务的,在经地方法院的临时法官授权后,抵押权人有权接管该抵押财产。抵押文书也可以约定为达到执行目的,抵押权人有权将抵押财产置于其控制之下。未有此类明确规定的,抵押权人不得享有上述权利。

第3:267条之一　不动产的查看

1. 抵押人以及任何将不动产用于居住目的的人,都有义务容忍在法院在其不动产上张贴待售财产的通知,并且允许有关主体查看该不动产。

2. 本条第1款所称的义务应当自《民事诉讼法典》第544条所称的取消抵押品赎回权的通知时起适用。

3. 在抵押人或其他主体拒绝的情况下,抵押权人可以根据《民事诉讼法典》第550条的规定,要求查看该不动产。

第3:268条　诉讼外的变卖

1. 债务人不履行抵押权所担保的债务的,抵押权人有权在未取得法院的批准的情形下,于有资格的公证人见证下公开变卖抵押财产。

2. 地方法院的临时法官可以经抵押权人或者抵押人的申请,命令以取得批准的合同中协议确定的方式进行变卖。抵押权人、抵押人、扣押人或者对抵押财产享有更优利益的特定权利人在申请听审结束前提交更为有利的建议的,临时法官可以决定按此建议实施变卖。

3. 本条第2款所称的申请应当在《民事诉讼法典》中为此目的设置的期间内提出。不得对根据本条第2款作出的裁判提起上诉。

4. 前述条款所称的变卖必须根据《民事诉讼法典》为此目的规定的手续进行。

5. 抵押权人不得以其他形式变卖抵押财产进行清偿。任何其他有可能以抵押财产清偿其债权的条款或者条件,均为无效。

第3:269条　不再进行抵押变卖

法院在作出公开拍卖的裁判之前,或者临时法官批准协议出售之前,当事人可以通过清偿所担保的债权和已发生的执行的费用阻止变卖抵押财产。

第3:270条　通过变卖而取得抵押财产的买受人的价款支付

1. 购买抵押财产的买受人必须向见证公开拍卖或者执行不公开出售的公证人支付费用。该费用可从变卖价款中支付。

2. 出卖人的抵押权以外的其他抵押权未登记的,并且根据本法第3:264条第7款享有债权的人未扣押财产或者价款的,或者该抵押财产上的定限物权或者承租人的权利未因变卖而消灭的,公证人可以通过财产的净收益清偿出卖人被抵押担保的一项或者多项债权,并偿付出卖人向公证人提供的声明中表明的金额。清偿后有余额的,公证人应当将该余额交付给被变卖财产的所有权人。

3. 前款所称的抵押权增设的,或者存在债权人或定限物权人的,公证人应当立即将变卖抵押财产的净收益提存,并交由其指定的符合《民事诉讼法典》第445条要求的管理人保管。但出卖人为第一顺位抵押权人的,公证人无须作此种提存,而应当向出卖人支付下述声明所表明的其应得的金额;该债权人必须在清偿之前或者当日向公证人提交一份声明,该声明应当载明根据第一顺位的抵押所担保的债权或者仅次于第一顺位的抵押所担保的其他债权应得的金额,并附上顺位优先于其他债权人的债权人名单。该声明应当取得抵押财产全部或者大部分位于其辖区的地方法院的临时法官的批准;该批准由法官在简要核实声明的准确性后作出。不得对根据本款作出的批准提起上诉。

4. 公证人有充分理由认为根据本条第2款和第3款向其提交的声明不正确的,本条第3款所称的临时法官在经合适的当事人或者公证人的申请作出决定前,可以中止对抵押权人的清偿。

5. 抵押权人、扣押抵押财产或者价款或者根据本法第3:264条第7款享有债权的债权人、因变卖而消灭权利的定限物权人以及被变卖财产的所有权人,在清偿日之前对提存金额的分配达成合意的,公证人无须进行提存,而应当按照其合意向各方支付相应的金额。

6. 公证人未履行本条所规定的义务的,荷兰政府和公证人对有关当事人因此受到的损失承担连带责任。

7. 当事人不得约定违背本条规定的变卖条件。

第 3:271 条　确立顺位(分配净收益)

1. 公证人在收到变卖价款后,前条第 5 款所称的当事人均有权请求法院根据《民事诉讼法典》为此目的而规定的程序,对收益分配的顺位作出裁判。

2. 各方利害关系人已就收益分配达成协议,并以公证文书的形式向被提存收益的管理人提供该协议的,管理人应当根据该文书向各方支付相应的金额。

第 3:272 条　由作为出卖人的抵押权人提供账目

1. 收到公证人付款的抵押权人,必须依要求在得到清偿后的 1 个月内,向债务人和被变卖财产的所有权人提供账目。

2. 账目与抵押权人、普通债权人或者顺位中的定限物权人有直接利益的,其也可以自清偿终止之日起 1 个月内要求提供该账目。

第 3:273 条　变卖后抵押、扣押和定限物权的消灭

1. 被变卖财产上所设的抵押、登记扣押和不能对抗出卖人的定限物权,在强制变卖和清偿价款后即消灭。

2. 在买受人向法院提交已根据法律规定的要求进行变卖并且已支付价款给公证人的书面证据后,前款所称的抵押权、定限物权和扣押的消灭声明应当交由该买受人。为获取该声明,买受人必须向全部或者大部分财产位于其辖区的地方法院提出申请。不得对以该声明为内容的裁判提起上诉。

3. 前款所称的声明可以在抵押财产交付时或者之后载入公共登记簿。保管人有权根据该声明注销已消灭的抵押权、登记扣押和定限物权。

第 3:274 条　注销已登记抵押权

1. 抵押权消灭后,债权人必须根据抵押人的要求,以公证文书的形式声明该抵押权已消灭,并承担相应的费用。抵押所担保的债权设有定限物权的,定限物权人参照适用上述规定。

2. 该声明可载入公共登记簿。保管人有权根据该声明注销已消灭的抵押权。

3. 债权人未提供所要求的声明的,参照适用本法第 3:29 条的规定。

4. 抵押权因混同而消灭的,在抵押人作出确认声明且制成公证文书的情况下,公共登记簿的保管人有权注销该抵押权,但债权受到定限物权限制的除外。

第 3:275 条　注销抵押权的代理

前条所称的注销声明的代理权必须以书面形式授予。

第十章　财产上的追索权

第一节　一般规定

第 3:276 条　对债务人所有财产进行追索的权利

除法律或者协议另有规定外,债权人可对属于其债务人的所有财产进行追索。

第 3:277 条　债权人平等

1. 支付执行费用后,所有债权人对债务人财产的净收益享有平等的、按照其债权比例获得清偿的权利,但法律承认具有优先受偿权的除外。

2. 债权人和债务人之间可以协议约定其债权相对于部分或者全部债权人的顺位低于法定顺位。

第 3:278 条　优先受偿权和优先权的依据

1. 优先受偿权依据质押、抵押、优先权和法律规定的其他事由产生。

2. 优先权仅依法产生。其中,依附于某个人的特定财产的优先权,为特别优先权;全部财产的,为一般优先权。

第 3:279 条　质权、抵押权与优先权的顺位

除法律另有规定外,质权和抵押权的顺位高于上述优先权。

第 3:280 条　特别优先权与一般优先权的顺位

除法律另有规定外,对特定财产享有的特别优先权的顺位高于对全部财产享有的一般优先权。

第 3:281 条　优先权的顺位

1. 除法律另有规定外,属于同一项特定财产的特别优先权处于相同顺位。

2. 对全部财产享有的一般优先权应当根据法律规定的顺位来行使。

第 3:282 条　对因变卖而丧失定限物权的权利人的补偿

定限物权人因不能对抗质权人、抵押权人或者扣押人变卖担保财产而丧失定限物权的,其有权从变卖担保财产的净收益中获得其所受损害的赔偿,此种优先权仅次于该定限物权人不能以其权利对抗的人的债权。该赔偿金额限于已消灭权利在权利仍为可执行的情形下本应当具有的价值。

第二节　特定财产上的特别优先权

第 3:283 条　优先权财产的代位

对特定财产享有的特别优先权也及于替代该财产的赔偿请求权，包括因该财产价值减损而产生的请求权。

第 3:284 条　保存财产的优先权

1. 一项关于保存财产所产生的费用偿还请求权，应当由保存财产所附带的优先权担保。

2. 债权人可以为其债权对该财产进行追索的，不能援引财产上的权利对抗债权人的第三人，但上述权利在保存费用发生之后取得的除外。上述费用发生后，仅在担保财产或见票即付凭证已处于质权人或第三人控制之下，该主体才可根据第3:237条援引该条设立的质权对抗该债权人。同时，上述主体也可根据第 3:90 条援引该取得的权利对抗该债权人。

3. 本条第 2 款所称的优先权的顺位高于其他所有的优先权，但其他优先权所附的请求权在保存费用发生时已产生的除外。

第 3:285 条　承揽完成的工作成果的优先权

1. 某人在其业务范围内，通常亲自参与所承揽工作的实施的，或者合伙或法人的 1 名或多名执行合伙人或董事通常亲自参与所承揽工作的实施的，根据建筑合同对动产或者不动产实施工程产生的债权，以该债权所附的优先权为担保。该优先权自该债权产生之日起 2 年后消灭。

2. 该优先权的顺位高于根据第 3:237 条在物上设立的质权，但该质权在该优先权产生后设立的且该物为此目的已交由质权人或者第三人控制的除外。

第 3:286 条　公寓权上的优先权

1. 公寓的所有权人、使用权人或公寓协会就全体公寓所有权人应付的、在本年度或者前 1 年度到期的分担款，以所涉公寓附带的优先权为担保。

2. 已区分公寓的建筑物实施工作的，各公寓的权利人应当按每套公寓承担第3:285条所称的优先权应当担保的金额。

3. 同时存在本条第 1 款所称的优先权以及第 3:285 条所称的优先权时，后者顺位高于前者。

第 3:287 条　保险求偿权上的优先权

1. 在债权与赔偿损害的义务相关的范围内，补偿性的损害赔偿请求权可以债务人根据责任保险对保险人所享有的任何债权所附的优先权为担保。

2. 本条第 1 款所称的享有优先权的债权人,可对附有优先权的债务人保险请求权行使追索权。不得援引第三人对后一请求权的优先权对抗该债权人,但涉及保险公司根据本法第 7:936 条第 2 款提出汇款结算要求的除外。

第三节 全部财产上的一般优先权

第 3:288 条 对全部财产享有的一般优先权(涉及某些债权)

以下各项债权,以对某人全部财产享有的一般优先权为担保:

(1)依申请而宣告破产的情形下,申请破产的费用,以及在破产程序以外债权人为获得清偿所产生的费用;

(2)与死者境况相符的丧葬费用;

(3)雇员、前雇员或者其近亲属请求雇主支付退休金应付款的金额,但该债权不得超过 1 年退休金应付款的金额;

(4)非法人董事的雇员、前雇员或者其近亲属请求雇主支付已允诺的在将来分期支付的退休金;

(5)雇主根据雇佣协议在本年度和前 1 年度应当向雇员支付工资的全部金额,以及根据本法关于雇佣协议的规定,在雇佣协议终止时,雇主应当向其雇员支付的应付金额。

第 3:289 条 对全部财产所享有的一般优先权(涉及依据《欧洲煤钢共同体条约》而产生的债权)

1. 因延迟交付根据 1951 年 4 月 18 日订立的《欧洲煤钢共同体条约》[Tr(2) 1951,82]第 49 条和第 50 条所称的收费和补充费用而产生债务的,债权人对全部财产也享有优先权。

2. 该优先权与营业税征收债务的优先权处于相同顺位。

第四节 留 置 权

第 3:290 条 留置权的定义

留置权是指债权人根据法律规定享有的,在债务人不履行债务且债权未获得完全满足之前,延迟向债务人归还某物的权利。

第 3:291 条 留置权对抗第三人的效力

1. 第三人对留置物的权利产生于债权已发生并且该物已由债权人控制之后的,债权人可以其留置权对抗该第三人。

2. 债权人因与债务人缔结关于留置物的合同而产生债权的,或者债权人没有理由怀疑债务人有权签订该种合同的,债权人仅能以其留置权对抗享有在先权利的第三人。

3. 债权人不得以其留置权对抗根据《归还占领区文化遗产的法令》第6.15条提出法定要求的教育、文化和科学部部长。

第3:292条　留置权所实现的债权的顺位

债权人留置权的顺位优先于其有权对抗的所有主体的担保权利。债权人可对留置物进行变卖,以实现其债权。

第3:293条　保管留置物的费用

债权人必须根据法律规定保管留置物。对于其支出的因保管该物而支付的费用,债权人可就该留置物偿付。

第3:294条　留置权的消灭

留置物已处于债务人或者所有人控制的,债权人的留置权即告消灭,但债权人基于同一法律关系重新取得该物的控制的除外。

第3:295条　丧失对留置物的控制

债权人丧失对留置物的控制的,其具有与所有权人相同的请求返还该物的法律基础。

第十一章　诉讼权利

第3:296条　强制履行的诉讼

1. 除根据法律、义务性质或者法律行为会产生不同结果的外,法院可根据权利人的申请,命令义务人履行给付或者为或者不为一定行为。

2. 义务附有期限或者条件的,法院可在遵守该条件或者期限的情况下命令义务人履行。

第3:297条　强制履行的法院裁决的效果

通过强制执行法院裁决或者其他法定命令而实现给付的,其与自愿履行该义务具有相同的法律效力。

第3:298条　交付同一财产的债权冲突

除根据法律、权利性质或者合理和公平原则会产生不同的结果外,两名或者两名以上债权人以交付同一财产为标的的债权之间存在冲突的,在其相互关系上,最早的债权具有优先请求交付的权利。

第3:299条　作为或者不作为的强制履行

1. 债务人不履行其法律上应当承担的债务的,法院可经债权人的申请,授权债权人可自己实现债务履行的效果。

2. 法院还可以同样的方式授权不作为之债的债权人撤销债务人违反义务而实施的作为。

3. 债务人不履行其法律上应当承担的债务的,应当承担前款所称的履行债务所必需的费用。作出授权的法院也可以根据为此目的提交的某些文件,命令债务人支付该费用。

第 3:300 条　实施法律行为的强制履行

1. 除与法律行为的性质不符的外,一方当事人在法律上有义务向另一方当事人实施某项法律行为的,法院可根据债权人的申请,确定其裁决与有义务实施某项法律行为的一方按照法律规定的形式制作的文书具有相同的法律效力;或者法院也可指定一名代表人实施该法律行为。法院指定代表人的,可要求后者实施该行为时应当获得其批准。

2. 被告必须与原告共同制作文书的,法院可确定以其裁决替代全部或者部分文书。

第 3:301 条　法院裁决在公共登记簿上的登记

1. 法院作出的替代全部或者部分旨在交付登记财产文书的裁决,应当载入公共登记簿,但仅在该裁决的通知已送达被命令交付该财产的人,并且满足以下条件之一的,才可载入:

(1) 该裁决为终局判决;

(2) 该裁决具有暂时的可强制执行性,且自裁决的通知被送达之日起 14 日后,该裁决已确定更长或者更短的期间的。

2. 撤销之诉、上诉和撤销原判之诉必须在有权取得该法律救济后 8 日内,载入《民事诉讼法典》第 433 条规定的登记簿,未登记者丧失上述救济的权利。与该法典第 143 条的规定相反,该裁决未送达本人的,提起撤销之诉的期限自裁决送达被命令交付的人之日起算。

3. 法院作出的本条第 1 款所称的裁决的效力受条件约束的,公共登记簿的保管人应当拒绝登记该裁决,但已提交证明该条件已成就的公证声明或者其副本的除外。

第 3:302 条　确认判决

根据特定法律关系的直接相关人的申请,法院可就该法律关系作出确认判决。

第 3:303 条　提起诉讼的充分利益

欠缺充分利益的人无权提起诉讼。

第3:304条　无单独的诉讼

诉讼权利不得与其所保护的财产权利相分离。

第3:305条　仲裁可适用前述规定

除当事人另有约定外，仲裁同样可适用本章前述条款赋予法院权力的规定。

第3:305条之一　集团诉讼

1. 在章程规定促进此种利益的范围内，具有完全行为能力的基金会或者协会，可以提起旨在保护其他人相似利益的法律诉讼。

2. 就代表选区和索赔规模而言，本条第1款所称的基金会或者协会具有足够代表性，并且具有如下特点的，其他人相似利益可以视为获得充分的保障：

(1)属于监管机构，但根据本法第2:44条之一第1款(未生效)或者第2:291条之一第1款已经实施的除外。

(2)具有适当和有效的机制，使得受诉讼保护的主体可以参与或者代表决策。

(3)具有足够的资金来承担提起诉讼的成本，并且法人有权决定是否提起诉讼。

(4)存在供公共访问的网页，其中包括以下信息：

①法人的章程；

②法人的管理结构；

③监管机构最近一次年度报告的概要，说明对其执行的监督；

④最新的经理报告；

⑤董事和监管机构成员的报酬；

⑥法人的目标和工作方法；

⑦当前程序的概述；

⑧要求受诉讼保护的主体提供资金，应当提供有关计算该资金的信息；

⑨提供受诉讼保护的主体如何加入和退出法人的方式。

(5)在提起和进行诉讼方面具有足够的经验和专业知识。

3. 只有符合以下条件的法人才有资格提起诉讼：

(1)在成立法人时，董事没有直接或间接的盈利目的，也不旨在通过成立法人实现盈利。

(2)有以下情形之一的，可以认为该诉讼与荷兰法律领域有足够紧密的联系：

①法人足以证明受诉讼保护的大多数人居住在荷兰；

②被告在荷兰居住，并且有其他附加事实表明与荷兰法律领域具有足够的联系；

③与诉讼相关的事件发生在荷兰。

(3)在特定情况下,法人已经与被告进行协商尝试达成合意。在向被告提出要求并说明进行此种协商之日起的两周内,可以视为已经尽力协商。

4. 根据本条第 1 款所称的诉讼可能导致被告被公开判决或允许公开判决的,由法院按照指定的方式并由法院指定的一方或多方支付费用。

5. 符合本条第 1 款的法人应当根据本法第 2:49 条和第 2:300 条的规定,编制财务报表。在不影响适用本法第 2 编第 9 章的情况下,相关的报告应当在其通过后的 8 天内公布在法人的网站上。

6. 集团诉讼基于一种理性目的和非常有限的经济利益,或者符合本条第 1 款所称的受诉讼保护主体提出诉讼的要求的,法院可以宣布符合本条第 2 款第 1 项至第 5 项以及第 5 条的规定。在适用本款时,诉讼不能涉及金钱赔偿。

7. 本条所称的集团诉讼应当设立一个中央登记簿。该登记簿应当由理事会指定的机构予以保管。

第 3:305 条之二　公法人

1. 第 2:1 条所称的公法人可以在保护被委托法人特定利益的范围内,提起旨在保护他人相似利益的法律诉讼。

2. 参照适用第 3:305 条之一第 2 款至第 5 款的规定。

第 3:305 条之三　跨境集团诉讼

1. 在荷兰境外的组织或者公共机构已被列入欧洲议会和欧盟理事会于 1998 年 5 月 19 日发布的《关于保护消费者利益的禁令》(PBEGL166)的 98/27/EC 号指令第 4 条第 3 款所列的名单中的,此类组织的目的是代表此种共同利益,或者将此种利益的保护委托予该公共机构的情形下,可以提起旨在保护在该组织或者公共机构的设立国有经常居住地的其他人的相似利益的诉讼。

2. 参照适用第 3:305 条之一第 2 款至第 5 款的规定。

3. 在荷兰境内的组织或者公共机构依其章程旨在保护并非用于执业或者营业目的的商品或者服务的最终用户的共同利益,并且具有完全行为能力的基金会或者协会,为使自已被列入本条第 1 款所称的名单中,其可以请求司法部长通知欧盟委员会其可能提起旨在保护此种利益的诉讼。此种情形下,司法部长还应当通知委员会该基金会或者协会的名称和目的。

第 3:305 条之四　海牙上诉法院的特殊审判

1. 有以下情形之一的,海牙上诉法院可经具有完全法律行为能力的基金会或者协会的申请以保护他人相似的利益:

(1)命令根据《保护消费者规则》的规定对违反该法附录一规定的人处以禁令的。

(2)根据本条第1款所称的主体的申请,上诉法院可裁决由第6:193条之一第9项所称的制定该行为准则的主体变更可能违反第6:193条之一至第6:193条之九所称的行为准则。

(3)上述主体还可以申请上诉法院处罚违反第6:193条之一至第6:193条之九,或者发布违反该行为准则的主体,以及公布或者披露本条第1或者第2款中所称的法院裁决。对于第6:193条之三至第6:193条之七所称的误导性贸易惯例,上诉法院还可经申请谴责交易者更正该信息。该公布或者更正必须按照上诉法院规定的方式进行,并且相应的费用由上诉法院指定的一方或者多方承担。

2. 本条第1款、第3款所称的申请,参照适用第3:305条之一第3款第3项的规定。

3. 上诉法院应当立即对该申请作出裁决。

4. 海牙上诉法院对执行本条第1款所称的禁令的纠纷以及支付罚款的命令的纠纷,具有排他性的管辖权。

第3:306条　消灭时效

除法律另有规定外,诉讼时效经20年届满后消灭。

第3:307条　履行合同义务的请求权的诉讼时效

1. 履行一项合同义务的请求权的诉讼时效期间为5年,自该请求权可行使的次日起算。

2. 涉及不确定的履行期的,本条第1款所称的期间自债权人通知其履行的次日起算,但任何情形下,本条第1款所称的诉讼权利,自该请求权最早可行使的次日起20年后消灭,必要之时,自债权人作出上述通知的次日起20年后消灭。

第3:308条　支付定期款项的诉讼时效

支付金钱利息、终身租金、股息、租赁款以及其他按年或者按更短期间必须支付金额的请求权的诉讼时效期间为5年,自该请求权可行使的次日起算。

第3:309条　非债清偿的诉讼时效

请求返还无因偿付之物的诉讼时效期间为5年,自债权人知道其请求权的存在和受领人身份的次日起算,但任何情形下,自该请求权产生之日起20年后消灭。

第3:310条　损害赔偿或者违约金的诉讼时效

1. 损害赔偿请求权或者支付违约金的请求权的诉讼时效期间为5年,自受害人知道所受损害或者可主张违约金并且知道责任人的次日起算,但任何情形下,自造成损害或者可主张违约金的事由发生之日起20年后消灭。

2. 因空气、水或者土壤污染,或者因第6:175条所称的危险,或者因第6:177条第1款第2项所称的土壤位移造成损害的,不同于本条第1款的时效规定,但任何情形下,损害赔偿请求权的诉讼时效自造成损害的事由发生之日起30年后消灭。

3. 适用本条第2款时,事由指突发事实、持续事实,或者同一原因引起的一系列事实。该事由为持续发生的事实的,本条第2款所称的30年期间应当自该事实终止时起算。该事由为同一原因引起的一系列事实的,该期间应当自最后一个事实之后起算。

4. 造成损害的事由根据《刑法典》第240条第2项以及第242条至第250条之一的规定构成犯罪的,并且该犯罪的实施涉及未成年人的,在刑事诉讼的追诉时效尚未届满的情况下,不得消灭对犯罪行为人提出的损害赔偿请求权的诉讼时效。

5. 不同于本条第1款和第2款的规定,因伤害或者死亡造成的损害赔偿请求权的诉讼时效,自受害人知道或者应当知道损害发生和责任人的次日起5年后消灭。受害人在知道损害和责任人时未成年的,该诉讼时效自受害人成年的次日起5年后消灭。

第3:310条之一　返还文物的诉讼时效

1. 根据欧盟成员国的国内法,或者欧盟成员国以外加入《欧洲经济区协议》的缔约国的国内法,某动产为第3:86条之一所称的指令的第2条第1款所称的文物的,并且其中一个国家以该动产非法流出其国境为由要求返还的,返还该动产的请求权的诉讼时效期间为1年,自该国知道该动产的下落和其占有人或者持有人的次日起算,但任何情形下,该诉讼时效自该动产流出该国的次日起30年后消灭。

2. 该动产属于第3:86条之一所称的指令的第2条第8款所称的公共收藏物的一部分时,或者在欧盟成员国或者欧盟成员国以外加入《欧洲经济区协议》的缔约国境内的,该指令所称的教会财产根据国内法适用特别保护措施的情形下,其消灭时效为75年。

第3:310条之二　返还文化遗产的诉讼时效

1. 根据《文化遗产保护法》确定某动产为保护对象的,或者某动产构成该法第4.22条第2款所称的公共收藏物或馆藏物的一部分的,并且在被确定为保护对象后脱离所有人的占有或者成为此收藏物或馆藏物的一部分的,返还该物的请求权的诉讼时效期间为5年,自知道该物的下落和占有人或者持有人的次日起算,但任何情形下,自非权利人成为该物的占有人的次日起30年后消灭。

2. 任何情形下,在国家以该物非法流出国境为由向另一个欧盟成员国或者欧盟成员国以外加入《欧洲经济区协议》的缔约国的法院提起的返还该物的诉讼的时效届满之前,不应当起算本条第1款规定的诉讼时效。

第 3:310 条之三　返还文物的诉讼时效

1. 根据《文化遗产保护法》第 6.7 条的规定,请求返还文物和转让文化遗产所有权的诉讼时效期间为 5 年,自知道该物的下落和占有人或者持有人的次日起算,但任何情形下,该诉讼时效自该物流出该国的次日起 30 年后消灭。

2. 该物构成宗教机构收藏物或者馆藏物的一部分的,其消灭时效为 75 年。适用本款时,收藏物指缔约国的地方或区域当局或者该缔约国领土内的机构或组织拥有的馆藏,但应当认为该机构是根据该缔约国法律设立的公共机构,并主要由该缔约国或者该国地方或者地区当局资助。

第 3:311 条　解除合同或者补正履行的诉讼时效

1. 因债务不履行而请求解除合同或者补正该不履行的诉讼时效期间为 5 年,自债权人知道该债务不履行的次日起算,但在任何情形下,自债务不履行发生之日起 20 年后消灭。

2. 第 6:271 条所称的因解除而产生的恢复请求权的诉讼时效期间为 5 年,自合同解除的次日起算。

第 3:312 条　基于债务不履行而产生的从权利的诉讼时效

在不中断或者延长诉讼时效的情形下,债务不履行的诉讼时效、请求支付法定或约定利息的诉讼时效、请求给付孳息的诉讼时效,不得超过请求履行主债务的诉讼时效,在可补正债务不履行的情形下,不得超过请求补正履行的诉讼时效。

第 3:313 条　履行交付或者行为义务的诉讼时效的起算

履行给付或者作为义务的请求权的诉讼时效,自权利人可要求立即履行的次日起算,但法律另有规定的除外。

第 3:314 条　消除不法状态或者终止无权自主占有的诉讼时效

1. 消除不法状态的请求权的诉讼时效,自权利人可要求立即消除该不法状态的次日起算。

2. 终止无权占有的请求权的诉讼时效,自无权占有人占有该物的次日或者自可要求立即终止该占有人连续占有的状态的次日起算。

第 3:315 条　继承请求权的诉讼时效

继承请求权的诉讼时效,自被继承人死亡的次日起算。

第 3:316 条　诉讼时效因起诉而中断

1. 诉讼时效因权利人的起诉以及该人以法律要求的形式进行追索的任何其他行为而中断。

2. 法院驳回已提起的诉讼的,仅在终审裁决作出后或者以其他方式结案后 6 个月内重新起诉并获得法院支持的情形下,诉讼时效才可因此中断。诉讼时效不因被驳回的追索行为而中断。

3. 在确实获得法院裁决并已将其及时通知给对方当事人的情形下,诉讼时效因获取有约束力的法院裁决的行为而中断。非此情形的,参照适用前款的规定。

第 3:317 条　诉讼时效因书面通知而中断

1. 债务履行请求权的诉讼时效,因债权人以书面形式明确通知或者催告表示保留其履行请求权而中断。

2. 其他请求权的诉讼时效因书面通知而中断,但该书面通知作出后 6 个月内必须根据前条规定采取中断诉讼时效的行为。

第 3:318 条　诉讼时效因承认而中断

承认诉讼权利所保障的财产权利的,该诉讼时效对承认该权利的人中断。

第 3:319 条　新的诉讼时效的起算

1. 诉讼时效因提起被支持的诉讼请求以外的事由而中断的,从中断的次日起开始计算新的诉讼时效期间。经申请而获得有拘束力的法院裁决的,新的诉讼时效期间自该裁决作出的次日起算。

2. 新的诉讼时效期间与原时效期间相同,但不得超过 5 年。该新的诉讼时效不得早于原时效期间未中断时的届满期。

第 3:320 条　诉讼时效的延长

诉讼时效在延长存续期间届满的,或者在该延长事由消灭后 6 个月内届满的,自该延长事由消灭之日起,该诉讼时效延长 6 个月。

第 3:321 条　诉讼时效延长的事由

1. 有以下情形之一的,当事人可延长诉讼时效:

(1)未分居的夫妻之间;

(2)法定代理人与其代理的无行为能力人之间;

(3)信托管理人与受益人之间,涉及关于财产管理的请求权;

(4)法人与董事之间;

(5)遗产的财产价值将超过其债务的,继承人与取得被继承人遗产的人之间;

(6)债权人与故意隐瞒债务、隐瞒债务已到期或者可请求履行的事实的债务人之间。

2. 前款第 2 项和第 3 项所称的延长可持续至法定代理人或者管理人提供其最终账目之时。

第 3:322 条　诉讼时效的抗辩

1. 法官不得依职权适用诉讼时效。

2. 有权援引的人可声明放弃诉讼时效的抗辩。

3. 时效届满前，当事人不可放弃诉讼时效的权利。

第 3:323 条　质权和抵押权的诉讼时效的效力

1. 债务履行请求权的诉讼时效完成后，作为该请求权担保的质权和抵押权随之消灭。

2. 但质押财产为动产、见票即付或者凭指示付款的权利的，并且该动产、见票即付或者凭指示付款的凭证已由质权人或者由其所指定的第三人控制的，时效的完成并不妨碍质权的行使。

3. 请求以抵押担保履行债务的诉讼时效，自该抵押权设立的次日起 20 年后消灭。

第 3:324 条　强制执行法院裁决或者仲裁裁决的权利的诉讼时效

1. 请求强制执行法院裁决和仲裁裁决的诉讼时效，在该裁决作出的次日起 20 年后消灭，或者执行附有条件且条件的成就不取决于取得该裁决所涉当事人的意志的，自条件成就的次日起算。

2. 一方当事人在时效届满前，行使法律上的追索权或者提起诉讼以对将被执行的法院裁决和仲裁裁决提出异议的，该时效期间自行使追索权或者提起诉讼的法律程序终止的次日起算。

3. 根据法院裁决和仲裁裁决必须在 1 年或者更短期间内执行的，该执行权利的诉讼时效为 5 年。

4. 除诉讼时效中断或者延长的情形外，法院裁决和仲裁裁决确定的利息、罚金、没收财产的诉讼时效，不得长于强制执行主权利的诉讼时效。

第 3:325 条　法院裁决的诉讼时效适用前述规定

1. 前条规定所涉的诉讼时效参照适用第 3:319 条到第 3:323 条的规定。

2. 前条规定所涉的诉讼时效因以下事由而中断：

(1) 裁决或者书面通知的送达；

(2) 对裁决所确定的债务的承认；

(3) 在法定期间内通知另一方当事人此行为，或者未规定法定期间的，及时通知另一方当事人此行为的情形下，任何执行行为。

第 3:326 条　财产法外的法律关系参照适用本章规定

在与所涉的法律关系的性质不相冲突的范围内，财产法以外的领域也可参照适用本章的规定。

第四编　继　承

第一章　通　　则

第 4:1 条　遗产继承

1. 继承人可基于法定继承和遗嘱继承继承被继承人的财产。

2. 被继承人可通过在遗嘱中指定或者取消继承人而改变法定继承。

第 4:2 条　两个或者两个以上人死亡的继承顺序

1. 无法确定两个或者两个以上的人的死亡顺序的,视为同时死亡,他们中的任何人不能从另一个人的遗产中受益。

2. 利害关系人因不可归责于他的情况而难以证明死亡顺序的,法院认为该理该关系人可在延长期限后提交证据的,可以一次或者数次延长该期限。

第 4:3 条　丧失继承权的情形

1. 有以下情形之一的,该主体依法自动丧失从遗产中受益的权利:

(1)故意杀害被继承人,或者因故意杀害被继承人未遂、预备或共同犯罪而被作出有既判力的有罪裁判的;

(2)故意伤害被继承人,或者因此类重罪未遂、预备或共同犯罪而被作出有既判力的有罪裁判的,并且根据荷兰法律规定最高被处以 4 年以上监禁的;

(3)诬陷被继承人实施根据荷兰法律的规定最高可被处以 4 年以上监禁的重罪的,且经有既判力的裁判确认的;

(4)通过暴力或者暴力威胁,强迫或者阻止死者订立遗嘱的;

(5)隐瞒、毁弃或者伪造遗嘱的。

2. 上述情形不影响善意第三人在确认继承权丧失前已取得的权利。无偿取得遗产的,法官可裁判受益人对受到损害的权利人给予公平的补偿。

3. 被继承人明确原谅丧失继承权的人作出上述行为的,丧失继承权的状态即消灭。

第4:4条　继承无效的情况

1. 当事人在继承开始前阻止可能的继承人自由行使本编关于遗产的权利的,该法律行为无效。

2. 当事人协议拟在继承开始前处分全部或者部分尚未移交继承的遗产的,该协议无效。

第4:5条　债务扣除

1. 经债务人的申请,地方法院可基于重大理由,命令在一个确定的期间后一次或者分期支付本编或者遗产分割中涉及第3编第7章的金钱义务,并确定是否需附加利息。受理该申请时,地方法院必须考虑到双方的利益作出裁决。地方法院可附条件批准该申请,并要求债务人在规定的期间内对本金和利息的履行提供物的担保或者人的担保,且取得法院的认可。

2. 经一方或者多方当事人的申请,前款所称的地方法院可以基于未预见的、合理的事由变更前款所称的裁决。

第4:6条　遗产范围

不考虑本编第3章第1节和第2节的用益权的情形下,本编所称的遗产范围及于被继承人死亡时所享有的财产权利。

第4:7条　遗产的债务

1. 遗产的债务包括以下债务:

(1)不因被继承人死亡而消灭的债务,但包括在本款第9项中的除外;

(2)根据死者情况,处理遗体的费用;

(3)遗产清算的费用,包括遗产清算人的报酬;

(4)遗产管理的费用,包括遗嘱执行人的报酬;

(5)对继承征收的由继承人承担的税费;

(6)根据本编第3章第2节产生的债务;

(7)根据第4:80条产生的特留份债务;

(8)必须由遗产偿还的遗赠债务;

(9)根据第4:126条视为遗赠的赠与或者其他行为产生的债务。

2. 履行遗产债务时,必须按照以下顺序依次偿还:

(1)本条第1款第1项至第5项所称的债务;

(2)本条第1款第6项所称的债务;

(3)本条第1款第7项所称的债务。不存在本条第1款第6项所称的债务的,先履行本条第1款第1项至第3项所称的债务,后履行本条第1款第4项、第5项和第7项所称的债务。

3. 在第4:20条所称的尚存父母一方和第4:22条所称的继父母死亡时,该条款所称的转移资产的债务应当在其遗产之中,该债务与本条第1款第1项所称的债务具有相同的地位。

第4:8条　被继承人的范围

1. 登记伴侣和配偶在本编中具有相同的法律地位。

2. 适用本条第1款时,必须遵守以下规定:

(1)婚姻包括登记伴侣关系;

(2)已婚包括已缔结的登记伴侣关系;

(3)婚姻共有财产包括登记伴侣关系的共有财产;

(4)未婚配偶包括将未缔结登记伴侣关系的伴侣;

(5)离婚包括根据第1:80条之三第3项和第4项所称的方式终止登记伴侣关系。

3. 本编所称的被继承人的继子女,指被继承人配偶或者登记伴侣的子女,但被继承人本身并非其亲生父母,并且在配偶或者登记伴侣关系终止后,仍然保留继子女身份的子女。

第二章　法定继承

第4:9条　继承人的条件

继承开始时,仅尚生存的人可作为继承人参与继承。

第4:10条　继承的顺序

1. 继承人依法按照以下顺序继承被继承人的遗产:

(1)被继承人未分居的配偶及其子女;

(2)不存在本款第1项所称的人的,被继承人的父母及其兄弟姐妹;

(3)不存在本款第1项和第2项所称的人的,被继承人的祖父母、外祖父母;

(4)不存在本款第1项、第2项和第3项所称的人的,被继承人的曾祖父母、曾外祖父母。

2. 子女、兄弟姐妹、祖父母和外祖父母、曾祖父母和曾外祖父母的后代可要求按照第4:12条的规定代位继承。

3. 仅与被继承人有亲属法律关系的人,才视为上述各款所称的血亲。

第4:11条　继承的份额

1. 共同继承被继承人遗产的法定继承人对该遗产享有均等的份额。

2. 不同于本条第1款的规定,同父异母和同母异父的兄弟姐妹的应继份是同父母兄弟姐妹的一半。

3. 父母作为继承人继承本条第1款和第2款所称的份额不足1/4的,应当将其份额提高到1/4,并按照比例减少其他继承人的应继份。

第4:12条　代位继承

1. 在第4:10条所称的继承开始后,该条所称的人死亡的、丧失继承权的、被取消继承的、放弃继承的或者其继承权失效的,其后代可进行代位继承。

2. 代位继承人应当按照被代位继承的人享有的应继份,继承遗产。

3. 与被继承人超过六亲等以外的人,不对被继承人享有继承权。

第三章　未分居配偶和其他法定继承人的法定继承

第一节　未分居配偶和子女的法定继承

第4:13条　遗产在被继承人的配偶和子女之间分割和分配

1. 被继承人死亡后留有配偶和子女的,其遗产应当按照以下各款规定进行分割,但遗嘱规定不适用此种分割方式的除外。

2. 配偶依法自动取得被继承人的全部遗产。配偶应当承担与遗产相关的债务。适用本款时,遗产债务包括遗嘱施加的应当由共同继承人履行的负担。

3. 子女按照其应继份,依法自动对配偶享有遗产分割的请求权。有以下情形之一的,该请求权到期:

(1)配偶破产或者对其适用自然人债务重整计划;

(2)配偶死亡;

(3)在被继承人遗嘱指定的情形下,请求权也可到期或者可请求履行。

4. 除被继承人或者配偶和子女另有协议外,本条第3款所称的请求权的债务的法定利率高于6%的,自继承开始之日每年按照本金的法定利率计算其利息。

5. 本条第3款所称的请求权由于对配偶宣告适用自然人债务重整计划而到期的,但后根据《破产法》第356条第2款终止适用自然人债务重整计划的,不得再请求履行。该请求权不适用《破产法》第358条第1款的规定。

6. 适用本章时，配偶不包括已与被继承人分居的配偶。

第 4:14 条　遗产债务的承担

1. 遗产根据第 4:13 条进行分配的，被继承人的配偶有义务承担被继承人对债权人及子女相关的遗产债务。

2. 对于遗产债务以及可被继承人和配偶共有财产清偿的债务，债权人可以请求根据第 4:13 条第 2 款以配偶的财产进行清偿，并且该清偿应当优先于配偶的其他债权人。

3. 除第 4:13 条第 3 款所称的请求权外，被继承人的配偶不得用其子女的个人财产清偿遗产的债务。遗产份额已转让或者支付给子女的，除非该子女能证明配偶的财产足以清偿遗产债务，否则可以申请执行变卖该子女已取得的份额。

4. 遗产资不抵债的，配偶也负有本条第 1 款所称的义务，并且不影响适用第 4:184条第 2 款的规定。

第 4:15 条　子女请求权的争议解决

1. 继承人对第 4:13 条第 3 款所称的请求权的范围存在争议的，一方当事人可以申请地方法院裁决确定。参照适用《民事诉讼法典》第 677 条至第 679 条的规定。

2. 当事人通过协议确定第 4:13 条第 3 款所称的请求权时，有以下情形之一的，配偶或者各子女可以申请地方法院进行变更：

(1)遗产和遗产债务估价时发生错误，某继承人受到的损害超过 1/4 的；

(2)遗产净额的计算存在其他错误的；

(3)请求权未按照子女的应继份计算的。

确定请求权的金额时，参照适用第 3:196 条第 2 款、第 3 款和第 4 款，第 3:199 条和第 3:200 条关于共有财产分割的规定。

3. 确定请求权的金额时，参照适用第 4:229 条至第 4:233 条的规定。

4. 确定请求权的金额时，参照适用第 3:187 条和第 3:188 条的规定。

第 4:16 条　遗产的书面清单

1. 配偶或者任一子女可请求制作被继承人的遗产的书面清单。该清单应当列明遗产的所有财产和债务。

2. 配偶或者子女丧失独立管理其财产的法律能力的，其法定代理人必须在被继承人死亡后 1 年内，向其代理的配偶或者子女的住所地的地方法院提交经其签名的遗产清单，并由法院的书记员确认其有效性。地方法院可命令遗产清单必须采用公证文书的形式。

3. 对于遗产清单及遗产的估值，参照适用《民事诉讼法典》第 673 条至第 676 条的规定。配偶和各子女均视为本款前段所称的遗产清单的当事人。

4. 配偶和各子女为确定其请求权,有权相互查看文件和其他信息,并取得其副本。经权利人的申请,配偶和各子女有义务提供上述有关信息。配偶和各子女也有义务相互协助以便从第三人处取得信息。

第 4:17 条　配偶和子女的请求权

1. 配偶可随时全部或者部分履行第 4:13 条第 3 款所称的请求权以及偿还该条第 4 款所称的利息,不影响适用本条第 2 款和第 3 款的规定。配偶的偿付,应当先抵充本金,后抵充利息,但被继承人另有规定或者配偶和子女之间另有规定的除外。

2. 在子女根据第 4:19 条、第 4:20 条、第 4:21 条或者第 4:22 条提出申请的情形下,配偶或者其继承人未完成第 4:25 条第 3 款所称的手续的,不得向子女偿付上述债务。

3. 本条第 2 款所称的子女未成年或者已成年但丧失独立管理其财产的法律能力的,配偶需取得地方法院的批准,才可向其偿付该债务。此情形下,地方法院应当根据第 4:26 条第 1 款的标准作出裁决。

第 4:18 条　配偶分割遗产的权利

1. 配偶在继承开始之日起 3 个月内,通过为此目的制作的公证文书作出表示,并且将此文书登记在遗产登记簿上的,该配偶不得根据第 4:13 条分割遗产。意定代理人仅在取得明确表明此目的的书面授权后,才可以配偶的名义作出此种表示。

2. 该表示的效力溯及至继承开始时。本条第 1 款所称的期间开始之前,第三人包括其他继承人已取得的权利应当受到保护。在配偶作出表示之前,其根据第 4:13 条第 2 款履行请求权的,配偶和子女之间产生补偿请求权。

3. 配偶受到成年监护或者从被继承人的遗产中取得的财产被实施信托管理的,不影响其行使本条第 1 款所称的权利。监护人或者财产管理人也可以根据相关规定行使该权利。配偶被宣告破产、对其宣告适用自然人债务重整计划或者被允许延期偿付的,应当按照相关的情况由破产管理人、财产管理人行使或者经配偶同意由财产管理人行使该权利。

4. 被继承人适用第 1 编第 18 章第 2 节和第 3 节规定的,本条第 1 款所称的 3 个月期限,应当自第 1:417 条所称或者第 1:427 条第 1 款所称的裁决具有既判力之日起算。

第 4:19 条　尚存配偶再婚及子女对其的请求权

子女根据第 4:13 条第 3 款的规定,通过对尚存父母一方的请求权而取得死亡父母一方的遗产的,并且尚存父母一方已通知其准备再婚的,经该子女的申请,其有义务向该子女转让一项或者多项财产,其价值等同于子女请求权的金额并附加该条第 4 款所称的利息。转让时,尚存父母一方对该财产的用益权应当予以保留,但该父母一方放弃的除外。

第 4:20 条　已婚配偶死亡及子女对其的请求权

子女根据第 4:13 条第 3 款的规定,通过对尚存父母一方的请求权而取得死亡的父母一方的遗产的,并且尚存父母死亡时已再婚的,经该子女的申请,继父母有义务向该子女转让一项或者多项财产,其价值等同于子女请求权的金额并附加该条第 4 款所称的利息。后死亡的父母一方的遗产未根据第 4:13 条进行分割的,其继承人应当承担本条前段所称的义务。

第 4:21 条　子女对继父母的请求权

子女根据第 4:13 条第 3 款的规定,通过对继父母的请求权而取得死亡的父母一方的遗产的,经该子女的申请,继父母有义务向该子女转让一项或者多项财产,其价值等同于子女请求权的金额并附加该条第 4 款所称的利息。转让时,继父母对该财产的用益权应当予以保留,但该继父母放弃的除外。

第 4:22 条　子女对已死亡的继父母的请求权

子女根据第 4:13 条第 3 款的规定,通过对继父母的请求权而取得死亡的父母一方的遗产的,并且该继父母已死亡的,经该子女的申请,继父母的继承人有义务向该子女转让一项或者多项财产,其价值等同于子女请求权的金额并附加该条第 4 款所称的利息。

第 4:23 条　配偶对遗产中用益权

1. 第 4:19 条和第 4:21 条所称的用益权可适用本法第 3 编第 8 章的规定,但其中:

(1)配偶免于提供第 3:205 条第 4 款所称的年度报告,也免于根据第 3:206 条第 1 款和第 2 款提供担保;

(2)地方法院可以在必要时因维持配偶生活需要或者履行第 3:13 条第 2 款所称的义务需要,作出第 3:212 条第 3 款所称的授权。

2. 地方法院经配偶的申请,可基于本条第 1 款第 2 项的理由,授予其享有第 3:215条所称的全部或者部分转让或者使用财产的权利。地方法院还应当传唤所有权人参加法律诉讼。地方法院可在裁决中确定具体的安排。

3. 除所有权人和配偶另有约定外,不同于第 3:213 条第 1 款和第 3:215 条第 1 款的规定,转让或者使用财产时,所有权人可请求补偿财产此时的价值。对该请求权,参照适用第 4:13 条第 3 款和第 4 款,以及第 4:15 条第 1 款的规定。但第 4:13

条第4款所称的利息自该请求权产生时起算。

4. 设定用益权时或者之后,配偶和所有权人可作出具体的安排,地方法院经其中一人的申请,也可作出具体的安排。

5. 配偶不得转让用益权或者对其设定负担。

6. 遗产债务以及可用配偶和被继承人共有财产清偿的配偶的债务,以设定用益权的财产偿付时,该用益权不得对抗该债权人。此情形下的执行变卖,不适用第3:282条的规定。

第4:24条　向子女转让财产的义务

1. 第4:19条、第4:20条、第4:21条和第4:22条所称的一项或者多项财产的转让义务,包括被继承人的遗产以及死亡时已终止的婚姻共同体的部分财产。不同于本款前1句的规定,第4:21条和第4:22条所称的转让义务,不包括继父母和被继承人的婚姻共同体的财产。

2. 第4:19条、第4:20条、第4:21条和第4:22条所称的一项或者多项财产的转让义务,也包括本条第1款第1句所称的部分财产。本条第1款所称的遗产或者已终止的婚姻共同体的部分财产少于所获得财产半数的,该财产不在本款第1句所称的转让义务的范围内。适用第2款时,不包括以借款的方式取得的部分财产。

3. 财产属于转让义务人或者其婚姻共有财产的,视为本条第1款第1句所称的遗产、已终止的婚姻共同体的财产或者其部分财产。

第4:25条　遗产的转让价值;告知其他子女的义务;子女单方面的权利

1. 遗产在转让时确定的价值,应当先抵充对子女请求权的本金,后抵充其利息,但被继承人或者转让双方另有规定的除外。适用第4:19条和第4:21条时,遗产的转让价值可不考虑该财产转让时可能设立的用益权。

2. 子女根据第4:19条、第4:20条、第4:21条、第4:22条提出申请的,必须将其意图通知给其他同样有权提出该申请的子女,并且应当给其他子女足够的时间决定是否提出同样的申请。

3. 有义务按照前述规定转让遗产的人,可以指定合理的时间,以便子女根据第4:19条、第4:20条、第4:21条和第4:22条提出申请。其中一个子女提出申请的,必须通知可以提出此类申请的其他子女。

4. 有义务转让遗产的人和子女之间,或者两个以上子女对转让的遗产无法达成协议的,经其中一人的申请,地方法院应当基于合理和公平原则考虑其利益并对此作出决定。

5. 子女将第4:13条第3款所称的请求权转让给第三人的,第4:19条、第4:20

条、第 4:21 条和第 4:22 条所称的权利终止。

6. 被继承人遗嘱可扩张、限制或者取消第 4:19 条至第 4:22 条所称的义务。

第 4:26 条　无完全行为能力的子女单方面的权利

1. 未成年子女享有第 4:19 条、第 4:20 条、第 4:21 条和第 4:22 条所称的权利的,其法定代理人应当在取得该权利后 3 个月内书面通知地方法院关于行使该权利的计划。子女没有法定代理人的,该期间自地方法院指定法定代理人之日起算。地方法院基于合理和公平原则,并考虑子女、其他有此权利的子女、转让义务人的利益后,应当作出批准或者拒绝该计划的决定。其批准计划可附条件。必要之时,地方法院可依职权自行决定。

2. 丧失独立管理财产的成年子女同样适用该规定。第 4:13 条第 3 款所称的请求权处于信托管理的,本条第 1 款所称的权利应当根据信托管理的规定行使。子女被宣告破产、对其宣告适用自然人债务重整计划或者被允许延期偿付的,应当按照相关的情况由破产管理人、财产管理人行使或者经子女同意由财产管理人履行该义务。

3. 经地方法院的批准,子女不提出第 4:19 条、第 4:20 条、第 4:21 条和第 4:22 条所称的申请的,其以后也不得再提出此类申请,但地方法院在批准的命令中另行规定的除外。

第 4:27 条　继子女的地位

被继承人可以在遗嘱中规定继子女在进行第 4:13 条所称的遗产分割时,视为子女。此情形下,除被继承人另有规定外,参照适用本节的规定。继子女的后代也可进行代位继承。

第二节　其他法定权利

第 4:28 条　配偶对共有财产的权利

1. 被继承人死亡时,配偶居住的住宅属于遗产或者已终止的婚姻共同体的财产的,或者被继承人以租赁以外的方式取得用益权的,配偶有权对抗继承人在 6 个月内按照类似的条款和条件,继续居住。在此期限内,家庭用品属于遗产或者已终止的婚姻共同体的财产的,或者被继承人有用益权的,配偶有权以相同的方式继续使用该家庭用品。

2. 与被继承人长期共同生活至其死亡的人,有权对抗继承人和被继承人的配偶,继续使用属于遗产或者已终止的婚姻共同体的财产的住宅和家庭用品。

第 4:29 条　配偶对被继承人住宅的用益权

1. 属于被继承人遗产的住宅,在被继承人死亡时其和配偶共同居住或者配偶单独居住,并且根据遗嘱,其配偶并非该住宅或者属于被继承人的遗产的家庭用品的权利人或者唯一权利人的,继承人必须同意根据该配偶的请求在住宅上设立用益权。家庭用品亦是如此。地方法院经配偶为此目的提出的申请而适用第 4:33 条第 2 款第 1 项规定的,不适用本款前两句的规定。

2. 配偶主张本条第 1 款所称的权利的,继承人无权处分、出租该财产;此期间内,继承人不得以该财产清偿第 4:7 条第 1 款第 1 项至第 6 项所称的债务。

3. 有权从遗产中取得该财产的受遗赠人以及遗嘱负担的受益人,参照适用本条第 1 款和第 2 款的规定。

第 4:30 条　被继承人配偶的用益权

1. 考虑到维持被继承人配偶生活的需要,包括履行第 4:35 条第 2 款所称的义务的需要,经该配偶的申请,继承人必须同意在遗产中属于第 4:29 条所称的财产以外的其他财产上为其设立用益权。

2. 视为替代遗产的其他财产,也适用本条第 1 款的规定。被继承人在遗嘱中将到期原因的范围扩大的,第 4:13 条第 3 款的所称的请求权同样适用本条第 1 款的规定。任何情形下,配偶被宣告破产或者对其宣告适用自然人债务重整计划,本款第 2 句所称的请求权即终止。根据《破产法》第 356 条第 2 款的规定终止适用自然人债务重整计划后,但该请求权尚未履行完毕的,其仍可请求设立用益权。该请求权不适用《破产法》第 358 条第 1 款的规定。

3. 有权从遗产中取得该财产的受遗赠人以及遗嘱负担的受益人,参照适用前 2 款的规定。本款第 1 句所称的财产,包括由于遗赠或者遗嘱负担取得的金钱和遗产中设立定限物权的财产。

4. 被继承人可在其遗嘱中指定一项或者多项财产先于或者后于其他财产设立用益权。

5. 被继承人未行使前款所称的权利的,仅在遗产中的其他财产设立用益权不足以维系配偶生活的情形下,才考虑对通过遗赠或者遗嘱负担取得的财产设立用益权。遗产视为履行被继承人的自然债务的,应当后于其他遗嘱权利设立用益权。

6. 配偶及必须取得其同意才能设立用益权的人,对设立用益权的财产无法达成协议的,经其中一方的申请,地方法院基于合理和公平原则,并考虑双方利益后,可命令指定设立用益权的财产或者指定该财产的使用方式。

7. 维系配偶生活需要的财产,应当从配偶的财产以及其继承所得的财产中确定,但根据前款设立用益权的财产除外。该财产还应当扣除配偶由于被继承人死亡而从定额保险取得的给付。

第4:31条 被继承人配偶的用益权的除斥期

1. 涉及第4:29条和第4:30条所称的用益权,参照适用第4:23条第1款、第2款、第4款和第5款的规定。第4:7条第1款第1项至第6项所称的债务的债权人以设立用益权的财产受偿时,不得援引该用益权对抗该债权人。配偶能够证明未设立用益权的资产足够清偿该债务的,不得执行变卖设立用益权的财产。

2. 配偶未在利害关系人指定的合理期限内请求设立用益权的,该请求权即消灭;未在被继承人死亡后6个月内请求设立第4:29条所称的权利的,以及未在被继承人死亡后1年内请求设立第4:30条所称的权利的,该请求权同样消灭。

3. 第4:29条和第4:30条规定的请求设立用益权的诉讼时效期间为1年3个月,自继承开始后起算。

4. 被继承人在遗嘱中取消配偶在转让财产时根据第4:19条和第4:21条设立用益权的权利的,第4:29条或者第4:30条规定的请求设立用益权的权利,在该财产转让后3个月消灭,不适用本条第2款的规定。此情形下,请求设立用益权的诉讼时效期间为1年3个月,自该财产转让后起算。

第4:32条 被继承人配偶设立用益权不适用的情形

至少在继承开始前1年,被继承人和配偶已向法院提起离婚或者分居的申请,但离婚或者分居由于被继承人死亡未发生的,该配偶不得享有第4:29条和第4:30条规定的请求设立用益权的权利。被继承人死亡但未离婚或者分居的主要责任不在配偶的,不适用本条第1句的规定。

第4:33条 被继承人配偶设立用益权的例外情况

1. 符合所有权人的重要利益,并且配偶不会因此受到重大损害的情形下,地方法院可以经所有权人的申请:

(1)将遗产中设有用益权的财产分配给他,无论该财产本身是否已负担用益权;

(2)终止一项或者多项财产的用益权;

(3)限制或者终止配偶因用益权享有的权利;

(4)基于所有权人的利益,对该用益权实施信托管理。

2. 考虑到维持配偶生活的需要,包括履行根据第4:35条第2款所称的义务的需要,地方法院可在不改变本条第1款规定的情形下:

(1)经财产权利人申请,终止其同意设立用益权的义务;

(2)经所有权人的申请,终止用益权。

3. 地方法院应当传唤其他财产权利人参加法律诉讼。地方法院可在裁决中作出具体的安排。

4. 在履行设立用益权的义务的诉讼或者其他法律措施中,财产权利人可随时以本条第 2 款所称的理由,申请终止其义务。

5. 地方法院适用本条第 2 款时必须考虑到:

(1)配偶的年龄;

(2)配偶的家庭状况及其成员的组成;

(3)配偶通过工作、养老金、个人财产或者其他手段维系生活的可能性;

(4)配偶适当生活水平的具体情况。

第 4:34 条　被继承人配偶设定用益权的补充

1. 遗产不足以满足配偶根据第 4:29 条和第 4:30 条享有的权利的,可根据第 4:89条第 2 款和第 3 款以及第 4:90 条第 1 款和第 3 款从可撤销的赠与中扣减。参照适用第 4:66 条、第 4:68 条和第 4:69 条的规定。配偶从赠与中扣减的部分仍无法实现其权利的,可以特留份权利人取得的财产受偿。

2. 配偶行使本条第 1 款所称的权利的,其对通过扣减或者受偿取得的金钱,享有用益权。该用益权参照适用第 4:23 条第 1 款、第 2 款、第 4 款和第 5 款的规定。

3. 必要之时,配偶的用益权可扩展到遗产中的所有财产以及所有从赠与扣减中取得的金钱。

4. 对第 4:35 条至第 4:37 条的适用存在争议的,一方当事人可申请地方法院作出裁决。

第 4:35 条　被继承人子女的请求权

1. 被继承人的子女和第 1:394 条所称的子女,可以请求支付以下相关的费用:

(1)18 周岁之前的照顾和养育;

(2)21 周岁之前的生活和教育。

2. 配偶或者继承人依法或者依约定有义务承担照顾和养育费用的情形下,该子女不得请求被继承人支付该费用。被继承人的配偶根据第 1:395 条之一有义务承担生活和教育费用的情形下,该子女不得请求被继承人支付该费用。

3. 本条第 1 款所称的请求权应当扣除权利人因继承或者因被继承人死亡从定额保险中取得的给付。

第 4:36 条　与被继承人有关的劳动补偿

1. 子女、继子女、寄养子女、子女的配偶或者孙子女和外孙子女,在其成年期间曾在被继承人的家庭中或者经营中劳动的,并且未取得与劳动相应的报酬的,可请求一次性支付金钱,此种支付视为对劳动的适当补偿。

2. 视为劳动报酬的补偿,不应当包括权利人可从被继承人处取得的以及基于遗嘱权利或者因被继承人死亡从定额保险中取得的财产。

第4:37条　补偿权的除斥期

1. 继承人应共同承担第4:35条和第4:36条所称的请求权。权利人未在利害关系人为此指定的合理期限内,以及被继承人死亡后9个月内请求支付金钱的,该请求权即消灭。

2. 该请求权至少应当在被继承人死亡后6个月前到期。

3. 该请求权的诉讼时效期间为1年,自被继承人死亡后起算。被继承人有配偶的,第4:36条所称的请求权的诉讼时效自配偶死亡后起算。

4. 一次性支付的金额合计最高为遗产价值的一半;超过一半的,各请求权按比例减少。本条所称的遗产价值,是指遗产中的财产价值扣除第4:7条第1款第1项至第5项所称的债务。

5. 继承人应当先用遗嘱未处分的遗产份额支付该请求权,不足的,从遗嘱权利中支付;权利人取得该请求权所必须扣减的部分,参照适用第4:87条第2款第2句的规定。

第4:38条　子女对被继承人经营业务的优先权

1. 遗产或者已终止的婚姻共同体的财产用于被继承人的职业或者经营的,而被继承人的子女或继子女或者子女或继子女的配偶继续从事该职业或者经营的,在被继承人的子女或继子女对该财产有重要利益,并且权利人不会因此受到重大损害的情形下,经被继承人的子女或继子女申请,地方法院可命令财产权利人有义务以合理的价格,将该财产转让给子女或继子女或子女或继子女的配偶。地方法院可在裁决中作出具体的安排。

2. 被继承人作为股份公司或者有限公司的董事且单独或者与其他董事共同拥有多数股份的,并且被继承人的子女或继子女或子女或继子女的配偶在其死亡时或者之后继任该职位的情形下,涉及该公司股份的,参照适用前款的规定。

3. 仅当股份转让不违背公司章程规定的情形下,才可适用前款的规定。

4. 本条第1款和第2款所称的提出申请的权利,在被继承人死亡之日起1年后消灭。

5. 配偶根据本节规定已取得或者可取得该财产的用益权,但其仍继续从事被继承人职业或者经营的,参照适用本条第1款至第4款的规定。

第4:39条　非继承人的权利

享有第4:29条至第4:33条、第4:35条、第4:36条至第4:38条所称的权利的非继承人,与第4:78条所称的特留份权利人具有相同的法律地位。

第 4:40 条　关于期间的起算日期

适用第 1 编第 18 章第 2 节或者第 3 节的规定的，第 4:28 条第 1 款，第 4:31 条第 2 款和第 3 款，第 4:37 条第 1 款第 2 句、第 2 款第 1 句、第 3 款第 1 句以及第 38 条第 4 款所称的期间，应当自第 1:417 条第 1 款或者第 1:427 条所称的裁决为终审裁决且具有既判力之日起算。

第 4:41 条　本节法定权利的优先性

被继承人不得在遗嘱中变更本节的规定。

第四章　遗　　嘱

第一节　遗嘱的一般规定

第 4:42 条　被继承人的遗嘱

1. 遗嘱是单方法律行为，被继承人可根据本编规定在遗嘱中作出处分或者法律允许的类似处分。该处分在被继承人死亡时生效。

2. 被继承人可单方撤回其遗嘱。

3. 被继承人仅能亲自订立或者撤回其遗嘱。

第 4:43 条　不得撤销遗嘱的情形

1. 被继承人不得以情势滥用为由撤销订立的遗嘱。

2. 被继承人受错误动机影响订立的遗嘱，仅在遗嘱中载明其设想的订立遗嘱的动机，并且其知道该情况不正确就不会订立遗嘱的，才可撤销该遗嘱。

3. 被继承人在胁迫停止后、发现欺诈和动机错误后确认其遗嘱的，不得以胁迫、欺诈或者动机错误为由撤销该遗嘱。

第 4:44 条　遗嘱无效的情形

1. 遗嘱的内容违背善良风俗或者公共秩序的，该遗嘱无效。

2. 遗嘱中载明的动机违背善良风俗或者公共秩序的，该遗嘱无效。

第 4:45 条　视为未订遗嘱的情形

1. 遗嘱中的条件或者负担无法履行，或者违背善良风俗、公共秩序或者强制性法律规定的，视为未订立遗嘱。遗嘱中附有此类条件或者负担的处分，并且该条件或者负担为订立遗嘱的决定性动机的，该遗嘱无效。

2. 遗嘱设定的条件或者负担必然禁止财产转让或者限制设定负担的权限的，视为未订立遗嘱。

第 4:46 条　对遗嘱的解释

1. 当事人在解释遗嘱的内容时，必须考虑该遗嘱意图安排的事项以及订立遗嘱时的情况。

2. 仅在没有被继承人遗嘱以外的行为或者表示,将无法明确遗嘱的含义时,该行为或者表示才可以在解释遗嘱时予以考虑。

3. 被继承人在指定人或者财产时存在明显错误的,并且其意图可通过遗嘱或者其他资料明确确定的,该遗嘱应当按照被继承人的意图予以执行。

第 4:47 条　遗嘱效力的确定性

遗嘱中的一项处分非因被继承人死亡后出现的其他情况不能执行的,该处分丧失其效力,且不得被其他处分替代,但法律另有规定,或者从遗嘱中可得知被继承人知道不能执行且将以其他处分替代的除外。

第 4:48 条　遗嘱中份额的分配

同一份遗嘱中载明两个以上继承人,并且对其中一个人的处分无效的,无论是否分配份额,该他人的份额应当按照其他人应得份额的比例增加,但从遗嘱中可以得出相反结论的除外。

第 4:49 条　遗产财产范围的排除

1. 遗嘱规定继承人有义务遗赠特定财产或者在特定财产上设定权利的,但该财产在继承开始时不属于遗产的,该遗赠无效,但从遗嘱中可得知这不符合被继承人意图的除外。

2. 从遗嘱中可得知遗赠无效不符合被继承人意图的,并且承担义务的人无法取得遗赠的财产或者支付不合比例的费用的,该继承人必须向其支付该财产的价值。

3. 适用本条第 1 款时,被继承人有义务转让其财产的,并且该义务不因其死亡而终止的,该财产视为被排除在遗产的范围内。

第 4:50 条　继承不影响定限物权

1. 除被继承人另有规定外,遗赠的财产应当按照被继承人死亡时的状况交付。

2. 此时,所涉继承人无须消除遗赠财产上已设立的定限物权。

3. 被继承人对继承人享有的债权、对继承人的财产享有定限物权或者被继承人的财产为继承人设立的定限物权之间,不发生任何混同,但受遗赠人放弃该遗赠的除外。

第 4:51 条　对婚姻共有财产的遗赠请求权

1. 配偶一方在其遗嘱中指定共同继承人将婚姻共同体中的特定财产遗赠的,该受遗赠人可以请求交付整个财产,但婚姻共有财产分割时该财产分配给另一方配偶或者其继承人的,其应当向受遗赠人支付相当于该遗赠财产价值的款项。另一方配偶是唯一的继承人的,其和其继承人也享有该权利。

2. 仅在订立遗嘱时,婚姻共同体尚未终止的,才可适用前款规定。

第 4:52 条　处分无效的情形之一

遗产处分的受益人为订立遗嘱时与被继承人结婚或者订立婚约的人的,该处分因事后离婚或者分居而无效,但从遗嘱中可以得出相反结论的除外。

第 4:53 条　被继承人血亲的继承份额

遗嘱的受益人为被继承人的血亲但未具体说明的,该血亲推定为被继承人死亡时属于法定继承人的血亲,并且各血亲应当按照同等份额受益。

第 4:54 条　遗嘱撤销权的诉讼时效

1. 撤销被继承人遗嘱的诉讼时效期间为 1 年,自被继承人死亡且有权主张该撤销理由的人或者其权利继受人知道该撤销理由之日起算。

2. 在第 3:51 条第 3 款未规定的情形下,遗嘱撤销权自被继承人死亡且有权主张该撤销理由的人或者其权利继受人知道该撤销理由之日起 3 年后消灭。

第二节　遗嘱能力和受益人

第 4:55 条　订立遗嘱的行为能力

1. 具有行为能力且年满 16 周岁的未成年人以及并非因精神障碍处于成年人监护状态的人,均有权订立遗嘱。

2. 因精神障碍处于成年人监护状态的人,仅取得地方法院批准后才可订立遗嘱。地方法院可附加条件作出该批准。

3. 被继承人的行为能力应当根据订立遗嘱时精神状况进行判断。

第 4:56 条　代位继承

1. 仅在继承开始时尚生存的人,才可作为遗嘱的权利人。遗嘱授予法人继承权的,但该法人在继承开始前由于合并或者分立而消灭的,该权利属于合并后取得其财产的法人或者分立文书所附清单规定的取得其财产的法人。无法根据分立文书所附清单确定取代被分立的法人并取得其财产的法人的,参照适用第 2:334 条之十九的规定。

2. 被继承人授权其父母一方的某个后代取得遗产的,在该受益人死亡时或者更早的时间,该遗产应按比例归属于该受益人生存的后代。此情形下,受益人生存的后代在被继承人死亡时尚未出生的,也享有该遗嘱授予的继承权。

3. 被继承人授权某人取得遗产的,在该受益人死亡时或者更早的时间,该遗产应当归属于被继承人父母一方的某个后代,但此时该后代已死亡的,由其尚生存的后代按比例取得财产。此情形下,该生存的后代在被继承人死亡时尚未出生的,也享有该遗嘱授予的继承权。

4. 被继承人授权特定的人取得遗产的剩余部分的,在该受益人死亡时或者更早的时间,该遗产应当归属于被继承人尚生存的法定继承人范围内的血亲。此情形下,上述主体在被继承人死亡时尚未出生的,也享有该遗嘱授予的继承权。

第 4:57 条　监护人受益的排除

1. 被继承人不得以其监护人为受益人订立遗嘱。

2. 被继承人成年后,监护人向其提交财产账目并与其达成一致意见后 1 年内,原监护人不得从该原被监护人订立的遗嘱中获得利益。

3. 被继承人的直系长辈血亲是监护人或者原监护人的,不适用上述各款的规定。

第 4:58 条　未成年人的遗嘱限制

与未成年人共同居住的家教不得从该未成年人订立的遗嘱中获得利益。

第 4:59 条　遗嘱继承受益的排除

1. 为被继承人在因某疾病死亡期间提供服务的从事医护职业的人员,以及在被继承人在此期间提供服务的宗教人员,不得从被继承人在治疗或者服务期间订立的遗嘱中获得利益。

2. 照顾或护理老年人或者精神障碍者的机构的所有权人、经营者或者工作人员,不得从此类人员居住在该机构期间订立的遗嘱中获得利益。

第 4:60 条　受益排除的例外情况

有以下情形之一的,不适用前 2 条的规定:

(1)适当考虑到遗赠人的健康状况和提供的服务,该处分旨在通过遗赠的方式对提供的服务给予补偿的;

(2)被继承人四亲等以内的血亲或者姻亲或者其配偶从该处分中受益的。

第 4:61 条　公证人的受益排除

订立遗嘱或者保管未密封的私文书遗嘱的公证人或者其他人,以及订立遗嘱时在场的证人,不得从该遗嘱中获得利益。

第 4:62 条　对违反第 4:57 条至第 4:61 条的撤销权

1. 被继承人订立的遗嘱违反第 4:57 条至第 4:61 条规定之一的,继承人可主张撤销该遗嘱。继承人仅在消除其受到的损害的必要范围内可主张该撤销。

2. 遗嘱授予关联人利益的,继承人可通过与第 4:57 条至第 4:61 条所称的不得获得利益的人同样的方式,主张撤销该遗嘱。

3. 不得获取利益的人的父亲、母亲、后代和配偶,除同时是该被继承人的直系血亲或者配偶外,视为关联人。

4. 受遗赠人有义务实施对待给付的,并且该遗赠根据上述各款是可撤销的,参照适用第3:54条的规定。

第三节　特　留　份

第三节第一分节　一般规定

第4:63条　特留份的定义

1. 继承人的特留份为被继承人财产价值的一部分的,该继承人在赠与或者订立遗嘱的情形下,仍可对该特留份提出请求。

2. 特留份的继承人为被继承人的法定继承人的,可以自己的身份作为法定继承人,或者以在继承开始时已经死亡的人或者丧失继承权的人的代位继承人的身份作为法定继承人。

3. 特留份权利人放弃继承的,其特留份即丧失,但提交第4:191条所称的声明的同时,表示接受特留份的除外。

第4:64条　特留份权的计算

1. 被继承人子女的特留份,应当等于所有特留份的遗产价值的一半除以第4:10条第1款第1项所称的被继承人留有的继承人的数目。

2. 适用本条第1款时,被继承人的子女在继承开始时已经死亡的,其后代共同视为被继承人的一个子女。被继承人子女的后代为特留份权利人的,各继承人可主张自己的特留份。

第三节第二分节　特留份的范围

第4:65条　特留份的范围

特留份应当根据遗产中的财产价值进行计算,该价值应当加上必须考虑的赠与,并扣除第4:7条第1款第1项至第3项及第6项所称的债务。第4:7条第1款第9项所称的债务产生的赠与不予考虑。

第4:66条　赠与的独立性

1. 适用本节规定时,除以下两款的规定外,赠与财产的价值应当按照给付时的价值进行评估。被继承人撤回该赠与的可能性不予考虑。

2. 被继承人在生存期间保留使用权的赠与,以及其他受赠人仅在被继承人死亡后才享有全部利益的赠与,该赠与财产的价值应当按照被继承人死亡时的价值进行评估。赠与在被继承人死亡时尚未履行给付的,同样适用上述规定,但遗产不足的,该赠与及履行该赠与的遗产债务不予考虑。以指定定额保险受益人的方式赠与的,其价值应当根据第 7:188 条第 2 款和第 3 款进行评估。

3. 被继承人赠与财产的相对人负有相应的义务的,该财产的价值,在相对人的义务与使用财产无关的范围内,应当扣除被继承人取得的或者死亡时有权利收取的给付价值。

第 4:67 条 赠与的排除

计算特留份时,应当考虑被继承人实施的以下赠与:

(1)实施和接受赠与时,可明显预期特留份权利人会受到损害的赠与;

(2)被继承人生前可随时撤回的赠与,或者明确表示赠与时可扣减的赠与;

(3)受赠人仅在被继承人死亡后才能享有全部利益的赠与;

(4)被继承人对后代的赠与,但该受赠人或者其后代为特留份权利人的赠与;

(5)被继承人死亡前 5 年内实施的其他赠与。

第 4:68 条 对配偶赠与的排除

适用本节时,基于被继承人和配偶婚姻期间的共有财产,或者婚姻期间的财产协议取得赠与财产的,在非通过减少被继承人的财产使配偶受益的范围内,被继承人对配偶实施的赠与不予考虑。

第 4:69 条 遗赠扶养协议的排除

1. 适用本节时,不考虑以下赠与:

(1)被继承人生前或者死后的赠与视为履行义务的结果,并符合被继承人的收入和财产,且在道德上有义务扶养受赠人而实施的赠与。

(2)通常且不过份的赠与。

2. 第 4:7 条第 1 款第 9 项所称的赠与不适用本条第 1 款的规定。

第 4:70 条 特留份的扣减

1. 特留份权利人的特留份应当扣减被继承人对其实施赠与的价值。

2. 适用前款时,被继承人对其后代实施赠与的,并且该受赠人后于被继承人死亡或者未丧失继承权而成为特留份权利人的,此种赠与应当按照特留份的比例,视为对该后代的特留份权利人的赠与。

3. 被继承人为履行自然债务订立不属于养老保险的定额保险合同的,并且该保险金在被继承人死亡时支付的,特留份权利人从该保险合同中取得或者可取得的给付,视为赠与。

第 4:71 条 特留份的扣除

特留份权利人的特留份应当扣除其根据继承法可取得的一切财产的价值。

第4:72条 特留份的扣除的例外之一

特留份权利人放弃其继承权的,其特留份应当扣除作为继承人可以取得的一切财产的价值,但有以下情形之一的除外:

(1)其可继承的财产附条件、有负担或者处于信托管理下的;

(2)特留份权利人对其他人承担支付金钱或者转让遗产以外的义务,且必须在被继承人死亡后3个月内放弃继承的。

第4:73条 特留份的扣除的例外之二

1. 特留份权利人放弃遗赠给其的金钱或者非债权的特定财产的,其特留份应当扣除该遗赠的价值,但有以下情形之一的除外:

(1)可接受遗赠的财产附条件、有负担或者处于信托管理下的;

(2)特留份权利人是转遗赠的义务人,应当对其他人承担支付金钱以外的遗赠义务的;

(3)该遗赠请求权在被继承人死亡之日起6个月后到期的,或者特留份权利人是共同继承人,且该请求权在被继承人遗产分割后才到期的;

(4)该遗赠请求权由一个或者多个继承人履行,其应继份不足履行该遗赠义务,且在被继承人死亡后3个月内放弃遗赠的。

2. 被继承人取消特留份权利人第4:125条第2款所称的权利的,且该特留份权利人可在该被继承人死亡后3个月内放弃遗赠的,其特留份无须扣除该遗赠的价值。

第4:74条 特留份的分期支付

1. 遗嘱中载明继续从事被继承人的职业或者经营存在重大困难无法分期支付对特留份权利人的遗赠的,该遗赠应当从特留份中扣除。被继承人是股份公司或者有限公司的董事,并且单独或者与其他董事共同拥有多数股份的,其对该公司的管理视为职业和经营。

2. 遗嘱载明的理由不成立的,特留份权利人可以在被继承人死亡后3个月内请求一次性支付遗赠的现金价值。主张理由成立的主体,必须承担相应的举证责任。理由虽成立,但遗赠允许以更快的方式支付的,法院可以在此种程度上变更该遗赠义务。

3. 特留份权利人在继承人死亡后3个月内提出申请的,地方法院可以命令遗赠义务人必须提供相应的担保;地方法院应当裁决确定提供担保的金额和种类。在地方法院指定的期限内未提供担保的,特留份权利人可以放弃遗赠,并且不从其特留份中扣除该遗赠的价值。

第 4:75 条　特留份争议的解决

1. 特留份权利人可以根据继承法取得处于信托管理下的财产。但在遗嘱载明以下实施信托管理的情形下,特留份权利人放弃该财产的,其特留份应当扣除该财产的现金价值:

(1)特留份权利人不适格或者无能力管理所取得财产的;

(2)不实施信托管理的财产,主要由特留份权利人的债权人取得该财产的利益的。

2. 接受继承或者遗赠的特留份权利人有权在被继承人死亡后 3 个月内,对遗嘱载明理由的正确性提出异议;主张理由成立的主体,必须承担相应的举证责任。理由虽成立,但无法证明被继承人制定的管理规则是合理的,法院可以变更或者取消部分规则。

3. 遗嘱载明的理由不成立的,特留份权利人可在法院作出确认不成立的终审裁判后 1 个月内,以书面形式请求信托管理人支付特留份的金钱价值。必要之时,信托管理人可根据第 4:147 条将处于其管理下的财产变现;特留份权利人放弃继承或者遗赠的,信托管理人应当将剩余财产分配给其他权利人。

4. 特留份应当根据第 4:70 条扣减处于信托管理下的财产价值,并且实施信托管理的文书中载明本条第 1 款所称的理由的,参照适用本条第 2 款和第 3 款的规定。文书中未载明本条第 1 款所称的理由的,特留份权利人可请求以本条第 3 款所称的方式支付该特留份的金钱价值,但应当在被继承人死亡后 3 个月内提出其中所称的书面请求。

5. 确定特留份的价值时,仅在宣告遗嘱载明的理由不成立,但特留份权利人未行使本条第 3 款第 1 句所称的权利的情况下,才应当考虑处于信托管理下的财产状况。

第 4:76 条　用益权的排除

根据第 4:70 条至第 4:75 条的规定,确定应当从特留份中扣除的财产价值时,根据本编第 3 章第 1 节或者第 2 节设立的用益权不予考虑。

第 4:77 条　特留份行使期间的延长

对于第 4:72 条、第 4:73 条第 1 款第 4 项以及第 2 款、第 4:74 条第 2 款和第 3 款,以及第 4:75 条第 2 款和第 4 款所称的期间届满后,地方法院可基于特殊情况一次或者数次延长该期间。

第 4:78 条　特留份权利人非继承人的情况

1. 特留份权利人非继承人的,其可对继承人和管理遗产的遗嘱执行人提出查阅为计算其特留份的价值所需的一切文件的请求,并取得该副本;继承人应当向其提供所有必要的信息。

2.经特留份权利人的申请,地方法院可以传唤一个或者多个继承人以及管理遗产的遗嘱执行人,命令其在申请人面前宣誓确认遗产清单的真实性。

第三节第三分节　特留份的实现

第4:79条　特留份权利人的请求权

特留份权利人可对以下人员提出特留份的请求权:

(1)根据第4:80条第1款所称的特留份的规定,共同继承人或者被继承人的配偶;

(2)根据第4:89条所称的扣减的规定,受赠人。

第4:80条　特留份权利人的金钱请求权

1.特留份权利人可根据第4:70条至第4:76条计算特留份价值的规定,向共同继承人提出金钱请求权,或者根据第4:13条分割遗产的规定,向被继承人的配偶提出金钱请求权。

2.共同继承人以及根据第4:13条请求分割遗产的配偶,不应当承担超过遗产价值部分的特留份请求权;此情形下,各特留份的请求权在必要的范围内按比例予以减少。遗产价值,指遗产中的财产价值扣除第4:7条第1款第1项、第2项、第3项和第5项所称的债务的剩余价值。

第4:81条　特留份的行使期限

1.特留份请求权自被继承人死亡之日起6个月后到期。

2.特留份权利人根据第4:13条请求分割遗产的,必要之时,可不适用本条第1款的规定,其请求权在以下情形到期:

(1)被继承人的配偶被宣告破产或者对其适用自然人债务重整计划的;

(2)被继承人的配偶死亡的。

特留份权利人对配偶以外的受遗赠人提出请求的,本款第1句的到期时间迟于本条第1款规定的时间。

3.遗产中的财产可根据第4:29条或者第4:30条设立用益权的,该请求权未到期。适用本款第1句时,不考虑第4:31条第4款第1句的规定。

4.在根据第4:29条或者第4:30条设立用益权的存续期间,特留份权利人对配偶的请求权未到期。但配偶被宣告破产或者对其适用自然人债务重整计划的,该请求权即到期。

5. 在根据第4:29条或者第4:30条设立用益权的存续期间,特留份权利人仅能对配偶以外的人,按照其取得的未设立用益权的遗产份额主张该请求权。

6. 特留份权利人享有的第4:80条第1款所称的对配偶的金钱请求权,因该配偶适用自然人债务重整计划而到期的,根据《破产法》第356条第2款的规定终止适用自然人债务重整计划后,其不得再请求未履行的请求权。该请求权不适用《破产法》第358条第1款的规定。

第4:82条　配偶的特留份请求权

被继承人可以在遗嘱中规定对配偶的特留份请求权仅在配偶死亡后才到期;该条件仅适用于未分居的配偶。本条前1句所称的条件,在被继承人和同居者共同处理家务,并且以公证文书的方式缔结同居协议的情形下,也可以适用于对被继承人同居者的遗赠。

第4:83条　配偶的特留份请求权的有效期

对配偶或者第4:82条第2句所称的同居者的特留份请求权,被继承人也可以在遗嘱中规定以第4:81条第2款和第4:82条以外的其他情况作为该请求权到期的条件。

第4:84条　利率计算

仅在法定利率高于6%的情形下,特留份权利人可自其主张权利之日起按照法定利率每年计算特留份的利息,并且每次计算时仅以本金为准。

第4:85条　特留份请求权的消灭

1. 特留份权利人未在利害关系人为此目的指定的合理期限内,以及被继承人死亡后5年内明确表示接受特留份的,该特留份请求权即告消灭。

2. 被继承人死亡之日起9个月后,其配偶根据第4:30条请求设立用益权的财产范围无法确定的,特留份权利人对配偶的特留份请求权即告消灭,但特留份权利人在该期间内明确表示接受特留份的除外。该期间参照适用第4:77条的规定。

第4:86条　期间起算点

被继承人适用本法第1编第18章第2节和第3节的规定的,第4:81条第1款以及第4:85条第1款和第2款款所称的期间,自第1:417条或者第1:427条第1款所称的裁决为终审裁决且具有既判力之日起算。

第4:87条　特留份权利人的债务抵扣

1. 对于特留份权利人的债务,应当先由被继承人遗嘱未指定继承和遗赠的遗产份额承担。对于被取消继承的特留份权利人,在其后代发生代位继承的情形下,特留份请求权应当先从后代继承的份额中扣减,但遗嘱另有规定的除外。

2. 本条第 1 款所称的扣减不足以承担特留份权利人的债务的,该债务应当以遗嘱权利进行偿还。除非遗嘱另有规定,指定继承和遗赠应当按其价值成比例扣减以偿还债务,但某遗嘱权利可视为被继承人履行自然债务的,其他遗嘱权利应当先予以扣减。

3. 特留份权利人享有的遗产份额不超过其特留份的,不适用本条第 1 款和第 2 款的规定,该份额仅能在最后进行扣减。扣减该份额时,特留份权利人的债权应当相应地缩减,以便两个特留份权利人最终获得相同比例的特留份。

4. 遗赠的扣减应当通过向有义务履行遗赠的继承人作出明确表示而实现,或者根据第 4:13 条分割遗产的,应当通过向被继承人的配偶作出明确的表示而实现。参照适用第 4:120 条第 4 款第 2 句的规定。

5. 必须由被继承人的配偶或者其他同居者的份额承担的特留份的债务,并且根据第 4:81 条第 2 款、第 4:82 条或者第 4:83 条规定的期间才可以请求的,被继承人的配偶或者其他同居者仅接受限定继承的,也应当以全部财产承担该债务。

6. 必须由被继承人的配偶或者其他同居者取得的遗赠承担的特留份的债务,并且附带第 4:82 条或者第 4:83 条所称的条件的,在满足上述所称的条件且根据本条第 4 款作出明确表示的情况下,配偶或者其他同居者应当在取得遗赠后承担该债务。

7. 适用本条时,从遗产中给付金钱或者其他财产的义务,视为遗赠。

第 4:88 条　特留份行使的费用承担

特留份权利人的请求权,根据第 4:81 条第 2 款或者第 4:82 条所称的条件未到期的,经特留份权利人的申请,第 4:82 条所称的配偶或者其他同居者有义务缴纳因该特留份权利人取得财产而发生的税费。此时,特留份权利人的请求权应当扣除根据本条第 1 句支付的金额。

第 4:89 条　特留份对赠与的扣减

1. 特留份权利人根据第 4:80 条第 1 款规定的请求权可以取得的财产不足以承担特留份的债务的,可以扣减对特留份造成损害的赠与。本款第 1 句的请求权,应当考虑根据第 4:80 条第 2 款和第 4:87 条第 3 款进行扣减的部分。第 4:84 条所称的利息,以及第 4:85 条第 2 款所称的消灭部分不予考虑。

2. 第 4:67 条所称的赠与可以进行扣减。

3. 仅在特留份的债务不能通过扣减更近期的赠与偿还的情况下,才可扣减一项更早期的赠与。仅在被继承人死亡后才得到全部利益的赠与,视为死亡时的赠与。

第 4:90 条　赠与的扣减的限制

1. 赠与的扣减应当通过向受赠人作出明确表示而实现。受赠人必须向特留份权利人补偿赠与中扣减的部分,但在所有情况下均不合理的除外。

2. 赠与将导致其他特留份权利人的特留份减少的,不得予以扣减。

3. 受赠人为此目的指定的合理期限届满或者被继承人死亡之日起 5 年后,该扣减赠与的权利即告消灭。

第 4:91 条　赠与扣减的排除

1. 对继子女的遗嘱权利或者赠与不适用第 4:80 条至第 4:89 条的规定,不得扣减该继子女的遗嘱权利和赠与,但该继子女视为被继承人的子女,并且其价值高于被继承人子女的特留份两倍的部分除外。计算本款第 1 句所称的价值时,应当考虑根据第 4:70 条第 3 款视为赠与的部分。

2. 根据本条第 1 款的规定,不能根据第 4:87 条的规定扣减的,第 4:80 条所称的特留份请求权的金额应当相应地予以减少。

3. 被继承人赠与时或者在遗嘱中可以规定全部或者部分不适用本条第 1 款的规定。

第 4:92 条　特留份的代为继承

1. 特留份权利人死亡后,有权获得其遗产的人可以行使其权利。

2. 特留份权利人被宣告破产或者对其宣告适用自然人债务重整计划的,其权利可由法院指定的破产管理人或者债务重整计划财产管理人行使。

3. 特留份权利人仅能将其特留份权利和其应继份一并转让。

第四节　遗嘱的形式

第 4:93 条　遗嘱无效的情况

由两个或者两个以上的人在同一份文书中订立的遗嘱无效。

第 4:94 条　遗嘱的形式

除第 4:97 条至第 4:107 条另有规定外,遗嘱仅能通过公证文书或者由公证人保管私文书的方式订立。

第 4:95 条　私文书遗嘱

1. 由于被继承人的过失或者其他原因不能阅读的私文书遗嘱无效。

2. 私文书遗嘱必须由被继承人亲笔签名。遗嘱由被继承人以外的人或者用机器书写的,该遗嘱的每一页必须标注页码并由被继承人亲笔签名。

3. 被继承人必须亲手将私文书遗嘱交付给公证人。被继承人交付时必须声明,提交的文件是遗嘱且已满足前款的要求。文件以密闭的信封或者其他封闭的形式交付的情形下,被继承人在交付时还可声明,仅在其死亡时满足指定条件的,才可以打开该文件。

4. 被继承人拟交付的保管和声明,应当制成公证文书并由公证人和被继承人签名。

5. 被继承人声明在遗嘱上签名后由于发生特定事件而无法在交付保管的文书上签名的,该声明应当包含在保管文书中,并取代对保管文书的签名。

6. 收到私文书遗嘱公证人应当妥当保管该遗嘱。

第 4:96 条　遗嘱无效的举证责任

以被继承人未亲笔签名或者未亲笔书写或者遗嘱各页未亲笔签名为由,对已移交保管的遗嘱的效力提出异议的人,应当承担相应的举证责任。

第 4:97 条　遗嘱处分的效力

被继承人全部手写、注明日期并亲笔签名的私文书遗嘱,可进行以下的处分,而无须其他形式:

(1)遗赠以下财产:

①衣物、特定个人的饰物和个人珠宝;

②特定的家庭用品以及特定的书籍。

(2)规定第 1 项所称的财产不属于受遗赠人的婚姻共同体的财产。

(3)指定《著作权法》第 25 条第 2 款、第 4 款和《邻接权法》第 5 条第 2 款所称的人。

第 4:98 条　军人订立遗嘱

1. 在战争或者内战中,武装部队中的军人和其他人员可在武装部队军官面前订立遗嘱。

2. 在战争或者内战之外,承担以下任务的武装部队中的军人和其他人员,也可通过此种方式订立遗嘱:

(1)参加军事侦察;

(2)与敌军作战;

(3)维护国家中立;

(4)单独或集体参加自卫行动,或者维护或恢复国际秩序和安全;

(5)暴动和叛乱期间遵守主管机关的命令。

3. 适用前款时,战俘也可在军官面前订立遗嘱。

4. 仅被继承人不能前往有管辖权的公证人或者领事官员处时,军官和非委任军官才可协助参与订立遗嘱。被继承人违反该规定订立遗嘱的,不影响遗嘱的效力。

第4:99条　[2004年5月1日废止]

第4:100条　战争期间的定义

1.在国王宣布战争或者内战结束之前,军人和其他人员可根据第4:98条第1款订立遗嘱。

2.按照枢密院令规定的方式公告任务结束之前,军人和其他人员可根据第4:98条第2款订立遗嘱。

第4:101条　海上航行时遗嘱的订立

在海上或者航空旅行期间,被继承人可在船长、机长或最高官员面前,或者在上述人员缺席的情况下代其行使职权的人面前,订立遗嘱。

第4:102条　军人遗嘱公证人的备选替代

被继承人由于灾难、危机、战争、流行疾病或者其他特殊情况,而无法与有管辖权的公证人或者领事官员取得联系的,可在无管辖权的领事官员、市镇长官、秘书、市镇政府委员、实习公证人、律师、武装部队军官、市镇官员、地方消防官员或者司法部长公告的对此有管辖权的公务员面前,订立遗嘱。

第4:103条　遗嘱订立的要式

1.第4:98条、第4:101条和第4:102条所称的遗嘱,应当在两名证人面前订立。遗嘱必须以适当的书面形式订立,并且由被继承人、见证人以及主持订立遗嘱的人签名。

2.见证订立遗嘱的见证人必须成年。在第4:98条和第4:102条所称的情形下,见证人为军人或者正在参加处理灾害或者控制危机的人员的,无须成年。

3.被继承人或者其中一名证人声明由于不会书写或者其他特殊原因而无法亲自在文件上签名的,该声明应当包含在文书中,并取代其签名。

第4:104条　遗嘱的交接

1.在第4:98条、第4:101条和第4:102条所称的情形下,被继承人可将私文书遗嘱,在两名证人的见证下交由主持订立遗嘱的人保管,以完成订立遗嘱的程序。主持订立遗嘱的人应当在遗嘱、订立遗嘱报告或者单独文件上制作保管文书;该文书参照适用前条的规定。

2.参照适用第4:98条第4款和第4:100条的规定。

3.以被继承人未亲笔签名为由,对已移交保管的遗嘱的效力提出异议的人,应当承担相应的举证责任。

第4:105条　无须保管的遗嘱

在前条所称的情形下,私文书遗嘱注明日期但被继承人死亡时未依法移交保管的,除非可以合理期待被继承人事后会根据本节规定订立遗嘱,否则该遗嘱仍然有效。

第 4:106 条　遗嘱登记处

1. 根据第 4:98 条、第 4:100 条至第 4:105 条和第 4:113 条规定,将订立遗嘱的文书交付保管或者撤回的人,必须尽快将其密封并移交给海牙遗嘱登记处。

2. 在有管辖权的公证人或者领事官员面前制作并移交保管的遗嘱文书不适用前款的规定。

第 4:107 条　遗嘱的有效期

1. 被继承人在第 4:98 条、第 4:100 条至第 4:104 条所称的可设立遗嘱的情形终止后超过 6 个月才死亡的,该遗嘱无效。

2. 被继承人无法合理地在上述期间的最后 1 个月设立遗嘱的,该期间每次可延长 1 个月。

第 4:108 条　遗嘱可撤销的情形

根据第 4:98 条、第 4:101 条、第 4:102 条和第 4:104 条规定的方式订立遗嘱的,但被继承人在 6 个月内死亡而不满足相应的情形的,该遗嘱可予以撤销,并非无效。

第 4:109 条　遗嘱的形式瑕疵

1. 未经被继承人签名的遗嘱或者移交保管的文书无效。

2. 在公证人面前订立但未经公证人签名的遗嘱无效。交由公证人保管但保管文书未经公证人签名的遗嘱无效。后种情形下,订立遗嘱的公证文书经由公证人签名的,该遗嘱可予以撤销。

3. 在第 4:98 条、第 4:101 条和第 4:102 条所称的人面前订立或者移交其保管的遗嘱,参照适用前款的规定。

4. 不遵守法律规定的遗嘱生效的其他形式要求的,该遗嘱可予以撤销。

第 4:110 条　遗嘱撤销权

对于遗嘱的撤销权,参照适用第 4:54 条的规定。

第五节　遗嘱撤回

第 4:111 条　遗嘱撤回的形式

遗嘱撤回与遗嘱订立具有相同的形式要求。

第 4:112 条　多份遗嘱效力的确定

后来订立的遗嘱未明确表示撤回先前订立的遗嘱的,但根据后来订立的遗嘱,先前订立的遗嘱无法执行或者被后来订立的遗嘱取代的,该先前遗嘱即告无效。

第 4:113 条　遗嘱保管的取回

被继承人依法将遗嘱移交给公证人或者其他人保管的,其可随时取回交付保管的遗嘱。遗嘱交由公证人保管或者适用第 4:103 条时,被继承人应当向主持订立遗嘱的公证人表示取回。私文书遗嘱取回后,该遗嘱即撤回。

第 4:114 条　遗嘱的毁弃

被继承人毁弃未交付保管的有效私文书遗嘱的,该遗嘱即撤回。毁弃遗嘱的行为,推定为被继承人的行为。

第五章　遗嘱的各种内容

第一节　指定继承

第 4:115 条　指定继承的定义

指定继承是被继承人以遗嘱的方式处分其遗产,并将全部或者部分遗产留给一个或者多个指定的人。

第 4:116 条　指定继承的法律地位

遗嘱指定的继承人与法定继承人享有相同的权利和义务。

第二节　遗　　赠

第二节第一分节　一般规定

第 4:117 条　遗赠

1. 遗赠是被继承人以遗嘱的方式授予一个或者多个人对其遗产的请求权。

2. 遗赠必须由所有继承人共同承担,除非遗嘱指定一个或者多个特定的继承人或者受遗赠人承担。

3. 遗产可分割的,各继承人应当按其应继份比例承担相应的份额,但被继承人另有规定的除外。

第 4:118 条　转遗赠

1. 有义务履行遗赠的特定继承人不再是继承人或者丧失继承权的情形下,该义务应当由取得其应继份的人承担,但根据遗嘱规定或者性质上可得出其他结论的除外;取得应当继份的人可向受遗赠人给付代替原义务人从遗产中取得的财产,也可给付该财产价值。

2. 转遗赠义务人不再是受遗赠人或者丧失受遗赠权的情形下,该义务应当由履行该遗赠义务的人承担,但根据遗嘱规定或者性质上可得出其他结论的除外;履行该遗赠义务的人可向转遗赠权利人给付原来应当遗赠的财产，也可给付该财产的价值。

第4:119条　遗赠通知

遗赠义务人以及遗嘱执行人，应当尽快通知受遗赠人该遗赠事项。受遗赠人的地址不明的，其应当通知地方法院，该法院可命令其调查或者以特定方式传唤该遗赠人。

第4:120条　遗赠义务的减少

1. 因遗赠产生的遗产债务，仅在遗产可完全清偿其他遗产债务时，继承人才可以履行该债务。

2. 遗产不足以清偿其承担的遗赠义务的，各遗赠义务应当相应地予以减少。

3. 除遗嘱规定应当以其他方式减少遗赠义务外，各遗赠义务应当按比例予以减少，但给付可视为被继承人履行自然债务的，其他遗赠义务应当先予以减少。

4. 承担遗赠义务的继承人应当向受遗赠人作出减少遗赠义务的表示，或者根据第4:13条分割遗产的，应当向被继承人的配偶作出该表示。已给付但法律上仍然存在减少遗赠义务的原因的，该继承人可根据第4:216条和第4:220条第3款请求返还。

5. 遗赠义务减少后，继承人有义务完全履行该遗赠义务。

第4:121条　转遗赠的减少

1. 受遗赠人可取得的遗赠价值或者扣减或减少后的价值，不足以清偿其承担的转遗赠义务的，其有权减少支付金钱或者转让财产的义务。

2. 除遗嘱规定应当以其他方式减少遗赠义务外，各转遗赠义务应当按比例予以减少，但给付可视为被继承人履行自然债务的，其他转遗赠义务应当先予以减少。

第4:122条　遗赠减少的例外

1. 以金钱支付扣减或者减少金额的，被扣减或者减少的受遗赠人有权请求完全履行该遗赠。

2. 受遗赠人未行使上述权利的，相对人可仅支付被扣减或者减少的遗赠部分的价值。

第4:123条　遗赠的终止

1. 依被继承人死亡后发生的新情况，无法按照合理和公平原则期待对方当事人继续遵守原来的债务关系的，经受遗赠人或者遗赠义务人的申请，法院可变更或者终止全部或者部分的遗赠。

2. 法官根据前款变更或者终止遗赠时，必须尽可能考虑被继承人的目的。

3. 参照适用第6:258条第1款第2句、第2款和第3款,以及第6:260条第1款和第2款的规定。

第4:124条 遗产的孳息请求权

除被继承人另有规定外,在全部或者部分遗产中遗赠特定财产或者特定财产上的用益权的,受遗赠人有权请求继承人给付该请求权到期之后收取的孳息。请求给付孳息的诉讼时效期间为3年,自孳息收取之日起算。

第4:125条 金钱遗赠的除斥期

1. 金钱遗赠自被继承人死亡之日起6个月后到期,但被继承人另有规定的除外。

2. 遗产中的一项财产遗赠给继承人,同时继承人需补偿其价值或者部分价值的,该继承人可在遗产分割之前暂时拒绝履行该补偿义务,但被继承人另有规定的除外。

3. 负有金钱遗赠债务的人,不能仅由于规定的期限届满而迟延履行。

4. 对于金钱遗赠,参照适用第4:5条的规定。

第二节第二分节 视同遗赠的赠与和其他行为

第4:126条 准遗产

1. 适用本编关于扣减和减少的规定时,赠与合同或者其他赠与,在赠与人死亡后才有义务履行且生前未履行的,视为共同继承人履行的遗赠。除另有规定外,赠与合同或者其他赠与的扣减和减少,不适用第4:87条第2款和第4:120条第3款的规定。该赠与在赠与人死亡时可撤回的,不适用本款第2句的规定。

2. 涉及以下债务的,参照适用本条第1款的规定:

(1)约定在财产所有权人死亡时适用的,通过附有延缓条件或者起始期限的约定,在未合理对待给付的情况下,将一方的财产转让给对方或者对方可以请求转让的债务。其中,相互性约定不视为对待给付。

(2)视为赠与的定额保险利益,在投保人死亡时因保险金支付义务产生的债务;

(3)应当在被继承人死亡后履行且生前未履行的,并变更为可强制执行的债务。

3. 参照适用第4:66条和第4:68条的规定。

第4:127条 扣减的补偿

受益人有义务向共同继承人补偿,涉及定额保险利益或者通过第三人利益约定给予的其他利益的扣减或者减少的价值,但任何情况下此种做法均不合理的除外。根据第4:13条请求分割遗产的主体,应当向被继承人的配偶支付本条第1句所称的补偿。仅在受益人取得给付后3年内,本条第1句所称的利益才可予以扣减或者减少。

第4:128条　遗赠财产

第4:126条所称的行为的受益人参照适用第4:29条第3款和第4:30条第3款关于受遗赠人的规定。根据第126条所称的行为取得的财产,同样参照适用第4:30条第5款关于遗赠财产的规定。第4:126条第1款和第2款第3项所称的行为的受益人以及第4:126条第2款第2项所称的行为的受益人参照适用第4:216条和第4:220条第3款关于受遗赠人的规定,但任何情况下此种做法均不合理的除外。

第4:129条　附条件遗赠的定义

遗嘱可规定第4:126条所称的行为附带第4:82条所称的条件。

第三节　遗嘱义务

第4:130条　遗嘱义务的定义

1. 遗嘱义务是被继承人以遗嘱的方式规定所有继承人或者一个或多个特定的继承人或者受遗赠人承担遗赠以外的其他义务。

2. 被继承人也可规定该遗嘱义务由遗嘱执行人承担。设定的遗嘱义务应当由所有继承人共同承担,但根据遗嘱或者其性质可得出其他结论的除外。

3. 金钱或者财产的遗嘱义务参照适用第4:120条的规定;该义务应当与遗赠以相同的方式扣除或者减少。

第4:131条　遗嘱义务的承担

1. 继承人或者受遗赠人负有遗嘱义务的,其取得权利应当以法院宣告不履行义务为解除条件。

2. 法院可经任何有直接利害关系的人的申请,裁判继承人或者受遗赠人因未履行遗嘱义务而丧失其继承权。

3. 对被继承人的债权人和受遗赠人负有完全责任的继承人,在宣告其丧失继承权后,仍有义务履行该债务,但该继承人有权向继承财产的人追偿。

第4:132条　遗嘱义务的失效

特定的继承人或者受遗赠人承担遗嘱义务的,但其不再是继承人或受遗赠人的,或者丧失继承权的,该遗嘱义务应当由取得其应继份的人或者负有原遗赠义务的人承担,但根据遗嘱可得出其他结论的除外。

第4:133条　附延缓条件的遗嘱

1. 遗嘱中附延缓条件,但义务人阻碍条件成就的,根据合理和公平原则该条件视为已成就。

2. 遗嘱中附解除条件,但义务人促使条件实现的,根据合理和公平原则该条件视为未成就。

3. 参照适用第4:140条第1款的规定。

第4:134条　义务的减少或者终止的申请

1. 有以下情形之一的,经义务人或者检察院的申请,法院可变更或者终止全部或者部分的遗嘱义务:

(1)依被继承人死亡后发生的新情况,基于个人利益和社会利益继续履行原来的义务不正当的;

(2)义务被扣减或减少,或者与义务相结合的遗嘱权利被扣减或减少,导致义务履行困难或者不能履行的;

(3)根据第4:132条由非遗嘱规定的其他人履行义务的。

2. 法院根本前款变更或者终止遗嘱义务时,必须尽可能地考虑被继承人的目的。

3. 参照适用第6:258条第1款第2句、第2款和第3款,以及第6:260条第1款和第2款的规定。

第四节　基　金　会

第4:135条　遗嘱设立基金会

1. 被继承人通过公证文书拟定的遗嘱创建基金会并授予遗嘱权利的,该基金会可根据该处分的内容成为遗嘱指定的继承人或者受遗赠人。

2. 被继承人通过其他形式的遗嘱创建基金会的,该处分视为给所有继承人共同设定了创建该基金会的遗嘱义务。

3. 经检察院的申请,被继承人死亡地的地方法院,被继承人最后住所不在荷兰的,海牙地方法院可命令有义务创建基金会的人履行上述义务,或者任命代理人在指定范围内实施法律行为。法院裁判与义务人按照法定形式制作的文书具有相同的法律效力。

第五节　附期限和附条件遗赠

第4:136条　附期限的遗嘱

1. 遗嘱中指定继承附期限的,执行该处分时按照其内容后取得应继份的人,视为指定的继承人,该继承人同时对先取得应继份的人负有遗赠其应继份的用益权的义务。

2. 遗嘱中指定继承附终止期限的,并且其后未附起始期限的,先指定的人享有用益权,在被继承人未排除该权利的情形下,先指定的人有权转让和使用其财产。

第 4:137 条　附延缓条件的遗嘱权利人的资格

权利人享有附延缓条件的遗嘱权利的,该权利人在条件成就时必须生存,但根据遗嘱或者按其处分性质可得出其他结论的除外。

第 4:138 条　附条件的指定继承

1. 遗嘱中指定继承附条件的,第三人在行使相关权利以及提起诉讼时,条件成就前取得权利的人,视为唯一取得该权利的人。

2. 除此之外,条件成就尚不确定的,参照适用本法第 3 编第 8 章及其他关于用益权的规定。取得权利的人与用益权人负有相同的保管和保持原状的义务,除非被继承人授权其使用或者无条件转让。

3. 遗嘱中指定继承附解除条件的,并且其后未附延缓期限的,除被继承人另有规定外,先指定的人对条件成就后享有权利的人,与用益权人享有转让和使用其财产的相同的权利。

第 4:139 条　附条件的指定继承的条件成就

1. 遗嘱中指定继承附条件的,但该权利人阻碍条件成就的,根据合理和公平原则该条件视为已成就。

2. 遗嘱中指定继承附条件,但该权利人促使条件实现的,根据合理和公平原则该条件视为未成就。

第 4:140 条　附延缓条件的失效

1. 指定继承所附条件在被继承人死亡 30 年后仍未成就,所附条件为延缓条件的,该处分失效;所附条件为解除条件的,该条件失效。被继承人订立的与此相反的遗嘱规定无效。

2. 遗嘱中特定财产或者特定财产上定限物权的遗赠适用前款的规定。

第 4:141 条　不适用的情况

在遗嘱权利附解除条件并在其后附延缓条件的情形下,后权利人在该时间生存,并且在前权利人死亡或者更早的时间将该财产或者未使用的部分移转给后权利人的,不适用前条的规定。

第六节　遗嘱执行人

第 4:142 条　遗嘱执行人

1. 被继承人可以任命一名或者多名遗嘱执行人。其也可以授权遗嘱执行人任命1名或多名遗嘱执行人,或者任命1名或多名遗嘱执行人取代自己;其也可以规定在任命的遗嘱执行人缺席的情形下,经利害关系人的申请,地方法院有权任命1名或多名遗嘱执行人作为替代者。

2. 除被继承人另有规定外,有两名或者两名以上遗嘱执行人的,任何一人均可单独行使一切职权。

3. 遗嘱执行人之间存在争议的,地方法院可经一方的申请对此作出裁判。地方法院还可以决定遗嘱执行人的工作或者报酬的分配。

第4:143条 指定遗嘱执行人的期限

1. 被继承人死亡后,接受任命的人即为遗嘱执行人。经利害关系人的申请,地方法院可以指定接受任命的期限,前句所称的主体不得在此期限届满后接受任命。

2. 无行为能力人、一项或者多项财产处于第1编第19章所称的信托管理的人、被宣告破产或者宣告用自然人债务重整计划的人,不得成为遗嘱执行人。

第4:144条 遗嘱执行人的报酬

1. 不影响遗嘱义务履行的情形下,被继承人可以规定遗嘱执行人有义务管理遗产中的财产,并在其管理期间用其管理的财产偿还遗产债务,但被继承人另有规定除外。

2. 除遗嘱另有规定外,遗嘱执行人有权取得被继承人死亡时遗产价值的1%作为其报酬;有多个遗嘱执行人的,该报酬由他们共同取得。

3. 参照适用第4:159条第2款和第3款的规定。

第4:145条 继承人与遗嘱执行人的地位

1. 已接受任命的遗嘱执行人有义务管理遗产中的一项或者多项财产,在遗嘱执行人终止管理前,继承人未经遗嘱执行人的批准或者地方法院的许可,不得处分遗产中的财产或者份额。

2. 遗嘱执行人在履行其职责的管理期间,可在法律诉讼中或者法律诉讼外代理继承人。

第4:146条 遗产公证人的任命

1. 有义务管理遗产的遗嘱执行人,可以任命公证人清算遗产;遗产公证人接受该委托的,应当通知给继承人。

2. 遗嘱执行人必须尽快制作遗产的财产清单,包括遗产债务的临时状况,并且必须通知已知的债权人向遗产公证人主张其请求权,或者没有遗产公证人的,向遗嘱执行人主张其请求权。该主张可中断债权人请求权的诉讼时效。

第4:147条 遗嘱执行人处分遗产的权利

1. 遗嘱执行人基于履行遗产债务以及承担遗嘱义务的需要,有权在必要时变卖处于其管理下的财产。

2. 除被继承人另有规定外，遗嘱执行人应当尽可能地在征求继承人的意见后，选择变卖的财产和变卖的方式。继承人反对该变卖的，其有权请求地方法院对此作出裁决。

3. 遗嘱执行人可以规定必须经继承人同意才可将某项财产变卖并变现。该同意可由地方法院的许可取代。

4. 对遗产或者遗产份额享有用益权的人，也适用上述各款关于继承人的规定。

第 4:148 条　遗嘱执行人的通知义务

遗嘱执行人必须向继承人通知其履行职责的一切相关信息。

第 4:149 条　遗嘱执行人职务终止的情形

1. 有以下情形之一的，遗嘱执行人的职务即终止：

(1)完成其本身工作的；

(2)任命的固定期限届满的；

(3)遗嘱执行人死亡、适用自然人债务重整计划、被宣告破产、处于成年人监护或者对其一项或多项财产实施本法第 1 编第 19 章所称的信托管理的；

(4)必须根据本法第 4 编第 6 章第 3 节清算遗产的；

(5)被继承人遗嘱为此目的规定的事由发生的；

(6)地方法院在免职时规定的日期批准其免职的。

2. 经遗嘱执行人的申请，或者基于重大事由，经其他遗嘱执行人、继承人、检察院之一的申请，或者依职权，法院也可以作出免职的裁决。申请期间，地方法院可以命令实施假处分，并中止遗嘱执行人的职务。

3. 在有权管理遗产的人接手管理前，若迟延将给遗产的清偿造成损害的，原遗嘱执行人必须继续履行其职责。

4. 遗嘱执行人因破产或者被监护而终止职务，并且破产管理人或者监护人知道遗嘱执行的，前款所称的义务由破产管理人或者监护人履行；遗嘱执行人因适用自然人债务重整计划或者对其一项或多项财产实施信托管理而终止其职务的，对他的信托管理人同样适用上述规定。遗嘱执行人因死亡而终止职务，并且其继承人知道遗嘱执行的，该继承人必须向任命遗嘱执行人的继承人通知该遗嘱执行人死亡的事项。

第 4:150 条　终止遗嘱执行人管理权的情形

1. 接受委托管理财产的遗嘱执行人在完成其职责后，有权将财产交由继承人处分以终止管理。

2. 有以下情形之一的,继承人可终止遗嘱执行人的管理权:

(1)遗嘱执行人在被继承人死亡时或者死亡后1年内已经履行完毕有义务履行的遗产债务和遗嘱义务;

(2)一个或者多个遗嘱执行人自开始管理之日起已经过1年6个月。经遗嘱执行人的申请,地方法院也可以在期限届满后一次或者数次延长该期限。

3. 继承人向遗嘱执行人提供财产以履行本条第2款第1项所称的义务的,其可立即终止遗嘱执行人对其他财产的管理权。

4. 部分继承人不明或者未准备接受遗产的,参照适用第4:225条和第4:226条的规定。

第4:151条　遗嘱执行人提供账目

遗嘱执行人管理遗产的职责终止后,必须根据法律为此目的对财产管理人的规定,向有权接替其管理财产的人提供账目。

第4:152条　享有用益权的被继承人的配偶视为继承人

适用本节规定时,被继承人的配偶根据本法第4编第3章第2节享有用益权的,该配偶视为继承人。该配偶还享有第4:150条第2款和第3款所称的权利。

第七节　遗嘱中的信托管理

第七节第一分节　一般规定

第4:153条　遗嘱指定信托管理

1. 被继承人可对遗留给继承人或者受遗赠人的遗产或者遗嘱权利中的一项或者多项资产指定实施信托管理。

2. 除被继承人另有规定外,本条所称的信托管理自被继承人死亡之日起生效。

第4:154条　信托管理的范围

除被继承人另有规定外,信托管理的财产也包括必须视为受信托管理的替代财产、孳息以及处于信托管理下的财产产生的其他利益,但孳息以未根据第4:162条分配给享有权利的人为限。

第4:155条　信托管理的分类

1. 应继份或者遗赠的信托管理,推定为财产权利人的利益而实施的管理,但以下各款另有规定的除外。

2. 用益权的信托管理,推定为用益权人及所有权人的利益而实施的管理。对于使用权和居住权,同样适用上述规定。

3. 附条件赠与的信托管理,推定为条件成就时取得权利和丧失权利的人的利益而实施的管理。

4. 共有财产中的财产或者份额的信托管理,推定为共有财产的利益而实施的管理。

第 4:156 条　信托管理受益人的不确定

适用本节时,完全或者同时为财产权利人以外的其他人的利益实施信托管理,并且受益人不确定的,此受益人视为无法控制其意志的人。

第七节第二分节　信托管理人

第 4:157 条　信托管理人的确定

1. 遗嘱未任命信托管理人的,经财产权利人、继承人、受遗赠人、其他利害关系人或者遗嘱执行人之一的申请,地方法院可任命一名或者多名信托管理人。地方法院必须先确认其所任命的人是否愿意担任信托管理人。

2. 无行为能力人、一项或者多项财产根据本法第 1 编第 19 章被实施信托管理的人、被宣告破产或者适用自然人债务重整计划的人,以及第 4:59 条所称的人,不得担任本条所称的信托管理人。

3. 适用本条时,地方法院可任命有完全民事权利能力的法人为信托管理人。

4. 必要之时,地方法院可任命临时信托管理人。

5. 法院任命的人,在书记员向其通知任命决定的次日起成为信托管理人,但法院决定指明了更晚日期的除外。

6. 非由法院任命的人,在其接受任命的次日起成为信托管理人。

第 4:158 条　信托管理的争议解决

1. 任命两名或者两名以上信托管理人的,任一管理人均可实施与信托管理有关的一切行为,但遗嘱或者地方法院另有规定的除外。

2. 信托管理人之间存在争议的,地方法院可经一方的申请作出裁判,但遗嘱另有规定的除外。

3. 基于重大理由,地方法院可经申请确定或者变更信托管理人的工作分配。

第 4:159 条　信托管理人的报酬

1. 除遗嘱另有规定外,信托管理人有权每年年末取得处于其信托管理下的财产价值的 1% 作为其报酬;有多个信托管理人的,该报酬由他们共同取得。

2. 遗嘱未规定两名或者两名以上信托管理人的报酬分配的,该报酬应当平均进行分配,但地方法院另有规定或者信托管理人另有约定的除外。

3. 基于不可预见的情况,地方法院可依职权或者经信托管理人、财产权利人、信托管理受益人之一的申请,在固定或者无限期间内确定与遗嘱或者法律规定不同的报酬。

第 4:160 条　信托管理的登记义务

1. 信托管理人应当尽快制作信托管理财产的财产清单。法院任命的信托管理人,必须将该清单副本提交给财产权利人住所地的地方法院书记员处,书记员应当出具收件凭证。仅实施信托管理时有明确规定的情况下,信托管理人才需提供担保。

2. 除实施信托管理时另有规定的外,信托管理人应当将信托管理及其任命登记在:

(1)涉及登记财产的,本法第 3 编第 1 章第 2 节所称的登记簿上;

(2)涉及股份公司或者有限公司的股份的,第 2:85 条和第 2:194 条所称的股东登记簿上;

(3)涉及企业或者合伙企业份额的,商事登记簿上。

第 4:161 条　信托管理人提供账目的义务

1. 信托管理人有义务每年及其管理终止时向财产权利人以及信托管理受益人提供账目,但为此目的规定了其他时间的除外。信托管理结束时,其应当向接替其管理财产的人提供账目。由法院任命的信托管理人,应当在法院面前提供账目。

2. 财产权利人或利害关系人无法接收账目的,或者财产权利人或利害关系人的身份不明的,信托管理人应当向地方法院提交账目,遗嘱另有规定的除外。地方法院可批准信托管理人提交的账目,该批准并不妨碍财产权利人或利害关系人在管理终止时再次请求信托管理人提供同一时期的账目,但请求不合理的除外。

3. 地方法院经信托管理人的申请或者依职权,可以免除其定期向法院提供账目的义务;法院也可以命令管理人仅在特定的年份以此种方式提供一次账目。

4. 其他情况下,参照适用本法第 1 编第 14 章第 6 节第 10 分节和第 11 分节关于监护账目的规定。

第 4:162 条　账目要求

1. 信托管理人必须在每次提供账目时向财产权利人分配此段时期管理财产产生的净收益,并且应当扣除支付给其的报酬,但实施信托管理时另有规定的除外。地方法院可经其申请,另行规定分配孳息的方式。

2. 财产权利人身份不明或者无法接收的,信托管理人应当继续管理本条第 1 款所称的净收益,但遗嘱或者地方法院另有规定的除外。

第 4:163 条　信托管理人的责任

信托管理人未尽到善良管理人的义务管理财产的,其应当对财产权利人承担管理不当的责任,但因不可归责于信托管理人的事由除外。

第 4:164 条　信托管理人职务的终止

1. 有以下情形之一的,信托管理人的职务即终止:

(1)信托管理终止的;

(2)任命的固定期间届满的;

(3)管理人死亡、适用自然人债务重整计划、被宣告破产、处于成年人监护或者对其一项或多项财产实施本法第 1 编第 19 章所称的信托管理的;

(4)被继承人遗嘱为此目的规定的事由发生的;

(5)地方法院在免职时规定的日期批准其免职的。

2. 经信托管理人的申请,或者基于重大事由,经其他信托管理人、财产权利人、信托管理受益人或检察院之一的申请,或者依职权,法院也可以作出免职的裁决。申请期间,地方法院可以命令实施临时信托管理,并中止信托管理人的职务。

第 4:165 条　信托管理人的抗辩权

1. 信托管理人应当将其管理的财产移交给接替其管理财产的人。信托管理人在收取待支付的款项前,可以暂时拒绝移交该财产。

2. 在有权管理遗产的人接手管理前,若迟延将给遗产的清偿造成损害的,原信托管理人必须继续履行其职责。

3. 信托管理人因破产或者被监护而终止职务,并且破产管理人或者监护人知道信托管理的,本条第 2 款所称的义务由破产管理人或者监护人履行;信托管理人因适用自然人债务重整计划或者对其一项或多项财产实施信托管理而终止其职务的,对他的信托管理人同样适用上述规定。信托管理人因死亡而终止职务,并且其继承人知道信托管理的,该继承人必须申请地方法院另行指定信托管理人。

第七节第三分节　信托管理的法律效果

第 4:166 条　信托管理人的行为约束

信托产管理人以外的财产权利人有权对其使用的财产实施通常的保存行为以及无法迟延履行的其他行为。除此之外,仅信托管理人有权实施管理财产的行为。

第 4:167 条　信托管理人的行为限制

1. 为财产权利人的利益实施信托管理的,仅经信托管理人的同意,财产权利人才有权实施与前条规定直接相关的以外的其他行为。对信托管理下的财产设立用益权的,对于用益权人使用该财产以外的其他行为,同样适用上述规定。

2. 为财产权利人以外的其他人的利益或者共有财产的利益实施信托管理的,财产权利人仅在保留财产管理的情形下，才能实施本条第 1 款所称的行为。

3. 为财产权利人以及其他人的利益或者共有财产的利益实施信托管理的，财产权利人仅在信托管理人参与或者经其同意并在保留信托管理的情形下，才能实施本条第 1 款所称的行为。

第 4:168 条 信托管理无效的情形

1. 财产权利人根据第 4:166 条和第 4:167 条无权实施法律行为或者受领，但相对人不知道也不应当知道该信托管理的，该法律行为仍然有效。但法院不得命令强制执行因该法律行为产生的信托管理下的财产转让或者设定负担的债务。

2. 财产权利人对第 3:88 条所称的财产实施的处分，由于信托管理而无效的，此种无效不妨碍善意第三人取得该财产的有效性。设定、转让和抛弃此类财产上的定限物权的，参照适用前 1 句的规定。

第 4:169 条 经财产权利人同意的情形

1. 信托管理人实施以下行为，应当取得财产权利人的同意：

(1)第 4:167 条第 1 款所称的行为；

(2)借款或者使财产权利人承担保证责任或者连带责任；

(3)订立解决争议的协议，但属于《民事诉讼法典》第 30 条之十一第 1 款第 3 项规定的情形或者该争议标的的价值不超过 700 欧元的除外。

2. 信托管理人完全或者同时为财产权利人以外的其他人的利益或者共有财产的利益实施信托管理的，还应当取得该受益人的同意。

3. 未取得同意的，地方法院可经其申请，以批准替代该同意。地方法院批准申请时可附加其认为合理的条件。

第 4:170 条 共有财产的分割

1. 信托管理下的财产或者在该财产上设立的定限物权属于共有财产的，信托管理人有权请求分割；经财产权利人的同意，信托管理人也有权订立协议，以在特定期限内排除该分割。

2. 信托管理人在取得财产权利人的同意后，有权参与分割。

3. 参照适用第 4:169 条第 2 款和第 3 款的规定。

第 4:171 条 遗嘱对信托管理的规定

1. 遗嘱可规定信托管理人权利和义务的具体内容；该规定可以为此目的扩展或者限制法律规定的内容。

2. 基于情势变更，经信托管理人、财产权利人、信托管理受益人或者受益人之一的申请，地方法院可以变更信托管理的规定。地方法院批准申请时可附加其认为合理的条件。

第 4:172 条 信托管理的代理

1. 除参与或者同意的方式外，信托管理人行使职权时，有权代理财产权利人或者以自己的名义为财产权利人的利益实施法律行为。

2. 代理情形下相对人的权利和义务，参照适用本法第 3 编第 3 章的规定。不得以关于信托管理人权限的规定和对其权限有影响的重要事实，对抗不知道也不应当知道该规定的第三人。

第 4:173 条 信托管理人代理法律诉讼的权力

信托管理人有权代理财产权利人进行的与其管理财产有关的法律诉讼。信托管理人参加法律诉讼前，取得信托管理人的同意以及单独或者共同受益人同意的，可免除其责任。未取得同意的，地方法院可以批准取代该同意。

第 4:174 条 信托管理行为的责任承担人

1. 信托管理人在其权限范围内，以财产权利人名义实施法律行为产生的债务，均由财产权利人承担，但不影响适用第 6:172 条的规定。

2. 财产权利人可证明处于信托管理下的财产足以清偿的，信托管理人不得以其他财产偿还本条第 1 款所称的债务。

第 4:175 条 信托管理财产用于清偿的情形

1. 信托管理期间，仅有以下情形之一的，信托管理人可以处于信托管理的财产进行清偿：

(1) 原本可以处于信托管理下的财产清偿的遗产债务；

(2) 与处于财产管理下财产有关的债务；

(3) 财产权利人在第 4:166 条和第 4:167 条规定的范围内有权实施的法律行为产生的债务；

(4) 财产权利人无权实施的法律行为但根据第 4:168 条第 1 款有效的，该法律行为产生的债务。但财产管理人可证明财产权利人可以不在信托管理下的财产全部或者部分清偿的除外；

(5) 信托管理人的行为产生的债务，并且根据第 4:174 条应当由财产权利人承担的。

2. 财产在保留信托管理的条件下转让给其他人的，信托管理人仍需承担本条第 1 款第 5 项所称的债务。

3. 财产用于清偿后不再属于信托管理下的财产，但完全或者同时为财产权利人以外的其他人的利益或者共有财产的利益而实施信托管理的除外。

第 4:176 条 用于债务清偿的情形

完全为财产权利人以外的其他人的利益或者共有财产的利益而实施财产管理的,信托管理人也可用处于信托管理下的财产,清偿财产权利人的其他债务,但该财产清偿后的剩余部分仍应当属于信托管理的财产。

第七节第四分节 信托管理终止

第 4:177 条 信托管理期限

1. 信托管理在其设立期限届满时终止。

2. 因继承人或者受遗赠人放弃继承或者遗赠,导致信托管理的目标利益消失的,该信托管理即终止。该放弃不具有溯及效力。

第 4:178 条 信托管理终止的情形之一

1. 完全为财产权利人利益而实施信托管理的,在财产权利人死亡时,该信托管理即终止。财产权利人为法人的,其解散时,该信托管理即终止,该法人可在被继承人死亡之日起 30 年后终止该信托管理。

2. 基于不可预见的情况,且由财产权利人管理处于信托管理下的财产是合理的,经信托管理人的申请,地方法院可以终止该信托管理。被继承人死亡之日起 5 年后,财产权利人也可以此种理由申请终止该信托管理。驳回终止信托管理的申请时,无论是否基于特定的情形,地方法院均可依申请变更信托管理的规定。

第 4:179 条 信托管理终止的情形之二

1. 为财产权利人以外的其他人的利益而实施信托管理的,在该利益消失且财产权利人和受益人共同向信托管理人以书面形式决定取消信托管理时,该信托管理即终止。该决定可以仅取消一项或者多项财产的信托管理。

2. 附开始期限或者延缓条件的遗赠或者遗嘱义务而实施信托管理的,被继承人死亡之日起 30 年后,该信托管理即终止。

第 4:180 条 信托管理终止的情形之三

1. 为财产权利人和一个或者多个其他人的共有财产的利益而实施信托管理的,该利益消失时,该信托管理即终止。

2. 被继承人死亡之日起 5 年后,财产权利人也可通过终止通知的方式终止该信托管理。

第 4:181 条 信托管理终止的预告期

1. 前条所称的终止通知,应当由财产权利人以书面的形式并遵守不少于 1 个月的终止预告期作出。

2. 财产权利人应当向信托管理人作出该终止通知，有利害关系人的，还应当向利害关系人作出。

第六章　继承的法律效果

第一节　一 般 规 定

第 4:182 条　继承的法律效果

1. 被继承人死亡后，继承人依法自动取得被继承人可移转的权利以及财产。根据第 4:13 条分割遗产的，不适用本款第 1 句的规定；此情形下，配偶依法自动取得被继承人的财产。

2. 债务不因被继承人死亡而消灭的，继承人还依法自动承担被继承人的债务和其他法律义务。遗产可分割的，各继承人按应继份的份额比例承担相应的债务，但继承人承担连带责任的除外。

第 4:183 条　继承人的返还请求权

继承人可以向任何无权利人请求返还属于被继承人遗产的财产，包括被继承人死亡时为第三方占有的财产。根据第 4:13 条分割遗产的，仅被继承人的配偶享有本条第 1 句所称的权利。

第 4:184 条　遗产债权人的权利

1. 遗产债权人可以请求以遗产中的财产受偿。

2. 除以下情形外，遗产债权人不得要求继承人以遗产以外的财产偿还其债权：

(1) 继承人无条件接受继承，但不属于其承担的债务的除外，不影响适用第4:14 条第 3 款和第 4:87 条第 5 款的规定；

(2) 继承人阻碍清偿债务，并对此存在过错；

(3) 继承人故意以丢弃、藏匿或其他方式妨碍债权人以遗产中的财产受偿的；

(4) 继承人作为清算人，严重违反清算义务，并对此存在过错。

3. 继承人接受限定继承并从遗产中获得财产的，以继承人从遗产中得到的财产价值为限，遗产债权人可以该继承人的财产受偿。参照适用第 4:223 条第 1 款的规定。

4. 根据本条第 2 款第 2 项或者第 3 项，继承人已对被继承人全部财产负责的人，即使其放弃继承，也应当对此承担责任。

5. 继承人必须履行给付金钱或者给付不属于遗产的财产的义务的，参照适用本条第 2 款的规定。

第 4:185 条　债权人权利的限制

1. 继承人未无条件接受继承的,债权人不得在被继承人死亡后 3 个月内以其遗产中的财产受偿,但被继承人破产时债权人也可以受偿的除外。

2. 此期间内,地方法院可经利害关系人的申请,采取一切必要的措施,以保护利害关系人的利益。

3. 此期间届满前,基于特殊情况,地方法院可一次或者数次延长特定债权人的债权期间。此期间的延长应当登记于遗产登记簿上。

第 4:186 条　遗产登记

1. 地方法院的书记员处应当设置公开的遗产登记簿。书记员必须依法在该登记簿中登记与开始继承的遗产的法律状况有关的事实。

2. 清算遗产的公证人必须向保管遗产登记簿的书记员报告并登记为遗产公证人。

3. 枢密院令可对遗产登记簿的设置和查询作出具体的规定。

4. 枢密院令可以规定,不同于本条第 1 款的规定,本条第 1 款所称的遗产登记簿,可由另一个地方法院的书记员或者书记员以外的其他人保管。枢密院令还可以规定,在遗产登记簿上进行登记时,登记权利人和义务人必须以符合法规规定的方式提供信息。

第 4:187 条　遗产登记的效力

1. 信赖遗产登记簿记载事实的人,涉及该事实时,视为善意。

2. 债务人信赖继承声明记载的事实,向无受领权人给付的,其可以对真正有权利主张给付的人主张免除该给付义务。

3. 信赖遗产登记簿记载事实的人,由于特殊情况应当进一步调查并由此可知该事实错误的,不适用上述各款的规定。

第 4:188 条　继承声明

1. 继承声明是公证人记载以下一项或者多项事实的公证文书:

(1)声明中所称的一人或者多人,无论是否为特定的应继份,均为继承人或者唯一继承人,并载明其是否已接受继承;

(2)被继承人的配偶对一项或者多项遗产中的财产,是否根据本编第 3 章第 2 节享有用益权,并载明配偶是否取得转让或者设定负担的许可、是否享有转让或者使用的权利,和配偶是否以及到何时为止享有第 4:29 条第 1 款和第 3 款所称的权利;

(3)根据第 4:13 条分割遗产的,应当载明配偶是否以及到何时为止享有第4:18

条第 1 款所称的权利;

(4)是否由遗嘱执行人、信托管理人或者本章第 3 节所称的清算人对遗产进行管理,并载明其权限;

(5)声明中所称的一人或者多人为遗嘱执行人、信托管理人或者遗产清算人。

2. 枢密院令可对声明的内容和制作作出具体的规定。

第 4:189 条　无继承人的遗产处理

被继承人没有继承人的,遗产中的财产在其死亡时由国家概括继承。

第二节　继承或者遗赠的接受和放弃

第 4:190 条　继承权的放弃

1. 继承人可以接受或者放弃继承。其中,接受可以是接受无条件继承或者限定继承,但必须先对被继承人的遗产进行清点,以评估该遗产的财产价值是否超过该遗产的债务。

2. 被继承人不得限制继承人的选择权。继承开始前,继承人不得对接受或者放弃继承作出决定。

3. 前款所称的选择不得附条件或者附期限。继承人不得仅对应继份的一部分做出选择。已接受继承的,该继承人可单独表示接受或者放弃被继承人附有条件的指定继承。

4. 本条所称的选择不得撤回,并且可追溯至继承开始时。继承人不得以错误或者损害一个或多个债权人为由撤销该接受或者放弃。

第 4:191 条　继承权放弃的登记

1. 前条所称的选择,应当通过继承人向被继承人死亡地地方法院的书记员处进行表示的方式做出。该表示应当登记在遗产登记簿上。

2. 继承人未选择概括继承的,地方法院可命令采取其认为适当的措施。

第 4:192 条　继承权放弃与否的确定

1. 继承人毫无保留地接受继承的,视为接受无条件继承,但其已做出选择的除外。

2. 继承人未选择的,地方法院可经利害关系人的申请,指定一个做出选择的期限,该期限自利害关系人将法院裁决送达继承人并将载有已送达内容的裁决登记在遗产登记簿上的次日起算。地方法院经继承人的申请,可在期限届满前一次或者数次延长该期限;该期限的延长应当登记在遗产登记簿上。

3. 期限届满继承人仍未做出选择的,视为接受无条件继承。

4. 继承人未做出选择的,并且其他一个或者多个共同继承人表示接受限定继承的,该继承人视为接受限定继承,但其在知道其接受限定继承之后3个月内表示接受无条件继承或放弃继承,或者在本条第2款规定的期限内或其延长的期限内表示接受无条件继承或放弃继承的除外。继承人仅能采用前条第1款规定的方式接受无条件继承。

第4:193条 法定代理人

1. 继承人的法定代理人不得为其接受无条件继承,并且需取得地方法院的批准,才可放弃该继承。其必须在取得遗产或者遗产份额后3个月内作出接受限定继承或者放弃继承的表示。该期限可以根据第4:192条第2款进行延长。

2. 该法定代理人期满未做出选择的,视为接受限定继承。地方法院可将其登记在遗产登记簿上。

3.《破产法》第41条所称的情形,不适用本条第1款和第2款的规定。

第4:194条 继承权份额的分配

1. 继承人在接受无条件继承后根据被继承人的遗嘱,知道其实际取得应继份的金额少于不存在遗嘱时可取得的应继份的,在其知情后3个月内,该继承人可以申请地方法院批准其接受限定继承。继承人不能用应继份清偿遗产债务的,并且已知道该遗嘱债务的,该继承人仍以其全部财产对此承担责任,但该继承人先前不知道的遗赠除外。

2. 继承人接受无条件继承后根据被继承人的遗嘱,知道其实际取得应继份的金额多于不存在遗嘱时可取得的应继份的,或者其接受无条件继承后发生的事件导致其应继份增加的,在其知情后3个月内,该继承人可以申请地方法院批准其接受限定继承。但未订立其他遗嘱或者未发生新事件的,继承人将以其全部财产对遗产债务、遗赠以及遗嘱义务承担责任。

第4:195条 限定继承

1. 一个或者多个继承人接受限定继承的,被继承人的遗产必须根据本章第3节的规定进行清算,此时所有继承人均为清算人。

2. 适用本章本节和第3节规定时,被继承人的配偶根据本编第3章第2节享有用益权的,视为继承人,但法律另有规定的除外。

第4:196条 公告

地方法院经利害关系人的申请或者依职权,可以在荷兰政府公报以及一份或者数份指定的报纸上公布继承人接受限定继承的事宜。

第4:197条 遗产公证人的义务

1. 受继承人任命的限定继承的遗产公证人,必须向地方法院的书记员报告任命的情况,以便登记在遗产登记簿上。该公证人还必须尽快通知其他继承人该任命事宜。

2. 作出上述通知后1个月内,经超过半数的继承人或者应继份超过半数的继承人的申请,地方法院可以指定愿意接受任命的其他遗产公证人。指定之后,该公证人必须尽快向法院书记官处报告更换公证人的情况,以便登记新任命的公证人。该公证人还必须尽快通知原遗产公证人和其他继承人该更换事宜。

3. 地方法院已根据前条公告限定继承的,应当采用相同方式公告遗产公证人的任命,并载明其姓名和地址。

第4:198条　继承人共同清算的权力

除地方法院另有规定外,继承人应当共同行使其作为限定继承清算人的职权,但必要之时,任一继承人均可单独实施通常的保存财产的行为以及不得迟延履行的其他行为。

第4:199条　提供担保的情形

1. 经利害关系人或者遗产公证人的申请,地方法院可要求一名或者多名接受限定继承的继承人为因其管理以及履行其他义务可能引起的债务提供担保。地方法院应当确定提供担保的金额和种类。

2. 继承人发现限定继承的遗产的债务价值超过其财产价值的,应当尽快向地方法院通知此事项。

第4:200条　遗产债务的分担

1. 基于清算的目的,限定继承的继承人应当适用以下各款的规定,但其以全部财产对自己承担的遗产债务承担责任的除外。

2. 被继承人对继承人的请求权和在继承人财产上享有的定限物权,以及继承人对被继承人的请求权和继承人在被继承人财产上享有的定限物权之间,不因混同而消灭。

3. 继承人以自己的其他财产履行遗产债务的,该继承人应当按照该债务的金额和顺位成为遗产债权人。继承人以自己的其他财产履行遗产中给付金钱的遗嘱义务的,参照适用前1句的规定。

第4:201条　遗赠的放弃

1. 遗赠可无须接受而取得,但受遗赠人在尚未接受该遗赠前,仍可放弃该遗赠。

2. 经利害关系人的申请,地方法院可以指定一个期限,要求受遗赠人在该期限内表示是否放弃遗赠;期限届满未作出表示的,受遗赠人即丧失放弃该遗赠的权利。

3. 受遗赠人放弃遗赠的表示必须明确作出,但不受任何形式的约束。

第三节　遗 产 清 算

第 4:202 条　遗产清算的法定事由

1. 有以下情形之一的,遗产应当根据本节规定进行清算,但不影响适用第 4:221 条的规定:

(1)一个或者多个继承人接受限定继承的,该继承人必须先对遗产进行清点,以评估该遗产的财产价值是否超过该遗产的债务价值,除非已任命有权清偿到期债务及履行遗赠的遗嘱执行人,并且其可证明遗产中的财产足以清偿全部遗产债务;对此产生的争议,由地方法院裁判解决;

(2)地方法院任命遗产清算人的。

2. 遗产净资产为正值的,继承人的法定代理人可向地方法院申请取消其依法承担清算遗产的义务。

3. 根据第 4:13 条分割遗产的,仅被继承人的配偶选择限定继承时,遗产清算才可依法进行,此时不适用本条第 1 款第 1 项的规定。

第 4:203 条　限定继承中接受法院任命的清算人

1. 限定继承中,有以下情形之一的,地方法院可以任命清算人:

(1)经继承人的申请;

(2)有义务管理遗产的人严重违反义务而不适合履行清算义务或不能确保履行清算义务的,或者在清算前已开始分割遗产的,经利害关系人或检察院的申请。

2. 法院任命的人应当取代继承人担任该遗产的清算人。

第 4:204 条　法院任命清算人

1. 一个或者多个继承人未接受限定继承,并且必须先清点遗产的,经以下人员的申请,地方法院可以任命清算人。

(1)有以下情形之一的,经利害关系人或者检察院的申请:

①没有继承人的;

②继承人不明的;

③没有遗嘱执行人管理遗产且现有继承人未管理全部或者部分遗产的。

(2)有以下情形之一的,经遗产债权人的申请:

①到期的遗产债务尚未履行完毕即开始分割遗产的;

②由于遗产不足、管理不善或未正常清算,或者其他债权人开始以遗产中的财产受偿,导致可能无法及时全额清偿遗产债务的。

(3)继承人或者遗嘱执行人的行为可能严重损害继承人的一个或者多个其他债

权人的利益的，经该债权人的申请。

2. 根据第4:13条分割遗产的，被继承人及其配偶婚姻共同体中的全部财产、属于共有财产的债务或者可以共有财产偿还的债务，以及取代上述财产和债务的替代财产和替代债务，参照适用本条第1款第2项和第3项的规定。

第4:205条　继承人放弃继承的清算

继承人放弃继承明显损害其债权人的利益的，经债权人的申请，地方法院可以命令为该债权人的利益对被继承人的遗产进行清算。必要之时，法院可以为此目的指定清算人。

第4:206条　任命清算人的程序

1. 地方法院应当在询问或者适当传唤申请人后，以及在听取存在且知道身份的继承人、遗产公证人和遗嘱执行人的意见或者适当传唤后，才能决定任命清算人。

2. 地方法院可指定继承人、遗嘱执行人或者其他人作为清算人，并要求该清算人提供其认为适当的担保。任命两名以上清算人的，各清算人均可单独从事所有必要的工作，但地方法院在任命时或者之后另有规定的除外。

3. 法院任命的清算人有权取得报酬，该报酬应当由地方法院制作分配方案时评估确定。

4. 被任命的人在法院的任命决定为终审决定且具有既判力时，成为清算人。该决定可立即执行的，在法院的书记员通知任命决定的次日，成为清算人。

5. 经清算人的申请，或者基于重大事由，经其他清算人、继承人、遗产债权人或检察院之一的申请，或者依职权，法院可以作出免职的决定。申请期间，地方法院可作出假处分的决定，并中止清算人的职务。清算人死亡、适用自然人债务重整计划、被宣告破产、处于成年人监护或者对其一项或多项资产实施本法第1编第19章所称的信托管理的，清算人的职务即终止。清算结束前，清算人缺席的，法院仍应当任命一名或者多名清算人，以填补清算人的空位。

6. 法院的书记员应当立即将清算人的任命及职务终止登记在遗产登记簿上。清算人还应将其任命和职务终止公布在荷兰政府公报以及一份或者数份指定的报纸上。

第4:207条　清算人提供账目的义务

原清算人必须以与信托管理人相同的方式，向其他人继任清算人的继任者提供账目。

第4:208条　任命监督法官

1. 地方法院在任命清算人时或者之后，可以任命一名法官担任监督法官。

2. 地方法院任命监督法官后：

(1)除法律另有规定外，本节规定所涉的地方法院的职责和权限，应当由监督法官行使；

(2)在没有清算公证人的情形下，第 4:211 条第 3 款、第 4:214 条第 5 款和第 4:218条第 1 款所称的文件，应当提交至地方法院的书记员处。

第 4:209 条　清算终止

1. 在遗产价值微小的情形下，经清算人或者利害关系人的申请，地方法院可以命令不收取清算遗产或者终止清算的费用。对于终止清算的申请，地方法院应当听取申请人的意见或适当传唤，以及听取存在且知道身份的继承人、清算人和遗产公证人的意见或适当传唤。任命监督法官后，经监督法官的申请，本款第 1 句的权限应当由该法官行使。

2. 作出终止清算的命令时，地方法院分院或者地方法院应当同时确认已发生的清算费用的金额，计入并由遗产进行支付，遗产不足的，应当由以自己全部财产对遗产债务承担责任的继承人支付。

3. 终止清算后，参照适用第 4:226 条的规定。

4. 终止清算应当采用与任命清算人相同的方式进行登记和公告。

5. 终止清算后，再申请任命清算人的，申请人必须证明遗产中的财产价值足以清偿清算费用。

第 4:210 条　清算程序

1. 清算人必须向地方法院提交其所需的一切必要信息，并遵循其指示进行清算。

2. 任命监督法官的，监督法官为了解关于清算的所有情况，可以采取与破产情形下的监督法官相同的方式听取证人和专家意见并适当传唤。

第 4:211 条　清算人提供财产清单的义务

1. 清算人应当尽到善良清算人的义务，清算和管理被继承人的遗产。基于清算的目的，遗产中给付金钱或者其他财产的义务，视为遗赠。

2. 清算人在履行其职责的清算期间，可在法律诉讼中或者法律诉讼外代理继承人。未经清算人参与或者未取得地方法院批准的，继承人无权处分遗产中的财产或者遗产份额。

3. 清算人必须制作或者令其他人制作私文书遗产的财产清单或者公证遗产的财产清单，包括该遗产的债务清单。其必须将清单提交给遗产公证人，没有遗产公证人的，提交给地方法院的书记员，以便继承人和遗产债权人查阅；继承人放弃继承的,该继承人的其他债权人经地方法院的批准,也可以查阅该清单。

4. 在继承人接受限定继承的情况下,地方法院可免除该继承人提交遗产的财产清单的义务。

5. 没有遗产公证人的,法官任命的清算人可以指定遗产公证人。接受该指定的公证人,必须通知继承人该指定事宜,并确保将此登记在遗产登记簿上。

第 4:212 条　清算人失职时的债务清偿权

继承人的法定代理人或者法院任命的清算人,因故意逃避以遗产中的财产清偿债务且给遗产债权人造成损害,并且其无法证明给遗产债权人造成实际损害的金额较低的,遗产债权人可以请求行为人偿还该债务。

第 4:213 条　婚姻共有财产的清算人

被继承人已结婚并有婚姻共同财产的,地方法院经遗产清算人的申请,可为已终止的婚姻共同体指定一名清算人,此情形下,应当适用本节关于清算的规定。被继承人死亡前共有财产已分割的,不适用本条第 1 句的规定。

第 4:214 条　遗产债权人的债权申报

1. 未公开召集遗产债权人的,清算人应当召集遗产债权人,以便其在地方法院指定的日期前向遗产公证人申报债权;没有遗产公证人的,应当向清算人申报债权。该召集必须采用与公告限定继承或者任命清算人相同的方式,并且应当尽可能地同时进行。

2. 清算人还必须以信函的方式召集已知的遗产债权人。清算人不知道债权人的地址的,应当向地方法院通知此事项。

3. 遗产债权人向遗产公证人或者清算人申报后,其债权的诉讼时效即中断。

4. 清算人不同意申报的债权或者其优先顺位或者等级顺位的,应当立即将不同意的理由通知给该债权申报人。

5. 召集债权人的期限届满后,清算人应当尽快起草一份载明承认和拒绝申报的债权及其顺位的清单并提交给遗产公证人,没有遗产公证人的,应当提交给地方法院的书记员,以供继承人、受遗赠人和债权申报人查阅。提交后,清算人应当通知上述主体该事项。

第 4:215 条　遗产的变卖

1. 为履行遗产债务的必要,清算人应当变卖被继承人的财产。遗产债权人享有请求权的财产应当最后进行变卖。

2. 清算人应当尽可能征求继承人的意见选择变卖的财产和变卖的方式。继承人或者对该财产享有请求权的债权人,反对变卖某项财产的,清算人可以请求地方法院对此作出决定。

3. 对遗产或者遗产份额享有用益权的人,也适用前款关于继承人的规定。

4. 清算人适用第3:68条的规定。

5. 被继承人订立的定额保险合同,未不可撤回地指定第三人为受益人的,参照适用《破产法》第22条之一的规定,其中:

(1)"破产管理人"替换为"清算人";

(2)"监督法官"替换为"地方法院";

(3)"投保人"替换为"继承人",根据本编第3章第1节分割遗产的,替换为"被继承人的配偶"。

第4:216条 遗赠返还

为清偿第4:7条第1款第1项至第7项所称的债务的必要,法院指定的清算人可以请求受遗赠人返还3年内取得的遗产。参照适用第4:122条第1款的规定。

第4:217条 债务的抵销

1. 遗产的债权人同时是被继承人的债务人的,参照适用《破产法》关于抵销权的规定。

2. 清算期间涉及分割被继承人与他人拥有的共同财产的,参照适用《破产法》第56条的规定。

第4:218条 清算人提交账目和分配方案的义务

1. 清算人在债权申报期限届满后6个月内,有义务将账目和遗产的分配方案提交给遗产公证人,没有遗产公证人的,提交给地方法院的书记员,以供相关主体查阅。地方法院可以延长该期限。

2. 清算人应当以与召集债权人相同的方式公告其提交账目和分配方案的事项,并以书面的方式通知继承人、受遗赠人和债权申报人该事项。

3. 在公告后1个月内,任何利害关系人可向地方法院或者地方法院任命的监督法官,对清算人提交账目和分配方案提出异议。

4. 需缩减移交遗产中的财产债务或者对此类财产设立定限物权的债务,应当转化为金钱债务。其他非金钱债务以及附条件的债务,仅经债权人的申请才可列入遗产的分配方案;此时,该债务也应当转化为金钱债务。第4:81条第2款、第4:82条所称的条件或者第4:83条所称的未到期的特留份债权,不列入遗产的分配方案。

5. 除此之外,关于计算债权、制作分配方案以及确定分配的其他事项,应当尽可能地参照适用《破产法》的相关规定。

第4:219条 债权人受偿的条件

法院命令被继承人的遗产必须基于放弃继承遗产的人的债权人的利益而清算

的,该债权人也可以向遗产公证人申报其债权,没有遗产公证人的,向地方法院的书记员申报。继承人未放弃继承时有剩余财产偿还给债权人的,该债权可列入遗产的分配方案;为此目的,清算人可以在必要时请求分配遗产并参与此种分配。

第 4:220 条　债务清偿的提存

1. 遗产的分配方案生效后,清算人必须根据该分配方案进行分配;法院指定的清算人必须将 6 个月内未分配的款项或者已预留的款项存放于提存机构处。

2. 遗产债权人在分配方案生效后才申报债权的,仅可以未变卖的财产和遗产的正余额进行清偿,但不影响以继承人的全部财产清偿该债权。未变卖的财产和遗产的正余额应当以债权申报时的金额为准。

3. 受遗赠人已从遗产中取得财产,且不能证明债权人根据前条足以受偿的,第 4:7 条第 1 款第 1 项至第 7 项所称的债权人,有权请求该受遗赠人予以清偿。请求受遗赠人清偿的权利,自受遗赠人取得财产所依据的分配方案生效之日起 3 年后失效。

4. 根据第 4:218 条第 4 款第 3 句不列入分配方案的特留份债权到期后,在不影响本条第 2 款和第 3 款适用的情形下,特留份权利人可请求继承人或者受遗赠人根据第 4:87 条第 5 款和第 6 款的规定清偿其债务。

第 4:221 条　清算简化

1. 接受限定继承的继承人担任清算人的,其必须先对被继承人的遗产进行清点,仅在地方法院有规定时,才须承担第 4:214 条第 1 款至第 5 款以及第 4:218 条所称的义务。

2. 在第 4:218 条第 1 款所称的期限内,清算人清偿所有已知的债权人的债务的,或者地方法院免除其义务的,该清算人无须提交账目和分配方案。债权人对此提出异议的,法院不得免除其义务。

3. 清算人未提交账目以供查阅的,其必须以与信托管理人相同的方式提交账目。

第 4:222 条　清算时适用条款的限制

对被继承人的遗产进行清算的期间,仅适用本法第 3 编第 7 章、第 4:166 条、第 4:167 条、第 4:169 条、第 4:170 条第 1 款和第 4:194 条第 2 款的规定。

第 4:223 条　个人债权的受偿

1. 债权人的债权在被继承人破产时可从被继承人的遗产中单独受偿的,该债权人有权在清算过程中单独受偿。参照适用《破产法》第 57 条至第 60 条的规定,但该法第 4:58 条第 1 款、第 4:59 条之一第 3 款和第 5 款以及第 4:60 条第 3 款所称的监督法官的权限，在未就清算任命监督法官的情形下，应当由地方法院行使。

2. 清算期间，被继承人遗产的债权人的债权及其顺位也可以通过法院裁决或者仲裁裁决进行确认。经法院裁决或者仲裁裁决确认的债权，仅在继承人也是一方当事人的情形下，才可以该继承人的全部财产进行清偿。

3. 清算人可在必要时申请地方法院取消对财产的扣押。

第 4:224 条　受偿顺序

仅在清算中所有已知的被继承人的遗产债务全部履行完毕后，继承人的其他债权人才可以遗产中的财产受偿。

第 4:225 条　清算公告和清算终止

1. 并非所有的继承人均确定的情形下，清算人必须在广泛发行的报纸上或者以其他有效方式召集继承人。

2. 由于遗产全部或者部分未被管理而任命清算人的，在全体继承人都已开始管理遗产并清偿清算费用后，该清算即终止。

第 4:226 条　清算后的剩余财产分配

1. 清算终止时有剩余财产的，法院任命的清算人应当将剩余财产移交给继承人，根据第 4:13 条分割遗产的，应当移交给被继承人的配偶。没有继承人或不知是否有继承人的，或者继承人不愿意接受该财产的，清算人应当将该财产移交给国家。

2. 准备接受剩余财产的继承人，仅对部分遗产份额享有权利的，清算人应当确保先分配该部分遗产。其后，清算人应当将已分配给未参与分配的未知继承人的遗产部分，移交给国家。

3. 国家有权出卖清算人移交给其的财产；除地方法院批准可在私人市场出卖或者出卖给特定的买受人外，登记财产仅能通过公开的方式进行出卖。

4. 遗产中的财产或者替代财产，在继承开始后 20 年内无人提出主张的，该财产或者其替代物归属于国家。

第四节　遗 产 分 配

第 4:227 条　适用条款

被继承人遗产的分配应当适用本节以下的规定，并且不影响适用一般共有财产分配的规定。

第 4:228 条　继承人债务的抵销

1. 经继承人中的一人或者多人的请求，在分配被继承人遗产时，继承人对被继承人负有的债务应当与其份额相抵销。

2. 另外，经所有继承人的共同请求，一个继承人对另一共同继承人负有的第4:7条第1款第6项至第8项所称的债务在遗产分割时已到期的，该债务可与其份额相抵销。

第4:229条　恢复赠与价值的义务

1. 在被继承人订立遗嘱或者赠与时作出此规定的，继承人必须代表其他继承人，恢复被继承人所做赠与的赠与价值。

2. 遗嘱可撤销关于赠与时规定的恢复赠与价值的义务。

第4:230条　有法定代理人的继承人的恢复义务

继承人作为被继承人遗产的其他继承人的代理人的，该继承人不仅应当恢复自己收到赠与的价值，而且必须按照其应继份的金额恢复被代理的人应当收到赠与的价值。

第4:231条　受赠人的恢复义务

除被继承人有相反规定外，受赠人已结婚且采用共有财产制或者处于本法第1编第8章第2节所称的一项或多项婚姻平等义务的婚约的，该赠与价值必须全部予以恢复。

第4:232条　恢复不影响继承人的责任

1. 继承人对被继承人遗产的债权人的责任，不受恢复赠与价值的影响。

2. 继承人获得应继份时，同时享有要求恢复赠与价值的权利并承担执行恢复赠与价值的义务。

第4:233条　恢复赠与的估价

1. 遗产分割时有义务恢复赠与价值的，应当按该价值减少该义务人取得的遗产份额，为其利益而恢复的人，其从遗产取得的份额应当附加该价值。赠与价值应当按照第4:66条的方式进行评估；该价值自继承开始之日每年附加6%的利息。参照适用第4:68条和第4:70条第3款的规定。

2. 赠与价值超过应继份的，继承人没有义务恢复该超越部分的价值。

第五编　物　权

第一章　所有权总则

第5:1条　所有权的定义

1. 所有权为人能享有的最广泛的财产权。

2. 所有权人可自由使用其物并排除其他人的干涉,但必须尊重他人的权利,并且遵守基于成文法和不成文法规则的各种限制。

3. 除他人有权享有孳息外,物的所有权人也是已分离的孳息的所有权人。

第5:2条　追回所有物的权利

物的所有权人有权向任何无权占有该物的人提出返还该物的请求。

第5:3条　附属物

除法律另有规定外,物的所有权人也是该物组成部分的所有权人。

第二章　动产所有权

第5:4条　占有

占有(第3:107条所称的)无主动产的人有权取得该动产的所有权。

第5:5条　拾得

1. 发现并控制遗失物的人有义务实施以下行为:

(1)根据本条第2款第1句的规定尽快向地方当局报告发现遗失物,但在其发现后已立即通知其认为是该遗失物的所有权人的除外；

(2)在住宅、建筑物或者交通工具中发现该遗失物的，根据本条第2款第2句的规定尽快向地方当局报告发现遗失物，但根据本款第1项无义务向地方当局报告的除外；

(3)应市政当局的要求，将该遗失物移交给该市政当局保管。

2. 本条第1款第1项所称的报告也可以向市政府为此目的指定的公务员作出。本条第1款第2项所称的报告必须向该住宅中居住的人，或者正在使用或者利用前段所称的建筑物或交通工具的人，或者基于居住人、使用人、利用人的利益而管理该物的人作出。

3. 拾得人有权随时将遗失物寄存于任何市政当局。不寄存的，拾得人必须保存并维护该物。

4. 拾得人可要求本条第2款第1句所称的公务员提供文件，以证明其已作出报告或者将该物寄存。

第5:6条　取得遗失物的所有权

1. 自符合第5:5条第1款所称的法律要求的拾得人作出第5:5条第1款第1项所称的报告之日起1年后，遗失物仍处于拾得人或者市政当局的控制之下的，该拾得人取得该物的所有权。

2. 该遗失物基于市政当局要求之外的其他原因寄存的，并且第5:12条第2项的规定表明该物无价值的，不适用本条第1款的规定；此情况下，市长有权在寄存3个月后，代表市政当局出售该物、无偿向第三人转移该物或者销毁该物。

3. 该遗失物寄存于市政当局的，市长可在寄存1年后，代表市政当局出售该物、无偿向第三人转移该物或者销毁该物，但不适用本条第1款和第2款的规定。

4. 在规定的期间届满前，或者在本条第2款和第3款所称的情形下在该期间届满后市政当局仍能合理处分该物的，所有权人或者其他有权受领该物的人为取回该物而向寄存机构报告时，不适用前述各款的规定。

第5:7条　拾得人依法取得的转让权利

通过立即将遗失物移交给住所的居住人，或者发现该物的场所的使用人、利用人，或者移交给基于居住人、使用人、利用人的利益而管理该物的人，拾得人可将其法律地位转移给该居住人、使用人、利用人，但无权获得报酬。

第5:8条　遗失物或者动物的出售或者损坏

1. 寄存于市政当局的遗失物容易损坏或腐烂的，或者因保管费用过高会产生其他损失的，或者因为其他理由不应当要求该市政当局继续保管该物的，市长有权出售该物。

2. 该遗失物不宜出售的，市长有权无偿向第三人转移该物或者销毁该物。

3. 遗失物为动物的，市长有权在照管该动物两周后将该动物的所有权转移给第三人，除适当情形下第三人须支付买卖价格外，该第三人可无偿取得该动物。不能无偿转让的，市长可以考虑杀死该动物。该动物的照管费用过高，或者基于医学原因必须杀死该动物的，市长无须遵守上述两周的规定。

4. 遗失物变卖所得的收益可替代该物。

第 5:9 条　遗失物为货币

寄存于市政当局的遗失物为一定金额的货币的，市政当局仅承担向权利人支付同等金额货币的义务。市长代表市政当局出售该物的，该义务即终止。

第 5:10 条　安全保管的费用和拾得人的报酬

1. 向市政当局或者符合第 5:5 条第 1 款所称的法律要求的拾得人请求返还遗失物的人，必须支付保管和维持该物的费用，以及寻找所有权人或者有权受领该物的人的费用。在上述义务履行前，该市政当局或者拾得人可以暂不返还该物。请求返还该物的人在收到有关费用的明细后 1 个月内未支付应付费用的，视为放弃对该物的权利。

2. 履行法律规定的必要义务的拾得人，有权依情形取得合理的报酬。

第 5:11 条　拾得人未及时申请返还遗失物

根据第 5:6 条第 1 款取得寄存于市政当局的遗失物所有权的拾得人，并未在其获得该物的所有权之日起 1 个月内向市政当局申请移交该物的，市长有权代表市政当局出售该物、无偿向第三人转移该物或者销毁该物。

第 5:12 条　枢密院令的附加规则

枢密院可以：

(1) 制定有关市政当局行使第 5:5 条至第 5:11 条规定的各种权利的细则；

(2) 指定应当适用第 5:6 条第 2 款所称的无价值之物的类型；

(3) 颁布关于指定特定类型的人和机构是否附条件全部或部分免除其依第 5:5 条第 1 款第 1 项所称的报告义务，或者为处理遗失物而将此类人和机构视为市政当局的细则；

(4) 将未被认领的物视为本条第 3 项所称的人或者机构发现的遗失物。

第 5:13 条　埋藏物

1. 埋藏物应当由发现者和发现该埋藏物所在地的不动产或者动产的所有权人按均等的份额所有。

2. 埋藏物是指持续地隐藏相当长的时间，并且无法查明该物的所有权人的有价值的物。

3. 埋藏物的发现者必须根据第 5:5 条第 1 款第 1 项进行报告。未报告或者无法确定该物所有权人的，市政当局可根据第 5:5 条第 1 款第 3 项的规定在确定有权取得该物的人之前将该物寄存于该市政当局。

第 5:14 条　动产的添附

1. 动产成为另一视为主物的动产的组成部分的，该动产的所有权相应地转移给主物的所有权人。

2. 所有的动产均不可视为主物，并且属于不同所有权人的，这些所有权人共同成为新物的所有权人，各所有权人依其原物的价值在新物中所占的比例取得该新物的份额。

3. 主物是指某物价值显著超过其他物的价值或者根据普遍可接受的观念视为主物的物。

第 5:15 条　动产的混合

属于不同所有权人的动产以某种方式混合为单一物的，参照适用前条的规定。

第 5:16 条　动产的加工

1. 某人将一项或者多项动产加工成新物的，该新物应当归原物所有权人所有。原物归属于不同的所有权人的，参照适用前两条的规定。

2. 部分或者全部使用不属于自己的一项或者多项动产为自己加工或者让他人加工成新物的，该新物应当归加工人所有，但因加工成本不高，加工人取得该新物所有权明显不合理的除外。

3. 将不同的物质转变为某一新物质或者某种植物的，参照适用前述各款的规定。

第 5:17 条　取得孳息

在孳息分离时，孳息的所有权应当归属于对物享有权利而有权取得该物的孳息的人。

第 5:18 条　丧失动产所有权

所有权人在以抛弃动产的意图放弃对该动产的占有（第 3:107 条所称的）时，即丧失该动产的所有权。

第 5:19 条　丧失动物所有权

1. 驯养动物的所有权人在驯养的动物脱离其控制时，即丧失对该动物的所有权。

2. 非驯养动物的所有权人,在该动物获得自由后并且该所有权人没有试图立即再次捕获或者停止再次捕获时,即丧失对该动物的所有权。

第三章　不动产所有权

第5:20条　土地所有权的范围

1. 除法律另有规定外,土地所有权包括:

(1)地表;

(2)地表以下的土壤层;

(3)自然或者通过泉、井、泵抽的方式进入地面的地下水;

(4)土地上的水,但与他人土地上的水直接相连的除外;

(5)直接或者通过与其他建筑物、工作物连接而持久地附着于土地上的建筑物和工作物,但该建筑物和工作物为他人不动产的组成部分除外;

(6)附着于土地上的种植物。

2. 不同于本条第1款的规定,由一根或者多根用于运输固体、液体、气态物质、能量或信息的电缆或者管道组成网络的,并且该电缆或者管道将被安装或者将安装在管道的上方或者上方的,该网络应当属于合法安装的人或者其法定继承人所有。

第5:21条　使用地上及地下空间的权利

1. 土地所有权人有权使用地表上方和地表下方的空间。

2. 地表上方和地表下方空间过高或者过低,以致土地所有权人无理由反对此种使用的,其他人也可使用地表上方或者地表下方的空间。

3. 空域的飞行权,不适用前述各款的规定。

第5:22条　进入他人的土地

任何人均可进入未被圈住的土地,但该进入给土地所有权人造成损害或妨害,或者所有权人明确未经其许可不得进入的除外,这不影响适用有关公共道路的法律规定。

第5:23条　寻找和取回物或者动物

1. 某物或者动物由于所有权人故意或者重大过失以外的其他原因在他人土地上的,经该物或者动物所有权人的请求,土地所有权人必须允许其追踪和取回该物或者动物。

2. 该物或者动物所有权人必须赔偿因追踪和取回该物或者动物给土地所有权人造成的损害。土地所有权人对与该请求权有关的该物或者动物享有留置权。

第5:24条　无主的不动产属于国家

无主的不动产,归国家所有。

第 5:25 条　海底的所有权

领海的底部,包括瓦登海的荷兰部分,归国家所有。

第 5:26 条　海滩的所有权

沙丘底部的海滨沙滩,推定为归国家所有。

第 5:27 条　公共水道的所有权

1. 公共水道底部的土地,推定为归国家所有。

2. 有以下情形之一的,不适用此推定:

(1)存在维护公共水道的公共机构,并且该种机构未从国家处接管该项维护工作的;

(2)曾维护公共水道的公共机构,已将该项维护工作交由国家或者其他公共机构接管的。

第 5:28 条　公共不动产的所有权

1. 除海滨沙滩外,由公共机构维护的公共不动产,推定为归该公共机构所有。

2. 接管该维护的人员,不适用此推定。

第 5:29 条　河岸线边的土地

除特意开垦或者暂时淹没外,河岸土地的边界随河岸线的移动而移动。第一次发生淹没之日起 10 年后,该土地仍处于被淹没状态且尚未被开垦的,此种淹没即非暂时的淹没。

第 5:30 条　确定边界

1. 土地和水流的所有权人已根据第 5:31 条确定其土地的边界的,或者法院在一方当事人对另一方当事人提出要求时根据第 5:32 条确定的,前条所称的河岸线的移动不再改变河岸土地的边界。边界确定后对所有的权利人均具有拘束力。

2. 公共登记簿中登记的所有权人代替真正的土地所有权人作为当事人一方参加边界的确定的,也适用前款的规定,但真正的所有权人在登记前对确定边界的文书或者裁决提出异议的除外。

第 5:31 条　通过登记公证文书确定

1. 土地和水流的所有权人可通过制定确定边界的公证文书,并于制定后 14 日内将此文书登记于公共登记簿而确定边界。

2. 公共登记簿的保管人应当向所有登记为所涉财产的权利人或者扣押人通知该登记的事项。

3. 公证文书标出的边界与现有河岸线不同的,第三人在该确定边界的公证文书登记时,作为所涉财产的承租人、扣押人或者对其中一块土地享有权利的,其仍可将现有的河岸线视为已确定的边界。

第 5:32 条　由法院裁决确定的边界

1. 仅在提起确定边界的诉讼已登记于公共登记簿上,且任何登记为所涉财产的权利人或者扣押人均已及时参加诉讼的,法院方可受理确定边界的诉讼并予以适当的通知。

2. 法院应当根据诉讼登记时的河岸线确定边界。在裁决支持诉讼请求之前,法院基于未出庭的利害关系人的利益,可命令采取措施或者提交证据。

3. 原告应当承担相关的诉讼费。

4. 在法院不予受理的情况下,撤销之诉、上诉和撤销原判之诉必须自提起 8 日内登记于《民事诉讼法典》第 433 条所称的登记簿。不同于该法第 143 条的规定,裁决书并未送达至本人的,撤销之诉的期限应当自裁决书送达至登记于登记簿上的人之日起算,但法院已命令采取进一步的送达措施且此种命令未得到遵守的除外。

5. 在法院支持诉讼请求的裁决登记于登记簿时,边界即确定。在裁决成为终审裁决且具有约束力之前,法院不得进行此种登记。

第 5:33 条　边界确定后河岸线的移动

1. 确定边界后,公共水流的河岸线向内陆移动的,被淹没土地的所有权人必须根据水流的目的允许他人使用水流。

2. 确定边界后,毗邻土地的所有权人基于特定目的向河岸线的方向移动的,其可以要求在被开垦土地上享有一项或者多项地役权,以便继续行使对水流的权利。

3. 基于特定目的使用水流且为此种目的取得水岸土地上的一项地役权的人,参照适用前款的规定。

4. 根据第 5:32 条确定边界的,自法院裁决登记于公共登记簿时或者在水岸线移动时,适用前述各款的规定。

第 5:34 条　确定河岸线

前述 5 条所称的河岸线应当由通常水位确定,或者在水位发生周期性变化时,应当由通常高水位确定。但通常情况下,并不生长于水中的植物被淹没的,也视为位于河岸线的界线上。

第 5:35 条　沙丘的移动

1. 两个沙丘结合为一个沙丘且彼此无法区分的,在海滩上形成的新沙丘应当归与该沙滩相邻的沙丘的所有权人所有。

2. 新沙丘的所有权人可能因沙丘的塌陷而丧失成为海滩一部分的土地所有权。

3. 海滩和沙丘的所有权人已确定其土地的边界的,或者法院已根据一方当事人对另一方的要求确定的,本条第1款和第2款中所称的新沙丘的形成和现有沙丘的塌陷均不改变该沙丘所有权的性质。参照适用第5:30条至第5:32条的规定。

4.除本条第1款和第2款所称的情形外,沙丘的增大或者减少不改变该沙丘所有权的性质。

第5:36条　水道或者密集的界墙作为边界线;共有

墙壁、篱笆、栅栏、沟渠或者无法通行的水流、沟渠、运河或类似的水道作为两块土地的界墙的,该界墙推定为相邻土地的边界线。墙壁仅支撑一侧建筑物或者工作物的,不适用该种推定。

第四章　相邻不动产所有权人的权利和义务

第5:37条　私益妨害

不动产所有权人不得通过第6:162条所称的足以构成侵权行为的方式对其他不动产所有权人造成妨害,包括发出噪声、振动、气味、烟尘,或者剥夺不动产所有权人的采光、通风或建筑物支撑等方式。

第5:38条　排水

低地必须接受从高地自然流下的水。

第5:39条　水流流向的改变

土地所有权人不得在一定程度上或以不合法的方式改变流经其土地的水流或地下水的流向、流量或质量,或者使用与他人土地上的水直接相连的水流,或者通过第6:162条所称的足以构成侵权行为的方式对其他土地所有权人造成妨害。

第5:40条　公共水域

1.不属于第6:162条所称的足以构成侵权行为的方式,并且不会对其他不动产的所有权人造成妨害的,相邻公共或者流动水域的土地所有权人可以基于灌溉、牲口饮水或者其他类似目的使用水流。

2.涉及公共水流的,仅在水流目的不违反该种使用的范围内,才可适用前款的规定。

第5:41条　市政法令的改变

市政法令可变更第5:38条、第5:39条和第5:40条第1款的规定。

第5:42条　靠近他人土地边界的植物

1.相邻权利人不得在本条第2款所称的他人不动产边界的距离之内,放置树木、灌木或者篱笆,但该他人为此目的表示同意,或者该相邻土地是公共道路或公共水域的除外。

2. 本条第 1 款中所称的距离,指从树基中间起算的 2 米,以及从灌木和篱笆起算的 0.5 米,但根据市政法令或者当地习惯适用某一更短距离的除外。

3. 相邻权利人不得反对高度不超过不动产间界墙的树木、灌木或者篱笆的存在。

4. 对于本条所称的禁止情形,相邻权利人仅须赔偿在终止警告发出之后产生的损害。

第 5:43 条　墙的定义

适用本章及下一章时,墙是指用石头、木材或者其他适宜于此目的的材料制成的不透光的隔板。

第 5:44 条　越界植物和越界的植物根部

1. 在土地所有权人发出预先通知后,相邻权利人仍未移走伸到其土地的植物的,该土地所有权人有权基于其自身权利,在未经相邻权利人的授权的情况下,自行砍伐和清除延伸到自己土地上的植物。

2. 土地所有权人有权砍伐和清除从他人土地延伸到其土地上的植物根部。

第 5:45 条　掉落的果实

某相邻土地上的树木的果实掉落后,该果实应当归有权享有该相邻不动产孳息的人所有。

第 5:46 条　界标

土地所有权人可随时向相邻不动产的所有权人要求,在两者不动产的边界处设置合理的明显标志,或者必要之时更换原有的标志。所有权人应当遵守本规则且平均分担相关的费用。

第 5:47 条　由法院确定边界

1. 相邻不动产之间的边界不明确的,任一不动产的所有权人均可请求法院确定两者的边界。

2. 相邻不动产之间的边界不明确的,不适用占有人即所有权人的推定。

3. 法院在确定边界时,可以依情况将边界不明确的地区划分为等值或不等值的部分,或者将整个区域分配给一方当事人,或者不给予任何一方相应的补偿。

第 5:48 条　围栏

土地所有权人有权在其土地上设置围栏。

第 5:49 条　界墙

1. 在市政当局不间断的建筑区域的相邻不动产的所有权人,均可要求其他所有权人配合在不动产的边界处建立一道 2 米高的界墙,但市政法令或者地方习惯对建立该种界墙的方式或者高度另有规定的除外。所有权人应当平均分担设置分隔界墙的费用。

2. 某不动产为公共道路或者公共水域的，不适用前款的规定。

第 5:50 条　窗户和阳台

1. 除相邻不动产的所有权人为此目的表示同意的外，其他相邻权利人不得在位于距离相邻不动产的边界 2 米内的墙上的窗户或者其他开口以及阳台或者类似的工作物进行观望。

2. 相邻不动产是公共道路或者公共水域的，或者相邻不动产之间存在公共道路或公共水域的，或者从开口或工作物获得的视野未超过位于距离开口或工作物 2 米内的一道墙的，相邻不动产所有权人不得反对此种开口或者工作物的存在。在不动产已丧失公共目的或者拆除墙之后，相邻不动产所有权人仍允许根据此规定的开口或者工作物的存在。

3. 本条所称的距离是指从开口所在的墙的外侧或者从朝向相邻不动产的工作物的突出部分，至以直角方式测量的不动产之间的边界或者墙的距离。

4. 除建筑物或者工作物在时效期间届满时已存在的外，相邻不动产所有权人由于时效原因无法请求拆除不符合前述所称的建筑物或者工作物的，其他相邻权利人不得在距开口或者工作物 2 米内建造对其他不动产所有权人构成不正当妨害的建筑物或者工作物。

5. 对于本条所称的不法情形，行为人仅须赔偿在终止警告发出之后产生的损害。

第 5:51 条　不透明窗户

在开口上安装永久固定的不透明窗户的，也可以在前条所称的距离以内的墙上开口采光。

第 5:52 条　出水口

1. 不动产所有权人必须给其建筑物和工作物安装顶部，以防顶部的水流到他人的土地上。

2. 法律或者市政法令未禁止的，不动产所有权人可将水排到公共道路上。

第 5:53 条　确保水或者废弃物不进入他人排水沟的义务

所有权人必须确保其土地之上的水或者废弃物不会进入他人不动产之上的排水沟内。

第 5:54 条　建筑物部分位于他人土地地表、地上或者地下

1. 建筑物或者工作物已部分建造在他人土地上、土地上空或者地下，且拆除比保留此部分对该建筑物或者工作物的所有权人造成损害更多的，该建筑物或者工作物的所有权人，可以在补偿对方的情形下取得一项地役权，或者选择请求所有权人将所需部分土地的使用权转移给自己，以维持现状。

2. 建筑物或者工作物倾斜到他人土地上的，参照适用前款规定。

3. 因法律规定或者法律行为产生容忍现状的义务的，或者所有权人基于主观恶意或重大过失建造或取得该建筑物或工作物的，不适用前述各款的规定。

第 5:55 条　倒塌的危险

土地所有权人受到相邻不动产上的建筑物或者工作物倒塌的威胁的，其可随时要求相邻权利人采取措施以消除该危险。

第 5:56 条　暂时使用他人的不动产

在某不动产上施工有必要暂时使用另一不动产的，除有重大理由拒绝或者推迟的外，所涉不动产的所有权人在收到对方作出的合理通知以及补偿的情形下，必须允许该使用。

第 5:57 条　指定必要通道

1. 某土地无法正常接入公共道路或者公共水域的，该土地所有权人可以随时请求相邻不动产的所有权人为其土地指定一条紧急通道，并提前支付补偿金或者为补偿金的支付进行担保，以便补偿因此给对方造成的损失。

2. 基于不可预见的情形，相邻不动产的所有权人因指定紧急通道给受到的损失高于根据本条第 1 款所称的补偿的，法院可以提高补偿的金额。

3. 相邻不动产的所有权人指定紧急通道时，必须充分考虑封闭土地沿着最短路径接入公共道路或者公共水域的利益，以及尽可能减少供役地进出该通道所带来的不便。相邻公共道路或者可以合理使用公共道路的土地通过法律行为在不同所有权人的多个土地上进行分割，且该道路与公共道路邻接或者与公共道路之间有合理通道的，土地所有权人应当优先考虑申请该独立的土地用于开辟紧急通道。

4. 因当地情况变化须改变紧急通道的，法院可经有利益关系的所有权人的申请而改变紧急通道的走向。

5. 不再需要紧急通道的，土地所有权人应当终止该权利。

第 5:58 条　必要的供水管道

1. 须通过管道接收别处的水的土地所有权人，在提前支付补偿金或者为补偿金的支付提供担保的情形下，可以请求相邻不动产的所有权人容忍管道从其土地的地上或者地下通过。

2. 参照适用前条第 2 款到第 4 款的规定。

第 5:59 条　不能通航的水流的边界

1. 相邻不动产的边界位于不能通航的水流、沟渠、运河或者类似的水道底部的，该不动产的所有权人应当作为共有人对整个宽度的水道享有相同的权利并承担相同的义务。各所有权人必须维护自己土地上的水流、沟渠、运河或者水道的路堤。

2. 各不动产所有权人均有权利和义务在其土地上接收因水道维护产生的清理物。

3. 各不动产所有权人的继承人应当受到所有权人之间协议的约束。

第五章　共　　有

第 5:60 条　基于法律行为设立的共有

共有是指两个以上的所有权人共同享有某一不动产的法律状态。各所有权人应当在为其财产的共同利益订立的公证文书中记载该共有，并于其后再将该文书登记于公共登记簿上。

第 5:61 条　共有的终止

1. 有以下情形之一的，依前条设立的共有即终止：

(1) 财产共同体终止的；

(2) 基于所涉财产的共同利益，各共有人在公证文书上载明终止共有，且登记在公共登记簿上的；

(3) 涉及各不动产的共同利益均已终止的。

2. 涉及各不动产的共同利益均已终止的事实，可登记在公共登记簿上。

第 5:62 条　基于法律规定而设立的共有

1. 属于不同所有权人的两项财产的边界位于围墙、栅栏或者篱笆底部的，为此目的独立存在的围墙、栅栏或者篱笆即构成共有财产。

2. 属于不同所有权人的两项建筑物或者工作物有界墙的，该界墙应当归各所有权人共同所有，且为此目的构成共有财产。

第 5:63 条　共有的特征

1. 共同所有权中的份额不能与所涉财产的所有权相分离；

2. 各共有人不得对共有财产提起分割之诉。

第 5:64 条　接近或者进入共有不动产的权利

各共有人均负有为其他共有人利用共有财产提供便利的义务。

第 5:65 条　维护、清洗及更新

全体共有人必须共同承担因维护、清洗及必要时更新共有财产所产生的费用。

第5:66条　将共有份额转让给其他共有人

1. 某一共有人可通过向其他共有人转让他在共有财产中的份额,而与共有财产相分离。

2. 共有人因不愿承担未来维护、清洗以及更新共有财产所产生的费用,而向其他共有人转让其共有财产的份额并承担转让费用的,其他共有人必须予以配合。但必要之时,为使得其他共有人能继续行使与共有财产有关的权利,转让人应当同意授予其他共有人一项地上权或者地役权。

3. 两个建筑物或者工作物之间的共用墙,以及市政当局不间断的建筑区域分隔两个不动产的围墙、栅栏或者篱笆,不适用前述各款的规定。

第5:67条　在界墙或者在界墙内进行建造

1. 在确保不损害相邻权利人已合法附着在界墙上的墙或者建筑物的前提下,各共有人均可在其共有的界墙上建造或者在最深达墙一半厚的地方安装横梁、框架、撑墙和其他工作物。

2. 除紧急情况外,各共有人均可要求在其他共有人开始安装建筑物之前,由专家确定必须以何种方式安装,以至于不会损害其已合法建造或者安装的墙或者建筑物。

第5:68条　修建排水沟的权利

在确保漕沟中的水不会排放到其他共有人财产上的前提下,各共有人均可在共有界墙的最深达墙一半厚的地方修建一条排水沟。

第5:69条　某些法律规定的排除适用

第3:168条另有规定的,不适用第5:65条、第5:66条第2款、第5:67条以及第5:68条的规定。

第六章　地　役　权

第5:70条　地役权以及地役费用的定义

1. 地役权是为需役地的利益,施加于供役地上的负担。

2. 地役权的设立应当采用公证文书的形式,并且该文书应当载明可使需役地的所有权人向供役地的所有权人承担定期或者不定期地支付一定地役费用的义务。

第5:71条　供役地上的负担的内容

1. 地役权施加于供役地上的负担包括在供役地或者需役地的地上、上空或者地下的容忍义务或者不作为义务。设立地役权的文书可以约定,建筑物、工作物或者植物全部或者部分位于供役地上的,该供役地上的负担应当包括所必需的建造建筑物、工作物或者种植物的义务。

2. 地役权施加于供役地上的负担，还应当包括维护供役地、维护目前或者将来全部或者部分在供役地上的建筑物、工作物或者种植物的义务。

第 5:72 条　地役权产生

地役权可通过设立取得或者时效取得。

第 5:73 条　地役权的内容

1. 设立地役权的公证文书应当规定地役权的内容和行使权利的方式，且在该文书未规定的范围内，权利人应当依据当地惯例行使地役权。已善意、长期且无异议地行使地役权的，该地役权的内容或者行使方式即为决定性的。

2. 地役权变动须为可能，且未减少需役地所有权人对地役权的收益的，供役地的所有权人可根据前款指定另一土地以供需役地的所有权人行使地役权。供役地的所有权人应当承担地役权变动的必要费用。

第 5:74 条　地役权的行使

需地役的所有权人必须以对供役地造成最少不便的方式行使地役权。

第 5:75 条　权利和义务

1. 需役地的所有权人承担所有相关费用的，其有权在供役地上从事行使地役权所必需的一切行为。

2. 需役地的所有权人支付所有相关费用的，其有权为行使地役权所必需而在供役地上建造建筑物、工作物或者种植物的权利。

3. 在维护供役地利益的必要范围内，需役地的所有权人有义务维护其在供役地上建造的建筑物、工作物或者种植的植物；需役地的所有权人有权移除供役地上的建筑物、工作物或者种植物，以恢复原状。

4. 供役地的所有权人无权使用需役地的所有权人在供役地上合法建造的建筑物、工作物或者种植的植物。

5. 设立地役权的公证文书，可排除前述各款的适用。

6. 涉及本编第 5 章所称的共有的，应当适用与此种共有有关的规则，而不适用本条第 3 款和第 4 款的规定。

第 5:76 条　供役地或者需役地的分割

1. 需役地被分割为两块或者多块单独的土地的，地役权继续存在于需役地被分割出的有利部分。

2. 供役地被分割为两块或者多块单独的土地的，根据设立地役权的公证文书和该地役权的性质，对于被分割出的部分仍可能成为供役地的，该部分将继续承担地役权的负担。

3. 设立地役权的公证文书,可排除前述各款的适用。

第 5:77 条 金钱债务的连带责任

1. 需役地或者供役地分属于两个或者两个以上所有权人的,无论其是合伙人还是需役地或者供役地的不同部分的所有权人,地役权在其权利存续期间所产生的到期的金钱债务未分担到其各自权利上的,各所有权人应当对该金钱债务承担连带责任。

2. 转让或者分割需役地、供役地或者其某部分或某份额的,取得人及其前手对本条第 1 款中所称的金钱债务承担连带责任,但该金钱债务应当在上述转让或者分割之前 2 年内到期。

3. 设立地役权的公证文书,可以排除前述各款的适用,但排除本条第 2 款的适用会损害受让人利益的,不得排除该款的适用。

第 5:78 条 地役权的变更或者终止

有以下情形之一的,法院可经供役地所有权人的申请,变更或者终止地役权:

(1) 基于不可预见的情形,根据合理和公平原则,不能再要求供役地所有权人保持原有的地役权不变的;

(2) 自地役权设立之日起已经过 20 年的,并且延续原有地役权的状态违背公共利益的。

第 5:79 条 法院终止地役权

地役权已无法行使或者需役地的所有权人对地役权的行使不再具有合理利益,且不可能恢复地役权的行使或者合理利益的,法院可经供役地所有权人的申请终止该地役权。

第 5:80 条 地役权内容的变更

基于不可预见的情形,需役地所有权人永久或暂时无法行使地役权的,或者在地役权上所享有的利益发生较大减损的,法院可根据需役地所有权人的申请,按照合理和公平原则,并且以能够恢复行使地役权的可能性或者恢复需役地所有权人的初始利益的方式,变更施加于供役地所有权人的地役权的内容。

第 5:81 条 附条件和定限物权人的利益

1. 法院可以根据其所确定的条件,裁决准许当事人根据第 5:78 条至第 5:80 条的规定提出申请。

2. 除定限物权人已参加诉讼的外,需役地或者供役地负有定限物权的,当事人不得提起上述所称的申请。法院在判断是否已遵守第 5:78 条第 1 项、第 5:79 条和

第5:80条所称的标准时,必须考虑到定限物权人的利益。

第 5:82 条　抛弃地役权

1. 需役地所有权人自己承担损失并放弃地役权,以免除承担附随于地役权的负担和债务的,供役地所有权人必须予以配合。

2. 对于最初 20 年的地役权,当事人可在设立地役权的公证文书中变更前款的规定。

第 5:83 条　需役地和供役地的所有权的混同

需役地和供役地归属于同一所有权人时,第三人租赁其中的一块土地或者对其中的一块地上享有其他的具有人身性质的使用权的,地役权仅在该第三人权利消灭时,才因混同而消灭。

第 5:84 条　由定限物权人设定地役权

1. 定限物权人在不动产上享有永租权、地上权或者用益权的,可为该不动产的利益设立地役权,也可使该不动产负担地役权。

2. 除设立地役权的公证文书另有规定外,定限物权人为其权利标的物的利益而设立地役权的,该地役权不因定限物权的终止而消灭。地上权人为其依地上权而所有的财产的利益而设立地役权的,同样适用上述规定。定限物权消灭后地役权继续存在的,第 5:82 条第 2 款所称的规定不再妨碍地役权的终止。

3. 定限物权人在其权利标的物上设立的地役权负担,因该定限物权的终止而消灭,但该终止因混同或抛弃所致,或者定限物权的标的物上的所有权人已通过登记于公共登记簿中的文书声明其同意设立该地役权的除外。地上权人在其依地上权而所有的不动产上设立地役权负担的,同样适用上述规定。

4. 适用本章其他条文时,永租权人、地上权人或者用益权人视为需役地或者供役地的所有权人。

第七章　永　租　权

第 5:85 条　永租权和地租的定义

1. 永租权是指永租权人享有的一项持有和使用他人不动产的物权。

2. 永租权的设立应当采用公证文书的形式,并且该文书应当载明永租权人有义务定期或者不定期地向所有权人支付一定金额的地租。

第 5:86 条　永租权的期限

当事人可在设立永租权的公证文书中规定永租权的期限。

第 5:87 条　永租权的终止

1. 永租权人可终止永租权,但设立的公证文书另有规定的除外。

2. 永租权人不履行义务并连续2年未支付地租的，或者严重不履行其他义务的，所有权人可终止永租权。该终止必须在8日内以书面形式通知给公共登记簿上记载的定限物权人或者该永租权的扣押人，否则终止无效。永租权终止后，所有权人在扣除其可向永租权人请求的包括费用在内的金额后，必须以永租权的现有价值补偿永租权人。

3. 任何改变前款规定且损害永租权人利益的约定均为无效。终止与永租权人不履行前款为此目的规定的义务无关的，设立永租权的公证文书也可授权所有权人基于其他理由终止永租权。

第5:88条　永租权终止的形式要件

1. 永租权可通过向对方发送传票的方式终止。该传票必须在生效之日起至少1年前送达，但第5:87条第2款中所称的终止，必须在生效之日起至少1个月前送达。

2. 除对公共登记簿上记载定限物权人或者该永租权的扣押人作出的终止永租权的通知已被登记外，保管人应当拒绝对第5:87条第2款所称的情形进行终止登记。

第5:89条　设立永租权的不动产收益

1. 除设立永租权的公证文书另有规定外，永租权人对不动产享有与所有权人相同的收益权。

2. 永租权人未经所有权人的同意，不得改变不动产的目的，也不得实施违反该物目的的行为。

3. 除设立永租权的公证文书另有规定外，永租权人有权在永租权期间和终止时移走其或者其前手非因履行义务或者收取所有权人支付价值补偿款后建造或者种植的建筑物、工作物或者种植物，以恢复原状。

第5:90条　孳息的获取

1. 除设立永租权的公证文书另有规定外，在永租权期间已分离或者已到期的孳息，以及永租权标的物产生的具有动产性质的收益，应当归属于永租权人。

2. 永租权标的物产生的具有不动产性质的收益，应当归属于所有权人。除设立永租权的公证文书另有规定外，该收益也为永租权的标的物。

第5:91条　永租权的转让和分割

1. 设立永租权的公证文书可以规定，永租权人未经所有权人的同意，不得转让永租权或者将其分割给第三人。该规定不影响永租权人的债权人通过丧失抵押品赎回权实现其债权。

2. 设立永租权的公证文书也可以规定,永租权人未经所有权人的同意,不得通过转让或者在标的物的一部分上设置定限物权而分割永租权。

3. 对于永租权人区分建筑物所形成的公寓权,也可适用前述各款的规定。该规定已载入公证文书的,永租权人可援引该规定对抗以特别资格取得公寓权的受让人。

4. 所有权人拒绝同意的理由明显不合理或者保持沉默的,需要取得同意的人可向对全部或者大部分永租权标的物有管辖权的地方法院提出申请,以法院授权替代所需的同意。

第 5:92 条　永租权属于两个以上的承租人

1. 永租权属于两个或者两个以上的承租人的,无论其是合伙人还是标的物不同部分的永租权人,在地租未在其权利上进行分担的范围内,各承租人应对永租权存续期间到期的全部地租承担连带责任。

2. 转让或者分割不动产或者部分不动产上的永租权或者永租权份额的,取得人与其前手对该前手在转让或者分割前 5 年内应付的已到期的地租承担连带责任。

3. 设立永租权的公证文书,可排除前两款的适用,但排除本条第 2 款的适用会损害取得人利益的,不得排除该款的适用。

第 5:93 条　转租

1. 除设立永租权的公证文书另有规定外,永租权人有权对全部或者部分的标的物进行转租。转租权人在该物上享有的权利不得超过永租权人对所有权人享有的权利。

2. 除混同或者抛弃而终止永租权的情形外,转租权随永租权的终止而消灭。为收取永租权的地租,所有权人可以不考虑转租权而扣押和执行永租权。所有权人通过登记于公共登记簿的公证文书声明其同意设立转租权的,不适用前两句的规定。

3. 适用本章其他条款时,永租权人在其与转租权人的法律关系中视为所有权人。

第 5:94 条　出租永租权标的物权利

1. 除设立永租权的公证文书另有规定外,永租权人有权在永租权标的物上设立租赁或者农业租赁。

2. 永租权终止后,所有权人必须遵守永租期间已适当缔结的租赁或者农业租赁合同。但在未经其同意,且约定的租赁期限超过当地惯例确定的期限的,所有权人可拒绝遵守上述租赁。《民法典》第 7 编第 4 章第 6 节中规定的商业场所的租赁期限超过 5 年的,或者农场及其建筑物的农业租赁期限超过 12 年的,或者农场土地的农业租赁期限超过6年的,或者租赁或农业租赁包含对所有权人负担过重的非通常条件的,也适用该规定。

3. 所有权人在承租人为其设置的拒绝遵守租赁的合理期间内未作出声明的,即丧失拒绝遵守租赁或者农业租赁的权利。

4. 根据前述各款的规定,所有权人没有义务遵守永租权人缔结的住宅租赁合同的,但在永租权终止时,承租人以此为主要居住地并适用第7:271条至第7:277条规定的,所有权人必须维持其与承租人的租赁合同。此情形下,所有权人与承租人之间的租赁参考适用第7:269条第2款的规定。

第5:95条　法律诉讼

为获得涉及所有权人和永租权人权利的法院裁决或者法院命令,所有权人和永租权人在确保另一方能及时参加诉讼的情形下,均有权独立地提起诉讼和提出申请。

第5:96条　通常费用和维修

1. 永租权人必须承担与永租权标的物相关的通常费用以及通常的维修义务。有必要进行特别维修的,永租权人必须通知所有权人并允许所有权人进行此种维修。但所有权人不负有实施任何维修的义务。

2. 永租权人必须偿还所有权人为有关标的物支付的非通常费用。

3. 设立永租权的公证文书,可排除前述各款规定的适用。

第5:97条　永租权的变更和终止

1. 永租权设立之日起25年后,法院可经永租权人或者所有权人的申请,基于不可预见的情形变更或者终止该永租权。根据合理和公平原则,该情形性质上应当为不得要求所有权人或者永租权人保持设立永租权的公证文书不变的情形。

2. 法院可根据其所确定的条件裁决支持上述所称的申请。

3. 永租权或者不动产上负有定限物权的,法院不得支持上述申请,但定限物权人已加入法律诉讼,且满足本条第1款中所称的条件的除外。

第5:98条　永租权的延期

1. 永租权人在永租权期限届满后未搬离不动产的,该永租权继续存在,但所有权人在永租权到期后最迟6个月内公开表示其认为永租权已终止的除外。所有权人和永租权人可根据第5:88条所称的方式和期限终止本款所称的延期的永租权。

2. 任何改变本条规定且损害永租权人利益的约定均为无效。

第5:99条　永租权终止后的补偿

1. 永租权终止时,前永租权人有权向不动产所有权人请求就其或者其前手已建造或种植且仍保留的,或者收取所有权人支付价值补偿款后建造或种植的建筑物、工作物和种植物,获得补偿。

2. 设立永租权的公证文书可规定在以下情形中,永租权人无权获得本条第 1 款所称的补偿:

(1)永租权标的物具有住宅建设以外的其他用途;

(2)永租权人并未自行承担建造或者种植建筑物、工作物和种植物的费用;

(3)永租权因永租权人的终止而终止;

(4)永租权人非因履行义务建造或者种植建筑物、工作物和种植物的,并且在永租权终止时有权将其移除。

3. 所有权人可从本条所称的应支付的补偿款中,扣除永租权人因永租权需支付的金额。

第 5:100 条　留置权

1. 永租权人有权在获得其应得的补偿款之前留置永租权的标的物。

2. 任何改变前款规定的约定均为无效。

3. 所有权人有权留置永租权人可能毁坏的物,直到该永租权人已支付所有权人根据永租权应当享有的请求权的金额。

第八章　地　上　权

第 5:101 条　地上权和地租的定义

1. 地上权是指一项在他人不动产的地上、上空或者地下持有或者取得建筑物、工作物或者种植物的物权。

2. 地上权可独立于另一物权,或者依存于此种物权或上款所称的不动产租赁上而设立。

3. 地上权的设立应当采用公证文书的形式,并且该文书应当载明地上权人有义务定期或者不定期地向所有权人支付一定金额的地租。

第 5:102 条　地上权的限制

设立地上权的公证文书可限制地上权人使用、设置或者移除建筑物、工作物和种植物的权利。

第 5:103 条　设立地上权的不动产收益

设立地上权的公证文书未对地上权的效力进行前条所称的限制的,地上权人对该不动产应当享有关于充分享有该权利所必需的一切权利。

第 5:104 条　地上权参照适用永租权的规则

1. 地上权参照适用第 5:92 条和第 5:95 条的规定。

2. 独立存在的地上权,参照适用第 5:86 条、第 5:87 条、第 5:88 条、第 5:91 条、第 5:93 条、第 5:94 条、第 5:97 条、第 5:98 条的规定。

第 5:105 条　地上权终止的效力

1. 地上权终止时,该地上权所在不动产的所有权人应当依法取得建筑物、工作物和种植物的所有权。

2. 除设立地上权的公证文书另有规定外,地上权人有权在权利终止时移除其和其前手并非因履行义务或者收取所有权人支付价值补偿款后而建造和种植的建筑物、工作物和种植物,以恢复原状。

3. 参照适用第 5:99 条和第 5:100 条的规定,但地上权人仅对建筑物、工作物和种植物享有留置权。

第九章　公　寓　权

第一节　一 般 规 定

第 5:106 条　公寓权的产生

1. 建筑物、建筑物占用的土地及附属物的所有权人、永租权人和地上权人有权将上述财产区分为公寓权。

2. 空地的所有权人、永租权人和地上权人也有权将该财产区分为公寓权。

3. 除设立公寓权的公证文书另有规定外,公寓所有权人有权将一项公寓权区分为多项公寓权。

4. 公寓权是指涉及区分财产的份额,包括作为独立单元使用的特定部分的专有使用权。该份额可能包括对建筑物占用土地的特定部分的专有使用权。根据本条第 2 款,该份额还可能包括根据其功能或者名称作为单独土地的空地的某些部分的专有使用权。

5. 公寓所有权人为有权取得公寓所有权的权利人。

6. 适用本章时,建筑物也指涉及同一建筑物的建筑物群。

7. 永租权人或者地上权人仅在取得土地所有权人的同意后,才能将该定限物权区分为公寓权。所有权人拒绝同意的理由明显不合理的或者保持沉默的,需要取得同意的人可向对全部或者大部分建筑物有管辖权的地方法院提出申请,以法院的授权替代其所需的同意。

第 5:107 条　未来公寓权的产生

所有权人、永租权人或者地上权人可以将其旨在建造或者改变规划的建筑物占用的土地及建筑物或者土地的附属设施上的权利区分为公寓权。此情形下,设立公寓权的公证文书登记时,公寓权即产生。

第5:108条　公寓所有权人的义务

1.公寓所有权人应当按照设立公寓权的公证文书的相关规定,相互承担遵守和维持建筑物及其占用土地的构造和布局的义务。

2.公寓所有权人根据第5:144条第1款第3项、第4项或者第8项规定提起申请的,法院在审理该申请的期间可裁定继续承担前款所称的义务。

第5:109条　区分

1.公寓权的区分通过为此目的制作的公证文书并将该文书登记于公共登记簿而生效。

2.设立公寓权的公证文书的备忘录应当附有设计图,以确定独立单元的使用以及公寓权中不同专有使用权的建筑物和土地部分的边界。该设计图必须符合第3:16条第2款所称的法律要求并登记在公共登记簿上。

3.适用本章时,设立公寓权的公证文书应当包括设计图,但法律另有规定的除外。

第5:110条　无处分权

1.区分公寓权的人对所涉区分的财产欠缺处分权,但其后对公寓进行有效的转让或者设立有效的定限物权的,该区分仍有效。

2.因时效取得公寓权的,无效区分视为有效区分。

第5:111条　公寓权区分文书的内容

设立公寓权的公证文书必须包括以下内容:

(1)对建筑物及相关土地的描述;

(2)建筑物和相关土地中独立部分的准确描述,以及将该部分分配给私人的专有使用权,上述描述可参照第5:109条第2款所称的设计图;

(3)公寓权的地籍号以及公寓所有权人的具体事项;

(4)适用于公寓权所有人之间的协议,包含准确定义的示范细则的条款和规定,但该示范细则应当已登记于公共登记簿中。

第5:112条　示范细则的内容

1.示范细则必须包括以下内容:

(1)全体公寓所有权人共同承担的债务和费用;

(2)关于上1年的年度收入和费用账目以及公寓所有权人分摊款的条款;

(3)关于非独立单元的建筑物部分的使用、管理和维护的条款;

(4)为全体公寓所有权人利益对建筑物投保的人以及该保险所涵盖的风险范围

的条款；

(5)为维护公寓所有权人的共同利益而成立的业主协会以及协会的章程。

2. 公寓所有权人的协会章程必须包括以下内容：

(1)协会的名称和其所在市政当局的名称。协会名称必须以“业主协会”开头，全称或者字母缩写“V. v. E”均可；此外，还必须标明建筑物和相关土地的位置。

(2)业主协会成立的目的。

(3)关于公寓所有权人至少每年一次向协会定期支付会费的条款。

(4)召集业主大会的方式以及确定各公寓所有权人在业主大会上表决的方式。

3. 公寓权的会员资格符合该另一协会的章程的，示范细则可规定根据该条款所有或者特定的公寓权附属于另一协会或者合作组织；示范细则还可确定其他具体的内容。

4. 示范细则可以包括使用、管理和维护旨在作为独立单元使用的建筑物部分的条款。此种条款可规定业主协会有权基于细则确定的重大原因，拒绝某公寓所有权人或者行使该权利的人使用上述建筑物部分。

第 5:113 条　相等的份额和责任

1. 因建筑物区分为公寓权而产生的份额相等，但设立公寓权的公证文书规定不同比例的除外。此种情形下，公证文书必须载明规定不同比例的依据。

2. 全体公寓所有权人之间以及全体公寓所有权人和业主协会之间，必须平均分摊依法或者依细则其应当支付的与各公寓权均相关的债务和费用，但细则另有规定的除外。

3. 公寓所有权人根据前款规定对债权人承担连带责任，并且债务履行是可分割的，应当仅依前款规定的比例承担各自部分的债务。

4. 公寓所有权人根据本条第 2 款的规定承担连带责任的，协会对此债务承担连带责任。

5. 业主协会的债务已存在的，公寓所有权人和业主协会对该债务承担连带责任；债务履行是可分割的，各公寓所有权人和业主协会应当依本条第 2 款所称的比例承担各自部分的债务。

第 5:114 条　公寓权成立时既存的扣押、抵押权或者优先权

1. 在设立公寓权的公证文书登记时，该区分涉及的全部登记财产负担有抵押权、扣押或者优先权的，此种抵押权、扣押和优先权附属于各公寓权并为整个债务提供担保。

2. 在设立公寓权的公证文书登记时，仅该区分涉及的部分登记财产负担有抵押权、扣押或者优先权的,该部分财产权利的执行不受区分的影响;财产执行的,该部分财产的区分即终止。

3. 地役权、永租权、地上权或者用益权负担于设立公寓权的公证文书登记时全部或者部分登记财产上的,此种地役权、永租权、地上权或者用益权在登记后继续保持不变。

第 5:115 条　区分涉及的永租权和地上权

1. 公寓权区分涉及永租权或者地上权的,各公寓权人应当在区分后根据第 5:113条第 2 款所称的比例分摊应当支付的到期地租。

2. 业主协会对一个或者多个公寓所有权人应当支付的地租承担连带责任。

第 5:116 条　区分涉及永租权和地上权时的补充规定

1. 公寓权区分涉及永租权和地上权的,应当适用以下各款的规定以补充第 5:87 条第 2 款和第 3 款以及第 5:88 条的规定。

2. 土地所有权人仅能以连续 2 年未支付应付的地租为由请求解除永租权或者地上权。

3. 一项或者多项公寓权负担有扣押或者定限物权的,此种扣押或者定限物权参照适用第 5:87 条第 2 款第 2 句和第 5:88 条第 2 款的规定。

4. 连续 2 年未支付应支付的某公寓权的地租的,法院可根据土地所有权人的申请裁判将该公寓权转让给该土地所有权人。传票未在 8 日内送达给公共登记簿上登记的定限物权人或者扣押人,法院应当驳回该申请。

5. 上述转让裁判在公共登记簿上登记后,该公寓权即转移给土地所有权人,并且公寓权上负担的定限物权和扣押也即消灭。在法院作出终审裁判前,土地所有权人不得进行上述登记。登记后,土地所有权人必须对前公寓所有权人进行补偿,补偿金额为该公寓权在登记时的价值减去土地所有权人根据永租权可向前公寓所有权人请求支付的包括费用在内的请求权的金额。

6. 设立公寓权的公证文书,可以指明计算前款所称的补偿金额的估值方法。

7. 任何改变本条规定且损害公寓所有权人利益的约定均为无效。

第 5:117 条　公寓权的可转让性

1. 权利人有权转让、分配、抵押和执行作为独立登记财产的公寓权。

2. 权利人不得全部或者部分转让、分配、抵押或者执行区分涉及的财产,但不影响适用第 5:114 条第 2 款的规定。

3. 权利人仅能通过设立公寓权的公证文书的方式变更涉及部分登记财产的区分终止。

4. 不同于本条第 2 款的规定，全体公寓所有权人可共同设立地役权。

第 5:118 条　公寓所有权人在独立单元上设立地役权

1. 除设立公寓权的公证文书另外规定外，某公寓所有权人可未经其他公寓所有权人的合作，在独立单元部分上为其他部分或者另一不动产的利益设立地役权。

2. 除设立公寓权的公证文书另外规定外，某公寓所有权人可未经其他公寓所有权人的合作，接受为独立单元部分的利益而设立的地役权。该公寓所有权人也可未经其他公寓所有权人的合作，抛弃该地役权。

3. 负有地役权或者为其利益已约定地役权的专有使用权终止时，本条所称的地役权即告消灭。

第 5:118 条之一　公寓所有权人在独立单元上设立永租权或者地上权

1. 除设立公寓权的公证文书另有规定外，公寓所有权人可在没有其他公寓所有权人或者定限物权人合作的情况下，在已区分建筑物、工作物和植被之外的部分上设立永租权。

2. 设立永租权或者地上权的公证文书应当载明其所有权人在多大程度上与公寓所有权人相邻以及共同承担公寓权的债务责任。

3. 除设立公寓权的公证文书另有规定外，永租权人将行使业主大会上的表决权，该表决权附于设有永租权的公寓权上。除设立公寓权的公证文书另有规定的外，已在其公寓权上设立地上权的公寓所有权人，应当在其公寓权所附的业主大会上保留投票权。

第 5:119 条　独立单元的物理改变

1. 公寓所有权人可未经其他公寓所有权人的同意而改变独立单元的部分，但不得损害其他部分。作出改变的公寓所有权人成为其所移除物品的所有权人。

2. 前款所称的公寓所有权人必须不迟延地通知业主协会相关的任何改变。实际改变导致保险费变动的，该公寓所有权人及其继受人应当负担由此产生的差额。

3. 区分终止时财产价值已被证明因改变而减少，并且该改变是被允许的，该财产价值减少应当计入作出改变的公寓所有权人或者其继受人的账户。

4. 示范细则可排除本条的适用；适用本条第 2 款时，可将使用方式的调整视为改变。

第 5:120 条　独立单元的使用

1. 公寓所有权人有权自己使用或者交由他人使用公寓的独立单元部分以及其有权共同使用的非独立单元部分，但不得违反第 5:112 条第 4 款的规定。

2. 公寓使用权人可适用关于使用、管理和维护公寓的细则条款。示范细则声明允许的,使用权人也可适用示范细则的其他条款。

3. 非经承租人的同意,其不受在租赁合同订立后登记的细则条款的约束。承租人拒绝同意或者保持沉默的,任一公寓所有权人可向全部或者大部分建筑物位于其辖区内的地方法院提出申请,并要求法院作出承租人受到该条款约束的裁决。

4. 区分终止后,租赁约定的期限符合当地习惯且该租赁未包含对区分所涉财产的权利人过于苛刻的非通常条件的,该权利人必须遵守并继续履行已经订立的租赁合同。

第 5:121 条　以法院授权替代必要的同意或者合作

1. 公寓所有权人为对非独立单元部分实施特定行为,或者在第 5:112 条第 4 款所称的条款的情形下为对独立单元部分实施特定行为,需要获得一个或者多个其他公寓所有权人、业主协会或者业主协会的机构的合作或者同意的,其可向全部或者大部分建筑物位于其辖区的地方法院提出申请,并要求以裁决授权替代此种合作或者同意。业主协会或者业主协会的机构为实施此种行为而需要一个或者多个公寓所有权人同意的,同样适用上述规定。拒绝同意的理由明显不合理的或者必须给予同意或者合作的人保持沉默的,法院可作出本款第 1 句所称的授权。

2. 前款所称的行为涉及费用的,地方法院也可根据公寓所有权人或者业主协会的申请,裁决确定全体或者一些特定公寓所有权人或者业主协会必须分担的比例。

3. 本条第 1 款所称的行为涉及新建筑物或者新工作物的,地方法院也可根据相关人员的申请,裁决由全部或者特定的公寓所有权人承担维护该建筑物或者工作物费用并确定分担的比例。

4. 涉及与建筑物各部分的管理或者维护有关的行为的合作或者同意,应当在给予其合作或者同意的业主协会上取得至少代表该建筑的一半的公寓所有权人的赞成投票。建筑物的状况不符合《住房法》第 1 条之一第 1 款或者第 1 条之二第 2 款的规定,或者存在严重威胁而可能导致该情况的,该合作或者同意也可以根据建筑物所在市政当局的要求作出的授权替代。

第 5:122 条　公寓权的特定继受或者分配

1. 除另有规定外,依特别资格转让公寓权或者分配公寓权的,该公寓权应当包括转让人以及前公寓所有权人取得的权利。

2. 在公寓所有权人转让或者分配公寓权后,取得人必须立即以书面形式通知业主协会该取得事宜。

3. 取得人和前公寓所有权人,应当对有关取得物应付的当前或者前一会计年度已到期或者将到期的债务承担连带责任。

4. 示范细则可规定前款所称的债务多大程度上由前公寓所有权人或者取得人承担。示范细则也可规定由前公寓所有权人而非取得人对将来到期的特定债务承担责任。

5. 公证人应当确保转让或者分配的公证文书包含业主协会的声明,并附上有关转让或者分配之日所涉公寓所有权人承担本条第 3 款所称的债务的报告。

6. 前款所指的声明还应当包括第 5:126 条第 1 款所称的业主协会储备金规模的报告。

第 5:123 条　用益权

1. 设有用益权的公寓权的用益权人将替代公寓所有权人,对全体公寓所有权人和业主协会所负担的债务承担连带责任。但在用益权终止时,用益权人有权要求公寓所有权人偿还其已支付的、非通常和日常修理费用的金额。

2. 已支付本条第 1 款所称的债务的公寓所有权人,可要求用益权人返还其已支付金额中的通常和日常修理费用金额加上自该费用支付之日起产生的利息。对于公寓所有权人支付的其他金额,用益权人仅应当承担从公寓所有权人支付起到用益权终止时的利息。

3. 除设立用益权的公证文书另有规定外,用益权人应当在业主协会中行使公寓权附带的表决权。

4. 公寓权上的用益权的设立、转让和终止,参照适用第 5:122 条的规定。

第二节　业 主 协 会

第 5:124 条　业主协会

1. 业主协会是法人。

2. 除第 2:4 条、第 2:6 条、第 2:13 条第 2 款、第 2:17 条、第 2:18 条、第 2:19 条第 1 款至 3 款及第 5 款第 2 句和第 6 款、第 2:20 条、第 2:21 条和第 2:22 条的规定外,公寓所有权人不适用本法第 2 编第 1 章的规定,并且应当考虑本章以下条款所称的变更。

3. 仅在本节提及时,才可适用本法第 2 编第 2 章的规定。

第 5:125 条　权利和成员资格

1. 业主大会在业主协会中拥有法律或者章程未赋予协会机构的一切权力。

2. 根据法律规定,全体公寓所有权人均为业主协会的成员。某成员非公寓所有权人的,其成员资格也依法终止。

3. 参照适用第 2:40 条第 2 款的规定。

第 5:126 条　管理和代表

1. 除独立单元部分外,业主协会负责管理全体业主的共同财产。

2. 业主协会在其权力限度内,可在法律诉讼中和法律诉讼外代表全体公寓所有权人。

3. 业主协会有权监督某公寓所有权人依法和依细则的规定履行对另一公寓所有权人所负的债务;出于监督的目的,业主协会可对公寓所有权人提起诉讼。此情形下,公寓所有权人包括从公寓所有权人处取得使用权的人。

4. 业主协会成立后 2/3 的公寓权尚未转让的,业主协会不得订立超过 1 年的维护协议。

第 5:127 条　参加业主大会

1. 所有公寓所有权人均有权参加业主大会。除章程另有规定外,决议需经所投票数的绝对多数表决通过。

2. 除章程另有规定外,业主大会将从协会成员中任命协会主席。协会的主席和董事会均有权召集业主大会。

3. 一项公寓权被分割为不同的公寓权的,被分割的公寓所有权人的表决权属于其原公寓权衍生而来的公寓所有权人。该表决权的行使主体应当由业主协会执行委员会在分割原公寓权时成立的业主大会上投票决定。原公寓权分割产生的公寓所有权人均有权参加业主大会。但仅本款第 2 句所称的执行委员会有权在本次会议上发言。

第 5:127 条之一　法院授权市政当局

1. 存在严重威胁的情形,并且该情形可能会使独立单元部分不符合《住房法》第 1 条之一第 1 款的规定或者第 1 条之二第 2 款的规定的,全部或者大部分建筑物位于其辖区的地方法院可经市政府的申请作出以下授权:

(1)按照章程规定的方式召开业主协会会议。

(2)参加会议,在会议上发言并就以下方面提出建议:

①建筑物各个部分的管理和维护;

②对储备金的捐款;

③其他协会或者合作社的成员,以维护建筑物的各个部分;

④董事会的组成;

⑤将管理外包给专业经理。

(3)由董事会成员以外的其他成员主持会议。

2. 本条第 1 款所称的会议召集通知应当声明是根据法院裁决发出的,并由市政当局负责。法院授权错误的,根据章程或者业主协会内部规章规定的方式发出的召集通知仍有效。

3. 除提起法律审的上诉外,不得对地方法院的裁决提起上诉或者其他法律救济。

第 5:128 条　共有部分的使用

1. 示范细则未规定相关情形的,业主大会有权制定非独立单元部分的使用规则。

2. 各公寓所有权人均可请求使用人声明是否愿意遵守前款所称的规则。使用人不愿声明或者保持沉默的,全部或者大部分建筑物位于其辖区的地方法院可根据任一公寓所有权人的申请,作出该使用人受到该规则约束的裁决。

第 5:129 条　与第 2:14 条的联系;无效决议

1. 适用第 2:14 条时,设立公寓权的公证文书视为章程。

2. 适用第 2:15 条第 1 款第 3 项时,根据第 5:111 条第 4 项构成设立公寓权的公证文书部分的内容,不视为示范细则。

第 5:130 条　业主协会的无效决议

1. 不同于第 2:15 条第 3 款的规定,全部或者大部分建筑物位于其辖区的地方法院应当以裁决的方式宣告业主协会某机构的决议无效,此种裁决可由地方法院经请求此种宣告无效的人的申请根据第 2:15 条第 3 款的规定作出。

2. 请求人必须在已知或者已能知决议作出之日起 1 个月内提出宣告该决议无效的申请。

3. 地方法院应当分别传唤提出请求的人、有表决权的其他人以及业主协会进行听审。当事人仅能在终审裁决作出之日起 1 个月内提起上诉。

4. 在地方法院裁决宣告决议无效前,其有权中止该决议的执行。

第 5:131 条　董事会

1. 除章程规定董事会应当有两名以上董事外,业主协会的董事会由 1 名董事组成。有两名或者两名以上董事的,任一董事均对外代表业主协会,但章程另有规定的除外。

2. 业主大会可任命业主协会成员或者非协会成员为董事会成员,并可随时中止或者解散董事会。地方法院不能命令必须恢复董事与业主大会之间的雇佣协议。

3. 除章程另有规定外,董事会负责管理业主协会的资金并确保执行业主大会的决议。

4. 业主大会可决议排除适用前款的规定,并指令董事会实施履行职责的行为。

除第三人知道或者应当知道该决议外,公寓所有权人不得援引该决议对抗该第三人。

第 5:132 条　允许进入独立单元

在董事会履行其职责必需的范围内,独立单元部分的公寓所有权人和使用权人必须允许董事进入并使用该部分。董事为此目的指定的人员,享有同样的权利。

第 5:133 条　董事会缺位

1. 除章程或者业主大会另有规定外,业主大会主席可在董事会缺席或者履行职责存在障碍的情形下,代替董事会履行职责。

2. 业主协会或者全体公寓所有权人与其一董事有利益冲突的,业主大会主席可在其他董事缺席或者履行职责存在障碍的情形下,代替董事会履行职责。

第 5:134 条　对全体公寓所有权人的传票和通知

1. 传票或者通知需送达至全体公寓所有权人的,该传票或者通知可亲自或者在其住所交付给业主协会的一名董事,此情形下,无须填写公寓所有权人的名字和住所。

2. 董事必须立即向公寓所有权人通知传票或者通知的内容。

第 5:135 条　参照适用本法第二编的部分规定

参照适用第 2:45 条第 4 款和第 2:48 条的规定。

第三节　保险合同所生的权利

第 5:136 条　保险合同权利的行使

1. 根据示范细则,代表全体公寓所有权人为建筑物提供保险的人,可代表全体公寓所有权人行使保险合同所生的权利,并管理由此收到的保险赔款。

2. 业主协会决议修理的,代表人应当将收到的保险赔款用于此目的,此情形下修理后公寓权的价值比例必须等同于修理前。除已及时通知业主协会增建事实外,公寓权价值的计算,不得考虑某公寓所有权人已对独立单元部分所作的增建。

3. 代表人必须尽可能根据有关公寓所有权人的指示,对独立单元部分进行修理。

4. 仅有以下情形之一的,代表人才能向各公寓所有权人支付其在保险赔款中的份额:

(1)修理损坏后仍有剩余的;

(2)业主协会作出放弃修理或者放弃进一步修理的决议后经过 3 个月的;

(3)终止分割涉及的财产为公寓权的。

5. 示范细则可排除适用本条规定。

第 5:137 条　[预留]

第 5:138 条　有关修理或者修理方式的争议

全部或者大部分建筑物位于其辖区的地方法院可经直接利害关系人的申请,对有关修理或者修理方式发生的争议作出裁决。当事人必须在裁决作出之日起 1 个月内提起上诉。

第四节　设立公寓权的公证文书的修改和区分的终止

第 5:139 条　设立公寓权的公证文书的修改

1. 仅在取得所有公寓所有权人合作的情形下,设立公寓权的公证文书方可进行修改。

2. 修改需取得业主大会董事会合作的,根据设立公寓权的公证文书,该修改的决议至少应当达到占全体公寓所有权人票数的 80% 或者为此目的认为适当的多数表决通过。召集业主大会通过该决议的期限至少为 15 天。参照适用第 2:42 条第 1 款第 1 句、第 2 款第 1 句以及第 3 款的规定。

3. 设立公寓权的公证文书的修改需取得公寓权上定限物权人的批准,或者负有永租权和地役权的,需取得公寓权上永租权人和地役权人的批准。该修改还必须取得修改使其权利受到损害的人的批准。

4. 修改仅涉及示范细则的,无须取得扣押人的批准。

5. 以为此目的制作的公证文书的方式进行修改的,该修改在将该文书登记于公共登记簿后立即生效。修改涉及建筑物或者其占用土地中独立单元部分的边界的,参照适用第 5:109 条第 2 款的规定。

第 5:140 条　地方法院的授权

1. 前条第 1 款和第 3 款所称的公寓权所有权人或者使用权人保持沉默的,或者拒绝合作或者同意明显不合理的,全部或者大部分建筑物位于其辖区的地方法院可作出授权以替代此种合作或者同意。

2. 此种授权仅可根据持有业主大会至少半数表决权的公寓所有权人的申请作出。

3. 修改仅为改变各独立单元共同边界的,此种授权可根据两名或者多名公寓所有权人的申请作出,无论该修改是否改变所涉财产份额之间的相互关系,或者上述申请人对全体公寓所有权人依法或者依细则所负的债务和费用分担的相互关系。

4. 地方法院应当分别传唤根据第 5:139 条需要取得其合作或者批准的所有人员进行听审。

第5:140条之一　撤销变更区分文书的无效决议

1. 第5:139条第1款和第3款所称的公寓权所有权人或使用权人保持沉默的，或者拒绝合作或者同意明显不合理的，全部或者大部分建筑物位于其辖区的地方法院可根据第5:127条之一第1款第2项所称的法规作出授权以替代此种合作或者同意。

2. 业主大会上代表至少一半表决权的一名或者多名公寓所有权人通过相关决议的，此种授权仅可根据建筑物所在地的市政当局的申请作出。

3. 地方法院对于根据第5:139条需取得其合作或者批准的所有人员，应当根据本条第2款所称的申请，依次按照姓名听取其意见。

第5:140条之二　撤销修改区分文书的无效决议

1. 以多数票通过第5:139条第2款所称的关于设立公寓权的公证文书的修正案的决议无效的，法院可驳回未表决赞成该决议的公寓所有权人的诉讼请求。

2. 公寓所有权人可在业主大会通过该决议的次日起3个月后提起请求撤销该无效决议的诉讼。

3. 申请人未因修改而遭受任何损害的，或者已取得足额合理的补偿的，法院可拒绝撤销该无效决议。

第5:141条　宣告修改无效

1. 设立公寓权的公证文书的修改未取得前两条所称的批准或者替代批准的授权的，法院可根据未给予批准的人的申请，裁决宣告该修改无效。

2. 请求宣告修改无效的诉讼时效期间为1年，自申请宣告无效的人已知或者已被书面通知该修改之日起算。

3. 原告未因修改而遭受损失或者已取得足额合理补偿的，法院可驳回其诉讼请求。

第5:142条　区分文书修改对既存的定限物权、扣押和优先权的效力

1. 设立公寓权的公证文书修改后，公寓权上负担的定限物权和扣押附属于被修改的公寓权，但修改文书另有规定的除外。

2. 优先权在设立公寓权的公证文书修改后继续存在。

第5:143条　区分的终止

1. 有以下情形之一的，公寓权区分应当依法终止：

(1)区分所涉的永租权或者地上权终止，但区分涉及其他登记财产，或者该终止在同一不动产上设立新永租权或者地上权的除外。

(2)对区分所涉的一块地征收的裁判登记于公共登记簿，但涉及其他地块的除外。

2. 其他情形下，公寓权区分可通过以为此目的制作的公证文书终止，并且该文书应当登记于公共登记簿上。参照适用第5:139条第1款，第5:140条第1款、第2款及第4款和第5:141条的规定。

第5:144条　法院命令

1. 有以下情形之一的，全部或者大部分建筑物位于其辖区的地方法院，可根据设立公寓权的公证文书的修改或者终止区分需取得合作或者批准的人的申请，命令修改或者终止该文书：

(1) 设立公寓权的公证文书与第5:111条和第5:112条所称的要求不符的；

(2) 独立单元部分的布局未实现此种目的的；

(3) 建筑物的构造、布局或者相关土地的布局与设立公寓权的公证文书的描述不一致或者不再一致的；

(4) 适用第5:107条进行区分时，自登记之日起3年内未完成建筑物的构造或者布局的修改的；

(5) 区分所涉的登记财产和其他财产的永租权或者地上权已终止的；

(6) 区分所涉的一项或者多项登记财产已被执行的；或者部分地块已被征用的；或者已进行区分的人无权处分区分涉及的一项或者多项登记财产的；

(7) 建筑物受到严重损坏或者全部或部分被毁坏的，但在合理期限内可预见进行修理的除外；

(8) 全体公寓所有权人订立协议修改或者终止区分的。

2. 法院可根据其所确定的条件许可该申请。

3. 参照适用第5:140条第4款的规定。

第5:145条　遵守法院命令

1. 法院作出终审裁决后，公寓所有权人必须遵守前条所称的命令。此情形下，设立公寓权的公证文书的修改或者终止区分无须取得第5:139条第1款和第5:143条第2款所称的批准。

2. 适用第3:300条时，地方法院已任命代表人的，可根据直接利害关系人的申请或者依职权，确定该代表人的薪酬。该薪酬应当由被代表人支付。

第5:146条　公寓权区分终止后，既存的定限物权、扣押和优先权的地位

区分终止后，公寓权上的定限物权、扣押以及优先权应当附属于前公寓所有权人区分所涉的财产部分的份额。

第5:147条　解散的业主协会的财产清算

1. 区分终止的，应当依法解散业主协会。

2. 清算应当适当遵守第 2:23 条至第 2:24 条的规定。

3. 业主协会的财产在清偿完债权人的债务后，清算人将剩余财产按照第 5:113 条第 1 款规定的份额分配给区分终止时的各公寓所有权人。

4. 此情形下，不适用第 2:23 条第 2 款第 1 句和第 4 款以及第 2:23 条之三第 1 款的规定。第 2:23 条之二第 4 款所称的用于检查的账户必须移交给在全部或者大部分建筑物所在地的法院。管辖权并不属于第 2:24 条第 2 款和《民事诉讼法典》第 995 条第 1 款第 2 句所称的法院，而属于全部或者大部分建筑物位于其辖区的同级法院。

第六编　债法总则

第一章　通　　则

第一节　一般规定

第6:1条　债的产生

债仅能依法产生。

第6:2条　债权人和债务人必须遵守合理和公平原则

1. 债权人和债务人必须按照合理和公平原则为或者不为一定的行为。

2. 在合理情形下按照合理和公平原则不能接受的，债权人和债务人之间不适用因法律、习惯或者法律行为而产生的有约束力的规则。

第6:3条　自然之债

1. 自然之债是指法律上不可强制执行之债。

2. 以下情形中的债为自然之债：

(1)根据法律规定或者法律行为不可强制执行的；

(2)一方当事人对另一方当事人负有某种道德义务，在法律上不可强制执行，但根据社会观念一方必须向另一方给付的。

第6:4条　参照适用债的规定

自然之债参照适用法律有关债的规定，除非法律或者其应有含义表明该规定适用于可强制执行之债。

第6:5条　自然之债转化为可强制执行之债

1. 通过债务人和债权人为此目的订立的合同，自然之债可转化为法律上可强制执行之债。

2. 债务人发出订立使债权人无偿受益合同的要约，债权人已知悉该要约且未不迟延地表示拒绝的，视为承诺。

3. 此种合同不适用有关赠与和捐赠的规定。

第二节　债务人的按份债务和连带债务

第 6:6 条　按份债务和连带债务

1. 两名以上债务人承担同一给付义务的，各债务人应当承担均等份额的债务，但根据法律、习惯或者法律行为应当承担不均等份额债务或者连带责任的除外。

2. 债务履行不可分割的，或者根据法律、习惯或者法律行为各债务人均对全部债务承担义务的，全体债务人应当承担连带责任。

3. 债务人和债权人约定债务转移给两个以上继受人承担的，继受人之间承担不均等份额债务或者连带责任。

第 6:7 条　连带债务的履行

1. 两名以上债务人承担连带责任的，债权人有权要求任一债务人全部履行。

2. 任一债务人的履行，可解除其他连带债务人的清偿义务。债务因支付减让或者抵销而消灭的，或者法院经任一债务人的申请适用第 6:60 条的，也适用此规则，但法院对此另有规定的除外。

第 6:8 条　连带债务人之间遵守合理和公平原则

连带债务人之间的法律关系参照适用第 6:2 条的规定。

第 6:9 条　债权人抛弃债权并延长付款期限

1. 任一共同债务人均有权代表其他债务人接受债权人向其提出无偿抛弃某债务的要约，此情形下该要约也适用于其他债务人。

2. 在符合债权人意愿的范围内，债权人允许任一债务人延期付款的，也适用于其他连带债务人。

第 6:10 条　连带债务人之间的债务分配

1. 各连带债务人之间的相互关系，必须根据以下各款的规定承担各自份额的债务和费用。

2. 某连带债务人清偿的债务金额超过其份额的，超过部分应当由其他连带债务人承担，但最高不得超过连带债务人应当承担的份额；在相互之间内部关系的范围内，其他连带债务人均应当向其履行该债务人已承担的连带债务的部分。

3. 各连带债务人必须按各自承担债务的比例分担连带债务人负担的合理费用，但仅涉及连带债务人个人开支的除外。

第 6:11 条　抗辩

1. 要求分担前条所称债务的连带债务人,可援引承担共同债务时已有的对债权人的抗辩对抗该连带债务人。

2. 在承担共同债务后,连带债务人不得提起债权人与其或者对其实施法律行为所产生的抗辩。

3. 已被请求分担共同债务的人不得援引诉讼时效对抗债权人,但提出分担共同债务请求的人在承担共同债务时能以该时效届满对抗债权人的除外。

4. 连带债务人之间未有不同规定的,可适用前述各款的规定。

第 6:12 条　代位

1. 连带债务人可就其清偿债务的金额超过其份额的部分,通过代位求偿权请求各连带债务人和第三人履行。该履行责任应当以债权债务法律关系中的各连带债务人或者第三人应当承担的份额为限。

2. 债务内容为非金钱给付的,连带债务人可通过代位求偿权将非金钱债务转化为同等价值的金钱债务。

第 6:13 条　连带债务人的破产

1. 第 6:10 条和第 6:12 条所称的债务,被证明全部或者部分不能追索的,该部分应当由全体连带债务人根据其内部关系按各自份额的比例承担。

2. 某连带债务人全部或者部分清偿其不应当承担的债务,且能证明不可能向应当承担该部分债务的连带债务人追索的,该部分应当由全体连带债务人按照清偿该债务时各自份额的比例承担。

3. 本条第 1 款和第 2 款所称的参与分担的人可保留其对不能清偿的债务人的追偿权。

第 6:14 条　债权人抛弃债权对连带债务人内部关系的效力

债权人抛弃其对某连带债务人的债务的,并不能因此免除该连带债务人承担连带债务的责任。但债权人可通过减少该连带债务人应当分担的份额,以免除该连带债务人承担连带债务的责任。

第三节　多数债权人

第 6:15 条　按份债权和连带债权

1. 一项给付存在两名以上债权人的,各债权人按均等份额享有债权,但根据法律、习惯或者法律行为按不均等份额享有债权或者享有连带债权的除外。

2. 债务履行不可分割的,或者履行该给付的权利属于财产共同体的,所涉的债权人享有连带债权。

3. 由债务人与债权人之间的协议产生的债权，该债务人不知道且不应当知道该权利属于财产共同体的，债权人不得援引共有的事实对抗该债务人。

第6:16条　债权人间的法律关系参照适用共有规则

经债务人同意，两名以上债权人对一项给付并非全部享有连带债权的，其可分别向债务人请求履行全部债务，债务人对其中一人给付的，可免除向其他债权人给付的义务。债权人之间的法律关系参照适用共有规则。

第四节　选择之债

第6:17条　选择之债和选择权

1. 选择之债是指债务人根据其本人的选择，或者债务人根据债权人或第三人的选择，履行两项以上不同给付中的一项债务。

2. 选择权属于债务人，但法律、习惯或者法律行为另有规定的除外。

第6:18条　选择权的行使

选择权一经行使，选择之债即成为一项普通债务，债务人有义务履行选定的债务。

第6:19条　选择权的移转

1. 一方当事人享有选择权，但未在相对方设定的合理期限内行使的，该选择权即转移给相对方。

2. 选择权仅在债权人可请求履行时才能转移给债权人，仅在债务人可履行后才能转移给债务人。

3. 债权设有质押或者被扣押，且不行使选择权不能执行的，质权人或者扣押人可根据债权的相互关系设定行使选择权的合理期限。双方在该期限内未行使选择权的，选择权即转移给质权人或者扣押人。非因必要，质权人或者扣押人不得行使此项选择权。

第6:20条　选择权不受给付不履行的影响

1. 一项或者多项给付不能履行的，选择权的行使不受该给付的影响。

2. 债务人享有选择权的，其不得选择不能履行的给付，但该不能履行可归责于债权人或者债权人同意该选择的除外。

第五节　附条件之债

第6:21条　附条件之债的定义

附条件之债是指根据法律行为,其效力取决于将来不确定事件的债。

第6:22条　附停止条件之债与附解除条件之债的定义

附停止条件之债是指仅在不确定的未来事件发生时生效的债;附解除条件之债是指仅在不确定的未来事件发生时消灭的债。

第6:23条　故意影响未来事件的发生

1. 基于合理和公平原则,受有利益的当事人阻止条件成就的,该条件视为已成就。

2. 基于合理和公平原则,受有利益的当事人促成条件成就的,该条件视为不成就。

第6:24条　解除条件成就后的返还义务

1. 解除条件成就后,债权人必须返还已收到的给付,但该义务所具有的法律行为的内容或者应有含义产生不同结果的除外。

2. 债权人返还的给付涉及财产的,条件成就后已分离的天然孳息和可收取的法定孳息应当属于债务人所有;此情况下,条件成就后发生的费用和损失参照适用第3:120条至第3:124条的规定。

第6:25条　附停止条件之债应实施的给付在条件成就前已履行

附停止条件之债应当实施的给付在条件成就前已履行,但条件未成就的,债务人可根据本编第4章第2节的规定要求返还该给付。

第6:26条　附条件之债参照适用有关不附条件之债的规定

在债所附条件的性质允许的范围内,附条件之债可参照适用有关不附条件之债的规定。

第六节　债的履行

第6:27条　谨慎注意义务

必须交付特定物的人,有义务在交付前采取当时情形下谨慎债务人应当采取的方式妥善保管该物。

第6:28条　种类物的交付

当事人仅约定根据债务种类确定应当交付之物,但在该种类范围内有不同质量的物的,债务人不得交付低于中等质量的物。

第 6:29 条　债务人无权部分履行其债务

未经债权人的允许,债务人不得部分履行其债务。

第 6:30 条　第三人履行

1. 债务人以外的人可履行必须由债务人履行的债务,但该债务内容或者应有含义产生不同结果的除外。

2. 债权人在债务人同意下拒绝第三人履行的,不构成违约。

第 6:31 条　向无行为能力的债权人所为的给付

债务人错误地向无行为能力的债权人履行给付的,仅在该给付使无行为能力人的债权人受益,或者置于其法定代理人控制之下时,该债务人的债务才会归于消灭。

第 6:32 条　向债权人和其授权人以外的人履行义务

在应对之履行的人追认或者已由此受益的范围内,债务人向债权人以外的人或者向有权与债权人一起或者代表债权人受领给付的人履行债务的,该债务人的债务也归于消灭。

第 6:33 条　债务人向未得到授权的第三人履行

债务人已履行给付,但债权人因受查封或者负担由于定限物权、财产接管或者类似的障碍而不能受领给付的,该债务人再次履行给付后,有权对债权人行使追索权。

第 6:34 条　善意履行

1. 债务人有合理的理由相信受领给付者有权以债权人身份受领给付或者基于其他原因而向无权受领给付的人履行该给付的,该债务人可援引其债务因给付而消灭的事实对抗本应对之履行的人。

2. 某人丧失请求给付的权利,且该权利可溯及既往归于他人的,债务人可援引当时已实施给付的事实对抗该他人,但债务人能预见该权利丧失而停止给付的除外。

第 6:35 条　第三人给付

1. 第三人履行给付,且给付符合前条任一款规定的条件的,该第三人可为其利益主张免责的法律效果。

2. 债务人自己履行给付,且给付也符合前条任一款规定的条件的,该债务人可为自己的利益主张免责的法律效果。

第 6:36 条　追索权

在前两条所称的情形下,真正有权受领给付的人可向无权受领但已受领的人行使追索权。

第6:37条 中止其债务履行

债务人对必须为给付的人有合理怀疑的,有权中止履行债务。

第6:38条 立即履行

未设定债务履行期限的,债务人可立即履行该债务,债权人也可要求立即履行。

第6:39条 履行期限

1. 已设定债务履行期限的,推定债权人不能在规定的到期日之前要求履行。

2. 债务人在到期日之前履行债务的,不视为不当履行。

第6:40条 期限利益的丧失

有以下情形之一的,债务人丧失期限利益:

(1)债务人被宣告破产或者适用自然人还债计划的;

(2)债务人未提供承诺的担保物的;

(3)为债务提供的担保物可归责于债务人而发生减损的,但剩余担保物仍足以担保债务完全履行的除外。

第6:41条 履行地点

未确定债务履行地点的,标的物必须在以下地点交付:

(1)涉及特定标的物的情况下,债务发生时物之所在地;

(2)涉及种类标的物的情况下,债务人的执业地或者营业地或其住所地。

第6:42条 交付无权处分之物

债务人在履行债务时,交付其无权处分之物的,其可要求债权人将该物返还给所有权人,但同时应当提供符合债务内容且不违背债权人利益的物。

第6:43条 多项债务清偿的顺位

1. 债务人清偿同一债权人两项以上债务的,其所为的给付应当按给付时债务人指定的清偿顺序进行分配。

2. 在债务人未指定的情况下,该给付应当先清偿已到期的债务;同时有多个债务到期的,应当先清偿负担最重的债务;负担均等的,先清偿最先发生的债务;同时发生的,按比例进行清偿。

第6:44条 费用清偿顺序

1. 以金钱清偿特定债务时,该金钱给付应当首先清偿相关的费用,其次清偿已到期的利息,最后清偿本金和当期利息。

2. 债权人拒绝债务人提出不同的清偿顺序的,不构成本章第8节所称的迟延。

3. 债务人未同时支付已到期利息、当期利息和相关费用的,债权人可拒绝本金的全部偿还。

第 6:45 条　其他方式履行债务

仅在取得债权人同意的情况下,债务人才能以与其应给付的价值相等或者更高的其他方式履行债务。

第 6:46 条　支票或者其他支付单证

1. 债权人接受以支票、汇票、转账票据或者其他支付单证作为给付的,推定债权人以此种方式得到付款。

2. 债权人有权在债务人作出本条第 1 款所称的给付前中止其履行,也可保留此项中止权到确知或者能确知得到付款为止。

第 6:47 条　履行费用

1. 履行费用应当由履行债务的人承担。

2. 收据费用应当由出具收据的人承担。

第 6:48 条　收据

1. 除协议、习惯或者公平原则另有规定外,债权人必须为收到的每一笔给付出具收据。

2. 债权人持有证明债务存在的书面证据的,债务人可于清偿时要求债权人交还该证据,但债权人有合理利益继续保留该证据的除外。此情况下,债权人必须在该证据上载明债务人已解除其义务。

3. 债权人不遵守本条第 1 款规定的,债务人可中止履行。

第 6:49 条　履行不记名或者指示债券的书面证明

1. 债务人在履行不记名债券或者指示债券的债务时,可要求在付款凭证上注明已清偿并将该凭证交还给债务人。

2. 债务人的清偿不涉及全部债务的,或者债权人需该付款凭证以行使其他权利的,债权人可保留该凭证,但应当在凭证上注明该项给付,并单独向债务人出具一份收据。

3. 无论收取全部还是部分给付,债权人经相对人的要求,证实付款凭证已毁灭或已无价值的,或者债权人向相对人提供有效期为 20 年或该凭证项下的请求权约束的更短期限的担保的,债权人仅出具收据即可。

4. 债权人不遵守前述各款规定的,债务人可中止履行。

第 6:50 条　推定履行

1. 对于按期连续履行的同类债务,债权人出具两个连续履行给付的收据的,推定债务人已履行之前的债务。

2. 债权人出具本金收据的,推定债务人已支付相关的利息和费用。

第 6:51 条 担保

1. 依法必须提供担保的,或者担保为确立法律效果的必要条件的,为此目的提供担保的人可选择人的担保或者物的担保。

2. 所提供的担保必须足以清偿债务以及应计利息和费用,并且确保债权人能无困难地实现担保。

3. 所提供的担保因不可归责于债权人的原因而变得不充分的,债务人有义务补足或者更换该担保。

第七节 中止履行的权利

第 6:52 条 中止履行的一般规定

1. 债权与债务之间的关联足以证明中止履行行为具有正当性的,对债权人享有另一到期债权的债务人,在其享有的债权得到清偿前,有权中止履行其对该债权人的债务。

2. 债权与债务之间的关联,存在于同一法律关系或者当事人之间先前的经常性交易中。

第 6:53 条 中止履行可对抗相对人的债权人

债务人可援引中止履行的权利以对抗另一方的债权人。

第 6:54 条 无权中止履行的情形

有以下情形之一的,债务人无权中止履行:

(1) 交易相对方的债务履行构成本章第 8 节所称的迟延的;

(2) 交易相对方永久无法履行其债务的;

(3) 在法律允许的范围内,不得扣押交易相对方债权的。

第 6:55 条 提供足够担保以终止中止履行

除延迟履行不合理外,在债权人或者第三人提供履行债务的足够担保后,中止履行即终止。

第 6:56 条 债务人请求权时效届满后的中止履行

债务人请求权的诉讼时效届满后,其中止履行的权利可继续保留。

第 6:57 条 留置权

除本法第 3 编第 10 章第 4 节另有规定外,中止履行符合第 3:290 条所称的留置权的规定的,适用本节的规定。

第八节　债权人迟延

第 6:58 条　债权人阻碍债务履行

除不履行不可归责于债权人外,债权人没有为此目的提供必要合作或者由于债权人方面的其他障碍导致债务履行受阻的,该债权人构成迟延受领。

第 6:59 条　债务人中止履行

基于可归责于债权人的原因,债权人未遵守对债务人的义务,债务人因此正当地中止债务履行的,该债权人也构成迟延受领。

第 6:60 条　裁判免除债务人的债务

债权人迟延受领的,法院可根据债务人的申请免除其债务,并决定是否附条件。

第 6:61 条　债权人延迟与债务人延迟的关系

1. 债权人迟延受领的,债务人的迟延即终止。

2. 在债权人迟延期间,债务人不构成迟延。

第 6:62 条　债权人迟延期间不得采取执行措施

债权人在其迟延期间,无权采取强制执行措施。

第 6:63 条　补偿履行费用

债务人有权在合理限度内,请求债权人对履行费用、第 6:66 条至第 6:70 条所称的提存费用或者可归责于债权人迟延的其他费用予以赔偿。

第 6:64 条　债权人有过错,债务人承担有限责任

除债务人因自己或者其雇员的过错而未尽到当时应当尽到的注意义务外,在债权人迟延期间发生的全部或者部分适当履行不能的事件,不可归责于债务人。

第 6:65 条　债务人过错交付种类物损害

债务人有义务交付种类物并已通知债权人以替代物交付的,仅在债权人迟延受领的情况下,债务人才负为此目的交付特定物的义务。但债务人仍有权交付其他种类物。

第 6:66 条　债权人过错时,提存金钱或者物的权利

债务内容涉及支付金钱或者交付实物的,在债权人迟延受领的情形下,债务人有权基于债权人的利益将该金钱或者物提存。

第 6:67 条　提存程序

涉及金钱的,债务人应当依法以提示和存入账户的方式进行提存;涉及实物的,债务人应通过在交付时将标的物寄存于从事保管此类物的业务的人处实施提存。除第 6:68 条至第 6:71 条另有规定外,此种保管可适用有关提存的规定。

第 6:68 条　债务人不承担提存的金钱利息

债务人不承担前条所称的提存期间产生的任何金钱利息。

第 6:69 条　债权人迟延的消除

1. 债权人仅在提存期间受领已提存的款项和物，才能消除其迟延。

2. 债权人不受领提存之物的，提存人有权取回该提存物。

第 6:70 条　保管费用的赔偿

仅在债权人支付所有保管费用后，保管人才可向其移交提存物。移交后，保管人必须向提存人返还已收取之物。提存物在债权人付清所有保管费用之前已被移交的，与此相关的权利因对提存人支付而转移给保管人。

第 6:71 条　诉权的行使

不得在要求移交提存物的诉权到期后，对债务人行使诉权。

第 6:72 条　债权人迟延的法律后果及于各连带债务人

两名以上的债务人对债权人负有连带责任的，债权人迟延的法律后果及于各债务人。

第 6:73 条　债权人拒绝第三人履行债务

债权人拒绝第三人履行债务，但该第三人履行的债务符合债的内容，且其对此项履行有合法利益的，参照适用第 6:60 条、第 6:62 条、第 6:63 条和第 6:66 条至第 6:70 条的规定。

第九节　债务不履行的效力

第九节第一分节　一 般 规 定

第 6:74 条　赔偿损失的要求

1. 债务人不履行债务的，其应当赔偿债权人由此受到的损失，但不履行不可归责于债务人的除外。

2. 债务非永久履行不能的，债务人的迟延仅在适当遵守本节第 2 分节规定的情况下，才可适用第 1 款的规定。

第 6:75 条　不履行的正当理由

债务人不存在过错，且根据法律或者普遍接受的社会观念其也不应当对此负责的，该债务不履行不可归责于债务人。

第 6:76 条　辅助人的责任

债务人在履行债务时利用他人为一定辅助的，其应当对该他人的行为负有与自己行为相同的责任。

第6:77条　使用辅助物的责任

债务履行中使用的物不符合其目的的，该不履行可归责于债务人；但根据债务据以产生的法律行为的内容和应有含义、普遍接受的社会观念和其他情形认为归责于债务人不合理的除外。

第6:78条　适当赔偿责任

1. 债务人因不可归责于其的不履行获得利益的，必须根据不当得利的规则赔偿债权人因此受到的不超过该利益最高额的损失。

2. 该利益的形式表现为对第三人的债权的，债务人可通过向债权人转让该债权以承担前款所称的责任。

第6:79条　执行或者抵销的正当理由

债务人因不可归责于其的事由而无法履行债务的，债权人有权自行通过执行或者抵销实现其应得利益。

第6:80条　债权到期前的债务不履行

1. 有以下情形之一的，在债权到期前可发生债务不履行的效力：

(1)已确定债务不能按期履行的；

(2)债权人依据其与债务人的通信，推断债务人将来必然不会履行的；

(3)债权人有充分理由认为债务人将来不会履行债务，且债务人不遵守债权人发出的书面通知的，该通知已指明理由并要求债务人在规定的合理期间内确认其愿意并履行债务。

2. 迟延期间的债务不履行可归责于债务人的，债权人可在债权到期前要求债务人承担迟延履行的赔偿义务。

第九节第二分节　债务人迟延

第6:81条　迟延履行

除不履行不可归责于债务人或者债务永久履行不能外，债务已到期且具备第6:82条和第6:83条所称的条件，债务人未在应有期间内履行其债务的，该债务人构成迟延履行。

第6:82条　书面催告

1. 债权人以书面催告的方式为债务人履行债务指定合理期间，但债务人在此期限内未履行的，该债务人构成延迟履行。

2. 债务人暂时不能履行，或者其态度表明催告无效果的，债权人可通过书面通知的形式，声明债务人应当对不履行债务承担责任。

第 6:83 条　无须以书面形式确定迟延的情形

有以下情形之一的，债权人无须以书面形式确定，债务人即开始构成迟延履行：

(1)除期限设定显然另有目的外，为清偿设定的期限已过而未履行的；

(2)未即时履行侵权之债或者与第 6:74 条第 1 款所称的损害赔偿有关的债的；

(3)债权人从其与债务人的通信中推断债务人将来不会履行债务的。

第 6:84 条　债务人迟延期间的履行不能

债务人迟延期间发生的所有不可归责于债权人的履行不能，均应当归责于债务人；债务人必须赔偿债权人由此受到的损失，但在债务适当及时履行时，债权人仍将受此损失的除外。

第 6:85 条　迟延的补偿

债务人仅对在迟延期间内因迟延履行造成的损失承担赔偿责任。

第 6:86 条　拒绝履行

债务人的履行不包含此时应当支付的赔偿金和费用的，债权人可在迟延开始后拒绝该履行。

第 6:87 条　等值赔偿

1. 债务人非永久不能履行的债务已陷于迟延，且债权人以书面通知的形式请求债务人以赔偿替代履行的，该债务转化为支付等值赔偿金的义务。

2. 债务不履行的情节轻微，且债权人没有正当理由要求转化为损害赔偿义务的，该债务不得转化为支付等值赔偿金的义务。

第九节第三分节　债务不履行的其他效力

第 6:88 条　合理期间后债权人权利丧失

1. 债务人未履行其债务的，可为债权人设定合理的期间，此期间内该债权人必须通知债务人可实施的补救措施。债权人自期间开始时未确定补救措施的，其仅能要求：

(1)债务人在债务不履行时依法应当承担的损害赔偿责任，以及支付一定金额时的应付款项；

(2)债务人主张该不履行不可归责于其的，解除产生该债务的合同。

2. 债权人在债务人为其设定的合理期限内提出要求，但债务人在合理期限内未遵守该要求的，债权人可重新取得所有的法律救济，参照适用前款的规定。

第 6:89 条　未及时提出异议时，债权人的权利丧失

债权人已发现或者应当发现履行有瑕疵但未及时向债务人提出异议的，其不得再主张该瑕疵。

第 6:90 条　出售的权利

1. 交付存在障碍或者交付物容易损毁或灭失的情况下,因后续保管对债务人负担过重而无法要求其继续保管的,债务人有权以合理方式出售该物。基于债权人的利益而要求此种出售或者债权人明确表示同意此种出售的,债务人有义务为债权人出售该物。

2. 出售的净收益将替代原本该交付的物;此时,债权人由于债务不履行而享有的权利不受影响。

第九节第四分节　违约金条款

第 6:91 条　违约金条款

无论基于赔偿损失还是督促履行的目的,任何规定债务人在不履行时必须支付金钱或者实施其他给付的条款,均为违约金条款。

第 6:92 条　违约金条款的履行

1. 债权人不能同时要求债务人履行违约金条款和该条款所附的债务。

2. 违约金条款所附的债务将替代依法应得的损害赔偿。

3. 不履行违约金条款有关的债务不可归责于债务人的,债权人不得要求履行该条款。

第 6:93 条　要求履行违约金条款

债权人要求履行违约金条款的,应当与其依法要求赔偿损失作出同样的通知或者其他事前声明。

第 6:94 条　请求减少或者增加约定违约金

1. 根据合理和公平原则,法院可经债务人的申请酌情减少约定的违约金,但不得裁判债权人取得少于其因债务不履行而依法应得的赔偿金。

2. 根据合理和公平原则,法院可经债权人的申请,裁判其取得补充性的赔偿金,该金额为法定赔偿的约定违约金之外的增加额。

3. 任何改变本条第 1 款规定的协议均无效。

第十节　损害赔偿的法定义务

第 6:95 条　法定损害赔偿

法定损害赔偿应当包括对财产损害和其他损害的赔偿,后者应当在依法可取得相应赔偿权利的范围内。

第 6:96 条　财产损害

1. 财产损害包括债权人实际遭受的损失以及可得利益的损失。

2. 债权人可主张以下费用为财产损害：

(1)防止或者限制由于使某人承担责任的事件而造成损害的合理费用；

(2)评定损害和责任的性质和范围而发生的合理费用；

(3)在庭外和解的基础上支付而发生的合理费用。

3. 特定情形下，涉及本条第 2 款第 2 项和第 3 项的费用，应当限制在《民事诉讼法典》第 241 条所称的有关诉讼费的范围内。

4. 发生第 6:119 条之一第 1 款或者第 6:119 条之二第 1 款所称的商业交易的，本条第 2 款第 3 项所称的补偿费用至少应当为 40 欧元。无须任何通知，该款项在法定或者约定的付款截止日期之后的次日到期。此规则不得变更，以减损债权人的利益。

5. 枢密院应当发布具体规定，以补偿本条第 2 款第 3 项所称的费用。债务人为自然人且未在其专业执业或者业务过程中行事的，其不得变更此规则，以减损债权人的利益。此情况下，不适用《民事诉讼法典》第 241 条第 1 句的规定。

6. 债务人为自然人且未在其专业执业或者业务过程中行事的，仅在债务人构成第 6:81 条所称的迟延且已被通知在 14 天内履行的，该债务人才应当按具体规定承担赔偿责任，包括根据具体规定索赔的赔偿，该通知未载明未付款后果的，无效。此情况下，债务人应当在发出通知之日起清偿债务。

7. 同一债权人能够按照本条第 6 款的规定发出通知，以针对同一债务人的多项债务的，其必须在该通知中载明。计算补偿金额时，应当考虑该债权的资本总额。

第 6:97 条　评定损害

法院应当以最符合损害性质的方式对其进行评定。无法准确认定损害程度的，法院可以对该损害进行估算。

第 6:98 条　因果关系和归因

仅在损害与产生债务人责任的事件有关，且该损害在考虑其损失性质和责任性质后可归因于该债务人时，债权人才能够请求债务人对该损害予以赔偿。

第 6:99 条　由多个事件导致的损害

损害由两个以上的事件导致，并由不同人分别负责的，且已确定该损害至少由其一事件导致的，除非能证明损害并非由其负责的事件导致，事件的所有人均应当承担该损害赔偿义务。

第 6:100 条　抵销

同一事件使受害人遭受损失又获得利益的，在计算赔偿时，其所得利益必须在合理范围内予以扣除。

第6:101条　受害人的过错

1. 损失可归因于受害人的,受害人应当根据其和赔偿义务人在造成损失中的过错分担应赔偿的损失,以减轻赔偿义务人的赔偿义务。根据合理和公平原则,应当考虑案件中的过错严重程度和其他情形的,分担比例可有所不同或者该损害赔偿义务可不予分担或者全部消灭。

2. 适用前款时,赔偿义务涉及的物由第三人代表受害人控制的,可归因于第三人的情形也可归因于受害人。

第6:102条　连带责任和双方责任

1. 两个以上的人对同一损失负有赔偿义务的,应当承担连带责任。为根据第6:10条所称的内部关系决定他们之间的责任分担,可参照适用第6:101条的规定,但法律规定或者法律行为另有规定的除外。

2. 损失也可归因于受害人的,前款规定的每个人的赔偿义务适用第6:101条的规定。债权人请求受害人赔偿的总额,不得超过其在仅有一人承担该赔偿义务的情形下所能请求的金额。证明多名责任分担人中的一人不能全额赔付的,法院可根据其中一人的申请,适用第6:13条的规定,确定受害人也应当参与分担尚未赔付的部分。

第6:103条　损害赔偿的方式

损害赔偿应当以金钱的方式支付。但法院可经受害人的申请,裁判以金钱以外的其他形式支付。此裁判在合理期间内未被执行的,受害人可重新取得要求以金钱方式支付的权利。

第6:104条　受益人的补偿责任

因侵权行为或者不履行债务而对他人负有责任的人因该行为获得利益的,法院可经另一方当事人的申请,将该所得利益计入损失额。

第6:105条　对将来可能发生的损害的估计

1. 法院可部分或全部推迟计算尚未发生的损害,或者根据将来事件的各种可能进行计算。在此情形下,无论是否附随担保义务,法院都可裁判债务人通过一次性或者分期支付的方式予以支付;法院作出此裁判时,可指定附带的条件。

2. 法院裁判债务人承担定期支付赔偿额的,可在裁判中确定之后发生的影响赔偿义务范围的情形。法院在决定分期付款时未考虑该情形发生的可能性的,受理赔偿请求的一审法院可根据一方当事人的申请,裁判变更该分期付款。

第6:106条　非财产损害

1. 有以下情形之一的,受害人有权按照合理和公平原则确定非财产损害的赔偿金额：

(1)责任人故意加害的；

(2)受害人身体、荣誉、名誉受到损害或者其人身受到其他损害的；

(3)对死者的荣誉或名誉造成损害，或者对死者未分居的配偶或对二等亲以内亲属怀念死者造成损害的。

2. 前款所称的赔偿请求权不可转让或者扣押，但合同另有约定或者已提起此种赔偿诉讼的除外。资格享有人向他方当事人通知请求赔偿的，可根据一般资格进行转让。

第 6:107 条　身体损害

1. 因可归责于他人的事件导致个人的身体或者精神受到损害的，该他人不仅应当赔偿受害人的损失，还应该赔偿第三人为受害人利益支付的费用。由于保险产生的费用不受前 1 句的影响。

2. 根据前款规定，由第三人承担损害赔偿责任的，责任人可援引该第三人对损害人的抗辩。

第 6:107 条之一　报酬请求权

1. 因可归责于他人的事件导致个人的身体或者精神受到损害的，在确定受害人可请求的损害赔偿时，法院应当考虑到受害人根据第 7:629 条第 1 款的规定或者个人或集体劳动合同享有的报酬请求权。

2. 根据第 7:629 条第 1 款的规定或者个人或集体劳动合同，雇主有义务在受害人疾病或者残疾期间连续地支付报酬，且受害人工作能力的丧失因可归责于他人的事件引起的，该雇主有权就其支付的报酬向该他人请求赔偿，但赔偿金额不得高于在不存在连续地支付报酬的义务的情形下，责任人应当承担的赔偿金额减去责任人有义务向受害人支付的赔偿金额。

3. 雇员为本条第 2 款所称的承担赔偿责任的人的，雇主仅在其故意造成雇员受伤无法工作的情形下，才有权向其请求赔偿损失。

第 6:108 条　丧失扶养的赔偿

1. 由可归责于他人的事件导致个人死亡的，该他人有义务赔偿以下人员因丧失扶养而受到的损失：

(1)死者未分居的配偶和登记伴侣及未成年的婚生或者非婚生子女，且金额不得少于法律规定的其有权获得的扶养费金额；

(2)死者在死亡时已完全或部分扶养，或者根据法院裁决有义务进行扶养的其他血亲或姻亲；

(3)此前作为家庭成员与死者共同生活且全部或者大部分由其扶养的人,且此后该人无法合理获得生活费的;

(4)与死者共同居住的家庭成员,死者通过共同经营家庭的方式对其进行抚养的,且其因必须以其他方式经营家庭而受到损害的。

2. 在符合死者境况的范围内,承担赔偿责任的人应当向承担丧葬费用的人支付补偿金。

3. 前款所称的承担赔偿责任的人与死者享有相同的抗辩权。

第 6:109 条　减少赔偿损失

1. 根据责任性质、当事人之间的法律关系及其财力,全部赔偿将导致明显不可接受的结果的,法院可减少赔偿损失的法定义务。

2. 减少后的赔偿额不得低于债务人已获得或者本应当获得的保险赔偿的金额。

3. 任何违反本条第 1 款的协议均无效。

第 6:110 条　枢密院令规定的最高限额

枢密院令可规定最高的责任限额,该限额使损害赔偿责任不超过可通过保险获得的合理补偿的金额。各类责任限额可根据事件性质、责任理由以及其他因素予以确定。

第十一节　金钱之债

第 6:111 条　面额履行

除法律、习惯另有规定外,债务人应当按照名义金额履行支付金钱的义务。

第 6:112 条　以流通货币支付

债务人为履行义务而支付金钱的,该支付的金钱必须是付款地所在国家的通用货币。

第 6:113 条　[2002 年 1 月 1 日废止]

第 6:114 条　汇款支付

1. 债权人在必须或者可以实施支付的国家或者地区有适合转账的银行账户的,债务人可将应付款汇入该账户,但债权人明确排除汇入该账户的除外。

2. 前款所称的情形下,债务人在将应当付款汇入债权人银行账户时即完成支付。

第 6:115 条　支付地

除法律、习惯或者法律行为规定支付必须或者可以在其他地方实施外,债务人必须根据第 6:116 条至第 6:118 条确定支付地。

第6:116条　在债权人住所地实施支付

1. 债务人必须在债务发生时债权人的住所地实施支付。

2. 债权人有权指定另一个付款地点,但该地点应当位于支付时或者债务发生时其住所地的国家。

第6:117条　在债权人住所地以外实施支付

根据第6:116条的规定,债务人必须在债务发生时债权人住所地以外的其他地方实施支付,但支付因此给债务人造成沉重负担的,债务人有权中止该支付,除非债权人已指定第6:116条第2款所称的另一付款地点以避免发生此种负担。

第6:118条　营业地点

债权人从事营业或者执业活动的过程中产生债务的,基于适用第6:116条和第6:117条规定的目的,其从事此种活动的营业地视为住所地。

第6:119条　迟延支付;法定利息

1. 因迟延支付而应当予以赔偿的损害赔偿金,包括债务人在迟延支付期间未支付该款项产生的法定利息。

2. 年末法定利息的金额应当计入该年应支付的未付法定利息。

3. 当事人约定的合同利息高于依前述各款规定的应付金额,且债务人构成迟延履行的,债权人有权获得该较高的法定利息。

第6:119条之一　商业交易的法定利息

1. 在商业交易的情形下,因迟延支付一定金额而产生的赔偿,应当包括自合同最后支付日之次日至债务人实际支付该金钱之日的法定利息。商业交易是指一个或多个自然人或者法人在职业或经营活动的过程中订立的,由一方或多方当事人承担交付或者作为义务的有偿合同。

2. 当事人未商定最迟付款日的,应当依据下列规则而无须催告或者通知确定法定利息的起算日期:

(1)自债务人收到账单起次日后第30日。

(2)无法确定收到账单的日期或者在受领给付之前收到账单的,自债务人受领给付起次日后第30日。

(3)债权人承诺受领给付的或者确认给付是否符合约定的,自债权人受领或者确认给付符合约定起次日后第30日;债权人未表明受领或者认可的,自该承诺期限届满起次日后第30日。

3. 债务人年末仍未履行金钱债务的,该债务的法定利息应当计入该年应支付的未付法定利息。

4. 本条第 2 款第 3 项所称的期限自收到履行之日起不超过 30 天，除非各方当事明确同意更长的期限，并且有以下情形之一，适用该期限对债权人明显不公平：

(1)债务人没有任何客观理由偏离 30 天的承担期限；

(2)履行的性质；

(3)严重偏离良好商业惯例。

5. 当事人可约定至多 60 天的付款期限，除非其在合同中明确包括更长的支付期限，并且有以下情形之一，适用该期限对债权人明显不公平：

(1)债务人没有任何客观理由偏离 60 天的承担期限；

(2)履行的性质；

(3)严重偏离良好商业惯例。

6. 根据本章第 8 节的规定，债权人一方迟延受领的，迟延履行不产生法定利息。

7. 除不可归责于债务人的迟延履行外，迟延履行均产生法定利息。

8. 适用本条时，约定以其他利率计算的利息应当与法定利息相等。

第 6:119 条之二　公共机构应支付的法定利息

1. 因延迟付款而由公共机构收取损害赔偿的，在与公共机构达成商业协议的情况下，该损害赔偿应当包括从该款项的未付部分之次日至实际支付该金钱之日的法定利息。公共机构是指州、省、市、水务局或者其他受公法调整的机构，或者欧洲议会和理事会 2011 年 2 月 23 日发布的《关于打击商业交易延迟付款指令》(PbEU L 48/11)第 2 条第 2 款所称的此类机构或者公共机构的合伙企业。

2. 当事人未商定最迟付款日的，应当依据下列规则而无须催告或者通知确定法定利息的起算日期：

(1)自债务人收到账单起次日后第 30 日；

(2)无法确定收到账单的日期或者在受领给付之前收到账单的，自债务人受领给付起次日后第 30 日；

(3)债权人承诺受领给付的或者确认给付是否符合约定的，自债权人受领或者确认给付符合约定起次日后第 30 日；债权人未表明受领或者认可的，自该承诺期限届满起次日后第 30 日。

3. 债务人年末仍未履行金钱债务的，该债务的法定利息应当计入该年应支付的未付法定利息。

4. 本条第 2 款第 3 项所称的期限自收到履行之日起不超过 30 天，除非各方当事明确同意更长的期限，并且有以下情形之一，适用该期限对债权人明显不公平：

(1)债务人没有任何客观理由偏离 30 天的承担期限；

(2)履行的性质;

(3)严重偏离良好商业惯例。

5. 当事人可约定至多60天的付款期限,除非其在合同中明确包括更长的支付期限,并且有以下情形之一,该期限对债权人显然不公平:

(1)债务人没有任何客观理由偏离60天的承担期限;

(2)履行的性质;

(3)严重偏离良好商业惯例。

6. 根据本章第8节的规定,债权人一方迟延受领的,迟延履行不产生法定利息。

7. 除不可归责于债务人的迟延履行外,迟延履行均产生法定利息。

8. 适用本条时,约定以其他利率计算的利息应当与法定利息相等。

第6:120条　法定利息

1. 枢密院令应当具体规定第6:119条所称的利息。根据市议会命令,新利率生效之时已发生的法定利息,应当按照新利率计算。

2. 第6:119条之一和第6:119条之二所称的利息,应当按照欧洲中央银行在有关半年计息期的第一个日历年度前实施的最近的再融资项目的利率乘以8个百分点计算。有关半年计息期的第一日起发生的法定利息,应当从该日起按照新利率计算。

第6:121条　其他货币支付

1. 债务人必须以实施支付的国家以外的其他国家的货币支付某项债务的,其也可以支付地所在国家的货币实施支付。

2. 法律、习惯或者法律行为规定债务人必须以债务规定的方式实施支付的,不适用前款的规定。

第6:122条　不能以外国货币支付

1. 某项义务必然涉及实施支付的国家以外的另一国家的货币,并且债务人不能或者主张不能以此种货币为支付的,债权人可要求用支付地所在国家的货币实施支付。

2. 债务人有义务以合同规定的方式实施支付的,适用前款的规定。

第6:123条　提起请求支付外币诉讼

1. 在荷兰境内提起请求支付外币诉讼的,债权人可选择请求以外币或者荷兰货币实施支付。

2. 债权人可在荷兰境内强制执行一项以外币表示的待执行确权文书的,其可在强制执行时请求以荷兰货币支付相应的金额。

3. 债务人必须以合同规定的方式实施支付的,适用前两款的规定。

第 6:124 条　汇率转换

适用第 6:121 条、第 6:122 条、第 6:123 条所称的有关转换为损害赔偿请求权的规定时,债务人以债务标的以外的其他货币履行债务的,该货币应当按照支付当日的汇率进行转换。本章第 9 节规定的转换义务也适用前 1 句的规定,但该赔偿义务中所用货币不是转换义务所指定的货币。

第 6:125 条　汇率变化损失

1. 迟延发生后,债务标的的货币对其他一国或者多国货币的汇率有变化的,债权人因汇率变化请求第 6:119 条和第 6:119 条之一所称的损害赔偿的权利不受影响。

2. 债务人应当在荷兰境内以荷兰货币支付债务,且债务发生时债权人在荷兰境内有住所的,不适用前款的规定。

第 6:126 条　汇率的定义

适用本节时,汇率是指债权人适当考虑法律、习惯或者债的内容或应有含义的情形下,可立即得到其所要求的货币的汇率。

第十二节　抵　　销

第 6:127 条　抵销的要求

1. 有权进行抵销的债务人向其债权人声明以其对债权人的债权与债务进行抵销的,双方债务可在金额相同的范围内消灭。

2. 债务人可请求另一方当事人支付与自己对该当事人相对应的债务,且有权支付和强制执行该债务的,该债务人有权行使抵销权。

3. 债权和债务属于不同财产的,不存在抵销权。

第 6:128 条　不记名债券或者指示债券抵销的生效

1. 不记名债券或者指示债券的债权人在票据上记载抵销声明并交给另一方当事人的,该抵销即生效。

2. 抵销不涉及全部债务的,或者债权人需该凭证以行使其他权利的,债权人可保留该凭证,但应当在凭证上注明该项抵销,并向债务人出具一份书面证明。

3. 无论全部还是部分抵销,债权人经相对人的要求,证实凭证已毁灭或已无价值的,或者债权人向相对人提供有效期为 20 年或该凭证项下的请求权约束的更短期限的担保的,债权人可仅出具抵销证明,而无须在债券上记载该抵销。

第 6:129 条　抵销溯及力

1. 抵销自抵销权产生之日具有溯及力。

2. 已对一项或者两项债权支付应计利息的，抵销可溯及至已付利息最后期间结束时。

3. 金钱债务的抵销效果需通过计算货币价值确定的，此种计算应当以抵销之日发生的双方相互支付为标准。

第 6:130 条 债权的转让和负担

1. 被转让的债权与相反请求权源于同一法律关系的，或者在债权转让前该相反请求权已成为债务人财产部分并可主张的，债务人有权以对原债权人的相反请求权主张抵销经特定继受的债权。

2. 债权已被扣押或者已设定限物权，并已通知债务人该事项的，参照适用前款的规定。

3. 债权转让或者设立定限物权涉及见票即付或者凭指示付款，且此转让或者设立已按照第 3:93 条的规定完成的，不适用前述各款的规定。

第 6:131 条 时效对抵销权的影响

1. 抵销权不因抵销涉及的一项权利的诉讼时效届满而终止。

2. 债权人同意延期付款或者给予强制执行宽限期的，其进行抵销的权利不受影响或者妨碍。

第 6:132 条 否认抵销声明的效力

有权抵销的一方发出抵销声明后，另一方当事人有理由拒绝债务履行的，该当事人可在一方发出声明时以及其能作出否认时通过立即主张拒绝的理由，否认该声明的效力。

第 6:133 条 相反的抵销权

后一抵销的溯及力先于前者的，有权抵销的一方发出抵销声明后，另一方当事人可通过立即行使自己的抵销权，以否认该声明的效力。

第 6:134 条 双务合同的抵销

债务人根据双务合同有权行使抵销权的，其可通过立即行使抵销权使另一方当事人因合同不履行而解除合同的通知归于无效。

第 6:135 条 无权抵销

有以下情形之一的，债务人无权抵销：

（1）扣押相对人的请求权无效的；

（2）涉及故意加害债务标的而产生损害赔偿责任的。

第 6:136 条 抵销作为抗辩理由

被告在法律诉讼中主张抵销，但法院无法认定其抗辩是否合理的，法院可在请求权的其他方面得到支持的情况下,支持原告的请求。

第6:137条　清偿顺序的规定

1.抵销声明不足以指明抵销所涉债务的,适用第6:43条第2款和第6:44条第1款有关清偿顺序的规定。

2.抵销声明中采用第6:44条第1款规定以外的顺序清偿根据第6:129条计算的债务本金、费用和利息的,对方当事人有权通过立即提出异议,以消除该声明的效力。

第6:138条　不同履行地点的事实不构成抵销的障碍

1.债务在不同地点履行的事实不构成抵销的障碍。此情况下,主张抵销的一方当事人必须赔偿另一方当事人因未在相关地点履行债务受到的损失。

2.一方无视履行地不同而主张抵销时,对方当事人对不行使抵销权有正当利益的,该当事人可通过立即提出异议,以消除该声明的效力。

第6:139条　担保人的地位

1.债权人有权以其担保债权与其对债务人的到期债务进行抵销的,担保人和为他人债务提供物的担保的人可要求中止履行其债务。

2.除债权人有合理理由免除其债权或者无过错外,因可归责于债权人的原因造成其丧失对债务人的抵销权的,上述担保人可主张消灭其担保责任。

第6:140条　法律规定的抵销

1.法律、习惯或者法律行为规定金钱债权和债务必须计入双方当事人共同账户的,涉及金额应当根据本节以上条款或者双方当事人之间的法律关系进行抵销,并在所有情形下仅在资产负债表日到期。此情形下,不适用第6:137条的规定。

2.管理账户的一方应当按年结账,并通知对方此时应付的余额,以及说明尚未通知对方的账户明细。

3.对方当事人未在合理期限内对根据前款向其通知的余额提出异议的,该余额应当视为双方已确认的余额。

4.计算账户余额时,当事人不得再就各个明细主张诉讼时效或者除斥期间届满。请求支付余额的诉讼时效期间为5年,自账户结算后且余额为应付款次日起算。

5.双方当事人的法律关系可产生前述各款规定以外的规则。

第6:141条　收据或者单据

因抵销而消灭全部或者部分债务的,参照适用第6:48条第1款和第2款的规定。

第二章　债权和债务的转移以及债权的放弃

第一节　债权的转移

第6:142条　受让债权包括从权利相关的权利

1. 债权转让给新债权人时,该新债权人可取得从属于债权的质权、抵押权、由保证产生的权利和优先权等权利,以及与执行该债权和从权利相关的权利。

2. 从权利包括前债权人收取的约定利息、约定违约金或者没收违约定金的权利,但债权转移时,可单独请求支付该利息、违约金或者已没收该违约定金的权利除外。

第6:143条　债权和从权利相关的书面证据

1. 债权转让给新债权人时,原债权人必须向新债权人交付与该债权和从权利相关的书面证据。原债权人对该证据继续享有利益的,仅在新债权人提出请求且承担相关费用的情况下,原债权人才需向其提供与原件具有相同证明力的副本或者摘录。

2. 原债权人还必须向新债权人移交前条所称的执行文书;原债权人对该文书继续享有利益的,其必须允许新债权人基于执行目的而适用此类文书。

3. 整个债权转让给新债权人的,原债权人必须向新债权人交付由其控制的质押财产。

4. 债权转移以抵押为担保的,原债权人必须配合将债权转移登记于公共登记簿上。

第6:144条　原债权保证新债权人义务的履行

1. 债权转让使得原债权人的义务或者源于从权利的义务一并转移给新债权人的,原债权人必须保证新债权人履行该义务。

2. 第3:93条所称的见票即付或者凭指示付款的债权转移,不适用本条第1款的规定。

第6:145条　债务人的抗辩

债权转让给新债权人的,债务人的抗辩不受影响。

第6:146条　见票即付或者凭指示付款的债权转移后的抗辩方式

1. 涉及第3:93条所称的见票即付或者凭指示付款的债权转移,债务人不得以其与原债权人的关系对抗债权受让人或者其继受人,但债权转移时,该债权受让人知道或者应当知道该票据的抗辩权的除外。

2. 转让该债权时,可依法从设置的登记此情形所依据的事实的公共登记簿上,获知无行为能力或者无权处分的,债权转让人也可以该情形对抗不知情的债权受让人。

第 6:147 条　伪造债券

转让债权时,不记名债券或者指示债券违背债务人的意愿流通、伪造签名或者伪造债券且可归责于该债务人的,债权转让人丧失对善意受让人和权利继受人主张上述事由的权利。

第 6:148 条　不记名债券或者指示债券上设立定限物权的情形

在不记名债券或者指示债券上设立定限物权的,参照适用第 6:146 条和第 6:147条的规定。

第 6:149 条　宣告无效或者被撤销

1. 接受债权的特定转移的,债务人应当将对原债权人行使权利而使债权据以产生的法律行为被宣告无效或者被撤销的情况尽快通知给新债权人,但不能以该无效宣告或者撤销对抗新债权人的除外。

2. 宣告无效或者撤销法律行为的债权的诉讼时效届满后,用以对抗基于该法律行为的诉讼或者其他的法律救济,构成对新债权人的抗辩,且债权人应当尽快将此情况通知给原债权人。

3. 在债权上设立一项定限物权并通知债务人后,该债务人行使被宣告无效或者被撤销的法律行为的,参照适用前述各款的规定。

第二节　代 位 清 偿

第 6:150 条　代位清偿的移转

有以下情形之一的,债权可通过代位清偿转移给第三人:

(1)扣押和执行该第三人的财产以满足债权的;

(2)该第三人的财产构成对债权的担保,并已清偿债务的;

(3)强制变卖不属于第三人的财产导致第三人权利丧失或者给其债权清偿造成风险,且该第三人为防止该强制变卖而履行债务的;

(4)债权人在清偿债务时知悉或者被告知该第三人与债务人之间存在合同关系的。

第 6:151 条　代为清偿的限制

1. 第三人在其与债务人的内部关系中对债务负责的,不发生第 6:150 条所称的代位清偿。

2. 债权人仅应当根据债务人的内部关系所涉债务的比例，向第三人转移对担保人和债务人以外的其他人的权利。

第 6:152 条　内部承担

1. 第三人根据第 6:150 条所称的代位清偿进行追索，但无法全部或者部分实现其权利的，代位清偿者和前条第 2 款所称的其他人应当按照代位清偿时每人向债权人支付金额的比例分担未支付的部分。

2. 第三人根据第 6:150 条所称的代位清偿进行追索的，其不得向参与分担未支付部分的其他人请求超过原债权人可向其请求的金额。

3. 对于代位清偿不可追回的部分，各主体有权向无力支付的当事人请求返还其分担的部分。

第 6:153 条　约定利息

代位清偿本金债权的，第三人仅在通过代位求偿主张债务之时，才享有规定的合同利益。

第 6:154 条　原债权人不得损害第三人的利益

第三人因清偿债务而获得代位权的，债权人不得实施可能损害其可预期利益的行为。

第三节　债务承担和概括承受

第 6:155 条　债务移转

第三人从债务人处承担债务的，该债务由债务人转移给第三人。对于债权人，仅在债务人和第三人通知债权人该债务承担的事项并取得债权人同意后，该债务承担才对其发生效力。

第 6:156 条　债权人在债务承担前已经表示同意

1. 债权人在债务承担前已表示同意的，在债务人和第三人达成合意且书面通知债权人该债务承担的事项时，该债务即发生转移。

2. 除债权人在同意时保留撤回权外，债权人不得撤回事先作出的同意。

第 6:157 条　从属权利移转

1. 自债务转移给新债务人之日起，债权人应当向新债务人而非原债务人行使从属于债权的权利。

2. 对债务人的财产作出抵押或者质押的，该担保在转移债务后继续存在；除质押人、抵押人或者保证人事先同意此情形下权利继续存在外，非当事人在财产上设立的质权和抵押权以及保证因债务转移而消灭。

3. 因执行营业转让发生债务承担，且该营业包括设立优先权的财产，并且债权人在特定财产上设立的优先权不额外享有对第三人的追索权的，该优先权因债务承担而消灭。债务转移后，债务人财产上设立的优先权视为附着于新债务人的财产之上。

4. 债权在转移后被请求或者被没收的，替代原债务人的新债务人应当对不履行债务而施加于转移前的债务人的约定利息、约定违约金和违约定金承担责任。

第 6:158 条　原债务人和新债务人的法律关系无效

原债务人和新债务人之间据以转移债务的法律关系无效、被宣告无效、可撤销的，债权人可通知双方当事人，将债务转移给原债务人；一方可为此设定一个合理的期限要求债权人在该期间内作出通知。

第 6:159 条　合同地位的移转

1. 一方当事人可在其合同相对方的协助下，通过为此目的而与第三人订立公证文书的方式，将其与合同相对方的法律关系转移给该第三人。

2. 除派生的或者已到期的权利义务另有规定外，前款的规定产生将所有的权利和义务转移给第三人的效力。

3. 本条规定的情形，参照适用第 6:156 条和第 6:157 条第 1 款至第 3 款的规定。

第四节　债权放弃和混同

第 6:160 条　债权人放弃债权

1. 债务人与债权人之间达成债权人放弃其对债务人的债权的协议的，其债务即告消灭。

2. 债权人向债务人发出无偿放弃债权的要约，且债务人未立即拒绝的，自债务人获知要约时起视为接受该要约。

3. 本条规定的情形，参照适用第 6:48 条第 1 款和第 2 款以及第 6:49 条第 1 款至第 3 款的规定。

第 6:161 条　债务混同

1. 债权或者债务转移导致债权人和债务人为同一人的，债务因混同而消灭。

2. 有以下情形之一的，不适用前款的规定：

(1) 债权和债务分属于所涉参与人不同财产的；

(2) 属于第 3:93 条所称的见票即付或者凭指示付款的债权转移的；

(3) 因附解除条件的法律行为导致前述债权人和债务人混同，且尚不能确定该解除条件已成就的。

3. 混同导致债务消灭的事实,不对设定于该债权之上的第三人的权利产生影响。

第三章　侵权行为

第一节　一般规定

第6:162条　侵权行为的定义

1. 对他人实施可归责于其的侵权行为的人,必须赔偿该他人因此受到的损害。

2. 除有正当理由外,侵犯权利、违反法定义务或者有关正当社会行为的不成文法规则的作为或者不作为,均应当视为侵权行为。

3. 基于行为人的过错或者依法律或公认的准则应当由其负责的,侵权行为可归责于该行为人。

第6:163条　旨在保护免于损害的违规行为

违反准则的行为旨在保护受害人免于遭受损害的,该行为人不产生侵权行为的损害赔偿义务。

第6:164条　未满14周岁的儿童

未满14周岁的儿童所实施的行为,不构成可归责于其的侵权行为。

第6:165条　14周岁以上有智力障碍或者身体残疾的情形

1. 年满14周岁或者14周岁以上的人被认为在智力障碍或者身体残疾的影响下实施行为的,其行为仍可认定为侵权行为。

2. 除侵权人之外,第三人由于未尽充分监护义务而对受害人负有责任的,该第三人有义务分担侵权行为人对受害人承担的赔偿责任。

第6:166条　集体行为

1. 因集体中一人的不法行为导致损害发生,而他们本应当避免实施该致损风险的行为的,该集体内的所有人应当在该行为可单独归责于其的情形下承担连带责任。

2. 除在当时情形下根据合理和公平原则应当按不同份额分担外,各成员应当等额分担损害赔偿。

第6:167条　诽谤

1. 某人因发布具有误导性的不正确或者不完整的事实信息而应当对他人承担责任的,法院可根据该他人的申请命令此人按其指定的方式发布更正声明。

2. 行为人因未意识到所发表信息不正确或者不完整,而无法将信息的发布作为侵权行为归责的,同样适用前款的规定。

3. 适用本条第2款时,受理诉讼的法院可决定由提起诉讼的当事人全部或者部分承担诉讼费用和发布更正声明的费用。任一方当事人均可向对其造成损害的人追索根据裁决由其承担的诉讼费用以及发布更正声明的费用。

第 6:168 条　重大公共利益

1. 基于重大社会利益必须容忍某一侵权行为的,法院可驳回发布禁止该行为命令的诉讼请求,但受害人仍有权根据本章规定请求损害赔偿。

2. 在第 6:170 条规定的情形下,雇员对本条第 1 款所称的容忍侵权行为而造成的损害不承担责任。

3. 未遵守支付赔偿金或者为此提供担保的裁决的,法院可另行发布一项禁止执行本条第 1 款所称的侵权行为的命令。

第二节　对人和对物的责任

第 6:169 条　儿童的侵权责任

1. 对不满 14 周岁的儿童行使亲权或者监护权的人,应当在不考虑儿童年龄的情况下对该儿童造成第三人受损的侵权行为承担赔偿责任。

2. 对已满 14 周岁但未满 16 周岁的儿童行使亲权或者监护权的人,应当对儿童因过错致他人受损的侵权行为承担责任,但不可归责于其未制止该儿童行为的除外。

第 6:170 条　雇员的侵权责任

1. 雇员在履行职责中因过错给第三人造成损害,而该过错的风险因履行职责的指令而增加,且根据雇主与雇员之间的法律关系,该侵权行为处于该雇主的监管下的,该雇主应当对此损害承担赔偿责任。

2. 雇员在自然人雇主的执业或者营业范围以外工作的,不适用本条第 1 款的规定。此时,该雇主仅对该雇员在依指示履行职责的情形下实施的过错行为承担赔偿责任。

3. 雇主和雇员均应当对给第三人造成的损害承担赔偿责任的,雇员在其与雇主的相互关系中不必承担该赔偿责任,除非该雇员恶意或者严重疏忽导致该损害。案件的情况及其法律关系的性质,可导致与前句规定不同的结果。

第 6:171 条　非雇员导致第三人损害

非雇员因其在活动中的过错对第三人造成损害的情况下,其基于他人指示而为该他人的营业从事活动的,该他人也应当对该第三人承担责任。

第 6:172 条　代表人的侵权责任

代表人实施行使代表权的行为对他人构成过错的,被代表人也应当对该他人承担责任。

第 6:173 条　危险动产的责任

1. 已知动产不符合特定情形下为其设定的标准而对人或者物构成特殊危险的，其占有人在危险成为现实时应当承担赔偿责任，但根据前一节的规定，占有人于危险发生时知道该危险也无须承担责任的除外。

2. 由于物品存在本编第 3 章第 3 节所称的瑕疵而不符合前款所称的标准的，除以下情形外，不发生前款所称的赔偿责任：

(1) 考虑到所有情况，很可能在产品投入流通时不存在该缺陷，或者在投入流通以后产生的；

(2) 涉及对有缺陷的动产本身以外的任何财产的损害时，由于本编第 3 章第 3 节的免责规定而不享有获得赔偿的权利的。

3. 动物、机动车、船舶和飞机不适用前述各款的规定。

第 6:174 条　危险不动产的责任

1. 已知建筑物或者工作物不符合特定情形下为其设定的标准而对人或者物构成特殊危险的，其占有人在危险成为现实时应当承担赔偿责任，但根据前一节的规定，占有人于危险发生时知道该危险也无须承担责任的除外。

2. 前款所称的建筑物或者工作物设有永租权的，永租权人应当承担赔偿责任。涉及危险公共道路的，必须确保道路处于良好状态的公共机构应当承担赔偿责任；涉及危险管道的，负责维护的管理部门应当承担赔偿责任，但该管道位于建筑物或者工作物内，并代表该建筑物或者工作物用于供应或者排放的除外。

3. 涉及采矿工作物的，得知损害时在营业中经营该工作物的人应当承担赔偿责任；其他人在得知损害后担任经营者的，得知损害时的经营者仍应当承担赔偿责任；于采矿工作物停止运转之后得知损害的，最后的经营者应当承担赔偿责任。

4. 适用本条时，建筑物或者工作物是指直接或者通过与其他建筑物或者工作物相结合而持久地连接并固定在土地上的建筑物和工作物。

5. 在公共登记簿登记为建筑物、工作物或者土地的所有权人的人，视为该建筑物、工作物或者土地的占有人。

6. 适用本条时，公共道路包括路基和路面及其街道固定装置。

第 6:175 条　危险物的责任

1. 从事专业执业或者营业的人，使用或者持有具有某种为人所知对人或者物构成特殊危险的物质的，应当对可能发生的危险承担赔偿责任。从事营业的人，也包括使用该物质或者将其控制在其职责范围内的法人。根据《环境管理法》第 9.2.3.1 条第

3 款所称的标准和方法,某物质为易爆、易氧化、易燃、高度易燃或者极度易燃、有毒或者剧毒的,视为会造成特殊危险的物质。

2. 经营者专门从事储存此种物质的业务的,应当承担本条第 1 款所称的责任。适用本款时,在不适用第 8 编第 6 章第 4 节、第 11 章第 4 节、第 14 章第 1 节或第 19 章第 4 节(未生效)的情形下,承运人、货运代理人、搬运工、仓储人或者为运输或根据在该物质由其控制期间与运输相关的合同而接收该物质的类似的当事人,等同于经营者。

3. 除管道位于建筑物或者工作物内并用于建筑物或者工作物供应或者排放外,涉及管道的,管道管理部门应当承担本条第1款所称的责任。

4. 对受到此种物质污染的空气、水或者土壤造成损害的,导致污染的事件开始时根据本条被认定为责任人的人应当承担本条第1款所称的责任。以包装形式进入水、土壤中或者置于地面的,该情形可认定为已发生污染。

5. 此种物质构成第 6:173 条第 1 款所称的动产部分,或者为此目的被包装进入此种动产的,或者储存于第 6:174 条第 4 款所称的专用的建筑物或者工作物中的,根据第 6:173 条和第 6:174 条规定承担赔偿责任的人与根据本条前述各款规定对此种物质承担责任的人,负有相同的责任。

6. 枢密院令已认定某种物质符合本条第1款第 1 句的定义的,该物质视为危险物。根据《环境管理法》第 9.2.3.1 条第 3 款所称的标准和方法,此种物质属于该条第 2 款所称的种类之一,该物质可在任何情形下认定为危险物。此认定限于该物质的某种浓度的,枢密院令需规定该物质发生特定危险的情形以及必须按照枢密院令中的规定认定该物质的情形。

第 6:176 条　垃圾场

1. 在垃圾场关闭前因倾倒垃圾造成空气、水或土壤污染的,或者在关闭后发生的,垃圾场经营者应当承担损害赔偿责任。

2. 本条中垃圾场的经营者,指:

(1)持有《环境管理法》第 2.1 条第 1 款第 5 项所称的许可执照,或者为使垃圾场发挥作用或改变其功能所必须在该条第 6 款所称的地点设立、变更、变更经营或者经营垃圾场的人;

(2)在持有许可证的情况下经营垃圾场的任何人。

3. 得知损害后垃圾场由其他人经营的,得知损害时的经营者仍应当承担赔偿责任。

4. 在垃圾场关闭后得知损害的,最后的经营者应当承担损害赔偿责任。根据当时有效的公共法规关闭垃圾场20年后得知损害的，或者损害是因违反使用者法规而使用已关闭垃圾场的土壤造成的，不存在本条所称的责任。

5. 垃圾场的经营者取得合法批准的，因倾倒或者协助倾倒垃圾造成污染的人不承担第6:175条所称的责任，也不承担第8编第6章第4节、第11章第4节、第14章第1节或者第19章第4节（未生效）所称的责任。第6:173条所称的物，或者第6:175条所称的物质倾倒在垃圾场的，由上述各款所涉的经营者承担该两条所规定的责任。

6. 垃圾场包括经营者旨在用于倾倒全部或者部分垃圾的任何地点，无论物质是否有包装，是否来自其他人，只要该其他人通过将此种物质倾倒于该地或者渗埋于土壤而处理此种物质，该地即属于垃圾场。倾倒涉及在垃圾场存放或者转运该物质的任何形式。

第6:177条　采矿作业

1.《采矿法》第1条之十四所称的采矿工作物的经营者应当对以下原因造成的损害承担赔偿责任：

（1）因未能控制该工作物的安装或者运作引发的地下自然力而造成的《采矿法》第1条之一所称的矿物外溢；

（2）由于该工作物的安装或者运作造成的土壤移位。

2. 适用本条时，“采矿工作物的经营者”指：

（1）《采矿法》第6条或者第25条所称的许可证持有人，其负责安装或者协助安装采矿工作物或者经营采矿工作物；

（2）除雇员外，安装或协助安装采矿工作物的任何人，或者经营采矿工作物而并非第1项所称的许可证持有人，但该人按照拥有上述采矿权的其他人的指示行事，或者不知或并非应当知该他人非采矿权人的除外。

得知损害是因土壤移位造成时，经营者应当对该损害承担赔偿责任；得知损害后其他人成为经营者的，得知损害时的经营者仍应当承担赔偿责任；在采矿工作物停止运转后才得知此种损害，最后的经营者应当承担赔偿责任。

3. 矿物外溢的事件发生后另一人成为经营者的，该事件发生时的经营者应当承担该事件导致的矿物外溢造成的全部损害的赔偿责任。

4. 钻口废弃后发生矿物外溢事件的，最后的钻井经营者应当承担赔偿责任，但根据当时有效的法规自该事件发生时钻井废弃已超过5年的除外。

5. 矿物外溢或者土壤位移事件产生的责任也构成第6:173条、第6:174条或者第6:175条所称的责任的，对该采矿工作物承担责任的同一人应当承担因矿物外溢或者土壤移位造成的损害的赔偿责任。

第6:178条　责任的免除

有以下情形之一的,第6:175条、第6:176条或者第6:177条所称的责任可予以免除:

(1)因武装冲突、内战、叛乱、内部骚乱、暴动或者叛变造成损害的;

(2)因意外的、不可避免的以及不可克服的自然事件造成损害的,但基于第6:177条第1款所称的情形引发地下自然力的除外;

(3)仅因遵守政府的命令或者强制性规定造成损害的;

(4)仅因受害人的利益并合理地使其置于危险之下而使用第6:175条所称的物质造成损害的;

(5)仅因具有损害故意的第三人的作为或者不作为造成损害的,但不影响适用第6:170条和第6:171条的规定;

(6)行为人故意造成妨害、污染或者其他后果的,无须根据前节规定承担有关妨害、污染或者其他后果的责任。

第6:179条　动物侵权

动物占有人应当对动物造成的损害承担赔偿责任,但根据前一节的规定,该占有人对动物致害行为实施控制无须承担责任的除外。

第6:180条　共同占有人承担连带责任

1. 在第6:173条、第6:174条和第6:179条所称的情形下,共同占有人应当承担连带责任。

2. 受让人以履行对待给付为停止条件转移标的物的,该受让人应当自标的物转移之日起承担第6:173条、第6:174条和第6:179条所称的赔偿责任。

第6:181条　业务中产生的侵权

1. 从事第6:173条、第6:174条和第6:179条所称的物品、建筑物、工作物或者动物营业的人,应当承担第6:173条、第6:174条第1款和第2款第1句、第6:179条所称的赔偿责任,但其从事营业与建筑物、工作物损害的起因无关的除外。

2. 物品、建筑物、工作物或者动物置于他人的支配而投入营业使用的,该他人视为前款所称的承担赔偿责任的人。

3. 在执业或者营业中使用第6:175条所称的物质并置于他人支配的,该他人视为第6:175条第1款所称的承担赔偿责任的人。

第6:182条　共同经营者的连带责任

在第6:176条和第6:177条所称的情形下,有两个以上的经营者的,无论其共同还是分别同时实施行为,各经营者均应当承担连带责任。

第 6:183 条　被告人不得以年幼、智力障碍或者身体缺陷为抗辩理由

1. 根据本节规定需承担赔偿责任的人,不得以其年幼、智力障碍或者身体缺陷作为抗辩理由。

2. 对不满 14 周岁的儿童行使亲权或者监护权的人,应当代替该儿童对第 6:173 条和第 6:179 条所称的由物品和动物造成的损失承担赔偿责任,但根据第 6:181 条使用该物品和动物从事营业的除外。

第 6:184 条　责任和成本有效的措施

1. 第 6:173 条至第 6:182 条所称的损害范围包括:

(1) 可导致严重和直接的威胁且可通过第 6:173 条至第 6:182 条规定的方式获得赔偿的损害,以及任何人为防止或者减轻该损害而采取的一切合理措施所支付的费用;

(2) 此类措施造成的损害和损失。

2. 受到即时损害的人索赔费用、损害和损失,且被诉人可以对抗此人的同一抗辩理由对抗该他人的情况下,前款所称的措施由已发生的严重和直接威胁的损害的其他人采取的,该他人仅能就前款规定的费用、损害和损失请求赔偿。

第三节　产品责任

第 6:185 条　产品缺陷的严格责任

1. 生产者应当对因产品缺陷造成的损害承担赔偿责任,但有以下情形之一的除外:

(1) 产品未投入流通;

(2) 考虑到具体情形,产品缺陷在产品投入流通时很可能不存在,或者在投入流通以后产生的;

(3) 生产者并非基于经济目的的任何形式制造和销售产品的,或者非在生产者的执业或者营业过程中制造或分配产品的;

(4) 因执行公共机构发布的强制性规定造成产品缺陷的;

(5) 基于产品投入流通当时的科学技术知识水平,不可能发现存在该产品缺陷的;

(6) 涉及零部件制造者的,该产品缺陷可归因于该原材料或者零部件构成其组成部分的产品的设计或者说明的。

2. 任何情形下,由于产品缺陷和受害人的过错共同造成损害的,生产者的赔偿责任可予以减轻或者免除。

3. 由于产品缺陷和第三人的作为或者不作为共同造成损害发生的，生产者的赔偿责任不得予以减轻。

第6:186条　缺陷的定义

1. 产品的以下内容无法为人们提供期待的安全的，该产品即为有缺陷：

(1)产品说明；

(2)产品合理使用的用途；

(3)产品投入流通的时间。

2. 仅在随后有更好的产品投入流通后，本条第1款所称的产品才被认为有缺陷。

第6:187条　"产品"和"生产者"的定义

1. 适用本节时，"产品"是指所有的动产，包括已与其他动产或者不动产相结合的动产，以及电力。

2. 适用第6:185条至第6:193条时，"生产者"是指已完成产品的制造者、原材料或者零部件的制造者，以及任何在产品上标记名称、商标或者其他显著性特征而表明自己为生产者的人。

3. 在商业活动中为销售、租赁、融资租赁或者其他任何形式进行分销并将产品进口至欧洲经济区的任何人，被视为生产者，并与生产者承担相同的责任。此时，可适用关于生产者责任的规定。

4. 无法确定产品生产者的，除在合理期间内向受害人告知生产者身份或者向其供应产品者身份外，各供应者均应当被视为生产者。无法确定进口至欧洲经济区产品的进口者的，除在合理期间内向受害人告知进口到欧洲经济区产品的进口者身份或者在欧洲经济区向其供应产品的供应者身份外，各供应者也均应当被视为生产者。

第6:188条　受害者的证明责任

受害人应当证明存在损害、缺陷以及损害与缺陷之间具有因果关系。

第6:189条　连带责任

根据第6:185条第1款的规定，多人对同一损害承担赔偿责任的，每一人均应当承担连带赔偿责任。

第6:190条　赔偿责任的损害范围

1. 第6:185条第1款所称的损害范围包括：

(1)因死亡或者人身伤害造成的损害；

(2)缺陷产品对通常用于私人使用或者消费目的,且受害人主要为私人目的使用或者消费所造成的损害,该损害的最低限额为500欧元。

2. 1985年7月25日欧洲经济共同体发布的指令[OJEC N(15)(9).210]第18条第2款规定的金额被修改的,市议会命令应当对该条第1款所称金额作出调整。

第6:191条　诉讼时效

1. 受害人根据第6:185条第1款请求生产者承担损害赔偿责任的,该受害人应当自其获知或者应当合理地获知缺陷和生产者的身份之日起3年内提出请求。

2. 受害人根据第6:185条第1款请求生产者承担损害赔偿责任的,该受害人应当自生产者将实际产品投入生产之日起10年内提出请求,但受害人同时对生产者提起诉讼的除外。第三人对生产者的追索权的诉讼时效,同样适用上述的规定。

第6:192条　例外条款

1. 不能排除或者减轻本节所称的生产者对受害人的责任。

2. 第三人未在执业或者营业中使用该产品,且对受害人承担责任的,不得限制适用关于追索诉讼的规则,以损害该第三人的权利。

第6:193条　受害人的其他权利或者诉讼

根据本节的规定,受害人请求生产者承担损害赔偿责任的,其所有其他的权利或者诉讼不受影响。

第三节之一　不正当商业行为

第6:193条之一　定义

1. 适用本节时,以下术语指:

(1)消费者:在本节所称的商业惯例中,未从事专业或者业务活动的自然人;

(2)经营者:在本节所涵盖的商业行为中,从事其专业或者业务活动的任何自然人或者法人,以及任何以该交易者的名义或者代表其行事的人;

(3)产品:任何动产或者不动产,包括电力和任何服务;

(4)商业行为:与向消费者销售或者供应产品直接相关的经营者的任何作为、不作为、陈述式商业传播,包括广告和营销;

(5)交易决定:消费者就是否、如何以及以何种方式购买全部或部分支付、保留或处置产品,或者行使与该产品有关的合同权利而作出的任何决定,或者消费者采取行动或不采取行动的决定;

(6)专业勤勉:出于对交易者的勤勉和诚实的市场惯例以及诚实信用的一般原则,可合理地期望交易者对消费者采取的特殊技能和谨慎义务;

(7)要约:与所使用的商业通讯方式相适应的方式指示产品的特性和价格,从而使消费者能够进行购买;

(8)不当影响:利用权力对消费者施加压力,在不使用或者威胁使用武力的情况下,会较大地限制消费者作出明智决定的能力;

(9)行为准则:定义经营者行为的一组未依法规定的规则,并且经营者承诺就一个或者多个特定的商业惯例或者商业领域受该准则的约束;

(10)代码持有者:负责制定和修订行为准则和/或监视承诺受其约束的人员对准则的遵守情况的法人或者交易者团体;

(11)指令:欧洲议会和欧盟理事会于2005年5月11日发布的指令,该指令涉及内部市场上企业对消费者的不公平的商业行为。

2. 本节的普通消费者也指经营者向其交易的特定群体的成员,或者经营者可以合理地预见特定群体的特定成员,因其精神或者身体限制、年龄特别容易受到商业惯例或者相关产品的影响。

3. 本部分不适用于贵金属货物的证明和该货物的贵金属含量指示。

第6:193条之二　不正当商业行为

1. 经营者作出的不公平的商业行为,属于对消费者的侵权行为。

2. 经营者实施以下行为的,该行为即是不公平的商业行为:

(1)违反专业勤勉的要求;

(2)普通消费者基于足够的信息作出决定的能力明显受到限制,或者可能明显受到限制,因此该消费者作出或者可能作出其本不会作出的交易决定。

3. 经营者实施以下商业惯例的,视为作出不公平的商业行为:

(1)第6:193条之三至第6:193条之七所称的误导性商业惯例;

(2)第6:193条之八和第6:193条之九所称的侵略性商业惯例。

4. 夸大陈述或者不按字面意思理解的合法的广告惯例,本身不会使该广告不公平。

第6:193条之三　误导性商业行为

1. 经营者提供的信息实际上是不正确的、具有欺骗性或者可能欺骗普通消费者的,无论是否通过整体信息的展示,商业惯例对于以下方面均具有误导性:

(1)产品的存在或者性质;

(2)产品的主要特征,如可用性、收益、风险、执行、组成、配件、售后客户协助和投诉处理、制造或者提供的方法和日期、交付、用途、数量、规格、地理或者商业来源、使用预期的结果,或者对该产品进行的测试或检查的结果和材料的特征;

(3)经营者的承诺、商业惯例的动机和销售过程的性质,与交易者或者产品的直接或间接赞助或者批准有关的任何陈述或者符号;

(4)价格或者计算价格的方式,或者存在特定的价格优势;

(5)需要的服务、零件、更换或者维修;

(6)经营者或者其代理人的性质、属性和权利,如其身份和资产,资格,地位,批准,从属关系或者联系,对工业、商业或者知识产权的所有权;

(7)消费者的权利,包括维修或更换所提供资产的权利或者降价的权利,或者可能面临的风险。

并且,普通消费者基于此会作出或者可能作出其本不会作出的交易决定。

2. 有以下情况之一的,商业惯例也会产生误导:

(1)由于产品营销,导致与竞争对手的任何产品、商标、商品名称或者其他区别性商标产生混淆。

(2)经营者不遵守其已承诺遵守的行为守则中包含的承诺:

①承诺是固定和可识别的;

②经营者表明其受到承诺的约束,普通消费者基于此会作出或者可能作出其本不会作出的交易决定。

第 6:193 条之四　误导性遗漏

1. 商业行为涉及误导性遗漏的,也会产生误导。

2. 误导性遗漏指商业惯例忽略重要信息,即普通消费者需要的能够作出明智交易决策的信息,从而导致或者可能导致普通消费者作出其本不会作出的交易决定。

3. 以不明确、难以理解、模棱两可或者不及时的方式隐藏或者提供本条第 2 款中所称的重大信息或者商业行为的商业意图,也被视为误导性遗漏。即使该商业意图提供的信息中没有显示,导致或者可能导致普通消费者作出其本来不会作出的交易决定。

4. 在判断经营者是否遗漏或者隐藏重要信息时,事实背景、通信媒介的局限性以及经营者为通过其他方式向消费者提供信息而采取的任何措施,均应当予以考虑。

第 6:193 条之五　误导要约

确认要约时,按照第 6:193 条之四第 2 款的规定,以下信息应当视为重要信息:

(1)产品的主要特征;

(2)经营者地址和身份,如其交易名称,以及其所代表的经营者的地址和身份;

(3)价格或者产品的性质不能合理地预先计算价格时,在适当的情况下,所有额外的运费、交付或邮寄费用,或者在无法合理地提前计算该费用的情况下,可能要支付的费用;

(4)付款、交付、履行以及投诉处理政策的安排,超出专业勤勉的要求;

(5)有撤回或者取消权利的,该权利继续存在。

第 6:193 条之六　商业交流中的重大信息

商业行为涉及商业传播的,包括广告或者营销,以下条款所称的信息应当视为第 6:193 条之四第 2 款所称的重要信息:

(1)本法第 3:15 条之四第 1 款和第 2 款以及第 3:15 条之五第 1 款;

(2)本法第 6:230 条之十三第 1 款第 1 项、第 2 项和第 3 项,第 5 款第 8 项、第 15 项、第 16 项和第 6:230 条之二十二第 1 款至第 3 款第 5 项、第 6 款第 1 句和第 7 款(未生效);

(3)本法第 7:502 条第 1 款至第 3 款;

(4)《医学法》第 73 条至第 75 条;

(5)《金融监督法》第 4:20 条、第 4:73 条;

(6)《定价法》第 2 条之二;

(7)欧洲议会与欧盟理事会 2017 年 6 月 14 日发布的第 2017/746 号条例第 6 条。

第 6:193 条之七　任何情况下均具有误导性的商业惯例

有以下情形之一的,商业惯例即被视为不公平的惯例:

(1)受行为守则约束并在经营者未遵守时遵守的行为规则。

(2)在未获得必要授权的情况下展示信任标记、质量标记或者等效标记。

(3)声称公众或者其他机构认可的行为规则。

(4)声称经营者(包括其商业行为)或者产品在未遵守批准、认可或者授权条款的情况下已获得公共或者私人机构的批准、认可或者授权。

(5)要约以指定价格购买产品,而未透露经营者将无法以该价格提供产品或促使另一经营者以该价格购买该产品或同等产品,或者在合理的时间内无法以产品的广告规模和所确定的价格("诱饵广告")提供该产品。

(6)在以下情形中,要约以指定价格购买产品:

①拒绝向消费者展示广告产品;

②拒绝在合理的时间内接受订购或者供应;

③展示有缺陷的样品,以推广其他产品("诱饵和转换")。

(7)错误地指出某产品将仅在非常有限的时间内可用,或者该产品仅在特定条款下仅可以非常有限的时间内可用,以引起立即作出决定并剥夺消费者足够的机会或时间作出明智的选择。

(8)承诺向经营者在交易之前与之通信的消费者提供售后服务,而该语言不是经营者所在成员国的官方语言,后仅以另一种语言提供该服务而未明确披露在消费者承诺进行交易之前将其发送给消费者。

(9)陈述或者以其他方式造成一种印象,即某种产品不能合法销售。

(10)展示法律赋予消费者的权利,作为交易者要约的独特特征。

(11)使用媒体上的社论内容来促销产品,而经营者为促销支付费用,并且未在内容中或者消费者可识别的图像或声音中明确指出。

(12)在消费者未购买产品的情况下,对消费者或者其家人的人身安全的风险的性质和程度提出严重不实的索赔。

(13)故意使消费者误解为相信该产品由同一制造商生产的产品的方式,促销与特定制造商生产的产品类似的产品。

(14)建立、运营或者促进金字塔式促销计划,在该计划中,消费者考虑获得补偿的机会,该补偿主要来自将其他消费者引入该计划,而不是产品的销售或者消费。

(15)声称经营者将要停止交易或者转移场所。

(16)声称产品能促进机会游戏的胜利。

(17)错误地声称产品能够治愈疾病、功能障碍或者畸形。

(18)传递有关市场条件或者找到产品的可能性的重大不准确信息,以诱使消费者在不利于正常市场条件的条件下购买产品。

(19)声称在商业活动中组织比赛或者保证提供奖品,而并没有给予所描述的奖品或者合理的替代品。

(20)消费者必须支付除遵循商业惯例所不可避免的费用以外的任何其他费用,但产品收取或者交付时被描述为“无偿”或者类似的产品。

(21)在市场营销资料中包括要求付款的发票或者类似文件,让消费者误以为其已订购尚未销售的产品。

(22)错误地声称或者造成商人没有为与其贸易、业务、工艺或专业有关的目的行事,或者错误地将自己作为消费者的代表。

(23)造成一种错误的印象,即与该产品有关的售后服务可在除产品销售所在成员国以外的成员国中获得。

第6:193条之八　侵略性商业惯例

1. 商业惯例在其实际情况下考虑到其所有特征和情况,通过骚扰、强迫,包括使用武力或者施加不当影响而严重损害或者可能损害其行为和情况,应当视为具有侵略性并极大地损害普通消费者对产品的选择或者行为自由,从而导致或者可能使其作出本不会作出的交易决定。

2. 在确定商业行为是否具有侵略性时,应当考虑以下因素:

(1)在商业实践中证明的时间、地点、性质或者持久性;

(2)使用威胁性或者辱骂性的语言或者行为;

(3)经营者利用任何特定的不幸或者情况而严重破坏经营者所知的情况,从而影响消费者对产品的决定;

(4)消费者根据合同行使权利,包括终止合同或者转换为另一种产品或另一种经营者的权利,经营者施加的任何繁重或者不成比例的非合同壁垒;

(5)威胁采取法律禁止采取的行动。

第 6:193 条之九　任何情况下均具有侵略性的商业惯例

任何情况下,以下商业行为均是具有侵略性的商业惯例:

(1)给消费者一种印象,即在达成协议之前不允许其离开交易场所。

(2)无视消费者离开的要求,并且在法律允许的范围内,此种要求旨在履行合同义务。

(3)通过电话、传真、电子邮件或者其他远程媒体持续和不必要的招揽,但在法律允许的范围内履行合同义务的除外。

(4)要求消费者提供的保险单不能合理地被认为是与索赔有效性相关信件或者系统地拒绝回答的文件,以阻止消费者行使其合同权利。

(5)在广告中直接煽动儿童购买广告产品或者说服父母或其他成年人为其购买该产品。

(6)要求立即或延期付款,或者要求商家退还或保管消费者未索取的产品。

(7)明确告知消费者,其不购买产品或者服务将威胁到经营者的生计。

(8)给消费者已经或将要中奖的错误印象,或者可通过执行特定行为获得奖品或其他类似优势,但事实上:

①没有奖品或者其他类似的好处;

②获得奖品或其他类似优势,以消费者支付一定金额为条件,或者要求消费者承担一定的费用。

第 6:193 条之十　提供信息的正确性和完整性方面的举证责任

1. 消费者根据第 3:305 条之四第 1 款以及第 6:193 条之二和第 6:193 条之九提

起诉讼或者申请，经营者应当对其所提供信息的实质正确性和完整性承担举证责任，双方当事人应当对涉及案件的所有情况并考虑到经营者的合法利益的情形承担举证责任。

2. 经营者实施第 6:193 条之二所称的侵权行为的，其应当对由此造成的损失承担赔偿责任，但其能证明不应当承担赔偿责任的除外。

第四节　误导和比较广告

第 6:194 条　误导性广告

在执业或者营业的过程中，经营者或者被代理人将提供的商品或者服务的以下信息公之于众，但该信息某方面具有误导性的，其行为即构成侵权：

(1)性质、成分、数量、质量、特性或者适用性；

(2)原产地、生产方式和时间；

(3)库存货物的数量；

(4)价格或者其计算方法；

(5)要约的理由或者目的；

(6)第三方授予的证明书，其他意见或者声明，使用的科学或专业术语、技术发现、统计数据；

(7)提供货物或者服务的条件、付款条件；

(8)担保的范围、内容或者期限；

(9)生产或者提供货物或者服务的人、在其管理或者监督下生产或者提供商品或者服务的人，以及其合作生产或者提供商品或者服务的人的身份、资质、技术、能力。

第 6:194 条之一　比较性广告

1. 比较性广告是指明示或者暗示竞争者或者竞争者提供的商品、服务的广告。

2. 比较广告可在符合以下条件的前提下展开：

(1)不具有误导性；

(2)比较满足相同需求或者旨在达到相同目的的商品或服务；

(3)客观地比较商品和服务的一项或者多项实质性、相关性、可证实性和具有代表性的特点，包括价格；

(4)不会在市场上引起广告商和竞争者之间的混淆，或者广告商和竞争者的商标、商号、其他区别性标识、商品或服务之间的混淆；

(5)没有诋毁或者贬低竞争者的商标、商号、其他区别性标识、商品、服务、经营活动、经营状况；

(6)涉及有原产地标记的产品，每次均与涉及具有该标记的产品相关；

(7)未不正当地利用竞争者的商标、商号或其他区别性特征的名称，或者不正当地利用竞争产品的原产地名称；

(8)未以具有受保护商号或者商标的商品或者服务的仿效或者复制的方式表现该商品或者服务。

3. 任何涉及特定要约的比较，应当清楚明确地指出特定要约的截止日期，必要时，还应当指出特定要约受限于商品或者服务的可获得性。尚未开始特定要约的，比较应当指出适用特定价格或者其他特定条件期间的起始日期。

第 6:195 条　证明广告准确性或者完整性的举证责任

1. 根据第 6:194 条或者第 6:194 条之一的规定，对全部或部分决定信息的内容及其发布的人，或者对促使他人作出此种决定的人提起诉讼的，他应当承担关于该信息包含或者暗示的事实的准确性或者完整性的举证责任。该他人不得以比较广告中具有误导性的事实作为依据。涉及比较广告的，全部或部分决定信息的内容及其发布的人，或者促使他人作出此种决定的人，必须在短期内提供证据，作为主张该广告中事实的准确性和完整性的依据。

2. 除能证明自己没有过错或者根据其他理由不应当对此承担责任外，根据第 6:194条和第 6:194 条之一的规定，某人全部或部分决定信息的内容及其发布的，或者促使他人作出此种决定的人实施侵权行为的，该人应当对由此发生的损害承担赔偿责任。

第 6:196 条　命令停止比较广告或者公布关于该信息或不被允许的比较广告的更正声明

1. 公开第 6:194 条所称的信息，或者通过发布或促使他人发布非法比较广告的人对他人或者很可能对他人造成损害的，法院可根据该他人的申请，命令其停止公开此种信息和促使他人公开信息的行为，也可命令其按照法院指定的方式公布或者由他人公布关于该信息或者该非法比较广告的更正声明。

2. 对第 6:195 条第 2 款所称的承担损害责任的人提起诉讼的，参照适用第 6:167条第 3 款的规定。

第四节之一　电子交易中的法律责任

第 6:196 条之一　认证服务商对已颁发证书的责任

1. 认证服务商签署并公告本法第 3:15 条之四第 3 款所称的合格证书的，或者公开地担保此种证书且某人合理地信赖以下事实的，除认证服务商能证明不存在过失外，其应当对由此造成的损失承担赔偿责任：

(1)签发证书时，合格证书包含的全部正确性信息以及该证书含有合格证书规定的所有详细信息的事实；

(2)签发证书时，合格证书标识的签字人持有电子签名制作的数据与该证书认定的电子签名验证数据相一致的事实；

(3)在认证服务商生成电子签名制作数据和电子签名验证数据的情形下，两者可互为补充使用数据的事实。

2. 认证服务商已签发一项合格证书，或者公开担保此种证书，但未登记其后撤回该证书的事实的，该服务商应当赔偿合理信赖该证书而实施行为的人因此受到的损失，但认证服务商能证明不存在过失的除外。

3. 认证服务商可在一项合格证书中载明必须为第三方识别的使用限制。超出根据前 1 句在证书中载明的使用限制而使用合格证书的，认证服务商可不赔偿第三方因此受到的损失。

4. 认证服务商可在一项合格证书中载明必须为第三方识别的使用证书的交易价值限额。超过前 1 句设定的最高限额的，认证服务商可不赔偿第三方因此受到的损失。

第 6:196 条之二　信息社会的服务责任

1. 有以下情形之一的，根据第 3:15 条之四第 3 款规定提供信息社会服务的人，包括在通信网络中传输服务接收者，应当对其提供的信息或者提供通信网络传输的信息承担责任：

(1)不启动传输；

(2)不发送信息；

(3)尚未选择或者修改传输中包含的信息。

2. 适用本条第 1 款时，信息仅出于进行传输的目的而发生，且信息的存储时间不长于传输所需的合理时间的，传输和仅提供对通信网络的访问的行为应当包括对传输的信息进行自动、中间和暂时存储。

3. 以下情形中，根据第 3:15 条之四第 3 款规定为社会提供信息服务的人，其唯一目的是提供更多信息，包括自动、中间和临时存储该信息。根据提供者的要求有效地将信息转发给服务的其他接收者的，该主体对于该信息的自动、中间和临时存储不承担任何责任：

(1)不修改信息；

(2)符合获取信息的条件;

(3)遵守以行业广泛认可和使用的方式指定的有关信息更新的规则;

(4)不干扰行业广泛认可和使用的合法技术,以获取有关信息使用的数据;

(5)在了解有关事实后,迅速采取以下行动:删除或者禁止访问其已存储的信息,已从网络删除传输的初始源中的信息,已被禁止访问或法院或行政机关已下令将其移走或者禁用的信息。

4. 有以下情形之一的,根据第3:15条之四第3款规定为社会提供信息服务的人,包括由服务接收者提供的信息的存储,不承担责任:

(1)没有关于非法活动或者信息的实际知识,并且不了解损害赔偿要求相关的非法活动或者信息的事实或情况的;

(2)获得此类知识或者意识后,迅速采取行动以删除或者禁止对信息的访问的。

5. 以上各款不影响法院裁决终止或阻止侵权,或者禁令以消除或禁止获取信息的可能性。

第五节　关于追索权的暂行规则

第6:197条　追索权的限制

1. 以列情形不适用第6:165条、第6:166条、第6:169条、第6:171条、第6:173条、第6:174条、第6:175条、第6:176条、第6:177条、第6:185条和第8编第6章第4节、第11章第4节、第14章第1节以及第19章第4节(未生效)的规定:

(1)根据下列规定计算可追索的金额而需依法确定应当承担责任的金额的:《雇员丧失工作能力保险法》第99条和第107条之一、《残疾保险法》第90条、《关于残障青年残疾保障法》第69条、《残疾青年工作和就业支助法》第4:2条、《疾病保障法》第52条之一、《遗属抚养法》第61条、《强制医疗保险法典》第10.2.2条、《2015年社会保障法典》第2.4.3条、《军事人员伤残保险法》第8条;

(2)确定《公务员意外事故损害赔偿法》第3条所称的金额,根据该法或者《ABP私有化法》第75条的规定承担不超过该金额的责任。

2. 第7:962条规定的代位权不适用于本编第6:165条、第6:166条、第6:169条、第6:171条、第6:173条、第6:174条、第6:175条、第6:176条、第6:177条和第6:185条,以及第8编第6章第4节、第11章第4节、第14章第1节和第19章第4节(未生效)产生的权利。

3. 因前述各款而被排除追索权或代位权的人或者由此不得再行使代位权的人,

无法以合同的方式取得本条第 2 款所称的权利，也不能让受益人以自己的名义行使上述权利。

第四章　侵权行为和合同之外的债

第一节　无因管理

第 6:198 条　无因管理

无因管理是指不基于法律行为或者法律规定的其他法律关系而产生的，但管理人有意识且有合理原因照顾他人利益的行为。

第 6:199 条　管理人的义务

1. 无因管理期间，管理人必须谨慎实施管理，并有义务在合理预期的范围内继续其已开始的管理行为。

2. 在合理可预期的范围内，管理人应当尽快向受益人报告其所实施的管理行为。已代表受益人支出或者收取资金的，管理人还必须提供相应的账目。

第 6:200 条　受益人的义务

1. 在受益人利益得到适当照顾的范围内，其必须补偿管理人因事务管理受到的损害。

2. 管理人在营业或者执业过程中实施管理的，其还有权在合理可预期的范围内根据管理期间此类活动通常可收取的费用，获得补偿。

第 6:201 条　以受益人的名义实施法律行为

在受益人利益得到适当照顾的范围内，管理人有权以受益人的名义实施法律行为。

第 6:202 条　受益人的同意

管理人无合理理由为照顾他人的利益而实施管理或者不适当照顾他人利益的，受益人可放弃援引该瑕疵的权利。管理人也可设定一个该受益人必须作出追认的合理期间。

第二节　无因偿付

第 6:203 条　无因偿付

1. 在没有任何法律依据的情况下，已将财产交付给他人的人，有权向不当受领人请求返还该财产。

2. 在无因偿付与付款有关的情况下，偿付人有权请求返还同等款项的金额。

3. 在没有任何法律依据的情况下，实施上述无因偿付以外的给付的人，也有权请求受领人返还该给付。

第 6:204 条　受领人的善意

1. 受领人在合理期间内不应当预见存在返还财产的义务,并且未能尽到照管财产的谨慎注意义务的,此种疏忽不可归责于受领人。

2. 以另一人的名义但未经授权而收到一笔未欠该另一人的款项的人,在合理期间内不应预见存在返还财产的义务,且已将此款项移交该他人的,该返还义务可予以免除。

第 6:205 条　恶意受领人

受领人受领财产时存在恶意且未做进一步通知的,该受领人即构成迟延受领。

第 6:206 条　孳息的返还和费用损失

参照适用第 3:120 条、第 3:121 条、第 3:123 条和第 3:124 条中有关孳息的返还以及费用损失的规定。

第 6:207 条　费用支出的补偿

除恶意受领财产外,受领人有权在合理范围内取得因受领和返还财产所发生的费用的补偿,以及取得在第 6:204 条所称的期间支出的非受领该财产则不会支出的费用的补偿。

第 6:208 条　相对人抛弃返还请求权,并在必要时免除补偿义务

相对人抛弃返还请求权,并在必要之时承担费用将无因偿付的财产转让给受领人以免除补偿义务的,该受领人无法取得前两条所称费用的补偿。受领人应当配合此种转让。

第 6:209 条　无行为能力人作为受领人

所受领的给付使其实际受益或者已处于其法定代理人控制之下的,已受领无因偿付的无行为能力人适用本节所称义务的规定。

第 6:210 条　恢复原状的义务

1. 返还不涉及财产转移的给付的,参照适用第 6:204 条至第 6:209 条的规定。

2. 给付依其性质无法返还的,或者给付的实施可归责于受领人的,或者受领人已同意实施对待给付的,受领人有义务在合理范围内补偿受领时已因给付得利的价值。

第 6:211 条　根据无效合同实施的给付

1. 根据合理和公平原则,依无效合同或者无效合同实施给付的性质无法要求返还,且该给付在法律诉讼中进行价值评估不适当的,法院应当驳回要求返还对待给付或者该给付价值的诉讼请求。

2. 当事人无法根据前款规定请求返还已转让财产的，合同的无效并不导致财产转让本身的无效。

第三节 不当得利

第6:212条 不当得利的要求

1. 损害他人利益而不当获利的人，有义务在合理的范围内赔偿该他人因此受到的损害。

2. 在确定必须恢复的利益时，因不可归责于不当得利人造成不当得利的减损不予考虑。

3. 不当得利人在合理期间内不能预见存在的损害赔偿义务将发生不当得利的减损的，不可归责于该不当得利人。在确定此种减损时，非发生不当得利则不会支出的费用也应当予以考虑。

第五章 合同总则

第一节 一般规定

第6:213条 合同的定义

1. 本章所称的合同是指一方或者多方当事人向另外一方或者多方当事人承担债务的多方法律行为。

2. 两名以上当事人之间订立合同的有关条款与合同目的和性质相违背的，不适用本节的规定。

第6:214条 标准条款

1. 一方当事人在营业或者执业过程中缔结的合同应当遵守本法的规定，涉及特定行业或者经济领域发布标准条款的，还应当符合此种标准条款。枢密院令可制定行业或者执业的标准合同的特定类型和适用条款。

2. 司法部长任命的委员会应当制定、修改或者废止标准条款。法律应当对有关委员会组成和职能作出具体的规定。

3. 标准条款的制定、修改或者废止在取得司法部长的批准以及在荷兰政府公报上公布该批准前，均不会生效。

4. 在合同允许的范围内，标准条款无论是否遵守特定的形式，均可变更本法的规定。本法另有规定的，不适用前1句的规定。

5. 当事人可在合同中排除适用标准条款，但标准条款可规定排除适用的特定形式要求。

第6:215条　混合合同

合同具有两个以上法定的、特定类型合同的特征的，该合同可同时适用各特定类型合同的规则，但该规则或者其应有含义与该合同的目的和性质不相容的除外。

第6:216条　相关规定

其他多方财产法律行为，参照适用本节和以下三节的规定，但该法律行为的性质与相关规定的应有含义不相容的除外。

第二节　合同的订立

第6:217条　要约和承诺

1. 合同经要约和承诺而订立。

2. 除要约、其他法律行为或者习惯另有规定外，可适用第6:219条至第6:225条的规定。

第6:218条　有效、无效要约

根据多方法律行为的规则，要约可为有效、无效或者被宣告无效。

第6:219条　可撤销的要约；不受约束的要约；期待权利

1. 除包含承诺期限或者其他不可撤销的意思表示外，要约是可撤销的。

2. 要约仅在未被承诺且承诺要约的通知尚未发出时，才可被撤销。要约表明其不受约束且不迟延地作出撤销的，即使承诺作出后，要约也是可撤销的。

3. 合同约定一方当事人有义务依另一方当事人的选择与后者订立特定合同的，该要约视为不可撤销的要约。

第6:220条　悬赏要约

1. 基于重大事由，悬赏要约可在特定期限内被撤销或者被修改。

2. 要约人撤销或者修改悬赏要约的，法院可裁判对根据该要约已开始准备所要求给付的人给予公正的补偿。

第6:221条　口头、书面要约的失效

1. 未即时接受口头要约的，该要约即失效；未在合理期限内接受书面要约的，该要约即失效。

2. 拒绝接受要约的，该要约即失效。

第6:222条　一方当事人死亡或者丧失行为能力或财产管理资格时要约的效力

一方当事人死亡或丧失行为能力的，或者一方当事人因处于某种财产信托管理而丧失订立合同的能力的，其作出的要约失效。

第 6:223 条　逾期承诺

1. 要约人不迟延地通知相对方其将接受逾期承诺的，该要约人可将逾期的承诺视为按时到达的承诺。

2. 除要约人不迟延地通知相对方其认为要约已失效外，要约人知道或者应当知道逾期承诺对相对方并非显而易见的，该逾期的承诺可视为按时作出的承诺。

第 6:224 条　合同成立的时间

承诺因某事实未到达或者未按时到达要约人，但根据第 3:37 条第 3 款第 2 句的规定承诺仍生效的，该合同视为在无该事实时该承诺的意思表示应当到达的时间起成立。

第 6:225 条　与要约不一致的承诺

1. 与要约不一致或者附加条件的承诺视为一项新的要约以及对原要约的拒绝。

2. 除要约人不迟延地反对此种不一致外，仅在相对方未对要约进行实质性变更的情况下，其意思表示才视为承诺，由此合同成立。

3. 要约和承诺涉及不同的标准条款和条件的，除非明确拒绝适用要约中的格式条款，承诺中的格式条款均为无效。

第 6:226 条　合同成立的形式要求

法律规定合同的成立应当具备特定形式的，除相关法规应有含义另有所指外，当事人基于其利益而使自己承担订立此种合同的义务的情形，也参照适用该规定。

第 6:227 条　义务必须是确定的

各方当事人根据合同承担的义务必须是可确定的。

第 6:227 条之一　采用电子形式订立的合同

1. 法律规定仅采用书面形式订立的合同才有效，但当事人采用电子形式订立合同的，该合同应当符合以下条件：

(1) 可供各方当事人查阅；

(2) 能充分保证合同的真实性；

(3) 能充分确定订立合同的时间；

(4) 能充分确定各方当事人的身份。

2. 法律规定由法院、行政机关或者其他履行公共职务的专业人士作为中介人订立的合同，不适用本条第 1 款的规定。

第 6:227 条之二　订立电子合同前应提供的信息

1. 通过电子方式订立合同前，第 3:15 条之四第 3 款所称的使用远程通信手段的服务提供商，必须至少以清楚、可理解且无歧义的方式告知相对方以下信息：

(1)合同订立的方式,尤其是所必须实施的行为;

(2)合同订立后,提交已订立的合同的,相对人获取该合同的方式;

(3)合同订立前,相对人识别其不想实施行为的方式,以及可更正的方式;

(4)订立合同所使用的语言;

(5)服务提供商已提交的行为准则,以及相对人通过电子手段查阅的方式。

2. 在合同订立前或者订立时,服务提供商必须提供第 6:231 条所称的格式条款以外的合同条款,以便相对人查阅。

3. 仅以交换电子邮件或者其他类似的个人通信方式订立的合同,不适用本条第 1 款的规定。

4. 服务提供商违反本条第 1 款第 1 项、第 3 项或者第 4 项所称的义务的,在其影响下订立的合同无效。服务提供商未履行本条第 1 款第 1 项或者第 3 项所称的义务的,该合同可推定为在其影响下订立的合同。

5. 服务提供商未提供本条第 1 款第 2 项和第 5 项以及第 2 款所称的信息的,相对人可以解除该合同。

6. 双方当事人在其专业执业或者执行业务过程中就当事人关系达成协议的,可变更本条第 1 款的规定。

第 6:227 条之三　电子合同在承诺之前要约人的其他义务

1. 第 3:15 条之四第 3 款所称的使用远程通信手段的服务提供商,在相对人订立合同之前,应当向相对人提供适当、有效和可访问的手段,并允许其识别不想实施的行为并进行更正。

2. 相对人以电子方式作出的意思表示,可解释为以电子方式对提出要约的承诺,或者以电子方式作出的合同协商的要约,服务提供商应当尽快以电子方式确认其收到的意思表示。服务提供商未确认收到承诺的,相对人可解除合同。

3. 本条第 2 款所称的意思表示和收到确认,在访问服务提供商的各方均可以访问时,视为已收到。

4. 仅以交换电子邮件或者其他类似的个人通信方式订立的合同,不适用本条第 1 款和第 2 款的规定。

5. 服务提供商违反本条第 1 款所称的义务的,在其影响下订立的合同无效。服务提供商未履行本条第 1 款所称的义务的,该合同可推定为在其影响下订立的合同。

6. 双方当事人在其专业执业或者执行业务过程中就当事人关系达成协议的,可变更本条第 1 款的规定。

第6:228条　错误

1. 以下情形中,一方当事人基于错误的事实签订的且对事实有正确判断则不会订立的合同,可被宣告为无效:

(1)由另一方当事人提供的信息引起的错误,除非该另一方当事人认为即使没有该信息也可订立合同;

(2)另一方当事人知道或者应当知道该错误,并且本应当告知陷入错误的当事人;

(3)订立合同时的另一方当事人与陷入错误的一方有同样的错误判断,除非该另一方当事人可相信陷入错误的当事人因此不会订立合同。

2. 宣告无效不能仅与纯粹将来事实错误相关,陷入错误的一方当事人应当根据订立合同时依合同性质、社会一般观念或者案件的具体情形承担责任。

第6:229条　合同规定的法律关系不存在

合同规定的法律关系不存在且旨在延续当事人之间现存法律关系的,该合同可被宣告为无效,除非根据合同性质、社会一般观念或者案件的具体情况,该法律关系的当事人不应当对此承担责任。

第6:230条　完全消除合同违约的损害下及时变更合同的效力

1. 相对人及时提出变更合同效力的申请的,根据第6:228条和第6:229条宣告合同无效的权利在该相对人提议时即消灭。

2. 法院可经一方当事人的申请变更该合同的效力以替代宣告无效,并消除此种损失。

第二节之一　有关欧盟服务指令的提供商及其服务的信息

第6:230条之一　定义

适用本节时,术语含义如下:

1. 客户:基于专业或非专业的目的使用或者有意使用服务的情形下,任何拥有成员国国籍或者共同体赋权的自然人或者《条约》第48条所称的在成员国建立营业地的法人;

2. 主管机构:在服务监管、签发许可或者制定与服务活动有关的规章领域中的发挥作用的理事机构或者其他机构;

3. 中央办公室:《服务法》第5条第1款所称的中央办公室;

4. 服务:通常根据《条约》第50条提供的有偿的经济活动,但雇员提供劳务的除外;

5. 服务提供商：提供服务的成员国的自然人或者《条约》第48条所称的在成员国建立营业地的法人；

6. 成员国：欧盟或者欧洲经济区的成员国；

7. 许可：准许从事有关服务活动的明示或者默示的任何决定；

8. 许可程序：实际上要求服务提供商或者客户遵循以获取主管机构许可的程序。

第6:230条之二　提供信息的义务

服务提供商提供欧洲议会和欧盟理事会2006年12月12日发布的《关于内部市场服务》的2006/123/EG号指令所称的服务的，应当向客户提供以下信息：

1. 提供者的姓名或者名称、其法律地位和组织形式、营业地以及详细的联系方式，以便客户快速直接地取得联系，并在必要之时可通过电子方式取得联系。

2. 服务提供商在商事登记簿或者其他类似的公共登记簿上登记的，该登记簿的名称和识别号，或者该登记簿中的等效识别手段。

3. 活动设置有许可程序的，相关主管机构和中央办公室的详细联系方式。

4. 服务提供商从事的活动需要缴纳增值税的，欧盟理事会2006年11月28日发布的《关于共同增值税附加制度》的2006/112/EG号指令第214条第1款第1项所称的纳税识别号。

5. 涉及受规制专业的，服务提供商登记的任何专业机构或者类似机构，以及专业职称和授予该职称的成员国。

6. 服务提供商使用的格式条款以及合同规定。

7. 服务提供商使用的有关主管机构规定的合同条款。

8. 法律未规定的售后担保。

9. 服务提供商对特定类型的服务预先确定的价格。

10. 尚无法从相关情况中体现的重要服务特征。

11. 本条首段所称的指令第23条第1款规定的保险或者保证，特别是保险人或者保证的联系方式以及领土范围。

12. 所有客户，包括居住在其他成员国的客户，提出投诉或者要求提供服务的联系方式，包括邮政地址、传真号码或者电子邮件地址以及电话号码。该地址非为通常联系地址的，应当提供法定的地址。提供商应当在最短的时间内回应投诉，并应当尽快寻找解决方案。

13. 遵守行为准则的服务提供商，制定法律程序外争议处理规则的商业协会或者专业机构购的成员，应当提供与之相关的信息。服务提供商应当在详细描述其服务的文件中载明该事实,并详细说明获取该争议处理规则和适用条件的方式。

第 6:230 条之三　服务商选择载明的信息

服务提供商可选择向客户提供第 6:230 条之二所称的信息,包括:

1. 服务提供商主动提供的信息;

2. 客户在服务提供地或者合同订立地容易取得的信息;

3. 客户容易以电子方式取得服务提供商为此目的提供的联系方式;

4. 服务提供商向客户提供的任何详细描述服务的文件所载明的信息。

第 6:230 条之四　客户请求补充提供的信息

第 6:230 条之二所称的服务提供商经客户的请求,应当补充提供以下信息:

1. 服务提供商未事先确定特定类型服务的价格的,或者无法提供准确价格的,关于可控制价格的价格计算方法或者足够详细的费用计算方法。

2. 涉及受规制职业的,关于服务提供商营业地所在成员国有效的职业规则及使用方法。

3. 涉及跨行业活动和与所涉服务直接相关的信息,以及为避免利益冲突而采取措施的信息。该信息应当包括在任何详细描述其服务的文件中。

4. 服务提供商应当遵守任何行为准则,以及可通过电子方式查阅该行为准则的地址,并指明可查阅的语言版本。

第 6:230 条之五　正确、清楚地使用语言

在订立合同之前,或者未订立书面合同的,在提供服务之前,服务提供商必须按照正确、清楚且没有歧义的方式向客户提供本节所称的信息。

第 6:230 条之六　枢密院令的具体规定

枢密院令可以作出具体的规定,以执行欧洲议会和欧盟理事会 2006 年 12 月 12 日发布的《关于内部市场服务》的 2006/123/EG 号指令第 22 条第 6 款的规定。

第 6:230 条之七至第 6:230 条之二十六　[未生效]

第三节　格式条款

第 6:231 条　定义

适用本节时,术语含义如下:

1. 格式条款:载入多个合同中指定的一项或者多项条款,不包括清晰易懂的主给付义务的条款;

2. 使用人:在合同中使用格式条款的人;

3. 相对人:通过签署书面文件或者以其他方式接受格式条款的适用范围的人。

第 6:232 条　无条件适用格式条款

订立合同时使用人知道或者应当知道相对人不知道该格式条款内容的,该相对人也应当受格式条款的约束。

第 6:233 条　格式条款的撤销

有以下情形之一的,格式条款无效:

1. 考虑到合同性质和内容、格式条款的形成方式、对当事人双方均显而易见的利益以及交易的其他情形,该规定不合理地加重相对人负担的;

2. 使用人未向相对人提供认知格式条款的合理机会的。

第 6:234 条　认知格式条款的合理机会

1. 有以下情形之一的,使用人已为相对人提供第 6:233 条第 2 项所称的机会:

(1)使用人在合同订立前或者订立时已向相对方提供该格式条款的副本的;

(2)前项规定不具有合理可能性,使用人在合同成立前已通知相对人已提供格式条款的,或者该格式条款已提交给其指定的工商业委员会或已移交给法院书记员,且根据相对人的请求可向其送达该格式条款的。

2. 使用人在合同成立前以电子方式通知相对人已提供格式条款的,或者在合理可行的情况下,使用人在交易之前告知相对人在订立合同时可通过电子方式检查该格式条款,并在相对人提出请求的情况下以电子方式或者其他方式将该格式条款发送给相对人的,其也为相对方提供第 6:233 条第 2 项所称的机会。使用人未在合同订立前或者订立时向相对人提供格式条款的副本,并且不能按照相对人的请求立即且自费地将该格式条款送达相对人的,该相对人可宣告此类条款无效。

3. 相对人不合理地要求使用人提供该格式条款的,不适用本条第 1 款第 2 项和第 2 款所称的有关提供格式条款的规定。

第 6:235 条　不适用第 6:233 条和第 6:234 条规定的情形

1. 以下主体不得援引第 6:233 条和第 6:234 条规定的宣告无效的原因:

(1)第 2:360 条所称的订立合同时已公布其最后一个年度财务报告的法人,或者在订立合同时适用第 2:403 条第 1 款规定的法人;

(2)订立合同时,根据 2007 年的《商业登记法》有 50 名以上雇员的法人,并且非本款第 1 项所称的当事人。

2. 相对人在合同中反复使用相同或者基本相同的格式条款的,使用格式条款相对人以及代为使用的代理人可援引第 6:233 条第 1 款所称的宣告无效的原因。

3. 相对人在合同中反复使用相同或者基本相同的格式条款的,不得援引第 6:233条第 2 款和第 6:234 条所称的宣告无效的原因。

4. 第 3:52 条第 1 款第 4 项所称的期间，自相对人援引格式条款中的规定之时的次日起算。

第 6:236 条　视为不合理加重消费者负担的"黑名单"条款

在使用人与相对人订立的合同中，相对人为不从事营业或者执业的自然人的，格式条款中的以下规定视为不合理的加重负担：

1. 完全和无条件地排除相对人请求使用人履行给付的权利；

2. 根据本编第 5 章第 5 节的规定，限制或者排除相对人解除合同的权利；

3. 限制或者排除相对人依法中止履行的权利，或者赋予使用人享有比其依法应当享有的更为广泛的中止履行的权利；

4. 由使用人确定其是否履行一项或者多项义务，或者相对人已对第三人提起诉讼的，规定相对人因使用人不履行而依法享有的权利；

5. 根据本编第 2 章第 3 节的规定，相对人事先允许使用人将合同义务转移给第三人，但相对人有权随时解除该合同，或者使用人就第三人的履行承担责任，或者义务的转移与营业转让有关，而该义务和该转让所约定的权利均包含在该营业转让中的除外；

6. 使用人将合同权利转让给第三人的，排除或者限制相对人依法对第三人享有的权利或者抗辩；

7. 将相对人享有权利的诉讼时效期间或者除斥期间缩短少于 1 年；

8. 规定在合同履行期间因使用人或者使用人应当对之负责的人或物对第三人造成的损害，相对人应当对此承担赔偿责任，或者对依其与使用人的关系超出法定分担范围承担赔偿责任；

9. 规定使用人有权自合同订立之日起 3 个月内提高约定的价款，除非相对人有权解除合同；

10. 定期交付货物的合同，包括供电，或者定期提供服务的合同的自动延长或续展，在任何情况下均以最长不超过 1 个月的期限终止合同；

11. 该规定包含相对人对其有权受领的给付的质量声明，或者相对人就使用者不履行的可归责性承担证明责任，而使之不利于相对人的，可以排除或限制相对人提供证据的权利或者改变法定举证责任的分配；

12. 违背第 3:37 条的规定且不利于相对人，但该规定涉及相对方意思表示的形式，或者在提供新地址之前使用人可继续认为相对人提供的地址仍有效的除外；

13. 规定合同订立时在荷兰市政有实际住所的相对人另选地址，但该合同涉及登记财产且在公证人办公室选择地址的，以及相对人可能在该市政不再有已知实际地址的除外；

14. 规定纠纷由依法有管辖权的法院以外或者由一个或者多个仲裁人以外的其他人解决，除非该规定允许相对人选择由依法具有管辖权的法院解决争端，并且可在使用人书面援引该规定后至少1个月内作出此选择。

第6:237条　推定为不合理的加重负担的"灰色名单"条款

在使用人与相对人订立的合同中，相对人为不从事营业或者执业的自然人的，格式条款中的以下规定推定为不合理的加重负担：

1. 考虑到具体情况，规定允许使用人在异常长或者不确定的期间内回应相对人的要约或者声明；

2. 实质限制使用人义务的内容，并且考虑到与该合同有关的法律规则，相对人不能在此类规定情形下合理期待该内容；

3. 规定赋予使用人提供与承诺给付有实质差别的给付的权利，除非相对人此种情形下有权解除合同；

4. 规定解除使用人对合同施加的义务，或者赋予使用人基于一定理由免除受合同约束的权利，除非合同本身提及理由且其性质赋予使用人不再受合同约束的权利；

5. 规定允许使用人在异常长或者不确定的期间内履行其义务；

6. 规定全部或者部分免除使用人或者第三人法定损害赔偿的责任；

7. 规定限制或排除相对人依法享有赔偿的权利，或者赋予使用人享有比其依法享有的更为广泛的赔偿权利；

8. 规定相对人丧失权利或者丧失对一定行为提起抗辩的权利，以此作为对该行为包括不作为的制裁，但权利或者抗辩权丧失具有合法性的除外；

9. 因相对人未履行合同义务的事实以外的原因终止合同的，规定由相对人承担支付金额的义务，除非该规定涉及合理赔偿使用人所受损失或者已丧失利益；

10. 考虑到此合同与本条所称的合同的关系的，规定相对人承担与使用人或者第三人订立合同的义务，但可合理要求相对人承担此义务的除外；

11. 规定第6:236条第7款所称的合同期限超过1年的，除非相对方有权在每届满1年后终止合同；

12. 规定相对人终止合同通知期超过3个月，或者比使用人必须遵守的通知期更长；

13. 规定相对人所作的意思表示的有效性形式要件比私署文书更为严格；

14. 规定相对人授予的代理权不可撤销或者不因其死亡或置于成年监护而终

止，但代理权旨在转让登记财产的除外。

第 6:238 条　条款必须清楚易懂

1. 在第 6:236 条和第 6:237 条所称的合同中，使用人不能援引以下事实对抗相对人：

(1) 以第三人名义订立的合同，该合同的订立基于具有该效果的规定存在于格式条款中；

(2) 格式条款限制使用人的代理权，并且相对人不能在该规定的情形下合理预见该限制存在，但相对人已知道的除外。

2. 当事人必须始终以清楚明白的语言起草第 6:236 条和第 6:237 条所称的合同规定。双方当事人对合同条款的含义有不同理解的，该条款应当按照最有利于相对人的原则进行解释。

第 6:239 条　对第 6:237 条第 1 款至第 14 款进行修改且限制其适用范围

1. 枢密院令可对第 6:237 条第 1 款至第 14 款的规定作出修改。对于该规定适用范围的限制，同样适用上述规定。

2. 提议制定、修改或者废止本条第 1 款所称的规定前，司法部长可听取一个或者多个订立适用该规定的合同时通常使用格式条款的具有代表性的机构以及通常充当此种合同的相对人的意见。

3. 枢密院在公布本条第 1 款所称的规定后，应当立即将其呈送给两院议会的主席。此种规定在其被刊载于荷兰政府公布后满 2 个月时生效。

第 6:240 条　为他人的利益对法人提起的诉讼

1. 法院可根据本条第 3 款所称的法人的申请，宣告格式条款中的特定规定为不合理的加重负担，参照适用第 6:233 条第 1 项、第 6:236 条和第 6:237 条的规定。任何情形下，此种目的在被告收到载明具体内容的协商请求之日起两周内足以实现。此情形下，不适用第 6:238 条第 2 款第 2 句规定的解释规则。

2. 法人促使执业者或者营业者使用格式条款的，该执业者或者营业者可对格式条款的使用人提起诉讼，也可对旨在保护执业者或者营业者利益的且具有完全行为能力的法人提起诉讼。

3. 法人旨在保护执业者或营业者利益或者保护非用于执业或营业的商品或服务的最终用户的利益，并且该法人具有完全行为能力的，其也可提起诉讼。此种诉讼仅能针对与该法人签订合同中使用或者有意图使用格式条款保护其利益的人提起。

4. 仅有证据表明原告在提起诉讼前已向使用人或者《民事诉讼法典》第 1003 条

所称的协会，提供通过双方协商修改该格式条款以消除诉讼原因的异议的机会的，法院方可受理原告提起的诉讼。

5. 法人同意使用格式条款的，该法人不得提出本条第 1 款所称的诉讼。

6. 诉讼请求涉及与该组织或者公共团体的注册机构所在国的国内有经常居住地的人签订的合同中使用或者意图使用的格式条款，且此类组织旨在促进消费者利益或者委托该公共团体促进此利益的，在荷兰境外注册的机构以及欧洲议会和欧盟委员会在 2009 年 4 月 23 日发布的《关于保护消费者利益的禁令》2009/22/EC 号指令条文中所列的名单中的组织或者公共团体，视为本条第 3 款所称的法人。

第 6:241 条　关于第 6:240 条所称的诉讼的程序性规定

1. 海牙上诉法院对前条所称的诉讼具有专属管辖权。

2. 前条所称的法人可行使《民事诉讼法典》第 217 条和第 376 条所称的权利；不适用该法典第 379 条的规定。

3. 根据原告的请求，法院可作出以下裁判：

(1)禁止使用或者促进使用有关裁判所涉及的规定；

(2)撤销使用此类规定的建议；

(3)以法院决定的方式发布裁判，并指定一方或者多方当事人承担诉讼和发布费用。

4. 法院可在裁判中指出消除该规定不合理加重负担的方式。

5. 与执行本条第 3 款所称的禁止或者命令有关的纠纷以及判处支付定期罚金产生的纠纷，应当由海牙上诉法院专属管辖。

6. 海牙地方法院的临时法院对由第 6:240 条第 3 款所称的法人提起的本条第 3 款所称的临时禁令程序的诉讼具有专属管辖权，参照适用本条第 5 款以及《民事诉讼法典》第 62 条、第 116 条第 2 款、第 1003 条、第 1005 条和第 1006 条的规定。

第 6:242 条　变更或者撤销裁判

1. 因情势变更导致裁判不再合理的，法院可变更或者撤销根据第 6:240 条第 1 款已作出的裁判。对此作出裁判的一人或者多人，可为此目的向法院提起变更或者撤销的诉讼。

2. 对此作出裁判的法人已解散的，该法人应当以申诉状提起诉讼。为适用《民事诉讼法典》第 279 条第 1 款的规定，第 6:240 条第 3 款所称的法人视为利害关系人。

3. 参照适用第 6:241 条第 1 款、第 2 款、第 3 款第 3 项和第 5 款的规定。

4. 裁判涉及本法视为不合理加重负担的，不适用前述各款的规定。

第 6:243 条　违反禁止使用条款的规定无效

裁判禁止某人使用格式条款的某些规定,但该人签订合同时仍在该或者类似的格式条款中使用该规定的,该条款无效,参照适用第 6:235 条的规定。

第 6:244 条　确认裁判的适用

1. 因某规定与根据本节已被宣告无效的或者已成为第 6:240 条第 1 款所称的裁判所指的格式条款中的规定之间存在紧密关系而援引该规定是不合理的,从事执业或者营业的人不得在其与顾客订立的商品或者服务合同中援引该规定。

2. 已向使用人提起第 6:240 条第 1 款所称的诉讼的,使用人有权请求法院作出确认裁判,以认定援引前款所称的规定是不合理的,参照适用第 6:241 条第 2 款、第 3 款第 3 项、第 4 款、第 5 款,以及《民事诉讼法典》第 210 条、第 211 条和第 215 条的规定。

3. 法院的此种裁判,参照适用第 6:242 条的规定。

4. 与上述商品和服务相关的在先合同,参照适用本条第 1 款至第 3 款的规定。

第 6:245 条　劳动合同或者集体劳动合同不适用本节的规定

个人劳动合同或者集体劳动合同,不适用本节的规定。

第 6:246 条　强制性规定

本节中,当事人不得排除适用第 6:231 条至第 6:244 条的规定,也不得变更适用第 6:239 条第 1 款所称的枢密院令的规定;当事人还不得排除通过法外声明宣告该规定无效的权利。

第 6:247 条　涉外合同

1. 无论其合同的规定,从事执业或者营业且在荷兰境内均有住所的双方当事人之间订立的合同,应当适用本节的规定。

2. 无论其合同的规定,从事执业或者营业且并非在荷兰境内均有住所的当事人之间订立的合同,应当适用本节的规定。

3. 适用本条第 1 款和第 2 款时,一方当事人在荷兰境内有主要营业地的,或者根据合同规定必须在主要营业地之外的荷兰境内的营业地履行给付的,该当事人的住所视为在荷兰境内。

4. 无论其合同的规定,自然人在荷兰境内有经常居住地的,使用人和并非从事营业或者执业的自然人之间订立的合同,应当适用本节的规定。

第四节　合同的法律效力

第 6:248 条　基于法律规定、合理和公平原则产生的法律效力

1. 合同不仅具有当事人约定的法律效力,还具有根据合同性质、法律规定、习惯或者合理和公平原则产生的法律效力。

2. 当事人因达成协议而必须遵守的规则根据合理和公平原则是不可接受的，当事人在特定情形下不得适用该规则。

第 6:249 条　概括继受

除合同另有规定外，合同的概括继受人适用该合同产生的法律效果。根据第4:13条分割遗产的，被继承人的子女不适用合同产生的法律效果，但合同另有规定除外。

第 6:250 条　强制或者任意性规定

合同可排除适用本节的规定，但第 6:251 条第 3 款、第 6:252 条第 2 款和第 3 款、第 6:253 条第1款、第 6:257 条、第6:258条、第 6:259 条和第 6:260 条除外。

第 6:251 条　定性权利

1. 合同产生的可转让权利以某种方式与债权人的特定财产紧密相连，由此债权人持有该财产即对该合同权利享有利益的，该权利将依法转移给根据特别资格取得财产的人。

2. 交换前款所称的权利的情况下已达成对待给付的，履行该对待给付的义务也在权利转让后的有关范围内发生转移。转让后相对人因对待给付的不履行而通过解除或者终止合同的方式免除其债务的，转让人仍应当与受让人一同对该相对人承担责任。

3. 财产受让人已通知合同相对人其不接受权利转移的，不适用前两款的规定。

4. 当事人可根据转移财产的法律行为，约定不得转让合同的任何权利。

第 6:252 条　定性义务

1. 当事人之间可通过合同约定，一方当事人与其登记财产有关的容忍或者不作为义务转移给根据特别资格取得财产的人，且从财产权利人处取得财产使用权的人也必须遵守该约定。

2. 前款所称的当事人约定必须制成公证文书并登记在公共登记簿上，方能生效。制作公证文书时，承担义务的主体必须为此选择在荷兰境内的住所予以登记。

3. 涉及以下人员的，约定在登记后仍为无效：

(1) 在登记前已通过特别资格取得登记财产权利或者该财产使用权的人；

(2) 在扣押记录登记时尚未登记公证文书的，已占有该登记财产或者该财产所设的定限物权的扣押人；

(3) 从本款第 1 项或者第 2 项所称的不受某规定义务约束的人处取得权利的人。

4. 权利与转让后的期限有关且对待给付的约定也登记在公共登记簿上的，请求为交换该义务而约定为的对待给付的权利应当与该义务同时转移。

5. 限制权利人转让登记财产或者在该财产上设立定限物权的，不适用本条的规定。

第 6:253 条　第三人条款

1. 合同包含约束第三人的约定且第三人接受该约定的，合同可为第三人创设向一方当事人请求给付或者援引该合同以对抗一方当事人的权利。

2. 当事人可在约定接受前撤销该约定。

3. 当事人可通过向相关的第三人作出意思表示的方式接受或者撤销该约定。

4. 第三人已知悉无偿作出的不可撤销的约定且未立即拒绝的，视为接受该约定。

第 6:254 条　第三人接受条款后的法律地位

1. 第三人接受上条所称的约定的，视为合同的一方当事人。

2. 在符合规定的根本目的的范围内，第三人也可在接受约定前的期间从约定中获得权利。

第 6:255 条　指定其他第三人

1. 基于第三人的利益，约定对该第三人无效的，当事人可指定自己或者其他第三人从约定中获得权利。

2. 履行给付的当事人为此目的设立合理期间并指定受益人，但未在此期间作出此种指定的，视为指定自己为受益人。

第 6:256 条　请求向第三人履行权

当事人为第三人利益作出约定的，其可请求向该第三人履行该规定对其施加的义务，但该第三人对此表示反对的除外。

第 6:257 条　雇员与该合同当事人享有相同的援引抗辩的权利

一方当事人根据合同，能提出抗辩并使其免除对雇员行为的责任的，在另一方当事人根据此合同对该雇员提起诉讼的情形下，该雇员与该合同当事人享有相同的援引此抗辩的权利。

第 6:258 条　不可预见的情况

1. 根据合同一方当事人的请求，法院可变更合同的效力，或者在不可预见的情况下，根据合理和公平原则合同另一方当事人不应当期待合同性质保持不变的，法院可全部或者部分解除该合同。法院可以追溯变更或者解除该合同。

2. 按照合同性质或者社会的一般观念，援引情势的人应当对此情势负责的，法院不应当变更或者解除该合同。

3. 适用本条时,受让合同权利或者承受合同义务的人视为合同当事人。

第 6:259 条　持续义务

1. 合同旨在使登记财产的权利人或者使用人承担给付义务,但不容许他人根据授予权利继续在其控制下继续占有该登记财产的,法院可在以下情形中,经该人的请求全部或部分变更合同或者解除合同:

(1)自合同订立时起至少经过 10 年且不变更合同与公共利益相违背的;

(2)债权人在履行债务时不再有合理利益且不可能恢复该利益的。

2. 本条第 1 款第 1 项所称的 10 年期间包含登记财产权利人或者使用人受同样效力约束的整个期间。合同条款构成实施有效土地使用规划障碍的,不适用该期间的规定。

第 6:260 条　适用第 6:258 条和第 6:259 条的具体规定

1. 法院根据第 6:258 条和第 6:259 条作出变更或者解除合同的裁判时,可在裁判中附加其指定的其他条件。

2. 法院根据第 6:258 条和第 6:259 条作出变更或者解除合同的裁判时,可命令一方或者多方合同当事人在裁判确定的期间内通过书面通知的方式解除该合同。此种变更或者解除在该期间届满前不发生法律效力。

3. 根据第 6:258 条和第 6:259 条全部或部分变更或者解除的合同已登记在公共登记簿上,并且所涉的裁判已为终审裁判且具有执行力或者暂时具有强制执行力的,该变更或者解除的裁判也可登记在该登记簿上。

4. 根据第 6:258 条和第 6:259 条的规定,某人在第 6:252 条第 2 款第 1 句所称的当事人被传唤的,法院也由此可传唤尚未实施新登记的所有继承人,参照适用第 3:29 条第 2 款和第 3:29 条第 3 款第 2 句至第 4 句的规定。

5. 所涉的裁判已为终审裁判且具有执行力或者暂时具有强制执行力的,变更或者解除已登记合同的其他法律事实也可予以登记。

第五节　双务合同

第 6:261 条　双务合同的定义

1. 双务合同是指各方当事人须根据协议履行义务并享有对方当事人为一定给付的权利的合同。

2. 与其法律关系的性质相符的,旨在相互给付履行的法律关系,参照适用有关双务合同的法律规定。

第 6:262 条　中止履行直至另一方履行义务

1. 合同一方当事人未履行其义务,并且该未履行的义务与另一方当事人的义务相对应的,该当事人有权不履行其义务。

2. 涉及部分或者不适当履行的,一方当事人仅有权在另一方当事人不履行其义务的合理范围内中止履行。

第 6:263 条　不安抗辩

1. 必须先履行义务的一方当事人在订立合同后不履行义务的,另一方当事人有权中止履行相应的义务。

2. 有充分理由认为一方当事人部分履行或者不适当履行其义务的,另一方当事人仅有权在合理的范围内因不履行而中止履行。

第 6:264 条　中止履行一般规则的适用范围限制

一方当事人有权根据第 6:262 条和第 6:263 条中止履行的,不适用第 6:54 条第 2 项和第 3 项以及第 6:55 条的规定。

第 6:265 条　违约导致合同解除

1. 除不履行的特殊性质或者次要重要性而不能解除合同外,一方当事人不履行其债务的,另一方当事人有权全部或者部分解除合同。

2. 履行非永久不能或者暂时不能的情况下,债权人仅在债务人构成迟延时才有权解除合同。

第 6:266 条　债权人自己的迟延不产生解除权

1. 债务人基于债权人迟延而未履行其债务的,该债权人无权解除合同。

2. 除债务人或者其雇员已因过错未履行应有的注意外,在迟延履行期间债务已全部或者部分不能适当履行的,债权人有权解除合同。

第 6:267 条　解除合同的方式

1. 具有解除权的一方当事人可通过书面方式通知另一方当事人解除事宜而解除合同。当事人以电子方式订立合同的,也可通过电子方式作出解除的意思表示,参照适用第 6:227 条之一第 1 款的规定。

2. 法院可根据解除权人的请求宣告解除该合同。

第 6:268 条　解除权的剥夺

解除权因解除合同的诉讼时效届满而消灭。当事人不得以该时效抗辩基于该合同的诉讼权利或其他法律措施而提起的诉讼或者诉讼外的合同解除。

第 6:269 条　解除不具有溯及力

除请求解除合同之后作出的履行要约在宣告合同解除时不产生效力外,本节所称的合同解除不具有溯及力。

第 6:270 条　部分解除

合同部分解除的,双方当事人必须根据合同相应降低或者减少互负义务的质量或者数量。

第 6:271 条　解除产生的法律效果

合同解除使当事人免除合同所涉的相互义务。已履行该义务的,该履行的法律依据仍有效,但接受给付的当事人有义务返还因解除合同而已收到的给付。

第 6:272 条　补偿已受领的给付义务

1. 给付依其性质无法恢复原状的,受领人可在受领给付价值的范围内,以补偿替代该给付的返还。

2. 给付不符合义务的,本条第 1 款所称的补偿金额限于受领给付时以及特定情形下受领人实际取得的给付价值。

第 6:273 条　接受给付的注意义务

从当事人可合理预见合同解除之日起,其必须尽到谨慎管理人的义务,以确保因解除合同而返还给付,参照适用第 6:78 条的规定。

第 6:274 条　恶意受领给付

当事人不顾合同已解除的事实仍恶意受领给付的,该当事人在合同解除后视为自受领给付时已构成迟延。

第 6:275 条　孳息、费用和损害赔偿

参照适用第 3:120 条至第 3:124 条关于孳息返还以及费用和损失赔偿的规定。

第 6:276 条　无行为能力人受领给付

无行为能力人受领给付的,该给付必须使之实际受益,或者仅在置于其法定代理人控制时,无行为能力人才需承担本节规定的义务。

第 6:277 条　除合同解除外的损害赔偿

1. 全部或者部分解除合同的,因其不履行义务而导致合同解除的一方当事人,必须赔偿另一方当事人在未相互履行情形下受到的损失。

2. 不可归责于债务人的不履行,仅在第 6:78 条所称的限制范围内适用前款的规定。

第 6:278 条　追加付款以恢复原始价值

1. 在本应相互返还给付的相对价值发生对其有利的变化后,当事人选择解除已履行的合同,且可认为没有该价值变化即不会选择解除合同的,该当事人必须通过补充给付以恢复原始价值。

2. 已发生对其有利的变化，当事人通过解除合同以外的其他方式返还给付，且没有该变化即不会选择此种方式的，参照适用前款的规定。

第 6:279 条　多方合同

1. 与合同性质不冲突的，三方以上当事人约定的合同债务，参照适用关于双务合同的规定，但应当注意以下各款的规定。

2. 为使一方或者多方当事人约定对待给付而承担义务的当事人，可主张不履行应当对其履行义务为由解除该合同。

3. 本条所称的一方当事人的权利和义务相互关联，且其不履行债务的，他方当事人可在任何情形下共同解除该合同。

第七编　典型合同

第一章　买卖合同和互易合同

第一节　买卖合同的一般规则

第7:1条　买卖合同的定义

买卖合同是指一方承担交付货物的义务，而另一方支付价款的合同。

第7:2条　不动产买卖

1. 出售居住所用的不动产时，买受人是非从事职业或者经营行为的自然人的，当事人应当签订书面合同。

2. 双方当事人为此目的签订合同的，在买受人要求时，出卖人必须提供一份原件复印件。在该复印件交付3天内，买受人有权取消买卖合同。在买受人行使取消权后，对于在6个月内发生的新的买卖，买受人对同一当事人以及同一标的物，不再享有取消权。

3. 关于用于居住的不动产的使用权的买卖，参照适用第1款和第2款的规定。

4. 除第6:214条所称的标准条款外，当事人不得变更本条第1款至第3款的规定而损害买受人的权利。

5. 租购和未经公证的公共拍卖不适用本条第1款至第4款的规定，同样也不适用第7:50条之一第3款或者第6款的界定。

第7:3条　买受人的不动产强制登记义务

1. 买卖已登记的财产的，当事人应当在第3编第1章第2节所规定的公共登记部门进行登记，除非该财产仅为预告登记且尚未交付实际。在买卖用于居住的不动产时，买受人是非从事职业或者经营行为的自然人的，当事人不得变更本款第1句的规定而损害买受人的利益。

2. 在本法第7:2条第2款所称的冷静期内，只有买卖合同已由在荷兰成立的公证人起草并签字的，该合同才需予以登记。

3. 买受人已对买卖合同进行登记的，其在以下情况中不享有提出索赔的权利：

(1)在对买卖进行登记之后，由于出卖人的行为或者阻碍而无法提出索赔的，除非此行为或阻碍是基于之前已登记的买卖行为或者根据第3:298条规定的优先交付权发生的，且买受人在登记时已知悉该优先交付权，此时买受人应当出具一份正式的官方临时扣押交付的文件；

(2)由于出卖人的行为或者阻碍导致另一个行为或者阻碍的出现造成的；

(3)在对买卖进行登记之后产生财产的信托管理，在此之前已进行信托的，就不再需要进行公共登记，除非买受人在进行买卖登记时已知悉；

(4)在对买卖进行登记之后发生的租赁或者农场租赁；

(5)在对买卖进行登记后，发生执行或者临时扣押，并出具官方文件；

(6)在对买卖进行登记后，发生第6:252条所称的定性义务；

(7)在对买卖进行登记后，出卖人破产、停止支付，或者开始实施个人债务减免计划。

4. 财产在登记6个月之内未能交付给买受人的，本条第3款所提到的效力有溯及力地失效。另外，在公共登记部门进行咨询不等于对买卖的承认。

5. 登记失去其效力后，在6个月内，当事人不能再以同样标的财产进行买卖。

6. 仅在买卖合同中约定进行登记，且已约定公正日期并签名的，包括姓和名、履行的地点和资格，该买卖合同才需要予以登记。本条第1款、第2款、第5款不能排除当事人进行登记的权利。

7. 租卖合同不适用本条第1款至第6款的规定。

第7:4条　合同价款

当事人未确定买卖合同的价款的，买受人必须支付合理的价款；该价款应当根据出卖人通常规定的价格以及合同订立的时间予以确定。

第7:5条　消费买卖合同

1. 适用本章时，消费买卖是指出卖人为从事职业或者商业行为的自然人，相对买受人为非出于职业或者商业行为的自然人，两者之间进行的动产买卖，包括电力。

2. 除买受人在订立合同时已知悉委托人非为从事职业或者商业行为的自然人外，受托人代表或者以其委托人的名义从事职业或商业行为的买卖，视为消费买卖。

3. 关于水通过管道供应当给使用人的合同,不适用前 1 款的规定。

4. 应交付的动产尚在生产的,该交付必须符合第 7:750 条规定的要求,合同一方基于职业或者商业目的,与相对方进行的买卖,也应当视为消费买卖。本章条款与本编第 12 章第 1 节的条款相冲突的,应当优先适用本章的条款。

第 7:6 条　强制性规定

1. 当事人不得在消费买卖中变更本章第 1 节至第 7 节的规定而损害买受人的权利,也不得限制和排除出卖人因买受人未能向其履行义务而获得的补救措施和法律权利。

2. 第 7:11 条、第 7:12 条、第 7:13 条、第 7:26 条以及第 7:35 条规定的情形,不适用本条第 1 款的规定。但变更该条款的规定而有损于买受人的利益时,此种变更被视为不合理。

3. 根据欧盟议会和委员会 1999 年 5 月 25 日发布的《关于消费买卖和相关的质量担保》的 99/44/EC 指令对消费买卖未提供或者仅提供部分保护,且一方所在的通常居住地属于加入该指令的成员国的,消费者有权根据欧盟成员国其他的指令或者强制性条款受到保护。

第 7:6 条之一　质保条款

1. 消费买卖中出卖人或者生产者未达到保证标的物质量的某些标准的,应当采取相关的补救措施。买受人可行使法律赋予的要求补偿的权利。

2. 本条第 1 款赋予买受人要求补救的权利的,该权利不影响买受人行使法律赋予的其他补救权利。质保条款应当以平实易懂的语言表达,同时必须清楚标注出卖人或者承担质保责任的生产者的名称和地址。

3. 出卖人在买受人要求时应当提供本条第 2 款所称的质保条款的,其应当以书面形式或者以其他方式提供给该买受人。

4. 出卖人或者生产者在质保条款中赋予买受人权利的,在标的物不符合出卖人或者生产者广告中所描述的特性时,买受人可行使该权利。

5. 适用本条时:

(1)"质保"是指本条第 1 款以质保认证或者广告形式对质量及特性作出的允诺;

(2)"生产者"是指该标的物的制造商、出口产品到欧盟的人,以及把名称、标志或者其他显著标识标注于标的物上的生产者。

第 7:7 条　非预定的商品和服务

1. 某人收到物且有理由相信该物旨在促使其购买的,无论是否订立合同,收货人均有权无偿取得该物，但因收货人的原因收到该物的除外。

2. 非从事职业或者商业行为的自然人收到非其预定的物的，出卖人不得要求其付款。本款第 1 句所称的物，参照适用本条第 1 款的规定，收货人有权无偿取得该物。

3. 在本条第 1 款和第 2 款所称的情形中，收货人返回收到的物的，相关的费用应当由送货人承担。

4. 非从事职业或者商业行为的自然人接受未委托的服务时，参照适用本条第 2 款的规定。

第 7:8 条　新建房屋的出售

新建的住宅或者翻新的住宅出售给非从事商业或者职业目的自然人的，参照适用第 7:767 条和第 7:768 条的规定。除第 6:214 条规定的标准条款外，不得改变本条款的规定而损害买受人的利益。

第二节　出卖人的义务

第 7:9 条　出卖人的主合同义务

1. 出卖人有义务转移所售标的物及其附件的所有权，并交付该标的物。附件包括产权证书和其他文件；出卖人在其上有利益的，在买受人要求和承担费用的情况下，出卖人仅需交付复印件。

2. 交付是指使买受人占有标的物。

3. 在保留所有权的买卖中，交付是指移交控制权给买受人。

第 7:10 条　风险转移规则

1. 所有权尚未转移的，交付后的风险转移给买受人承担。无论标的物是否非因出卖人的原因已灭失或者毁损的，买受人均需支付价款。

2. 在出卖人交付该标的物时买受人有合作的义务，买受人违约的，同样适用本条第 1 款的规定。出售时已决定种类物，出卖人将标的物根据合同交付且已通知买受人的，买受人的违约仅使得该风险转移给自己。

3. 买受人有充分理由行使废止买卖合同或者更换标的物的权利的，风险仍由出卖人承担。

4. 在交付后风险仍由出卖人承担的，出卖人仍对因买受人造成的标的物的灭失和毁损承担责任。但买受人必须合理预见返回标的物的可能性，并谨慎地保管标的物，此时，参照适用第 6:78 条的规定。

第 7:11 条　消费买卖合同中的风险转移规则

消费买卖中出卖人或者由买受人指定的承运人将标的物交付给买受人的，或者根据第7:9条为意定交付的,此时风险即转移给买受人承担。

第7:12条　交付、收货费用以及所有权转移成本的分担

1. 出卖人必须承担交付的费用,包括称重和点数的费用。

2. 买受人必须承担收货、订立买卖合同和转移所有权的成本。

第7:13条　消费买卖中交付成本的分担

消费买卖中出卖人或者由出卖人指定的承运人将标的物交付给买受人时,买受人仅对订立合同时由出卖人单独或者提供数据以便计算的费用享有求偿权。出卖人关于此次交易的其他费用,同样适用上述规定。

第7:14条　标的物孳息的归属

标的物的孳息和收入自交付之日起属于买受人,其收入应当按天计算。

第7:15条　不受限制和负担的交付

1. 出卖人转移标的物的所有权时,必须确保其免受任何权利的限制和负担,但买受人明确接受的除外。

2. 无论合同是否有约定,出卖人必须确保标的物免受任何权利的限制,以及在合同签订时尚未登记但之后在公共机构登记的担保的负担。

第7:16条　出卖人对诉讼的支持

为阻碍买受人获得补救或者对其他权利承认而提起诉讼,基于保护买受人利益的目的,出卖人也必须参与到诉讼中。

第7:17条　标的物一致性的要求

1. 出卖人交付的标的物必须与合同约定的标的物相一致。

2. 标的物不符合买受人在合同中所期待的特性的,考虑到标的物的自然属性以及出卖人的陈述,该标的物视为与合同约定的标的物不符。买受人对标的物特性的期待应当满足正常的使用,同时应当具备合同中可预见的特殊使用所应当具有的特性。

3. 交付约定之外的物或者不同种类的物,构成与合同约定的标的物不符。交付的数量、大小、重量与约定不符的,同样适用上述规定。

4. 已向买受人出示样品或者模型的,标的物必须与样品或者模型一致,除非样品或者模型是基于展示目的,无须保持一致。

5. 买受人在合同签订时知道或者应当知道交付标的物与合同约定的标的物不符的,其不能声称该标的物不符合协议的约定。因买受人提供的原材料的瑕疵或者不当,出卖人向其提出警告的,买受人不能行使与标的物不符的权利。

6. 出售不动产时,表面陈述的尺寸仅用于展示的,标的物不必与其保持一致。

第 7:18 条　消费买卖中标的物一致性的要求

1. 消费买卖中决定标的物是否与合同约定的标的物相符时，需考虑之前关于该物的公共陈述，或者代表前出卖人从事职业或商业行为出售该标的物时，是否已明确告知买受人。但在后出卖人不应当知道在前出卖人作出此种陈述，或者合同签订之前已撤销陈述的，或者不受此陈述影响实施出售行为的除外。

2. 消费买卖中标的物的不相符在交付后 6 个月内才显现出来的，该不符视为在合同签订时已存在，但与标的物的特性或者交付的性质相反的除外。

3. 消费买卖中出卖人有责任对标的物进行安装的，其错误安装也视为标的物与合同约定的标的物不符。买受人由于安装说明的误导而错误安装的，同样适用上述规定。

第 7:19 条　拍卖合同

1. 强制拍卖时，买受人不能因标的物上已存在的债权或者抵押而认为标的物与合同约定不符，但出卖人知道此情况的除外。

2. 私人拍卖中买受人知道或者应当知道的，同样适用上述规定。消费买卖中的买受人仍能声称标的物与合同约定不符。

第三节　出卖人不履行义务的特别后果

第 7:20 条　因标的物享有权利或者设有担保负担导致的不履行

标的物享有权利或者设有担保负担，且出卖人有条件处理的，买受人可要求出卖人移除此种负担。

第 7:21 条　交付的标的物不符合合同约定导致的不履行

1. 交付的标的物与合同约定不符时，买受人可要求：

(1) 交付缺失部分；

(2) 出卖人有条件处理的，修理该标的物；

(3) 更换交付的标的物，除非不足以纠正，或者买受人经过合理考虑决定废止此项权利，或者因买受人未尽到合理保管的义务标的物已灭失或者毁损。

2. 出卖人在履行本条第 1 款所称的义务时不得向买受人收费。

3. 出卖人有义务在合理期间内，考虑到标的物的自然属性和合同中列明的特殊用途不会给买受人带来较大的不便利时，履行本条第 1 款所称的义务。

4. 本条第 1 款所称标的物，应当排除消费买卖中出卖人无法履行的情况，此时买受人不能要求修理或者更换标的物。

5. 消费买卖中的买受人行使要求更换或者补救的权利的成本太高，且与标的物的价值严重不成比例的,买受人不能要求出卖人修理或者更换。关于进行更换或者补救的约定及其分歧,不能给买受人带来较大的不便利。

6. 消费买卖中的买受人发出书面通知要求出卖人修理,但出卖人未在合理的期限内履行该义务的,买受人可在第三人处修理该标的物,并由出卖人承担该费用。

第 7:22 条　消费买卖合同交付的标的物与约定不符导致的不履行

1. 消费买卖中交付的标的物与合同约定不符的,买受人有权:

(1)在实施补救的意义不大的情况下,解除该合同;

(2)根据协商要求减少价款。

2. 本条第 1 款所称的权利仅在出卖人无法进行修理或更换的情况下,或者出卖人在第 7:21 条第 3 款所称的未能在合理期限内履行该义务的情况下,才可由买受人行使。

3. 除本节另有规定外,本条第 1 款第 2 项所称的权利,参照适用第 6 编第 5 章第 5 节的规定。

4. 买受人可行使本条第 1 款所称的权利,以及第 7:20 条和第 7:21 条所称的权利和采取相应的补救措施。

第 7:23 条　买受人对标的物不符合约定的通知义务

1. 买受人仅在发现标的物与合同不符后及时通知给出卖人的,才能行使该与合同不符的权利。但标的物不符合出卖人所陈述的其应当具备的质量,并且出卖人知道或者应当知道却未通知买受人的,买受人应当在发现不符后立刻通知。消费买卖中,买受人应当在发现不符后立刻通知;在买受人发现不符后两个月内发出通知,视为在合理期间内的通知。

2. 买受人因标的物与合同不符而提起诉讼的权利,应当自发出不符通知后两年内行使,但仍可保留买受人支付价款的抗辩权、要求减少价款的权利以及赔偿请求权。

3. 由于出卖人的欺诈行为买受人未能行使其权利的,本条第 2 款所称的权利的诉讼时效即中止。

第 7:24 条　消费买卖合同中出卖人的损害赔偿责任

1. 消费买卖中交付的标的物不符合买受人根据合同所期待的品质的,其可根据第 6 编第 1 章第 9 节、第 10 节的规定,向出卖人提出赔偿请求。

2. 不构成第 6 编第 1 章第 9 节、第 10 节所称的瑕疵的,出卖人对损害不再负有赔偿责任,除非:

(1)其知道或者应当知道瑕疵的存在;

(2)其承诺标的物不存在瑕疵;

(3)根据第6编第3章第3节,与标的物的损害有关的,在不改变第6编第1章第9节、第10节规定的情况下,其有权不对专营权作出补偿。

3. 根据本条第2款第1项或者第2项的规定,出卖人对买受人的损害进行补偿的,买受人应当将其根据第6编第3章第3节获得的权利转让给出卖人。

第7:25条　买受人对前手出卖人的追偿权

1. 未能履行第7:24条规定的义务的,买受人可行使相应的权利。前手出卖人是从事职业或者商业行为而与出卖人签订的合同的,出卖人有权向其前手出卖人请求损害赔偿。买受人仅须补偿出卖人已发生的合理费用。

2. 不得改变本条第1款的规定而损害出卖人的利益。

3. 出卖人在交付时知道或者应当知道发生的与标的物不符的结果的,其不享有本条第1款所称的损害求偿权。

4. 标的物质量与出卖人陈述不符的,出卖人根据本条第1款要求损害的求偿权应当限于其再次出售所能获得的求偿权。

5. 对之前合同的追索权,参照适用前款的规定。

6. 根据第7:24条第2款所称的损害赔偿,不适用前款的规定。

第四节　买受人的义务

第7:26条　价款的支付

1. 买受人负有支付价款的义务。

2. 买受人必须按合同约定的时间和地点支付价款。在消费买卖中,要求买受人预付的金额不能超过总价款的一半。

3. 转移标的物所有权的公证文件,之后须在相应的公共登记机关进行登记的,在执行该文件时,标的物应当脱离买受人的控制并在登记之后再转移给出卖人。

4. 销售用于居住的不动产时,买受人为非从事职业或者商业行为的自然人的,其没有提前支付价款的义务,除非已约定为确保交易的进行和义务的履行,交给公证机构定金,且定金不超过购买价格的10%,不得改变第1句的规定而损害买受人的利益,但第6:214条规定的标准条款除外。其他任何超过数量的支付,视为未到期的支付。

5. 转让用于居住的全部或者部分不动产的使用权的,参照适用本条第4款的规定。

6. 符合第7:50条之一第3项、第4项或第6项所称的界定,不适用本条第2款第2句、第4款、第5款的规定。

第7:27条　拒绝支付价款的情形

由于标的物上存在其他的权利负担，买受人有合理理由相信可能会涉及诉讼或者其他事件的，除非出卖人能对买受人的风险提供足够的担保，否则买受人有权中止付款。

第7:28条　消费买卖合同中价款支付请求权的诉讼时效

消费买卖中请求支付价款的诉讼时效期间为2年。

第7:29条　买受人受领标的物后的妥善保管义务

1. 买受人已收到标的物但计划返还的，买受人应当尽谨慎保管义务；出卖人不支付买受人因保管标的物发生的合理费用的，买受人对该标的物享有留置权。

2. 买受人返还交付的标的物时，该标的物须在约定的地点进行交付的，买受人必须接受该交付，除非要求收到付款，会给自己带来极大的不便，支付不合理的费用，出卖人在交付现场，或者已委托第三人保管标的物。

第7:30条　出卖人出售易腐烂、变质货物的注意义务

根据第7:29条的规定标的物容易灭失或者毁损，并且保管标的物会带来极大不便或者支付不合理的费用的，出卖人应当以合理的方式出售该标的物。

第五节　买受人违约的特别后果

第7:31条　买受人在确定标的物时的过错

合同约定由买受人确定标的物的计量方式、规格，但买受人未能确定的，出卖人可根据已知的买受人的需求来确定。

第7:32条　买受人在接受债权人出售的易腐或者易变质标的物时违约的处理

买受人在接受交付时违约的，参照适用第7:30条的规定。

第六节　解除合同的情形

第7:33条　买受人拒绝受领时合同解除的情形

所涉动产在约定的时间交付，买受人不接受该交付的，出卖人可根据第6:265条的规定解除该合同。

第7:34条　出卖人预期买受人违约时的合同解除权

买受人不接受交付，且出卖人有理由相信其不会支付价款的，出卖人可通过书面声明解除该买卖合同。

第7:35条　消费买卖合同中出卖人提高价格时买受人的解除权

1. 出卖人根据消费买卖合同的约定，在买卖结束时要求增加购买价格的，买受人有权以书面声明的形式解除该合同,除非交付在3个月之后进行。

2. 适用本条第1款时,购买价格是指合同签订时约定的价格以及按照市场价格进行相应调整的价格。

第七节　损害赔偿

第7:36条　赔偿以标的物时价为准

1. 解除的买卖合同中的标的物有时价的,损害赔偿应当等于合同约定的价格与现状未履行时标的物的价格之间的差价。

2. 计算损害赔偿时,时价应当考虑标的物的市场价格;没有时价的,或者无法适用时价规则的,可以合理的市场替代价格作为参考。

第7:37条　套期保值合同的损害赔偿

签订的合同为套期保值合同的,出卖人或者买受人可对约定的价格作出调整,并不适用上条规定。

第7:38条　损害有可能比前两条更高时,请求增加赔偿金额的权利

实际损害高于以上两条所提到的损害的,当事人可要求增加赔偿金额。

第八节　撤销权

第7:39条　出卖人的撤销权

1. 出卖人出售无须登记的动产,且已交付给尚未支付价款的买受人的,出卖人可向买受人出具一份书面声明,以要求取回该标的物。符合第6:265条的规定的,出卖人即可解除该合同。出卖人可以书面声明的形式解除买卖合同,并且终止买受人及其继任者的权利,参照适用第6:271条、第6:273条、第6:275条和第6:276条的规定。

2. 买受人尚未支付特定部分的价款的,出卖人仅能要求取回该特定部分。买受人对于可分的整体标的物的部分支付价款的,出卖人可要求取回尚未支付价款的部分。本款所称的两种情况,撤销权仅及于取回的部分。

3. 在其他仅支付部分价款的情况中,出卖人仅能要求整体返回,同时退还买受人已支付的价款。

第7:40条　买受人破产或者处在法律诉讼中享有中止支付的权利

1. 赋予宣告破产的买受人中止支付的权利时,在管理人也破产的情况下,或者买受人及其管理人在合理期间内可支付价款或提供担保的情况下,出卖人不享有撤销权。

2. 买受人的个人债务减免计划生效时，参照适用本条第 1 款的规定，但在适用个人债务减免计划生效之后订立合同的除外。

第 7:41 条　标的物在交付后仍应保持一致性

仅在交付的标的物与交付时保持一致的情况下，出卖人才能行使撤销权。

第 7:42 条　第三人权利的保护

1. 标的物仅处于买受人控制时，出卖人才能行使撤销权。标的物已转移给善意第三人，第三人没有理由预见出卖人可行使撤销权，且转让非无偿的，根据第3:90条第 1 款和第 3:91 条的规定，出卖人的撤销权即消灭。

2. 交付之后，标的物上设立非无偿的用益财产权或者担保物权的，参照适用本条第 1 款的规定。

第 7:43 条　买受人已受领可议付票据时的情形

买受人以可议付的票据的方式支付购买价款的，出卖人不能行使第 7:39 条规定的权利。收到部分付款的，出卖人仅在提供以买受人为受益人的担保且该买受人接受的情况下，才能行使第 7:39 条规定的权利。

第 7:44 条　撤销权的除斥期间

自应支付购买价款之日起 6 周内或者自标的物交付给买受人或买受人的代理人 60 天内，为出卖人行使第 7:39 条规定的权利的除斥期间。

第九节　试用买卖

第 7:45 条　试用买卖合同的定义

1. 试用买卖合同是指标的物取得买受人的满意后再订立的合同。

2. 买受人经过充分时间评估标的物，但未通知出卖人自己的决定的，不得拒绝接受该标的物。

第 7:46 条　试用买卖合同的风险承担

买卖非终身性的，出卖人应当承担标的物消灭的风险。

第九节之一　远程合同

[2014 年 6 月 13 日废止]

第 7:46 条之一　远程合同的定义和种类　[2014 年 6 月 13 日废止]

第 7:46 条之二　远程合同适用除外的情形　[2014 年 6 月 13 日废止]

第 7:46 条之三　远程合同的主要条款　[2014 年 6 月 13 日废止]

第 7:46 条之四　远程合同的撤销权以及行使期限　[2014 年 6 月 13 日废止]

第 7:46 条之五 作为附随的借款协议撤销的情形 [2014 年 6 月 13 日废止]

第 7:46 条之六 出卖人不履行合同的情形 [2014 年 6 月 13 日废止]

第 7:46 条之七 信用卡欺诈性使用的处理 [2014 年 6 月 13 日废止]

第 7:46 条之八 非预定的商业联系 [2014 年 6 月 13 日废止]

第 7:46 条之九 远程服务合同的适用范围 [2014 年 6 月 13 日废止]

第 7:46 条之十 强制性规定 [2014 年 6 月 13 日废止]

第十节 财产权利的买卖

第 7:47 条 买卖和互易合同的规定同样适用本节的规定

买卖客体涉及财产权利的,当事人应当仅根据权利的性质适用前述条款的规定。

第 7:48 条 出售死者不动产份额的情形

1. 出售死者财产的,出卖人应当仅以继承人的身份进行出售,但涉及死者个人财产的除外。

2. 出卖人必须将处置财产或者财产上的权利所取得的利益返还给买受人。

3. 出卖人清偿财产上的债务或者负担的,买受人必须补偿出卖人相应的数目。

第十节之一 出让不动产的使用权

[2011 年 2 月 23 日废止]

第 7:48 条之一 [2011 年 2 月 23 日废止]

第 7:48 条之二 [2011 年 2 月 23 日废止]

第 7:48 条之三 [2011 年 2 月 23 日废止]

第 7:48 条之四 [2011 年 2 月 23 日废止]

第 7:48 条之五 [2011 年 2 月 23 日废止]

第 7:48 条之六 [2011 年 2 月 23 日废止]

第 7:48 条之七 [2011 年 2 月 23 日废止]

第十一节 [预留]

第十二节 互易合同

第 7:49 条 互易合同的定义

互易合同指双方以物易物的合同。

第 7:50 条 互易合同同样适用买卖合同的规定

互易合同参照适用有关买卖合同的规定的,视为买受人和出卖人互相享有权利,互相承担义务。

第一章之一 分时使用、长期度假产品、协助交易和交易系统合同

第7:50条之一

适用本章时,术语含义如下:

(1)消费者是指非从事商业、经营、手工业或者职业活动的自然人;

(2)经营者是指从事商业、经营、手工业或者职业活动的自然人或法人,或者任何为其利益而行为的人;

(3)分时使用合同是指期限超过1年,消费者支付报酬并取得一处或者数处居住设施一定时期的使用权的合同,其中合同期限包含任何可延长的期限;

(4)长期度假产品合同是指期限超过1年,消费者支付报酬并取得居住设施折扣或者其他利益的合同,其中合同期限包含任何可延长的期限;

(5)协助交易合同是指消费者支付报酬,经营者协助转让分时使用权或者长期度假产品权的合同;

(6)交易系统合同是指消费者支付报酬,加入互换其权利期间对居住设施或者其他服务的分时使用权的交易系统的合同;

(7)辅助合同是指消费者享有的从分时使用合同或者长期度假产品合同有关服务中受益的合同,此种服务由经营者或者第三人基于其与经营者的合同而提供;

(8)永久信息载体是指消费者或者经营者为将来在按照信息目的确定的期间内使用而以可查阅的方式存储信息,并且可无损复制其存储的信息的附属手段;

(9)《指令》是指欧洲议会和理事会于2009年1月14日发布的《关于分时使用、长期度假产品、再出卖和交换合同方面保护消费者的2008/122/EG号指令》(PbEU L 33/10)。

第7:50条之二

1. 订立分时使用合同之前,经营者应当在适当的时候以清楚易懂的方式,按照《指令》附件一载明的模板无偿地提供详细充足的信息。该信息应当承载于消费者可查阅的永久信息载体。

2. 前款所称的信息,应当以消费者选择的其居住地或者国籍国的语言进行表述,并且该语言应当为欧盟或者《欧洲经济区协定》成员国的官方语言。

3. 分时使用合同的广告应当载明获取本条第1款所称的信息的地点。

4. 在推广或者促销活动期间对消费者提出订立分时使用合同的要约的,经营者

应当在参加活动的邀请中清楚地载明其商业性质和目的。

5. 经营者应当确保,消费者在推广或者促销活动期间可以获得本条第 1 款所称的信息。

6. 经营者不得将分时使用合同作为投资产品营销或者提供。

7. 违反本条规定的经营者的行为,视为本法第 6:193 条之二所称的不正当商业行为。

第 7:50 条之三

1. 分时使用合同应当使用永久信息载体且以书面形式订立,并经当事人签名。

2. 分时使用合同,应当以消费者选择的其居住地或者国籍国的语言进行表述,并且该语言是欧盟或者《欧洲经济区协定》成员国的官方语言。

3. 合同至少应当包含:

(1)当事人的身份和居所;

(2)订立合同的时间和地点。

4. 第 7:50 条之二第 1 款所称的信息,应当作为分时使用合同的一部分,并且当事人不得变更该信息,但当事人另有明确约定,或者变更由于不寻常和不可预见并且经营者已尽注意义务仍不可控制和不可避免的情况造成的除外。

5. 前款所称的变更应当明确载入合同,并且在合同订立前,经营者应当使用消费者可查阅的永久信息载体通知消费者该变更。

6. 分时使用合同应当单独载明《指令》附件五的合同解除的标准表格。

7. 订立分时使用合同前,经营者应当向消费者明确指出合同解除权的存在、行使解除权的期限以及该期限内禁止的预付款。涉及上述内容的合同规定,应当由消费者单独签名。

8. 订立分时使用合同时,经营者应当将本条第 1 款所称的合同或者其副本交给消费者控制。

第 7:50 条之四

1. 消费者可在 14 日内解除分时使用合同,并且不承担任何费用,该期限自以下时间起算:

(1)合同或者预约合同订立时;

(2)日期在第 1 项所称的日期之后的,收到合同或者预约合同副本时。

2. 不满足第 7:50 条之二第 1 款的条件的,前款所称的起算时间,可延长到以规定方式向消费者提供所有欠缺的信息时,但最长为 3 个月。

3. 分时使用合同中,第 7:50 条之三第 6 款所称的应当由经营者填写的标准表格欠缺的,本条第 1 款所称的起算时间,可延长到以规定方式向消费者提供所有欠缺的信息时,但最长为 1 年。

4. 消费者行使本条第 1 款所称的权利的,其应当在规定的期限内以永久信息载体的形式向经营者作出书面表示。

第 7:50 条之五

1. 消费者根据第 7:50 条之四解除合同的,其不承担任何费用,并且对解除前对其给付的服务也不承担责任。

2. 消费者根据第 7:50 条之四解除合同的,下列合同依法自动解除,并且消费者不承担任何费用:

(1) 与分时使用合同相关的交易系统合同;

(2) 其他辅助合同;

(3) 经营者或者第三人根据其与经营者的规定,向消费者提供信用用于支付合同价金或者其一部分的合同。

第 7:50 条之六

1. 经营者在第 7:50 条之四第 1 款所称的解除权行使期限内,不得请求消费者履行下列义务:

(1) 支付预付款;

(2) 提供担保;

(3) 在账户中存入保证金;

(4) 债务承认;

(5) 支付其他报酬。

2. 消费者在前款所称的期限内支付的预付款,视为非债清偿。

第 7:50 条之七

1. 长期度假产品合同可适用第 7:50 条之一至第 7:50 条之六的规定,其中,经营者应当按照《指令》附件二载明的模板提供第 7:50 条之二所称的信息。

2. 消费者应当每年等额支付长期度假产品合同的价款,包括临时会员费。消费者支付的其他款项,视为非债清偿。

3. 经营者应当在付款期届至前 14 日以永久信息载体的形式提出书面付款请求。

4. 消费者在支付第二期款项前,可以在收到前款所称的付款请求后 14 日内向经营者作出终止合同的意思表示,以终止该合同,并无须承担违约金。

第 7:50 条之八

协助交易合同和交易系统合同,可适用第 7:50 条之二第 1 款至第 5 款以及第7

款、第7:50条之三、第7:50条之四、第7:50条之五第1款以及第2款开头和第3项、第7:50条之六的规定，其中：

(1)对于协助交易合同：

①经营者应当按照《指令》附件三载明的模板提供第7:50条之二所称的信息；

②转让、承担或者合同以其他方式终止之前，可适用第7:50条之六的规定。

(2)对于交易系统合同：

①经营者应当按照《指令》附件四载明的模板提供第7:50条之二所称的信息；

②经营者同时发出的该合同与分时使用合同的要约，仅在第7:50条之四第1款所称的解除期限内有效，该期限应当根据本条第1款予以计算。

第7:50条之九

1. 本章所称的期间，应当适用理事会于1971年6月3日发布的《确定期间、日期和起止时间适用规则的欧洲经济共同体和欧洲原子能共同体1182/71号条例》(PbEG L 124)的规定。

2. 适用本章规定时，当事人不得作出对消费者不利的变更。

3. 对于下列合同，准据法是第三国法律的，法院应当适用本章的消费者保护规定：

(1)涉及位于欧盟成员国或者其他《欧洲经济区协定》成员国的不动产的；

(2)未直接涉及不动产，但经营者在欧盟成员国或其他《欧洲经济区协定》成员国实施商业或职业活动，或者通过代理人实施此种活动，并且合同属于此种活动的。

4. 经营者和消费者之间的合同适用本章的规定。

第二章　融资担保合同

第7:51条　融资担保合同的定义

适用本节时，术语含义如下：

1. 融资担保合同是指融资让与担保合同或者设立质权的融资担保合同；

2. 融资让与担保合同是指为担保债务的履行而让与本条第4款或者第5款所称财产的合同；

3. 设立质权的融资担保合同是指为担保债务的履行而出质本条第4款或者第5款所称财产的合同；

4. 金钱是指存入账户或者存款的现金；

5. 可转让证券是指可在资本市场流通的股份或者其他有价证券、债券或者其他票据,以及可通过订购、购买或者交换的方式取得的且可能会引起金钱结算的票据,不包含支付指示的票据,以及参与集体投资经营的货币市场工具或者上述条款所称的赔偿请求权。

6. 等价财产指:

(1)金钱方面:同等数量的同等货币。

(2)可转换债券方面:发行的相同债券,或者根据具体情况属于债务人的相同或同种类的证券的,该债券或证券为同币种票面价值相同,或者同样等级的其他财产的,以相同货币计价,如债务人已在可转换债权上建立的质权,并且已具备融资担保合同约定发生转换的条件的,可分别转让。

7. 按法院诉讼程序扣押债权人货物的行为是指缺省性规定或融资担保合同赋予担保权人的权利,或者依法出售质权或使用净额结算条款的权利;

8. 净额结算条款是指融资担保合同的条款或者在合同中约定或根据法律,已满足按法院诉讼程序扣押债权人货物的条件:

(1)立即履行双方义务的,可把义务转化为可代表实际价值的金钱支付义务,并免除之前义务,由金钱义务替代之;

(2)有义务进行抵销和清算的,可仅进行结余结算。

第 7:52 条　融资担保合同的必要当事人

1. 以下当事人中,至少一方是融资担保合同当事人的,适用本节的规定:

(1)政府机构:属于欧盟成员国政府部门的机构或者代表政府管理政府债务的机构,属于欧盟成员国授权管理客户的账户的机构;

(2)中央银行:包括欧洲中央银行、国际支付银行、多边发展银行、国际货币基金组织和欧盟投资银行;

(3)行使管理职责的金融主体:包括《金融监管法》第 1:1 条所称的银行经理、创业投资、金融机构、人寿保险公司或者财产保险公司;

(4)中央机构:不包括《破产法》第 212 条之一第 3 款至第 5 款所称的结算机构或者清算机构,包括在欧盟成员国设立商品期货、期权或衍生品的市场主体,或者自然人之外的代理人、信托人、有代理资格的法人,包括债券持有人或者持有其他债券工具的持有人或者本条第 1 款至第 3 款所称的其他机构。

2. 融资担保合同中其中一方是非从事职业或者商业行为的自然人的,不适用本节的规定。

第 7:53 条　融资担保合同中质权的设立

1. 融资担保合同中设立质权的,担保权人可使用或者出售被质押的财产,继而行使其他权利。

2. 担保权人有权使用或者出售质押财产的,在其行使该权利之后,担保权人在质押财产结算时到期之前必须向对方提供等价财产。

3. 在不改变本条第 2 款规定的情况下,融资担保合同必须约定担保权人按照结算时到期或者按法院诉讼程序扣押债权人货物到期的价格(以两者中较早的为准),提供等价替代物进行结算。

4. 本条所称的质权可依法扩展到所涉担保财产的替代财产。

第 7:54 条 融资担保合同中质权人的权利

1. 除设立质权的融资担保合同另有约定外,满足执行条件时,担保权人可:

(1)出卖已出质的担保物并就其收益受偿,或者直接取得该担保物以其价值抵销该债务;

(2)以出质的资金抵销该债务。

2. 担保权人必须在交易所由职业的中介机构或者有权机构,按照正常的交易规则和惯例出卖担保物。

3. 融资担保合同约定担保权人可直接取得担保物的,该担保物的价值应当根据市场价格或者交易所价格予以确定。

4. 融资担保合同可约定在以下情形中排除适用本条第 2 款和第 3 款的规定:在担保权人或者担保人提出申请时,地方法院可要求以其他方式变卖担保物;在担保权人提出申请时,法院可要求将担保物以法院确定的金额偿还给该担保权人。

5. 此情形下,不适用第 3:235 条、第 3:248 条第 1 款和第 2 款、第 3:249 条、第 3:250 条、第 3:251 条、第 3:252 条的规定。

第 7:55 条 禁止所有权的信托移转

履行融资担保合同义务而为的移转非以受让人获得该财产为目的的移转,也非第 3:84 条第 3 款所称的以提供担保为目的的移转。该合同不适用关于质权的规定。

第 7:56 条 [2008 年 5 月 1 日废止]

第二章之一 消费者信用合同

第一节 一般规定

第 7:57 条 定义

1. 适用本章时,术语含义如下:

(1)消费者是指为贸易、商业或者专业实践以外的目的行事的自然人。

(2)债权人是指在其贸易、商业或者专业实践过程中给予或者承诺给予信贷的自然人或者法人。

(3)信用合同是指债权人以延期付款、贷款或者其他类似的财务便利形式向消费者提供或者承诺提供信贷的合同,但持续提供服务或者持续供应同类商品的合同除外,消费者在提供这些服务或者商品期间以分期付款方式支付费用。

(4)透支服务是指债权人向消费者提供超过其账户余额的资金的明确信用合同。

(5)透支消费是指默许的透支,债权人据此向消费者提供的资金超过消费者经常账户的现有余额或者商定的透支额度。

(6)信贷中介机构是指不作为债权人的自然人或者法人,在其贸易、商业或者专业实践过程中,为获取费用,可采取金钱形式或者任何其他商定的金融对价形式:

①向消费者介绍或者提供信用合同;

②协助消费者,为信用合同实施的非第①项所称的准备工作;

③代表债权人(以其名义)与消费者订立信用合同。

(7)消费者的信贷总成本是指所有费用,包括利息、佣金、税金以及消费者需要支付的与信用合同有关的债权人知道的任何其他种类的费用,但公证费用除外。

(8)消费者应支付的总金额是指信贷总金额与消费者的信贷总成本之和。

(9)年收费百分比是指消费者的信贷总费用,以信贷总额的年百分比表示,适用时包括本条第3款中提到的费用。

(10)借款利率是指以固定或者可变百分比表示的按年适用于提取的信贷金额的利率。

(11)固定借款利率是指债权人和消费者为整个信用合同期间商定的单一借款利率,或者债权人和消费者为部分期间商定的完全使用固定特定百分比的若干借款利率。

(12)信贷总额是指根据信用合同提供的上限或者总金额。

(13)持久的数据载体是指任何能够使消费者以可获得的方式储存针对他个人的信息,并在足够长的时间内为该信息的目的提供参考的工具,并允许对所储存的信息进行不变的复制。

(14)关联信用合同是指具备以下特征的合同:

①有关信贷完全用于为供应特定货物或者提供特定服务的合同提供资金;

②从客观角度看,这两个合同构成一个商业单位。

(15)证券信用合同是指具备以下特征的合同:

①根据可转让证券组合质押的规定,已授予或者承诺授予连续信贷,该信贷包

括在不同时段从债权人处提取资金的权利，但以未偿还账户余额为限；

②消费者可以进行金融工具方面的信贷交易；

③债权人参与了信贷交易。

（16）可转让证券组合是指消费者所拥有的金融工具。

（17）金融工具是指《金融监管法》第1：1条所称的金融工具。

（18）覆盖率是指债权人确定的可转让证券质押组合价值或者构成该质押组合一部分的单独金融工具价值的百分比，债权人据此确定信贷限额。

（19）展期要求是指债权人对可转让证券组合的构成提出的要求。

（20）《指令》是指欧洲议会和理事会在2008年4月23日发布的《关于消费者信贷协议的第2008/48/EC号指令》，该《指令》废除了理事会第87/102/EEC号指令。

2. 为获得信贷或者按照广告中的条款和条件获得信贷而必须订立的服务合同，本条第1款第7项中提到的消费者的信贷总费用还包括与信用合同有关的辅助服务费用，特别是保险费。

3. 适用本条第1款第9项时，以下费用包括在向消费者提供信贷的总费用中：管理一个账户的费用，在该账户上进行支付以及信贷提款的费用，使用一种支付手段的费用，可以进行支付以及信贷提款的费用，以及其他支付行为的费用，但所有这些费用，除非开设账户是可选的，而且与该账户有关的费用在信用合同或者与消费者订立的其他合同中明确和单独确定的除外。

4. 信用合同未明确规定所有的借款利率的，对于借款利率完全由缔结信贷协议时商定的固定特定百分比确定的部分，借款利率应当视为固定。

5. 有以下情形之一的，本条第1款第14项中提到的商业单位应当视为存在。

（1）参与供应特定商品、提供特定服务的供应商或者服务提供者自己为消费者的信贷提供资金。

（2）以下情形中，由第三方提供资金的：

①债权人在缔结或者准备信用合同时使用了该供应商或者服务提供商的服务；

②特定的商品或者提供特定的服务在信用合同中明确规定。

第7：58条　适用范围

1. 本章规定适用于信用合同。

2. 本章规定不适用于以下情况：

（1）以抵押或者其他可比较的登记财产担保或以登记财产上的权利担保的信用合同，该合同符合有关债权人抵押融资的通常条件。

（2）以获得或者保留土地或者现有、预期建筑物的所有权为目的的信用合同。

(3)租赁(租用)或者出租合同,除非该合同满足以下条件:

①包含了购买合同标的物(租赁标的物)的义务,或者这种义务是在一个单独的合同中增加的,包括债权人可以单方面决定建立购买义务的情况;

②视为第7:84条所称的租购合同。

(4)以消费透支的方式提供信贷,且必须在一个月内偿还的信用合同。

(5)免收利息和其他任何费用的信用合同,以及必须在3个月内偿还的信用合同,并且相对方只需支付少量的费用。

(6)雇主作为次要活动向其雇员提供的信贷,免收利息或者以低于市场上通行的年费率提供的信用合同,并且不向公众提供。

(7)在法院上或者在法律授权的其他机构中达成和解的信用合同。

(8)与推迟支付现有债务有关的信用合同,并且不收取任何费用。

(9)在订立信用合同时,要求消费者将某一物品作为担保存放在债权人处,并且消费者的责任严格限于该抵押物品。

(10)信用合同涉及根据一项具有普遍利益目的的法定条款向受限制的公众提供的贷款,其利率低于市场上通行的利率、免收利息,或者以比市场上通行的利率更有利于消费者的其他条款,且其利率不高于市场上通行的利率。

3. 对于必须按要求或者在3个月内偿还的透支贷款形式的信用合同,可适用第7:57条,第7:58条,第7:61条第1款、第5款和第6款,第7:63条,第7:69条,第7:71条,第7:72条以及第7:73条的规定。第7:59条和第7:60条仅适用于债权人未遵守其根据《关于消费者信贷协议的第2008/48/EC号指令》第4条第2款第1项、第2项和第3项以及第6条所承担的在广告和合同前信息中应包含的标准信息的义务。

4. 第7:57条、第7:58条、第7:70条和第7:73条仅适用于消费透支情形中的信用合同。

第二节　订立消费者信用合同前的信息

第7:59条　广告中应包含的标准信息

1. 当事人在信用合同(不包括证券信用合同)的广告中,未能根据本指令第4条在广告中加入必需的标准信息的,属于第6:193条之二所称的不正当商业行为。

2. 有以下情形之一的,视为当事人在证券信用合同的广告中,实施了第6:193条之二所称的不正当商业行为:

(1)未提到在提供可转让证券组合质押的情况下给予或者承诺给予连续信贷,并且信贷限额应取决于该组合的价值;

（2）未遵守《关于消费者信贷协议的第 2008/48/EC 号指令》第 4 条第 2 款第 1 项、第 3 项或者第 4 项的规定，在信用合同广告中插入必需的标准信息。

第 7:60 条　订立合同前的信息

1. 债权人或者信贷中介机构应当在消费者受任何信用合同或者相关要约约束之前，及时向消费者提供《关于消费者信贷协议的第 2008/48/EC 号指令》第 5 条和第 6 条所要求的订立合同前应当提供的信息，并且应当以本条款规定的方式提供。

2. 债权人或者信贷中介机构应当在消费者受任何证券信用合同或者相关要约约束之前，及时向消费者提供《关于消费者信贷协议的第 2008/48/EC 号指令》第 6 条所要求的信息，但第 1 款第 3 项、第 4 项、第 6 项、第 8 项、第 11 项所称的信息除外，并且应当按照该条要求的方式提供。此时，债权人以及信贷中介机构应当向消费者提及以下信息：

（1）在提供可转让证券组合质押的情况下给予或者承诺给予连续信贷的，信贷限额应取决于具体的覆盖率，并且在适用时取决于具体的分摊要求；

（2）对可转让证券组合质押所使用的覆盖率和展期要求；

（3）债权人对不同种类的金融工具使用其他覆盖率的，适用于每一类金融工具的覆盖率。

3. 债权人或者信贷中介机构未能遵守本条第 1 款和第 2 款规定的，其行为属于第 6:193 条之二所称的不正当商业行为。

第三节　消费者信用合同的信息和权利

第 7:61 条　信用合同中应当包括的信息

1. 信用合同应当以书面形式或者其他耐用数据载体的形式订立。债权人应当将信用合同的副本交给消费者，同时应当留存一份副本。

2. 信用合同应当以明确和简明的方式载明以下信息：

（1）信贷的类型；

（2）缔约各方的身份和地理位置，以及在适用的情况下，有关信贷中介机构的身份和地理位置；

（3）信用合同的期限；

（4）信贷总额和支配信贷提取的条件；

（5）对特定商品或者特定服务延期付款形式的信贷，或者在挂钩信用合同的情况下，信贷所针对的商品或者服务及其现金价格；

（6）涉及借款利率的，适用该利率的条件，适用于初始借款利率的任何指数或者参考利率，以及改变借款利率的期限、条件和程序；

(7)不同情况下适用不同的借款利率的，应当提供本款第 6 项所称的有关所有适用利率的信息；

(8)在订立信用合同时计算的年收费率和消费者应支付的总额，以及为计算该比率而使用的所有假设；

(9)消费者应支付的金额、数量和频率，以及在适当的情况下，为偿还的目的，将付款分配给按不同借款利率收取的不同未偿付余额的顺序；

(10)涉及有固定期限的信用合同的资本摊销的，消费者有权在整个信用合同期间的任何时候，根据要求免费获得摊销表形式的账单；

(11)费用和利息的支付不涉及资本摊销的，应当提供一份表明支付利息以及任何相关的经常性和非经常性费用的期限和条件的声明；

(12)在适用的情况下，维持一个或者多个记录支付交易和信贷提现的账户的费用，除非开设账户是可选的，使用支付交易和信贷提现的支付手段的费用，以及信用合同产生的任何其他费用和可以改变该费用的条件；

(13)订立信用合同时适用于逾期付款的利率和调整利率的安排，以及在适用的情况下，对违约应支付的任何费用；

(14)关于错过付款的后果的警告；

(15)在适用的情况下，声明将支付公证费；

(16)所需的证券(抵押品)和保险；

(17)是否存在第 7:66 条所称的解除信用合同的权利，可行使该权利的期限以及行使该权利的其他条件，包括关于消费者有义务按照第 7:66 条第 3 款支付提取的资本和利息的信息，以及每天应付的利息金额；

(18)第 7:67 条所称的权利以及行使这些权利的条件的信息；

(19)第 7:68 条所称的提前还款的权利，提前还款应遵循的程序，以及在适用的情况下，有关债权人的赔偿权利和评估赔偿的方式的信息；

(20)行使第 7:65 条规定的终止信用合同的权利时应遵循的程序；

(21)是否存在针对消费者的庭外投诉和补救机制，以及可供利用的方式；

(22)在可以适用本节的情况下，其他合同条款和条件；

(23)在可以适用本节的情况下，主管监督机构的名称和地址。

3. 本条第 2 款第 6 项中提到的摊销表应当说明所欠的款项以及与支付这些款项有关的期限和条件。该表应当包含每笔还款的细目(拆分)，显示资本摊销、根据借款利率计算的利息以及适用的任何额外费用。根据信用合同，利率不是固定的，或者额外费用可能发生变化的，摊销表应当清楚简明地表明，表中的数据仅在借款利率或者额外费用根据信用合同发生变化之前保持有效。

4. 适用本条第 2 款第 6 项或者第 3 款时，债权人应当在信用合同有效期内随时向消费者无偿提供以摊销表为形式的账目报表。

5. 信用合同中消费者支付的款项并不立即引起相应的信贷总额的摊销，而在信用合同或者附属合同规定的期间和条件下用于构成资本的，债权人根据本条第 2 款和第 3 款的规定必须提供的信息应当包括一个明确和简洁的声明，表明除非明确提供保证，否则此种信用合同没有规定对根据信用合同提取的信贷总额进行偿还的保证。

6. 涉及第 7:58 条第 3 款所称的透支融资形式的信用合同的，应当以明确和简明的方式载明以下信息：

(1)信贷的类型；

(2)缔约各方的身份和地址，以及在可以适用本节的情况下，有关信贷中介机构的身份和地址；

(3)信用合同的期限；

(4)贷款总额和贷款提取的条件；

(5)涉及借款利率的，适用借款利率的条件，适用于初始借款利率的任何指数或者参考利率，以及改变借款利率的期限、条件和程序；

(6)不同情况下适用不同的借款利率的，应当提供本款第 5 项所称的有关所有适用利率的信息；

(7)在可以适用本节的情况下，说明可以要求消费者随时按要求全额偿还信贷金额；

(8)关于行使信用合同撤销权的条件；

(9)关于自合同订立时起适用的费用的信息，以及在可以适用本节的情况下，可以改变该费用的条件。

7. 证券信用合同应当以明确和简明的方式载明以下信息：

(1)可用于资助金融工具交易的信贷；

(2)缔约各方的身份和地址，以及在可以适用本节的情况下，有关信贷中介机构的身份和地址；

(3)消费者可通过何种方式获得有关覆盖率的实际信息，以及在相关情况下债权人使用的展期要求和债权人可改变这些比率的条件；

(4)管理信贷提取的条件；

(5)涉及借款利率的，适用借款利率的条件，适用于初始借款利率的任何指数或

者参考利率,以及改变借款利率的期限、条件和程序;

(6)不同情况下适用不同的借款利率的,应当提供本款第5项所称的有关所有适用利率的信息;

(7)第7:66条第1款和第7:67条第1款所称的解除权不适用于证券信用合同的信息;

(8)关于自合同订立时起适用的费用的信息,以及在可以适用本节的情况下,该费用可能被改变的条件;

(9)关于错过付款的后果的警告;

(10)要求提供的担保(抵押品);

(11)行使第7:65条规定的终止证券信用合同的权利时应当遵循的程序;

(12)是否存在针对消费者的庭外投诉和补救机制,以及可供利用的方式;

(13)在可以适用本节的情况下,主管监督机构的名称和地址。

第7:62条　有关借贷利率的信息

1. 在可以适用本节的情况下,在借款利率的任何变化生效前,以书面形式或者其他耐用数据载体通知消费者。该信息应当说明在新的借款利率生效后应支付的金额;支付的数量或者频率发生变化的,还应当载明其具体内容。

2. 各方当事人可以在信用合同中约定,对于公众可以通过适当的方式了解的新的参考利率,并且借款利率的变化是由参考利率的变化引起的,应当定期向消费者提供本条第1款所称的信息,此外,也应当在债权人办公场所提供新的参考利率的信息。

第7:63条　以透支融资形式订立信用合同的义务

1. 信用合同涉及第7:58条第3款所称的透支融资形式的信贷的,债权人应当采用书面形式或者其他耐用数据载体定期通知消费者载有以下信息的账目报表,包括:

(1)账单载明的准确时期;

(2)提取信贷的金额和日期;

(3)上一份报表的余额及其日期;

(4)新的余额;

(5)消费者的付款日期和金额;

(6)适用的借款利率;

(7)任何已适用的费用;

(8)应支付的最低金额。

2. 在有关变化生效之前,债权人应当采用书面形式或者其他耐用的数据载体通知消费者借款利率或者任何应付费用的增加。

3. 各方当事人可以在信用合同中约定,对于公众可以通过适当的方式了解的新的参考利率,并且借款利率的变化是由参考利率的变化引起的,应当提供本条第1款所称的账户报表的信息,此外,也应当在债权人办公场所提供新的参考利率的信息。

第7:64条 证券信用合同项下覆盖率和展期要求的变化

适用证券信用合同时,债权人应当按照第7:61条第7款规定的方式,在相关变化生效之日载明覆盖率和分摊要求的变化。

第7:65条 无限期订立的信用合同的终止

1. 消费者可随时无偿终止订立的无限期的信用合同,除非各方当事人已就通知期限达成一致,并且该期限不超过一个月。

2. 信用合同中约定债权人可以通过终止合同的方式结束无限期的信用合同的,债权人应当至少提前两个月通知消费者,并且该通知必须采用书面形式或者其他耐用数据载体的形式。

3. 信用合同中可以约定,基于客观合理的理由,债权人可以终止消费者根据订立的无限期信用合同获得的信贷提用权。债权人应当在可能的情况下,在终止前并最迟在终止后立即以书面形式或者其他耐用的数据载体通知消费者终止合同及其理由,除非其他共同体立法禁止提供该信息,或者该信息违反公共政策或公共安全的目标。

第7:66条 解除权

1. 消费者有权在下列日期之后的14日内解除信用合同,而无须提供任何理由:

(1)订立信用合同之日;

(2)晚于第1项所称的订立之日的,消费者收到合同条款和条件以及第7:67条所称的解除之日。

2. 消费者行使本条第1款所称的权利的,应当在规定期限内向债权人发送通知。该通知应当与债权人根据第7:61条第2款第17项提供的信息相一致,并且以能够证明收到通知的方式发送。通知以书面形式或者其他持久的数据载体发送,并且债权人在期限届满前可以获得和查阅的,视为已遵守本款规定的期限。

3. 按照本条第1款的规定解除信用合同的,消费者应当向债权人支付本金以及从提供信贷之日起至偿还本金之日的应计利息。利息应当根据约定的借款利率计算。无任何正当理由的,消费者必须在不迟于向债权人发出解除合同通知后的30日内还款。

4. 消费者行使本条第 1 款所称的解除权的，债权人无权从消费者处获得除本条第 3 款规定的债务外的任何其他补偿，但债权人向任何公共行政机构支付的不可退还费用的补偿除外。

5. 与信用合同有关的辅助服务是由债权人或者第三方根据第三方与债权人之间的合同提供的，消费者根据本条第 1 款解除信用合同后，其将不再受任何辅助服务合同的约束。

6. 消费者享有符合本条第 1 款所称的解除权的，其不得再适用授予消费者类似解除权的其他法定条款。

7. 本条第 1 款不适用于证券信用合同。

第 7:67 条　与其他解除合同相联系的信用合同

1. 消费者根据本法第 7:46 条之四第 1 款或第 7:50 条之四第 1 款，或者根据《金融监督法》第 4:28 条第 1 款或《门到门销售法》第 25 条解除商品或服务供应合同的，其不再受与该解除合同有关的信用合同的约束。

2. 关联信用合同所涉及的商品或服务没有供应给消费者，仅部分供应，或者不符合供应合同规定，并且消费者已向供应商或服务提供者寻求补救措施，但未能获得法律或供应合同规定的商品或服务的，消费者有权要求债权人提供补救措施。

3. 本条第 1 款不适用于证券信用合同。

第 7:68 条　提前还款

1. 消费者有权随时全部或者部分解除其信用合同。此时，其有权减少的信贷总费用，包括利息和合同剩余期限的费用。

2. 消费者提前偿还信贷，并且提前偿还在借款利率固定时期内的，债权人有权就与提前偿还信贷直接相关的可能费用获得公平和客观合理的补偿。该补偿不得超过以下金额：

(1) 提前还款时间和约定的信用合同终止时间之间相差不足一年的，提前偿还信贷金额的 0.5%；

(2) 提前还款时间和约定的信用合同终止时间之间相差超过一年的，提前还款金额的 1%。

3. 债权人有理由认为因提前还款而遭受的损失超过本条第 2 款所称的金额的，其可以就超过 75,000 欧元的信贷向消费者收取更高的赔偿，此时，可不适用本条第 2 款第 1 项和第 2 项的规定。此种损失包括最初约定的利率与债权人在提前还款时可在市场上借出的提前还款额的利率之间的差额。计算损失时，与提前还款有关的行政费用也可予以考虑。

4. 本条第 2 款和第 3 款所指的赔偿金不得高于消费者在提前还款和约定的信用合同终止日期之间所支付的利息金额。

5. 有以下情形之一的，债权人不能向消费者收取本条第 2 款和第 3 款所称的任何补偿：

(1) 提前还款是根据旨在提供信贷还款担保的保险合同进行的；

(2) 涉及透支融资的。

第 7:69 条　将权利转让给第三方

1. 债权人根据信用合同或者信用合同本身享有的权利转让给第三方的，消费者有权向收购方提出他可以向原债权人提出的任何抗辩，包括抵销权。

2. 债权人应当将本条第 1 款所称的事项通知给消费者，除非原债权人与收购方达成协议，继续向消费者提供信贷服务。

第 7:70 条　透支消费

1. 债权人在开户合同中向消费者提供透支消费服务的，该合同还应当包含《指令》第 6 条第 1 款第 5 项所称的信息。债权人应当定期采用书面形式或者其他耐用数据载体的形式提供该信息。

2. 一个月以上严重超期的，债权人应当立即以书面形式或者其他持久的数据载体通知消费者以下信息：

(1) 超时的情况；

(2) 涉及的金额；

(3) 借款利率；

(4) 适用的罚金、费用或者欠款的利息。

第四节　年收费率

第 7:71 条　适用《指令》的规定

债权人应当根据《指令》第 19 条的规定计算年收费率。

第五节　债权人和信贷中介机构

第 7:72 条　信贷中介机构对消费者义务的解除

1. 信贷中介机构参与信用合同的订立的，该机构应当在为消费者准备的文件中载明授权范围，以及专门与一个或多个债权人合作或者作为独立经纪人工作。

2. 在遵守《金融监督法》第 4:47 条的前提下，信贷中介机构对向消费者提供的服务收取费用的，其应当向消费者披露该费用的数额。在订立信用合同之前，债权人和消费者应当采用书面形式或者在其他持久的数据载体上确定该费用的数额。

3. 为计算年费率,信贷中介机构必须告知债权人消费者必须向信贷中介机构支付的费用。

4. 信贷中介机构未能遵守本条第 1 款至第 3 款所称的义务的,消费者可以不支付服务费。

第六节　附　　则

第 7:73 条　强制性规定

1. 适用本章规定时,不得作出对消费者不利的改变。

2. 适用本章时,不得因为合同的形式或者制定方式而剥夺对消费者的保护,特别是通过将属于《关于消费者信贷协议的第 2008/48/EC 号指令》范围的信贷提款或者信用合同纳入信用合同,使其性质或者目的有可能避免其适用。

3. 当消费者信用合同与一个或者多个欧盟成员国的领土有密切联系时,管辖地关于信用合同的法律规定,不得规避本章给予消费者的保护。

第七节　关于消费者信用合同的其他规定

第 7:74 条　定义

适用本节时,术语含义如下:

(1) 货币信贷是指由贷款人或者代表贷款人向借款人提供一笔资金,借款人向贷款人支付一笔或者多笔款项的信用合同;

(2) 货物信贷是指信用合同,包括构成第 7:57 条第 5 款所称的商业单位的合同组合,该合同涉及债权人向借款人提供的不动产以外的动产货物;

(3) 服务信贷是指第 2 项所称的信用合同,但提供的非动产权利,而是理事会命令指定的服务;

(4) 货币信贷中的信贷额是指在货币信贷中向借款人提供的资金数额,在连续货币信贷中,信贷限额应当视为该资金数额;

(5) 在货物或者服务信贷的情况下,信贷金额是指借款人从中受益或者向借款人提供的货物或服务的现金价格之和与借款人就此支付的现金之间的差额,但在以连续方式提供货物或者服务信贷的情况下,信贷限额应当视为该差额;

(6) 连续货币信贷是指借款人可以在不同时段从贷款人处提取资金,但未偿余额不得超过一定数额的货币信贷,即信贷限额;

(7) 商品或者服务的连续信贷是指在提供商品或者服务的信贷时,未偿还的余

额未超过一定的信贷限额的,债权人或者商品或服务的供应商有义务确保在不同的时段向借款人提供商品或者服务;

(8)信贷费用是指债权人或者货物或服务提供者就信用合同要求、收取或者接受的所有报酬和任何种类的赔偿金,在货物或者服务信贷的情况下,扣除借款人享有或者提供的货物或者服务的现金价格总额,但根据第7:68条第2款和第5款确定的借款人提前还款时应付的费用不应当构成信贷费用的一部分。

第7:75条　适用范围

1.本节的信用合同也应当适用以下规定,但第7:77条第1款第1项、第7:79条、第7:80条和第7:81条不适用于金额超过40,000欧元的信用合同,除非允许单方面增加信贷费用,不影响适用前一节的规定。

2.对于消费者在提供资金数额、开始接受财产或者提供服务后3个月内付款的信用合同,仅适用第7:76条和第7:77条第1款第1项的前段,不影响适用前一节的规定。

3.本节规定不适用于证券信用合同。

第7:76条　例外规定

1.除以下情形外,债权人和货物或者服务的供应商不得规定、收取或者接受任何形式的信用费用:

(1)根据信用合同中的付款期间表,在结算时应当支付的补偿;

(2)借款人在收到违约通知后仍未履行其在信用合同下的付款义务,应当支付赔偿。

2.为防止债权人承担过多的风险,应当通过或者根据理事会的命令确定允许的最高信贷费用,以及关于何时收取信贷费用的规则。

3.允许的最高信贷费用应以金额、百分比或者任何其他形式表示。该费用可以因信贷金额、信用合同的期限(包括分期付款)、本条第1款所称的信贷费用的形式以及信贷费用的改变而不同。

4.债权人和商品或者服务的供应商不得收取、协商或接受更高的信贷费用,或者在本条第2款和第3款允许的期间以外收取信贷费用。

第7:77条　排除规定

1.有以下情形的,不允许订立信用合同:

(1)债权人或者商品或服务的供应商被授予单方面增加信贷费用或者以其他方式增加消费者的义务的权力,但非通过第7:76条的规定授权增加。

(2)消费者承诺签订另一项合同,但以下情况除外:

①明确授予消费者决定与之签订合同的另一方的权利；

②该合同规定债权人持有支付账户的义务，并且其可以通过该账户支付信用合同中规定的款项。

(3)已经规定消费者所欠款项的索赔金额，但以下情况除外：

①消费者至少拖欠两个月的逾期分期付款，并且在收到违约通知后仍未履行其义务；

②消费者已经离开其在荷兰的经常居住地，或者可以合理地假设消费者将在几个月内离开其在荷兰的经常居住地；

③消费者已经死亡，并且债权人有充分理由相信其无法履行合同义务；

④消费者已被宣布破产，或者宣布适用自然人债务重组计划；

⑤消费者挪用其所持有的保留所有权或者作为抵押的物品；

⑥消费者为订立合同而故意向债权人提供不正确的信息，以至于债权人知道正确的情况就不会订立合同或者不会以同样的条件订立合同。

(4)借款人以任何方式转让、转移、抵押，或者以任何形式或任何名义授予不可撤销的授权书，以收取因工资或其他就业收入而应付的定期付款的任何权利，以及与信用合同有关的《民事诉讼法典》第475条之三第2项至第9项所称的权利。

2. 本条第1款第4项不适用于城市信贷银行的信贷发放，包括：

(1)以下情形中借款人参与的借贷活动：

①《参与法》第3条所称的配偶或者登记伴侣，其共同的月净收入不超过该法第21条第2款所称的标准；

②《参与法》第4条第2款所称的单亲，其月净收入不超过第1条所称标准的90%；

③《参与法》第4条第1款所称的单身人士，其月净收入不超过第1条所称标准的70%。

(2)解决借款人现有债务框架内的重组信贷。

第7:78条　不得授权的情形

1. 消费者不得授权债权人、商品或服务的供应商、信贷中介机构或者为其中之一工作的任何人员签订信用合同。

2. 消费者不得授予订立信用合同的不可撤销的授权。

第7:79条　排除适用

1. 仅在消费者用根据信用合同获得的资金购买某项财产，或者消费者根据信用合同获得该财产的利益时，才可对该财产设立第3:237条所称的质押，以保证消费者履行信用合同的义务。本条参照适用保留所有权的规定。

2. 本条第1款不适用于城市信贷银行的信贷发放，包括：

(1)以下情形中借款人参与的借贷活动：

①《参与法》第3条所称的配偶或者登记伴侣，其共同的月净收入不超过该法第21条第2款所称的标准；

②《参与法》第4条第2款所称的单亲，其月净收入不超过第1条所称标准的90%；

③《参与法》第4条第1款所称的单身人士，其月净收入不超过第1条所称标准的70%。

(2)解决借款人现有债务框架内的重组信贷。

第7:80条　信用合同的质押规定

1. 不同于第3:229条的规定，仅在第7:79条第1款所称的作为消费者履行义务的担保而设立的质押物被完全销毁的情况下，才会产生取代该财产的赔偿请求权的质押。

2. 有以下情形之一的，本条第1款所称的债权质押应当依法终止：

(1)消费者提供同等的替代担保；

(2)消费者偿还四分之三的信贷金额。

3. 担保本条第1款所称请求权的债权人或者商品或服务的供应商应当立即以书面形式通知消费者。供应商应当告知消费者，其有权提供同等的替代担保。替代担保不应当适用第7:79条的规定。

4. 第7:79条所称的保留物品所有权的情况应当参照适用第3:229条第1款至第3款的规定。

第7:81条　移交财产

1. 仅在第7:77条第1款第3项第1分项至第6分项以及第7:91条所称的情况下，才能要求消费者移交第7:79条所称的信用合同下的保留财产或者受质押的财产。

2. 已经偿还四分之三以上的信贷金额的，不得再提出本条第1款所称的要求，除非涉及连续信贷。

第7:82条　终止信用合同

仅法院可以消费者未履行其义务为由终止信用合同，但涉及第7:90条规定的情况除外。

第7:83条　强制性规定

适用本节规定时，不得作出对消费者不利的改变。

第二章之二　货物信用合同

第一节　有关动产和非登记财产的信贷

第7:84条　定义

1. 货物信用合同是指由债权人向借款人提供除登记建筑物以外的动产的信用合同,偿还信贷的期限从提供信贷或者首次实施货物供应之日起超过3个月与货物有关的,该合同还应当包括构成第7:57条第5款所称的商业单位的一揽子合同。

2. 以下合同,均应当视为有关货物信贷的合同,包括分期付款、租购以及具有与货物信用合同相同目的的任何其他合同。

3. 为实现本节目的,术语含义如下:

(1)分期付款购买是指购买非登记财产的动产时,双方同意分期支付购买价款,并且其中至少有一期付款将在出售物品交付给买方后3个月内进行支付;

(2)租购是指分期付款购买时,卖方保留对所交付货物的所有权;

(3)租赁是指非登记财产的动产租赁,但该租赁具有本条第2款所称的目的;

(4)连续货物信贷是指未付余额不超过信贷限额,货物信贷债权人或者供应商有义务确保借款人在不同时段占有使用货物;

(5)信用额度是指借款人享有的货物现金价格之和与借款人就此支付的现金之间的差额,但在连续信用贷款的情况下,信用额度应当视为该差额。

第7:85条　法律适用

本编第二章之一也适用于货物的信用合同;与本章规定相冲突的,应当适用本编第二章之一的规定。

第7:86条　合同形式

1. 授予货物信贷的合同应当采用书面形式或者其他持久的媒介订立。签订此类合同的授权也必须采用书面形式或者其他持久性的媒介。

2. 债权人应当向借款人提供一份信用合同的副本,并且应当自留一份副本,信用合同由第7:84条第1款所称的一套合同组成的,应当保留这些合同的副本。

3. 任何情况下,信用合同均应当包括信贷总额和定期付款期间表。对信用合同所涉标的物的所有权保留的,信用合同还应当包含规定此种保留和所有权转让的条款。

4. 在分期付款购买的情况下,信用合同应当载明双方商定的全部购买价格。

5. 分期付款的信用合同不包括任何关于保留所有权和转让所有权的规定的,该合同应当视为不保留所有权的分期付款合同。

第 7:87 条　借款人的权利

1. 根据第 7:84 条第 1 款所称的合同占有物品的借款人，在获得所有权之前应当享有其使用权。

2. 其可以按照财产的预定用途使用该财产。

3. 借款人非业主的，其不得改变财产的设计或者外观，也不得允许他人享用。

第 7:88 条　适用规定

1. 当事人处置根据第 7:84 条第 1 款所称的合同交付的物品时，不应当损害借款人的利益，也不应当影响借款人与债权人或者供应商之间义务的履行。

2. 在租用的情况下，不适用第 7:226 条和第 7:227 条的规定。

3. 在不减损适用第 7:69 条的情况下，本条第 1 款的规定不得排除转让债权人的权利或者合同本身。

第 7:89 条　偿还金额和顺序

1. 连续信贷下保留的物品的所有权应当依法转移给借款人，并且连续信贷下设立的融资物品的质押应当在借款人支付与该物品的现金价格和该物品的现金支付额之间的差额后依法终止。

2. 应当按照不同项目的开始期间或者根据信用合同获得该项目的相同顺序进行偿还。

第 7:90 条　返还货物的效力

1. 债权人书面声明其因借款人未履行义务而要求归还所交付的货物后，移交货物应当具有消灭其与借款人之间构成信用合同的效力，但债权人仍有权根据信用合同的适用规则要求归还货物。

2. 参照适用第 6:265 条第 2 款、第 6:266 条和第 6:267 条第 1 款的规定。

第 7:91 条　临时命令

债权人提出终止信用合同或者归还物品的诉讼时，有足够的利益获得立即救济的，法院可以作出归还物品的临时命令。

第 7:92 条　合同的终止

1. 终止信用合同时，因借款人不履行义务而使得其中一方的财务状况优于信用合同继续有效的情形的，该借款人应当支付全额赔偿。

2. 债权人保留确定归还物品价值的权利的，不影响另一方请求法院确定物品价值的权利。

第 7:93 条　货物返还

1. 法院应当根据债权人的要求，确定归还交付物的义务或者终止合同的判决，作出归还物的命令。

2. 在作出归还判决时,法院应当根据一方当事人的要求,确定要归还的物品的货币价值。此情况下,法院也可以命令被告在支付该金额的范围内返还物品。

第 7:94 条　物品保留

借款人在合同终止时有权获得偿还的,该借款人可以保留要归还的物品,直到其欠款得到支付或者债权人为此提供足够的担保。

第 7:95 条　债权人的义务

1. 借款人在移交物品后的 14 天内,在还款时支付信用合同规定的全部欠款的,债权人应当归还该物品。

2. 借款人实施本条第 1 款所称的付款的,应当取消与信用合同相关的合同的终止。

3. 在重复移交货物的情况下,债权人只有在借款人支付本条第 1 款所称的金额,加上剩余的信贷和应付的信贷费用后,才能归还货物;在连续货物的信用合同中,剩余的信贷应当为第 7:89 条第 1 款所称的剩余还款所取代;参照适用该条第 2 款的规定。

4. 债权人拒绝归还合理利益的,法院可以决定不适用本条第 1 款的规定。

第 7:96 条　商业单位中系列合同的解除

构成第 7:57 条第 5 款所称商业单位的合同中的一项被借款人以任何理由解除或者废止的,其他合同也可以该理由解除或者废止,其方式和时限与解散或者废止第一项合同的方式和时限相同,除非法律另有规定。

第 7:97 条　强制性规定

适用本节规定时,在职业或者业务过程中行事的债权人与为贸易、业务或者职业以外的目的行事的自然人借款人之间签订的货物信用合同,不得作出对借款人不利的规定。

第 7:98 条　强制性规定

适用第 7:92 条规定时,不得作出对借款人不利的改变。

第 7:99 条　货物信用合同的参照适用

货物信用合同构成第 7:57 条第 5 款所称的商业单位的一套合同,并且没有在第 7:97 条所称的债权人和借款人之间订立的,应当参照适用第 7:67 条第 2 款的规定。

第 7:100 条　本节规定的参照适用

不动产以外的财产权与不动产权利的性质相一致的,应当参照适用本节的规定。

第二节　不动产的租购合同

第一分节　一般规定

第7:101条　定义

1. 不动产分期付款合同是指一类销售合同,包括构成第7:57条第5款所称的商业单位的合同,根据此种合同,购买价格是分期支付的,同时所有权是在支付两笔或者更多的分期付款后转移的,并且在财产交付给购买者后才进行最后一笔付款。

2. 租购也可能涉及不动产所涉及的权利。此情况下,本节的规定应当在符合权利性质的范围内适用。

3. 符合本节要求的合同不应当受到关于租赁和租约的规定的约束。

第7:102条　公证文书

1. 各方均有义务协助另一方起草租购合同的公证文书,该文书应当在第3编第1章第2节所称的公共登记处登记,但不影响根据第7:3条已经登记租购合同的效力。

2. 公证文书在任何情况下均应当载明以下内容:

(1)购买价格;

(2)拟支付的分期付款中用于赎回购买价格的部分,以及用于支付应付利息的部分;

(3)租用人必须支付分期付款的日期;

(4)关于保留和转让所有权的条款。

第7:103条　可登记的判决

1. 除了第7:102条所称的文书外,以下内容可以在公共登记簿中登记:

(1)法院已决定以具有最终约束力的判决取代该文书的判决或者其一部分;

(2)根据第7:102条或者本条第1款规定进行登记的租购行为被废止、全部或部分解除或者被修改的法律行为,以及具有最终约束力的司法判决;

(3)导致与租购有关的权利或者义务从一方转移到另一方的法律行为。

2. 本条第1款第1项和第2项所称的判决,被宣布为可暂时执行,并且符合第3:301条第1款规定的关于被宣布为可暂时执行的判决的登记要求的,也可以进行登记,参照适用第3:301条第1款和第2款的规定。

第7:104条　不得索赔的情形

1. 有以下情形之一的,在租购公证文书登记后,包括取代该文书的第7:103条第1款第1项所称的任何法院判决,不得再向租用人提出索赔:

(1)出租人在登记后进行的处置或者抵押,除非这种处置或者抵押是由先前登记的购买(包括租购)或者交付权引起的,而在登记时,已经登记预先扣押交付的记录;

(2)由于本款第1项所称的租赁商的处置或者抵押行为而发生的处置或者抵押行为;

(3)监护权是在该登记之后产生的,或者是在之前产生的,当时未在公共登记薄上登记,除非租用人在该登记时知道;

(4)在该登记之后签订的租约;

(5)在该登记之后登记的第6:252条所称的事项;

(6)为执行或者预防目的而进行的扣押,在该登记后被登记;

(7)租用人破产或暂停付款,或者对其适用自然人债务重组计划的,在此类登记日期后宣布或适用。

2. 适用第7:3条第4款时,租购是按照第7:3条登记的,租购公证文书的登记应当视为交付。

3. 适用第3:24条、第3:25条和第3:26条时,租购公证文书的登记应当视为该条款所称的获得登记财产的司法行为的登记。

第7:105条　租用人的追偿权

在第7:101条第1款所称的合同的情况下,租用人已向供应商主张其权利但未能获得应得的权利的,该租用人在必要时可以向债权人行使作为不动产供应商的一方不履行或者不适当履行的权利。

第7:106条　租用人的权利

1. 租用人在获得所有权之前,应当有权使用根据租购方式交付给其的物品。

2. 其可以按照财产的预定用途使用该财产。

3. 其不得改变该事物的设计或者外观,也不得允许他人享用。

第7:107条　租用人的义务

1. 租用人对根据租购合同交付的物品的处置不应当损害出租人的利益,也不应当影响租用人与出租人之间的义务。

2. 本条第1款不排除出租人的权利或者租购合同本身的可转让性。

第7:108条　租购合同的终止

1. 租购合同终止时,因租用人未能履行其义务而使得租用人的财务状况优于租购合同继续有效的情形的,该租用人应当支付全额赔偿。

2. 租用人保留确定归还物品价值的权利的,不影响另一方请求法院确定该物品价值的权利。

第 7:109 条　合同解除

租用人有权在解除合同时得到偿还的,该租用人有权扣留该物品,直到支付欠其的款项或者出租人为此提供足够的担保。

第 7:110 条　出租人的义务

整个购买价格及其应得的利息和租用人的费用,包括单独转让的费用已经支付的,租用人已经以某种其他方式解除其合同义务的,或者租用人已经履行其合同义务的,出租人有义务立即合作,并且签署向租用人转让的公证文书,或者签署《土地登记法》第 30 条规定的公证声明,以满足根据已登记的转让公证文书进行转让的条件。

第 7:111 条　无权处分

租用人无权转让其租用物品,此时,应当适用第 3:88 条的规定,但租用人在租购公证文书登记时已经善意转让的除外。

第 7:112 条　强制性规定

不得改变第 7:101 条至第 7:104 条、第 7:108 条、第 7:110 条和第 7:111 条的规定。

第二分节　租赁购买住房合同

第 7:113 条　定义

1. 本款适用于与住宅不动产或者其部分有关的租购合同,其中,租用人是自然人并且非在职业或者商业过程中行事。

2. 不动产或者其部分作为商业用房以租购方式提供,并且基于商业用房的目的,在此商业用房中包括附属住所的,不适用本款的规定。

3. 适用本节时,租购合同也应当包括以任何形式或者名称签订的所有具有相同目的的合同。

4. 在不减损适用本分节的情况下,应当适用本章第一分节的规定。

第 7:114 条　合同形式

1. 第 7:113 条所称的租购合同应当以公证文书的方式签订。签订此种合同的授权书必须以书面形式授予。

2. 各方当事人均有义务协助另一方制定租购合同的公证文书,但不影响根据第 7:3 条登记租购合同的效力。

3. 当事人未订立公证文书的,合同应当无效。租用人已执行合同的,其可以索回已经支付的金额,但需对其已经使用的财产进行补偿。卖方仅在其允许租用人在合理期间内参与订立公证文书,并且租用人在此期间参与的情形下,才有权解除合同。

4. 公证文书在任何情况下均必须载明以下内容:

(1)购买价格;

(2)支付的分期付款中用于赎回购买价格的部分,以及用于支付应付利息的部分;

(3)由租购方承担的费用;

(4)租用人必须支付分期付款的期间;

(5)关于保留和转让所有权的条款;

(6)租用人提前偿还所欠款项的后果;

(7)住房的评估价值,如双方协商指定的评估师在评估报告中估计住房的价格;

(8)抵押贷款和其他附属于财产的有限权利。

5. 双方未能达成合同的,地方分区法院应当根据任何一方的要求指定一名评估师。评估报告在任何情况下均应当包括对住宅物业维修状况的描述和评估。

6. 公证员应当在各方至少有 14 天的期间内审查本条第 4 款和第 5 款所称的估价报告,并满足第 7:122 条第 1 款至第 5 款的要求后,才能执行公证文书。

第 7:115 条　租购人的解除权

租购人有权随时适用第 7:127 条的规定,全部或者部分解除其在租购合同下的义务。

第 7:116 条　禁止性规定

1. 合同不得规定在合同期内固定较高的购买价格,除非是根据第 7:128 条对合同所称的利率进行固定调整,或者是根据官方确定的指数数字进行指数化。

2. 合同不得规定在租用人不履行义务的情况下,租购合同应当依法解除或终止,或者可由租用人解除或终止,而无须违约通知。

3. 在违约通知中规定的至少 2 个月的合理期限过后,并且出租人已请求租购人就其欠款进行协商的,出租人才可以解除或者终止合同,除非不能合理地要求出租人为此行为。

第 7:117 条　强制性规定

不得适用第 7:113 条和第 7:114 条的规定。第 7:105 条、第 7:106 条第 1 款和第 2 款、第 7:107 条、第 7:109 条、第 7:115 条和第 7:116 条时,不得作出对租用人不利的改变。

第三节　有关住宅不动产的消费者信用合同

第一分节　一 般 规 定

第 7:118 条　定义

1. 适用本节时,术语含义如下:

(1)消费者是指为其贸易、商业或者职业以外的目的而行事的自然人。

(2)债权人是指根据第 7:119 条第 1 款所称的合同,在其贸易、商业或者职业过程中给予或者承诺给予信贷的自然人或者法人。

(3)信用合同是指根据第 7:119 条第 1 款所称的合同,债权人以延期付款、贷款或者其他类似财务便利的形式向消费者提供或者承诺提供信贷。

(4)辅助服务是指与信用合同一起提供给消费者的服务。

(5)信贷中介机构是指除债权人或者担任公证员的人以外的自然人或者法人,在其贸易、业务或者职业过程中,以现金或者任何其他商定形式的财务代价支付费用,包括:

①向消费者提出或者提供信用合同;

②协助消费者准备或者订立其他合同前的信用合同;

③代表债权人与消费者签订信用合同。

(6)附带信用中介机构是指代表并无条件负责的信用中介机构,包括:

①仅有债权人;

②仅有机构;

③不代表市场大多数的债权人或者团体。

(7)集团是指按照欧洲议会和理事会 2013 年 6 月 26 日发布的《关于某些类型企业的年度财务报表、合并财务报表和相关报告的第 2013/34/EU 号指令(OJ EU L 1.82)》的定义,为合并账户的目的而合并的债权人集团。

(8)信贷总额是指根据信用合同提供的所有金额的上限或者总和。

(9)给予消费者的信贷总成本是指消费者根据信用合同应支付的、债权人知道的任何种类的所有费用和赔偿金,但公证费用除外。

(10)消费者应支付的总金额是指信贷总金额与消费者的信贷总费用之和。

(11)年收费率是指消费者的信贷总费用,在可以适用本节规定的情况下,以信贷总额的年百分比表示,加上本条第 3 款所称的费用。

(12)借款利率是指以年百分比表示的利率,适用固定或者可变的百分比。

(13)信誉评估是指对履行信用合同所产生的债务偿还义务的前景的评估。

(14)持久介质是指使消费者能够以某种方式储存针对他个人的信息,使此种信息在足够长的期间内可供今后参考,并且允许对所储存的信息进行不变的复制的任何工具。

(15)咨询服务是指就与信用合同有关的一项或者多项交易向消费者提供个人建议,并且该建议构成与发放信贷和本款第5项所称的信贷中介机构活动不同的活动。

(16)搭售是指缔结或者提供作为一揽子其他不同金融产品或者服务的一部分,而该信用合同没有单独提供给消费者的信用合同。

(17)捆绑销售是指缔结或者提供作为包括其他不同金融产品或者服务在内的一揽子计划的一部分,信用合同也单独提供给消费者,但其条件不一定与连同附属服务一起提供的条件相同的信用合同。

(18)有以下情形之一的,为外币贷款信用合同:

①以消费者获得收入或者持有资产以偿还贷款的货币以外的货币表示的;

②以消费者居住的成员国以外的货币表示的。

(19)指令是指欧洲议会和理事会2014年2月4日发布的第2014/17/EU号指令《关于住宅不动产方面的消费者信用合同》,该指令修订第2008/48/EC和2013/36/EU号指令以及第1093/2.01.0号条例(OJ EU L 60)。

(20)不动产是指一项不动产或者与之相关的物权。

2. 本条第1款第8项所称的给予消费者的信贷总费用应包括估计不动产价值的费用,此种估计是获得信贷所必需的,但登记不动产转让的费用除外。给予消费者的信贷总费用不应当包括消费者因不履行信用合同规定的义务而应支付的任何费用。

3. 适用本条第1款第11项时,为按照市场上的条款和条件获得信贷,有必要开立或者保持一个账户的,开立和保持一个特定账户的费用、使用该账户交易和提款的支付手段的费用以及与支付交易有关的其他费用应当包括在对消费者的信贷总费用中。

第7:119条　适用和不适用的范围

1. 有以下情形的,可适用本章的规定:

(1)以住宅不动产的抵押或其他类似的担保,或者以住宅不动产的权利为担保的信用合同;

(2)获取或保留与土地或者现有或预计的建筑物有关的产权的信用合同。

2. 有以下情形的,不适用本章的规定:

(1)信用合同中债权人实施以下行为:

①一次性支付、定期支付或者以其他方式支付信贷,以换取未来出售用于居住

的不动产或者用于居住的不动产的权利所产生的金额；

②在消费者被宣布破产或接受自然人的债务重组之前，或者在其死亡或发生合同规定的其他事件时，不得要求偿还信贷，除非消费者未能履行其合同义务，此情况下，债权人应当有权终止信用合同。

(2)雇主作为次要活动向其雇员免费提供信贷，或者以低于市场上通行的年费率提供信贷，而不向公众普遍提供信贷的信用合同。

(3)不支付利息和其他费用的信用合同，但与提供信贷担保直接相关的费用除外。

(4)以透支融资形式授予的，必须在一个月内偿还的信用合同。

(5)在法院或者其他法定机构中达成的和解协议的信用合同。

(6)涉及免费推迟支付现有债务且不属于本条第 1 款第 1 项所称的信用合同。

(7)根据具有一般利益目的的法定条款向受限制的公众提供的信用合同，其借款利率低于市场上通行的利率，免收利息，或者以其他比市场上通行的条件对消费者更有利的条件，其利率不高于市场上通行的利率。

(8)债权人属于欧洲议会和理事会 2008 年 4 月 23 日发布的《关于消费者信用合同并废除理事会第 87/1.02./EEC 号指令(OJEU L 1.33)》第 2 条第 5 款所称的组织。

第二分节　签订信用合同前的信息和行为

第 7:120 条　信用合同的广告要求

1. 有关信用合同的广告应当公平、清晰、不具误导性，不应当包括可能使消费者对信贷的可用性或者成本产生错误期望的措辞。

2. 任何有关信用合同的广告，提及利率或者与消费者信贷成本有关的数字，应当包括《关于住宅不动产方面的消费者信用合同》第 11 条第 2 款和第 4 款所称的标准信息。该信息应当在广告使用的媒介中被清晰地识别。

3.《关于住宅不动产方面的消费者信用合同》第 11 第 2 款第 3 项至第 9 项所称的信息应当通过具有代表性的案例进行展示，并且应当自始遵循该案例。应当适用《金融监管法》第 4:20 条规定的或者根据该条进一步规定的标准。

4. 广告中应当包含的标准信息应当包括对与信用合同相关的具体风险的简明和相称的警告。

5. 信用合同的广告未遵守本条规定的，应当构成第 6:193 条之二所称的不正当商业行为。

第 7:121 条　债权人的权利义务

1. 债权人有权分批出售，但不允许捆绑销售。

2. 适用本条第 1 款的规定时，债权人可以要求消费者、其家庭成员或者消费者的直系亲属实施以下行为：

(1)开设或者持有投资产品或者私人养老金产品，该产品基本上为投资者提供退休期间的收入，在发生违约时也可以作为债权人的额外担保，为偿还或赎回信贷而积累资本，或者为获得信贷而汇集资金；

(2)为获得信贷，在签订基于共享资产的信用合同的同时，签订一份单独的信用合同。

3. 债权人可以要求消费者购买一份涵盖信用合同的保险。保险单提供的担保与债权人提议的保险单的担保相当的，债权人有义务接受来自债权人首选供应商以外的供应商的保险单。

第 7:122 条　告知义务

1. 债权人以及信贷中介机构应当在消费者提供有关其需求、财务状况和偏好的必要信息之后，并在其受任何信用合同或者要约约束之前，及时向消费者提供其需要的个性化信息，以便比较市场上的信贷产品并评估其各自的影响，此情况下，消费者可以对订立信用合同作出知情的决定。

2. 个性化信息应当通过《金融企业行为法令》第 112 条之四规定的附件 K 中的模式，以书面形式或者其他耐用介质向消费者提供。

3. 对债权人有约束力的要约应当以本条第 2 款所称方式向消费者提出，并且应当附有其所称的模式，除非该模式先前已提供给消费者，并且要约的特点与先前提供给消费者的该模式中的信息没有区别。

4. 债权人或者信贷中介机构，应当以单独的文件向消费者提供补充信息，该文件可以附在本条第 2 款所称的模式之后。

5. 债权人或者信贷中介机构在提出第 3 款所称的具有约束力的要约时，应当以书面形式或者其他耐用介质向消费者提供信用合同草案的副本，其中载明债权人将在 14 天内受该要约的约束，否则不得订立信用合同。

6. 适用于要约的借款利率或者其他费用是在出售基础债务证券或者其他长期融资工具的基础上确定的，根据基础债务证券或者其他长期融资工具的价值，借款利率或者其他费用可能与要约规定不同。

第 7:123 条　通知内容

1. 信用合同是通过信贷中间人的中介订立的，后者应当在进行第 7:118 条第 1

款第5项所称的中介活动之前,及时以书面形式或者其他持久媒介通知消费者以下信息:

(1)信用中介机构的身份和地址;

(2)《金融监管法》第1:107条所称的登记薄,该信用中介机构在其中进行登记的,应当提供登记号和核实该登记的方式;

(3)信贷中介机构是否与一个或多个债权人有联系或者专门合作,以及信贷中介机构为其服务的一个或者多个债权人的名称;

(4)信用中介机构是否提供咨询服务;

(5)消费者应当向信用中介机构支付的服务费,或者该费用的计算方法;

(6)消费者或者其他有关方面可在内部对信贷中介机构进行投诉的程序,并且可适用的法庭外投诉和补救程序。

2. 信贷中介机构有义务向债权人告知消费者因服务所应支付的费用,以计算年收费率。

3. 信用中介机构不遵守本条第1款和第2款所称的义务的,不应当向消费者收取其服务费。

第三分节　年收费率

第7:124条　年收费率的计算

1. 债权人应当根据《关于住宅不动产方面的消费者信用合同》第17条和附件一的规定计算年收费率。

2. 信用合同中约定借款利率可以改变的,债权人应当使用第7:122条第2款所称的模式,并且告知消费者此种改变对应付金额和年收费百分比的可能影响。债权人应当向消费者提供一份额外的年收费率,并且说明任何大幅提高借款利率所涉及的潜在风险。在借款利率不受限制的情况下,债权人还应当提醒消费者,年收费百分比所显示的消费者的总信贷成本可能会发生变化。

3. 本条第2款不应当适用于信用合同,其借款利率在最初的至少5年内是固定的,在该合同结束时,应当商定一个新的固定借款利率。第7:122条第2款所称的模式应当规定为此目的额外适用的年收费率。

第四分节　有关信用合同的信息和权利

第 7:125 条　禁止性规定

1. 债权人不得以不正确的信用评估为由终止或者修改信用合同,以损害消费者的利益,除非消费者故意隐瞒或者虚报《金融监管法》第 4:34 条第 3 款所称的信息。

2. 债权人不得以消费者在签订信用合同前提供的不完整信息为由终止信用合同,除非消费者故意隐瞒或者虚报信息。

第 7:126 条　汇率风险

1. 信用合同是以外币计价的,债权人应当自签订合同时起,让消费者有机会按照债权人确定的条件将合同转换为另一种货币,或者对消费者采取其他措施,以减少消费者根据合同所面临的汇率风险。

2. 本条第 1 款所称的其他货币是指:

(1)消费者主要以何种货币获得收入或者持有用于偿还信贷的资产,如在最近一次为信用合同目的进行的信用评估时所示;

(2)消费者在签订信用合同时的居住地或者在转换时的居住地所在的成员国的货币。

3. 消费者有权将信用合同转换为本条第 1 款所称的另一种货币的,应当按要求转换时适用的汇率进行转换,除非信用合同另有规定。

4. 本条第 1 款所称的措施包括债权人施加的限制,或者在该措施足以限制汇率风险的情况下,发出警告。

5. 至少在消费者应支付的总欠款价值或者分期付款价值与签订合同时成员国货币的汇率相同时的价值相差超过 20% 时,债权人应当定期以书面形式或者其他耐用媒介警告以外币贷款的消费者。该警告应当包含关于消费者应付总额增加的信息,并且让消费者有机会在适用的条件下将合同转换为另一种货币,并且对限制消费者所面临的汇率风险的任何其他适用机制作出说明。

6. 应当在第 7:122 条第 2 款所称的模式和信用合同中向消费者通知本条第 1 款至第 5 款所称的安排。信用合同没有规定限制消费者所面临的汇率风险为 20% 的波动的,上述样本应当通过举例说明 20% 的汇率波动的影响。

第 7:127 条　消费者权利

1. 消费者应当有权在信用合同到期前全部或者部分履行其义务。此情况下,消费者应当有权获得相当于合同剩余期间的利息和信贷总费用的减少金额。

2. 债权人可以在信用合同中规定,仅允许消费者在特定的日期,或者在一定的期间或者期限内，就某些最低数额或者在支付赔偿金的情况下提前还款。

3. 信用合同可以规定，在提前还款的情况下，债权人有权获得补偿，此种补偿应当是对与提前还款直接相关的潜在成本的公平和客观合理的补偿。赔偿金不应当超过债权人所遭受的经济损失。债权人不得对消费者进行处罚。

4. 消费者拟在信用合同到期前解除其合同义务的，债权人在收到此种请求后，应当立即以书面形式或者其他耐用介质向其提供必要的信息，使其能够考虑解除的可能后果。债权人应当至少向消费者提供一份关于消费者在信用合同到期前履行义务的后果的评估文件，并在其中明确指出所使用的假设，并且假设均是合理和可辩护的。

第 7:128 条　通知义务

1. 债权人应当在借款利率的任何变化生效前，以书面形式或者其他耐用媒介通知消费者该事项。该通知应当至少说明新借款利率生效后的付款金额，以及付款数量或者频率的任何变化细节。

2. 双方当事人可以在信用合同中约定，借款利率的变化与参考利率的变化直接相关，新的参考利率以适当的方式公开发布，有关新的参考利率的信息可以在债权人的场所获得，并且可以与新的定期付款期的金额一并当面通知给消费者的，应当定期向消费者提供本条第 1 款所称的信息。

3. 因借款利率的变化是由资本市场上的拍卖决定的，债权人不可能在变化之前通知消费者的，债权人应当在拍卖之前及时以书面形式或者通过其他耐用媒介通知消费者即将进行的程序，并且应当说明拍卖对借款利率的可能影响。

第 7:128 条之一　强制执行的条件

1. 消费者不履行信用合同规定的义务的，债权人不得按照《民事诉讼法典》第 544 条的规定进行强制执行，直到债权到期后至少两个月，并且债权人已请求消费者偿还其欠款，但不能合理地要求债权人遵守上述期限或者与消费者商定的除外。

2. 在不影响适用第 6:119 条规定的法定利息的情况下，消费者因不履行信用合同义务而应当向债权人支付的赔偿金，不得超过补偿债权人因不履行义务而遭受的损失所需的金额。

第五分节　附　　则

第 7:128 条之二　不得向消费者收取费用

债权人或者信用中介机构不得就本章规定的信息义务向消费者收费。

第 7:128 条之三　强制性规定

1. 适用本章规定时，不得作出对消费者不利的改变。

2. 适用本章时,不得因为合同的形式或者制定方式而剥夺对消费者的保护,特别是通过将属于《关于住宅不动产方面的消费者信用合同》范围的信贷提款或者信用合同纳入信用合同,其性质或者目的有可能使其避免适用这些措施。

第二章之三　贷 款 合 同

第 7:129 条　定义

1. 贷款合同是指贷款人承诺向借款人提供一笔资金,而借款人承诺向贷款人偿还相应的资金的信用合同。

2. 借款人可以通过单一的声明,包括支付令,使贷款人有义务向其提供一笔资金,仅通过此种声明,贷款合同才得以达成。

第 7:129 条之一　法律适用

本编第二章之一或者第二章之二也适用于货款合同。其与本章规定相冲突的,应当适用本编第二章之一或者第二章之二的规定。

第 7:129 条之二　合同的约束力

贷款人是自然人并且非在职业或者商业过程中行事的,在向借款人实际提供资金或者贷款人书面承诺提供资金之前,合同对其不具有约束力。

第 7:129 条之三　借款利息

1. 双方均为自然人并且双方均未在职业或者商业活动中行事的,仅在书面规定的情况下,才应当支付贷款金额的利息。

2. 其他情况下,借款人有义务支付所借款项的利息,除非合同中规定不支付利息。

第 7:129 条之四　借款利息的金额

合同规定应当对借款金额支付利息,但双方没有确定该利息的数额的,应当按照为此目的设定的利率计算利息。

第 7:129 条之五　借款人的偿还日期

借款人有义务在贷款人发出要求还款意向的通知后 6 周内归还其在合同下所欠的款项,除非合同中规定另一还款日期。

第 7:129 条之六　法院确定偿还日期

已经同意借款人在有能力时偿还借款的,法院可以根据情况确定偿还的日期。

第二章之四　质 押 合 同

第 7:130 条　质押合同的定义

1. 质押合同是指质权人将一笔资金交由质押人支配,而后者则根据规定将非登记财产的可移动物品交给质权人支配的合同。

(1)质押人在贷款期限内向质权人全额偿还款项并完全支付的,质权人应当将该物品归还给质押人;在贷款期限内未能全额偿还贷款和完全支付的,质权人可成为该物品的所有者。

(2)质押人应当立即将物品的所有权转让给质权人,但质押人在贷款期限内向质权人全额偿还款项并完全支付的,质权人有义务将该物品交还给质押人。

2. 本章也适用于实质内容与本条第 1 款所称的质押合同相同的合同。

第 7:131 条　其他术语的定义

适用本章时,术语含义如下:

(1)质权人是指在从事专业担保业务时,提供贷款的自然人或者法人;

(2)贷款期限是指质押合同中约定的期限,质押人必须在该期限内偿还其支配的资金并支付质押费用,质权人才有义务将物品交还给质押人;

(3)质押费用是指质权人根据质押合同收取或者接受的任何形式的补偿;

(4)质押期限是指一个日历月或者一个日历月的某一天到下一个日历月的某一天之间的时期。

第 7:132 条　质押人为非专业从事担保业务的自然人

本章仅适用于质押人是自然人,并且在签订质押合同时不从事专业担保业务的情况。

第 7:133 条　订立合同前应提供的信息

质权人应当在质押人受质押合同约束之前,使其了解以下信息,不影响适用第 6:193 条之三至第 6:193 条之五的规定:

(1)每月应支付的质押费用,并且以所支配的资金的百分比表示;

(2)贷款期限。

第 7:134 条　对合同及其内容的形式要求

1. 质押合同应当以书面形式或者其他耐用数据载体的形式订立。质权人应当向质押人提供质押合同的样本,并且应当自留一份样本。

2. 质押合同应当载明以下内容:

(1)质押人和质权人以及可能的中间人的身份和地址;

(2)对质押物的描述;

(3)供质押人支配的资金数额;

(4)贷款期限;

(5)第 7:130 条第 1 款第 1 项或者第 2 项提及的规定;

(6)每个月的质押费用,以其占可支配资金的百分比表示,并且说明该费用的计算方式;

(7)质押人在贷款期间必须支付的总金额,以便有权要求归还质押物,在贷款期间的最后一天支付该金额的,还应当提及该金额在提前支付的情况下的计算方法。

(8)延长贷款期限的条件和方式;

(9)第7:135条第2款所称的质押人要求立即归还的权利;

(10)适用于该合同的其他条件。

第7:135条　贷款期限

1. 贷款期限至少为两个月。

2. 在贷款期间,以及在延长贷款期间的情况下,质押人有权随时要求立即归还质押物,并且偿还其所支配的资金以及支付所有的质押费用。

第7:136条　质押人重新获得所有权

质押合同中约定了第7:130条第1款第2项所称的情形的,质押人可以通过全额偿还款项和完全支付的方式,再次获得质押物的所有权,此时,质押人获得的权利与质权人根据该偿还的后续条件进行转让获得的权利相同。

第7:137条　质押费用的计算方法

质押费用以月息的形式计算的,枢密院令可以规定月息最多为第7:130条第1款所称款项的一个百分比。

第7:138条　关于质押的规定的适用性

有关动产质押的规定适用于第7:130条第1款第1项所称的质押合同,包括第3:233条、第3:234条、第3:235条、第3:237条、第3:241条、第3:242条、第3:243条第2款、第3:244条、第3:248条、第3:249条、第3:250条、第3:251条、第3:252条、第3:254条和第3:256条规定。

第7:139条　质权人遭受的损失

质押人未在贷款期限内全额偿还款项,也未完全支付质押费用的,质权人将承担其遭受的与第7:130条第1款所称款项和质押费用相当的损失。

第7:140条　强制性法律

适用本章规定时,不得作出对质押人不利的改变。

第7:141条至第7:174条　[预留]

第三章　赠与合同

第7:175条　赠与合同的定义

1. 赠与合同是指赠与人一方以自己的财产无偿使受赠人一方财产增加的合同。

2. 赠与要约到达特定人后,该特定人得知该赠与而未立即拒绝的,视为接受。

第 7:176 条　赠与人提出赠与合同不正当时,受赠人的反证责任

赠与人提出赠与合同不正当并要求撤销的,受赠人应当承担相应的反证责任,但赠与已公证或者举证责任的分配不符合合理和公平原则的除外。

第 7:177 条　赠与人死亡后履行的赠与

1. 赠与仅在赠与人死亡后才应当履行且该赠与未在赠与人生前履行的,该赠与在赠与人死后无效,但赠与人亲自订立合同且该合同经过公证的除外。衣物、个人用品、珠宝首饰、特定家庭物件、特定书籍的赠与,赠与人手写并注明日期、签名的文件可作为凭证。

2. 赠与人撤回本条第 1 款所称的赠与合同时,可以通过向受赠人发送通知的方式撤回,也可直接通过订立遗嘱的方式撤回。

第 7:178 条　对医疗护理人员以及护理机构及其工作人员的赠与

1. 赠与人可撤销其生病期间对医疗护理人员或者给予其精神帮助的人实施的赠与。

2. 赠与人亦可撤销居住在老年护理机构或者精神护理机构时,对机构经营者、管理者、其他工作人员实施的赠与。

3. 参照适用第 4:62 条第 2 款和第 3 款的规定。

4. 赠与人应当在本条第 1 款所称的受赠人病愈或者本条第 2 款所称的受赠人出院后 3 年内行使本条第 1 款和第 2 款规定的撤销权。

5. 在消除损害的必要范围内,赠与人死亡后任何因赠与而受损的人可行使本条第 1 款和第 2 款所称的撤销权。该撤销权的行使参照适用第 4:54 条的规定,且应当在本条第 1 款所称的受赠人病愈或者本条第 2 款所称的受赠人出院后 3 年内行使。

第 7:179 条　赠与要约的撤回

1. 赠与要约人在临终前可撤回其要约,不同于第 6:222 条的规定,除非合同或者要约另有约定,该要约自要约人死亡时失效。

2. 要约指定特定期限,但要约人在该期限内死亡的,该要约失效。要约人死亡时存在第 6:220 条第 1 款所称的撤回事由或者因死亡本身导致该事由的,可参照适用第 6:220 条第 2 款的规定。

第 7:180 条　附延缓条件和解除条件的赠与合同

附延缓条件和解除条件的赠与合同,参照适用第 4:140 条第 1 款、第 4:141 条的规定。

第 7:181 条 受赠人的条件

1. 要约人死亡时尚未出生的人,不得接受在要约人死亡时未失效的赠与合同的要约。

2. 有以下情形之一的,不适用本条第 1 款的规定:

(1)赠与人将财产赠与其父母的某一后代,在受赠人死亡时或者之前,该财产归属于该受赠人的后代的;

(2)赠与人将财产赠与其父母的某一后代的继承人,在受赠人死亡时或者之前,该财产归属于该受赠人的后代的;

(3)赠与人约定在受赠人死亡时或者之前,剩余财产部分归于其继承人范围内的某一生存的血亲的。

第 7:182 条 赠与财产的信托管理

1. 赠与人以书面形式提出赠与要约的,其可对赠与财产实施信托管理。

2. 该信托管理与遗嘱的信托管理法律效果相同,包括:

(1)根据第 4:178 条第 1 款、第 2 款,第 4:179 条第 2 款和第 4:180 条第 2 款的规定,自赠与履行之日起计算该期间;

(2)基于受赠人以外其他人的利益,赠与人和受赠人可共同决定并书面通知管理人结束信托。

第 7:183 条 赠与财产的法律或者事实瑕疵责任

1. 仅在赠与人未说明赠与财产中已知的法律或者事实瑕疵且受赠人不能发现该瑕疵时,赠与人才须对赠与财产的瑕疵承担责任。

2. 除欺诈外,赠与人应当在不超过赠与财产本身损害的范围内承担该责任。

第 7:184 条 赠与合同的撤销

1. 有以下情形之一的,无论赠与是否已履行,赠与人均可撤销赠与合同:

(1)受赠人不履行赠与所负担的义务,赠与人或者第三人均不能请求其履行义务的;

(2)受赠人故意对赠与人或者与其有密切关系的人实施犯罪的;

(3)受赠人依法或者根据合同有义务对赠与人负有扶养义务,但不履行扶养义务的。

2. 本条第 1 款第 2 项所称的犯罪包括犯罪未遂、犯罪预备和共同犯罪。

第 7:185 条 赠与合同撤销的诉讼时效以及赠与人死亡后的撤销

1. 根据第 7:184 条请求撤销赠与合同的诉讼时效期间为 1 年,自赠与人知道导致撤销的事实之日起算。

2. 赠与人死亡后，前条所称的撤销，仅能通过法院裁判的方式作出，且在第7:184条第1款第2项或者第3项所称的情形下，仅在该撤销理由导致赠与人死亡的情况下，才能请求撤销该赠与。

第7:186条　本节规定的适用范围以及“赠与”的定义

1. 在合同规定目的与行为性质不冲突的情况下，赠与合同以外的其他形式的赠与参照适用本节的规定。

2. 任何支出自己的财产使他人受益的行为，均视为赠与。但受益人未受领且不能请求给付的，第1句所称的行为不能视为赠与。

第7:187条　赠与人应当实施而未实施对待给付义务时的法律后果

1. 受赠人实施与赠与有关的对待给付的，适用第7:186条第1款以及本条第2款和第3款的规定，但不适用第7:182条的规定。

2. 第7:177条第1款所称的情形下，赠与非无效，仅为可撤销。撤销的效力溯及至赠与人死亡时。受赠人及时承诺追加履行以使行为不受第7:186条第2款拘束的，撤销权即告消灭。法院经继承人或者受赠人的请求，可通过变更法律行为的效果而非撤销，达到此目的。

3. 受赠人根据第7:178条撤销赠与的，参照适用第3:54条的规定。

4. 部分属于赠与、部分属于履行自然债务的情形也参照适用上述各款的规定。

第7:188条　被指定为保险合同受益人的情形

1. 被指定的保险合同受益人已接受或者可接收的保险收益，视为赠与，但需要履行赠与合同以外的其他义务的除外。此种赠与不适用第7:177条、第7:179条、第7:181条、第7:182条和第7:187条的规定。

2. 受益人从保险单中取得收益视为赠与合同分配的价款。受益人取得的部分收益仅能视为部分赠与。

3. 保险人依法或者根据与投保人的合同减少支付额的，其应当先扣减赠与的价值。

第7:189条至第7:200条　[预留]

第四章　租赁合同

第一节　一般规定

第7:201条　租赁合同的定义

1. 租赁合同是指出租人一方与承租人一方约定，出租人将物或者物的一部分供其使用，并由承租人支付对价的合同。

2. 租赁的标的物包括财产、财产权以及财产利益；租赁与法律规定的目的或者权利本身的性质不冲突的，可适用本节和第 2 节至第 4 节的规定。

3. 农场土地租赁合同不视为此处所称的租赁合同。

第 7:202 条　租赁物收益的归属

承租人有权获得租赁物的收益的，该权利应当视为第 5:17 条所称的使用收益权。承租人应当自租赁开始之日起获得此项权利，并应当按日计算其法定孳息。

第二节　出租人的义务

第 7:203 条　租赁物应当置于承租人的管理之下

出租人有义务将租赁物交由承租人处置，并在一定范围内允许其按照合同使用该出租物。

第 7:204 条　租赁物的瑕疵

1. 出租人对租赁物的瑕疵，承担本节所称的义务。

2. 瑕疵是指租赁物因其品质、特征或者其他不可归责于承租人的情况，使承租人无法依照订立的租赁合同获得预期与租赁物相关的使用收益。

3. 第三人并没有通过主张第 7:211 条规定的权利造成使用租赁物的实际障碍，或者主张权利未造成租赁物使用的实际障碍的，非本条第 2 款所称的瑕疵。

第 7:205 条　本法第六编的法律权利和补救措施

承租人享有本节所称的权利，其可依法获得的其他权利和法律救济不受影响。

第 7:206 条　租赁物瑕疵的救济

1. 经承租人的请求，出租人必须采取补救措施以消除瑕疵，除非不可能修复或者所需费用明显不合理。

2. 承租人根据第 7:217 条的规定必须进行的小型修复，以及承租人应当对瑕疵承担责任的情形不适用本条第 1 款的规定。

3. 出租人不履行修复义务的，承租人可自行修复并在合理费用的范围内请求出租人偿还，也可通过扣除租金的方式请求偿还。适用该规定时，不得作出对承租人不利的改变。

第 7:207 条　租赁物瑕疵导致租金减少的情形

1. 因瑕疵导致租赁物的使用收益受损的，承租人可自适当通知出租人瑕疵之日或者瑕疵为出租人充分了解之日起请求按比例减少租金。

2. 承租人根据第 7:217 条消除小型瑕疵的，或者无权要求出租人承担消除瑕疵的责任的，不得请求减少租金。

第 7:208 条　租赁物瑕疵的损害赔偿

未履行第 7:206 条所称的义务的，出租人对在合同订立后出现且可归责于出租人的瑕疵，以及在合同订立时已存在且出租人知道或应当知道或者其告知承租人该物没有瑕疵的瑕疵而导致承租人受损的，应当予以赔偿。

第 7:209 条　强制性规定

出租人订立合同时知道或者应当知道瑕疵，以及出现第 7:206 条第 1 款和第 2 款、第 7:207 条和第 7:208 条所称的情形的，其不得作出对承租人不利的改变。

第 7:210 条　不能约定保留的条款

1. 出租人没有义务根据第 7:206 条消除瑕疵，并且该瑕疵导致承租人完全无法取得期待的收益的，承租人和出租人均有权根据第 6:267 条解除该租赁合同。

2. 因本条第 1 款所称的终止租赁合同造成损害的，任何一方可基于该瑕疵受到的损害提出赔偿。

第 7:211 条　第三人对承租人的诉讼权利

1. 第三人对承租人提起诉讼，并旨在出售租赁财产或者为保障与租赁目的不相冲突的权利的，出租人有义务在收到承租人通知后参加诉讼并为承租人的利益辩护。

2. 出租人必须赔偿与承租人法律诉讼相关的一切费用，但未及时通知的，仅应当赔偿通知后产生的费用。

3. 涉及主出租人对次承租人提起的关于转租物的诉讼的，次出租人参照适用上述各款的规定。根据《民事诉讼法典》第 2.9.5 条的规定，该诉讼视为驱逐之诉。

第三节　承租人的义务

第 7:212 条　对待给付义务

承租人有义务按约定的方式和约定的时间履行对待给付。

第 7:213 条　善良承租人要求

承租人有义务以善良承租人的方式使用租赁物。

第 7:214 条　按约定方式使用租赁物

承租人仅有权按照约定使用租赁物，当事人对此未约定的，可按照其性质和预期目的使用该租赁物。

第 7:215 条　租赁物的改造

1. 承租人未经出租人的书面同意，无权全部或者部分改造租赁物的结构或者形式，除非所涉租赁期内该改造基于租赁合同的目的，且无须支付明显很高的费用即可恢复原状和移除。

2. 租赁合同涉及使用住房，并且实施改造不会对租赁物产生不利影响的，出租人必须在 8 周内表示同意。

3. 出租人不同意的，承租人可请求法院授权对租赁物实施改造。出租人非该物的所有权人、用益权人或者永租权人的，出租人应当确保所有权人、用益权人或者永租权人均能及时参加法律诉讼。租赁物上设有抵押权的，抵押权人也适用该规定。

4. 任何情况下，出租人根据本条第 2 款表示同意的，法院应当裁决支持承租人提出的诉讼请求。其他情况下，法院仅在改造租赁物为承租人适当使用所必需的，或者能提高居住条件且出租人无重大损失时，才可支持承租人提出的诉讼请求。

5. 法院可在授权时附加条件或者对价；改造使得租金增加的，经出租人的请求，法院也可裁决增加租金。

6. 除非涉及租赁住房的外部，当事人不得变更上述各款而对承租人不利。

第 7:216 条　承租人迁离以及请求赔偿的权利

1. 承租人有权在租赁合同终止时搬出租赁物前，将租赁物合理恢复到原来的状况，并取回其改造物和添附物。

2. 承租人在搬出租赁物前无义务拆除经授权实施改造和添附的物的，法院仍有权根据第 7:215 条第 5 款要求其拆除。

3. 承租人不拆除经授权实施改造和添附的物的，其有权根据第 6:212 条请求出租人给予补偿。

第 7:217 条　小型修复

除因出租人不履行消除瑕疵义务而导致修理外，承租人必须自费实施小型修复。

第 7:218 条　承租人责任的推定

1. 承租人应当对未履行租赁合同规定的义务且可归责于其自身的原因导致租赁物受到的损害，承担责任。

2. 租赁物在租赁期间的所有损害，均可推定为由本条第 1 款所称的事由造成的损害，但损害由火灾以及不动产外壁造成的除外。

3. 除适用第 7:224 条第 2 款规定外，承租人已收到的租赁物应当推定为未受损害状态的租赁物。

第 7:219 条　因第三人行为导致的承租人责任

对于取得承租人同意使用或者接触租赁物的行为，承租人对出租人承担与自己行为相同的责任。

第7:220条　紧急处置以及修缮

1. 出租人必须容忍其他人在租赁期间内根据第5:56条基于相邻关系而对租赁物或者出租人所为的紧急处置,但承租人可据此请求减少租金、解除租赁合同以及赔偿损失。

2. 出租人为继续出租的目的修缮租赁物,且为此目的考虑到出租人、承租人以及可能存在的次承租人利益而提出合理提议的,应当参照适用本条第1款的规定。出租人必须以书面形式作出此种提议。修缮包括拆除旧建筑物以替换新建筑物,或者通过改造或添加对现有租赁物进行部分翻新。

3. 涉及修缮10栋以上构成建筑整体的住宅或者经营场所的,出租人在获得70%以上的承租人同意时推定本条第2款所称的提议为合理。不同意该提议的承租人,可在出租人书面通知70%以上的承租人同意该提议之后8周内请求法院裁决确定该提议是否合理。

4. 出租人提出的理由为不动产租赁合同的法定解除事由的,前述各款不得剥夺出租人以租赁物需紧急修缮为由终止该合同的权利。

5. 与第7:233条所称的住宅以及本条第2款所称的空间翻新与搬迁有关的,出租人必须承担承租人搬迁必须考虑的费用。

6. 住宅、规划和环境部长应当发布法令确定第7:234条所称的独套住宅的承租人以及第7:235条和第7:236条所称的移动住宅和安置地的承租人支付搬迁费用和安置费用中的最低缴款额,并于每年的3月1日之前在消费者物价指数的范围内进行修订。第1句所称的金额应当向上或者向下四舍五入为整欧元。

7. 市政当局向承租人提供的搬家费用和安置费用的分摊款或者补偿款,可以从出租人根据本条第6款必须支付的分摊款中扣除。

第7:221条　转租

除承租人已明知出租人有正当理由提出异议外,该承租人有权将全部或者部分租赁物移交给第三人使用。

第7:222条　承租人通知出租人租赁物瑕疵的义务

承租人发现租赁物有瑕疵,或者第三人妨碍其使用收益或租赁物上之权利时,其必须立即通知给出租人该事项;不履行该义务的,承租人应当赔偿由于此种疏忽给出租人造成的损害。

第7:223条　承租人容忍潜在的出租人和买受人参观的义务

出租人计划在租赁期届满后继续出租或者转让租赁物或部分租赁物的,承租人必须容忍出租人在租赁物上设置的正常的出租或者转让公告,并允许有意图的人参观该租赁物。

第 7:224 条　租赁合同期满后返还租赁物的义务

1. 租赁合同终止时,承租人有义务将租赁物交还给出租人处置。

2. 承租人和出租人对租赁物的状况制作相关说明的,承租人必须按照与说明相同的条件返还该租赁物,但经许可进行适当的改造或者添附以及折旧灭损的除外。未制作状况说明的,除有相反证据外,推定出租人已按租赁期末的原状受领租赁物。

第 7:225 条　在合理时间内对租地的收回

租赁合同终止后承租人非法持有租赁物的,出租人可对未返还期间的持有请求与租金相等的赔偿。承租人造成的损害超出租金额的,出租人有权请求额外的损害赔偿。

第四节　租赁物转让时的租赁移转和租赁终止

第 7:226 条　租赁物转移时租赁合同的继受

1. 出租人转让与租赁合同有关的租赁物或者设立和转让租赁物上的用益权、永租权或地上权的,租赁合同尚未到期时,其中的出租人的权利和义务移转给继受人。

2. 出租人的债权人转让租赁物的,视为出租人的转让。

3. 继受人仅受租赁合同中出租人与承租人通过对待给付而使用租赁物的直接条款的约束。

4. 租赁合同与建造的不动产及部分不动产有关的,不得违反第 7:235 条所称的移动住宅以及第 7:236 条所称的安置地的规定。

第 7:227 条　租赁权优先于其后设立的物权

设立或者转让非第 7:226 条第 1 款所称的租赁物上的定限物权时,权利人不得妨碍承租人对租赁物的使用,该承租人可尽其所能地行使其权利。

第 7:228 条　由于租赁期届满或者终止导致租赁结束

1. 固定期限的租赁合同届满时无须终止租赁的通知。

2. 不定期或者不定期延长的租赁合同,需租赁终止的通知。住房或者经营场所以外的不动产租赁合同,必须根据租赁合同交付租金并考虑设置至少 1 个月的通知期限。

第 7:229 条　一方当事人死亡的后果

1. 承租人或者出租人的死亡不终止租赁合同。

2. 根据第 4:13 条分割遗产的情况下,承租人的继承人无权让他人使用租赁物的,该继承人、其配偶或者登记伴侣可在承租人死亡后 6 个月内解除租赁合同,并应当提前 1 个月发出解除该租赁合同的通知。

3. 承租人有两个以上继承人的,除非出租人有正当理由提出异议,出租人有义务配合将租赁合同中承租人的权利义务转移给其中一人或者多人。根据第 4:13 条分割遗产的,不适用第 1 句的规定。

第 7:230 条 租赁合同终止后的继续效力

租赁合同期满后承租人取得出租人的同意继续使用租赁物的,视为订立不定期的租赁合同,除非该延长有其他目的。

第 7:230 条之一 非本章所称的住房或者经营场所的不动产为租赁物的租赁合同结束后的搬离

1. 不动产租赁合同中的租赁物非本章所称的住房或者经营场所的,租赁合同终止后承租人可申请法院延长搬离的期限。承租人应当在被要求搬离后 2 个月内以书面形式提出该申请。

2. 承租人一方终止、合意终止或者基于未履行其义务而裁判搬离的情形,不适用本条第 1 款的规定。

3. 出租人不得请求承租人在本条第 1 款所称的期限届满前搬离。承租人可在法院对申请作出裁判前,暂时拒绝履行搬离义务。

4. 法院仅在搬离给承租人或者次出租人造成的损害超过出租人继续允许承租人使用租赁物受到的损害时,才可批准该申请。出租人能证明承租人的行为已严重影响到其他承租人或出租人,或者其不按期支付租金,已无法期望出租人忍受承租人继续使用租赁物的,法院应当驳回该申请。

5. 租赁合同终止后,法院可适当延长本条第 1 款所称的申请时限,但最长不得超过 1 年。根据承租人的申请,法院可再延长此期限两次,每次最长为 1 年。承租人必须在期限届满前 1 个月提出再次延长的申请,并适用本条第 3 款第 2 句和第 4 款的规定。

6. 各方当事人无法对延长期间应当支付的租金达成一致意见的,法院应当根据当地租金标准确定合理的金额。法院可经当事人一方的申请,裁定采取临时措施。此外,租赁合同双方的其他权利义务在本条所称的延长期内仍有效。

7. 法院驳回承租人的申请时,必须确定搬离的日期。该日期即法律规定的搬离日期。

8. 不得对根据本条作出的裁决提起上诉。

9. 适用本条规定时,不得作出对承租人不利的改变。

第 7:231 条 通过法院撤销租赁合同的情形

1. 除第 7:210 条第 2 款所称的情形外,涉及不动产、第 7:235 条所称的移动住宅和第7:236条所称的安置地的,仅能通过法院的裁决解除承租人不履行义务时的租赁合同。

2. 根据《市政法》第174条之一或者该法第174条所称的地方性法规关闭租赁物的,或者此种建筑物中的某些行为违反《管制物品管理法》第2条或者第3条的规定,因违背公共秩序而根据该法第13条之二关闭该建筑物或者根据《住房法》第17条的规定关闭此种建筑物的,出租人可根据第6:267条解除租赁合同。

3. 适用本条第1款时,不得作出对承租人不利的改变。

第五节　住 房 租 赁

第五节第一分节　一 般 规 定

第7:232条　本节的适用范围及例外

1. 住房租赁仅适用本节的规定。

2. 短期使用住房的租赁不适用本节的规定。

3. 住房租赁合同中租赁物非独套住宅而作为出租人主要住所的一部分,且之前并未将住宅该部分或者其他部分租给该承租人的,在合同订立后9个月内不适用第7:206条第3款、第7:270条、第7:271条第4款、第7:272条、第7:273条、第7:274条、第7:275条、第7:276条、第7:277条和第7:281条的规定。

4. 住房租赁合同中的住房属于市政当局且在订立合同时已决定拆除的,不适用第7:206条第3款、第7:269条第1款和第2款、第7:270条、第7:271条至第7:277条、第7:278条第1款和第2款以及第7:281条的规定。

第7:233条　住宅

住宅是指已构造的不动产建筑物,包括独套住宅、非独套住宅、移动住宅、安置地,以及不动产的附属物。

第7:234条　独套住宅

独套住宅是指具有自己的通道,且居住者可不依靠房屋以外的基本设施的住宅。

第7:235条　移动住宅

移动住宅是指用于居住的已搭建的可全部或者部分拆解后移动且持有《环境保护法》第2.1条第1款第1项所称的建筑许可证的住宅。

第7:236条　安置地

安置地是指用于安放移动住宅的土地,并且可将土地上的设备连接到公用事业企业、其他机构或者市政机构的管道网络。

第7:237条　价款、租金以及服务费

1.本节价款是指承租人根据租赁合同对出租人承担的全部义务或与之相关的义务。

2.租金是指仅为使用住房而应支付的价款。

3.服务费是指为提供与居住有关的商品或者服务所支付的报酬。枢密院令可以规定必须视为服务费用的商品和服务的报酬。

第7:238条　租赁委员会

租赁委员会是指《住房租金实施法》第3条之一所称的租赁委员会。

第7:239条　部长

部长是指住宅、规划和环境部长。

第7:240条　住房的小型维修

枢密院令可规定第7:217条所称的小型修复,但不得作出对承租人不利的改变。

第7:241条　枢密院令对缺陷的规定

枢密院令可规定在任何情况下某些缺陷都视为瑕疵,但不得作出对承租人不利的改变。

第7:242条　住宅租赁的半强制性规定

1.除第6:214条所称的标准外,当事人不得变更第7:204条、第7:206条第1款和第2款、第7:207条、第7:208条和第7:217条的规定而对承租人不利,但承租人实施改造,或者添加、修复改造物或添加物瑕疵的除外。

2.涉及第7:216条第3款、第7:224条第2款和第7:230条规定的,不得作出对承租人不利的改变。

第7:243条　节能设施要求

1.在不动产部分住房需改造本条第2款所称的设施的情况下,承租人表示愿意按该费用的比例支付合理租金的,经承租人的申请,法院可命令出租人自费改造该设施。适用该规定时,不得作出对承租人不利的改变。

2.本条第1款所称的设施指:

(1)独立建筑物外部的隔热层;

(2)独立建筑物形成隔墙的隔热层;

(3)现有供暖设备寿命达10年以上的,供暖效果至少为80%的供暖装置。

第7:244条　住宅转租

不同于第7:221条的规定,住房承租人无权将租赁物全部或者部分交给第三人使用。但承租人以独套住宅为主要住所的,其有权将租赁物全部或者部分交给第三人使用。

第 7:245 条　租金适用的法律

租金和其他报酬可适用《住宅租金实施法》的规定。

第五节第二分节　租金和其他报酬

第一目　租金

第 7:246 条　合同自由

除本节另有规定外,租赁合同的租金应当由双方当事人协商约定。

第 7:247 条　自由化的住宅空间

除第 7:249 条、第 7:251 条、第 7:259 条、第 7:261 条第 1 款以及第 7:264 条的规定外,合同最初约定租金而后在必要之时转换为年金并超过《住房租金实施法》第 3 条第 2 款确定的租金限额的,符合以下条件的独套住宅不适用本条款的规定:

(1)在 1994 年 7 月 1 日或者之后订立住房租赁合同的;

(2)住房租赁合同涉及 1989 年 7 月 1 日或者之后建造的住宅的。

第 7:248 条　指示条款

1. 租赁双方可根据租赁合同约定增加租金,或者合同没有约定的,也可根据第 7:252条、第 7:252 条之一、第 7:252 条之三和第 7:253 条的规定增加租金,但在这期间,当事人可排除适用第 7:252 条和第 7:253 条的规定。该合同约定不再有效的,自该约定失效后 12 个月内可适用上述条款的规定。

2. 本条第 1 款所称的约定增加租金的增长幅度超过部长根据《住房租金实施法》第 10 条第 2 款或第 10 条确定的最高租金涨幅百分比的,该约定无效。此情况下,租金应当按照部长设定的最高幅度增加。

第 7:249 条　承租人向租赁委员会提出请求的权利

承租人应当在首次订立租赁房屋协议后 6 个月内,申请租赁委员会确定约定的租金是否合理。

第 7:250 条　出租人或者承租人请求变更租金

1. 根据出租人的要求,租金可按照第 7:252 条、第 7:252 条之一、第 7:252 条之三和第 7:253 条规定的方式予以增加,但应当遵守以下规定:

(1)自租赁开始之日起 12 个月内仅能增加 1 次;

(2)自根据第 1 项增加租金之日起,或者在第 1 项所称的期限内未增加租金的,其后每隔 12 个月可增加一次租金。

2. 承租人和出租人未就《住房租金实施法》第 12 条和第 16 条规定的瑕疵修复达成协议的，出租人不得根据本条第 1 款增加租金。

3. 不同于本条第 1 款的规定，前一次增加租金的期限超过 12 个月的，下一次可从 12 个月后相应地缩短增加租金的期限。该款不适用第 7:252 条之三第 2 款的规定。

4. 承租人可根据第 7:252 条、第 7:252 条之二和第 7:254 条的规定，请求减少租金。

第 7:251 条　1 年之内至多提高一次租金

租赁合同约定 12 个月内可增加租金超过 1 次的，该约定无效，但涉及第 7:255 条所称的情形除外。

第 7:252 条　应当以书面方式提出租金变更的建议

1. 出租人应当至少提前 2 个月以书面方式提出变更租金的建议。

2. 本条第 1 款所称的建议必须至少载明：

(1) 变更之前适用的租金；

(2) 租金变更的百分比或者金额；

(3) 拟议的租金；

(4) 拟议租金的生效时间；

(5) 承租人反对该建议的方式和期限的，必须表明其反对的理由，承租人不表示反对的，该建议根据本款产生法律效果。

3. 出租人应当按照《住房租金实施法》第 10 条第 1 款规定的形式作出减少租金的建议。

4. 为此目的建议变更租金，而该建议不满足本条第 1 款和第 2 款第 2 项、第 4 项、第 5 项规定的要求的，或者不满足本条第 3 款规定的，出租人仍按照原来的金额收取租金，但承租人未因该疏忽受到损害的除外。

第 7:252 条之一　与承租人收入有关的租金增加

1. 有以下情形之一的，出租人可对构成独套住宅的房屋提出第 7:252 条所称的申请，以便基于承租人基准年的家庭收入增加租金：

(1) 承租人的家庭收入高于《住房租金实施法》第 10 条第 2 款第 1 项所称的金额，但小于或者等于该款第 3 项所称的金额；

(2) 承租人的家庭收入超过《住房租金实施法》第 10 条第 2 款第 3 项所称的金额。

2. 适用本条时，以下术语指：

（1）基本登记收入：《国家税收法》第4章之一规定的基本登记收入；

（2）家庭收入：《国家税收法》第21条第5项规定的某住宅承租人和其他居住者的收入数据总额，但其他居住者在建议的租金开始日期的当年1月1日尚未达到23岁的年龄时，应当仅考虑收入数据的金额，除非其超过自参考年的1月1日生效的《最低工资和最低假期津贴法》第8条第1款第1项所称的每月金额的12倍的108%；

（3）检查员：由财政部长指定的国家税务机构的官员；

（4）参考年：在出租人提出建议的租金开始日期所在的日历年之前的第二个日历年。

3. 出租人提出本条第1款所指的建议后，检查员应当根据出租人的要求向承租人发出声明。

4. 本条第3款所称的声明是检查员在处理出租人要求时从基本登记收入中获得的信息，并且检查员应当在出租人指定的住所位置表明增加租金是否可以预期。检查员应当根据税务机关的要求登记以下信息，在该基准年内居住的一个人或者多人的家庭年收入少于或等于《住房租金实施法》第10条第2款第1项所称的金额，或者高于该金额但小于或等于上述第1款最后提及的金额，或者高于该金额。此外，检查员还应当载明家庭收入高于《住房租金实施法》第10条第2款第1项所称的金额。该家庭收入的人数可根据财政部长制定的规则予以确定。

5. 出租人提出不符合本条第3款要求的建议而达成改变租金价格的协议的，其不得根据本条第1款的规定要求增加租金，除非承租人并未因该疏忽受到损害。

6. 有以下情形之一的，承租人可要求出租人不得提高租金：

（1）承租人可证明其或者另一位家庭成员是某团体的一部分，根据本条第1款所称的建议未发生本条第1款和第2款的法律效果的。

（2）承租人可证明基准年之后的日历年的家庭收入等于或者小于《住房租金实施法》第10条第2款第1项所称的金额的，根据本条第1款所称的建议不发生第1款的法律效果。

（3）承租人可证明基准年之后的日历年的家庭收入等于或者小于《住房租金实施法》第10条第2款第1项所称的金额的，根据本条第1款所称的建议不发生本条第2款的法律效果。该建议为本条第1款第1项所称的建议，除非承租人可证明基准年之后的日历年的家庭收入等于或者小于所述的金额。

第7:252条之二　与承租人收入减少有关的租金减少

1. 在不影响第7:252条之一第6款适用的前提下，出租人根据第7:252条之一第 1 款的规定要求增加构成独套住房的租金的，承租人可提交第 7:252 条所称的建议，并以第 7:252 条之一第 2 款第 2 项所称的家庭收入请求降低租金的价格：

（1）承租人的家庭收入等于或者小于《住房租金实施法》第 14 条第 1 款所称的金额；

（2）承租人的家庭收入等于或者小于《住房租金实施法》第 10 条第 2 款第 1 项所称的金额；

（3）承租人的家庭收入已超过本款第 2 项所称的金额，但等于或者小于《住房租金实施法》第 10 条第 2 款第 2 项所称的金额。

2. 承租人提出本条第 1 款所称的建议的，承租人应当提供与家庭收入有关的信息。此情况下，部长应当确定必须由承租人提供的信息。

3. 由于某项建议而达成改变租金价格的协议，但不符合本条第 2 款降低租金的要求的，除非出租人并未因该疏忽受到损害，否则承租人不得提出本条第 1 款所称的请求。

第 7:252 条之三　提高租金的理由

构成独立住宅的，出租人可以根据以下理由提出第 7:252 条所称的提高租金的建议：

（1）承租人在租赁时已同意在租赁开始后不超过 3 年的时间内，将支付的租金逐步提高到约定的租金，但该数额不得超过在开始租赁时根据《住房租金实施法》第 3 条第 2 款所称的数额。

（2）在拟议提高租金日期之前的 3 年内，除根据第 7:252 条、第 7:252 条之二或第 7:257 条的规定外，没有根据承租人的书面申请提高或减少过租金。

第 7:253 条　拒绝提高租金的建议

1. 承租人在出租人的提议生效之前以书面形式声明不同意该提议的，出租人可以在该时间之后的 6 周之内申请租金评估委员会对该提议的合理性作出裁决，并提交该提议的副本和房客的上述声明。出租人提出第 7:252 条之一第 1 款所称的建议，并且第 1 句所称的申请与收入评估年度的家庭收入有关的，出租人应当要求检查员提供后续声明。第 7:252 条之一第 4 款参照适用后续声明的规定。出租人应当在提交第 1 句话所称的申请时提交后续说明。出租人提出第 7:252 条之一第 1 款所称的建议，而承租人援引了第 7:252 条之一第 6 款所称的情况的，承租人应当在提交第 1 句所称的申请时提供有关家庭规模或家庭收入的数据。应当根据枢密院的规定确定承租人提供的信息。

2. 有以下情形之一的，承租人可在本条第 1 款所称的期限后 3 个月内申请租赁委员会对建议的合理性作出裁判：

(1)在本条第1款所称的期限之前未作出书面表示，也未通过支付拟议租金同意增加的；

(2)出租人在本条第1款所称的期限后6周内以挂号信的方式再次向承租人通知该建议而承租人不同意增加租金的；

(3)承租人向租金委员会提出申请时，必须提交一份该信件的副本，并且出租人提出第7:252条之一第1款所称建议的情况下，以家庭收入作为理由的，应当提供与该家庭收入有关的信息，参照适用本条第1款第6句的规定。

3. 承租人收到本条第2款所称的信件后在建议的租金生效时间后3个月内未向租赁委员会提出申请的，视为承租人同意增加，并且该建议日期为租金的生效日期。

4. 承租人提出本条第2款所称的申请的，租赁委员会应当立即通知出租人该事项。

5. 出租人以挂号信的方式提出第7:252条第1款所称的建议的，且满足本条第2款第1项所称的条件的，其可在本条第1款所称的期限后6周内申请租赁委员会裁判建议的合理性。出租人提出申请时，应当同时提交建议副本和挂号信寄出的证明。

第7:254条　租金的减少

出租人不同意承租人减少租金的建议的，承租人可在该建议生效次日后6周内申请租赁委员会对建议的合理性作出裁判。

第7:255条　因改造住房导致租金的提高

1. 出租人有权在租赁期间对住房实施以下行为：

(1)为消除或者减少对残疾人通常使用住房遇到的不便采取措施而设置有关设施，其费用可根据法律规定享有部分财政补贴。

(2)除消除第7:204条所称的瑕疵外，出租人实施改造或者添附以改善居住条件的行为可视为提高租金的情况，不包括本条第1项规定的情形。住房租金应当按照出租人增加设施、改造或者添附产生费用的比例合理地增加，但总租金不得超过《住房租金实施法》第10条第1款规定的合理租金的限额。

2. 当事人未对租金增加达成一致意见的，各方当事人可在增加设施、改造或者添附后3个月内申请租赁委员会作出裁判。

3. 本条第1款所称的残疾人指因疾病或者残疾而受到明显限制的人。

第7:256条 [2007年4月1日废止]

第7:257条 申请程序

1. 考虑以下各款的规定,承租人根据第7:207条第1款以及第7:242条享有的要求减少租金的权利,经承租人通知出租人瑕疵次日起6个月后消灭。

2. 承租人对第7:241条规定的瑕疵享有请求权的,不仅可在本条第1款所称的期间内提起诉讼,也可在承租人通知出租人瑕疵次日起6个月内,根据《住房租金实施法》第16条第2款所称的管理规范,向租赁委员会申请减少租金。仅在承租人通知出租人瑕疵次日起6周内,出租人未消除瑕疵的,承租人才可向租赁委员会提出该申请。

3. 前述各款所称的6个月期限届满后,承租人不得请求减少在该6个月及之前产生的租金。

第二目 其他报酬

第7:258条 租赁费用的价款总额

租赁合同包括住房的使用,双方约定的价款不包括住房使用以外的租金的,租赁委员会可经承租人的申请,确定相当的租金和附加的服务费用。合同约定的价款不足《住房租金实施法》第10条第1款确定的最高租金额的55%的,出租人也可提出此种申请。

第7:259条 服务费

1. 承租人应付的服务费应当计入合同价款的总额。没有相关约定的,双方当事人应当按照事后达成协议或者该商品或服务的合理价值计算应付的服务费。

2. 出租人应当每年向承租人提供按照类别列出的该年度发生的应付服务费清单,并载明计算方法。该义务应当在次年的6个月内完成。出租人要求支付的费用非1年度而是涉及构成一个会计年度的另外12个月且该会计年度在该年度内终止的,出租人应当在次年6个月内列明该期间的费用。

3. 租赁合同终止时,本条第2款所称的清单应当涉及终止时前一个年度的费用。

4. 出租人提供本条第2款所称的清单后,其经承租人的请求,应当允许承租人查阅作为清单基础的账簿和其他文件或者其副本。

第7:260条 服务费计算方法

1. 承租人和出租人就承租人支付的服务费无法达成一致意见的,承租人或者出租人可申请租赁委员会作出裁判。

2. 该申请所涉的每类费用期间不得超过12个月。承租人应当在第7:259条第

2款所称的出租人提供清单期限届满后24个月内提出该申请。

第7:261条　提前支付服务费

1. 除租赁合同另有约定外，承租人仅能在以下情形中增加根据合同或者法院裁判应当提前支付的服务费：

(1)对增加服务费用达成协议时的付款期终止次日起或者自付款期开始时开始增加服务费的，自该付款期开始之日起；

(2)承租人收到最后一期第7:259条所称的清单后，自所在的付款期终止次日起，且每份清单仅能增加一次。

2. 变更服务费涉及多个承租人的，仅在70%以上的承租人表示同意后，变更才有效。不同意变更的承租人，可在出租人书面告知其已与70%以上的承租人达成约定之后8周内，申请法院对该变更的合理性作出裁决。

3. 承租人应当提前支付的服务费高于预期的，租赁委员会可经承租人申请减少预付款至合理的金额。

第三目　附则

第7:262条　向地方法院提出诉讼的权利

1. 租赁委员会经承租人或者出租人的申请，作出本节第1分节或者第2分节所称的裁判的，该裁判确定的内容视为双方当事人的协议。在裁判书寄送后的8周内，双方当事人均可请求法院对租赁委员会确定的事项作出裁决。

2. 不得对根据本条作出的裁决提出上诉。

第7:263条　租金提高或者减少的变更日期

租赁委员会或者法院根据建议裁决变更租金的，该变更自建议之日起生效；未经此类建议变更租金的，自当事人向租赁委员会提出申请或者向法院提起诉讼之日起生效。裁判已确定更晚的时间的，租金的变更以该时间为准。

第7:264条　合同赋予一方当事人或者第三人不合理利益的情形

1. 住房租赁合同不涉及租金条款，且赋予一方当事人不合理利益的，该合同无效。

2. 住房租赁合同赋予第三人不合理利益或者负担的，该合同无效。

第7:265条　强制性规定

不得变更本分节的规定，但法律另有规定的除外。

第五节第三分节　共同租赁和继续租赁

第7:266条　承租人配偶或者登记伴侣与承租人的共同承租

1. 无论租赁合同是在结婚或缔结登记伴侣关系之前或者之后订立的，承租人的配偶或者登记伴侣以该租赁的住房作为主要住所的,其均为法律上的共同承租人。

2. 除租赁合同在配偶或者登记伴侣成为共同承租人之前到期外,承租人和共同承租人应当对租赁合同中的义务承担连带责任。

3. 承租人的租赁合同终止时,共同承租人自动成为承租人。

4. 本条第1款所称的配偶或者登记伴侣,不会因《民事诉讼法典》第826条第1款第1项的裁决,或者因申请离婚或分居,或者因登记伴侣关系终止而不再使用婚姻住宅的情形,改变其主要住所。

5. 离婚、分居或者登记伴侣关系终止时,法院可经配偶或者登记伴侣一方的申请,确定其为该住房的单独承租人。法院还应当在确定该配偶或者登记伴侣单独租赁时,终止另一方的租赁。

第7:267条　其他共同居住人与承租人的共同承租

1. 承租人和另一以该住房为主要住所且长期共同生活的人,一同请求成为共同承租人的情形下,出租人未在3个月内表示同意的,承租人和该他人以及其他共同承租人可向法院共同申请裁判该他人自法院规定的时间起成为共同承租人。

2. 根据本条第1款的规定向出租人提出请求后,出租人以承租人与家庭成员居住该房屋违反原合同约定而请求解除租赁合同的,法院不予支持。出租人也不得以该理由终止租赁合同。

3. 仅以下情形之一的,法院才可驳回本条第1款所称的诉讼请求:

(1)本条第1款所称的人至少2年未以该住房为主要住所的,或者与承租人长期共同生活少于2年的;

(2)考虑到共同家庭生活以及持续时间,承租人提出申请明显仅为了在短期内获得本条第1款所称的人承租人身份的;

(3)本条第1款所称的人的经济状况无法确保其适当履行租赁义务的。

4. 订立租赁合同以及根据本条成为承租人或者共同承租人的人,对租赁合同产生的所有义务承担连带责任,但共同承租人不对其加入租赁以前的义务承担责任。

5. 本条第4款所称的人可适用关于租赁合同终止时的条款以及相关的法律规定。任何情况下,共同承租人不再以该住房为主要住所的,其即丧失共同承租人的身份。承租人的租赁合同终止时,共同承租人自动成为承租人。

6. 适用2014年的《住房法》第2章时,不同于本条第5款的规定,仅在共同承租人成为承租人后8周内为此目的向法院提起诉讼,且法院允许其继续租赁并对此作出生效裁判的,共同承租人才可继续作为承租人租赁。仅在未提交该法第8条所称的住房许可证的情况下,法院才可驳回诉讼请求。

7. 本条第 4 款所称的人均可向法院请求裁判其中一人或者多人停止继续租赁，此种停止自法院裁判之日起生效。仅在特定情况下，法院才可支持其诉讼请求，但任何情况下，原告证明被请求人通过对出租人提出请求或者通过本条第 1 款所称的诉讼取得共同承租人身份，但该被请求人未共同提出请求或者提起诉讼的，法院均应当支持其诉讼请求。

第 7:268 条　承租人死亡后共同承租人以及其他房屋居住人的法律地位

1. 承租人死亡后，共同承租人作为承租人自动继续租赁合同。共同承租人可在承租人死亡后 6 个月内以法院送达或者挂号信的方式终止该租赁合同，该终止自表示终止之日起 2 个月后生效。

2. 以租赁住房为主要住所且与承租人长期共同生活，但根据本条第 1 款尚未成为承租人的人，可在承租人死亡后 6 个月内继续该租赁合同，参照适用本条第 1 款第 2 句的规定。在该期限内为此目的提起诉讼且法院对此未作出终审裁决的，承租人也可继续该租赁合同。

3. 有以下情形之一的，法院应当驳回本条第 2 款所称的诉讼请求：

(1)原告未能证明其满足本条第 2 款所称的要求的；

(2)原告的经济状况不足以确保适当履行租赁义务的；

(3)适用 2014 年《住房法》第 2 章规定时，原告未提交该法第 8 条所称的住房许可证的。

4. 参照适用第 7:267 条第 4 款、第 5 款第 1 句和第 7 款的规定。

5. 某人根据本条错误地主张继续租赁合同的，其在此期间仍对出租人负有租赁义务。两个以上的人错误地主张继续租赁合同的，各主体对出租人承担连带责任。

6. 没有人根据本条继续租赁合同的，该合同在承租人死亡之日起 2 个月后终止。承租人的继承人有权在该承租人死亡后 1 个月内终止租赁合同。根据第 4:13 条分割遗产的，配偶或者登记伴侣享有前 1 句所称的继承人的权利。

7. 适用本条时，不得作出对根据本条有权继续租赁的人以及继承人，或者本条第 6 款所称的配偶或者登记伴侣不利的改变。

8. 不得变更第 7:229 条第 1 款和第 3 款的规定。

第 7:269 条　独套住宅的次承租人的权利保护

1. 承租人与出租人之间的租赁合同终止后，转租住宅的次承租人以该住宅作为主要住所的，出租人应当继续有关的转租合同。

2. 出租人根据本条第 1 款继续转租合同后的 6 个月内，可以下列理由请求租赁合同自法院裁判规定的期间起终止：

(1)次承租人的经济状况不足以确保适当履行租赁义务的;

(2)转租合同的订立明显为使次承租人取得承租人地位的;

(3)根据合理和公平原则,考虑到类似住房的租赁合同的内容以及已终止和继续的租赁合同的内容,无法期望出租人与承租人继续租赁合同的;

(4)适用2014年的《住房法》第2章规定时,次承租人未提交该法第8条所称的住房许可证的。

3. 转租情形下,无论为独套住宅还是附属住宅,根据第7:266条、第7:267条或第7:268条可成为承租人或者已继续租赁的人,应当继续与次承租人的转租合同。

第7:270条　住宅交换

1. 承租人计划交换住所的,可请求法院授权他人取代自己成为承租人。适用2014年的《住房法》第2章规定的,原告必须向拟议的承租人提交该法第8条所称的住房许可证。

2. 考虑到具体情况,法院仅在交换住所对承租人有重大利益的,才可裁决支持其诉讼请求,拟议承租人的经济状况不足以确保适当履行租赁义务的,法院应当驳回其诉讼请求。此外,法院的授权还可附条件或者附义务。

3. 适用本条规定时,不得作出对承租人不利的改变。

第7:270条之一　承租人继续租赁时的通知义务

根据第7:266条、第7:268条或第7:269条继续租赁合同的,继续租赁的人有义务向出租人通知此事项。

第五节第四分节　租赁的终止

第7:271条　住宅租赁合同的终止

1. 不同于第7:228条第1款的规定,定期租赁合同不因租赁期届满而终止;各方当事人均可在约定的租金支付日终止该租赁合同,但不得早于该租赁期届满的日期。

2. 订立不定期租赁合同或者不定期延长租赁合同的,各方当事人均可在约定的租金支付日终止该租赁合同。

3. 终止生效的通知必须采用法院送达或者挂号信的方式。根据第7:266条的规定,承租人的配偶或者登记伴侣成为共同承租人的,出租人还必须分别向配偶或者登记伴侣双方寄送该终止通知。

4. 出租人的终止通知书未载明导致终止的理由的,该通知无效。出租人非基于

第7:274条第1款所称的理由作出终止通知的,该通知无效。出租人必须在通知书中载明承租人应当在6周内回复出租人是否同意租赁合同的终止。

5.终止租赁合同时,各方当事人必须遵守以下规则:

(1)承租人终止的情况下,通知期限为租赁协议规定的两个连续的租金支付日之间的期限,但不得少于1个月且不得超过3个月;

(2)出租人终止的情况下,通知期限不得少于3个月,承租人连续使用租赁住房每满1年的,通知期限应当延长1个月但不得超过6个月。

6.违反本条第1款、第3款或第5款第1项的终止通知,或者通知期限短于本条第5款第2项所称期间的终止通知,视为按法定日期和法定形式发出的有效终止通知。

7.合同条款违反本条第5款第1项所称的最长期间或本条第5款第2项所称的最短期间,或者对本条作出的任何其他改变,均为无效。合同条款规定租赁合同不经终止通知即终止的,该条款无效。

8.租赁合同经双方当事人协议终止的,不适用本条的规定。

第7:272条　终止合同的法律效果

1.当事人对终止租赁合同提起诉讼的,租赁合同的效力可持续到法院对本条第2款所称的出租人的诉讼请求作出终审裁判且该裁判具有约束力为止。承租人终止租赁合同或者在出租人终止租赁合同后取得承租人的书面同意时,不适用前1句的规定。

2.出租人在终止通知后6周未收到承租人同意终止合同的书面通知的,出租人可根据终止通知请求法院裁决确定租赁合同的终止日期。

第7:273条　法院支持以及驳回出租人诉讼请求的法律后果

1.法院仅应当考虑终止通知中载明的理由,对第7:272条第2款所称的诉讼请求作出裁决。

2.法院驳回出租人的诉讼请求的,租赁合同的期限依法自动延长。法院应裁决确定该延长为不定期或者固定期限的延长。

3.法院裁决支持诉讼请求的,其还应当同时指定承租人必须搬离的时间。裁决支持出租人申请的,视为承租人应当于当日搬离。

第7:274条　住宅租赁合同终止的理由

1.仅有以下情形之一的,法院才可支持出租人的诉讼请求:

(1)承租人未以善良承租人的方式行事的;

(2)出租人根据本条第2款提起诉讼,并满足该款要求的,除非出租人不再对搬离享有利益；

(3)出租人认为其除转让租赁房屋外具有使用租赁物的紧急需要,且考虑到双方当事人利益以及合理和公平原则不能期待继续延长租赁合同,且本条第4款所称的承租人以外的其他承租人能获得适当住房的；

(4)承租人不接受合理的要约以订立对同一住房有关的新租赁合同的,该合同包括本节第2分节规定的内容,不包括变更租金或者服务费的内容；

(5)出租人根据有效的土地使用计划实现租赁物的特定用途的；

(6)出租人以非独套住宅的一部分作为主要住所,且认为其终止租赁合同的利益超过承租人继续该合同的利益的。

2.出租人在租赁合同中明确规定承租人必须在一定期限届满后搬出住房的,出租人可以下列理由提起本条第1款第2项所称的诉讼：

(1)出租人未在该住房居住且之前也未出租,并计划期限届满后自己居住的；

(2)出租人为该住房的原居住人,并计划期限届满后自己居住的；

(3)出租人赋予前承租人在一定期限届满后再次居住的权利且该承租人计划行使该权利的。

3.本条第1款第3项所称的自己使用,包括：

(1)计划整修住房,不终止租赁合同无法整修的。

(2)有以下情形之一的,由残疾人居住独套住宅：

①建筑时结构上已进行功能性布置用于残疾人居住的；

②根据法律法规,得到补助建成住宅后,旨在用于残疾人居住的；

③独套住宅的一部分且该建筑物建筑时已进行功能性布置用于老年人居住的；

④判断替代住房是否适合由承租人居住时,法院无须考虑承租人通过住宅取得的租金或者补偿。

4.本条第1款第3项所称的自己使用,还包括由学生居住：

(1)住房设计用于本节所称的学生居住的；

(2)本条第1款所称的承租人,在3个月内按出租人的书面要求提供本款所称的学院、大学或者专科学校的注册证明复印件的；

(3)与承租人租赁合同终止后,再次将该住房出租给本款所称的学生的；

(4)本款所称的学生指在《成人和职业教育法》第1.1.1条第2项所称的学院注册的人员或者在《高等教育和科研法》第1.2条第1项和第2项所称的大学或专科学校注册的学生。

5.有以下情形之一的,出租人不得提出本条第1款第3项所称的自己使用的请求：

(1)适用2014年的《住房法》第2章规定时，出租人未提交该法第8条所称的住房许可证的，除非出租人需要使用不是自己居住的住房；

(2)出租人为原出租人的合法继承人，且书面通知承租人继续租赁后3年内又通知终止的。

6. 涉及本条第1款第1项和第4项所称的情形的，法院在裁决支持诉讼请求前，可允许承租人最多在1个月内履行义务或者接受要约。

7. 本条第3款所称的残疾人指因疾病或者残疾而受到明显限制的人。

第7:275条　承租人搬迁以及安置费用

1. 法院根据第7:274条第1款第3项和第5项所称的理由终止租赁合同的，其可裁决确定出租人必须向承租人补偿的搬迁和安置费用。

2. 法院在裁决确定补偿金额前，应当通知双方当事人并指定出租人可撤回终止通知的期限。出租人行使该权利的，法院应当仅就诉讼费用作出裁决。

3. 出租人根据第7:274条第1款第3项、第5项和第7:274条第3款第1项的规定终止租赁协议的，其应当承担承租人搬迁必须考虑的费用。

4. 住宅、规划和环境部长应当发布法令确定承租人支付的搬迁费用和安置费用中的最低缴款额，并于每年的3月1日之前在消费者物价指数的范围内进行修订。第1句所称的金额应当向上或者向下四舍五入为整欧元。

5. 市政当局向承租人提供的搬迁费用和安置费用的分摊款或者补偿款，可以从出租人根据本条第4款必须支付的分摊款中扣除。

第7:276条　出租人长期不使用住宅的义务

1. 出租人以第7:274条第1款第3项为由终止租赁合同，且承租人在此基础上同意终止或者出租人有权终止的情况下，法院认为出租人实际上从未迫切需要使用该住所的，出租人应当赔偿承租人因此受到的损害。

2. 除有相反证据外，出租人在租赁合同终止后1年内未长期使用的，视为出租人从未迫切需要使用该住所。

3. 法院根据第7:274条第1款第3项支持诉讼请求的，其可经承租人的请求或者依职权，在事后证明出租人实际上从未迫切需要自己使用该住所的情况下，确定出租人必须对承租人支付进一步的损害赔偿金。

4. 承租人根据本条提出请求的权利，在租赁合同终止之日起5年后消灭。

5. 在前款所称的情况下，对于合法转租或者根据第7:269条有权与主出租人继续租赁合同的次承租人，出租人也必须对此承担赔偿其损害的责任，参照适用前款的规定。

第7:277条　住宅租赁合同期限延长的法律后果

1. 法院已延长租赁合同的,出租人可在第7:271条以及本条第2款所称的期限内再次终止该租赁合同,并可根据第7:272条至第7:274条请求法院确定租赁合同的终止日期。

2. 法院决定延长不定期租赁合同的,出租人不得在法院终审裁决生效后3年内再次终止该租赁合同。法院决定延长定期租赁合同的,出租人不得在法院决定的延长期限届满前3个月内再次终止该租赁合同。

第7:278条　主租赁合同终止对次承租人的法律后果

1. 主出租人终止主租赁合同后,未根据第7:269条继续该住房的转租合同的,该转租合同在法院根据第7:273条第3款确定主出租人搬离时终止。

2. 主承租人在租赁合同终止以及确定其必须搬离的时间时,未充分保护次承租人的利益的,有义务赔偿次承租人因此受到的损害。

3. 主出租人向主承租人提起影响次承租人利益的诉讼的,主承租人有权在诉讼中为次承租人主张其权利。

第7:279条　住房存在危险或者瑕疵导致租赁合同的解除

1. 承租人及其家庭居住的必要部分因第7:204条所称的瑕疵而不再适合居住的,或者为消除此种瑕疵导致不适合居住的,承租人有权根据第6:267条解除该租赁合同。

2. 承租人使用租赁房屋产生危险的,其同样享有解除租赁合同的权利。

3. 参照适用第7:210条第2款的规定。

第7:280条　宽限期

法院在根据第7:231条作出解除租赁合同的裁判前,可为承租人指定至多1个月的履行期限。

第7:281条　为实现租赁物上设立的土地利用计划解除租赁合同

1. 某人已根据第7:226条成为出租人,并且旨在根据有效的土地使用计划实现租赁物的特定用途的,法院应当根据出租人的请求,裁决租赁合同自其指定的日期起解除。

2. 承租人以及次承租人根据第7:269条有权与主出租人继续租赁合同的,其有权请求损害赔偿。租赁合同剩余租赁或者转租期间超过1年的,损害赔偿金至少为2年租金。租赁合同剩余租赁或者转租期间不足1年的,损害赔偿金至少为1年租金。计算损害赔偿金时,明显为增加赔偿金额对租赁物进行的改造不予考虑。

第 7:282 条　强制性规定

适用第 7:272 条至第 7:281 条规定时，不得作出对承租人或者次承租人不利的改变。

第 7:283 条至第 7:289 条　[预留]

第六节　经营场所租赁

第 7:290 条　经营场所租赁合同适用本节规定

1. 经营场所租赁适用本节的规定。

2. 经营场所是指：

(1)根据租赁合同拟用于零售贸易业务、餐饮和咖啡店、外卖或外送服务或者手工业经营的不动产建筑物或其一部分，并且租赁的场所向公众开放，以直接供应货物或者提供服务；

(2)根据租赁合同拟用于从事旅馆业务的不动产建筑物或者其一部分；

(3)根据租赁合同拟用于从事露营业务的不动产建筑物或者其一部分。

3. 本条第 2 款所称的经营场所包括附属不动产、附随土地以及考虑到经营场所预期用途的附属房屋。

第 7:291 条　半强制性规定

1. 适用本节规定时，不得作出对承租人不利的改变。

2. 适用本节规定时，不得作出对承租人不利的改变，取得法院批准的，不得以此为由主张无效，但涉及改变第 7:307 条规定的除外。

3. 各方当事人均可请求法院作出批准。仅合同条款不损害本节赋予承租人的基本权利的，或者基于承租人与出租人的社会地位对比，本节对承租人的保护没有合理需要的，法院才可作出此种批准。

4. 除批准申请的理由外，申请还应当包含待批准申请的条款。

第 7:292 条　租赁合同的期限以及延长期限

1. 与经营场所有关的租赁合同期限为 5 年，当事人已约定更长的固定期限的，适用更长的期限。

2. 初始租赁合同期限为 5 年的，该合同自期限届满后依法自动延长 5 年。合同期限超过 5 年但少于 10 年，并且自期限届满后依法自动延长的，第二个租赁期与初始租赁期总计不得超过 10 年。

第 7:293 条　终止通知期限

1. 与经营场所有关的租赁合同期限为 5 年，并且该期限延长超过 5 年但少于 10

年的,期限届满或第7:292条第2款所称的期限届满时,双方当事人可终止合同,不适用第7:228条第1款和第2款第1句的规定。

2. 终止生效的通知应当采用法院送达或者挂号信的方式。通知期限至少为1年。

3. 已订立租赁合同且对双方均具有约束力时,各方当事人合意终止该合同的,当事人无须作出此种终止通知。

第7:294条　提示合同终止的理由

出租人作出的终止通知书未载明导致终止的理由的,该终止通知无效。

第7:295条　租赁合同终止的法律后果

1. 对终止与经营场所有关的租赁合同提起诉讼的,租赁合同的效力可持续至法院对本条第2款所称的出租人的诉讼请求作出终审裁判且该裁判具有约束力之日为止。承租人的辩护没有根据的,法院可作出可立即执行的裁决。承租人终止租赁合同或者在出租人终止租赁合同后取得承租人的书面同意时,不适用前2句的规定。

2. 出租人在终止通知后6周未收到承租人同意终止合同的书面通知的,出租人可根据终止通知请求法院裁决确定租赁合同的终止日期。

第7:296条　租赁合同终止的事由

1. 租赁合同在第7:292条第1款所称的初始租赁期届满时终止的,法院仅能以以下理由裁决支持诉讼请求:

(1)承租人未以善良承租人的方式从事经营活动的;

(2)出租人认为自身、其配偶、其登记伴侣、直系血亲或者姻亲、寄养儿童计划长期使用租赁物,且实际上紧急需要使用该租赁物,并且不终止租赁合同即无法整修的,长期使用包括经营场所的整修,但不包括经营场所的转让。

2. 出租人根据本条第1款第2项提出诉讼请求,并且出租人为原出租人的权利继受人,并非原出租人的配偶、登记伴侣、直系血亲或者姻亲、寄养儿童,且在书面通知承租人权利继受后3年内终止合同的,法院应当予以驳回。寄养儿童指长期作为自己的子女照顾以及养育的儿童。

3. 租赁合同根据第7:292条第2款期限届满,并且出租人通过终止通知书将其终止的,法院在合理考虑终止合同的利益和承租人及合法转租的次承租人延长合同的利益后,可支持诉讼请求。任何情况下,法院在合理考虑承租人及合法转租的次承租人和出租人的上述利益后,认为无法期待承租人搬离租赁物的,法院应当驳回诉讼请求。

4. 在本条第 3 款所称的情形下，满足本条第 1 款第 1 项和第 2 项以及第 2 款规定的原因，或者有以下情形之一的，法院必须裁决支持出租人提出的诉讼请求：

(1) 承租人的行为与此承租人从事的业务行为不符的；

(2) 在不违背第 2 款规定的情况下，出租人已证明自身或者本条第 1 款第 2 项所称的人计划长期使用租赁物，并且出租人实际上紧急需要使用该租赁物的；

(3) 该要约不包含租金变更，承租人不接受同一租赁物的新租赁合同的合理要约的；

(4) 出租人根据有效的土地使用计划实现租赁物的特定用途的；

5. 法院支持出租人提出的诉讼请求的，其应当同时指定承租人必须搬离的时间。法院裁决支持出租人申请的，视为承租人应当于当日搬离。

第 7:297 条　承租人搬迁以及安置费用

1. 法院支持诉讼请求的，可裁决确定出租人必须向承租人以及合法转租的次承租人补偿的搬迁和安置的费用。

2. 法院在裁决确定本条第 1 款所称的金额前，应当通知双方当事人并指定出租人可撤回终止通知的期限。

3. 出租人在该期限内撤回诉讼的，法院应当仅就诉讼费用作出裁决。

第 7:298 条　承租人接受出租人要约的承诺期限

根据第 7:296 条第 4 款第 3 项的规定，法院可允许承租人最多在 1 个月的期限内对订立新合同的要约作出承诺。

第 7:299 条　出租人不长期使用经营场所的责任

1. 出租人以第 7:296 条第 1 款第 2 项为由终止租赁合同，且承租人在此基础上同意终止或者第 7:296 条第 3 款所称的有此种理由终止的情况下，法院认为出租人实际上从未迫切需要使用该住所的，出租人应当赔偿承租人以及合法转租的次承租人因此受到的损害。

2. 除有相反证据外，第 7:296 条第 1 款第 2 项所称的人在租赁合同终止后 1 年内未长期使用的，视为出租人从未迫切需要使用该住所。

3. 法院根据第 7:296 条第 1 款第 2 项支持诉讼请求的，其可经承租人的请求或者依职权，在事后证明出租人实际上从未迫切需要使用该住所的情况下，确定出租人必须对承租人支付的损害赔偿金。

4. 承租人请求损害赔偿或者根据本条第 3 款请求支付的权利，在租赁合同终止之日起 5 年后消灭。

第 7:300 条　延长的租赁合同期限届满时租赁合同的终止

1. 初始租赁合同期限根据第 7:292 条第 2 款延长，并且租赁合同在该款所称的第二个租赁期届满时未终止的，该租赁合同应当自该期限届满后不定期延续，除非租赁合同在此情况下将定期延续或者当事人以其他方式达成协议。

2. 租赁合同根据本条第1款不定期延续的，各方当事人均可终止该租赁合同。租赁合同定期延续的，或者约定的期限为10年以上的，不同于第7:228条第1款的规定，该租赁合同不会因期限届满而终止，但各方当事人均可在该租期结束之日终止该租赁合同。

3. 当事人作出的终止通知必须满足第7:293条第2款和第3款以及第7:294条的要求。本款参照适用第7:295条至第7:299条的规定。

4. 当事人在租赁合同终止期间提起诉讼请求，并且不能表明租赁合同在此情况下将定期延续的，当事人仅在法院驳回诉讼请求的终审裁判生效1年后再次作出终止通知时，才可终止该租赁合同。法院可在裁决驳回诉讼请求时，确定更长的租赁合同期限。

第7:301条　少于或者等于2年租赁期的租赁合同

1. 初始租赁期为2年或者更短期限的，不适用第7:291条至第7:300条的规定。

2. 根据本条第1款所称的使用期限已超过2年的，推定当事人之间依法订立与初始合同条款内容相同的合同，且该合同的有效期为5年，但应当扣除已使用的2年。此种合同适用第7:291条至第7:300条的规定。

3. 当事人在最初的2年期限届满前又订立符合第7:292条第1款条件的新合同或者请求法院根据第7:291条批准订立新合同的，不发生本条第2款所称的法律效果。

4. 在最初的2年租赁期期满之前，法院已驳回根据第7:291条申请批准变更合同的诉讼请求的，法院可经出租人的申请，裁决确定租赁合同终止以及承租人必须搬离的时间。法院裁判支持出租人申请的，视为承租人应当于当日搬离。

第7:302条　继租人、承租人的配偶以及登记伴侣要求终止合同的

承租人、其配偶或者登记伴侣的继承人根据第7:229条第2款终止合同的，其必须适当遵守至少6个月的通知期限。本条适用第7:293条第2款第1句和第3款的规定。

第7:303条　法院确定租金

1. 以下情形中租金与当地可比较的经营场所的租金不一致的，承租人和出租人均可请求法院在此基础上确定具体的租金：

(1)订立固定期限的租赁合同的情形下，约定租赁期限届满时；

(2)其他任何情形下,自当事人或者法院确定的最后租金开始生效且至少5年到期时。

2. 确定具体租金时,法院应当考虑起诉前5年内所涉经营场所或者类似经营场所的平均租金,且应当根据租金开始计算之日起到提起诉讼之日的价格水平总体变化情况确定租金。当事人无法向法院提供适用此比较标准所需的信息的,法院应当根据可获得的相关信息,尽可能采用此种信息确定租金。

3. 承租人自费对租赁物进行改善并请求增加租金的,法院应当驳回其诉讼请求。

4. 除因特殊情况一方当事人请求确定其他生效时间外,租金应当在法院作出裁决时生效。此外,法院可裁决当事人在其确定的最多5年的期限内调整该租金。

第7:304条　专家意见

1. 根据第7:303条的规定,当事人以更具体的方式提起确定租金的诉讼请求时,仅在双方当事人共同指定的一个或者多个专家对所涉具体租金出具咨询意见后,法院才可受理该诉讼请求。

2. 当事人未对专家的指定达成一致意见的,法院可经一方当事人的请求指定专家。适用第7:303条第1款、第2款和第4款规定时,当事人提出此种申请的日期视为提起确定具体租金的诉讼之日。

3. 专家意见的咨询费用视为《民事诉讼法典》第237条所称的诉讼费,参照适用该法典第195条、第196条、第199条和第244条的规定。

第7:305条　适用节能设施以后租金的增加

1. 出租人根据《住房法》第13条或者第15条的规定,采取第7:243条第2款所称的措施的,在不属于第7:303条第1款第1项和第2项所称的情形下,出租人也有权在合理范围内请求增加租金以收取该改善措施的费用。承租人和出租人对增加的金额未达成一致意见的,任何一方可请求法院确定增加的金额。

2. 第7:290条所称的经营场所,以及用于第7:290条所称的经营场所用途以外的其他经营而出租的不动产或者其一部分,均可适用本条的规定。

第7:306条　主租赁合同终止对次承租人的法律后果

1. 与经营场所有关的转租合同,在法院根据第7:296条第5款裁决确定主出租人搬离的时间之日起终止。

2. 主承租人尚未告知或未正确告知次承租人有关主租赁合同适用或约定的租赁期限的,或者主租赁合同终止时未充分保护次承租人的利益的,主承租人有义务在确定搬离时赔偿次承租人因此受到的损害。

3. 主出租人对主承租人提起影响次承租人的利益诉讼的,主承租人有权在诉讼中为次承租人主张其权利。

第 7:307 条　经营场所租赁合同中承租人的替换

1. 承租人计划转让租赁的经营场所中自己或者他人经营的业务的,承租人可请求出租人许可第三人按照现有租赁合同取代自己成为承租人。

2. 法院仅在考虑承租人或者从事经营的他人对业务转让有重大利益的情况下,才可支持诉讼请求,拟议的承租人提供的担保不足以确保完全履行租赁合同中的义务或者开展适当经营的,应当驳回诉讼请求。

3. 法院可在一定条件下裁决附加条件或者义务。

第 7:308 条　租赁合同终止后的公平补偿

1. 租赁合同由于终止通知而终止后,出租人因经营场所继续用于前承租人或者合法转租的次承租人的经营活动或者类似经营活动而获得利益的,该前承租人或者合法转租的次承租人可请求出租人给予公平的补偿。

2. 由经营场所的性质、位置或者改造产生的利益,不符合本条第 1 款的目的。

3. 自租赁合同终止之日起 1 年之后,租赁的经营场所再次用于类似经营的,前承租人或者合法转租的次承租人不得要求出租人给予赔偿。

第 7:309 条　基于公共利益拆除租赁物以及补偿

1. 根据第 7:226 条已将租赁合同中出租人的权利义务移转给新出租人,且终止合同与基于公共利益实施的拆除工作有关的,该新出租人必须赔偿承租人和在转让前已合法转租的次承租人因其未移转无法继续租赁合同而受到的损失。

2. 改造在原承租人终止租赁合同后发生,且与基于公共利益实施的拆除工作有关的,出租人必须承担本条第 1 款所称的损害赔偿义务。在租赁合同终止后将租赁物的所有权移转给新所有权人的,该实施拆除的新所有权人必须承担损害赔偿的义务。

3. 租赁合同终止后 6 年内拆除的,推定为终止与基于公共利益实施的拆除工作有关。

4. 任何情况下,基于土地使用计划实现特定用途的工作,均视为基于公共利益实施的工作。

5. 第 7:290 条所称的经营场所以及用于第 7:290 条所称的经营场所用途以外的其他经营而出租的不动产或者其一部分,也可适用本条的规定。

第 7:310 条　为实现土地利用计划导致的租赁合同解除

1. 根据第 7:226 条的规定已将租赁合同中出租人的权利义务转移给新出租人,

并且该新出租人根据有效的土地使用计划实现租赁财产的特定使用的,法院可经出租人的申请,裁决自其指定的日期起解除租赁合同。

2. 承租人和合法转租的次承租人可向出租人请求损害赔偿。确定赔偿金额时,未移转而继续租赁合同的情形应当予考虑。

3. 第7:290条所称的经营场所以及用于第7:290条所称的经营场所用途以外的其他经营而出租的不动产或者其一部分,也可适用本条的规定。

第五章　农业租赁

第一节　一般规定

第7:311条　农业租赁合同的定义

农业租赁合同是指农业出租人一方和农业承租人一方约定,允许承租人使用不动产或者部分不动产经营农业,并由承租人支付对价的合同。

第7:312条　农业的定义

农业是指通常从事种植业、牧业、家禽养殖业、园林业、枝条种植业以及其他任何土地种植业的经营活动,包括果实、树木、花卉和球茎的种植,但林业除外。

第7:313条　农场以及农业用地的定义

1. 农场是指用于农业经营的一个、多个建筑物或者其一部分及其附随的土地。

2. 用于农业经营的一个或者多个建筑物也适用本章关于农业用地的规定。

3. 同一当事人之间订立两份不同的农业租赁合同,并且其中一份是关于农业用地的租赁合同,另一份是关于一个、多个建筑物或者其一部分的租赁合同的,后者自较晚订立的合同订立之日起也适用农场的规定。

4. 适用本章时,租赁农场以及独立的农业用地包括附随的不用于农业经营活动的土地及其上的树木。

第7:314条　寄养儿童的定义

适用本章时,寄养儿童指长期作为自己的子女抚养的儿童。

第7:315条　沿水的农业租赁物

全部沿水的农业租赁物适用第5:29条至第5:34条的规定,除非农业出租人根据第5:30条至第5:32条受到边界标志的限制。

第7:316条　农业租赁物孳息的取得

1. 农业承租人对农业租赁物孳息的权利为第5:17条所称的使用收益权。

2. 农业租赁合同终止时,农业承租人对孳息的权利包括对未收割作物的权利,除非法院裁决以其他方式解除农业租赁合同。

第二节　农业租赁合同的形式

第 7:317 条　农业租赁合同的书面形式

1. 农业租赁合同的订立、变更和终止必须采用书面形式。

2. 未依书面形式订立合同的,任何利益相关方均可请求制作书面合同书。

3. 在前款所称的情形下,法院应当以书面形式订立合同,并尽可能充分考虑当事人的意图,以符合法律规定的形式重新起草合同条款。

第三节　农业租赁合同的批准

第 7:318 条　农业租赁合同需经农业土地局批准

1. 农业租赁合同的订立、变更和终止必须取得农业土地局的批准。

2. 当事人事实上已执行计划终止的农业租赁合同的,当事人无须再就该租赁合同履行批准程序。

第 7:319 条　拒绝理由

1. 除有以下情形之一的,农业土地局应当批准农业租赁合同:

(1)考虑到合同的其他内容,约定的农业租金或者报酬超过根据第 7:327 条第 1 款和第 7:327 条第 3 款或者第 7:393 条规定的农业租金的。

(2)农业承租合同产生的其他义务过重的。

(3)相对于经营建筑物或者住宅,该合同导致土地分割低效率或者土地位置不适当的。

(4)涉及互换分配开垦土地或者艾瑟尔湖的,该合同将导致:

①相对于经营建筑物或者住宅,土地的分割低效率或者位置不适当;

②农场经营规模小于现有农场。

(5)该合同将损害农业部门的共同利益的,除其他损害农业共同利益的合同外,农业土地局有权将导致以下情形的合同视为损害农业部门的共同利益:

①农场经营规模过小,以致农业经营者无法充分利用自己全部劳动力生产的;

②因自给自足以外的其他原因使用土地取得其他额外收入的;

③扩大农场经营规模对农业经营者无重大意义,而需要立即扩大相邻的一个或者多个小型经营农场的。

(6)该合同包含违反本章规定的内容的。

2. 农业租赁合同导致出现本条第 1 款第 3 项、第 4 项和第 5 项所称的情形,但在某些拒绝批准不合理或者会损害农业利益的情况下,农业土地局可以予以批准。

农业租赁合同导致出现本条第1款第4项所称的情形,且批准对正常经营至关重要的,农业土地局也可以根据农业出租人的情况予以批准。

3. 农业出租人与配偶、登记伴侣、直系血亲或者姻亲、寄养子女和其他农业共同承租人的合同不适用本条第1款第3项和第5项第1小项、第2小项和第3小项的规定。

4. 确定合同是否符合本条第1款第5项规定时,农业土地局可不考虑农业承租人个人的身份和情况。

5. 土地所在的市政当局声明该土地已纳入经批准的土地使用计划而不再用于农业的,不适用本条第1款第3项,第4项和第5项第1小项、第2小项和第3小项的规定。

6. 当事人不得以农业土地局批准合同为由主张违反法律的条款有效。

7. 农业租赁合同的变更或者终止参照适用上述各款的规定。

第7:320条　农业土地局对农业租赁合同的变更和撤销

1. 农业土地局不批准农业租赁合同的订立、变更或者终止的,其可变更或者撤销与第7:319条第1款相关的内容,使其无法批准,否则农业土地局将完全废止该合同。

2. 农业土地局根据本条第1款变更的合同,视为当事人订立并经批准的合同。变更涉及第7:319条第1款第3项、第4项和第5项或者撤销的情形的,农业土地局应当在必要之时规范其相应的法律效果。

第7:321条　有义务向农业土地局提出批准申请的当事人

1. 各方当事人有义务在农业租赁合同订立或者变更后2个月内向农业土地局申请批准。

2. 各方当事人有义务在农业租赁合同终止后2个月内向农业土地局申请批准。

3. 任一方当事人履行申请义务后,另一方当事人的该义务即告消灭。

4. 涉及根据第7:317条第3款制作书面合同的,农业土地局应当依职权适用第7:319条和第7:320条的规定。

第7:322条　农业租赁合同因自身原因未取得批准的法律后果

1. 未满足第7:321条第1款的要求,且农业土地局尚未批准农业租赁合同的,农业出租人不得提起请求承租人支付农业租金的诉讼,此时农业租赁合同为不定期合同,各方当事人均不得单方终止该合同;获得批准后,第7:325条所称的期限应当从向农业土地局提交农业租赁合同的第1年起算。

2. 经一方当事人的申请,农业土地局有权在特殊情况下批准第7:325条所称的早于前款所称的日期。

第 7:323 条 因合同变更或者尚未履行的合同终止约定未得到批准的法律后果

1. 当事人变更租赁合同或者终止未实际上履行的合同的情况下,尚未取得农业土地局批准的,一方当事人不得未经另一方当事人同意单方撤回其申请。

2. 当事人未在订立合同后 2 月内向农业土地局申请批准的,农业土地局有权确定该协议的生效时间,但不得晚于当事人申请批准的时间。

第 7:324 条 农业租赁合同草案的送批

1. 拟订立或者变更农业租赁合同的当事人,有权将农业租赁合同草案或者变更草案提交给农业土地局予以批准。

2. 农业土地局应当根据第 7:319 条第 1 款至第 5 款的规定审查合同的草案;农业土地局仅在根据第 7:319 条第 1 款的规定对草案作出必要修改后,方可予以批准。

3. 在农业土地局或者中央农业土地局批准农业租赁合同草案或者变更草案 2 个月内,农业土地局有义务批准当事人提交的与已批准的草案相同的租赁合同。

4. 已允许农业承租人实际使用所涉土地的,农业土地局应当驳回请求批准农业租赁合同草案的申请。

第四节 农业租赁合同的期限

第 7:325 条 农业租赁合同的定期与延期

1. 农业租赁合同的租赁期始终为固定期限。涉及农场的,该期限为 12 年;涉及未建成的农业用地的,该期限为 6 年。

2. 当事人可规定比本条第 1 款更长的农业租赁合同的租赁期,但必须确定该合同的终止日期。

3. 当事人可规定比本条第 1 款更短的农业租赁合同的租赁期,但必须确定该合同的终止日期。更短的期限需取得农业土地局批准的,农业土地局可在订立合同前或者审查批准合同时作出该批准。

4. 有特殊情况且未因此损害农业部门共同利益的情况下,农业土地局仅可批准比本条第 1 款更短的期限。农业土地局的批准应当载明理由。第三人对农业承租人的限制,不视为特殊情况。

5. 农场的农业租赁合同期限至少为 12 年,涉及未建成的农业用地的,该期限至少为 6 年,并且在此期限届满后依法自动延长 6 年。

6. 农业土地局批准较短期限且农地租赁合同不会依法自动延长，但本条第 4 款所称的特殊情况已不存在且不再可能发生的，法院可经农业承租人的请求，延长一定的期限。当事人必须在农业土地局批准确定的较短的合同期限内提起该请求。批准延长后的农地租赁合同适用本条第 5 款的规定。

7. 农业土地局批准的期限不超过 1 年的，不得自动延长。

第 7:326 条　对既存的农业租赁合同内容的变更

1. 除涉及对待给付的条款外，农业承租人或者农业出租人可每次在租赁期限届满前，请求农业土地局变更农业租赁合同的条款。

2. 农业土地局可在特殊情况且不违背农业部门的共同利益或者另一方当事人的合理利益时，变更农业租赁合同的条款。

3. 变更自新农业租赁期开始之日起生效。

4. 当事人不得根据第 6:258 条请求进行变更。

第五节　农业租金

第 7:327 条　农业租金的最高金额

1. 枢密院令或者根据枢密院令制定的规定，可确定允许农业出租人收取农业租金的最高金额。

2. 本条第 1 款所称的枢密院令旨在提高与适当管理的经营收入成正比的租金的，确定金额时，农业出租人的合理利益也应当予考虑。

3. 农业土地局可按照本条第 1 款所称的枢密院令，必要之时经过多次随机测试后，确定其管辖区域的农场租金水平，并发布有关农场的进一步出租法令。此种法令自其生效之日起 1 年后失效。

4. 该法令需取得农业、自然和食品质量部长的批准，并公告于荷兰政府公报上。

第 7:328 条　为土地或者农业需要的对待给付

1. 农业承租人必须履行的对待给付仅包括规定的租金的，该给付还可附加其他义务。

2. 租金仅能在特定时期内以荷兰货币的形式存在的，其金额不取决于产品价格或者其他因素。

3. 农业土地局有权在订立合同前经当事人的申请或者在审查批准合同时，批准变更本条第 1 款和第 2 款的规定。

4. 农业土地局已批准此类批准的，其必须确保不超过第 7:327 条第 1 款所称的最高的农场租金，还应当考虑根据第 7:327 条第 1 款和第 2 款的范围和目的审查合同的对待给付。

第 7:329 条 农业出租人的重整义务

农业出租人根据《土地使用法》《农村地区土地利用开发法》《中部土地开发法》《中部地区重建法》需承担或拟承担重整义务的,或者根据《东格罗宁根和格罗宁根 - 德伦特沼泽地改造法》承担或拟承担改造义务的,其有权要求农业承租人部分承担该义务。

第 7:330 条 因情势变更导致的农业租金减少

1. 由于特殊情况订立合同时预期的经营收益大大低于应有收益或者无法对全部或部分租赁物进行收益的,农业承租人有权向出租人请求减少一个农业租赁年度或者一个农业租赁季度的农业租金。

2. 农业承租人不得以下列事实作为减少农业租金的理由:

(1)农业产品价格下降;

(2)可归责于农业承租人或者承租人可通过保险和其他合理方式避免的情况;

(3)农业承租人可从他人处受偿的损害。

3. 农业承租人请求增加租金的权利,自该租金所在的农业租赁年度或者季度终止之日起 6 个月后消灭。

第 7:331 条 因公共机构行为使农业承租人获利时农业租金的增加

1. 在一个农业租赁年度或者一个农业租赁季度中,因公共机构的行为向农业出租人收取超出订立合同时可预期的不寻常的费用而承租人由此受益的,农业出租人有权向承租人请求增加该农业租赁年度或者季度的农业租金。

2. 农业出租人请求增加租金的权利,自该租金所在的农业租赁年度或者季度终止之日起 6 个月后消灭。

第 7:332 条 在出租人实施不寻常的工作使承租人获利时农业租金的增加

1. 农业出租人自费实施不寻常工作以使承租人的经营由此受益的,出租人有权向承租人请求增加该农业租赁年度或者季度的租金。

2. 农业出租人请求增加租金的权利,自该租金所在的农业租赁年度或者季度终止之日起 6 个月后消灭。

第 7:333 条 变更农业租金和重新考虑对待给付

1. 农业租金根据第 7:327 条第 1 款规定的枢密院令进行修改的,该租金据此依法自动变更。农业出租人可在书面通知农业承租人的情况下,全部或者部分放弃增加租金的权利。

2. 农业承租人或者农业出租人可在第 7:327 条第 1 款所称的枢密院令修改生

效后 1 年内,向农业土地局申请变更对待给付。根据合理和公平原则或者因情势变更,租金变更有正当理由的,农业土地局应当同意变更。

3. 农业承租人和农业出租人可在租赁期限届满前 3 年向农业土地局申请变更对待给付,不影响适用本条第 1 款和第 2 款的规定。根据合理和公平原则或者因情势变更,租金变更有正当理由的,农业土地局应当同意变更。

4. 本条第 1 款和第 2 款所称的变更,自第 7:327 条第 1 款所称的枢密院令修改生效后的下一个农业租赁年度开始之日起生效。本条第 3 款所称的变更,自新的 3 年期限开始之日起生效。

第 7:334 条 [2012 年 1 月 1 日废止]

第 7:335 条 不可预见情况下不得变更对待给付

不得根据第 6:258 条(不可预见的情况)申请变更对待给付,也不得根据农业租赁合同请求赔偿。

第六节 农业出租人的义务

第 7:336 条 将农业租赁物置于承租人控制之下

农业出租人有义务将租赁物交由农业承租人处置,并在一定范围内保证其按照合同进行使用。

第 7:337 条 农业租赁物有瑕疵时农业出租人的责任

1. 对农业租赁物的瑕疵,农业出租人需承担本节规定的义务。

2. 瑕疵是指因农业租赁物的状态、特征或者其他不可归责于农业承租人的情况,该承租人无法在缔结农业租赁合同时期待通过良好维护获得租赁物的使用收益。

3. 第三人非通过主张第 7:344 条所称的权利造成实际障碍的,以及主张权利未造成实际障碍的,非本条第 2 款所称的瑕疵。

第 7:338 条 同样适用本法第六编规定的权利和救济

农业承租人根据本节享有的权利,不影响其依法可取得的所有其他权利和法律救济。

第 7:339 条 农业租赁物有瑕疵时的救济

1. 经农业承租人的请求,农业出租人必须消除瑕疵,除非修复不可能或者在具体情况下不能合理要求农业出租人支付消除瑕疵所需费用。

2. 农业承租人根据第 7:351 条必须进行的小型修复,以及农业承租人应当对瑕疵的产生承担责任的情形,不存在本条规定的义务。

3. 农业出租人迟延消除该瑕疵的，农业承租人可自费消除；在合理补偿的范围内，承租人也可通过减少农业租金偿还该费用。

第 7:340 条　减少农业租金

1. 因瑕疵导致农业租赁物的使用收益受损的，农业承租人可请求自其以适当方式通知农业出租人该瑕疵或者瑕疵已明显应当采取措施之日起，按比例减少农业租金直到该瑕疵消除。

2. 农业承租人无权在根据第 7:351 条所称的必须进行的小型修复，以及农业承租人应当对瑕疵的产生承担责任的情形下，请求减少农业租金。

第 7:341 条　损害赔偿

在订立合同后出现损害且可归责于农业出租人的，或者在订立合同时已存在瑕疵且农业出租人知道或应当知道的，或者农业出租人告知农业承租人不存在瑕疵的，该出租人有义务赔偿该承租人因此造成的损害。不履行第 7:339 条所称的义务产生的法律效果不受影响。

第 7:342 条　强制性规定

出租人在订立合同时知道或者应当知道瑕疵的，不得根据第 7:341 条作出对农业承租人不利的改变。

第 7:343 条　禁止通过约定保留的条款

1. 瑕疵导致农业承租人完全无法期待使用收益，且农业出租人根据第 7:339 条没有义务消除该瑕疵的，农业承租人和农业出租人有权根据第 6:267 条解除租赁合同。

2. 对于因本条第 1 款终止农业租赁合同造成的损害，当事人可通过赔偿予以追回。

第 7:344 条　第三人对承租人提起诉讼的处理

1. 第三人对农业承租人提起法律诉讼，旨在请求返还租赁物或者取得与租赁物根据农业租赁合同未负担的有关权利或所有权的，农业出租人有义务在承租人通知农业出租人后参加诉讼并为农业承租人的利益提出抗辩。

2. 农业出租人必须赔偿与诉讼有关的一切费用，但承租人未立即通知的，仅应当赔偿通知后产生的费用。

3. 主农业出租人向次农业承租人提起关于农业转租物的法律诉讼的，参照适用上述各款的规定。

第 7:345 条　出租人重建被毁坏的不动产租赁物的义务

1. 农业出租人有义务重建因火灾或者暴风而灭失的建筑物，实施与租赁物有关的经营活动时,其必须进行重建。农业租赁合同期限短于第7:325条规定的法定期限的,农业出租人不存在此重建义务,次出租人也无须承担此重建义务。

2. 经农业出租人的申请,不能在合理条件下为已建造不动产投保重建价值的保险,或者可认为不动产灭失时将因本条第4款第1句所称的理由消灭重建义务的,农业土地局可在合同订立前或者在审查批准合同时免除出租人承担本条第1款所称的此种义务。

3. 出租人能在合理条件下为已建造不动产投保重建价值的保险,但未或者未适当地为火灾或者暴风损害投保,也未为本条第1款所称的义务投保其他保险的,法院可经农业承租人申请,许可承租人在不超过剩余的农业租赁合同期限内,订立保险或者补充保险合同,并且由农业出租人承担相关的保险费。涉及补充保险的,承租人必须向已建造不动产的保险人投保,但法院另有规定的除外。适用本条时,重建价值保险指保险金可满足本条第1款第1句所称义务的保险。

4. 基于农业部门的共同利益或者特殊情况,无法合理预期农业出租人重建被损毁的不动产的,农业出租人的重建义务消灭。农业承租人对火灾造成的损害承担责任且未履行损害赔偿义务之前,农业出租人的重建义务中止。

第七节　农业承租人的义务

第7:346条　对待给付义务

农业承租人有义务按约定的方式和约定的时间履行对待给付。

第7:347条　承租人的善良谨慎义务

农业承租人有义务以善良农业承租人的方式谨慎使用租赁物。

第7:348条　农业租赁物的改变

1. 未经出租人的书面同意,农业承租人无权全部或者部分改变农业租赁物、结构、外观或者预定用途,除非无须很高的费用即可恢复和移除该变更和添加。

2. 农业出租人不同意的,农业承租人可申请农业土地局授权实施此种变更。农业出租人非租赁物的所有权人、用益权人或者永租权人的,农业出租人应当确保所有权人、用益权人或者永租权人及时参加法律诉讼。租赁物设有抵押权的,抵押权人也适用该规定。

3. 仅在变更对农业承租人有效使用农业租赁物是必要的,且出租人不会对变更提出重大异议时,农业土地局才可以作出此种授权。

4. 农业土地局的授权可附条件或者附义务。经农业出租人的申请,变更导致农业租金增加的,农业土地局也可增加农业租金。

第 7:349 条　请求移除对租赁物的添附

1. 农业租赁期末将农业租赁物恢复到原来状况更为合理的，农业承租人搬离前有权拆除其作出的变更和添附。

2. 除法院根据第 7:348 条第 4 款要求其搬离前承担该义务外，农业承租人搬离前不必拆除经许可进行的变更和添附。

第 7:350 条　承租人对租赁物改良的合理补偿

1. 农业承租人对农业租赁物进行改良性的变更和添附的，农业出租人必须在农业租赁合同终止时向农业承租人支付合理的补偿。

2. 补偿金额不得超过农业租赁物因实施改良而在农业租赁合同终止时增加的价值。农业承租人已享有改良所得到的孳息的，该补偿金额应当予以减少。

3. 农业承租人以书面形式通知出租人其计划实施改良，并载明估计费用的，农业出租人在收到书面通知后 1 个月内未对此提出异议，或者法院许可农业承租人实施此种改良的情况下，承租人才可请求补偿。

4. 涉及前款所称的许可的诉讼，参照适用第 7:348 条第 2 款和第 4 款第 1 句的规定。

5. 农业承租人不得在农业租赁合同终止 3 个月后提起有关改良补偿的诉讼。

6. 农业承租人不得根据第 6:212 条请求出租人对改良进行补偿。

第 7:351 条　小型修复

农业承租人必须自费实施小型修复，但农业出租人由于不履行义务而有必要修复瑕疵的除外。

第 7:352 条　对承租人责任的推定

1. 农业承租人因可归责于自身的原因不履行农业租赁义务的，其应当对农业租赁物造成的损害承担责任。

2. 除火灾损害以外的其他一切损害，均可推定为农业承租人因可归责于自身的原因而不履行义务造成的。

3. 推定农业承租人已接受的租赁物为状态良好的租赁物，但不影响适用第 7:358条第 2 款的规定。

第 7:353 条　承租人因第三人的行为承担的责任

农业承租人对取得其同意使用农业租赁物或者接触农业租赁物的行为，承担与自己行为相同的责任。

第 7:354 条　对农业租赁物的紧急处理以及在出租人同意下的改良行为

1. 农业租赁期内出租人必须对农业租赁物实施紧急处理的，或者农业出租人必须容忍他人根据第5:56条使用租赁物，并且承租人基于相邻土地的利益作出同意的，该出租人必须允许农业承租人解除农业租赁合同以及请求损害赔偿，并且农业承租人请求减少农业租金的权利不受影响。

2.未取得农业承租人的书面同意的，农业出租人无权对农业租赁物进行改良。

3.农业出租人不同意的，农业承租人可请求农业土地局授权实施改良。

4.改良为农业承租人有效使用农业租赁物所必需，且承租人不会对此提出重大异议的，农业土地局才可作出此种授权。

5.农业土地局的授权可附条件或者附义务。改良导致农业租金增加的，经农业承租人的申请，农业土地局可考虑增加农业租金。

第7:355条　转租

未取得农业出租人书面同意，农业承租人无权转租。

第7:356条　承租人对农业租赁物瑕疵的通知义务

农业承租人发现瑕疵或者第三人妨碍其使用租赁物或对租赁物主张权利的，承租人必须立即通知农业出租人此事项；未履行该义务的，农业承租人必须赔偿农业出租人因此受到的损害。

第7:357条　容忍潜在的承租人和买受人参观的义务

农业出租人在农业租赁合同终止后计划出租或者出售农业租赁物的，农业承租人必须容忍在农业租赁物上设置通常的出租或者出售的公告，并允许潜在的承租人和买受人参观该租赁物。

第7:358条　租赁合同终止后返还农业租赁物的义务

1.农业租赁合同终止时，农业承租人有义务向出租人交还状态良好的农业租赁物。

2.农业承租人和农业出租人制作农业租赁物的状况说明的，农业承租人必须根据说明返还建筑物，但经许可改造或者添加以及因折旧、正常使用导致灭失、损坏的除外。

第7:359条　农业租赁合同终止后农业承租人非法占有农业租赁物时出租人的损害赔偿请求权

农业租赁合同终止后农业承租人非法占有农业租赁物的，农业出租人对于在该期间内因无法使用租赁物受到的损失，有权请求与农业租金相等的赔偿；该赔偿额不足以弥补其受到的损害的，农业出租人可请求更高的赔偿金额。

第7:360条　前承租人对后承租人的协助义务

1.前农业承租人对后农业承租人负有协助义务，以便其接管和搬离农业租赁物，包括来年租赁物的使用、田地生长作物的收割，以及其他物品的接管和搬离。

2. 农业承租人不适当履行前款规定的义务的，该承租人对其他农业承租人和农业出租人均负有赔偿损害的义务。

第八节　农业租赁物转让时的农业租赁移转

第7:361条　农业租赁财产移转时农业租赁合同的继受

1. 农业出租人转让与农业租赁合同有关的租赁物，或者在农业租赁物上设定用益权、永租权或地上权，或者转让农业租赁物上作为独立权利的用益权、永租权或地上权的，之后到期的农业出租人的农业租赁权利和义务，均移转给继受人。

2. 农业出租人的债权人转让租赁物的，该转让视为农业出租人本人的转让。

3. 继受人仅受到与农业承租人通过履行对待给付而使用农业租赁物直接相关的农业租赁合同条款的约束。

第7:362条　农业租赁合同优先于后设立的定限物权

在第7:361条第1款规定的情形之外设立或者转让农业租赁物上的定限物权的，权利人应当尽可能避免对农业承租人实施妨碍其使用农业租赁物的行为。

第九节　农业租赁承担

第7:363条　承租人的替换

1. 农业承租人可请求法院将其配偶、登记伴侣、一个或多个直系血亲或姻亲、寄养儿童、农业共同承租人，或者上述人员中的两个以上的人按照现有农业租赁合同任命为农业共同承租人。

2. 农业承租人已按照前款规定提起诉讼请求的，农业出租人有权请求法院裁决确定前款所称的其他人中的一个或者多个作为农业承租人。

3. 法院应当在考虑本条其他规定的基础上作出公正的裁决。

4. 根据第7:319条第1款第4项和第5项第1小项，并考虑到第7:319条第2款和第5款未批准新的农业租赁合同的，法院应当驳回其诉讼请求。

5. 拟议的农业承租人不足以确保适当经营和履行农业租赁义务的，法院应当驳回其诉讼请求。

6. 根据第7:319条第1款第4项和第5项第1小项未批准新的农业租赁合同而必须驳回诉讼请求的，法院有权变更与第7:319条第1款规定的有关妨碍租赁合同批准的内容。参照适用第7:320条第2款的规定。

7. 法院支持诉讼请求的，法院可附加其认为最符合农业出租人利益所必需的条件。

8. 法院根据本条第 6 款的规定未按照农业承租人的意愿变更农业租赁合同的，提议的新农业承租人可在法院作出裁决之日起 1 个月内以挂号信的方式通知农业出租人撤回该替代。此情形下，拟议的承租人不得对此提起上诉。

第 7:364 条　法院指定一个或者多个人作为共同承租人

1. 农业承租人可请求法院将其配偶、登记伴侣、一个或多个直系血亲或姻亲、寄养儿童，或者上述人员中的两个以上的人任命为农业共同承租人。

2. 参照适用第 7:363 条第 3 款至第 8 款的规定，其中"拟议的农业承租人"替换为"拟议的农业共同承租人"。

第 7:365 条　农业租赁合同解任共同承租人的情形

1. 农业共同承租人不参与或者不再亲自参与农业租赁物的经营的，其可请求法院取消农业共同承租人的资格。法院应当根据合理和公平原则作出裁决，除非出租人和共同出租人的利益因此受到严重损害，法院应当支持其诉讼请求。

2. 农业共同承租人不参与或者不再亲自参与农业租赁物的经营的，农业出租人可请求法院取消该共同承租人的资格，参照适用本条第 1 款第 2 句的规定。

3. 农业共同承租人之间的相互关系对共同经营造成严重障碍的，其一农业共同承租人可请求法院取消另一农业共同承租人的资格。

第十节　农业租赁合同的终止

第 7:366 条　农业租赁合同一方当事人死亡的法律后果

1. 农业租赁合同不因农业承租人或者农业出租人的死亡而终止。

2. 农业承租人的继承人无权授予第三人使用租赁物的，其有权在农业承租人死亡后 6 个月内通过法院送达或者挂号信的方式终止农业租赁合同。

3. 农业承租人有两个以上继承人的，农业出租人有义务在配合共同继承人将死亡的农业承租人在农业租赁合同中的权利义务分配给其中一人或者多人，但农业出租人对一个或者多个选定的继承人有合理异议的除外。

第 7:367 条　终止合同的表示

1. 双方当事人可通过第 7:325 条所称的每个租赁期结束时的终止通知终止农业租赁合同。

2. 终止通知必须采用法院送达或者挂号信的方式。通知期限至少为 1 年。

3. 双方当事人订立农业租赁合同且该合同对其具有约束力后，当事人合意终止农业租赁合同的，无须此种终止通知。

第7:368条　说明终止合同的理由

农业出租人作出的终止通知未载明导致终止的理由的,该终止通知无效。

第7:369条　出租人可以向法院请求终止农业租赁合同

1. 农业承租人在终止日期后6周内以法院送达或者挂号信的方式反对农业出租人的终止通知并载明反对理由的,在法院对本条第2款所称的农业出租人的诉讼请求作出终审裁决前,农业租赁合同继续有效。农业承租人的抗辩明显无理由的,法院可裁决立即执行农业出租人的请求。

2. 农业承租人根据本条第1款及时反对终止的,农业出租人可根据终止通知载明的理由请求法院裁决农业租赁合同应当在规定的时间终止。

第7:370条　应当载明合同终止的事由

1. 法院仅可基于下列理由支持出租人提出的诉讼请求:

(1)农业承租人未尽到善良农业承租人的义务从事经营活动,或者承租人未能以其他方式履行义务的;

(2)农业出租人认为自身、其配偶、登记伴侣、直系血亲或者姻亲、寄养儿童计划长期使用租赁物,且紧急需要使用农业租赁物的;

(3)合理评估合同终止时农业出租人的利益以及农业承租人继续合同的利益后,农业出租人利益优先的;

(4)要约未变更农业租金,但农业承租人拒绝接受订立新农业租赁合同的合理要约的;

(5)满足第7:377条所称的完全解除农业租赁合同的要求的。

2. 本条第1款第2项所称的长期使用,不包括农业租赁物的转让。

第7:371条　承租人接受出租人要约的承诺期限

1. 根据第7:370条第1款第4项的规定,法院可为农业承租人指定至多1个月的期限以接受订立新合同的要约。

2. 新合同要约的期限短于第7:325条第1款所称的期限的,法院仅在其认为正当且不损害农业部门共同利益的特殊情况下,才可视为合理,参照适用第7:325条第4款第2句和第3句的规定。农业承租人对要约作出承诺的,通过该承诺成立的合同参照适用第7:325条第6款和第7款的规定。

第7:372条　租赁物收回的前提以及搬迁、安置费用的负担

1. 法院支持农业出租人终止农业租赁合同的诉讼请求时,应当指定农业承租人必须搬离租赁物的时间。法院支持农业出租人请求的,视为农业承租人必须在裁决之日搬离该租赁物。

2. 农业租赁物包含农业经营建筑物的,法院可裁决确定农业出租人必须向农业承租人补偿的搬迁和安置费用,参照适用第7:297条第2款和第3款的规定。

第7:373条　当合同终止的事由并不存在时出租人的责任

1. 农业租赁合同已根据第7:370条第1款第2项或者第5项所称的理由终止,且农业承租人在此基础上同意终止合同或者法院支持以该理由终止合同的诉讼请求的,在农业出租人实际上并未长期自己使用或者未将农业租赁物用于第7:377条所称的用途的情况下,该农业出租人应当向农业承租人承担损害赔偿的义务。

2. 除有相反证据外,在农业租赁合同终止后1年内,第7:370条第1款第2项所称的人员实际上未长期使用农业租赁物的,视为不存在第7:377条以及第7:370条第1款第5项所称的意图。

3. 根据第7:372条的规定,法院可经农业承租人的申请或者依职权裁决确定农业出租人必须支付的金额;事后证明农业出租人实际上没有第7:377条所称的意图的,农业承租人请求进一步损害赔偿的权利不受影响。

4. 农业承租人请求损害赔偿的权利或者本条第3款所称的权利自农业租赁合同终止之日起5年后消灭。

第7:374条　部分终止租赁合同

根据合理和公平原则,法院可经当事人的申请或者依职权,支持部分终止农业租赁合同的诉讼请求。此情形下,农业承租人有权按比例减少对待给付。农业承租人也有权在之前所述部分合同终止时终止其他部分。农业承租人行使该权利的,其应当在法院作出终审裁决后1个月内以挂号信的方式通知农业出租人该事项。

第7:375条　[废止]

第7:376条　因承租人不履行义务导致农业租赁合同的解除

1. 农业承租人未履行义务的,仅能通过法院解除农业租赁合同,但第7:343条第1款所称的情形除外。有以下情形之一的,农业承租人在任何情况下均应当视为不履行义务:

(1)农业经营中不再使用农业租赁物的;

(2)未履行租赁合同中保持农业租赁物现有生态的善良保管义务,或者损害其生态价值的;

2. 农业承租人未履行其义务的,法院可经请求指定适当的较短期限履行其义务。

3. 法院在经农业出租人的请求对解除农业租赁合同的诉讼请求作出裁决前,可命令调查农业承租人履行维护义务的情况;调查表明其未履行义务的,法院应当根据情况指定履行义务采取的行为以及适当的方式;法院可为此设定承租人必须遵循的履行期限。

4. 农业承租人在为此目的指定的期限内未履行的,应当视为本条第 1 款所称的未履行义务,除非农业承租人能合理证明未履行不可归责于他。

第 7:377 条　计划将租赁物用于非农目的

1. 农业出租人拟将租赁物或者其部分用于非农业用途,且该用途符合公共利益的,法院可经农业出租人的请求,裁决农业租赁合同自规定的日期起全部或者部分解除。预期用途符合不可撤销的土地使用计划的,视为符合公共利益。

2. 农业租赁合同部分解除的,法院将按比例减少对待给付。此情况下,农业承租人有权在前款规定的期间内终止其他部分。农业承租人行使该权利的,必须在法院作出终审裁决后 1 个月内以挂号信的方式通知农业出租人。

3. 法院根据本条第 1 款和第 2 款解除农业租赁合同的,应当裁决农业出租人补偿农业承租人在不解除农业租赁合同的情况下使用农业租赁物可取得的利益。

4. 农业租赁合同的订立期限为第 7:325 条第 1 款或者第 2 款所称的期限的,或者已约定较短的期限但可延长 6 年的,确定赔偿时,农业租赁合同延长的可能性应当予以考虑。在判断评估延长的可能性时,出租人拟将租赁物或者其部分用于非农业用途的事实不予考虑。

5. 农业租赁关系根据土地使用计划已将租赁物用于非农业用途的,不适用本条第 4 款第 1 句的规定。此情形下,涉及农场或者农业用地的农业租赁合同订立的期限已超过 12 年或者 6 年的,确定损害赔偿时应当分别视为 12 年和 6 年,但在此期限后才解除农业租赁合同的,视为协议已延长 6 年。

6. 在确定本条第 5 款所称的规划之前,第 7:363 条第 1 款所称的人员继续为农业目的使用农业租赁物的,仍适用本条第 2 款的规定。

7. 农业租赁合同根据第 7:322 条为不定期的,确定损害赔偿时,仅约定的期限应当予以考虑,但合同约定为不定期的,不超过第 7:325 条第 1 款所称的期限必须予以考虑。确定损害赔偿时,对不属于第 7:322 条所称的农业租赁合同,可以某种方式延长该农业租赁合同,参照适用本条第 4 款第 2 句、第 5 款和第 6 款的规定。

8. 确定损害赔偿时,明显为增加赔偿金额而进行的实际改造不予考虑。

9. 参照适用第 7:373 条的规定。

第十一节　农业承租人的优先购买权

第 7:378 条　优先购买权成立的要件

1. 经农业土地局批准的农业租赁合同的约定期限不短于法定期限,或者比法定期限短但至少可延长6年的情况下,农业出租人拟转让农业租赁物或者其部分的,其有义务为农业承租人提供根据本节规定优先取得计划转让的权利。转让包括所有权、永租权、地上权或用益权的设定或者转让。

2. 农业出租人应当以法院送达或者挂号信的方式通知农业承租人其转让的意图,并载明价格。

3. 农业承租人应当在收到通知后1个月内以法院送达或者挂号信的方式通知农业出租人,如果就价格达成一致意见的,其是否有意愿成为所有权人、永租权人、地上权人或者用益权人。

4. 除农业承租人在第7:378条第3款所称的期限内表示其意愿外,该期限届满1年后不再适用第7:378条第1款的规定。

5. 除公开转让外,在该期限内转让的价格不得低于农业出租人根据第7:378条第2款向承租人出具的通知书中载明的价格。

第7:379条　在转让农业租赁物时请求按照市场价值确定价格的权利

1. 农业出租人与农业承租人未对价格达成一致意见的,农业出租人可申请农业土地局确定农业租赁物转让或者部分转让的市场价值。

2. 农业出租人在农业土地局对其申请作出终审裁决后,拟将农业租赁物或者其部分以市场价值或者更低的价格转让给承租人的,应当采用法院送达或者挂号信的方式通知农业承租人。

3. 农业出租人按照本条第2款的规定提出要约,但农业承租人未在法院送达或者收到挂号信后1个月内作出承诺的,该期限届满1年后不再适用第7:378条第1款的规定。此时,参照适用第7:378条第5款的规定,但出卖价格不得低于前款所称的转让给第三人的价格。

4. 农业出租人未在法院对其申请作出终审裁决后1年内作出本条第2款所称的通知的,其应当再次适用第7:378条和第7:379条的规定。

第7:380条　不存在优先购买权的情形

1. 有以下情形之一的,农业出租人无须承担第7:378条第1款所称的义务:

(1)根据法律规定或者法院命令进行买卖以及在执行中进行买卖的;

(2)农业出租人拟向其配偶、登记伴侣、直系血亲或者姻亲、寄养儿童转让租赁物的;

(3)其行为视为分割共有财产的法律行为的;

(4)法院根据农业出租人的请求,认为农业出租人有充分的理由剥夺农业承租人成为所有权人、地上权人、永租权人或者用益权人的权利的;

(5)租赁物的权利转让给第三人,并且该第三人事先向农业承租人以书面形式表示放弃根据第7:370条第1款第2项所称的理由终止农业租赁合同的权利的。

2. 农业土地局经农业出租人的申请,认为农业出租人有充分的理由剥夺农业承租人成为所有权人或者定限物权人的权利的,同样不存在第7:387条第1款所称的义务。农业承租人非善良土地使用人的,农业土地局应当认定农业出租人有充分的理由。

第7:381条　根据行政法以及其他公法排除的优先购买权

1. 农业租赁物根据有效的土地使用计划用于非农业用途的,农业出租人无需承担第7:378条第1款所称的义务。市政当局应当根据农业出租人的申请,宣布农业租赁物是否在该土地使用计划下用于非农业用途。

2. 农业出租人拟将农业租赁物转让给第三人,且农业土地局经农业出租人和第三人共同的申请,认为可允许第三人将农业租赁物用于或者让他人用于非农业用途的,农业出租人也无须承担第7:378条第1款所称的义务。

3. 根据《空间规划法》第2.1条的规定,农业租赁物位于建筑计划、区域建设计划所在区域,或者该区域有审查中的建设草案,且农业出租人根据《市政优先购买权法》第2条、第4条第1款第1项、第10条至第24条或者根据该法第9条之一第1款和第2款以及第4条第1款第1项计划将农业租赁物转让给市政当局的,农业出租人无须承担第7:378条第1款所称的义务。

第7:382条　公开出售农业租赁物前的通知义务

农业出租人应当至少在1个月前公开出售农业租赁物,除涉及执行中的出售外,农业出租人还必须通过法院送达或者挂号信的方式通知农业承租人该出售事宜。

第7:383条　出租人违反优先购买权的法律效果

农业出租人违反第7:378条第1款、第7:378条第5款或者第7:379条第3款的规定转让权利的,农业租赁物的特定继受人不得以第7:370条第1款第2项所称的理由,在其继受时的农业租赁年度终止之日起12年内终止租赁合同。

第7:384条　承租人10年内转让已获得权利的,必须向出租人支付赔偿

1. 农业承租人在行使优先权并因此从出租人处取得租赁物的权利的10年内,将部分或者全部权利转让给第三人的,其必须向农业出租人支付本条第2款至第4款所称的赔偿。

2. 赔偿金额最高为农业承租人为其取得租赁物支付的价格以及在非农业租赁状态下取得该租赁物的价值之间的差额。

3. 在非农业租赁状态下转让租赁物的价值低于取得时的价值的,不同于本条第2款的规定,赔偿金额最高为农业承租人为其取得租赁物支付的价格以及在非农业租赁状态下转让该租赁物的价值之间的差额。

4. 本条第2款和第3款所称的赔偿金额,应当自农业承租人取得租赁物时起每年减少1/10;部分转让租赁物的,该赔偿金额应当按照比例予以减少。

5. 有以下情形之一的,不适用本条第1款的规定:

(1)农业承租人已将租赁物转让给其配偶、登记伴侣、一个或者多个直系血亲或者姻亲、寄养儿童、其他农业共同承租人,但上述人员在本条第1款所称的期限内拟全部或者部分转让的,农业承租人仍应当支付本条第1款所称的赔偿;

(2)农业承租人的一个或者多个直系血亲或者姻亲、寄养儿童已转让给其直系血亲的一个或者多个血亲、寄养儿童,但上述人员在本条第1款所称的期限内拟全部或者部分转让的,农业承租人仍应当支付本条第1款所称的赔偿。

6. 适用本条时,转让也包括,无论以何种形式或者名义订立或者实施的情况下,认为未承担支付本条第1款所称的赔偿义务则不会订立或者实施的、以其他任何方式转移租赁物的合同或者法律行为。

第十二节　特种农业租赁合同

第十二节第一分节　公共机构农业租赁

第7:385条　农业租赁政府部门对农业租赁合同条款限缩的批准

国家、省、市镇、《公共规则实施法》所称的具有法律人格的公共机构、水务局、泥炭管理委员会、沼泽围垦地管理委员会认定其所有的农场或者农业用地,用于非农业性质的公共目的的,其可在以下情形中申请农业土地局批准此种农场或者农业用地的出租:

(1)不同于第7:325条第1款第2句的规定,农场租赁合同仅在约定期限内有效;

(2)农业出租人通过法院送达或者挂号信的方式以不符合农业租赁物的用途为由表示终止农业租赁合同,并且该终止至少在农业租赁合同约定的期限届满前6个月内发出;

(3)农业承租人无权申请农业土地局授权变更农业租赁物的约定用途、结构或者外观;

(4)农业出租人认为对租赁物的预期公共用途有必要的,可随时终止合同。

第 7:386 条　农业租赁政府部门对农业租赁合同条款的审查

农业土地局仅须审查预期的公共用途是否使该约定合理必要,不得审查公共用途本身。

第 7:387 条　农业租赁合同终止时,承租人的赔偿权

1. 由于第 7:385 条第 2 项所称的规定未延长农业租赁合同的,农业承租人无权请求任何损害赔偿。

2. 根据第 7:385 条第 4 项所称的规定终止农业租赁合同的,农业承租人有权对其本没有解除农业租赁合同的、可使用农业租赁物的期间,请求损害补偿。

3. 由于第 7:385 条所称的合同规定而部分终止农业租赁合同的,农业承租人有权终止农业租赁合同的其他部分。农业承租人行使此项权利的,其必须在第 7:385 条第 4 项所称的终止后 1 个月内以挂号信的方式通知农业出租人。

第十二节第二分节　保留地农业租赁

第 7:388 条　保留地的定义

适用本小节时,保留地是指国家、公共法人或者国王诏令指定负责土地管理的私人机构取得农业土地的所有权或者租赁权,以保护自然和景观为目的进行农业管理的区域,但不能通过订立合同的方式进行管理,而必须以保护自然和景观为目标进行经营。

第 7:389 条　农业租赁合同中承租人的特别义务

1. 农业租赁合同涉及与保留地有关的农场或者农业用地的,该合同可设定一项或者多项义务,旨在规定可归因于自然和景观保护的业务的组成和经营方式。

2. 有以下情形之一的,该义务不视为第 7:319 条第 1 款第 2 项所称的过重的义务:

(1)合同涉及农场租赁合同的一部分,该合同针对国家或者国王诏令指定负责土地管理的私人机构取得属于保留地的所有权或者租赁权的土地而订立的;

(2)有必要保护和发展土地现有自然和风景价值的;

(3)承租人已就其必须履行的义务获得赔偿的。

第 7:390 条　租赁期为 6 年

适用第 7:389 条的规定时,不同于第 7:325 条的规定,所涉农场和农业用地的农业租赁合同期限均为 6 年。

第 7:391 条　租赁期限每次可延长 6 年

1. 适用第 7:389 条时,农业租赁合同不同于第 7:325 条的规定,其期限可延长

6年。

2. 涉及第7:370条所称的诉讼请求时,法院可基于该条所称的理由以及继续农业出租不符合农业出租人保护和发展土地现有自然和风景价值的管理予以支持。考虑上述所有理由时,法院应当遵守与农场租赁合同的特殊性质有关的公平原则。

第7:392条　农业土地局改变农业租赁合同条款

有必要保护和发展土地现有自然和风景价值的,农业土地局可改变第7:326条第1款所称的农业租赁合同条款。

第7:393条　承租人的赔偿

1. 当事人根据第7:389条第2款第3项约定的赔偿,不得视为农业租金。

2. 赔偿金额不得超过农业土地局批准的农业租赁合同约定的农业租金。

3. 枢密院令可进一步确定允许的最高赔偿金额。

第7:394条　申请农业土地局变更赔偿金额

1. 农业承租人或者出租人可在以下时间申请农业土地局变更第7:389条第2款第3项所称的赔偿:

(1)3年的农业租赁期届满之前;

(2)第7:393条第3款所称的枢密院令修改生效后1年内。

2. 根据合理和公平原则或者基于情势变更有正当理由的,农业土地局应当变更赔偿金额。

3. 农业承租人或者出租人根据本条第1款第1项提出申请的,农业土地局变更的赔偿金额从新的3年农业租赁期开始之日起生效。

4. 农业承租人或者出租人根据本条第1款第2项提出申请的,农业土地局变更的赔偿金额从第7:393条第3款所称的枢密院令修改生效后的下一个农业租赁年度开始之日起生效。

5. 第7:393条第3款所称的枢密院令在农业土地局作出决定之后变更的,中央农业土地局应当根据当事人一方的申请,在遵守该枢密院令规定的情况下作出决定。

第十二节第三分节　零碎地农业租赁

第7:395条　小于1公顷的未建设土地

1. 面积小于1公顷的农业用地不适用第7:313条第2款、第7:317条至第7:329条、第7:332条、第7:333条、第7:348条第2款至第4款、第7:350条、第7:363条、第7:364条和第7:366条至第7:384条的规定。

2. 农业土地局有权通过法令，对整个管辖地区或者其部分中特定经营类别的土地，减少前款所称的面积，但最低不得少于50英尺。农业土地局的法令应当公布于荷兰政府公报上。

3. 该法令需获得农业、自然和食品质量部长的批准。

4. 以何种形式或者名义订立的合同，在适用本条时，约定一方当事人以另一方当事人使用未建土地用于农业目的而履行对待给付的，视为一个合同。适用本条时，基于事实或者情况应当认为没有本条所称的面积限制即不会对不同土地面积订立的多个合同，也视为一个合同。

第十二节第四分节　种植地农业租赁和空地农业租赁

第7:396条　1至2年的种植

1. 有以下情形之一的，农业租赁合同不适用第7:313条第2款、第7:318条至第7:325条、第7:327条、第7:328条、第7:332条、第7:333条、第7:363条、第7:364条、第7:366条至第7:374条和第7:378条至第7:384条的规定：

(1)当事人在农业租赁合同中有此种规定的；

(2)以种植1年作物或者2年作物为目的订立的合同，租期不超过1年或者2年的；

(3)必须轮作种植而订立合同的；

(4)符合本条第2款和第3款的其他规定的。

2. 当事人应当将本条第1款所称的农业租赁合同移送给农业土地局进行登记。

3. 当事人必须在订立农业租赁合同后2个月内移送并进行登记。送交登记应当符合《农业租赁机关实施法》申请批准土地登记合同的形式要求，并移送给对此种申请有管辖权的农业土地局。农业土地局的秘书应当将登记通知给各方当事人。

4. 适用本条第1款所称的农业转租合同时，农业出租人未作出第7:355条所称的同意的，农业承租人可申请农业土地局授权实施农业转租。农业转租符合农业部门的共同利益且农业出租人无合理理由反对该转租的，农业土地局应当予以授权。农业土地局的授权可附条件或者附义务。农业转租约定的对待给付导致农业租赁合同的对待给付变更的，经农业出租人的申请，可不适用第7:327条第1款所称的枢密院令而变更对待给付。

第7:397条　适用6年或者长于6年的农业租赁合同

1. 有以下情形之一的，农业租赁合同不适用第7:313条第2款，第7:319条第1款第1项、第3项和第4项，第7:325条，第7:327条，第7:328条，第7:332条，第

7:333条,第7:363条至第7:374条,第7:378条至第7:384条,第7:399条之一和第7:399条之三第1款的规定:

(1)当事人在农业租赁合同中有此种规定的;

(2)租期不超过6年的。

2. 有以下情形之一的,农业租赁合同不适用第7:313条第2款、第7:319条第1款第3项和第4项、第7:325条、第7:363条至第7:374条、第7:378条至第7:384条的规定:

(1)当事人在农业租赁合同中有此种规定的;

(2)租期超过6年的。

3. 农业土地局仅在变更后的合同仍属于本条所称的农业租赁合同的情况下,才可行使第7:320条所称的变更农业租赁合同的权利。

4. 枢密院令可规定本条第1款所称的农业租赁合同适用第7:319条第1款第1项、第7:327条、第7:328条、第7:332条、第7:333条、第7:399条之一和第7:399条之三第1款的规定。该枢密院令自登载于荷兰政府公报之日起8周后生效。枢密院应当将登载的情况立即通知给两院议会。

第7:398条　农业出租人或者承租人一方死亡后,农业租赁合同的法律效果

1. 第7:396条和第7:397条所称的合同不因农业出租人或者农业承租人死亡而自动失效。

2. 农业承租人死亡后,其配偶、登记伴侣、一个或者多个直系血亲或者姻亲、寄养儿童、其他农业共同承租人、次承租人可继续本条第1款所称的合同,除非其在农业承租人死亡后立即书面通知农业出租人放弃该权利。

3. 本条第2款所称的主体应当在以下时间作出该款所称的通知:

(1)涉及第7:396条所称的合同,在农业承租人死亡后1个月内;

(2)涉及第7:397条所称的合同,在农业承租人死亡后3个月内。

第十三节　强制性规定

第7:399条　保护承租人利益的强制性规定

根据第7:311条至第7:314条、第7:317条至第7:332条、第7:335条、第7:345条、第7:347条、第7:348条、第7:350条、第7:352条第3款、第7:353条、第7:354条第2款至第5款、第7:360条至第7:383条、第7:384条第2款和第3款、第7:389条第2款、第7:390条至第7:394条、第7:395条第4款、第7:396条第2款至第4款以及第7:398条的规定,不得作出对农业承租人不利的改变。

第 7:399 条之一　公共机构向出租人收取的费用

农业租赁合同约定农业承租人全部或者部分承担公共机构向农业出租人收取或者拟收取费用的义务的,该条款无效。

第 7:399 条之二　农业租赁合同不得变更批准的条件

当事人以农业土地局全部或者部分批准不变更为条件订立农业租赁合同的,该条件视为没有约定。

第 7:399 条之三　其他无效合同条款

1. 在农业土地局或者中央农业土地局确认或者变更农业租赁合同的情况下,合同规定出租人有权请求比法律规定的更高的对待给付的,该规定无效。适用本款时,对待给付包括通过其他与农业租赁合同有关的合同可请求或者享有的给付。

2. 前农业承租人和后农业承租人之间与经营移交有关的合同条款,规定合理补偿以外的其他给付的,该规定无效。

3. 当事人旨在对订立、变更或者终止农场租赁合同提供居间服务或者其他中介服务,并规定合理报酬以外的其他给付的,该规定无效。

第十四节　附　　则

第 7:399 条之四　农场或者农业用地上已设立的物权

1. 通过或者根据农业租赁合同,通过一次性或者定期支付报酬在农场或者农业用地上设立不超过 25 年或者不定期的用益财产权的,参照适用农业租赁合同的法律规定。用益财产权为不定期的,仅在设立后 25 年内参照适用上述法律规定。

2. 仅在不违背本章关于农业租赁的强制性规定的情况下,才可适用本法第 3 编和第 5 编有关用益财产权的法律规定。

第 7:399 条之五　农业经理任命的批准

1. 任命或者继续任命农业经理或者与本章所称的农场或者农业土地上经营的业务有关的人员的,需取得农业土地局的批准。

2. 农业经理是指从权利人处接手经营管理农场或者农业用地,并由于其对经营方针有重大影响而获得报酬的人。

3. 农业土地局基于特殊正当理由,才可批准农业经理的任命。农业土地局可不审查任命的条件。

第六章　借款合同

第7:399条之六　[预留]

第七章　委托合同

第一节　一般规定

第7:400条　委托合同的定义

1.委托合同是指受托人一方有义务向委托人一方提供劳务的合同,该劳务不包括根据劳动合同提供建筑工作成果、财产保管、作品出版、旅客或者货物运输的劳务。

2.除法律、委托合同或者其他法律行为的内容或性质或者习惯另有规定或约定外,不影响适用第7:401条至第7:413条的规定。

第7:401条　善良受托人的义务

受托人在工作期间必须遵守善良受托人的谨慎义务。

第7:402条　遵循委托人指示的义务

1.受托人必须遵守关于处理委托事务的指示并及时完成委托。

2.受托人有正当理由无法按照指示处理委托事务,但委托人仍坚持遵循指示的,受托人可基于重大事由终止该委托合同。

第7:403条　通知义务;提供账目的义务

1.受托人在提供服务过程中必须让委托人知道其已按照委托合同执行工作;委托人不知情的,受托人应当立即通知给委托人。

2.受托人应当向委托人提供其处理和执行委托事务的账目。受托人已在其处理委托事务过程中代表委托人收款或者支付费用的,其应当提供该笔款项的账目。

第7:404条　由特定第三人提供服务

委托合同旨在让与受托人共同从事职业或经营活动或者从事职业或经营活动中的特定人员执行事务的,该他人必须亲自处理执行此工作,除非委托合同规定可命令其他人在其监督下实际展开工作;任何情况下,受托人均应当承担相应的责任。

第7:405条　受托人的报酬

1.受托人在职业或者经营活动中订立委托合同的,委托人有义务向其支付报酬。

2.委托人应当支付报酬,但当事人未确定金额的,委托人应当以通常方式计算需支付的报酬;无法确定该报酬的,委托人应当支付合理的报酬。

第 7:406 条 费用津贴和损害赔偿

1. 委托人必须补偿受托人为处理委托事务支出的未包含在报酬中的费用。

2. 委托人必须赔偿由于实现与提供的服务有关的特殊潜在危险而给受托人造成的不可归责于其的损害。受托人在职业或者经营活动中实施的行为,仅在潜在风险超出从事此类职业或者经营性质包含的风险时,才适用前 1 句的规定。处理委托事务旨在获得报酬而非职业或者经营的,仅在确定报酬时未考虑潜在风险的情况下,才可适用本款第 1 句的规定。

第 7:407 条 两个以上委托人或者两个以上受托人

1. 两名以上委托人与一名受托人共同签订委托合同的,其对受托人承担连带责任。

2. 两名以上受托人根据委托合同共同受托于一名委托人执行一项服务的,任一受托人均对未履行义务承担全部责任,但未履行不可归责于他的除外。

第 7:408 条 委托合同的终止

1. 委托人可随时终止委托合同。

2. 委托人在受托人职业或者经营活动中与之订立委托合同的,委托人仅在委托合同为不定期且未完成服务的情况下可终止委托合同,但有重大事由的除外。

3. 非在职业或者经营活动中处理委托事务的自然人,不对终止合同承担损害赔偿义务,不影响适用第 7:406 条的规定。

第 7:409 条 特定受托人死亡对委托合同的影响

1. 委托合同旨在由特定人提供劳务的,委托合同在其死亡时终止。

2. 在此种情况下,其继承人在继承开始时知道该委托合同的,该继承人有义务根据具体情况实施相对人利益最大化所必需的行为。受托人雇佣的在职业或者经营过程中与其合作的人,应当承担相应的责任。

第 7:410 条 委托人死亡

1. 委托合同不因委托人死亡而终止,除非合同规定终止委托合同的,合同自受托人知道委托人死亡之日起终止。

2. 委托合同因委托人死亡而终止的,受托人仍有义务根据情况实施相对人利益最大化所必需的行为。

第 7:411 条 委托合同提前终止时,委托人支付合理报酬的义务

1. 委托合同在完成委托事务或者在委托期限届满前终止,且应付报酬取决于委托事务完成或者期限届满的,受托人有权请求根据合同确定的报酬。确定报酬时,委托人已完成的工作、委托人从该工作中获得的利益、合同终止的原因以及其他因素必须予以考虑。

2. 本条第 1 款所称的情形下，仅委托合同的终止可归责于委托人并考虑到各种情况支付全部报酬是合理的，受托人才有权请求支付全部的报酬。确定报酬时，受托人因提前终止委托合同而节省的费用和成本应当予以扣除。

第 7:412 条　请求受托人交付文件的诉讼时效

委托人有权请求受托人交付与其处理委托事务有关文件的诉讼时效期间为 5 年，自受托人受托行为结束次日起算。

第 7:413 条　强制性规定

1. 当事人不得变更第 7:408 条第 3 款的规定。

2. 损害第 7:408 条第 3 款所称的委托人的利益的，当事人不得变更第 7:408 条第 1 款和 7:411 条的规定。

3. 当事人仅能以与第 3:11 条规定的诉讼时效规则相同的方式变更第 7:412 条的规定。

第二节　委托代理

第 7:414 条　委托代理的定义

1. 委托代理是指受托人一方为委托人一方实施一项或者多项法律行为的委托合同。

2. 委托合同中受托人可以自己名义实施法律行为，也可以委托人名义实施法律行为。

第 7:415 条　两个以上受托人的委托

两个以上受托人授权于同一委托人工作的，各受托人均有权独立实施法律行为。

第 7:416 条　作为委托人相对人的受托人

1. 法律行为的内容明确到足以排除双方利益冲突时，受托人才可作为委托人的相对人。

2. 法律行为的内容明确到足以排除双方利益冲突时，仅能以自己名义实施法律行为的受托人，仍可作为委托人的相对人。

3. 委托人为第 7:408 条第 3 款所称的人的，其作为相对人实施的法律行为需取得委托人的书面同意后才有效。

4. 受托人根据前述各款作为委托人的相对人，仍有权获得其报酬。

第7:417条 受托人为两个或者两个以上委托人服务

1.法律行为的内容明确到足以排除双方利益冲突时,受托人可同时作为两个以上委托人的相对人。

2.委托人为第7:408条第3款所称的人的,其作为相对人的受托人实施的法律行为需取得委托人的书面同意后才有效。

3.受托人的行为违反前述各款规定的,其无权向委托人请求支付报酬,不影响其对由此给委托人造成的损害承担赔偿责任的义务。适用该规定时,不得作出对委托人不利的改变。

4.委托人为第7:408条第3款所称的人,且法律行为旨在出售、出租或者承租不动产、部分不动产或者不动产上权利的,受托人无权请求买受人或者承租人支付报酬。适用该规定时,不得作出对买受人或者承租人不利的改变,除非法律行为旨在承租或者出租独套住宅的一部分用于居住。

第7:418条 利益冲突的其他情况

1.除第7:416条和第7:417条规定的情形外,受托人对法律行为的成立有直接或者间接利益关系的,其必须通知委托人,除非法律行为的内容明确到足以排除双方利益冲突。

2.受托人行为违反本条第1款规定的,其无权向委托人请求支付报酬,不影响其对由此给委托人造成的损害承担赔偿责任的义务。适用该规定时,不得作出对委托人不利的改变。

第7:419条 因第三人不遵守强制性规定,受托人受到的损害

受托人以自己的名义与第三人订立合同,但该第三人未履行合同规定的义务的,该第三人在法律规定赔偿的范围内,应当向受托人赔偿因其不履行间接受到的损害。

第7:420条 委托人与第三人的关系

1.受托人以自己的名义与第三人订立合同,但未对委托人履行义务,或者陷入破产或适用自然人债务重整计划的,委托人可向受托人及第三人作出书面声明,以接管受托人可对第三人移转的权利,但该权利在委托人和受托人之间属于强制性的除外。

2.第三人未对受托人履行义务的,委托人享有相同的权利,除非委托人达到与第三人履行同样的效果。

3.在本条所称的情形中,受托人经委托人的请求,应当告知其第三人的姓名或者名称。

第 7:421 条　受托人与第三人的关系

1. 受托人以自己的名义与第三人订立合同,但未对第三人履行义务,或者陷入破产或适用自然人债务重整计划的,第三人可向受托人及委托人作出书面声明,以向委托人行使合同权利,此情况下,委托人对受托人负有相应的义务。

2. 在本条所称的情形中,受托人经第三人的请求,应当告知其委托人的姓名或者名称。

第 7:422 条　委托代理合同的终止

1. 除第 7:408 条规定的理由外,有下列事由之一的,委托代理合同即终止:

(1)委托人死亡、处于成年人监护状态、破产或者适用自然人债务重整计划,其中死亡或者处于成年人监护状态的,自受托人知道该情形时终止;

(2)受托人死亡、处于成年人监护状态、破产或者适用自然人债务重整计划。

2. 在委托代理合同的范围内,不得变更第 7:408 条第 1 款以及本条第 1 款第 1 项的规定。合同旨在为受托人或者第三人的利益实施法律行为的,当事人可约定委托人不得终止该合同,或者不因委托人死亡或处于成年人监护状态而终止。参照适用第 3:74 条第 1 款、第 2 款和第 4 款的规定。

3. 委托代理因委托人死亡或者处于成年人监护状态而终止的,受托人仍有义务根据具体情况实施相对人利益最大化所必需的行为。

4. 委托代理因受托人死亡或者处于成年人监护状态而终止的,其继承人自继承开始时知道该委托代理合同的,该继承人仍有义务根据具体情况实施相对人利益最大化所必需的行为。受托人雇佣提供劳务的人或者在职业或经营上与受托人合作的人,应当承担相应的义务。

第 7:423 条　受托人不再有权执行法律行为

1. 当事人约定受托人必须以自己的名义行使委托人的权利,并排除委托人以自己名义行使权利的,委托人在合同期间无权以自己的名义对第三人行使该权利。第三人不知道也不应当知道的,排除委托人的规定不得对抗该第三人。

2. 当事人约定排除委托代理合同的受托人为法人,且其章程旨在行使属于委托人的权利并促进其共同利益的,不同于第 7:422 条第 2 款的规定,委托人不得在 1 年内终止委托代理合同,且该合同不因委托人死亡、处于成年人监护状态、破产或者适用自然人债务重整计划而终止。该规定不排除委托人的继承人、破产管理人、处于成年人监护状态或者适用自然人债务重整计划情形下的资产管理人以至少 1 个月的通知期限终止委托合同的权利。根据第 4:13 条分割委托人遗产的,死者的配偶或者登记伴侣享有前 1 句所称的继承人的权利。

第 7:424 条　其他类似协议参照适用本节的规定

1. 在规范目的与合同性质不冲突的情况下，一方当事人根据合同有义务或者有权代表另一方当事人实施法律行为的，参照适用第 7:415 条至第 7:423 条的规定。

2. 旅客合同、货物合同、承揽运输合同，不适用前款的规定。

第三节　居间合同

第 7:425 条　定义

居间合同是指受托人一方作为居间人安排委托人与第三人之间订立一项或者多项合同，并由委托人一方支付报酬的合同。

第 7:426 条　报酬

1. 通过中介使委托人和第三人订立合同的，居间人有权对此请求收取报酬。

2. 居间人通过中介订立的合同的履行而取得报酬，该合同未履行的，委托人可以不向居间人支付报酬，除非未履行不可归责于居间人。

第 7:427 条　利益冲突

一方当事人有义务作为另一方当事人的居间人而从事第 7:425 条所称的工作的，参照适用第 7:417 条和第 7:418 条的规定；居间人自己为相对人工作的，视为相对人。

第四节　商业代理合同

第 7:428 条　商业代理合同的定义

1. 商业代理合同是指委托人一方委托商业代理人一方，向不属于委托人的工作人员提供居间服务并在适当情况下以委托人的名义为委托人订立合同，委托人向其支付报酬的合同；商业代理合同可为定期或者不定期的合同。

2. 适用《金融监管法》的商业代理合同不适用本节的规定。

3. 任何一方当事人经相对人的请求，均有义务提供包含商业代理合同内容的书面协议。

第 7:429 条　商业代理人的法律责任

1. 商业代理人仅能以书面形式向第三人承担经其中介或者由其订立的合同产生的义务。

2. 除另有书面约定外，商业代理人仅根据保付条款对第三人的支付能力承担责任。

3. 除保付条款涉及特定合同或者以委托人的名义订立的合同外，商业代理人的责任金额不得超过约定的佣金。

4. 商业代理人承担的风险和约定的佣金明显不成比例的,或者商业代理人的赔偿金额超过其佣金的,法院可减轻商业代理人的责任。法院应当考虑到所有情况,特别是商业代理人照顾委托人利益的方式。

第 7:430 条　委托人的照顾义务

1. 委托人必须根据具体情况,为商业代理人从事代理工作提供必要的条件。

2. 委托人必须向商业代理人提供其可获取的有关中介商品和服务必要的文件材料,以及履行商业代理合同所必需的信息。

3. 委托人预见将订立或者能订立的合同数量明显少于商业代理人预期的,其应当立即通知商业代理人该事项。

4. 委托人必须在合理的期限内通知商业代理人不接受、拒绝或者不履行商业代理人中介的合同。

第 7:431 条　佣金

1. 商业代理人有权对商业代理合同期间成立的以下合同获得佣金:

(1) 该合同经其中介而订立的;

(2) 该合同与其之前介绍的类似合同相对人订立的;

(3) 与已分配给商业代理人的顾客群体中的人或者分配给商业代理人的地域的人订立的合同,除非已明确约定该顾客群体或者地域并非专属于商业代理人。

2. 商业代理人有权对商业代理合同终止后与第三人订立的以下合同获得佣金:

(1) 合同主要因商业代理人在商业代理合同期间的工作而订立,且该合同必须在终止后合理期间内订立的;

(2) 商业代理人或者委托人在商业代理合同终止前已按照本条第 1 款的规定,收到第三人的订购的。

3. 涉及前商业代理人根据本条第 2 款请求支付佣金的合同,后商业代理人无权对此请求支付佣金,除非此情况下佣金应当公平地在双方之间进行分配。

第 7:432 条　请求支付佣金的时间

1. 商业代理人的工作仅限于提供订立合同的中介服务的,其为委托人提供与第三人订立合同的订单,在根据第 7:426 条确定佣金时,视为委托人已接受,除非委托人在第 7:430 条第 4 款所称的合理期限内,通知商业代理人其拒绝订单或者作出保留。商业代理合同未规定该期限的,该期限为商业代理人通知委托人订单时起 1 个月。

2. 当事人可明确规定佣金请求权取决于委托人和第三人之间合同的履行。

3. 当事人作出本条第2款所称的规定后,佣金请求权最迟在第三人履行其合同义务时产生,或者委托人履行部分合同义务的,最迟在第三人应当履行其义务时产生。

第7:433条　佣金的估算

1. 每月结束后,委托人有义务向商业代理人提交关于该月应付佣金的书面报告,并载明其计算依据;该报告必须在下个月月底之前提交。各方当事人可通过书面形式约定每2个月或者3个月提交一次报告。

2. 商业代理人有权查阅委托人必要的证明文件,但无权随身携带该文件。其可自费聘请委托人同意的专家协助;对此无法达成一致意见的,有管辖权的地方法院可经商业代理人申请,指定专家协助。

3. 当事人可通过书面形式约定由第三人查阅证明文件;第三人不履行其职责的,地方法院法官应当指定一名替代者。

4. 委托人出示证明文件的,商业代理人和前述各款所称的人负有保密义务,但前述各款所称的人对商业代理人不负有本条第1款所称的保密义务。

第7:434条　佣金请求权可请求的时间

佣金请求权最迟应当在委托人提供第7:433条所称的书面报告时到期。

第7:435条　没有佣金,但可请求其他补偿

1. 商业代理人已准备履行商业代理合同的义务或者已履行,但委托人未利用商业代理人的服务或者对商业代理人服务的利用低于其通常可预期的程度的,商业代理人有权请求支付报酬,除非委托人的行为根据具体情况不能合理归责于他。

2. 确定此种报酬时,先前期间支付的佣金金额以及所有其他有关因素,包括商业代理人因不必工作而节省的费用应当予以考虑。

第7:436条　商业代理合同在届满后的继续

商业代理合同约定的固定期限届满后,双方当事人继续履行该合同的,当事人在同样条件下受到不定期商业代理合同的约束。

第7:437条　商业代理合同的终止

1. 商业代理合同为不定期合同或者可提前终止的定期合同的,双方当事人均有权在适当遵守约定的通知期限的情形下终止合同。商业代理合同未约定通知期限的,该期限为4个月;合同有效期为3年的,通知期限可延长1个月;合同有效期为6年的,通知期限可延长2个月。

2. 商业代理合同订立后第1年的通知期限不得短于1个月,第二年的通知期限不得短于2个月,此后的通知期限不得短于3个月。当事人约定更长期限的,委托人必须遵守的通知期限不得短于商业代理人必须遵守的通知期限。

3. 商业代理合同必须在日历月末的有效终止日期终止。

第 7:438 条　商业代理人或者委托人死亡

1. 商业代理人死亡的,商业代理合同终止。

2. 委托人死亡的,继承人和商业代理人有权在其死亡后 9 个月内终止合同,但应当在终止前提前 4 个月发出通知。根据第 4:13 条分割委托人遗产的,死者的配偶或者登记伴侣享有前 1 句所称的继承人的权利。

第 7:439 条　非法终止

1. 一方当事人不遵守商业代理合同期限或者法定、约定的通知期限,且未取得相对人同意即终止合同的,该当事人应当承担损害赔偿的责任,除非基于迫不得已的原因立即通知相对人终止合同。

2. 迫不得已的原因是指性质上不能合理要求终止合同的当事人继续履行合同或者暂时中止合同的情况。

3. 因可归责于相对人的迫不得已的原因终止合同的,该相对人应当承担损害赔偿的责任。

4. 合同条款约定由一方当事人决定是否存在迫不得已的原因的,该条款无效。

第 7:440 条　商业代理合同的解除

1. 有以下情形之一的,任一当事人均有权申请地方法院分院解除商业代理合同:

(1)出现第 7:439 条第 2 款所称的迫不得已的原因的;

(2)基于情势变更,按照公平原则,合同性质要求当事人必须立即或者短期内终止合同的。

2. 地方法院分院基于本条第 1 款第 1 项所称的情况解除合同的,其可裁决由可归责的被告人承担损害赔偿的责任。

3. 地方法院分院基于本条第 1 款第 2 项所称的情况解除合同的,其可裁决一方当事人向相对人给予补偿。法院可规定分期支付该笔补偿的期限。

4. 参照适用第 7:685 条第 4 款、第 6 款、第 7 款、第 9 款、第 10 款和第 11 款的规定。

第 7:441 条　损害赔偿

1. 根据第 7:439 条或者第 7:440 条第 2 款承担损害赔偿责任的当事人,必须向相对人赔偿与商业代理合同正常终止情况下继续期间内应支付的报酬相等的金额。确定该金额时,先前期间支付的佣金以及所有其他需要考虑的有关因素应当予以考虑。

2. 法院认为赔偿金额过高的,其有权减少该金额。

3. 受害方可请求全额赔偿其实际损害,以取代前述各款所称的损害赔偿。

第 7:442 条　公平补偿

1. 在以下情形中,商业代理人在商业代理合同终止时仍有权请求委托人支付补偿,不影响适用损害赔偿请求权的规定:

(1)其已向委托人介绍新客户或者已明显扩展现有客户合同的数量和价值,且此时该客户的合同仍对委托人带来明显利益的;

(2)考虑所有情况,特别是丧失该客户合同损失的佣金,支付补偿是公平的。

2. 补偿金额不得超过商业代理合同最近 5 年内的年平均报酬;合同期限持续更短的,补偿金额不得超过按照整个合同期限计算的年平均报酬。

3. 商业代理人未在合同终止后 1 年内通知委托人支付补偿的,该补偿请求权即告消灭。

4. 在以下情形中,合同终止时委托人无须承担补偿义务:

(1)委托合同因商业代理人根据第 7:439 条第 3 款承担损害赔偿责任的情况而终止的;

(2)商业代理人决定终止的,除非该终止可归责于委托人,或者由于商业代理人年龄、工作能力或者疾病,不能合理预期其能够继续工作的;

(3)商业代理人与委托人协议将商业代理合同的权利义务转让给第三人的。

第 7:443 条　免除赔偿责任

1. 当事人之间规定的限制商业代理合同终止后商业代理人工作自由的条款,仅在以下情形中有效:

(1)商业代理人已采用书面方式同意;

(2)代理权与特定区域的某种商品或者服务有关,也与委托给商业代理人的区域或者客户群体有关。

2. 此条款的有效期最长为商业代理合同终止后 2 年。

3. 商业代理合同在以下情形中终止的,委托人不能从此种条款获得任何权利:

(1)委托人未经商业代理人的同意,未遵守法定或者约定通知期限终止合同,并且也非因迫不得已的原因立即通知商业代理人的;

(2)商业代理人因可归责于委托人的迫不得已的原因终止合同,且立即通知委托人的;

(3)法院根据可归责于委托人的情况裁决终止合同的。

4. 与委托人受保护的利益相比,商业代理人因此种条款受到不公平损害的,法院可经商业代理人的请求,全部或者部分废止此种条款。

第7:444条 时效

第7:439条和第7:440条所称的请求权的诉讼时效期间为1年,自该权利的事实产生之日起算。

第7:445条 强制性规定

1. 当事人不得变更第7:401条、第7:402条、第7:403条和第7:406条第2款的规定,也不得变更第7:428条第3款、第7:429条、第7:430条、第7:431条第2款、第7:432条第2款、第7:433条、第7:437条第2款、第7:439条、第7:440条、第7:441条、第7:443条、第7:444条的规定。

2. 第7:442条所称的商业代理合同尚未终止的,适用第7:432条第3款和第7:434条时,不得作出对商业代理人不利的改变。

第五节 医疗合同

第7:446条 医疗合同的定义

1. 医疗合同是指从事医疗执业或者经营服务的自然人或者法人,有义务直接对委托人或者特定第三人的人身实施医疗行为的合同,以及本节称为医疗合同的其他合同。患者指被实施医疗行为的人。

2. 医疗行为指:

(1)为治疗疾病、预防疾病、评估健康状况或者提供生育协助而对患者人身直接实施的行为,包括身体健康检查以及提供医疗意见;

(2)除本款第1项所称的行为外,以医生的身份对患者直接实施的其他处理。

3. 本条第1款所称的行为,还包括对患者的照顾和护理以及其他直接为患者提供进行上述行为所必需的物质条件的服务。

4. 本条第1款所称的行为,由独立的药剂师按照本法实施的,不包括《药品法》所称的药学领域的行为。

5. 受他人委托对人身实施评估健康状况或者提供医学检查的行为,涉及确定债权或债务、保险或设施的使用资格或者是否适合接受教育、建立劳动关系、从事特定工作的,不属于医疗合同。

第7:447条 不满16周岁的未成年人订立的医疗合同

1. 不满16周岁的未成年人具有为自己订立医疗合同并实施与医疗合同有直接关系的法律行为的能力。

2. 本条第1款所称的未成年人对由此产生的债务承担责任,不影响其父母承担照顾和支付教育费用的义务。

3. 本条第1款所称的未成年人具有在法律诉讼中或者法律诉讼外实施与医疗合同有关的事务的法律行为能力。

第7:448条　告知义务

1. 医疗服务者应当以清楚的方式告知患者计划进行的检查和治疗,以及有关检查、治疗和患者健康状况的进展,并在其请求时以书面形式告知上述信息。对未满12周岁的未成年人,医疗服务者必须以其能理解的方式提供上述信息。

2. 履行本条第1款所称的义务时,医疗服务者应当使患者合理了解以下事项:

(1)其认为必要的检查或者治疗的性质和目的以及计划实施的行为;

(2)预期效果以及对患者健康的风险;

(3)其他可能的检查或者治疗方法;

(4)患者的健康现状以及与检查和治疗领域有关的期望。

3. 医疗服务者仅在该信息明显会给患者造成严重损害的情况下才可隐瞒上述信息。基于患者利益,医疗服务者必须将有关信息告知患者以外的其他人。不再存在造成上述损害的危险时,医疗服务者应当告知患者上述信息。医疗服务者与另一医疗服务者协商后才可主张本款第1句所称的权利。

第7:449条　知情权

患者表示不愿意被告知上述信息的,医疗服务者不得向其提供任何信息,除非因隐瞒信息给患者自己或者他人造成的损害超过患者利益。

第7:450条　必须取得患者同意

1. 医疗服务者履行医疗合同的行为必须取得患者的同意。

2. 患者为年满12周岁未满16周岁的未成年人的,医疗服务者还必须取得行使照管权的父母或法定监护人的同意。为避免对患者造成严重损害而明显需要治疗的,或者父母或法定监护人拒绝同意后患者仍坚持的,医疗服务者可不经父母或者法定监护人的同意实施该行为。

3. 患者年满16周岁但不能视为能合理评价其利益状态的,医疗服务者以及第7:465条第2款或者第3款所称的人应当遵循患者在能够合理评价其利益状态下以书面形式表达的意见,该意见包含本条第1款所称的拒绝同意的意见。医疗服务者认为有充分理由的,其可违背此声明。

第7:451条　书面的患者同意书

任何情况下,医疗服务者经患者的请求,均应当以书面形式确认患者同意医疗行为。

第 7:452 条　患者的告知以及合作义务

患者应当尽可能地告知医疗服务者实施有关医疗行为所必需的信息,并尽可能地配合医疗服务者实施有关的医疗行为。

第 7:453 条　善良医疗服务者的标准

医疗服务者在提供医疗服务时必须尽到善良医疗服务者的义务,并按照医疗服务者的职业标准承担责任。

第 7:454 条　病历

1. 医疗服务者应当按照患者治疗有关的情况制作病历。病历中应当记载患者的健康状况和实施的医疗行为以及其他按善良医疗服务者标准所必需的信息。

2. 医疗服务者经患者的请求,应当在病历文件中附加患者作出的声明。

3. 医疗服务者应当将前述各款所称的文件自制作之日起保存 10 年,或者在该期限届满后保存至按照善良医疗服务者的标准所必需的时间,不影响适用第 7:455 条的规定。

第 7:455 条　病历销毁

1. 医疗服务者应当在患者申请后 3 个月内销毁其保存的文件。

2. 所涉文件的保管可合理认为对患者以外的人具有重要利益的,或者销毁违反法律或根据法律制定的规定的,不适用本条第 1 款的规定。

第 7:456 条　患者查阅以及复制病历的权利

医疗服务者经患者的请求,应当尽快向患者提供第 7:454 条所称的文件以供其查阅和复制。有必要保护其他人的个人隐私的,患者不得查阅和复制文件。医疗服务者可对提供副本收取合理的费用。

第 7:457 条　保密义务

1. 未取得患者同意的,医疗服务者应当确保不得向患者以外的其他人提供有关患者的信息,也不得向该其他人提供第 7:454 条所称的文件以供其查阅或者复制,但不影响适用第 7:448 条第 3 款第 2 句的规定。仅在不侵犯他人隐私的情况下,医疗服务者才可提供信息以供查阅或者复制。根据法律有此种义务的,医疗服务者无须遵守前述各句所称的限制。

2. 除患者外,医疗服务者有必要提供信息的主体,不包括履行医疗合同直接涉及的人,以及替代医疗服务的人。

3. 除患者外,本条第 2 款所称的主体也不包括根据第 7:450 条和第 7:465 条实施医疗行为需取得其同意的人。医疗服务者认为提供查阅或者复制的患者信息不符合善良医疗服务者的标准的,应当避免实施该行为。

第 7:458 条　为医疗研究提供患者信息

1. 不同于第 7:457 条第 1 款的规定，在以下情形中，基于国民健康领域的统计或者科学研究，医疗服务者可不经患者的同意，向其他人提供患者的信息或者提供第 7:454 条所称的文件以供其查阅或者复制：

(1)不能合理地请求同意，且研究时可确保不会过度侵犯患者的个人隐私；

(2)基于研究的性质和目的，不能合理地请求同意，且医疗服务者确保所提供的信息形式无法追溯到个人。

2. 仅在以下情形中，医疗服务者才可根据本条第 1 款提供信息和文件：

(1)基于公共利益；

(2)没有相关信息无法进行研究；

(3)有关患者未明确反对为此目的提供信息和文件。

3. 病历中应当载明根据本条第 1 款提供的信息和文件。

第 7:459 条　患者的隐私权

1. 医疗服务者应当在没有他人旁观的情形下实施医疗行为，除非患者同意旁观。

2. 除患者外，其他人不包括需其专业合作才可实施医疗行为的人。

3. 除患者外，也不包括根据第 7:450 条和第 7:465 条实施医疗行为需取得其同意的人。允许他人旁观实施行为被认为不符合善良医疗服务者的标准的，医疗工作者不得允许他人旁观。

第 7:460 条　医疗服务者对医疗合同的终止

除非基于重大事由，医疗服务者不得终止医疗合同。

第 7:461 条　报酬

患者应当向医疗服务者支付报酬，除非医疗服务者依法收取其工作的报酬，或者合同另有约定。

第 7:462 条　医院的连带责任

1. 履行医疗合同时，在非当事人一方的医院中实施医疗行为的，医院对不履行义务承担与当事人相同的连带责任。

2. 本条第 1 款所称的医院指《医疗机构法》第 1 条第 4 项所称的承认或者许可的医院、疗养院、精神病院、学术医院的机构以及《终止妊娠法》所称的终止妊娠诊所。

第 7:463 条　禁止医疗服务者限制以及排除责任

不得限制或者排除医疗服务者的责任以及第 7:462 条所称的情形下医院的责任。

第 7:464 条　非基于医疗合同实施的医疗行为

1. 非基于医疗合同实施医疗或者医药执业、经营的其他行为，与法律关系的性质不冲突的，参照适用本节以及第 7:404 条、第 7:405 条第 2 款和第 7:406 条的规定。

2. 第 7:446 条第 5 款所称的行为，指：

(1)第 7:454 条所称的文件仅在与检查目的相关的必要范围内保存，除非根据法律或者根据法律制定的规定禁止销毁；

(2)允许检查所涉的人说明其是否愿意被告知后果和检查结果，愿意的，被告知的后果和检查结果，以及决定是否告知其他人。

第 7:465 条　无法律行为能力的患者的代理

1. 患者未满 12 周岁的，医疗服务者应当向行使照管权的法定监护人履行根据本节对患者所负的义务。

2. 患者已满 12 周岁但不能合理评价其利益的，也适用上述规定，患者已成年但处于成年人监护状态或者对其实施信托管理的，医疗服务者应当向监护人或者保佐人履行根据本节对患者所负的义务。

3. 患者已成年但不能合理评价其利益，且未处于成年人监护状态或者对其实施信托管理的，医疗服务者应当向患者书面授权代替其的人履行根据本节对患者所负的义务。没有此种人或者此种人不作为的，应当向患者的配偶、登记伴侣或者其他同居者履行该义务，该人也不愿意或者不存在的，应当向患者的父母、子女或者兄弟姐妹履行该义务，除非上述主体也不愿意。

4. 医疗服务者应当向本条第 1 款和第 2 款所称的患者的法定代理人以及本条第 3 款所称的人履行根据本节对患者所负的义务，除非该履行不符合善良医疗服务者的谨慎义务。

5. 受本条第 2 款和第 3 款约束的医疗服务者应当对患者所负义务的履行相对人，尽到善良法定代理人的谨慎义务。该相对人应当尽可能让患者参与其职责的履行。

6. 患者明确表示反对的，仅在明显有必要避免给患者造成严重损害的情形下，医疗服务者才可实施本条第 2 款或者第 3 款所称的人必须同意的具有重大深远影响的医疗行为。

第 7:466 条　在紧急情况下患者的必要同意

1. 根据第 7:465 条的规定，仅需该条所称的人取代患者同意即可实施的医疗行为，明显有必要立即实施该医疗行为避免给患者造成严重损害而来不及请求患者同意的,可不经其同意即实施。

2. 所涉医疗行为不具有重大深远影响的,视为取得第 7:450 条和第 7:465 条所称的同意。

第 7:467 条　用于医学研究的与患者身体分离的匿名分泌物质和组成部分

1. 涉及与患者身体分离的匿名分泌物质以及组成部分的研究,患者对此未表示反对且研究尽到必要注意义务的,可用于医学统计或者其他医学科研。

2. 使用匿名分泌物质以及组成部分进行研究的人,应当确保用于研究的身体组成部分和从中获得的信息无法追溯到个人。

第 7:468 条　强制性规定

关于本节以及第 7:404 条、第 7:405 条第 2 款和第 7:406 条的规定,不得作出对患者不利的改变。

第 7:469 到 7:499 条　[废止]

第七章之一　旅 行 合 同

第一节　定义和范围

第 7:500 条　定义

适用本章时,术语含义如下:

(1) 旅行服务是指与以下方面有关的服务:

①旅客运输;

②不是客运的重要组成部分,也不拟用于居住的住宿;

③租用汽车是指欧洲议会和理事会于 2018 年 5 月 30 日发布的《第 2018/858 号条例》第 3 条第 16 款所称的其他机动车辆,该条例涉及机动车辆及其拖车以及用于此类车辆的系统、部件和独立技术单元的批准和市场监督,修订了《第(EC)715/2007 号和第(EC)595/2009 号条例》,并且废除了第 2007/46/EC 号指令 715/2007 和(EC)No 595/2009 以及指令 2007/46/EC(OJEU 2018, L 151),或者根据欧洲议会和欧盟理事会 2006 年 12 月 20 日发布的《关于驾驶执照的指令》第 4 条第 3 款第 3 项所称的需要 A 类驾驶执照的摩托车(OJEU, L 403);

④不构成第 1 项、第 2 项或者第 3 项所称的旅行服务的基本部分的其他旅游服务。

(2) 套餐假期是指为同一旅程或者假期提供的至少两种不同类型的旅行服务的组合,其中:

①在缔结涵盖所有服务的单一合同之前,可以应旅客的要求或者根据其选择由

一个经营者合并提供服务。

②以下情形中的服务,无论是否与不同的旅行服务提供者签订单独的协议:

1)从一个销售点购买,并在旅客同意支付前选择。

2)提供、购买或者开具联合价格或者总价格的发票。

3)以套餐假期或者类似的术语进行宣传或者购买。

4)在订立合同后合并,并且根据该合同,经营者让旅客在不同类型的旅行服务中进行选择。

5)通过相互关联的在线预订程序从几个交易商处购买,其中旅客的姓名、付款细节和电子邮件地址由与之签订第一份合同的交易商提供给另一个或者多个交易商,并在第一份旅行服务预订确认后最迟 24 小时与后者签订合同。有以下情形的,本条第 1 款第 1 项第 2 项或者第 3 项所称的一种以上的旅游服务与本条第 2 款第 4 项所称的一种或者多种其他旅游服务相结合的除外:

(a)不占组合价值的重要部分,不作为组合的基本特征进行宣传,或者不代表组合的基本特征;

(b)仅在开始执行旅行服务后才会选择和购买。

(3)一揽子旅行合同是指与整个一揽子计划有关的合同,或者一揽子计划是在单独合同的基础上提供的,与构成一揽子计划一部分的旅行服务有关的所有合同。

(4)旅行合同的开始是指旅行合同所涵盖的旅行服务开始执行。

(5)关联的旅行合同是指为同一旅程或者假期购买的至少两种不同类型的旅行服务,它们不构成一个套餐,并与不同的旅行服务提供者、经营者分别签订合同,包括:

①便于旅客在一次访问客户或者与客户接触的过程中分别选择各项旅行服务并付款。

②以有针对性的方式促进从另一交易商处购买至少一项额外的旅行服务,在确认第一项旅行服务的预订后 24 小时内与该另一交易商签订合同。除非购买的旅游服务不超过本条第 1 款第 1 项第 2 项或者第 3 项所称的一种类型和本条第 2 款第 4 项所称的一种或者多种其他旅游服务,并且后者不构成该服务综合价值的重要部分,也没有被宣传为旅行或度假的基本特征,或者在其他方面不代表旅行或度假的基本特征。

(6)旅客是指希望根据本章签订合同或者根据本章的合同拥有旅行权利的任何人。

(7)交易者是指任何自然人或者法人,适用本章时,在其贸易、商业、工艺或者职业过程中行事,包括通过任何其他人员代表或者为其行事,无论为组织者、零售商、关联旅游安排的交易促进者还是旅游服务提供者。

(8)组织者是指直接或通过另一经营者或与另一经营者共同提供套餐假期的经营者,或者根据本第2款第2项第5分项规定向另一经营者提供旅客资料的经营者。

(9)零售商是指除组织者外,提供由组织者安排的套餐假期的经营者。

(10)机构是指建立欧盟的《条约》第43条所称的,由提供者无限期地从一个稳定的基础设施中实际开展经济活动,并提供服务的机构。

(11)耐用介质是指使旅客或者经营者能够以可供今后参考的方式,在足够长的时间内储存其个人信息,并且允许对储存的信息进行不改变内容的复制的任何工具。

(12)不可避免的特殊情况是指发生超出援引方控制的情况,并且采取一切合理的预防措施,其后果仍无法避免。

(13)不符合规定是指不履行或者不正确履行构成套餐假期的旅游服务。

(14)未成年人是指未满18周岁的人。

(15)销售点是指可移动或不可移动的零售空间,或者零售网站或类似的在线销售平台,包括作为单一平台提供给旅客的零售网站或者在线销售平台,包括电话服务。

(16)遣返是指将旅客带回出发地或者缔结合同的双方商定的另一地点。

(17)(欧盟)2015/2302号指令是指欧洲议会和理事会2015年11月25日发布的《关于一揽子旅行和旅行安排的(欧盟)2015/2302号指令》,该指令修订了欧洲议会和理事会发布的《第2006/2004号条例和第2011/83/EU号指令》,并且废除了理事会发布的《第90/314/EEC号指令》(OJ L 326,31.12.2015)。

第7:501条　适用范围

1.本章应当适用于一揽子旅行和相互关联的旅行安排。

2.本章不应当适用于以下情形:

(1)涵盖时间少于24小时的一揽子旅行和联带旅行安排,除非其中包括过夜;

(2)在没有任何盈利动机的情况下,偶尔向有限的旅客群体提供或者协助的一揽子旅行和与一揽子计划相关的旅行安排;

(3)经营者与自然人或者法人在其贸易、商业、工艺或者职业过程中签订的一般商务旅行合同基础上购买的一揽子旅行和旅游。

第二节　信息义务和一揽子旅游合同的内容

第 7:502 条　提供信息的义务

1. 套餐是通过零售商购买的，组织者和零售商应当在旅客受套餐旅行合同或者相应报价约束之前，通过《(欧盟)2015/2302 号指令》附件一第 1 部分或者第 2 部分规定的表格向其提供标准信息，并且在适用于套餐的情况下，补充提供以下信息：

(1)包括旅行服务的以下主要特点：

①旅行目的地、行程和停留时间和日期，过夜住宿的，包括夜数；

②交通工具的特点和类别，出发和返回的地点、日期和时间，中间停留和连接的时间和地点，确切时间尚未确定的，组织者和零售商应当告知旅客出发和返回的大致时间；

③根据目的地国家的规定，住宿的位置、主要特点和旅游类别；

④膳食和供应；

⑤包含在套餐中的参观、游览或者其他服务；

⑥旅行服务是否作为团队成员向旅客提供，以及团队的大致规模；

⑦其他旅游服务对旅客的重要性取决于有效的口语交流的，应当提供此种语言服务；

⑧关于旅程或者假期是否适合行动不便的人的一般信息，以及根据旅客的要求，关于旅程或者假期是否适合旅客的需求的准确信息。

(2)组织者和零售商的商品名称和地址，以及他们的电话号码和电子邮件地址。

(3)套餐的总价格，包括税金、所有附加费用；在合同签订前无法合理计算该费用的，应当说明旅客仍可支付的附加费用类型。

(4)付款安排，包括作为定金支付的金额或者百分比以及支付旅行价格余额的时间，或者由旅客支付或提供的任何财务担保。

(5)进行一揽子计划所需的最低人数，以及第 7:509 条第 5 款第 1 项所称的期限，未达到该人数的，可在一揽子计划开始前终止合同。

(6)关于目的地国的护照和签证要求的一般信息，包括获得签证所需的大致时间以及关于该国卫生手续的信息。

(7)声明旅客可在一揽子旅行开始前随时终止合同，并且仅需支付合理的终止费，或者在适当情况下支付组织者第 7:509 条第 1 款和第 2 款所称的标准化终止费。

(8)有关可选择的或者强制性的保险的信息，涵盖旅客取消合同或者在发生事故、疾病或者死亡时的援助费用,包括遣返。

2. 对于通过电话订立的一揽子旅行合同,组织者和零售商应向旅客提供《(欧盟)2015/2302 号指令》附件一第 2 部分规定的标准信息以及本条第 1 款第 1 项至第 8 项规定的信息。

3. 关于第 7:500 条第 2 款第 2 项至第 5 项规定所称的一揽子旅行,组织者和经营者应当确保在旅客受合同或者相应报价约束之前,各自向旅客提供本条第 1 款第 1 项至第 8 项所列与旅行服务有关的信息。组织者应当同时使用《(欧盟)第 2015/2302 号指令》附件一第 3 条的表格提供标准化的信息。

4. 本条第 1 款、第 2 款和第 3 款所称的信息应当以清晰、易懂和明确的方式予以提供。书面信息应当以清晰的形式予以提供。

第 7:503 条　合同修改

1. 根据第 7:502 条第 1 款第 1 项至第 5 项和第 7 项提供给旅客的信息构成一揽子旅行合同的一部分,除非合同各方明确同意,否则不得更改。组织者以及零售商,应当在签订包价旅游合同之前,以清晰、易懂和突出的方式向旅客传达对合同前信息的任何修改。

2. 组织者和零售商在签订一揽子旅行合同之前没有遵守第 7:502 条第 1 款第 3 项所称的关于补充费用、附加费用或者其他费用的信息要求,旅客不应承担这些费用、附加费用或者其他费用。

第 7:504 条　合同形式

1. 旅行套餐合同应当用清晰易懂的语言拟定立即以书面形式拟定的,推定为清晰可读。在拟定一揽子旅行合同时或者在此后立即,组织者或者零售商应当向旅客提供一份耐用介质上的合同副本或者确认书。一揽子旅行合同是在双方同时在场的情况下签订的,旅客还有权得到一份纸质合同。

2. 在减损适用本条第 1 款的情况下,对于第 6:230 条之七第 1 款第 6 项(未生效)所称的合同,旅游经营者应当向旅客提供纸质的一揽子旅游合同的副本或者确认书;旅客同意的,提供其他耐用数据载体。

3. 一揽子旅行合同或者其确认书应包含合同的全部内容,包括第 7:502 条第 1 款第 1 项至第 8 项所称的所有信息,以及下列信息:

(1)组织者已接受旅客的特殊要求。

(2)组织者的以下义务:

①根据第 7:510 条,承担责任正确执行合同所涉及的所有旅行服务;

②根据第 7:513 条的规定,当旅客遇到困难时,有义务向其提供帮助。

(3)承担责任破产保护的机构的名称和详细联系方式,包括地址。

(4)组织者的当地代表、联络点或者其他服务机构的名称、地址、电话号码、电子邮件地址,适当时,还包括传真号码。

(5)根据第7:510条第2款,旅客有义务通知在提供包价旅行服务过程中发现的任何不符合规定的情况的信息。

(6)没有父母或者其他被授权人陪同的未成年人订立的包括住宿的旅行合同,应当提供能够与该未成年人或者在该未成年人居住地的监护人建立直接联系的信息。

(7)根据《荷兰消费者非司法争议解决实施法》,提供关于现有内部投诉处理程序和替代性争议解决机制的信息,并在适用的情况下,提供关于经营者所属的替代性争议解决机构的信息,以及根据欧洲议会和欧盟理事会2013年5月21日发布的《关于消费者争议的在线争议解决》,并且修订的《第2006/2004号条例(EC)》和《第2009/22/EC号指令》(OJ L 165)第7:524条规定以及《第2013号条例(EU)》的在线争议解决平台。

(8)关于旅客根据第7:506条将其合同转让给另一旅客的权利的信息。

4. 在第7:500条第2款第2项至第5项所称的一揽子旅行的情况下,接受信息的经营者应将一揽子旅行合同的缔结情况通知组织者。经营者应当向组织者提供必要的信息,以便后者履行其作为组织者的义务。组织者知道已安排一揽子旅游的,该组织者应当将本条第3款第1项至第8项所称的信息以持久的媒介传送给旅客。

5. 本条第3款和第4款所称的信息应当以清晰、易懂和明确的方式予以提供。

6. 在包价旅行开始之前,组织者应当及时向旅客提供必要的收据、凭证和机票、预定的出发时间和最晚办理登机手续的时间,以及预定的中途停留、转机和到达时间。

第7:505条　举证责任

经营者对遵守第7:502条、第7:503条和第7:504条的规定负有举证责任。

第三节　旅游开始前对旅游合同的修改

第7:506条　旅游合同的转让

1. 旅客在包价旅游开始前的一段合理时间内,通过持久的媒介通知组织者的,该旅客可以将与组织者之间因包价旅游合同产生的法律关系转让给符合该合同所有适用条件的人。最迟在合同开始前7天通知组织者的,视为遵守合理的期限。

2. 套餐度假的转让人和合同的受让人应当共同或单独地承担责任,支付应付的余额和任何额外的费用、附加费用和其他因转让而产生的费用。组织者应当告知转让者转让的实际费用。该费用不能是不合理的,也不能超过组织者因转让而产生的实际费用。

3. 组织者应当向转移度假套餐的人提供因转移而产生的额外费用、附加费用和其他费用的证明。

第 7:507 条　价格上涨

1. 仅在合同中明确规定价格上涨的计算方式,并且说明旅客有权根据本条第 5 款要求减价的情况下,组织者才可以在旅行套餐合同签订后提高价格。

2. 价格上涨仅允许作为以下变化的直接结果:

(1)由于燃料或者其他能源的成本增加而导致的客运价格上涨;

(2)不直接参与履行一揽子合同的第三方对合同所涉及的旅游服务征收的税费水平,包括旅游税、登陆税以及从港口和机场出发或者到达的税费;

(3)与一揽子计划有关的汇率。

3. 本条第 1 款和第 2 款所称的价格上涨幅度超过了套餐价格的 8% 的,应当适用第 7:508 条第 2 项至第 5 项的规定。

4. 无论涨价幅度是多少,仅组织者在包价旅游开始前至少 20 天以清晰易懂的方式,用持久的数据载体通知旅客涨价的事项,并且说明涨价的原因和计算方法,该组织者才可以提高价格。

5. 包价旅行合同规定价格上涨的可能性的,旅客应当有权获得与本条第 2 款第 1 项、第 2 项和第 3 项所称的价格减少相应的费用的减少,此种减少应当发生在合同订立之后和包价旅行开始之前。

6. 在降价的情况下,组织者有权从应付给旅客的退款中扣除实际发生的行政费用。组织者应当根据旅客的要求提供此类行政费用的证明。

第 7:508 条　不得单方变更

1. 除以下情形外,组织者不得在包价旅游开始前单方面变更包价旅游合同的条款,但根据第 7:507 条规定的价格变动除外:

(1)组织者在合同中保留此种变更权利;

(2)该修正的合同不重要;

(3)组织者以清晰、可理解和明显的方式通过持久的媒介通知旅客该事项。

2. 在合同开始前,组织者不得不根据第 7:502 条第 1 款第 1 项对旅行服务的一个主要特点进行实质性改变的,或者无法满足第 7:504 条第 3 款第 1 项所称的特殊

要求的,或者根据第7:507条第3款所称的合同将套餐价格提高8%以上的,旅客可在组织者规定的合理期限内:

(1)接受拟议修正的合同;

(2)终止协议而不支付终止费。

3. 组织者应当立即以清晰、可理解和明显的方式通过耐用数据载体通知旅客以下事项:

(1)本条第2款所称的变更,并且根据本条第4款,说明其对套餐价格的影响;

(2)旅客应当根据本条第2款将其决定通知给组织者的合理期限;

(3)旅客未在前项所称的时限内答复的后果;

(4)适用的情况下,提供的替代方案及其价格。

4. 对本条第2款所称的一揽子旅行合同或者本条第3款第4项所称的替代性一揽子旅行的更改具有降低一揽子旅行的质量或者费用的后果的,旅客应当有权获得适当的价格减免。

5. 包价旅游合同按照本条第2款第2项规定被终止,并且旅客不接受替代的包价旅游的,经营者应当立即退还旅客或者代表旅客支付的所有款项,此种退还在任何情况下均不得迟于合同终止后的14天,参照适用第7:511条第2款至第9款的规定。

第7:509条　合同的终止

1. 旅客可以在旅行套餐开始前的任何时间终止旅行套餐合同。在终止包价旅游合同时,组织者可以要求旅客向其支付适当的和合理的终止补偿。

2. 一揽子旅行合同可以根据一揽子旅行开始前的终止时间以及预期的成本节约和替代性使用旅行服务的收入,确定合理的标准化终止费用。没有制定标准化的终止费的,终止费的数额应当为旅游套餐的价格减去替代使用旅游服务所节省的成本和收入。旅客提出申请的,组织者应当提供一份解雇费金额的说明。

3. 在不减损适用本条第1款和第2款的情况下,在目的地或者其附近出现不可避免的特殊情况,对包价旅游的实施或者对前往目的地的旅客运输产生重大影响的,旅客有权在包价旅游开始前终止包价旅游合同,并且无须支付终止费用。

4. 按照本条第3款的规定终止旅行套餐合同的,旅客有权要求全额退还为旅行套餐支付的所有款项,但无权要求任何赔偿。

5. 在以下情况下,组织者可以终止包价旅游合同,并且全额退还旅客为包价旅游所支付的所有款项,并且不需要支付赔偿金:

(1)报名参加套餐的人数少于合同规定的最低人数,并且组织者在合同规定的

期限内通知旅客终止合同,但不得迟于以下期限结束之时:

① 6 天以上的旅行,在旅行开始前 20 天;

② 2 至 6 天的旅行,在套餐旅行开始前 7 天;

③ 对于持续时间少于 2 天的旅行,在打包旅行开始前 48 小时。

(2)组织者因不可避免的特殊情况而无法履行合同,并且在包价旅游开始前立即通知旅客的,合同即终止。

6. 组织者应当根据本条第 3 款、第 4 款和第 5 款的要求对旅客作出补偿,或者适用本条第 1 款和第 2 款时,补偿旅客为该套餐假期支付的所有款项,并扣除适当的终止费。

7. 退款应当立即支付给旅客,并且在任何情况下均不得晚于旅行套餐合同终止后的 14 天。

第四节　一揽子旅游的实施

第 7:510 条　合同的履行

1. 无论组织者还是其他服务提供者提供服务,组织者应当为履行包价旅游合同所涉的旅游服务承担责任。

2. 考虑到具体情况,旅客应当立即将其在提供一揽子旅行合同所包括的旅行服务过程中发现的不符合规定的情况通知给组织者。

3. 一项或者多项旅游服务未按照一揽子旅游合同执行的,组织者将确保纠正不符合规定的情况,除非此种纠正:

(1)不可能;

(2)考虑到不遵守规定的程度和有关旅行服务的价值,涉及不相称的费用。

4. 组织者未援引本条第 3 款第 1 项或者第 2 项对不符合规定的情况进行补救的,应当适用第 7:511 条的规定。

5. 除本条第 3 款规定的例外情况外,组织者不在旅客规定的合理期限内纠正不符合要求的情况的,旅客应当选择自行纠正并要求组织者偿还必要的费用。组织者拒绝纠正不符合要求的情况或者必须立即纠正的,不得要求旅客确定最后的期限。

6. 大部分服务,包括旅客返回其出发地,不能按一揽子旅行合同的约定提供的,组织者应当在不增加旅客费用的情况下,提供适当的替代安排,该替代按安排应当与合同中规定的安排具有同等或者更高的质量,以便继续进行一揽子旅行。替代安排导致一揽子计划的质量低于一揽子旅行合同的,组织者应当给予旅客适当的价格减免。

7. 旅客仅在建议的替代安排与包价旅游合同中约定的替代安排不具可比性，或者给予的价格减免不足的情况下，才可以拒绝前款规定的建议。

8. 不符合规定的情况对包价旅游的履行有重大影响，但组织者在旅客规定的合理期限内未予纠正的，旅客可以终止包价旅游合同而不受罚，并且在适用时根据第7:511条要求减价和赔偿。不能提供替代安排的，或者旅客根据本条第7款拒绝替代安排的，在包价旅行合同未终止的情况下，旅客也有权根据第7:511条要求减价或者获得赔偿。一揽子旅行包括旅客运输的，组织者还应当使用同等的交通工具立即将旅客送回，而不增加旅客的费用。

9. 由于不可避免的特殊情况，不能保证旅客按照包价旅游合同中的约定返回的，组织者应当承担必要的住宿费用，适用的情况下，组织者还应当为每个旅客提供最多三晚的同等类别住宿。

10. 在减损适用前款的情况下，欧盟关于旅客权利的适用法律规定了更长的时限，应当适用该法律规定的返程时限。

11. 组织者在合同开始前至少48小时已知道此种特殊需要的，本条第9款所称的费用限制不适用于欧洲议会和理事会于2006年7月5日发布的《关于残疾人和行动不便者乘飞机旅行的权利的第1107/2006号条例》（OJEU，L 204）第2条第1款所定义的行动不便者，或者其陪同者、孕妇、无人陪伴的未成年人和需要特殊医疗援助的人。

第7:511条　价格减免

1. 旅客有权在不符合规定的时期获得适当的价格减免，除非组织者证明不符合规定的情况是由旅客造成的。

2. 旅客有权从组织者处获得因不符合规定而造成的任何损失的适当赔偿，除非组织者证明不符合规定是由于：

（1）旅客；

（2）未参与提供一揽子旅行合同所包括的旅行服务的第三方，并且无法预见或者防止不符合规定的情况；

（3）不可避免的和特殊的情况。

3. 赔偿金应当立即予以支付。

4. 欧盟加入的国际公约对构成一揽子旅游的旅游服务提供者必须支付赔偿的条件或者赔偿金额作出限制的，此种限制也应当适用于组织者。欧盟不是缔约国而荷兰是缔约国的国际公约对服务提供者应支付的赔偿金作出限制的，此种限制也应当适用于组织者。

5. 在减损适用本条第 4 款的情况下,组织者不能排除或者限制以下情况中的损害责任:

(1)包括对旅客的人身伤害;

(2)由组织者的故意或者过失行为造成的。

6. 对于本条第 5 款所称以外的损害,组织者可以将其责任限制在至少 3 倍的票价范围内。

7. 损害赔偿请求的诉讼时效期间为两年。

8. 本章所称的任何赔偿或者减价权利不应当影响欧洲议会和理事会于 2004 年 2 月 11 日发布的《第 261/2004 号条例》规定的旅客权利,该条例规定在拒绝登机和取消或者长期延误航班的情况下向旅客提供赔偿和援助的共同规则,并且废除了《第 295/91 号条例》[OJ L 46,31.2.2004,(16)1]、欧洲议会和理事会于 2007 年 10 月 23 日发布的《关于铁路旅客权利和义务的第 1371/2007 号条例》[OJ L 315,31.10.2007,(16)1]或者《第 926/2007 号条例》(EC)。该条例包括:欧洲议会和理事会于 2007 年 10 月 23 日发布的《关于铁路旅客权利和义务的第 1371/2007 号条例(OJ 2007 L 315)》,欧洲议会和理事会于 2009 年 10 月 23 日修订的《第 1371/2007 号条例的第 392/2009 号条例(EC)》,欧洲议会和理事会于 2009 年 11 月 24 日发布的《第 392/2009 号条例》,即《关于海上旅客承运人在事故中的责任(OJ 2009 L 131)》,欧洲议会和理事会于 2010 年 11 月 24 日发布的《第 1177/2010 号条例》,即《关于旅客在海上和内陆水道旅行时的权利》,以及修订的《第 2006/2004 号条例》(OJ 2010 L 41)和《第 2009/2004 号条例(EU)》(OJ 2009 L 41),《2006/2004(OJEU L 34)》和欧洲议会和理事会于 2011 年 2 月 16 日发布的《关于公共汽车和长途汽车运输中旅客权利的第 181/2011 号条例(EU)》,以及修订的《第 2006/2004 号条例(OJEU L 55)》,以及国际公约。

9. 本章所称的赔偿或者减价与前款所称的法规和国际公约规定的赔偿或者减价可以相互抵销。

第 7:512 条　信息传递和评估

1. 旅客可以直接向其购买旅行套餐的零售商提出有关执行套餐的信息、要求或者投诉。零售商应当立即将该信息、要求或者投诉传递给组织者。

2. 为评估本条第 1 款所称的通知、请求或者投诉是否在规定的期限或者时效内提出,零售商的收据应当视为组织者的收据。

3. 组织者设立在欧洲经济区之外的,第 7:510 至 513 条之一规定的组织者的义务应当适用于设立在欧洲成员国的零售商,除非零售商证明组织者遵守上述条款。

第 7:513 条　帮助义务

1. 旅客遇到困难时,包括第 7:510 条第 9 款所称的情况,组织者有义务立即给予旅客帮助和协助,特别是通过以下方式:

(1)提供有关医疗服务、地方当局和领事援助的适当信息;

(2)协助旅客使用远程通信和寻找其他旅行安排。

2. 本条第 1 款所称的困难是由于旅客的故意或者过失行为造成的,组织者可以要求对所提供的帮助和协助进行合理的赔偿。该赔偿在任何情况下均不得超过组织者所支付的实际费用。

第五节　破产情况下的保护

第 7:513 条之一　组织者采取的必要措施

1. 组织者应当采取必要措施,确保在其因无经济能力而无法履行对旅客的义务或者继续履行该义务时,安排由他人履行其义务、退还旅费,或者在已提供部分旅行服务的情况下,退还其中一部分。一揽子旅行合同包括客运的,措施中应当规定旅客的遣返事宜。

2. 本条第 1 款所称的措施均应当包括以下内容:

(1)合理可预见的费用;

(2)旅客或者代表旅客支付的与一揽子旅游有关的款项,同时考虑到从预付款到最后付款和全面实施一揽子旅游之间的期限;

(3)在组织者无力偿还的情况下,遣返的估计费用。

3. 旅客已经到达目的地,但包价旅游的实施因组织者无经济能力而受到影响的,本条第 1 款所称的措施应当使旅客有权获得免费遣返,并且在必要时获得遣返前的住宿资助。

4. 无论旅客居住地、出发地或者购买套餐的地点,以及破产保护机构设立的成员国,本条所称的针对组织者财务破产的保护应当使旅客受益。

5. 对于未执行的旅行服务,应当根据旅客的要求迅速进行偿付。

6. 对于不在荷兰设立,但在荷兰提供套餐假期服务的组织者,或者将此类安排引向荷兰的组织者,应当参照适用本条第 1 款至第 5 款的规定。

第六节　旅行安排

第 7:513 条之二　经营者采取的必要措施

1. 为联营旅行安排提供便利的经营者应当采取必要措施,确保在属于联营旅行安排的旅行服务因该经营者无经济能力而无法履行或者继续履行的情况下，保证退还从旅客处收到的旅行费用，旅客已经部分享受该旅行服务的，保证按比例退还一部分。为旅行安排提供便利的经营者承担运输旅客的责任，该措施还应当规定旅客的遣返事宜。参照适用第 7:513 条之一第 2 款至 6 款的规定。

2. 在旅客受导致形成关联旅行安排的合同或者相应报价的约束之前，为关联旅行安排提供便利的经营者，即使其未在欧洲成员国设立机构，但其将此种安排引向荷兰的，也应当以清晰、可理解和明显的方式提请注意以下内容：

(1) 旅客无权要求本章专门适用于一揽子旅行的任何权利，并且各服务提供者应当仅对其自身服务的适当合同履行承担责任；

(2) 旅客可以根据本条第 1 款要求在破产情况下获得保护。

3. 为联程旅行安排提供便利的经营者应当通过《第 2015/2302 号指令》附件二所列的相关标准表格向旅客提供本条第 2 款所称的信息，某类联程旅行安排未包括在该附件所列的表格中的，应当提供其中所列的信息。

4. 提供联营旅行安排的经营者未能遵守本条第 1 款至第 3 款的要求的，作为联营旅行安排一部分的旅行服务应当适用第 7:506 条和第 7:509 条至第 7:513 条关于权利义务的规定。

5. 一项关联旅行安排属于旅客与非关联旅行安排促进者的经营者之间的合同事项的，该经营者应当将有关合同事项通知给关联组织者。

第七节　附　　则

第 7:513 条之三　禁止限制责任

1. 有以下情形之一的，除非预订错误因旅客造成，或者因不可避免的特殊情况造成，否则经营者不能排除或者限制其责任：

(1) 因预订系统的技术缺陷而造成的损失，并且此种损失可归责于他；

(2) 因预订过程中出现错误而造成的损失，并且经营者已同意处理一揽子合同的预订或者构成关联旅行安排一部分的旅行服务的预订。

第 7:513 条之四　强制性规定

1. 适用本章时，不得作出对旅客不利的改变。

2. 包价旅游的组织者或者为联营旅游安排提供便利的经营者声明其完全以旅游服务提供者、中介或者其他身份行事的，或者声明包价旅游或联营旅游安排不是包价旅游或联营旅游安排的，不应当免除该组织者或者经营者承担本章所规定的义务。

第七章之二　支付交易

第一节　一般规定

第7:514条　定义

适用本章时,术语含义如下:

(1)认证或者安全化是指遵循一种程序,使支付服务提供者能够核实支付服务用户的身份或者使用特定支付工具的有效性,包括支付服务用户的个人安全信息。

(2)直接扣款是指从付款人的支付账户中扣款的支付服务,其中支付交易是由收款人根据付款人给予收款人、收款人的支付服务提供者或者付款人的支付服务提供者的同意发起的。

(3)收款人是指作为支付交易对象的资金的预期接收者的自然人或者法人。

(4)支付服务是指《关于内部市场支付服务第2015/2366号(EU)指令》附件所称的商业活动。

(5)支付服务用户是指以支付人、收款人,或者两者身份使用支付服务的自然人或者法人。

(6)支付服务提供者是指《关于内部市场支付服务第2015/2366号(EU)指令》第1条第1款所称的服务提供者,以及适用《金融监管法》第2:3条之四规定的豁免的自然人或者法人。

(7)支付工具是指支付服务用户和支付服务提供者之间商定的个性化工具或者一套程序,并且用于启动支付指令。

(8)支付指令是指由付款人或者收款人向其支付服务提供者发出的执行支付交易的指令。

(9)支付账户是指以一个或者多个支付服务用户的名义持有的账户,并且用于执行支付交易。

(10)付款人是指持有支付账户并授权从该支付账户进行支付交易的自然人或法人,或者在没有支付账户的情况下,签发支付指令的自然人或法人。

(11)支付交易是指由支付人或者代表支付人发起的存款、转移或者提取资金的行为,而不考虑支付人和支付受益人之间的任何基本义务。

(12)消费者是指支付服务提供者向其提供或者拟向其提供支付服务的非商业或者职业的自然人。

持久介质是指使支付服务用户能够以一种可供今后参考的方式,在足够长的时间内储存其个人信息,并且允许对储存的信息进行不改变内容的复制的任何工具。

(13)电子货币机构是指《金融监管法》第1:1条所称的电子货币机构。

(14)资金是指《金融监管法》第1:1条所称的货币、脚本货币或者电子货币。

(15)主协议是指规范执行个别和连续支付交易的协议,其中可能包括开设支付账户的义务和条件。

(16)参考利率是指用作计算所收利息的基础的利率,该利率来自公众可获得的、可由双方核实的途径。

(17)参考汇率是指在货币兑换中用作计算基础的汇率,该汇率应当由支付服务提供者提供或者来自公开途径。

(18)指令是指欧洲议会和理事会于2015年11月25日发布的《关于内部市场支付服务的第2015/2366号(EU)指令》,该指令修正了《第2002/65/EC、2009/110/EC和2013/36/EU号指令》以及《第(EU)1093/2010号条例》,并且废除了《第2007/64/EC号指令》(OJ 2015 L 337)。

(19)唯一标识符是指由支付服务提供者向支付服务用户指定的字母、数字和符号的组合,由支付服务用户提供,以明确识别参与支付交易的其他支付服务用户或者其支付账户。

(20)价值日期是指支付服务提供者用于计算借入或者贷入支付账户的资金利息的参考时间。

(21)营业日是指参与执行支付交易的付款人的支付服务提供者或者收款人的支付服务提供者开门营业的日期。

(22)支付启动服务是指应支付服务用户的要求,针对在另一支付服务提供者处持有的支付账户启动支付指令的服务。

(23)账户信息服务是指一种在线服务,用于提供支付服务用户在另一个支付服务提供者或者一个以上的支付服务提供者持有的一个或者多个支付账户的综合信息。

(24)持有账户的支付服务提供者是指为支付人提供并管理支付账户的支付服务提供者。

(25)支付启动服务提供者是指从事《关于内部市场支付服务第2015/2366号(EU)指令》附件一第7条所称的业务活动的支付服务提供者。

(26)账户信息服务提供者是指从事《关于内部市场支付服务第2015/2366号(EU)指令》附件一第8条所称的支付服务提供者业务的支付服务提供者。

①贷记转账是指由管理付款人支付账户的支付服务提供者根据付款人发出的指令,从付款人的支付账户向收款人的支付账户贷记一笔或者一系列支付交易的支付服务;

②强客户认证是指使用两个或者更多的因素进行认证,该因素分为知识、占有和固有属性,并且相互独立,其中一个因素的破坏不会影响另一个因素的可靠性,以此保护认证数据的保密性;

③个人安全数据是指支付服务提供者为认证目的向支付服务用户提供的个性化属性;

④敏感信息是指易受欺诈的数据,包括个人安全数据。对于启动服务提供者和账户信息服务提供者的信息,该信息中的账户持有人的姓名和账户号码不构成敏感信息。

第 7:515 条　适用范围

1. 本章应当适用于付款人的支付服务提供者和收款人的支付服务提供者或者参与支付交易的唯一支付服务提供者均位于欧盟或者欧洲经济区的情况。

2. 除第 7:535 条至 7:540 条外,本章也应当适用于以非成员国或者未加入《欧洲经济区协定》的国家的货币进行的支付交易,并且支付方的支付服务提供者和收款方的支付服务提供者,或者参与支付交易的唯一支付服务提供者均位于欧盟或者欧洲经济区内的情况。

3. 除第 7:520 条第 2 款和第 4 款、第 7:530 条、第 7:531 条、第 7:535 条、第 7:537条第 1 款、第 7:543 条至第 7:545 条和第 7:547 条外,本章应当适用于所有货币的支付交易,其中仅一个支付服务提供者位于欧盟或者欧洲经济区的,也应当适用于部分在欧盟或者欧洲经济区进行的支付交易。

4. 本章不适用于《金融监管法》第 1:5 条之一第 2 款所称的支付服务。

5. 本章不适用于欧洲议会和理事会于 2013 年 6 月 26 日发布的《关于信贷机构活动准入和信贷机构及投资公司审慎监管的第 2013/36/EU 号指令》第 3 条第 3 款所称的荷兰机构的支付服务,该指令修订了《第 2002/87/EC 号指令》,并且废除了《第 2006/48/EC 和 2006/49/EC 号指令》(OJ 2013 L 176)。

第 7:515 条之一　遵守规定

仅提供账户信息服务的支付服务提供者应当遵守本章第 7:522 条之三和第 7:524条的规定。

第 7:516 条　提供义务

在合同期间,支付服务用户应当有权随时要求以书面形式或者其他耐用媒介形式提供框架协议的合同条款和条件,以及《金融监督法》第 4:22 条所称的理事会命令所称的或者根据该命令提供的信息和条件。

第 7:517 条　信息和条件的变更

1. 对框架协议以及《金融监管法》第 4:22 条所称理事会命令所规定的信息和条

件的任何变更，支付服务提供者应当在预定生效日期前两个月，以书面形式或者其他耐用介质，以易于理解的文字和清晰易懂的形式，以提供支付服务的成员国的官方语言或者各方商定的其他语言提出。支付服务用户也可以在预定实施日期前接受或者拒绝此种变更。

2. 以下情形中，根据枢密院令可以规定本条第1款所称的变更：

(1)支付服务提供者应当通知支付服务用户，在此种变更的拟议生效日期之前没有通知支付服务提供者其不接受此种变更的，应当视为其已接受本条第1款所称的变更；

(2)支付服务提供者还应当通知支付服务用户，支付服务用户拒绝此种变更的情况下，支付服务用户有权免费终止框架协议，该终止自变更生效之日前生效。

3. 框架协议中已商定权利，并且此种变更是以根据上述枢密院令的规定或者依照该命令商定的参考利率或者汇率为基础的，可立即适用变更后的利率或者汇率，而无须任何通知。

4. 对支付服务用户不利的任何利率变化，应当按照上述枢密院令规定的方式或者根据该命令尽快通知支付服务用户，除非双方同意以特定频率或者特定方式提供信息。对支付服务用户有利的利息或者汇率的变化可以不经通知而适用。

5. 支付交易中使用的利息或者汇率的变化，应当以不歧视支付服务用户的中立方式进行计算和应用。

第7:518条　终止通知

1. 支付服务用户可随时终止框架协议，除非双方约定通知期。该期限不得超过1个月。

2. 支付服务用户可以免费终止框架协议，但协议生效不足6个月的除外。终止框架合同的任何费用均应当适当，并且与实际成本相一致。

3. 框架协议可以约定支付服务提供者可按照第7:517条第1款规定的提出修订建议的方式终止无限期的框架协议，但是至少应当提前2个月通知该事项。

4. 框架协议终止后，支付服务提供者仅能按比例收取经常性费用，直至协议终止。支付服务用户已经预付此类费用的，应当按比例退还相关金额。

第7:519条　交易货币

1. 支付交易应当以双方商定的货币进行。

2. 在自动取款机上、销售点或者由收款人提供货币兑换服务而启动支付交易的情况下，提供货币兑换服务的一方应当通知付款人将收取的任何费用以及兑换支付交易时使用的汇率。

第 7:520 条　交易费用

1. 除以下情形外，支付服务提供者不得就其信息义务或者根据本章采取纠正或预防措施向支付服务用户收费：

(1) 根据第 7:533 条第 1 款、第 7:534 条第 5 款或者第 7:542 条第 4 款的规定；

(2) 支付服务用户与支付服务提供者之间已就收取的费用达成一致；

(3) 费用是适当的，并且符合支付服务提供者的实际成本。

2. 对于在欧盟范围内进行的支付交易，付款人和收款人的支付服务提供者或者参与支付交易的唯一支付服务提供者均位于欧盟范围内的，付款人和收款人应当各自支付其各自的支付服务提供者所收取的费用。

3. 支付服务提供者不得阻止收款人对使用特定支付工具的付款人收取费用或者提供回扣。此类费用不得超过收款人使用特定支付工具所承担的直接费用。

4. 受益人不得对使用交换费属于《(欧盟)第 2015/571 号条例》第二章的支付工具或者《(欧盟)第 260/2012 号条例》所适用的支付服务收取任何费用。

第 7:521 条　支付工具

1. 关于支出限额为 150 欧元的支付工具，或者每次最多可储存 150 欧元的支付工具，根据框架协议，仅用于不超过 30 欧元的个人支付交易，支付服务提供者可以与其支付服务用户商定以下事项：

(1) 不能封锁支付工具或者不能防止进一步使用的，不适用第 7:524 条第 1 款第 2 项、第 7:525 条第 1 款第 3 项和第 5 项以及第 7:529 条第 4 款和第 5 款的规定；

(2) 匿名使用支付工具的，或者支付服务提供者不能提供证据证明该支付交易是因与支付工具有关的其他原因而获得授权的，不适用第 7:527 条、第 7:528 条和第 7:529 条第 1 款的规定；

(3) 与第 7:533 条第 1 款的规定不同，可以判断支付指令未被执行的，支付服务提供者没有义务通知支付服务用户该指令被拒绝的事项；

(4) 适用第 7:534 条的规定时，付款人发出付款指令或者收款人同意执行付款交易后，不能撤销该付款指令；

(5) 在减损适用第 7:537 条和第 7:538 条规定的情形下，适用其他执行期限；

(6) 在减损适用第 7:517 条规定的情形下，支付服务提供者没有义务以第7:517 条所称的方式对框架协议的条款作出修改。

2. 对于国家支付交易，本条第 1 款所称的金额应当加倍。

3. 对于国家支付交易的预付支付工具，前款所称的金额应当增加到 500 欧元。

4. 第 7:514 条第 14 款所称的电子货币应当适用第 7:528 条和第 7:529 条的规

定，除非付款人的支付服务提供者没有能力封锁账户或者支付工具。

第 7:521 条之一　电子货币的赎回

1. 电子货币机构应当根据电子货币持有人的要求，赎回电子货币的面值。

2. 电子货币机构与电子货币持有人之间的合同应当明确和显著地规定赎回条件，并且该条件应当在受任何合同或者要约约束之前通知给电子货币持有人。

3. 仅在合同中按照本条第 2 款规定通知的情况下，电子货币机构才可以收取报销费用，并且仅在以下情况中收取该费用：

(1)在合同结束前要求偿还费用；

(2)该合同规定合同结束的日期，但电子货币持有人拟在该日期之前终止合同；

(3)报销请求是在协议终止日期一年后提出的。

此种收费应当与电子货币机构实际发生的费用成正比。

4. 电子货币持有人在合同终止前要求赎回的，其可以要求部分或者全部赎回。

5. 有以下情形之一的，电子货币持有人可以在合同终止之日或者该日之后一年内要求赎回：

(1)电子货币机构应当向其赎回所发行的电子货币的全部货币价值；

(2)电子货币机构按照其业务规则开展一项或者多项除发行电子货币以外的业务活动，并且在订立合同前不清楚该资金用作电子货币的部分的，电子货币机构应当将电子货币持有人要求的所有资金退回。

6. 在不减损适用本条第 3 款、第 4 款和第 5 款的情况下，接受电子货币的非消费者的赎回权应当受电子货币机构与该人之间的协议约束。

第二节　支付交易的授权

第 7:522 条　交易授权

1. 支付服务提供者仅在支付人同意执行支付指令的情况下，才能执行支付交易。

2. 对支付令的同意应当按照支付人与其相关支付服务提供者之间商定的形式和程序进行。执行支付交易的同意也可以通过收款人或者支付启动服务提供者作出。在没有该同意的情况下，支付交易应当视为未经授权。

3. 付款人可随时根据第 7:534 条撤回同意，但不得迟于支付令成为不可撤销的期限。执行涉及一系列支付交易的支付指令的同意被撤销的，任何未来的支付交易均将视为未经授权。

第 7:522 条之一　支付确认

1. 持有账户的支付服务提供者应当根据发行卡式支付工具的支付服务提供者

的要求,立即确认支付人的支付账户中是否有执行卡式支付交易所需的金额,但应当满足以下条件:

(1)在提出请求时,可以在线访问付款人的支付账户;

(2)付款人已明确同意账户持有者的支付服务提供者回应特定支付服务提供者的请求,以确认付款人的支付账户上有与某项卡式支付交易相应的金额;

(3)前项所称的同意是在提出第一次确认请求之前作出的。

2. 有以下情况之一的,支付服务提供者可要求提供本条第 1 款所称的确认:

(1)付款人已明确同意支付服务提供者要求提供的本条第 1 款所称的确认;

(2)付款人通过支付服务提供者发行的卡式支付工具启动有关金额的卡式支付交易;

(3)在每次请求确认之前,可以向开户支付服务提供者验证自己的身份,并且根据《关于内部市场支付服务第 2015/2366 号(EU)指令》第 98 条第 1 款第 4 项以安全方式与开户支付服务提供者进行沟通。

3. 根据《第 95/46/EC 号指令》,本条第 1 款所称的确认应当仅包括简单的"是"或者"否"的形式,而非余额说明。该回应不应当储存或者用于进行基于卡片的支付交易以外的目的。

4. 本条第 1 款所称的确认不应当允许支付服务提供者封锁支付人支付账户上的资金。

5. 付款人可以要求支付服务提供者的账户持有人向其提供支付服务提供者的身份证明和提供的答案。

6. 本条不适用于以卡为基础的支付工具发起的支付交易,该支付工具上存储着《2009/110/EC 号指令》第 2 条第 2 款所定义的电子货币。

第 7:522 条之二 《关于内部市场支付服务第 2015/2366 号(EU)指令》附件一第 7 条所称的支付服务

付款人应当有权使用支付启动服务提供者提供《关于内部市场支付服务第 2015/2366 号(EU)指令》附件一第 7 条所称的支付服务。该权利不应当适用于支付账户无法在线访问的情况。

第 7:522 条之三 《关于内部市场支付服务第 2015/2366 号(EU)指令》附件一第 8 条所称的支付服务

支付服务用户应有权使用使其能够获得《关于内部市场支付服务第 2015/2366 号(EU)指令》附件一第 8 条所称的账户信息的服务。该权利不应当适用支付账户无法在线访问的情况。

第 7:523 条　支付风险

1. 为表示同意而使用特定的支付工具的，付款人和其支付服务提供者可以商定通过该支付工具提供的支付服务的支出限额。

2. 框架协议可以约定，支付服务提供者可以根据客观上合理的理由阻止支付工具的使用，此种理由包括：

(1)支付工具的安全性；

(2)认为有未经授权或者欺诈性使用支付工具的情况；

(3)付款人因使用带有信贷机制的支付工具而无法履行其支付义务的风险大幅增加。

3. 在本条第 2 款所称情况下，支付服务提供者应当按照框架合同中约定的方式，在封锁之前或者在封锁之后立即通知支付人该封锁和封锁的原因，除非提供此类信息违背客观上合理的安全理由或者被欧盟或其他适用法律所禁止。

4. 封锁原因不再存在的，支付服务提供者应当立即解除对被封锁支付工具的封锁或者用新的支付工具替代。

5. 账户信息服务提供者或者支付启动服务提供者未经授权或者欺诈性地访问支付账户的，包括未经授权或者欺诈性地启动支付交易持有账户的，支付服务提供者可以拒绝账户信息服务提供者或者支付启动服务提供者对支付账户的访问。

6. 在本条第 5 款所称的情况下，开户支付服务提供者应当以商定的格式将拒绝使用支付账户的情况及其理由通知给支付人。该信息应当在拒绝访问之前提供给付款人，最迟应当在此后立即提供，除非提供该信息会损害客观上合理的安全理由或者被其他适用的欧盟或国家法律禁止。

7. 拒绝访问的理由不再存在的，持有账户的支付服务提供者应当立即允许访问支付账户。

8. 在本条第 6 款所称的情况下，持有账户的支付服务提供者应当立即向荷兰银行报告有关账户信息服务提供者或者支付启动服务提供者的事项。该通知应当包含案件的相关细节和采取行动的理由。荷兰银行应当评估该案件，并且在必要时采取适当行动。

第 7:524 条　支付服务用户的义务

1. 被授权使用支付工具的支付服务用户应当遵循以下规定：

(1)按照有关支付工具的发行和使用的条款使用该支付工具；

(2)将支付工具的丢失、被盗或者未经授权的使用情况通知给支付服务提供者或者后者指定的实体，并且不得有不当的延误。

2. 适用本条第 1 款第 1 项时，支付服务用户应当在收到支付工具后立即采取一切合理措施，确保其中所含的个人安全数据的安全。

3. 本条第 1 款第 1 项所称的条件应当是客观的、非歧视性的和相称的。

第 7:525 条　支付服务提供者的义务

1. 发行支付工具的支付服务提供者应当遵循以下规定：

(1) 在不影响第 7:524 条的情况下，确保有权使用支付工具的支付服务用户以外的其他各方无法获取支付工具的个人安全数据；

(2) 不要主动发送支付工具，除非已经给支付服务用户的支付工具需要更换。

(3) 确保在任何时候均有适当的手段，使支付服务用户能够根据第 7:524 条第 1 款第 2 项提出通知或者根据第 7:523 条第 4 款要求解除封锁；

(4) 允许支付服务用户免费发出第 7:524 条第 1 款第 2 项所称的通知，并且仅收取与该票据直接有关的更换费用。

(5) 应支付服务用户的要求，在本款第 3 项所称的通知发出后 18 个月内，提供支付服务用户可以证明其已发出该通知的方法；

(6) 按照第 7:524 条第 1 款第 2 项的规定发出通知的，防止使用该支付工具。

2. 支付服务提供者应当承担向支付人传送支付工具及其个性化安全特征的风险。

第 7:526 条　其他条款的适用

1. 支付服务用户知道有未经授权或者不正确执行的支付交易，其可以要求支付服务提供者承担责任，包括第 7:543 条、第 7:544 条和第 7:545 条规定的责任，在其不无故拖延且不晚于其账户被扣除的价值日期后 13 个月内通知支付服务提供者的，才能从其支付服务提供者处获得纠正。支付服务提供者未按照《金融监督法》第 4:22 条规定的方式提供有关该支付交易的信息的，应当向支付服务用户通知有关的交易。

2. 交易中涉及支付启动服务提供者的，支付服务用户应当根据本条第 1 款从持有账户的支付服务提供者处获得纠正，但不影响适用第 7:528 条第 1 款和第 5 款以及第 7:543 条的规定。

第 7:527 条　证明责任

1. 支付服务用户否认同意已执行的支付交易，或者声称支付交易没有正确执行的，其支付服务提供者有义务提供证据，证明该支付交易是经过认证、准确记录和预订的，并且没有受到支付服务提供者提供的技术故障或者任何其他故障的影响。支付交易通过支付启动服务提供者发起的，后者需要提供证据，证明在其责任下，支付交易经过验证、准确记录，并且没有受到技术故障或者与受托支付服务有关的任何其他故障的影响。

2. 支付服务用户否认曾同意执行支付交易的,支付服务提供者(包括相关的支付启动服务提供者)记录支付工具的使用情况这一事实,不一定足以证明该支付交易经支付人的同意,或者支付人有欺诈行为或故意、因重大过失未履行第7:524条规定的一项或者多项义务。支付服务提供者,包括相关的支付启动服务提供者,应当提供支持性证据,证明支付人存在欺诈或者严重过失。

第7:528条　未经授权的交易

1. 在不影响适用第7:526条的情况下,发生未经授权的支付交易的,付款人的支付服务提供者应当立即向付款人退还未经授权的支付交易的金额,并且应当在知道或者被告知该交易后的下一个工作日结束前退还。

2. 根据本条第1款,付款人的支付服务提供者应当将被扣除该金额的支付账户恢复到未经授权的支付交易未发生时的状态。贷记付款人支付账户的价值日期应当不晚于该金额被扣减的日期。

3. 付款人的支付服务提供者有合理的理由认为存在欺诈行为,并书面通知金融市场管理局该理由的,不适用本条第1款的规定。

4. 支付交易是通过支付启动服务提供者发起的,持有账户的支付服务提供者应当立即,最迟在下一个工作日结束前,退还未经授权的支付交易的金额,在适用的情况下,还应当将被扣除的支付账户恢复到未经授权的支付交易发生时的状态。

5. 支付启动服务提供者对未经授权的支付交易负有责任的,其应当根据要求向持有账户的支付服务提供者退还所遭受的任何损失或者退还的金额,包括未经授权的支付交易的金额,不得无故拖延。根据第7:527条第2款的规定,支付启动服务提供者应要求,应当证明在其责任下,支付交易经过验证、准确记录,并且没有受到技术故障或者与其受托提供的支付服务有关的任何其他故障的影响。

6. 额外的经济补偿可以根据支付人与其支付服务提供者之间订立的合同或者支付人与支付启动服务提供者之间订立的合同所适用的法律予以确定。

第7:529条　经济损失

1. 损失由付款人欺诈行为、故意、严重疏忽而未能履行第7:524条规定的一项或者多项义务所造成的,该付款人应当承担因未经授权的支付交易而产生的任何损失。

2. 付款人在没有欺诈或者故意行为的情况下未履行第7:524条规定的义务的,法院可以限制本条第1款所称的责任,特别是考虑到支付工具的个人安全特征的性质以及丢失、被盗或者滥用的情况。

3. 付款人的支付服务提供者不要求强客户认证的,付款人不应当对任何经济损失承担责任,除非付款人存在欺诈行为。强客户认证不被收款人或者收款人的支付服务提供者所接受的,付款人的支付服务提供者应当对经济损失承担责任。

4. 根据第7:524条第1款第2项发出通知后,除非付款人存在欺诈行为,否则使用该支付工具不会导致其对任何经济损失承担责任。

5. 支付服务提供者未能按照第7:525条第1款第3项提供适当的手段,以便随时发出第7:524条第1款第2项所称的通知的,付款人不应当对使用该支付工具产生的经济损失承担责任,除非其存在欺诈行为。

第7:529条之一　冻结和解冻资金

1. 在基于卡片的支付交易中,由收款人发起或者通过收款人发起的支付交易,在付款人同意执行支付交易时不知道确切的金额的,仅在付款人同意被冻结的确切金额的情况下,付款人的支付服务提供者才能冻结付款人支付账户上的资金。

2. 付款人的支付服务提供者在收到支付交易的确切金额信息后,应当按照本条第1款的规定释放封锁在付款人支付账户中的资金,最迟应当在收到支付指令后立即解冻。

第7:530条　退款

1. 符合以下条件的,付款人有权要求其支付服务提供者退还已经在其同意下由收款人或者通过收款人执行的支付交易:

(1)支付交易的授权书未说明支付交易的确切金额;

(2)支付交易的金额超过支付人在考虑到其以前的消费模式、框架合同的条款和案件的相关方面后可以合理预期的金额。

2. 应支付服务提供者的要求,付款人应当提供履行此种义务的证据。

3. 退款应当包括已执行的支付交易的全部金额。贷记付款人支付账户的价值日期不应当晚于该账户被借记该金额的日期。

4. 适用本条第1款第2项时,适用的参考汇率是其根据《金融监督法》第4:22条所称理事会命令的规定与支付服务提供者商定的汇率的,付款人不得援引货币兑换理由。

5. 在减损适用本条第1款的情形下,付款人和支付服务提供者可以商定在以下情形中,付款人无权要求退款:

(1)其已经同意直接向支付服务提供者执行支付交易;

(2)支付服务提供者或者收款人在到期日前至少4周以商定的方式向支付人提供有关未来支付交易的信息。

第7:531条　退款的拒绝和异议

1. 付款人享有无条件要求偿还第7:530条所称款项的权利,该权利的期限为自资金被扣除之日起 8 周。

2. 在收到退款请求的 10 个工作日内，支付服务提供者应当全额退还支付交易的金额，或者通知支付服务提供者拒绝退款的事项。

3. 支付服务提供者拒绝退款的，其应当说明理由，并且列出《金融监管法》第 4:17条第 1 款第 2 项所称的仲裁机构，支付人不接受拒绝的，可以向该机构提出异议。

第三节　支付交易的执行

第三节第一分节　支付令、费用和转让金额

第 7:532 条　定义

1. 收款时间是指支付服务提供者从付款人处收到支付指令的时间。收款时间不是支付服务提供者的工作日的，收到的支付订单应当视为在下一个工作日收到。支付服务提供者可以在一个工作日结束时设定一个截止时间，之后收到的支付指令应当视为在下一个工作日收到。

2. 发起支付指令的支付服务用户可以和其支付服务提供者商定，支付指令的执行将在某一特定日期、某一时期结束时或者在支付人将资金交给支付服务提供者处置的当天开始，适用第 7:537 条时，收到指令的时间应当视为商定的日期。该日期不是支付服务提供者的营业日的，收到的支付订单应当视为在下一个营业日收到。

第 7:533 条　拒绝通知

1. 支付服务提供者拒绝执行支付指令或者启动支付交易的，其应当将这种拒绝告知支付服务用户，并且告知其原因以及纠正导致拒绝的任何事实错误的程序，除非其他适用的联盟或者国家法律禁止。

2. 支付服务提供者应当尽快以商定的方式提供或者作出通知，最迟应当在第 7:537条规定的期限内提供。

3. 拒绝是客观合理的，框架合同可以包括支付服务提供者可对此类通知收取合理费用的条件。

4. 符合付款人框架合同规定的所有条件的，付款人的支付服务提供者不得拒绝执行经授权的支付指令，无论该支付指令是由付款人自己发起的，由支付启动服务提供者发起的，由收款人发起的，还是通过收款人发起的，除非其他适用的欧盟或者国家法律禁止。

5. 适用第 7:537 条、第 7:543 条、第 7:544 条和第 7:545 条时，被拒绝执行的支付令应当视为未收到。

第7:534条　撤销支付指令

1. 除非本条另有规定,支付服务用户自第7:532条第1款所称的收货时间起,不得再撤销支付指令。

2. 支付交易是由支付启动服务提供者发起的,或者由收款人发起或通过收款人发起的,付款人同意支付启动服务提供者发起支付交易或者同意收款人执行支付交易后,不能撤销支付指令。

3. 在直接扣款的情况下,不影响退款权利的,付款人最迟可以在根据协议从付款账户中扣除的前一个工作日结束前撤销付款指令。

4. 在第7:532条第2款所称的情况下,支付服务用户最迟可在约定日期前的工作日结束前撤销支付指令。

5. 在本条第1款至第4款所称的期间之后,仅在支付服务用户和相关支付服务提供者之间达成一致的情况下,支付服务用户才能撤销支付指令。在本条第2款和第3款所称的情况下,还应当取得收款人的同意。

6. 框架协议可以约定相关支付服务提供者可以收取撤销费。

第7:535条　支付的金额和扣除

1. 付款人的支付服务提供者、收款人的支付服务提供者以及支付服务提供者的任何中介机构应当全额转移支付交易的金额,不得从转移的金额中扣除任何费用。

2. 在减损适用本条第1款的情况下,收款人和其支付服务提供者可以约定,相关的支付服务提供者在将转账金额记入收款人的账户之前,从其费用中扣除。此情况下,支付交易的全部金额和费用应当在提供给收款人的信息中单独显示。

3. 从转账金额中扣除本条第2款以外的费用的,付款人的支付服务提供者应当确保收款人收到由付款人发起的支付交易的全部金额。支付交易是由收款人发起的,其支付服务提供者应当确保收款人收到支付交易的全部金额。

第三节第二分节　执行期和价值日

第7:536条　适用范围

1. 本节适用于以下情形:

(1)以欧元为支付货币的支付交易;

(2)以欧元区外的成员国货币进行的国内支付交易;

(3)所需的货币转换是在非欧元货币的有关成员国进行的,仅涉及欧元与非欧元货币的成员国的货币之间的一次货币转换的支付交易,在跨境支付交易的情况下,以欧元进行的转账。

2. 本款适用于其他支付交易，除非支付服务用户与其支付服务提供者之间另有约定，但不能减损适用第 7:541 条的规定。除非支付服务用户和其支付服务提供者商定比第 7:537 条所称期限更长的期限，并且该期限不得超过根据第 7:532 条对欧盟内支付交易的收款时间后的 4 个工作日。

第 7:537 条　支付期限

1. 付款人的支付服务提供者应当确保支付交易的金额最迟在收到款项后的下一个工作日结束前按照第 7:532 条的规定计入收款人的支付账户。对于书面形式发起的支付交易，该期限可以延长一个工作日。

2. 收款人的支付服务提供者应当对支付交易的金额进行估价，并且在支付服务提供者按照第 7:541 条规定收到资金后，立即提供给收款人。

3. 收款人的支付服务提供者应当在收款人与其支付服务提供者商定的期限内，将由收款人发起的或者通过收款人发起的支付指令传送给收款人的支付服务提供者，以便在商定的日期进行直接扣款。

第 7:538 条　收款

收款人未在支付服务提供者处开立支付账户的，应当由代表收款人接收资金的支付服务提供者在第 7:537 条规定的期限内将资金提供给收款人。

第 7:539 条　收款标注

1. 消费者在支付服务提供者的支付账户中以该支付账户的货币存入现金的，该支付服务提供者应当确保在收到资金后立即提供该金额并注明价值。

2. 支付服务用户不是消费者的，最迟应当在收款人的支付账户收到资金后的下一个工作日提供该金额并注明价值。

第 7:540 条　枢密院令

枢密院令可以规定比本节规定的国家支付交易更短的最长执行时间。

第 7:541 条　支付金额的货币

1. 贷记到收款人支付账户的价值日应当不晚于支付交易金额记入收款人支付服务提供者账户的工作日。收款人的支付服务提供者应当确保，收款人的支付服务提供者没有进行货币兑换时，在欧元和某一成员国货币之间或者两个成员国货币之间进行货币兑换时，支付交易的金额在该金额被记入收款人的支付服务提供者的账户时，由收款人处置。前 1 句规定的义务也应当适用于单一支付服务提供者内部提供的支付。

2. 借记到付款人支付账户的价值日不应当早于支付交易金额从该账户中扣除的时间。

第三节第三分节　责　　任

第7:542条　支付指令

1.支付指令是根据唯一标识符执行，并且对应唯一标识符所指定的收款人的，该支付指令应当视为已正确执行。

2.支付服务用户提供的唯一标识符不正确的，根据第7:543条至第7:545条的规定，支付服务提供者不应当对不执行或者有缺陷地执行支付交易承担责任。

3.付款人的支付服务提供者应当在本条第2款所称情况下，尽到合理收回支付交易中涉及资金的义务。收款人的支付服务提供者应当协助实施以下工作，包括向付款人的支付服务提供者通报与拟收回的资金有关的所有信息。无法根据第1句追回资金的，付款人的支付服务提供者应当以书面形式向付款人提供付款人的支付服务提供者所掌握的与付款人采取法律行动追回资金的能力有关的所有信息。

4.框架合同可以约定支付服务提供者可向支付服务用户收取恢复费用。

5.支付服务用户除提供《金融监管法》第4:22条所称的枢密院令所要求的信息外，还应当提供其他信息的，支付服务提供者仅对按照支付服务用户指定的唯一标识符执行支付交易承担责任。

第7:543条　付款人的责任

1.付款人直接发出付款指令，在不影响适用第7:526条、第7:542条第2款和第5款以及第7:548条的情况下，付款人的付款服务提供者应当对付款人正确执行付款指令承担责任，除非其能向付款人证明并且在相关情况下证明能向收款人的支付服务提供者证明，收款人的支付服务提供者按照第7:537条第1款的规定收到支付交易的金额，此种情况下，收款人的支付服务提供者应当就支付交易的正确执行向收款人承担责任。

2.付款人的支付服务提供者根据本条第1款承担责任的，其应当在无不当拖延的情况下向付款人退还未执行或者有缺陷的支付交易的金额，并且在适用的情况下将借记的支付账户恢复到没有发生有缺陷的支付交易时的状态。贷记到付款人付款账户的价值日期应当不晚于该金额被扣除的日期。

3.收款人的支付服务提供者根据本条第1款承担责任的，其应当立即将支付交易的金额提供给收款人，并且将相应的金额记入收款人的支付账户。贷记收款人支付账户的价值日期应当不迟于交易按照第7:541条正确执行且贷记该金额的日期。

4.付款人发起的付款交易没有执行或者执行有缺陷的，付款人的付款服务提供者应当根据要求立即追踪付款交易并且将结果通知给付款人，而不考虑本条规定的任何责任。付款人不应当承担该追踪的费用。

5. 支付交易没有及时执行的，收款人的支付服务提供者应当根据代表付款人的支付服务提供者的要求，确保记入收款人支付账户的价值日期不晚于交易得到适当执行时该金额应记入的日期。

第7:544条　收款人的责任

1. 支付指令是由收款人发起或者通过收款人发起的，在不影响适用第7:526条、第7:542条第2款和第5款以及第7:548条的情况下，收款人的支付服务提供者应当向收款人承担责任，并且按照第7:537条第3款将支付指令正确传送给付款人的支付服务提供者。

2. 收款人的支付服务提供者根据第1款承担责任的，其应当立即将有关支付指令传送给付款人的支付服务提供者。支付令没有及时传送的，最迟应当在交易正常执行的情况下，从收款人的支付账户中扣除该金额。

3. 在不影响适用第7:526条、第7:542条第2款和第5款以及第7:548条的情况下，收款人的支付服务提供者应当向收款人承担责任，并且按照第7:541条规定的义务处理支付交易。收款人的支付服务提供者根据本条第1款承担责任的，其应当确保在相应的金额被记入收款人的支付服务提供者的账户后，立即将支付交易的金额提供给收款人。该金额最迟应在交易正确执行的情况下，于该日记入收款人的账户中。

4. 对于未执行或者执行有缺陷的支付交易，收款人的支付服务提供者根据本条第1款和第2款不承担责任的，付款人的支付服务提供者应当向付款人承担责任。付款人的支付服务提供者根据本款第1句承担责任的，其应当向付款人退还未执行或者有缺陷的支付交易的金额，不得无故拖延，并且应当将借记的支付账户恢复到没有发生有缺陷的支付交易时的状态。贷记付款人支付账户的价值日期应当不晚于该金额被扣减的日期。

5. 付款人的支付服务提供者提供证据证明收款人的支付服务提供者已经收到支付交易的金额的，在推迟支付交易执行的情况下，也不适用本条第4款的规定。此种情况下，收款人的支付服务提供者应当最迟在交易正常执行的情况下对收款人的账户进行增值计算。

6. 由收款人发起或者通过收款人发起的支付交易没有执行或者有缺陷的，收款人的支付服务提供者应当根据要求立即追踪该支付交易，并且将结果通知给收款人，而不考虑本条规定的任何责任。受益人不应当承担该追查费用。

第7:545条　责任的费用和利息

在第7:543条和第7:544条所称的情况下，支付服务提供者应当向其各自的支付服务用户承担责任,并且收取后者应当承担责任的费用,涉及承担责任支付服务用户因不执行或者有缺陷地执行的,还应当包括延迟执行支付交易而承担的利息。

第7:545条之一　支付服务提供者的证明责任

1. 付款人通过付款启动服务提供者启动付款指令的,付款服务提供者应当在不影响适用第7:526条和第7:542条第2款和第3款的情况下,向付款人退还未执行或者有缺陷的付款交易的金额,并且将被扣除该金额的付款账户恢复到没有发生有缺陷的付款交易时的状态。

2. 支付服务提供者应当提供证据,证明持有账户的支付服务提供者根据第7:532条的规定收到支付指令,并且证明支付交易在支付启动服务提供者的权限范围内经过验证、准确记录,并且没有受到技术故障,任何其他与不执行、有缺陷、延迟执行交易有关的故障影响。

3. 支付启动服务提供者对不执行或者有缺陷或延迟执行支付交易承担责任的,其应当根据要求立即赔偿支付服务提供者遭受的任何损失或者向付款人支付的金额。

第7:546条　不影响合同法一般规则的适用

本节的适用不应当影响根据合同法的一般规则获得额外赔偿的权利。

第7:547条　赔偿责任

1. 支付服务提供者在第7:528条、第7:543条、第7:544条和第7:545条所称的责任可归责于另一个支付服务提供者或者中介机构的,该支付服务提供者或者中介机构应当赔偿第一个支付服务提供者遭受的所有损失和根据第7:543条、第7:544条和第7:545条支付的金额。该金额还应当包括在其中一个支付服务提供者没有实施强客户认证时的补偿。

2. 本规定的适用不影响支付服务提供者之间以及支付服务提供者与中介机构之间签订的协议所规定的额外赔偿权。

第7:548条　不可抗力的情况

本章第2节和第3节规定的责任不应当适用于不寻常和不可预见的情况,该情况不以人的意志为转移,并且采取所有预防措施,但其后果仍无法避免,而且支付服务提供者根据国家或者欧盟法律负有其他的法律义务。

第四节　附　　则

第7:549条　法律适用

在《金融监管法》第4:22条所称的枢密院命令中,或者根据该命令,就指令第三章要求的信息的内容和提供制定规则，以执行第7:516条、第7:517条、第7:518条、第7:526条、7:530条第4款和第7:542条的规定。

第7:550条　强制性规定

1. 除非另有规定，适用本章的规定时，不得作出对支付服务用户不利的改变。

2. 支付服务用户不是消费者的，各方可以约定全部或者部分不适用第7:516条至第7:519条、第7:520条第1款、第7:522条第3款、第7:527条、第7:529条至第7:531条、第7:534条、第7:543条、第7:544条和第7:545条的规定。当事人可以约定适用第7:526条规定以外的期间。

第7:551条　执行规定

1. 适用《金融监管法》第4:22条所称的枢密院令或者根据该命令制定的规定时，就指令第三章要求的信息内容和提供的规则，或者关于执行第7:516条、第7:517条、第7:518条、第7:526条、第7:530条第4款和第7:542条的规定，除非法律另有规定，不得作出对支付服务用户不利的改变。

2. 支付服务用户不是消费者的，双方当事人可以商定不遵守本条第1款所称的规则，但关于执行第7:526条和第7:542条的规定除外。

第八章　出版合同

第7:552条至第7:599条　[预留]

第九章　保管合同

第7:600条　保管合同的定义

保管合同是指寄存人一方将托付物交给保管人一方，并由保管人保管并返还该物的合同。

第7:601条　报酬、保管费以及损害

1. 保管人在职业或者经营过程中订立保管合同的，寄存人必须向其支付报酬。

2. 寄存人和保管人未约定报酬金额的，寄存人必须按照通常计算方式支付报酬；仍无法确定的，寄存人应当支付合理的报酬。

3. 寄存人必须赔偿保管人未包括在报酬中的有关保管物支出的费用，以及保管人受到的损害。

第7:602条　善良保管人义务

保管人在保管财物期间必须尽到善良保管人的义务。

第7:603条　对保管物的使用以及交由第三人保管

1. 保管人仅在寄存人同意的范围内或者为保持财产的良好状态有必要使用保

管物时,才可亲自使用该保管物。

2. 未经寄存人的同意,保管人不得将财产移交给第三人保管,除非出于寄存人利益最大化的需要。

3. 保管人对次保管人与保管物有关的行为,以与自己的行为相同的方式承担责任,除非保管合同非为取得报酬且保管人因不可归责于自己的情况必须将保管物移交给次保管人保管。

第 7:604 条　孳息

保管人必须将其在保管财物期间内受领保管物产生的孳息移交给寄存人。

第 7:605 条　保管物的返还

1. 寄存人可请求保管人按期立即归还保管物;保管人可请求寄存人按期立即取回保管物。

2. 基于重大事由,经一方当事人的申请,保管物所在地的地方法院可设置不同于前款以及合同约定的请求归还与取回期限。司法提存之情形不适用本条的规定。

3. 保管人必须根据合同约定的保管地归还保管物,除非合同指定其他归还地点。

4. 保管人必须按照其受领财物时的状态归还保管物。

第 7:606 条　两个以上保管人

两个以上保管人共同保管财物的,任一保管人对保管物的归还以及因不履行保管义务造成的损害承担连带责任,除非该损害不可归责于该保管人。

第 7:607 条　可转让单证

1. 保管物权属已载入认股权证、非记名证券以及指示证券的,在保管物交付之前该证书或者文件的交付视为该保管物的交付。

2. 登记财产不适用本条第 1 款的规定。

第 7:608 条　保管合同中第三人的法律义务

1. 次保管人对寄存人承担合同之外的与财产有关的损害赔偿责任的,其对寄存人的责任程度不超过保管人与寄存人之间因订立保管合同而承担的责任。

2. 保管人对寄存人以外的第三人承担合同之外的与财产有关的损害赔偿责任的,其对第三人的责任程度不超过与该第三人因订立保管合同而承担的责任。

3. 次保管人对第三人承担责任的程度不超过作为保管人根据前款应当承担的责任。

4. 保管人或者次保管人订立合同时,知道或者应当知道基于合同相对人与赔偿权利人之间的法律关系,该相对人无权移交保管物的,其不得主张前述各款所称的权利。

第 7:609 条　旅店以及旅店管理人的保管义务

1. 旅客带入旅店的行李受到损害或者丢失时,旅店管理人应当承担与保管人相同的责任。

2. 旅店管理人不对旅客自己带来或邀请进入旅店的人的行为或者旅客自己造成的财产损害承担责任。

3. 因旅客住宿、费用、餐饮及旅店管理人提供的服务产生请求权的,旅店管理人对本条第 1 款所称的物享有留置权。

第十章　劳动合同

第一节　一般规定

第 7:610 条　劳动合同的定义

1. 劳动合同是指雇员一方为雇主一方从事劳动,并由雇主一方在劳动期间支付工资的合同。

2. 本条第 1 款所称的合同以及法律规定的其他特别的劳动合同,应当适用本章规定以及法律对其他特别劳动合同的规定。法律规定之间存在冲突的,优先适用本章规定。

第 7:610 条之一　视为劳动合同

为他人利益连续从事劳动工作 3 个月(每周或者每月至少 20 小时),并由该他人支付工资报酬的合同,视为劳动合同。

第 7:610 条之二　劳动时间的推定

劳动合同已持续履行至少 3 个月的,此后每月工作时间推定为前 3 个月每月的平均工作时间。

第 7:611 条　雇主和雇员应当以合理和公平的方式行为

雇主和雇员的行为必须符合合理和公平原则。

第 7:612 条　不满法定年龄的雇员

1. 年满 16 周岁的未成年人具备订立劳动合同的行为能力。其在与劳动合同有关的任何事项上与成年人具有相同的法律地位,且在法律诉讼中无须法定代理人协助。

2. 无此种行为能力的未成年人已订立劳动合同,也已按照合同约定从事 4 周以上工作,并且法定代理人未以行为人无行为能力为由主张撤销的,视为该未成年人已取得法定代理人的同意而订立该劳动合同。

3. 无行为能力的未成年人经法定代理人的同意订立劳动合同的,除本条第 4 款外,其在与劳动合同有关的任何事项上与成年人具有相同的法律地位。

4. 无行为能力的未成年人在未经法定代理人协助的情况下,不得参加法律诉讼,除非法院认为法定代理人没有能力作出表示。

第 7:613 条　劳动条件的变更

仅雇主具有变更利益的重要性,且根据合理和公平原则不应当考虑雇员受到的损害时,雇主才有权援引书面劳动合同的规定,主张变更劳动合同中的劳动条件。

第 7:613 条之一　[1998 年 3 月 4 日废止]

第 7:613 条之二　[1998 年 3 月 4 日废止]

第 7:613 条之三　[1998 年 3 月 4 日废止]

第 7:614 条　撤销的期限

关于本章的撤销事由,适用第 3:52 条第 1 款第 4 项所称的期限,该期限自主张该条款的次日起算。

第 7:615 条　公共部门的雇员　[2020 年 1 月 1 日废止]

第 7:616 条　在规定期间支付工资

雇主必须在劳动合同规定的期间向雇员支付工资。

第 7:617 条　工资支付的法定形式

1. 雇主应当以下列形式支付工资:

(1)货币;

(2)根据雇主企业的性质属于通常或者可接受的工资形式,适合雇员或者其家庭成员个人使用的物,但酒精饮料以及其他有害健康的饮料除外;

(3)用于住宅以及照明和取暖设备的物品;

(4)雇主或者他人提供的服务、设施以及劳务,包括教育、伙食和住宿;

(5)有价证券、股票、债权、支票、其他请求权以及证明文件。

2. 本条第 1 款第 2 项、第 3 项和第 4 项所称的物、服务和设施的标价不得高于其实际的市场价值。

第 7:618 条　工资水平

劳动合同未确定工资金额的,雇员有权在合同订立时请求雇主支付通常情况下应支付的工资金额,未规定通常适用的标准的,该工资金额应当根据具体情况按照公平原则予以确定。

第 7:619 条　雇员的查阅权

1. 工资金额全部或者部分的确定取决于雇主可出示的账簿、文件或者其他信息载体中的信息的,雇员有权要求雇主提供此种证明文件以供查阅。

2. 当事人可通过书面形式作出不同于本条第1款规定的约定。雇主不可为此目的指派雇员负责保管账簿。

3. 仅雇员有权根据本条第1款和第2款提出请求。

4. 雇主经雇员的请求，向其提供证明文件以供查阅时，雇员和根据本条第2款所称的替代者应当承担保密义务；除涉及雇主企业收入或者部分收入外，本条第2款所称的替代者无需对雇主承担保密义务。

第7:620条　以货币形式支付工资

1. 根据第6:114条的规定，雇主可以荷兰法定货币或者银行转账形式支付货币形式的工资。

2. 双方当事人可约定以外国货币支付货币形式的工资。但该雇员有权自第二期开始，请求以荷兰法定货币支付货币形式的工资。有必要换算货币的，工资应当根据第6:124条和第6:126条规定的汇率进行换算。

3. 雇主应当按照为此目的订立的合同支付非货币形式的工资；未订立合同的，按照习惯进行。

第7:621条　错误支付工资的法律后果

1. 工资的支付方式违反第7:620条的规定，或者工资以不同于第7:617条规定的其他方式支付的，不免除雇主支付应付工资的义务。雇员保留对雇主的工资请求权的，或者在以非金钱形式支付工资的情况下，其有权请求雇主给付应付款的价值，而没有义务退还违反第7:620条或者第7:617条所为的给付。

2. 法院支持雇员的诉讼请求的，可裁判确定支付的金额限于此情况下其认为公平的金额，但不得超过雇员受到损害的金额。

3. 雇员根据本条享有的请求权的诉讼时效期间为6个月，自第7:617条或者第7:620条规定的支付工资之日起算。

第7:622条　支付地点

雇主没有按照第6:114条规定支付货币工资的，雇主可选择在通常的劳动地点进行支付，或者雇主在雇员居住地设有办公场所的，在该办公场所或者雇员住所进行支付。

第7:623条　以货币形式支付工资的支付期限

1. 当事人约定以货币形式确定工资的，雇主必须按照劳动合同计算工资的期间每次届满时支付雇员的工资，但该期间不少于1周也不超过1个月。

2. 当事人必须通过书面协议延长支付工资的期限，但根据劳动合同计算工资的期限为1周或者更短的，支付工资的期限不得超过1个月；根据劳动合同计算工资的期间为1个月或者更长的,支付工资的期限不得超过一个季度。

3. 仅雇员有权以此为由撤销违反本条的约定。

第7:624条　非以货币形式支付工资的支付期限

1. 当事人约定按照所完成的劳动成果确定工资额的,雇主应当遵守适用于以货币形式确定的类似劳动的支付期限,除非已根据第7:623条约定其他期限。

2. 当事人在付款日尚未确定本条第1款所称的工资额的,雇主必须预付雇员付款日前3个月的平均工资;没有此种平均工资的,预付通常用于类似劳动的金额。

3. 当事人可以书面形式约定较低的预付款金额,但不得低于付款日前3个月的平均工资或者通常用于类似劳动工资的3/4。

4. 货币工资取决于雇主可出示的账簿、文件或者其他信息载体中的信息的,雇主必须在每次工资金额可确定时支付工资,即每年必须至少支付一次。

5. 仅雇员有权以此为由撤销违反本条的约定。

第7:625条　迟延支付工资情形下的法定增加

1. 关于货币工资或者其他部分,扣除雇主根据第7:628条可抵销的金额以及第三人根据第7:633条可扣除的金额后,雇主在根据第7:623条和第7:624条第1款确定的应付款日之后第3个工作日仍未支付,且可归责于雇主的,雇员有权请求支付未按期支付的增加额。该增加额从第4个工作日至第8个工作日为5%,之后每个工作日增加1%,任何情况下该增加额不得超过应付工资的一半。但法院可根据情况减少至其认为公平的金额。

2. 适用本条时,不得作出对雇员不利的改变。

第7:626条　工资单

1. 雇主每次以货币形式支付工资时,必须向雇员提供书面或者电子工资单,并在其中载明工资金额、工资各组成部分的金额、从工资中扣除金额以及根据《最低工资和最低休假补助法》在计算工资期间按照年龄计算的雇员的工资金额,除非该金额较先前给付的金额未变更。

2. 工资单还应当载明雇主和雇员的姓名、计算工资的期间以及合同工时。

3. 雇主应当采用雇员可存储且事后可查阅的方式提供电子工资单。

4. 仅取得雇员明确同意的情况下,雇主才可以电子方式提供工资单。

5. 适用本条时,不得作出对雇员不利的改变。

第7:627条　无劳动无工资　[2020年1月1日废止]

第7:628条　拒绝提高租金的建议

1. 雇员未能从事约定的劳动可归责于雇主的,其仍有权请求雇主按期支付工资。

2. 雇员根据法定保险合同或者任何保险合同,或者从劳动合同基金中有权获得财务利益的,该款项应当从工资中予以扣除。

3. 非货币形式的工资也应当适用本条规定,但雇员在该期间内没有障碍取得的平均工资应当视为工资。

4. 工资应当扣除雇员因未从事劳动而节省的支出。

5. 订立劳动合同的前 6 个月内,适用本条第 1 款至第 4 款时,仅能以书面约定作出对雇员不利的改变。

6. 在第 7:668 条之一所称的连续订立劳动合同的情形下,本条第 5 款所称的改变不得超过 6 个月。

7. 本条第 5 款所称的期限届满后,仅能通过集体劳动合同或者由行政主管机关制定或者以其名义制定的规定,作出对雇员不利的改变。

8. 政治社会工作委员会可以根据劳动基金会的申请,决定本条第 5 款、第 6 款或第 7 款不适用于某些行业或部分行业。

9. 不履行约定的工作是由于特殊情况造成的,并且符合特定的条件,政治社会工作委员会可以决定全部或部分适用本条第 1 款的规定。

10. 不得变更本条作出对雇员不利的规定。

第 7:628 条之一　最低限额的工资请求权

1. 当事人约定的工作时间少于每周 15 小时,且工作时间不确定,或者未明确规定工作时间,雇员每次工作时间少于 3 小时的,其有权请求支付 3 小时劳动的应得工资。

2. 适用本条时,不得作出对雇员不利的改变。

第 7:629 条　因疾病、怀孕或者生育导致无法从事约定的劳动

1. 雇员因疾病、怀孕或者生育导致丧失劳动能力而无法从事约定的劳动,并且其工资金额不超过《社会保险资金法》第 17 条第 1 款所称的金额的,雇员有权在 104 周内请求雇主支付按期确定工资的 70%,其中前 52 周有权获得法律规定的最低工资。

2. 雇员完全或者几乎完全为自然人雇主从事家务劳动的,本条第 1 款所称的请求支付工资的权利仅持续 6 周。

3. 有以下情形之一的,雇员无权享有本条第 1 款所称的权利:

(1)故意造成疾病或者因雇员身体缺陷导致疾病,并且职前体检时雇员对雇主提供虚假信息导致雇主未正确检查其劳动能力的;

(2)因雇员阻碍或者延迟康复的期间;

(3)此期间,雇员能为雇主或者雇主指定的第三人从事第7:658条之一第4款所称的替代劳动,且雇主允许雇员从事替代劳动,除非雇员有充分理由不从事该项替代劳动;

(4)在雇主或者雇主为此目的指定的专家制定合理指示或者措施的期间内,雇员能从事第7:658条之一第4款所称的替代劳动,除非雇员有充分理由拒绝从事该项替代劳动;

(5)雇员拒绝配合根据第7:658条之一第3款实施制定、评估和调整计划,除非雇员有充分理由拒绝此种合作;

(6)雇员根据《按照劳动能力确定工作和收入法》第64条第1款按劳动能力的比例提交社会保险付款的申请,除非雇员有充分理由拒绝提交此种申请。

4. 不同于本条第1款的规定,女雇员根据《劳动和照顾法》第3:1条第2款和第3款享有产假或者产假期间无权享有本条第1款所称的权利。

5. 雇员根据法定保险或者其他保险合同,或者从未缴纳任何资金的基金,有权请求支付款项,并且该款项与约定支付工资的劳动有关的,该款项应当从工资中予以扣除。此外,雇员在没有障碍的情况下本可从事约定的劳动期间,通过从事雇用劳务或者非雇用劳务取得的收入,还应当从工资中予以扣除。

6. 雇主有权在雇员未满足其要求提供确定工资所需信息的合理书面指示的期间内,暂时拒绝支付本条第1款所称的工资。

7. 雇主怀疑或者应当怀疑存在不支付全部或者部分工资或者暂时拒绝支付的事由,但未立即告知雇员的,其不得再援引本条所称的事由。

8. 参照适用第7:628条第3款的规定。

9. 适用本条时,雇员在本条第1款或者第2款所称的期间前2日无权请求支付工资的,才可作出对雇员不利的改变。

10. 适用本条第1款、第2款和第9款时,雇员因疾病、怀孕或者生育没有劳动能力的多个期间,中断期间少于4周的,或者根据《劳动和照顾法》第3:1条第2款和第3款享有怀孕和生育假期期间之前或者之后的中断期间不足4周的,应当合并进行计算,除非无劳动能力不能合理地认为是同一原因造成的。

11. 本条第1款所称的104周的期间,应当按照以下期间延长:

(1)《按照劳动能力确定工作和收入法》第64条第1款所称的申请晚于该条规定的期间;

(2)社会保障局根据《按照劳动能力确定工作和收入法》第24条第1款确定的

延长期间,以及该法第 25 条第 9 款第 1 句所称的期间;

(3)《丧失劳动能力保险法》第 19 条第 1 款所称的延长等待期间,该等待期间可根据该条第 7 款延长;

(4)社会保障局根据《丧失劳动能力保险法》第 71 条之一第 9 款确定的期间。

12. 雇员从事第 7:658 条之一第 4 款所称的替代劳动的,不影响其与雇主劳动合同的效力。

13. 适用本条第 2 款时,雇员从事的家务劳动,包括对雇主家庭成员的照顾。

第 7:629 条之一　医疗意见

1. 雇员未提交《结构性社会保障工作和收入法》第 5 章所称的社会保障局指定的专家对雇员无法从事约定或者其他替代劳动或者第 7:660 条之一所称的义务履行证明的,法院应当驳回第 7:629 条所称的支付工资的诉讼请求。

2. 不能合理要求雇员提交无能力或者未履行的声明的,不适用本条第 1 款的规定。

3. 接受任命的专家有义务公平地以最充分的专业知识进行审查。

4. 作为医生的专家,可向一个或者多个主治医生收集审查关于雇员的必要信息。主治医生应当提供其请求的信息,并确保不会严重损害雇员的个人生活和隐私。

5. 法院可经当事人的申请或者依职权,命令专家以书面或者口头的方式解释或者补充其证明。

6. 对本条第 1 款所称的法律诉讼,仅在雇员明显不合理地行使诉讼权的情况下,法院才可命令雇员支付《民事诉讼法典》第 237 条所称的费用。

7. 集体劳动合同或者由行政主管机关或者代表行政主管机关制定的规定,可确定由《结构性社会保障工作和收入法》第 5 章所称的社会保障局以外的其他机构或者人员指定本条第 1 款所称的专家。

第 7:629 条之二　[2001 年 12 月 1 日废止]

第 7:630 条　雇主不履行非货币形式工资的处理

1. 雇主因非可归责于雇员的事由暂时无法支付金钱以外形式工资的,其应当根据劳动合同支付约定的补偿金额;没有约定的,该金额应当由法院按照惯例或者公平原则予以确定。

2. 适用本条时,不得作出对雇员不利的改变。

第 7:631 条　工资扣留以及强加的开支

1. 合同规定雇主在支付日有权扣留一部分工资金额的,该规定无效,但雇员可书面授予雇主以其名义从应付工资中进行某些给付的意定代理权。雇员可随时撤回此种意定代理权。

2. 合同规定雇员有义务将其受领工资或者其他收入或者部分收入以特定方式使用的,以及雇员有义务在特定的地点或者从特定的人处取得生活必需品的,该规定无效。

3. 雇员有以下情形之一的,不适用本条第1款和第2款的规定:

(1)参加《养老金法》第1条所称的退休金,并遵守法律规定的。

(2)根据《养老金法》为此目的制定的规定,为保险合同缴纳保险费的。

(3)参加本款第1项以外的其他基金,该基金符合枢密院令规定的条件的。

(4)参加本款第1项至第3项以外的存款计划,但该计划必须符合枢密院令规定的条件。本款第3项所称的其他基金指旨在向雇主或者雇员分配与雇员在第7:629条第1款所称的生病、怀孕或者生育期间有关的工资或者《按照劳动能力确定工作和收入法》第83条或者《丧失劳动能力保险法》第75条之一所称的以实施有关给付为目的的基金。

4. 为履行本条第3款所称的合同规定,雇主可从给雇员的应付工资中扣留必要款项;其有义务根据合同规定为雇员的利益支付该金额。

5. 未成年人参加本条第3款所称的计划的,参照适用第7:612条的规定。

6. 雇员根据本条第2款所称的无效规定与雇主或者第三人订立合同的,其有权请求返还其据此对雇主所为的给付。此外,已与雇主订立合同的,雇员还有权撤销该合同。

7. 法院支持雇员根据本条第6款向雇主请求履行给付义务的诉讼请求的,其可裁决将雇主应支付的金额减少至其认为适当的金额,但不得低于雇员因此受到的损害。

8. 雇员根据本条享有请求权的诉讼时效期间为6个月,自请求权产生次日起算。

第7:632条　工资的抵销

1. 劳动合同终止时,雇主有权以其对雇员享有的所有债务的索偿权抵销其对雇员应付的工资。劳动合同期间,雇主仅能以下列对雇员的债权与他给付工资的债务进行抵销:

(1)雇员必须对雇主承担的损害赔偿责任;

(2)雇主提交书面证据载明违约金额以及违约金的产生时间和原因,以及违反书面合同的合同条款,雇员根据第7:650条有义务向雇主支付的违约金;

(3)雇主以货币方式向雇员支付的预付工资,但必须有书面证据证明该款项;

(4)雇员要求获得的工资多于其应得的工资的债权;

(5)雇员在经营自己业务时使用并由雇主通过书面合同出租给雇员的住宅或者其他房屋、土地或者设备、机器和工具的租金。

2. 雇主以外的人不得扣押雇员的工资或者部分工资,也不得用应付款项抵销。关于雇主根据本条第 1 款第 2 项享有的债权,可在每期支付工资日抵销不超过应付工资的 1/10。

3. 允许抵销的最高工资额必须扣除雇主因扣押而停止支付的工资。

4. 合同规定授予雇主更广泛的抵销权的,该规定无效,除非雇员有权根据该规定单独撤销雇主的每项抵销声明。

第 7:633 条　雇员工资请求权的转让以及意定代理权的设立

1. 第三人根据雇员的债权转移或者质押或者其他行为获得与雇员工资有关的权利的,该权利仅在有效扣押雇员工资的范围内有效。

2. 雇员必须以书面形式授予有关请求支付工资的意定代理权。雇员可随时撤回此种意定代理权。

3. 不得变更本条的规定。

第二节　休假和请假

第 7:634 条　雇员休假请求权的法律保障

1. 雇员有权在其全部合同规定的工作时间内获得整个年度工资的,其可享有取得至少每周工时 4 倍的休假请求权;或者约定工作时间以每年若干小时的方式表示的,至少相应时间的休假。

2. 雇员有权取得 1 年的部分时期工资,或者有权在整个合同规定的工作时间内领取工资的,其可按照本应当建立的假日应享权利的比例享有休假请求权。

3. 集体劳动合同或者由行政主管机关或者代表行政主管机关制定的规定确定劳动合同在至少 1 个月的期间后终止的,不同于本条第 2 款的规定,雇员可在按照若干整月计算的期间内享有休假请求权。

第 7:635 条　休假请求权产生的特别规定

1. 不同于第 7:634 条的规定,有以下情形之一的,雇员在未取得以货币方式支付工资的期间内享有休假请求权:

(1)应当征服兵役或者其他兵役期间,但不包括短期军事训练;

(2)享有第 7:641 条第 3 款所称的休假期间;

(3)经雇主同意,参加工会组织的会议期间;

(4)因本条第 2 款至第 4 款所称情况以外的事由,非自愿丧失劳动能力的期间;

(5)享有根据第 7:643 条所称的假期期间;

(6)享有《劳动和照顾法》第 5 章第 2 节所称的假期期间。

2. 与第 7:634 条的规定不同,女雇员因怀孕和生育不能取得按照一整年全额约定工时应当取得的工资,但享有《劳动和照顾法》第 3 章第 3 节所称的休假请求权。

3. 不同于第 7:634 条的规定,雇员因收养假期或者接纳寄养子女假期而不能取得按照一整年全额约定工时应当取得的工资,但享有《劳动和照顾法》第 3 章第 2 节所称的休假请求权。

4. 不同于第 7:634 条的规定,雇员因疾病未从事约定劳动的,无论在此期间是否有权获得工资,其均享有在无法工作的最后 6 个月内累积的休假请求权;相隔不到 1 个月的时间连续相加的,各个期间应当累加进行计算。雇员仅因疾病而部分不履行合同规定的工作的,其仅能要求按照与在整个合同规定的工作时间内应当完成的工作所积累的比例增加休假请求权。该雇员故意造成疾病,或者因某种疾病导致疾病,且在就职前体检时故意提供虚假信息的,此期间内该雇员无法积累任何休假请求权。雇员在恢复受到阻碍或者减慢的过程中,不享有休假请求权,也没有能力按照第 7:658 条之一第 4 款执行适当的替代工作的,该工作应当由其雇主或者为此目的由雇主指定并经社会保障局批准的第三人执行,除非其有合理的理由不履行此种适当的替代工作,并且在拒绝执行由其雇主或者由雇主为此目的任命的专家发出的旨在使其能执行第 7:658 条之一第 4 款所称的适当替代工作的合理指示或者措施,但有充分的理由不执行该指示或者措施的除外。

5. 雇主应当依法安排青年雇员接受适当的教育,雇员在此期间享有休假请求权。

6. 假期请求权超过第 7:634 条所称的最低期限的,在超出此部分的范围内,适用本条第 1 款至第 4 款的规定时,可通过书面约定作出对雇员不利的改变。

第 7:636 条　视为休假的情形

1. 因第 7:635 条第 1 款、第 4 款和第 5 款所称的事由导致雇员未从事约定劳动的日期或者部分日期,仅在雇员表示同意且雇员享有第 7:634 条所称的最低时间假期的情况下,才可视为休假。

2. 因第 7:635 条第 2 款和第 3 款所称的事由导致雇员未从事约定劳动的日期或者部分日期,不得视为休假。

第 7:637 条　疾病与休假

1. 当事人可通过书面协议规定雇员因第 7:634 条第 4 款所称的事由未从事约

定劳动的日期或者部分日期，仅在雇员表示同意且至少享有第 7:634 条所称的最低时间假期的情况下，才可视为休假。

2. 不同于本条第 1 款的规定，当事人可通过书面协议规定 1 年内雇员因疾病未从事约定劳动的日期或者部分日期，均视为休假，但仅限于该年休假超过第 7:634 条所称的最低时间假期的天数。

3. 同时适用本条第 2 款和第 7:638 条第 8 款第 2 句的规定的，本条所称的休假仅限于该年休假超过第 7:634 条所称的最低时间假期的天数。

第 7:638 条　假期的确定

1. 雇主必须允许雇员根据第 7:634 条每年享有最低的假期请求权。

2. 书面合同、集体劳动合同或者由行政主管机关或者代表行政主管机关制定的规定或者法律规定未确定假期的，雇主必须根据雇员的意愿确定休假开始和终止时间，除非基于重大事由雇主应当违背雇员意愿。雇员书面表明其意愿后，雇主未在 2 周内书面说明重大事由的，其应当按照雇员的意愿确定休假。

3. 基于重大事由，雇员可请求连续休假 2 周或者两次休假 1 周。

4. 雇主应当及时确定休假，以便雇员有足够的时间准备假期。

5. 基于重大事由，雇主在征求雇员意见后，可变更已确定的休假期间。雇主应当补偿雇员因变更休假期间受到的损害。

6. 雇主必须按日或者按小时给予雇员剩余休假的权利，除非有重大理由反对。

7. 假期请求权超过第 7:634 条所称的最低时间假期的，仅在超出该期间的范围内，适用本条第 2 款所称期间的规定时，才可通过书面约定作出对雇员不利的改变。

8. 雇员在固定假日期间生病的全部或部分时间不计入假期，但特定情况下雇员同意的除外。不同于本款第 1 句，雇主和雇员可以通过书面协议确定，任何一年假期内雇员生病的时间均计入假期，但最多不超过第 7:634 条所称的最低限度休假日期。

第 7:639 条　雇员在休假期间的工资请求权

1. 雇员在休假期间仍享有取得工资的权利。

2. 根据集体劳动合同或者由行政主管机关或者代表行政主管机关为此目的制定的规定，雇主可通过将度假支票转让给雇员或者向雇员给付同等价值的权利，以履行支付休假期间工资的义务。适用本条时，度假支票视为工资。

第 7:640 条　未行使休假请求权与损害赔偿

1. 雇员在劳动合同期间不得放弃假期请求权以换取损害赔偿。

2. 假期请求权超过第 7:634 条所称的最低时间假期的，在超出该期间的范围内,当事人可通过书面约定改变本条第1款的规定。

第7:640条之一　最低时间休假请求权的期限

第7:634条所称的最低时间休假请求权,在取得休假请求权日历年最后一日起6个月后消灭,除非雇员在此之前不能合理休假。适用本条第1句所称的6个月期限的规定时,当事人可通过书面约定作出对雇员有利的改变。

第7:641条　劳动合同终止时仍未行使休假请求权

1. 雇员在劳动合同终止时仍享有休假请求权的,其有权取得相当于给付休假请求权的工资金额,除非适用第7:639条第2款的规定。

2. 雇主必须向雇员出具载有劳动合同终止时雇员享有剩余休假请求权期间的证明。

3. 雇员在劳动合同终止后订立新的劳动合同的,其有权向新的雇主请求本条第2款所称的证明载明的剩余休假期间,但无权主张该期间的工资。

4. 当事人可通过书面协议变更本条第3款的规定,但雇员至少享有第7:634条所称的最低时间假期的权利。

第7:642条　休假请求权的诉讼时效

休假请求权的诉讼时效期间为5年,自产生休假的日历年最后一日起算,不影响适用第7:640条之一的规定。

第7:643条　无须支付工资的政治性假期

1. 雇员有权向雇主请假,以参加众议院和直接选举的公共机构代表会议,雇主可不向其支付工资,但参加上议院和上述委员会会议除外。作为水务局负责一般管理的公共机构的雇员也适用该规定。

2. 雇主和雇员未能就该请假达成协议的,法院应当经利害关系人的申请,确定准予请假的时间。考虑到雇员参加本条第1款所称的全体会议的利益,法院应当确定雇主可在何种程度上合理允许雇员的请假。该裁决立即生效。

3. 省政府议员、市政府议员和水务局委员会的日常管理机关成员参照适用本条第1款和第2款的规定;此情形下,其职位视为非全薪职位。枢密院令可以规定适用本条时省政府议员和市政府议员中的非全薪职位。

4. 根据法律或者根据法律制定的其他规定确定政府支付报酬的雇员,不适用本条规定。

第7:644条　[2001年12月1日废止]

第7:645条　强制性规定

除非第7:634条至第7:643条允许作出此种改变,适用本节时,不得作出对雇员不利的改变。

第三节　平 等 对 待

第7:646条　禁止性别歧视(男女平等)

1. 雇主在订立劳动合同时,或者在为雇员提供培训、确定劳动条件和升迁条件以及终止劳动合同方面,不得歧视男女性别上的差异。

2. 关于订立劳动合同或者提供培训方面,基于性别相关特征的歧视,因职业活动或者从事职业的条件,该特征乃本质的、决定性的职业要求的,以及区别对待的目的合法且该职业要求条件与目的符合比例的,可不遵守本条第1款的规定。参照适用《男女平等对待法》第5条第3款。

3. 涉及与保护妇女有关的条件或者规定,特别是与怀孕和母亲身份有关的条款,可不遵守本条第1款的规定。

4. 涉及旨在使女雇员享有特权地位以消除或者减少现有不利条件的条件或者规定,且区别对待与此种目的符合比例的,可不遵守本条第1款的规定。

5. 适用本条时,术语含义如下:

(1)歧视:直接歧视和间接歧视,以及适用此种歧视的指示;

(2)直接歧视:基于性别在类似的情况下,受到与其他人不同方式的对待,也包括基于怀孕、生育或者母亲身份的歧视;

(3)间接歧视:与其他人特别是涉及某些性别的人相比受到不同方式的对待,并且明显应中立的规定、措施或者授权受到影响。

6. 本条规定的禁止直接歧视,还包括禁止骚扰和禁止性骚扰。

7. 本条第6款所称的骚扰是指与一个人的性别有关的侵害行为,目的或者结果上表现为侵害人的尊严并造成胁迫、敌对、贬损、侮辱和冒犯的情况。

8. 本条第6款所称的性骚扰是指任何形式具有性特征的言语、非言语或者身体行为,目的或者结果上表现为侵害人的尊严,特别是造成胁迫、敌对、贬损、侮辱和冒犯的情况。

9. 对于拒绝或者被迫遭受本条第7款和第8款所称行为的雇员,雇主不得给予不利待遇。

10. 目的合法且手段为达到该目的适当和必要的,客观上合法的间接歧视不适用本条第1款规定的歧视禁止。

11. 任何违反本条第1款的约定均为无效。

12. 认为已受到或者将受到本条所称的歧视对待的人,在法律诉讼中提出的事实可认定为歧视的,相对方必须证明其未违反本条规定。

13. 本条第6款所称的禁止骚扰和禁止性骚扰不适用本条第2款和第3款的规定。

第7:647条　援引非歧视规则的员工不得受到不利待遇　[2015年7月1日废止]

第7:648条　不得因工作时间不同对雇员歧视对待(全职或者兼职雇员)

1. 在订立、继续或者终止劳动合同的条件方面,雇主不得歧视基于合同规定不同工时的雇员,但此种歧视客观上合理的除外。雇主违反前1句或者因雇员在法律诉讼中或者法律诉讼外根据本条第1款的规定提出主张或者协助他人而终止与其的劳动合同的,该终止无效。

2. 任何违反本条第1款的合同约定均为无效。

3. 雇主不对本条第1款第1句所称的终止承担赔偿责任。

4.《一般平等对待法》第11条所称的平等对待委员会可审查是否存在本条第1款所称的不平等对待。参照适用《一般平等对待法》第12条、第13条、第14条和第15条的规定。

5. 雇主不得因雇员在法律诉讼中或者法律诉讼外根据本条第1款的规定提出主张或者协助他人而给予雇员不利待遇。

第7:649条　不得因劳动时间不同(临时性劳动合同或者无期限劳动合同)而歧视雇员

1. 在劳动条件方面,雇主不得基于劳动合同具有临时性而歧视雇员,但此种歧视客观上合理的除外。

2. 雇主因为雇员在法律诉讼中或者法律诉讼外根据本条第1款的规定提出主张或者协助他人而终止与其的劳动合同的,该终止无效。

3. 任何违反本条第1款的约定均为无效。

4.《一般平等对待法》第11条所称的平等对待委员会可审查是否存在第1款所称的不平等对待。参照适用《一般平等对待法》第12条、第13条、第14条和第15条的规定。

5. 雇主不得因雇员在法律诉讼中或者法律诉讼外根据本条第1款的规定提出主张或者协助他人而给予雇员不利待遇。

6. 第7:690条所称的劳务派遣合同不适用本条第1款至第5款的规定。

第四节　劳动合同的特别约定

第7:650条　约定违约金条款

1. 雇主仅在劳动合同约定违反该特定合同条款的情况下,才可对违反劳动合同的雇员处以违约金。

2. 合同的违约金条款必须采用书面形式。

3. 当事人应当准确约定合同的违约金条款及其适用方式。不得直接或者间接授予雇主或者雇主指定的人自主决定对雇员处以违约金的权利。

4. 合同的违约金条款必须设有特定的金额,并以与确定工资相同的币种表示。

5. 雇员一周内承担的违约金总额不得超过半日的工资金额。单笔违约金不得超过该金额。

6. 任何违反本条规定的约定均为无效。但雇员金钱工资超过法律规定的相同年龄雇员最低工资的,可书面约定改变本条第 3 款、第 4 款和第 5 款的规定。对于此种约定,法院认为应当付违约金过高的,可随时规定一个较低的金额。

7. 修改本条第 6 款所称的工资额,以及适用本条第 3 款、第 4 款和第 5 款的规定时,不得作出对工资额低于修改后最低工资雇员的不利改变。

8. 适用本条时,违约金的主张和约定指雇主规定的第 6:91 条至第 6:94 条所称的违约金条款。

第 7:651 条　违约金与损害赔偿

1. 处以违约金的可能性不影响依法请求损害赔偿的权利。但雇主不得基于同一事实,同时请求违约金以及损害赔偿。

2. 任何违反本条第 1 款第 2 句的约定均为无效。

第 7:652 条　试用期

1. 双方当事人约定试用期的,试用期均应当相同。

2. 当事人必须采用书面形式约定试用期。

3. 订立不定期劳动合同的,当事人可约定试用期最长不超过 2 个月。

4. 订立定期劳动合同的,当事人可约定试用期最长不超过:

(1) 所涉合同期限少于 2 年的,1 个月;

(2) 所涉合同期限不少于 2 年的,2 个月。

5. 对于某个日历日前未设定固定期限的劳动合同,当事人可约定试用期最长不超过 1 个月。

6. 适用本条第 4 款第 2 项和第 5 款的规定时,仅能通过集体劳动合同或者由行政主管机关或者代表行政主管机关制定的规定,作出对雇员不利的改变。

7. 双方当事人约定试用期不同或者试用期超过 2 个月的,以及通过订立新的试用期而联合试用期总计超过 2 个月的,该约定无效。

第 7:653 条　禁止竞争条款

1. 仅在雇主与成年雇员书面同意的情形下,雇主与雇员之间限制雇员在劳动合同终止后从事某种劳务的权利的约定才有效。

2. 法院可全部或者部分撤销以受该条款保护的雇主的利益成比例地使雇员受到不公平损害的条款。

3. 雇主因合同终止的方式承担损害赔偿责任的,其不得从本条第 1 款所称的约定中获得任何权利。

4. 本条第 1 款所称的约定严重妨碍雇员为雇主从事雇用劳务以外的其他工作的,法院可随时命令雇主必须在限制雇员的期间内向雇员支付赔偿。法院应当根据具体情况,按照公平原则确定赔偿金额;法院可允许雇主按其规定的方式分期支付该赔偿。雇员因劳动合同终止的方式承担损害赔偿责任的,雇主不对此承担赔偿义务。

第五节　雇主的特别义务

第 7:654 条　订立书面劳动合同的费用

1. 以书面形式订立或者变更劳动合同的,雇主应当承担订立或者变更的文书费用以及其他额外费用。

2. 雇主有义务无偿向雇员提供完整且已签署的包含劳动合同订立或者变更内容的书面副本。

第 7:655 条　雇主对雇员的告知义务和内容

1. 雇主有义务向雇员提供一份书面或者电子清单,其中至少应当载明以下内容:

(1)双方当事人姓名或者名称和住所;

(2)劳动地点;

(3)雇员职务或者劳动性质;

(4)雇佣开始的时间;

(5)涉及定期劳动合同的,合同的期限;

(6)休假请求权或者确定休假请求权的方法;

(7)双方当事人应当遵守的通知期限或者通知期限的计算方法;

(8)工资额和支付期限,工资取决于劳动成果的,每日或者每周应当从事的劳动量,以及所生产每件产品的工资以及每件产品的合理用时;

(9)每日或者每周的通常工时;

(10)雇员是否参加养老金计划;

(11)雇员在荷兰境外从事超过 1 个月的劳务的,劳务期间、住宿、荷兰社会保险立法的适用或者关于执法机关的说明、支付工资的币种、雇员应得的补偿以及返回监督的方式；

(12)为此目的由集体劳动合同或者由行政主管机关或者代表行政主管机关制定的规定；

(13)劳动合同是否属于第7:690条所称的劳务派遣合同。

2. 本条第1款第1项至第7项所称的信息，已载入书面订立的劳动合同或者第7:626条所称的工资单的，可不载入本条第1款所称的清单。本条第1款第6项至第9项所称的信息，已载入集体劳动合同或者由行政主管机关或者代表行政主管机关制定的规定的，足以声明该合同或者规定。

3. 雇主应当在雇员实际开始劳务后1个月内提供清单，或者劳动合同在此之前终止的，雇主应当最迟在劳动合同终止时提供清单。雇主必须在雇员离职前提供本条第1款第11项所称的信息。该清单应当由雇主签名。雇主以电子方式提供清单的，该清单还必须包含满足欧洲议会和理事会于2014年7月23日发布的《关于内部市场电子交易的电子识别和信托服务并废除第1999/93/EC号指令的第(EU)910/2014号条例》(OJEU 2014，L 257)第3条第12款所称的限定签名。涉及信息变更的，雇主必须在变更生效后1个月内以书面或者电子方式通知雇员，但该变更因法律、集体劳动合同或者由行政主管机关或者代表行政主管机关制定的规定导致的除外。

4. 根据劳动合同，雇员每周通常在完全或者几乎完全为自然人雇主从事家务劳动少于4日的，雇主有义务在雇员提出请求时，提供上述所称的信息。

5. 雇主拒绝提供书面清单或者记录错误信息的，其应当赔偿雇员因此受到的损害。

6. 框架合同预先规定从事劳动时当事人签订的一个或者多个合同的条款，以及自然人一方有义务向另一方给付从事劳动的报酬不属于劳动合同的其他合同的，无论后续是否有同类合同，参照适用本条第1款至第5款的规定，但该自然人在职业或者经营活动中订立合同的除外。涉及本款所称的合同，参照适用第7:654条的规定。

7. 适用本条第6款时，本条第1款所称的清单还应当载明已订立的合同。

8. 雇主以电子形式提供合同或者变更合同的，其应当使雇员可存储且事后可查阅。

9. 雇主以电子方式提供合同或者变更的，需取得雇员明确的同意。

10. 任何违反本条的约定均为无效。

第7:656条 雇员证明

1. 劳动合同终止时,雇主经雇员请求,有义务出具相关证明。

2. 该证明应当载明以下内容:

(1)劳动性质以及每日或者每周的工时;

(2)雇佣开始和终止的日期;

(3)关于雇员履行其义务的声明;

(4)关于劳动合同终止方式的声明;

(5)雇主单方终止劳动合同的,终止原因。

3. 关于本条第2款第3项、第4项和第5项所称的信息,雇主仅经雇员的申请,才能载入证明。

4. 雇员终止劳动合同的,雇主有权在证明中记载雇员因此对雇主负有的损害赔偿义务。

5. 雇主拒绝出具证明的,经本条第3款所称的雇员申请而未载入信息,或者在证明中故意或者过失记载虚假信息,或者在证明上标记或者以其他特定方式记载关于雇员的证明未包含的描述的,雇主应当赔偿雇员以及第三人由此受到的损害。

6. 适用本条时,不得作出对雇员不利的改变。

第7:657条 雇主有义务告知雇员职位的空缺

1. 根据定期劳动合同,雇主必须及时且具体地告知雇员不定期劳动合同的职位空缺。

2. 第7:690条所称的劳务派遣合同不适用本条第1款的规定。

第7:658条 雇主的照顾义务

1. 雇主必须作出合理指示以及采取安全合理的措施设置和维护劳动地点、设备和工具,以预防雇员劳动时受到伤害。

2. 雇主应当对雇员在工作过程中从事劳务活动受到的损害承担责任,除非其能证明已履行本条第1款所称的义务或者损害主要是因雇员故意或者重大过失的作为或者不作为造成的。

3. 适用本条第1款、第2款以及第6编第3章关于雇主责任的规定时,不得作出对雇员不利的改变。

4. 在职业或者经营活动中使未订立劳动合同关系的人从事劳动的主体,应当根据本条第1款至第3款对其在工作过程中受到的损害承担责任。地方法院分院有权管辖根据本款第1句提起的诉讼。

第7:658条之一 患病雇员重返劳动的内容

1. 雇员因疾病无法履行合同规定的劳动的,雇主应当促进其参加经营活动中的劳动。确定雇员无法再从事原来的劳动，且用人单位或者组织中没有适合的替代工作的，雇员有权根据第7:629条、《丧失劳动能力保险法》第71条之一第9款或者《按照劳动能力确定工作和收入法》第25条第9款请求雇主支付工资。雇主应当促进雇员参加其他雇主经营活动中适合的替代劳动。

2. 为履行本条第1款规定的职责，雇主必须尽快采取合理必要的措施和指示，以便因疾病无法履行约定劳动的雇员可从事原来的劳动或者替代劳动。

3. 为履行本条第1款规定的职责，雇主应当取得雇员的同意，制定《丧失劳动能力保险法》第71条之一第2款与《按照劳动能力确定工作和收入法》第25条第2款所称的计划。该行动计划应当定期在雇员合作下进行评估，并在必要时进行调整。

4. 本条第1款和第2款所称的替代劳动指适合雇员能力和技能的一切劳动，除非因身体、精神或者社会原因不能要求雇员接受的劳动。

5. 雇员以及根据《劳动条件法》第13条、第14条和第14条之一协助雇主的人或者组织，应当向《按照劳动能力确定工作和收入法》规定的康复机构提供其履行雇主委托事务所必需的信息，以及由该康复机构促进其参加劳动的税务和社会保险号。康复机构仅应当在其工作必要范围内处理该信息，并为此目的使用持有的税务和社会保险号。

6. 在自负风险的人必须支付疾病补偿金期间，最后一次与其订立的劳动合同的人、《疾病津贴法》第1条第1款第8项所称的自负风险的人，以及该法第29条第2款第1项、第2项和第3项所称的人，参照适用本条规定。

第7:658条之二　专家的审查意见

1. 雇员未提交《结构性社会保障工作和收入法》第5章所称的社会保障局指定的专家对义务履行出具的证明的，法院应当驳回第7:658条之一第2款所称的履行义务的诉讼请求。

2. 雇主没有对履行的合法性提出怀疑或者不能合理要求雇员提交专家证明的，不适用本条第1款的规定。

3. 接受任命的专家有义务公平地以最充分的专业知识进行审查。

4. 作为医生的专家，可向一个或者多个主治医生收集审查关于雇员的必要信息。主治医生应当提供其请求的信息，并确保不会严重损害雇员的个人生活和隐私。

5. 法院可经当事人的申请或者依职权，命令专家以书面或者口头的方式解释或者补充其证明。

6. 对本条第1款所称的法律诉讼，仅在雇员明显不合理地行使诉讼权的情况下,法院才可命令雇员支付《民事诉讼法典》第237条所称的费用。

7. 集体劳动合同或者由行政主管机关或者代表行政主管机关制定的规定,可确定由《结构性社会保障工作和收入法》第5章所称的社会保障局以外的其他机构或者人员指定本条第1款所称的专家。

第六节　雇员的特别义务

第7:659条　自己从事劳动的义务

1. 雇员有义务亲自从事劳务工作;未取得雇主同意的,雇员的工作不得由第三人代替。

2. 法院不得对提出履行劳动义务诉讼请求的雇主,处以罚金或者拘留。

第7:660条　雇员遵守从事劳动规定的义务

雇员必须遵守由雇主或者以其名义在劳动法一般规定以及旨在劳动合同范围内单独或者与其他雇主共同制定的,关于遵守从事劳动和促进雇主企业秩序的规定。

第7:660条之一　因患病而无法从事约定劳动的雇员的义务

雇员因疾病无法从事约定劳动的,其应当履行以下义务:

(1)遵守雇主或者雇主为此目的指定的专家的合理指示,并合作执行雇主或者雇主为此目的指定的专家采取的第7:658条之一第2款所称的措施;

(2)协助制定、评估以及调整第7:658条之一第3款所称的行动计划;

(3)履行雇主提供给雇员从事的第7:658条之一第4款所称的替代劳动。

第7:661条　雇主对雇员或者第三人造成损害的责任承担

1. 雇员在执行劳动合同或者工作过程中对雇主或者雇主应当负赔偿责任的第三人造成损害的,其对雇主不承担该损害的责任,除非因其故意或者重大过失的作为或者不作为造成损害。考虑到有关情况以及合同性质,可产生与前句不同的法律效果。

2. 适用本条第1款和第6:170条第3款的规定时,仅能在雇员已投保的情况下,才可通过书面协议作出对雇员不利的改变。

第七节　企业移转时雇员的权利

第7:662条　定义

1. 适用本节时,术语含义如下:

(1)移转是指因合同、企业合并或者分立,在保留经济实体特征条件下的移转;

(2)经济实体是指无论经济活动的主要用途,旨在用于经济活动的各种物品的有组织整体。

2. 适用本节时,企业或者企业的分支机构,视为企业。

第 7:663 条　保障员工的权利

企业移转时,雇主因与该企业有关的劳动合同产生的雇主权利和义务,依法自动移转给受让人。但雇主在移转后 1 年内对企业移转时已产生的劳动合同义务,承担连带责任。

第 7:664 条　养老金请求权

1. 有以下情形之一的,《养老金法》第 1 条所称的养老金合同中的雇主权利义务不适用第 7:663 条第 1 句的规定:

(1)继受人可向第 7:663 条所称的雇员提出订立与转让前对自己雇员相同的养老金合同;

(2)继受人根据 2000 年《强制参加部门养老基金法》第 2 条,有义务参加部门养老基金,且第 7:663 条所称的雇员愿意参加该基金;

(3)行政主管机关或者代表行政主管机关为此目的制定的集体劳动合同或者规定,不同于本款所称的养老金合同。

2. 第 7:663 条所称的雇员在移转前有义务参加 2000 年《强制参加部门养老基金法》第 2 条所称的部门养老基金,并且在移转后有同样义务的,不适用本条第 1 款的规定。

3. 涉及 2007 年的《养老金法》生效之前的《养老金和存款基金法》第 3 条第 1 款所称的存款计划中的权利和义务,继受人促进第 7:663 条所称的雇员参加转让前适用于其雇员的存款计划的,不适用第 7:663 条第 1 句的规定。

第 7:665 条　企业转让导致雇员劳动环境的变化以及解除劳动合同

适用第 7:673 条时,企业的转让导致劳动条件发生重大变化,并且对雇员不利的,劳动合同应当视为应雇主的要求被终止或不再继续:

1. 雇佣合同被雇员终止或应其要求终止;

2. 固定期限劳动合同在终止后没有根据雇员的要求依法继续执行。

第 7:665 条之一　雇主的告知义务

企业未根据《劳动委员会法》第 35 条之三第 1 款或者第 35 条之四第 1 款设置劳动委员会或者雇员代表委员会的,雇主必须及时告知雇员与企业移转有关的下列事项:

(1)有关移转企业的决议;

(2)计划移转的日期;

(3)移转原因;

(4)企业移转对雇员的法律、经济和社会效果;

(5)与雇员有关的措施。

第7:666条　企业破产

1. 第7:662条至第7:665条和第7:670条第8款在下列情况下不适用企业的转让:

1. 雇主被宣布破产,且该企业构成破产财产的一部分;

2. 雇主是《金融监管法》第3a:2条或第3a:78条所称的组织,并且对于该雇主,适用《金融监管法》第3a:28条、第3a:37条、第3a:41条、第3a:104条、第3a:112条或第3a:117条分别所称的企业转让文书、联合机构文书或资产分离文书。

第八节　劳动合同终止

第7:667条　由法律规定或者单方意思导致的合同终止

1. 根据合同、法律或者习惯规定的劳动合同期限届满时,劳动合同依法自动终止。

2. 有以下情形之一的,劳动合同可通过单方意思表示提前终止:

(1)已在书面协议中作出此种规定的;

(2)法律或者习惯要求提前终止,且在允许的情况下,没有书面约定,另有规定的。

3. 本条第1款所称的劳动合同仅在有书面同意并已双方授权时,才可通过单方意思表示提前终止。

4. 不定期劳动合同因除通过第7:671条第1款第1项至第8项或《破产法》第40条所称的通知或者法院解除以外的方式终止外,该劳动合同可以定期劳动合同的形式延长一次或者数次,每次不超过3个月,不同于本条第1款的规定,该劳动合同有必要提前终止,以终止最后一个固定期限的合同。签订的不定期劳动合同因雇员达到退休年龄而根据相关条款终止的,不适用本款规定。

5. 本条第4款所称的续聘合同,指同一名雇员连续受雇于数名雇主,并且根据该雇员的工作,各雇主可合理地相互视为继受人。

6. 终止不定期劳动合同的,当事人必须提前作出终止通知。

7. 当事人规定劳动合同因雇员结婚或者缔结登记伴侣关系而依法自动终止的,该规定无效。

8. 当事人规定劳动合同因雇员怀孕或者生育依法自动终止的，该规定无效。

第 7:668 条　通知事项

1. 雇主应当依法在定期劳动合同结束前 1 个月以书面形式通知雇员以下事项：

(1)是否继续劳动合同；

(2)继续的，其拟继续劳动合同的条件。

2. 以下情况不适用本条第 1 款的规定：

(1)签订劳动合同时，以书面形式约定合同将在日历日期以外的日期结束；

(2)劳动合同的期限少于 6 个月。

3. 雇主完全未履行本条第 1 款开头部分以及第 1 项所称的义务的，其应当向雇员支付相当于 1 个月工资额的赔偿金。雇主未及时履行该义务的，其应当按比例支付拖欠雇员的赔偿金。赔偿金应当自本条第 1 款规定的义务产生之日的 1 个月后开始支付。雇主被宣布破产、被批准暂停付款或者适用自然人的债务重组计划的，其无须再支付该赔偿金。

4. 下列情况中，劳动合同应当视为按以前的条款和条件在同一时期内继续执行，但不超过一年：

(1)本条第 1 款所称的劳动合同在第 7:667 条第 1 款所称的时间到期后继续生效，但雇主未履行本条第 1 款第 1 项或者第 2 项所称的义务；

(2)本条第 2 款所称的劳动合同在第 7:667 条第 1 款所称的期限到期后，双方同意继续执行。

5. 需要通知的情况下，未及时发出终止通知，并且没有明确规定劳动合同继续存在的后果的，也应当适用本条第 4 款第 2 项的规定。

6. 枢密院令应当确定适用本条第 3 款的工资的内容。

第 7:668 条之一　连续订立的劳动合同

1. 以下情形中同一当事人订立的劳动合同：

(1)连续订立的定期劳动合同，间隔时间不超过 6 个月，超过 36 个月的，包括该间隔时间，最后一份劳动合同视为签订不定期合同的，自该日起生效；

(2)连续订立 3 份以上的定期劳动合同，间隔时间不超过 6 个月的，最后一份劳动合同应当视为签订不定期合同。

2. 本条第 1 款应当参照适用于雇员与不同雇主之间的连续订立的劳动合同，无论该雇主是否知道雇员的能力和适合性，其均应当合理地将对方视为所从事工作的继承者。

3. 本条第 1 款第 1 项不适用于在同一当事人签订的 36 个月或者更长期间的劳

动合同之后立即签订的不超过3个月的劳动合同。

4. 通知期应当自本条第1款第1项和第2项所称的第一份劳动合同的签订时间开始计算。

5. 根据集体劳动合同或者由行政主管机构或者代表行政主管机构制订的计划，本条第1款第1项所称的36个月的期限至多可以延长至48个月，本条第1款第2项所称的3个人的数量至多可以增加至6个。合同或者计划应当载明确定的职位或者工作小组，以及企业经营的内在性质需要此种延长或者增加。

6. 适用本条第2款时，根据集体劳动合同或者由行政主管机关或者代表行政主管机关制订的计划，可以作出对雇员不利的改变。

7. 适用本条第1款第1项所称的期限时，通过书面合同或者由行政主管机构或者代表行政主管机构制订的计划，可以作出对法人代表不利的改变。

8. 对于社会事务和就业部长通过条例指定某一行业的某些工作在该行业的通常做法是完全根据定期劳动合同而不是第7:692条所称的临时劳动合同实施的，可以通过集体劳动合同或者授权行政机构制订的计划，宣布该工作不适用本条的规定。该条例可以对本款第1句所称的不适用的声明作出具体规定。

9. 集体劳动合同或者由授权行政机构或者代表授权行政机构制订的计划可以宣布本条全部或者部分不适用于其中指定的、专门或者主要为雇员的教育而签订的劳动合同。

10. 本条不适用于与《教育和职业培训法》第7.2.2条所称的职业指导方案有关的劳动合同。

11. 本条不适用于与未满18岁的雇员签订的劳动合同，并且其平均工作量不得超过每周12小时。

12. 本条第1款第1项所称的期限至多可以延长至48个月，本条第1款第2项所称的数目至多可以增加至6个月，雇主应当与达到《养老金法》第7条第1款所称年龄的雇员签订有关的劳动合同。为确定是否超过本款所称的劳动合同的期限或者数量，仅应当考虑在《工作许可证》第7条第1款所称的年龄之后签订的劳动合同。

13. 根据集体劳动合同或者由行政主管机构或者代表行政主管机构制订的计划，本条第1款第1项和第2项所称的间隔时间至多可以缩短至3个月，用于此类合同或者计划所指定的工作的，该工作每年期限至多为9个月，并且同一雇员每年不能连续工作超过9个月。

14. 根据社会事务和就业部长的条例，应劳动基金会的要求，本条第1款第1项和第 2 项所称的间隔时间至多可以缩短至 3 个月，用于此类条例所指定的工作的，该工作每年期限至多为 9 个月，并且同一雇员每年不能连续工作超过 9 个月。

15. 本条不适用于与《初等教育法》第 1 条或者《专业技术中心法》第 1 条所称的学校的雇员签订的劳动合同，该劳动合同为因病替换担任教学或者教育支助职务的雇员签订的，该雇员负有教学或者治疗责任。

第 7:669 条　雇员的调任

1. 有合理的理由，并且雇员不可能在合理的时间内恢复而从事另一合适的职位的，无论是否有培训，雇主都可以终止劳动合同。任何情况下，恢复原职非明显选择的，雇员可以为其作为或者不作为承担本条第 3 款第 5 项所称的责任。

2. 雇员可以继续担任原职务的，无须进行本条第 1 款所称的调任。

3. 本条第 1 款所称的合理理由包括：

(1)因公司活动停止而裁员，或者因经济状况采取措施使公司有效运作而在未来至少 26 周内进行必要的裁员；

(2)第 7:670 条第 1 款和第 11 款所称的期限届满，并且有可能在 26 周内，或者对于已经达到《养老金法》第 7 条第 1 款所称年龄的雇员，6 周内无法恢复，并且在此段时间内不能以调任的形式从事规定工作的，视为雇员因生病或者残疾不再能够从事规定的工作；

(3)经常无法从事规定的工作不是因雇主对雇员的工作条件照顾不周，并且有可能在 26 周内，或者对于达到《养老金法》第 7 条第 1 款所称年龄的雇员，6 周内无法康复，并且在此段时间内不能以调任的形式从事规定的工作的，视为雇员因疾病或者残疾而经常无法从事规定的工作，并且会对企业经营造成不可接受的后果；

(4)雇主及时通知雇员，并且提供足够的机会来改善其状态，并且此种能力的丧失不是因雇主对雇员的培训或者工作条件不够造成的，视为不是因雇员的疾病或者残疾无法从事规定的工作；

(5)雇员存在可归责的作为或者不作为，以至于不能合理地要求雇主继续履行劳动合同；

(6)有理由认为规定的工作不能以调任的形式进行的，并且雇员因严重违背其良知而拒绝从事规定的工作；

(7)工作关系被破坏，以至于不能合理地要求雇主继续履行劳动合同；

(8)除上述情况外，不能合理地要求雇主继续履行劳动合同的其他情况；

(9)因本款第 3 项至第 5 项、第 7 项、第 8 项规定的两项或者多项理由，不能合理地要求雇主继续履行劳动合同。

4. 除非另有书面约定，雇主也可以发出终止劳动合同的通知，该合同应当自双方订立劳动合同结束的年龄之前生效，未约定其他年龄的，应当为《普通养老金法》第 7 条第 1 款所称的年龄。

5. 根据社会事务和就业部长的命令，应当规定以下内容：

(1)为区分不同类别的雇员，应当就终止合同的合理理由、雇员的重新雇佣以及本条第 1 款所称的合理期限制定具体规则；

(2)在本条第 3 款第 1 项所称的情形下确定解雇顺序的规则。

6. 集体劳动合同或者由行政主管机构或者代表行政主管机构制订的计划可以确定本条第 3 款第 1 项所称的裁员顺序不同的规则，并且任命第 7:671 条之一第 2 款所称的独立委员会的，不应当适用本条第 5 款第 2 项所称的规定。

7. 本条不应当适用于试用期内的终止通知。

第 7:670 条　解雇通知

1. 雇员因病不适合工作的期间，雇主不得发出解雇通知，除非以下情形：

(1)至少持续两年，或者对于达到《养老金法》第 7 条第 1 款所称年龄的雇员，将持续 6 周。

(2)在雇员保险机构或者第 7:671 条之一第 2 款所称的委员会收到第 7:671 条之一所称的许可请求后开始。

因病丧失工作能力是在雇员达到第 1 项所称的年龄之前开始的，该节所称的 6 周期限应当自该日起算，但雇主不能发出通知的总期限不得超过 2 年。

在计算本款第 1 项所称的期限时，不应当考虑《工作与护理法》第 3:1 条第 1 款和第 3 款所称的怀孕前因怀孕而丧失工作能力的时期以及怀孕或者产假期间丧失工作能力的时期。除前 1 句所称的情况外，应当合计相继中断不到 4 周的丧失工作能力的时间，但紧接在根据《工作与护理法》第 3:1 条第 1 款和第 3 款休产假的期间之前和之后，并且不能合理地认为丧失工作能力是由同一原因造成的除外。

2. 雇主不得在雇员怀孕期间终止与其的劳动合同。雇主可以要求医生或者助产士出具声明作为怀孕的证明。雇主也不得在雇员处于《工作与护理法》第 3:1 条第 3 款所称的产假期间和恢复工作后，或者在该产假后的 6 周内，或者在该产假后因分娩或者前次怀孕造成的无工作能力期间，终止与该雇员的劳动合同。雇员处于《工作与护理法》第 3:1 条之一第 1 款或者第 4 款所称的休假期间的，雇主不得终止与该雇员的劳动合同。

3. 在雇员因被征召服兵役或者作为替代役被征召而无法从事规定工作的期间，雇主不得发出解雇通知。

4. 雇员为以下协会成员的,雇主不得终止与该雇员的劳动合同。

(1)工会、中央工委会、集团工委会、上述工委会的常设委员会或者工委会的小组委员会,或者员工代表机构;

(2)《欧洲工作委员会法》所称的特别谈判机构或者欧洲工作委员会,或者根据该法,以其他方式向雇员提供信息和咨询的代表;

(3)特别谈判机构或者社会经济(SE)工作委员会,或者《欧洲公司雇员参与法》第一章所称的SE的监督或者行政机关的成员,或者根据该法以其他方式向雇员通报和咨询的代表;

(4)特别谈判机构或者政治社会(SCE)工作委员会,或者是《欧洲公司雇员参与法》第二章所称的政治社会(SCE)工作委员会的成员,或者根据该法第二章的规定,以其他方式向雇员提供信息和咨询的代表。雇主在工作委员会或者雇员代表机构中设立秘书职位的,该秘书应当参照适用本项第1句的规定,雇主任命劳动工会的秘书的,该秘书应当参照适用本项第1句的规定。

5. 雇主不得以雇员是雇员协会的成员为由终止劳动合同,根据该协会的章程,该协会旨在保护其成员作为雇员利益的,也不得以雇员代表该协会开展或者参与活动为由终止劳动合同,除非该活动是在雇员的工作时间内未经雇主许可进行的。

6. 雇主不能向因参加第7:643条所称的会议而为此休假的雇员发出终止劳动合同的通知。双方未就休假问题达成一致意见的,在法院未就休假问题作出裁决的情况下,同样适用本款规定。

7. 雇主不得以雇员失去《工作与护理法》第3:1条之一第1款或者第4款所称的休假权利、第3条所称的收养假或者收留寄养儿童的假期为由终止劳动合同。根据《工作与护理法》第2条规定,雇员享有《工作与护理法》第4:2条或者第4:2条之一所称的生育假或者补充生育假,《工作与护理法》第5章所称的短期和长期护理假,或者《工作与护理法》第7:6条所称的育儿假的权利。

8. 雇主不得因第7:662条第1款第1项所称的企业转让而终止与在其企业工作的雇员的劳动合同。

9. 雇主不得以雇员不同意在《劳动时间法》第5:6条第2款第2句或者第4款第2句所称的周日工作为由终止劳动合同。

10. 雇主不得终止与以下情况中雇员的劳动合同:

(1)被列入劳动工会或者员工代表机构的候选人名单,或者两年前曾是劳动工会、中央劳动工会、集团劳动工会或者此类工会的委员会、员工代表机构或者特别谈判机构或者欧洲劳动工会的成员。《欧洲工作委员会法》或者《欧洲公司雇员参与法》第1章和第2章分别提及的SE工作委员会或者SCE工作委员会,或者在不到两年前根据该法律之一以其他方式向雇员提供信息和协商的代表。

(2)劳动委员会筹备委员会、中央工作委员会或者集团工作委员会的成员。

(3)作为《工作条件法》第13条第1款和第2款所称的专家雇员或者作为该法第14条第1款所称的专家人员被雇用。

11.以下情况中,本条第1款第1项所称的两年期限应当予以延长:

(1)《劳动能力法》第7:64条第1款所称的申请晚于该条规定或者根据该条规定提出,则按延迟时间长短计算;

(2)根据《职业伤残保险法》第19条第1款的规定延长了等待期,则按该条第7款的规定延长等待期的期限;

(3)由雇员保险机构根据《劳动能力法》第24条第1款或者第25条第9款,或者根据《残疾保险法》第71条第1款第9项确定的期限。

12.适用本条第4款和第10款时,社会企业工作委员会是指登记地在另一成员国社会企业的雇员代表机构,该机构根据该成员国的国家法律规定而建立,以执行2001年10月8日欧盟理事会第2001/86号指令,并且该指令补充了欧洲公司在雇员参与方面的章程(OJ,L 294).

13.适用本条第4款和第10款时,SCE工作委员会是指登记地在另一成员国的SCE的雇员代表机构,该机构根据该成员国的国家法律规定而建立,以执行2003年7月22日欧洲议会和理事会的第2003/72/EC号指令,并且该指令补充了欧洲合作协会章程中有关雇员参与的规定(OJ 2003,L 207)。

14.仅集体劳动合同或者由行政主管机关或者代表行政主管机关制订的计划可以改变本条第3款的规定。

第7:670条之一　劳动合同的终止

1.不适用第7:670条第1款第1项规定的,雇员无正当理由拒绝履行第7:660条之一所称的义务,并且雇主以书面形式要求雇员履行该义务或者因此而停止支付工资的,同时应当适当遵守第7:629条第7款的规定。

2.下列情况中,不应当适用第7:670条第1至4款和第10款,以及在性质和范围上与其他法定条款类似的取消禁令:

(1)雇员已书面同意终止;

(2)涉及试用期内的终止;

(3)基于第7:677条第1款的理由而终止的;

(4)因公司活动而终止的,除非该终止涉及《工作与护理法》第3:1条所称的正在休产假的雇员；

(5)与禁止终止的情况无关的终止，可以根据第7:669条第4款实施。

3.根据第7:669条第3款第1项发出通知而不是因公司活动而终止的，雇员在拟被终止的工作中应当至少工作26周并且不适用以下规定：

(1)雇员专门或者主要工作企业部分的活动被终止的，不适用第7:670条第2款的规定，除非该终止涉及《工作与护理法》第3:1条所称的正在休产假的雇员；

(2)该雇员完全或者主要受雇于该企业部分的活动已经停止的，不适用第7:670条第3款的规定；

(3)不适用第7:670条第4款和第10款的规定。

4.其他法定条款所载的、在性质和范围上与本条第3款所称的禁止终止规定相似的禁止终止规定应当参照适用本条第3款的规定。

5.雇员有权在合同日期的14天内，通过向雇主提交书面声明的方式，撤回本条第2款第1项所称的终止，而无须说明任何理由。

6.本条第2款第1项所称的书面同意参照适用第7:671条第3款至第6款的规定。

7.根据本法第2编的规定，不可能恢复劳动合同的，法人代表或者类似的外国法人代表不适用本条第5款和第6款的规定。

8.任何排除或者限制本条第5款所称的权利的规定均为无效。

第7:670条之二　终止合同的形式

1.劳动合同的终止仅以书面形式达成才有效。

2.劳动合同以书面合同的方式终止的，雇员有权在合同签订之日起14天内通过向雇主提交书面声明的方式解除该合同而无须说明任何理由。

3.雇主应当在本条第1款所称的合同中载明本条第2款所称的权利，没有该合同的，本条第2款所称的期限应当为3周。

4.双方当事人在本条第2款所称的解除或者第7:671条第2款所称的解除后6个月内订立本条第1款所称的合同的，不适用本条第2和第3款的规定。

5.根据本法第2编的规定，不可能恢复劳动合同的，法人代表或者类似的外国法人代表不适用本条第2款至第4款的规定。

6.任何排除或者限制本条第2款所称的权利的规定均为无效。

第7:671条　终止原因

1.除以下情形外，未经雇员书面同意，雇主不得有效地终止劳动合同：

(1)已按第7:671条之一的规定批准终止；

(2)在试用期内终止的；

(3)基于第7:677条第1款的理由而终止的;

(4)终止合同的雇员完全或者几乎完全是为雇主的家庭利益通常每周工作不到4天的,其提供服务应当视为向该家庭成员提供照顾;

(5)终止涉及法人代表或者类似的外国法人代表,根据本法第2编的规定,其劳动合同不能恢复的;

(6)解雇涉及担任职务的雇员;

(7)基于第7:669条第4款的理由而终止的;

(8)终止涉及在《初等教育法》第1条、《中等教育法》第1条、《专业技术中心法》第1条、《教育和职业培训法》第1.1.1条或者第1.1条所称的特殊学校或者机构工作的雇员。因雇员的作为或者不作为与有关学校或者机构的宗教或者意识形态基础产生的特性不相容而终止劳动合同的,该终止应当由独立于雇主的委员会批准,参照适用第7:671条之一第2款第1款至第4款的规定。

2. 雇员有权在本条第1款所称期间的14天内,通过向雇主提交书面声明的方式撤回其合同,并且无须说明任何理由。

3. 雇主未在合同成后的2个工作日内以书面形式通知雇员享有本条第2款所称的权利的,第2款所称的期限为3周。

4. 根据本条第1款的规定,法律上有效的终止需要取得同意的,在本条第2款所称的撤回之后,终止应当视为从未发生。

5. 在以本条第2款为由撤回合同或者第7:670条之二第2款所指的解除合同后6个月内,雇员再次书面同意终止劳动合同的,不适用本条第2款至第4款的规定。

6. 任何排除或者限制本条第1款所称的书面同意的要求或者第2款所称的权利的条款均为无效。

第7:671条之一　书面许可

1. 雇主拟根据第7:669条第3款第1项或者第2项发出终止劳动合同通知的,应当向《工作和收入执行结构法》第5章所称的雇员保险计划执行机构申请书面许可。

2. 独立于雇主且公正的委员会已由集体劳动合同或者由行政主管机构或者代表行政主管机构制订的计划任命的,雇主应当根据第7:669条第3款的理由向该委员会请求允许终止劳动合同,但不得违反本条第1款的规定。行政主管机构或者代表行政主管机构指定该委员会的集体劳动合同或者制订的计划应当包含关于以下方面的内容:

(1)间接获取；

(2)对提交的信息进行保密处理；

(3)雇主和雇员答复的合理时间限制；

(4)合理的决定期。

3. 本条第 2 款所称的集体劳动合同是与一个或者多个雇员协会签订的，该协会成员包括在企业或者行业中工作的雇员的，并且根据协会章程其旨在保护其成员作为雇员的利益的，该成员在有关企业或者行业中作为雇员工作，并且至少在两年内享有完全的民事行为能力。雇员协会根据其章程可视为一个或者多个具有完全法律行为能力雇员协会的延续的，在确定两年的期限时也应当考虑该协会具有完全民事行为能力的期限。

4. 关于本条第 1 款或者第 2 款所称的请求的决定应当同时以书面形式寄送给雇主和雇员，并且说明收到本条第 1 款或者第 2 款所称的请求的日期。

5. 根据第 7:669 条第 3 款第 1 项的规定，仅在以下情况中才允许发出终止不定期劳动合同的通知：

(1)终止与在工作岗位上工作的人的不定期劳动合同；

(2)终止与工作范围不明确的在工作岗位的人的劳动合同；

(3)已经终止与受雇从事在工作岗位的人员有关的合同；

(4)终止与在工作岗位上工作的人的劳动合同，其已达到《普通养老金法》第 7 条第 1 款所称的年龄。

6. 终止许可的有效期为对本条第 1 款或者第 2 款所称的请求作出决定之日后的 4 个星期。雇主应当以书面形式发出终止通知，并且说明终止的原因。

7. 社会事务和就业部长可以指定与雇佣人员有关的劳动合同不适用本条第 5 款的规定，并且可以确定本条第 5 款所称的具体内容。

8. 社会事务和就业部长应当通过条例规定本条第 1 款所称的批准程序的具体规则。

9. 任何排除或者限制本条第 1 款或者第 2 款所称的征求同意义务的规定均为无效，任何延长本条第 6 款所称期限的规定也均为无效。

10. 社会事务和就业部长可以通过条例规定本条第 2 款所称的委员会和该委员会批准程序的具体规则。

11. 第 7:670 条第 1 款至第 4 款和第 10 款所称的禁止终止的规定，或者在性质和范围上与该禁止终止的规定相类似的禁止终止的规定在其他法律规定中生效的，不应当作出本条第 1 款或者第 2 款所称的许可，除非可以合理地预期禁止终止的规定将在对该请求作出决定之日起4周内停止适用。第7:671条第1款第8项所称的同意应当参照适用本款规定。

第7:671条之二　雇主解除劳动合同

1. 以下情况中，地方分区法院可以根据雇主的要求解除劳动合同：

（1）根据第7:669条第3款第3项、第9项的规定；

（2）根据第7:669条第3款第1项和第2项的规定，第7:671条之一所称的许可被拒绝；

（3）根据第7:669条第3款第1项和第2项，并且涉及不能提前终止的定期劳动合同。

2. 仅在第7:669条所称的解除劳动合同的条件获得满足，并且没有适用第7:670条所称的解除禁令或者任何其他法定条款中与此解除禁令性质和范围相似的解除禁令的情况下，地方分区法院才能批准本条第1款所称的请求。

3. 解除的请求是根据第7:669条第3款第1项提出的，应当参照适用第7:671条之一第5和第7款的规定。

4. 解除的请求是根据第7:669条第3款第3项提出的，并且雇主无法提供第7:629条之一所称的专家证明的，地方分区法院应当拒绝该请求，除非不能合理地要求雇主提交此种证明。

5. 以下情形中，解除的请求是根据第7:669条第3款第5项提出的，并且雇主无正当理由不履行第7:660条之一所称义务的，地方分区法院应当拒绝该请求：

（1）雇主未以书面形式履行该义务，或者为此而停止支付工资，并且适当遵守第7:629条第7款的规定；

（2）无法提供第7:629条之一所称的专家证书，除非不能合理地要求雇主提交该证书。

6. 雇主以第7:669条第3款第2项至第9项为由请求解除合同，但涉及第7:670条第1至4款和第10款所称的禁止终止的规定，或者涉及与该禁止终止的规定在性质和范围上类似的禁止终止的规定的，地方分区法院可以在减损适用本条第2款的情况下批准该解除：

（1）该请求不涉及禁止终止的情况；

（2）存在此种情况，但为雇员的利益应当终止劳动合同。

7. 雇员在地方分区法院收到解除请求后患病的，不适用第7:670条第1款所称的禁止发出通知的规定。

8. 地方分区法院根据第7:669条第3款第9项规定解除劳动合同的，其可以判决给予雇员不超过第7:673条第2款所称的过渡性津贴一半的补偿。

9. 以下情形中,解除的请求涉及不定期的劳动合同或者可以提前终止的定期劳动合同的,地方分区法院应当支持该请求:

(1)应当正常通知结束劳动合同的时间确定劳动合同的结束,劳动合同的解除不是雇主的严重过失或者不作为造成的,应当扣除从收到解除请求之日开始到作出解除决定之日为止的期间,但至少为1个月;

(2)劳动合同的解除是可归责于雇员的作为或者不作为造成的,可以在减损适用本款第1项的情况下,在较早的时间确定终止劳动合同;

(3)解除劳动合同是可归责于雇主的作为或者不作为造成的,可以向雇员提供公平补偿。

10. 解除的请求涉及不能提前终止的定期劳动合同,并且地方分区法院支持该请求的,应当确定劳动合同的终止时间和以下事项:

(1)雇主可以向雇员提供补偿的,该补偿的最高金额相当于劳动合同终止后依法继续存在期间的货币工资;

(2)解除是可归责于雇主的作为或者不作为造成的,其可于本款第1项所称的补偿之外,向雇员提供公平补偿;

(3)解除是可归责于雇员的作为或者不作为造成的,其可以给予雇主补偿,该补偿的最高金额相当于劳动合同终止后依法继续存在期间的货币工资。

11. 任何排除或者限制雇主请求地方分区法院解除劳动合同选择权的条款均为无效。

第7:671条之三　雇员解除劳动合同

1. 应雇员的要求,地方分区法院可以基于公平原则,判决立即或者短期内解除劳动合同。

2. 以下请求涉及不定期劳动合同或者可提前终止的定期劳动合同的,地方分区法院应当支持该请求:

(1)确定劳动合同的终止时间;

(2)劳动合同的解除是可归责于雇主的作为或者不作为造成的,可以向雇员提供公平补偿。

3. 请求涉及不能提前终止的定期劳动合同,且地方分区法院支持该请求的,应当确定劳动合同的终止日期和以下事项:

(1)基于公平原则可以向雇员提供的补偿,该补偿的最高金额相当于劳动合同终止后依法继续存在期间的货币工资;

(2)解除是可归责于雇主的作为或者不作为造成的,在本款第1项所称的补偿之外,可以向雇员提供公平补偿;

(3)基于公平原则,或者解除是可归责于雇员的作为或者不作为造成的,可以向雇主支付的补偿金,该补偿的最高金额相当于劳动合同终止后依法继续存在期间的货币工资。

4.社会事务和就业部长可以在条例中规定,雇员在该条例指定的行业中履行其职能,地方分区法院可以确定比本条第3款第3项所称的补偿更高的金额。仅第7:668条之一第8款所称的条例中指定行业内的工作,才能被指定为本款第1句所称的工作。

5.任何排除或者限制雇员请求地方分区法院解除劳动合同选择的条款均为无效。

第7:672条　终止劳动合同的通知

1.当事人终止劳动合同的通知在每月结束时生效,除非书面约定或者习惯规定其他终止日期。

2.雇主终止劳动合同时,应当遵守以下通知期限:

(1)劳动合同少于5年的,1个月;

(2)劳动合同为5年或者更长的,2个月;

(3)劳动合同为10年或者更长的,3个月;

(4)劳动合同为15年或者以上的,4个月。

3.在减损适用本条第2款的情况下,雇员已达到《养老金法》第7条第1款所称的年龄的,雇主应当遵守1个月的通知期。

4.雇员应当遵守1个月的通知期。

5.未规定工作范围的,不同于本条第4款的规定,雇员应当遵守的通知期应为第7:628条之一第1款所称的期限,此种情况下,不适用本法第1款的规定。

6.第7:671第1款第1项或者第2项所称的许可已被批准的,雇主应当遵守的通知期应予以缩短,即自收到许可请求之日起至对许可请求作出决定之日为止,但至少应当为1个月。

7.本条第2款或者第3款所称的期限仅能通过集体劳动合同或者通过授权行政机构的计划或者代表授权行政机构制订的计划予以缩短。该期限可以书面形式予以延长。

8.本条第4款所称的期限可以书面形式予以改变。雇主的通知期至多可以延长至6个月,但不得短于雇员通知期的2倍。

9. 集体劳动合同或者授权行政机构的计划或者代表授权行政机构制定的计划可以缩短本条第 8 款第 2 句所称的对雇主的通知期，但该期限不得短于对雇员的通知期。

10. 适用本条第 2 款时，在根据第 7:682 条或者第 7:683 条恢复劳动合同的情况下，劳动合同应当视为构成单一的、不间断的劳动合同。

11. 早于双方约定的日期终止合同的一方，应当向另一方支付补偿金，该补偿的最高金额相当于劳动合同终止后依法继续存在期间的货币工资。

12. 地方分区法院基于公平原则，可以减少本条第 11 款所称的报酬，但该报酬不得低于本条第 2 款所称的通知期限的货币工资，也不得低于 3 个月的货币工资。

第 7:673 条　过渡性津贴

1. 有以下情况之一的，雇主应当向雇员支付过渡性津贴。

（1）以下情形中的雇佣合同：

1）已被雇主取消的；

2）应雇主要求而解除的；

3）在雇佣合同结束后，雇主未依法继续合同，在雇佣合同结束前没有签订可以提前终止的继任雇佣合同，并且在间隔不超过 6 个月后开始。

（2）由于雇主方面的严重过失行为或不行为造成以下情形的：

1）雇员被解雇的；

2）应雇员的要求而解除的；

3）雇员主动结束雇佣合同，没有在后续基础上继续的。

2. 过渡性津贴应当相当于在雇佣合同持续的每一年中每月工资的 1/3，在雇佣合同持续时间不足一年的情况下，雇主应当按其比例支付。枢密院令可以确定关于过渡性补偿计算方法的具体规则。过渡性津贴的最高金额为 84, 000 欧元，工资高于该金额的，相当于不超过 12 个月的工资。

3. 本条第 2 款所称的数额应当由社会事务和就业部长根据前一年《宏观经济展望》中公布的有关年度合同工资的估计发展情况，从每年的 1 月 1 日起进行修正。该金额应四舍五入到 1000 欧元的最近倍数。修正后的金额仅适用于在修正之日或之后终止或不再继续的雇佣合同。

4. 为计算本条第 2 款所称的雇佣合同的期限，应当适用以下规定：

（1）在雇员年满 18 岁之前，其平均工作量每周不超过 12 小时；

（2）同一当事人之间的一份或多份以前的雇佣合同，在间隔不超过 6 个月的情况下相互接续，应当合并计算。该雇员连续被不同的雇主雇佣的，无论雇主是否知道该雇员的能力和适合性,均必须合理地将对方视为所从事工作的继任者,此时,也适用前 1 句的规定。

5. 适用本条第 4 款第 2 项时,在终止以前雇佣合同时:

(1)已支付过渡性津贴的,应当从过渡性津贴中扣除相当于根据本条第 1 款和第 2 款终止合同时应支付过渡性津贴的金额。

(2)已根据第 7:673 条之二第 1 款作出规定的,应当从过渡性津贴中扣除与该规定价值相等的金额。

6. 在由理事会命令或者根据理事会命令确定的条件下,过渡性津贴应当扣除以下内容:

(1)与终止或者不续签雇佣合同有关的措施的费用,旨在防止失业或减少雇员的失业期;

(2)雇佣合同期间与促进雇员更广泛的就业能力有关的费用。

7. 终止或不续签雇佣合同的以下情形中,雇主不应当支付过渡性津贴:

(1)在雇员年满 18 岁之前,并且其平均工作量每周不超过 12 小时;

(2)与达到法律规定或当事人之间约定的年龄有关,或者与《养老金法》第 7 条第 1 款所称的年龄有关,在达到该年龄后,雇佣合同在该年龄终止;

(3)由雇员的严重应受谴责的行为或不行为造成的。

8. 在减损适用本条第 7 款第 3 项的情况下,不支付过渡性津贴,根据合理和公平的标准是不可接受的,地方分区法院可以判决向雇员支付全部或部分过渡性津贴。

9. 雇佣合同在依法终止后,不继续实施该合同是由雇主的严重过失或不作为造成的,地方分区法院可以作出以下判决:

(1)除过渡性津贴外,雇主应当承担向雇员支付公平报酬的费用;

(2)根据第 7 款第 1 项所称的理由,雇员无权获得过渡性津贴的,雇主应当承担对该雇员的公平赔偿。

10. 根据理事会应当确定本条第 2 款所称工资的具体内容。

第 7:673 条之一 [2020 年 1 月 1 日废止]

第 7:673 条之二 集体劳动合同

1. 集体劳动合同或由行政主管机关或代表行政主管机关制订的计划可以规定,以下情况中,不应当支付第 7:673 条第 1 款所称的过渡性津贴。

(1)雇佣合同因第 7:669 条第 3 款第 1 项所称的情况而被终止或不再继续;

(2)根据集体劳动合同或由行政主管机构或代表行政主管机构制订的计划,有权获得有助于限制失业的规定，获得合理的经济补偿，或获得两者的结合。

2. 本条第 1 款第 2 项所称的集体劳动合同是与一个或多个雇员协会签订的，该协会的成员包括在企业或行业中工作的人，根据其章程，协会旨在促进其成员作为雇员的利益，该成员在有关企业或行业中作为雇员工作，并且至少具有两年以上的完全民事行为能力。对于根据其章程可视为具有完全民事行为能力的雇员，在确定两年的期限时也应当考虑到该协会完全民事行为能力的期限。

第 7:673 条之三　例外规定

1. 在雇主被宣布破产、获准暂停付款或适用自然人的债务重组计划时，不再需要支付第 7:673 条第 2 款所称的过渡性津贴。

2. 第 7:673 条第 2 款所称的过渡性津贴的支付导致雇主的商业运作出现不可接受的后果的，过渡性津贴可以根据社会事务和就业部长确定的条件予以分期支付。部长还可以规定，过渡性津贴应当按部级法规确定的百分比增加。

第 7:673 条之四　[2020 年 1 月 1 日废止]

第 7:673 条之五　劳动补偿

1. 雇佣合同有以下情形之一的，《工作和收入实施法》第 5 章所称的雇员保险机构，应当根据第 7:673 条规定的对拖欠过渡性津贴雇主的要求提供补偿：

(1) 在第 7:670 条第 1 款第 1 项和第 11 款所指的期限之后：

1) 由于雇员因病或残疾不能再从事规定的工作而被终止的；

2) 依法终止，并且在雇佣合同终止时，雇员因疾病或残疾而无法完成规定的工作。

(2) 以下情形中，由于公司和雇主的活动停止而导致工作岗位减少，但雇主雇佣的雇员人数少于理事会命令确定的人数，因此终止：

1) 达到或已经达到《养老金法》第 7 条第 1 款所称的年龄；

2) [尚未生效]；

3) 已经死亡。

2. 本条第 1 款所称的补偿应当等于雇主向雇员提供的与终止或不继续雇佣合同有关的补偿，但不应当超过雇主根据第 7:673 条对雇员的欠款，加上根据第 7:673 条第 6 款可以从该数额中扣除的费用。雇佣合同在第 7:670 条第 1 款第 1 项所称的两年期满的第二天被终止或不再继续的，本条第 1 款第 1 项所称的赔偿金也不应当超过雇主根据第 7:673 条在扣除第 7:673 条第 6 款所称的费用之前欠雇员的金额。前 1 句所称的期间参照适用第 7:670 条第 1 款最后 1 句的规定。

3. 通过协议终止雇佣合同的，雇主应当根据第 7:673 条支付过渡性津贴，应当参照适用本条第 1 款和第 2 款的规定。

4. 理事会应当确定本条第 1 款开头语以及第 2 项的具体规则。

5. 津贴被错误地授予或太高的，雇员保险计划执行机构应当修改授予津贴的决定。其还可以通过执行令状追回不当支付的补偿金。

6. 不同于《行政法通则》第 7:10 条第 1 款的规定，雇员保险计划执行机构应当在提交反对意见的期限届满的次日起 13 周内作出决定。

7. 社会事务和就业部部长应当制定有关本条所称报销申请的具体规则。

第 7:674 条　雇员死亡对劳动合同的效力

1. 劳动合同因雇员的死亡而终止。

2. 自死亡之日起至死亡后 1 个月为止，雇主有义务向雇员遗属提供该期间雇员应当享有的最后工资相同的福利。

3. 适用本条时，遗属指与雇员未长期分开生活的生存的配偶或者登记伴侣或者与雇员没有婚姻关系的共同居住者，无上述人员的，指死亡时与雇员有亲属法律关系的未成年子女，无上述人员的，指雇员的家庭成员且雇员承担其大部分扶养费的人。第 1 句所称的共同居住者指两个没有结婚而组成共同家庭的人，但直系血亲除外。第 2 句所称的共同家庭指所涉当事人的主要居所在同一个住宅内，并通过提供生活费或者其他方式相互照顾的家庭。

4. 遗属因雇主死亡并根据《丧失劳动能力保险法》和《社会保险补充法》得到给付的，本条第 2 款所称的死亡补偿金可扣除该部分的金额。

5. 雇员死亡前无权根据第 7:629 条第 3 款请求支付第 7:629 条第 1 款所称的工资，或者因雇员的行为无权根据《丧失劳动能力保险法》请求给付的，不适用本条第 2 款的规定。

6. 适用本条时，不得作出对遗属不利的改变。

第 7:675 条　雇主死亡对劳动合同的效力

劳动合同不因雇主的死亡而终止，除非合同另有规定。涉及定期劳动合同，雇主的继承人与雇员有权根据第 7:670 条、第 7:670 条之一和第 7:672 条规定的终止通知期限以与非定期合同相同的方式终止合同。根据第 4:13 条分割雇主遗产的，死者的配偶或者登记伴侣享有前 1 句所称的继承人的权利。

第 7:676 条　试用期内劳动合同的终止

1. 在约定的试用期内，各方当事人均有权立即终止劳动合同。

2. 此类终止不适用第 7:681 条和第 7:682 条的规定。

第 7:677 条　不按法律规定终止劳动合同产生的责任

1. 基于迫不得已的原因，各方当事人均有权立即终止合同，但应当同时告知对方当事人。一方当事人没有迫不得已的原因或者未告知该迫不得已的原因而终止劳动合同的,其应当承担损害赔偿责任。

2. 一方当事人在其法律关系可终止前的日期终止劳动合同的,其应当承担损害赔偿责任。

3. 一方当事人故意或者过失给相对人造成立即终止合同的迫不得已的原因,并且相对人因此解除劳动合同的,该当事人也应当承担损害赔偿责任。

4. 一方当事人因非正常终止而承担损害赔偿责任的,相对人可选择根据第7:680条之一请求固定损害赔偿或者全额损害赔偿。

5. 雇主不遵守第7:670条第1款至第9款或者第7:670条之一的规定的,其并不需因此承担损害赔偿责任。此情况下,雇员可在劳动合同终止后2个月内以此为由撤销无效的终止合同。雇员可通过向雇主通知其将援引有关依据,实现此种撤销。参照适用第3:55条的规定。

第7:678条　基于迫不得已的原因雇主可立刻终止劳动合同

1. 第7:677条第1款所称的迫不得已的原因包括导致不能合理要求雇主继续劳动合同的雇员活动、性质或者行为。

2. 除其他事由外,以下事由视为迫不得已的原因:

(1)雇员通过出示虚假或者伪造的证明订立劳动合同,或者故意提供虚假信息误导用人单位;

(2)雇员严重缺乏从事劳动的技能或者能力;

(3)雇员经过警告后,仍酗酒或者有其他放荡行为;

(4)雇员实施盗窃、挪用公款、欺诈或者其他违背雇主信任的侵害行为;

(5)雇员对雇主、其家庭成员或者其他雇员,实施攻击、严重侵害或者严重威胁的行为;

(6)雇员教唆或者试图教唆雇主、其家庭成员或者其他雇员,实施或者参与实施违法或者违反善良风俗的行为;

(7)雇员因故意或者经警告后有重大过失地损害雇主财产或者使之面临严重危险;

(8)雇员故意或者经警告后有重大过失地使自己或者他人面临严重危险;

(9)雇员公开关于雇主家庭或者企业的保密信息;

(10)雇员持续拒绝遵守雇主命令或者代表雇主发出合理指示或者命令;

(11)雇员完全不承担劳动合同义务;

(12)雇员故意或者重大过失造成无法从事约定劳动的状态。

3. 当事人规定由雇主决定是否存在第7:677条第1款所称的迫不得已的原因的,该规定无效。

第7:679条　基于迫不得已的原因雇员可立刻终止劳动合同

1. 第7:677条第1款所称的迫不得已的原因包括导致不能合理预期雇员继续履行劳动合同的情况。

2. 除其他事由外,以下事由视为迫不得已的原因:

(1)雇主对雇员、其家庭成员,实施攻击、严重侵害或者严重威胁的行为,或者容忍其家庭成员或者工作人员实施该行为;

(2)雇主教唆或者试图教唆雇员、其家庭成员,实施违法或者违反善良风俗的行为,或者容忍其家庭成员或者工作人员实施该行为;

(3)雇主未在规定期间支付工资;

(4)雇主未以适当方式提供约定的住宿;

(5)工资取决于完成的劳动成果的,雇主未给雇员提供足够的劳动机会;

(6)工资取决于完成的劳动成果的,雇主未给雇员提供或者适当提供约定的协助;

(7)雇主以其他方式严重不履行劳动合同义务;

(8)雇主在劳动合同的性质没有要求的情况下,要求雇员为其他雇主提供劳动服务;

(9)在订立劳动合同时尚不明显,但继续劳动合同使雇员受到严重的生命、健康或者名誉危险;

(10)雇员非因自己行为造成的疾病或者其他原因,导致其无法从事约定的劳动。

3. 当事人规定由雇员决定是否存在第7:677条第1款所称的迫不得已的原因的,该规定无效。

第7:680条　固定损害赔偿　[2015年7月1日废止]

第7:680条之一　撤销劳动合同产生的工资支付请求

具体情况下会导致不可接受的结果的,法院可基于雇主提起的撤销劳动合同并终止支付工资的诉讼请求而减少其应付工资的金额,但不得少于第7:672条应当遵守的终止通知期限的工资,也不得少于3个月的工资。

第7:681条　终止明显不合理劳动合同时的损害赔偿

1. 考虑到有关合同终止的规定,一方当事人以明显不合理的理由终止劳动合同的,法院可命令该当事人向相对人承担损害赔偿责任。

2. 除其他情形外,以下情形中,雇主终止劳动合同应当视为明显不合理:

(1)终止劳动合同时未说明理由,或者在说明中伪造虚假理由;

(2)考虑到雇员寻找其他合适工作的可能性,以及与雇主终止劳动合同的利益相比,终止给雇员造成过于严重的后果;

(3)终止与雇员从事第7:670条第3款所称的一般劳动或者替代劳动有关;

(4)劳动合同因违反法律或者惯例或者行业或者企业有关适用数量比例或者年龄规则而终止,除非有造成此种偏离的重大理由;

(5)仅因雇员主张存在严重困难拒绝从事劳动而终止。

3. 除其他情形外,以下情形中,雇员终止劳动合同应当视为明显不合理:

(1)终止劳动合同时未说明理由,或者说明中伪造虚假理由;

(2)与雇员终止合同的利益相比,终止给雇主造成过于严重的后果。

4. 当事人规定由一方当事人决定劳动合同的终止是否明显不合理的,该规定无效。

第7:682条　法院裁判恢复劳动合同

1. 法院可命令根据第7:677条对损害承担赔偿责任或者命令雇主恢复已终止的、明显不合理的劳动合同。

2. 法院作出此种裁判时,可确定雇主必须在某个时间之前或者之时恢复劳动合同。此种安排具有中断的法律效果。

3. 法院可在恢复劳动合同的裁决中规定,恢复义务可通过雇主向雇员支付裁判规定的赔偿金而消灭。裁判未规定赔偿金的,法院可经雇主申请,确定赔偿金。此类申请涉及恢复劳动合同裁决的执行,直到法院对申请作出裁判为止,任何情况下雇主均有义务支付该期间的工资。

4. 法院应当根据案件的具体情况公平地确定赔偿金,可允许按裁判规定的方式分期支付赔偿金。

5. 因未履行恢复义务而以其他方式确定应付赔偿金的,法院可经当事人一方的申请,根据案件的具体情况公平地确定赔偿金,也可允许按裁判规定的方式分期支付赔偿金。

第7:683条　诉讼时效

1. 根据第7:677条第4款、第7:681条第1款和第7:682条第1款提起诉讼的时效期间为6个月。

2. 雇员根据第7:677条第5款提起与撤销终止劳动合同有关的雇员的每项诉讼的时效期间为6个月。

第7:684条　5年或者5年以上期限劳动合同的终止

1. 以特定人生存为期限订立5年或者5年以上劳动合同的,雇员仍有权自劳动合同生效起5年后终止劳动合同,并遵循6个月的通知期限。

2. 适用本条时,不得作出对雇员不利的改变。

第7:685条　地方法院裁判解除劳动合同　[2015年7月1日废止]

第7:686条　因不履行劳动合同义务导致劳动合同的解除

不得排除当事人双方因不履行合同义务解除合同以及请求损害赔偿的权利。此时,劳动合同仅能通过法院裁判予以解除。

第九节　商业代理人的特别规定

第7:687条　商业代理合同的定义

商业代理合同是指商业代理人一方对雇主一方,提供中介服务以协助雇主作为委托人与第三方之间订立合同,并且由雇主支付全部或者部分佣金作为工资的劳动合同。

第7:688条　商业代理合同和中介协议适用其他法律规定

1. 商业代理合同参照适用第7:426条、第7:429条、第7:430条第2款至第4款、第7:431条、第7:432条、第7:433条和第7:434条的规定。

2. 不得变更第7:426条第2款、第7:429条、第7:430条第2款至第4款、第7:431条第2款和第7:433条的规定。

3. 适用第7:432条第3款和第7:434条的规定时,不得作出对商业代理人不利的改变。

4. 适用第7:426条和第7:431条第1款的规定时,仅能以书面方式作出对商业代理人不利的改变。

第7:689条　固定损害赔偿

不同于第7:618条规定,确定第7:677条第4款所称的固定损害赔偿时,以前取得的佣金以及目前为止所有其他相关因素都应当予以考虑。

第十节　劳务派遣合同的特别规定

第7:690条　劳务派遣合同的定义

劳务派遣合同是指雇主在其职业或者经营中根据与雇员的合同让雇员在第三方监督和指示下为该第三人提供劳务服务的劳动合同。

第7:691条　劳务派遣合同的终止

1. 劳务派遣合同仅在雇员劳动工时超过26周时才适用第7:668条之一的规定。

2. 劳务派遣合同可以书面形式规定,雇主根据第 7:690 条所称的第三方的要求派遣雇员后,第三方请求终止派遣的,该劳务派遣合同依法自动终止。前述所称的规定载入劳务派遣合同的,雇员可立即终止合同。

3. 雇员为雇主提供劳动服务的工时超过 26 周的,本条第 2 款所称的规定即失效。该期限届满时,雇员根据本条第 2 款终止合同的权利即告消灭。

4. 计算本条第 1 款至第 3 款所称的期限时,间隔少于 1 年的连续劳动期间应当予以考虑。

5. 计算本条第 1 款至第 3 款所称的期限时,对不同雇主提供劳动服务的期间应当予以考虑,并且该期间根据从事的劳动必须合理地视为连续期间。

6. 雇主和第三方同属第 2:24 条之二所称的集团或者属于第 2:24 条之一所称的另一个子公司的,不适用本条规定。

7. 适用本条第 1 款、第 3 款、第 4 款和第 5 款所称的期限时,仅集体劳动合同或者由行政主管机关或者代表行政主管机关制定的规定才能作出对雇员不利的改变。

第 7:692 条　临时劳动合同

劳务派遣合同是临时劳动合同的,并且雇主和第三方之间的劳动合同没有在劳动力市场供需结合的框架内签订的,雇主仅在取得第三方同意的情况下才可将雇员派遣给另一方。

第 7:692 条之一　适用范围

1. 第 7:628 条第 5 款和第 6 款以及第 7:691 条不适用于劳动合同。

2. 当事人可以在劳动合同中书面规定,在该合同订立前 6 个月,应当减损适用第 7:628 条第 1 款的规定,对雇员不利的,此种减损应当在雇员受雇于任职公司的职能中是惯例,或者规定在集体劳动合同中,或者规定在由适用于该公司的授权行政机构或者代表该公司的计划中。

3. 在第 7:668 条之一所称的连续订立劳动合同的情况中,当事人可以同意本条第 2 款所称的减损,但最长期限为 6 个月。

4. 本条第 2 款和第 3 款应当参照适用第 7:628 条第 8 款的规定。

5. 损害雇员利益的,劳动合同仅可通过书面形式减损适用集体劳动合同或者授权行政机构或者代表授权行政机构制订的计划,对于雇员所从事的职位,此种减损应当规定在适用于任职公司的集体劳动合同或者授权行政机构的计划中。适用于雇主的集体劳动合同明确排除或者限制适用本款第 1 句所称的减损的,应当以适用于雇主的集体劳动合同中的排除或者限制为准。

6. 适用本条时,企业是指《劳动合同法》第 1 条第 1 款第 3 项所称的企业。

第 7:693 条　海船上的劳动合同

劳动工作是在第 7:695 条第 1 款所称的海船上进行的,无论适用于劳动合同的法律和雇主与第三方之间的合同,雇主未遵守第 7:706 条至第 7:709 条、第 7:717 条至第 7:720 条和第 7:734 条至第 7:734 条之十二所称的义务的,第三方应当遵守该义务。

第十一节　与海事劳动合同有关的特别规定

第 7:694 条　定义

1. 海事劳动合同是指海员承诺在海船上从事工作的劳动合同,包括临时劳动合同。

2. 经与有关的船东和海员组织协商后,枢密院令可以指定本条第 1 款以外的海员类别。

第 7:695 条　适用范围

1. 本节适用于根据荷兰法律规定有权悬挂王国国旗的海船,以及有权悬挂其他国旗的海船,海事劳动合同受荷兰法律管辖。

2. 适用本节时,船舶管理人是指《海员法》第 1 条第 1 款第 1 项中所称的船舶管理人。

第 7:696 条　强制性规定

1. 本章第 1 节至第 9 节和第 11 节的规定应当适用于海事劳动合同。第 7:617 条不适用于在海船上的服务。

2. 不得改变本节第 7:697 条第 2 款、第 7:698 条、第 7:699 条、第 7:700 条、第 7:705 条、第 7:706 条、第 7:709 条、第 7:711 条、第 7:712 条、第 7:720 条、第 7:721 条、第 7:728 条和第 7:735 条至第 738 条的规定。

3. 适用第 7:697 条第 1 款、第 7:707 条、第 7:708 条、第 7:710 条、第 7:714 条、第 7:715 条至第 7:717 条、第 7:719 条、第 7:723 条、第 7:724 条、第 7:729 条、第 7:730条、第 7:734 条和第 7:738 条之一至 7:738 条之六时,不得作出对海员不利的改变。

第 7:697 条　合同形式

1. 海事劳动合同必须以书面形式订立,并且由各方签署。

2. 各方应当保留一份经签署的海事劳动合同原件。

第 7:698 条　提供信息

各海员在船上均应当了解其海事劳动合同和适用的集体劳动合同或者由行政

主管机构或者代表行政主管机构制订的计划，并且应当获得关于该合同未涵盖的任何劳动条款和条件的明确和易于理解的信息。

第 7:699 条　海事劳动合同的内容

海事劳动合同在任何情况下均应当说明以下内容：

(1)海员的姓氏和名字、出生日期或者年龄和出生地，或者不知道其中一项或者多项信息的事实。

(2)雇主的名称和地址。

(3)海事劳动合同的订立地点和日期。

(4)指定海员承诺服务的一艘或者多艘海船，或者规定其将在雇主指定的一艘或者多艘海船上服务。

(5)拟进行的旅程，以及该旅程已经确定。

(6)海员的工资数额，以及计算方法。

(7)应享假期或者该应享假期的计算方式。

(8)假期内继续发放的工资数额，以及计算方法。

(9)雇主为海员提供的医疗和社会保障福利。

(10)海员将被雇用的职位。

(11)船上服务开始的地点和日期。

(12)终止海事劳动合同，即：

1)签订确定期限合同的，参照适用第 7:722 条的规定，以确定本劳动合同结束的日期；旅行时签订的是确定期限合同的，参照适用第 7:723 条的规定，以确定合同终止的约定港口；旅行在约定港口以外的港口结束的，参照适用第 7:723 条的规定；

2)签订无限期合同的，应当符合第 7:724 条第 1 款第 1 句的规定。

(13)海员的遣返权利。

(14)由行政主管机构或者代表行政主管机构制订适用的集体劳动合同或者计划。

第 7:700 条　不得限制海员继续工作

海事劳动合同结束后，不得限制海员以任何身份继续工作。

第 7:701 条　劳动合同的开始时间

自海事劳动合同规定劳动合同开始起，海员应当按照雇主的安排，履行其职责。未规定海事劳动合同开始时间的，适用本条时，应当按照合同订立的时间进行计算。

第 7:702 条　劳动期间

海员的劳动期间自其在船上工作时起算，直至被解除在船上的职责或者辞职时为止。

第7:703条　船长的代表权

船长代表雇主执行其所经营的海船上的海事劳动合同。

第7:704条　海员的义务

1. 海员应当履行船长分配给他的职责,即使该职责与其根据海事劳动合同在船上服务的职位所需履行的职责不同。

2. 海员有义务合作保护海船、海员和船上的财产。

第7:705条　专属管辖权

除非本节另有规定,对于海事劳动合同或者集体劳动合同或者由为此目的授权的行政机构或者代表该机构制订的计划,鹿特丹分区法院应当不考虑适用的法律,而具有专属管辖权。

第7:706条　工资

1. 雇主应当按照以下方式支付在海船上服务所获工资的货币部分:

(1)以海事劳动合同中表示的货币为准;

(2)以支付地使用的货币支付;

(3)以第6编第114条所称的付款方式。

2. 有必要进行汇率转换的,应当按照第6编第124条和126条所称的汇率进行。

第7:707条　海员请求支付工资

1. 海员可以书面形式要求雇主将其全部或者部分工资转给海员指定的人。有必要进行汇率转换,应当按照第6编第124条和126条所称的汇率进行。

2. 本条第1款所称的终止转让的书面请求应在下一个付款日期前1个月内提出。

第7:708条　支付方式

1. 海员有权按照以下方式支付在海船上服务时赚取的工资:

(1)时间已确定的,在航行期间海船停靠的各港口并且最后一次付款已超过7天的时间支付。

(2)时间未确定的,按照海事劳动合同中规定的时间支付,没有规定时间的,应当按照习惯和公平原则进行支付,但最迟应当在1个月后支付。

2. 本条第1款第1项所称的工资,应当在抵达后的第二天进行支付,但最迟应当在离港前进行支付,并且支付的间隔不得超过1个月。

第7:709条　额外津贴和加班费用

1. 海员从事的工作超过法律或者海事劳动合同规定的时长的,其应当有权获得额外津贴，除非船长认为该工作是保护船舶、船上人员或者财产的必要工作。额外工时的数额应当根据海事劳动合同确定，没有海事劳动合同的，应当根据习惯或者公平原则予以确定。

2. 集体劳动合同或者授权行政机构的计划或者代表授权行政机构的计划可以规定，工资应当包括加班费用。

3. 雇主应当在适当的账簿中记录每一次加班的情况。各条目应当在不超过1个月的时间内由海员签名。

第7:710条　非职责的工资

海员在船上从事的工作不是按照海事劳动合同规定的职责进行的，并且该工作工资高于海事劳动合同规定的工资的，其应当有权获得相应的工资。

第7:711条　特别报酬

海员为保护船舶、海员和船上的货物而从事特别工作的，该海员应当有权按其为保护船舶而工作的天数获得特别报酬。

第7:712条　拖船费用的分享

非从事拖船服务的海船在公海上向另一艘船提供拖船服务，并且此种情况并不引起领取特别报酬权利的，海员应当有权分享拖船报酬。雇主应当在支付前，根据要求以书面形式告知各海员拖船费的数额及其分配。

第7:713条　诉讼期间

基于第7:709条至第7:712条提起的法律诉讼，其诉讼时效期间为6个月。

第7:714条　增加工资

以货币表示的工资部分在航行时已经确定的，但由于船舶管理人的过错、战争行为或者在避难港停留或者其他类似的原因，为海船、海员和船上货物的利益而有必要延长航行时间的，海员应当有权按比例增加工资。

第7:715条　报表

第7:626条所称的报表应当按月提供，并且应当包括与商定的货币或者汇率不同的说明。

第7:716条　不得支付工资

海员无正当理由拒绝从事规定的工作或者指定的其他工作时，雇主不应当向其支付工资。

第7:717条　假期

1. 海员在获得约定的全部工作时间工资的年度，均应当享有至少30日的假期。

2. 海员在享受学习假的期间，还应当保留其应得的假期。

3. 以下假期不包括在内：

(1) 官方或者公认的公共假期；

(2) 临时上岸休假；

(3) 补偿假；

(4) 本条第 6 款所称的运输期间；

(5) 等待遣返的期间和与遣返有关的旅行期间。

4. 雇主有义务连续向海员提供本条第 1 款所称的假期。集体劳动合同或者由行政主管机构或者代表行政主管机构制订的计划可以不执行该义务。

5. 雇主在海员提出要求后，应当在船上服务开始的地方或者签订航海劳动合同的地方向雇员提供本条第 1 款和第 7:641 条第 3 款所称的假期，以离海员的居住地或者经常居住地最近的为准。集体劳动合同或者行政主管机构的条例或者代表该机构制定的计划条例可以不执行本款规定。

6. 海员被要求在本条第 1 款和第 7:641 条第 3 款所称的地方度假的，雇主应当向该海员提供前往该地方的免费交通方式，并且支付交通期间的生活费用。

7. 雇主有权在有重大理由并与海员协商后召回本条第 1 款和第 7:641 条第 3 款所称的正在休假的海员。雇主应当赔偿海员因此受到的损害。

8. 请求假日津贴的时效期间为 3 年，自提出请求的日历年的最后 1 日起算。

第 7:718 条　遣返

1. 有以下情况之一的，海员有权以迅速和方便的方式被遣返，在适用的情形下，有权以航空方式遣返到其选择的目的地：

(1) 海事劳动合同终止；

(2) 患病需要回国的；

(3) 被留在其居住地或者经常居住地或者海事劳动合同签订地以外的国家进行护理，并且在疾病恢复期；

(4) 发生海难的；

(5) 雇主因破产、出售海船、海船登记变更或者任何其他类似原因而无法履行其法律或者合同义务；

(6) 海船正驶向战区，但海员拒绝前往该战区；

(7) 海员在船上工作的最长期限为 12 个月，该期限届满。

2. 在遣返的情况下，雇主有义务报销以下费用：

(1) 前往目的地的旅费；

(2) 自海员离船之日至到达目的地的食宿费用；

(3)工资和津贴,自海员离船之日起至到达目的地为止;

(4)必要时进行治疗,直至海员的健康状况允许其前往目的地。

3. 目的地应当推定为:

(1)签订海事劳动合同的地点;

(2)海员的住所或者经常居住地所在国;

(3)由行政主管机构或者代表行政主管机构在海事劳动合同或者适用的集体劳动合同或者计划中确定的地点。

4. 海员在本条第 1 款第 1 项、第 3 项至第 7 项所称的情况之一发生后两天内未通知船长其计划回国的,本条第 1 款所称的权利即失效。由集体劳动合同或者由行政主管机构或者代表行政主管机构制订的计划可以确定更长的期限。

5. 有关遣返的法律规定的副本应当以荷兰语和英语提供给船上的海员。

第 7:719 条　在海船失事或者其他灾难以及在海员死亡情况下的赔偿

1. 雇主应当对海员因海船失事或者其他影响海船的灾难而遭受的损失承担责任。

2. 海员的设备因海难或者其他灾害而全部或者部分损失的,海员应当有权获得津贴,其数额由枢密院令决定。

3. 因海难或者其他灾难而失业的,海员有权在失业期间获得相当于海事劳动合同规定的货币工资部分的津贴,但不得超过两个月。工资未按时间跨度确定的,津贴应当相当于按惯例时间跨度确定总工资时支付的工资。

4. 本条第 3 款所称的津贴应当根据第 7:729 条的规定,从海员应得的工资中予以扣除。

5. 海员在海难或者其他灾难中丧生,第 2 款和第 3 款所称的福利应归属第 7:674 条第 3 款所称的他的遗属。

6. 与本条第 2 款和第 3 款所称的赔偿有关的权利应当优先于雇主所有的动产和不动产权利。该优先权顺位应当与第 3 编第 288 条第 5 款所称的优先权相同。

第 7:720 条　丧葬费用

1. 海员在海船上服务期间或者因在岸上与船上服务有关而死亡的,雇主应当承担以下费用:

(1)在其居住地或者经常居住地以外的国家的丧葬费用;

(2)死亡发生在其住所或者经常居住地所在国家的,将遗体运送到该国的住所或者经常居住地的费用和相关费用,以及为此目的挖掘遗体的必要费用和相关费用。

2. 船长应当照管在航行中生病、失踪或者死亡的海员留在船上的财产,并且应当在两名海员在场的情况下对该财产进行适当核算,且由船长和上述海员签字。船长应当确保将该物品移交给海员,或者在丢失或者死亡的情况下,移交给第 7:674 条第 3 款所称的海员遗属。

3. 海员的居住地或者经常居住地或者遗属的居住地不确定的,雇主有义务保留船上的物品 3 年。此后,雇主有权出售该物品,该物品不适合出售的,雇主应当将其所有权无偿转让给第三方,或者将其销毁。

4. 在出售的情况下,所得款项应当存入托运账户。此时,存入托运账户的收益应当取代货物。

第 7:721 条　海事劳动合同的终止

当事人约定试用期的,在服务期间未终止的情况下,不得援引该试用期。

第 7:722 条　终止通知

当事人在订立或者继续执行的定期海事劳动合同的期间结束后,或者在海船停靠第一个港口后并且在必要时,应当发出终止通知。

第 7:723 条　终止时间

1. 在航行中签订的定期海事劳动合同,应当在签订合同的一个或者多个航次结束时终止。

2. 航程在约定以外的港口结束的,海事劳动合同应当在海员按照第 7:718 条规定被遣返后终止。海员的回国权利已经失效的,本款第 1 句所称的其他港口的海事劳动合同应当在该权利失效时终止。

第 7:724 条　雇佣期间的终止通知

1. 在海员受雇于海船期间,各当事人均可以在任何停靠港口发出书面通知,但应当适当遵守至少 7 天的通知期,以终止所签订的无限期的海事劳动合同。雇主的通知期限不应当短于海员的通知期限。

2. 雇主在海员受雇于海船期间死亡的,但雇主的继承人或者海员拟行使第 7:675 条所称的权限的,也应当适用本条第 1 款的规定。

第 7:725 条　海船航行期间的终止通知

在海船航行期间,各方仅能根据第 7:677 条第 1 款的规定,在海船入港前发出终止海事劳动合同的通知。

第 7:726 条　雇主认为的紧急情况

除第 7:678 条第 2 款所称的情况外,以下情况中,雇主可认为存在紧急情况:

(1)海员虐待、严重侮辱或者严重威胁本船海员,或者引诱或者企图引诱其作出违反法律或者道德的行为；

(2)海员并未根据第7:701条的规定受雇主支配；

(3)海员被暂时或者永久地剥夺在海船上以其承诺的身份服务的权利；

(4)海员将违禁品带上船或者由其掌管，或者船长将违禁品带上船、由其掌管或者承认为此种行为。

第7:727条　海员认为的紧急情况

除第7:679条第2款所称的情况外，以下情况中，海员可认为存在紧急情况。

(1)向其发出的命令违反海员的劳动合同或者法定义务；

(2)海运船舶的目的地是参与武装冲突国家的港口或者被封锁的港口，除非海事劳动合同对此有明确规定，并且该合同是在冲突爆发后或者宣布封锁后签订的；

(3)命令其前往敌方港口；

(4)该海船被用于武装冲突；

(5)该海船被用于犯罪；

(6)其在船上有被其他海员攻击的危险；

(7)船上的住宿、食物或者饮用水不符合《海员法》第48条和第48条之一的规定，并且会损害海员的健康；

(8)海船失去悬挂荷兰国旗的权利；

(9)海事劳动合同是为一个或者多个特定的航次而签订的，但海船拟用于其他航次。

第7:728条　例外规定

在减损适用第7:705条的情况下，第7:671条之二和第7:671条之三所称的解除海上劳动合同的请求，也可以根据《民事诉讼法典》第99条、第100条和第107条至第109条提交给有管辖权的州法院。

第7:729条　不可抗力的终止

1.海事劳动合同在航行时签订，但由于不可抗力的原因，航行没有开始或者开始后中断的，海事劳动合同也应当予以终止。后者情况下，海员有权获得相当于海事劳动合同规定的货币报酬的补偿，直至其能够返回其居住国或者经常居住地或者找到工作为止。

2.本条第1款也应当适用于海员承诺仅在某一特定海船上服务而该海船沉没的情况，即使其在航行时未签订海事劳动合同。

第7:730条　船东的终止

海事劳动合同是在航行中签订的，但航行没有开始或者在开始后被船东中断的,海事劳动合同也应当予以终止。此情况下,海员应当有权获得相当于该航次固定工资的赔偿。

第 7:731 条　书面说明的期限

雇主有义务在海员在船上的工作结束后 1 个月内向海员提供一份书面说明。集体合同或者由行政主管机构或者代表行政主管机构制订的计划可以确定更长的期限。

第 7:732 条　航行结束后的补偿金和其他费用

航行结束后,航海劳动合同终止的海员应当在 3 个工作日内应船长的要求配合起草《商法典》第 353 条所称的船舶证书。雇主有义务为该期间支付相当于海事劳动合同中规定的按时间计算的货币工资部分的补偿金,以及维持费用和必要时的过夜住宿费。

第 7:733 条　船长的责任

船长在其所乘坐的海船航行时发出终止海事劳动合同通知的,其有义务在此方面采取必要措施,以保障海船、船上人员和货物的安全,否则船长将对此承担赔偿责任。

第 7:734 条　全额领取工资的权利

在船上的海员因疾病、怀孕或者分娩等原因不能从事规定的工作的,其也应当享有领取全额工资的权利。

第 7:734 条之一　海员获得护理和医疗的权利

1. 第 7:734 条所称的海员有权获得适当的护理和医疗,直至康复。

2. 该权利不适用于以下情形:

(1)海员在荷兰境内停留并且根据《健康保险法》有责任支付的保险费。

(2)居住在其住所或者经常居住地国家的海员。

3. 海员已经返回或者能够返回其住所或者经常居住地的国家时,该权利即告终止。

4. 海员根据本条规定提出的索赔,应当扣除根据《长期护理法》提出的索赔。

第 7:734 条之二　要求支付 100%工资的权利

1. 第 7:734 条所称的海员,根据《疾病津贴法》投保,或者适用欧洲联盟成员国的任何同等法定条例,在减损适用第 7:629 条第 2 款的情况下,其接受护理滞留在其居住地或者经常居住地国家之外的,有权获取第 7:629 条第 1 款所称的 100% 的工资的津贴,该期限为 12 周。

2. 海员能够获得并从事适当的工作,或者已经返回或者能够返回其住所或者经常居住地国家的,其要求支付100%工资的权利即告消灭。

第7:734条之三　期限的计算

计算第7:629条第1款所称的104周期限时,应当考虑到第7:734条所称的海员在船上生病的期限和第7:734条之二第1款所称的期限。

第7:734条之四　要求支付80%工资的权利

1.第7:734条所称的海员,未根据《疾病津贴法》投保,并且欧洲联盟成员国的相应法定条例不适用的,在其未康复的情况下,无论海事劳动合同是否继续,均有权获取其患病时以货币形式确定的工资的80%的津贴,再加上其他工资组成部分的货币价值,该价值具体由枢密院令确定。

2.本条第1款所称的52周的期限应当自以下期间起算:

(1)海员在未受雇于海船时患病的,其患病之日。

(2)海员在海船上患病的,在其滞留在岸上接受护理之日,或者尚未康复的,在其随海船返回之日。海员滞留在其住所或者经常居住地国家以外的地方进行护理的,80%的工资在头12周内应当增加到100%。

3.本条第2款最后1句所称的权利应当在海员能够获得并从事合适的工作,或者已经或者可能已经返回其的居住地或者经常居住地的国家时终止。

4.疾病因海员的故意造成的,本条所称的工资待遇可能被没收或者减少。

第7:734条之五　权利的转移

1.第7:734条之四所称的海员,因其航海劳动合同而遭受事故的,即使该合同继续存在,其也享有按照第7:734条之六至第7:734条之十一所称的权利。海员因事故而死亡的,此种权利应当按照第7:674条第3款的规定转移给其遗属。

2.适用前款和第7:734条之六至第7:734条之十时,海员在与海事劳动合同有关的情况下患病的,出现在由枢密院令确定的疾病清单上的疾病应当视为等同于与海事劳动合同有关的事故。疾病在劳动合同期间或者在劳动合同终止后的一段时间内表现的,应当视为与海事劳动合同有关,除非另有规定。

3.海员在没有合理理由的情况下,拒绝接受该段所称疾病的预防治疗的,或者在有机会免费接受治疗的情况下仍未接受治疗的,不适用本条第2款所称的视为的规定。

第7:734条之六　要求支付70%工资的权利

1.在第7:734条之四所称的52周期限结束后,第7:734条之四所称的海员在暂时完全丧失工作能力的情况下,其有权获得其工资的70%的津贴,在暂时部分丧失工作能力的情况下,有权获得相当于其工资的70%的津贴,此种津贴与丧失的工作能力成正比。

2. 本条第 1 款所称的权利应当在该海员永久完全或者部分不适合工作之日结束，暂时部分或者完全不适合工作的，最迟在第 7:734 条之四所称的 52 周期满后 3 年结束。

3. 第 7:734 条之四所称的海员，在第 7:734 条之四所称的 52 周期满后的第二天，永久完全或者部分不适合工作的，或者在该日之后的 3 年内永久完全或者部分不适合工作的，或者在上述日期之后的 3 年内仍暂时完全或者部分不适合工作的，有权获得一次性支付的三倍于一年的津贴，并且应当按照其在该权利产生前最后有权获得的津贴计算。自上句所称的获得一次性付款的权利产生之日起，发生有关事故时，不得从第 7:734 条之五至第 7:734 条之十一中获得任何权利。

4. 适用本条时，因第 7:734 条之五所称的事故，海员完全或者部分不适合从事按其体力和能力计算的工作，并且鉴于其训练和以前的职业，可以合理地向其分配工作的，应当视为完全或者部分不适合工作。

5. 第 7:734 条之四所称的海员不按合理要求进行合作，以恢复其健康或者工作能力，并且可认定为第 7:734 条之五所称的事故造成的损害的，在估计上述各款所称的丧失工作能力的程度时，可以考虑到完全给予此种合作可能存在的状况。

第 7:734 条之七　辅助设备

1. 第 7:734 条之四所称的海员，在其居住地或者经常居住地所在国停留，或者已经能够返回的，有权自事故发生之日开始接受治疗或者获得赔偿，但不得迟于第 7:734 条之四所称的 52 周期限届满后的第三天，并且不影响适用第 7:734 条之六第 3 款最后 1 句的规定。设备可以促进海员的工作能力或者有助于改善其生活条件的，医疗应当包括提供人工辅助设备，还包括指导如何使用该辅助设备。

2. 枢密院令可以确定有关本条规定的具体规则。

第 7:734 条之八　遗属可获得金额

1. 在不影响适用第 7:674 条的情况下，第 7:734 条之五第 1 款所称的遗属应当有权获得一次性付款，其金额为：

(1)对于在事故发生时与死者结婚或者结成登记伴侣关系的人：一年内 3 倍的补偿金，按死者工资的 30% 予以计算；

(2)各未满 18 岁的子女或者继子女：一年内三倍的补助金，按死者工资的 15% 予以计算，该子女没有父母的，按死者工资的 20% 予以计算；

(3)对于在事故发生时与死者在家庭范围内生活的人，并且其生活费用主要由死者支付的，不属于第 1 项或者第 2 项的情况：其通常在一年内为其提供的生活费的3倍,但不超过一年内3倍的补偿金,按死者工资的30%予以计算,所涉人员不满18岁,此种支付的数额不应当超过其作为死者的子女能得到的生活费。

2.本条第1款所称的补助金合计不应当超过按死者工资的60%计算一年内3倍的补助金。本条第1款第3项所称的主体,仅在该款第1项和第2项所称的主体均已获得全部补偿的情况下,才有权获得补偿金。本条第1款第1项和第2项所称的主体合计将获得超过按死者工资的60%计算一年内3倍的补助金的,每项补助金应当按比例予以减少。

3.适用本条和第7:734条之五时,应当参照适用《一般遗属法》第8条的规定。

第7:734条之九　权利不得重复

为防止或者限制第7:734条和第7:734条之四至第7:734条之八所称的权利或者规定与其他原因的权利相重复的,可由枢密院令制定具体的规则。

第7:734条之十　工资限额

在适用第7:734条之六和第7:734条之八时,海员的工资应当是其在第7:734条之五所称的事故发生之前,以单位时间为基础确定的货币工资,再加上枢密院令确定的其他工资组成部分的货币价值。任何超过枢密院令确定的金额,均不应当计入此目的。

第7:734条之十一　成立协会

1.为此目的成立具有完全法律行为能力协会的,雇主应当依法与该协会建立联系,以保证其对第7:734条之四至第7:734条之十三所称的海员及其遗属的义务。

2.在本条第1款所称的情况下,雇主和协会应当对第7:734条之四所称的海员及其遗属负连带责任,雇主和船舶管理人应当对协会负连带责任,以履行第7:734条之四至第7:734条之十三所规定的义务。

3.应协会的要求,该协会符合以下条件的,可视为本条第1款所称的协会。

(1)由一个或者多个有代表性的雇主组织和一个或者多个有代表性的海员组织建立的;

(2)其目的不在于盈利。

4.单一组织的协会无法获得本条第3款所称的承认。

5.本条第1款所称的协会的章程必须包含以下规定:

(1)委员会的一半成员应当是雇主代表,一半应当是海员代表;

(2)雇主的联合代表在会议上的投票数应当与海员的联合代表相同;

(3)第7:734条之四至第7:734条之十一规定的与本条第1款所称的海员及其遗属有关的义务费用,以及与组建和维持储备金有关的费用,应当每年按该年度支付给海员的工资比例在雇主之间进行分摊,其中工资应当视为《社会保险法》第 3 章所称的工资。

第 7:734 条之十二　海员康复后的权利

1. 海员在康复后,滞留在其居住地或者经常居住地以外的国家,而不是在其与雇主签订航海劳动合同时所在的地方护理的,无论航海劳动合同是否继续,该海员均有权获得相当于其患病时的货币报酬。

2. 海员也应当有权获得食宿。

3. 海员能够获得并从事合适的工作,或者已经返回或者能够返回其居住地或者经常居住地所在国家或者与雇主签订劳动合同时所在地方的,本条第 1 款和第 2 款所称的权利即告消灭。

4. 疾病因海员的故意造成的,本条第 1 款所称的报酬可能会被没收或者减少。

第 7:734 条之十三　索赔

1.《民事诉讼法典》第 93 条开头语和第 3 项应当适用于根据第 7:734 条之四至第 7:734 条之十一由第 7:734 条之十一第 1 款所称的海员或者其遗属提出的或者针对该款所称的协会提出的所有索赔。

2. 任何违反本条或者第 7:734 条之十一任何规定的规定都是无效的,但当事人可以同意将第 1 款所称的索赔提交仲裁。

第 7:735 条　参照适用

惯常在岸上工作的雇员,在其航行期间在海船上工作并且持续时,应当参照第 7:702 条、第 7:703 条、第 7:704 条第 2 款、第 7:709 条、第 7:711 条、第 7:718 条至第 7:720 条、第 7:725 条、第 7:732 条、第 7:734 条至第 7:734 条之三、第 7:734 条之五至第 7:734 条之十三和第 7:738 条至第 7:738 条之六的规定。

第 7:736 条　外国法律下的劳动合同

1. 承诺在海船上工作且其劳动合同受外国法律管辖的海员的劳动合同,应当参照适用第 7:697 条、第 7:699 条、第 7:702 条至第 7:712 条、第 7:714 条至第 7:725 条、第 7:729 条、第 7:731 条、第 7:732 条、第 7:734 条、第 7:734 条之一、第 7:734 条之四至第 7:734 条之十二和第 7:738 条至第 7:738 条之六的规定。

2. 雇员惯常在岸上工作且其劳动合同受外国法律管辖的,并且在其航行期间在海船上执行工作时,应当参照适用第 7:702 条、第 7:703 条、第 7:704 条第 2 款、第 7:705 条、第 7:709 条、第 7:711 条、第 7:718 条至第 7:720 条、第 7:725 条、第 7:732 条、第 7:734 条、第 7:734 条之一、第 7:734 条之四至第 7:734 条之十二和第 7:738 条至第 7:738 条之六的规定。

第7:737条　参照适用的条款

1.非根据劳动合同且根据适用法律在海船上工作的人员,应当参照适用第7:718条至第7:720条的规定,但雇主应当修改为船舶管理人。

2.船舶管理人有义务购买保险,以支付第7:718条第2款所称的在第7:718条所称的遣返情况下的费用。参照适用第7:738条之一第5款至第7款、第7:738条之二和第7:738条之三的规定。

第7:738条　船舶管理人的义务

雇主未遵守不可撤销命令的,船舶管理人应当遵守第7:706条至第7:709条、第7:717条、第7:719条、第7:720条和第7:734条至第7:734条之十二规定的义务。

第7:738条之一　海员的遣返

1.雇主将海员留下的,船舶管理者应当安排海员的遣返。

2.在下列情况下,海员应当视为第1款所称的遣返人员:

(1)未能支付第7:718条第2款所称的费用;

(2)海员无法获得必要的照顾和支持;

(3)未履行对海员的义务,包括未向海员支付至少两个月的应得工资。

3.本条第2款第1项所称的必要照顾和援助应当包括足够的住宿、必要时的衣服、足够的食物、饮用水和燃料,以便在船上生存,以及必要的医疗护理。

4.船舶管理人有义务购买保险,在遣返海员的情况下,该保险应当包含以下内容:

(1)海员的工资和其他法定或者合同规定的应得权利,但期限不超过四个月;

(2)因遣返海员而合理产生的所有费用,包括本条第2款第1项所称的费用;

(3)本条第3款所称的必要的照顾和援助,或者其他费用,直至海员到达目的地。

5.保险人应当根据海员的要求,在收到有关其权利的必要信息后,立即提供本条第4款所称的保险。

6.保险人仅在至少提前30天向基础设施和环境部长指定的机构发出书面或者电子的终止通知时,才有权提前终止保险合同。

7.本条规定不得损害保险人对第三方的任何追索权。

第7:738条之二　保险人的权利

1.根据第7:738条之一的规定,海员可以直接向保险人提出在保险范围内的索赔。

2. 保险人应当有权获得船舶管理人可能有权对索赔要求援引的所有抗辩,但其不得援引船舶管理人已获准暂停付款、船舶管理人受自然人债务重组计划约束或者处于破产或者清算状态的事实。保险人无权对船舶管理人向其提出的索赔援引任何其本可以提出的抗辩。

3. 保险人可以随时起诉船舶管理人。

第7:738条之三　保险合同的内容

第7:738条之一第4款所称的保险合同应当符合以下要求:

(1)与基础设施和环境部长在咨询财政部长后认为有足够财政能力根据第7:738条之一提供保险的保险公司订立合同的;

(2)保险公司在荷兰境外设立,合同中的款项实际上可以由海员选择的国家提供;

(3)合同中载明根据第7:738条之二第1款,海员对保险人有直接诉讼权。合同中包含由船舶管理人支付部分款项的条款,并且载明保险人仍有责任向海员支付该部分款项;

(4)合同中载明,保险人仅在至少提前30天向第7:738条之一第6款所称的基础设施和环境部长指定的机构发出书面或者电子的取消通知,才能提前取消合同。

第7:738条之四　参照适用

船舶经理应当参照适用第7:738条之一第2款至第7款、第7:738条之二和第7:738条之三的规定。

第7:738条之五　船舶管理人的责任

1. 船舶管理人应当赔偿海员因雇主未履行合同义务而遭受的损失或者损害,即赔偿海员因海事劳动合同引起的事故或者疾病而长期无法工作或者死亡的损失或者损害。

2. 船舶管理人应当根据本条第1款的规定,为其责任购买保险。第7:738条之三应当经适当修改后适用。

3. 保险人应当及时支付本条第1款所称的损失或者损害的应得赔偿。本条第1款所称因长期残疾性质使赔偿金额难以确定的,保险人应当向海员提供预付款,以避免造成不必要的困难。

4. 保险人仅在至少提前30天向基础设施和环境部长指定的机构发出书面或者电子的终止通知时,才有权提前终止保险合同。

5. 保险人应当立即将中止或者终止保险合同的书面或者电子通知给本条第4款所称的机构。主管部门应当确保尽快通过海船船长通知海员该事项。

6. 海员可以直接向保险人提出本条规定的保险赔偿要求，在第7:674条第3款所称的海员死亡的情况下，由其遗属提出。第7:738条之二应当经适当修改后适用。

第7:738条之六　船舶管理人同时是海员雇主的责任

1. 船舶管理人同时是海员雇主的，其应当被要求购买保险，以保障其在合同义务下对海员因航海劳动合同引起的事故或者疾病而遭受的长期工伤或者死亡的赔偿责任。

2. 参照适用第7:738条之三和第7:738条之五第3款至第6款的规定。

第十一节之一　有关海上捕捞的海事劳动合同的特别规定

第7:739条　定义

适用本节时，术语含义如下：

(1)海上捕捞是指近海捕鱼的商业行为；

(2)海上捕捞的劳动合同是指在海上捕捞的框架内签订的海事劳动合同；

(3)保证工资是指由时间决定并由雇主支付的工资，而不是全部或者部分由捕获物的份额或者其收益组成的工资，后一种工资应当低于前一种工资。

第7:740条　适用范围

1. 不减损适用本条规定的情形下，海员的海上捕捞劳动合同也应当适用本编第1节至9节以及第11节和12节的规定。海员在海上捕捞的劳动合同不应当适用第7:708条、第7:715条、第7:717条、第7:737条和第7:738条之一至第7:738条之六的规定。

2. 不得改变本节第7:741、第7:742和第7:746至第7:749条的规定。

3. 适用本节第7:745条规定时，不得作出对海上捕捞的海员不利的改变。

第7:741条　保证工资

海上捕捞海员的工资由渔获物或者其收益的份额组成的，其和雇主应当商定一个基本的保证工资。

第7:742条　海上捕捞劳动合同的内容

1. 海员的海上捕捞劳动合同除第7:699条所称的信息外，还应包括以下内容：

(1)以货币确定的报酬全部或者部分包括在渔获物或者其利润中的份额的，保证的报酬和海员在渔获物或者其利润中份额的计算方法；

(2)雇主在船上向海员提供的设施；

(3)雇主在海员因工作而患病、发生事故或者死亡的情况下向其提供的保护；

(4)最低限度的休息时间。

2. 本条第1款所称的信息已规定在适用的集体劳动合同或者由行政主管机构或者代表行政主管机构制订计划中的,提及该合同或者计划即可。

第7:743条　不得提出索赔的情形

1. 对于工资全部或者部分由渔获物或者其收益的份额组成的海洋渔业的海员,集体劳动合同或者由行政主管机构或者代表行政主管机构制订的计划可以不执行第7:623条第2款的规定,但必须支付工资的期满后不得超过6个月。

2. 第7:624条第2款所称的预付款已支付给前款所称的海员,并且转给第7:707条所称人员的金额超过欠海员的金额的,海员不得向雇主提出索赔。

第7:744条　不可适用的情形

从事海洋捕捞海员的工资由渔获物或者其收益的份额组成的,不应当适用第7:709条的规定。

第7:745条　工资的范围

从事海洋捕捞海员的工资应当包括渔获物或者其收益的份额,含义如下:

(1)第7:719条第3款、第7:732条、第7:734条、第7:734条之二、第7:734条之四、第7:734条之六、第7:734条之八、第7:734条之十和第7:734条之十二所称的工资是指枢密院令为其确定的金额;

(2)第7:729条第1款所称的工资是指保障工资。

第7:746条　禁止性规定

雇主不得向海员收取第7:707条第1款所称的转移费用。

第7:747条　参照适用

除根据劳动合同在海洋渔业部门工作的人员,应当参照适用第7:623条,第7:624条,第7:695条第1款,第7:697条,第7:698条,第7:700条,第7:702条,第7:703条至第7:707条,第7:718条,第7:719条第1款、第2款、第5款和第6款,第7:720条,第7:732条,第7:734条至第7:734条之十三,第7:742条,第7:743条和第7:746条的规定。但雇主应当修改为《海员法》第1条第1款第9项所称的船舶经理,工资应当修改为渔获物或者其收益份额。

第7:748条　船舶管理人的义务

海员的雇主未及时履行第7:718条所称的遣返义务,船舶管理人应当履行该义务。

第十一节之二　海上捕捞的合作合同

第 7:749 条　参照适用

1. 海上捕捞的合作合同,应当参照适用第 7:623 条,第 7:624 条,第 7:695 条第 1 款,第 7:697 条,第 7:698 条,第 7:700 条,第 7:702 条,第 7:703 条至第 7:707 条,第 7:718 条,第 7:719 条第 1 款、第 2 款、第 5 款、第 6 款,第 7:720 条,第 7:732 条,第 7:734 条,第 7:734 条之一,第 7:742 条第 1 款,第 7:743 条和第 7:746 条的规定。但海事劳动合同应当修改为合作合同,雇主应当修改为《海员法》第 1 条第 9 项所称的船舶经理,工资应当修改为渔获物或者其收益份额。

2. 海上捕捞的合作合同应当参照第 7:734 条之四至第 7:734 条之十二的规定,除非海上捕捞的海员已向合作渔业社会基金投保丧失工作能力的经济后果。但合作合同应当修改为航海劳动合同,雇主应当修改为《海员法》第 1 条第 9 项所称的船舶管理者,渔获物或者其收益份额应当修改为工资。

第十一章　集体劳动合同　[预留]

第十二章　承 揽 合 同

第一节　一 般 规 定

第 7:750 条　承揽合同的定义

1. 承揽合同是指承揽人一方向定作人一方以雇佣协议以外的其他方式制造和交付有形建筑,并由定作人支付金钱报酬的合同。

2. 对待给付全部或者部分为非金钱给付,且与对待给付的性质不冲突的,仍适用本章规定。

第 7:751 条　承揽人将工作的全部或者部分交由其他人完成

承揽人有权在其指示下由其他人履行工作的全部或者部分,但承揽人应当保证其他人适当履行合同。

第 7:752 条　未约定报酬时报酬的确定

1. 合同订立时未约定报酬的或者仅设定指导价格的,定作人必须支付合理报酬。确定报酬时,承揽人订立合同时通常收取的报酬及其对报酬的期待应当予以考虑。

2. 设定指导价格的,定作人支付的报酬不得超过该指导价格的 10%,除非承揽人尽可能及时地向定作人警示超出该限额的可能性且允许定作人限制或者简化工作。承揽人应当合作实施工作的合理限制或者简化。

3. 承揽工作的报酬取决于合同终止时定作人对工作履行情况评估的，参照适用本条第2款的规定。

第7:753条 增加承揽费用的情形

1. 订立承揽合同后，出现或者发现不可归责于承揽人的情况导致费用增加的，且确定承揽报酬时无法考虑到此种情况出现的可能性的，法院可经承揽人的请求，根据费用的增加全部或者部分调整报酬。

2. 因定作人在确定报酬之前提供的不正确信息导致费用增加的，承揽人可不经法院参与调整报酬，除非承揽人在确定报酬时应当发现该信息不正确。

3. 仅承揽人尽快通知定作人需增加报酬，以便定作人及时行使第7:764条所称的权利或者建议限制或者简化工作时，才可适用本条第1款和第2款的规定。

第7:754条 承揽人的警示义务

承揽人在订立合同或者履行承揽合同的过程中，知道或者应当合理知道定作存在不正确的情形的，其必须提示定作人该情形。定作人提供的物存在瑕疵或者不适当的，包括定作人要求履行工作的标的物以及定作人提供的计划、图纸、设计、计算或者履行规定存在错误或者瑕疵的，也适用该规定。

第7:755条 添加工作内容对报酬的影响

定作人添加或者改变承揽合同约定的工作内容的，仅在承揽人及时告知定作人有必要增加报酬的情况下，承揽人才可请求增加报酬，除非定作人自己应当知道有必要增加报酬。除第6:214条所称的标准条款外，适用本条时，不得作出对定作人不利的改变。

第7:756条 在工作成果完成前解除承揽合同

1. 在约定的交付时间前承揽人已无法按时或者适当交付工作成果的，法院可经定作人的请求，全部或者部分解除承揽合同。

2. 交付之前，定作人已无法按时或者适当履行其义务的，或者承揽人因不可归责于他的情况不能履行承揽合同的，法院可经承揽人的请求，全部或者部分解除承揽合同。

3. 法院应当裁决确定解除的法律效果；法院还可对解除附加其指定的条件。

第7:757条 不可能履行承揽工作

1. 因不可归责于承揽人的原因导致定作物灭失、丢失而使其无法履行工作的，承揽人有权根据已实施的工作和支出的费用，请求定作人支付一定比例的约定报酬。定作人有故意或者重大过失的，承揽人有权根据第7:764条第2款的规定计算定作人应当支付的价款。

2. 定作物在承揽人保管之下发生前款所称情形的，定作人无须支付报酬，但定作人对于灭失或者丢失有过错的，不影响适用前款规定。

第 7:758 条　工作结果的完成以及交付

1. 承揽人通知定作人工作已完成并可交付，而定作人在合理的期限内既未对定作物进行检查也未验收的，无论有无保留验收，或者物的瑕疵，均视为定作人已默示验收工作成果。定作人验收的，视为工作成果已交付。

2. 完成交付后，定作人应当承担工作物毁损、灭失的风险。因不可归责于承揽人的原因导致定作物毁损或者灭失的，定作人必须支付报酬。

3. 定作人在交付完成后发现合理瑕疵的，承揽人不对此承担责任。

第 7:759 条　工作成果的瑕疵消除

1. 定作人在交付工作成果完成时发现承揽人应当承担责任的瑕疵，除非根据情况不能要求定作人如此行为，定作人应当给予承揽人合理期限以消除该瑕疵，但承揽人仍需承担因瑕疵交付造成的损害责任。

2. 定作人可请求承揽人在合理期限内消除该瑕疵，除非补正费用与定作人取得损害赔偿的替代费用不成比例。

第 7:760 条　原料或者工具瑕疵责任

1. 因承揽人使用材料或者工具瑕疵或者不适当使用造成工作成果瑕疵的，承揽人应当对此承担责任。

2. 由定作人提供的物，包括定作人要求履行工作的标的物的瑕疵或者不适当造成瑕疵履行的损害后果的，并且承揽人未作出第 7:754 条所称的警示或者在其他方面未尽专业或者谨慎的注意义务的，其仍应当承担瑕疵履行的责任。

3. 定作人提供的计划、图纸、设计、计算或者履行规定存在错误或者瑕疵的，参照适用本条第 2 款的规定。

第 7:761 条　工作成果瑕疵的诉讼时效

1. 因交付工作成果的瑕疵提起诉讼的时效自定作人提出异议起 2 年后届满。定作人为承揽人指定消除瑕疵的期限的，诉讼时效自该期限届满时起算，或者承揽人在此之前告知瑕疵不能补正的，自此时起算。

2. 任何情况下，对于建筑物承揽的诉讼时效自工作结果交付起 20 年后届满，其他情况下，10 年后届满。

3. 诉讼时效根据前述各款规定在承揽人通知定作人将检查或者补正瑕疵之时和其检查和补正瑕疵明显可认为结束时届满的，诉讼时效期间可根据第 3:320 条予以延长。

4. 本条第 1 款至第 3 款不影响定作人在请求其支付报酬的诉讼中，通过部分解除合同或者要求损害赔偿而减少支付报酬的权利。

第 7:762 条　工作成果隐蔽瑕疵责任

承揽人知道或者应当知道存在隐蔽瑕疵的，不得排除或者限制或者约定比第 7:761条规定的更短的时效期间。承揽人指示他人履行工作的，该他人的隐瞒视为承揽人的隐瞒。

第 7:763 条　承揽人死亡或者丧失劳动能力

承揽人在订立承揽合同后死亡或者丧失劳动能力，且根据合同性质，死亡或者丧失劳动能力导致终止合同正当利益的，任何一方当事人均有权终止承揽合同。涉及已实施工作和支出费用的，定作人必须考虑到所有其他情况向承揽人支付合理补偿。

第 7:764 条　承揽合同终止

1. 定作人可随时全部或者部分终止承揽合同。

2. 此情形下，定作人必须支付全部的工作报酬，但应当扣除承揽人由于终止而节省的费用，并且承揽人还应当交付已完成的工作成果。报酬取决于承揽人实际支出费用的，定作人应当按照已支出的费用、已实施的工作以及承揽人全部工作应得利润计算应支付的报酬。

第二节　非从事职业或者经营活动的自然人作为定作人建造住宅的特别规定

第 7:765 条　本节的适用范围

非从事职业或者经营活动的自然人作为定作人订立的旨在建造作为不动产或者其组成部分住宅的承揽合同，适用本节规定。

第 7:766 条　书面形式的合同和书面的具体形式

1. 当事人订立第 7:765 条所称的合同，必须采用书面形式。

2. 当事人之间制作的文书或者副本必须交给定作人，并且经承揽人的请求，定作人应当出具载明日期的收据。文书交给定作人后，定作人有权在 3 日内解除合同。定作人行使该权利后 6 个月内当事人之间对相同住宅建筑再次订立承揽合同的，定作人不再享有解除权。

3. 订立合同旨在定作人已拥有的土地上建造住宅，但与取得该土地无关的，不适用本条第 1 款和第 2 款的规定。

第7:767条　合同价款的支付

定作人仅有义务按照建造过程或者移交资产的价值,至少是按照估算价值,向承揽人支付报酬,但当事人还可约定为担保定作人支付义务的履行,由定作人向公证人提存不超过合同价款10%的定金或者为此金额提供担保。定作人支付的价款超过上述金额的,视为非债清偿。

第7:768条　对不超过后一期或者数期合同价款5%的款项的提存

1.定作人不主张第6:262条所称的情形并且不影响交付请求权的,其可从合同的后一期或者后数期报酬中扣除不超过合同价款5%的款项;该款项不支付给承揽人而应当由公证人提存。

2.公证人应当在承揽人交付工作成果3个月后将该款项交由承揽人,除非定作人行使第6:262条所称的权利。此情形下,定作人必须继续存入金额并通知公证人该事项。

3.在定作人同意的情况下,承揽人提供替代担保或者法院裁决认定该提存不正当或者不再正当的,公证人也可将该款项交由承揽人。

4.本条第1款所称的提存或者定作人对承揽人提供的替代担保使得定作人对承揽人负有损害赔偿义务的,该赔偿金额为第6:119条所称的利息。本条第2款所称的3个月期限内,定作人不应当对此承担付款义务;未发现任何瑕疵的,同样适用上述规定。

第7:769条　强制性规定

除第6:214条所称的标准条款外,适用本节规定以及第6:262条、第7:768条的规定时,不得作出对定作人不利的改变。

第十三章　商业合作协议

第7:770条至第7:849条　[预留]

第十四章　保证合同

第一节　一般规定

第7:850条　保证合同的定义

1.保证是指保证人一方对债权人一方有义务履行作为第三人对主债务人的债务,并由债权人取得对第三人债务的合同。

2.保证合同的生效,无须主债务人知情所涉的担保。

3.未改变本章规定的,保证合同也可适用关于主债务的规定。

第 7:851 条　从权利;对将来债务的担保

1. 保证合同附随于其担保的主债务人的债务。

2. 仅在主债务人的将来债务确定时,保证人才可为其订立保证合同。

第 7:852 条　保证人的抗辩类型以及拒绝履行抗辩权

1. 主债务人可对债权人援引涉及主债务人的债务成立、内容或者履行时间的抗辩,保证人也可主张该抗辩。

2. 主债务人有权主张撤销产生债务的法律行为,且保证人或者债权人指定合理期限要求在该期限内必须行使该权利的,保证人有权暂时拒绝履行该债务。

3. 主债务人暂时拒绝履行对债权人的债务的,保证人也有权暂时拒绝履行其债务。

第 7:853 条　保证的行使期限

主债务人债务履行的诉讼时效届满的,保证即告消灭。

第 7:854 条　主债务人的债务是金钱债务以外的其他情形时的处理

除当事人另有约定外,主债务人支付非金钱债务的,保证也适用于债不履行的金钱赔偿请求权。

第 7:855 条　保证债务的补充性特征

1. 保证人没有义务在主债务人构成债不履行之前履行其债务。

2. 债权人根据第 6:82 条的规定向主债务人发出迟延履行催告的,其必须同时将此事通知保证人。

第 7:856 条　法定利息以及债权人起诉主债务人的诉讼费用

1. 保证人仅在自己迟延期间对债权人负有支付法定利息的义务,除非主债务人根据第 6:83 条第 2 项的规定陷入迟延履行。

2. 保证人仅在债权人通知其将提起法律诉讼时,才有义务向债权人赔偿主债务人必须承担的诉讼费用。

第二节　职业或者经营外的保证

第 7:857 条　个人保证的定义

已接受担保的自然人,非在职业或者经营活动中订立、也非为自己担任董事并且单独或者与其他董事共同持有多数股份的股份公司或者有限责任公司的通常经营活动订立保证合同的,适用本节规定。

第 7:858 条　保证合同中必须载明责任最高额

1. 当事人订立保证合同时尚未确定主债务人债务金额的,仅在约定以金钱方式表示的最高金额的情况下,保证合同才有效。

2. 无论最高额,债权人均可根据第7:856条请求支付应付利息和费用。

第7:859条　仅允许书面文件证明保证合同

1. 保证合同仅经保证人书面签名后,才能对保证人生效。

2. 保证人已全部或者部分履行主债务人债务的,其可通过所有证据证明保证合同的存在。

3. 当事人之间签订的有义务订立保证合同的合同证明也适用本条第1款和第2款的规定。

第7:860条　保证人负担比主债务人更重负担条款的效力

保证人在比主债务人负担更重的范围内,不受保证义务的约束,除非该条款和条件涉及对保证人提出的关于主债务人债务成立和范围的证据。

第7:861条　为主债务人的将来债务设定的保证合同

1. 当事人订立将来债务保证合同的,其可:

(1)涉及非定期合同的,随时请求终止;

(2)涉及定期合同的,5年后请求终止。

2. 终止后,保证及于已存在的债务。

3. 将来债务的主债务人对债权人的损害赔偿义务,是债权人本可通过合理的注意避免发生但未避免的,保证人不对此承担保证义务。

4. 保证人对于债权人明知主债务人清偿可能性明显减少后实施无义务法律行为而产生的将来债务,不承担保证义务,除非保证人明确同意该法律行为或者该行为不得迟延。

第7:862条　个人保证的强制性规定

适用以下规定时,不得作出对保证人不利的改变:

(1)第7:852条至第7:856条以及第7:858条至第7:861条;

(2)债权人根据第7:154条对保证人可能发生代位的情形。

第7:863条　其他合同类型适用本节规定

在第三人不履行其他内容债务的情况下,第7:857条所称的人有义务履行特定给付的,参照适用本节规定。

第7:864条　订立保证或者类似合同的转让

1. 第7:857条所称的人为担保他人的债务而订立保证合同或者第7:863条所称的合同的,且受托人向债权人履行给付的情况下,本节规定妨碍委托人作为保证人的保证责任的,债权人无权请求委托人偿还受托人应当对其履行的给付。涉及委托人和受托人之间关系的,参照适用第7:861条的规定。

2. 在受托人非为银行或者从事提供保证经营的其他机构的情况下,仅通过委托人签名的文书,才可改变本条第1款的规定。

第三节 保证在主债务人和保证人以及保证人和对债务承担责任的非债务人之间的法律效果

第7:865条 合理和公平原则

主债务人和保证人之间以及保证人和对债务承担责任的非债务人之间的法律关系,参照适用第6:2条的规定。

第7:866条 订立保证合同或者类似协议

1. 根据第6:10条的规定,保证人有权请求主债务人偿还其必须对债权人清偿的全部本金、利息和费用。

2. 保证人对因与自己有关的情况而陷入迟延期间的法定利息,以及与自己有关或者其他合理情况下无须支付的费用,不得根据第6:10条或者第6:12条请求主债务人予以偿还。

3. 两名以上连带债务人对同一个债务提供保证的,不同于第6:10条第1款和第6:12条第1款,被保证人对保证人可追偿的本金、利息和费用承担连带责任。

4. 根据保证人与1名或者多名主债务人之间的法律关系,可产生不同于本条第1款至第3款规定的法律效果。

第7:867条 保证人和主债务人同时向债权人清偿

保证人履行债务但未通知主债务人,而主债务人也向债权人为一定给付的,主债务人可请求保证人偿还该给付,同时还应当将其对债权人的非债清偿请求权转让给保证人。

第7:868条 抗辩手段

保证人根据第6:10条对债权人提出清偿请求的,其也可主张主债务人在追偿请求权产生时对债权人的抗辩;参照适用第6:11条第2款和第4款的规定。

第7:869条 保证人履行保证责任后对不能追偿部分的责任分担

保证人以自己的财产清偿债务的,该保证人可根据第6:152条的规定请求由自己、共同保证人以及其他对债务承担责任的非债务人承担无法追偿的部分。

第7:870条 后位保证人

履行保证人义务的后位保证人自己履行保证债务的,其可对主债务人、共同保证人或者其他对债务承担责任的非债务人行使追索权。

第 7:871 条至第 7:899 条　[预留]

第十五章　和 解 合 同

第 7:900 条　和解合同的定义

1. 和解合同是指当事人双方彼此订立具有约束力以终结或者预防他们之间法律上不确定或者有争议的合同,并评估和确立双方之间的新法律地位,且与现存的法律状况不同。

2. 和解合同可根据当事人的共同决定或者其中一方或者第三人的决定评估和确定新的法律地位。

3. 排除相反证据的证据合同,视为和解合同。

4. 仲裁协议不适用本章规定。

第 7:901 条　建立新的法律状态的要求

1. 和解的成立必须遵守为根据法律实现预期的新法律地位而必须满足的要求。

2. 任何一方当事人有义务对另一方实施所有必要的行为,以满足实现新法律地位的要求。

3. 通过当事人双方或者一方的意思表示满足该要求的,视为已在和解合同中作出表示,除非合同另有规定。

第 7:902 条　新的法律状态与强制性规定的冲突

当事人之间建立新的法律地位以结束财产法领域的任何不确定性或者争议违反强行法的和解合同,也视为有效,除非该合同的内容或者目的违背善良风俗或者公共秩序。

第 7:903 条　禁止损害第三人已取得的权利

建立新的法律地位与必须视为正确的法律状况有关的,和解合同不得损害其间第三人已取得的权利。

第 7:904 条　合理冲突;违背合理和公平原则

1 一方当事人或者第三人作出的对内容或者成立方式有约束力的决定,在具体情况下根据合理和公平原则是不可接受的,该决定即为无效。

2. 一方当事人或者第三人作出的决定被撤销、证明无效或者未在为该方当事人或者第三人指定的合理期限内作出的,法院可评估当事人之间的法律地位,除非根据合同或者决定的性质应当以其他方式替代。

第 7:905 条　协议解除合同

因未履行债务而解除根据一方当事人或者第三人作出的决定订立的和解合同,

此种解除不得通过单方意思表示,且请求解除的一方有足够的手段使相对人消除未履行状况或者得到赔偿的,法院可驳回其诉讼请求。

第7:906条　类似法律原因的和解同样适用本章规定

1. 基于合同之外的和解,参照适用本章规定。

2. 法律关系的一方当事人或者第三人有权补充或者变更法律关系中规则的,参照适用第7:904条的规定。

3. 法人机关决定补充或者变更的,且该决定违背第2:15条所称的合理和公平原则的,不适用本条第2款的规定。

4. 有关法律关系性质的规定和目的与类推适用相冲突的,不适用本条第1款和第2款的规定。

第7:907条　大规模损害赔偿的和解合同

1. 根据和解合同,基金会或者有完全权利能力的协会对一人或者多人有义务赔偿与其订立的协议、某个事件或者某类事件造成的损害,且基金会或者协会根据其章程以补偿该受害人的利益为目的的,法院可经当事人的共同申请,宣告受到损害的当事人受该合同的约束。受害人包括通过概括继受或者特定继受取得损害赔偿请求权的人。

2. 任何情况下,该合同均应当包含以下内容:

(1)所涉一个或者多个事件的描述;

(2)根据损害的性质和严重程度,对以其名义订立合同的受益群体的描述;

(3)尽可能准确说明该群体的人数;

(4)赔偿金额;

(5)获得赔偿需要满足的条件;

(6)获得赔偿的程序;

(7)确定和获得赔偿的方式。

3. 有以下情形之一的,法院应当驳回诉讼请求:

(1)合同不符合本条第2款规定的;

(2)除其他因素外,考虑到损害范围、获得损害的难易程度以及造成损害的可能原因,赔偿金额不合理的;

(3)对合同受益人请求履行,不足以提供担保的;

(4)未提供拥有司法管辖权的法院或者法院以外独立确定合同赔偿程序的;

(5)未充分保障合同受益人利益的;

(6)本条第1款所称的基金会或者协会无法充分代表合同受益人利益的;

(7)合同受益群体的范围不足以证明受合同约束的正当性的；

(8)根据合同提供赔偿的法人非合同当事人的。

4. 法院可在订立该协议的当事人同意的情况下，允许当事人补充或者变更合同。

5. 本条第1款所称的申请，可中断对合同当事人损害赔偿请求权的诉讼时效。新的诉讼时效自以下日期开始次日起算：

(1)作出给予赔偿的终审裁决；

(2)发出第7:908条第2款所称的通知；

(3)不予批准申请的，作出不予批准的终审裁决；

(4)当事人根据第7:908条第4款终止合同。

6. 合同可规定赔偿权利人在其知道赔偿请求权到期次日起不少于1年的期限内未提出请求的，根据合同享有的赔偿请求权即告消灭。

7. 因事件或者类似事件处于不利地位的人要求以本条第1款以外的其他方式履行权利的，参照适用本款以及第7:908条至第7:910条的规定。

8. 在法院作出裁决前，与该合同规定有关的争议尚未解决的，合同当事人有权不履行其所承担的义务。

第7:908条　法院宣告的有约束力的和解合同的法律效果

1. 法院批准授予和解合同具有约束力声明的，第7:907条所称的合同在当事人以及赔偿权利人之间，产生第7:900条所称的和解合同的法律效果，此时，各权利人均为当事人。

2. 该批准不影响赔偿权利人在《民事诉讼法典》第1017条第3款所称的裁决公告后法院指定的不少于3个月的期限内，书面通知第7:907条第2款所称的不愿意受约束的群体。

3. 赔偿权利人在本条第2款所称的公告期间，不可能知道其损害，并且该权利人在知道损害后书面通知第7:907条第2款第6项所称的法人其不愿意受约束的，该批准不对其产生和解的法律效果。受合同约束的负有损害赔偿义务的当事人，可书面指定不少于6个月的期限，告知第1句所称的损害赔偿权利人可在此期限内表示其不愿意受约束。该当事人还应当告知7:第907条第2款第6项所称的法人的名称和住所。

4. 在法院宣布合同具有约束力后合同当事人免除对赔偿权利人不利的债务的，该免除无效，除非受合同约束的负有损害赔偿义务的当事人，最迟在本条第2款所称的法院指定期限届满后6个月，以约束宣告产生法律效果的赔偿权利人太少为由终止该合同条款。该当事人应当在两份报纸上公告并书面通知第7:907条第1款所称的基金会或者协会此终止情形。合同终止后,当事人应当尽快书面通知赔偿权利人,为此可使用其知道的赔偿权利人的最后住所。

5. 法院宣布和解合同具有约束力的,合同当事人不得以第3:44条第3款和第6:228条所称的理由撤销该合同;赔偿权利人也不得援引第7:904条第1款所称的撤销事由。

第7:909条　法院有权作出赔偿裁决

1. 根据合同作出的关于给予权利人赔偿的最终决定,具有约束力。该决定或者作出决定的方式,根据合理和公平原则是不可接受的,法院有权作出赔偿裁决。

2. 受合同约束的负有损害赔偿义务的当事人未在指定期限内作出赔偿决定的,法院有权作出赔偿裁决。

3. 第7:907条第1款所称的基金会或者协会,可在宣告合同有约束后为权利人请求赔偿,除非该权利人反对。

4. 赔偿权利人处于明显更有利的地位,其不得根据合同获得赔偿。

5. 受合同约束的负有损害赔偿义务的当事人,可通过支付合同确定的金额履行其合同义务,但事后表明其应当付的赔偿总额超过该金额的,该当事人的剩余赔偿义务应当按照剩余金额的比例予以减少。根据损害的性质或者严重程度,合同可约定以不同于第1句的方式减少剩余赔偿义务。第1句和第2句规定中,当事人有正当理由怀疑应付赔偿金额的,其可暂时拒绝支付剩余赔偿。

第7:910条　其他连带债务人的责任

1. 其他连带债务人除与受合同约束负有损害赔偿义务的当事人承担连带赔偿责任外,参照适用第6:14条的规定。除另有意图外,合同应当视为包含该条文内容。

2. 受合同约束的负有损害赔偿义务的当事人,支付合同确定的金额以履行赔偿义务,并且其支付在满足赔偿权利人后仍有剩余的,法院可经该当事人的申请命令管理剩余赔偿金的人返还该剩余;存在多名当事人的,各当事人应当共同提出申请,且按照承担赔偿义务的比例取得该剩余赔偿金。无法满足全体赔偿权利人的,法院应当驳回申请。

第十六章　特许经营合同

第7:911条　定义

1. 特许经营合同是指特许经营人有偿授予被特许经营人权利和义务,以特许经营人指定的方式利用特许经营方式生产或者销售货物或者提供服务的合同。

2. 适用本章时，术语含义如下：

(1)特许经营模式是指生产或者销售商品或者提供服务的经营、商业和组织模式，其决定了适用该模式的连锁店内特许经营企业的统一身份和外观，包括以下内容：

1)商标、设计或者商品名称、企业风格或者图纸；

2)包含不受知识产权保护的实用信息的经营技术，该信息来源于特许人的经验和其所进行的研究，并且是秘密的、实质性的和可识别的。

(2)经营模式是指一种业务、商业和组织模式，具有如下特点：

1)对应用该模式公司的统一身份和外观具有决定性作用；

2)在一个或者多个公众已知的区别性特征方面与特许经营相合；

3)被特许经营人直接或者通过第三方用于生产或者销售与本条第 2 款所称的特许经营模式所涵盖的货物或者服务完全或者基本相同的货物或者服务。

(3)特许人是指作为特许经营模式所有者或者有权使用该模式的一方，并在其职业或者业务过程中授予他人利用该模式权利的自然人或者法人。

(4)被特许人是指在其职业或者业务过程中，自费和自担风险利用特许经营方式的自然人或者法人。

第 7:912 条　特许经营人的身份

特许经营人之间应当以特许人和被特许人的身份订立合同。

第 7:913 条　提供信息

1. 与订立特许经营合同有合理关联的，特许经营人应当及时向潜在的特许经营人提供有关其财务状况的信息。

2. 特许经营人应当及时向潜在的特许经营人提供以下信息：

(1)特许经营合同草案，包括附件。

(2)说明有关特许人应支付的费用、加价或者其他财务收入或者有关要求他投资规定的内容和范围。

(3)关于以下方面的信息：

1)特许人与被特许人之间进行协商的方式和频率，以及被特许人代表机构的详细联系方式。

2)特许人可以在多大程度上和以何种方式与被特许人进行竞争；

3)被特许人可以在多大程度上、以何种频率和方式了解与特许人有关的或者对其业务运作很重要的营业额数据。

3. 特许经营人、第2编第24条之一所称的子公司或者第2编第24条之二所称的附属于特许经营人的集团公司所能获得的信息，并且该信息与订立特许经营合同有合理关联的，特许经营人还应当及时向潜在的特许经营人提供以下信息：

(1)关于其财务状况的信息；

(2)与特许经营业务预定地点有关的财务数据，或者没有该数据，但特许经营人认为具有可比性的一家或者多家企业的财务数据，特许经营人应当明确说明其认为具有可比性的理由。

4. 特许经营人应当向潜在的特许经营人提供其知道的或者可以合理预期的对订立特许经营合同重要的所有其他信息。

第7:914条　提供信息的期间

1. 第7:913条第2款、第3款和第4款所称的信息应当在订立特许经营合同前至少4个星期提供。

2. 本条第1款所称的期间，特许经营人不得实施以下行为：

(1)变更特许权合同草案，除非此种变更是基于被特许人的利益；

(2)与被特许人签订特许经营合同或者任何被认为与之密不可分的合同，但潜在的特许经营人为订立特许经营合同而提供保密信息的保密合同除外；

(3)诱使潜在的特许经营人作出与待定特许经营合同有关的付款或者投资。

3. 本条第1款和第2款不适用于以下情形：

(1)同一当事人之间就相同的特许经营方式签订后续的特许经营合同；

(2)签订本条第1款所称的后续特许经营合同，该合同是在同一特许经营人与被特许经营人的第2编第24条之一所称的子公司或者第2编第24条之二所称的附属于他的集团公司之间签订。

第7:915条　必要措施

基于合理和公平原则，潜在的特许经营人应当采取必要的措施，防止自己受不正确假设的影响而订立特许经营合同。

第7:916条　特许人提供的信息

1. 特许人应当及时向被特许人提供以下信息：

(1)拟修改合同的信息；

(2)要求被特许人提供的投资信息；

(3)关于特许人直接或者通过第三方使用经营模式决定的通知，包括对相关经营模式内容和范围的解释；

(4)特许人知道或者有理由认为对被特许人履行特许权合同具有重要意义的其

他信息。

2. 特许人应当每年告知被特许人，被特许人在上一财政年度按照特许人的要求所做的加价或者其他财务捐助涵盖特许人拟使用该捐助支付的费用或者投资。

3. 特许人和被特许人之间应当至少每年进行一次磋商。

第7:917条　提供信息的要求

1. 特许经营人或者特许人应当确保在与提供信息的目的相适应的时期内提供第7:913条和第7:916条所称的信息，并且确保相对人可以不间断地获取该信息，以供将来参考。

2. 特许人根据第7:913条和第7:916条提供的信息，其表述和结构应当使潜在的特许人能够合理地对签订特许经营合同作出知情决定，并且分别使特许人能够确定是否以及在何种程度上有必要调整其商业运作或者采取实际措施。

第7:918条　枢密院令

枢密院令可以规定关于提供第7:913条和第7:916条所称信息的性质、内容和方式的具体规则。

第7:919条　特许人的义务

1. 特许人应当在合理的范围内，结合特许经营模式的性质和范围，为被特许人利用特许经营模式提供预期的协助、商业和技术支持。

2. 被特许人认为有必要提供本条第1款所称的某种形式援助或者支持的，其应当告知特许人该事项。特许人和被特许人应当就该事项相互协商。

第7:920条　特许经营合同的内容

1. 特许经营合同在任何情况下均应当规定以下内容：

(1)确定以下内容：

1)特许经营人的业务中是否存在商誉；

2)何种程度；

3)是否可归因于特许经营人。

(2)在终止特许经营合同的情况下，被特许人从有关特许人处获得特许经营业务，以便独立地继续该业务，或者将该业务转让给予特许经营人订立特许经营合同的第三方，并且合理地将归属于特许经营人的商誉补偿给该特许经营人。

2. 限制被特许人在特许经营合同结束后以某种方式经营的权利的条款，仅在以下情况下才有效：

(1)采用书面形式；

(2)对行使活动的限制仅涉及与特许经营合同所涵盖的商品或者服务相竞争的

商品或者服务；

(3)该限制对于保护特许人向被特许人转让的技术是必不可少的；

(4)不超过特许经营合同结束后1年的期限；

(5)地理范围不超过被特许人根据相关特许经营合同经营特许的区域。

第7:921条　经营模式的改变

1.以下情形中，特许经营人可利用特许经营合同中的某一条款改变特许经营方式，或者在不修改特许经营合同的情况下，直接或者通过第三方操作经营模式：

(1)需要特许经营人的投资。

(2)引入或者修改特许经营人应支付费用、加价或者其他财务捐助的义务，而不是本款第1项所称的投资，从而损害特许经营人的利益。

(3)要求被特许人承担其他类型的费用。

(4)可以合理地预见，该意向的实施将导致被特许人业务的营业额损失，并且该投资、费用、加价或者其他财务收入或者预期的营业额损失超过特许经营合同中确定的水平。

(5)以下特许人应当要求有关各方事先同意实施有关计划：

1)在荷兰设立的大多数特许经营人，特许经营人已与之签订了有关特许经营模式的特许经营合同；

2)在荷兰设立的各特许经营人，他们受特许经营人以本款第1项、第2项、第3项或第4项所称事项的影响。

2.本条第1款所称水平的确定未包括在特许经营合同中的，本条第1款第1项、第2项、第3项或者第4项所称的投资、财务收入或者成本或者营业额的损失，均应当事先获得本条第1款所称的同意。

第7:922条　强制性规定

对于在荷兰设立的特许经营人，不得变更本章规定，无论特许经营合同的法律规定，与第7:920条相违背的，该规定即为无效。

第7:923条至第7:924条　[预留]

第十七章　保险合同

第一节　一般规定

第7:925条　保险合同的定义

1.保险合同是指保险人一方对投保相对人享有保险费请求权，同时负有一项或者多项保险金义务，且合同订立时双方无法确定保险金的时间或者金额，或者保险费持续期间的合同。保险合同包括损害保险合同和定额保险合同。

2. 人身保险合同指订立的涉及人的生命或者健康的保险合同。

第 7:926 条　保险利益和受益人

1. 保险金包括金钱以外的其他给付。

2. 适用本节时,保险金受益人指发生保险事故时,根据保险合同有权请求支付保险金的人或者通过接受指定取得保险金请求权的人。

第 7:927 条　再保险合同

再保险合同不适用本章的规定。

第 7:928 条　先保险合同的告知义务

1. 订立合同前,投保人必须告知保险人一切其知道或者应当知道的事实,包括保险人是否愿意订立合同以及以何种条件订立合同所取决或者可能取决于的条款和条件。

2. 为已知第三人订立保险合同的,本条第 1 款所称的通知义务应当包括第三人知道或者应当知道的事实,以及第三人知道或者应当知道保险人的决定取决或者可能取决于的条款和条件。人身保险不适用前 1 句的规定。

3. 人身保险合同涉及已知的年满 16 周岁第三人的风险的,通知义务应当包括第三人知道或者应当知道的事实,以及第三人知道或者应当知道保险人的决定取决或者可能取决于的条款和条件。

4. 通知义务与保险人知道或者应当知道的事实无关,也不会导致对投保人更加不利的决定。投保人或者本条第 2 款或者第 3 款所称的第三人,对保险人提出的特定问题作出不正确或者不完整回答的,不得主张保险人知道或者应当知道该事实。通知义务也不包括根据《医疗检查法》第 4 条至第 6 条所称的情形以及与进行医疗检查无关的事实。

5. 仅该事实发生在保险合同订立前 8 年内,且保险人以未误解的文字明确询问该犯罪记录的,投保人才有义务告知他或者第三人的犯罪记录。

6. 根据保险人制定的调查表订立保险合同的,保险人不得主张某些问题未回答或者未告知其询问的事实,也不得主张概括性用语询问的问题未完整回答以对抗投保人,除非投保人具有故意欺诈保险人的意图。

第 7:929 条　不履行先保险合同的告知义务或者保险合同的法律效果

1. 保险人发现未履行第 7:928 条规定的通知义务的,其仅在发现未履行后 2 个月内通知被保险人并载明可能后果的,才可主张未履行的通知义务以对抗被保险人。

2.保险人发现被保险人故意欺诈或者知道将不会订立保险合同的事实,其可在发现该事实后2个月内立即终止合同。

3.保险人实施本条第1款规定的行为或者在保险事故发生后主张未履行通知义务的,投保人可在2个月内终止合同。涉及人身保险,投保人的终止范围限于与未履行通知义务有关的人。

第7:930条　未履行通知义务的法律后果

1.被保险人未履行第7:928条所称的通知义务的,仅能根据本条第2款和第3款请求给付。

2.被保险人未通知或者未正确通知的事项对评价造成保险事故的风险不重要的,保险人将全额支付约定的保险金。

3.不满足本条第2款规定,但保险人知道该事实将收取更高的保险费,或者订立保险金额较低的保险合同的,保险人应当按照保险费增加或者保险金额降低的比例减少支付的保险金。保险人知道该事实提出其他条件的,其应当以已载入合同的金额为准支付保险金。

4.不同于本条第2款和第3款的规定,保险人知道该事实将不订立保险合同的,其无须支付任何保险金。

5.不同于本条第2款和第3款的规定,投保人或者第7:928条第2款或者第3款所称的第三人故意欺诈以骗取保险金的,保险人无须支付任何保险金。投保人以故意欺诈的方式不履行与第三人有关的通知义务的,保险人也无须支付任何保险金。

第7:931条　排除撤销的正常理由

保险人不得以第3:44条第3款和第6:228条为由撤销保险合同。

第7:932条　交付书面保险单

1.保险人应当尽快移交一项载有合同内容的保险单文书。以《民事诉讼法典》第7:156条之一第1款所称的方式制作的保险单,必须包含符合欧洲议会和理事会2014年7月23日发布的《关于内部市场电子交易的电子识别和信托服务并废除第1999/93/EC号指令》(OJEU 2014,L 257)第3条第12款所称的电子签名。根据合同性质不交付保险单是合理的,且投保人的签名对交付保险单不重要的,保险人可签发保险单。

2.涉及保险合同的变更,参照适用本条第1款的规定。

3.投保人丢失保险人交付的证明文件的,保险人经其请求并由其支付相关费用后,可出具新的证明文件。证明文件为无记名证券或者指示证券,且保险标的通过证券进行交易的,保险人可在向新证明文件持有人支付保险金前,请求其在保险金期间提供担保。《民事诉讼法典》第156条之一第2款所称的同意,没有撤回的,同样及于第1句所称的新的证明文件。

第933条　保险人的通知必须采书面形式

1. 本章规定或者合同约定有关保险人的通知,必须采用书面形式。保险人可为此向被通知人的最后住所发送通知。

2. 不同于本条第1款的规定,枢密院令可制定关于以电子方式发送通知的规则。枢密院令也可制定关于向保险人以电子方式发送本章规定或者合同约定通知的规则。

3. 根据本条第2款制定的枢密院令草案在提交给两院议会4周后才可进行下一步的制定程序。

第7:934条　不及时支付后续保险费

保险人未履行支付后续保险金义务的,且其在债务到期日后收到载明不支付法律后果的警告后在14日内仍未支付的,保险合同或者保险赔偿才可予以终止或者中止。第6:83条第3项所称的情形不适用第1句的规定。

第7:935条　抵销事由以及支付保险利益的债务要求

1. 保险人可以对非投保人的保险金权利人支付保险金债务,与同一个保险的保险费、到期未履行的损害赔偿以及第6:96条第2款第3项所称的费用相抵销。无记名证券或者指示证券的保险不适用第1句的规定。

2. 涉及责任保险的,不适用第6:127条第2款的规定,保险人不得将其对保险金权利人支付保险金的义务与本条第1款所称的其他应付的保险费、损害赔偿和费用相抵销,除非基于同一个保险合同。

第7:936条　保险费和担保条款的删除

1. 在居间人对保险合同的保险人承担与保险合同有关的保险费和费用支付义务的情况下,居间人将保险费和费用记入其与保险人的往来账或者以其他方式向保险人支付的,投保人即清偿其对保险人的此种债务。投保人必须向居间人赔偿此类保险费和费用。

2. 保险金已到期的,保险人经居间人的请求,在不考虑第三人权利的情况下,必须向居间人支付其根据本条第1款的规定可向投保人请求支付的金额。投保人根据保险合同有权请求支付保险金的,保险人对同一个投保人和同一个居间人有关的请求权,负有相同的义务。

3. 向居间人以外的人支付保险金的保险人,必须在10日内请求居间人告知其根据本条第1款的规定可对投保人请求支付的金额。居间人告知该金额的,保险人必须尽快支付其告知的金额。保险人已支付该金额的,或者居间人未在指定的期限内告知该金额的,保险人可向其他人支付应付的保险金。

4. 以下情形不适用本条第2款和第3款的规定:

(1)无记名证券或者指示证券的保险,除非投保人享有保险金请求权;

(2)强制责任保险。

5. 以下情形也不适用本条第2款第2句的规定:

(1)保险金请求权属于根据第3:229条设定质权或者第3:283条所称的优先权;

(2)非强制责任保险。

6. 居间人以保险金权利人的名义收取保险金的,其有权在本条第2款、第4款和第5款所称的请求权范围内,以本条第1款第2句所称的补偿请求权与对保险金权利人支付保险金的义务相抵销。

第7:937条　保险人对于保险金权利人的免责

保险人向居间人支付保险金的,仅在居间人向保险金权利人支付该保险金时,保险人才清偿其债务,但任何情况下,保险金权利人通过保险人对居间人享有利益的,保险人即清偿其债务。

第7:938条　保费的无风险返还

1. 除第7:923条第2款或者第3款所称的故意欺诈外,不存在任何风险的,投保人无须支付保险费。整个保险年度不存在风险的,该年度无须支付保险费。保险人有权自支付费用之日起取得公平补偿。

2. 没有任何风险的保险年度终止后1个月内,任何一方均有权终止保险合同,自新的保险年度开始时发生终止的法律效力。风险在新的保险年度开始和终止之间出现的,该终止不具有法律效力。

3. 存在风险的保险标的少于投保的数目或者数量的,不存在风险的部分适用本条第1款和第2款的规定。

第7:939条　终止情形下保费的减少

除因故意欺诈终止合同外,保险合同提前终止的,保险人应当公平地减少投保人的保险费。

第7:940条　保险合同的持续时间及终止

1. 当事人在保险合同期限届满时作出终止通知的表示,旨在防止该保险合同延长的,其必须遵守2个月的终止通知期限。

2. 保险合同约定的期限或者经延长为 5 年以上的，每 5 年期限届满时，投保人可在该时间表示终止合同，涉及人身保险合同的，保险人享有相同的权利。本款应当适用本条第 1 款所称的终止通知期限。

3. 保险人规定提前终止合同的，投保人也享有相同的权利。除故意欺诈行为外，保险人或者投保人必须遵守 2 个月的终止通知期限。为赔偿《金融监管法》第 3:38 条所称的风险造成的损害订立保险合同的，此种风险造成的保险事故已发生或者有发生的危险时，保险人或者投保人不适用 2 个月的终止通知期限，而必须遵守 7 个月的终止通知期限。保险人仅能根据保险合同载明的不能要求保险人继续受合同约束的理由终止保险合同。

4. 保险人基于此权利将保险合同的条件变更为不利于保单持有人或者受益人条件的，投保人有权表示在变更生效之日终止保险合同，但任何情况下，投保人应当在变更通知后 1 个月内终止保险合同。

5. 保险人不得以与保险有关的个人健康风险增加为由终止或者变更人身保险合同。

6. 投保人可通过电子方式终止保险合同。枢密院令可制定关于以电子方式终止合同的规定。

7. 根据本条第 6 款制定的枢密院令草案在提交两院议会 4 周后，才可进行下一步的制定程序。

第 7:941 条　具体风险中的信息告知义务

1. 投保人或者保险金权利人知道或者应当知道保险事故发生的，其有义务向保险人通知该保险事故，并必须尽快合理地通知。

2. 投保人和保险金权利人有义务在合理期限内向保险人提供所有对评估保险人支付保险金义务具有重要意义的信息和文件。

3. 保险金权利人未履行本条第 1 款或者第 2 款所称义务的，保险人有权减少因不遵守规定受到损害而应付的保险金。

4. 仅保险人的合理利益受到损害时，保险人可以未履行本条第 1 款和第 2 款的义务为由不支付保险金。

5. 投保人或者保险金权利人未履行本条第 1 款和第 2 款的义务属于故意欺诈的，其保险金请求权即告消灭，除非该欺诈导致保险金请求权消灭不正当。

第 7:942 条　保险人请求给付保险金的诉讼时效

1. 保险金权利人请求保险人支付保险金的诉讼时效期间为 3 年，自保险金权利人知道保险金到期的次日起算。

2. 保险金权利人书面通知请求支付保险金的,该保险金请求权的诉讼时效即中断。新的诉讼时效期间为 3 年,自保险人承认该请求权,或者明确通知拒绝支付保险金的次日起算。

3. 涉及责任保险的,不同于本条第 2 款第 1 句的规定,保险人与保险金权利人或者受害人进行协商,诉讼时效即中断。此情形下,新的诉讼时效期间为 3 年,自保险人承认该请求权,或者明确通知拒绝支付保险金且在与其协商的人非保险金权利人的情况下通知保险金权利人拒绝协商的次日起算。

第 7:943 条　强制性规定

1. 不得变更第 7:931 条、第 7:932 条、第 7:935 条第 2 款、第 7:936 条和第 7:939条的规定。

2. 适用第 7:933 条第 1 款第 1 句,第 7:937 条,第 7:940 条第 1 款、第 3 款、第 5 款和第 6 款,第 7:941 条第 1 款、第 2 款、第 4 款和第 5 款以及第 7:942 条的规定时,不得作出对保险金权利人不利的改变。

3. 投保人为自然人且非在职业或者经营活动中订立保险合同的,适用第 7:928 条至第 7:930 条、第 7:934 条、第 7:940 条第 2 款和第 4 款的规定时,不得作出对投保人不利的改变。

第二节　损害保险合同

第 7:944 条　损害保险合同的定义

损害保险合同是指旨在赔偿被保险人受到的财产损害的保险合同。

第 7:945 条　被保险人

适用本节时,被保险人是指受到损害的情况下,根据保险合同有权请求赔偿的人或者通过接受指定取得赔偿的人。

第 7:946 条　被保险物

1. 除另有约定外,损害保险合同仅涵盖投保人的利益保险。

2. 被保险物因结婚或者缔结登记伴侣关系成为共有财产的,该物的损害保险合同涵盖配偶或者登记伴侣双方的利益保险。

第 7:947 条　指定第三人作为保险受益人的撤回

投保人有权指定受到损害时向其给付保险金的第三人,投保人仅经保险人或者第三人合作才可撤回该指定。损害已发生的,投保人和保险人不得共同撤回该指定。

第 7:948 条　保险利益的转让

1. 转让保险标的或者保险标的上的定限物权时,赔偿让与人保有为该物利益订立保险合同的权利义务,并且该物的利益与风险同时移转给受让人,风险在转让前已移转的,也是如此。同一个合同中订立的附属保险,也适用该规定。转让资产的法律行为或者新的利害关系人的意思表示对保险人不移转的,保险合同的权利义务也不移转。

2. 保险合同在该合同移转给新的被保险人1个月后即告消灭,除非该期限内保险人表示保险合同继续有效。此情形下,保险人可在作出表示后2个月内,遵守1个月的终止通知期限表示终止保险合同。

3. 投保人应当承担新的被保险人表示继续合同之前的保险费。

4. 本条第2款的规定不会延长合同期限,或者限制以其他理由终止合同的权利。

5. 保险合同的权利继受人指定第7:947条所称的第三人的,不适用本条第1款至第4款的规定。

第7:949条 保险单和其他证明文件对保险人身份的证明

适用第7:932条第3款第2句所称的保险合同时,保险单上的人或者其他保险人给付的证明文件上的人享有保险利益的,均视为被保险人。此情形下,不适用第6:253条第2款、第7:947条、第7:948条和第7:950条的规定。

第7:950条 投保人死亡后保险合同的终止

投保人死亡的,其继承人和保险人可在1个月的终止预告期后,自知道投保人死亡后9个月内表示终止保险合同。根据第4:13条分割投保人遗产的,死者的配偶或者登记伴侣享有前1句所称的继承人的权利。

第7:951条 因保险标的的性质或者缺陷造成的损害

因保险标的本身性质或者缺陷引起的损害,保险人不予赔偿。

第7:952条 被保险人自己的过错造成的损害

因被保险人故意或者重大过失造成的损害,保险人不予赔偿。

第7:953条 责任保险禁止被保险人作出某些承认或者事实

责任保险禁止被保险人作出某些承认的,涉及承认正确事项即违反该禁止的,该保险条款应当为无效。禁止承认事实不产生任何法律效果。

第7:954条 责任保险中被保险人对保险人的直接权利

1. 涉及责任保险的,根据第7:941条向保险人通知保险事故后,保险人有义务给付保险金,并且受害人可请求保险人支付被保险人对于受害人因死亡或者伤害造成损害而应赔付的金额。

2. 被保险人为已终止的法人且受害人损害的赔偿义务未移转给他人的,无须保险人收到通知,受害人即可向保险人请求支付本条第 1 款所称的款项。

3. 受害人未行使本条第 1 款所称的权利的,保险人请求受害人 4 周内应告知是否行使该权利而未告知,或者受害人抛弃该权利的,保险人才可通过向被保险人支付而免责。

4. 涉及因死亡或者伤害造成损害的请求权,被保险人无权对保险人作出对受害人不利的处分,但受害人也不得扣押该请求权。

5. 保险人根据保险合同必须支付保险金的金额低于被保险人责任额的,其应付的保险金应当按照比例分配给各受害人;受害人受到因死亡或者伤害造成的损害以及其他损害的,保险人应当按照不同的损害种类进行分配。但保险人不知道其他受害人的请求权,并善意向某受害人或者被保险人支付超过应得金额的保险金的,保险人对其他受害人仅有义务支付保险金额的剩余部分。第 1 句的规定中,保险人有正当理由怀疑应付赔偿金额的,可暂时拒绝支付赔偿金。

6. 因死亡或者伤害造成损害的受害人,仅在确保被保险人及时参加诉讼的情况下,才有权对保险人提起诉讼。本条第 2 款所称的情形,不适用该规定。

7. 受害人未受到损害的,或者由法律授予对保险人的损害赔偿请求权的,不适用本条第 1 款至第 6 款的规定。

第 7:955 条　保险金额

1. 保险金额是指同一事件,保险人根据保险合同有义务支付的最高赔偿额,但第 7:959 条另有规定的除外。

2. 保险金额不因支付本条第 1 款所称的保险金而减少。

第 7:956 条　保险价值

建筑物应当按照重建价值和其他价值为保险标的进行投保。替代价值指取得种类、质量、数量、状态和折旧程度相当的建筑物需支付的金额。

第 7:957 条　采取措施防止或者减少损害的义务

1. 投保人或者被保险人知道或者应当知道保险事故发生或者可能发生的,其应当根据可能性在合理的限度内采取一切预防或者减少损害的措施。

2. 保险人应当赔偿采取本条第 1 款所称措施的费用,以及保险标的受到的损害。

3. 被保险人未履行本条第 1 款所称义务的,保险人有权从应付保险金中扣除因此受到的损害。

第 7:958 条　损害赔偿

1. 保险标的有以下情形之一的,保险人应当承担全损责任:

(1)灭失的;

(2)已受到损害,不再是保险标的原来种类的;

(3)脱离被保险人控制,并且不能期待恢复此种控制的。

2. 全损时,保险人应当赔偿保险标的保险利益的价值。

3. 在本条第1款第3项的情形下,保险人履行其义务后,被保险人可以恢复对保险标的控制的,保险人可选择请求被保险人返还赔偿金或者转让保险标的。

4. 对于替代、重建或者新置价值的投保,保险人在部分损害的情况下可选择赔偿修理费用以及修理后市场价值的降低额,或者未受损害的物的保险价值扣除剩余部分的市场价值。

5. 保险金额低于作为计算损害赔偿基础价值的,赔偿额应当根据本条第2款和第4款按照保险金额低于该价值的部分成比例地予以减少。

第7:959条　费用赔偿

1. 第7:957条所称的赔偿以及评估损害的合理费用,其与损害赔偿的总和超过保险金额的,仍由保险人承担。

2. 未受损害的物作为计算损害赔偿基础价值,但未完全涵盖在保险中的,第7:957条所称的赔偿应当由保险人参照适用第7:958条第5款的比例承担。

第7:960条　赔偿原则

被保险人根据保险合同获得明显更有利的地位的,其不得根据该保险合同取得赔偿。保险标的估价事先由受委托的专家作出或者由当事人按照专家建议确定的情形,不适用前1句的规定。

第7:961条　多重保险合同

1. 可通过多个保险合同获得损害赔偿的,被保险人向各保险人提出请求时应当适当遵守第7:960条的规定。为此,在被保险人告知其他保险人之前,保险人有权暂时拒绝履行损害赔偿义务。

2. 适用本条第1款时,被保险人通过保险合同获得损害赔偿后,其他保险人视为无此种赔偿损害义务。

3. 保险人之间按照对各自请求权金额的比例分担应付保险金的,其有权相互追偿。保险人按同样比例分担确定损害的合理费用以及法律诉讼中和法律诉讼外抗辩费用的,其有权相互追偿。被保险人有义务避免实施任何可能损害保险人相互追偿的行为。

4. 多名保险人参与同一保险合同的,各保险人的责任仅限于应付总额的比例部分。

第 7:962 条　代位权

1. 被保险人对其受到的损害,在保险合同之外对第三人有请求权的,在保险人赔偿其损害后,无论是否有赔偿义务,该请求权通过代位移转给保险人。此情况下,被保险人必须避免实施任何可能损害保险人针对第三人行使权利的行为。

2. 保险人通过代位或者转让取得请求权的,其不得以损害被保险人请求权的方式行使。

3. 保险人无权向投保人、共同被保险人、被保险人未分居的配偶或者登记伴侣、被保险人的其他同居者、被保险人的直系血亲、被保险人的雇员或者雇主、与被保险人受雇于同一个雇主的人提出赔偿请求权。对不可归因于但此种情况对保险利益有责任的被保险人,不适用该规定。

第 7:963 条　强制性规定

1. 不得变更第 7:960 条、第 7:962 条第 2 款和第 3 款的规定。

2. 适用第 7:953 条的规定时,不得作出对被保险人不利的改变。

3. 适用第 7:947 条第 2 句的规定时,不得作出对第三人不利的改变。

4. 适用第 7:954 条的规定时,不得作出对受害人不利的改变。

5. 适用第 7:957 条第 2 款的规定时,不得作出对投保人或者被保险人不利的改变。

6. 适用第 7:959 条第 1 款的规定时,该款所称的费用不超过保险金额,并且投保人为自然人且非在职业或者经营活动中订立保险合同的,不得作出对投保人不利的改变。

第三节　定额保险合同

第三节第一分节　一 般 规 定

第 7:964 条　定额保险合同的定义

定额保险合同是指当事人确定保险金是否以及在何种范围内可赔偿损害的保险合同。仅人身保险和枢密院令规定的保险可采用定额保险方式,必要时枢密院令可规定其界限。

第 7:965 条　保险人、受益人、保险金的定义

适用本节时,被保险人指与其生命或者健康有关的人;受益人指被指定接受保险金的人。保险金包括第 7:978 条第 2 款、第 7:980 条第 2 款、第 7:981 条和第 7:983条所称的款项。

第 7:966 条　受益人的指定以及变更

1. 投保人可通过书面形式向保险人声明以下事项：

(1)指定自己或者一个或者多个第三人单独或者共同作为受益人，可作为主权利人，也可作为定限物权人；

(2)对保险金请求权实施信托管理；

(3)撤回或者变更第 1 项或者第 2 项所称的处分。

2. 难以履行支付保险金义务的，保险人可拒绝指定或者变更指定。保险人应当在拒绝指定或者变更指定后 1 个月内通知投保人此事项。

3. 保险金的信托管理与遗嘱的信托管理具有相同的法律效果，其中：

(1)第 4:178 条、第 4:179 条第 2 款和第 4:180 条第 2 款所称的期限，自保险金或者第一期保险金到期之日起算；

(2)并非为受益人以外其他人的利益实施的信托管理，投保人和受益人可通过共同书面形式通知财产管理人取消并终止该信托管理。

4. 投保人为担保将受益人指定为主权利人的，视为指定质权人。投保人为清偿债务指定主权利人的，参照适用前 1 句的规定，除非指定仅限于对受益人所负的债务。

第 7:967 条　受益人指定的终止

1. 除另有意图外，受益人在以下时间之前死亡的，投保人的指定即失效：

(1)受益人已接受指定；

(2)与指定有关的保险金已到期。

2. 按照身份确定受益人的，推定根据第 7:968 条第 2 项至第 4 项指定不可撤回之时拥有该身份的人为受益人。

3. 不同于本条第 2 款的规定，受益人在其拥有指定的身份期间表示接受而使该指定不可撤销的，受益人始终为受益人。

4. 投保人明确指定投保人或者被保险人的遗产权利人为受益人的，无论是否接受继承，可主张遗产的继承人均视为受益人。各继承人有权按照与死者遗产相同的比例获得保险金。

5. 投保人指定投保人或者被保险人的继承人为受益人的，已接受继承的继承人应当享有保险金请求权。各继承人有权按照与死者遗产相同的比例获得保险金。

6. 投保人指定保险单持有人或者被保险人的子女为受益人的，该子女包括子女的后代均视为受益人。

7. 除另有意图外，保险金请求权在被保险人死亡时到期，但被保险人与受益第三人同时死亡的,或者二者均死亡而无法确定谁先死亡的,受益人不享有保险金请求权。

8. 投保人未指定第三人为受益人的,保险金应当属于投保人。此外,投保人指定第三人为受益人不发生法律效果的,也视为投保人自己为受益人。

第 7:968 条　不可撤销的指定

有以下情形之一,投保人对受益人的指定不可撤销:

(1)该第三人接受指定的;

(2)因被保险人死亡而终止风险的;

(3)保险金到期的;

(4)合同明确规定的。

第 7:969 条　接受指定为受益人

1. 第三人接受指定为受益人的,其有权请求支付保险金。不同于第 6:253 条第 3 款和第 4 款的规定,受益人仅能通过对保险人作出接受该指定的意思表示。除第 7:968 条第 2 项至第 4 项所称的不可撤销指定外,受益人仅能以书面形式接受指定,并且投保人还应当以相同的方式向保险人表示同意受益人接受该指定。

2. 投保人根据第 7:968 条第 2 项至第 4 项作出不可撤销指定的,受益第三人可通过书面形式向保险人作出拒绝该指定的意思表示。

3. 受益第三人抛弃保险金请求权的,视为未接受指定。

第 7:970 条　定额保险合同中权利的移转

1. 投保人仅能整体转让定额保险合同中投保人的权利,但可单独转让由定额保险合同产生的请求权,除非法律或者合同另有规定。

2. 投保人移交保险合同中的权利时,需为此制作文书并书面通知保险人该事项。

第 7:971 条　定额保险合同中的质权

1. 对定额保险合同产生的权利设立质权时,不适用第 3:239 条。

2. 对保险金请求权设立质权,并适用第 3:246 条和第 3:253 条以及《民事诉讼法典》第 490 条之二的规定时,受益人将代替出质人。受益第三人接受指定之前,质权人应当允许该第三人表示接受。

3. 不同于本条第 2 款的规定,质权人可将第 3:253 条第 1 款第 2 句所称的剩余部分移交给保险人。保险人有义务向受益人支付该部分的金额。

第 7:972 条　投保人行使权利的限制

1. 投保人仅取得以下人员的书面同意后,才可行使根据保险合同享有的权利:

(1)根据第7:968条不可撤销指定的受益人;

(2)在保险合同中投保人的权利或者保险金请求权上设立定限物权的定限物权人。

2. 投保人行使本条第1款所称的权利不会导致受益人或者定限物权人地位变更的,其无须取得上述主体的同意。

第7:973条　故意造成风险的移转

经终审裁判确认故意造成保险事故或者共同造成保险事故的人,不得享有保险合同的权利。

第7:974条　强制性规定

不得变更第7:966条第1款、第7:969条第1款第2句、第7:972条以及第7:973条的形式规定。

第三节第二分节　人寿保险合同

第7:975条　人寿保险合同的定义

人寿保险合同是指与特定人员的生存或者死亡有关的定额保险合同,但意外伤害保险不视为人寿保险。

第7:976条　以支付丧葬费用为目的的保险

以支付丧葬费用为目的的保险不适用第7:978条第1款、第7:980条第1款、第7:981条和第7:986条的规定。枢密院令可规定进一步的标准。不得扣押此种保险合同的价值以及此种保险合同的权利,也不适用于投保人破产、对投保人适用自然人债务重整计划或者实施遗产清算的情形。

第7:977条　人寿保险的终止、解除和失效

1. 保险人不得终止或者解除人寿保险合同,保险合同也不因任何终止或者解除条款而失效,但不影响适用本章的其他规定。第1句不妨碍保险合同按照合同约定抵销保险费、约定利息和费用后,保险人因保险不再具有缴清价值或者现金价值而终止合同。

2. 仅在订立保险合同后投保人在此方面进行合作的,保险人才可退还现金价值或者以缴清保险的方式继续保险合同,但不影响适用本节的其他规定。

第7:978条　解除保险合同或者以缴清保险的方式继续保险合同

1. 涉及人寿保险时,投保人已支付一期或者数期保险费的,其有权请求全部或者部分退还保险的现金价值。保险合同因退还而终止,除非保险合同另有规定。退还的现金价值归投保人所有。

2. 人寿保险具有实缴价值的,投保人有权以缴清保险的方式继续该保险合同。减额缴清保险的一期或者数期保险金低于枢密院令规定的最低限度的,保险人可排除投保人此种权利。

第 7:979 条　投保人根据人寿保险单向保险人借款的权利

1. 投保人有权以通常条件向保险人借款,借款金额最高额为第 7:978 条第 1 款所称的现金价值。

2. 投保人未归还根据本条第 1 款所称的金额的,保险人有权从定期保险金的现金价值中扣除其借出的本金附加利息和费用以及保险合同中的保险费。

第 7:980 条　不支付保险费的法律后果

1. 仅保险人在支付保险费的期限到期日后对投保人、接受指定的受益人、质权人以及扣押人通知此种不支付的法律后果的,并且上述主体在为此目的指定不少于 1 个月的支付期限内仍未支付保险费的,未支付保险费的法律后果才可生效。

2. 未在本条第 1 款规定的期限内支付保险费的,保险合同可以缴清保险的方式继续,或者保险合同有约定的,以保险费和约定利息及费用与现金价值抵销的方式继续。无权继续保险合同的,保险合同即终止;保险有退保的现金价值的,投保人有权取得该退保价值。

3. 不同于本条第 1 款的规定,保险合同可规定自保险费到期日起收取约定的利息和费用。

第 7:981 条　被保险人由于被排除的风险而死亡

被保险人因排除风险而死亡,且保险有退保的现金价值的,保险人必须支付与被保险人死亡前 1 日的现金价值相等的金额。该金额归受益人所有。保险无退保的现金价值,但有实缴价值的,视为投保人在被保险人死亡前 1 日行使第 7:978 条第 2 款所称的权利,并且被保险人视为因未排除风险而死亡。

第 7:982 条　被保险人的年龄或者性别记载错误

1. 错误地记载被保险人的年龄或者性别并以此订立保险合同的,该合同视为与正确年龄或者性别的被保险人订立的,但保险金额应当按照保险费的支付情况相应地予以调整。此范围内不适用第 7:929 条、第 7:930 条和第 7:983 条的规定。

2. 保险人知道正确的年龄或者正确的性别将不订立保险合同的,不适用第 1 款的规定。

第 7:983 条　违反第 7:928 条与 7:929 条先保险合同义务的法律效果

1. 投保人依法或者根据合同可退还现金价值的保险合同,根据第 7:929 条终止的,投保人有权请求支付终止前 1 日的现金价值。

2. 风险终止后,保险人主张未履行第 7:928 条所称义务的法律效果的,受益人有权请求采取本条第 1 款所称的方式支付相应的保险金。适用第 7:930 条第 2 款或者第 3 款导致更高的保险金的,受益人有权请求支付与该更高利益数额相等的保险金。

3. 保险人根据第 7:929 条,对未履行第 7:928 条所称义务表示保留权利,或者主张未履行的法律效果的,其应当告知已接受指定的受益人和质权人。在本款第 1 句所称的情形下,保险人还应当告知扣押人,除非其尚未作出《民事诉讼法典》第 476 条之一第 1 款所称的表示。

第 7:984 条　投保人权利的出质与排除

1. 对投保人的人寿保险享出质权利的,质权人有权请求保险人支付保险的现金价值,除非投保人没有权利请求支付该现金价值。受益人的指定尚未不可撤回的,质权人还可为投保人变更指定的受益人。仅债务人陷入迟延且质权人至少提前 4 周以挂号信或者法院送达的方式通知投保人请求保险人支付保险的现金价值的,质权人才可请求支付该现金价值。保险人没有义务调查债务人是否陷入迟延。质权人应当将挂号信或者第 3 句所称法院送达通知的副本,送交保险人。

2. 为能投保人寿保险并取得投保价值,质权人必须在请求支付现金价值的通知中载明投保人可在本条第 1 款所称的 4 周期限内向保险人借款以尽可能地偿还对质权人所负的债务,除非人寿保险合同不包括该权利。

3. 投保人已交出因人寿保险取得的现金价值的,或者根据本条第 2 款向保险人借款的,质权仅及于现金价值或者借款。

4. 质权人无权变卖第 3:248 条所称的享有保险利益的质权。

第 7:985 条　诉讼时效

投保人或者受益人请求支付保险金请求权的诉讼时效期间为 5 年,自请求权到期次日起算,除非约定更长的诉讼时效期间。

第 7:986 条　强制性规定

1. 不得变更第 7:984 条的规定。

2. 适用第 7:977 条、第 7:981 条和第 7:982 条的规定时,不得作出对投保人、受益人或者质权人不利的改变。

3. 投保人为自然人且非在职业或者经营活动中订立保险合同的,适用第 978 条第 2 款、第 7:980 条和第 7:983 条的规定时,不得作出对投保人、受益人、质权人或者扣押人不利的改变。

4. 对第 7:978 条第 1 款所称权利的限制或者排除,不得对抗投保人的债权人、投保人的破产管理人、延期偿债或者适用自然人债务重整计划情形下的财产管理人以及投保人的遗产清算人。涉及定期支付保险金的保险合同,投保人已支付的保险费,但在征收工资和住宅收入的个人所得税时考虑扣减由于根据保险合同约定不得请求返还现金价值的,不适用第1句的规定。

第7:987条至第7:989条 [预留]

第十八章 终身年金

第7:990条 终身年金的定义

终身年金是指以一人或者多人以生存为条件定期取得金钱的权利。

第7:991条 终身年金的支付

1. 终身年金债务人未按期支付年金的,且经权利人书面催告后1个月内仍未支付的,其支付义务仍存在。终身年金的权利人可书面通知债务人将其取得年金的权利转换为补偿请求权,该补偿金额应当为购买同样的终身年金所需的金额。

2. 但有正当理由怀疑权利人是否生存时,终身年金债务人才有权拒绝履行其义务。

第7:992条 终身年金的支付期限

终身年金权利人在年金期间内死亡的,债务人仅需按照其生存天数的比例支付年金。必须预先支付利息的,终身年金债务人有义务支付整个期间内的金额。

第十九章 汇票和其他商业票据 [预留]

第二十章 支票 [预留]

第七编之一　典型合同(续)

第五章之一　分期付款买卖合同

第 7a:1576 条　[2017 年 1 月 1 日废止]

第六章至第八章

第 7a:1577 条至第 7a:1654 条　[废止]

第九章　合　伙

第一节　一 般 规 定

第 7a:1655 条　合伙合同的定义

合伙合同是指两名以上合伙人相互合作共同分享,旨在分配由此产生的收益的合同。

第 7a:1656 条　[废止]

第 7a:1657 条　合伙的分类

合伙可分为概括合伙或者特定合伙。

第 7a:1658 条　概括合伙的组成

法律仅允许以盈余组成概括合伙。法律禁止概括继受的全部或者特定部分资产组成合伙;不影响适用本法第 1 编第 7 章和第 8 章的规定。

第 7a:1659 条　盈余组成的概括合伙

无论以何种名义,盈余组成的概括合伙仅包括其成员在合伙期间因劳务取得的收益。

第 7a:1660 条　特定合伙的组成

特定合伙仅涉及与特定财产或者其用途或者利益有关的合

伙企业,或者与特定企业或者特定职业或者专业行为有关的合伙企业。

第二节　合伙人之间的债务

第 7a:1661 条　合伙成立的时间

合伙自合同订立时成立,但合同另有规定的除外。

第 7a:1662 条　合伙人的出资形式

1. 合伙人的出资可包括金钱、资产、资产使用收益权和劳务。

2. 与其法律关系性质不冲突的,资产的出资参照适用买卖合同的规定;资产使用收益权的出资,参照适用第 7a:1584 条至第 7a:1623 条租赁合同的规定。

第 7a:1663 条至第 1664 条　[废止]

第 7a:1665 条　已收款项的按比例归属

合伙人要求从自己对第三人拥有应收款的账户中向合伙企业支付到期债款时,该他人必须为此目的向合伙人支付到期金钱义务的,该合伙人应当按照合伙关系的债权和他自己的债权比例分配收到的给付,在收据中载明减少或者满足自己债权的,同样适用上述规定;收据中载明完全用于合伙债权的,该合伙人必须遵守针对其他合伙人的声明。

第 7a:1666 条　合伙债权优先于合伙人对第三人的债权

合伙人已收取其对第三人合伙关系中的债权份额,且该第三人在此之后破产的,该合伙人必须将先前从第三人处获得的债权转移给该第三人,合伙人已解除第三人债权份额的,其也应当向合伙企业承担责任。

第 7a:1667 条至第 7a:1669 条　[废止]

第 7a:1670 条　合伙人在合伙企业中损益的份额

1. 合伙合同未确定各合伙人在损益中所占的份额时,各合伙人应当按照合伙人的出资比例承担损益。

2. 对于仅以劳务出资的合伙人,其在损益中的份额等于贡献最少的合伙人的份额。

第 7a:1671 条　禁止约定合伙份额由合伙人或者第三人决定

1. 合伙人不得约定由其中一人或者第三人决定其份额。

2. 合伙人作出此种约定的,视为未作出,此时其必须遵守前条规定。

第 7a:1672 条　合伙收益规定无效的情形

1. 合伙人规定由其中的一人取得全部收益的,该规定无效。

2. 但合伙人可规定由一名或者多名合伙人承担全部损失。

第 7a:1673 条　合伙事务的管理

1. 根据合伙合同的特别规定,负责合伙管理和事务管理的合伙人,有权在其他合伙人反对的情况下,实施与管理有关的一切行为。

2. 除非有重大理由,其他合伙人不得在合伙存续期间撤销此种管理权;但此种管理权非在合伙合同中而在嗣后文书中授予的,该管理权可采取与普通委托代理相同的方式予以撤销。

第 7a:1674 条　多个管理合伙人职责的分配

多名合伙人承担管理职责但未各自承担特别任务的,或者未规定应当与其他人共同实施行为的,各管理人均有权单独实施与管理有关的一切行为。

第 7a:1675 条　共同管理合伙事务

合伙人约定其中一个管理合伙人应当与其他管理人共同实施行为,且没有为此目的订立新合同的,该管理人未经其他管理人参与,不得实施管理行为,该他人此时也无权实施管理行为。

第 7a:1676 条　合伙管理方式的一般规定

未特别规定管理方式的,实施管理的合伙人应当遵守以下规则:

1. 合伙人相互授予管理权的,任何一人实施的未经其他合伙人同意的行为,对其他合伙人也具有约束力,除非其他合伙人或者其他合伙人之一在该行为结束之前提出异议。

2. 各合伙人可使用合伙资产,但应当根据预期目的使用且不得损害合伙利益,也不得妨碍其他合伙人行使使用该资产的权利。

3. 各合伙人均有权请求其他合伙人承担为保存合伙财产所必需的费用。

4. 未经其他合伙人的同意,任何合伙人不得翻新属于合伙的不动产,包括对合伙有利的翻新。

第 7a:1677 条　[废止]

第 7a:1678 条　第三人参加合伙企业

各合伙人可未经其他合伙人的同意,使第三人与自己共同享有其合伙份额,但未经其他合伙人的同意,无论该合伙人是否负责合伙企业的管理,该合伙人均不得使第三人成为合伙人。

第三节　合伙人对第三人的债务

第 7a:1679 条　承担合伙债务的一般原则

未取得其他合伙人授予的意定代理权的,各合伙人不对整个合伙债务承担责任,且无权约束其他合伙人。

第7a:1680条　合伙人的连带责任

无论合伙人在合伙中的份额,各合伙人对实施的与合伙行为相关的债务承担连带责任,除非合伙合同明确规定合伙人按照其在合伙中的份额比例承担债务。

第7a:1681条　为合伙利益做出约定的约束力

合伙合同规定为合伙关系实施一定法律行为的,该规定仅对缔结此种约定的合伙人具有约束力,而不能约束其他合伙人,除非其他合伙人授予其意定代理权或者该行为对合伙有利。

第7a:1682条　合伙人以合伙名义实施行为效果归属合伙

某一合伙人以合伙名义代表全体合伙人订立合同的,相对人可请求全体合伙人履行该合同。

第四节　合伙解散的各种方式

第7a:1683条　合伙解散的法定情形

有以下情形之一的,合伙即解散:

1. 合伙合同约定的期限届满;

2. 合伙财产灭失或者合伙合同约定的任务完成;

3. 合伙人之一对其他合伙人作出终止合伙关系的意思表示;

4. 合伙人之一死亡、处于成年人监护、宣告破产或者适用自然人债务重整计划。

第7a:1684条　由法院裁决合伙解散的情形及法律效果

1. 基于重大理由,法院可经合伙人之一的请求,解散合伙关系。

2. 此种解散不具有溯及力。法院可在支持请求时附加其指定的条件,且可参照适用第6:277条命令未履行义务的一方当事人承担损害赔偿责任。

3. 合伙不适用第6:265条至第6:279条的规定。

第7a:1685条　[废止]

第7a:1686条　合伙合同终止的限制

1. 终止合伙关系的意思表示违反合理和公平原则的,该意思表示可被宣布为无效。

2. 除另有约定外,合伙人不得终止在特定时期或者特定工作中订立的合伙合同。

第7a:1687条　[废止]

第7a:1688条　合伙人死亡的处理

1. 合伙合同规定在合伙人死亡的情形下,合伙在死者继承人或者仅在仍生存的其他合伙人之间继续存在的,合伙人必须遵守该规定。

2. 此情形下,死者的继承人无权要求按照死亡时的情况分割和分配合伙收益,但继承人有权请求给付合伙人死亡前实施的行为已发生的必然盈余和亏损。

第十章至第十二章

第 7a:1689 条至第 7a:1776 条　[废止]

第十三章　使用借贷合同

第一节　一 般 规 定

第 7a:1777 条　使用借贷合同的定义

使用借贷合同是指一方当事人将物无偿交给另一方借用人使用,并由该借用人在其使用完毕后或者在特定时间将该物返还的合同。

第 7a:1778 条　使用借贷不发生所有权转移

出借人仍为借用物的所有权人。

第 7a:1779 条　[废止]

第 7a:1780 条　使用借贷债务的继承

1. 出借人或者借用人死亡时,使用借贷合同所产生的债务依法移转给出借人和借用人的继承人,但根据第 4:13 条分割遗产的,该债务应当移转给死者的配偶或者登记伴侣。

2. 出借人仅因其与借用人私人关系而借出该物时,其继承人可能无法继续使用该物。

第二节　借用人的义务

第 7a:1781 条　谨慎义务

1. 借用人有义务以善良借用人的方式谨慎地保管和照看借用物。

2. 借用人不得以不符合物的性质或者合同规定以外的其他方式使用该物。

第 7a:1782 条　借用物意外灭失时借用人的责任

借用人可通过使用本人的物避免借用物意外灭失的,或者仅能保全二者之一时优先保全自己的物的,借用人应当对该借用物的损失承担责任。

第 7a:1783 条　借用物的事先估价

借用物出借前已进行估价的,借用人仍应当承担该物意外灭失的损失,除非当事人另有约定。

第 7a:1784 条　借用物价值的减少

仅因借用用途而使借用物的价值下降且借用人没有任何过错的情况下,借用人不对此种价值减少承担责任。

第 7a:1785 条　借用物费用的承担

借用人不得向出借人请求偿还为借用物支出的费用。

第 7a:1786 条　两名以上借用人的连带责任

出借人将某物借给两名以上的人共同使用的,各借用人对物的返还以及不履行义务承担连带赔偿责任,除非不履行不可归责于其中任何一人。

第三节　出借人的义务

第 7a:1787 条　请求返还借用物的权利

出借人不得在规定期限届满前,或者未规定此种期限时,请求返还借用物,其仅在借用人使用完毕或者可能用于其他目的时,请求返还借用物。

第 7a:1788 条　紧急情况下返还借用物

出借人在约定的借用期限内或者未使用完毕的期限内,因紧急的未预见到的理由,需要自己使用借用物的,法院可根据情况命令借用人返还该借用物。

第 7a:1789 条　赔偿保存所必需的紧急费用

借用人在借用期间必须支出的保存财产所必需的费用,且因情况紧急无法事先通知出借人的,出借人必须偿还该费用。

第 7a:1790 条　借用物瑕疵的通知义务

借用人可能因借用物的瑕疵受到损害,且出借人知道瑕疵但未通知借用人的,出借人应当承担由此产生的责任。

第十四章　消费借贷合同

第 7a:1791 条至第 7a:1806 条　[2017 年 1 月 1 日废止]

第十五章　永久年金合同

第 7a:1807 条　永久年金合同

永久年金合同是指规定借款人以定期支付利息的方式偿还本金,并且其后贷款人也不得收回本金的合同。

第 7a:1808 条　永久年金的返还形式和期限

1. 年金依其性质可由借款人赎回。

2. 当事人仅能约定在不超过 10 年的期限届满前,或者在未适当警告债权人前最长超过 1 年的期限内不得赎回。

第 7a:1809 条　赎回的情形

在以下情形中,贷款人可强制借款人赎回永久年金:

1. 连续两年未支付应付利息;

2. 未向贷款人提供合同约定的担保;

3. 借款人宣告破产或者适用自然人债务重整计划。

第 7a:1810 条　赎回义务的消灭

前条第 1 款和第 2 款所称的情形中,借款人在法院催告后 20 日内支付所有到期款项或者提供担保的,赎回义务即告消灭。

第十六章　射幸合同

第一节　[废止]

第 7a:1811 条　[废止]

第二节　[废止]

第 7a:1812 条至第 7a:1824 条　[废止]

第三节　赌博和打赌

第 7a:1825 条　赌博之债不得提起诉讼

当事人不得对赌博或者打赌产生的债提起诉讼。

第 7a:1826 条　赌博、打赌之债不得提起诉讼的例外

1. 体育比赛,如击剑、竞赛或者类似活动不适用上述规定。

2. 所涉金额过高的,法院可驳回请求或者降低请求金额。

第 7a:1827 条　强制性规定

当事人不得以任何方式变更前 2 条的规定。

第 7a:1828 条　输家不得请求返还其自愿的给付

输家不得请求返还其自愿的给付,除非赢家涉及欺诈、舞弊或者诈骗。

第十七章至第十九章 [废止]

第二十章 附 则

第7a:1829条至第7a:1901条 [废止]

第7a:1902条至第7a:2030条 [预留]

第7a:2031条 《一般期间法》适用范围

1. 第1:280条第2项、第1:281条第2款、第3:252条以及第7编第10章中的期间,不适用《一般期间法》的规定。

2. 适用本法时,公共节假日指《一般期间法》第3条所称的公共节假日,以及该条或者根据该条视为公共节假日的日期。

第八编　运输法

第一部分　通　　则

第一章　一般规定

第8:1条　"船舶"和"船舶附属设备"的定义

1. 适用本编时,船舶指一切不属于航空器、用于航行而建造且航行或者曾航行的物。

2. 枢密院令可规定某些不属于船舶的物适用本法关于船舶的规定,或者规定一项或者多项属于船舶的物不适用本法的规定。

3. 动力装置和其他机械装置,在安装后以与船舶完工后相同的方式附着于船舶时,即构成船舶的组成部分。

4. 船舶附属设备是指不属于船舶、持续用于船舶且可通过其形状和所有导航及通信工具辨识出此种目的的物,和以此种方式与船舶连结、以致分离会给该工具或者船舶造成实质损害的航海和通信工具。

5. 除另有规定外,船舶附属设备应当构成船舶的一部分。当事人有不同约定的,该约定可根据第3编第1章第2节登记在公共登记簿上。

6. 适用本条第3款、第4款和第5款时,船舶包括正在建造的船舶。

第8:2条　"海船"的定义

1. 适用本法时,海船是指作为海船根据第3编第1章第2节登记在公共登记簿上的船舶,以及未登记但其构造专门或者主要用于海上航行的船舶。

2. 枢密院令可规定某些不属于海船的船舶适用本法关于海船的规定,或者规定一项或者多项属于海船的船舶不适用本法的规定。

3. 适用本法时,海洋渔船指构造专门或者主要用于渔业捕捞经营的海船。

第 8:3 条 “内水船舶”的定义

1. 适用本法时,内水船舶是指作为内水船舶根据第 3 编第 1 章第 2 节登记在公共登记簿上的船舶,以及未登记但其构造专门或者主要用于内水航行的船舶。

2. 枢密院令可规定某些不属于内水船舶的船舶适用本法关于内水船舶的规定,或者规定一项或者多项属于内水船舶的船舶不适用本法的规定。

第 8:3 条之一 “航空器”的定义

1. 适用本法时,航空器是指由于空气施加在其上的力可能会保持在大气中的装置,除非其构造表明用于在该机器与地表之间保持的气垫上移动的机器。

2. 舱壳、发动机、螺旋桨、通信设备和其他用于此种机器上或者机器内的物品,无论其在机器上、机器内或者暂时与机器分离,均为航空器的组成部分。

3. 枢密院令可规定某些不属于航空器的物适用本法关于航空器的规定,或者规定一项或者多项属于航空器的物不适用本法的规定。

第 8:3 条之二 “铁路车辆”和“铁路设施”的定义

适用本法时,术语含义如下:

(1)铁路车辆指用于铁路运输的车辆;

(2)铁路设施指《铁路法》第 1 条第 2 项所称的铁路以及《铁路法》第 1 条第 3 项所称的铁路设施;

(3)铁路设施管理人指《铁路法》第 1 条第 8 项所称的经营者,或者不适用该规定的,指将铁路基础设施交由其他人处分的经营者;

(4)铁路企业指《铁路法》第 1 条第 6 项所称的任何铁路企业。

第 8:4 条 “内水”的定义

多拉尔特湾、瓦登海、艾瑟尔湖、河流、河流入海口和其他有必要使用本编而由枢密院令指定的水域,在枢密院令规定的必要界限内,视为内水,但不影响适用第 8:552 条的规定。

第 8:5 条 “船上的人员”的定义

适用本法时,船上人员指所有在船上的人员,包括船员和乘客。

第 8:6 条 海船船长和内水船舶船长视为船员

适用本法时,海船船长和内水船舶船长均视为船员。

第8:7条　[1992年1月1日废止]

第8:8条　“行李”的定义

适用本法时,行李是指承运人已根据其订立的旅客运输合同接受运输的与旅客有关的物,除非按照货物运输合同承运的物。

第8:9条　[1992年1月1日废止]

第8:10条　“船东”的定义

适用本法时,船东指船舶的所有权人。

第8:11条　[1992年1月1日废止]

第8:12条　无效

适用本法时,对于违反强制性法律规定的法律行为,法院应当依职权认定该行为无效。

第8:13条　原子能损害赔偿责任

适用本法时,在荷兰境内有效的国际条约或者法律中关于原子能损害赔偿责任的规定不受影响。

第8:14条　[1992年1月1日废止]

第8:14条至第8:19条　[预留]

第二章　运输的一般规定

第一节　货物运输合同

第8:20条　货物运输合同的定义

货物运输合同指一方承运人对另一方托运人负有运输货物义务的合同。

第8:21条　承运人的义务

承运人必须将收到的货物运至目的地,并以接收货物状态交付该货物。

第8:22条　迟延

承运人必须立即运输其收到的承运货物,不影响适用第8:21条的规定。

第8:23条　不可抗力

涉及谨慎承运人无法避免且无法阻止发生的情况而造成损害的,承运人不对此承担任何责任。

第8:24条　托运人的义务

无论基于何种原因,未在约定的时间和地点将约定的货物交付承运人的,托运人必须赔偿承运人因此受到的损害。

第 8:25 条　托运人的终止权

1. 将货物交付承运人前,托运人有权终止合同。托运人必须赔偿承运人因终止而受到的损害。

2. 托运人以口头或者书面通知作出终止表示的,运输合同应当在承运人收到该通知后立即终止。

第 8:26 条　托运人的告知义务

托运人必须及时告知承运人关于货物及其处置的为保护承运人利益的信息,以及其能够告知或者应当能够告知且知道或者应当知道的信息,除非其可认为承运人已知道此种信息。

第 8:27 条　不提供适当文件的责任

无论出于何种原因,无法充分获得运输需要的文件的,托运人必须赔偿承运人因此受到的损害。

第 8:28 条　终止合同的理由

1. 在托运人向承运人提供货物之前或者之时,一方当事人产生或者发现相对方在订立合同时不应当知道的情况,且相对方知道该情况将因此合理地不订立或者按不同条款和条件订立合同的,相对方有权终止该合同。

2. 一方当事人以口头或者书面通知的方式作出终止表示的,合同应当在相对方收到该通知后立即终止。

3. 根据合理和公平原则,当事人必须赔偿对方因合同终止受到的损害。

第 8:29 条　运费

承运人在目的地交付货物后,托运人有义务支付运费。

第 8:30 条　承运人的留置权

1. 承运人有权拒绝交付其根据运输合同控制的货物;其可对除因运输合同而有权收取货物的所有人行使此项权利,除非货物被扣押或者因扣押而产生向扣押人交付的义务。

2. 承运人有权对其根据运输合同控制的货物行使留置权,其范围应当为收货人对其现在或者将来的与货物运输有关的义务。其可通过货到付款(COD)的方式行使留置权。此外,收货人向承运人支付无争议的款项且对有争议或者金额尚未确定的款项提供足够的担保的,留置权即消灭。但承运人无须通过货到付款(COD)的方式提供担保。

3. 承运人收到承运货物时,有理由怀疑托运人是否对第三人享有权限的,其不得对该第三人主张本条授予承运人的权利。

第 8:31 条　非合同责任

承运人或者托运人或者其工作人员承担非合同损害赔偿责任的,参照适用第 8:361 条至第 8:366 条。

第 8:32 条　本节的适用范围

仅在本编未规定货物运输合同的其他规定时,才适用本节规定。

第二节　货物多式联运合同

第 8:40 条　"多式联运合同"的定义

货物多式联运合同是指多式联运承运人在同一合同中对托运人负有以海上、内水、道路、铁路、航空、管道或者其他运输方式进行分区运输义务的货物运输合同。

第 8:41 条　多式联运合同的法律适用

多式联运合同中,各运输区段均应当适用该区段的法律规定。

第 8:42 条　多式联运承运人的责任

1. 多式联运承运人未按期在目的地按照收到货物时的状态交付该货物,且无法确定货物灭失、损坏或者延误交付原因的,承运人应当对因此产生的损害承担赔偿责任,除非承运人能证明其对货物的灭失、损坏或者延误交付在任何区段均不承担责任。

2. 任何改变本条规定的约定均为无效。

第 8:43 条　最高的损害赔偿金额

1. 多式联运承运人应当对货物损坏、部分或者全部灭失、延误交付或者其他事实造成的损害承担责任,但无法确定此种情形发生地点的,承运人应当根据该情形可能发生且导致最高的损害赔偿金额的区段承担赔偿责任。

2. 任何改变本条规定的约定均为无效。

第 8:44 条　多式联运提单

1. 在托运人将货物交付多式联运承运人之前,经托运人的请求,多式联运承运人应当草拟一份由其注明日期并签名的多式联运提单,并交付托运人。签名可以印刷,或者以盖章或者其他表明来源的特征代替。

2. 多式联运提单应当载明以下事项:

(1)托运人。

(2)按照习惯对承运货物一般性质的描述。

(3)与第 2 项所称的物有关的下列信息:

1)数目。

2)重量。

3)体积。

4)标志。

5)多式联运承运人已收到运输货物的地点。

6)多式联运承运人接受作为货物运输目的地的地点。

7)收货人的姓名或者名称或者其他说明,按照托运人的选择载明或者托运人或者其他人的命令,或者由持有人指明;仅有“向指示的人交货”,视为由托运人作出指示。

8)多式联运承运人。

9)签发多份正本的,签发的正本数目。

10)其他托运人以及多式联运承运人共同约定的其他事项。

3. 根据托运人提供的信息,本条第 2 款第 1 项至第 3 项的内容应当载入多式联运提单,但多式联运承运人有合理依据推断其未准确描述收到的货物,或者其没有合理机会检验的,多式联运承运人没有义务在多式联运提单上披露或者记载该信息。多式联运承运人没有合理的机会检验或者抽取货物的数量和重量的,托运人应当担保交付货物时提供信息的正确性。

4. 对于本条第 2 款所称信息的瑕疵,当事人之间互负赔偿因此受到的损害的义务。

第 8:45 条　多式联运提单载明签发的可流通的正本数量

多式联运提单载明整体签发的可流通正本数量的,其可流通正本适用于每一份,每一份也适用于全部。同时,提单必须载明不可流通的正本。

第 8:46 条　多式联运提单可用作提单、托运单或者空运提单

1. 根据双方当事人之间的合同应当采用海运或者内水运输的区段,多式联运提单视为水运提单。

2. 根据双方当事人之间的合同应当采用道路运输的区段,多式联运提单视为道路运输提单。

3. 根据双方当事人之间的合同应当采用铁路运输或者航空运输的区段,多式联运提单视为此种运输提单。

第 8:47 条　多式联运提单签发之前的多式联运合同

已订立多式联运合同并签发多式联运提单的,除第 8:51 条第 2 款第 2 句的规定外,多式联运承运人和托运人之间的法律关系受多式联运合同条款和条件的约束,而不受多式联运提单的约束。除第8:51条第1款规定的关于多式联运提单持有人提出请求外,多式联运提单仅作为多式联运承运人已收到货物的证明。

第8:48条　多式联运提单的证据作用

1. 除有相反证据外,多式联运提单是指多式联运承运人收到其描述货物的证明。多式联运提单已转让给善意第三人的,任何人不得对该第三人提出相反的证据。

2. 多式联运提单包含"性质、重量、数量、体积或者标志未知"条款或者此类目的的任何其他条款的,多式联运提单中关于货物的此类记载,对多式联运承运人不具有约束力,除非能证明其知道或者应当知道货物的性质、重量、数量、体积或者标志。

3. 移交的多式联运提单未载明货物表面可见的状态或者条件的,除可对第三人提出相反证据外,推定多式联运承运人收到货物时,货物表面可见状况为良好状态。

4. 除有相反证据外,多式联运提单载明的价值声明具有法律上的推定效力,但此种推定对可提出异议的多式联运承运人不具有约束力。

5. 多式联运提单引用其他文件的内容,仅被主张的人明确可知时,才视为多式联运提单中附加的条款。仅经可被主张或者被提出主张的人书面请求后,立即告知其所涉条款内容的,当事人才可对其提出此种主张。

6. 适用本条时,不影响水运提单或者道路运输提单更强的证据效力的规定。

7. 任何改变本条第5款规定的约定均为无效。

第8:49条　多式联运提单指令

多式联运承运人应当按照本法第3编第4章第2节规定的方式交付多式联运提单。

第8:50条　交付多式联运提单

在多式联运承运人交付的多式联运提单上记载的货物之前,提单的交付视为货物的交付。

第8:51条　多式联运提单持有人的身份验证

1. 已签发多式联运提单的,常规持有人有权向合格承运人提出索赔,并要求交付货物,除非该持有人未以合法手段成为持有人。多式联运承运人未按期在目的地按照收到货物时的状态交付货物的,持有人取得交付货物的权利不受影响。仅常规持有人有权请求与货物有关的损害赔偿。

2. 多式联运承运人有义务履行多式联运提单的条款,且可对非托运人的多式联运提单持有人主张该条款。多式联运承运人可对各多式联运提单持有人主张多式联运提单中载明的可识别的给付权利。多式联运承运人还可对同时作为托运人的多式联运提单持有人主张多式联运合同中的条款以及其与托运人的个人关系。

第 8:52 条　多式联运提单不同正本的持有人

同一个多式联运提单不同正本的持有人中，以下人员享有最优先的权利：持有全部正本的共同前手之后第一个持有该份正本的持有人，且该人善意有偿地成为持有人。

第 8:53 条至第 8:59 条　[预留]

第三节　货物运输承揽合同

第 8:60 条　"货物运输承揽合同"的定义

货物运输承揽合同是指一方运输承揽人对委托人负有为相对人的利益与一个或者多个承运人订立关于运输交付物的合同，或者为相对人的利益制定一项或者多项此类运输合同条款的合同。

第 8:61 条　运输承揽人自己履行其订立合同的义务

1. 运输承揽人本人履行订立合同义务的，该承揽人视为承运人。

2. 任何改变本条规定的约定均为无效。

第 8:62 条　运输承揽人的告知义务

1. 未按期在目的地按照收到货物时的状态交付货物的，运输承揽人有义务自己履行与他人订立的运输合同。委托人将损害告知运输承揽人时，其有义务立即告知委托人自己履行合同的情况。

2. 运输承揽人未作出本条第 1 款所称的告知，致使未及时作为承运人承担责任的，除有义务赔偿委托人受到的其他损害外，其还必须赔偿等于其及时作为承运人承担责任应给付的损害赔偿的金额。

3. 任何改变本条规定的约定均为无效。

第 8:63 条　运输承揽人的义务

1. 未按期在目的地按照收到货物时的状态交付货物的，运输承揽人未自己履行与他人订立的运输合同，并且委托人将损害告知运输承揽人时，其应当立即告知委托人其为履行义务而订立运输合同的情况。运输承揽人还必须向委托人提供其拥有或者可合理提供的用于请求赔偿的所有文件和信息。

2. 委托人本人作为订立合同的托运人享有权利和权限的，委托人应当明确向运输承揽人表示其取得运输承揽人相对人的权利和权限。委托人还应当提交运输承揽人作出的声明，或者在其破产的情形下由破产管理人作出的声明。该声明应当载明委托人与运输承揽人之间已订立货物运输承揽合同，并且委托人有权参加有关的法律诉讼。对运输承揽人适用自然人债务重整计划的,财产管理人应当作出上述声明,但承揽人在适用自然人债务重整计划之后订立货物运输承揽合同的除外。

3. 承揽运输人未履行本条第 1 款所称义务的,除有义务赔偿委托人受到的其他损害外,其还必须赔偿等于本人履行合同委托人可取得损害赔偿的金额,但该金额应当扣除委托人可从承运人处取得的损害赔偿。

4. 任何改变本条规定的约定均为无效。

第 8:64 条　委托人的义务

无论基于何种原因,未在约定的时间和地点将约定的货物交由承揽运输人处置的,委托人有义务赔偿承揽运输人因此受到的损害。

第 8:65 条　委托人的终止权

1. 未向承揽运输人交付货物前,委托人有权终止合同。但委托人必须赔偿运输承揽人因终止而受到的损害。

2. 委托人应当以书面通知作出终止表示;合同在收到该通知后立即终止。

第 8:66 条　委托人的告知义务

1. 委托人必须及时告知运输承揽人关于货物及其处置的为保护运输承揽人利益的信息,且其能够告知或者应当能够告知且知道或者应当知道的信息,除非其可认为运输承揽人已知道此种信息。

2. 运输承揽人没有义务,但有权调查提供给他的信息是否正确和完整。

第 8:67 条　未提供适当文件的责任

委托人必须赔偿运输承揽人因其未能充分提供运输需要的文件所受到的损害,但承揽人没有因此受到损害的除外。

第 8:68 条　终止合同的原因

1. 在委托人向运输承揽人提供货物之前或者之时,一方当事人产生或者发现相对方在订立合同时不应当知道的情况,且相对方知道该情况而因此合理地不订立合同或者按不同条款和条件订立合同的,相对方有权终止合同。

2. 相对方应当以书面通知的方式作出终止表示;合同在相对方收到该通知后立即终止。

3. 根据合理和公平原则,当事人必须赔偿相对方因合同终止受到的损害。

第 8:69 条　运输承揽人的留置权

1. 运输承揽人有权拒绝交付其根据运输合同控制的货物;其可对除因运输合同而有权收取货物的所有人行使此项权利,除非货物被扣押或者因扣押而产生向扣押人交付的义务。

2. 运输承揽人有权对其根据运输合同控制的货物行使留置权,其范围应当为收货人对其现在或者将来的与货物运输有关的义务。其可通过货到付款(COD)的方式行使留置权。此外,收货人向运输承揽人支付无争议的款项且对有争议或者金额尚未确定的款项提供足够担保的,留置权即消灭。但运输承揽人无须通过货到付款(COD)的方式提供担保。

3. 运输承揽人收到承运货物时,有理由怀疑委托人是否对第三人享有权限的,其不得对该第三人主张本条授予运输承揽人的权利。

第 8:70 条　非因合同产生委托人债权时的责任限制

未适当履行货物运输承揽合同,或者未按期在目的地按照收到货物时的状态交付货物的,运输承揽人对相对人负有非合同损害赔偿责任,该责任范围不得超过其根据该货物的运输承揽合同应当承担的责任。

第 8:71 条　第三人的责任限制

未适当履行货物运输承揽合同,或者未按期在目的地按照收到货物时的状态交付货物的,运输承揽人对相对人负有非合同损害赔偿责任,除第 8:361 条至第 8:366 条、第 8:880 条和第 8:1081 条之外,该责任范围不得超过其对相对人的责任。

第 8:72 条　工作人员的责任限制

对承揽运输人的工作人员提起前条所称的非合同诉讼的,该工作人员承担从事工作的过程造成损害的责任,该责任范围不得超过使用该工作人员从事工作的承揽运输人根据前条应当承担的责任。

第 8:73 条　一般责任限制

从承揽运输人与作为原告的诉讼相对人及其工作人员取得赔偿的总金额,不得超过根据其主张的合同应取得的金额,但因上述主体故意或者重大过失作为或者不作为造成损害的除外。

第 8:74 条至第 8:79 条　[预留]

第四节　旅客运输合同

第 8:80 条　“旅客运输合同”的定义

1. 旅客运输合同是指一方承运人对另一方负有运输一名或者多名旅客义务的合同。

2. 第 8:100 条所称的公共运输合同非本节所称的旅客运输合同。

第 8:81 条　承运人对与运输有关的旅客死亡或者伤害承担责任

承运人应当对与运输有关的旅客死亡或者伤害造成的损害承担责任。

第 8:82 条 不可抗力

1. 涉及谨慎承运人无法避免且无法阻止发生的情况造成的死亡或者伤害而产生的损害,承运人不对此承担任何责任。

2. 承运人不得援引运输工具或者用于运输材料的瑕疵或者性能不良,以免除其对旅客死亡或者伤害应当承担的责任。

第 8:83 条 旅客的过错

承运人证明因旅客的过错或者疏忽造成或者共同造成损害的,承运人的责任可全部或者部分予以免除。

第 8:84 条 强制性规定

在旅客发生事故之前,任何以本节规定以外的方式减轻承运人根据第 8:81 条承担责任或者证明责任的约定均为无效。

第 8:85 条 法律规定的赔偿责任和责任限制

1. 在旅客死亡和受伤害的情形下,承运人作为另一个承运人的相对人向该承运人提起诉讼的,不适用第 6:107 条和第 6:108 条的规定。

2. 在旅客死亡或者受伤害的情形下,承运人责任可限于枢密院令中或者根据枢密院令规定的金额。

第 8:86 条 旅客未按时到达运输地点时,承运人相对人的责任

无论基于何种原因,旅客未按时到达运输地点的,承运人的相对人必须赔偿承运人因此受到的损害。

第 8:87 条 旅客未持有适当文件的,承运人相对人的责任

无论基于何种原因,旅客未持有运输需要的与运输旅客有关的文件的,承运人的相对人必须赔偿承运人因此受到的损害。

第 8:88 条 未知情况下承运人的合同终止权

1. 运输之前或者之时,一方当事人产生或者发现的承运人在订立合同时不应当知道的情况,且承运人知道该情况将因此合理地不订立或者按不同条款和条件订立合同的,承运人有权终止合同,且旅客必须离开运输工具。

2. 承运人以口头或者书面通知向承运人的相对人或者旅客作出终止表示的,合同应当在收到第一个通知后立即终止。

3. 根据合理和公平原则,当事人必须赔偿相对方因合同终止受到的损害。

第 8:89 条 未知情况下相对人的合同终止权

1. 运输之前或者之时,一方当事人产生或者发现的相对方在订立合同时不应当知道的情况,且相对方知道该情况将因此合理地不订立或者按不同条款和条件订立合同的,相对方有权终止合同。

2. 相对方以口头或者书面通知作出终止表示的,合同应当在承运人收到该通知后立即终止。

3. 根据合理和公平原则,当事人必须赔偿相对方因合同终止受到的损害。

第 8:90 条　相对人的合同终止权

1. 承运人的相对人有权终止合同。但相对人也有义务赔偿承运人因终止受到的损害。

2. 因此延误运输工具运行的,相对人不得行使此项终止权利。

3. 相对人以口头或者书面通知作出终止表示的,合同应当在承运人收到该通知后立即终止。

第 8:91 条　非合同责任

承运人、相对人、旅客或者其工作人员承担非合同损害赔偿责任的,参照适用第 8:361 条至第 8:366 条的规定。

第 8:92 条　本节的适用范围

仅在本编未规定旅客运输合同的其他规定时,才适用本节规定。

第 8:93 条至第 8:99 条　[预留]

第五节　国内公共旅客运输合同

第 8:100 条　“公共运输合同”的定义

1. 本节所称的公共运输合同是指无论是否与手提行李一并运输,承运人负有在航空器或者气垫船以外的运输工具上运输 1 名或者多名旅客的义务,或者负有在荷兰境内通过铁路或者其他根据公开的运输时刻表进行运输义务的合同。定期运输和航次运输,不涉及铁路运输的,非本节所称的公共运输合同。

2. 可签发的运输票证上载明的机构,视为本节所称的承运人。签发运输票证的,不适用第 2:56 条第 2 款、第 2:75 条第 1 款和第 2:186 条第 1 款的规定。

3. 适用本节时,手提行李是指旅客可作为手提物、背负物或者手推物简单携带的行李,包括活体动物。

4. 适用本节时,枢密院令可规定某些不属于手提行李的物适用本节关于手提行李的规定,或者规定一项或者多项属于手提行李的物不适用本节规定;枢密院令还可对各类运输工具作出不同的规定。

第 8:101 条　复合公共运输

1. 无论相互间是否为同类运输工具,一名或者多名承运人在同一合同中承担公共运输义务的，各运输区段均应当适用该区段的法律规定。

2. 用于运输的车辆在船舶上运输的，该部分运输应当适用水上运输的法律规定，但承运人不得因旅客在船上期间对车辆驾驶员存在造成身体或者精神缺陷损害的情形主张免责。

3. 一方当事人与另一方当事人订立的同一合同中部分区段根据第 8:100 条运输旅客的，部分区段以其他方式运输的，各运输区段均应当适用该区段的法律规定。

第 8:102 条　公共运输期间

1. 公共运输仅包括旅客在运输工具上的时间，以及上下运输工具的时间。

2. 运费已包含该段或者该辅助运输所用的由承运人提供给旅客的船舶费用的，船舶旅客运输也包括旅客在船舶和堤岸或者堤岸和船舶之间的水运期间，但不包括旅客在堤岸和运输使用的船舶之间的驳船、堤岸、道路或者其他船舶上或者客运建筑、码头或者其他港口设施中停留的期间。

第 8:103 条　手提行李的运输期间

1. 手提行李的运输仅包括在运输工具上、装载和卸下的期间，以及承运人负责保管的期间。

2. 运费已包含该段或者该辅助运输所用的由承运人提供给旅客的船舶费用的，船舶手提行李运输也包括手提行李在船舶和堤岸或者堤岸和船舶之间的水运期间，但不包括手提行李在堤岸和运输使用的船舶之间的驳船、堤岸、道路或者其他船舶上或者客运建筑、码头或者其他港口设施中放置的期间，除非仍处于承运人的保管中。

第 8:104 条　[1992 年 1 月 1 日废止]

第 8:105 条　旅客死亡或者伤害责任承担

1. 承运人对旅客因运输期间的事故造成的死亡或者伤害承担责任。

2. 不同于本条第 1 款的规定，涉及谨慎承运人无法避免且无法阻止的情况造成的事故，承运人不承担任何责任。

3. 车辆驾驶员的身体或者精神缺陷以及运输工具或者用于运输的材料的缺陷或者故障，视为谨慎承运人可避免或者可阻止结果发生的事故。材料不包括该运输工具所在的其他运输工具。

4. 适用本条第 2 款时，仅没有其他可归责于承运人的共同导致事故发生的情况时，第三人的行为才应当予以考虑。

5. 在涉及铁路运输的情况下，运输使用的铁路设施的管理人视为实施运输而使用的人，铁路基础设施视为承运人用于运输的材料。

第 8:106 条　手提行李毁坏或者灭失的责任

1. 手提行李的灭失或者损坏在运输期间的以下情况中发生的，承运人对手提行李或者作为行李运输的车辆或者船舶或者上面的物的全部或者部分灭失或者损坏承担责任：

(1)可归责于承运人的旅客事故；

(2)谨慎承运人可避免或者可阻止发生的情况。

2. 车辆驾驶员的身体或者精神缺陷以及运输工具或者用于运输的材料的缺陷或者故障,视为谨慎承运人可避免或者可阻止发生的事故。材料不包括该运输工具所在的其他运输工具。

3. 适用本条第 1 款时,仅在没有其他可归责于承运人的共同导致事故发生的情况时,第三人的行为才应当予以考虑。

4. 涉及铁路运输的情况下,运输使用的铁路设施的管理人视为实施运输而使用的人,铁路基础设施视为承运人用于运输的材料。

5. 适用本条时,不影响适用第 8:545 条和第 8:1006 条的规定。

第 8:107 条　运输工具上不明物体的责任

承运人知道旅客携带上运输工具的物的性质或者状态不被允许携带上运输工具,且未出具收据的,同时旅客知道或者应当知道不允许携带该物的,承运人不对该物承担损害赔偿责任;此种情况下,旅客应当对承运人因其提供该物运输服务或者旅客自己运输该物受到的损害承担责任。

第 8:108 条　延误赔偿

无论延误原因发生在运输前、运输时或者运输后或者因不遵守时刻表发生的,承运人均不对延误造成的损害承担责任。

第 8:109 条　旅客过错

1. 承运人证明因旅客的过错或者疏忽造成或者共同造成损害的,承运人的责任可全部或者部分予以免除。

2. 承运人在履行运输义务时使用的帮助人员,经旅客请求提供服务的,视为受承运人委托为旅客提供服务。

第 8:110 条　法律规定的责任限制

1. 本节所称的承运人责任,限于枢密院令中或者根据枢密院令规定的金额。

2. 适用本条时,不影响适用本编第 7 章和第 12 章的规定。

第 8:111 条　故意或者重大过失

1. 承运人因自己故意或者重大过失作为或者不作为造成损害的,其不得主张责任限额。

2. 任何改变本条规定的约定均为无效。

第8:112条　强制性规定

在旅客发生事故前，或者在手提行李或者视为行李或者车辆或者船舶上面的物灭失或者损坏前，任何以本节规定以外的方式，减轻承运人根据第8:105条和第8:106条承担的责任或者证明责任的约定，均为无效。

第8:113条　赔偿责任

1. 在手提行李灭失或者损坏的情形下，当事人应当根据具体情况确定损害赔偿请求权的金额。

2. 在旅客死亡和受伤害的情形下，承运人作为另一个承运人的相对人对该承运人提起诉讼的，不适用第6:107条和第6:108条的规定。

第8:114条　旅客责任

1. 旅客对因其作为或者不作为造成随身携带行李或者视为行李或者车辆或者船舶上面物的损害承担责任，不影响适用第6:107条和第6:179条的规定。

2. 不同于本条第1款的规定，涉及谨慎旅客无法避免且无法阻止的情况造成的损害，旅客不承担任何责任。

3. 旅客随身携带行李或者视为行李或者车辆或者船舶上面物的瑕疵，视为谨慎旅客可避免或者可阻止发生的情况。

4. 承运人应当根据合理判断确定损害金额，但该金额超过227欧元的，承运人必须证明其判断的合理性。

第8:115条　枢密院令所作的附加规定

为执行本节规定，枢密院令应当在本节基础上附加具体的规定。

第8:116条　非合同责任

承运人、相对人、旅客或者其工作人员承担非合同损害赔偿责任的，参照适用第8:361条至第8:366条和第8:1081条。

第8:116条之一　铁路设施管理人和其他使用同一铁路设施铁路企业的责任

铁路设施管理人以及其他使用同一铁路设施的铁路企业，可采取与该条文中的工作人员相同的方式主张第8:365条和第8:366条的规定。

第8:117条至第8:119条　[预留]

第六节　旅客多式联运合同

第8:120条　“旅客多式联运合同”的定义

旅客多式联运合同是指多式联运承运人在同一合同中对旅客负有以海上、内水、道路、铁路、航空或者任何其他运输方式进行分区运输的运输义务的运输合同。

第 8:121 条　旅客多式联运合同的法律适用

涉及旅客多式联运合同,各运输区段均应当适用该区段的法律规定。

第 8:122 条至第 8:159 条　[预留]

第二部分　海　商　法

第三章　海上航运合伙

第一节　一般规定

第 8:160 条　航运合伙

1. 海船根据本法第 3 编第 1 章第 2 节登记在公共登记簿上,并属于两个以上的人共同所有的,应当成立航运合伙。船舶所有权人以共同名义行事的,仅在公证文书中明确约定且将此种文书登记在登记簿上,才成立航运合伙。

2. 航运合伙非法人。

第 8:161 条　航运合伙的合伙人

根据法律规定,各共同所有权人均为海上航运合伙的合伙人。成员不再是所有权人的,其成员资格依法自动终止。

第 8:162 条　合理和公平原则

航运合伙的成员必须按照合理和公平原则相互尊重行事。

第 8:163 条　管理人

航运合伙均可任命 1 名管理人;其也可指定公司作为管理人。

第 8:164 条　管理人的权力

管理人仅取得航运合伙成员的同意后,才可对船舶进行非通常的修理或者任命或解雇船长。

第 8:165 条　管理人的职责

经成员请求,管理人应当告知并向各成员披露航运合伙的所有状况。管理人还可披露其管理的所有簿册、文件和其他信息记录以供查阅。

第 8:166 条　提供管理的账目;付款分配

管理人必须在根据习惯或者任何情况年度届满以及管理终止时 6 个月内向航运合伙成员提供其管理账目并提交所有的证明文件。管理人有义务向各成员分配其应得的部分。

第 8:167 条　记录和清算已提供的账户

航运合伙成员有义务在 3 个月内记录并清算管理人提供的账目。

第 8:168 条　批准账目;约束力

经航运合伙多数成员批准的账目,仅能约束参与此种批准的成员,但未参与批准的成员,在其知道且向其书面通知该批准账目后 1 年内未对账目提出异议的,该账目也对其产生约束力。

第 8:169 条　管理人的管理职位终止

管理人被任命临时财产管理人、处于成年人监护、因精神疾病被置于精神疾病治疗机构、宣告破产或者适用自然人债务重整计划的,管理人的管理职位即终止。

第 8:170 条　强制购买管理人的份额

1. 成员终止其管理职务或者存在终止自己管理职务的紧急原因的,作为航运合伙成员的管理人有权请求其他成员按照专家确定的价值,受让该成员的份额。成员终止其管理职务的紧急原因是由管理人造成的,管理人不享有上述权利。

2. 管理人必须在管理职务终止后 1 个月内请求航运合伙成员受让其份额。未在 1 个月内满足管理人的请求或者未在受让其份额后 2 周内支付规定的价款的,法院可经管理人的申请,命令在 2 个月内出售该船。法院可决定变卖该船的方式。

3. 有义务受让本条第 1 款和第 2 款所称份额的各成员,应当按照其在船舶中所占的份额比例取得其中的部分。

第 8:171 条　航运合伙的所有决议

1. 有关航运合伙的所有决议、事务,均由航运合伙成员多数表决通过。

2. 最小份额票为 1 票;任何较大份额表决权的票数与最小份额的倍数相同。

3. 以下决议必须取得全体成员的一致同意:

(1)任命非航运合伙成员为管理人;

(2)管理人的权限超出第 8:178 条第 1 款所称的界限;

(3)订立第 8:531 条或者第 8:991 条所称的光船租赁合同、定期租船合同的持续期间超过 6 个月;

(4)在运输合同或者将船舶提供给他人使用的合同或者在捕捞航行的过程中,解散航运合伙。

第 8:172 条　海洋渔船

涉及海洋渔船的航运合伙,不适用第 8:171 条第 3 款第 1 项的规定。

第 8:173 条　法院命令出卖船舶

因无法作出决议而妨碍船舶经营的,法院可经航运合伙成员的申请,命令在 2 个月内出售该船。法院可决定变卖该船的方式。

第 8:174 条　在重要决议中对少数人的保护

1. 涉及对船舶进行非通常的修理或者任命或者解雇船长或者将船舶提供给他

人使用的决议，航运合伙中任何没有参与或者未同意该决议的成员，可请求同意该决议的成员受让其份额，并向其支付相当于提出受让请求时专家确定价值的价款。申请人必须在知道决议后 1 个月内，告知管理人该受让请求，或者没有管理人的，应当告知同意的成员该受让请求。未在 1 个月内满足该请求或者未在受让其份额后 2 周内支付规定的价款的，法院可经该航运合伙成员的申请，命令在 2 个月内出售该船。法院可决定变卖该船的方式。

2. 有义务受让本条第 1 款所称份额的各成员，应当按照其在船舶中所占的份额比例取得其中的部分。

第 8:175 条　[2006 年 7 月 19 日废止]

第 8:176 条　内部费用份额比例

航运合伙成员必须按其份额比例承担为航运合伙合理支出的费用。

第 8:177 条　损益分配

航运合伙成员应当按其在船舶中所占的份额比例分配利润以及承担亏损。

第 8:178 条　代理航运合伙

1. 已任命管理人且排除航运合伙成员参与船舶通常经营的，管理人有权代表航运合伙与第三人实施法律行为，并代理航运合伙所需要的一切事务，不影响适用第 8:360 条第 1 款的规定。

2. 第三人不知道管理人对第三人的权限限制的，该第三人不得对在商事登记簿上登记的航运合伙主张该限制，除非登记簿表明该限制。仅在第三人知道的情形下，该第三人才可对未在商事登记簿上登记的航运合伙主张管理人对第三人的权限限制。

3. 管理人有义务遵守有关海船所有权人的法律规定。

第 8:179 条　管理人任命和免职时对第三人的保护

管理人任命和免职未在商事登记簿上登记的，在商事登记簿上登记的航运合伙不得援引此对抗不知情的第三人。仅在第三人知道的情形下，未在商事登记簿上登记的航运合伙才可援引管理人的任命或者免职对抗第三人。

第 8:180 条　代理权

1. 没有管理人且在董事缺席或者有障碍的情况下，拥有超过半数船舶所有权份额的一名或者多名成员，可代理航运合伙实施行为。

2. 在本条第 1 款所称的情形下，各成员均可单独实施不得迟延的行为，并代表航运合伙中断诉讼时效。

第 8:181 条　合伙人的责任

各成员应当按照其在船舶中的份额比例承担所涉航运合伙债务的责任。

第8:182条　航运合伙成员死亡、破产时,航运合伙不解散

航运合伙并不因航运合伙成员死亡、破产、适用自然人债务重整计划、因精神疾病被置于精神疾病治疗机构或者处于成年人监护中而解散。

第8:183条　航运合伙成员资格不得终止

任何人不得终止航运合伙的成员资格,也不得声明航运合伙成员丧失其成员资格。

第8:184条　决议解散航运合伙的,船舶必须变卖

航运合伙经成员决议解散的,船舶必须进行变卖。决议后2个月内未变卖船舶的,法院可经航运合伙成员的申请,命令在2个月内出售该船。法院可决定变卖该船的方式。变卖决议或者根据第8:170条、第8:173条或者第8:174条作出变卖船舶命令的,视同解散航运合伙的决议。

第8:185条　清算

1.解散后,航运合伙在涉及财产清算所必需的范围内继续存在。

2.管理人应当负责清算事项。

第8:186条　强制性规定

任何改变第8:161条至第8:163条、第8:169条、第8:170条第1款和第2款、第8:178条第3款、第8:180条、第8:182条和第8:183条的约定,均为无效。

第8:187条至第8:189条　[预留]

第二节　海船上的权利

第8:190条　"海船"的定义

1.本编第3章第2节至第5节中的船舶,包括正在建造的船舶。海船所有权人,包括正在建造的海船所有权人。

2.正在建造的船舶已成为第8:1条所称的船舶的,新的船舶即不存在。

第8:191条　"公共登记簿"的定义

本节中的公共登记簿指本法第3编第1章第2节所称的公共登记簿。

第8:192条　各共同所有权人、有管理权的合伙人或者董事的义务

海船属于多个自然人、普通合伙企业、有限合伙企业或者法人的,本节中航运合伙人应当承担的义务,应当由各共同所有权人、有管理权的合伙人或者董事共同承担。

第8:193条　[2005年9月1日废止]

第8:194条　海船上的登记事项

1.海船仅在以下情形中才可进行登记:

(1)正在建造的海船:在荷兰境内建造的;

(2)建成的海船:《荷兰商法典》第 311 条所称的具有荷兰籍的船舶;

(3)海洋渔船:在根据 1963 年《渔业法》第 3 条设置的登记簿上登记船舶。

2. 任何人不得再登记已在海船、内水船舶或者其他外国类似的公共登记簿上登记的海船。

3. 不同于本条第 2 款的规定,在外国登记簿上登记的海船,已涂销该登记簿上的登记后,可登记为《荷兰商法典》第 311 条所称的具有荷兰籍的船舶或者根据 1963 年《渔业法》第 3 条登记为近海捕捞船。仅在 30 日内,在公共登记簿上注明已涂销外国登记簿上登记的,或者外国登记簿登记员拒绝书面涂销申请的,在公共登记簿上注明该申请和未取得批准的事实后,此种登记才具有法律效力。

4. 海船所有权人应当申请登记。为此,其必须提交一份由其签名的登记声明,并说明据其所知,该船舶可作为海船进行登记。涉及申请登记正在建造的海船时,其声明应当附船舶在荷兰境内建造的证明。对于不属于正在建造的海船也不属于海洋渔船的,申请登记时,其声明应当附交通和水务部长或者以其名义行为的人出具的《荷兰商法典》第 311 条之一第 1 款所称的证明。申请登记为海洋渔船时,其声明应当附船舶在根据 1963 年《渔业法》第 3 条设置的登记簿上登记的证明。

5. 未满足本条前述各款要求的,已登记在公共登记簿上的登记不具有法律效力。

6. 申请登记时,海船所有权人应当选择在荷兰境内的住所。海船所有权人还应当在登记申请中载明该住所,并确定可取代该住所的在荷兰境内的其他住所。

第 8:195 条　涂销登记

1. 海船登记仅在以下情形中才可进行涂销:

(1)经在公共登记簿上登记为海船所有权人的申请。

(2)有以下情形之一的,经海船所有权人的申报或者依职权:

1)船舶灭失、损毁或者永久不适合航行。

2)船舶最后一次离港或者最后一次收到其消息之日后 6 个月内未收到船舶的任何消息,且不可归因于一般性的通讯故障。

3)强盗或者敌人掠走船舶。

4)船舶为第 8:3 条或者第 8:780 条所称的内水船舶,不应当在公共登记簿上登记的。

5)船舶不再具有荷兰籍船舶的资格,或者未或者不再根据 1963 年《渔业法》第 3 条设置的登记簿登记。丧失荷兰籍船舶资格的,仅收到撤销《荷兰商法典》第 311

条之一第 1 款所称的证明的通知后,保管员才能依职权涂销该登记。因荷兰以外的执行而丧失荷兰籍船舶资格的,或者涂销 1963 年《渔业法》第 3 条所称登记的,仅在海船所有权人、登记权利人以及扣押人对其主张权利且被赋予所有权,或者上述人同意涂销或者完全满足其债权的情况下,保管员才可涂销该登记。

2. 在本条第 1 款第 2 项的情形下,海船所有权人必须在涂销原因发生后 3 个月内作出声明。

3. 为第三人利益作出有关船舶登记或者临时登记的,仅在第三人未提出异议时,保管员才可涂销该登记。

4. 法院仅经一方当事人的申请,才可允许涂销登记。

第 8:196 条　在外国登记簿上的登记

1. 未涂销海船在公共登记簿上的登记的,其后在外国登记簿上的登记,或者在荷兰公共登记簿上设立权利的登记,均不具有法律效力。

2. 不同于本条第 1 款的规定,船舶在外国登记簿上登记 30 日内涂销登记的,其后船舶再在公共登记簿上登记或者设立权利的,该登记或者设立的权利应当予以承认。

第 8:197 条　在公共登记簿上登记的海船物权

可在公共登记簿上登记的海船物权,包括所有权、抵押权、用益权和第 8:211 条与第 8:217 条第 1 款第 2 项所称的优先权。

第 8:198 条　[1992 年 1 月 1 日废止]

第 8:199 条　登记财产

1. 在公共登记簿上登记的海船视为登记财产。

2. 适用第 3:301 条时,关于第 3:89 条第 1 款和第 3 款移交此种海船的文书非为终审裁决的,该条所称的法院裁决不得进行登记。

第 8:200 条　[1992 年 1 月 1 日废止]

第 8:201 条　取得时效

善意自主占有人通过持续自主占有 5 年后,取得登记海船的所有权,或者在使用的情况下,取得海船的抵押权或者用益权。

第 8:202 条　特定海船上的抵押

在登记海船或者此种海船权利上设立抵押权的公证文书,应当载明设立抵押权的船舶,但不影响适用第 3:260 条第 1 款的规定。

第 8:203 条　抵押范围

除公共登记簿另有约定外,抵押权的抵押范围应当涵盖由于其预定用途持续用于船舶且属于海船所有权人的物。此情形下,不适用第3:266条的规定。

第8:204条　抵押的顺位

抵押权担保的债权顺位后于第8:210条、第8:211条、第8:221条、第8:222条第1款、第8:831条和第8:832条第1款所称的债权,但先于其他所有根据本法或者其他法律享有优先权的债权。

第8:205条　债权利息的担保

担保债权有利息的,抵押权还应当担保执行变卖开始前3年以及执行变卖期间本金的利息。此情形下,不适用第3:263条的规定。

第8:206条　登记海船共有份额上的抵押权

对于在登记海船共有份额上设立的抵押权,不适用第3:177条的规定;该抵押权在船舶转让或者分配后继续存在。

第8:207条　关于租船特定条款的适用性和不适用性

1. 对于在已出租的登记海船上设立的抵押权,还适用第3:264条前两款的规定。

2. 此种抵押权不适用第3:234条和第3:261条的规定。

第8:208条　登记海船的用益权

对于在登记海船上设立的用益权,包括农场租赁以及用于出租的经营场所或者住房的用益权,性质上可适用第3:217条的规定。

第8:209条　[预留]

第三节　海船优先权

第8:210条　通过止赎权受偿(执行变卖)

1. 在执行变卖海船的情形下,执行变卖费用、执行变卖或者变卖期间的保管费以及法院在债权人之间确定顺位表以及分摊费用,应当优先于其他根据本法或者其他任何法律享有优先权的债权受偿。

2. 政府基于公共利益出售搁浅、拆解或者沉没的海船的,其处理残骸的费用应当优先于其他根据本法或者其他任何法律享有优先权的债权受偿。

3. 前述各款所称的优先债权顺位相同,并应当按比例受偿。

第8:210条之一　留置权

海船不适用第3:292条和《破产法》第60条第2款第1句、第3款和第4款以及第8:299条之二第3款至第5款的规定。

第8:211条　优先债权先于抵押债权

除根据本法或者任何其他法律享有优先权的债权外,以下债权对海船享有优先

权,不影响适用第8:210条的规定:

(1)船舶被扣押后与保全船舶维护费用有关的债权,包括维护船舶必不可少的修理费用;

(2)因船长和其他船员的劳动合同产生的债权,仅限于12个月内到期的工资、奖金或者报酬;

(3)与救助和船舶共同海损分担有关的债权;

(4)与为确保港口或者第三人的安全对船舶采取必要措施的费用有关的债权,但船舶开始新的航程时,该优先权即消灭。

第8:212条　利息和费用

债权根据第8:211条享有优先权的,其利息和取得可执行命令的费用,也享有优先权。

第8:213条　优先债权之间的顺位

1. 第8:211条所称的优先债权应当按其顺序排列受偿。

2. 同一项中优先债权的顺位相同,但第8:211条第3项所称的债权相互间的顺位为相反顺序。

3. 同顺位的优先债权应当按其比例受偿。

第8:214条　所称优先权的延伸

第8:211条所称的优先权可及于:

(1)按其预定用途连续附于船舶上且属于海船所有权人的一切物。

(2)因船舶灭失或者未修理造成损害而应当承担的损害赔偿,包括救助报酬、打捞报酬、涉及灭失或者损坏部分的共同海损补偿。该损害赔偿或者报酬请求权转让或者出质的,仍适用该规定。该赔偿请求权不包括因防范灭失或者共同损失而订立船舶保险合同应当支付的赔偿。此情形下,不适用第3:283条的规定。

第8:215条　实际效果

1. 根据第8:211条享有优先权的债权人,有权向占有船舶的人主张其权利。

2. 第8:211条所称的优先权,可根据本法第3编第1章第2节登记在公共登记簿上。此情形下,不适用第3:24条第1款的规定。

第8:216条　海船所有权人以外的人经营船舶时第8:211条所称的优先权

第8:211条第1项和第3项所称的债权,在船舶承租人控制船舶期间或者海船所有权人以外的人经营船舶期间产生的,对船舶享有可受偿的优先权,除非上述主体由于不允许的行为而丧失其对船舶的事实控制,且债权人非善意。第8:211条第2项所称的债权对船舶也享有可受偿的优先权。

第 8:217 条　船舶商业运营相关的优先债权;优先海事债权

1. 以下债权的可优先受偿权顺位先于其他根据本法或者其他任何法律享有优先权的债权,后于第 8:211 条所称的享有优先权的债权、抵押权人的债权、第 8:222 条和第 8:832 条所称的债权以及质权人的债权,其中不包括正在建造的海船:

(1)约束海船所有权人或者光船租赁承租人的、直接涉及船舶经营或者占有的法律行为产生的债权,以及可对根据第 8:461 条和第 8:462 条或者第 8:943 条和第 8:944 条视为承运人的人主张的债权;适用本条时,法律行为包括受领意思表示或者通知。

(2)根据本编第 6 章第 1 节对海船所有权人的债权。

(3)第 8:752 条所称的对海船所有权人的债权。

2. 本条第 1 款所称的优先债权的顺位相同,并应当按比例受偿。

3. 本条第 1 款所称的债权适用第 8:212 条、第 8:214 条第 1 项和第 8:216 条的规定。对于本条第 1 款第 2 项的债权,也适用第 8:215 条的规定。

4. 此情形下,不适用第 3:283 条的规定。

第 8:218 条　与保存船舶或者建造相关的优先权

第 3:284 条以及第 3:285 条所称的债权,未根据本章其他规定对海船享有优先顺位的受偿权,其顺位后于第 8:217 条所称的债权。

第 8:219 条　优先权的消灭

1. 本节规定的优先权经过 1 年消灭,除非债权人已在法律诉讼中主张该权利。该期限自债权到期次日起算。但涉及救助报酬请求权时,该期限自救助结束次日起算。

2. 优先权与债权一同消灭。

3. 在执行变卖的情形下,优先权自分配结束时消灭。

第四节　对海船上货物的优先权

第 8:220 条　本节的适用

适用本编第 15 章时,不适用本节的规定。

第 8:221 条　变卖费用

1. 在执行变卖海船上物的情形下,执行变卖费用、执行变卖期间的保管费以及法院在债权人之间确定顺位表以及分摊费用,应当优先于其他根据本法或者其他任何法律享有优先权的债权受偿。

2. 本条第 1 款所称的优先债权的顺位相同,并应当按比例受偿。

第 8:222 条　海上救助、共同海损以及货物之上的优先权

1. 与救助和分担共同损失有关的债权,对海船上的物享有优先权。此种债权顺位后于第 8:210 条、第 8:211 条、第 8:221 条、第 8:820 条、第 8:821 条和第 8:831 条所称的债权,但先于其他根据本法或者其他任何法律享有优先权的债权。

2. 订立货物合同产生的债权或者第 8:488 条或者第 8:951 条所称的债权,对承运的货物享有优先权,但仅限于承运人根据第 8:489 条或者第 8:954 条对货物享有的权利。此种债权顺位后于第 8:204 条和第 8:794 条所称的债权,但先于其他根据本法或者其他任何法律享有优先权的债权。

第 8:223 条　利息和费用

债权根据第 8:222 条享有优先权的,其利息和取得可执行命令的费用,也享有优先权。

第 8:224 条　优先权之间的顺位

1. 关于救助或者共同损失的债权,根据第 8:211 条、第 8:222 条第 1 款、第8:821 条或者第 8:832 条第 1 款享有优先权的,相互间的顺位为相反顺序。

2. 第 8:222 条第 2 款所称的优先债权的顺位相同。

3. 无论产生时间,第 3:284 条所称的优先债权顺位后于前述各款所称的债权。

4. 同顺位的优先债权应当按比例受偿。

第 8:225 条　优先权的延伸

第 8:222 条所称的优先权可及于船舶灭失或者未修理造成损害而应当承担的损害赔偿,包括救助报酬、打捞报酬、涉及灭失或者损坏部分的共同海损补偿。该损害赔偿请求权或者报酬请求权转让或者出质的,仍适用该规定。该赔偿请求权不包括因防范灭失或者共同损失而订立船舶保险合同应支付的赔偿。此情形下,不适用第 3:283 条的规定。

第 8:226 条　非债务人的优先权

第 8:222 条所称债权的优先权产生时,非债务人的所有权人对该条中的物享有可优先受偿的优先权。

第 8:227 条　货物优先权的消灭

1. 除第 8:559 条规定的情形外,第 8:222 条所称的优先权在将物交付权利人时消灭。执行变卖的情形下,未及时对价款分配和法院确定的顺位表提出异议的,优先权也即消灭。

2. 根据第 8:490 条、第 8:955 条或者第 8:574 条提存货物的,或者根据《民事诉讼法典》第 8:626 条或者第 8:636 条扣押货物的,其上的优先权仍继续存在。

第 8:228 条　收回权

机器燃料、锅炉水、食品或者船舶设备的出卖人仅能在交付货物后 48 小时内行使本法第 7 编第 1 章第 8 节所称的权利，海船所有权人、光船租赁承租人或者定期租船承租人控制货物的，同样适用上述规定。

第 8:229 条　[预留]

第五节　附　　则

第 8:230 条　属于政府所有的海船

1. 国家或者任何公共机构所有的、仅用于以下目的的海船不适用本法第 3 编第 2 节至第 4 节的规定：

(1) 公共权力；

(2) 非商业公共服务。

2. 确定本条第 1 款所称用途的决定，可根据本法第 3 编第 1 章第 2 节登记在公共登记簿上。此情形下，不适用第 3:24 条第 1 款的规定。

3. 适用本条时，保管员有权涂销已根据第 3 编第 1 章第 2 节登记在公共登记簿上船舶的登记。

第 8:231 条　授权

为执行本编第 3 章第 2 节至第 5 节的规定，枢密院令需作进一步的规定；《地籍法》授予枢密院令的权限不受影响。

第四章　海员和船长

第一节　海 船 船 员

第 8:232 条至第 8:259 条　[预留]

第二节　船　　长

第 8:260 条　船长的职权

1. 船长有权实施直接涉及开始以及维持船舶经营的法律行为。该法律行为包括受领意思表示。

2. 船长有权为已收到并接受运输的货物开具提单，并为运输的旅客签发票证。其还有权代表海船所有权人以及船上物的权利人，订立救助合同并授予救助报酬或者其他特别报酬。

第 8:261 条　保护特定利益的义务

1. 船长有义务在卸货后，尽可能照顾船舶承租人以及船上物的权利人的利益，并为此目的采取一切必要措施。

2. 船长有权为保护此种利益，立即采取有必要的法律行为。该法律行为包括受领意思表示。

3. 可能的情况下，船长应当将任何特殊情况，立即通知给予财产有关的利害关系人，并征求其意见和遵守其指示行事。

第 8:262 条　船长职权(授权书)的限制

1. 关于对船长权限的限制仅能由知道此情形的第三人主张。

2. 船长仅在超越其法定权限的范围内承担责任。

第 8:263 条至第 8:359 条　[预留]

第五章　经　　营

第一节　一般规定

第 8:360 条　海船所有权人的责任

1. 涉及约束光船租赁承租人并直接涉及开始以及维持船舶经营的法律行为，海船所有权人应当对此承担连带责任。该法律行为包括受领意思表示。

2. 本条第 1 款所称的法律行为受领人知道光船租赁承租人无法约束海船所有权人的，或者该第三人知道或者不经调查即应当知道其超越本条第 1 款所称的目的的，不适用本条第 1 款的规定。

3. 运输合同、与船员订立的提供劳动的合同以及第 5 章第 4 节或者第 10 章第 4 节的合同，不适用本条第 1 款的规定。

4. 海船所有权人因违法行为丧失对船舶的事实控制，且债权人非善意的，不适用本条第 1 款的规定。

5. 海船所有权人、光船租赁承租人、定期租船承租人、船长或者其他支付领航费、运河或者港口费或者其他船舶航行费用的人，依法自动代位此种债权的债权人地位。

第 8:361 条　“经营合同”和“经营合同链”

1. “经营合同”指船舶租赁合同以及船舶货物或者旅客运输合同。

2. “经营合同链”指以下顺序排列的经营合同：

(1)对于船舶租赁：始于可能的光船租赁合同，船舶承租人依次授予其船舶控制权的合同。

(2)对于船舶租赁以外的合同：始于与承运人订立的控制船舶或者其一部分的合同，后于承运人订立的、非承运人的相对人订立的船舶运输合同。

3. 适用第 8:361 条至第 8:366 条时，旅客视为与其订立运输合同的当事人。

4. 适用第 8:361 条至第 8:366 条时,损坏应当包括未交付、全部或者部分灭失、价值减少和延迟交付,伤害应当包括延迟离船。

第 8:362 条　相对人承担的非合同责任

经营合同当事人因在船舶经营中受到损害,对相对人承担非合同损害赔偿责任的,该责任限于当事人根据他们之间订立的合同而应当承担的责任。

第 8:363 条　同类合同中其他当事人承担的非合同责任

经营合同当事人因在船舶经营中受到损害,对同类合同中的其他当事人承担非合同的损害赔偿责任,且经营合同当事人与受害人之间存在经营合同链的,该责任限于其与受害人订立合同而应当承担的责任。

第 8:364 条　同类合同中第三人承担的非合同责任

1. 海船所有权人、船舶租赁人或者承运人因旅客死亡或者伤害或者物的损坏对非经营合同当事人承担非合同损害赔偿责任的,该责任限于其根据合同而应当承担的责任。

2. 与本条第 1 款所称的人或者货物权利人订立旅客或者货物运输合同且对船舶运输期间发生的损害应当承担责任的,该旅客或者与货物有关的经营合同链的最后一个合同,视为本条第 1 款所称的合同。

3. 旅客或者货物因与经营合同当事人订立合同而上船的,该经营合同不适用前款规定,后一个合同视为本条第 1 款所称的合同。

4. 旅客或者货物非因合同而上船的,此种运输视为本条第 1 款所称的运输合同。

5. 本条第 1 款所称的责任,适用本条第 2 款和第 4 款时指承运人的责任,适用本条第 3 款时指该款中当事人的责任。

第 8:365 条　工作人员的责任

对经营合同当事人的工作人员提起第 8:362 条至第 8:364 条所称的非合同诉讼,并且该当事人可主张援引该条中责任合同抗辩的,该工作人员可主张其为合同当事人情形下的此种抗辩。

第 8:366 条　赔偿总额的限制

作为经营合同当事人的第三人、其工作人员赔偿的总金额,无论是否包括根据第 8:363 条或者第 8:364 条提起诉讼的相对人赔偿的金额,不得超过其根据其主张的合同应当承担的金额,除非被请求人因自己故意或者重大过失作为或者不作为造成损害。

第 8:367 条至第 8:368 条　[未生效]

第二节　海上货物运输合同

第 8:369 条　[未生效]

第 8:370 条　"货物运输合同"的定义

1. 本章所称的货物运输合同是指承运人对托运人负有在海上运输货物义务的运输合同,无论是否为定期租船合同或者航次租船合同。

2. 同一艘船舶在海上和内水运输,且该船舶既在海上也在内水航行的,视为海上航行,除非该船舶在海上的航行显然是其在内陆航行的次要水道,此时该航行视为内水航行。

3. 同一艘船舶未经机械推进在海上和内水运输,且该船舶既在海上也在内水航行的,考虑到本条第 2 款的规定,提供动力的船舶航行视为海上航行。其他情形下,视为内水航行。

4. 执行 2009 年《邮政法》所称的或者国际邮政条约下的国际邮政服务的邮件运输合同不适用本节规定。除第 8:510 条外,行李运输合同不适用本节规定。

第 8:371 条　海牙—维斯比规则的直接适用

1. 适用本条时,公约修正案指 1924 年 8 月 25 日发布的《统一提单的若干法律规则的国际公约》,包括公约中签署议定书第 1 节的规定,以及 1968 年 2 月 23 日订于布鲁塞尔的议定书修正案和 1979 年 12 月 21 日订于布鲁塞尔的议定书修正案。

2. 适用本条时,公约缔约国指经修正公约的缔约国。

3. 以下情形中,两个不同国家港口之间的货物运输水运提单应当适用经修正公约的第 1 条至第 9 条:

(1) 自公约缔约国签发的水运提单;

(2) 自公约缔约国港口开始的运输;

(3) 无论船舶、承运人、托运人、收货人或者其他有关人的国籍,水运提单应当包含或者在提单中载明适用修正该公约的规定、宣告公约规定有效或者以其他方式或者明文接受公约的法律。

第 8:372 条　适用本编第 7 章和第 10 章的规定

适用本节时,不影响适用本编第 7 章和第 10 章的规定。

第 8:373 条　"定期租船或者航次租船合同"的定义

1. 本节所称的定期租船或者航次租船合同是指承运人已约定按照或者不按照一定期间(定期租船或者航次租船合同),将船舶全部或者部分提供给托运人用于运输的合同,但光船租赁方式除外。

2. 本节所称的“船舶出租人”指本条第 1 款所称的承运人,“船舶承租人”指本条第 1 款所称的托运人。

第 8:374 条　非光船租赁不适用关于租赁、保管和使用借贷的法律规定

以光船租赁以外的方式提供船舶的情形不适用关于租赁、保管和使用借贷的法律规定。

第 8:375 条　已出租船舶的所有权移转

1. 已出租船舶的所有权移转给第三人的,无论是否登记,该第三人继受出租人所有的权利义务,但出租人与新所有权人仍受租船合同的约束。

2. 出租人的权利义务在船舶所有权移转前已到期的,该权利义务不会移转给第三人。

第 8:376 条　[1992 年 1 月 1 日废止]

第 8:377 条　“运输合同和提单”的定义

本章所称的运输合同和提单是指作为海上货物运输凭证的提单或者包含其他类似文件的运输合同,也包括根据船舶租赁合同签发的、自签发时起支配承运人和持有人之间法律关系的提单或者包含其他类似文件的运输合同。

第 8:378 条　承运人的主要义务

承运人有义务按照收到货物时的状态将货物运到目的地。

第 8:379 条　迟延

承运人有义务立即运输其收到的承运货物,不影响适用第 8:378 条的规定。

第 8:380 条　定期租船合同的指示

1. 涉及定期租船合同的,船舶出租人有义务指示船长在合同规定的范围内遵守船舶承租人的命令。船舶出租人还应当确保船长遵守其作出的指示。

2. 船舶承租人应当确保船舶根据本条第 1 款所称的命令安全到达、停泊以及离开前往装货地、卸货地或者其他地点。该地点不满足要求的,船舶承租人仅在船长按照对其发出的命令合理行为的情况下,才承担责任。

3. 船舶出租人同时受到船长根据本条第 1 款实施的法律行为的约束,并享有其中的权利,不影响适用第 8:461 条的规定。该法律行为包括受领意思表示。

第 8:381 条　承运人的尽职义务

1. 根据运输合同和提单,承运人应当在航程开始之前或者之时尽职调查如下事项:

(1)船舶适航;

（2）船舶有适当的船员、装备以及供应品；

（3）货舱、冷藏舱和冷冻舱和船舶所载货物的所有其他部分处于适合接收、运输和保管货物的良好状态。

2. 根据运输合同和提单，除第 8:383 条、第 8:388 条、第 8:414 条第 4 款和第 8:423条的情形外，承运人有义务适当、谨慎地装载、处理，积载、运输、保管、照料和卸载货物。

第 8:382 条　运输合同和提单的强制性规定

1. 运输合同和提单中的任何条款，免除因疏忽、过错或者未履行第 8:381 条、第 8:399 条、第 8:411 条、第 8:414 条第 1 款、第 8:492 条、第 8:493 条或者第 8:1712 条规定的义务造成货物灭失或者损坏的承运人或者船舶责任的，或者以第 8:361 条至第 8:366 条规定以外的其他方式减轻此种责任的，均为无效。根据订立的保险合同向承运人支付保险金的条款或者其他类似目的的条款，视为免除承运人的责任。

2. 本条第 1 款所称的条款涉及以下内容的，该条款仍有效：

（1）关于共同海损的合法约定；

（2）活体动物；

（3）承运货物实际载于舱面上，且在提单中载明货物装载于舱面上。

第 8:383 条　法定豁免的责任

1. 根据运输合同和提单，承运人和船舶出租人对不适航造成的灭失或者损害不承担责任，除非该灭失或者损害可归因于承运人未合理谨慎根据第 8:381 条第 1 款使船舶适航、船舶有适当的船员、装备和供应品或者货舱、冷藏舱和冷冻舱和其他载货处于适合接收、运输和保管货物的良好状态。对于不适航造成的灭失或者损害，承运人或者根据本条主张免除责任的其他人应当承担尽到合理谨慎义务的证明责任。

2. 无论是否根据运输合同和提单，承运人和船舶出租人不应当对以下原因造成的损害承担责任：

（1）船长、船员、领航员或者承运人的工作人员在驾驶或者管理船舶中的作为、疏忽或者不作为；

（2）火灾，除非承运人本人过错造成的；

（3）海洋或者其他可航行水域的危险、不安全或者事故；

（4）自然灾害；

（5）战争行为；

（6）敌国行为；

(7)公共机关的扣押或者强制措施或者法院的扣押;

(8)检疫措施;

(9)托运人、货物所有权人或者其代理人的作为或者不作为;

(10)无论基于何种原因造成的全部或者部分罢工、封锁、停工、劳动受到限制;

(11)叛乱或者骚乱;

(12)在海上救助或者试图救助生命或者财产;

(13)货物隐蔽瑕疵、特殊性质或者自身瑕疵造成的体积或者重量减少或者其他损害;

(14)包装不良;

(15)标志不良或者欠缺;

(16)尽职调查无法发现的隐蔽瑕疵;

(17)非因承运人本人过错或者其代理人或者工作人员的过错或者疏忽造成,但主张免除责任的人应当承担证明责任,并证明损害并非因其本人过错或者其代理人或者工作人员的过错或者疏忽共同造成。

3. 根据运输合同和提单,托运人、其代理人或者工作人员无任何作为、过错或者疏忽的,托运人不应当对承运人或者船舶受到的损害承担责任。

4. 承运人为在海上救助或者试图救助生命或者财产而偏离航线,且合理偏离航线的,不视为违反运输合同,且承运人无须对其造成的损害承担责任。

5. 托运人能证明因承运人自己的过错或者其工作人员的过错造成损害的,其责任可予以免除,但不包括本条第 2 款第 1 项所称的作为、疏忽或者不作为。

第 8:384 条　放弃豁免或者增加责任

运输合同和提单中规定此种放弃或者增加的,承运人可全部或者部分放弃第 8:382条或者第 8:383 条、第 8:388 条、第 8:414 条第 4 款或者第 8:423 条中的免责权利,或者增加这些条文中的责任和义务。

第 8:385 条　特殊情况下的合同免责条款

第 8:382 条第 1 款的规定涉及根据性质或者条件证明有特殊合同理由货物运输的,以及必须在特定情况下或者条款下运输该货物或者证明特殊合同合理的,该条款仍有效。仅此种货物运输没有提单,而签发以文字表明不得流通的文件,且非涉及按照通常交易程序进行的通常商业船运时,才适用前 1 句的规定。

第 8:386 条　装载前或者卸载后的合同自由

不同于第 8:382 条第 1 款的规定,在承运人或者船舶出租人向海上运输船舶装货前或者从向海上运输船舶卸货后,承运人和托运人可在运输合同中自由约定,关于货物发生的或者与保管、处理、搬移有关的损害的义务和责任的条件、保留或者任何豁免。

第 8:387 条　承运人未履行义务时托运人的权利

承运人因未履行第 8:378 条和第 8:379 条的义务而承担责任的,托运人仅有权请求其支付第 8:388 条或者第 8:384 条所称的金额。

第 8:388 条　责任限制

1. 任何情况下,承运人或者船舶出租人对货物或者与之有关损害的责任限额,应当为灭失或者损坏货物每包或者每件 666.67 计算单位或者每千克毛重 2 计算单位的价值,并以较高的金额为准,除非托运人在交付货物前声明货物性质和价值,且将其载入签发提单。

2. 总赔偿金额应当按照承运的货物在交货时间和地点的价值进行计算。本款所称的价值,应当按照商品交易所的行情确定,没有此种行情的,应当按照当前市场价值确定,没有市场价值的,应当按照该种类和品质的货物通常价值确定。

3. 使用集装箱、托盘或者类似的运输类别装货的,货物根据提单记载的包装,视为本条第 1 款所称的每包或者每件。除此种情形外,承运的货物视为一包或者一件。

4. 本条所称的计算单位指国际货币基金组织规定的特别提款权。本条第 1 款所称的金额应当按照支付之日的汇率换算为荷兰货币。特别提款权的荷兰货币价值,应当按照国际货币基金组织在转换日适用于其自己行为和交易的估价方法进行换算。

5. 证明承运人故意或者重大过失作为或者不作为造成损害的,承运人和船舶出租人不得主张本条或者第 8:414 条第 4 款所称的责任限制。

6. 承运人、船长或者承运人代理人与托运人订立的合同,可约定与本条第 1 款所称的金额不同的最高限额,对于运输合同和提单,该金额不得低于本条第 1 款所称的金额。

7. 托运人故意错误说明货物的性质和价值,且该错误记载于签发的提单上的,任何情况下,承运人和船舶出租人不对货物或者与之有关的损害承担责任。

第 8:389 条　货物的价值降低

货物的所有权人有义务支付救助报酬、分担共同海损或者根据第 8:488 条应当赔偿损害的金额的,视为该货物价值的降低。

第 8:390 条　未在约定地点或者时间提供船舶时的终止权

1. 涉及定期租船或者航次租船合同,其船舶出租人通知船舶承租人无法或者将无法在约定地点或者时间提供船舶的，船舶承租人有权终止合同。

2. 船舶承租人仅在收到本条第 1 款所称的通知后不超过 48 小时的合理期限内送交本条第 5 款所称的通知，其才能行使该权利。

3. 船舶承租人未收到本条第 1 款所称的通知，但从其他途径获悉船舶出租人无法在约定地点或者时间提供船舶的，船舶承租人有权无须迟延催告，在不超过 48 小时的合理期限内终止合同；船舶承租人收到本条第 1 款所称的通知后，从其他途径获悉无法在约定地点或者时间提供船舶的，其也享有该权利。

4. 本条所称的期限不包括周六、周日以及船舶出租人暂停办公的当地节假日。

5. 船舶承租人通过电报、传真或者其他有明确收到证明的即时通信作出终止表示的，合同应当在船舶出租人收到该终止表示时终止。

第 8:391 条　托运人按时提供货物的义务

无论基于何种原因，托运人未在约定的时间和地点将约定的货物交付承运人的，其必须赔偿承运人因此受到的损害。

第 8:392 条　托运人和承运人的终止权

1. 货物未交付承运人前，托运人有权终止合同。

2. 必须向承运人提供货物的期限届满后，在约定滞期内托运人仍未向承运人提供任何货物的，无论基于何种原因，承运人无须任何迟延催告即有权终止合同。

3. 本条第 2 款所称的期限届满后，托运人仅向承运人提供部分货物的，无论基于何种原因，承运人无须任何迟延催告即有权终止合同，除非航次已开始。

4. 承运人通过电报、传真或者其他有明确收到证明的即时通信作出终止表示的，合同应当在托运人收到该终止表示时终止，但不早于卸货之时。

5. 托运人必须赔偿承运人因终止合同或者航次开始而受到的损害，但不影响适用第 8:383 条第 3 款的规定。

6. 定期租船合同不适用本条的规定。

第 8:393 条　航次租船合同的情形下运输部分约定货物

1. 涉及航次租船合同，船舶出租人有义务经船舶承租人的请求提供要求的担保，并且接受承租人提供的运输部分货物的航程。船舶承租人必须赔偿船舶出租人因此受到的损害。

2. 船舶出租人有权接受以其他货物替代未及时提供的货物。此情况下，船舶出租人没有义务扣除其运输此种货物收到的运费，除非其已取得船舶承租人的损害赔偿。

第 8:394 条　托运人的告知义务

1. 托运人必须及时告知承运人关于货物及其处置的为保护承运人利益的信息，

以及其能够告知或者应当能够告知且知道或者应当知道的信息，除非其可认为承运人已知道此种信息。

2. 承运人没有义务，但有权调查提供给他的信息是否正确和完整。

3. 必须向承运人提供货物的期限届满时，托运人未履行或者仅部分履行本条第1款所称的义务的，无论基于何种原因，参照适用第8:392条第2款、第3款、第4款和第5款的规定，但定期租船合同除外。

第8:395条　提供所需文件和信息的规定

1. 无论基于何种原因，托运人必须赔偿承运人因托运人未适当提供运输需要的托运人一方的文件和资料，或者未适当完成交货前应当办理的海关手续或者其他手续而受到的损害。

2. 承运人必须确保不会丢失或者错误处理已交付的文件。其对此承担的损害赔偿责任，不得超过根据第8:387条、第8:388条和第8:389条应当赔偿的责任。

3. 承运人没有义务，但有权调查提供给他的信息是否正确和完整。

4. 托运人在期限届满时，未适当提供本条第1款所称的文件和资料的，无论基于何种原因，参照适用第8:392条第2款、第3款、第4款和第5款的规定，但定期租船合同除外。

第8:396条　不可预见情况下的终止权

1. 向承运人提供货物之前或者之时，一方当事人产生或者发现的相对方在订立合同时不应当知道的情况，且相对方知道该情况将因此合理地不订立或者按不同条款和条件订立合同的，相对方有权终止合同。

2. 相对方通过电报、传真或者其他有明确收到证明的即时通信作出终止表示的，合同应当在当事人收到该终止表示时终止。

3. 根据合理和公平原则，当事人必须赔偿相对方因合同终止受到的损害。

第8:397条　物品缺陷下托运人的责任

1. 托运人必须赔偿承运人因为其运输或者搬移货物而受到的损害，除非该损害是谨慎托运人无法避免且无法阻止的情况造成的。

2. 适用本条时，不影响适用第8:383条第3款、第8:398条和第8:423条以及有关共同海损的规定。

第8:398条　危险物品的运输

1. 谨慎承运人知道承运货物后将发生危险并不会接受运输的，承运人可在任何时间和任何地点卸载、销毁该货物或者以其他方式使之无害。承运人已知接受运输货物的危险的，仅在危险将立即发生的情形下，才适用该规定。此情况下，涉及货物运输、运输或者措施本身产生的所有费用和损害,承运人无损害赔偿义务,托运人也不承担责任。

2. 承运人采取本条第1款所称的措施的,其也有权终止该款所称的货物运输合同,但未卸货的,在卸货时终止。承运人应当尽可能告知托运人、收货人以及签发的提单中规定的必须对其通知船舶到达的人此种情形。承运人采取本条第1款的措施之后继续将货物运输到目的地的,不适用本款规定。

3. 合同终止后仍实际交付货物的,推定货物在合同终止时的状态与实际交付时的状态相同;没有交付的,推定货物在合同终止时已灭失。

4. 承运人实际交付货物后,托运人未将货物运输到目的地的,第8:388条第2款第2句所称的目的地和交货地的价值与实际交付地价值之间的差额,视为该物价值的减少。承运人实际交付货物后,托运人继续将货物运输到目的地的,其为此支出的费用,视为该物价值的减少。

5. 对于实际交付货物,可适用当事人之间的合同与本章关于货物交付的规定,但实际交付不产生第8:484条第1款第1句或者第2款所称的运费义务。参照适用第8:490条和第8:491条的规定。

6. 适用本条时,不影响适用第8:423条以及关于共同海损的规定。

7. 任何改变本条第1款规定的约定均为无效。

第8:399条　签发提单/船运提单

1. 收到货物后,承运人、船长或者承运人的代理人经托运人请求,必须向托运人签发提单,并在其中载明:

(1)识别货物最主要的标志,托运人在装货开始前书面声明该标志,且该标志在未包装的货物上或者在装有货物的箱子或者包装上盖印或者以其他方式标明,通常情况下,该标记将在航程结束之前保持可读性。

(2)根据具体情况,按照托运人的书面声明,记载货物的包数或者件数、数量或者重量。

(3)货物表面可见的状况,但承运人、船长或者承运人的代理人有合理理由推断其未准确描述其收到的货物,或者其未合理检验的,没有义务在提单中披露或者记载标志、数目、数量或者重量。涉及倾倒或者抽取的货物,推定承运人未合理检验货物的数量和重量。

2. 货物已装船的,承运人、船长或者承运人的代理人经请求,必须向托运人签发的提单记载"已装",托运人已事先收到货物的法律文书的,签发"已装"水运提单时应当将其交回。承运人、船长或者承运人的代理人有权在原签发的文件上注明装货船舶的名称、装货日期,此时记载本条的特别事项的补充文件,视为本条所称的“已装”的提单。

第 8:400 条至第 8:409 条　[预留]

第 8:410 条　运输合同优于提单

订立运输合同并签发提单的,除第 8:441 条第 2 款第 2 句的规定外,承运人和托运人之间的法律关系受运输合同的支配,而不受提单支配。除第 8:441 条第 1 款规定的关于提单持有人提出请求外,提单仅作为承运人已收到货物的证明。

第 8:411 条　托运人保证提供信息的正确性

托运人应当向承运人确保其声明的标志、数目、数量和重量在承运人收到货物时是正确的,托运人还应当赔偿因此种特别声明不正确而产生的所有损害和费用。承运人此种损害赔偿请求权,不影响其根据运输合同对托运人以外其他人的责任和义务。

第 8:412 条　关于提单对托运人或者持有人的手续

1. 提单应当注明日期,并由承运人签名,还应当载明运输条件、运输地点以及收货人。提单应当按照托运人的选择,载明收货人的姓名或者名称或者其他特定的指示,或者向托运人或者其他人指示的人交货,或者向持有人交货。

2. 仅“向指示的人交货”,视为托运人的指示。

第 8:413 条　提单正本的数量

除记名提单外,承运人、船长或者承运人的代理人应当签发一份或者多份提单正本。提单载明整体签发可流通正本数量的,其可流通正本适用于每一份,每一份也适用于全部。提单还必须载明不可流通的正本。

第 8:414 条　提单的证据价值

1. 提单转让给善意第三人的,任何人不得对该第三人提出相反证据。

2. 提单包含“体积、质量、数量、重量或者尺寸未知”条款或者任何其他同类条款的,提单记载关于货物的信息或者其他此类说明对承运人不具有约束力,除非能证明其知道或者应当知道货物的体积、质量、数量、重量或者尺寸或者对货物进行计数、称重或者测量。

3. 提单未载明货物表面可见状态或者条件的,除非可对第三人提出相反证据,推定多式联运承运人收到货物时,货物表面可见状态推定为良好状况。

4. 除有相反证据外,提单载明的第 8:388 条第 1 款所称的声明具有推定效力,但此种推定对提出异议的承运人不具有约束力。

第 8:415 条　提单参引的合同条款和其他文件内容

1. 提单参引的其他文件的内容,仅被主张的人明确可知时,才视为提单附加条款。

2. 承运人仅经可主张或者被主张人的书面请求,并立即告知其该条款内容的,承运人才可对其提出此种主张。

3. 任何改变本条第 2 款规定的约定均为无效。

第 8:416 条　提单交付的方式

提单应当按照本法第 3 编第 4 章第 2 节规定的方式交付。

第 8:417 条　货物交付前的提单交付

在承运人交付提单上记载的货物前,提单的交付视为货物的交付。

第 8:418 条　承运人对装货地和卸货地的指明

承运人必须及时指明装货地和卸货地;但涉及定期租船合同的,适用第 8:380 条的规定,涉及航次租船合同的,适用第 8:419 条的规定。

第 8:419 条　航次租船承租人指示装货地和卸货地的义务

1. 涉及航次租船的,船舶承租人必须及时指示装货地和卸货地。

2. 船舶承租人必须为此指定立即或者在合理时间内可安全到达、停泊、装货或者卸货并安全离开的通常地点。

3. 船舶承租人未履行该义务或者多名船舶承租人无法对指定达成一致意见的,船舶出租人有义务在无须催告的情况下,指定由自己装货和卸货的地点。

4. 船舶承租人指定多个地点的,改变地点所需的时间视为装货或者卸货的时间。船舶承租人应当承担改变地点的费用。

5. 船舶承租人应当确保船舶可安全到达、停泊、装货或者卸货并离开其根据本条第 1 款指定的装货地和卸货地。该地点不满足上述要求的,船舶出租人仅在船长按照对其发出的命令合理行为的情况下,才承担责任。

第 8:420 条　航次租船承租人指示装货地和卸货地的权利

船舶承租人有权具体指定航次租船合同的装货港和卸货港,参照适用第 8:419 条的规定。

第 8:421 条　承运人将货物装载上船并积载的义务

除船舶租赁的情形外,承运人有义务将货物装载并积载于船舶上。

第 8:422 条　装货时间、滞留时间和滞留费用

1. 在承运人装载货物的范围内,承运人有义务在约定的装货时间装载和积载货物。

2. 在托运人装载货物的范围内,托运人有义务在约定的装货时间装载和积载货物。

3. 未确定装货时间的,货物必须按照所涉船舶在装货地的习惯或者合理速度进行装载。

4. 运输合同约定滞期费而未规定滞期期间的,该期间可推定为连续的 8 个日历日,或者停泊地其他合理或者习惯的天数。

5. 滞期费的约定不适用关于违约金的法律规定。

6. 滞期费债务人和根据本条第 2 款承担损害赔偿义务的人,应当承担连带责任。

第 8:423 条　提单下危险货物的运输

1. 根据运输合同和提单,对于易燃、易爆或者危险货物,承运人、船长或者承运人的代理人知道货物状况不同意装货的,承运人在卸货前可在任何时间和任何地点卸载、销毁该货物或者以其他方式使之无害,此类货物的托运人对装货间接或者直接产生的费用和损害承担责任。

2. 根据运输合同和提单,对于本条第 1 款所称的货物,承运人知情并同意装货,但因此对船舶运输或者装载的其他货物产生危险的,承运人也可卸载、销毁该货物或者以其他方式使之无害而无须承担责任,除非分担共同海损。

第 8:424 条　船舶灭失或者发生损坏时运输合同的终止

1. 除定期租船或者航次租船合同外,开始装货后船舶灭失或者损坏,以致履行合同所需的修理不值船舶价值或者无法在合理期限内修理的,承运人有权在卸货后终止合同,并尽快作出终止表示。

2. 船舶灭失或者损坏的,推定该灭失或者损坏可归责于承运人;在运输货物发生损坏的情形下承运人应当承担责任的,视为可归责于承运人。

3. 承运人应当尽可能通知托运人、收货人以及签发提单中规定的必须通知其船舶到达的人此种情形。

4. 此情形下,适用第 8:398 条第 3 款、第 4 款和第 5 款的规定。

第 8:425 条　船舶严重损坏时租船合同的终止

1. 涉及定期租船或者航次租船合同,船舶未灭失但发生损坏,以致履行合同所需的修理不值船舶价值或者无法在合理期限内修理的,任何一方当事人均有权全部或者部分终止货物合同,并尽快作出终止表示。

2. 船舶出租人在合理可能的情形下表示终止合同的,航次租船承租人对已收装船的不用租赁船舶而继续运输到目的地的货物不享有本条第 1 款所称的权利。此种运输应当按照原来的合同继续进行。

3. 一方当事人通过电报、传真或者其他有明确收到证明的即时通信作出终止表示的,合同应当在相对方收到该终止表示时终止,但货物已装船的,合同在卸货之后才终止。以同种电报或者通信通知承运人不用租赁船舶继续将货物运输到目的地的,该货物合同即终止。

4. 船舶出租人已收到承运货物的,推定船舶损坏可归责于船舶出租人;在运输货物损坏的情形下船舶出租人应当承担责任的,视为可归责于出租人。

5. 此情形下,适用第 8:398 条第 3 款、第 4 款和第 5 款的规定,但涉及定期租船合同的,支付运费的义务应当持续到卸货时才到期。

第 8:426 条　船舶失事时租船合同的终止

1. 涉及定期租船或者航次租船合同的,合同应当在船舶灭失时终止。长期未收到任何消息的,推定船舶在最后一次收到消息之日的世界标准时间 24 时后灭失。

2. 船舶出租人已收到承运货物的,推定船舶灭失可归责于船舶出租人;在运输货物损坏的情形下船舶出租人应当承担责任的,视为可归责于出租人。

3. 船舶灭失,但出租人仍将已收装船的货物继续运输到目的地的,涉及航次租船合同的情况下,此种运输应当按照原来的合同继续进行。

4. 船舶出租人应当尽快通知船舶承租人该灭失事宜。

5. 参照适用第 8:398 条第 3 款、第 4 款和第 5 款的规定。

第 8:427 条至第 8:439 条　[预留]

第 8:440 条　请求在达到目的地前交付承运货物

1. 在承运人能合理履行且不损害承运人以及其他装载货物利害关系人的情况下,托运人或者第 8:441 条所称的所有签发的可流通副本的持有人,有权在达到目的地之前,请求承运人交付承运的货物,或者签发提单的,请求交付提单上记载的全部货物。交付前发生共同海损的,上述主体有义务分担共同海损。

2. 因提前交付延误航行的,托运人或者持有人不得行使本条第 1 款所称的权利。

3. 根据本条第 1 款交付的货物,视为在目的地交付的货物,此情形下,可适用本节关于货物交付的规定以及第 8:490 条和第 8:491 条的规定。

第 8:441 条　提单中承运人和持有人之间的法律关系

1. 已签发提单的,仅合格持有人有权请求承运人根据该承运人所承担的义务交付货物,除非其未以合法手段成为持有人。此情形下,应当适用第 8:387 条的规定。

2. 对于非托运人的提单持有人,承运人有义务履行提单条款载明的义务且有权主张提单条款载明的权利。对各提单持有人,承运人可主张提单中明显可识别的请求支付的权利。对于作为托运人的提单持有人,承运人可主张运输合同中的条款以及其与托运人的个人关系。

第 8:442 条　提单下的多个承运人

1. 适用第 8:461 条时,视为承运人的多名主体应当对第 8:441 条第 1 款所称的提单持有人承担连带责任。

2. 本条第 1 款所称的情形下,各承运人均可对提单持有人行使提单中的权利,且提单持有人对承运人其中一人支付根据提单应付款项后即免责。此情形下,不适用本法第 3 编第 7 章的规定。

第 8:443 条至第 8:459 条　[预留]

第 8:460 条　提单持有人的等级顺序

同一提单不同正本的持有人中,以下人员享有最优先的权利:持有全部正本的共同前手之后第一个持有该份正本的持有人,且该人善意有偿地成为持有人。

第 8:461 条　"提单下的承运人"的定义

1. 在不影响本条其他各款的情况下,在提单上签名或者以他人名义签名的人以及其提单格式已用于提单的人,视为提单下的承运人。

2. 船长或者他人以其名义在提单上签名的,本编第 5 章第 1 节所称的经营合同链最后一个合同中的定期租船或者航次租船承租人,与本条第 1 款所称的人均视为提单下的承运人。涉及光船租赁的,除可能的定期租船或者航次租船承租人外,最后光船租赁承租人也视为提单下的承运人。船舶未在光船租赁中的,除此处所称的定期租船或者航次租船承租人外,海船所有权人也视为提单下的承运人。

3. 不同于以上各款的规定,仅最后光船租赁承租人或者海船所有权人视为提单人下的承运人,且可明确识别指定光船租赁承租人身份的,提单才可明确将最后光船租赁承租人或者海船所有权人指定为提单下的承运人。

4. 适用本条时,不影响适用第 8:262 条第 2 款的规定。

5. 任何改变本条规定的约定均为无效。

第 8:462 条　未经授权签署提单

1. 视为提单下的承运人,能证明在提单上为其签名的人超越权限或者未经其同意使用其提单格式的,不适用第 8:461 条第 1 款的规定。但提单持有人证明签发提单时,可合理认为该他人以其名义签名或者其提单格式已用于提单的人有权签名或者经同意使用该格式的,第 8:461 条第 1 款所称的人,仍视为提单下的承运人。

2. 不同于本条第 1 款的规定,航运合伙的管理人在提单上签名超越权限的,航运合伙仍视为提单下的承运人,但其不对签发时知道管理人超越权限的第一个提单持有人承担责任。

3. 船长在提单上签名或者授予他人以其名义在提单上签名超越船长权限的，提单持有人也可主张第 8:461 条第 2 款的规定，但第一个提单持有人签发时知道船长超越权限的，其不得提出该主张。

4. 他人以船长的名义在提单上签名已超越其权限的，同样适用本条第 3 款的规定。

第 8:463 条至第 8:479 条　[预留]

第 8:480 条　出租人的追偿权

1. 船舶出租人根据第 8:461 条承担的义务超过其根据船舶租赁合同承担的义务，或者享有权利少于其根据船舶租赁合同享有权利的情况下，提单按照船舶租赁合同的约定签名或者使用其格式的，或者提单经船舶承租人请求签发的，船舶出租人有权向船舶承租人追偿。

2. 根据前款承担责任的船舶承租人，同时作为另一合同船舶出租人的，也适用该规定。

第 8:481 条　提单上注明收货和交付

1. 请求交付货物的提单持有人在收货前有义务在提单上注明收货并交付承运人。

2. 提单持有人有权将提单交付第三人保管，并以此担保货物的交付。关于第三人的指定存在争议的，法院可经任何利害关系人的申请对此作出指定。

第 8:482 条　视为提单的文件

1. 承运人应当在收回提单后出具一份文件。该文件持有人有权请求交付提单中载明的货物。提单视为此文件的一部分。在文件上签名或者他人以其名义签名或者使用其格式的人，不能仅因签名或者使用的事实视为提单下的承运人。

2. 除本条第 1 款所称的文件另有规定外，各持有人对提单下货物运输持有人的债务承担连带责任。

第 8:483 条　承运人卸货

1. 除船舶租赁的情形外，承运人有义务从船上卸下货物。

2. 此类货物的卸载，参照适用第 8:422 条的规定。

第 8:484 条　运费

1. 承运人根据第 8:440 条在目的地交付货物后，托运人即产生支付运费的义务。运费由货物的重量或者体积确定的，应当按照交货时的数据进行计算。

2. 承运人仅部分交货的情况下，托运人仍应当全额支付对目的地所有货物的运费。

3. 对于在途中出售的货物，因合理情况不允许进一步运输的，托运人仍应当支付运费，但该运费限于货物销售收益的金额，不影响适用本条第 5 款的规定。

4. 承运人未在目的地交付货物的，托运人仍应当全额支付已预付和已付的运费，但定期租船合同除外。

5. 承运人交付无价值的货物的，视为未交付货物。因货物性质或者瑕疵造成未交付货物或者交付无价值的货物，或者因权利人、货物托运人或者收货人的作为或者不作为造成未交付或者交付无价值的货物的，仍视为已交付货物。

第 8:485 条　违法运输的货物

船上人员违反法律禁令运输货物的，托运人应当支付装货时同类货物可约定的最高运费。承运人未交付或者交付无价值的货物的，托运人仍应当支付运费；收货人和托运人应当对此货物的运费承担连带责任。

第 8:486 条　未按规定期间使用船舶的运费

在定期租船的情形下，船舶承租人由于以下原因无法按照定期租船合同使用船舶的，其也无须支付运费，不影响适用第 8:425 条第 5 款后半部分的规定：

(1) 因船舶损坏；

(2) 因船舶出租人未履行其义务，船舶承租人连续 24 小时无法使用船舶。

第 8:487 条　定期租船的经营费用

1. 定期租船合同中，船舶承租人应当承担机器燃料、锅炉水、港口费以及航行和运输货物产生的其他类似的费用和支出。船舶出租人应当承担船舶经营的其他开发费用。

2. 船舶出租人有权利和义务按交接时间和地点的市场价格，接管船舶承租人所有的、在船上的燃料。

第 8:488 条　在途中的费用

托运人、收货人以及签发提单情形下第 8:441 条所称的持有人，对作为无因管理人的承运人为保护承运货物权利人的利益，或者促使船长或者海船所有权人履行第 8:261 条所称的义务而受到的损害，承担连带责任，不影响适用关于共同海损的规定以及本法第 6 编第 4 章第 1 节的规定。

第 8:489 条　留置权

1. 承运人有权拒绝交付其根据运输合同控制的货物；其可对除因运输合同而有权要求交货的任何人行使此项权利，除非货物被扣押或者因扣押而产生向扣押人交付的义务。

2. 承运人有权对其根据运输合同控制的货物行使留置权，并在一定范围内限于可归责于托运人的后果以及现在或者将来关于该货物共同海损的分担义务。此外，收货人向承运人支付无争议的款项且对有争议或者金额尚未确定的款项提供足够担保的，留置权即消灭。

3. 承运人收到承运货物时，有理由怀疑托运人是否对第三人享有权限的，其不得对该第三人主张本条赋予承运人的权利。

第 8:490 条　作为保管人的第三人的权利

1. 有权请求承运人交付货物的人未出现、拒绝收货或者未立即收货的，承运人有权为权利人将货物提存于第三人适当的保管地点或者船舶上，并由该权利人承担费用和风险；货物处于被扣押状态或者承运人有充分理由认为请求收货的提单持有人无权收货的，同样适用该规定。法院可经承运人的申请，允许承运人自己保管货物；必要之时，法院也可允许承运人在船舶上保管货物，或者为此目的采取其他措施。

2. 作为保管人的第三人和收货人之间，在法律上负有与订立保管合同相同的义务。仅取得提存人的书面同意，保管人才可交付货物。

第 8:491 条　出售由提存机构保管的货物

1. 适用第 8:490 条时，法院可经其请求，授权承运人、保管人或者有权请求承运人交付货物的人，按照法院指定的方式，全部或者部分出售货物。

2. 保管人必须尽快通知承运人其拟出卖的事项；承运人对有权请求交付货物的人，以及必须根据签发提单向其寄送货物的人，承担此种相同的通知义务。

3. 提存机构应当保管偿还合理支出的提存和变卖费用后的变卖收益。除扣押货物以偿还金钱债权外，与运输有关的义务以及共同海损分摊额必须从交付保管的款项中予以清偿；该债权尚不确定的，收益或者其中一部分收益应当按照法院规定的方式为该债权提供担保。

4. 向提存机构提存的收益可取代货物。

第 8:492 条　有关货物状况的书面通知；损害的法律推定

1. 没有相反证据的，卸货推定为承运人按照运输合同约定的状态交付货物，除非在卸货港卸货并根据运输合同将货物交付有权请求承运人交付货物的人之前或者之时，该收货人应当以书面通知的形式告知承运人或者其代理人货物的损害及损害的一般性质。

2. 收货人无法从表面发现货物损害的，其必须在收到货物后 3 日内发出通知。

3. 当事人双方共同确认货物交货时状态的，无须本条第 1 款所称的书面通知。

第 8:493 条　检查货物

确定或者怀疑货物丢失或者损坏的，承运人和收货人应当相互采取合理措施检查货物并重新计算包件数目。

第8:494条 交货时对货物情况进行调查评估

1. 承运人和有权请求承运人交付货物的人,有权在交货时申请法院对交付的货物状态进行调查;其还有权申请法院评估调查中发现损害的金额。

2. 相对人参与调查或者经适当传唤的,推定法院所出具的调查报告为正确。

第8:495条 对损失或者损害的原因进行调查评估

1. 推定货物发生损害的,承运人和有权请求承运人交付货物的人,有权在交货前、交货时或者交货后立即申请法院调查其原因;必要之时,法院应当在船上进行调查。

2. 相对人参与调查或者经适当传唤的,推定法院所出具的调查报告为正确。

第8:496条 调查费用

1. 申请人应当支付第8:494条和第8:495条所称的调查费用。

2. 法院可规定由申请人的相对人承担全部或者部分调查费用以及因调查受到损害的费用,并且该费用可超过第8:388条第1款所称的金额。

第8:497条至第8:499条 [预留]

第三节 海上旅客运输合同

第8:500条 本节有关的定义

适用本条时,术语含义如下:

1. 公约指经2002年议定书修正的1974年《关于海上旅客及其行李的雅典公约》。

2. 法规是指欧洲议会和理事会在2009年4月23日发布的第392/2009号法规,即《关于海上旅客承运人在发生事故时的责任》。

3. 2002年议定书指《关于1974年海上旅客及其行李的雅典议定书》。

4. IMO准则指国际海事组织实施的《雅典公约有关海上运输旅客和行李的准则》。

5. 旅客运输合同是指无论期间或者航程人员运输,一方当事人根据该合同已与另一方订立合同的,无论是否包括其行李,仅在一艘远洋轮船上运送一个或者多个乘客的合同。本节所称的旅客运输合同非第8:100条所称的旅客运输合同。

6. 承运人是指已订立或者拟订立旅客运输合同的人,并且实际由该人或者执行承运人进行运输。

7. 履约承运人是指除承运人以外的其他人,包括船舶的所有人,承租人或者商业利用人,以及实际执行全部或者部分运输的人。

8. 实际执行全部或者部分运输的工具指执行运输工具,或者实际执行的运输工具。

9. 旅客是指根据旅客运输合同在船上或者船上的任何人,以及在承运人同意下货物运输合同所涵盖的车辆或者活体动物的任何人。

10. 船舶指一艘远洋轮船,不包括气垫船。

11. 行李是指承运人根据旅客运输合同运载的任何物体或者车辆,但不包括根据主要与货物运输有关的合同运载的货物和车辆,以及活体动物。

12. 客舱行李是指旅客在其机舱中或者以其他方式占有、保管或者控制或者处于其监督下的行李。除适用第 8:501 条和第 8:504 条第 7 款外,随身行李包括旅客在其车辆内或者车辆上所拥有的行李。

13. 行李的丢失或者损坏包括因已携带或者应当携带行李的船舶抵达后的合理时间内未将行李重新运送给乘客而造成的损失,但不包括劳资纠纷导致的延误。

14. 部长指基础设施和环境部长。

第 8:500 条之一　本节与《公约》之间的关系

1. 不适用决议的旅客运输合同,可适用本节的规定。

2. 不同于本条第 1 款的规定,适用该决议的旅客运输合同,也可适用第 8:509 条,包括第 8:510 条、第 8:512 条、第 8:514 条,第 8:515 条和第 8:521 条至第 8:529 条的规定。

3. 不同于本条第 1 款的规定,既不适用公约也不适用该决议的国际旅客运输合同,可适用第 8:529 条的规定。

第 8:500 条之二　关于核事故的债务主张

以下情形中核设施的商业运营人对此类事故承担责任的,因核事故造成损害的赔偿请求权,不适用于本节规定:

1. 根据 1960 年 7 月 29 日《关于核能领域第三者责任的巴黎公约》并经 1964 年 1 月 28 日修订的《附加议定书》规定的核损害的赔偿责任;

2. 可能受到与第 1 款所称的损害相同的人,根据另一国家的法律或者法规对此类损害的赔偿责任。

第 8:501 条　运输期间

适用本条时,海上运输包括:

1. 涉及旅客或者其自带行李的,包括旅客或者其自带行李停留在船上期间和上船与离船期间，运费包含承运人提供给旅客在该段或者该辅助运输所用的船舶费用的，还包括旅客或者其自带行李在船舶和堤岸或者堤岸和船舶之间的水运期间。此时，海上运输不包括旅客在车站建筑、码头或者其他港口设施中停留期间。

2. 涉及自带行李的，并且该行李由承运人接管但未交付旅客的，还包括自带行李放置在车站建筑、码头或者其他港口设施中停留期间。

3. 涉及自带行李以外行李的，包括自承运人在陆上或者船上接管行李时至承运人交付行李期间。

第 8:502 条　定期租船或者航次租船合同

1. 本节所称的定期租船或者航次租船合同是指船舶出租人已约定按照或者不按照一定期间（定期租船或者航次租船合同），将船舶全部或者部分提供给船舶承租人用于运输的合同，但光船租赁方式除外。

2. 船舶租赁参照适用本编第 5 章第 2 节关于船舶租赁的特别规定以及第 8:375 条的规定。

第 8:503 条　非光船租赁不适用关于租赁、保管和使用借贷的法律规定

以光船租赁以外的方式提供船舶的情形不适用关于租赁、保管和使用借贷的法律规定。

第 8:504 条　旅客死亡或者受伤害时承运人的责任

1. 适用本条时，术语含义如下：

(1) 运输事件是指沉船、船舶倾覆、碰撞或者搁浅、船舶爆炸或者着火或者船舶缺陷。

(2) 承运人的过失包括承运人的雇员在其受雇范围内的过失或者疏忽。

(3) 船舶缺陷是指用于以下方面时，有关船舶或者其设备任何部分的故障，不符合适用的安全规定：

1) 乘客的逃生、撤离、上车和下车；

2) 推进、转向、安全航行、系泊和锚定；

3) 到达或者离开泊位或者锚地；

4) 用于修复损坏；

5) 用于发射救生设备。

2. 承运人根据本条承担的责任仅涉及因运输过程中发生的事件而造成的损害。

3. 对旅客因运输事故造成其死亡或者人身伤害而受到的损害，承运人应当赔偿《公约》第 3 条第 1 款所称的金额，但根据《议定书》第 23 条规定的特定程序修正的除外。有以下情况之一的，承运人不承担责任：

(1)该事件由战争、敌对行动、内战、暴动或者具有特殊不可避免且不可抗拒的自然现象引起的；

(2)该事件完全因第三方的作为或者不作为造成的。

4. 本条第3款所称的损害赔偿在一定程度上超过《公约》第3条所称的金额的，承运人应当进一步承担《公约》第7条第1款所称的金额，但根据《议定书》第23条规定的特定程序修正的除外。承运人能证明造成损害的事件非因自己的过失或者疏忽的，其无须承担进一步的责任。

5. 对旅客非因运输事故造成其死亡或者人身伤害而受到的损害，承运人存在过失或者疏忽的，承运人应当承担责任。其赔偿责任应当限于《公约》第7条所称的金额，但根据《议定书》第23条规定的特定程序修正的除外。

6. 对旅客因国际海事组织准则第2.2条所称的危险造成其死亡或者人身伤害而受到的损害，承运人应当变更本条第3款至第5款的规定，并承担不超过以下最低额的责任：

(1)每位旅客，每起事件25万欧元；

(2)每艘船每起事件3.4亿欧元。

7. 对旅客因随身行李的丢失或者损坏而受到的损害，承运人存在过失或者疏忽的，承运人应当承担责任，并推定为因承运人过失或者疏忽造成运输事故的损害。其赔偿责任应当限于《公约》第8条第1款所称的金额，但根据《议定书》第23条规定的特定程序修正的除外。

8. 对旅客因随身行李以外的其他行李的遗失或者损坏而受到的损害，承运人应当承担责任，除非承运人能证明其对造成损失的事件不存在过失或者疏忽。其赔偿责任应当限于《公约》第8条第2款和第3条所称的金额，但根据《议定书》第23条规定的特定程序修正的除外。

9. 承运人和旅客可同意承运人的责任最多不超过《公约》第8条第4款所称的金额，但根据《议定书》第23条规定的特定程序修正的除外，在车辆损坏或者其他行李遗失或者损坏的情况下，该金额也可予以减少。

10. 承运人和旅客可以书面形式明确同意承担高于本条所规定的责任限额。

11. 本条所指的赔偿责任限额不包括法定利息和诉讼费用。

12. 本条不得损害承运人对第三人的追偿权，也不得损害承运人根据第8:513条对旅客因其过失所引起的任何抗辩。

第 8:505 条　[2012 年 12 月 10 日废止]

第 8:506 条　[2012 年 12 月 10 日废止]

第 8:507 条　承运人对贵重物品的灭失或者损坏不承担责任

承运人不对金钱、有价证券、黄金、银器、珠宝、饰品、艺术品或者其他贵重物品的灭失或者损坏承担责任，除非该贵重物品已交由承运人保管且其同意妥善保管。此情况下，承运人应当承担的赔偿金的最高限额为第 8:504 条第 8 款所称的金额，除非承运人和乘客已经按照第 8:504 条第 10 款的规定协商确定更高的责任限额。

第 8:508 条　[2012 年 12 月 10 日废止]

第 8:509 条　旅客责任

旅客有义务赔偿其或者其行李给承运人造成的损害，除非该损害是谨慎旅客不可避免且不可阻止的情况造成的，不影响适用第 8:508 条和第 6:179 条的规定。旅客不得以其行李的品质或者瑕疵为由主张免除其责任。

第 8:510 条　行李运输适用的条款

1. 行李运输可适用第 8:378 条、第 8:387 条、第 8:388 条第 2 款、第 8:389 条、第 8:394 条第 1 款和第 2 款、第 8:395 条、第 8:396 条、第 8:398 条、第 8:488 条至第 8:491条以及第 8:493 条至第 8:496 条的规定，但不影响适用本节规定。当事人可采用口头形式作出第 8:396 条所称的终止表示。承运人和相对人或者旅客已承担所有义务的，其可行使第 8:489 条和第 8:491 条赋予的从提存金额中受偿运输费用的权利。

2. 当事人可改变本条第 1 款中适用于其相互关系的规定。

第 8:511 条　旅客就行李丢失会损坏主张权利的期间

1. 旅客有义务以书面形式通知承运人以下事项：

(1) 可从行李表面发现的损害：

1) 涉及随身携带的行李时，在旅客离船之前或者之时发现的损害；

2) 涉及其他行李时，交付行李之前或者之时发现的损害。

(2) 在离船或者交付或者必须交付行李次日起 15 日内，从行李表面不可发现损害的或者灭失。

2. 旅客未履行本条第 1 款义务的，除有相反证据外，推定旅客收到未损坏的行李。

3. 旅客在收到行李时共同确认或者检查行李状态的，其无须作出本条第 1 款所称的书面通知。

第 8:512 条　承运人有权检查旅客的行李

承运人怀疑旅客带上船的行李的性质或者状态不被允许带上船的，承运人有权检查行李的性质或者状态。承运人有义务在旅客面前检查行李，或者不可能的，应当在两名证人面前检查行李，但该证人不得是使用其履行义务的人。

第 8:513 条　旅客过错

承运人能证明损害是因旅客过错或者疏忽造成或者共同造成的，其责任可全部或者部分予以免除。

第 8:514 条　承运人或者工作人员以外的人按旅客要求提供服务

承运人利用协助其履行运输义务的人，经旅客请求提供承运人没有义务提供的服务的，视为受承运人委托向旅客提供服务。

第 8:515 条　迟延赔偿

承运人有义务按照时刻表以非租船方式进行运输的，无论延误原因发生在运输前、运输时或者运输后，其对因延误造成的损害不承担任何责任。

第 8:516 条　［2012 年 12 月 10 日废止］

第 8:517 条　［2012 年 12 月 10 日废止］

第 8:518 条　［2012 年 12 月 10 日废止］

第 8:519 条　［2012 年 12 月 10 日废止］

第 8:520 条　强制性规定

1. 在旅客发生事故之前或者行李灭失或者损坏之前，任何以本节规定以外的方式，减轻承运人责任或者证明责任的约定，均为无效。

2. 本条第 1 款所称的规定无效，并不导致旅客运输合同无效。

第 8:521 条　损害赔偿请求权金额

1. 在行李灭失或者损坏的情况下，当事人应当根据具体情况确定损害赔偿金额。

2. 在旅客死亡和受伤害的情形下，承运人作为另一承运人的相对人对该承运人提起诉讼的，不适用第 6:107 条和第 6:108 条的规定。

第 8:522 条　承运人的相对人担保旅客按时到达

无论基于何种原因，旅客未按时到达运输地点的，承运人的相对人有义务赔偿承运人因此受到的损害。

第 8:523 条　承运人的相对人保证及时提供所需文件

无论基于何种原因，旅客未持有运输需要的与运输旅客有关的文件的，承运人的相对人必须赔偿承运人因此受到的损害。

第8:524条　未知情况下承运人的终止权

1.运输之前或者之时，一方当事人产生或者发现承运人在订立合同时不应当知道的情况，且承运人知道该情况将因此合理地不订立或者按不同条款和条件订立合同的，承运人有权终止合同，且旅客必须离开运输工具。

2.承运人以口头或者书面通知向承运人的相对人或者旅客作出终止表示的，合同应当在收到第一个通知后立即终止。

3.根据合理和公平原则，当事人必须赔偿相对方因合同终止受到的损害。

第8:525条　未知情况下承运人相对人的终止权

1.运输之前或者之时，一方当事人产生或者发现相对方在订立合同时不应当知道的情况，且相对人知道该情况将因此合理地不订立或者按不同条款和条件订立合同的，相对方有权终止合同。

2.相对方以口头或者书面通知作出终止表示的，合同应当在当事人收到该通知后立即终止。

3.根据合理和公平原则，当事人必须赔偿相对方因合同终止受到的损害。

第8:526条　旅客未及时返回时旅客运输合同的终止

旅客离开船舶后未及时返回的，承运人可认为旅客运输合同自此时终止。

第8:527条　承运人相对人的一般终止权和损害赔偿

1.承运人的相对人有权终止合同。但相对人也有义务赔偿承运人因终止受到的损害。

2.因此延误运输工具运行的，相对人不得行使此项终止权利。

3.相对人以口头或者书面通知作出终止表示，合同应当在承运人收到该通知后立即终止。

第8:528条　旅客票证、行李收据的格式

1.签发旅客票证、行李收据或者任何其他类似文件的，承运人必须在其中清楚地记载其姓名和住所。

2.任何改变本条第1款规定的约定均为无效。

3.此情形下，不适用第2:56条第2款、第2:75条第1款和第2:186条第1款的规定。

第8:529条　强制保险或者其他经济担保

1.任何改变本条第1款规定的约定均为无效。承运人以实际在荷兰注册并持照运载12名以上乘客的船舶运输全部或者部分乘客的，其有义务为船舶购买保险或者其他经济担保，如银行担保。该保险应当涵盖本节中有关乘客死亡和人身伤害的责任。强制保险或者其他财务担保的限额不得少于《公约》第 4 条所称的金额，但根据《议定书》第 23 条规定的特定程序修正的除外。

2. 承运人以实际在荷兰注册并持照运载 12 名以上乘客的船舶运输全部或者部分乘客的，其有义务购买保险或者其他经济担保，如银行担保，以承担本节中因 IMO 准则第 2.2 条所称的风险而造成的乘客死亡和人身伤害的责任。强制保险或者其他金融担保的限额不得少于下列最低限额：

(1) 每位旅客，每起事件 25 万欧元；

(2) 每艘船，每起事件 3.4 亿欧元。

3. 在承运人以经许可可运载 12 名以上旅客且在荷兰境外注册或者以另一种荷兰国旗进行销售的船舶进入或者离开荷兰港口，或者装卸场或者航行于荷兰内河航道的情况下，其为实际执行全部或者部分旅客的运输，有义务购买保险或者其他经济担保，以承担本节规定的责任。强制保险或者其他担保的限额不得少于《公约》第 4 条所称的金额，但根据《议定书》第 23 条规定的特定程序修正的除外。

4. 在承运人以经许可可运载 12 名以上旅客且在荷兰境外注册或者以另一种荷兰国旗进行销售的船舶进入或者离开荷兰港口，或者装卸场或者航行于荷兰内河航道的情况下，其为实际执行全部或者部分旅客的运输，有义务购买保险或者其他经济担保，以承担本节规定因 IMO 准则第 2.2 条所称的风险而造成的乘客死亡和人身伤害的责任。强制保险或者其他金融担保的限额不得少于下列最低限额：

(1) 每位旅客，每起事件 25 万欧元；

(2) 每艘船，每起事件 3.4 亿欧元。

第四节　若干特殊的合同

第 8:530 条　光船租赁合同

1. 光船租赁合同中光船租赁出租人有义务将不配备船员的船舶完全交由光船租赁承租人在海上使用，并由光船租赁承租人为自己的利益负责船舶的经营。

2. 参照适用第 8:375 条的规定。

第 8:531 条　船舶在他人控制下非用于旅客或者货物运输时的法律适用

1. 关于共同海损规定和本章规定，以及涉及内水船舶的情况下，一方当事人有义务以光船租赁以外的方式，将船舶完全提供给另一方光船租赁承租人在海上使用；非用于货物或者旅客运输目的的，参照适用第 8:880 条的规定。

2. 当事人可改变本条第 1 款中适用于其相互关系的规定。

第 8:532 条　船在某人控制下用于海上或者内水运输

适用本节规定时,同一艘船舶既用于海上也用于内水的,视为海上运输,除非供他人使用的海上运输显然是内陆水运次要道路的,此情况下,应当视为内水运输。

第 8:533 条至第 8:539 条　[预留]

第六章　事　　故

第一节　碰　　撞

第 8:540 条　"碰撞"的定义

碰撞指船舶相互之间的碰撞。

第 8:541 条　海船造成的非碰撞损害也适用本节关于碰撞的规定

海船造成的非碰撞损害也适用本节关于碰撞的规定,但不影响适用《油轮责任法》和本章第 5 节的规定。

第 8:542 条　本节的适用范围

海船因碰撞而造成损害的,或者一艘海船给另一艘海船、船上的人员或者船上的物造成损害的,该损害责任适用本节规定。

第 8:543 条　不可抗力

碰撞因意外或者不可抗力造成的或者对碰撞原因有疑问的,受到损害的人应当自行承担该损害责任。

第 8:544 条　单船过错

碰撞因一艘船舶的故障造成的,有故障船舶的所有权人有义务承担损害赔偿责任。

第 8:545 条　两艘以上船舶因共同过错造成碰撞的

1. 两艘以上船舶因共同过错造成碰撞的,各船舶所有权人应当承担责任;各船舶所有权人不应当对有共同过错的船舶及其船上货物的损害承担连带责任,但应当对其他损害承担连带责任。

2. 承担非连带责任的,因共同过错造成碰撞的船舶的所有权人,应当根据其船舶过错程度的比例承担责任;但考虑到有关情况,该比例无法确定或者各船舶过错相等的,应当等额分担责任。

3. 承担连带责任的,各船舶所有权人必须根据债权人所受的损失,对其承担赔偿责任。除第 8:364 条和第 8:880 条的情形外,清偿金额超过本条第 2 款所称份额的人,有权向清偿部分少于其份额的连带债务人追偿其多清偿的部分。

第 8:546 条　不存在法律上的过错推定

对于碰撞责任,不存在法律上的过错推定;碰撞非由船舶造成的,除非已证明该碰撞非由船舶的故障引起,装载引起船舶碰撞物体的船舶应当对损害承担责任。

第 8:547 条　领航员的过错责任

任何人不得以因领航员的过错造成碰撞为由要求免除其根据本节应当承担的责任。

第二节　救　　助

第 8:550 条　《国际宇航员救援协定》

适用《国际宇航员救援协定》时,不适用本节规定。

第 8:551 条　有关定义

适用本节时,术语含义如下:

(1)救助作业是指对可航水域或者其他任何水域中处于危险中的船舶或者任何其他财产,提供援救或者协助的任何行为;

(2)船舶指任何船只、艇筏或者任何可航行的建筑物;

(3)货物是指任何非永久性和非有意依附于岸线的财产,包括处于危险之中的货物;

(4)环境损害是指因污染、沾污、火灾、爆炸或者类似的重大事故,对人身健康、沿海、内水或者其毗连区域中的海洋生物、海洋资源造成的重大物理损害;

(5)救助费用指根据本节规定应得的任何报酬、酬金或者补偿。

第 8:552 条　视为海洋的水域

适用本节时,《残骸打捞监管法》第 21 条所称的水域构成海洋的部分,且沙滩和堤岸视为海滩的部分。

第 8:553 条　下列物品的救助作业不适用本节规定

对以下物品的救助作业不适用本节规定:

1. 位于从事海底矿物资源的勘探、开发或者生产的固定式、浮动式平台或者移动式近海钻井装置;

2. 至少位于海床上 50 年的具有史前的、考古的或者历史价值的海上文化遗产。

第 8:554 条　军舰或者其他非商业船舶

荷兰或者其他适用 1989 年《国际救助公约》的国家所有、使用或者租赁的军舰或者其他非商业船舶的救助作业不适用本节规定。

第 8:555 条　参照适用本节关于救助作业的规定

以下情形中的救助作业参照适用本节关于救助作业的规定:

1. 可航行内水的固定海滩或者堤岸处沉没或者搁置的物；

2. 乘船舶到乘航空器。

第 8:556 条　在胁迫或者危险情况下订立的救助合同

1. 救助合同是在胁迫或者危险情况下订立的，且约定的条款和条件不公平，或者约定的付款与实际提供的服务相比过高或者过低的，法院可经一方当事人的申请，全部或者部分撤销或者变更救助合同。

2. 任何改变本条第 1 款规定的约定均为无效。

第 8:557 条　在所有权人禁止的情况下，不允许提供救助

1. 任何人不得违背所有权人或者船长明示而合理的禁止，对处于危险中的船舶、船上的物或者来自船舶的漂浮、搁置或者沉没的物的救助；任何人不得违背所有权人明示而合理的禁止对其他处于危险中的物提供救助。

2. 所有权人可随时发布禁止提供救助的规定。

第 8:558 条　提供救助的权利

1. 救助人员应当在船长的指挥下，对处于危险中的船舶、船上的物或者来自船舶的漂浮、搁置或者沉没的物提供救助，没有船长或者船长不在的，此种救助应当在船舶或者财产所有权人的指挥下进行。

2. 船长和所有权人均未对搁浅或者搁置在固定海滩上的船舶或者船上的物提供救助的，此种救助应当在沙滩管理人的指挥下进行。

3. 在船长、所有权人或者沙滩管理人开始指挥前，有必要立即采取措施的，不适用本条的规定。

第 8:559 条　船长在救助时可重新行使职权

1. 船员抛弃船舶且由救助人或者沙滩管理人接管的，船长可随时要求接管人返还船舶并重新行使职权，任何情况下，救助人或者沙滩管理人必须立即将对船舶的管理权移交船长。

2. 船长或者所有权人救助作业时在场或者将救助的物放置到现场，且救助人或者沙滩管理人知道的，救助人或者沙滩管理人必须立即将该物移交船长或者所有权人，但不影响适用第 8:571 条的规定。

3. 救助人或者沙滩管理人不必根据前款将救助的物立即交给船长或者所有权人的情形下，在潮间带或者固定海滩的范围内对该物实施救助作业的，其应当将该物立即移交沙滩管理人。

第 8:560 条　救助人和船长的义务

1. 救助人对处于危险中的船舶或者其他财产的所有权人负有以下义务：

(1)谨慎地进行救助作业;

(2)在履行第1项所称的义务时,应当谨慎地防止或者最小化对环境的损害;

(3)合理情况下,寻求其他救助人的援助;

(4)处于危险中的船舶或者其他财产的所有权人或者船长,合理地要求其他救助人介入,并且在接受这种介入后发现该介入不合理的,其也不应当减少其他救助人取得报酬的金额。

2. 处于危险中的船舶或者其他财产的所有权人对救助人负有以下义务:

(1)在救助作业的过程中与救助人充分合作;

(2)进行此种合作时,应当谨慎地防止或者最小化对环境的损害;

(3)在船舶或者其他财产已到安全地点时,救助人提出合理的返还要求的,接受此种返还。

3. 任何改变本条第1款第2项或者第2款规定的约定均为无效。

第8:561条　救助报酬

1. 救助人实施有益效果救助作业的,其有权获得报酬。

2. 除第8:564条另有规定外,在提供救助没有任何有益效果的情况下,船舶或者其他财产的所有权人无须根据本节规定支付任何费用。

3. 根据本条第1款所称的救助,有权获得报酬的人或者有权要求对报酬进行评估的人与必须支付该报酬的人相同的,该人仍有权获得报酬。

第8:562条　相对人的非合同责任

救助合同当事人因救助作业受到损害,而对相对人承担非合同损害赔偿责任的,其对相对人的责任不得超过根据他们之间订立的合同应当承担的责任。参照适用第8:365条和第8:366条的规定。

第8:563条　确定救助报酬的标准

1. 救助报酬应当根据当事人之间的合同进行确定,没有合同约定的,由法院确定。

2. 为鼓励救助作业,当事人应当考虑下列因素而不考虑其排列顺序,以确定救助报酬:

(1)船舶和其他货物的残余价值;

(2)救助人在防止或者最大限度减少对环境损害方面的技能和努力;

(3)救助取得成功的程度;

(4)危险的性质和程度;

(5)救助人在救助船舶、其他财产及生命方面的技能和努力;

(6)救助人所花的时间、费用以及受到的损失；

(7)救助人或者其设备所承担的责任风险及其他风险；

(8)提供服务的及时性；

(9)用于救助作业的船舶及其他设备的可用性及使用情况；

(10)救助设备的备用状态、效能及其价值。

3. 船舶所有权人应当承担救助人对船舶和船舶上的财产提供救助的报酬，但船舶所有权人有权按其份额向其他利害关系人追偿。所有权人应当承担其他财产的救助报酬。

4. 救助报酬的金额不包括任何应付利息及可追偿的诉讼费用，并且不得超过获救船舶和其他财产的救助价值。

5. 救助报酬可作为支付费用和所受损害补偿的，法院应当指出所涉费用和所受损害。

第 8:564 条　对防止或者最大限度减少对环境损害费用的特别补偿

1. 救助人对船舶或者其船上货物对环境构成损害威胁的情形提供救助，但根据第 8:563 条所获得的报酬少于根据本条应得补偿的，其有权按本条规定请求该船的所有权人支付相当于其所花费用的特别补偿。

2. 在本条第 1 款所称的情况下，救助人因其救助作业防止或者最大限度减少环境损害的，船舶所有权人可根据本条第 1 款可另行增加应当向救助人支付的特别补偿，该最大增加额可达救助人所发生费用的 30%。法院认为公平、合理的，并考虑到第 8:563 条第 1 款中所称的其他有关因素，可进一步增加此项特别补偿，但任何情况下，其增加总额不得超过救助人所发生费用的 100%。

3. 适用本条第 1 款和第 2 款时，救助人所花费用指救助人在救助作业中合理支出的现付费用以及在救助作业中实际合理使用的设备和人员的公平费率，还应当考虑第 8:563 条第 1 款第 8 项、第 9 项和第 10 项所称的标准。

4. 对于本条规定的特别补偿总额，仅在该总额高于救助人根据第 8:563 条获得的报酬时，船舶所有权人才应当予以支付。

5. 因救助人疏忽而未能防止或者最大限度减少对环境损害的，其根据本条规定应得的特别补偿可全部或者部分地予以剥夺。

6. 确定第 8:563 条所称的救助报酬以及本条第 1 款所称的特别补偿的法院，没有义务在确定特别补偿金额之前先确定船舶和其他获救货物救助报酬金额的最大值。

7. 本条规定不影响海船所有权人的追偿权。

第 8:565 条　对人员的救助

1. 被救助的人没有义务支付救助报酬。

2. 不同于本条第 1 款的规定,船舶所有权人应当每次单独向救助人员支付其应得报酬。

3. 参与救助作业的救助人有权从支付给救助船舶或者其他财产或者防止或者最大限度减少对环境损害救助人的报酬中,获得合理份额。

第 8:566 条　有权获得救助报酬的人

1. 有权获得救助报酬的人为各救助人或者救助团体。

2. 各救助人或者救助团体共同实施救助作业的,船舶所有权人仅能共同向该团体或者个人支付救助报酬。

3. 船舶实施救助作业的,未提供救助的船员也有权获得报酬。

第 8:567 条　放弃救助报酬的权利

船员放弃其船舶可获取或者已获取的救助报酬份额的,无论对何人的救助报酬份额,该放弃均为无效,除非船舶的构造专用或者主要用于救助作业或者船舶服务,或者放弃一项特定的救助作业。

第 8:568 条　禁止救助而实施救助时不能取得救助报酬

1. 救助人知道或者应当知道第 8:557 条第 1 款所称的明示且合理的禁止而实施救助作业的,其无权获得本节规定的救助报酬。

2. 船上的人员仅能证明其提供的服务是合理的,该人员才能取得船舶、船上的物或者来自船舶的漂浮、搁置或者沉没的物的救助报酬。

3. 本条第 2 款所称的提供服务可合理视为危险发生前订立合同的通常履行的,此种服务不产生本节规定的救助报酬。

4. 因救助人的过失或者疏忽或者因救助人欺诈或者其他不诚实行为使救助作业成为必要或者更加困难的,法院可剥夺救助人按本节规定获得的全部或者部分救助报酬。

第 8:569 条　对救助报酬或者特别补偿进行评定的权利

1. 各救助人或者救助团体独立实施救助作业的,各救助人有权请求确定其或者其所在团体应得的救助报酬或者特别补偿金额。

2. 各救助人或者救助团体共同实施救助作业的,各救助人均有权请求确定该人或者该团体总共应得的救助报酬或者特别补偿金额。

3. 仅船舶所有权人或者船长有权对实施救助作业的救助报酬或者特别补偿达成协议。该合同可约束所有有权获得救助报酬或者特别补偿的权利人。给付救助报酬前,船舶所有权人或者船长经请求,有义务以书面形式通知各权利人其救助报酬的金额。在合同没有约定的情况下,海船所有权人或者船长有权利也有义务请求法院确认救助报酬或者特别补偿的金额。

4. 在第8:561条第3款所称的情形下,有权获得救助报酬或者特别补偿的各权利人也有权请求法院确认报酬的金额,对救助报酬或者特别补偿作出约定的,同样适用上述规定。

第8:570条　救助人之间救助报酬的分配

1. 救助人之间应当基于第8:563条所称的标准合理分配该条所称的报酬。

2. 救助人之间对第8:564条所称的特别补偿的分配,应当适当遵守第8:563条第2款第8项、第9项和第10项所称的标准。

3. 救助人之间对救助报酬和特别补偿的分配存在争议的,法院应当经一方当事人的申请确定分配方案。

第8:571条　救助人的留置权

1. 根据第8:559条第1款和第3款的规定,有权请求确定救助报酬的人,在其救助报酬的范围内,对被救助的船舶或者物或者被救助船上的物所在船舶享有留置权。

2. 涉及第8:564条所称的特别补偿,此种留置权的范围还包括被救助的船舶。

3. 船舶所有权人已支付救助人之间无争议的款项且对有争议或者金额尚未确定的款项提供足够担保的,留置权即消灭。

第8:572条　对救助人提供担保的义务

1. 根据本节规定应当承担赔偿责任的人必须根据救助人员的要求,对救助人的应得款项以及其支付的利息和诉讼费用,提供足够的担保。

2. 在对提供救助的船舶和其他财产提供足够的担保前,未经救助人的同意,本条第1款所称的人不得从完成救助作业后最初抵达的港口或者地点移走获救的船舶或者其他财产。

第8:573条　提前支付救助报酬或者特别补偿

1. 法院在确定救助报酬或者特别补偿之前,可命令以公平确定的金额为预付款并支付给有权对救助报酬或者特别赔偿进行评估的人。法院可对此种命令附条件,包括为全部或者部分预付款提供担保。

2. 根据第8:572条提供担保的,所提供担保的金额应当扣除已支付的预付款金额。

第8:574条　救助人占有船舶或者财产的权利

1. 被救助的船舶或者其他财产的所有权人未出席的,有权请求确定救助报酬或者特别补偿的人可自己占有该物或者在适当的地点向第三人提存;此情形下,所有权人应当承担费用和风险。

2. 保管上述物的第三人对所有权人,负有与之订立保管合同相同的权利和义务。仅取得提存人的书面同意,保管人才可交付提存物。

第 8:575 条　出售占有的船舶或者财产

1. 适用第 8:490 条时,法院可经其请求,授权有权请求确定救助报酬或者特别补偿的人或者船舶或者物的权利人,按照法院指定的方式,全部或者部分变卖提存物。

2. 保管人必须尽快通知交付保管的人其拟出卖的事项;交付保管的人或者自己占有的人对已知的所有权人,承担此种相同的通知义务。

3. 提存机构应当保管偿还合理支出的提存和变卖费用后的变卖收益。除扣押货物以偿还金钱债权外,应付的救助报酬或者特别补偿必须从交付保管的款项中予以清偿;救助报酬或者特别补偿尚不确定的,收益或者其中一部分收益应当按照法院规定的方式为该债权提供担保。

4. 向提存机构提存的收益可取代货物。

第 8:576 条　被救助的船舶或者财产的所有权转让

1. 所有权人在救助作业结束 2 年后仍未出席的,并且该物仍在有权获得救助报酬或者特别补偿权利人的控制下,且其已采取一切合理的寻找所有权人并告知救助作业结果措施的,该权利人应当获得该物的所有权。

2. 所有权人在本条第 1 款所称的期限内向有权获得救助报酬或者特殊补偿的人提出请求且向其支付保管、维护以及查找所有权人费用的,不适用本条第 1 款的规定。履行此种义务之前,有权获得救助报酬或者特殊补偿的权利人有权暂时拒绝交付。所有权人在向其告知应当支付的费用后 1 个月内未支付的,视为放弃对该物的权利。

第 8:577 条　救助作业不适用无因管理的规定

救助作业不适用无因管理的规定。

第 8:578 条至第 8:609 条　[预留]

第三节　共 同 海 损

第 8:610 条　"共同海损行为"的定义

无论危险源于何方或者由何人引起,为避免同一海船航程中涉及的资产危险,而有意且合理地为共同安全采取措施造成特殊牺牲、支出特殊费用时,即存在共同海损行为。

第 8:611 条　因果关系

仅由共同海损行为直接造成的损害和费用,才属于共同海损。

第 8:612 条　分担共同海损

1. 海船所有权人、与承担货物运费或者旅客运费有关的人、装载货物的收货人以及船上其他财产的所有权人,应当补偿受到共同海损的人,但信件、其他邮件或者邮政包裹的所有权人、船上人员的行李和不属于行李的个人物品的所有权人除外。

2. 不同于本条第 1 款的规定,由承运人在船上运输的与旅客运输合同有关的机动车或者船舶所有权人,应当分担共同海损。

第 8:613 条　《安特卫普规则》的适用

此外,共同海损补偿和共同海损分担中的分担价值,应当按照《安特卫普规则》确定,并由枢密院令规定具体规则。

第 8:614 条至第 8:619 条　[预留]

第四节　海船上的危险物质

第 8:620 条　有关定义

适用本节时,术语含义如下:

1. "危险物质"是指枢密院令认定的危险品,此种认定仅限于一定浓度的物质,该物质可能附带枢密院令规定的特定危险以及枢密院令规定的该物质所处的特定情况。

2. "船舶"是指气垫船以外的任何海船。

3. "损害"是指:

(1)由危险物质造成人员死亡或者伤害而造成的损害;

(2)危险物质对其他船舶或者内陆航行船及其财产造成的损害,但与危险物质所在船舶组成一个船舶拖带队列,或者与危险物质所在船舶构成一个整体的,不包括该海船或者内水船舶及该船上的物的损害;

(3)采取预防措施的费用以及采取此种措施造成的进一步损害。

4. "预防措施"是指为防止或者最大限度减少损害而采取的任何合理措施,除非根据本章承担责任的人在事件发生后采取的措施。

5. "事件"是指任何同一事实或者同一原因造成的一系列事实,且该事实造成损害或者有发生损害的直接危险。

6. "海船所有权人"是指在登记簿上登记为海船所有权人的人,或者没有此种登记的,该海船的所有权人。

第 8:621 条　适用范围

1. 海船所有权人可根据经营合同对原告承担责任的,或者可对原告主张经营合同的,不适用本节规定。

2. 从危险物质装载上船开始到危险物质从船上卸载结束,此期间适用本节规定。

3. 海船完全用于不允许公众进入的区域时,且此种使用是该区域经营活动一部分的,此种情形下造成的损害不适用本节规定。

4. 第 6:175 条所称的物质按照本条第 2 款装载在船上的,不适用该条规定,除非满足本条第 3 款的情形。

5. 油轮造成本章第 5 节所称的油污损害的,不适用本节规定。

第 8:622 条　牵引服务

1. 危险物质所在的运输工具在该船舶上,且危险物质未从装载它的运输工具上卸载的,危险物质在该期间视为仅在该船舶上。不同于前 1 句的规定,在第 8:623 条第 5 款第 3 项、第 4 项和第 5 项所称的期间,危险物质视为在船舶上装载它的运输工具上。

2. 危险物质所在船舶被另一艘海船或者内水船舶拖带牵引或者由与该船舶连接为一体的另一艘海船或者内水船舶操纵的,危险物质在此种情形下视为在被拖带或者操纵的船舶上。

第 8:623 条　海船所有权人的责任

1. 事件发生时危险物质所在船舶的所有权人,对该危险物质造成的事件产生的损害承担责任。事件由同一原因造成的一系列事实构成的,第一个事实发生时的海船所有权人应当承担责任。

2. 海船所有权人不对以下情形中的损害承担责任:

(1)因战争、敌对行为、内战或者武装暴动或者特殊的、不可避免的和不可抗拒的自然现象引起的损害;

(2)完全因第三者有意作为或者不作为造成的损害,但本条第 5 款第 1 项所称的人除外;

(3)因托运人或者其他人未履行关于危险物质的告知义务,且海船所有权人和本条第 5 款第 1 项所称的人不知道也不应当知道该危险物质而造成的损害。

3. 海船所有权人能证明损害完全或者部分是因受害人有意作为或者不作为,或者其疏忽造成的,该海船所有权人对该人应当承担的责任可全部或者部分地予以免除。

4. 仅在本条第 2 款第 3 项的情形下以及根据劳动合同可被提出请求的情形下，受害人才可根据本节以外的规定要求海船所有权人承担责任。

5. 除第 8:624 条和第 8:625 条的情形外，下列人员不对本条所称的损害承担任何责任：

(1)海船所有权人或者船员的工作人员、代理人、管理人员；

(2)领航员以及为船舶需要进行工作的船员以外的任何其他人；

(3)参与对船舶、船上的物或者人员实施救助作业的任何人，除非该人违反船舶一方明示和合理的禁止；

(4)根据主管政府机构指示对船舶、船上的物或者人员实施救助作业的人；

(5)采取预防措施的人，但不包括海船所有权人；

(6)本款第 2 项、第 3 项、第 4 项和第 5 项的工作人员、代理人或者委托代理受托人，对损害不承担责任，除非该损害是因自己故意或者重大过失作为或者不作为造成的。

6. 除另有约定外，仅海船所有权人有权对根据本条第 5 款承担责任的人进行追偿。

第 8:624 条　转载或者卸载时造成的损失

1. 海船所有权人证明在第 8:621 条第 2 款所称的期间内，危险物质的装货或者卸货，完全由其指定的海船所有权人以及其工作人员、代理人或者委托代理受托人以外的人负责的，如托运人或者收货人，海船所有权人不对危险物质在装货或者卸货期间造成的损害承担责任，且该他人应当根据本节对此承担责任。

2. 在第 8:621 条第 2 款的期间内，海船所有权人和指定的其他人共同负责危险物质装货或者卸货的，海船所有权人和该他人对危险物质在装货或者卸货期间造成的损害承担连带责任。

3. 危险物质由按照指示行事的人或者代表承运人或者受其他人委托的人装货或者卸货的，该行为人不承担责任，且承运人或者该其他人应当对此承担责任。

4. 海船所有权人以外的人根据本条第 1 款或者第 2 款承担责任的，该他人不得主张第 8:623 条第 4 款和第 5 款第 2 项的规定。

5. 海船所有权人以外的人根据本条第 1 款或者第 2 款承担责任的，参照适用本编第 7 章以及《民事诉讼法典》第 642 条之一至第 642 条之二十六的规定，但在连带责任的情形下：

(1)双方因同一事件产生的请求权整体适用本编第 7 章的责任限额；

(2)其中一方根据《民事诉讼法典》第 642 条之三设立基金的，视为由双方以及与基金诉讼相关的其他人共同设立。

6. 在海船所有权人与本条第 2 款所称的其他人的相互关系中,海船所有权人无义务承担任何已支付的赔偿,除非其工作人员、代理人或者委托代理受托人有过错。

7. 在第 8:621 条第 2 款所称的期间内,装货或者卸货由第 8:623 条第 5 款第 3 项、第 4 项或者第 5 项所称的人单独负责或者共同负责的,不适用本条规定。

第 8:625 条　托运人或者其他人的责任

海船所有权人根据第 8:623 条第 2 款第 3 项不承担责任的,托运人或者其他根据本条承担责任的人应当根据本节规定承担责任,参照适用本编第 7 章以及《民事诉讼法典》第 642 条之一至第 642 条之二十六的规定。托运人或者其他人不得根据第 8:623 条第 4 款主张其权利。

第 8:626 条　不可分割事件造成的损害

危险物质造成的损害不能与其他损害合理区分的,全部损害视为本节所称的损害。

第 8:627 条　因一艘或者多艘船舶上的危险物质造成的损害

1. 损害由多艘海船上或者海船与内水船舶或者气垫船上的危险物质造成的,海船所有权人与其他有关海船、内水船舶或者气垫船的所有权人或者经营人,对不能合理认定其中一艘海舶、内水船舶或者气垫船上的危险物质造成的损害,承担连带责任,但不影响适用第 8:623 条第 2 款和第 3 款、第 8:624 条、第 11 章第 4 节和第 14 章第 1 节的规定。

2. 本条第 1 款的规定不影响海船所有权人、其他船舶所有权人或者经营人根据本编第 7 章、第 12 章或者第 8:1218 条至第 8:1220 条的规定主张对其适用责任限额的权利。

第 8:628 条至第 8:638 条　[预留]

第五节　油污损害责任

第五节第一分节　一般规定和适用范围

第 8:639 条　定义

适用本节时,术语含义如下:

1.《公约》指 2001 年 3 月 23 日在伦敦订立的《国际燃油污染损害民事责任的公约》。

2.《责任公约》指 1992 年 11 月 27 日在伦敦订立的《国际油污损害民事责任公约》。

3. 部长指交通和水务部长。

4. “船舶”、“人”、“燃油”、“预防措施”、“事件”、“油污损害”、“船舶登记国”、“总吨”、“组织”以及“秘书长”指《公约》第1条规定的术语。

5. 船舶所有人指船舶所有权人,包括登记所有权人、光船租赁承租人、管理人或者占有船舶的经营人。

6. 登记所有权人指作为海船所有权人登记的人,或者未登记的,海船的所有权人。船舶所有权人为国家且由该国登记组织作为经营人用于经营的,此种组织为“登记所有权人”。

第8:640条　范围和排除

1. 有以下情形之一的,可适用本节规定:

(1)在荷兰境内造成的油污损害,包括荷兰领海;

(2)在荷兰专属经济区(EEZ)造成的油污损害;

(3)无论在何地采取的预防措施,都为了防止或者最大限度地减少此种损害。

2. 有以下情形之一的,不适用本节规定:

(1)《责任公约》规定的油污损害,无论根据该公约此损害是否产生赔偿义务;

(2)军舰、海军辅助船舶或者其他为国家所有或者经营的、仅用于政府非商业性服务的船舶造成的油污损害,除非该国另有决定并充分履行《公约》第4条第3款所称的义务。

第五节第二分节　船舶所有人的责任

第8:641条　船舶所有人的责任

1. 除本条第3款和第4款的规定外,发生事故时,船舶所有人应当对任何因船上装载或者船舶燃油造成的污染损害承担责任,该事件包括同一原因造成的一系列事实,该赔偿责任自第一个事实发生时起算。

2. 一个以上的人根据本条第1款应当对事件负责的,其应当承担连带责任。

3. 船舶所有人证明损害属于以下情况的,其不对此承担责任:

(1)因战争、敌对行为、内战或者武装暴动或者特殊的、不可避免和不可抗拒的自然现象引起的损害;

(2)完全因第三者有意作为或者不作为造成的损害;

(3)完全因负责维护灯或者其他导航设备的政府或者其他主管机构在履行其职责时的疏忽或者其他不法行为造成的损害。

4. 船舶所有人能证明完全或者部分污染损害是由受害人有意作为或者不作为,

或者其疏忽造成的,该船舶所有人对该人承担的责任可全部或者部分予以免除。

5. 任何人不得对船舶所有人提起本公约规定以外的污染损害赔偿诉讼。

6. 第三人对受害人承担非合同损害赔偿责任的,船舶所有人对该第三人享有追偿权。

第 8:642 条　涉及两艘以上船舶的事件

涉及两艘以上的船舶发生事件并造成污染损害时,所有船的所有人,除根据第 8:641 条取得豁免的人外,应当对所有无法合理区分的此类损害承担连带责任。船舶所有人之间的相互关系,应当适用第 8:545 条第 3 款的规定。

第 8:643 条　责任限制

船舶所有人以及其他提供保险或者经济担保的人,有权根据本编第 7 章主张限制其对事件的责任。

第 8:644 条　由保险人或者其他提供经济担保的人承担的责任

1. 受害人可直接对保险人或者其他提供经济担保的人,提起污染损害赔偿诉讼。此情形下,船舶所有权人无权根据第 8:643 条主张责任限额,被告也可主张等于保险金额或者第 8:645 条所称的经济担保金额的责任限额。

2. 被告可主张船舶所有人有权主张的一切抗辩,但不得以船舶所有人被宣告延期偿债、适用自然人债务重整计划或者在破产或者清算状态为由提起上诉。被告人可提出抗辩,说明因船舶所有人故意的不当行为造成污染损害,但不得主张船舶所有人向其提起的诉讼中可援引的抗辩。

3. 被告可随时要求传唤船舶所有人参加法律诉讼。

第五节第三分节　责任保险

第 8:645 条　强制保险或者其他经济担保

1. 在荷兰境内登记的 1000 总吨以上的船舶所有权人,有义务购买保险或者取得其他经济担保,如银行担保,以便按本节和《公约》第 7 条的规定承担责任,但任何情况下其责任均不得超过本编第 7 章规定的责任限额。

2. 在荷兰境外登记或者船旗国是荷兰以外国家的 1000 总吨以上的船舶的所有权人,在船舶到达或者离开一个属于荷兰的港口、装货地或者卸货地,或者在荷兰内水航行时,有义务购买保险或者取得其他经济担保,如银行担保,以便按本节和《公约》第 7 条的规定承担责任,但任何情况下其责任均不得超过本编第 7 章规定的责任限额。

第 8:646 条　责任险要求

某人为在荷兰境内登记或者非《公约》缔约国登记的船舶提供经济担保的,其订立的合同必须满足以下条件：

(1)必须与保险人、银行、其他金融机构或者交通和水务部长在征求财政部长的意见后认定有经济能力承担本节和《公约》规定责任的其他人订立合同。

(2)经济担保提供者住所在荷兰境外的，合同规定的款项必须确实可在荷兰境内使用。

(3)合同必须表明受害人可直接根据第 8:644 条和《公约》第 7 条第 10 款对经济担保提供者提起诉讼。规定船舶所有人自己承担部分赔偿的，合同必须表明担保提供者仍有义务对受害人支付该部分的损害赔偿。

(4)合同必须表明在第 8:647 条所称的证书规定的担保有效期间内，经济担保提供者在收到第 8:649 条第 1 款所称的通知后 3 个月届满之前，不得中止合同、终止合同或者修改合同使其不再符合本条规定，除非在该期限届满前，该担保提供者已提交证书或者出具新的证书。

第 8:647 条　证书

1. 部长经所有权人的申请，应当向在荷兰境内登记或者在非《公约》缔约国登记的船舶出具《公约》第 7 条第 2 款所称的证书，或者所有权人未履行第 8:645 条所称的义务的，经济担保提供者可基于所有权人的利益，以此种形式为证书出具认证文件。

2. 申请时，所有权人必须提供以下信息和文件：

(1)所有权人的姓名、住所以及其主要营业地；

(2)《地籍法》第 101 条第 1 款船舶登记簿摘录，其中应当载明该法第 85 条第 2 款第 1 项、第 3 项、第 4 项、第 5 项、第 6 项、第 7 项和第 10 项所称的信息，以及关于涂销临时登记的信息，但摘录在提交之日前 2 日之前出具的，地籍和公共登记簿登记员必须在该 2 日期限内，在摘录上声明，自出具摘录时起，摘录记载的信息未发生变化；

(3)提供经济担保的合同副本；

(4)经济担保提供人的名称和主要营业地点，以及必要之时，提供担保的营业地点；

(5)经济担保开始和终止时间。

第 8:648 条　拒绝请求

所有权人提供的信息或者文件不完整或者不正确，或者经济担保合同不符合本节或者根据本节规定制定的要求的，部长应当驳回第 8:647 条所称的申请。

第 8:649 条　告知义务

1. 在证书的有效期内，提供经济担保的合同失效、中止、终止，或者在该期间内，提出第 8:647 条所称的申请时提供的信息发生任何变更的,取得证书的所有权人,必须立即书面通知部长该事宜。

2. 对于在荷兰境内登记的船舶,部长有义务告知船舶登记的公共登记簿保管地的地籍和公共登记簿部门本条第 1 款所称的关于提供担保合同的通知;该通告应当保管在此处。

3. 保管员应当立即将本条第 2 款所称的通知及接收日期记载于《地籍法》第 85 条所称的船舶登记簿上。其还应当公开本条第 2 款所称的通告。

4. 除所有权人外,本条第 1 款所称的通知也可由经济担保提供者作出。

第 8:650 条　撤销证书

1. 提出第 8:647 条所称的申请时提供的信息发生变更的,或者证明该信息不完整或者不正确,或者不满足本节或者根据本节规定制定的要求的,或者有充分理由认为经济担保提供者未丧失经济能力的,或者经济担保提供的住所在荷兰境外而在荷兰使用存在事实上的障碍的,交通和水务部长在征求财政部长的意见后,可撤回该证书。

2. 部长应当决定交还证书的最后期限。

3. 提起行政诉讼的期限届满前,或者已提起行政诉讼的,在法院作出裁判前,该决定的效力应当予以中止。

第 8:651 条　交还证书

1. 根据第 8:649 条第 1 款作出关于提供经济担保的合同失效、中止或者终止的通知后,或者出具的证书有效期限届满的,所有权人必须尽快将证书交还部长。

2. 部长撤回证书的,所有权人必须在第 8:650 条第 2 款所称的期限内,将证书交还部长。

第 8:652 条　证书的副本或者撤回决定的副本

1. 部长应当将对在荷兰登记的船舶出具的任何证书以及撤回对在荷兰登记的船舶出具证书决定的副本,送交保管通告的地籍部门和公共登记簿部门,且该通告应当保管在此处。

2. 参照适用第 8:649 条第 3 款的规定。

第 8:653 条　出具证书或者认证的费用

枢密院令中或者根据枢密院令制定的规定,可确定出具或者认证第 8:647 条所称证书应付的费用。

第五节第四分节　行政诉讼　[2013年1月1日废止]

第8:654条　诉讼[2013年1月1日废止]

第8:655条至第8:749条　[预留]

第七章　海事请求权的责任限额

第8:750条　责任限制/定义

1. 海船所有权人以及救助人可通过设立《民事诉讼法典》第642条之三所称的一个或者多个基金,限制对第8:752条所称的请求权的责任。

2. 本章所称的海船所有权人,包括船舶经营承租人、其他承租人和其他使用人,包括已占有船舶进行经营的人。

3. 本章所称的救助人指任何实施与救助作业直接有关工作的人,包括第8:752条第1款第4项、第5项和第6项所称的工作或者措施。

4. 本章所称的船舶指海船。适用本章时,正在建造的船舶自开始下水时视为船舶。适用本章时,气垫船不视为船舶。适用本章时,正在建造的勘探开发海床或者海床底下自然资源的浮动平台,在其搁置在海床上的期间,不视为船舶。

第8:751条　海船所有权人或者救助人之外的人主张本章所称的责任限额

1. 涉及第8:752条所称的请求权,海船所有权人或者救助人原则上应当对被告的作为、疏忽或者不作为承担责任,并且被告有权主张本章所称的责任限额。

2. 根据本章主张责任限额的保险人,也可在同样范围内对被保险人主张责任限额。

第8:752条　责任限制的请求权

1. 除第8:753条和第8:754条的规定外,无论基于合同或者非合同原因,或者完全基于所有权、自主占有、船舶优先权或者对主张责任限额的人照管或者监督而产生责任的,责任人均可对以下请求权主张责任限额:

(1)因在船舶上发生或者与船舶经营或者救助作业直接相关的死亡或者伤害,或者包括对港口工程、港池、航道和船舶航行辅助设施等的损害,以及由此造成的损害的请求权;

(2)因海上货物、旅客或者其行李运输延误造成损害的请求权;

(3)因与船舶经营或者救助作业直接相关的侵害非合同权利造成的其他损害的请求权;

(4)因打捞、清除、销毁沉没、遇难、搁浅或者遗弃的船舶,包括此种船舶上现有

或者原有物,或者使之无害的请求权;

(5)因清除、销毁船舶上的货物或者使之无害的请求权;

(6)因为防止或者减少损害而采取的措施,以及此种措施造成损害的请求权,除非责任人本人的请求权。

2. 受害人以追偿或者免责的方式主张本条第1款所称的请求权的,无论是否根据合同,责任人均可主张责任限额。本条第1款第4项、第5项或者第6项所称的请求权不得限于根据与责任人的合同可请求给付的报酬。

第8:753条　责任限制之外的请求权

1. 有以下情形之一的,不适用本章规定:

(1)涉及救助作业的,包括根据1989年4月28日在伦敦订立的《国际救助公约》以及事后修正案支付特别补偿以及分担共同海损的请求权;

(2)涉及油污损害的,包括1969年11月29日《国际油污损害民事责任公约》及其他有效的任何修正案或者议定书所称的油污损害请求权;

(3)受制于关于核能损害责任限额的国际公约或者国内法范围的请求权;

(4)对核动力船舶经营人的关于核能损害的请求权;

(5)工作人员或者其权利继受人根据劳动合同对海船所有权人或者救助人提出的请求权,并且海船所有权人或者救助人承担的责任不能根据劳动合同的准据法加以限制或者限额高于本章规定的限额的,该请求权仅涉及与船舶或者救助有关的工作。

2. 根据本章有权主张责任限额的人,基于同一事件有权对债权人主张请求权的,应当相互抵销双方的请求权;此情形下,该责任限额仅适用于抵销后可能存在的差额。

第8:754条　责任人自己的故意或者重大过失

责任人因自己故意或者重大过失作为或者不作为造成损害的,其不得主张责任限额。

第8:755条　一般限制

1. 不同于本条第2款的规定,同一事件产生的第8:756条所称的其他请求权,应当按照以下规则确定本章的责任限额:

(1)涉及第8:752条第1款第4项和第5项所称的其他请求权,按照1976年11月19日在伦敦订立,并经《1996年议定书》第3条修正的《海事索赔责任限制公约》第6条第1款确定,不影响适用《1996年议定书》第8条规定的特别修正程序;

(2)涉及第8:752条第1款第4项和第5项所称的请求权(海难基金),按照

1976年11月19日在伦敦订立,并经《1996年议定书》第3条修正的《海事索赔责任限制公约》第6条第1款第2项确定,不影响适用《1996年议定书》第8条规定的特别修正程序。

2. 对于建造专门用于或者主要用于旅客运输且总吨不超过300吨的船舶,枢密院令可对1976年11月19日在伦敦订立,并经《1996年议定书》第3条修正的《海事索赔责任限制公约》第6条第1款第2项所称的请求权的责任限额,规定低于该公约第6条第1款第2项第1小项金额的计算单位。

3. 不在任何海船或者内水船舶上进行救助作业,或者仅在从事救助作业的船舶上实施救助工作的人,按照吨位为1500吨的船舶计算对船舶实施救助作业的责任限额。

4. 适用本章时,船舶吨位指根据1969年6月23日在伦敦订立的《国际船舶吨位丈量公约》附件1所载吨位丈量规则计算的总吨位。

5. 交通和水务部长应当经所有权人的申请,对根据1969年6月23日在伦敦订立的《国际船舶吨位丈量公约》附件1所载吨位丈量规则计算的总吨位出具证明。

6. 交通和税务部长仅在所有权人支付其制定的价目表中的费用后,才可出具该证明。

7. 适用本条和第8:756条时,《1996年议定书》指1996年5月2日在伦敦订立的《修改1996年11月19日订于伦敦的〈海事索赔责任限制公约〉的议定书》。

第8:756条　旅客请求权的限制

1. 对于因同一事件造成旅客死亡或者伤害的请求权,海船所有权人可主张适用1976年11月19日在伦敦订立,并经《1996年议定书》第4条修正的《海事索赔责任限制公约》第7条规定的责任限额,不影响适用《1996年议定书》第8条规定的特别修正程序。

2. 适用本条时,关于旅客死亡或者受伤害的请求权指船舶运输的下列旅客因某个事件产生的此种请求权:

(1)订立旅客运输合同的人员;

(2)经承运人同意,根据货物运输合同随同承运车辆或者带活体动物的人员。

第8:757条　公积金或者法定权益的分配

第8:755条和第8:756条所称的金额,应当在导致请求权的事件发生次日到申请责任限额的人根据《民事诉讼法典》第642条之三履行命令的期间,计算其利息。

第8:758条　适用责任限制的请求权

1. 因同一事件产生的、对以下人员的整体请求权,应当适用第8:755条规定的

责任限额:

(1)第8:750条第2款所称的人,以及原则上对其作为、疏忽或者不作为承担责任的行为人;

(2)实施救助作业的海船所有权人,以及在该船舶上工作且原则上对其作为、疏忽或者不作为承担责任的行为人;

(3)从未在海船或者内水船舶上实施救助或者仅在从事救助作业的船舶上工作的、对船舶实施救助作业的救助人,以及原则上对其作为、疏忽或者不作为承担责任的行为人。

2. 因同一事件产生的、与第8:750条第2款以及第8:756条所称的船舶有关的人,以及原则上对其作为、疏忽或者不作为承担责任行为人的整体请求权,应当适用第8:756条规定的责任限额。

第8:759条　计算单位

第8:755条和第8:756条所称的计算单位指国际货币基金组织规定的特别提款权。第8:755条和第8:756条所称的金额,应当按照债务人根据《民事诉讼法典》第642条之三所称的命令提存或者提供其他担保之日的汇率换算为荷兰货币。特别提款权的荷兰货币价值,应当按照国际货币基金组织在转换日采用的估价方法进行计算。

第8:760条至第8:769条　[预留]

第三部分　内水航运法

第八章　内水船舶和船上的货物

第一节　内水航运合伙

第8:770条　内水航运合伙

1. 内水船舶根据本法第3编第1章第2节登记在公共登记簿上,并属于两个以上的人共同所有的,应当成立航运合伙。船舶所有权人以共同名义行事的,仅在公证文书中明确约定且将此种文书登记在登记簿上时,才应当成立航运合伙。

2. 内水航运合伙非法人。

第8:771条　内水航运合伙适用第3编第1节的规定

内水航运合伙适用本法第3编第1节的规定。

第 8:772 条至第 8:779 条　[预留]

第二节　内水船舶上的权利

第 8:780 条　“内水船舶”的定义

1. 本编第 8 章第 2 节至第 6 节所称的船舶,包括正在建造的船舶。

2. 本编第 8 章第 2 节至第 6 节所称的内水船舶,包括满足第 8:1 条和第 8:3 条关于内水船舶要求的气垫船、摆渡船以及挖泥船、起重船、电梯以及所有浮动设备、趸船或者类似性质的物体。

3. 正在建造的船舶已成为第 8:1 条所称的船舶的,新的船舶即不存在。

第 8:781 条　定义

适用本节时,术语含义如下:

1.《日内瓦公约》指 1965 年 1 月 25 日在日内瓦订立的《关于内水船舶登记的公约》以及议定书;

2. 缔约国指《日内瓦公约》对其生效的国家;

3. 公约登记簿指在荷兰境外的缔约国设置的《日内瓦公约》第 2 条所称的登记簿;

4. 公共登记簿指本法第 3 编第 1 章第 2 节所称的公共登记簿。

第 8:782 条　本节中所规定的义务

船舶属于多个自然人、普通合伙企业、有限合伙企业或者法人的,本节中航运合伙人应当承担的义务,应当由各共同所有权人、有管理权的合伙人或者董事共同承担。

第 8:783 条　[2005 年 9 月 1 日废止]

第 8:784 条　公共登记簿上登记的内水船舶

1. 内水船舶仅在以下情形中才可进行登记:

(1)正在建造的内水船舶:在荷兰境内建造的。

(2)建成的内水船舶:至少满足以下条件之一:

1)船舶通常停靠在荷兰境内经营的地方;

2)船舶所有权人是有荷兰国籍或者在荷兰境内有住所的自然人;

3)船舶所有权人在荷兰境内有住所或者主要经营地在荷兰;

在内水船舶共同所有的情形下,本款第 2 项第 2 小项和第 3 小项所称的自然人、法人或者合伙企业至少拥有船舶一半以上的所有权,才可认为满足条件。

2. 任何人不得再登记已在内水船舶、海船或者公共登记簿上登记的内水船舶。

3. 不同于本条第 2 款的规定,已在公约登记簿上登记的内水船舶,仅涂销在公约登记簿上的登记后,才可根据本条第 1 款进行登记。仅在登记簿上注明公约登记簿上的登记已涂销的,此种登记才具有法律效力。

4. 不同于本条第 2 款的规定,已在公约登记簿上登记的内水船舶,仅在该登记簿保管员根据《日内瓦公约》第 22 条第 1 款拒绝变卖该船舶的所有权后,才可进行登记。

5. 内水船舶所有权人应当申请登记。为此,其必须提交一份由其签名的登记声明,并说明据其所知,该船舶可作为内水船舶进行登记。

6. 未满足本条前述各款要求的,已登记在公共登记簿上的登记不具有法律效力。

7. 申请登记时,内水船舶所有权人应当选择在荷兰境内的住所。所有权人还应当在登记申请中载明该住所,并确定可取代该住所的在荷兰境内的其他住所。

第 8:785 条　内水船舶所有权人有义务申请登记

1. 内水船舶所有权人有义务申请登记。其必须在可根据第 8:784 条登记后 3 个月内履行该义务。

2. 有以下情形之一的,内水船舶所有权人无须履行申请登记的义务:

(1)涉及货船,载重量小于 20 吨,或者涉及其他内水船舶,在净水中最大载重排水量与空载排水量差额小于 10 立方米;

(2)涉及正在建造的船舶,已在非缔约国的登记簿上登记,且满足《日内瓦公约》第 3 条第 1 款所称的条件中的至少一项;

(3)涉及内水船舶,来自非缔约国且正在驶向该船舶必须进行登记的国家。

第 8:786 条　涂销登记

1. 内水船舶登记仅在以下情形中才可进行涂销:

(1)有以下情形之一的,经在公共登记簿上登记为所有权人的申请:

1)所有权人没有登记义务或者不再有登记义务。

2)船舶在公约登记簿上登记,但必须涂销在公共登记簿上的登记。

3)船舶在非缔约国的登记簿上登记,且满足《日内瓦公约》第 3 条第 1 款所称的条件中的至少一项。此情形下,仅在 30 日内所有权人提交其签名的声明,并载明船舶在所称国家的登记簿上登记且满足《日内瓦公约》第 3 条第 1 款所称的条件中的至少一项,涂销才具有法律效力。

(2)有以下情形之一的,经所有权人的申报或者依职权:

1)船舶灭失、损毁或者永久不适合航行;

2)强盗或者敌人掠走船舶;

3)船舶成为第 8:2 条所称的海船或者正在建造的此种海船,不应当在公共登记簿上登记的;

4)船舶不满足或者不再满足第 8:784 条第 1 款所称的条件中的至少一项;

5)船舶在公约登记簿上登记且不要求涂销在公共登记簿上的登记。

2. 在本条第 1 款第 2 项的情形下,所有权人必须在涂销原因发生后 3 个月内作出声明。

3. 为第三人利益作出有关船舶登记或者临时登记的,仅在第三人未提出异议时,保管员才可涂销该登记。

4. 法院仅经一方当事人的申请,才可允许涂销登记。

第 8:787 条　在外国登记簿上登记

1. 未涂销内水船舶在公共登记簿上登记的,其后在非缔约国登记簿上的登记,或者在荷兰公共登记簿上设立权利的登记,均不具有法律效力。

2. 不同于本条第 1 款的规定,内水船舶在非缔约国登记簿上登记 30 日内涂销登记的,其后船舶再在公共登记簿上登记或者设立权利的,该登记或者设立的权利应当予以承认。

第 8:788 条　在公共登记簿上登记的内水船舶物权

可在登记簿上登记的内水船舶物权,包括所有权、抵押权、用益权和第 8:821 条与第 8:827 条第 1 款第 2 项所称的优先权。

第 8:789 条　[1992 年 1 月 1 日废止]

第 8:790 条　登记财产

1. 在公共登记簿上登记的内水船舶视为登记财产。

2. 适用第 3:301 条时,关于第 3:89 条第 1 款和第 3 款移交此种内水船舶的文书非为终审裁决的,该条所称的法院裁决不得进行登记。

第 8:791 条　取得时效

善意自主占有人通过持续自主占有 5 年后,取得登记内水船舶的所有权,或者在适用的情况下,取得内水船舶的抵押权或者用益权。

第 8:792 条　内水船舶权利的抵押权

在登记内水船舶或者此种内水船舶权利上设立抵押权的公证文书,应当载明以下信息,但不影响适用第 3:260 条第 1 款的规定:

(1)设立抵押权的船舶;

(2)到期的条件,或者包含到期条件和在登记机关登记的文件;

(3)约定利息以及到期时间。

第 8:793 条　抵押范围

除公共登记簿另有约定外,抵押权的抵押范围应当涵盖由于其预定用途持续用于船舶且属于所有权人的物。此情形下,不适用第 3:266 条的规定。

第 8:794 条　抵押的顺位

抵押权担保的债权顺位后于第 8:820 条、第 8:821 条、第 8:221 条、第 8:222 条第 1 款、第 8:831 条和第 8:832 条第 1 款所称的债权,但先于其他所有根据本法或者其他法律享有优先权的债权。

第 8:795 条　债权利息的担保

担保债权有利息的,抵押权还应当担保执行变卖开始前 3 年以及执行变卖期间本金的利息。此情形下,不适用第 3:263 条的规定。

第 8:796 条　登记内水船舶共有份额上的抵押权

对于在登记内水船舶共有份额上设立的抵押权,不适用第 3:177 条的规定;该抵押权在船舶转让或者分配后继续存在。

第 8:797 条　关于租船的特定条款的适用性和不适用性

1. 对于在已出租的登记内水船舶上设立的抵押权,还适用第 3:264 条前 2 款的规定。

2. 此种抵押权不适用第 3:234 条和第 3:261 条的规定。

第 8:798 条　登记内水船舶的用益权

对于在登记内水船舶上设立的用益权,包括农场租赁以及用于出租的经营场所或者住房的用益权,性质上可适用第 3:217 条的规定。

第 8:799 条　[预留]

第三节　登记内水船舶的租购

第 8:800 条　登记内水船舶的租购合同

1. 在登记簿上登记的内水船舶的租购合同,应当采用公证文书的形式,其中买受人在出卖人将船舶提供给买受人后至少应当支付两期以上的价款,而出卖人在买受人支付全部约定价款后,有义务转让内水船舶的所有权。

2. 租购合同仅在取得第 8:805 条所称的抵押权登记之日已在公共登记簿上登记的定限物权或者扣押人的书面同意后,才有效。

3. 当事人约定必须由买受人提供船舶的,该约定可附载于当事人签名的公证文书上。

4. 当事人授予订立船舶租购合同意定代理权的,该授权必须采用公证文书的形式。

第 8:801 条　租购合同的登记

1. 有关内水船舶的租购合同可登记于本法第 3 编第 1 章第 2 节所称的公共登记簿上。

2. 船舶租购合同已根据本法第 3 编第 1 章第 2 节登记在公共登记簿上，而船舶所有权移转给第三人的，该第三人继受船舶租购出卖人的所有权利义务，但原船舶租购出卖人与新所有权人仍受到合同的约束。

3. 出租人的权利义务在船舶所有权移转前已到期的，该权利义务不得移转给第三人。

第 8:802 条　"船舶租购出卖人和买受人"的定义

适用第 8:803 条至第 8:812 条时，出卖人指船舶租购出卖人，买受人指船舶租购买受人。

第 8:803 条　公证文书的内容

1. 当事人必须在公证文书中载明各期应付款项中清偿船舶买卖本金的部分、应付利息部分以及用于船舶使用的部分。

2. 任何改变本条第 1 款的约定均为无效，但公证文书未载明或者记载不明确的，法院应当经一方当事人的申请，确定该内容。

第 8:804 条　不得提高买卖本金

当事人约定合同期间可提高买卖本金的，该约定无效。

第 8:805 条　租购合同中出卖人的义务

1. 出卖人负有以下义务：

(1) 将船舶交由买受人并由买受人处置。

(2) 赔偿买受人因下列事项造成的损害：

1) 船舶的状态或者性质。

2) 扣押船舶。

3) 处于破产或者宣告适用自然人债务重整计划。

4) 与出卖人有关的个人情况导致买受人对船舶的使用，不符合订立租购合同时可期待的范围；出卖人没有义务确保买受人免于无权主张船舶上权利第三人的事实妨碍，或者没有事实妨碍的第三人主张船舶上的权利造成的损害。

(3) 确保订立租购合同日在船舶所有权上为买受人设立抵押权，其抵押金额等于买卖本金的 3 倍，且买受人对出卖人现在和将来的义务与租购合同有关或者该合同的撤销有关。

(4)不得将船舶所有权转让给其他人,买受人已履行租购合同中全部支付义务的,应当立即将船舶所有权转让给买受人,且转让的所有权上不应当存在船舶租购合同成立后为第三人设立的抵押权、顺位优先的抵押权以及担保出卖人债务的优先权和扣押。

2. 任何改变本条第1款第1项、第3项或者第4项的约定,对买受人不利的,均为无效,但第3项所称抵押权可按照当事人约定的条件设定,未约定其条件的,法院应当经一方当事人的申请,尽可能按照习惯作出裁决。

3. 出卖人在订立合同时已知本条第1款第2项所列事实的,任何改变该项的约定,对买受人不利的,均为无效。

4. 当事人事先约定确定出卖人未履行本条义务而应当承担损害赔偿责任的,该约定无效。

第8:806条　买受人接受船舶所有权的义务

买受人已履行租购合同中规定的支付义务,且所有权上不存在船舶租购合同成立后为第三人设立的抵押权、顺位优先的抵押权以及担保出卖人债务的优先权和扣押的,该买受人有权接受船舶的所有权。

第8:807条　买受人可以分期付款方式偿还抵押权

1. 买受人有权直接向该船舶的抵押权人支付所涉买卖本金和利息的应付各期款项,以清偿到期利息和本金,不影响适用第8:808条的规定。

2. 不同于第6:29条的规定,仅买受人各期应付金额低于对本条第1款所称的抵押权人应付利息和本金时,抵押权人才有义务根据本条第1款受领一期租购款项,不影响抵押担保的债务人对其他部分的支付义务。抵押权人必须向抵押担保的债务人通知买受人支付到期利息和本金的事项。

3. 买受人已告知本条第1款所称的抵押担保的债务人,其将行使本条规定的权利的,抵押担保的债务人有义务通知买受人该抵押担保剩余债务的余额。

4. 买受人根据本条向抵押权人支付款项的,其对出卖人的义务可相应予以减少。买受人必须立即通知出卖人该支付情况。

5. 出卖人转让或者出质其对买受人的债权,或者扣押其对买受人的债权的,买受人根据本条享有的权利不受影响。

6. 代表船舶抵押权人或者船舶扣押人公开、自愿进行变卖的,买受人享有第3:269条所称的权利。买受人行使该权利的,参照适用本条第3款的规定。

第8:808条　买受人可提前清偿应付款项

1. 在当事人订立租购合同1年之后,买受人有权在合同确定的各期款项到期之前全部或者部分清偿应付剩余款项,并按照当事人约定的条件,重新计算剩余款项的利息,未约定的,法院可经一方当事人的申请作出裁决。

2. 不得作出对买受人不利的改变。

第 8:809 条 对买受人强制默认的正式通知

1. 在买受人未履行其支付买卖本金或者利息的义务,或者未支付一期或者多期款项的情况下,仅出卖人指定合理期限并作出迟延催告,但买受人在该期限届满仍未履行的,出卖人才可主张请求返还船舶。

2. 任何改变本条规定的约定均为无效。

第 8:810 条 解除租购合同的法律效果

1. 租购合同因买受人未履行其支付买卖本金或者利息的义务,或者未支付一期或者多期款项而解除,且出卖人或者买受人将处于比维持合同更好的财务状况的,当事人应当立即偿还全部收益。

2. 出卖人保留自己评估船舶价值权利的,买受人申请法院确定船舶价值的权利不受影响。

3. 任何改变本条规定的约定均为无效。

第 8:811 条 [1992 年 1 月 1 日废止]

第 8:812 条 合同约定无效

当事人约定合同依法自动终止,该约定无效。

第 8:813 条至第 8:819 条 [预留]

第四节 内水船舶上的优先权

第 8:820 条 通过止赎权受偿(执行变卖)

1. 在执行变卖内水船舶的情形下,执行变卖费用、执行变卖或者变卖期间的保管费以及法院在债权人之间确定顺位表以及分摊费用,应当优先于其他根据本法或者其他任何法律享有优先权的债权受偿。

2. 政府基于公共利益的考虑出售搁浅、拆解或者沉没的内水船舶的,其处理残骸的费用应当优先于其他根据本法或者其他任何法律享有优先权的债权受偿。

3. 前述各款所称的优先债权顺位相同,并应当按比例受偿。

第 8:820 条之一 留置权

内水船舶不适用第 3:292 条和《破产法》第 60 条第 2 款第 1 句、第 3 款和第 4 款以及第 299 条之二第 3 款至第 5 款的规定。

第 8:821 条 优先债权先于抵押债权

除根据本法或者任何其他法律享有优先权的债权外,以下债权对内水船舶享有

优先权,不影响适用第 8:820 条的规定:

(1)船舶被扣押后与保全船舶维护费用有关的债权,包括维护船舶必不可少的修理费用;

(2)由船长和其他船员的劳动合同产生的债权,仅限于 12 个月内到期的工资、奖金或者报酬;

(3)与救助和船舶共同海损分担有关的债权。

第 8:822 条　利息和费用

债权根据第 8:821 条享有优先权的,其利息和取得可执行命令的费用,也享有优先权。

第 8:823 条　优先债权之间的顺位

1. 第 8:821 条所称的优先债权应当按其顺序排列。

2. 同一项中优先债权的顺位相同,但第 8:821 条第 3 项所称的债权相互间的顺位为相反顺序。

3. 同顺位的优先债权应当按其比例受偿。

第 8:824 条　第 8:821 条所称优先权的延伸

第 8:821 条所称的优先权可及于:

(1)按其预定用途连续附于船舶上且属于海船所有权人的一切物;

(2)因船舶灭失或者未修理造成损害而应当承担的损害赔偿,包括救助报酬、打捞报酬、涉及灭失或者损坏部分的共同海损补偿。该损害赔偿或者报酬请求权转让或者出质的,仍适用该规定。该赔偿请求权不包括因防范灭失或者共同损失而订立船舶保险合同应当支付的赔偿。此情形下,不适用第 3:283 条的规定。

第 8:825 条　实际效果

1. 根据第 8:821 条享有优先权的债权人,有权向占有船舶的人主张其权利。

2. 第 8:821 条所称的优先权,可根据本法第 3 编第 1 章第 2 节登记在公共登记簿上。此情形下,不适用第 3:24 条第 1 款的规定。

第 8:826 条　海船所有权人以外的人经营船舶时第 8:821 条所称的优先权

第 8:821 条所称的债权,在船舶承租人控制船舶期间或者海船所有权人以外的人经营船舶期间产生的,对船舶可优先享有受偿权,除非上述主体由于不允许的行为而丧失其对船舶的事实控制,且债权人非善意。

第 8:827 条　船舶商业运营相关的优先债权;优先海事债权

1. 以下债权的可优先受偿权顺位先于其他根据本法或者其他任何法律享有优先权的债权,后于第 8:821 条所称的享有优先权的债权、抵押权人的债权、第 8:222

条和第 8:832条所称的债权以及质权人的债权,其中不包括正在建造的内水船舶:

(1)约束内水船舶所有权人或者光船租赁承租人的、直接涉及船舶经营或者占有的法律行为产生的债权,以及可对根据第 8:461 条和第 8:462 条或者第 8:943 条和第 8:944 条视为承运人的人主张的债权;适用本条时,法律行为包括受领意思表示或者通知。

(2)根据本编第 6 章第 1 节或者第 11 章第 1 节对内水船舶所有权人的债权。

(3)第 8:1062 条所称的对内水船舶所有权人的债权。

2. 本条第 1 款所称的优先债权的顺位相同,并应当按比例受偿。

3. 本条第 1 款所称的债权适用第 8:822 条、第 8:824 条第 1 项和第 8:826 条的规定。对于本条第 1 款第 2 项的债权,也适用第 8:825 条的规定。

4. 此情形下,不适用第 3:283 条的规定。

第 8:828 条　与保存船舶或者建设相关的优先权

第 3:284 条以及第 3:285 条所称的债权,未根据本章其他规定对内水船舶享有优先顺位受偿权的,其顺位后于第 8:827 条所称的债权。

第 8:829 条　优先权的消灭

1. 本节规定的优先权经过 1 年消灭,除非债权人已在法律诉讼中主张该权利。该期限自债权到期次日起算。但涉及救助报酬请求权时,该期限自救助结束次日起算。

2. 优先权与债权一同消灭。

3. 在执行变卖的情形下,优先权自分配结束时消灭。

第五节　对内水船舶上货物的优先权

第 8:830 条　本节的适用

适用本编第 15 章时,不适用本节规定。

第 8:831 条　变卖费用

1. 在执行变卖内水船舶上物的情形下,执行变卖费用、执行变卖期间的保管费以及法院在债权人之间确定顺位表以及分摊费用,应当优先于其他根据本法或者其他任何法律享有优先权的债权受偿。

2. 本条第 1 款所称的优先债权的顺位相同,并应当按比例受偿。

第 8:832 条　海上救助、共同海损以及货物之上的优先权

1. 与救助和分担共同损失有关的债权,对海船上的物享有优先权。此种债权顺位后于第 8:210 条、第 8:211 条、第 8:221 条、第 8:820 条、第 8:821 条和第 8:831 条所称的债权,但先于其他根据本法或者其他任何法律享有优先权的债权。

2. 订立货物合同产生的债权或者第8:488条或者第8:951条所称的债权,对承运的货物享有优先权,但仅限于承运人根据第8:489条或者第8:954条对货物享有的权利。此种债权顺位后于第8:204条和第8:794条所称的债权,但先于其他根据本法或者其他任何法律享有优先权的债权。

第8:833条　利息和费用

债权根据第8:832条享有优先权的,其利息和取得可执行命令的费用,也享有优先权。

第8:834条　优先权之间的顺位

1. 关于救助或者共同损失的债权,根据第8:211条、第8:222条第1款、第8:821条或者第8:832条第1款享有优先权的,相互间的顺位为相反顺序。

2. 第8:222条第2款所称的优先债权顺位相同。

3. 无论产生时间,第3:284条所称的优先债权顺位后于前述各款所称债权。

4. 同顺位的优先债权应当按比例受偿。

第8:835条　优先权的延伸

第8:832条所称的优先权可及于船舶灭失或者未修理造成损害而应当承担的损害赔偿,包括救助报酬、打捞报酬、涉及灭失或者损坏部分的共同海损补偿。该损害赔偿请求权或者报酬请求权转让或者出质的,仍适用该规定。该赔偿请求权不包括因防范灭失或者共同损失而订立船舶保险合同应支付的赔偿。此情形下,不适用第3:283条的规定。

第8:836条　非债务人的优先权

第8:832条所称债权的优先权产生时,非债务人的所有权人对该条中的物可优先享有受偿权。

第8:837条　货物上优先权的消灭

1. 除第8:559条规定的情形外,第8:832条所称的优先权在将物交付权利人时消灭。在执行变卖的情形下,未及时对价款分配和法院确定的顺位表提出异议的,优先权也即消灭。

2. 根据第8:490条、第8:955条或者第8:574条提存货物的,或者根据《民事诉讼法典》第8:626条或者第8:636条扣押货物的,其上的优先权仍继续存在。

第8:838条　收回权

机器燃料、锅炉水、食品或者船舶设备的出卖人仅能在交付货物后48小时内行使本法第7编第1章第8节所称权利,海船所有权人、光船租赁承租人或者定期租船承租人控制货物的,同样适用上述规定。

第 8:839 条　[预留]

第六节　附　　则

第 8:840 条　属于政府所有的内水船舶

1. 国家或者任何公共机构所有的、仅用于以下目的的内水船舶不适用本法第 3 编第 2 节至第 4 节的规定:

(1)公共权力;

(2)非商业公共服务。

2. 确定本条第 1 款所称用途的决定,可根据本法第 3 编第 1 章第 2 节登记在公共登记簿上。此情形下,不适用第 3:24 条第 1 款的规定。

3. 适用本条时,保管员有权涂销已根据本法第 3 编第 1 章第 2 节登记在公共登记簿上船舶的登记。

第 8:841 条　授权

1. 为执行本编第 3 章第 2 节至第 5 节的规定,枢密院令需作进一步的规定;《地籍法》授予枢密院令的权限不受影响。

2. 适用第 8:786 条第 1 款第 2 项第 5 小项时,在《日内瓦公约》对该国生效前已在外国登记簿上登记的情形下,本条第 1 款所称的枢密院令,可改变第 8:786 条第 2 款的规定,也可对内水船舶所有权人申报涂销登记的期限作出进一步的规定。

第 8:842 条至第 8:859 条　[预留]

第九章　内水船舶的船员和船长

第一节　海船船员　[预留]

第二节　船　　长

第 8:860 条　船长的职权

1. 船长有义务在卸货后,尽可能照顾船舶承租人以及船上物的权利人的利益,并为此目的采取一切必要措施。

2. 船长有权为保护此种利益,立即采取有必要的法律行为。该法律行为包括受领意思表示。

3. 可能的情况下,船长应当将任何特殊情况,立即通知与财产有关的利害关系人,并征求其意见和遵守其指示行事。

第 8:861 条　船长职权(授权书)的限制

1. 关于对船长权限的限制仅能由知道此情形的第三人主张。

2. 船长仅在超越其法定权限的范围内承担责任。

第 8:862 条至第 8:879 条　[预留]

第十章　经　营

第一节　一般规定

第 8:880 条　参照适用第 8:361 条至第 8:366 条

涉及内水船舶经营合同的,参照适用第 8:361 条至第 8:366 条的规定。

第 8:881 条至第 8:888 条　[预留]

第二节　内水货物运输合同

第 8:889 条　适用布达佩斯公约的约定

当事人可作出与本章第 1 节和第 2 节以及本编第 20 章第 1 节的规定不同的约定;其订立的运输合同可适用《关于内水货物运输合同的布达佩斯公约》的规定。

第 8:890 条　"货物运输合同"的定义

1. 本章所称的货物运输合同是指承运人对托运人负有在内水用船舶运输货物的义务的运输合同,无论是否为定期租船合同或者航次租船合同。

2. 同一艘船舶在海上和内水运输,且该船舶既在海上也在内水航行的,该船舶在海上的航行显然是其在内陆航行的次要水道,视为内水航行。

3. 同一艘船舶未经机械推进在海上和内水运输,且该船舶既在海上也在内水航行的,考虑到本条第 2 款的规定,提供动力的船舶的航行视为内水航行。其他情形下,视为海上航行。

4. 执行 2009 年《邮政法》所称的统一邮政服务,或者国际邮政条约下的国际邮政服务的邮件运输合同不适用本节规定。除第 8:980 条外,行李运输合同不适用本节规定。

第 8:891 条　本节不影响本编第 7 章和第 12 章的适用

适用本节时,不影响适用本编第 7 章和第 12 章的规定。

第 8:892 条　"定期租船或者航次租船合同"的定义

1. 本节所称的定期租船或者航次租船合同是指承运人已约定按照或者不按照一定期间(定期租船或者航次租船合同),将船舶全部或者部分提供给托运人用于运输的合同,但光船租赁方式除外。

2. 班轮运输合同是指在港口之间固定航线上运输货物的定期租船合同。

3. 舱位租赁指按照船舶舱位确定运费的航次租船合同。

4. 本节所称的“船舶出租人”指本条第 1 款所称的承运人,“船舶承租人”指本条第 1 款所称的托运人。

第 8:893 条　非光船租赁不适用关于租赁、保管和使用借贷的法律规定

以光船租赁以外的方式提供船舶的情形不适用关于租赁、保管和使用借贷的法律规定。

第 8:894 条　已出租船舶的所有权移转

1. 已出租船舶的所有权移转给第三人的,无论是否登记,该第三人继受出租人所有的权利义务,但出租人与新所有权人仍受租船合同的约束。

2. 出租人的权利义务在船舶所有权移转前已到期的,该权利义务不会移转给第三人。

第 8:895 条　承运人的主要义务

承运人有义务按照收到货物时的状态将货物运送到目的地。

第 8:896 条　迟延

承运人有义务立即运输其收到的承运货物,不影响适用第 8:895 条的规定。

第 8:897 条　定期租船合同的指示

1. 涉及定期租船合同的,船舶出租人有义务指示船长在合同规定的范围内遵守船舶承租人的命令。船舶出租人还应当确保船长遵守其作出的指示。

2. 船舶承租人应当确保船舶根据本条第 1 款所称的命令安全到达、停泊以及离开前往装货地、卸货地或者其他地点。该地点不满足要求的,船舶承租人仅在船长按照对其发出的命令合理行为的情况下,才承担责任。

3. 船舶出租人同时受到船长根据本条第 1 款实施的法律行为的约束,并享有其中的权利,不影响适用第 8:943 条的规定。该法律行为包括受领意思表示。

第 8:898 条　承运人的责任

1. 涉及谨慎承运人无法避免且无法阻止的情况造成的死亡或者伤害而产生的损害时,承运人不对此承担责任。

2. 关于船舶及其使用或者提供材料的质量和适用性,承运人必须尽到谨慎承运人的义务,即在自己的船上使用自己的材料运输货物。托运人或者收货人尽到谨慎承运人的义务提供使用的材料的,承运人不对因此造成的损害承担责任。

3. 损害指因货物全部或者部分灭失、延误以及其他情形造成损害的事实。

第 8:899 条　有利于承运人的法律推定

以下情形,推定为谨慎承运人无法避免且无法阻止的情况:

(1)火灾;

(2)爆炸;

(3)炎热;

(4)寒冷;

(5)鼠害和虫害;

(6)腐烂;

(7)泄漏;

(8)融化;

(9)起火;

(10)腐蚀。

第 8:900 条　容易发生损坏或者灭失的货物/活体动物

承运的货物因自身性质发生损坏或者灭失、活体动物死亡或者损坏,或者托运人在集装箱内积载的货物非因集装箱损坏而发生损坏或者灭失的,推定承运人无法避免导致此种损坏或者灭失的情况,也无法阻止该情况造成此种损坏或者灭失。

第 8:901 条　导航错误造成的损害

1. 承运人不对船舶、拖船或者顶推船舶上人员航行中的任何作为、疏忽或者不作为造成的损害承担责任,除非承运人尽到谨慎承运人的义务选择此类人员,不会发生航行过错。对于航行过错之后发生的情况造成的损害,且谨慎承运人可避免或者可阻止发生的,也适用前 1 句的规定。组成拖带队列或者共同体时的过错,视为航行过错。

2. 承运人因自己航行过错造成损害的,仅在其实施该行为时存在故意或者重大过失的,才应当承担责任。

3. 损害指因货物全部或者部分灭失、延误以及其他情形造成损害的事实。

第 8:902 条　减轻承运人举证责任的规定

1. 任何以本节规定以外的方式,减轻承运人根据第 8:895 条承担的责任或者证明责任的约定均为无效,但涉及下列事项的除外:

(1)由于装货前或者卸货后的情况造成的损坏。

(2)货物运输根据性质或者条件证明有特殊合同理由的,以及必须在特定情况下或者条款下运输该货物或者证明特殊合同合理。仅此种货物运输未指示提单或者无记名提单,而签发以文字表明不得流通的文件,且非涉及按照通常交易程序进行的通常商业船运时,才适用此规定。

2. 不同于本条第 1 款的规定,各方当事人可特别在为拟进行的运输单独订立的、不参引其他文件的书面合同中约定，承运人不对按照合同明确规定的方式搬移货物或者船舶或者使用材料造成的损坏承担责任。有此种约定但谨慎承运人可阻止结果发生的，其对按照规定的方式搬移货物或者不合适使用造成的损坏，仍承担责任。

3. 当事人签发提单或者其他文件以运输货物时，该文件必须载明本条第 2 款所称的单独条款无效的处罚。

4. 损害指因货物全部或者部分灭失、延误以及其他情形造成损害的事实。

第 8:903 条　托运人对损害的请求权

1. 承运人因未履行第 8:895 条和第 8:896 条的义务而承担责任的，托运人仅有权请求按照承运货物在交货地和交货时应当有的价值计算支付金额。

2. 本条第 1 款所称的价值，应当按照商品交易所的行情确定，没有此种行情的，应当按照当前市场价值确定，没有市场价值的，应当按照该种类和品质的货物通常价值确定。

3. 托运人故意错误说明货物的性质和价值，且该错误记载于签发的提单上的，任何情况下，承运人和船舶出租人不对货物或者与之有关的损害承担责任。

4. 不得作出对承运人不利的改变。

第 8:904 条　货物价值减损时的责任

1. 货物的所有权人有义务支付救助报酬、分担共同海损或者根据第 8:951 条应当赔偿损害的金额的，视为该货物价值的降低。

2. 不得作出对承运人不利的改变。

第 8:905 条　枢密院令中或者根据枢密院令确定的限额

1. 承运人因未履行第 8:895 条和第 8:896 条的义务而承担责任的，其责任不超过枢密院令中或者根据枢密院令确定的限额。

2. 不得作出对承运人不利的改变。

第 8:906 条　承运人的故意或者重大过失

1. 承运人因自己故意或者重大过失作为或者不作为造成损害的，其不得主张责任限额。

2. 任何改变本条规定的约定均为无效。

第 8:907 条　托运人按时交货的义务

无论基于何种原因，托运人未在约定的时间和地点将约定的货物交付承运人的，其必须赔偿承运人因此受到的损害。

第 8:908 条　托运人和承运人的终止权

1. 货物未交付承运人前，托运人有权终止合同。

2. 必须向承运人提供货物的期限届满后，在约定滞期内托运人仍未向承运人提供任何货物的，无论基于何种原因，承运人无须任何迟延催告，即有权终止合同。

3. 本条第 2 款所称的期限届满，托运人仅向承运人提供部分货物的，无论基于何种原因，承运人无须任何迟延催告，即有权终止合同，除非航次已开始。在合同终止的情况下，托运人经承运人的请求，有义务卸下已积载货物，或者承运人已开始航次且不重新积载货物船舶无法航行的，其有义务重新积载货物。

4. 承运人通过电报、传真或者其他有明确收到证明的即时通信作出终止表示的，合同应当在托运人收到该终止表示时终止，但不早于卸货之时。

5. 托运人必须赔偿承运人因终止合同或者航次开始或者卸货或者重新积载而受到的损害。

6. 定期租船合同不适用本条规定。

第 8:909 条　航次租船合同下运输部分约定货物

1. 涉及航次租船合同的，船舶出租人有义务经船舶承租人请求提供要求的担保，并且接受承租人提供的运输部分货物的航程。船舶承租人必须赔偿船舶出租人因此受到的损害。

2. 船舶出租人有权接受以其他货物替代未及时提供的货物。此情况下，船舶出租人没有义务扣除其运输此种货物收到的运费，除非其已取得船舶承租人的损害赔偿。

3. 不重新积载货物即无法航行，船舶承租人经船舶出租人的请求，有义务重新积载。其还必须赔偿出租人因重新积载已占有的货物而受到的损害。

第 8:910 条　托运人的告知义务

1. 托运人必须及时告知承运人关于货物及其处置的为保护承运人利益的信息，以及其能够告知或者应当能够告知且知道或者应当知道的信息，除非其可认为承运人已知道此种信息。

2. 承运人没有义务，但有权调查提供给他的信息是否正确和完整。

3. 必须向承运人提供货物的期限届满时，托运人未履行或者仅部分履行本条第 1 款所称的义务的，无论基于何种原因，参照适用第 8:908 条第 2 款、第 3 款、第 4 款和第 5 款以及第 8:911 条第 5 款的规定，但定期租船合同除外。

第 8:911 条　提供所需文件和信息的规定

1. 无论基于何种原因，托运人必须赔偿承运人因托运人未适当提供运输需要的托运人一方的文件和资料，或者未适当完成交货前应当办理的海关手续或者其他手续而受到的损害。

2. 承运人必须确保不会丢失或者错误处理已交付的文件。其对此承担的损害赔偿责任,不得超过根据第 8:903 条至第 8:906 条应当承担赔偿责任。

3. 承运人没有义务,但有权调查提供给他的信息是否正确和完整。

4. 托运人在期限届满时,未适当提供本条第 1 款所称的文件和资料的,无论基于何种原因,参照适用第 8:908 条第 2 款、第 3 款、第 4 款和第 5 款的规定,但定期租船合同除外。

5. 托运人或者航次其他托运人的货物运输因其未适当提供本条所称的文件或者资料导致开航或者航行过程迟延的,其损害赔偿金额不得少于运输延长小时数的滞期费。

第 8:912 条　不可预见情况下的终止权

1. 向承运人提供货物之前或者之时,一方当事人产生或者发现的相对方在订立合同时不应当知道的情况,且相对方知道该情况将因此合理地不订立或者按不同条款和条件订立合同的,相对方有权终止合同。

2. 相对方通过口头或者书面通知或者其他有明确收到证明的即时通信作出终止表示的,合同应当在当事人收到该终止表示时终止。

3. 根据合理和公平原则,当事人必须赔偿相对方因合同终止受到的损害。

第 8:913 条　物品缺陷下托运人的责任

1. 托运人必须赔偿承运人因其运输或者搬移货物而受到的损害,除非该损害是谨慎托运人无法避免且无法阻止的情况造成的。

2. 适用本条时,不影响适用第 8:914 条以及关于共同海损的规定。

第 8:914 条　危险物品的运输

1. 谨慎承运人知道承运货物后将发生危险并不会接受运输的,承运人可在任何时间和任何地点卸载、销毁该货物或者以其他方式使之无害。承运人已知接受运输货物的危险的,仅在危险将立即发生的情形下,才适用该规定。

2. 承运人根据本条第 1 款有权卸载、销毁该货物或者以其他方式使之无害的,托运人经承运人的请求,有义务在合理的情况下采取上述措施。

3. 承运人采取本条第 1 款或者第 2 款所称措施的,其也有权终止该款所称的货物运输合同,但未卸货的,在卸货时终止。承运人应当尽可能告知托运人、收货人以及签发的提单中规定的必须对其通知船舶到达的人此种情形。承运人采取本条第 1 款或者第 2 款所称的措施之后继续将货物运输到目的地的,不适用本款规定。

4. 根据合理和公平原则,当事人必须赔偿相对方因合同终止受到的损害。

5. 合同终止后仍实际交付货物的,推定货物在合同终止时的状态与实际交付时的状态相同;没有交付的,推定货物在合同终止时已灭失。

6. 承运人实际交付货物后,托运人未将货物运输到目的地的,第 8:903 条第 2 款所称的目的地和交货地的价值与实际交付地价值之间的差额,视为该物价值的减少。承运人实际交付货物后,托运人继续运输到目的地的,其为此支出的费用,视为该物价值的减少。

7. 涉及实际交付货物的,可适用当事人之间的合同以及本章关于货物交付的规定,但实际交付不产生第 8:947 条第 1 款第 2 句或者第 3 款所称的运费义务。参照适用第 8:955 条、第 8:956 条和第 8:957 条的规定。

8. 适用本条时,不影响适用关于共同海损的规定。

9. 任何改变本条第 1 款或者第 2 款规定的约定均为无效。

第 8:915 条　托运单

1. 托运人或者承运人均可制作关于运输的托运单,并可请求相对人在该文件或者双方共同制作的文件上签名并交付自己。该文件不得为指示证券或者无记名证券。适用本条时,印刷签名或者盖章或者其他原产地标记可代替签名。

2. 托运单应当载明以下信息:

(1)承运的货物。

(2)承运人收到货物的地点。

(3)承运人根据其义务将货物运输到目的地。

(4)收货人。

(5)运费。

(6)其他托运人和承运人共同约定合适的所有其他信息。托运人应当确保交付货物时提供信息的正确性。

3. 托运人的签名不表明其知道承运人在托运单上标注货物的正确性。

第 8:916 条　签发提单

1. 承运人在开始装货之前经托运人的请求,有义务对其承运的货物制作提单,并在注明日期和签名后,移交给不接受承运人签发的收据或者港口单据的托运人予以书面确认。托运人必须提供制作提单所需的信息,且确保交付货物时该信息的正确性。托运人经承运人的请求,必须共同签署提单或者将已签署的提单交给承运人。

2. 承运人在装货前已收到货物的,必须向托运人出具收货确认书或者制作临时提单,并在注明日期和签名后交付托运人。托运人必须提供制作此类文件所需的信息,且确保在交运货物时该信息的正确性。

3. 完成装货后，承运人经托运人的请求，必须将此种临时提单转变为本条第1款所称的提单，或者在临时水运提单上注明装运货物的船舶名称、装货日期并对此信息签名。

4. 适用本条时，印刷签名或者盖章或者其他原产地标记可代替签名。

第8:917条　运输合同优于提单

订立运输合同并另行签发提单的，除第8:940条第2款第2句的规定外，承运人和托运人之间的法律关系应当以合同约定为准，而不以该提单的规定为准。除第8:940条第1款规定的关于提单持有人提出请求外，提单应当仅作为承运人已收到货物的证明。

第8:918条　提单信息

非待装船的提单，应当载明承运的货物、承运人收货的地点、承运人必须根据合同将货物运输到的目的地、装运货物以及收货人。

第8:919条　提单对于托运人或者持有人的手续

1. 提单应当按照托运人的选择，载明收货人的姓名或者名称或者其他特定指示，或者向托运人或者其他人指示的人交货，或者向持有人交货。

2. 仅"向指示的人交货"，视为托运人的指示。

第8:920条　提单正本的数量

提单载明整体签发的可流通的正本数量的，其可流通正本适用于每一份，每一份也适用于全部。

第8:921条　提单证据价值

1. 除有相反证据外，提单可作为承运人收到货物和对货物性质的一般描述以及货物数目、重量或者尺寸等其他情况的证明。提单转让给善意第三人的，任何人不得对该第三人提出相反证据。

2. 提单包含"体积、质量、数量、重量或者尺寸未知"条款或者任何其他同类条款的，提单记载的关于货物的信息或者其他此类说明对承运人不具有约束力，除非能证明其知道或者应当知道货物的体积、质量、数量、重量或者尺寸或者对货物进行计数、称重或者测量。

3. 提单未载明货物表面可见状态或者条件的，除非可对第三人提出相反证据，推定多式联运承运人收到货物时，货物表面可见状态为良好状况。

4. 托运人在提单或者副本上的签名不表明其知道承运人在提单上标注货物的正确性。

第8:922条　提单参引的合同条款和其他文件内容

1. 提单参引的其他文件的内容，仅被主张的人明确可知时，才视为提单附加条款。

2. 承运人仅经可主张或者被主张的人的书面请求,并立即告知其该条款内容的,承运人才可对其提出此种主张。

3. 任何改变本条第 2 款规定的约定均为无效。

第 8:923 条　提单交付的方式

提单应当按照本法第 3 编第 4 章第 2 节规定的方式交付。

第 8:924 条　货物交付前的提单交付

在承运人交付提单上记载的货物前,提单的交付视为货物的交付。

第 8:925 条　承运人对装货地和卸货地的指明

承运人必须及时指明装货地和卸货地;但涉及定期租船合同的,适用第 8:897 条的规定,涉及航次租船合同的,适用第 8:926 条的规定。

第 8:926 条　航次租船承租人指示装货地和卸货地的义务

1. 涉及航次租船的,船舶承租人必须及时指示装货地和卸货地。

2. 船舶承租人必须为此指定立即或者在合理时间内可安全到达、停泊、装货或者卸货并安全离开的通常地点。

3. 指定地点不可利用的,装货和卸货的时间应当按照该地点可利用的情况进行计算。

4. 船舶承租人未履行该义务或者多名船舶承租人无法对指定达成一致意见的,船舶出租人有义务在无须催告的情况下,指定由自己装货和卸货的地点。

5. 船舶承租人指定多个地点的,改变地点所需的时间视为装货或者卸货的时间。船舶承租人应当承担改变地点的费用。

6. 船舶承租人应当确保船舶可安全到达、停泊、装货或者卸货并离开其根据本条第 1 款指定的装货地和卸货地。该地点不满足上述要求的,船舶出租人仅在船长按照对其发出的命令合理行为的情况下,才承担责任。

第 8:927 条　航次租船承租人指示装货港和卸货港的权利

船舶承租人有权具体指定航次租船合同的装货港和卸货港,参照适用第 8:926 条的规定。

第 8:928 条　舱位租赁时产生的一切费用和延误

涉及舱位租赁的,船舶出租人应当承担船舶到达必须处置的地点产生的所有费用和延误。延误赔偿不得少于所涉延误小时数的滞期费。

第 8:929 条　装载、积载和卸货的责任

1. 承运人有义务在船舶放置处装货和卸货。

2. 托运人有义务在船上装载并积载货物，收货人有义务从船上卸下货物。托运人必须遵守承运人为航行安全或者避免损害而作出的指示。

第 8:929 条之一　《环境控制法》和《水法》的标准

1. 承运人应当至少遵循由枢密院令根据《水法》规定的基本标准，向托运人提供船舶。开始装货的，即视为船舶满足该标准。

2. 在使用传送设备的情况下，托运人、收货人以及传送设备经营人相互之间有义务对承运人采取枢密院令根据《环境控制法》或者《水法》规定的与船舶装货和卸货有关的措施。在涉及双方共同义务的范围内，托运人和收货人可作出与前 1 句不同的约定。

3. 任何以该款允许以外的其他方式改变本条第 1 款或者第 2 款的约定均为无效。

第 8:930 条　装货时间起算

1. 装货时间自承运人向托运人或者托运人为此目的指定的人通知船舶可装货的次日起算。

2. 托运人在订立合同之日已知道船舶在装货地的，视为承运人在该日作出本条第 1 款所称的通知。

第 8:931 条　装货时间、滞期和滞期费

1. 在承运人装载货物的范围内，承运人有义务在约定的装货时间内装载和积载货物。

2. 在托运人装载货物的范围内，托运人有义务在约定的装货时间内装载和积载货物。

3. 约定滞期的，托运人有权在装货期届满后的滞期内装载和积载货物。

4. 运输合同约定滞期费而未规定滞期期间的，该期间可推定为连续的 4 个日历日，或者停泊地其他合理或者习惯的天数。

5. 托运人早于第 8:930 条第 1 款所称的装货时间开始装货的，或者承运人经托运人的请求在更早时间提供可用于装货的船舶的，相应的小时数应当予以扣除。船舶在装货开始日的工作时间尚不可装货的，相应的小时应当予以延长。

6. 因承运人的过错或者船舶或者承运人或者托运人自己使用的船舶的材料的情况，导致船舶不能装载和积载货物的，托运人有义务将装载和积载的时间、滞期以及本条第 4 款所称的滞期期间，延长相应的小时数。完成货物的装载和积载时，装货时间即终止。

第 8:932 条　滞期费和迟延下的损失

1. 托运人必须支付因滞期而产生的滞期费，除非涉及第 8:931 条第 6 款第 1 句所称的时间。无论基于何种原因,托运人未在装货时间以及约定或者法定的滞期内完成货物的装载和积载,并且该托运人或者该航次其他托运人因开航或者航行过程迟延货物运输的,托运人还有义务赔偿承运人因此受到的损害。该损害赔偿不得少于运输延长小时数的滞期费。

2. 滞期费的约定不适用关于违约金的法律规定。

3. 滞期费的债务人以及根据第8:931条第2款应支付赔偿金的人,应当共同或单独承担责任。

4. 此外,枢密院令在必要之时应当规定装货和卸货天数、计算装货和卸货的滞期时间、滞期费金额、待运或者承运货物的称重方式。地方性法规未规定此种情形下的工作时间以及开始和结束时间的,在夜间或者周六、周日以及全部或者部分视为周日的日期进行的装货、积货、卸货,以及装货时间和卸货时间的开始和可装货或者可卸货通知的日期和时刻在此种日期的,应当予以补偿。

第8:933条　与卸货有关的条款适用

卸货参照适用第8:930条、第8:931条和第8:932条的规定。

第8:934条　船舶灭失或者发生损坏时运输合同的终止

1. 除定期租船或者航次租船合同外,开始装货后船舶灭失或者损坏,以致履行合同所需的修理不值船舶价值或者无法在合理期限内修理的,承运人有权在卸货后终止合同,并尽快作出终止表示;必须卸载全部已装货物才能实施的修理,推定为采取的重大措施。

2. 船舶灭失或者损坏的,推定该灭失或者损坏可归责于承运人;在运输货物发生损坏的情形下承运人应当承担责任的,视为可归责于承运人。

3. 承运人应当尽可能通知托运人、收货人以及签发提单中规定的必须通知其船舶到达的人此种情形。

4. 此情形下,适用第8:914条第5款、第6款和第7款的规定。

第8:935条　船舶严重损坏时租船合同的终止

1. 涉及定期租船或者航次租船合同,船舶未灭失但发生损坏,以致履行合同所需的修理不值船舶价值或者无法在合理期限内修理的,任何一方当事人均有权全部或者部分明示或者默示终止货物合同,并尽快作出终止表示。

2. 涉及终止航次租船合同的,船舶出租人将已装船的货物继续运输到目的地的,此种运输应当按照原来的合同继续进行。

3. 合同自作出终止表示时终止,但承运货物已装上船的,合同自卸货之日起终止。

4. 船舶出租人已收到承运货物的，推定船舶损坏可归责于船舶出租人；在运输货物损坏的情形下船舶出租人应当承担责任的，视为可归责于出租人。

5. 船舶出租人应当尽快通知船舶承租人、收货人以及必须对其通知卸货情况的人。

6. 此情形下，适用第 8:914 条第 5 款、第 6 款和第 7 款的规定，但涉及定期租船合同的，支付运费的义务应当持续到卸货时才到期。

第 8:936 条　船舶失事时租船合同的终止

1. 涉及定期租船或者航次租船合同的，合同应当在船舶灭失时终止。

2. 船舶出租人已收到承运货物的，推定船舶灭失可归责于船舶出租人；在运输货物损坏的情形下船舶出租人应当承担责任的，视为可归责于出租人。

3. 船舶灭失，但出租人仍将已收装船的货物继续运输到目的地的，在涉及航次租船合同的情况下，此种运输应当按照原来的合同继续进行。

4. 船舶出租人应当尽快通知船舶承租人、收货人以及必须对其通知卸货情况的人该灭失事宜。

5. 参照适用第 8:914 条第 5 款、第 6 款和第 7 款的规定。

第 8:937 条　托运人指定的权利

1. 除签发提单外，在承运人能合理遵守此类指示的范围内且不损害承运人和其他装载货物利害关系人的，托运人有权指定自己或者其他人为收货人，并变更收货人的说明或者关于货物交付的指示，或者变更该指示，或者在到达目的地之前请求交付承运货物。交付前发生共同海损的，该托运人有义务分担共同海损。

2. 因遵守指示延误航行的，托运人不得行使本条第 1 款所称的权利。

3. 根据本条第 1 款交付的货物，视为在目的地交付的货物，此情形下，可适用本节关于货物交付的规定以及第 8:955 条、第 8:956 条和第 8:957 条的规定。

第 8:938 条　提单持有人有权要求提前交货

1. 在承运人能合理履行且不损害承运人和其他装载货物利害关系人的情况下，仅第 8:940 条所称的所有签发可流通副本的持有人有权在达到目的地之前，请求承运人交付承运的货物，或者签发提单的，请求交付提单上记载的全部货物。交付前发生共同海损的，该持有人有义务分担共同海损。未向约定地点航行的，其还应当向承运人支付合理补偿。

2. 因提前交付延误航行的，持有人不得行使本条第 1 款所称的权利。

3. 根据本条第 1 款交付的货物，视为在目的地交付的货物，此情形下，可适用本节关于货物交付的规定以及第 8:955 条、第 8:956 条和第 8:957 条的规定。

第 8:939 条　签发托运单而非提单

承运人未签发提单但对托运人签发托运单的,收货人也有权请求承运人根据该承运人所承担的义务交付货物,除非其未以合法手段成为持有人;参照适用第 8:903 条、第 8:905 条和第 8:906 条的规定。

第 8:940 条　承运人和提单持有人之间的法律关系

1. 已签发提单的,仅合格持有人有权请求承运人根据该承运人所承担的义务交付货物,除非其未以合法手段成为持有人。此情形下,应当适用第 8:903 条、第 8:905条和第 8:906 条的规定。

2. 对于非托运人的提单持有人,承运人有义务履行提单条款载明的义务且有权主张提单条款载明的权利。对各提单持有人,承运人可主张提单中明显可识别的请求支付的权利。对于作为托运人的提单持有人,承运人可主张运输合同中的条款以及其与托运人的个人关系。

第 8:941 条　提单下的多个承运人

1. 适用第 8:943 条时,视为承运人的多名主体应当对第 8:940 条第 1 款所称的提单持有人承担连带责任。

2. 在本条第 1 款所称的情形下,各承运人均可对提单持有人行使提单中的权利,且提单持有人对承运人其中一人支付根据提单应付的款项后即免责。此情形下,不适用本法第 3 编第 7 章的规定。

第 8:942 条　提单持有人的等级顺位

同一提单不同正本的持有人中,以下人员享有最优先的权利:持有全部正本的共同前手之后第一个持有该份正本的持有人,且该人善意有偿地成为持有人。

第 8:943 条　"提单下的承运人"的定义

1. 在不影响本条其他各款的情况下,在提单上签名或者以他人名义签名的人以及其提单格式已用于提单的人,视为提单下的承运人。提单未签名或者签名不可识别的,托运人的相对人视为提单下的承运人。

2. 船长或者他人以其名义在提单上签名的,本编第 5 章第 1 节所称的经营合同链最后一个合同中的定期租船或者航次租船承租人,与本条第 1 款所称的人均视为提单下的承运人。涉及光船租赁的,除可能的定期租船或者航次租船承租人外,最后光船租赁承租人也视为提单下的承运人。船舶未在光船租赁中的,除此处所称的定期租船或者航次租船承租人外,所有权人也视为提单下的承运人。

3. 不同于以上各款的规定,仅最后光船租赁承租人或者所有权人视为提单人下的承运人,且可明确识别指定的光船租赁承租人身份的,提单才可明确将最后的光船租赁承租人或者所有权人指定为提单下的承运人。

4. 适用本条时，不影响适用第 8:861 条第 2 款的规定。

5. 任何改变本条规定的约定均为无效。

第 8:944 条　未经授权签发提单

1. 视为提单下的承运人，能证明在提单上为其签名的人超越权限或者未经其同意使用其提单格式的，不适用第 8:943 条第 1 款第 1 句的规定。但提单持有人证明签发提单时，可合理认为该他人以其名义签名或者其提单格式已用于提单的人有权签名或者经同意使用该格式的，第 8:943 条第 1 款第 1 句所称的人，仍视为提单下的承运人。

2. 不同于本条第 1 款的规定，航运合伙的管理人在提单上签名超越权限的，航运合伙仍视为提单下的承运人，但其不对签发时知道管理人超越权限的第一个提单持有人承担义务。

3. 船长在提单上签名或者授予他人以其名义在提单上签名超越船长权限的，提单持有人也可主张第 8:943 条第 2 款的规定，但第一个提单持有人签发时知道船长超越其权限的，其不得提出该主张。

4. 他人以船长的名义在提单上签名超越其权限的，同样适用本条第 3 款的规定。

第 8:945 条　出租人的追偿权

1. 船舶出租人根据第 8:943 条承担的义务超过其根据船舶租赁合同承担的义务，或者享有权利少于其根据船舶租赁合同享有权利的情况下，提单按照船舶租赁合同的约定签名或者使用其格式的，或者提单经船舶承租人请求签发的，船舶出租人有权向船舶承租人追偿。

2. 根据前款规定承担责任的船舶承租人，同时作为另一合同的船舶出租人的，也适用该规定。

第 8:946 条　在提单上注明收货并交付承运人

1. 请求交付货物的提单持有人在收货前有义务在提单上注明收货并交付承运人。

2. 提单持有人有权将提单交付第三人保管，并以此担保货物的交付。关于第三人的指定存在争议的，法院可经任何利害关系人的申请对此作出指定。

3. 除根据本条第 1 款规定外，按照提单收货并交付承运人不会导致收货不合理延误的，收货人有义务在其收取货物时出具收货证明。

第 8:947 条　运费

1. 托运人应当在货物交付承运人时支付货物运费的 1/3，或者当事人有“出具货物收据时免交运费”约定的,其应当支付货物运费的2/3,或者承运人出具托运单或者提单的,其应当在出具时支付运费。承运人根据第8:937条或者第8:938条在目的地交付货物后,托运人应当支付剩余运费。运费由货物的重量或者体积确定的,应当按照交货时的数据进行计算。

2. 承运人未在目的地交付货物的,托运人仍应当支付运费。运费应当按实际交付货物的部分以及由此产生的费用进行计算。此时,运输全部时间和里程以及承运人为此支出的总费用应当予以考虑。

3. 在承运人仅部分交货的情况下,托运人仍应当全额支付对目的地所有货物的运费。

4. 承运人未在目的地交付货物的,托运人仍应当全额支付已预付和已付的运费,但定期租船合同除外。

5. 承运人因货物性质或者瑕疵造成未交付货物或者交付无价值的货物,或者因权利人、货物托运人或者收货人的作为或者不作为造成未交付或者交付无价值的货物的,仍视为其已交付货物。

6. 提单上的运费低于运输合同约定运费的,托运人必须预先向承运人支付两者的差额。

7. 托运人在运输开始前尚未支付应付运费的,承运人有权中止船舶航行。经法院授权,承运人也有权采取第8:955条和第8:957条所称的措施。采取该措施的,应当适用此两条规定以及第8:956条的规定。无论基于何种原因,中止航行导致该托运人或者该航次其他托运人的货物运输时间延长的,托运人有义务赔偿承运人因此受到的损害。该损害赔偿不得少于运输延长小时数的滞期费。

第8:948条　违法运输的运费

船上人员违反法律禁令运输货物的,托运人应当支付装货时同类货物可约定的最高运费。承运人未交付或者交付无价值的货物的,托运人仍应当支付运费;收货人和托运人应当对此货物的运费承担连带责任。

第8:949条　未按规定期间使用船舶的运费

在定期租船的情形下,船舶承租人由于以下原因无法按照定期租船合同使用船舶的,其也无须支付运费,不影响适用第8:935条第6款最后1句后半部分的规范:

(1)因船舶损坏;

(2)因船舶出租人未履行其义务,船舶承租人连续24小时无法使用船舶。

第8:950条　定期租船的经营运费

1. 定期租船合同中,船舶承租人应当承担机器燃料、锅炉水、港口费以及航行和运输货物产生的其他类似费用和支出。船舶出租人应当承担船舶经营的其他开发费用。

2. 涉及班轮运输的，出租人应当支付港口费，除非船舶驶入其他市政区。此时，出租人应当支付船舶驶入其他市政区应付的港口费以及返还原市政应付的港口费。

第 8:951 条　在途费用

在托运人、收货人以及签发提单情形下第 8:940 条所称的持有人，对作为无因管理人的承运人为保护承运货物权利人的利益，或者促使船长或者船舶所有权人履行第 8:860 条所称的义务而受到的损害，承担连带责任，不影响适用关于共同海损的规定以及本法第 6 编第 4 章第 1 节的规定。

第 8:952 条　免除托运人关于运输义务的书面约定

当事人仅通过明确的书面约定，才能免除托运人有关的运输义务。

第 8:953 条　货款

1. 承运人有义务在交货时收取与货物有关的"货到付款"的货款，并将该款项交付托运人。无论基于何种原因，承运人未履行该义务的，其必须向托运人赔偿"货到付款"的货款，托运人未受到损失或者受到较少损失的，其必须赔偿托运人因此受到的最大损失。

2. 收货人在货物交付时知道实际交付中已附有"货到付款"的，该收货人必须向承运人支付其对托运人的应付款项。

第 8:954 条　拒绝交货的权利/留置权

1. 承运人有权拒绝交付其根据运输合同控制的货物；其可对除因运输合同而有权要求交货的任何人行使此项权利，除非货物被扣押或者因扣押而产生向扣押人交付的义务。

2. 承运人有权对其根据运输合同控制的货物行使留置权，并在一定范围内限于可归责于托运人的应得后果以及现在或者将来关于该货物共同海损的分担义务。签发提单的，承运人仅能对收货人现在或者将来的义务行使留置权，除非提单规定由托运人承担运费以及其他与运输有关的债权；此种情形下，收货人可保留该货物到托运人履行义务。此外，收货人向承运人支付无争议的款项且对有争议或者金额尚未确定的款项提供足够担保的，留置权即消灭。

3. 承运人收到承运货物时，有理由怀疑托运人是否对第三人享有权限的，其不得对该第三人主张本条赋予承运人的权利。

第 8:955 条　作为保管人的第三人的权利

1. 必要之时在作出第 8:933 条所称的通知后，有权请求承运人交付货物的人未出现、拒绝收货或者未立即收货的，承运人有权为权利人将货物提存于第三人适当的保管地点或者船舶上，并由该权利人承担费用和风险；货物处于被扣押状态或者承运人有充分理由认为请求收货的提单持有人无权收货的，同样适用该规定。法院可经承运人的申请，允许承运人自己保管货物；必要之时，法院也可允许承运人在船舶上保管货物，或者为此目的采取其他措施。其必须尽快通知托运人该事项。

2. 作为保管人的第三人对收货人，在法律上负有与之订立保管合同相同的义务。仅取得提存人的书面同意，保管人才可交付货物。

第 8:956 条　在第 8:954 条或者第 8:955 条情形下的滞期费

在第 8:954 条或者第 8:955 条所称的情形下，承运人尚未扣押货物的，承运人有权请求给付延误小时数的滞期费，受到更多损害的，有权请求赔偿全部损害。

第 8:957 条　出售由提存机构保管的货物

1. 适用第 8:955 条时，法院可经其请求，授权承运人、保管人或者有权请求承运人交付货物的人，按照法院指定的方式，全部或者部分出售货物。

2. 保管人必须尽快通知承运人其拟出卖的事项；承运人对有权请求交付货物的人，以及根据第 8:933 条必须通知的人，承担此种相同的通知义务。

3. 提存机构应当保管偿还合理支出的提存和变卖费用后的变卖收益。除扣押货物以偿还金钱债权外，与运输有关的义务必须从交付保管的款项中予以清偿；该债权尚不确定的，收益或者其中一部分收益应当按照法院规定的方式为该债权提供担保。

4. 向提存机构提存的收益可取代货物。

第 8:958 条　检查货物

确定或者怀疑货物丢失或者损坏的，承运人和收货人应当相互采取合理措施检查货物并重新计算包件数目。

第 8:959 条　交货时对货物情况进行调查评估

1. 承运人和有权请求承运人交付货物的人，有权在交货时申请法院对与确定交付货物运费有关的重量、尺寸或者其他情况，以及货物状态进行调查；其还有权申请法院评估调查中发现的损害金额。

2. 相对人参与调查或者经适当传唤的，推定法院出具的调查报告为正确。

第 8:960 条　对损失或者损害的原因进行调查评估

1. 推定货物发生损害的，承运人和有权请求承运人交付货物的人，有权在交货前、交货时或者交货后立即申请法院调查其原因，必要之时，法院应当在船上进行调查。

2. 相对人参与调查或者经适当传唤的，推定法院出具的调查报告为正确。

第 8:961 条　调查费用

1. 申请人应当支付第 8:959 条和第 8:960 条所称的调查费用。

2. 法院可规定由申请人的相对人承担全部或者部分调查费用以及因调查受到损害的费用，并且该费用可超过第 8:905 条所称的枢密院令的金额。

第 8:962 条至第 8:969 条　[预留]

第三节　内水旅客运输合同

第 8:970 条　"旅客运输合同"和"自带行李"的定义

1. 本节所称的旅客运输合同是指承运人负有完全在内水上用船舶运输 1 名或者多名旅客义务的合同，无论是否包括运输行李。第 8:510 条第 1 项所称的陆地和船舶之间的运输，不视为内水运输。用气垫船进行的旅客运输合同和第 8:100 条所称的旅客运输合同非本节所称的旅客运输合同。

2. 本节所称的自带行李，是指除活体动物外，置于旅客舱室中自己占有、自己监管或者自己控制的行李，以及船上运载的车辆或者运输的行李，但不包括该车辆或者船舶本身。

3. 适用本节时，手提行李是指旅客可作为手提物、背负物或者手推物简单携带的行李，不包括活体动物。

4. 适用本节时，枢密院令可规定某些不属于自带或者手提行李的物适用本节关于自带或者手提行李的规定，也可规定一项或者多项属于自带或者手提行李的物不适用本节规定。

第 8:971 条　运输期间

适用本条时，内水运输包括：

1. 涉及旅客或者其自带行李的，包括旅客或者其自带行李停留在船上和上船与离船期间，运费包含承运人提供给旅客在该段或者该辅助运输所用船舶费用的，还包括旅客或者其自带行李在船舶和堤岸或者堤岸和船舶之间的水运期间，不影响适用第 8:501 条的规定。此时，内水运输不包括旅客在路堤和运输使用的船舶之间的驳船、堤岸、道路或者其他船舶上或者车站建筑、码头或者其他港口设施中停留的期间；

2. 涉及自带行李或者手提行李的，并且该行李由承运人接管但未交付旅客的，包括旅客在路堤和运输使用的船舶之间的驳船、堤岸、道路或者其他船舶上或者自带行李放置在车站建筑、码头或者其他港口设施中停留的期间；

3. 涉及自带行李以外的行李的，包括自承运人在陆上或者船上接管行李时至承运人交付行李的期间。

第 8:972 条　定期租船和航次租船合同

1. 本节所称的定期租船或者航次租船合同是指船舶出租人已约定按照或者不按照一定期间(定期租船或者航次租船合同)，将船舶全部或者部分提供给船舶承租人用于运输的合同，但光船租赁方式除外。

2. 船舶租赁参照适用本编第 10 章第 2 节关于船舶租赁的特别规定以及第 8:894条的规定。

第 8:973 条　非光船租赁不适用关于租赁、保管和使用借贷的法律规定

以光船租赁以外的方式提供船舶用于运输的情形不适用关于租赁、保管和使用借贷的法律规定。

第 8:974 条　旅客死亡或者伤害时承运人的责任

1. 在运输期间因谨慎承运人可避免或者可阻止的情况造成事故发生的，承运人应当对由此造成的旅客死亡或者伤害承担责任。

2. 谨慎承运人可避免导致船舶毁灭、碰撞、搁浅、爆炸或者火灾的情况，推定为可避免或者可阻止的情况。

3. 船舶用于运输材料的瑕疵或者缺陷，视为谨慎承运人可避免或者可阻止的情况。

4. 适用本条时，仅在没有其他可归责于承运人的共同导致事故发生的情况时，第三人的行为才应当予以考虑。

第 8:975 条　自带或者手提行李全部或者部分灭失或者损坏时的责任

1. 在运输期间因谨慎承运人可避免或者可阻止的情况造成事故发生的，承运人应当对由此造成的自带或者手提行李的全部或者部分灭失或者损坏承担责任，但作为行李在船上运输的车辆和船舶除外。

2. 此情形下，适用第 8:974 条第 2 款和第 3 款的规定。

3. 适用本条时，仅在没有其他可归责于承运人的共同导致事故发生的情况时，第三人的行为才应当予以考虑。

4. 适用本条时，不影响适用第 8:545 条和第 8:1006 条的规定。

第 8:976 条　其他行李全部或者部分灭失或者损坏时的责任

在运输期间因谨慎承运人可避免或者可阻止的情况造成事故发生的，承运人应当对由此造成的行李全部或者部分灭失或者损坏承担责任，但不影响适用第 8:975 条的规定。

第8:977条　承运人对贵重物品的灭失或者损坏不承担责任

承运人不对金钱、有价证券、黄金、银器、珠宝、饰品、艺术品或者其他贵重物品的灭失或者损坏承担责任,除非该贵重物品已交由承运人保管且其同意妥善保管。

第8:978条　承运人对不允许携带上船的货物不承担责任

承运人知道旅客携带上运输工具物的性质或者状态使其不被允许携带上运输工具,且未出具收据的,同时旅客知道或者应当知道不允许携带该物的,承运人不对该物承担损害赔偿的责任;此情况下,旅客应当对承运人因其提供该物运输服务或者旅客自己运输该物受到的损害承担责任。

第8:979条　旅客责任

旅客有义务赔偿其或者其行李给承运人造成的损害,除非谨慎旅客无法避免且无法阻止发生的情况造成该损害,不影响适用第8:978条和第6:179条的规定。旅客不得以其行李的品质或者瑕疵为由主张免除责任。

第8:980条　行李运输适用的条款

1. 行李运输可适用第8:895条、第8:903条第1款和第2款、第8:904条第1款、第8:910条第1款和第2款、第8:911条、第8:912条、第8:914条、第8:951条以及第8:954条至第8:961条的规定,但不影响适用本节规定。承运人和相对人或者旅客已承担所有义务的,其可行使第8:954条和第8:957条赋予的从提存金额中受偿运输费用的权利。

2. 当事人可改变本条第1款适用于其相互关系的规定。

第8:981条　参照适用第8:511条至第8:516条

涉及旅客运输合同,参照适用第8:511条至第8:516条的规定。

第8:982条　导航错误

1. 承运人不对船长或者船舶所有权人、其他船员、领航员或者承运人的工作人员在驾驶船舶过程中的作为、疏忽或者不作为造成的损害承担责任,不影响适用第8:974条至第8:977条的规定。

2. 承运人为在海上救助或者试图救助生命或者财产而偏离航线,且合理偏离航线的,不视为违反运输合同,且承运人无须对其造成的损害承担责任,不影响适用第8:974条至第8:977条的规定。

第8:983条　枢密院令对承运人责任的限制

1. 承运人在旅客死亡、伤害或者延误以及行李灭失、损坏或者延误情形下的责任,可限于枢密院令中或者根据枢密院令规定的金额。

2. 适用本条时,不影响适用本编第7章和第12章的规定。

第 8:984 条　故意或者重大过失

1. 承运人因自己故意或者重大过失的作为或者不作为造成损害的,其不得主张责任限额。

2. 任何改变本条规定的约定均为无效。

第 8:985 条　强制规定

在旅客发生事故之前或者行李灭失或者损坏之前,任何以本节规定以外的方式减轻承运人根据第 8:974 条至第 8:977 条承担的责任或者证明责任的约定,均为无效。

第 8:986 条　参照适用第 8:521 条至第 8:528 条

涉及旅客运输合同,参照适用第 8:521 条至第 8:528 条的规定。

第 8:987 条至第 8:989 条　[预留]

第四节　若干特殊的合同

第 8:990 条　光船租赁

1. 光船租赁合同中光船租赁出租人有义务将不配备船员的船舶完全交由光船租赁承租人在海上使用的,由光船租赁承租人为自己的利益负责船舶的经营。

2. 参照适用第 8:894 条的规定。

第 8:991 条　用于仓储或者货物或者旅客运输以外目的的

1. 光船租赁出租人有义务以非光船租赁的方式,专门将船舶提供给光船租赁承租人在内水使用;用于仓储或者货物或者旅客运输以外的任何其他目的的,参照适用共同海损的规定和本章规定,涉及海船的,参照适用第 8:361 条的规定。

2. 当事人可改变本条第 1 款适用于其相互关系的规定。

第 8:992 条　趸船合同

1. 趸船合同是指船舶出租人有义务以非光船租赁的方式,专门将船舶提供给船舶承租人在内水使用,以便装货、仓储或者卸货。

2. 趸船合同可为定期合同或者不定期合同。定期趸船合同在期限届满后延长的,推定为不定期合同。

3. 趸船合同参照适用共同海损和本章的规定,涉及海船的,参照适用第 8:361 条的规定,但当事人可对其相互关系作出约定。

第 8:993 条　不定期趸船合同的终止

1. 涉及不定期趸船合同,船舶承租人可无须终止通知而终止合同,船舶出租人可在不少于 7 天的终止通知期限后终止该合同。

2. 船舶出租人终止趸船合同的，船舶承租人必须在其指定的期限内卸载货物。

3. 船舶承租人应当在完成卸载前支付趸船租金，但在任何情况下，船舶承租人均应当在终止合同的次日支付趸船租金。

4. 当事人可以口头或者书面通知或者其他有明确收到证明的即时通信作出终止表示。

第 8:994 条　趸船航行合同

1. 趸船航行合同指船舶出租人有义务以非光船租赁的方式，专门将船舶提供给船舶承租人在内水使用，且船舶承租人仅能将船舶作为趸船使用或者在趸船使用期后继续航行。

2. 趸船航行期间适用趸船合同的规定；参照适用航行期间、共同海损和本章的规定，涉及海船的，参照适用第 8:361 条至第 8:366 条的规定。

第 8:995 条　船舶承租人有权卸载和航行

船舶承租人有权部分卸载船舶上的货物并随后继续航行。此情形下，船舶承租人应当支付满载航行应支付的运费。

第 8:996 条　出租人终止权

1. 涉及没有固定趸船使用期的合同，船舶出租人可通过口头或者书面通知或者其他有明确收到证明的即时通信，以不少于 7 日的终止通知期限终止趸船使用。船舶承租人收到通知后未在 48 小时内告知船舶出租人其已将船舶用于航行的，承租人应当在该期限届满后的 48 小时内卸货。

2. 船舶承租人应当在完成卸载前，支付趸船租金，但在任何情况下，船舶承租人均应当在船舶出租人作出本条第 1 款所称通知的次日支付趸船租金。

第 8:997 条　船舶承租人航行指示

1. 船舶承租人将船舶用于航行的，船舶出租人必须在收到承租人通知后第一个工作日开始航行。船舶承租人阻碍船舶出租人开始航行的，其必须根据第 8:932 条对出租人承担赔偿损害责任。

2. 因不可归责于船舶出租人的事由，无法开始或者继续航行，且作出航行指示时已存在该事由的，船舶承租人在受到阻碍期间仍应当支付趸船租金。

第 8:998 条　提供船舶既用于海上也用于内水

适用本节规定时，同一艘船舶既用于海上也用于内水，且供他人使用的海上运输显然是内陆水运上次要道路的，应当视为内水运输。

第 8:999 条 [预留]

第十一章 事 故

第一节 碰 撞

第 8:1000 条 "内水船舶"的定义

本节所称的内水船舶是指气垫船、浮具、摆渡船、船舶浮桥的可浮动部分以及挖泥船、起重船、起重机以及符合条件的所有类似性质的设备、趸船或者其他物体。

第 8:1001 条 "碰撞"的定义

碰撞指船舶相互之间的碰撞。

第 8:1002 条 内水船舶造成的非碰撞损害不适用本编第 6 章第 1 节的规定

内水船舶未发生碰撞造成损害的,不适用本编第 6 章第 1 节的规定,同样不适用本节关于碰撞的规定。

第 8:1003 条 本编第 11 章第 1 节和第 6 章第 1 节的关系

内水船舶因碰撞造成损害的,仅限于不适用本编第 6 章第 1 节的情况,其损害责任同样适用本节的规定。

第 8:1004 条 过错推定/不可抗力

1. 行为人仅因其过错造成损害的,才有义务根据本节承担损害赔偿责任。对于碰撞,不存在法律上的过错推定;在必要时适当标示、固定或者在适当地点系牢的非船舶的物发生碰撞的,船舶所有权人应当对此种损害承担责任,除非其能证明该损害非因船舶过错造成。

2. 因意外或者不可抗力或者不能确定原因造成损害的,受到损害的人应当自行对此承担责任。

3. 船舶拖带队列中的各内水船舶,仅在其部分有故障时其所有权人才应当对此承担责任。

第 8:1005 条 单船过错

碰撞因一艘内水船舶的故障造成的,有故障船舶的所有权人有义务承担损害赔偿责任。

第 8:1006 条 两艘以上内水船舶因共同过错造成损害

1. 两艘以上内水船舶因共同过错造成损害的,各船舶所有权人应当承担责任;各船舶所有权人不应当对有共同过错的船舶及其船上货物的损害承担连带责任,但应当对其他损害承担连带责任。

2. 承担非连带责任的,因共同过错造成碰撞的船舶的所有权人,应当根据其船舶过错程度的比例承担责任;但考虑到有关情况,该比例无法确定或者各船舶过错相等的,应当等额分担责任。

3. 承担连带责任的,各船舶所有权人必须根据债权人所受的损失对其承担赔偿责任。除第8:880条和第8:364条规定的情形外,清偿金额超过本条第2款所称份额的人,有权向清偿部分少于其份额的连带债务人追偿其多清偿的部分。其他所有权人应当按照本条第2款的比例分担具有共同过错的船舶所有权人不能赔偿的损害。

第8:1007条 领航员的过错责任

任何人不得以因领航员的过错造成碰撞为由要求免除其根据本节应当承担的责任。

第8:1008条至第8:1009条 [预留]

第二节 救 助

第8:1010条 适用本编第6章第2节的规定

内河船舶对内河船舶、内河船舶上的物或者来自可航行水域或者其他水域的物,包括漂浮、搁置或者沉没物,实施救助的,适用本编第6章第2节的规定,但涉及内河船舶的,内河船舶所有权人应当适用该节中关于海船所有权人的规定,内河船舶船长应当适用关于海船船长的规定。

第8:1011条至第8:1019条 [预留]

第三节 共同损失

第8:1020条 "共同损失"的定义

1. 共同损失是指无论危险源于何方或者由何人引起,为避免内河船舶航程中涉及资产的危险,而有意且合理地为共同安全采取措施造成的特殊牺牲、支出的特殊费用。

2. 旅客运费的损失非共同损失。

第8:1021条 分担共同损失

1. 内水船舶所有权人、与承担货物运费或者旅客运费有关的人、装载货物的收货人以及船上其他财产的所有权人,应当补偿受到共同损失的人,但信件、其他邮件或者邮政包裹、旅客行李和个人物品除外。

2. 不同于本条第1款的规定,由承运人在船上运输的与旅客运输合同有关的机动车或者船舶所有权人,应当分担共同损失。

第8:1022条 莱茵规则的适用

此外,共同损失补偿和共同损失分担中的分担价值,应当按照《国际莱茵河船舶注册协会的莱茵规则》确定，并由枢密院令规定具体规则。

第8:1023条至第8:1029条 [预留]

第四节 内水船舶上的危险物质

第8:1030条 有关定义

适用本节时，术语含义如下：

1. “危险物质”是指枢密院令认定的危险品，此种认定仅限于一定浓度的物质，该物质可能附带枢密院令规定的特定危险以及枢密院令规定的该物质所处的特定情况。

2. “船舶”指气垫船以外的任何内水船舶。

3. “损害”指：

(1)由危险物质造成人员死亡或者伤害而造成的损害；

(2)危险物质对其他船舶或者内陆航行船及其财产造成的损害，但与危险物质所在船舶组成一个船舶拖带队列，或者与危险物质所在船舶构成一个整体的，不包括该内水船舶及该船上物的损害；

(3)采取预防措施的费用以及采取此种措施造成的进一步损害。

4. “预防措施”是指为防止或者最大限度减少损害而采取的任何合理措施，除非根据本章承担责任的人在事件发生后采取的措施。

5. “事件”是指任何同一事实或者同一原因造成的一系列事实，且该事实造成损害或者有发生损害的直接危险。

6. “所有权人”是指控制危险物质所在船舶使用权的人。包括在登记簿上登记为内水船舶所有权人的人，或者没有此种登记的，该船舶的所有权人，该所有权人能证明的，事件发生时其指明姓名的、控制危险物质所在船舶使用权的其他人，或者未经自己同意且无法合理避免的、此时控制危险物质所在船舶使用权的其他人。

第8:1031条 适用范围

1. 内水船舶所有权人可根据经营合同对原告承担责任的，或者可对原告主张经营合同的，不适用本节规定。

2. 从危险物质装载上船开始、到危险物质从船上卸载结束的期间适用本节规定。

3. 船舶完全用于不允许公众进入的区域时，且此种使用是该区域经营活动的一部分的，此情形下造成的损害不适用本节规定。

4. 第6:175条所称的物质按照本条第2款装载上船的，不适用该条规定，除非满足本条第3款的情形。

第8:1032条　牵引服务

1. 危险物质所在的运输工具在该船舶上,且危险物质未从装载它的运输工具上卸载的,危险物质在该期间视为仅在该船舶上。

2. 危险物质所在船舶被另一艘海船或者内水船舶拖带牵引或者由与该船舶连接为一体的另一艘海船或者内水船舶操纵的,危险物质在此种情形下视为仅在被拖带或者操纵的内水船舶或者海船上。

3. 在第8:1033条第5款第3项、第4项和第5项所称的期间,危险物质视为:

(1)不同于本条第1款的规定,在运载危险物质的运输工具上;

(2)不同于本条第2款的规定,在危险物质所在的船舶上。

第8:1033条　船舶所有权人的责任

1. 事件发生时危险物质所在船舶的所有权人,对该危险物质造成的事件产生的损害承担责任。事件由同一原因造成的一系列事实构成的,第一个事实发生时的所有权人应当承担责任。

2. 内水船舶所有权人不对以下情形中的损害承担责任:

(1)因战争、敌对行为、内战或者武装暴动或者特殊的、不可避免的和不可抗拒的自然现象引起的损害;

(2)完全因第三者有意作为或者不作为造成的损害,但本条第5款第1项所称的人除外;

(3)因托运人或者其他人未履行关于危险物质的告知义务,且所有权人和本条第5款第1项所称的人不知道也不应当知道该危险物质而造成的损害。

3. 内水船舶所有权人能证明损害完全或者部分是因受害人有意作为或者不作为,或者其疏忽造成的,该所有权人对该人应当承担的责任可全部或者部分地予以免除。

4. 仅在本条第2款第3项的情形下以及根据劳动合同可被提出请求的情形下,受害人才可根据本节以外的规定要求所有权人承担责任。

5. 除第8:1034条和第8:1035条的情形外,下列人员不对本条所称的损害承担任何责任:

(1)所有权人或者船员的工作人员、代理人、管理人员;

(2)领航员以及为船舶的需要进行工作的船员以外的任何其他人;

(3)参与对船舶、船上的物或者人员实施救助作业的任何人,除非违反船舶一方明示和合理的禁止;

(4)根据主管政府机构指示对船舶、船上的物或者人员实施救助作业的人;

(5)采取预防措施的人,但不包括所有权人;

(6)本款第2项、第3项、第4项和第5项的工作人员、代理人或者委托代理受托人,对损害不承担责任,除非该损害是因自己故意或者重大过失作为或者不作为造成的。

6. 除另有约定外,仅所有权人有权对根据本条第5款承担责任的人进行追偿。

第8:1034条　装货或者卸货时造成的损害

1. 内水船舶所有权人证明第8:1031条第2款所称的期间内,危险物质的装货或者卸货,完全由其指定的所有权人以及其工作人员、代理人或者委托代理受托人以外的人负责的,如托运人或者收货人,所有权人不对危险物质在装货或者卸货期间造成的损害承担责任,且该他人应当根据本节对此损害承担责任。

2. 在第8:1031条第2款的期间内,所有权人和指定的其他人共同负责危险物质的装货或者卸货的,所有权人和该他人对危险物质在装货或者卸货期间造成的损害承担连带责任。

3. 危险物质由按照指示行事的人或者代表承运人或者受其他人委托的人装货或者卸货的,该行为人不承担责任,且承运人或者该其他人应当承担责任。

4. 内水船舶所有权人以外的人根据本条第1款或者第2款承担责任的,该他人不得主张第8:1033条第4款和第5款第2项的规定。

5. 内水船舶所有权人以外的人根据本条第1款或者第2款承担责任的,参照适用本编第7章以及《民事诉讼法典》第642条之一至第642条之二十六的规定,但在连带责任的情形下:

(1)双方因同一事件对对方产生的请求权整体适用本编第7章的责任限额;

(2)其中一方根据《民事诉讼法典》第642条之三设立基金的,视为由双方以及与基金诉讼相关的其他人共同设立。

6. 在内水船舶所有权人与本条第2款所称的其他人的相互关系中,所有权人无义务承担任何已支付的赔偿,除非其工作人员、代理人或者委托代理受托人有过错。

7. 在第8:1031条第2款所称的期间内,装货或者卸货由第8:1033条第5款第3项、第4项或者第5项所称的人单独负责或者共同负责的,不适用本条规定。

第8:1035条　托运人或者其他人的责任

内水船舶所有权人根据第8:1033条第2款第3项不承担责任的,托运人或者其他根据本条应承担责任的人应当根据本节规定承担责任,参照适用本编第12章以及《民事诉讼法典》第642条之一至第642条之二十六的规定。托运人或者其他人不得根据第8:1033条第4款主张其权利。

第 8:1036 条　不能区分的原因造成的损害

危险物质造成的损害不能与其他损害合理区分的,全部损害视为本节所称的损害。

第 8:1037 条　因一艘或者多艘内水船舶上的危险物质造成的损害

1. 损害因多艘内水船舶上或者海船与海船或者气垫船上的危险物质造成的,内水船舶所有权人与其他有关海船、内水船舶或者气垫船的所有权人或者经营人,对不能合理认定其中一艘海舶、内水船舶或者气垫船上的危险物质造成的损害,承担连带责任,但不影响适用第 8:1033 条第 2 款和第 3 款、第 8:1034 条、本编第 6 章第 4 节和第 14 章第 1 节的规定。

2. 本条第 1 款的规定不影响内水船舶所有权人、其他船舶所有权人或者经营人根据本编第 7 章、第 12 章或者第 8:1218 条至第 8:1220 条的规定主张对其适用责任限额的权利。

第 8:1038 条至第 8:1059 条　[预留]

第十二章　内水船舶所有权人的责任限额

第 8:1060 条　限制责任的权利

1. 内水船舶所有权人以及救助人可通过设立《民事诉讼法典》第 642 条之三所称的一个或者多个基金,限制对第 8:1062 条所称的请求权的责任。

2. 本章所称的内水船舶所有权人,包括船舶经营承租人、其他承租人和其他内水船舶管理人,包括已占有船舶进行经营的人。

3. 本章所称的救助人指任何实施与救助作业直接有关工作的人,包括第8:1062 条第 1 款第 4 项、第 5 项和第 6 项所称的工作或者措施。

4. 本章所称的内水船舶指气垫船、摆渡船以及挖泥船、起重船、电梯以及所有浮动设备、趸船或者类似性质的物体。

5. 适用本章时,正在建造的船舶自开始下水时视为船舶。适用本章时,气垫船不视为船舶。

第 8:1061 条　所有权人或者救助人意外的主张限制责任

1. 涉及第 8:1062 条所称的请求权,所有权人或者救助人原则上应当对被告的作为、疏忽或者不作为承担责任,并且被告有权主张本章所称的责任限额。

2. 根据本章主张责任限额的保险人,也可在同样范围内对被保险人主张责任限额。

第 8:1062 条　责任限制的请求权

1. 除第 8:1063 条和第 8:1064 条的规定外,无论基于合同或者非合同原因,或者完全基于所有权、自主占有、船舶优先权或者对主张责任限额的人的照管或者监督而产生责任的，责任人均可对以下请求权主张责任限额：

(1)因在船舶上发生或者与船舶经营或者救助作业直接相关的死亡或者伤害，或者包括对港口工程、港池、航道和船舶航行辅助设施等的损害，以及由此造成损害的请求权；

(2)因货物、旅客或者其行李运输延误造成损害的请求权；

(3)因与内水船舶经营或者救助作业直接相关的侵害非合同权利造成的其他损害的请求权；

(4)因打捞、清除、销毁沉没、遇难、搁浅或者遗弃的船舶，包括此种船舶上现有或者原有物，或者使之无害的请求权；

(5)因清除、销毁内水船舶上的货物或者使之无害的请求权；

(6)因为防止或者减少损害而采取的措施，以及此种措施造成损害的请求权，除非责任人本人的请求权。

2. 受害人以追偿或者免责的方式主张本条第 1 款所称的请求权的，无论是否根据合同，责任人均可主张责任限额。本条第 1 款第 4 项、第 5 项或者第 6 项所称的请求权不得限于根据与责任人的合同可请求给付的报酬。

第 8:1063 条　责任限额之外的债权

1. 有以下情况之一的，不适用本章的规定：

(1)涉及救助作业或者分担共同损失的请求权；

(2)受制于关于限制核能损害责任限额的国际公约或者国内法范围的请求权；

(3)对核动力船舶经营人的关于核能损害的请求权；

(4)工作人员或者其权利继受人根据劳动合同对所有权人或者救助人提出的请求权，并且所有权人或者救助人承担的责任不能根据劳动合同的准据法加以限制或者限额高于本章规定限额的，该请求权仅涉及与内水船舶或者救助有关的工作。

2. 根据本章有权主张责任限额的人，基于同一事件有权对债权人主张请求权的，应当相互抵销双方的请求权；此情形下，该责任限额仅适用于抵销后可能存在的差额。

第 8:1064 条　责任人自己的故意或者重大过失

责任人因自己故意或者重大过失作为或者不作为造成损害的，其不得主张责任限额。

第 8:1065 条　因同一事件产生的请求权的限额

因同一事件产生的请求权，按照枢密院令规定的标准确定本章责任限额的，其中各种类型的船舶所有权人和救助人,可适用不同的标准。为此,该所有权人和救助人可对第 8:1062 条第 1 款所称的请求权设立不同的基金。

第 8:1066 条　适用责任限制的请求权

1. 因同一事件产生的、对以下人员的整体请求权,应当适用第 8:1065 条所称的枢密院令规定的责任限额:

(1)第 8:1060 条第 2 款所称的人,以及原则上对其作为、疏忽或者不作为承担责任的行为人;

(2)实施救助作业的所有权人,以及在该船舶上工作且原则上对其作为、疏忽或者不作为承担责任的行为人;

(3)从未在海船或者内水船舶上实施救助或者仅在从事救助作业的船舶上工作的、对船舶实施救助作业的救助人,以及原则上对其作为、疏忽或者不作为承担责任的行为人。

2. 因同一事件产生的、与第 8:1065 条所称的船舶有关的人,以及原则上对其作为、疏忽或者不作为承担责任的行为人的整体请求权,应当适用第 8:1060 条第 2 款规定的责任限额。

第 8:1067 条至第 8:1069 条　[预留]

第四部分　道路运输法

第十三章　道路运输

第一节　一般规定

第 8:1080 条　枢密院令所作的进一步定义

1. 枢密院令可规定某些不属于车辆的物适用本章关于车辆的规定,或者规定一项或者多项属于车辆的物不适用本章规定。

2. 救援车非本节所称的车辆。

3. 一方与另一方约定有义务为此目的驾驶该另一方提供车辆的合同,非本节所称的运输合同。

第 8:1081 条　非合同责任

涉及车辆经营,参照适用第 8:361 条至第 8:366 条的规定,但根据《机动车责任保险法》第 2 条有投保义务的人、该法第 6 条所称的保险人或者其工作人员承担非合同损害赔偿责任的,参照适用该条文规定。《机动车责任保险法》第 23 条所称的机动车交通保障基金或者该法第 2 条第 6 款所称的机构及其工作人员承担非合同损害赔偿责任的,参照适用该条文规定。

第 8:1082 条至第 8:1089 条　[预留]

第二节　道路货物运输合同

第 8:1090 条　"道路货物运输合同"的定义

本节所称的道路货物运输合同是指承运人对托运人负有用车辆在铁路以外的道路上运输货物的义务的合同,无论是否为定期车辆租赁合同或者车次车辆租赁合同。

第 8:1091 条　运输期间

适用第 8:1098 条第 2 款时,不同于其他规定,货物未从车辆上卸载的,道路货物运输包括车辆在其他运输工具上而非在道路上的期间。

第 8:1092 条　某些货物运输合同不适用本节规定

殡葬服务合同、搬家运输合同或者受 2009 年《邮政法》所称的统一邮政服务提供商的委托或者在国际邮政条约下为执行 2009 年《邮政法》所称的统一邮政服务的合同不适用本节规定。除第 8:1154 条外,行李运输合同不适用本节规定。

第 8:1093 条　定期车辆或者车次车辆租赁合同

1. 本节所称的定期车辆租赁或者车次车辆租赁合同是指承运人有义务将配备驾驶员的整个车辆为此目的按照或者不按照一定期间(定期车辆租赁或者车次车辆租赁合同)提供给托运人进行运输的合同。

2. 本节所称的"车辆出租人"指本条第 1 款所称的承运人,"车辆承租人"指本条第 1 款所称的托运人。

第 8:1094 条　不适用关于租赁、保管和使用借贷的法律规定

提供车辆和驾驶员用于货物运输的,不适用关于租赁、保管和使用借贷的法律规定。

第 8:1095 条　承运人的主要义务

承运人有义务按照收到货物时的状态将货物运送到目的地。

第 8:1096 条　迟延

承运人有义务立即运输其收到的承运货物,不影响适用第 8:1095 条的规定。

第 8:1097 条　车辆出租人有义务指示驾驶员

1. 涉及车辆租赁合同的,车辆出租人有义务指示驾驶员在合同规定的范围内遵守车辆承租人的命令。车辆出租人还应当确保驾驶员遵守其作出的指示。

2. 车辆承租人根据本条第 1 款指示车辆驾驶员驶往装货地或者卸货地造成损

害的,其应当对此承担责任,且仅在驾驶员未按照对其发出的命令合理行为的情况下,其责任才可予以免除。

第 8:1098 条　不可抗力

1. 涉及谨慎承运人无法避免且无法阻止的情况造成死亡或者伤害而产生损害的,承运人不对此承担责任。

2. 承运人不得以其使用的车辆或者材料瑕疵为由主张免除其责任,除非该车辆或者材料是由托运人或者收货人提供的。该材料不包括车辆所在的船舶、航空器或者铁路车辆。

3. 损害指因全部或者部分灭失、延误以及其他情形造成损害的事实。

第 8:1099 条　特别风险

承运人未履行第 8:1095 条和第 8:1096 条所称的义务因与下列一种或者多种情况有关的特殊风险所致的,承运人不对此承担责任,不影响适用第 8:1100 条和第 8:1101 条的规定:

(1)在合同和托运单中明确记载的情形下,因敞蓬车辆中的货物运输;

(2)因托运人、收货人或者代表托运人或者收货人行为的人对货物的装载、积载或者卸载;

(3)特定货物自身的性质,因与该性质本身有关的原因而受到全部或者部分损失的风险,特别因燃烧、爆炸、熔化、破裂、腐蚀、腐败、脱水、泄露、通常特性的丧失或者鼠害或者虫蛀;

(4)未约定运输应当使用防止货物受此种影响的特殊装备的车辆的,因炎热、寒冷、温差或者潮湿的变化;

(5)因包装上的地址、数字、字母或者标志的方式不完整或者有缺陷;

(6)涉及活体动物的运输。

第 8:1100 条　特别风险下的法律推定

1. 考虑到具体情况,承运人能证明未履行第 8:1095 条和第 8:1096 条所称的义务可能因第 8:1099 条所称的一种或者多种特殊风险所致的,推定因特殊风险导致其未履行义务。除非有权请求承运人交付货物的人可证明,未履行义务并非全部或者部分因特殊风险所致。

2. 在第 8:1099 条第 1 款第 1 项所称的情形下,存在异常缺损或者包件非通常程度灭失的,上述推定不存在。

3. 按照当事人约定的方式进行运输时,承运人应当使用有防止货物受炎热、寒冷、温差或者潮湿影响的特殊装备的车辆的,仅承运人证明已采取考虑到通常情况有义务采取的关于设备选择、维护和使用的所有措施并遵守本条第 5 款所称的指示的情况下，其才可根据第 8:1099 条第 1 款第 3 项主张免除此种影响造成的责任。

4. 仅承运人证明已采取考虑到通常情况有义务采取的所有措施，并遵守本条第 5 款所称的指示的情况下，其才可根据第 8:1099 条第 1 款第 6 项主张免除此种影响造成的责任。

5. 托运人必须在运输开始前对承运人作出本条第 3 款和第 4 款所称的特别指示，且承运人必须明确接受已签发的托运单，并在托运单中记载此事项。托运单上的记载并不能作为此事项的证据。

第 8:1101 条　未包装或者包装不足的货物

有以下情形之一的，推定承运人未履行第 8:1095 条和第 8:1096 条所称的义务：

(1) 考虑其性质或者运输方式，应当适当包装但未包装货物，或者考虑其性质或者运输方式，未充分或者有效包装货物；

(2) 未包装货物不属于本条第 1 项所定义的范围，考虑到具体情况，承运人能证明未履行义务可能由与未包装有关的特殊风险所致的，推定此种情形为承运人无法避免且无法阻止导致其未履行义务的情况，且未履行义务并非因第 8:1098 条第 2 款所称的可归责于承运人的情况所致。

第 8:1102 条　半强制性规定

1. 任何以本节规定以外的方式，加重或者减轻承运人根据第 8:1095 条承担的责任或者证明责任的约定，均为无效，除非当事人以与参考其他文件不同的方式明确订立单独的书面合同。

2. 任何以以下情形中的方式，加重或者减轻承运人根据第 8:1095 条承担的责任或者证明责任的约定，均为无效：

(1) 记载道路运输信息提单的文件；

(2) 交付货物后，承运人和收货人之间签订的合同。

第 8:1103 条　损坏的估值

1. 承运人因未履行第 8:1095 条和第 8:1096 条所称的义务而承担责任的，托运人仅有权请求支付按照承运货物在交货地和交货时应有价值计算的金额。

2. 本条第 1 款所称的价值，应当按照商品交易所的行情确定，没有此种行情的，应当按照当前市场价值确定，或者没有市场价值的，应当按照该种类和品质货物的通常价值确定。

第 8:1104 条　价值降低

货物的所有权人有义务支付根据第 8:1129 条应当赔偿损害的金额的，视为该货物价值的降低。

第 8:1105 条　枢密院令确定的限额

承运人因未履行第 8:1095 条和第 8:1096 条所称的义务而承担责任的，其责任不得超过枢密院令中或者根据枢密院令确定的限额。

第 8:1106 条　申报货物价值过高

1. 托运人经承运人同意并支付约定金额的，可在托运单上声明第 8:1105 条所称的枢密院令规定的最大金额的货物价值。此情形下，申报的金额将取代该限额。

2. 当事人约定声明的价值超过第 8:1103 条第 1 款所称价值的，即使当事人采用第 8:1102 条第 1 款的方式订立合同，此种约定也无效。

第 8:1107 条　支付约定金额

1. 托运人经承运人同意并支付约定金额的，其可在托运单中载明关于承运货物灭失或者损坏以及超过约定期限交货的特别金额。

2. 承运人在已声明交货特别利益的情况下，因未履行第 8:1095 条和第 8:1096 条所称的义务而承担责任的，不影响对其适用第 8:1103 条至第 8:1106 条对损害赔偿的规定。承运人可请求赔偿已证明的附带损害金额，但最高不得超过其声明利益的金额。

第 8:1108 条　承运人故意或者重大过失

1. 承运人因自己故意或者重大过失作为或者不作为造成损害的，其不得主张责任限额。

2. 任何改变本条规定的约定均为无效。

第 8:1109 条　未按时提供车辆时的终止权

1. 承运人通知托运人车辆无法或者未能在约定时间或者地点到达的，托运人有权终止合同。

2. 托运人仅在收到承运人通知后才能立即行使该项权利。

3. 未收到本条第 1 款所称的通知的情况下，托运人从其他途径获悉车辆无法或者未能在约定时间或者地点到达的，托运人无须任何迟延催告，即有权在合理期限内终止合同；托运人收到本条第 1 款所称的通知后，从其他途径获悉因通知以外的情况车辆无法或者未能在约定时间或者地点到达的，其也享有该权利。

4. 托运人通过口头或者书面通知或者其他有明确收到证明的即时通信作出终止表示的，合同应当在承运人收到该终止表示时终止。

5. 承运人必须赔偿托运人因终止合同受到的损害，该赔偿金额不得超过约定的货物运费金额，或者涉及定期车辆租赁合同的，不得超过提供车辆 24 小时的运费。

第 8:1110 条　托运人按时交货的义务

无论基于何种原因,托运人必须赔偿因未在约定的时间和地点将约定的货物交付承运人造成的损害。

第 8:1111 条　托运人的终止权

1. 货物未交付承运人前,托运人有权终止合同。但其有义务向承运人支付运输货物所约定的运费。

2. 托运人通过口头或者书面通知或者其他有明确收到证明的即时通信作出终止表示的,合同应当在承运人收到该终止表示时终止。

3. 定期车辆租赁合同不适用本条规定。

第 8:1112 条　无货物可运输时的终止权

1. 必须向承运人提供货物的期限届满后,托运人仍未向承运人提供任何货物的,无论基于何种原因,承运人无须迟延催告,即有权终止合同。托运人有义务向承运人支付运输货物所约定的运费。

2. 承运人通过口头或者书面通知或者其他有明确收到证明的即时通信作出终止表示的,合同应当在托运人收到该终止表示时终止。

3. 定期车辆租赁合同不适用本条规定。

第 8:1113 条　仅部分货物可运输;终止或者继续航行

1. 必须向承运人提供货物的期限届满后,托运人仅向承运人提供部分约定的货物的,无论基于何种原因,承运人无须任何迟延催告,即有权终止合同。

2. 在合同终止的情况下,托运人经承运人的请求,有义务卸下已积载的货物,或者承运人已开始行驶且不重新积载无法行驶的,其有义务重新积载货物。托运人必须向承运人支付未提供运输或者因终止尚未运输货物所约定的运费,还必须赔偿承运人因终止、开始行使或者卸货或者重新积载已装车的货物而受到的其他损害。

3. 承运人通过口头或者书面通知或者其他有明确收到证明的即时通信作出终止表示的,合同应当在托运人收到该终止表示时终止。

4. 定期车辆租赁合同不适用本条规定。

第 8:1114 条　提供所需文件和信息的规定

1. 托运人必须及时告知承运人关于货物及其处置的为保护承运人利益的信息,以及其能够告知或者应当能够告知且知道或者应当知道的信息,除非其可认为承运人已知道此种信息。

2. 托运人有义务将其根据本条第 1 款必须向承运人提供的信息,尽可能在承运货物或者其包装上清楚标明,且确保通常情况下在运输终止时仍可辨识。

3. 承运人没有义务,但有权调查提供给其的信息是否正确和完整。

4. 必须向承运人提供货物的期限届满时,托运人未履行或者仅部分履行本条第1款或者第2款所称义务的,无论基于何种原因,参照适用第8:1112条和第8:1113条的规定,但定期车辆租赁合同除外。

第8:1115条　未提供所需的文件和信息或者其损坏时的责任

1. 无论基于何种原因,托运人必须赔偿承运人因托运人未适当提供运输需要的托运人一方的文件和资料,或者未适当完成交货前应当办理的海关手续或者其他手续而受到的损害。

2. 承运人必须确保不会丢失或者错误处理已交付其的文件。其对此承担的损害赔偿责任,不得超过根据第8:1103条至第8:1108条应当赔偿的责任。

3. 承运人没有义务,但有权调查提供给他的信息是否正确和完整。

4. 托运人在期限届满时,未适当提供本条第1款所称的文件和资料的,无论基于何种原因,参照适用第8:1112条和第8:1113条的适用,但定期车辆租赁合同除外。

第8:1116条　不可预见情况下的终止权

1. 向承运人提供货物之前或者之时,一方当事人产生或者发现相对方在订立合同时不应当知道的情况,且相对方知道该情况将因此合理地不订立或者按不同条款和条件订立的,相对方有权终止合同。

2. 相对方通过口头或者书面通知或者其他有明确收到证明的即时通信作出终止表示的,合同应当在当事人收到该终止表示时终止。

3. 根据合理和公平原则,当事人必须赔偿相对方因合同终止受到的损害。

第8:1117条　托运人提供有瑕疵货物时的责任

1. 托运人必须赔偿承运人因为其提供的物品或者接受运输或者搬移的货物而受到的损害,除非该损害可归责于承运人;承运人应当对承运货物的损坏承担责任的,视为可归责于承运人。

2. 适用本条时,不影响适用第8:1118条的规定。

第8:1118条　危险货物的运输

1. 无论基于何种原因,托运人未履行第8:1114条第1款或者第2款所称的义务将立即发生危险的,承运人可在任何时间和任何地点将货物卸载、销毁或者以其他方式使之无害。此情况下,承运人不对提供运输或者措施本身产生的所有费用和损害承担损害赔偿责任,托运人也不对此承担责任。

2. 承运人根据本条第1款有权卸载、销毁货物或者以其他方式使之无害的,托运人经承运人的请求,有义务在合理的情况下采取上述措施。

3. 承运人采取本条第1款或者第2款所称措施的,其也有权终止该款所称的货物运输合同,但未卸货的,在卸货时终止。承运人应当通知托运人,并在可能的情况下通知必须将货物交付的人。承运人采取本条第1款所称的措施之后继续将货物运输到目的地的,不适用本款规定。

4. 涉及实际交付货物的,可适用当事人之间的合同以及本章关于货物交付的规定。参照适用第8:1132条、第8:1133条、第8:1137条和第8:1138条的规定。

5. 任何改变本条第1款或者第2款规定的约定均为无效。

第8:1119条　运单(托运单)

1. 托运人或者承运人均可制作关于运输的托运单,并可请求相对人在该文件或者双方共同制作的文件上签名并交付自己。适用本条时,印刷签名或者盖章或者其他原产地标记可代替签名。

2. 托运单应当根据其上可能的指示载明以下信息:

(1)托运人,仅载明唯一确定的身份;

(2)承运的货物;

(3)收货地点;

(4)承运人接收货物的运输目的地;

(5)收货人,仅载明唯一确定的身份;

(6)承运人;

(7)其他托运人和承运人共同认为合适的所有其他信息。

3. 本条第2款第1项至第5项的事项应当按照托运人提供的信息记载。托运人应当确保交付货物时该信息的正确性。承运人应当确保其提供的托运单上记载的承运人信息的正确性。

4. 涉及本条第2款所称的信息瑕疵,双方当事人必须赔偿因此受到的损害。

第8:1120条　按运单的规定检查货物

在签发托运单之前,承运人没有义务但有权检查托运单上记载的关于货物的信息是否正确、准确和完整。其有权在托运单上标注有关货物的检查结果。

第8:1121条　运单编号

待运货物必须装载到不同车辆上;涉及不同类型的货物或者单独批次的,托运人和承运人有权请求在托运单上载明必须使用的车辆或者货物种类或者单独的批次。

第8:1122条　运输单

1. 除非托运人和承运人之间订立车辆租赁合同,仅托运人或者承运人提出请求,且托运人在将相关货物交给承运人之前已知道此请求的,承运人才应当以道路提单的方式为该货物制作托运单。此情况下,托运单上应当载明可辨识的“道路运输提单”字样。

2. 承运人应当按照第 8:1119 条和第 8:1121 条所称的要求制作道路运输提单。

3. 仅被主张的人明确可知道路运输提单参引其他文件的内容时,该内容才应当视为道路运输提单的附加条款。仅经书面请求立即告知条款的内容后,托运人或者承运人才可对其提出此种主张。

4. 双方均提出此种请求的,承运人也可制作车辆租赁的道路运输提单。该道路运输提单必须符合本条规定的要求。

5. 任何改变本条规定的约定均为无效。

第 8:1123 条　已签发运输单的法律关系

1. 已签发道路运输提单的,除本条第 2 款的情形外,承运人和托运人或者收货人的法律关系受道路运输提单条款的约束。

2. 已订立运输合同并签发道路运输提单的,承运人和托运人之间的法律关系还应当受运输合同的约束,而不受道路运输提单的约束。此时,道路运输提单仅作为承运人收到货物的证明,并且受第 8:1124 条的约束。

第 8:1124 条　运单的证据价值

1. 托运单中关于承运货物的信息不构成对承运人的证据,除非涉及谨慎承运人可判断其正确性的信息。

2. 托运单包含承运人单独签名的声明,并且该声明表明其知道关于承运货物信息正确性的,承运人不得提出任何相反证据。

3. 托运单未载明货物表面可见状态或者条件的,不得推定承运人收到货物时,货物表面可见状态为良好状况。

4. 托运人不受承运人在托运单上作出第 8:1120 条所称注记的约束。但托运单包含托运人单独签名的声明并表明其知道标注正确性的,托运人不得提出任何相反证据。

第 8:1125 条　托运人的指示权

1. 托运人有权指定自己或者其他人为收货人,并变更收货人的说明或者关于货物交付的指示,或者在到达目的地之前请求交付承运货物;在未签发道路运输提单的情形下,托运人有权请求交付承运货物,或者签发道路运输提单的,有权请求交付提单上记载的全部货物。

2. 该指示在到达履行指示的人之时必须可履行,且不得妨碍承运人的正常业务运营,也不得损害承运人或者装运其他货物的利害关系人。托运人有义务赔偿承运人或者装运其他货物的利害关系人因此受到的损害。向未约定的地点行使车辆的,托运人有义务向承运人支付合理补偿。

3. 收货人在卸货地接受货物或者收货人向承运人请求未交付货物的损害赔偿的,托运人的此种权利即告消灭。

4. 根据本条第 1 款交付的货物,视为在目的地交付的货物,适用本节关于货物交付的规定以及第 8:1132 条、第 8:1133 条、第 8:1137 条和第 8:1138 条的规定。

第 8:1126 条　收货人有权请求承运人按其义务交付货物

已向托运人签发的托运单载明收货人的,收货人也有权请求承运人根据该承运人所承担的义务交付货物,除非其未以合法手段成为持有人;此情况下,参照适用第 8:1103 条至第 8:1108 条的规定。

第 8:1127 条　收货人有义务立即出具收据

收货人有义务在收到货物后立即出具收据。

第 8:1128 条　运费

1. 除定期车辆租赁外,托运人应当在承运人收到承运的货物或者签发托运单时支付运费。

2. 未在目的地交付货物的,托运人仍应全额支付已预付和已付的运费,但定期租赁合同除外。

3. 托运人未履行本条义务的,承运人有权中止运输有关货物。经法院批准,承运人有权采取第 8:1132 条和第 8:1133 条所称的措施。采取措施的,适用此两条的规定。

第 8:1129 条　在途运费

托运人和收货人对作为无因管理人的承运人为保护承运货物权利人的利益而受到的损害,承担连带赔偿责任,不影响适用本法第 6 编第 4 章第 1 节的规定。

第 8:1130 条　货款

1. 承运人有义务在交货时收取与货物有关的“货到付款”的货款,并将该款项交付托运人。无论基于何种原因,承运人未履行该义务的,其必须向托运人赔偿“货到付款”的货款,托运人未受到损失或者受到较少损失的,其必须赔偿托运人因此受到的最大损失。

2. 收货人在货物交付时知道实际交付中已附有“货到付款”的,该收货人必须向承运人支付其对托运人的应付款项。

第 8:1131 条　拒绝交货的权利/留置权

1. 承运人有权拒绝交付其根据运输合同控制的货物;其可对因运输合同而有权

要求交货的任何人行使此项权利，除非货物被扣押或者因扣押而产生向扣押人交付的义务。

2. 承运人有权对其根据运输合同控制的货物行使留置权，并在一定范围内限于可归责于托运人现在或者将来的义务。承运人可对与要交付的货物有关的“货到付款”的货款行使此权利。此种情形下，收货人可保留该货物到托运人履行义务。此外，收货人向承运人支付无争议的款项且对有争议或者金额尚未确定的款项提供足够的担保的，留置权即消灭。承运人无须接受与要交付的货物有关的“货到付款”货款的任何担保。

3. 承运人收到承运货物时，有理由怀疑托运人是否对第三人享有权限的，其不得对该第三人主张本条赋予承运人的权利。

第 8:1132 条　承运人有权将货物移交第三人妥善保管

1. 有权请求承运人交付货物的人未出现、拒绝收货或者未立即收货的，承运人有权为权利人将货物提存于第三人适当的保管地点或者车辆上，并由该权利人承担费用和风险。法院可经承运人的申请，允许承运人自己保管货物；必要之时，法院也可允许承运人在车辆上保管货物，或者为此目的采取其他措施。其必须尽快通知托运人。

2. 作为保管人的第三人和收货人之间，在法律上负有与订立保管合同相同的义务。仅取得提存人的书面同意，保管人才可交付货物。

第 8:1133 条　出售由提存机构保管的货物

1. 适用第 8:1132 条时，法院可经其请求，授权承运人、保管人或者有权请求承运人交付货物的人，按照法院指定的方式，全部或者部分出售货物。

2. 保管人必须尽快通知承运人其拟出卖的事项；承运人对有权请求交付货物的人承担此种相同的通知义务。

3. 提存机构应当保管偿还合理支出的提存和变卖费用后的变卖收益。除扣押货物以偿还金钱债权外，与运输有关的义务必须从交付保管的款项中予以清偿；该债权尚不确定的，收益或者其中一部分收益应当按照法院规定的方式为该债权提供担保。

4. 向提存机构提存的收益可取代货物。

第 8:1134 条　检查货物

确定或者怀疑货物丢失或者损坏的，承运人和收货人应当相互采取合理措施检查货物并重新计算包件数目。

第 8:1135 条　交货时对货物的情况进行评估

1. 承运人以及有权请求承运人交付货物的人，有权在交货时申请法院对货物的状态和条件进行调查；其还有权申请法院评估调查中发现损害的金额。

2. 相对人参与调查或者经适当传唤的，推定法院所出具的调查报告为正确。

第 8:1136 条　评估费用

1. 申请人应当支付第 8:1135 条所称的调查费用。

2. 法院可规定由申请人的相对人承担全部或者部分调查费用以及因调查受到损害的费用，并且该费用可超过第 8:1105 条所称的枢密院令的金额。

第 8:1137 条　重新找回丢失货物

承运人在未交付货物的 1 年内向有权请求交货的人支付赔偿金后，托运人或者收货人以挂号信的方式提出请求的，承运人有义务以挂号信的方式通知托运人或者收货人该货物或者其中部分货物仍在承运人处，并且托运人或者收货人在收到此种通知后 30 日内有权返还其收到的损害赔偿并请求重新交付货物。承运人未赔偿未交付货物的损害的，也适用该规定。本条第 1 句所称的请求重新交付货物的期限为 1 年，自承运人应交付货物次日起算。

第 8:1138 条　承运人不再承担交货义务时重新找回丢失货物

承运货物仍在承运人控制之下，但根据运输合同承运人不再承担交货义务的，参照适用第 8:1133 条的规定，但承运人变卖该货物的收益必须清偿其因未履行第 8:1095 条和第 8:1096 条所称的义务而应支付的赔偿金。

第 8:1139 条　[预留]

第三节　道路旅客运输合同

第 8:1140 条　“旅客运输合同”的定义

1. 本节所称的道路旅客运输合同是指承运人对负有用车辆在铁路以外的道路上运输一名或者多名旅客义务的合同，无论是否同时运输行李。

2. 第 8:100 条所称的旅客运输合同非本节所称的道路旅客运输合同。

第 8:1141 条　“手提行李”的定义

1. 本节所称的手提行李是指旅客可作为手提物、背负物或者手推物简单携带的行李，包括活体动物。

2. 枢密院令可规定某些不属于手提行李的物适用本节关于手提行李的规定，或者规定一项或者多项属于手提行李的物不适用本节规定。

第 8:1142 条　旅客运输期间

1. 道路旅客运输包括旅客在车辆和道路上的期间，以及旅客上下车辆的期间。

2. 适用第 8:1148 条第 2 款时，不同于其他规定，旅客未离开车辆的，道路旅客运输包括车辆在其他运输工具上而非在道路上的期间。

第 8:1143 条　手提行李的运输期间

1. 手提行李的道路运输包括手提行李在车辆和道路上的期间，以及装载和卸载手提行李的期间。

2. 涉及手提行李以外行李的，其道路运输包括承运人收到货物到交付货物的期间。

3. 适用第 8:1150 条第 2 款时，不同于其他规定，行李未离开车辆的，道路运输还包括行李所在车辆在其他运输工具上而非在道路上的期间。

第 8:1144 条　定期车辆租赁合同或者车次车辆租赁合同

1. 本节所称的定期车辆租赁或者车次车辆租赁合同是指车辆承租人已约定按照或者不按照一定期间（定期车辆租赁或者车次车辆租赁合同），将配备驾驶员的车辆提供给托运人用于运输的合同。

2. 此种运输参照适用第 8:1093 条、第 8:1097 条、第 8:1109 条、第 8:1112 条和第 8:1113 条的规定。

第 8:1145 条　不适用关于租赁、保管和使用借贷的法律规定

配备驾驶员的车辆用于运输旅客的情形不适用关于租赁、保管和使用借贷的法律规定。

第 8:1146 条　[1992 年 1 月 1 日废止]

第 8:1147 条　旅客死亡或者受伤害时承运人的责任

承运人应当对旅客因运输期间以及途中发生的事故造成的死亡或者伤害承担责任。

第 8:1148 条　不可抗力

1. 在运输期间因谨慎承运人可避免或者可阻止的情况造成事故发生的，承运人应当对由此造成的旅客死亡或者伤害承担责任。

2. 车辆驾驶员身体或者精神上的缺陷，以及用于运输的车辆和材料的瑕疵或者缺陷，视为谨慎承运人可避免或者阻止的情况。该材料不包括车辆所在的船舶、航空器或者铁路车辆。

3. 适用本条时，仅在没有其他可归责于承运人的共同导致事故发生的情况时，第三人的行为才应当予以考虑。

第 8:1149 条　强制性规定

在旅客发生事故之前，任何以本节规定以外的方式，减轻承运人根据第 8:1147 条规定承担的责任或者证明责任的约定，均为无效。

第 8:1150 条　承运人在手提行李全部或者部分灭失或者损坏时的责任

1. 在运输期间由谨慎承运人可避免或者可阻止的情况造成事故发生的,承运人应当对由此造成的手提行李的全部或者部分灭失或者损坏承担责任。该事故可归责于承运人的,承运人同样应当承担责任。

2. 车辆驾驶员身体或者精神上的缺陷,以及用于运输的车辆和材料的瑕疵或者缺陷,视为谨慎承运人可避免或者阻止的情况。该材料不包括车辆所在的船舶、航空器或者铁路车辆。

3. 适用本条第 1 款时,仅在没有其他可归责于承运人的共同导致事故发生的情况时,第三人的行为才应当予以考虑。

4. 在行李灭失或者损坏之前,任何以本节规定以外的方式,减轻承运人根据本条规定承担的责任或者证明责任的约定,均为无效。

第 8:1151 条　承运人贵重物品的灭失或者损坏不承担责任

承运人不对金钱、有价证券、黄金、银器、珠宝、饰品、艺术品或者其他贵重物品的灭失或者损坏承担责任,除非该贵重物品已交由承运人保管且其同意妥善保管。

第 8:1152 条　承运人对不允许携带上车辆的物品不承担责任

承运人知道旅客携带上运输工具物的性质或者状态使其不被允许携带上运输工具,且未出具收据的,同时旅客知道或者应当知道不允许携带该物的,承运人不对该物承担损害赔偿责任;此情况下,旅客应当对承运人因其提供该物运输服务或者旅客自己运输该物受到的损害承担责任。

第 8:1153 条　旅客责任

旅客有义务赔偿其或者其行李给承运人造成的损害,除非谨慎旅客无法避免且无法阻止发生的情况造成该损害,不影响适用第 8:1152 条和第 6:179 条的规定。旅客不得以其行李的品质或者瑕疵为由主张免除责任。

第 8:1154 条　行李运输适用的条款

1. 行李运输可适用第 8:1095 条,第 8:1096,第 8:1103 条,第 8:1104 条,第 8:1114条第 1 款、第 2 款和第 3 款,第 8:1115 条第 1 款、第 2 款和第 3 款,第 8:1116 条至第 8:1118 条,第 8:1129 条以及第 8:1131 条至第 8:1138 条的规定,但不影响适用本节规定。承运人和相对人或者旅客已承担所有义务的,其可行使第 8:1131 条、第 8:1133 条和第 8:1138 条赋予的从提存金额中受偿运输费用的权利。

2. 当事人可改变本条第 1 款适用于其相互关系的规定。

第 8:1155 条　故意或者重大过失

承运人证明因旅客的过错或者疏忽或者共同过错造成损害的,承运人的责任可全部或者部分予以免除。

第 8:1156 条　其他人协助承运人提供服务

承运人利用协助其履行运输义务的人,经旅客请求提供承运人没有义务提供的服务的,视为受承运人委托向旅客提供服务。

第 8:1157 条　枢密院令对承运人责任的限制

承运人在旅客死亡、受伤害或者延误以及行李灭失、损坏或者延误情形下的责任,可限于枢密院令中或者根据枢密院令规定的金额。

第 8:1158 条　承运人的故意或者重大过失

1. 承运人自己故意或者重大过失作为或者不作为造成损害的,其不得主张责任限额。

2. 任何改变本条规定的约定均为无效。

第 8:1159 条　损害赔偿请求权金额

1. 在行李灭失或者损坏的情况下,当事人应当根据具体情况确定损害赔偿金额。

2. 在旅客死亡或者受伤害的情形下,承运人同时作为另一个承运人的相对人对该承运人提起诉讼的,不适用第 6:107 条和第 6:108 条的规定。

第 8:1160 条　承运人的相对人确保旅客按时到达

无论基于何种原因,旅客未按时到达运输地点的,承运人的相对人有义务赔偿承运人因此受到的损害。

第 8:1161 条　承运人的相对人确保及时提供所需文件

无论基于何种原因,旅客未持有运输需要的与运输旅客有关的文件的,承运人的相对人必须赔偿承运人因此受到的损害。

第 8:1162 条　未知情况下承运人的终止权

1. 运输之前或者之时,一方当事人产生或者发现承运人在订立合同时不应当知道的情况,且承运人知道该情况将因此合理地不订立或者按不同条款和条件订立合同的,承运人有权终止合同,且旅客必须离开机动车辆。

2. 承运人以口头或者书面通知向承运人的相对方或者旅客作出终止表示的,合同应当在其收到第一个通知后立即终止。

3. 根据合理和公平原则,当事人必须赔偿相对方因合同终止受到的损害。

第 8:1163 条　未知情况下承运人相对人的终止权

1. 运输之前或者之时,一方当事人产生或者发现相对方在订立合同时不应当知道的情况,且相对方知道该情况将因此合理地不订立或者按不同条款和条件订立合同的,相对人有权终止合同。

2. 相对方以口头或者书面通知作出终止表示的,合同应当在当事人收到该通知后立即终止。

3. 根据合理和公平原则,当事人必须赔偿相对方因合同终止受到的损害。

第 8:1164 条　旅客未及时返回时,旅客运输合同的终止

旅客离开机动车辆后未及时返回的,承运人可认为旅客运输合同自此时起终止。

第 8:1165 条　承运人相对人的一般终止权和损害赔偿

1. 承运人的相对人有权终止合同。但相对人也有义务赔偿承运人因终止受到的损害。

2. 因此延误运输工具运行的,相对人不得行使此项终止权利。

3. 相对人以口头或者书面通知作出终止表示的,合同应当在承运人收到该通知后立即终止。

第 8:1166 条　旅客票证、行李收据的格式

1. 签发旅客票证、行李收据或者其他任何类似文件的,承运人必须在其中清楚地记载其姓名和住所。

2. 任何改变本条第 1 款规定的约定均为无效。

3. 此情形下,不适用第 2:56 条第 2 款、第 2:75 条第 1 款和第 2:186 条第 1 款的规定。

第 8:1167 条至第 8:1169 条　[预留]

第四节　搬 家 合 同

第 8:1170 条　"搬家合同"的定义

1. 本节所称的搬家合同是指搬家人对委托人负有运输其家庭物品义务的货物运输合同,无论全部在建筑物或者住宅内,或者部分在建筑物或者住宅内部分在道路上运输,或者全部在道路上。铁路运输不视为道路运输。

2. 本节所称的家庭物品是指置于有屋顶的室内,并已用于装饰、家具或者设备的物,但根据普遍观念不包括通常室内用品的物。

3. 当事人约定整个道路上的运输均适用家庭物品以外物的法律规定的,该合同不视为搬家合同。

第 8:1171 条　家庭物品的运输期间

适用第 8:1175 条第 2 款时,不同于其他规定,家庭物品未从车辆上卸载的,道路货物运输包括家庭物品所在车辆在其他运输工具上而非在道路上的期间。

第 8:1172 条　包装和拆除家庭物品的义务

家庭物品基于其性质或者运输方式应当包装或者拆卸的,搬家人有义务对其包装或者拆卸,并在目的地将其拆开或者组装。

第 8:1173 条　搬家人的主要义务;"交付"的定义

1. 搬家人必须根据第 8:1172 条的规定使家庭物品处于包装或者拆卸时的状态,或者使其置于目的地的状态。

2. 本节所称的交付是指将家庭物品置于目的地或者已为此目的指定的地点,以及适用第 8:1172 条时,将其拆卸或者组装。

第 8:1174 条　立即完成搬家

承运人开始搬家后,有义务立即完成搬家,不影响适用第 8:1173 条的规定。

第 8:1175 条　不可抗力

1. 未履行第 8:1173 条和第 8:1174 条所称的义务因谨慎搬家人无法避免且无法阻止的情况造成的,搬家人不对其造成的损害承担责任。

2. 为免除第 8:1173 条或者第 8:1174 条所称的义务,搬家人不得援引以下理由:

(1)用于搬家车辆的缺陷;

(2)使用材料的缺陷,除非该材料是由委托人提供的,该材料不包括用于搬家的车辆所在的船舶、航空器或者铁路车辆;

(3)用于固定起重设备支撑物的缺陷;

(4)因第三人的行为对家庭物品造成的事故,除非该第三人代表委托人而行为。

3. 对于第 8:1173 条或者第 8:1174 条以外的责任,搬家人同样适用本条规定。

第 8:1176 条　特别风险

搬家人未履行第 8:1173 条和第 8:1174 条所称的义务因与下列一种或者多种情况有关的特殊风险所致的,搬家人不对由此造成的损害承担责任,不影响适用第 8:1177 条和第 8:1178 条的规定:

(1)由委托人进行家庭物品的包装或者拆卸或者解包或者安装,或者在委托人为此目的提供的人或者工具的辅助下进行的;

(2)委托人对包装或者履行搬家合同的方式作出与约定的通常搬家方式不同的选择;

(3)因搬家人知道家庭物品存在的某些特征及其性质而采取的特殊措施;

(4)由于与家庭物品性质或者状态有关的原因导致其全部或者部分灭失或者

损坏。

第 8:1177 条　特别风险下的法律推定

考虑到具体情况,搬家人能证明未履行第 8:1173 条和第 8:1174 条所称的义务可能因第 8:1176 条所称的一种或者多种特殊风险所致的,推定因特殊风险导致其未履行义务。

第 8:1178 条　不可抗力的法律推定

1. 搬家人未履行第 8:1173 条和第 8:1174 条所称义务的,在以下方面推定搬家人因无法避免且无法阻止的原因造成未履行的情况,且未履行非因第 8:1175 条第 2 款中可归责于搬家人的情况所致:

(1)活体动物;

(2)金钱、有价证券、首饰、宝石制成的物品或者其他贵重珠宝。

2. 委托人对本条第 1 款第 2 项所称的物品,在搬家前单独声明数量和价值的,搬家人不得援引本条第 1 款的规定。

第 8:1179 条　强制性规定

1. 任何以本节规定以外的方式,减轻搬家人根据第 8:1173 条承担的责任或者证明责任的约定均为无效,除非涉及本条第 2 款的事项。

2. 涉及家庭物品特征或者状态可订立特别合同的,当事人可改变本条第 1 款的规定,减轻搬家人的责任或者证明责任,但必须以与参考其他文件不同的方式明确订立单独的书面合同。

第 8:1180 条　维修费用或者搬家人未搬运时造成损害的赔偿

搬家人因未履行第 8:1173 条和第 8:1174 条所称的义务而承担责任的,委托人仅有权选择请求支付修理损坏的家庭物品的合理维修费用,或者请求支付按照与搬家合同有关的家庭物品在交货地和交货时应有价值计算的金额。

第 8:1181 条　价值降低

家庭物品的所有权人有义务支付根据第 8:1195 条应当赔偿损害的金额的,视为该家庭物品价值的降低。

第 8:1182 条　搬家人的责任限额

搬家人因未履行第 8:1173 条和第 8:1174 条的义务而承担责任的,其责任不得超过枢密院令中或者根据枢密院令确定的限额。该枢密院令或者根据枢密院令制定的规定可确定委托人应当承担风险的损害金额。

第 8:1183 条　家庭物品估价过高

1. 委托人经搬家人同意并支付约定金额的,其可书面声明家庭物品的价值。该数额超过第8:1182条所称的枢密院令限额的,此情形下,声明的金额应当取代该限额。

2. 当事人规定声明金额超过第8:1180条所称的最高金额的,该规定无效。

第8:1184条　支付约定金额

1. 委托人经搬家人同意并支付约定金额的,其可书面确定有关家庭物品灭失或者损坏以及超过约定开始或者结束搬家期限的特别金额。

2. 承运人已声明交货特别利益的情况下,因未履行第8:1173条所称的义务或者因超过约定开始或者结束搬家期限承担责任的,不影响对其适用第8:1180条至第8:1183条对损害赔偿的规定。承运人可请求赔偿已证明的附带损害金额,但最高不得超过其声明利益的金额。

第8:1185条　搬家人的故意或者重大过失

1. 搬家人因自己故意或者重大过失作为或者不作为造成损害的,其不得主张责任限额。

2. 任何改变本条规定的约定均为无效。

第8:1186条　搬家人无法搬家时的终止权

1. 搬家人通知委托人其无法或者未能在约定时间和地点开始搬家,委托人有权终止合同。

2. 仅在收到搬家人的通知后,委托人才能立即行使此项权利。

3. 委托人未收到本条第1款所称的通知,而从其他途径获悉搬家人无法或者未能在约定时间和地点开始搬家的,委托人无须任何迟延催告,即有权在合理期限内终止合同;委托人收到本条第1款所称的通知后,从其他途径获悉因通知以外的情况搬家人无法或者未能在约定时间和地点到达的,其也享有该权利。

4. 委托人以口头或者书面通知作出终止表示的,合同应当在搬家人收到该通知后立即终止。

5. 搬家人有义务赔偿委托人因终止合同受到的损害,不影响适用第8:1184条的规定,并且该赔偿不得超过搬家报酬。

第8:1187条　家庭物品不能交付搬家人运输时的损害

无论基于何种原因,未在约定的时间和地点将约定的家庭物品交付搬家人的,委托人有义务赔偿搬家人因此受到的损害。

第8:1188条　委托人的终止权

1. 家庭物品未交付搬家人之前,委托人有权终止合同。但其有义务赔偿搬家人由此受到的损害。

2. 委托人以口头或者书面通知作出终止表示的,合同应当在搬家人收到该通知后立即终止。

第 8:1189 条　无家庭物品供搬运时的终止权

1. 必须向搬家人提供家庭物品的期限届满后,仍未向搬家人提供任何家庭物品的,无论基于何种原因,搬家人无须任何迟延催告,即有权终止合同。委托人有义务赔偿搬家人因此受到的损害。

2. 搬家人以口头或者书面通知作出终止表示的,合同应当在委托人收到该通知后立即终止。

第 8:1190 条　部分家庭物品可供搬运;搬运可供搬运的家庭物品的义务

1. 必须向搬家人提供家庭物品的期限届满后,仅向搬家人提供部分家庭物品的,无论基于何种原因,搬家人经委托人的请求,有义务对其提供的物品进行搬运。

2. 委托人必须赔偿搬家人因此受到的损害。

第 8:1191 条　委托人的告知义务

1. 委托人必须及时告知搬家人关于家庭物品及其处置的为保护搬家人利益的信息,以及其能够告知或者应当能够告知且知道或者应当知道的信息,除非其可认为搬家人已知道此种信息。

2. 搬家人没有义务,但有权调查提供给他的信息是否正确和完整。

第 8:1192 条　提供所需的文件和信息

1. 无论基于何种原因,委托人必须赔偿搬家人因委托人未适当提供运输需要的委托人一方的文件和资料,或者未适当完成交货前应当办理的海关手续或者其他手续而受到的损害。

2. 搬家人必须确保不会丢失或者错误处理已交付其的文件。其对此承担的损害赔偿责任,不得超过根据第 8:1180 条至第 8:1185 条应当赔偿的责任。

3. 搬家人没有义务,但有权调查提供给他的信息是否正确和完整。

4. 委托人在期限届满时,未适当提供本条第 1 款所称的文件和资料的,无论基于何种原因,参照适用第 8:1189 条和第 8:1190 条的规定。

第 8:1193 条　未知情况下的终止权

1. 向搬家人提供家庭物品之前或者之时,搬家人产生或者发现相对方在订立合同时不应当知道的情况,且相对方知道该情况将因此合理地不订立或者按不同条款和条件订立合同的,相对方有权终止合同。

2. 相对方以口头或者书面通知作出终止表示的,合同应当在搬家人收到该通知后立即终止。

3. 根据合理和公平原则,当事人必须赔偿相对方因合同终止受到的损害。

第 8:1194 条　搬家报酬

1. 搬家人在目的地交付家庭物品时,委托人应当支付搬家报酬。

2. 当事人约定在装运家庭物品的车辆开始行驶之前支付搬家报酬,而委托人未履行该义务的,搬家人有权中止家庭物品的运输,并且经法院同意,有权采取第 8:1197 条和第 8:1198 条所称的措施。采取措施的,适用此两条的规定。

第 8:1195 条　搬家人善意照顾他人的利益

委托人必须赔偿搬家人作为无因管理人保护家庭物品权利人的利益而受到的损害,不影响适用本法第 6 编第 4 章第 1 节的规定。

第 8:1196 条　不享有留置权

搬家人对于其占有的与搬家合同有关的家庭用品和文件,不享有留置权。

第 8:1197 条　搬家人将物品交由第三方妥善保管的权利

1. 委托人未出现、拒绝受领家庭物品或者未在要求的时间内受领,或者家庭物品被扣押,搬家人有权为权利人的利益将家庭物品交由第三人提存于适当地点,并由该权利人承担费用和风险。法院可经其申请,允许搬家人自己保管家庭物品;必要之时,法院也可允许搬家人在搬家的车辆上保管家庭物品,或者为此目的采取其他措施。其必须尽快通知委托人。

2. 作为保管人的第三人和委托人之间,在法律上负有与订立保管合同相同的义务。仅取得提存人的书面同意,保管人才可交付家庭物品。

第 8:1198 条　将妥善保管的物品出售

1. 适用第 8:1197 条的情况下,法院可经其请求,授权搬家人、保管人或者委托人,按照法院指定的方式,全部或者部分出售家庭物品。

2. 保管人必须尽快通知搬家人其拟出卖的事项;搬家人对委托人承担此种相同的通知义务。

3. 提存机构应当保管偿还合理支出的提存和变卖费用后的变卖收益。除扣押货物以偿还金钱债权外,与运输有关的义务必须从交付保管的款项中予以清偿;该债权尚不确定的,收益或者其中一部分收益应当按照法院规定的方式为该债权提供担保。

4. 向提存机构提存的收益可取代家庭物品。

第 8:1199 条　检查物品

确定或者怀疑家庭物品丢失或者损坏的,委托人和搬家人应当相互采取合理措施检查家庭物品。

第 8:1200 条　重新找回丢失物品

搬家人对委托人支付未交付家庭物品的损害赔偿后 3 年内,搬家人有义务以挂号信的方式通知委托人其发现家庭物品或者其中部分家庭物品仍在搬家人处,委托人在收到此种通知后 30 日内有权返还其收到的损害赔偿并请求重新交付物品。搬家人没有赔偿未交付物品损害的,也适用该规定。本条第 1 句所称的请求重新交付物品的期限为 3 年,自搬家人应当交付家庭物品次日起算。

第 8:1201 条　搬家人找回未交付的丢失物品

搬家人控制家庭物品但不再负有搬家合同中的交货义务的,参照适用第 8:1198 条的规定,但其变卖物品的收益还必须扣除因搬家人未履行第 8:1173 条和第 8:1174 条所称的义务而应支付的赔偿金。

第 8:1202 条至第 8:1209 条　[预留]

第十四章　事　　故

第一节　车辆上的危险品

第 8:1210 条　有关定义

适用本节时,术语含义如下:

1."危险物质"是指枢密院令认定的危险品,此种认定仅限于一定浓度的物质,该物质可能附带枢密院令规定的特定危险以及枢密院令规定的该物质所处的特定情况。

2."损害"指:

(1)由危险物质造成人员死亡或者伤害而造成的损害;

(2)危险物质对其他车辆及其财产造成的损害,但与危险物质所在车辆组成一个车辆拖带队列,或者与危险物质所在车辆构成一个整体的,该车辆及该车辆上物的损害;

(3)采取预防措施的费用以及采取此种措施造成的进一步损害。

3."预防措施"是指为防止或者最大限度减少损害而采取的任何合理措施,除非根据本章承担责任的人在事件发生后采取的措施。

4."事件"是指任何同一事实或者同一原因造成的一系列事实,且该事实造成损害或者有发生损害的严重直接的危险。

5."经营人"是指控制危险物质所在车辆使用权的人。包括取得 1994 年《道路交通法》第 36 条第 1 款所称的许可人,没有此种许可的,该车辆的所有权人,除非该所有权人能证明的,事件发生时其指明姓名的、控制危险物质所在车辆使用权的其他人，或者未经自己同意且无法合理避免的、此时控制危险物质所在车辆使用权的其他人。

第 8:1211 条　适用范围

1. 经营人可根据经营合同对原告承担责任，或者可对原告主张经营合同的，不适用本节规定。

2. 从危险物质装载上车辆开始、到危险物质从车辆上卸载结束的期间适用本节规定。

3. 车辆完全用于不允许公众进入的区域时，且此种使用是该区域经营活动一部分的，此情形下造成的损害不适用本节规定。

4. 第 6:175 条所称的物质按照本条第 2 款装载在车辆上的，不适用该条规定，除非满足本条第 3 款的情形。

5. 适用本条时，不影响适用本条第 3 款的规定，气垫车参照适用本节规定。

第 8:1212 条　拖带服务

1. 危险物质所在的运输工具在该车辆上，且危险物质未从装载它的运输工具上卸载的，危险物质在该期间视为仅在该车辆上。

2. 危险物质所在车辆被另一车辆牵引的，危险物质视为仅在前一车辆上。

3. 在第 8:1213 条第 5 款第 3 项、第 4 项和第 5 项所称的行为期间，危险品视为：

(1) 不同于本条第 1 款的规定，在运载危险物质的运输工具上；

(2) 不同于本条第 2 款的规定，在危险物质所在的车辆上。

第 8:1213 条　经营人的责任

1. 事件发生时危险物质所在车辆的经营人，对该危险物质造成的事件产生的损害承担责任。事件由同一原因造成的一系列事实构成的，第一个事实发生时的经营人应当承担责任。

2. 经营人不对以下情形中的损害承担责任：

(1) 因战争、敌对行为、内战或者武装暴动或者特殊的、不可避免的和不可抗拒的自然现象引起的损害；

(2) 完全因第三者有意作为或者不作为造成的损害，但本条第 5 款第 1 项所称的人除外；

(3) 因托运人或者其他人未履行关于危险物质的告知义务，且经营人和第 5 款第 1 项所称的人不知道也不应当知道其为危险物质而造成的损害。

3. 经营人能证明损害完全或者部分是因受害人有意作为或者不作为，或者其疏忽造成的，该经营人对该人应当承担的责任可全部或者部分地予以免除。

4. 仅在本条第2款第3项的情形下以及根据劳动合同可被提出请求的情形下，受害人才可根据本节以外的规定要求经营人承担责任。

5. 除第8:624条和第8:625条的情形外，下列人员不对本条所称的损害承担任何责任：

(1)经营人或者工作人员、代理人、管理人员；

(2)为车辆的需要进行工作的任何其他人；

(3)参与对车辆、车辆上的物或者人员实施救助作业的任何人，除非该人违反车辆一方明示和合理的禁止；

(4)根据政府主管机构指示对车辆、车辆上的物或者人员实施救助作业的人；

(5)采取预防措施的人，但不包括经营人；

(6)本款第2项、第3项、第4项和第5项的工作人员、代理人或者委托代理受托人，对损害不承担责任，除非该损害是因自己故意或者重大过失作为或者不作为造成的。

6. 除另有约定外，仅经营人有权对根据本条第5款承担责任的人进行追偿。

第8:1214条　装货或者卸货时造成的损害

1. 经营人证明在第8:1211条第2款所称的期间内，危险物质的装货或者卸货，完全由其指定的经营人以及其工作人员、代理人或者委托代理受托人以外的人负责的，如托运人或者收货人，经营人不对危险物质在装货或者卸货期间造成的损害承担责任，且该他人应当根据本节对此损害承担责任。

2. 在第8:1211条第2款的期间内，经营人和指定的其他人共同负责危险物质的装货或者卸货的，经营人和该他人对危险物质在装货或者卸货期间造成的损害承担连带责任。

3. 危险物质由按照指示行事的人或者代表承运人或者受其他人委托的人装货或者卸货的，该行为人不承担责任，且承运人或者该其他人应当对此承担责任。

4. 经营人以外的人根据本条第1款或者第2款承担责任的，该他人不得主张第8:1213条第4款和第5款第2项的规定。

5. 经营人以外的人根据本条第1款或者第2款承担责任的，参照适用本编第7章以及《民事诉讼法典》第642条之一至第642条之二十六的规定，但在连带责任的情形下：

(1)双方因同一事件产生的请求权整体适用第8:1218条责任限额的规定；

(2)其中一方根据第8:1219条设立基金的，视为由双方以及与基金诉讼相关的其他人共同设立。

6. 在经营人与本条第 2 款所称的其他人的相互关系中,经营人无义务承担任何已支付的赔偿,除非其工作人员、代理人或者委托代理受托人有过错。

7. 在第 8:1211 条第 2 款所称的期间内,装货或者卸货由第 1213 条第 5 款第 3 项、第 4 项或者第 5 项所称的人单独负责或者共同负责的,不适用本条规定。

第 8:1215 条　托运人或者其他人的责任

经营人根据第 8:1213 条第 2 款第 3 项不承担责任的,托运人或者其他根据本条承担责任的人应当根据本节规定承担责任,参照适用第 8:1218 条至第 8:1220 条的规定。托运人或者其他人不得根据第 8:1213 条第 4 款主张其权利。

第 8:1216 条　不可分割事件造成的损害

危险物质造成的损害不能与其他损害合理区分的,全部损害视为本节所称的损害。

第 8:1217 条　内水船舶或者铁路车辆上的危险物质发生事故造成的损害

1. 损害因多个车辆上或者车辆与内水船舶或者气垫船和海船或者铁路车辆上的危险物质造成的,经营人与其他有关海船、内水船舶、气垫船和海船的所有权人以及与事故有关铁路的经营人,对不能合理认定其中一个或者多个特定车辆、内水船舶、气垫船、海船或者在特定铁路上使用的铁路车辆上的危险品造成的损害,承担连带责任,但不影响适用第 8:1213 条第 2 款和第 3 款、第 8:1214 条、第 6 章第 4 节、第 11 章第 4 节和第 19 章第 4 节的规定。

2. 本条第 1 款的规定不影响经营人、海船或者内水船舶所有权人根据本编第 7 章、第 12 章或者第 8:1678 条至第 8:1680 条的规定主张对其适用责任限额的权利。

第 8:1218 条　最高赔偿的责任限额;故意或者重大过失

1. 经营人可主张其对每个事件的责任,限于枢密院令中或者根据枢密院令确定的最高金额;关于死亡或者伤害的诉讼和其他诉讼金额,可确定不同的数额。

2. 经营人因自己故意或者重大过失作为或者不作为造成损害的,其不得主张责任限额。

第 8:1219 条　责任基金

经营人必须根据第 8:1220 条设立一个或者多个基金,以主张第 8:1218 条所称的责任限额。

第 8:1220 条　责任限额和补偿分配

1. 拟援引第 8:1218 条规定责任限额的权利人,应当向具有管辖权的地方法院提出损害赔偿诉讼,以确定其责任限额和款项的分配程序。

2. 涉及该申请和分配程序,参照适用《民事诉讼法典》第 642 条之一第 2 款至第

4款、第642条之二、第642条之三、第642条之五第1款、第642条之六至第642条之二十第1款、第642条之二十一至第642条之二十六的规定。

3. 根据第8:1218条第1款对关于死亡或者伤害确定的限额,不足以全额赔偿此种债权的,此种债权的赔偿额按照比例予以减少,且根据第8:1218条第1款确定其他债权的限额应当按照比例在该种其他债权以及关于不足以赔偿死亡或者伤害的债权之间进行分配。

4. 经营人为防止或者限制损害而在合理范围内自愿支付费用的债权,适用第8:1218条第1款规定的其他债权的责任限额,并与关于死亡或者伤害以外的债权具有相同的顺位。

第二节　第8:1221条至第8:1299条　[预留]

第五部分　航　空　法

第十五章　航　空　器

第一节　航空器上的权利

第8:1300条　定义

适用本章时,术语含义如下:

1.《日内瓦公约》指1948年6月19日在日内瓦订立的《国际承认航空器权利的公约》;

2. 缔约国指《日内瓦公约》对其生效的国家;

3. 公约登记簿指在荷兰境外的缔约国设置的《日内瓦公约》第1条第1款第2项所称的登记簿;

4. 公共登记簿指本法第3编第1章第2节所称的公共登记簿。

第8:1301条　本节所规定的义务

航空器属于多个自然人、普通合伙企业、有限合伙企业或者法人的,本节中航运合伙人应当承担的义务,应当由各共同所有权人、有管理权的合伙人或者董事共同承担。

第8:1302条　[2005年9月1日废止]

第8:1303条　航空器权和担保利益的登记

1. 航空器仅在以下情形中才可进行登记:

(1)航空器为《航空器法》所称的荷兰籍航空器;

(2)航空器重量至少达到枢密院令规定的数额。

2. 任何人不得再登记已在公共登记簿、公约登记簿或者外国类似的登记簿上登记的航空器。

3. 不同于本条第 2 款的规定，所有权人在执行变卖后通过分配获得航空器所有权的，可再次在公约登记簿或者任何类似登记簿上登记已在荷兰登记簿上登记的航空器。

4. 航空器所有权人应当申请登记。为此，其必须提交一份由其签名的登记声明，并说明据其所知，该航空器可作为航空器进行登记。该声明还应当取得法院的批准。

5. 未满足本条前述各款要求的，已登记在公共登记簿上的登记不具有法律效力。

6. 申请登记时，航空器所有权人应当选择在荷兰境内的住所。所有权人还应当在登记申请中载明该住所，并确定可取代该住所的在荷兰境内的其他住所。

第 8:1304 条　涂销登记

1. 航空器登记仅在以下情形中才可进行涂销：

(1)经在公共登记簿上登记为所有权人的申请。

(2)有以下情形之一的，经所有权人的申报或者依职权：

1)航空器不再存在；

2)航空器最后一次离港后 2 个月内未收到航空器的消息，且不可归因于一般的通信故障；

3)航空器不是或者不再是拥有荷兰籍的航空器；

4)航空器根据《日内瓦公约》在荷兰境外的其他缔约国执行后，登记在公约登记簿上。

2. 在本条第 1 款第 2 项的情形下，航空器所有权人有义务在涂销原因发生后 3 个月内作出声明。

3. 为第三人利益作出有关航空器的登记或者临时登记的，除本条第 1 款第 2 项第 4 小项的情形外，仅在第三人未提出异议时，保管员才可涂销该登记。

4. 法院仅经一方当事人的申请，才可允许涂销登记。

第 8:1305 条　在公共登记簿上登记的航空器物权

可在公共登记簿上登记的航空器物权，包括所有权、抵押权以及第 8:1308 条和第 8:1309 条所称的物权。

第 8:1306 条　登记财产

1. 在公共登记簿上登记的航空器视为登记财产。

2. 适用第3:301条时,关于第3:89条第1款和第4款移交此种内水船舶的文书非为终审裁决的,该条所称的法院裁决不得进行登记。

第8:1307条　取得时效

善意自主占有人持续自主占有5年后,取得登记航空器的所有权,或者在适用的情况下,取得航空器的抵押权。

第8:1308条　所有权转移的物权

登记航空器可设立此种物权,其中航空器占有人根据其已订立或者拟订立的买卖合同,可通过支付特定金额或者在特定条件成就时取得该航空器的所有权。设立此种物权的公证文书,应当载明设立该物权的航空器。

第8:1309条　租赁航空器的物权

1. 登记航空器可设立此种物权,其中航空器占有人根据6个月以上的租赁合同享有使用航空器的权利。设立此种物权的公证文书,应当载明设立该物权的航空器。

2. 租赁合同视为确立所涉及房地产权的法律依据。采用公证文书形式的租赁合同满足移交文书要求的,该文书视为移交文书。

3. 涉及登记航空器的租赁合同,不适用第8:226条的规定。

第8:1310条　航空器上抵押权的设立

设立航空器抵押权的公证文书,应当载明设立抵押权的航空器,但不影响适用第3:260条第1款的规定。

第8:1311条　抵押权顺位

抵押权担保的债权顺位后于第8:1315条和第8:1317条第1款所称的债权,但先于其他所有根据本法或者其他法律享有优先权的债权。

第8:1312条　债权利息的担保

担保债权有利息的,抵押权还应当担保执行变卖开始前3年以及执行变卖期间本金的利息。此情形下,不适用第3:263条的规定。

第8:1313条　登记航空器共有份额上的抵押权

对于在登记航空器共有份额上设立的抵押权,不适用第3:177条的规定;该抵押权在航空器转让或者分配后继续存在。

第8:1314条　不适用特定条款

涉及登记航空器的抵押权,不适用第3:234条、第3:261条、第3:264条、第3:265条、第3:266条以及第3:268条至第3:273条和《民事诉讼法典》第544条至第548条的规定。

第二节　航空器上的优先权

第 8:1315 条　变卖

在执行变卖公共登记簿或者公约登记簿上登记的航空器的情形下，执行变卖费用、执行变卖或者变卖期间的保管费、扣押后维护航空器的必要费用、在执行期间为债权人利益支出的所有费用以及法院在债权人之间确定的顺位表以及分摊费用，应当优先于其他根据本法或者其他任何法律享有优先权的债权受偿。

第 8:1316 条　留置权

在公共登记簿或者公约登记簿上登记的航空器，不适用第 3:292 条和《破产法》第 60 条第 2 款第 1 句、第 3 款和第 4 款以及第 7:299 条之二第 3 款至第 5 款的规定。

第 8:1317 条　关于救助或者特别保存费用的优先权

1. 以下债权已登记在登记航空器的公共登记簿或者公约登记簿上的，其对该航空器享有优先权，并优先于除本法或者任何法律赋予此类航空器优先债权外的其他债权，不影响适用第 8:1315 条的规定：

(1) 救助航空器应得的赔偿；

(2) 维修航空器所必需的非通常费用。

2. 仅荷兰或者在缔约国立法中授予有关债权具有实际效力的优先权时，有关救助或者保存费用，才可适用本条第 1 款的规定。

3. 此情形下，不适用第 3:284 条的规定。

第 8:1318 条　优先债权的顺位

第 8:1317 条所称的债权以发生事件的日期与发生日期之间的顺位为相反顺序。

第 8:1319 条　实际效果

根据第 8:1317 条享有优先权的债权人，有权向占有航空器的人主张其权利。

第 8:1320 条　优先权的消灭

1. 本节规定的优先权经过 3 个月消灭，但此期间内，优先权应当登记在登记航空器的公共登记簿或者公约登记簿上，除非权利人在法律诉讼外或者法律诉讼中请求确认该优先债权及其金额。

2. 在执行变卖的情形下，优先权自分配结束时消灭。

3. 本条第 1 款所称的期限自与救助或者保存有关的行为终止次日起算。

4. 第 8:1317 条所称的优先权可登记在公共登记簿上。此情形下，不适用第

3:24条第1款的规定。

第三节　附　　则

第8:1321条　枢密院令规定

为执行本章规定,枢密院令需作进一步的规定;《地籍法》授予枢密院令的权限不受影响。

第8:1322条至第8:1339条　[预留]

第十六章　经　　营

第一节　一般规定

第8:1340条　参照适用其他法条

涉及航空器的经营,不影响适用第8:1360条第1款和第8:1402条第1款的规定,参照适用第8:361条至第8:366条的规定,但承运人为履行债务使用辅助人工作的行为,可主张适用第8:365条的规定。

第8:1341条　航空器包括气垫车

适用本章时,仅涉及旅客和行李运输的,航空器包括气垫车。

第8:1342条　托运行李

适用本章时,行李是指在航行开始前旅客或者以旅客名义移交承运人运输的物品。

第8:1343条　运输文件的参引

1. 仅被主张的人明确可知运输文件载明其他规定时,该规定才视为运输文件的附加条款。

2. 承运人仅经可主张或者被主张的人的书面请求,并立即告知其该条款的内容,承运人才可对其提出此种主张。

3. 任何改变本条第2款规定的约定均为无效。

第8:1344条　由不同的承运人相继履行的航空运输

适用本章时,运输合同各方认为多个连续的航空器承运人履行的航空运输视为一项单一的业务活动的,无论以一个或者一系列合同订立的,均应当视为一项不可分割的航空运输。

第8:1345条　航空器实际承运人的法律地位

1. 适用本章时,除本条第4款和第5款的规定外,承运人包括航空器实际承运人,但仅涉及其实施运输的区段,航空器实际承运人才适用本章的规定。

2. 航空器实际承运人并非指第 8:1350 条、第 8:1352 条、第 8:1390 条、第 8:1392 条或者第 8:1420 条所称的航空器承运人或者后续航空器承运人，而是经该人授权履行本章所称的全部或者部分区段运输的人。

3. 适用本条时，推定承运人已作出同意。

4. 航空器承运人因自己故意或者重大过失作为或者不作为造成损害的，不得导致实际承运人的责任金额超过第 8:1359 条、第 8:1399 条和第 8:1400 条规定的责任金额。承运人订立的扩大本章的责任、抛弃本章的权利或者规定第 8:1359 条第 1 款和第 8:1400 条第 2 款所称的特别利益的条款，仅在实际承运人同意此种条款时，该条款才对其具有法律约束力。

5. 承运人仅接受第 8:1373 条所称的指示行事时，其行为才有效。

第 8:1346 条　优先适用欧洲法规

仅不适用欧洲议会和理事会在 1997 年 10 月 9 日订立的《关于航空器承运人事故责任的欧洲共同体 2027/97 号条例》时，才可适用本章第 3 节的规定。

第 8:1347 条　计算单位

本章所称的计算单位指国际货币基金组织规定的特别提款权。本章所称的金额应当按照付款日的汇率进行换算，或者在法律诉讼的情形下按照裁判之日的汇率进行换算。特别提款权的欧元价值，应当按照国际货币基金组织在转换日采用的估价方法进行计算。

第 8:1348 条至第 8:1349 条　[预留]

第二节　航空货物运输合同

第 8:1350 条　“航空货物运输合同”的定义

1. 本章所称的航空货物运输合同是指承运人对托运人负有在空中使用航空器运输货物的义务的合同，无论是否为定期航空器或者航次航空器租赁合同。

2. 受 2009 年《邮政法》所称的统一邮政服务者委托进行的邮政运输，或者国际邮政条约规定的邮件运输合同不适用本节规定。除第 8:1395 条外，行李运输合同不适用本节规定。

第 8:1351 条　航空运输期间

1. 航空运输期间包括航空器承运人负责运输货物的期间。

2. 航空运输期间不包括机场外的任何陆路、海上或者内水运输的期间。但在履行航空运输合同时，基于装载、交付或者转运的目的为此种运输的，任何损害均可推定为在航空运输期间发生的事件造成的损害。未经托运人的同意，承运人全部或者部分以其他运输方式代替当事人在合同中约定采用航空运输方式运输的,该其他方式的运输视为航空运输。

第8:1352条　定期航空器或者航次航空器租赁合同

本节所称的定期航空器或者航次航空器租赁合同是指航空器出租人已约定按照或者不按照一定期间(定期航空器或者航次航空器租赁合同),将已配备人员的航空器全部或者部分提供给航空器承租人用于运输的合同。

第8:1353条　承运人的主要义务

1. 航空器承运人有义务按照收到货物时的状态将货物运送到目的地。

2. 航空器承运人能证明损害完全是因以下一项或者多项事由造成的,其无须承担责任:

(1)货物的性质或者其自身瑕疵;

(2)航空器承运人以外的任何人或者在其履行义务时提供协助的人对货物包装的瑕疵;

(3)战争或者武装冲突行为;

(4)公共机构实施的与货物进口、出口或者过境有关的行为。

第8:1354条　迟延

1. 承运人必须立即运输其收到的承运货物。

2. 承运人及在其履行义务时提供协助的人,为避免损害发生,已采取所有合理需要的措施的,不对因延误造成的损害承担责任。

第8:1355条　托运人的故意或者重大过失

1. 承运人证明因请求赔偿的人的过失或者疏忽造成损害的,承运人对该索赔人的责任应当根据造成此种损害的过失或者其他作为、不作为的程度,全部或者部分予以免除。

2. 本条规定可适用于本节所有关于责任的规定。

第8:1356条　强制性规定

任何免除航空器承运人根据本节承担责任或者确定比本节更低的责任限额的约定,均为无效,但该无效不会导致适用本章的合同无效。

第8:1357条　损害计算

1. 航空器承运人因未履行第8:1353条或者第8:1354条所称的义务而承担责任的,托运人仅有权请求按照承运的货物在交货地和交货时应当有的价值计算支付的金额。

2. 本条第1款所称的价值,应当按照商品交易所的行情确定,没有此种行情的,应当按照当前市场价值确定,没有市场价值的,应当按照该种类和品质货物的通常价值确定。

第 8:1358 条　价值降低

货物的所有权人有义务支付根据第 8:1377 条应当赔偿损害的金额的,视为该货物价值的降低。

第 8:1359 条　法律规定的责任限额

1. 涉及货物航空运输,航空器承运人对货物损毁、灭失、损坏或者延误的责任应当限于枢密院令规定的金额,除非托运人在交付货物时对承运人作出交货特别声明并支付可能的价目表费用。此情形下,航空器承运人有义务支付声明的金额,除非其能证明该金额超过托运人在目的地交付的实际利益。

2. 货物部分或者其中包含的任何货物损毁、灭失、损坏或者延误的,在确定航空器承运人的责任限额时,仅有关包裹的总重量需予以考虑。货物部分或者其中包含的任何货物损毁、灭失、损坏或者延误,且因此影响同一航空货运单或者货物收据下其他包件价值的,或者未签发上述文件但以其他方法保存运输记录,且因此影响同一份记录中其他包件的价值的,在确定责任限额时,此类包裹的总重量也应当予以考虑。

3. 航空器承运人与其主张责任限额的相对人之间的诉讼费用不适用本条第 1 款和第 2 款的规定,包括利息,除非自损害发生之日起 6 个月内,或者在该期限之后或者之前提起诉讼的情况下,航空器承运人已向原告书面提供除该诉讼费用外其有权请求损害赔偿相等或者更多的金额。

第 8:1360 条　辅助人的责任限额

1. 在向航空器承运人在其履行义务时提供协助的人提起本节所称的损害赔偿诉讼的情况下,该辅助人证明其已实施相关行为的,其可主张承运人根据第 8:1359 条可主张的责任限额。

2. 此情况下,从航空器承运人和本条第 1 款所称的人取得的损害赔偿总额,不得超过第 8:1359 条所称的限额。

第 8:1361 条　托运人的义务

无论基于何种原因,托运人必须赔偿因未在约定的时间和地点将约定的货物交付航空器承运人造成的损害。

第 8:1362 条　托运人和承运人的终止权

1. 货物未交付航空器承运人前,托运人有权终止合同。

2. 必须向航空器承运人提供货物的期限届满后,在约定滞期内仍未向承运人提供任何货物的,无论基于何种原因,航空器承运人无须任何迟延催告,即有权终止合同。

3. 本条第2款所称的期限届满后,仅向航空器承运人提供部分货物的,无论基于何种原因,航空器承运人无须任何迟延催告,即有权终止合同,除非航次已开始。

4. 航空器承运人通过有明确收到证明的即时通知作出终止表示的,合同应当在托运人收到该终止表示时终止,但涉及提供部分货物的,在运输结束时才终止。

5. 托运人必须赔偿承运人因终止合同或者开始航次而受到的损害。

6. 定期航空器租赁合同不适用本条规定。

第8:1363条　合同终止的其他理由

1. 向航空器承运人提供货物之前或者之时,一方当事人产生或者发现相对方在订立合同时不应当知道的情况,且相对方知道该情况将因此合理地不订立或者按不同条款和条件订立合同的,相对方有权终止合同。

2. 相对方通过明确收到证明的通知作出终止表示的,合同应当在当事人收到该终止表示时终止。

3. 根据合理和公平原则,当事人必须赔偿相对方因合同终止受到的损害。

第8:1364条　托运人的货物造成的损害

托运人必须赔偿航空器承运人因其提供的物品或者接受其运输或者搬移的货物而受到的损害,除非该损害可归责于航空器承运人;航空器承运人应当对承运货物的损坏承担责任的,视为可归责于承运人。

第8:1365条　航空货运单

1. 涉及航空货物运输,托运人应当出具航空货运单,并且其在任何情况下均应当载明承运货物的重量。

2. 托运人可通过使用其他任何方式记录有关托运货物的信息以代替航空货运单。使用其他方法的,航空器承运人应当经托运人的要求,向托运人出具货物收据,以便其能识别货物并获得此种其他方法记录的内容。

3. 需要履行海关、警察和类似公共机构的手续时,托运人可要求出具载明货物性质的文件。该规定不会对承运人造成任何义务、债务或者责任。

4. 航空器租赁的当事人不适用本条第1款的规定。

第8:1366条　航空货运单的说明

1. 托运人应当填写三份航空货运单正本。

2. 第一份应当标明“承运人”,由托运人签名。第二份应当标明“收货人”,由托运人和承运人签名。第三份由承运人签名,在接受承运人货物后交给托运人。

3. 航空器承运人和托运人的签名，可以印刷或者盖章或者其他电子方式代替。

4. 航空器承运人根据托运人的请求填写航空货运单的，视为代托运人填写。

5. 此情形下，不适用第2:56条第2款、第2:75条第1款和第2:186条第1款的规定。

第8:1367条　多个包裹

存在多个货物包裹时：

(1)航空器承运人有权要求托运人单独制定航空货运单；

(2)采用8:1365条第2款所称的其他方法的，托运人有权要求航空器承运人单独出具货物收据。

第8:1368条　不符合文件要求

当事人未履行第8:1365条至第8:1367条所称的义务的，不影响运输合同的存在或者效力，该运输合同仍适用本章规定，包括有关责任限制的规定。

第8:1369条　特定文件的责任

1. 托运人应当对托运人或者以其名义在航空货运单上载入的关于货物的各项说明和陈述的正确性，或者对托运人或者以其名义提供给航空器承运人载入货物收据或者载入8:1365条第2款所称的其他方法记录的关于货物的各项说明和陈述的正确性，承担赔偿责任。以托运人名义行事的人是承运人的代理人的，也适用前1句的规定。

2. 托运人应当对航空器承运人或者承运人对之负责的任何其他人因托运人或者以其名义所提供的各项说明和陈述不符合规定、不正确或者不完全而受到的损害，承担赔偿责任。

3. 除本条第1款和第2款规定的外，航空器承运人应当对托运人或者托运人对之负责的任何其他人因承运人或者以其名义在货物收据或者在8:1365条第2款所称的其他方法记录载入的各项说明和陈述不符合规定、不正确或者不完全而受到的损害，承担赔偿责任。

第8:1370条　托运人的告知义务

1. 托运人必须及时告知承运人关于货物及其处置的为保护承运人利益的信息，以及其能够告知或者应当能够告知且知道或者应当知道的信息，除非其可认为承运人已知道此种信息。

2. 除因承运人或者在其履行义务时提供协助的人的过错外，托运人必须赔偿航空器承运人因托运人未适当提供运输需要的托运人一方的文件和资料，或者未适当完成交货前应当办理的海关、警察或者其他任何公共机构手续而受到的损害。

3. 航空器承运人必须确保不会丢失或者错误处理已交付其的文件。其对此承担的损害赔偿责任,不得超过根据第8:1357条、第8:1358条和第8:1359条应当赔偿的责任。

4. 航空器承运人不负有查验此种资料或者文件正确性或者充足性的义务。

5. 必须向承运人提供货物的期限届满后,或者本条第2款所称的期限届满后,托运人未提供或者仅部分提供本条第1款所称的文件或者资料的,无论基于何种原因,参照适用第8:1362条第2款、第3款、第4款和第5款的规定,但定期航空器租赁合同除外。

第8:1371条　文件的证据价值

1. 除有相反证据外,航空货运单或者货物收据构成订立合同、接受货物以及其中载明的运输条款和条件的证明。

2. 除有相反证据外,航空货运单或者货物收据上与货物重量、尺寸和包装以及包裹数量有关的陈述具有证明力;仅承运人在托运人在场时检查并确认该陈述的正确性并指定航空货运单或者货物收据的情况下,航空货运单或者货物收据上关于货物数量、体积和状况的陈述才能构成不利于承运人的证据。

第8:1372条　特殊航空运输

航空运输在航空器承运人正常业务范围以外的特殊情况下,不适用第8:1365条第1款、第2款和第4款、第8:1366条和第8:1367条的规定。

第8:1373条　货物处置权

1. 托运人已履行货物运输合同所规定的全部义务的,其有权处置货物,即可在出发地或者目的地机场提回货物,或者通过中止运输,或者要求在目的地或者途中将货物交付非原指定的收货人,或者要求将货物运回出发地机场。除此以外,托运人不得因行使此种处置权而损害承运人或者其他托运人的利益,并有义务偿付因行使此种权利而产生的任何费用。

2. 无法执行托运人指示的,航空器承运人必须立即通知托运人该事项。

3. 航空器承运人按照托运人的指示处置货物,但未要求提交托运人所收执的航空货运单或者货物收据的,承运人应当对该航空货运单或者货物收据的合法持有人受到的损害承担责任,但不妨碍承运人对托运人的追偿权。

4. 根据第8:1374条的规定,托运人的处置权自收货人的权利开始时立即终止。但收货人拒绝接受货物或者无法联系收货人的,托运人的处置权即自动恢复。

第8:1374条　货物交付

1. 除托运人已根据第8:1373条行使其权利外,收货人有权在货物到达目的地后立即向航空器承运人支付应付款项并使之符合运输条件，以要求其交付货物。

2. 除非另有约定，承运人必须立即通知收货人货物的到达。

3. 航空器承运人承认货物已灭失的，或者货物在应当到达后经过 7 个日历日仍未到达的，收货人有权向航空器承运人行使运输合同中规定的权利。

第 8:1375 条　托运人和收货人行使的权利

无论基于本人或者他人利益，托运人和收货人在履行运输合同规定的义务时，可单独以本人名义行使第 8:1373 条和第 8:1374 条赋予其的所有权利。

第 8:1376 条　托运人和收货人之间的关系或者与第三方之间的相互关系

1. 第 8:1373 条、第 8:1374 条和第 8:1375 条不影响托运人与收货人之间，或者与从托运人或者收货人处取得权利的第三人之间的相互关系。

2. 当事人仅能通过航空货运单或者货物收据上的明文规定变更本条第 1 款所称的条文。

第 8:1377 条　在途中的费用

托运人和收货人对航空器承运人作为无因管理人保护承运货物权利人的利益而受到的损失，承担连带赔偿责任，不影响适用本法第 6 编第 4 章第 1 节的规定。

第 8:1378 条　承运人的留置权

1. 航空器承运人有权拒绝交付其根据运输合同控制的货物；其可对除因运输合同外而有权要求交货的任何人行使此项权利，除非货物被扣押或者因扣押而产生向扣押人交付的义务。

2. 航空器承运人收到承运货物时，有理由怀疑托运人是否对第三人享有托运货物权限的，其不得对该第三人主张本条第 1 款赋予承运人的权利。

第 8:1379 条　将货物提存于第三人的权利

1. 有权请求承运人交付货物的人未出现、拒绝收货或者未立即收货的，承运人有权为权利人将货物提存于第三人适当的保管地点或者航空器上，并由该权利人承担费用和风险；货物处于扣押状态或者承运人有充分理由认为请求收货的提单持有人无权收货的，同样适用该规定。法院可经承运人的申请，允许航空器承运人自己保管货物或者采取其他措施。

2. 作为保管人的第三人对收货人，在法律上负有与其订立保管合同相同的义务。仅取得提存人的书面同意，保管人才可交付货物。

3. 航空器承运人必须尽快通知托运人和收货人权利人扣押货物的事项及其原因；其还必须证明托运人和收货人已收到通知。

第 8:1380 条　出售提存的货物；告知义务

1. 适用第 8:1379 条时，法院可经其请求，授权航空器承运人、保管人或者有权请求承运人交付货物的人,按照法院指定的方式,全部或者部分出售货物。

2. 保管人必须尽快通知航空器承运人其拟出卖的事项;承运人对托运人和有权请求交付货物的人,承担此种相同的通知义务。

3. 提存机构应当保管偿还合理支出的提存和变卖费用后的变卖收益。除扣押货物以偿还金钱债权外,与运输有关的义务必须从交付保管的款项中予以清偿;该债权尚不确定的,收益或者其中一部分收益应当按照法院规定的方式为该债权提供担保。

4. 向提存机构提存的收益可取代货物。

第 8:1381 条　选择和分类的费用

航空器承运人应当在适当交付所需的范围内,承担选择和分类货物的费用。

第 8:1382 条　无异议收货

收货人收到货物未提出异议的,推定货物已完好交付,并符合运输文件或者第 8:1365 条第 2 款所称的其他方法记录的信息。

第 8:1383 条至第 8:1389 条　[预留]

第三节　航空旅客运输合同

第 8:1390 条　"航空旅客运输合同"的定义

本章所称的航空旅客运输合同是指承运人负有在空中用航空器运输 1 名或者多名旅客义务的合同,无论是否同时运输行李。

第 8:1391 条　旅客的航空运输期间

旅客及其非托运行李的航空运输期间,包括旅客在登上航空器以及与登机和登机有关的任何行为的期间。

第 8:1392 条　定期航空器或者航次航空器租赁合同

本节所称的定期航空器或者航次航空器租赁合同是指航空器出租人已约定按照或者不按照一定期间(定期航空器或者航次航空器租赁合同),将已配备人员的航空器全部提供给航空器承租人用于运输的合同。

第 8:1393 条　旅客死亡或者受伤害的责任

在第 8:1391 条所称的期间内发生造成损害的事故的,航空器承运人应当对旅客的死亡或者人身伤害承担责任。

第 8:1394 条　对托运和非托运行李的责任

1. 在第 8:1351 条所称的期间内发生造成损害的事故的,航空器承运人应当对托运行李的毁损、灭失或者损坏承担责任。航空器承运人不对因行李性质或者其自身瑕疵造成的损害承担责任。

2. 航空器承运人应当对因承运人或者在其履行义务时提供协助的人的过错造成的包括个人物品在内的非托运行李的毁损、灭失或者损坏承担责任。

第 8:1395 条　货物运输适用的条款

1. 交付行李的运输参照适用第 8:1351 条、第 8:1357 条、第 8:1358 条、第8:1370 条、第 8:1377 条、第 8:1378 条、第 8:1379 条和第 8:1380 条的规定，但不影响适用本节规定。

2. 当事人可改变本条第 1 款适用于其相互关系的规定。

第 8:1396 条　迟延

1. 航空器承运人应当对因航空运输延误造成的损害承担责任。

2. 航空器承运人及在其履行义务时提供协助的人，为避免损害发生，已采取所有合理需要的措施的，不对因延误造成的损害承担责任。

第 8:1397 条　旅客自己的故意或者重大过失

1. 航空器承运人能证明损害是因请求赔偿的人的过失或者疏忽造成的，承运人对该索赔人的责任应当根据造成此种损害的过失或者其他作为、不作为的程度，全部或者部分予以免除。

2. 航空器承运人能证明旅客以外的其他人死亡或者受伤害是因旅客本人过失或者疏忽造成的，承运人的责任应当根据造成此种损害的过失或者其他作为、不作为的程度，全部或者部分予以免除。

3. 本条规定适用于本节一切有关责任的规定，包括第 8:1399 条第 1 款。

第 8:1398 条　强制性规定

1. 任何免除航空器承运人根据本节承担的责任或者确定比本节更低的责任限额的约定，均为无效，但该无效不会导致适用本章的合同无效。

2. 该规定不影响适用第 8:1395 条第 2 款的规定。

第 8:1399 条　免除超过责任限额的赔偿责任

1. 第 8:1393 条所称的损害未超过枢密院令规定的金额的，当事人不得限制或者排除承运人的责任。

2. 第 8:1393 条所称的损害超过枢密院令规定的金额的，航空器承运人证明存在以下事项的，其不对此承担责任：

(1) 损害非因承运人和在其履行义务时提供协助的人的过错或者疏忽造成的；

(2) 损害完全由第三人的过错或者疏忽造成的。

3. 参照适用第 8:1359 条第 3 款的规定。

第 8:1400 条　法律规定的责任限额

1. 因第 8:1396 条所称的旅客运输延误造成损害的,航空器承运人的责任限于枢密院令规定的金额。

2. 涉及行李运输的,航空器承运人对货物损毁、灭失、损坏或者延误的责任限于枢密院令规定的金额,除非旅客在托运行李时对承运人作出交货的特别声明并支付可能的价目表费用。此情形下,航空器承运人有义务支付声明的金额,除非其能证明该金额超过旅客对交货的实际利益。

3. 参照适用第 8:1359 条第 3 款的规定。

第 8:1401 条　承运人或者工作人员的故意或者过失

航空器承运人或者在其履行义务时提供协助的人因自己故意或者重大过失作为或者不作为造成损害的,不适用第 8:1400 条的规定;对于辅助人的作为或者不作为,该辅助人还应当证明其已实施相关行为。

第 8:1402 条　对承运人为履行债务使用的辅助人提起诉讼

1. 对航空器承运人履行义务时提供协助的人提起本节所称的损害赔偿诉讼的,且该辅助人证明其已实施相关行为的,其可主张承运人根据第 8:1399 条和第 8:1400 条可主张的责任限额。

2. 从航空器承运人和本条第 1 款所称的人取得的损害赔偿总额,不得超过第 8:1399 条和第 8:1400 条所称的限额。

3. 损害因本条第 1 款所称的人自己故意或者重大过失作为或者不作为造成的,不适用本条第 1 款和第 2 款的规定。

第 8:1403 条　损害的性质和程度

在事故造成旅客死亡和受伤害的情形下,航空器承运人同时作为另一个承运人的相对人对该承运人提起诉讼的,不适用第 6:107 条和第 6:108 条的规定。

第 8:1404 条　旅客未出现时相对人的责任

旅客未按时到达运输地点的,航空器承运人的相对人必须赔偿承运人因此受到的损害。

第 8:1405 条　未提供适当文件的责任

旅客未持有与运输需要有关的文件的,航空器承运人的相对人有义务赔偿承运人因此受到的损害。

第 8:1406 条　旅客责任

1. 旅客有义务对航空器承运人赔偿因旅客或者其行李在第 8:1391 条所称的期间内,或者涉及托运行李,在第 8:1351 条所称的期间内,造成事故而发生的损害,但不影响适用第6:179条的规定。

2. 航空器承运人应当根据合理判断确定损害金额,但该金额超过227欧元的,承运人必须证明其判断的合理性。

第8:1407条　未知情况下承运人的终止权

1. 运输之前或者之时,一方当事人产生或者发现承运人在订立合同时不应当知道的情况,且航空器承运人知道该情况将因此合理地不订立或者按不同条款和条件订立合同的,航空器承运人有权终止合同,且旅客必须立即离开航空器。

2. 航空器承运人以口头或者书面通知向航空器承运人的相对人或者旅客作出终止表示的,合同应当在其收到第一个通知后立即终止。

3. 根据合理和公平原则,当事人必须赔偿相对方因合同终止受到的损害。

第8:1408条　未知情况下承运人相对人的终止权

1. 运输之前或者之时,一方当事人产生或者发现相对方在订立合同时不应当知道的情况,且相对方知道该情况将因此合理地不订立或者按不同条款和条件订立合同的,相对方有权终止合同。

2. 相对方应当以书面通知作出终止表示的,合同应当在承运人收到该通知后立即终止。

3. 根据合理和公平原则,当事人必须赔偿相对方因合同终止受到的损害。

第8:1409条　旅客未及时返回时,旅客运输合同的终止

旅客离开航空器后未及时返回的,航空器承运人可认为旅客运输合同自此时终止。

第8:1410条　承运人相对人的一般终止权和损害赔偿

1. 航空器承运人的相对人有权终止合同。但其有义务赔偿承运人因终止受到的损害。

2. 因此延误航空器运行的,承运人的相对人不得行使此项终止权利。

3. 相对人以书面通知作出终止表示的,合同应当在承运人收到该通知后立即终止。

第8:1411条　与旅客和行李有关的凭证

1. 涉及旅客运输,航空器承运人必须签发个人或者集体运输凭证。

2. 航空器承运人可通过使用其他任何方式记录有关托运行李的信息代替本条第1款所称的运输凭证。使用此种其他方法的,航空器承运人应当向旅客出具一份以此种方法保存信息的书面说明。

3. 航空器承运人应当就每件托运行李向旅客出具行李的识别标签。

4. 航空器承运人应当书面通知旅客适用本章时,本法可能限制航空器承运人对死亡或者伤害,以及行李毁灭、遗失或者损坏和延误承担的赔偿责任。

5. 航空器承运人未遵守上述各款规定的,不影响运输合同的存在或者效力,但该运输合同仍适用本章规定,包括有关责任限制的规定。

6. 航空器租赁的当事人不适用本条第 1 款的规定。

7. 此情形下,不适用第 2:56 条第 2 款、第 2:75 条第 1 款和第 2:186 条第 1 款的规定。

8. 在航空运输在航空器承运人正常业务范围以外的特殊情况下,不适用本条规定。

第 8:1412 条　向旅客交付行李

旅客到达目的地后,有权请求承运人立即交付行李。

第 8:1413 条　途中的费用

承运人的相对人有义务赔偿承运人作为无因管理人保护承运货物权利人的利益而受到的损害,不影响适用本法第 6 编第 4 章第 1 节的规定。

第 8:1414 条　旅客收受托运行李未提出异议

旅客收到托运行李未提出异议的,推定托运行李已完好交付,并符合运输文件或者第 8:1411 条第 2 款所称的其他方法记录的信息。

第 8:1415 条至第 8:1419 条　[预留]

第四节　连 续 运 输

第 8:1420 条　连续的运输

1. 运输受第 8:1344 条的约束,且必须由多个连续承运人履行的,接受旅客、行李或者货物的各承运人均应当遵守本章规定;在该航空合同涉及在其监督履行运输区段的范围内,该航空承运人视为航空运输合同的当事方之一。

2. 涉及此种性质的运输,除第一承运人已通过明确协议对全程运输承担责任外,旅客或者取得损害赔偿权的任何人,仅能对发生事故或者延误时履行该运输的承运人提起诉讼。

3. 涉及行李或者货物的,旅客或者托运人有权对第一承运人提起诉讼;有权接受货物的旅客或者收货人有权对最后承运人提起诉讼;此外,旅客、托运人和收货人均可对发生毁损、灭失、损坏或者延误的运输部分承运人提起诉讼。上述承运人应当对旅客、托运人或者收货人承担连带责任。

第十七章

第 8:1421 条至第 8:1549 条　[预留]

第六部分　铁路运输

第十八章　铁路货物运输合同

第一节　一般规定

第 8:1550 条　“铁路货物运输合同”的定义

1. 本章所称的铁路货物运输合同是指承运人对托运人负有在铁路上运输货物的义务的合同。当事人可约定作为铁路运输补充的道路运输或者内水运输适用本章规定。

2. 根据《邮政法》或者《国际邮政公约》的规定由许可持有人或者根据许可持有人指示进行的邮件运输合同不适用本章规定。

3. 行李运输合同不适用本章规定。

第 8:1551 条　定义

适用本章时,术语含义如下:

1. 承运人是指与托运人订立合同的合同承运人,或者根据运输合同承担责任的继任承运人;

2. 次承运人是指未与托运人订立合同的承运人,但本条第 1 款所称的承运人已全部或者部分将铁路运输的实际性能转让给其的承运人;

3. 集装箱运输单元是指在多式联运中使用的集装箱、可拆卸车体、半挂车以及其他类似的装货单元。

4. VSG 指铁路危险物质运输规则。

第 8:1552 条　不适用关于租赁、保管和使用借贷的法律规定

提供铁路车辆用于运输货物且铁路车辆提供者有义务负责牵引的,不适用关于租赁、保管和使用借贷的法律规定。

第 8:1553 条　强制性规定

除无偿订立运输合同外,任何直接或者间接改变本章和第 8:1727 条规定的约定,均为无效。该无效不会导致运输合同的其他约定无效。此情况下,承运人可能承担比本章更重的负担和义务。

第二节　运输合同的订立和履行

第 8:1554 条　承运人的主要义务;托运单

1. 承运人有义务根据运输合同将货物运送到目的地并交付收货人。

2. 运输合同必须载入托运单。没有托运单,或者托运单不规范或者灭失的,不影响本章所称的运输合同的存在或者效力。

3. 托运单应当由托运人和承运人签名。盖章或者任何其他适当方式可替代手写签名。

4. 承运人必须以适当的方式在托运单上确认其已接管货物,并将托运单的副本移交托运人。

5. 托运单不具有提单的法律效力。

6. 当事人必须为承运的每批货物单独制作托运单。除托运人和承运人另有约定外,托运单仅能与一辆已装上铁路车辆的货物有关。

7. 托运单,包括托运单副本,也可转变为可阅读的电子形式。该电子信息记录和处理必须在功能上具有等效性,特别是涉及电子信息组成托运单的证明力方面。

第 8:1555 条　托运单中的事项

1. 托运单必须包含以下事项:

(1)拟制作的地点和日期;

(2)托运人的姓名和地址;

(3)订立运输合同承运人的姓名和地址;

(4)实际接收承运货物的人非第 3 项记载的承运人,其姓名和地址;

(5)货物移交运输的地点和日期;

(6)交货地点;

(7)收货人的姓名和地址;

(8)对货物性质和包装方式的说明,以及涉及危险物质,根据 VSG 对国际危险物质铁路运输规定的说明;

(9)包件数目以及识别散件发货所需的标志和编号;

(10)整车运输时的车辆编号;

(11)运输待运货物的自轮运转铁路车辆的编号;

(12)此外,对于集装箱单元,其识别所需的类别、编号或者其他标志;

(13)以其他方式表示货物的总重量或者数量;

(14)公共主管部门规定的、附于托运单或者承运人可在特定主管部门或者合同指定机构获取的详细文件清单；

(15)收货人必须支付的与运输有关的费用，包括运输费用、补充费用以及从订立合同到交付时发生的其他费用，或者必须由收货人支付的其他任何费用。

2. 适用之时，托运单还必须包含以下事项：

(1)连续承运人运输的情形下：有义务交付货物的承运人，但必须经其同意载入托运单；

(2)托运人应当支付的费用；

(3)交货时收取的"货到付款"的现金；

(4)货物的申报价值和特别交货利益的金额；

(5)约定的交货期限；

(6)本条第1款第14项未列出的、交给承运人的文件清单；

(7)托运人附于车辆上封条的数量和说明的声明。

3. 运输合同当事人可在托运单中记载其认为有用的其他事项。

第8:1556条　托运单中错误记载的责任

1. 托运人应当对因以下原因给承运人造成的所有损害和费用，承担责任：

(1)托运人在托运单中记载的事项不规范、不正确或者不完全或者未在规定的位置记载的；

(2)托运人未记载VSG规定的事项。

2. 承运人经托运人的请求在托运单上记载具体情况的，视为其以托运人的名义为此种记载，除非有相反证据。

第8:1557条　货物卸载、销毁或者使之无害

托运人未记载VSG规定的事项的，承运人可随时按照情况将货物卸载、销毁或者使之无害，而不承担任何赔偿责任，除非承运人在交货时已知道货物的危险性质。

第8:1558条　运输费和其他费用

1. 除托运人和承运人另有约定外，托运人应当支付相关费用，包括运输费用、补充费用以及从订立合同到交付时发生的其他费用。

2. 托运人与承运人约定由收货人承担费用的，但收货人未收到托运单，也未根据第8:1565条第3款主张运输合同的权利，且合同也未根据第8:1566条变更的，托运人仍应当承担该费用。

第8:1559条　货物验证

1. 承运人有权检查是否满足合同运输条件以及相关承运货物是否符合托运人在托运单上记载的信息。涉及承运货物内容的，承运人应当尽可能在其所有权利人在场时进行该检查;其他情况下,承运人应当在两名独立证人面前进行该检查。

2. 装载量与托运单记载不符,或者未遵守有关运输货物临时准入规定的,承运人必须在该货物的托运单上载明检查结果;承运人仍持有托运单副本的,其也应当在该副本中载明该检查结果。此情形下,除立即给付外,检查费用应当从货物中予以扣除。

3. 托运人负责装货的,其可要求承运人验证货物及其包装状况,以及托运单上记载的关于包裹数量、标志和编号以及毛重或者以其他方式表示的货物数量的正确性。仅承运人有适当的检查手段时,其才有义务为此验证。承运人可请求偿还检查费用。承运人应当在托运单中载明检查结果。

第 8:1560 条　运单的证据价值

1. 除有相反证据外,托运单可作为订立运输合同及其内容以及承运人收到承运货物的完全证明。

2. 除有相反证据外,托运单可作为对于承运人负责装货时货物状况和包装的初步证据,或者未有此种记载的,托运单可证明接管货物时表面状况良好,以及在托运单中记载的关于包裹数量、标志和编号以及毛重或者以其他方式表示的货物数量的正确性。

3. 托运单仅可作为对于托运人负责装货时货物状况和包装的初步证据,或者未有此种记载的,托运单可证明交付时货物表面状况良好以及本条第 2 款所称的正确性,仅经承运人检查并在托运单上注明该检查结果时,托运单才具有完全的证明力。

4. 托运单包含合理保留的,该托运单不具有完全的证明力。承运人无适当手段检查承运货物是否符合托运单上信息的,其可保留对此作出特别解释的权利。

第 8:1561 条　装货和卸货义务;装货瑕疵责任

1. 托运人和承运人应当相互约定装货和卸货义务。未有此种约定的,承运人有义务装载和卸载零担运输的货物,托运人有义务装载整车运输的货物,在交货后卸下货物的义务应当由收货人承担。

2. 托运人应当对因其履行装货的瑕疵造成的一切后果承担责任。托运人还必须赔偿承运人因此受到的损害。承运人应当承担未装货的证明责任。

第 8:1562 条　不存在或者不适当包装的责任

托运人应当向承运人赔偿因缺少包装或者包装不当而造成的任何损坏和费用,除非瑕疵表面可见或者承运人在交货时知道而未作出保留。

第 8:1563 条　提供所需的文件和信息

1. 为符合海关或者其他政府机构的规定,托运人必须在交货之前在托运单上附加所需文件或者将其交给承运人。托运人应当向承运人提供所有必要的信息。

2. 承运人没有义务检查该文件和信息是否正确和完整。托运人应当对文件和信息的缺失、不完整或者不规范给承运人造成的损害，承担责任，除非承运人有过错。

3. 承运人应当对托运单记载并附加或者交给承运人的文件灭失或者不正当使用造成的损害，承担责任，除非因承运人无法避免且无法阻止的情况导致该文件灭失或者不正当使用。该赔偿金额不得超过货物灭失情形下其应当支付的赔偿金。

4. 通过第 8:1566 条第 3 款的指示，托运人可在托运单上载明，或者收货人可请求：

(1) 在遵守海关或者其他政府机构规定的必要手续时，由意定代理人代理提供任何必要信息并作出解释。

(2) 履行或者授权意定代理人履行海关或者其他政府机构的规定。

(3) 本人或者意定代理人在履行海关或者其他政府机构的规定时在场或者意定代理人履行该手续时，应当支付海关费用和其他费用。此种情形下，托运人、有处分权的收货人或者其代理人不得占有该货物。

5. 根据适用的法律规范，托运人不能履行海关或者其他政府机构规定的手续，或者不能履行为此规定的其他手续的，承运人可采取其认为最有利于权利人的方式行事，并通知托运人其采取的措施。

6. 收货人未在目的地所在的法律规范规定的期限内收到托运单的，承运人也可根据本条第 5 款的规定行事。

7. 托运人必须遵守所有有关货物包装和覆盖的法律规定。托运人未根据该规定包装或者覆盖，承运人应当负责包装或者覆盖；由此产生的费用应当从货物中予以扣除。

第 8:1564 条　交付期间

1. 托运人和承运人应当约定交货期限。未约定的，该期限不得超过本条第 2 款至第 4 款规定的期限。

2. 除本条第 3 款和第 4 款外，最长交付期限为：

(1) 发货期限：12 小时；

(2) 运输期限：24 小时。

3. 特殊情况导致业务量异常增加或者业务运营异常困难的，或者车站每日仅能一次装货或者无法每日装货的，承运人可规定指定期限的附加期限。该附加期限必须包含在一般运输条件和条款中。

4. 交货期限自货物交付时起算；非因承运人过错导致延误的，该交货期限应当相应地予以延长。在周六、周日和法定节假日，该交货期限应当中止计算。

第 8:1565 条　货物交付手续

1. 承运人必须移交托运单，并在收货人出具收据并支付运输合同中的应付款项时，在收货地将托运单和货物交付收货人。

2. 承运人根据目的地所在法律规范实施以下行为的，视为向收货人交货：

(1)在不受承运人监督的情况下，向其所在地或者仓库的海关或者税务机关交货；

(2)在承运人处提存货物，或者交给运输公司或者公共海关仓库保管。

3. 货物到达交货地后，收货人可请求承运人交付托运单和货物。已确定货物灭失或者未在第 8:1577 条所称的期限内到达的，收货人可以自己的名义对承运人主张运输合同规定的权利。

4. 尚未检查请求确认损害的货物的，收货人有权拒绝收货，其已收到托运单或者支付运输合同中应付款项的，同样适用该规定。

5. 在其他方面，交货应当按照交货地的法律规定进行。

6. 货物已交付收货人但未事先收取应代收的货款的，承运人有义务赔偿托运人因此受到的损害，该赔偿不得超过应代收的货款金额，不影响承运人对收货人的追偿权。

第 8:1566 条　托运人或者收货人修改合同

1. 托运人有权处分货物并通过后续指示减轻运输负担。其也可请求承运人：

(1)不再运输货物；

(2)延迟交货；

(3)向非托运单上载明的收货人交货；

(4)在非托运单载明的地点交货。

2. 有以下情形下之一，托运人仍占有托运单副本的，托运人变更运输合同的权利也会消灭：

(1)已接管托运单；

(2)已收到货物；

(3)根据第 8:1565 条第 3 款主张权利；

(4)有权根据本条第 3 款作出后续指示，自此开始，承运人必须遵守收货人的指示和说明。

3. 自托运单签发之日起，收货人享有变更运输合同的权利，除非托运人在托运单上另有规定。

4. 有以下情形之一的，收货人变更运输合同的权利即告消灭：

(1)已接管托运单；

(2)已收到货物；

(3)根据第8:1565条第3款主张权利；

(4)根据本条第5款指定必须向其交付货物的第三人，且该人已根据第8:1565条第3款主张权利。

5. 收货人已指示将货物交付第三人的，该第三人无权变更运输合同。

第8:1567条　后续指示的异议

1. 托运人或者第8:1566条第3款所称的收货人拟通过后续指示修改运输合同的，其必须向承运人提供载明修改的托运单副本。

2. 托运人或者第8:1566条第3款所称的收货人必须赔偿承运人因后续修改而产生的所有费用和任何损失。

3. 已送达的后续指示必须可能、允许并且合理地被执行，该指示还不得妨碍运输企业正常的运营活动，也不得损害承运其他货物的托运人或者收货人的利益。

4. 后续修改不得分割承运货物。

5. 承运人考虑到本条第3款所称的规定，不能执行收到的指示的，其必须立即通知请求修改的人该事项。

6. 承运人有过错的，其应当对未能执行后续指示或者未能正确执行指示承担责任。该赔偿金额不得超过货物灭失情形下其应支付的赔偿金。

7. 承运人执行托运人后续指示，但未要求提交托运单副本，且该托运单副本已交给收货人的，其应当对由此给收货人造成的损害承担责任。该赔偿金额不得超过货物灭失情形下应支付的赔偿金。

第8:1568条　运输障碍

1. 运输货物存在障碍的，承运人应当决定继续运输是否对货物有利，或者是否符合处分权人的利益，其还应当告知处分权人自己掌握的任何有用的相关信息并请求其作出指示。

2. 不可能继续运输货物的，承运人应当请求有权处分货物的人作出指示。无法及时获得此类指示的，承运人必须采取其认为对处分权人最有利的措施。

第8:1569条　交货障碍

1. 承运人应当立即通知托运人无法交货的事项，并请求其作出指示，除非托运人已通过托运单记载请求在交货障碍的情形下退还货物。

2. 托运人的指示到达承运人之前已无法获得阻止交货的情况的，承运人应当将货物交付收货人。承运人应当立即通知托运人该事项。

3. 收货人拒绝受领货物的，托运人有权作出指示；不能提交托运单副本的，同样适用该规定。

4. 收货人根据第 8:1566 条第 3 款和第 5 款修改运输合同后出现阻止交付的情况的，承运人必须通知收货人该事项。

第 8:1570 条　承运人有权请求补偿费用

1. 承运人有权请求补偿因以下事由产生的费用；

(1) 请求指示。

(2) 收到指示。

(3) 未收到或者未及时收到其请求作出的指示。

(4) 根据第 8:1568 条第 1 款作出决定但未请求作出指示；除非该费用是因其过错造成的。承运人可按照实际运输路线计算运费，并遵守相应的交货期限。

2. 在第 8:1568 条第 2 款和第 8:1569 条第 1 款所称的情形下，承运人可立即卸载货物，并由权利人承担费用。卸载后，视为运输已终止。承运人应当继续为权利人保管货物。承运人也可将货物托付第三人，且此情况下，其应当仅对由其慎重选择的第三人承担责任。货物的价值受到运输合同债务和所有其他费用的限制。

3. 在适用本条第 2 款的情形下，参照适用第 8:1133 条的规定。

4. 运输或者交货存在障碍的情况下，托运人未在合理期限内作出指示，且无法根据本条第 2 款和第 3 款的规定继续运输或者交货的，承运人可退回货物，或者在有正当理由的情况下销毁货物。托运人应当承担由此产生的一切相关费用。

第三节　责　　任

第 8:1571 条　责任范围

1. 承运人在接管货物运输到交货期间，对货物全部或者部分的灭失或者损坏承担责任。

2. 货物的损失或者损坏或者交货延误因货物权利人的过错、而非因承运人过错造成的，或者因货物的固有缺陷（内部腐蚀、重量减少等）或者因承运人无法避免且无法阻止的情况导致灭失、损坏或者交货延误的，承运人的责任应当予以免除。

3. 货物的灭失或者损坏因以下一项或者多项固有的特殊风险造成的，承运人的责任应当予以免除：

(1) 根据运输合同中的一般运输条款进行，且明确约定由载入托运单的敞篷货车运输；除天气原因外，集装箱运输单元和封闭铁路车辆中的货物在铁路上运输的，不视为敞篷货车运输；托运人以油布覆盖敞篷货车运输的货物的，承运人应当承担与没有任何油布覆盖的敞篷货车运输相同的责任，根据一般运输条款未以敞篷货车运输货物的，同样适用上述规定。

（2）对于因其性质在未包装或者未正确包装时容易丢失或者损坏的货物，没有包装或者包装不足。

（3）托运人装载货物或者承运人卸载货物。

（4）因与特定货物的性质本身有关的原因导致货物全部或者部分灭失或者损坏，特别因断裂、生锈、腐蚀、内部自然腐败、脱水、数量减少。

（5）包件说明或者编号不正确、不规范或者不完整。

（6）运输活体动物。

（7）根据托运人和承运人之间适用的法律规范或者托运单载明的规定应当进行的运输，且因运输必须避免的危险所致的灭失或者损坏。

第 8:1572 条　自轮运转铁路车辆作为货物运输

1. 自轮运转铁路车辆作为货物运输的，承运人对因该铁路车辆或者其组成部分在自承运到交货期间灭失或者损坏以及因超过交货期限造成的损害承担责任，除非其能证明该损害非因其过错造成。

2. 因当事人未在车辆两侧标明也未在货物清单载明组成部分的丢失或者损坏而造成损害的，承运人不对此承担责任。

第 8:1573 条　证明责任承担

1. 承运人应当承担因第 8:1572 条第 2 款所称的事由造成灭失、损坏或者延误交货的证明责任。

2. 考虑到具体情况，承运人能证明未履行义务可能因第 8:1571 条第 3 款所称的一种或者多种特殊风险所致的，推定因特殊风险导致其未履行义务。除非权利人能证明未履行义务并非全部或者部分由特殊风险所致。

3. 对于异常灭失或者整个包件灭失，第 8:1571 条第 3 款第 1 项所称的情形不适用本条第 1 款的规定。

第 8:1574 条　同一运输合同多个连续承运人的运输

多个连续承运人履行同一运输合同的，各承运人接管货物和有关的托运单后，应当按照托运单的规定成为运输合同的当事人，并承担由此产生的所有义务。此情形下，各承运人应当对交货前全程运输的运输行为承担责任。

第 8:1575 条　次承运人

1. 承运人已将运输全部或者部分实际交付托运给次承运人的，无论是否根据运输合同授予其权利，承运人均仍对全程运输承担责任。

2. 次承运人对其实施运输的责任适用本章所有关于承运人责任的规定。对其工作人员或者次承运人为实施运输而使用其他人提起诉讼的，适用第 8:1584 条和第 8:1587 条的规定。

3. 承运人承担本章规定以外的义务或者放弃本章赋予其的权利的，除取得次承运人书面同意外，该承担或者放弃不对该次承运人产生约束力。无论次承运人是否接受此种特别约定，承运人均仍受该承担和放弃的约束。

4. 承运人和次承运人均负有责任的，应当承担连带责任。

5. 承运人、次承运人、其工作人员或者其他在运输过程中提供协助的人的赔偿总额，不得超过本章为此目的规定的最高限额。

6. 本条不影响承运人和次承运人之间的追偿权。

第 8:1576 条　重新发货

承运人根据本章承运的货物，已根据本章重新发货且在重新发货后发现货物部分灭失或者损坏的，或者在承运人照管下以到达重新发货地的相同状况重新发货的，推定承运货物在最后一个运输合同期间发生部分灭失或者损坏。

第 8:1577 条　货物丢失的法律推定

1. 在交货期满后 30 日内仍未将货物交付收货人或者未交由其处分的，权利人无须进一步的证据，即可认为货物灭失。

2. 权利人在收到货物灭失的损害赔偿金后 1 年内重新找到货物，其可书面请求向承运人交付该货物。承运人应当书面确认该请求。

3. 在收到本条第 2 款所称的通知后 30 日内，权利人可交付该货物，以支付由于托运单产生的债务和返还收到的损害赔偿金，在适当的情况下，损害赔偿金应当扣除其中已包含的费用。其仍享有超过第 8:1581 条和第 8:1583 条所称的交货期限的损害赔偿请求权。

4. 未提出本条第 2 款所称的请求或者未在本条第 3 款所称的期限内作出任何指示的，或者在支付损害赔偿金 1 年后重新找到货物，承运人有权根据货物所在地的法律规定处置该货物。

第 8:1578 条　损害赔偿

1. 货物全部或者部分灭失的，承运人必须根据商品交易所的报价计算应当支付的损害赔偿金额；没有此种报价的，该损害赔偿金额应当按照当时的市场价格进行计算，没有市场价格的，应当按照接收货物时运输的相同种类和质量的通常价值进行计算，不包括任何其他的损害赔偿。

2. 损害赔偿不得超过每千克未交货物毛重的17个计算单位。计算单位指国际货币基金组织所称的特别提款权。本条第1款所称的金额应当按照付款之日的汇率换算为荷兰货币。特别提款权的荷兰货币价值,应当按照国际货币基金组织在转换日采用的估价方法进行计算。

3. 作为货物运输的自轮运转铁路车辆、集装箱运输单元或者其组成部分灭失,损害赔偿金额限于铁路车辆、集装箱运输单元或者其组成部分在灭失日期和地点的通常价值,不包括任何其他的损害赔偿。不能确定灭失日期和地点的,损害赔偿金额限于承运人收到或者应当收到货物的日期和地点的通常价值。

4. 承运人还应当返还因货物灭失产生的运输费、关税和其他费用,但不包括正在税收征收程序中承运货物的消费税。

第8:1579条　运输过程中的废物责任

1. 因其性质通常在运输过程中发生一般性重量减少的,无论运输路线的长度,承运人仅对超过以下金额的灭失部分承担责任:

(1)液体货物或者潮湿状态货物重量的2%;

(2)干货重量的1%。

2. 考虑到具体情况,非因正当原因造成灭失的,承运人不得主张本条第1款所称的责任限制。

3. 多个包裹在单个托运单中运输的,各包裹的重量分别载入托运单或者可以其他方式确定的,每个包裹在运输途中减少的重量应当分别进行计算。

4. 在货物全部灭失或者包件灭失的情形下,计算应付赔偿额时不得扣除运输期间减少的重量。

5. 适用本条时,不影响适用第8:1571条和第8:1573条的规定。

第8:1580条　损害赔偿

1. 在货物损坏的情况下,承运人必须支付相当于货物价值降低的损害赔偿额,不包括任何其他的损害赔偿。第8:1578条所称的货物价值金额应当按照目的地价值减少的百分比予以确定。

2. 损害赔偿金额不得超过:

(1)全部承运货物的价值因损坏减少的,在全部货物灭失的情况下应付的金额;

(2)部分承运货物的价值因损坏减少的,在部分货物灭失的情况下应付的金额。

3. 自轮运转铁路车辆、集装箱运输单元或者其组成部分作为货物运输损坏的,赔偿金额应当限于修理费用,不包括任何其他的损害赔偿。该赔偿金额不得超过灭失情形下承运人应支付的金额。

4. 承运人还应当按照本条第 1 款规定的比例返还第 8:1578 条第 4 款所称的费用。

第 8:1581 条　延期交付的赔偿金额

1. 因超过交货期限造成包括运输货物在内的损害的,承运人应当赔偿不超过 4 倍运费的赔偿金。

2. 货物全部灭失的,除第 8:1578 条所称的损害赔偿外,承运人不应当支付本条第 1 款所称的损害赔偿。

3. 货物部分灭失的,本条第 1 款所称的损害赔偿不得超过未丢失部分货物运输费用的 4 倍。

4. 非因超过交货期限造成损害的,除第 8:1580 条的所称的损害赔偿外,承运人还应当酌情支付本条第 1 款所称的损害赔偿。

5. 任何情况下,本条第 1 款所称的应支付赔偿金和第 8:1578 条和第 8:1580 条所称的应支付赔偿金的总额,不得超过货物全部灭失时应支付的损害赔偿金额。

6. 根据第 8:1564 条第 1 款通过合同约定交货期限的,当事人可在该合同中约定与本条第 1 款不同的损害赔偿。超过第 8:1564 条第 2 款至第 4 款所称的交货期限的,权利人可请求上述合同规定的损害赔偿或者本条第 1 款至第 5 款规定的损害赔偿。

第 8:1582 条　申报货物价值较高

托运人和承运人可约定托运人在托运单载明超过第 8:1578 条第 2 款规定货物价值的最高限额。此情形下,申报的金额将取代该最高限额。

第 8:1583 条　特殊交付利益的赔偿

托运人和承运人可约定托运人在托运单上载明灭失、损坏或者超过交货期限情形下特别利益的金额。申报特别利益的,除第 8:1578 条、第 8:1580 条和第 8:1581 条所称的损害赔偿外,权利人还可请求赔偿能证明的损害,但不得超过其申报的交货利益的金额。

第 8:1584 条　故意或者重大过失

承运人因自己故意或者重大过失作为或者不作为造成损害的,不适用第 8:1563 条第 3 款、第 8:1567 条第 6 款和第 7 款、第 8:1578 条、第 8:1580 条至第 8:1583 条所称的责任限制的规定。

第 8:1585 条　损害赔偿利息

权利人未在为此目的设定的合理期限内向承运人提交结算其请求的必要文件的,在该期限终止至实际提交文件的期间不产生损害赔偿利息。

第 8:1586 条　承运人对其工作人员和其他协助人员的责任

工作人员或者其他人在从事工作中实施行为的,承运人应当对该工作人员和其他协助实施运输的人员承担责任。从事运输铁路基础设施的管理人,视为承运人在实施运输中使用的协助人员。

第 8:1587 条　其他主张和诉讼

1. 适用本章时,权利人仅能根据本章的条件和限制,向承运人提起损害赔偿诉讼。

2. 承运人根据第 8:1586 条向其工作人员以及其他承运人提起的诉讼,也适用该规定。

第四节　权 利 行 使

第 8:1588 条　确定部分损失或者损害

1. 承运人发现、推定或者权利人主张货物部分灭失或者损坏的,承运人必须立即制作正式笔录,并根据损失或者损坏的性质记载货物状况,并尽可能说明损害的程度、原因和发生时间。

2. 承运人必须无偿向权利人提供正式笔录的副本。

3. 权利人不同意笔录记载的结论的,参照适用第 8:1135 条的规定。

第 8:1589 条　在法律诉讼外主张权利

1. 与运输合同有关的权利,应当在法律诉讼外采用书面形式向可被提起法律诉讼的承运人主张。

2. 有权向承运人提起法律诉讼的人,可在法律诉讼外主张其债权。

3. 托运人在法律诉讼外主张其债权的,其必须提交托运单副本。未提交的,托运人必须提交收货人授权或者拒绝收货的证明。

4. 收货人在法律诉讼外主张其债权,且托运人已将托运单移交给他的,其必须提交该托运单。

5. 承运人在法律诉讼外主张其债权时,必须提交附加的托运单、托运单副本以及其他文件的原件,或者经承运人请求,提交经适当认证的副本。

6. 结算法律诉讼外的债权请求时,承运人可请求提交托运单、托运单副本或者应代收货款证明的原件,并背书已结算。

第 8:1590 条　有权提起法律诉讼的人

1. 除本条第 3 款和第 4 款另有规定外,以下人员有权在下列时间根据运输合同提起法律诉讼:

(1)托运人提起法律诉讼的权利直到收货人发生以下情形之一终止:

1)已接管托运单;

2)已收到货物;

3)根据第8:1565条第3款或者第8:1566条第3款主张权利。

(2)收货人提起法律诉讼的权利自发生以下情形之一时开始:

1)已接管托运单;

2)已收到货物;

3)根据第8:1565条第3款或者第8:1566条第3款主张权利。

2. 收货人根据第8:1566条第5款指定其他人收到托运单、收到货物或者根据第8:1565条第3款主张权利的,收货人提起诉讼的权利即告消灭。

3. 仅发货人可根据运输合同提起返还给付的诉讼。

4. 仅托运人可提起与货到付款有关的诉讼。

5. 托运人必须提交托运单副本,以提起法律诉讼。未能提交的,其必须提交收货人授权或者拒绝收货的证明。有必要的,托运人必须提供托运单缺失或者丢失的证明。

6. 收货人提起法律诉讼的,其必须提交托运人已交给其的托运单。

第8:1591条　向其提起法律诉讼的承运人

1. 除本条第3款和第4款规定的情形外,仅能对第一或者最后承运人或者履行该部分合同规定的承运人提起运输合同的诉讼。

2. 承运人必须交付连续运输的货物并经其同意载入托运单的,可根据本条第1款对其提起诉讼,未收到货物或者托运单的,同样适用上述规定。

3. 根据运输合同,仅能对收取款项或者从收取款项中获益的承运人提起返还给付的诉讼。

4. 仅能对在发货地承运货物的承运人提起关于货到付款的诉讼。

5. 本条第1款和第4款所称的诉讼程序中的反诉或者抗辩,可基于同一运输合同对其他承运人提起。

6. 次承运人在适用本章规定的范围内时,也可对其提起法律诉讼。

7. 原告可在多个承运人之间进行选择,已对其中一人提起诉讼的,选择权即告消灭;原告在承运人和次承运人之间进行选择的,也适用该规定。

第8:1592条　货物交付时的法律推定

1. 权利人受领货物的,推定已完好无损地及时收货。

2. 该推定仅能通过以下方式予以否认:

(1)在部分灭失或者损坏的情形下:

1)在权利人受领货物前根据第8:1588条确定灭失或者损坏;

2)根据第8:1588条必须进行的确定并非仅因承运人的过错而发生。

(2)权利人在交付货物后对于表面不可见损害的确认:

1)发现损害后最迟在收到货物后7日内提出请求,应当根据第8:1588条进行确定;

2)证明在接管运输到交货之间已发生损害。

(3)超过交货期限的,权利人已在60日内对第8:1591条第1款所称的承运人主张其权利。

(4)权利人证明因承运人故意或者重大过失作为或者不作为造成损害。

3. 已根据第8:1576条重新托运货物的,在部分灭失或者损坏的情形下,原运输合同的请求权即告消灭,与仅有一份运输合同的情形相同。

第五节 承运人之间的关系

第8:1593条 承运人间的结算账户

1. 各承运人必须在出发或者到达时就其收取或者应收取的费用或者其他运输合同的债权,向其他有关的承运人支付其应得的份额。承运人之间应当协商确定付款方式。

2. 连续运输承运人之间的关系也适用第8:1560条的规定。

第8:1594条 追索权

1. 承运人根据本章支付损害赔偿的,有权根据以下规定对参与运输的其他承运人追偿:

(1)对承运人造成的损害应当承担全部责任。

(2)因多个承运人造成损害的,各承运人应当对其造成的损害承担责任;无法区分的,该责任应当按照本款第3项的规定进行分配。

(3)无法证明承运人造成损害的,由与运输有关的承运人分担损害赔偿,除非能证明非由一个或者多个承运人造成损害;分担比例应当按照各承运人应得运费的份额予以确定。

2. 承运人没有支付能力的,由其他有关的承运人按照各承运人应得运费的份额比例分担其应承担的未付份额。

第8:1595条 追索权的程序

1. 承运人根据第8:1594条行使追偿权的,在法院确定追偿人的损害赔偿金额且听取被告意见后,允许被追偿的承运人参加诉讼的,被追偿的承运人不得对法院作出的向追偿人支付金额的裁判提出异议。法院还应当确定被追偿人作出应诉传唤及其参加诉讼的期限。

2. 行使追偿权的承运人,必须在法律诉讼中对所有尚未与之达成和解的有关承运人提起诉讼;未提起此种诉讼的,该承运人将丧失对有关承运人的追偿权。

3. 法院应当对所有提起追偿的诉讼作出相同的裁判。

4. 权利人不得在根据运输合同提起损害赔偿的诉讼程序中,提起追偿诉讼。

第 8:1596 条　承运人关于追索权订立的合同

承运人之间可订立改变第 8:1593 条和第 8:1594 条规定的合同。

第 8:1597 条至第 8:1660 条　[预留]

第十九章　事　　故

第一节　铁路车辆和铁路基础设施的责任

第 8:1661 条　有关责任

1. 正在使用铁路车辆的铁路企业应当根据第 6:173 条承担与铁路车辆有关的责任。铁路车辆用于其他种类经营的,该经营者应当承担责任。铁路车辆用于他人从事业务的,该他人应当承担责任。

2. 管理人应当根据第 6:173 条承担与铁路设施有关的责任。

第 8:1662 条至第 8:1669 条　[预留]

第二节　铁路车辆上的危险品

第 8:1670 条　有关定义

适用本节时,术语含义如下:

1. "危险物质"是指枢密院令认定的危险品,此种认定仅限于一定浓度的物质,该物质可能附带枢密院令规定的特定危险以及枢密院令规定的该物质所处的特定情况。

2. "铁路车辆"指任何在铁路上行使的车辆。

3. "损害"指:

(1)由危险物质造成人员死亡或者伤害而造成的损害;

(2)危险物质对其他所在铁路车辆及其财产造成的损害,但与危险物质所在铁路车辆组成一个拖带队列,或者与危险物质所在铁路车辆构成一个整体的,不包括该铁路车辆及该铁路车辆上的物的损害;

(3)采取预防措施的费用以及采取此种措施造成的进一步损害。

4.“预防措施”是指为防止或者最大限度减少损害而采取的任何合理措施,除非根据本章承担责任的人在事件发生后采取的措施。

5.“事件”是指任何同一事实或者同一原因造成的一系列事实,且该事实造成损害或者有发生损害的严重直接的危险。

第 8:1671 条 适用范围

1. 铁路企业可根据经营合同对原告承担责任的,或者可对原告主张经营合同的,不适用本节规定。

2. 从危险物质装载上铁路车辆开始、到危险物质从铁路车辆上卸载结束的期间适用本节规定。

3. 铁路车辆完全用于不允许公众进入的区域时,且此种使用是该区域经营活动一部分的,此情形下造成的损害不适用本节规定。

4. 第 6:175 条所称的物质按照本条第 2 款装载于铁路车辆之上的,不适用该条的规定,除非满足本条第 3 款的情形。

第 8:1672 条 牵引服务

危险物质所在的运输工具在该铁路车辆上,且危险物质未从装载它的运输工具上卸载的,危险物质在该期间视为仅在该铁路车辆上。不同于前 1 句的规定,在第 8:1673 条第 5 款第 3 项、第 4 项和第 5 项所称的操作期间,危险物质视为仅在装载它的运输工具上。

第 8:1673 条 铁路企业的责任

1. 对事件发生时危险物质所在铁路车辆的使用进行监管的铁路企业,对该危险物质造成的事件产生的损害承担责任。危险物质在铁路机车牵引的铁路车辆上的,该铁路车辆的监管者,视为监管铁路机车的铁路企业。事件由同一原因造成的一系列事实构成的,第一个事实发生时对铁路车辆的使用进行监管的铁路企业应当承担责任。

2. 有以下情形之一的,铁路企业不对此承担责任:

(1)因战争、敌对行为、内战或者武装暴动或者特殊的、不可避免的和不可抗拒的自然现象引起的损害;

(2)完全因第三者有意作为或者不作为造成的损害,但本条第 5 款第 1 项所称的人除外;

(3)因托运人或者其他人未履行关于危险物质的告知义务,且铁路企业和本条第 5 款第 1 项所称的人不知道也不应当知道其为危险物质而造成的损害。

3. 铁路企业能证明损害完全或者部分是因受害人有意作为或者不作为或者因

其疏忽造成的,该铁路企业对该人应当承担的责任可全部或者部分地予以免除。

4. 仅在本条第 2 款第 3 项的情形下以及根据劳动合同可被提出请求的情形下,才可根据本节以外的规定要求铁路企业承担责任。

5. 除第 8:1674 条和第 8:1675 条的情形外,下列人员不对本条所称的损害承担任何责任:

(1)铁路企业或者工作人员、代理人、管理人员;

(2)为铁路车辆工作的需要进行工作的任何其他人;

(3)参与对铁路车辆、铁路车辆上的物或者人员实施救助作业的任何人,除非违反铁路车辆一方明示和合理的禁止;

(4)根据政府主管机构指示对铁路车辆、铁路车辆上的物或者人员实施救助作业的人;

(5)采取预防措施的人,但不包括铁路企业;

(6)本款第 2 项、第 3 项、第 4 项和第 5 项的人的工作人员、代理人或者委托代理受托人,对损害不承担责任,除非该损害是因自己故意或者重大过失作为或者不作为造成的。

6. 除另有约定外,仅铁路企业有权对根据本条第 5 款承担责任的人进行追偿。

7. 适用本条和下一条时,铁路企业使用的铁路设施的管理人,包括本条第 5 款第 1 项所称的人。

第 8:1674 条　装货或者卸货期间造成的损害

1. 铁路企业能证明在第 8:1671 条第 2 款所称的期间内,危险物质的装货或者卸货,完全由其指定的铁路企业以及其工作人员、代理人或者委托代理受托人以外的人负责的,如托运人或者收货人,铁路企业不对危险物质在装货或者卸货期间造成的损害承担责任,且该他人应当根据本节承担损害赔偿责任。

2. 在第 8:1671 条第 2 款的规定期间内,铁路企业和指定的其他人共同负责危险物质的装货或者卸货的,铁路企业和该他人对危险物质在装货或者卸货期间造成的损害承担连带责任。

3. 危险物质由按照指示行事的人或者代表承运人或者受其他人委托的人装货或者卸货的,该行为人不承担责任,且承运人或者该其他人应当对此承担责任。

4. 铁路企业以外的人根据本条第 1 款或者第 2 款承担责任的,该他人不得主张第 8:1673 条第 5 款和第 6 款的规定。

5. 铁路企业以外的人根据本条第 1 款或者第 2 款承担责任的,参照适用第 8:1678条至第 8:1680 条的规定,但在连带责任的情形下:

(1)双方因同一事件产生的请求权整体适用第 8:1678 条规定的责任限额;

(2)其中一方根据第 8:1679 条设立基金的,视为由双方以及与基金诉讼相关的其他人共同设立。

6. 在铁路企业与本条第 2 款所称的其他人的相互关系中,铁路企业无义务承担任何已支付的赔偿,但其工作人员、代理人或者受托人有过错的除外。

7. 在第 8:1671 条第 2 款所称的期间内,装货或者卸货由第 8:1673 条第 5 款第 3 项、第 4 项或者第 5 项所称的人单独负责或者共同负责的,不适用本条规定。

第 8:1675 条　托运人或者其他人的责任

铁路企业根据第 8:1673 条第 2 款第 3 项不承担责任的,托运人或者其他根据本条承担责任的人应当根据本节规定承担责任,参照适用第 8:1678 条至第 8:1680 条的规定。托运人或者其他人不得主张第 8:1673 条第 5 款的规定。

第 8:1676 条　不可分割事件造成的损害

危险物质造成的损害不能与其他损害合理区分的,全部损害视为本节所称的损害。

第 8:1677 条　一个或者多个车辆或者气垫车上的危险物质造成的损害

1. 损害因一个或者多个铁路车辆以及一个或者多个车辆或者气垫车上的危险物质造成的,监管铁路车辆使用的铁路企业、车辆或者气垫车的经营人,对不能合理认为其中一个或者多个特定铁路车辆上的危险物质或者一个或者多个车辆或者气垫车上的危险物质造成的损害,承担连带责任,但不影响适用第 8:1673 条第 2 款和第 3 款、第 8:1674 条和第 14 章第 1 节的规定。

2. 本条第 1 款的规定不影响铁路企业、车辆或者气垫车经营人根据第 8:1218 条至第 8:1220 条主张对其适用的责任限额的权利。

第 8:1678 条　责任限额;故意或者重大过失

1. 铁路企业可主张其对每件事件的责任,限于枢密院令中或者根据枢密院令确定的最高金额;关于死亡或者伤害的诉讼和其他诉讼的金额,可确定不同的数额。

2. 铁路企业因自己故意或者重大过失作为或者不作为造成损害的,其不得主张责任限额。

第 8:1679 条　责任基金

铁路企业必须根据第 8:1680 条设立一个或者多个基金,以主张第 8:1678 条所称的责任限额。

第 8:1680 条　责任限额和补偿分配

1. 拟援引第 8:1678 条规定责任限额的权利人,应当向具有管辖权的地方法院提出损害赔偿诉讼,以确定其责任限额和款项的分配程序。

2. 涉及该申请和分配程序,参照适用《民事诉讼法典》第 642 条之一第 2 款至第 4 款、第 642 条之二、第 642 条之三、第 642 条之五第 1 款、第 642 条之六至第 642 条之二十第 1 款、第 642 条之二十一至第 642 条之二十六的规定。

3. 根据第 8:1678 条第 1 款对关于死亡或者伤害确定的限额,不足以全额赔偿此种债权的,此种债权的赔偿额按照比例予以减少,且根据第 8:1678 条第 1 款确定其他债权的限额应当按照比例在该种其他债权以及关于不足以赔偿死亡或者伤害的债权之间进行分配。

4. 铁路企业为防止或者限制损害而在合理范围内自愿支付费用的债权,适用第 8:1678 条第 1 款所称的其他债权的责任限额,并与关于死亡或者伤害以外的债权具有相同的顺位。

第 8:1681 条至第 8:1699 条　[预留]

第七部分　附　　则

第二十章　时效和除斥期间

第一节　一般规定

第 8:1700 条　变更法定时限的规定

1. 变更诉讼时效或者除斥期间的约定,视为变更有权援用该期间人的责任的规定。

2. 除第 8:1701 条的情形外,任何改变前款规定的约定均为无效。

第 8:1701 条　合同规定的法定时限

导致诉讼的事实已发生的,当事人可通过合同约定延长诉讼的时效期间或者除斥期间。不同于第 8:1700 条第 1 款的规定,该延长不视为变更有权援用该期间人的责任。

第 8:1702 条　故意隐瞒债务

债务人故意向债权人隐瞒债务存在的,该事实不影响时效或者除斥期间的存在。

第 8:1703 条至第 8:1709 条　[预留]

第二节　货物运输

第 8:1710 条　有关定义

适用第 8:1711 条以及第 8:1713 条至第 8:1720 条时,术语含义如下:

(1)运输合同指本编第2章第1节、第5章第2节、第10章第2节、第13章第2节或者第13章第4节所称的货物运输合同。

(2)承运人指运输合同的承运人。

(3)托运人指托运人、提单持有人或者收货人。

(4)交货日指根据运输合同承运或者拟承运的货物从运输工具上交货之日,或者在尚未交付的情况下应当按照运输合同运输之日,无论该合同是否已实际履行。在运输合同提前终止的情况下,承运人仍实际交付货物的,实际交付之日视为交货日。货物根据第8:491条、第8:957条、第8:1133条或者第8:1198条或者此类约定变卖的,变卖日视为交货日。

第8:1711条　1年诉讼时效

除第8:1712条和第8:1720条的情形外,运输合同的诉讼时效期间为1年。

第8:1712条　运输合同和提单的时间限制

1. 第8:377条所称的运输合同和提单的承运人,在任何情况下均免除其对承运货物的责任;已在1年之内提出的,该期间自交货之日后或者应交付货物之日起算。

2. 不同于本条第1款的规定,对第三人的追偿诉讼,可在该款所称的期间届满后3个月内提起,该期间自提出此类追偿诉讼的人就其所主张的权利和解或者在法律诉讼中被提出请求之日起算。

3. 在导致诉讼的事件发生后,当事人可通过合同延长本条第1款所称的期间。

第8:1713条　未提供运输工具或者运输工具未到场的诉讼

1. 除第8:1716条的情形外,不同于第8:1717条的规定,托运人对承运人提起的关于未提供运输工具或者运输工具未到场的诉讼,第8:1711条所称的期间自应提供运输工具的次日起算。

2. 托运人对承运人提起的关于未开始搬运的诉讼参照适用本条第1款的规定。

第8:1714条　因未履行相应义务而提起的诉讼

不同于第8:1717条的规定,且不影响第8:1719条的适用,涉及以下诉讼的,第8:1711条所称的期间自交货日次日起算:

(1)将货物提供给承运人或者承运人对货物的受领,有关该货物的详细信息、清单、信息或者文件,保管此类文件的义务,在货物上载明收件人或者在货物或者其包装上载明信息;

(2)装货、搬移、积载、重新积载、卸货、储存、销毁货物或者使之无害,或者涉及装卸货物造成的损害;

(3)特定货物的交付,提供检查和核实或者计数此类货物的手段,支付与货物有关的运费、损害或者特别补偿,补偿第8:488条、第8:951条、第8:1129条或者第8:1195条所称的损害以及货到付款的收取和转交;

(4)填写、补充、注明日期、签名或者交付提单、托运单、货物收据或者类似文件。

第8:1715条　关于托运人应当提供材料的诉讼

不同于第8:1717条的规定,对于承运人或者托运人提起的关于托运人应当提供材料的诉讼,参照适用第8:1714条的规定,第8:1719条的规定不受影响;承运人没有义务根据合同返还该材料的,交货日视为提供给承运人材料之日。

第8:1716条　与终止表示或者未经终止表示提前终止造成的损害有关的诉讼

不同于第8:1713条和第8:1717条的规定,涉及运输合同的终止表示或者与未经终止表示提前终止造成的损害有关的诉讼,第8:1711条所称的期间,无任何终止通知,自合同终止次日起算。

第8:1717条　定期租赁合同或者航次租赁合同的诉讼

涉及定期运输工具租赁合同的诉讼,第8:1711条所称的期间,自合同履行完毕次日起算,第8:1713条至第8:1716条、第8:1718条、第8:1719条和第8:1722条的规定不受影响;涉及航次或者车次定期运输工具租赁合同的诉讼,该期间自提起诉讼的航次或者车次终止次日起算。

第8:1718条　未履行告知义务的诉讼

不同于第8:1717条的规定,对于违反通知或者告知义务的损害赔偿诉讼,第8:1711条所称的期间,自产生该义务次日起算。

第8:1719条　运输工具损失或者损害的诉讼

不同于第8:1714条、第8:1715条和第8:1717条的规定,承运人提起要求运输工具损害赔偿的诉讼,第8:1711条所称的期间,自该运输工具灭失或者损坏发生次日起算。

第8:1720条　第三方追索权的时间限制

1.除第8:1712条外,第三方基于承运人或者托运人的利益,而对第8:361条所称的经营合同当事人享有追偿权的,该权利的诉讼时效或者除斥期间为3个月,该期间自以下最早日期的次日起算:

(1)请求追偿的人对其提出债权履行之日;

(2)请求追偿的人在法律诉讼中被起诉之日;

(3)追偿请求权可主张时效中断之日;

(4)作为追偿对象的诉讼时效或者除斥期间届满之日,但任何情况下均未考虑当事人延长期限的可能性。

2. 本条效力不取决于经营合同的诉讼时效或者除斥期间,该期限应当早于可追偿的合法权利期间。

3. 适用本条时,当事人一方将运输工具以非租赁和第 8:1080 条第 3 款所称的合同方式交由另一当事人使用的合同,视为经营合同;该合同的当事人视为承运人和托运人。

第 8:1721 条　最长诉讼时效或者除斥期间

1. 根据第 8:1710 条至第 8:1720 条的规定,同一诉讼中存在不同的诉讼时效或者除斥期间,或者其诉讼时效或者除斥期间存在不同的起算时间的,适用最后到期的诉讼时效或者除斥期间。

2. 前款不影响适用第 8:1712 条的规定。

第 8:1722 条　货物多式联运合同的限制

1. 货物多式联运合同参照适用第 8:1710 条至第 8:1721 条的规定,但托运人包括多式联运提单持有人的,交货日应当指货物多式联运合同规定的交货日。

2. 货物多式联运合同中,原告不知道导致法律诉讼发生的,适用对其最有利的有关诉讼时效和除斥期间的规定。

3. 任何改变本条第 2 款规定的约定均为无效。

第 8:1723 条至第 8:1726 条　[预留]

第 8:1727 条　关于铁路货物运输的诉讼

1. 基于铁路货物运输合同的诉讼时效为 1 年。有以下情形之一的,诉讼时效为 2 年:

(1)请求承运人从收货人处收取代收货款的;

(2)请求支付承运人变卖收益的;

(3)因故意或者重大过失作为或者不作为造成损害的;

(4)根据第 8:1576 条规定的情形,在货物重新提货之前订立运输合同的。

2. 以下诉讼时效的开始时间为:

(1)全部灭失的损害赔偿:交货期限届满后的第 30 日。

(2)部分灭失、损坏或者逾期交货的损害赔偿:交货之日。

(3)其他情形:可主张该权利之日。诉讼时效的开始日期不包括在上述期间内。

3. 根据第 8:1589 条在法律诉讼外以书面形式向债务人提出债务请求并附有必要证明文件的,应当中止诉讼时效至承运人以书面形式拒绝该债务并返还所附的文件之日。在部分确认债权的情况下,对尚有争议的请求权应当继续计算诉讼时效。证明已收到提出的请求或者答复以及返还文件的,主张该事项的当事人应当承担举证责任。事后在诉讼程序外提出同一内容债权请求的,不得以此中断诉讼时效。

第8:1728条至第8:1729条 [预留]

第三节 特殊经营合同

第8:1730条 1年时效

1. 本编第5章第4节和第10章第4节所称合同的诉讼时效期间为1年。

2. 参照适用第8:1710条、第8:1713条至第8:1722条和第8:1750条至第8:1754条的规定。

第8:1731条至第8:1739条 [预留]

第四节 运输承揽合同

第8:1740条 9个月诉讼时效

1. 除第8:1741条的情形外,货物运输合同的诉讼时效为9个月。

2. 本条第1款所称的期间自交货日次日起算。确定该日期时,参照适用第8:1710条第4项的规定。对于基于第8:62条或者第8:63条的诉讼,该期间自委托人知道运输承揽人未履行其通知义务次日起算。

3. 对于第8:65条或者第8:68条的诉讼时效,自货物运输合同终止次日起算。

第8:1741条 第三方追索权的时间限制

1. 基于货物运输合同一方当事人的利益,关于对第三人的赔偿义务而对相对人享有追偿权的,该权利的诉讼时效或者除斥期间为3个月;该期间自以下最早日期的次日起算:

(1)请求追偿的人对其提出债权履行之日;

(2)请求追偿的人在法律诉讼中被起诉之日;

(3)追偿请求权可主张时效中断之日;

(4)作为追偿对象的诉讼时效或者除斥期间届满之日,但任何情况下均未考虑当事人延长期限的可能性。

2. 本条效力不取决于货物运输合同的诉讼时效或者除斥期间,该期限应当早于可追偿的合法权利期间。

第8:1742条至第8:1749条 [预留]

第五节 旅客运输

第8:1750条 基于旅客运输合同提起的诉讼

1. 除第8:1751条至第8:1754条的情形外,当事人根据本编第2章第4节、第2

章第5节、第5章第3节、第10章第3节和第13章第3节所称的旅客运输合同提起诉讼时效的期间为1年，自旅客离开或者应当离开交通工具次日起算。

2. 不同于本条第1款的规定，除第8:100条、第8:500条、第8:970条或者第8:1141条所称的自带或者手提行李、车辆或者船舶运输的行李以及活体动物外，关于行李运输的诉讼时效参照适用第8:1710条至第8:1722条的规定。

第8:1751条　对承运人关于旅客伤害的诉讼

1. 涉及承运人关于旅客伤害的诉讼时效为3年，自旅客发生事故之日的次日起算。

2. 涉及承运人关于旅客死亡的诉讼时效为3年，自旅客死亡之日的次日起算，但自旅客发生事故之日的次日起5年后消灭。

第8:1751条之一　海上船舶运输旅客造成损害的诉讼

1. 涉及旅客死亡或者人身伤害，或者行李丢失或者损坏导致根据本编第5章第3节请求损害赔偿的诉讼时效为2年。

2. 以下请求权诉讼时效的起算时间为：

(1)涉及旅客人身伤害的，自旅客下车之日起。

(2)涉及旅客航行途中死亡的，自该旅客登船之日起，且在航行途中造成人身伤害，导致其在登机后死亡的，自该旅客死亡之日起；但从登机之日算起，诉讼时效不得超过3年；

(3)涉及行李丢失或者损坏的，自退票之日或者本应退票之日起算，但应当考虑两个日期中的最晚日期。

3. 延长或者中断诉讼时效的，也不能在以下期间之一届满后提起本编第5章第3节所称的诉讼：

(1)从旅客登机之日或者该次登机之日起算的5年，但应当考虑两个日期中的最晚日期；

(2)从原告知道或者合理地知道事件引起的人身伤害、损失或者损害之日起的3年。

4. 不同于本条第1款、第2款和第3款的规定，当事人可通过协议或者根据承运人的声明或者通过提出索赔的法律依据延长诉讼时效。

第8:1752条　关于交通工具租赁方式旅客运输的诉讼

涉及交通工具租赁方式的旅客运输，参照适用第8:1713条第1款、第8:1716条至第8:1719条以及第8:1721条的规定。

第8:1753条　未按时提出异议时停止提起诉讼

1. 未在3个月内将旅客发生事故告知承运人的，权利人对于承运人关于旅客死亡或者伤害、第8:100条、第8:500条、第8:970条或者第8:1141条所称的自带或者手提行李、车辆或者船舶运输的行李以及活体动物的诉讼权利即消灭。

2. 本条第1款所称的期间自事故发生日的次日起算。

3. 有以下情形之一的,不适用本条第1款的规定:

(1)权利人在本条第1款所称的期间内以书面形式向承运人提出请求的;

(2)因承运人的过错造成该事故的;

(3)因不可归责于权利人的事由,未告知事故或者未在本条第1款所称的期间内告知该事故的;

(4)承运人在本条第1款所称的期间内从其他途径获悉事故的。

4. 适用本条时,第8:106条第1款第2项、第8:505条、第8:975条和第8:1150条所称的情况,视为旅客发生的事故。

第8:1754条　第三方追索权的时间限制

1. 基于旅客运输承运人、此种承运人的相对人或者旅客的利益,关于对第三人的赔偿义务,而对第8:361条所称的经营合同当事人或者旅客享有追偿权的,该权利的诉讼时效或者除斥期间为3个月,该期限自以下最早日期的次日起算:

(1)请求追偿的人对其提出债权履行之日;

(2)请求追偿的人在法律诉讼中被起诉之日;

(3)追偿请求权可主张时效中断之日;

(4)作为追偿对象的诉讼时效或者除斥期间届满之日,但在任何情况下均未考虑当事人延长期限的可能性。

2. 本条的效力不取决于经营合同的诉讼时效或者除斥期间,该期限应当早于可追偿的合法权利期间。

3. 适用本条时,当事人一方将运输工具以非租赁和第8:1080条第3款所称的合同方式交由另一当事人使用的合同,视为经营合同;该合同的当事人视为承运人、其相对人或者旅客。

第8:1755条至第8:1759条　[预留]

第六节　旅游合同

第8:1760条至第8:1769条　[预留]

第七节　航运合伙

第8:1770条　5年诉讼时效

航运合伙成员之间以及该成员与管理人之间的诉讼时效期间为5年。

第8:1771条至第8:1779条　[预留]

第八节　对海船船长或者内水船舶船长的请求权

第8:1780条　2年诉讼时效

1. 对海船或者内水船舶船长关于其从事工作造成损害的诉讼时效期间为2年，该期间自造成损害的事故发生次日起算。

2. 对海船船长或者内水船舶船长的雇主提起诉讼的，不适用本条第1款的规定。

第8:1781条至第8:1789条　[预留]

第九节　碰　　撞

第8:1790条　海船碰撞损害引起的诉讼

本编第6章第1节所称的事故造成的非合同损害赔偿的诉讼时效期间为2年，该期间自造成损害的事故发生次日起算。

第8:1791条　超额部分追偿权的诉讼

第8:545条第3款所称的追偿超额部分的诉讼时效期间为1年，该期间自支付该超额部分的次日起算。

第8:1792条　法定延长

1. 第8:1790条所称的诉讼时效期间应当延长，即扣除责任船舶不能在债权人住所或者主要经营地所在国家扣押的天数：

(1)在第8:1790条的期间内可扣押船舶的，该期间的延长不得超过3个月；

(2)在第8:1790条的期间内无法扣押船舶的，该期间在首个可扣押时间后3个月的次日届满，但任何情况下，在本编第6章第1节所称的事故后5个月的次日届满。

2. 在本编第6章第1节所称的事故后5年内提起第8:1790条所称的诉讼的，推定在此之前无法在债权人住所或者主要经营地所在国家扣押责任船舶。

3. 适用本条时，应当考虑当事人约定延长的第8:1790条规定的期间。

第8:1793条　非合同诉讼期间

本编第11章第1节所称的事故造成的非合同损害赔偿的诉讼时效为2年，该期间自造成损害的事故发生次日起算。

第8:1794条　额外部分追偿权的期间

1. 第8:1006年第3款所称的追偿超额部分的诉讼时效期间为1年。

2. 此种诉讼时效期间自连带债务金额经有既判力的裁决或者仲裁裁决确认次日起算。未进行此种确认的，此种诉讼时效期间自产生追偿权的付款次日起算。诉讼与破产共同债务人的份额分配有关的,此种诉讼时效自权利人知道连带债务人没有支付能力次日起算。

第8:1795条至第8:1819条 [预留]

第十节 救 助

第8:1820条 2年诉讼时效

1.关于第8:551条第5项所称的救助费用的诉讼时效为2年,该期间自救助作业结束次日起算。

2.有权主张诉讼时效的人,在导致诉讼的事实发生后,可通过意思表示延长本条第1款所称的期间,不影响适用第8:1701条的规定。

3.不同于本条第1款的规定,权利人可在该款所称的期间届满后3个月内对第三人提起追偿诉讼,该期间自此种追偿诉讼的原告提出请求结算或者在法律诉讼中提出请求之日起算。

第8:1821条 [1998年12月10日废止]

第8:1822条 [1998年12月10日废止]

第8:1823条 [1998年12月10日废止]

第8:1824条至第8:1829条 [预留]

第十一节 共同海损

第8:1830条 共同海损计算和分担的诉讼

1.关于共同海损的计算以及为此指定理算师的诉讼时效期间为1年。

2.该诉讼时效期间自风险终止次日起算。

3.共同海损全部或者部分为救助报酬,且在第8:1820条所称的期间内,在本条第1款所称的期间开始次日起9个月届满后提起支付救助报酬诉讼的,本条第1款所称的诉讼时效期间为3个月,该期间自提起支付救助报酬诉讼的次日起算。

第8:1831条 申请批准或者复核共同海损理算书权利的诉讼

申请批准或者复核共同海损理算书的权利,自通知利害关系人理算书或者其摘录的次日起经过6年消灭。

第8:1832条 分担共同海损的诉讼

1.分担共同海损的诉讼时效期间为1年。

2.此种诉讼时效期间自通知利害关系人理算书或者其摘录的次日起算,或者申请调整理算书的,自通知当事人由此制作理算书或者理算书在地方法院保管情况的次日起算,但在申请批准理算书的情形下,自法院作出批准裁决的次日起算。

第十二节 海船、内水船舶、车辆和铁路车辆上的危险物质

第 8:1833 条 危险物质损害的诉讼

本编第 6 章第 4 节、第 11 章第 4 节、第 14 章第 1 节和第 19 章第 2 节所称的损害赔偿请求权的诉讼时效为 3 年,自受害人知道或者应当合理知道损害以及责任人次日起算,但在任何情况下,均自造成损害的事件发生 10 年后消灭。事件由同一原因造成的一系列事实组成的,该期间自最后一个事实发生时起算。

第 8:1833 条之一 燃油污染损害诉讼

本编第 6 章第 5 节所称的损害赔偿诉讼时效期间为 3 年,自损害发生之日起算,但在任何情况下,均自造成损害的事件发生 6 年后消灭。事件由同一原因造成的一系列事实组成的,该期间自第一个事实发生时起算。

第十三节 航 空 法

第 8:1834 条 未按时提出异议时停止提起诉讼

1. 权利人未在发现后立即对承运人提出异议的,且在任何情况下,对于托运行李,未在 7 日内提出异议,对于其他货物,未在 14 日内提出异议的,对航空器承运人关于托运行李或者其他货物损坏的请求权即消灭。该期限自收到货物的次日起算。

2. 权利人未在 21 日内对承运人提出异议的,对航空器承运人关于行李或者其他货物运输延误的请求权即消灭。该期限自可领取行李或者其他货物的次日起算。

3. 权利人必须通过在航空运输证明中的书面保留或者在异议期限内发送任何其他文件的方式提出异议。

4. 承运人涉及欺诈的,不适用本条第 1 款和第 2 款的规定。

5. 适用本条时,“日”非指工作日,而指日历日。

第 8:1835 条 时效

关于航空运输合同请求权的诉讼时效期间为 2 年,该期间自航空器到达目的地或者航空器应到达而未到达或者航空运输中断次日起算。

第 8:1836 条 货物多式联运合同中的时间限制

1. 在货物多式联运合同中,原告不知道导致诉讼发生的情况的,适用对其最有利的有关诉讼时效和除斥期间的规定。

2. 任何改变本条第 1 款规定的约定均为无效。

最后规定

1. 本编第5章第2节、第5章第4节、第10章第2节和第10章第4节中的期间不适用《一般期间法》的规定。

2. 本条第1款所称的各节中的“日”指所有的日历日，但不包括周日、元旦、复活节次日、圣灵降临节次日、圣诞节前日和圣诞节、耶稣升天节以及国王生日。

第九编　知识产权法　[预留]

第十编　国际私法

第一章　通　　则

第 10:1 条　公约和共同体立法的效力

本编和其他国际私法的法定条例的规定不影响对荷兰有约束力的国际和共同体立法。

第 10:2 条　依职权适用

法院应当依职权适用国际私法的规则以及该规则所指定的法律。

第 10:3 条　荷兰民事诉讼法

荷兰境内的法律应当适用荷兰法院法规定的法律诉讼程序。

第 10:4 条　前置问题

某一事实产生何种法律效力的问题必须作为与受外国法律管辖的另一问题有关的前置问题的，该问题应当视为一个独立的问题。

第 10:5 条　适用法律的含义

适用一国的法律是指适用该国的法律规则，而不包括其国际私法。

第 10:6 条　与荷兰公共秩序冲突的外国法律

不得适用明显与本国公共秩序相抵触的外国法律。

第 10:7 条　特别强制性法律的适用

1. 特别强制性法律规定，是指遵守该规定对于某一国家维护其公共利益，如其政治、社会或者经济组织具有重要意义，因此无论除此之外还可适用何种法律，均必须适用属于该规定范围内的规则。

2. 特定情况下,适用荷兰特别强制性法律条款的,应当忽略由法律冲突规则指定的法律的适用。

3. 在适用法律冲突规则所指定的法律时,可以赋予与该案有密切联系的外国特别强制性法律规定以法律效力。在决定外国法律规定是否必须生效时,该规定的性质和意图以及适用或者不适用的结果应当予以考虑。

第 10:8 条　案件与某一国家的密切联系

1. 法律冲突规则所指定的法律,其本身是基于与该法律假定的密切联系,但从案件的所有情况来看,该规则中假定的密切联系显然只存在于局部范围,并且与另一国家的法律存在更密切联系的,该法律仍不予适用。

2. 本条第 1 款不适用于当事人已作出有效法律选择的情况。

第 10:9 条　对当事人信任或者法律确定性不可接受的破坏

根据所涉外国国际私法适用的法律,某一事实具有特定法律效力的,即使根据荷兰国际私法不适用该外国法律,荷兰法院也可以对该事实附加同样的法律效力,只要附加此种法律效力不会对当事人的合理信任或者法律确定性造成不可接受的破坏。

第 10:10 条　法律的选择

在允许选择法律的范围内,此种选择必须是以明确的方式作出的,或者必须以其他方式表示选择足够清楚。

第 10:11 条　未成年人的无民事行为能力

1. 自然人是否为未成年人,以及在多大程度上具有实施民事行为的法律能力,应当由其所在国家的法律决定。当事人拥有一个以上国家的国籍,且其经常居住地位于其中一个国家的,该国的法律应当视为其所在国家的法律。当事人经常居住地不在上述国家之一,但考虑到所有情况,其与该国籍国的关系最为密切,该国籍国法律应当视为其所在国家的法律。

2. 对于不属于欧洲议会和理事会在 2008 年 6 月 17 日发布的《关于合同义务适用法律的条例》第 593/2008 号所称的多方民事行为的,援引作为自然人享有民事行为能力的依据参照适用该条例第 17 条的规定。

第 10:12 条　符合形式要求的民事行为

1. 就形式要求而言,民事行为符合适用于该民事行为本身的外国法律或者该民事行为发生地国法律的形式要求的,该民事行为有效。

2. 两个人在不同国家实施的民事行为,就形式要求而言,符合适用于民事行为本身的法律,或者其中一个不同国家的法律,或者其中一个人经常居住地国家法律的形式要求的,该民事行为有效。

3. 民事行为是由代表实施的,本条第 1 款和第 2 款所称的国家应当指该代表在实施民事行为时所在的国家或者其经常居住地所在的国家。

第 10:13 条　法律推定和举证责任

有关法律关系或者法律事实的法律,对该法律关系或者法律事实构成法律推定,或者包含举证责任分配规则的,也应当予以适用。

第 10:14 条　权利和诉权的规定和存在

一项权利或者诉权是否已成为规定或者不再存在,应当根据适用于该权利或者诉权产生的法律关系的法律来确定。

第 10:15 条　一个国家内有更多的法律体系

1. 适用自然人的国内法时,涉案人的国籍国有两种或者两种以上法律制度适用于不同类别的人或者不同领土的,该国为此而制定的相关法律冲突规则应当确定适用何种法律制度。

2. 适用自然人经常居住地国家法律时,当事人的经常居住地国家有两种或者两种以上的法律制度,适用于各类人或者不同领土的,该国为此目的制定的相关法律冲突规则应当确定适用何种法律制度。

3. 一国不存在本条第 1 款和第 2 款所称的规则,或者在特定情况下,该规则不能导致指定适用的法律制度的,应当适用所涉人员在考虑到所有情况后与之关系最密切的国家的法律制度。

第 10:16 条　无确定国籍的自然人

1. 根据本章应当适用自然人的国籍国法律,但当事人是无国籍人或者其国籍无法确定的,其经常居住地国家的法律视为其国籍国法律。

2. 适用本法时,应当尊重该自然人过去获得的、因其公民身份而产生的权利,特别是因婚姻而产生的权利。

第 10:17 条　外国人的公民身份

1. 获得 2000 年《外国人法》第 28 条或者第 33 条规定的居留许可的外国人,以及在外国获得相应居留身份的外国人,其民事地位应当受其住所地国家的法律管辖,没有住所的,应当受其经常居住地国家的法律管辖。

2. 适用本法时,应当尊重该外国人过去获得的、因其公民身份而产生的权利,特别是因婚姻而产生的权利。

第二章　姓　　名

第 10:18 条　《慕尼黑名称公约》的实施

本章还涉及 1980 年 9 月 5 日在慕尼黑订立的《姓氏和名字法律适用公约》(条约汇编 1981,72)的实施。

第 10:19 条　确定外国人姓名的适用法律

1. 外国人的姓氏和名字应当根据其国籍国的法律确定。该国的法律包括该国的国际私法规则。为此目的,应当根据该国的法律评估姓氏和名字所依赖的情况。

2. 某一外国人拥有一个以上国籍的,应当在考虑到所有情况后,适用与之关系最密切的国籍国的法律。

第 10:20 条　确定荷兰国籍自然人姓名的适用法律

拥有荷兰国籍自然人的姓氏和名字应当根据荷兰法律予以确定。其他家庭关系适用外国法律,并且该关系的存在或者结束可能对姓氏产生影响的,也适用本条规定。

第 10:21 条　拥有一个以上国籍的人出生证上的附加标记

拥有一个以上国籍的自然人,可以要求户籍登记员在他的出生证上增加标记,以表明其按照国籍国之一的法律使用名字。

第 10:22 条　国籍变更时的适用法律

1. 自然人变更国籍的,其应当适用新国籍国的法律,包括该国关于变更国籍对姓名影响的法律规则。

2. 外国人并不因获得荷兰国籍,而导致其姓氏或者名字的变更,除非涉及第 10:25条第 1 款第 2 项的规定,或者《荷兰国籍法》第 6 条第 5 款和第 12 条的规定。

第 10:23 条　无法确定适用的外国法律时适用荷兰法律

1. 户籍登记员在起草必须填入外国人姓氏和名字的证书时,由于无法确定适用于该外国人名字的法律内容而适用荷兰法律的,其应当立即向公民身份登记薄中登记的证书所在地区法院的检察官报告其决定。

2. 根据任何有关人员或者公诉机关的要求,以前款方式起草的证书可以根据第 1:24 条的适用情况进行更正。登记员应当根据《法律援助法》所称的适用情况无偿处理该请求。

第 10:24 条　对在荷兰境外建立的姓名和改名的认可

1. 自然人的姓氏或者名字在荷兰境外出生时被记录的,或者由于在荷兰境外的公民身份发生变化而被改变的,并且该姓氏或者名字在主管当局根据当地法规为此目的制定的证书中被确定的，该记录或者改变的姓氏或者名字应当在荷兰予以承认。不能仅以适用另一国法律而非根据《荷兰民法典》规定应当适用的法律为由，拒绝承认此类姓氏或者名字。

2. 适用本条第1款时，不影响适用第10:25条的规定。

第10:25条　姓氏的确定

1. 为实现第1:5条的目的，必须遵守以下规则：

(1)子女在荷兰境外被合法承认或者合法化，因此与其父亲建立家庭关系，并获得或者保留荷兰国籍，但该子女在被承认或者合法化后的姓氏尚未根据第1:5条第2款予以确定的，母亲和承认该子女的人仍可共同声明，直到承认或者合法化两年后，该子女将使用他们两个姓氏中的任一姓氏。承认或者合法化时，子女已经年满16岁，在承认或者合法化后的两年内，该子女仍然可以自行声明从父姓或者从母姓。

(2)子女被具有荷兰国籍的人合法承认，或者在未获得此种承认的情况下，通过合法化的途径成为具有荷兰国籍人的子女，或者通过选择获得荷兰国籍的，该子女行使该选择时，他与他的父母都有家庭关系，他的父母可以在行使该选择时，共同宣布该子女将使用他们两个姓氏中的任一姓氏。子女在行使选择权时已年满16岁的，该子女可以自行声明从父姓或者从母姓。

(3)子女在荷兰以外的地方被收养而获得荷兰国籍的，该子女的姓氏在收养后还未按照第1:5条第3款的规定进行选择的，他的父母仍然可以共同声明，直到收养令确定和具有约束力后的两年内，该子女将使用他们两个姓氏中的任一姓氏。子女在收养令具有最终约束力时已年满16岁的，在该日期后两年内，该子女仍可以自行声明从父姓或者从母姓。

(4)第1:5条第4款所称的关于选择姓氏的声明可以在孩子出生前进行，并且在声明时父母中至少有一方具有荷兰国籍。

(5)子女在荷兰境外出生，并且通过出生与具有荷兰国籍的父母双方建立了家庭关系的，在该子女姓氏尚未根据第1:5条第4款做出选择的情况下，其父母仍可在子女出生后两年内共同声明该子女将使用他们两个姓氏中的任一姓氏。

(6)子女的亲子关系在荷兰境外获得有效确认，并且因此获得或者保留荷兰国籍，但在确认亲子关系后，子女的姓氏尚未按照第1:5条第2款的规定做出选择的，子女的母亲和被法院确认亲子关系的男子可以共同声明，直到该法院命令具有最终约束力后两年，该子女将使用他们两个姓氏中的任一姓氏。子女在上述法院命令具有最终约束力时，已经年满16岁的，在该日期之后的两年内，该子女仍可以自行声明从父姓或者从母姓。

(7)适用本款第 1 项至第 6 项时,选择姓名的可能性与子女是否拥有荷兰国籍之外的其他国籍无关。

2. 适用本条第 1 款第 2 项时,选择姓氏的声明应当在接受荷兰国籍所选择的城市户籍登记员面前做出。其他情况下,选择姓氏的声明可以在荷兰的任何户籍登记员面前做出。

第 10:26 条　更改

根据有关方面的要求,1990 年 1 月 1 日之前在户籍登记员登记的公民身份证明上提到的姓氏和名字将根据本章规定进行更改。申请涉及外国人的,此种更改必须依据其国籍国的主管部门制定的文件。此种变更将通过在相关的公民身份证明中通过增加后期标记作出。

第三章　婚　　姻

第一节　签约和承认婚姻的有效性

第 10:27 条　适用范围

本节规定涉及 1978 年 3 月 14 日在海牙订立的《关于承认婚姻效力的公约》(条约汇编 1987,137)的实施。本节规定适用于在荷兰境内缔结的婚姻,与拟缔结婚姻配偶的国籍或者居住地有关的,当事人必须就缔结婚姻所适用的法律做出选择。本节规定也适用于获得承认的在国外缔结的婚姻。本节规定不适用于户籍登记员的权限设置。

第 10:28 条　对缔结婚姻的承认

自然人缔结婚姻应当满足以下条件:

(1)拟缔结婚姻的配偶双方均符合荷兰法律规定的缔结婚姻的要求,并且其中一方完全或者同时具有荷兰国籍或者在荷兰有经常居住地;

(2)拟缔结婚姻的配偶双方均符合其国籍国的婚姻要求。

第 10:29 条　与公共秩序相冲突的婚姻的缔结　[2015 年 12 月 5 日废止]

第 10:30 条　在荷兰缔结婚姻必要的正式要求

婚姻仅能在荷兰的户籍登记员面前并在适当遵守荷兰法律的情况下有效缔结,但外国外交和领事公务员可以根据他们所代表国家的法律要求参与缔结婚姻的除外。

第 10:31 条　对在荷兰境外缔结婚姻的承认

1. 在荷兰境外缔结的婚姻,根据发生地国家的法律是有效的,或者之后根据该国的法律有效的,该婚姻可以在荷兰境内被承认为有效婚姻。

2. 在荷兰境外根据该公务员所代表国家的法律要求在外交或者领事公务员面前缔结的婚姻,可以在荷兰境内被承认为有效婚姻,但该婚姻在婚姻发生地国家不允许缔结的除外。

3. 适用本条第 1 款和第 2 款时,法律包括国际私法规则。

4. 主管部门已经颁发结婚证书的,推定婚姻有效。

第 10:32 条　对不符合荷兰公共秩序的外国婚姻的承认

在荷兰境外缔结的婚姻明显与荷兰的公共秩序相抵触的,该婚姻不得在荷兰境内获得承认,此时,不得适用第 10:31 条的规定。

第 10:33 条　法定条款对主要问题与初步问题的适用

无论承认婚姻的有效性是否作为主要问题,第 10:31 条和第 10:32 条都应当对婚姻的有效性或者作为与另一原则问题有关的初步问题作出决定。

第 10:34 条　过渡性法律

1. 本节规定不适用于对 1990 年 1 月 1 日之前缔结的婚姻有效性的承认。

2. 1990 年 1 月 1 日之后、1999 年 1 月 15 日之前,根据外国外交和领事公务员代表国家的法律,在配偶一方完全或者同时拥有荷兰国籍,另一方完全或者同时拥有外交或者领事公务员所代表国家国籍的,推定婚姻有效,不影响适用第 10:6 条的规定。

3. 第 10:30 条适用于 1999 年 1 月 15 日后在外国外交和领事公务员面前缔结的婚姻。

第二节　配偶间的法律关系

第 10:34 条之一　条例适用

适用本节时,条例是指 2016 年 6 月 24 日理事会发布的《(欧盟)第 2016/1103 号条例》(OJ 2016,L183),该条例在管辖权、适用法律以及承认和执行婚姻财产制度事项的决定方面加强了合作。

第 10:35 条　配偶间法律关系的法律适用

1. 无论是否改变先前指定适用的法律,《(欧盟)第 2016/1103 号条例》未涉及的配偶之间的个人法律关系应当由配偶在结婚前或者结婚期间指定的法律管辖。

2. 夫妻双方仅能指定适用以下任一法律体系:

(1)配偶双方共同国籍国的法律;

(2)配偶双方均有经常居住地国家的法律。

3. 当事人遵守适用于配偶婚姻财产制度的法律对指定形式要求的,本条所称的指定即为有效。

第 10:36 条　未做选择时的法律指定

《(欧盟)第 2016/1103 号条例》未涉及的配偶之间的个人法律关系,应当受以下法律管辖:

(1)受配偶双方共同国籍国的法律管辖,不具有共同国籍的,受配偶一方国籍国的法律管辖;

(2)受双方经常居住地国家的法律管辖,如无经常居住地的,受实际住所所在地国家的法律管辖;

(3)在考虑到所有情况后,与之关系最密切国家的法律。

第 10:37 条　共同国籍

适用第 10:36 条时,配偶拥有共同国籍的,无论他们双方或者其中一方是否也具有其他国籍,他们适用的法律应当是该共同国籍国的法律。适用本条时,配偶拥有一个以上共同国籍的,该配偶视为不具有共同国籍。

第 10:38 条　当事人或者法律指定的变更

第 10:35 条所称的指定或者第 10:36 条所称情况的改变导致适用另一国家的法律,而不是之前适用的法律的,该另一国家的法律应当在指定或者改变之时予以适用。

第 10:39 条　关于家庭费用义务的法律适用

配偶一方是否以及在多大程度上对另一方以普通家庭名义承担的义务负有责任的问题,该另一方及其相对方在承担该义务时均在同一国家有经常居住地的,此种义务应当受该国法律管辖,没有此种情况的,应当由适用于该义务的法律管辖。

第 10:40 条　实施民事行为需要配偶另一方的合法批准

配偶一方实施民事行为是否需要另一方的批准,需要的,应当以何种形式批准,所需的批准是否可以由法院或者其他机构的决定取代,以及在缺乏所需的批准时产生何种法律效力,这些问题应当受配偶另一方在实施有关民事行为时有经常居住地国家的法律管辖。

第 10:41 条　与婚姻财产制度或者配偶间法律关系的法律无关

适用第 10:39 条和第 10:40 条时,不应当考虑管理配偶的婚姻财产制度的法律,也不应当考虑适用于配偶间法律关系的法律。

第三节　婚姻财产制度

第 10:42 条　海牙婚姻财产公约

1. 适用本节时,条例是指 2016 年 6 月 24 日理事会发布的《(欧盟)第 2016/1103

号条例》,该条例在管辖权、适用法律以及承认和执行婚姻财产制度事项的裁决方面加强了合作。

2. 除《(欧盟)第2016/1103号条例》外,也应当适用本节规定。

第10:43条　适用于婚姻财产制度的法律　[2019年1月29日废止]

第10:44条　对第三人的法律效力　[2019年1月29日废止]

第10:45条　关于外国法律适用于婚姻财产制度的登记

婚姻财产制度受外国法律管辖的配偶可以要求在第1:116条所称的公共登记处登记一份公证契约,其中载有婚姻财产制度不受荷兰法律管辖的声明。

第10:46条　保护第三人免受外国婚姻财产制度的管辖　[2019年1月29日废止]

第10:47条　与国外资产适用法律有关的优势

配偶一方因位于国外的资产受该资产所在国的国际私法规则指定国家的法律管辖而比另一方享有优势,并且适用《(欧盟)第2016/1103号条例》所指定的法律不会享有此种优势的,配偶另一方可以在配偶之间因结束或者改变其婚姻财产制度而进行的最终结算中要求对此种优势作出均衡或者赔偿。

第10:48条　在对配偶进行追诉时适用第1:92条第3款的规定　[2019年1月29日废止]

第10:49条　[2012年1月1日废止]

第10:50条　第1:131条的适用性　[2019年1月29日废止]

第10:51条　累积养老金权利均等化的权利

配偶处于离婚或者合法分居情形的,配偶一方是否有权代表另一方获得累积的部分养老金权利,应当由适用于配偶婚姻财产制度的法律予以规定,但涉及《分居后养老金权利均分法》第1条第7款的情况除外。

第10:52条　过渡性法律　[2019年1月29日废止]

第10:53条　抵销和赔偿

对位于国外的资产适用所在地国的国际私法所指定的法律,导致配偶一方获得利益的,适用《(欧盟)第2016/1103号条例》所指定的法律,配偶另一方可以在婚姻制度终止或变更时,在婚姻财产制度的结算中要求抵销或赔偿。

第四节　离婚和分居

第10:54条　《海牙和卢森堡公约》的实施

本节还涉及以下内容的实施:

(1)1970 年 6 月 1 日在海牙订立的《承认离婚和合法分居公约》(条约汇编 1979,131);

(2)1967 年 9 月 8 日在卢森堡订立的《承认与婚姻有效性有关的决定的公约》(条约汇编 1979,130)。

第 10:55 条　荷兰法院在荷兰境内的专属管辖权

在荷兰境内,仅荷兰法院可以宣判解除婚姻或者合法分居。

第 10:56 条　适用法律

1. 法院是否可以判决解除婚姻或者合法分居,以及基于何种理由,应当根据荷兰法律决定。

2. 在减损适用本条第 2 款的情况下,应当在法律诉讼中适用配偶的外国共同国籍国的法律:

(1)配偶双方共同选择该法律,或者配偶一方选择该法律,而另一方没有提出任何反对意见;

(2)配偶一方选择该法律,并且配偶双方确实与他们的共同国籍国有社会联系。

3. 当事人必须明确做出本条所称的法律选择,或者此种选择可以从申请或者反诉状书获得足够清楚的判断。

第 10:57 条　承认外国关于解除婚姻或者合法分居的判决

1. 在荷兰境外,由法院或者其他被授予该事项管辖权的机构经过适当的司法审判后作出的解除婚姻或者合法分居的判决,应当在荷兰境内获得承认。

2. 在荷兰境外宣布婚姻或者同居关系解除,不符合本条第 1 款所称的一项或者多项条件,但在外国法律程序中另一方明确或者默示同意解除婚姻或者法定分居,或者在程序后另一方明确接受解除婚姻或者法定分居的,此类判决应当在荷兰境内获得承认。

第 10:58 条　单方解除婚姻

有以下情形的,法院应当承认仅通过男方的单方声明在荷兰境外宣布解除婚姻的效力:

(1)此种形式的解除婚姻反映了单方解除婚姻的男子所在国家的法律;

(2)解除婚姻关系在其发生地国家具有法律效力;

(3)妻子明确或者默示同意或者接受婚姻的解除。

第 10:59 条　与荷兰公共秩序的冲突

承认在荷兰境外宣布的解除婚姻明显与本国的公共秩序相抵触的,法院应当拒绝承认此类判决,此时,不适用第 10:57 条和第 10:58 条的规定。

第四章　登记伴侣关系

第一节　在荷兰境内缔结的登记伴侣关系

第 10:60 条　适用于登记伴侣关系的法律

1. 在荷兰缔结登记伴侣关系应当遵守第 1:80 条之一的规定。

2. 一方在荷兰境内与另一方是否具有缔结登记伴侣关系的行为能力,应当由荷兰法律规定。

3. 仅在适当遵守荷兰法律的情况下,当事人才能在荷兰的户籍登记员前有效地缔结登记伴侣关系,但外国外交和领事公务员可以根据他们所代表国家的法律要求参与缔结登记伴侣关系的除外。

第二节　对荷兰境外登记伴侣关系的承认

第 10:61 条　对在荷兰境外缔结的登记伴侣关系的基本要求

1. 在荷兰境外缔结的登记伴侣关系,根据其订立地国家的法律是有效的,或者之后根据该国法律有效的,该登记伴侣关系可以在荷兰境内被承认为有效的登记伴侣关系。

2. 根据外交或者领事公务员所代表国家的法律要求,在荷兰境外缔结的登记伴侣关系,可以在荷兰境内被承认为有效的登记伴侣关系,除非在该行为发生的国家不允许缔结此种登记伴侣关系。

3. 适用本条第 1 款和第 2 款时,法律包括国际私法规则。

4. 主管当局颁发登记伴侣关系证书的,推定登记伴侣关系有效。

5. 在减损适用本条第 1 款和第 2 款规定的情况下,在荷兰境外缔结的登记伴侣关系仅在涉及两个人保持密切个人关系合法规范的同居形式时,才能被承认为登记伴侣关系,该形式至少应当满足以下条件:

(1)在该行为发生地由有能力进行此类登记的公共机构进行登记;

(2)排除与第三人的婚姻或者另一种受法律管制的同居形式的存在;

(3)登记伴侣之间产生了责任,并且此种责任在本质上与法律规定的配偶的婚姻责任相同。

第 10:62 条　与荷兰公共秩序的冲突

承认在荷兰境外的登记伴侣关系明显与本国的公共秩序相抵触的,应当拒绝承认此种登记伴侣关系。

第10:63条　法定条款对主要问题和初步问题的适用

无论承认登记伴侣关系的有效性是否作为主要问题,第10:61条、第10:62条和第10:63条应当对登记伴侣关系的有效性或者作为与另一原则问题有关的初步问题作出决定。

第三节　登记伴侣之间的法律关系

第10:63条之一　条例适用

适用本节时,条例是指2016年6月24日理事会发布的《(欧盟)第2016/1104号条例》,该条例在管辖权、适用法律以及承认和执行有关注册伙伴关系财产后果的决定等方面加强了合作。

第10:64条　登记伴侣间法律关系的法律适用

1. 无论是否改变先前指定适用的法律,未在《(欧盟)第2016/1104号条例》范围内的登记伴侣间法律关系本身应当受登记伴侣在登记伴侣关系之前或者期间指定的法律管辖。

2. 登记伴侣仅能指定适用一个确定登记伴侣关系的法律制度。

3. 当事人遵守适用于登记伴侣财产制度的法律所规定的此种指定形式要求的,本条所称的指定应当有效。

第10:65条　适用于登记伴侣间法律关系的法律

登记伴侣未在《(欧盟)第2016/1104号条例》范围内指定适用法律的,在荷兰境内登记的登记伴侣间法律关系,应当受荷兰法律的管辖。登记伴侣在荷兰境外缔结登记伴侣关系的,他们之间的个人法律关系应当受登记伴侣关系所在国的法律管辖,包括国际私法。

第10:66条　另一指定法律的适用时间

第10:64条所称的指定导致适用另一法律,而不是在此之前适用的法律的,该另一法律应当自指定之时起适用。

第10:67条　关于家庭费用义务的法律适用　[2019年1月29日废止]

第10:68条　实施民事行为所需的另一登记伴侣的合法批准　[2019年1月29日废止]

第10:69条　与登记伴侣财产制度或者个人法律关系的法律无关　[2019年1月29日废止]

第四节　登记伴侣财产制度

第10:70条　登记伴侣财产制度的法律适用

1.适用本节时,条例是指2016年6月24日理事会发布的《(欧盟)第2016/1104号条例》,该条例在管辖权、适用法律以及承认和执行有关注册伙伴关系财产后果的决定方面加强了合作。

2.除《(欧盟)第2016/1104号条例》外,也应当适用本节规定。

第10:71条至第10:78条　[2019年1月29日废止]

第10:79条　登记伴侣财产制度受外国法律管辖的登记

登记伴侣财产制度受外国法律管辖的登记伴侣可以要求在第1:116条所称的公共登记处登记一份公证契约,其中包含一份登记伴侣财产制度不受荷兰法律管辖的声明。

第10:80条　保护第三人免受外国登记伴侣财产制度的影响　[2019年1月29日废止]

第10:81条　与国外资产适用法律有关的优势

登记伴侣一方因位于国外的资产受该资产所在国的国际私法规则指定国家的法律管辖而比另一方享有优势,并且根据《(欧盟)第2016/1104号条例》所指定的法律不会享有此种优势的,登记伴侣另一方可以在登记伴侣之间因结束或者改变其登记伴侣财产制度而进行账户最终结算时要求对此种优势作出平衡或者补偿。

第10:82条　在对登记伴侣进行追索时适用第1:92条第3款的规定　[2019年1月29日废止]

第10:83条　[2012年1月1日废止]

第10:84条　第1:131条的适用性　[2019年1月29日废止]

第10:85条　累积养老金权利均等化的权利

在双方同意终止登记伴侣关系时,登记伴侣一方是否有权代表另一方获得部分累积的养老金权利,应当由适用于登记伴侣财产制度的法律予以规定,但涉及《分居后养老金权利均分法》第1条第7款的情况除外。

第五节　终止荷兰境内的登记伴侣关系

第10:86条　终止荷兰登记伴侣关系的法律适用

在荷兰境内登记的登记伴侣是否可以通过登记伴侣的相互同意或者通过解散的方式终止,以及基于何种理由终止,均应当由荷兰法律予以规定。

第 10:87 条　终止荷兰境外登记伴侣关系的法律适用

1. 在荷兰境外缔结的登记伴侣关系是否可以通过登记伴侣的相互同意或者通过解散的方式终止，以及基于何种理由终止，均应当由荷兰法律予以规定。

2. 在减损适用本条第 1 款的情况下，登记伴侣在合同关系中选择适用该法律，并且通过相互同意终止其登记伴侣关系的，应当适用登记伴侣关系所在国的法律。

3. 在减损适用本条第 1 款的情况下，应当在法律诉讼中适用登记伴侣关系所在国的法律：

(1) 当事人共同选择该法律，或者配偶一方选择该法律，并且另一方未对此提出异议；

(2) 登记伴侣一方选择该法律，并且登记伴侣双方确实与该国家有社会联系。

4. 在荷兰境外缔结的登记伴侣关系，经伴侣双方同意或者通过解散的方式终止的，应当受荷兰法律管辖。

第六节　承认荷兰境外登记伴侣关系的终止

第 10.88 条　承认经双方同意或者通过在另一国家宣布解散的方式终止

1. 登记伴侣关系在荷兰境外经登记伴侣同意而终止，并且该登记伴侣关系根据其他国家法律有效终止的，此种终止应当在荷兰获得承认。

2. 登记伴侣关系是通过在荷兰境外，由法院或者其他当局经过适当的司法管辖而被宣布终止的，此种终止应当在荷兰获得承认。

3. 在荷兰境外终止的登记伴侣关系，不符合本条所称的一项或者多项条件，但在外国法律程序中另一方明确或者默许登记伴侣关系终止，或者明确另一方在该程序后接受登记伴侣关系终止的，此种终止也应当在荷兰获得承认。

第 10:89 条　与荷兰公共秩序的冲突

在荷兰境外宣布登记伴侣关系的终止明显与本国的公共秩序相抵触的，应当拒绝承认此种终止，此时，不适用第 10:88 条的规定。

第七节　扶 养 义 务

第 10:90 条　在登记伴侣期间或者之后适用于扶养义务的法律

在登记伴侣关系期间或者该关系终止后，适用于扶养义务的法律应当通过以下方式进行指定：

(1)2007 年 11 月 23 日在海牙订立的《关于扶养义务适用法律的议定书》(PbEU L 331/17)；

(2)1973 年 10 月 2 日在海牙订立的《抚养义务法律适用公约》(条约汇编 1974,86)。

第八节　过渡性法律

第 10:91 条　过渡性法律

1. 本节规定不适用于 2005 年 1 月 1 日之前缔结的登记伴侣关系。

2. 在减损适用本条第 1 款的情况下,第 10:85 条应当适用于在 2005 年 1 月 1 日之后终止或者解散的登记伴侣关系养老金权利的均衡。

第五章　继　承　权

第一节　家 庭 关 系

第 10:92 条　因出生而形成的家庭关系

1. 子女是否与其母亲以及与该妇女结婚或者曾经结婚的男子建立法律上的家庭关系,应当由该妇女和该男子共同国籍国的法律决定;不具有共同国籍的,应当由该妇女和该男子各自经常居住地国家的法律决定;没有共同经常居住地的,应当由该子女经常居住地国家的法律决定。

2. 双方当事人拥有一个共同国籍的,适用本条第 1 款时,无论双方或者其中一方是否同时拥有另一国籍,其共同国籍法应当为该国籍国的法律。双方当事人拥有一个以上共同国籍的,为实现本条第 1 款的目的,他们应当视为不具有共同国籍。

3. 决定适用本条第 1 款的时间为子女的出生时间,父母的婚姻在此之前已经解除的,应当为该婚姻解除时间。

第 10:93 条　因否认(婚姻)亲子关系而终止家庭关系

1. 第 10:92 条所称的家庭关系,是否可以通过否认亲子关系之法律程序而终止,应当由根据该条适用于该关系存在的法律予以规定。

2. 根据本条第 1 款,否认亲子关系不可能或者不再可能时,法院可以适用第 10:92条所称的法律以外的另一法律,或者适用否认时子女经常居住地国家的法律,或者适用荷兰法律。

3. 无论本条第 1 款或者第 2 款所称的法律程序中必须适用何种法律,均应当适用第 1:212 条的规定。

4. 子女与与其母亲结婚的男子之间的家庭关系,是否可以通过母亲在户籍登记员面前否认子女与该男子父子关系的声明而终止,应当根据第 10:92 条适用于该关系存在的法律予以规定。在不影响适用本条第 1 款和第 2 款的情况下,仅在与子女母亲结婚的男子当时仍然在世,并且他同意否认,同时该子女已经与另一男子之间建立家庭关系的情况下，才能作出本款所称的声明。

第 10:94 条　婚外出生而形成的家庭关系

1. 母亲与非婚生子女之间是否因出生而产生家庭关系，应当由该妇女国籍国的法律予以规定。该妇女拥有多个国家国籍的，应当以产生此种关系的国家法律为准。该妇女的经常居住地在荷兰境内的，此种关系无论如何均可产生。

2. 决定适用本条第 1 款的时间为子女的出生时间。

3. 本条第 1 款和第 2 款不影响 1962 年 9 月 12 日在布鲁塞尔缔结的《关于确定亲生子女的母亲关系的公约》（条约汇编 1963，93）的适用。

第二节　通过承认或者司法裁定确认父子关系而形成的家庭关系

第 10:95 条　通过对子女的承认形成的家庭关系

1. 男子的承认是否确立了他与子女之间的家庭关系，以及其是否有能力进行此种承认以及承认的条件，均应当根据该男子国籍国的法律予以确定。根据该法律不可能或者不再可能承认的，应当以子女经常居住地国的法律为准。根据该法律也不可能或者不再可能承认的，应当以子女国籍国的法律为准。依该法承认的，也应当以该男子经常居住地国的法律为准。

2. 无论根据本条第 1 款适用何种法律，荷兰已婚男子是否有能力承认非其配偶所生子女均应当根据荷兰法律予以规定，此种承认与该男子是否拥有荷兰国籍之外的其他国籍无关。

3. 承认证书和后续的承认标志均应当提及根据本条第 1 款或者第 2 款适用的法律。

4. 无论根据本条第 1 款适用何种法律，母亲或者子女对承认的批准应当分别适用母亲或者子女分别拥有其国籍国家的法律。母亲或者孩子分别拥有荷兰国籍的，应当适用荷兰法律。在适用的法律范围内，此种承认是未知的，应当分别适用母亲或者子女经常居住地国家的法律。此种批准是否可以由司法判决取代，也应当由适用于批准的法律予以决定。

5. 决定适用本条的时间为承认的时间和批准的时间。

第 10:96 条　对子女承认的取消

是否以及如何取消对子女的承认，应当根据第 10:95 条第 1 款和第 2 款所适用的法律，确定男子进行此种承认的能力和承认的条件；对于母亲或者子女的批准，应当根据第 10:95 条第 4 款所适用的法律予以确定。

第10:97条　亲子关系的司法认定

1. 男子与子女的父子关系是否以及在何种条件下可进行司法认定，应当以男子与母亲之共同国籍国之法律为准；无此共同国籍的，应当以其共同常住国之法律为准；无此共同常住国，应当以子女常住国之法律为准。

2. 双方当事人拥有共同国籍的，适用本条第1款时，无论双方或者其中一方是否同时拥有另一国籍，其共同国籍国法应当为该国籍法律。双方当事人拥有一个以上共同国籍的，适用本条时，他们应当视为不具有共同国籍。

3. 决定适用本条第1款的时间为提交申请的时间。此时男方或者女方已经死亡，且死亡时不具有共同国籍的，应当适用男方和女方死亡时共同经常居住地国家的法律；没有共同经常居住地的，应当适用提交申请时子女经常居住地国家的法律。

4. 双方当事人拥有一个以上共同国籍的，适用本条时，他们应当视为不具有共同国籍。

第三节　通过合法化途径建立的家庭关系

第10:98条　因合法化而形成的家庭关系

1. 由于父母双方或者一方的婚姻，或者由于法院或者其他主管当局作出的决定而形成的家庭关系是否已经合法化，应当根据1970年9月10日在罗马缔结的《婚姻合法化公约》(条约汇编1972,61)予以确定。

2. 适用本条第1款无法形成合法化的家庭关系的，当事人可以根据子女经常居住地国家的法律，建立合法化的家庭关系。

3. 父母中一方拥有荷兰国籍，并且没有按照第10:30条和10:31条的规定有效缔结婚姻的，不得适用本条第1款和第2款的规定。

4. 决定适用本条的时间为父母结婚的时间，或者在涉及通过法院或者其他主管部门的决定而形成家庭关系时，为提交申请或者提起法律诉讼的时间。

第四节　因血缘关系形成的家庭关系

第10:99条　家庭关系的内容

1. 在不影响特定事项的情况下，子女与其父母之间家庭关系的内容，应当由父母共同国籍国的法律予以确定；不具有共同国籍的，应当由他们共同经常居住地国的法律予以确定；没有共同经常居住地的，应当由子女经常居住地国的法律予以确定。

2. 法律上的家庭关系仅存在于子女和其母亲之间，此种家庭关系的内容应当由子女和其母亲共同国籍国的法律予以确定;不具有共同国籍的,应当由子女经常居住地国家的法律予以确定。

3. 父母双方、母亲和子女拥有共同国籍的,适用本条第 1 款和第 2 款时,无论双方或者其中一方是否同时拥有另一国籍,其共同国籍国法应当为该国籍法律。父母、母亲和子女分别拥有一个以上的共同国籍,适用本条时,他们应当视为不具有共同国籍。

第五节　对外国法院判决和法律事实的承认

第 10:100 条　对外国司法判决在荷兰的承认

1. 除非有以下情形之一,在荷兰境外作出的基于血缘关系形成或者变更家庭关系的不可撤销的司法判决,应当在荷兰获得承认:

(1)因显然与该国的法律领域没有足够的联系,外国法院没有管辖权的;

(2)在该外国司法判决作出之前,没有进行适当的调查或者适当的司法管理的;

(3)承认该外国司法判决显然不符合本国公共秩序的。

2. 不能仅以不符合公共秩序为由拒绝承认外国司法判决,涉及荷兰公民的,也不能仅以该判决已适用另一法律为由拒绝根据本章规定适用法律。

3. 该外国司法判决与荷兰法院关于形成或者改变相同家庭关系具有最终约束力的司法判决相冲突的,不允许在荷兰获得承认。

4. 以上各款不影响适用第 10:98 条第 1 款所称的公约。

第 10:101 条　对外国法律事实和民事行为在荷兰的承认

1. 已在主管当局根据当地法规颁发的证书中规定事实或者行为的,参照适用基于血缘关系形成或者变更家庭关系的外国法律事实和外国民事行为第 10:100 条第 1 款第 2 项和第 3 项以及第 2 款和第 3 款的规定。

2. 有以下情形之一的,第 10:100 条第 1 款第 3 项所称的拒绝理由,在任何情况下均可适用于对子女的承认。

(1)该子女已被一个荷兰国籍的人承认,而根据荷兰法律,该人不可能成为能够承认该子女的人;

(2)关于母亲或者子女的认可,不符合根据第 10:95 条第 4 款适用的法律为此目的规定的要求;

(3)该证书或者文件显然与虚假交易有关。

3. 以上各款不影响适用第 10:98 条第 1 款所称的公约。

第六节　过渡性法律

第 10:102 条　过渡性法律

本章适用于 2003 年 1 月 1 日之后形成或者变更的法律关系，以及对 2003 年 1 月 1 日之后在国外形成或者变更法律关系的承认。

第六章　收　　养

第一节　一 般 规 定

第 10:103 条　1993 年《海牙收养公约》

适用本章时，1993 年《海牙收养公约》是指 1993 年 5 月 29 日在海牙订立的《关于在跨国收养方面保护儿童和进行合作的公约》（条约汇编 1993，197）。

第 10:104 条　收养的定义

在不影响 1993 年《海牙收养公约》、1993 年 5 月 29 日在海牙订立的《关于在跨国收养方面保护儿童和进行合作的公约》[St(2)1998，302] 和《关于为收养而安置外国儿童的法律》的情况下，本章的收养是指主管当局决定在未成年儿童和两个人共同或者一个人之间建立家庭关系。

第二节　在荷兰颁布的收养法令

第 10:105 条　适用法律

1. 除本条第 2 款的规定外，荷兰法律应当适用于在荷兰作出的收养决定。

2. 儿童拥有国籍国家的法律应当适用于儿童的父母或者其他需要作出同意或者咨询或者辅导的个人或者机构。该儿童拥有一个以上国籍的，应当适用要求作出同意或者咨询或者辅导的主体所在国的法律。该儿童拥有荷兰国籍的，应当适用荷兰法律，无论该儿童是否拥有荷兰国籍以外的其他国籍。

3. 根据本条第 2 款适用于同意或者咨询或者辅导的法律没有规定收养规则的，应当适用荷兰法律。根据本款适用的法律也应当确定在没有必要同意的情况下，此种同意是否可以由司法判决取代。

4. 荷兰法律也应当适用于在荷兰境内作出的撤销收养的判决。

第 10:106 条　关于在荷兰宣布收养的法律效力

因在荷兰宣判收养而建立的家庭关系，应当具有荷兰法律所规定的法律效力。

第三节　对外国收养的承认

第 10:107 条　本节适用于在国外成立的收养关系

本节规定应当适用于 1993 年《海牙收养公约》不适用的收养。

第 10:108 条　对外国收养令的承认

1. 由以下机构在荷兰境外颁发的收养令，应当在荷兰获得承认：

(1)收养父母和儿童在提出收养申请时以及在颁布收养令时均有其经常居住地的外国主管当局；

(2)此情况下，收养人的父母或者儿童在提出收养申请时以及在颁布收养令时有经常居住地的外国主管当局。

2. 有以下情况之一的，外国收养令不应当在荷兰获得承认：

(1)明显未经过适当的调查或者适当的司法管理；

(2)在本条第 1 款第 2 项所称的情况下，该收养令在儿童所在国家或者养父母在提出该收养申请时以及在作出该收养令时在经常居住地国家不被承认；

(3)承认该收养令显然不符合本国的公共秩序。

3. 任何情况下，该收养令明显与虚假交易有关的，应当以本条第 2 款第 3 项所称的理由拒绝承认外国收养令。

4. 外国收养令涉及拥有荷兰国籍的人的，不能仅因对其适用的法律与根据本编第 6 章第 2 节规定适用的法律不同而拒绝承认本条第 2 款第 3 项所称的理由。

第 10:109 条　对外国收养令的承认

1. 有以下情形，由儿童在提出收养申请时以及在颁布收养令时经常居住地的外国主管当局颁发的收养令，在该儿童的养父母经常居住地在荷兰的情况下，应当在荷兰获得承认：

(1)遵守关于为收养目的而安置外国儿童的法案的规定，并且；

(2)承认该收养明显最符合儿童的利益，并且；

(3)不会因第 10:108 条第 2 款或者第 3 款所称的理由而拒绝承认。

2. 本条第 1 款所称的收养仅在法院确定该款所称的承认条件得到满足时，才可予以承认。应当适用《荷兰民法典》第 1:26 条规定的程序。

3. 法院确定承认收养的条件已得到满足的，应当依职权命令在相关的公民身份证明上增添收养的后续标记。参照适用第 1:25 条第 6 款、第 1:25 条之三第 3 款和第 1:25 条之七第 2 款的规定。

第 10:110 条　承认外国收养的附加法律效力

1. 第 10:108 条和第 10:109 条所称的对外国收养令的承认，也包括对以下内容的承认：

(1)儿童与其养父母之间的家庭关系，以及在相关情况下，与养父母血亲的关系；

(2)养父母对该儿童行使父母责任的权利；

(3)终止该儿童与其母亲和父亲，以及其母亲和父亲的血亲之间先前存在的家庭关系，该收养在其发生的国家也具有此种法律效力。

2. 外国收养在发生国不具有终止先前存在的家庭关系的法律效力的，其在荷兰也不具有此种法律效力。

第 10:111 条　将外国收养转换为荷兰法律规定的收养

根据第 10:110 条第 2 款的规定，儿童经常居住地在荷兰，并且该儿童被允许在荷兰与其养父母长期居住的，当事人可以提交申请，将外国收养转化为荷兰法律规定的收养。参照适用《海牙收养公约》第 11 条第 2 款。需要取得收养父母同意的，参照适用第 10:105 条第 2 款的规定。

第四节　过渡性法律

第 10:112 条　过渡性规定

本章适用于自 2004 年 1 月 1 日起提交的收养申请，以及自 2004 年 1 月 1 日起承认在荷兰境外颁布的收养法令。

第七章　家庭法的其他事项

第一节　父母的责任和对儿童的保护

第 10:113 条　对儿童的保护

对儿童的保护应当遵循以下规定：

(1)1961 年 10 月 5 日在海牙订立的《关于保护儿童的当局权力和适用法律的公约》(条约汇编 1968 年第 101 号)。

(2)(欧盟)第 2201/2003 号条例《关于婚姻事务和父母责任事务的管辖权和判决的承认和执行》废除了《(欧盟)第 1347/2000 号条例》(2003 年《布鲁塞尔条例Ⅱ》)。

(3)《关于对儿童实施国际保护的法案》。

第二节　国际诱拐儿童

第10:114条　国际诱拐儿童

涉及国际诱拐儿童的行为受以下规定的约束：

(1)1980年5月20日在卢森堡订立的《关于承认和执行有关儿童监护权的决定和恢复儿童监护权的欧洲公约》(条约汇编1980,134)；

(2)1980年10月25日在海牙订立的《国际诱拐儿童民事事项公约》(条约汇编1987,139)；

(3)第10:113条第2项所称的条例(2003年《布鲁塞尔条例Ⅱ》),以及；

(4)1990年5月2日关于执行1980年5月20日在卢森堡订立的《关于承认和执行有关儿童监护权的决定和恢复儿童监护权的欧洲公约》和执行1980年10月25日在海牙订立的《国际诱拐儿童民事事项公约》,以及《关于请求将被诱拐儿童送回荷兰边境及其执行的一般规定》(政府公报1990,202)。

第三节　[预留]

第四节　抚养义务

第10:116条　抚养义务

抚养义务的法律适用应当通过以下方式进行指定：

(1)2007年11月23日在海牙订立的《关于抚养义务适用法律的议定书》(OJ 331,17)。

(2)1973年10月2日在海牙订立的《抚养义务法律适用公约》(条约汇编1974,86)。

(3)1956年10月24日在海牙订立的《关于对儿童的抚养义务的法律适用公约》(条约汇编1956年,144)。

第八章　联合体

第10:117条　定义

适用本章时,术语含义如下：

(1)联合体是指公司、协会、合作社、互保协会、基金会和任何其他机构或者合作方式,对外作为一个独立的实体或者组织。

(2)职能部门是指根据法律或者适用于它的公司章程或者根据合作合同而被授权代表合作的人,而非机构。

第 10:118 条　法律适用

根据合作合同或者合作公证,或者在没有合作合同或者合作公证的情况下,联合体成立时的对外活动中心,在根据其法律成立的国家境内,该联合体应当受该国法律的管辖。

第 10:119 条　关于某些特定事项的法律适用

适用于联合体的法律,除关于其成立事项外,还特别适用以下事项:

(1)拥有法人资格或者承担权利和义务的能力,实施民事行为和在法庭上采取行动;

(2)联合体内部现有秩序以及与此相关的所有事项;

(3)合作机构和职能部门的代表权;

(4)董事、监事和其他职能部门对联合体的责任;

(5)除合作方以外,如公司的法人代表、合伙人、股东、成员、董事、监事或者合作方的其他职能部门对合作方的行为负有的责任;

(6)合作关系的终止。

第 10:120 条　住所转移到另一个国家

具有法人资格的联合体将其住所转移到另一个国家,并且原所在地国的法律和新所在地国的法律均承认该联合体作为法人继续存在的,该合作组织作为法人的继续存在也应当在荷兰获得承认。自住所转移时起,新所在地国的法律应当管辖第 10:119 条所称的事项,但根据该法律,原所在地国的法律仍然适用的除外。

第 10:121 条　荷兰法律规定的董事和监事的责任

1. 在减损适用第 10:118 条和第 10:119 条的情况下,第 10:118 条或者第10:120 条所称的受外国法律管辖合作机构的董事和监事责任适用或者参照适用第 2:138 条和第 2:149 条的规定。该合作机构应当在荷兰纳税,并且在荷兰宣布破产。作为董事的责任人也是负责在荷兰境内实施民事活动的最高管理人。

2. 宣布破产的地区法院对根据本条第 1 款提出的所有索赔具有管辖权。

第 10:122 条　禁止外国合作的宣告性判决

1. 公诉人可以要求乌特勒支地区法院作出宣告性判决,表明合作不符合荷兰法人的设立目的或者其实施的活动与第 2:20 条所称的公共秩序相冲突。

2. 自作出此种判决日起,该判决对所有人均具有约束力。法院书记员应当确保在政府公报上公布该判决。合作登记在商业登记薄上的,宣告性判决也应当为此种登记。

3. 法院可以将该联合体位于荷兰境内的资产置于信托管理之下。参照适用第

2:22 条的规定。

4. 联合体资产位于荷兰境内，并且法院作出本条第 1 款所称判决的，应当由法院为此目的指定一个或者多个清算人进行清算。参照适用第 2:23 条至第2:24条的规定。

第 10:123 条　反恐怖主义措施

2001 年 12 月 27 日发布的《关于为打击恐怖主义而对某些个人和组织采取具体限制性措施的(EC)2580/2001 号理事会条例》第 2 条第 3 款所称的合作，或者 2002 年 5 月 27 日发布的《对与乌萨马—本—拉丹、“基地”组织网络和塔利班有关的某些个人和实体实施某些具体限制性措施的(EC)881/2002 号理事会条例》附件一所称的非荷兰法人因法律实施而被禁止，无权实施以下民事行为：废除理事会第 467/2001 号条例关于禁止向阿富汗出口某些货物和服务、加强飞行禁令、扩大对阿富汗塔利班的资金和其他财政资源的冻结，或者在 2001 年 12 月 27 日理事会发布《关于采取具体措施打击恐怖主义的共同立场》(OJ L,344)附件中以 * 号标示提及的内容。

第 10:124 条　关于正式外国公司法

本章不影响适用《正式外国公司法》的规定。

第九章　代　　理

第 10:125 条　代理

1. 适用于代理的法律应当由 1978 年 3 月 14 日在海牙订立的《代理适用法律公约》(条约汇编 1978,138)进行指定。

2. 该公约不适用于在保险方面的代理。

第十章　物　　权

第一节　一般规定

第 10:126 条　适用范围

1. 本章不影响适用 1985 年 7 月 1 日在海牙订立的《信托适用法律及其承认公约》(条约汇编 1985,141)，也不影响适用《荷兰民法典》第 10 编第 11 章的规定。在不减损适用该公约或者该编的情况下，拟向第 10:142 条所称的信托受托人转让资产的民事行为，其转让应当受荷兰法律的管辖，而信托本身应当受外国法律的管辖，不应当仅因该民事行为拟将该资产作为担保(抵押品)转让，或者拟在转让后不使该资产成为获取方财产的实际部分，而构成无效转让的法律基础。

2. 本章不影响适用2014年5月15日理事会发布的《关于归还从成员国境内非法移出的文物的指令》2014/60/EEC(OJ 2014,L 159),也不影响适用《荷兰民法典》《民事诉讼法典》和《文化遗产保护法》中执行该指令的规定。

第二节 物权制度

第10:127条 适用于物和物权的法律

1. 除非本条第2款和第3款另有规定,物权应当受该物所在国的法律管辖。

2. 除涉及第10:160条的适用外,已登记船舶的物权制度,应当适用该船舶登记地国家的法律。

3. 1944年12月7日在芝加哥订立的《国际民用航空公约》(政府公报1947,H 165)第17条所称的登记飞行器和仅在国籍登记薄中登记的飞行器的物权制度,应当受该飞行器登记地或者在国籍登记薄中登记国家的法律管辖。

4. 适用本条时,应当明确:

(1)物品可移动的或者不可移动的;

(2)物品的组成部分;

(3)物品的所有权是否可以转让,或者该物品是否可以用作有限的物权予以抵押;

(4)此种转让或者抵押所规定的要求;

(5)物品被赋予的物权,以及此种权利的性质和内容;

(6)物品上物权的产生、变更、转让或者终止的方式,以及此种权利之间的相互关系。

5. 涉及某物物权的取得、抵押、变更或者终止的,决定适用本条的时间为法律事实发生的时间。

6. 物权本身的转移或者确立的情况参照适用前款规定。

第10:128条 所有权保留

1. 保留所有权的实际效果,应当受该物在合法交付买方时所在国的法律管辖。不影响适用关于所有权保留规定的法律,以及可能由该规定产生的义务。

2. 在减损适用本条第1款第1句的情况下,双方当事人可以约定,根据目的地国的法律,卖方在向其全额支付价款之前不丧失其所有权,拟出口物品所有权保留的实际效力应当受该法律管辖。如此约定,仅在该物品实际在指定目的地国进口时才具有法律效力。

3. 拟在国外使用的物品的融资租赁和经营性租赁的实际效果参照适用前述各

款规定。

第10:129条　保留权

在不影响适用第10:163条的情况下,保留权的产生和内容应当由管辖该保留权所依据的法律关系的法律予以确定。

第10:130条　迁移至另一国家之物的物权

依照本章取得或者确立的物的物权,在该物被迁移至另一国家时,仍属于该物。该物权的行使方式不能与在行使该权利时该物所在国的法律相抵触。

第10:131条　从无处分权的人处取得的物品

从无处分权的人处取得之物,其法律效力应当依据取得该物时所在国家的法律予以判断。

第10:132条　非自愿丧失对某物的占有

1. 非自愿丧失对某一物品的占有后,有关该物品的情况不明的,所有权人或者其合法继承人所实施的民事行为的实际效果,应当受在丧失占有前该物所在国的法律管辖。

2. 在前款所称的情况下,占有丧失由保险承保的,管辖保险合同的法律应当决定所有权是否和以何种方式转移给保险人。

第10:133条　根据国际货物运输合同运输的物品

1. 根据国际货物运输合同运输的物品,其物权制度应当受目的地国法律管辖。

2. 本条第1款所称的运输在履行销售合同或者其他含有转让运输物义务的合同,或者在履行含有确立该物物权义务的合同时进行的,该合同中加入的适用于该合同的法律的指定,在减损适用本条第1款的情况下,也视为与适用于运输物的物权制度有关。

第三节　与债权有关的物权制度

第10:134条　单证记载债权

债权记载在单证文件中的,该文件所在国的法律应当决定该债权是指记名债权或者无记名债权。

第10:135条　记名债权

1. 记名债权是否可以转让,或者是否可以作为物权抵押,应当由适用于该债权的法律予以规定。

2. 除此之外,记名债权的物权制度应当适用于包含转让债权或者确立其物权义务合同的法律。该法律应当特别确定以下方面的内容:

(1)此种转让或者确立物权的要求;

(2)有权行使债权中所包含权利的人;

(3)债权中可归属的物权,以及此种权利的性质和内容;

(4)债权中的物权产生、变更、转让或者终止的方式以及此种权利之间的相互关系。

3. 债权的受让人、债权人或者定限物权人与债权人之间的法律关系,债权转让或者债权中物权的确立可以对债权人援引的条件,以及债权人是否或者何时通过履行债权而解除义务的问题,均应当由适用于债权的法律予以规定。

第10:136条　无记名债权

1. 无记名债权的物权制度,应当以无记名文件所在国家的法律为准。何种事项应当受该法律管辖的问题参照适用第10:135条第1款和第2款的规定。

2. 受让人与债权人间的法律关系,债权之转移或者其物权之成立,可以针对债权人援引之条件,以及债权人是否或者何时因履行其债权而获解除之问题,应当由适用于债权的法律予以规定。

3. 无记名债权参照适用第10:130条和第10:131条的规定。

第四节　公司股份的物权制度

第10:137条　股份证书

一份文件根据适用于签发该文件公司的法律视为股票的,该文件所在国的法律应当确定其为记名股票或者无记名股票。

第10:138条　记名股票

1. 记名股票的物权制度应当由适用于发行或者已发行股份公司的法律管辖。该法律所管辖的标的物的问题参照适用第10:135条第1款和第2款的规定。

2. 在减损适用本条第1款的情况下,股份公司可以就其已发行的记名股票,为受管制的外国证券交易所进行交易,并且采用该交易所所在的外国证券交易所使用的形式。声明该股份的物权制度应当由相关证券交易所所在的外国法律管辖,或者由另一个国家的法律管辖,此时,经该相关证券交易所的同意,可以或者必须在该国进行转让和其他具有实际效力的民事行为。

3. 本条第2款所称的适用法律的指定必须明确进行,并以相关人员可识别的方式进行。此外,该指定必须公布在两家荷兰全国性报纸上。

4. 股东之间的法律关系,尤其是指定限物权人与公司之间的法律关系,以及股票的转让或者股票中物权的确立可以向公司援引的条件,应当受发行股票公司的法律管辖。

第 10:139 条 无记名股票

1. 无记名股票的物权制度应当受无记名文件所在国的法律管辖。该法律所管辖的标的物的问题参照适用第 10:135 条第 1 款和第 2 款的规定。

2. 股东之间的法律关系,尤其是指定限物权人与公司之间的法律关系,以及不记名股票的转让或者不记名股票物权的确立可以向公司援引的条件,应当受适用于发行股票公司的法律管辖。

3. 无记名股票参照适用第 10:130 条和第 10:131 条的规定。

第五节 可转让证券的物权制度

第 10:140 条 构成整批记账式证券一部分的股份

股票属于可以记账形式转让的可转让证券的,本章第 4 节的规定不适用于此类股票的物权制度,但本条的规定与第 10:141 条的规定不同。

第 10:141 条 记账式可转让证券的法律适用

1. 以记账形式转让的可转让证券的物权制度,应当受记账可转让证券的账户所在国的法律管辖。

2. 本条第 1 款所指的法律适用,应当特别管辖下列事项:

(1)可转让证券可归属的物权,以及此种权利的性质和内容;

(2)对本款第 1 项所称权利的转让或者确立所规定的要求;

(3)有权行使可转让证券所含权利的人;

(4)本款第 1 项所称权利的变更、转让或者终止方式,以及此种权利之间的相互关系。

(5)执行。

第十一章 信 托 法

第 10:142 条 定义

适用本章时:

(1)1985 年《海牙信托公约》是指 1985 年 7 月 1 日在海牙订立的《关于适用于信托的法律及其承认的公约》(条约汇编 1985,141)。

(2)信托是指 1985 年《海牙信托公约》第 2 条所定义的信托,其应当以书面形式证明所表达的意愿。

第 10:143 条 以受托人的名义进行登记

涉及可以在依法保存的登记簿中进行登记的资产,并且该资产属于共同构成独立财产的信托资产,受托人可以要求以他的名义和受托人的身份进行登记,或者以其他方式进行登记,以证明信托的存在。

第10:144条　信托的承认

荷兰法律关于所有权转让、担保权(抵押品)或者在破产情况下保护债权人的规定,不影响1985年《海牙信托公约》第11条规定的承认信托的法律效力。

第十二章　继　　承

第10:145条　法律适用

1. 适用本章时,1989年《海牙继承公约》是指1989年8月1日在海牙订立的《关于继承死者遗产适用法律的海牙公约》(条约汇编1994,49)。

2. 适用于继承死者遗产的法律应当由1989年《海牙继承公约》进行指定。

第10:146条　订立遗嘱的能力　[2015年8月17日废止]

第10:147条　由于另一法律适用于位于国外的资产而造成的不利情况

1. 其一有资格继承遗产的人因资产所在国的国际私法指定适用于该资产的另一法律而处于不利地位的,其他对遗产有权利的人或者第三人根据该法律取得该资产的行为应当获得承认和认可。

2. 处于不利地位的权利人可以要求在分配死者的遗产时,在他和处于有利地位的人之间平衡所遭受的不利条件。仅在死者遗产的资产方面,或者通过减少对该遗产继承的收费或者负担的方式,才可以进行此种均衡。

3. 适用本条时,有资格继承遗产的人是指继承人、受遗赠人或者有资格获得必须由作为继承人或者受遗赠人分配死者遗产的人。

第10:148条　撤销死者先前作出的法律选择

遗嘱人对其先前所订立的所有遗嘱的撤销,可以推定为包括撤销先前对其遗产继承所指定的法律。

第10:149条　适用于死者遗产清算和分配的法律

1. 死者最后的经常居住地位于荷兰的,其遗产的清算应当受荷兰法律的管辖。在适用的情况下,荷兰关于继承人责任的规定,该继承人是根据1989年《海牙继承公约》的适用法律指定的,其应当对死者的债权负责,并且该继承人可以排除或者限制自己承担此种责任的情况。

2. 死者最后的经常居住地位于荷兰的,执行死者遗产分配的方式应当受荷兰法律的管辖,除非遗产的共同所有人共同指定另一国的法律。遗产所在国物权法的规定应当予以考虑。

第 10:150 条　清算人的职责和权利的法律适用；临时安排

1. 死者最后的经常居住地位于荷兰的，由死者指定的清算人的职责和权利应当受荷兰法律的管辖。

2. 法院可以根据利益相关方的法律要求，做出临时安排，以确保在继承位于荷兰的死者遗产部分时，遵守 1989 年《海牙继承公约》的规定。法院还可以命令提供与遵守该法律有关的担保（抵押品）。

第 10:151 条　遗嘱的形式要求的法律适用

1. 适用于遗嘱形式要求的法律，应当根据 1961 年 10 月 5 日在海牙订立的《关于遗嘱处分形式的法律冲突公约》（条约汇编 1980,54）进行指定。

2. 除特殊情况外，不得承认具有荷兰国籍的自然人所作的处置在荷兰境内财产的口头遗嘱。

第 10:152 条　过渡性法律

1. 第 10:147 条至第 10:150 条适用于 1996 年 10 月 1 日后死亡的人的遗产继承。与抵偿有关的资产位于不受《海牙继承公约》约束的国家的，第 10:147 条应当适用于在 2015 年 8 月 17 日或之后死亡的人的继承。

2. 死者在 1996 年 10 月 1 日之前的某个时间指定适用于其遗产继承的法律，并且符合 1989 年《海牙继承公约》第 5 条规定的，此种指定视为有效。

3. 关于继承死者遗产的合同当事人在 1996 年 10 月 1 日之前的某个时间指定适用于该合同的法律，并且符合 1989 年《海牙继承公约》第 11 条规定的，此种指定视为有效。

4. 死者在 1996 年 10 月 1 日之前指定遗产继承的适用法律或者改变指定的，此种指定不能仅以当时的法律没有规定该指定为由而视为无效，不影响适用上述各款的规定。

5. 第 10:149 条和第 10:150 条仅适用于 1996 年 10 月 1 日以后和 2015 年 8 月 17 日以前死亡的人的继承。

第十三章　合 同 义 务

第 10:153 条　《罗马条例 I》的定义

适用本章时，《罗马条例 I》是指 2008 年 6 月 17 日订立的《关于合同义务适用法律的欧盟条例》（第 593/2008 号）（OJL 177）。

第 10:154 条　《罗马条例 I》适用所有的合同义务

属于《罗马条例 I》和因该条例而适用的公约适用范围之外的义务，可视为由合同产生的义务,并且参照适用《罗马条例Ⅰ》。

第10:155条 法律选择

在《罗马条例Ⅰ》第7条第3款第2项所称的情况下,当事人可以根据《罗马条例Ⅰ》第3条选择适用法律。

第10:156条 强制性保险合同

适用《罗马条例Ⅰ》第7条第4款第2项时,涉及欧盟成员国规定有义务投保的风险保险合同,应当受规定该义务的欧盟成员国的法律管辖。

第十四章 非合同义务

第10:157条 《罗马条例Ⅱ》的定义

适用本章时,《罗马条例Ⅱ》是指2007年7月11日订立的《关于非合同义务适用法律的欧共体条例》(第864/2007号)(OJ,L 199)。

第10:158条 《罗马条例Ⅱ》不适用于交通事故和产品责任

《罗马条例Ⅱ》不应当适用于以下情形:

(1)1971年5月4日在海牙订立的《交通事故法律适用公约》(条约汇编1971,118);

(2)1973年10月2日在海牙订立的《产品责任法公约》(条约汇编1974,84)。

第10:159条 《罗马条例Ⅱ》适用于因侵权行为产生的义务

在《罗马条例Ⅱ》和因该规则而适用的公约适用范围之外的义务,以及可以视为由侵权行为引起的义务,受《罗马条例Ⅱ》规定的管辖,但因行使荷兰公共权力而产生的义务由荷兰法律管辖的除外。

第十五章 海事法、内陆航行法和航空法的规定

第10:160条 债权的优先权

1.在破产或者取消抵押品赎回权的情况下,登记船舶的销售收益必须在荷兰进行分配,是否存在由该收益支付的债权,以及在多大程度上存在的问题,应当根据适用于该债权的法律予以确定。

2.本条第1款所称的债权是否附有优先于其他债权人的权利,以及该债权的排序或者其在出售收益支付方面优先权的效力,应当根据破产或者取消赎回权开始时船舶登记国的法律予以确定。在确定债权的排序时,仅优先于由抵押权担保并且符合荷兰法律的债权,享有本款所称的优先权。

3.适用于某一债权的法律不对船舶的销售收益附加任何优先权的,根据荷兰法

律，该债权也不具有优先效力。

4. 针对船舶的债权有关的追索权参照适用本条第 2 款和第 3 款的规定。

第 10:161 条　援引防止侵权责任的合同

1. 船舶开发合同的一方、为该方服务或者以其他方式为该方工作的人、所运输或者将要运输货物的所有人或者拥有该货物利益的人，在非合同基础上被追究责任，是否能够援引自己或者开发合同链中其他人订立的合同，应当根据适用于在非合同基础上提出索赔的法律予以确定。

2. 在同一开发合同的双方当事人之间的关系中，本条第 1 款所称的问题应当根据适用于该合同的法律予以确定。

第 10:162 条　根据提单运输的货物

1. 在根据提单运输货物的情况下，除已签署提单的人或者他人以其名义签署提单的人外，第三人是否受提单约束或者有权作为承运人，以及对承运人而言承担该提单所产生权利和义务的主体，应当由根据合同必须卸货的港口所在国的法律予以确定。此时，货物运输合同当事人对法律的选择不予考虑。

2. 涉及将约定的货物交付运输的义务、装货地点和方法、装货时间的长短，以及本条第 1 款所称的问题，应当由货物装载地所在港口国的法律予以确定。

第 10:163 条　卸货港口所在国的法律

无论货物运输合同适用何种法律，卸货港口所在国的法律应当决定以下问题：

(1) 承运人是否以及在多大程度上对货物享有留置权；

(2) 承运人或者代表承运人的人是否以及在何种情况下有权提取货物，有权要求法院对货物的交付状况进行司法调查，上述人员之一认为货物或者其部分丢失或者损坏时，有权要求法院对该损失或者损害的原因实施司法调查，包括对损害或者损失的估计。

第 10:164 条　碰撞责任

在《罗马条例Ⅱ》未涉及公海碰撞责任的情况下，应当由向法院提出相关诉权的国家的法律管辖。损害由海船造成，但没有发生任何碰撞的，也适用本条第 1 句的规定。

第 10:165 条　承认 1948 年《日内瓦公约》所称的权利

1. 1948 年 6 月 19 日在日内瓦订立的《国际承认航空器权利的公约》(条约汇编 1952,86) 所称的权利，应当根据该公约规定的条件和后果予以承认。

2. 财产被扣押者在知道扣押的情况下转让或者确立有关权利的，该承认不得对扣押的债权人或者取消赎回权的出售者产生任何不利影响。

第十六章　仲　　裁

第 10:166 条　仲裁协议的效力

根据第 10:154 条的规定,仲裁协议根据当事人选择的法律或仲裁地的法律有效的,或者当事人未做出任何选择,但根据仲裁协议所涉及法律关系的适用法律有效的,该仲裁协议实质上也有效。

第 10:167 条　不得质疑的仲裁

国家、受公法管辖的其他法人或国有企业为仲裁协议的一方,但另一方不知道也不应该知道该规则的,不得援引其法律或法规,以质疑其签订仲裁协议的能力或权限,或质疑争议的仲裁裁决资格。

附　录　术语表

第一编　自然人与家庭　Boek 1. Personen-en familierecht

民事权利　de burgerlijke rechten(第 1:1 条)

人身奴役　persoonlijke dienstbaarheden(第 1:1 条)

血缘关系　de bloedverwantschap(第 1:3 条)

登记伴侣关系　geregistreerd partnerschap(第 1:3 条)

判决　de vaststelling(第 1:3 条)

姻亲关系　aanverwantschap(第 1:3 条)

法定代理人　wettelijke vertegenwoordiger(第 1:4 条)

裁判　de uitspraak(第 1:4 条)

裁决　de beschikking(第 1:4 条)

(司法)决定(rechterlijke)beslissing(第 1:25 条之一)

法律上的亲属关系　familierechtelijke betrekking(第 1:5 条)

共同声明　gezamenlijk verklaren(第 1:5 条)

参照适用　overeenkomstige toepassing(第 1:5 条)

临时名字和姓氏　voorlopige voornaam en geslachtsnaam(第 1:5 条)

同样适用　hetzelfde geldt(第 1:5 条)

枢密院令　algemene maatregel van bestuur(第 1:7 条)

司法部　Minister van Justitie(第 1:7 条)

侵权行为　handelt onrechtmatig(第 1:8 条)

住所　de Woonplaats(第 1:10 条)

自然人　een natuurlijk persoon(第 1:10 条)

法人　een rechtspersoon(第 1:10 条)

经常居住地　bevindt zich te zijner woonstede(第 1:10 条)

实际居住地　werkelijk verblijf(第1:10条)

地域管辖　jurisdiction ratione loci(第1:12条)

信托管理　onderbewindstelling(第1:12条)

主营业地　dit kantoor(第1:14条)

分支机构　dit filiaal(第1:14条)

户籍　burgerlijke stand(第1:16条)

户籍员　de ambtenaar van de burgerlijke stand(第1:16条)

特别户籍员　buitengewoon ambtenaar van de burgerlijke stand(第1:16条)

公务员　ambtenaar in dienst(第1:16条)

利害关系人　belanghebbende partijen(第1:18条之一)

委托代理人　gevolmachtigde vertegenwoordiger(第1:18条之一)

荷兰公共秩序　Nederlandse openbare orde(第1:18条之二、第1:20条之二)

荷兰政府公报　de Staatscourant(第1:18条之三)

出生证/出生证明　een akte van geboorte(第1:19条、第1:19条之一)

检察院　het openbaar ministerie(第1:19条之二、第1:19条之五)

医学证明　medische verklaring(第1:19条之四)

《身份证法》　de Wet op de identificatieplicht(第1:19条之五)

死亡证/死亡证明　een akte van overlijden(第1:19条之六)

《遗体保管法》　de Wet op de lijkbezorging(第1:19条之八)

助理检察官　de hulpofficier van justitie(第1:19条之八)

事后变更　latere vermeldingen(第1:20条)

撤销收养　een herroeping van een adoptie(第1:20条)

依职权　ex officio(第1:20条之二)

入籍决定　naturalisatiebesluiten(第1:20条之五)

公共登记簿　openbare register(第1:20条之七)

证明力　De bewijskracht(第1:22条、第1:22条之一)

审阅　inzage nemen(第1:23条之一)

审议　overlegging(第1:23条之一)

主管机构　een bevoegde instantie(第1:25条)

《外国人法》　de Vreemdelingenwet(第1:25条)

公正副本　authentiek afschrift(第1:26条之四)

《民事诉讼法》　de Burgerlijke Rechtsvordering(第1:26条之四)

咨询委员会 een Commissie van advies(第1:29条)
市个人信息管理局 de gemeentelijke basisadministratie(第1:29条之一)
内务部 Minister van Binnenlandse Zaken(第1:29条之一)
公众利益 algemeen belang(第1:29条之二)
监护人的同意 de toestemming van zijn voogd(第1:35条)
地方法院分院 kantonrechter(第1:37条、第1:38条)
以法院送达的方式 bij deurwaardersexploit te doen(第1:39条)
结婚声明 huwelijksaangifte /de aangifte van het huwelijk(第1:43条)
准备结婚的双方 de aanstaande echtgenoten(第1:45条)
青少年法庭 de kinderrechter(第1:47条)
婚约 trouwbeloften(第1:49条)
直接经济损失 der werkelijke vermogensverliezen(第1:49条)
间接损失 winstderving(第1:49条)
结婚证 de verklaring van huwelijksbevoegdheid(第1:49条之一)
《慕尼黑公约》 de Overeenkomst van München(第1:49条之一)
结婚异议 stuiting van het huwelijk(第1:50条)
血亲 bloedverwanten in de rechte lijn(第1:51条)
监护人 voogden(第1:51条)
保佐人 curatoren(第1:51条)
虚假结婚 huwelijk als schijnhandeling(第1:53条)
婚姻无效 huwelijk nietig verklaard(第1:56条)
缔结婚姻 de voltrekking van het huwelijk(第1:53条)
等待期 de wachttijd(第1:62条)
《身份认定义务法》 de wet op de identificatieplicht(第1:63条)
法定障碍 een behoorlijk bewezen wettig beletsel(第1:64条)
法定的夫妻义务 de wet aan de huwelijkse staat worden verbonden(第1:67条)
宗教仪式 godsdienstige plechtigheden(第1:68条)
婚姻无效 nietigverklaring van een huwelijk(第1:69条)
直接法律利益 een onmiddellijk rechtsbelang(第1:69条)
非法胁迫 een onrechtmatige ernstige bedreiging(第1:71条)
误解 de dwaling(第1:71条)
成年人监护 curatele(第1:73条)

事实婚姻　een uiterlijk bezit van de huwelijkse staat(第1:79条)

《民事诉讼法典》　het Wetboek van Burgerlijke Rechtsvordering(第1:80条之三)

变更登记伴侣关系为婚姻关系　omzetting van een geregistreerd partnerschap in een huwelijk(第1:80条之三)

主要住所　hoofdverblijf(第1:80条之四)

登记伴侣关系的终止　een ontbinding van een geregistreerd partnerschap(第1:80条之五)

登记伴侣关系的法律效力依法自动恢复,视同未曾终止　herleven alle gevolgen van het geregistreerd partnerschap van rechtswege alsof er geen beëindiging heeft plaats gehad(第1:80条之六)

法律行为的效力　de geldigheid van rechtshandelingen(第1:80条之六)

配偶的权利和义务　Rechten en verplichtingen van echtgenoten(第六章标题)

互负忠诚、相互支持和帮助的义务　elkander getrouwheid, hulp en bijstand verschuldigd(第1:81条)

照顾子女义务　het gezin behorende minderjarige kinderen te verzorgen(第1:82条)

承担照顾和养育费用的义务　op te voeden en de kosten van die verzorging en opvoeding te dragen(第1:82条)

家务费用　de kosten der huishouding(第1:84条)

配偶共同收入　het gemene inkomen van de echtgenoten(第1:84条)

共有财产　het gemene vermogen(第1:84条)

另有约定或者规定的除外　voor zover bijzondere omstandigheden zich daartegen niet verzetten(第1:84条)

情势变更　wijzigen op grond van veranderde omstandigheden(第1:84条、第1:86条)

全部债务　het geheel aansprakelijk(第1:85条)

连带责任　hoofdelijk en persoonlijk aansprakelijk(第1:85条)

家庭债务　de huishouding aangegane verbintenissen(第1:85条)

劳动合同　arbeidsovereenkomsten(第1:85条)

正当理由　gegronde redenen(第1:86条、第1:94条)

保证人　borg(第1:88条)

连带责任人 hoofdelijk medeschuldenaar(第 1:88 条)

分期付款协议 overeenkomsten van koop op afbetaling(第 1:88 条)

定额保险 een sommenverzekering(第 1:88 条)

可撤销事由 de vernietigingsgrond(第 1:89 条)

可撤销的法律行为 vernietigbaar rechtshandeling(第 1:89 条)

分居 en scheiding van tafel en bed(第 1:89 条)

财产管理 het bestuur van goederen(第 1:90 条)

加入声明 de verklaring van toetreding(第 1:90 条)

委托 opdracht(第 1:90 条)

代理人 een vertegenwoordiger(第 1:91 条)

停止妨害的权利 het recht tot beëindiging van de stoornis(第 1:92 条)

赔偿请求权 een vordering tot vergoeding(第 1:92 条)

善意第三人 een derde te goeder trouw(第 1:92 条)

法定共有财产制 de wettelijke gemeenschap van goederen(第 1:93 条)

共同所有的法定财产制度 rechtswege algehele gemeenschap van goederen(第 1:93 条)

婚姻协议 huwelijkse voorwaarden(第 1:93 条、第 1:114 条)

夫妻共有财产的财产/共同资产 de gemeenschap, wat haar baten betreft(第 1:94条)

夫妻共有财产的债务/ 共同债务 wat haar lasten betreft(第1:94 条)

《离婚后支付养老金法》 de Wet verevening pensioenrechten bij scheiding(第 1:94 条)

养老金 pensioenrechten(第 1:94 条)

夫妻共有财产的管理 het bestuur van de gemeenschap(第 1:97 条)

夫妻共有财产的终止 Ontbinding van de gemeenschap(第 1:99 条)

有权请求以夫妻共有财产受偿 recht van verhaal op de goederen der gemeenschap(第 1:100 条)

评估价格 de geschatte prijs(第 1:101 条)

追偿 het meerdere verhaal(第 1:103 条)

夫妻共有财产的抛弃 het recht van de gemeenschap afstand te doen(第 1:103 条)

裁判终止 opheffing(第 1:104 条)

夫妻共有财产的清算　vereffening van de gemeenschap(第 1:108 条)

公证文书　notariële akte(第 1:115 条)

婚姻财产登记簿　het huwelijksgoederenregister(第 1:116 条)

婚前协议　Vóór het huwelijk gemaakte huwelijkse voorwaardn(第 1:117 条)

婚后协议　huwelijkse voorwaarden tijdens het huwelijk(第 1:119 条)

法律的强制性规定、道德、公共秩序　dwingende wetsbepalingen, de goede zeden of de openbare orde(第 1:119 条)

分享义务　Verrekenbedingen(第 1:132 条)

等额分享　bij helfte(第 1:135 条)

金钱请求权　een verrekening in geld(第 1:137 条)

合理和公平的标准　maatstaven van redelijkheid en billijkheid(第 1:137 条)

法定概括继承人　rechtverkrijgenden onder algemene titel(第 1:140 条)

基于一般合理性　het maatschappelijk verkeer als redelijk beschouwd(第 1:141 条)

婚姻关系的终止　ontbinding van het huwelijk(第 1:149 条)

离婚　echtscheiding(第 1:150 条)

婚姻关系永久破裂　het huwelijk duurzaam ontwricht(第 1:151 条)

预期利益　een bestaand vooruitzicht op uitkeringen(第 1:153 条)

采取临时措施　een voorziening is getroffen(第 1:153 条)

养老金请求权　pensioenaanspraken(第 1:155 条)

《养老金分配权法》　de Wet verevening pensioenrechten(第 1:155 条)

养老金分配权　recht op pensioenverevening(第 1:155 条)

生活费\扶养费　het levensonderhoud(第 1:157 条)

扶养义务　de verplichting tot levensonderhoud(第 1:157 条)

重大情势变更　gewijzigd op grond van een zo ingrijpende wijziging van omstandigheden(第 1:159 条)

《工作和帮助实施法》　de Invoeringswet Wet werk en bijstand(第 1:159 条之一)

共有财产的损害赔偿　de aangerichte schade aan de gemeenschap te vergoeden(第 1:164 条)

居住权　de bewoning en het gebruik(第 1:165 条)

调解　de verzoening(第 1:176 条)

严重过错行为 schuldig maakt aan wangedrag(第 1:179 条)

血亲 afstamming(第 1:197 条)

亲属关系 familierechtelijke betrekking(第 1:197 条)

依法被确认父亲身份 vaderschap gerechtelijk is vastgesteld(第 1:199 条)

否认父亲身份 vaderschap ontkennen(第 1:200 条)

否认的司法确认 gegrondverklaring van de ontkenning(第 1:200 条)

返还义务 verplichting tot teruggave(第 1:202 条)

认领 Erkenning(第 1:203 条)

密切的个人关系 nauwe persoonlijke betrekking(第 1:204 条)

情事滥用 misbruik van omstandigheden(第 1:205 条)

不因时效而消灭 niet aan verjaring onderworpen(第 1:210 条)

特别监护人 een bijzondere curator(第 1:212 条)

《人工授精捐赠者的信息法》 Informatiewet inzake donoren voor kunstmatige inseminatie(第 1:227 条)

《刑法典》 het Wetboek van Strafrecht(第 1:228 条)

未成年人 Minderjarigheid(第 1:233 条)

法定代理人 wettelijke vertegenwoordiger(第 1:234 条)

行为能力 bekwaam rechtshandelingen te verrichten(第 1:234 条)

除法律另有规定外 voor zover de wet niet anders bepaalt(第 1:234 条)

成年人特定的行为能力 bepaalde bevoegdheden van een meerderjarige(第1:235 条)

赋予行为能力 het verlenen van handlichting(第 1:235 条)

政府公告 de Staatscourant(第 1:237 条)

儿童保护理事会 de raad voor de kinderbescherming(第 1:238 条)

宗教原则或者意识形态 de godsdienstige of levensbeschouwelijke grondslag(第 1:238 条)

临时监护 de voorlopige voogdij(第 1:241 条)

对未成年人的照管 het gezag over minderjarige kinderen(第 1:245 条)

父母亲权 het ouderlijk gezag(第 1:245 条)

无能力 de onbevoegdheid(第 1:246 条)

照顾和抚养 verzorging en opvoeding(第 1:247 条)

照管计划 de plan van gezag(第 1:247 条)

利益冲突　belangenstrijd in aanmerking(第1:250条)

共同照管权　het gezamenlijk gezag(第1:251条)

依法恢复共同照管权　herleeft van rechtswege het gezamenlijk gezag(第1:253条)

最有利于子女利益的原则/符合子女的最佳利益/子女利益的最大化　het belang van het kind wenselijk voorkomt(第1:253条之一)

管理不善　slecht bewind(第1:253条之十)

宣告成年　meerderjarig te verklaren/meerderjarigverklaring(第1:253条之八之一)

共同管理子女的财产　gezamenlijk het bewind over het vermogen van het kind(第1:253条之九)

善意管理人　goede bewindvoerders(第1:253条之十)

损害赔偿责任　shade aansprakelijk(第1:253条之十)

父母的收益权　het vruchtgenot van de ouders(第1:253条之十二)

抚养义务　verplicht tot het verstrekken van levensonderhoud jegens het kind(第1:253条之二十三)

《避难申请者收容中心法》　de Wet Centraal Orgaan opvang asielzoekers(第1:254条)

监管　onder toezicht(第1:254条)

紧急且必要的　dit dringend en onverwijld noodzakelijk(第1:255条、第1:272条)

认证机构　gecertificeerde instelling(第1:254条)

儿童保护理事会　de kinderbescherming(第1:255条)

监管令　de ondertoezichtstelling(第1:255条)

《寻求庇护者接待机构法》　de Wet Centraal Orgaan opvang asielzoekers(第1:256条)

安置令　een machtiging tot uithuisplaatsing(第1:265条之一)

亲权的撤消和剥夺　ontheffing en ontzetting van het ouderlijk gezag(第1:266条)

滥用亲权　misbruik van het gezag(第1:268条)

严重疏忽　grove verwaarlozing(第1:268条)

帮助犯罪和未遂犯罪　medeplichtigheid aan en poging tot misdrijf(第1:269条)

恢复亲权 het gezag herstellen(第1:277条)

延缓期间 de proeftijd(第1:278条)

口头表示 een mondelinge bereidverklaring(第1:280条)

书面表示 een schriftelijke bereidverklaring(第1:280条)

共同行使监护权 De gezamenlijke uitoefening van de voogdij(第1:282条)

父母指定的监护(通过遗嘱) voogdij door een der ouders opgedragen(bij uiterste wilsbeschikking)(第1:292条)

法院指定的监护 voogdij door de rechter opgedragen(第1:295条)

监管救济 hoofde van een ondertoezichtstelling(第1:299条之一)

临时监护安置 een plaatsing onder voorlopige voogdij(第1:299条之一)

法人监护 voogdij van rechtspersonen(第1:302条)

《收养外国儿童法》 de Wet opneming buitenlandse kinderen ter adoptie(第1:327条)

原则性授权 beginseltoestemming(第1:327条)

监护权的剥夺 ontzetting van voogdij(第1:327条)

善良监护人 een goed voogd(第1:337条)

财产管理人 de bewindvoerder(第1:337条)

书面清单 de boedelbeschrijving(第1:338条、第1:418条)

本金 de hoofdsom(第1:341条)

《金融监管法》 de Wet op het financieel toezicht(第1:344条)

荷兰中央银行 de Nederlandsche Bank N. V(第1:344条)

定限物权 beperkt recht(第1:348条)

缺席判决 een bij verstek gedane uitspraak(第1:349条)

特别授权 een bijzondere machtiging(第1:356条)

一般授权 een algemene machtiging(第1:356条)

附加条件 en daaraan zodanige voorwaarden verbinden(第1:356条)

账目 de rekening(第1:358条、第1:359条)

审查费用 de kosten van dit onderzoek(第1:360条)

抵押登记 hypothecaire inschrijvingen(第1:364条)

质押登记 pandrechten op inschrijvingen(第1:364条)

国家借贷债务登记簿 de schuldregisters van het Rijk opgeheven(第1:364条)

保护性管理 de duur van diens minderjarigheid onder bewind stellen(第1:369条)

探视权 de ouders onderling getroffen omgangsregeling(第 1:377 条之一)

重大利益 zwaarwegende belangen(第 1:377 条之一)

成年人监护 onder curatele(第 1:378 条)

临时或者有条件的授权 een voorlopige of voorwaardelijke machtiging(第 1:378 条)

《精神病院特别就医法》 de Wet bijzondere opnemingen in psychiatrische ziekenhuizen(第 1:378 条)

继续住院 voortgezet verblijf(第 1:378 条)

医学观察 een observatiemachtiging(第 1:378 条)

法定管理人 de bewindvoerder(第 1:380 条)

家庭法律行为 familierechtelijke handelingen(第 1:382 条)

法定抚养义务人 de tot levensonderhoud gerechtigde(第 1:392 条)

国家抚养监管局 het Landelijk Bureau Inning Onderhoudsbijdragen(第 1:395 条之二)

抚养协议 een overeenkomst betreffende levensonderhoud(第 1:400 条)

抚养义务人 de tot uitkering verplichte persoon(第 1:402 条之一)

被抚养人 de tot uitkering gerechtigde persoon(第 1:402 条之一)

执行令 de executoriale titel(第 1:408 条)

追讨 het doen van de invordering(第 1:408 条)

挂号信 bij brief met bericht(第 1:408 条)

缺席 afwezigheid(第 1:409 条)

失踪 vermissing(第 1:412 条)

宣告死亡 vaststelling van overlijden(第 1:413 条)

失踪者 personen wier bestaan onzeker is(第 1:412 条)

可以传票的方式传召 openbare oproepingen bevelen(第 1:412 条)

宣告推定失踪者死亡 verklaren dat er rechtsvermoeden van overlijden van de vermiste bestaat(第 1:413 条)

传召期限 oproep loopt op een termijn(第 1:414 条)

支持性证据 bewijsstukken(第 1:414 条)

继承人和受遗赠人 erfgenamen en legatarissen(第 1:418 条)

公证文书 authentieke akte(第 1:418 条)

分配 de verdeling(第 1:418 条)

为第三人的利益以失踪者的生命投保 het leven van de vermiste ten behoeve van derden verzekerd geweest(第1:422条)

财产替代物 de goederen die daarvoor in de plaats zijn getreden(第1:423条)

死亡日期 het tijdstip waarop het overlijden(第1:427条)

成年人信托管理 onderbewindstelling ter bescherming van meerderjarigen(第1:431条)

管理行为 het beheer(第1:438条)

无权处分 het bewind niet bevoegd(第1:439条)

处分权 deze onbevoegdheid(第1:439条)

持续地授权 een doorlopende machtiging(第1:441条)

中立第三人 een onzijdig persoon(第1:441条)

充分清偿债务 de schuld voldoende verhaal bieden(第1:442条)

结算 de periodieke rekening(第1:446条)

保护性监管(保佐) mentorschap ten behoeve(第1:450条)

法律顾问(保佐人) de mentor(第1:452条)

所涉成年人(被保佐人) de betrokkene rechtshandelingen(第1:453条)

谨慎法律顾问 een goed mentor(第1:454条)

第1:16条的宣誓词:

"我宣誓(保证),我将公平准确地履职并且尽可能地遵守关于户籍的规定。而且,为了取得户籍员这个职位,我宣誓(保证)不会以任何名义或者借口,直接或者间接地赠与或者允诺任何人。而且,我不会为了做或者不做职务上的事情而直接或者间接地接受他人的允诺或者赠与。请万能的主赐予我力量。"(这就是我所声明和保证的)。

"Ik zweer(beloof) dat ik de betrekking van ambtenaar van de burgerlijke stand met eerlijkheid en nauwkeurigheid zal vervullen en dat ik de wettelijke voorschriften, de burgerlijke stand betreffende, met de meeste nauwgezetheid zal opvolgen; dat ik voorts, tot het verkrijgen van mijn aanstelling, middellijk noch onmiddellijk, onder enige naam of voorwendsel, aan iemand iets heb gegeven of beloofd, en dat ik, om iets in deze betrekking te doen of te laten, van niemand enige beloften of geschenken zal aannemen, middellijk of onmiddellijk. Zo waarlijk helpe mij God almachtig". ("Dat verklaar en beloof ik").

第二编　法人　**Boek 2. Rechtspersonen**

法人资格　rechtspersoonlijkheid(第2:1条)

水务局　de waterschappen(第2:1条)

《宪法》　de Grondwet(第2:1条)

团体机构　de lichamen(第2:1条)

宗教团体　Kerkgenootschappen(第2:2条)

章程　de statuut(第2:2条)

相互关系的本质　de aard der onderlinge verhoudingen(第2:2条)

协会　verenigingen(第2:3条)

合作社　coöperaties(第2:3条)

互助保险协会/互保协会　onderlinge waarborgmaatschappijen(第2:3条)

股份有限公司　naamloze vennootschappen(第2:3条)

有限责任公司　besloten vennootschappen met beperkte aansprakelijkheid(第2:3条)

基金会　stichtingen(第2:3条)

公证人员签署的文书　een notaris ondertekende akte(第2:4条)

不反对声明　een verklaring van geen bezwaar(第2:4条)

发起人　der oprichters(第2:4条)

解散法人　een ontbonden rechtspersoon(第2:4条)

董事　bestuurders(第2:4条)

破产登记　het faillissementsregister(第2:6条)

延期付款登记　het surséanceregister zijn ingeschreven(第2:6条)

相对人　een wederpartij(第2:6条)

免除权利　uitsluiting van de bevoegdheid(第2:6条)

不正确或者不完整性　de onjuistheid of onvolledigheid(第2:6条)

公平合理原则(客观诚实信用)　redelijkheid en billijkheid(第2:8条)

适当履行职责　een behoorlijke vervulling taak(第2:9条)

资产负债表　het boekjaar de balans(第2:10条)

损益表　de staat van baten en lasten(第2:10条)

会计年度　het boekjaar(第2:10条之一)

日历年度　het kalenderjaar(第2:10条之一)

表决权 het stemrecht(第 2:12 条)

表决 een stem(第 2:13 条)

法人机构的全体会议 de vergadering van een orgaan van een rechtspersoon(第 2:13 条)

主席决定 oordeel van de voorzitter(第 2:13 条)

表决结果 de uitslag van een stemming(第 2:13 条)

决议无效 een besluit is nietig(第 2:14 条)

经批准而生效 dan geldt dat ook voor de bekrachtiging(第 2:14 条)

决议可撤销 een besluit is vernietigbaar(第 2:15 条)

正当利益 een redelijk belang(第 2:15 条)

临时保全法官 de voorzieningenrechter(第 2:15 条)

董事会决议 bestuursbesluit(第 2:15 条)

第三人异议 derdenverzet(第 2:16 条)

不定期 onbepaalde tijd(第 2:17 条)

法人变更 een rechtspersoon wordt omzetten(第 2:18 条)

法人解散 een rechtspersoon wordt ontbonden(第 2:19 条)

股东大会 de algemene vergadering(第 2:19 条)

商会 de Kamer van Koophandel en Fabrieken(第 2:19 条)

清算人 de vereffenaar(第 2:19 条)

破产管理人 de faillissementscurator(第 2:19 条)

清算 liquidatie/vereffening(第 2:19 条)

《破产法》 de wet Faillissement(第 2:19 条)

商业登记簿 het handelsregister(第 2:19 条之一)

行政法院 het College van Beroep(第 2:19 条之一)

《一般税法》 de Algemene wet inzake rijksbelastingen(第 2:19 条之一)

披露 openbaarmaking(第 2:19 条之一)

年度财务会计报告 de jaarrekening(第 2:19 条之一)

资产负债表和说明 de balans en de toelichting(第 2:19 条之一)

催告申报公司税 het doen van aangifte voor de vennootschapsbelasting(第 2:19 条之一)

共同立场 het Gemeenschappelijk Standpunt(第 2:20 条)

欧盟理事会 verordening(EG)(第 2:20 条)

简易审查　summier onderzoek(第 2:22 条之一)

重大事由　gewichtige redenen(第 2:23 条)

任命　de benoeming(第 2:23 条)

中止　de schorsing(第 2:23 条)

免职　het ontslag(第 2:23 条)

监督　het toezicht(第 2:23 条)

监察法院　rechter-commissaris(第 2:23 条之一)

强制执行手令　een bevelschrift in executoriale vorm(第 2:23 条之一)

命令和指示　de bevelen en aanwijzingen(第 2:23 条之一)

剩余财产　het overschot(第 2:23 条之二)

清算账目　een rekening en verantwoording op van de vereffening(第 2:23 条之二)

分配方案　de grondslagen der verdeling(第 2:23 条之二)

净收益　de netto-opbrengst(第 2:23 条之二)

预先分配　de aanvang van de verzettermijn(第 2:23 条之二)

最后一次付款　de laatste betaalbaarstelling(第 2:23 条之二)

提存款项　consigneert geldbedragen(第 2:23 条之二)

子组织　dochtermaatschappij(第 2:24 条之一)

与其他表决权人的合同　overeenkomst met andere stemgerechtigden(第 2:24 条之一)

合伙企业　de vennootschappen(第 2:24 条之一)

集团　een groep(第 2:24 条之二)

经济体　een economische eenheid(第 2:24 条之二)

有组织的联结　organisatorisch zijn verbonden(第 2:24 条之二)

参股　een deelneming(第 2:24 条之三)

长期保持提供服务的关系　duurzaam verbonden te zijn ten dienste van de eigen werkzaamheid(第 2:24 条之三)

股本　het aandelenkapitaal(第 2:24 条之四)

出席　aanwezig(第 2:24 条之四)

代表　vertegenwoordigd(第 2:24 条之四)

多方法律行为　meerzijdige rechtshandeling(第 2:26 条)

意定代理权　een volmacht(第 2:27 条)

加入 de toelating(第 2:33 条)
除章程另有规定外 tenzij de statuten anders bepalen(第 2:33 条)
取消成员资格 opzegging door de vereniging(第 2:35 条)
免除 enn ontzetting(第 2:35 条)
退出 een opzegging(第 2:36 条)
预告期 inachtneming van een opzeggingstermijn(第 2:36 条)
《一般期间法》 de Algemene termijnenwet(第 2:36 条)
限制成员权利 rechten zijn beperkt(第 2:36 条)
加重成员义务 zijn verplichtingen zijn verzwaard(第 2:36 条)
金钱性权利义务 geldelijke rechten en verplichtingen(第 2:36 条)
有效表决票 der uitgebrachte stemmen(第 2:37 条)
理事会主席 een voorzitter(第 2:37 条)
秘书 een secretaris(第 2:37 条)
财务主管 een penningmeester(第 2:37 条)
多票表决权 meer dan één stem toekennen(第 2:38 条)
代表权 vertegenwoordigen(第 2:45 条)
监事 commissarissen(第 2:47 条)
销售净收入 de netto-omzet van deze ondernemingen(第 2:48 条)
委员会 een commissie(第 2:48 条)
公积金 de wet voorgeschreven reserves(第 2:49 条)
经济部长 Minister van Economische Zaken(第 2:49 条)
征收公司税 de heffing van vennootschapsbelasting(第 2:50 条之一)
正式终止付款 surséance van betaling(第 2:51 条)
保险合同 het verzekeringsovereenkomsten(第 2:53 条)
保险经营 het verzekeringsbedrijf(第 2:53 条)
承担等额责任 voor gelijke delen aansprakelijk(第 2:55 条)
成员或者原成员 Een lid of oud-lid(第 2:55 条)
受偿费用 de kosten van invordering(第 2:55 条)
监事 de raad van commissarissen(第 2:57 条)
担保资本 het waarborgkapitaal(第 2:62 条)
大型合作社 de grote coöperatie(第三章第二节的标题)
大型互助保险协会 de grote onderlinge waarborgmaatschappij(第三章第二节的

标题）

附属组织　een afhankelijke maatschappij（第2:63条之一）

劳动委员会　ontslag van commissarissen（第2:63条之四）

社会经济理事会　de Sociaal-Economische Raad（第2:63条之四）

《劳动委员会法》　de Wet op de ondernemingsraden（第2:63条之五）

企业法庭　de ondernemingskamer（第2:63条之六）

司法程序费用　de proceskosten（第2:63条之六）

中央劳动委员会　een centrale ondernemingsraad（第2:63条之六）

有限合伙企业　een commanditaire vennootschap（第2:63条之十）

普通合伙企业　vennootschap onder firma（第2:63条之十）

监管市场　een gereglementeerde markt（第2:63条之十）

多边交易工具　een multilaterale handelsfaciliteit（第2:63条之十）

注册资本　het maatschappelijke kapitaal（第2:67条）

已认缴资本　het geplaatste kapitaal（第2:67条）

实缴金额　Het gestorte deel（第2:67条）

最低资本额　het minimumkapitaal（第2:67条）

欧洲共同体法　het recht van de Europese Gemeenschappen（第2:67条）

《欧盟条约》　het Verdrag betreffende de Europese Unie（第2:67条之一）

荷兰盾　in gulden（第2:67条之一）

可分配公积金　de uitkeerbare reserves（第2:67条之一）

不可分配公积金　niet-uitkeerbare reserves（第2:67条之一）

负值公积金　een negatieve bijschrijvingsreserve（第2:67条之一）

各组股东　elke groep van aandeelhouders（第2:67条之二）

此种等额欧元的使用　dit gebruik van de tegenwaarde in euro（第2:67条之三）

可变资本投资股份公司　de vennootschap beleggingsmaatschappij met veranderlijk kapitaal（第2:76条之一）

股份　aandelen（第2:79条）

零碎股份　onderaandelen（第2:79条）

溢价认购　een hoger bedrag（第2:80条）

记名股份　aandelen op naam（第2:82条）

无记名股份　aan toonder luiden（第2:82条）

记名股票　de naamloze vennootschap（第2:83条）

无记名股票 een aandeel aan toonder(第 2:83 条)

复本 een duplicaat(第 2:86 条之四)

用益权 de vruchtgebruik(第 2:88 条)

用益权人 de vruchtgebruiker(第 2:88 条)

发行股份存管凭证 uitgegeven certificaten van aandelen(第 2:88 条)

质权 het pandrecht(第 2:89 条)

质权人 de pandhouder(第 2:89 条)

私文书 de onderhandse(第 2:90 条)

特殊权利 bijzondere rechten(第 2:92 条)

控制权 de zeggenschap(第 2:92 条)

《欧洲经济区协定》 de Overeenkomst betreffende de Europese Economische Ruimte(第 2:93 条之一)

审计报告 de accountantsverklaring(第 2:94 条之一)

公认的评估标准 aanvaardbaar beschouwde waarderingsmethoden(第 2:94 条之一)

有价证券 die effecten(第 2:94 条之一)

《关于年度财务会计报告和合并年度财务会计报告法定审计、修改理事会 78/660/EEG 号 83/349/EEG 号指令并废止理事会 84/253/EEG 号指令的 2006/43/EG 号指令》 de Richtlijnen 78/660/EEG en 83/349/EEG van de Raad en houdende intrekking van Richtlijn 84/253/EEG van de Raad(PbEG L 157)(第 2:94 条之一)

认购自己的股份 eigen aandelen te nemen(第 2:95 条)

认股权 van rechten tot het nemen van aandelen(第 2:96 条)

优先认购权 het voorkeursrecht(第 2:96 条之一)

关联公司 de vennootschap of haar groepsmaatschappijen(第 2:96 条之一)

减少已认缴资本 vermindering van het geplaatste kapitaal(第 2:99 条)

法定公积金 de wet voorgeschreven reserves(第 2:104 条)

实缴资本 het bedrag van het gestorte(第 2:105 条)

已请求缴纳资本 opgevraagde deel van het kapitaal(第 2:105 条)

分配利润 uitkering van winst(第 2:105 条)

中期财务报告 een tussentijdse vermogensopstelling(第 2:105 条)

召集通知 de oproeping hetzij(第 2:114 条)

建议权 een raadgevende stem(第 2:117 条)

注册会计师　registeraccountant(第 2:117 条)

财务会计顾问　accountant-administratieconsulent(第 2:117 条)

更高多数　grotere meerderheid(第 2:120 条)

绝对多数　volstrekte meerderheid(第 2:120 条)

《审计监督法》　de Wet toezicht accountantsorganisaties(第 2:129 条之一)

《退休金法》　de pensioenwet(第 2:132 条之一)

《强制性职业退休金计划法》　de verplichte wet op het bedrijfspensioen(第2:132 条之一)

薪酬　de bezoldiging(第 2:135 条)

公开招标　open inschrijving(第 2:135 条)

破产裁判法官　de rechter-commissaris(第 2:138 条)

事先调查诉讼　een voorafgaand onderzoek(第 2:138 条)

轻微违反　een onbelangrijk verzuim(第 2:138 条)

管理策略的主要方面　de hoofdlijnen van het strategisch beleid(第 2:141 条)

一般和财务风险　de algemene en financiële risico's(第 2:141 条)

公司行政和审计制度　het beheers-en controlesysteem van de vennootschap(第 2:141 条)

任命权　de bevoegdheid tot benoeming(第 2:145 条)

相互合作协议　een onderlinge regeling(第 2:155 条之一)

社会经济理事会　Sociaal-Economische Raad(第 2:156 条)

推荐权　het aanbevelingsrecht(第 2:159 条)

执行董事　uitvoerende bestuurders(第 2:239 条之一)

非执行董事　niet-uitvoerende bestuurders(第 2:239 条之一)

慈善性或者社会性目的　een ideële of sociale strekking(第 2:285 条)

《退休金法》　de Pensioenwet(第 2:297 条之一)

《强制性职业退休金计划法》　de Wet verplichte beroepspensioenregeling(第 2:297 条之一)

《破产法》　de Faillissementswet(第 2:303 条)

合并　fusie(第 2:308 条)

分立　splitsing(第 2:308 条)

行为能力受到限制　zonder volledige rechtsbevoegdheid(第 2:308 条)

公寓所有权人组成的协会　verenigingen van appartementseigenaars(第 2:308

条)

欧洲合作社 een Europese coöperatieve vennootschap(第2:308条)

欧洲经济区 de Europese Economische Ruimtep(第2:308条)

收购的法人 de verkrijgende rechtspersoon(第2:310条)

被合并的法人 de te fuseren rechtspersonen(第2:310条)

股份交换比率 de ruilverhouding van de aandelen(第2:311条)

提案 een voorstel(第2:312条)

商誉 de goodwill(第2:312条)

预期措施 de voorgenomen maatregelen(第2:312条)

股权转移 aandeelhouderschap(第2:312条)

账面价值 de boekwaarde(第2:313条)

成员权 een recht van lidmaatschap(第2:319条)

股票的兑换率 de ruilverhouding van de aandelen(第2:325条)

《欧洲法人雇员参与法》 de Wet rol werknemers bij Europese rechtspersonen(第2:333条之十一)

雇员参与规则 medezeggenschap verstaan regelingen met betrekking tot medezeggenschap(第2:333条之十一)

特别协商小组 de bijzondere onderhandelingsgroep(第2:333条之十一)

新设分立 zuivere splitsing(第2:334条之一)

存续分立 afsplitsing(第2:334条之一)

估算损益表或者营业损益表 een pro forma winst-en verliesrekening dan wel exploitatierekening(第2:334条之六)

整体转移 in haar geheel overgaan(第2:334条之十)

争议解决规则 geschillenregeling(第八章的标题)

检查权 het recht van enquête(第八章的标题)

雇员协会 een vereniging van werknemers(第2:347条)

荷兰金融市场管理局 stichting Autoriteit Financiële Markten(第2:348条)

监管机构 de toezichthoudende(第2:348条)

适当措施 een onmiddellijke voorziening(第2:349条)

公开招标 het openbaar bod(第2:359条之二)

欧洲议会和理事会 het Europees Parlement en de Raad(第2:359条之二)

《关于公开要约收购的2004/25/EG号指令》21 april 2004 betreffende het

openbaar overnamebod(第 2:359 条之二)

国内法规范　een dochtermaatschappij(第 2:359 条之二)

目标公司　de doelvennootschap(第 2:359 条之二)

营业账目　het exploitatiesaldo(第 2:361 条)

营业损益表　een exploitatierekening(第 2:361 条)

损益表　de winst-en verliesrekening(第 2:361 条)

偿付能力　de solvabiliteit(第 2:362 条)

变现能力　de liquiditeit(第 2:362 条)

公平、清楚和持续地　getrouw, duidelijk en stelselmatig(第 2:362 条)

国际会计准则委员会　de International Accounting Standards Board(第 2:362 条)

集合、细分和排列　de samenvoeging, de ontleding en de rangschikking(第 2:363 条)

项目布局、名称和说明　de indeling, benaming en omschrijving(第 2:363 条)

主要项目划分　Hoofdindeling van de balans(第九章第三节第一分节)

固定资产和流动资产　de activa onderscheiden in vaste en vlottende activa(第 2:364 条)

无形固定资产、有形固定资产和金融固定资产　de immateriële, materiële en financiële vaste activ(第 2:364 条)

存货、债权、有价证券、速动资产以及未列在应收账款中的递延资产　de voorraden, vorderingen, effecten, liquide middelen, en, voor zover zij niet onder de vorderingen zijn vermeld, de overlopende activa(第 2:364 条)

所有者权益、准备金、债务以及未列在应付账款的递延资产　de voorzieningen, de schulden en, voor zover zij niet onder de schulden zijn vermeld, de overlopende passiva(第 2:364 条)

研发费用　kosten van onderzoek en ontwikkeling(第 2:365 条)

特许权、许可费用　kosten van verwerving ter zake van concessies(第 2:365 条)

商誉成本　kosten van goodwill(第 2:365 条)

参股　deelnemingen(第 2:367 条)

资产账面价值总额　de som van de waarden waartegen(第 2:368 条)

重新估值　de herwaarderingen(第 2:368 条)

折旧、摊销、减值和增值　de afschrijvingen, de waardeverminderingen en de terugneming(第 2:368 条)

未成品 onderhanden werk(第 2:369 条)

制成品和商品 gereed produkt en handelsgoederen(第 2:369 条)

预付款 vooruitbetalingen(第 2:369 条)

溢价 agio(第 2:373 条)

重估公积金 herwaarderingsreserves(第 2:373 条)

养老金义务储备金 de voorziening voor pensioenverplichtingen(第 2:374 条)

历史成本 de verkrijgingsprijs(第 2:374 条)

重置成本 de vervaardigingsprijs(第 2:374 条)

可转换债务 de converteerbare leningen(第 2:375 条)

贴现汇票或者支票 verdisconteerde wissels of chèques(第 2:376 条)

非经常性收入和支出 de buitengewone baten en lasten(第 2:377 条)

集团核心公司 het hoofd van zijn groep(第 2:379 条)

财产义务 financiële verplichtingen(第 2:381 条)

财务状况 de financiële positie(第 2:381 条)

性质、商业目的和财产效果 de aard,het zakelijk doel en de financiële gevolgen (第 2:381 条)

金融工具 financiële instrumenten(第 2:381 条之一)

现值 de actuele(第 2:381 条之一)

计价模型和估值技术 waarderingsmodellen en-technieken(第 2:381 条之一)

衍生金融工具 afgeleide financiële instrumenten(第 2:381 条之一)

《审计师组织监管法》 de Wet toezicht accountantsorganisaties(第 2:382 条之一)

欧盟理事会 de Raad van de Europese Gemeenschappen(第 2:382 条之一)

《关于公司法的第七号指令》 de zevende richtlijn inzake het vennootschapsrecht (第 2:382 条之一)

《审计师组织监管法》 de Wet toezicht accountantsorganisaties(第 2:382 条之一)

合并年度财务会计报告 een geconsolideerde jaarrekening(第 2:382 条之一)

授予权利 de verleende rechten(第 2:383 条之四)

行使价 de uitoefenprijs(第 2:383 条之四)

行使权利 uitoefening van de rechten(第 2:383 条之四)

计量原则　de grondslagen van waardering(第 2:384 条)

《财务会计顾问法》　de Wet op de Accountants-Administratieconsulenten(第 2:393条)

注册会计师　een registeraccountant(第 2:393 条)

赎回价值　deze waardepapieren tegen aflossingswaarde(第 2:422 条)

期货交易　in vreemde valuta(第 2:423 条)

次级债务　de achtergestelde schulden(第 2:429 条)

证券资产组合　de handelsportefeuille(第 2:429 条)

递延购置成本　overlopende acquisitiekosten(第 2:434 条)

分配利润和贴现的储备金　de voorziening voor winstdeling en kortingen(第 2:435条)

分配递延利润的储备金　de voorziening voor latente winstdelingsverplichtingen(第 2:435 条)

平衡储备金　de egalisatievoorziening(第 2:435 条)

巨灾储备金　de voorziening voor lopende risicos waaronder de catastrofevoorziening(第 2:435 条)

赔偿保险技术账户　een technische rekening schadeverzekering(第 2:437 条)

人寿保险技术账户　een technische rekening levensverzekering(第 2:437 条)

和非技术账户　een niet-technische rekening(第 2:437 条)

运营成本　de bedrijfskosten(第 2:440 条)

已记账保费　de geboekte premies(第 2:441 条)

已取得保费　de verdiende premies(第 2:441 条)

事故和疾病保险　ongevallen en ziekte(第 2:441 条)

机动车法定责任保险　wettelijke aansprakelijkheid motorrijtuigen(第 2:441 条)

海事、航空和运输的责任保险　zee-,transport-en luchtvaartverzekering(第 2:441 条)

信用和保证保险　krediet en borgtocht(第 2:441 条)

法律援助保险　rechtsbijstand(第 2:441 条)

救助保险　hulpverlening(第 2:441 条)

集体保险合同　collectieve verzekeringsovereenkomsten(第 2:441 条)

个人保险合同　die uit individuele overeenkomsten(第 2:441 条)

单一保险费　koopsommen(第 2:441 条)

经常性保险费 weerkerende betalingen(第 2:441 条)

损失补偿性保险 Schadeverzekering(第 2:444 条之一)

投资企业 een beleggingsonderneming(第 2:450 条)

投资公司 een beleggingsinstelling(第 2:450 条)

第三编 财产法总则 Boek 3. Vermogensrecht

动产 roerend(第 3:3 条)

不动产 niet onroerend(第 3:3 条)

组成部分 bestanddeel(第 3:4 条)

家用物品 Inboedel(第 3:5 条)

从权利 Een afhankelijk(第 3:7 条)

定限物权 een beperkt recht(第 3:8 条)

天然孳息 natuurlijke vruchten(第 3:9 条)

法定孳息 burgerlijke vruchten(第 3:9 条)

终身租金权 de afzonderlijke termijnen van een lijfrente(第 3:9 条)

个人终身租金条款 vruchten van het recht op de lijfrente(第 3:9 条)

独立的物 een zelfstandige zaak(第 3:9 条)

独立的权利 een zelfstandig recht(第 3:9 条)

登记财产 registergoederen(第 3:10 条)

善意 goede trouw(第 3:11 条)

合理和公平原则 redelijkheid en billijkheid(第 3:12 条)

社会利益和个人利益 de maatschappelijke en persoonlijke belangen(第 3:12 条)

公法 publiekrecht(第 3:14 条)

电子交易 elektronisch vermogensrechtelijk rechtsverkeer(第 3:15 条之一)

合格证书 een gekwalificeerd certificaat(第 3:15 条之二)

《欧洲经济区协定》 de Overeenkomst betreffende de Europese Economische Ruimte(第 3:15 条之四)

信息社会服务 een dienst van de informatiemaatschappij(第 3:15 条之四)

等效识别手段 een vergelijkbaar middel ter identificatie(第 3:15 条之四)

《增值税法》 de Wet op de Omzetbelasting(第 3:15 条之四)

增值税标识号 het btw-identificatienummer(第 3:15 条之四)

商业通信　de commerciële communicatie(第 3:15 条之五)

投诉和补救机制　klachtenprocedures en rechtsmiddelen(第 3:15 条之六)

海关总署/税收信息　de controleurs van de Belastingdienst/Fiscale Inlichtingen (第 3:15 条之六)

服务检查和经济控制局(经济信息)的公务员　opsporingsdienst-Economische Controle Dienst(Belastingdienst/FIOD-ECD)(第 3:15 条之六)

附条件法律行为　een ingeschreven voorwaardelijke rechtshandeling(第 3:17 条)

附期限法律行为　een ingeschreven rechtshandeling verbonden tijdsbepaling(第 3:17 条)

《土地登记法》　de Kadasterwet(第 3:30 条)

无行为能力人　een rechtshandeling van een onbekwame(第 3:32 条)

单方法律行为　een eenzijdige rechtshandeling(第 3:32 条)

后继条件　de vervulling(第 3:38 条)

先例条件　een voorwaarde(第 3:38 条)

胁迫　bedreiging(第 3:44 条)

欺诈　bedrog(第 3:44 条)

情势滥用　misbruik van omstandigheden(第 3:44 条)

欺诈交付　benadeling vernietigd(第 3:45 条)

法律程序外的声明　een buitengerechtelijke verklaring(第 3:49 条)

代理权　een volmacht(第 3:60 条)

代理人　de gevolmachtigde(第 3:60 条)

一般授权　een algemene volmacht(第 3:62 条)

特别授权　een bijzondere volmacht(第 3:62 条)

再代理　de hem verleende volmacht(第 3:64 条)

代理权的追认　het verlenen van een volmacht(第 3:69 条)

代理证明　bewijs van volmacht(第 3:71 条)

非意定代理　uit anderen hoofde dan volmacht(第 3:79 条)

非登记财产　niet-registergoed(第 3:86 条)

见票即付或者凭指示付款权利　een recht aan toonder of order geldig(第 3:86 条)

见票即付票据或者凭指示付款票据　dan wel toonder-of orderpapier(第 3:86 条)

《关于非法流出成员国国境的文物的返还》 de teruggave van cultuurgoederen die op onrechtmatige wijze buiten het grondgebied van een lid-staat zijn gebracht(第3:86条之一)

《文化遗产保护法》 de Wet tot behoud van cultuurbezit(第3:86条之一)

《关于禁止和防止非法进出口文化遗产和非法转让其所有权的公约》 Verdrag inzake het verbod op en de voorkoming van illegale invoer en uitvoer van cultureel erfgoed en illegale overdracht van eigendom(第3:86条之二)

《联合国教科文组织关于禁止和防止非法进出口文化遗产和非法转移其所有权的施行公约》 UNESCO-verdrag inzake het verbod en de voorkoming van de illegale invoer en uitvoer van cultureel erfgoed en de illegale overdracht van eigendom(第3:86条之二)

交付 de levering(第3:89条)

所有权保留 een eigendomsvoorbehoud(第3:92条)

共有财产中份额 een aandeel in een goed geschiedt(第3:96条)

未来财产 toekomstige goederen(第3:97条)

取得 verkrijging(第3:99条)

丧失 verlies(第四章第三节标题)

遗产 een nalatenschap(第3:100条)

原取得时效 een lopende verjaring(第3:102条)

善意占有人 de bezitter te goeder trouw(第3:102条)

非自愿丧失占有 onvrijwillig bezitsverlies(第3:103条)

恢复占有 terugverkrijging van het bezit(第3:103条)

直接占有(自主占有) bezit is onmiddellijk(第3:107条)

间接占有(他主占有) bezit is middellijk(第3:107条)

直接持有或者间接持有 houderschap is onmiddellijk of middellijk(第3:107条)

信托财产的管理 bewind("第六章"标题内容)

财产共同体 gemeenschap(第3:166条)

共有人 een deelgenoot(第3:166条)

各共有人利益 de belangen van partijen(第3:168条)

整体利益 het algemeen belang(第3:168条)

共有财产的收益、使用和管理 het genot, het gebruik en het beheer van

gemeenschappelijke goederen(第 3:168 条)

共有财产的使用　het gebruik van een gemeenschappelijk goed(第 3:169 条)

日常维护或者保存共有财产行为　handelingen dienende tot gewoon onderhoud of tot behoud van een gemeenschappelijk goed(第 3:170 条)

通常不能推迟的一般行为　het algemeen handelingen die geen uitstel kunnen lijden(第 3:170 条)

止赎赎回权出售该份额　de uitwinning van een aandeel(第 3:175 条)

共有财产的全部份额丧失抵押物赎回权　uitwinning van de gezamenlijke aandelen in een gemeenschappelijk goed(第 3:176 条)

分割共有财产　de verdeling van een gemeenschappelijk goed(第 3:178 条)

中立人　de onzijdige persoon(第 3:181 条)

特殊的财产共共同体　enige bijzondere gemeenschappen(第 3:189 条)

航运合伙　vennootschap of rederij(第 3:189 条)

建筑物被区分公寓权　een in appartementsrechten(第 3:189 条)

用益权　vruchtgebruik(第 3:201 条)

物权　het recht om goederen(第 3:201 条)

注册信用机构(银行)　een geregistreerde krediet-instelling(第 3:206 条)

善良用益权人　een goed vruchtgebruiker(第 3:207 条)

防止火灾的保险　dit tegen brand te verzekeren(第 3:209 条)

所有权人　de hoofdgerechtigde(第 3:210 条)

住宅租赁　verhuring van woonruimte(第 3:217 条)

集合财产　algemeenheid(第 3:222 条)

使用权　een recht van gebruik(第 3:226 条)

居住权　een recht van bewoning(第 3:226 条)

质押权　het recht van pand(第 3:227 条)

抵押权　het recht van hypotheek(第 3:227 条)

担保物权　beperkte rechten(第 3:227 条)

《被占领土的文化遗产返还法》　de Wet tot teruggave cultuurgoederen afkomstig uit bezet gebied(第 3:238 条)

因无因管理或者不当得利产生的请求权　aansprakelijkheid uit zaakwaarneming of ongerechtvaardigde(第 3:243 条)

托管凭证持有人　de certificaathouders(第 3:259 条)

托管凭证发行人 het uitgeven van certificaten(第 3:259 条)

债券 schuldvorderingen(第 3:259 条)

关于农业租赁的强制性规定 enig dwingend wettelijk voorschrift omtrent pacht(第 3:264 条)

农业租赁合同 de pachtovereenkomst(第 3:264 条)

迁离权 ius tollendi(第 3:266 条)

收益分配的顺位 een gerechtelijke rangregeling(第 3:271 条)

注销声明 het afleggen van een verklaring(第 3:275 条)

财产上的追索权 verhaalsrecht op goederen(第十章标题内容)

债权人平等 evenredigheid van ieders vordering(第 3:277 条)

顺位低于法定顺位 een lagere rang(第 3:277 条)

优先受偿权 voorrang(第 3:278 条)

优先权 voorrechten(第 3:278 条)

特别优先权 voorrechten op bepaalde goederen(第 3:278 条)

一般优先权 voorrechten op alle tot een vermogen behorende goederen 第 3:278 条)

保存财产所附带的优先权 bevoorrecht op het goed dat aldus is behouden(第 3:284条)

公寓权上的优先权 bevoorrecht op het appartementsrecht(第 3:286 条)

《欧洲煤钢共同体条约》 het Verdrag tot oprichting van de Europese Gemeenschap voor Kolen en Staal(第 3:289 条)

留置权 Retentierecht(第 3:290 条)

《关于保护消费者利益的禁令》 het doen staken van inbreuken in het raam van de bescherming van consumentenbelangen(第 3:305 条之三)

《保护消费者规则》 de Wet handhaving consumentenbescherming(第 3:305 条之四)

消费者管理局 de Consumentenautoriteit(第 3:305 条之四)

金融市场管理局 de Stichting Autoriteit Financiële Markten(第 3:305 条之四)

消灭时效 ve laatste termijn(第 3:310 条之一)

消除不法状态的请求权 een rechtsvordering tot opheffing van een onrechtmatige toestand(第 3:314 条)

终止无权占有的请求权 een rechtsvordering tot beëindiging van het bezit van een niet-rechthebbende(第3:314条)

继承请求权　een rechtsvordering tot opeising van een nalatenschap(第3:315条)

第四编　继承　Boek 4. Erfrecht

法定继承　de erfopvolging bij versterf(第4:1条)

遗嘱继承　krachtens uiterste wilsbeschikking(第4:1条)

遗产　een nalatenschap voordeel(第4:3条)

故意杀害被继承人,或者故意杀害被继承人未遂、预备或共同犯罪　de overledene heeft omgebracht,heeft getracht hem om te brengen,dat feit heeft voorbereid of daaraan heeft deelgenomen(第4:3条)

暴力或者暴力威胁,强迫或者阻止　een feitelijkheid of door bedreiging met een feitelijkheid heeft gedwongen of belet(第4:3条)

隐瞒、毁弃或者伪造　verduisterd,vernietigd of vervalst(第4:3条)

遗嘱　de uiterste willen(第4:3条)

被继承人　de erflater(第4:1条)

丧失继承权　Een onwaardigheid(第4:3条)

继承人　de erfgenamen(第4:1条)

应继份　het erfdeel(第4:11条)

代位继承　plaatsvervulling(第4:12条)

遗产分割　de verdeling overeenkomstig(第4:18条)

动机错误　de onjuistheid van de beweegreden(第4:43条)

解释遗嘱　de uitlegging van een uiterste wilsbeschikking(第4:46条)

特留份　legitieme portie(第4:63条)

被继承人生前或者死后的赠与(遗赠)　giften van de erflater(第4:68条)

遗赠扶养协议　de erflater moreel verplicht was bij te dragen in hun onderhoud tijdens zijn leven of na zijn dood(第4:69条)

分期支付　een in termijnen te betalen(第4:74条)

管理遗产的遗嘱执行人　het beheer der nalatenschap belaste executeurs(第4:78条)

私文书遗嘱　een onderhandse uiterste wil(第4:95条)

《著作权法》　de Auteurswet(第4:97条)

《邻接权法》　de Wet op de naburige rechten(第4:97条)

在战争或者内战中 het geval van oorlog of burgeroorlog(第 4:98 条)

参加军事侦查 ter deelneming aan een militaire expeditie(第 4:98 条)

与敌军作战 ter bestrijding van een vijandelijke macht(第 4:98 条)

维护国家中立 ter handhaving van de onzijdigheid van de Staat(第 4:98 条)

单独或集体参加自卫行动,或者维护或恢复国际秩序和安全 tot enig optreden hetzij tot collectieve of individuele zelfverdediging,hetzij tot handhaving of herstel van de internationale orde en veiligheid(第 4:98 条)

暴动和叛乱期间遵守主管机关的命令 ter voldoening aan een vordering van het bevoegde gezag in geval van oproerige beweging(第 4:98 条)

指定继承 een erfstelling(第 4:115 条)

遗赠 een legaat(第 4:117 条)

转遗赠 de hem opgelegde sublegaten(第 4:118 条)

转遗赠义务人 een sublegaat belaste persoon(第 4:118 条)

遗产债务 schulden van de nalatenschap(第 4:120 条)

金钱遗赠 op legaten van een geldsom(第 4:125 条)

金钱遗赠债务 de schuld uit een legaat van een geldsom(第 4:125 条)

准遗产 giften en andere handelingen die worden aangemerkt als legaten(第 4:126条)

遗嘱义务 een testamentaire last(第 4:130 条)

遗嘱执行人 executeurs(第 4:142 条)

遗产公证人 een boedelnotaris(第 4:146 条)

遗嘱指定信托管理 testamentair bewind(第 4:153 条)

应继份或者遗赠的信托管理 het bewind over een erfdeel of een legaat(第 4:155 条)

用益权的信托管理 het bewind over een vruchtgebruik(第 4:155 条)

附条件赠与的信托管理 het bewind over een voorwaardelijke making(第 4:155 条)

共有财产中的财产或者份额的信托管理 het bewind over goederen of aandelen(第 4:155 条)

信托管理人 de bewindvoerder(第 4:157 条)

信托管理人之间的争议 bij verschil van mening tussen de bewindvoerders(第 4:158条)

善良管理人　een goed bewindvoerder(第 4:163 条)

信托管理人的职务　de hoedanigheid van bewindvoerder(第 4:164 条)

终止预告期　inachtneming van een termijn(第 4:181 条)

继承的法律效果　gevolgen van de erfopvolging(第 4:182 条)

无条件继承　zuiver aanvaardt(第 4:184 条)

限定继承　onder voorrecht van boedelbeschrijving(第 4:184 条)

遗产登记簿　het boedelregister(第 4:185 条)

继承声明　een verklaring van erfrecht(第 4:187 条)

概括继承　onder algemene titel verkregen(第 4:189 条)

继承的接受或者放弃　aanvaarding of verwerping van nalatenschappen(第 4:190 条)

限定继承　de beneficiaire aanvaarding(第 4:192 条)

遗产清算　vereffening van de nalatenschap(第 4:202 条)

清算人　een vereffenaar(第 4:202 条)

监督法官　een rechter-commissaris(第 4:208 条)

善良清算人　een goed vereffenaar(第 4:211 条)

申报债权　openlijk op om hun vorderingen(第 4:214 条)

遗产的分配　verdeling van de nalatenschap(第 4:227 条)

恢复赠与价值的义务　een bij de gift opgelegde verplichting(第 4:229 条)

第五编　物权　Boek 5. Zakelijke rechten

最广泛的财产权　het meest omvattende recht(第 5:1 条)

所有权人　eigendom(第 5:1 条)

物的所有权人　de eigenaar van een zaak(第 5:2 条)

物的组成部分　al haar bestanddelen(第 5:3 条)

动产所有权　eigendom van roerende zaken(第 5:4 条)

无主动产　een aan niemand toebehorende roerende zaak(第 5:4 条)

占有　bezit(第 5:4 条)

遗失物　een onbeheerde zaak(第 5:5 条)

拾得人　de vinder(第 5:5 条)

拾得　de vind(第 5:5 条)

遗失物　in bewaring gegeven zaak(第 5:6 条)

埋藏物 een schat(第 5:13 条)

发现者 de ontdekker(第 5:13 条)

主物 der zaken als hoofdzaak(第 5:14 条)

混合 door vermenging(第 5:15 条)

属于不同的所有权人 aan verschillende eigenaars(第 5:15 条)

新物 een nieuwe zaak(第 5:16 条)

原物 de oorspronkelijke zaken(第 5:16 条)

丧失动产所有权 een roerende zaak wordt verloren(第 5:18 条)

驯养动物的所有权人 de eigenaar van tamme dieren(第 5:19 条)

丧失动物所有权 dieren verliest daarvan de eigendom(第 5:19 条)

不动产所有权 eigendom van onroerende zaken(第 5:20 条)

土地所有权 de eigendom van de grond(第 5:20 条)

地表上方和地表下方空间 de ruimte boven en onder de oppervlakte(第 5:21 条)

空域的飞行权 de vorige leden(第 5:21 条)

公共道路 openbare wegen(第 5:22 条)

领海的底部 de bodem van de territoriale zee(第 5:25 条)

瓦登海 de Waddenzee(第 5:25 条)

沙丘底部的海滨沙滩 de stranden der zee tot aan de duinvoet(第 5:26 条)

公共水道 openbare vaarwateren(第 5:27 条)

河岸土地的边界 de grens van een langs een water(第 5:29 条)

河岸线 de oeverlijn(第 5:29 条)

特意开垦 opzettelijke drooglegging(第 5:29 条)

暂时淹没 tijdelijke overstroming(第 5:29 条)

通常水位 de normale waterstand(第 5:34 条)

通常高水位 de normale hoogwaterstand(第 5:34 条)

新沙丘 nieuw duin(第 5:35 条)

沙丘的增大或者减少 uitbreiding of afneming van een duin(第 5:35 条)

改变所有权的性质 wijziging in de eigendom(第 5:35 条)

界墙 afscheiding(第 5:36 条)

相邻不动产所有权人 van eigenaars van naburige erven(本编第四章标题内容)

相邻公共或者流动水流 een openbaar of stromend water(第 5:40 条)

市政法令　bij verordening(第 5:41 条)
边界线　de grenslijn(第 5:50 条)
工作物的突出部分　het vooruitspringende werk(第 5:50 条)
以直角方式测量　gemeten rechthoekig(第 5:50 条)
其他开口　andere muuropeningen(第 5:50 条)
终止警告　opheffing van die toestand is aangemaand(第 5:50 条)
不透明窗户　en ondoorzichtige vensters(第 5:51 条)
容忍义务　verplichting tot het dulden(第 5:54 条)
紧急通道　de noodweg(第 5:57 条)
共有　mandeligheid(第 5:60 条)
地役权　erfdienstbaarheden(第 5:70 条)
地役费用　de retributie(第 5:70 条)
维护义务　verplichting tot onderhoud(第 5:71 条)
供役地的所有权人　de eigenaar van het dienende erf(第 5:73 条)
供役地　het dienende erf(第 5:73 条)
需役地的所有权人　de eigenaar van het heersende erf(第 5:73 条)
需役地　het heersende erf(第 5:73 条)
需役地被分割　het heersende erf wordt verdeeld(第 5:76 条)
供役地被分割　het dienende erf wordt verdeeld(第 5:76 条)
永租权　het recht van erfpacht(第 5:85 条)
永租权人　de erfpachter(第 5:85 条)
地租　de canon(第 5:85 条)
转租　in ondererfpacht te geven(第 5:93 条)
农业租赁　de verpachting(第 5:94 条)
通常费用　gewone lasten(第 5:96 条)
通常维修　gewone herstellingen(第 5:96 条)
非通常费用　de buitengewone lasten(第 5:96 条)
特别维修　buitengewone herstellingen(第 5:96 条)
延期的永租权　de verlengde erfpacht(第 5:98 条)
住宅建设　die van woningbouw(第 5:99 条)
留置权　een retentierecht(第 5:100 条)
地上权　het recht van opstal(第 5:101 条)

地租 de retributie(第 5:101 条)

依存于此种物权 dan wel afhankelijk van een ander zakelijk recht(第 5:101 条)

独立存在的地上权 een zelfstandig recht van opstal(第 5:104 条)

公寓权 appartementsrechten(第 5:106 条)

专有使用权 het uitsluitend gebruik(第 5:106 条)

公寓所有权人 onder appartementseigenaar(第 5:106 条)

区分为公寓权 te splitsen in appartementsrechten(第 5:106 条)

独立单元 als afzonderlijk geheel(第 5:118 条)

业主协会储备金 het reservefonds van de vereniging(第 5:122 条)

业主协会 de vereniging van eigenaars(第 5:124 条)

业主大会 de vereniging alle bevoegdheden(第 5:125 条)

保险合同所生的权利 rechten uit verzekeringsovereenkomsten(第 5:136 条)

设立公寓权的公证文书的修改 wijziging van de akte van splitsing(第 5:139 条)

优先权 van rechtswege(第 5:142 条)

区分的终止 de splitsing wordt opgeheven /en opheffing van de splitsing(第 5:143 条)

第六编 债法总则 Boek 6. Verbintenissenrecht

债法 verbintenissenrecht(第 6:1 条)

债 verbintenissen(第 6:1 条)

债权人 schuldeiser(第 6:2 条)

债务人 schuldenaar(第 6:2 条)

法律行为 een rechtshandeling(第 6:2 条)

自然之债 een natuurlijke verbintenis(第 6:3 条)

不可强制执行之债 een niet-afdwingbare verbintenis(第 6:3 条)

可强制执行之债 een rechtens afdwingbare(第 6:5 条)

均等份额的债务 een gelijk deel verbonden(第 6:6 条)

不均等份额的债务 ongelijke delen verbonden(第 6:6 条)

连带债务 hoofdelijk verbonden(第 6:6 条)

连带债务人 de hoofdelijke schuldenaren(第 6:8 条)

相互内部关系 in hun onderlinge verhouding(第 6:10 条)

多数债权人　pluraliteit van schuldeisers(第6:15条)
按均等份额享有债权　een vorderingsrecht voor een gelijk deel(第6:15条)
不均等份额享有债权　ongelijke delen toekomt(第6:15条)
连带债权　dat zij gezamenlijk één vorderingsrecht(第6:15条)
选择之债　een verbintenis is alternatief /Een alternatieve verbintenis(第6:17条)
选择权　de keuze(第6:17条)
附条件之债　voorwaardelijke verbintenissen(第6:21条)
停止条件　een opschortende voorwaarde(第6:22条)
解除条件　een ontbindende voorwaarde(第6:22条)
返还义务　verplicht de reeds verrichte prestaties ongedaan te maken(第6:24条)
附停止条件之债　een verbintenis onder opschortende voorwaarde(第6:25条)
不当履行　onverschuldigd(第6:39条)
特定标的物　een individueel bepaalde zaak(第6:41条)
种类标的物　een naar de soort bepaalde zaak(第6:41条)
得到付款　voorbehoud van goede afloop(第6:46条)
履行费用　de kosten van betaling(第6:47条)
收据　iedere voldoening een kwitantie(第6:48条)
不记名债券或者指示债券　een vordering aan toonder of order(第6:49条)
连续给付　op achtereenvolgende tijdstippen(第6:50条)
中止履行　opschortingsrechten(第6:52条)
债权人延迟　schuldeisersverzuim(本编第一章第八节标题内容)
迟延受领　de schuldeiser komt eveneens in verzuim(第6:59条)
债务人的迟延　aan verzuim van de schuldenaar(第6:61条)
金钱提存　de inbewaringstelling van een geldsom(第6:67条)
物的提存　de inbewaringstelling Van een zaken(第6:67条)
所有的保管费用　alle kosten van de bewaring(第6:70条)
诉权　de rechtsvordering(第6:71条)
债务不履行　het niet nakomen van een verbintenis(第6:74条)
非永久履行不能　nakoming niet reeds blijvend onmogelijk(第6:74条)
迟延履行　de schuldenaar is in verzuim(第6:81条)
书面催告　een schriftelijke aanmaning(第6:82条)
以书面形式确定　zonder ingebrekestelling(第6:83条)

违约金条款　boetebeding(第6:91条)

法定损害赔偿　Wettelijke verplichtingen tot schadevergoeding(第6:95条)

财产损害　vermogensschade(第6:95条)

非财产损害　dat niet in vermogensschade(第6:106条)

身体或者精神的损害　lichamelijk of geestelijk letsel oploopt(第6:106条)

名义金额　haar nominale bedrag(第6:111条)

汇票　de koers(第6:124条)

抵销　verrekening(第6:127条)

抵销声明　een verrekeningsverklaring(第6:132条)

双务合同　een wederkerige overeenkoms(第6:134条)

债权和债务的转移　overgang van vorderingen en schulden(第6:142条)

债权的放弃　afstand van vorderingen(第6:142条)

从权利　de nevenrechten(第6:142条)

代位清偿　Subrogatie(第6:150条)

债务承担和概括承受　schuld-en contractsoverneming(本编第二章第三节标题内容)

债务因混同而消灭　een verbintenis gaat teniet door vermenging(第6:161条)

侵权行为　onrechtmatige daad(第6:162条)

集体　groepsverband(第6:166条)

重大公共利益　zwaarwegende maatschappelijke belangen(第6:168条)

禁止侵权行为的命令　een vordering, strekkende tot verbod van een onrechtmatige gedraging(第6:168条)

特殊危险　een bijzonder gevaar(第6:173条)

《环境管理法》　de Wet milieubeheer(第6:175条)

某物质为易爆、易氧化、易燃、高度易燃或者极度易燃、有毒或者剧毒的　de stof ontplofbaar, oxyderend, ontvlambaar, licht ontvlambaar of zeer licht ontvlambaar(第6:175条)

《采矿法》　de Mijnbouwwet(第6:177条)

消费者　consument(第6:193条之一)

经营者　handelaar(第6:193条之一)

商业行为　handelspraktijk(第6:193条之一)

交易决定　besluit over een overeenkomst(第6:193条之一)

专业勤勉　professionele toewijding(第6:193条之一)

要约　uitnodiging tot aankoop(第 6:193 条之一)

不当影响　ongepaste beïnvloeding(第 6:193 条之一)

行为准则　gedragscode(第 6:193 条之一)

代码持有者　houder van een gedragscode(第 6:193 条之一)

内部市场上不公平的企业对消费者的商业行为　oneerlijke handelspraktijken van ondernemingen jegens consumenten op de interne markt(第 6:193 条之一)

贵金属货物的证明　de certificering van goederen van edelmetaal(第 6:193 条之一)

贵金属含量　de vermelding van het edelmetaalgehalte(第 6:193 条之一)

不正当商业行为　handelt onrechtmatig(第 6:193 条之二)

专业勤勉　professionele toewijding(第 6:193 条之二)

普通消费者　de gemiddelde consument(第 6:193 条之二)

商业惯例　een handelspraktijk(第 6:193 条之二)

误导性商业惯例　een misleidende handelspraktijk(第 6:193 条之二)

侵略性商业惯例　een agressieve handelspraktijk(第 6:193 条之二)

误导性遗漏　een misleidende omissie(第 6:193 条之四)

《医学法》　de Geneesmiddelenwet(第 6:193 条之六)

《定价法》　de Prijzenwet(第 6:193 条之六)

信任标记，质量标记或者等效标记　een vertrouwens-, kwaliteits-of ander soortgelijk label(第 6:193 条之七)

指定价格　een genoemde prijs(第 6:193 条之七)

误导性广告　Misleidende reclame(第 6:194 条)

比较性广告　vergelijkende reclame(第 6:194 条之一)

《雇员丧失工作能力保险法》　de Wet werk en inkomen naar arbeidsvermogen (第 6:197 条)

《残疾保险法》　de Wet op de arbeidsongeschiktheidsverzekering(第 6:197 条)

《关于残障青年残疾保障法》　de Wet arbeidsongeschiktheidsvoorziening jonggehandicapten(第 6:197 条)

《疾病保障法》　de Ziektewet(第 6:197 条)

《遗属抚养法》　de Algemene nabestaandenwet(第 6:197 条)

《强制医疗保险法》　de Algemene Wet Bijzondere Ziektekosten(第 6:197 条)

《军事人员伤残保险法》　de Wet arbeidsongeschiktheidsvoorziening militairen

(第6:197条)

《ABP私有化法》 de Wet privatisering ABP(第6:197条)

《公务员意外事故损害赔偿法》 de Verhaalswet ongevallen ambtenaren(第6:197条)

《关于赔偿由暴力犯罪造成的损害的国家赔偿法》 de Wet schadefonds geweldsmisdrijven(第6:197条)

代位权 Krachtens(第6:197条)

无因管理 Zaakwaarneming(第6:198条)

管理人 de zaakwaarnemer(第6:199条)

受益人 de belanghebbende(第6:200条)

无因偿付 Onverschuldigde betaling(第6:203条)

恶意 het goed te kwader trouw(第6:205条)

不当得利 ongerechtvaardigde verrijking(第6:212条)

不当得利的减损 de verrijking verminderd(第6:212条)

具有混合性的合同 een overeenkomst aan de omschrijving van twee of meer door de wet geregelde bijzondere soorten van overeenkomsten(第6:215条)

悬赏要约 een bij wijze van uitloving(第6:220条)

逾期承诺 de aanbieder kan een te late aanvaarding(第6:223条)

电子形式 langs elektronische weg(第6:227条之一)

通过电子方式订立合同 een overeenkomst langs elektronische weg(第6:227条之二)

格式条款 algemene voorwaarden(第6:231条)

使用人 de gebruiker(第6:231条)

相对方 de wederpartij(第6:231条)

认知格式条款的合理机会 een redelijke mogelijkheid heeft geboden om van de algemene voorwaarden kennis te nemen(第6:233条)

不合理的加重负担 onredelijk bezwarend aangemerkt een(第6:236条)

《关于保护消费者利益的禁令》 het doen staken van inbreuken in het raam van de bescherming van consumentenbelangen(第6:240条)

定性权利 staat een uit een overeenkomst voortvloeiende, voor overgang vatbaar recht in een zodanig verband(第6:251条)

定性义务 bij een overeenkomst kan worden bedongen dat de verplichting(第

6:252 条)

第三人条款　een overeenkomst schept voor een derde(第 6:253 条)

不可预见的情况　onvoorziene omstandigheden(第 6:258 条)

双务合同　een overeenkomst is wederkerig(第 6:261 条)

恶意受领给付　te kwader trouw een prestatie ontvangen(第 6:274 条)

多方合同　op overeenkomsten waaruit tussen meer dan twee partijen verbintenissen voortvloeien(第 6:279 条)

共同解除合同　gezamenlijk de overeenkomst ontbinden(第 6:279 条)

第七编　典型合同　Boek 7. Bijzondere overeenkomsten

买卖和互易　Koop en ruil(第 7:1 条)

取消权　het recht de koop te ontbinden(第 7:2 条)

冷静期　gedurende de bedenktijd(第 7:3 条)

优先交付权　een recht op levering(第 7:3 条)

官方临时扣押交付的文件　een conservatoir beslag tot levering was ingeschreven(第 7:3 条)

通常规定的价格　gewoonlijk bedongen prijzen(第 7:4 条)

消费买卖　consumentenkoop(第 7:5 条)

《关于消费买卖和相关的质量担保》　de verkoop van en de garanties voor consumptiegoederen(第 7:6 条)

质保　garantie(第 7:6 条之一)

质保认证　een garantiebewijs(第 7:6 条之一)

非预定的物　een niet door deze bestelde zaak(第 7:7 条)

交付　Onder aflevering(第 7:9 条)

产权证书　de aanwezige titelbewijzen(第 7:9 条)

此时风险转移给买受人承担　de zaak pas voor risico van de koper(第 7:11 条)

交付的标的物必须与合同约定一致　de afgeleverde zaak moet aan de overeenkomst beantwoorden(第 7:17 条)

强制拍卖　een executoriale verkoop(第 7:19 条)

成员权　lidmaatschapsrechten(第 7:26 条)

购买价格　koopprijs(第 7:35 条)

损害赔偿　schadevergoeding(第 7:36 条)

套期保值合同 een dekkingskoop gesloten(第 7:37 条)

撤销权 Recht van reclame(第 7:39 条)

可议付的票据 de volle koopprijs handelspapier(第 7:43 条)

试用买卖 Koop op proef(第 7:46 条)

互易 Ruil(第 7:49 条)

融资担保合同 Financiëlezekerheidsovereenkomsten(第 7:51 条)

融资担保合同转让 financiëlezekerheidsovereenkomst tot overdracht(第 7:51 条)

建立质权的融资担保合同 financiëlezekerheidsovereenkomst tot vestiging van een pandrecht(第 7:51 条)

可转让证券 effecten(第 7:51 条)

等价财产 gelijkwaardige goederen(第 7:51 条)

按法院诉讼程序扣押债权人货物的行为 executiegrond(第 7:51 条)

净额结算条款 verrekenbeding(第 7:51 条)

缺省性规定 verzuim of een andere omstandigheid(第 7:51 条)

欧洲中央银行 de Europese Centrale Bank(第 7:52 条)

国际支付银行 de Bank voor Internationale Betalingen(第 7:52 条)

多边发展银行 een multilaterale ontwikkelingsbank(第 7:52 条)

国际货币基金组织 het Internationaal Monetair Fonds(第 7:52 条)

欧盟投资银行 deEuropese Investeringsbank(第 7:52 条)

人寿保险公司 levensverzekeraar(第 7:52 条)

财产保险公司 oschadeverzekeraar(第 7:52 条)

结算机构 een afwikkelende instantie(第 7:52 条)

清算机构 een verrekeningsinstituut(第 7:52 条)

中央机构 een centrale tegenpartij(第 7:52 条)

商品期货、期权或者衍生品的市场 de markten voor rechten op overdracht op termijn van goederen, opties en derivaten(第 7:52 条)

赠与合同 Schenking(第 7:175 条)

租赁合同 Huur(第 7:201 条)

瑕疵 gebreken(第 7:204 条)

实际障碍 Een feitelijke stoornis(第 7:204 条)

小型修复 de kleine herstellingen(第 7:206 条)

修复义务　met het verhelpen in verzuim(第 7:206 条)

驱逐之诉　een vordering tot uitwinning(第 7:211 条)

承租人的义务　De verplichtingen van de huurder(第 7:212 条)

对待给付义务　verplicht de tegenprestatie(第 7:212 条)

善良承租人　een goed huurder(第 7:213 条)

紧急处置　de huurtijd dringende werkzaamheden(第 7:220 条)

减少租金　vermindering van de huurprijs(第 7:220 条)

解除租赁合同　ontbinding van de huurovereenkomst(第 7:220 条)

固定期限的租赁合同　Een huur voor bepaalde tijd aangegaan(第 7:228 条)

不定期或者不定期延长的租赁合同　Een huur voor onbepaalde tijd aangegaan of voor onbepaalde tijd(第 7:228 条)

搬离义务　de verplichting om tot ontruiming(第 7:230 条之一)

《市政法》　de Gemeentewet(第 7:231 条)

《住宅法》　de Woningwet(第 7:231 条)

独套住宅　onder zelfstandige woning(第 7:234 条)

移动住宅　onder woonwagen(第 7:235 条)

安置地　onder standplaats(第 7:236 条)

服务费　onder servicekosten(第 7:237 条)

租赁委员会　onder huurcommissie(第 7:238 条)

《住房租金实施法》　de Uitvoeringswet huurprijzen woonruimte(第 7:238 条)

住宅、规划和环境部长　de Minister voor Wonen, Wijken en Integratie(第 7:239 条)

共同租赁　medehuur(第 7:266 条)

继续租赁　voortzetting van de huur(第 7:266 条)

法律上的共同承租人　rechtswege medehuurder(第 7:266 条)

次承租人　de onderhuurder(第 7:269 条)

交换住所　een ruil van woonruimte(第 7:270 条)

租赁终止　het eindigen van de huur(第 7:271 条)

《成人和职业教育法》　de Wet educatie en beroepsonderwijs of een student(第 7:274 条)

《高等教育和科研法》　de Wet op het hoger onderwijs en wetenschappelijk onderzoek(第 7:274 条)

搬迁和安置的费用　verhuis-en inrichtingskosten(第 7:275 条)

经营场所租赁　huur van bedrijfsruimte(第 7:290 条)

专家意见的咨询费用　de kosten van het advies(第 7:304 条)

农业租赁合同　de pachtovereenkomst(第 7:311 条)

农业　onder landbouw(第 7:312 条)

农场　een hoeve(第 7:312 条)

沿水的农业租赁物　op de omvang van het gepachte dat langs een water ligt(第 7:315 条)

批准　de goedkeuring(第 7:318 条)

农业土地局　de grondkamer(第 7:318 条)

中央农业土地局　de Centrale Grondkamer(第 7:324 条)

农业租金　pachtprijs(第 7:327 条)

农业、自然和食品质量部长　onze Minister van Landbouw, Natuur en Voedselkwaliteit(第 7:327 条)

《土地使用法》　de Landinrichtingswet(第 7:329 条)

《农村地区土地利用开发法》　de Wet inrichting landelijk gebied(第 7:329 条)

重整义务　van reconstructie op grond(第 7:329 条)

改造义务　van herinrichting op grond(第 7:329 条)

《中部土地开发法》　de Reconstructiewet Midden-Delfland(第 7:329 条)

《中部地区重建法》　de Reconstructiewet concentratiegebieden(第 7:329 条)

《东格罗宁根和格罗宁根－德伦特沼泽地改造法》　de Herinrichtingswet Oost-Groningen en de Gronings-Drentse Veenkoloniën(第 7:329 条)

重建义务　verplicht tot wederopbouw(第 7:345 条)

善良农业承租人　een goed pachter(第 7:347 条)

潜在的承租人和买受人　aan belangstellenden gelegenheid(第 7:357 条)

参观　te geven tot bezichtiging(第 7:357 条)

农业共同承租人　medepachter(第 7:364 条)

农业承租人的优先购买权　het voorkeursrecht van de pachter(第 7:378 条)

《空间规划法》　de Wet ruimtelijke ordening(第 7:381 条)

《市政优先购买权法》　de Wet voorkeursrecht gemeenten(第 7:381 条)

特种农业租赁合同　bijzondere pachtovereenkomsten(本编第五章第五节标题内容)

《公共规则实施法》 de Wet gemeenschappelijke regelingen(第 7:385 条)
水务局 een waterschap(第 7:385 条)
泥炭管理委员会 een veenschap(第 7:385 条)
沼泽围垦地管理委员会 een veenpolder(第 7:385 条)
保留地 verpachting binnen reservaten(第 7:388 条)
零碎地农业租赁 pacht van geringe oppervlakten(第 7:395 条)
种植地农业租赁 teeltpacht(第 7:396 条)
空地农业租赁 geliberaliseerde pacht(第 7:396 条)
居间服务 bemiddeling(第 7:399 条之三)
农业经理 de zetboer(第 7:399 条之五)
委托合同 opdracht(第 7:400 条)
受托人 opdrachtnemer(第 7:400 条)
委托人 de opdrachtgever(第 7:400 条)
善良受托人 een goed opdrachtnemer(第 7:401 条)
委托代理 Lastgeving(第 7:414 条)
承揽运输合同 overeenkomsten tot het vervoeren(第 7:424 条)
旅客合同或者货物合同 doen vervoeren van personen of zaken(第 7:424 条)
居间合同 bemiddelingsovereenkomst(第 7:425 条)
商业代理合同 agentuurovereenkomst(第 7:428 条)
商业代理人 de handelsagent(第 7:428 条)
商业代理合同期间 de duur der agentuurovereenkomst(第 7:431 条)
佣金 de provisie(第 7:431 条)
迫不得已的原因 dringende redenen(第 7:439 条)
医疗合同 de overeenkomst inzake geneeskundige behandeling(第 7:446 条)
医疗行为 onder handelingen op het gebied van de geneeskunst(第 7:446 条)
患者 de patiënt(第 7:446 条)
医疗服务者 de hulpverlener(第 7:448 条)
善良医疗服务者 een goed hulpverlener(第 7:453 条)
病历 Het dossier(第 7:454 条)
《医疗机构法》 de Wet toelating zorginstellingen(第 7:462 条)
《终止妊娠法》 de Wet afbreking zwangerschap(第 7:462 条)
善良法定代理人 een goed vertegenwoordiger(第 7:465 条)

具有重大深远影响　de desbetreffende verrichting van ingrijpende aard is（第7:466条）

旅游合同　reisovereenkomst（第7:500条）

旅游组织者　reisorganisator（第7:500条）

旅客　reiziger（第7:500条）

保管合同　bewaarneming（第7:600条）

保管人　de bewaarnemer（第7:600条）

寄存人　de bewaargever（第7:600条）

善良保管人　een goed bewaarder（第7:602条）

次保管人　een onderbewaarnemer（第7:608条）

劳动合同　de arbeidsovereenkomst（第7:610条）

雇主　de werknemer（第7:610条）

雇员　de werkgever（第7:610条）

平均工作时间　de gemiddelde omvang van de arbeid（第7:610条之二）

工资水平　het loon（第7:618条）

货币形式的工资　in geld vastgestelde loon（第7:620条）

工资单　het loonbedrag（第7:626条）

《最低工资和最低休假补助法》　de Wet minimumloon en minimumvakantiebijslag（第7:626条）

替代劳动　de werknemer passende arbeid（第7:629条）

社会保障局　het Uitvoeringsinstituut werknemersverzekeringen（第7:629条）

《丧失劳动能力保险法》　de Wet op de arbeidsongeschiktheidsverzekering（第7:629条）

《按照劳动能力确定工作和收入法》　de Wet werk en inkomen naar arbeidsvermogen（第7:629条）

《劳动和照顾法》　de Wet arbeid en zorg（第7:629条）

《社会保险资金法》　de Wet financiering sociale verzekeringen（第7:629条）

《结构性社会保障工作和收入法》　de Wet structuur uitvoeringsorganisatie werk en inkomen（第7:629条）

退休金　een pensioenfonds（第7:631条）

《养老金法》　de Pensioenwet（第7:631条）

存款计划　aan een regeling tot sparen（第7:631条）

最高工资额　het voor verrekening toegelaten maximum(第7:632条)

休假和请假　vakantie en verlof(第7:634条)

最低时间　een minimum te boven(第7:634条)

剩余休假的权利　de resterende aanspraak op vakantie(第7:638条)

平等对待　gelijke behandeling(第7:646条)

《男女平等对待法》　de Wet gelijke behandeling van mannen en vrouwen(第7:646条)

歧视　onder onderscheid(第7:646条)

直接歧视　onder direct onderscheid(第7:646条)

间接歧视　onder indirect onderscheid(第7:646条)

禁止骚扰和禁止性骚扰　op intimidatie en een verbod op seksuele intimidatie(第7:646条)

骚扰　onder intimidatie(第7:646条)

性骚扰　onder seksuele intimidatie(第7:646条)

平等对待委员会　de Commissie gelijke behandeling(第7:648条)

《一般平等对待法》　de Algemene wet gelijke behandeling(第7:648条)

试用期　een proeftijd overeenkomen(第7:652条)

劳务派遣合同　de arbeidsovereenkomst een uitzendovereenkomst(第7:655条)

《劳动条件法》　de Arbeidsomstandighedenwet(第7:658条之一)

《疾病津贴法》　de Ziektewet en de personen(第7:658条之一)

社会保险号　onder sociaal-fiscaalnummer(第7:658条之一)

《养老金和存款基金法》　de Pensioen-en spaarfondsenwet(第7:664条)

《强制参加部门养老基金法》　de Wet verplichte deelneming in een bedrijfstakpensioenfonds(第7:664条)

《关于雇员参与欧洲股份公司的章程补充规则》　het statuut van de Europese coöperatieve vennootschap met betrekking tot de rol van de werknemers(第7:670条)

《劳动时间法》　de Arbeidstijdenwet(第7:670条)

特别协调小组　een bijzondere onderhandelingsgroep(第7:670条)

《欧洲公司雇员参与法》　de Wet rol werknemers bij Europese rechtspersonen(第7:670条)

《劳动时间法》　de Arbeidstijdenwet(第7:670条)

劳动委员会筹备委员会　een voorbereidingscommissie van een ondernemingsraad

（第7:670条）

《工作条件法》 de Arbeidsomstandighedenwet（第7:670条）

《社会保险补充法》 een wettelijk voorgeschreven ziekte-of arbeidsongeschiktheidsverzekering（第7:674条）

固定损害赔偿 de gefixeerde schadevergoeding（第7:680条）

商业代理合同 bijzondere bepalingen voor handelsvertegenwoordigers（第7:687条）

商业代理人 de handelsvertegenwoordiger（第7:687条）

劳务派遣合同 bijzondere bepalingen ter zake van de uitzendovereenkomst（第7:690条）

承揽合同 aanneming van werk（第7:750条）

承揽人 de aannemer（第7:750条）

定作人 de opdrachtgever（第7:750条）

工作成果瑕疵 een ondeugdelijke uitvoering van het werk（第7:760条）

瑕疵履行 de ondeugdelijke uitvoering echter te wijten aan gebreken（第7:760条）

隐蔽瑕疵 hem bekende verborgen gebreken（第7:762条）

保证合同 borgtocht（第7:850条）

保证人 de borg（第7:850条）

职业或者经营外的保证 borgtocht, aangegaan buiten beroep of bedrijf（本编第十四章第四节标题内容）

主债务人 de hoofdschuldenaar（第7:858条）

责任最高额 en in geld uitgedrukt maximumbedrag（第7:858条）

后位保证人 de achterborg（第7:870条）

和解合同 een vaststellingsovereenkomst（第7:900条）

建立新的法律地位 de vaststelling te voldoen（第7:901条）

保险合同 verzekering（第7:925条）

保险人 de verzekeraar（第7:925条）

投保人 de verzekeringnemer（第7:925条）

损害保险 hetzij schadeverzekering（第7:925条）

定额保险 hetzij sommenverzekering（第7:925条）

人身保险 persoonsverzekering（第7:925条）

再保险合同　Herverzekering(第7:927条)

通知义务　de mededelingsplicht(第7:928条)

《医疗检查法》　de Wet op de medische keuringen(第7:928条)

责任保险　een verzekering tegen aansprakelijkheid(第7:935条)

强制责任保险　verplichte aansprakelijkheidsverzekering(第7:936条)

无须支付保险费　geen premie verschuldigd(第7:938条)

被保险人　onder verzekerde(第7:945条)

受益第三人　de begunstigde derde(第7:969条)

人寿保险　levensverzekering(第7:975条)

意外伤害保险　ongevallenverzekering(第7:975条)

支付丧葬费用为目的的保险　verzekeringen strekkende tot voorziening in de kosten van lijkbezorging(第7:976条)

以缴清保险的方式　premievrij te doen voortzetten(第7:977条)

终身年金　Lijfrente(第7:990条)

第七编之一　典型合同(续)　Boek 7A. Bijzondere overeenkomsten(vervolg)

分期付款买卖合同　van koop en verkoop op afbetaling(第七编之一第五章之一的标题内容)

合伙合同　van maatschap(第7a:1655条)

合伙人　personen zich verbinden om iets in gemeenschap(第7a:1655条)

概括合伙　maatschappen zijn of algeheel(第7a:1657条)

特定合伙　maatschappen zijn of bijzonder(第7a:1657条)

合伙解散　een maatschap wordt ontbonden(第7a:1683条)

使用借贷合同　van bruikleening(第7a:1777条)

出借人　de uitleener(第7a:1778条)

善良借用人　een goed huisvader(第7a:1781条)

永久年金　van gevestigde of altijddurende renten(第7a:1807条)

赎回义务　de verpligting tot aflossing(第7a:1810条)

赌博或者打赌　uit spel of uit weddingschap(第7a:1825条)

第八编　运输法　Boek 8. Verkeersmiddelen en vervoer

船舶　onder schepen(第8:1条)

船舶的组成部分 onder scheepstoebehoren(第 8:1 条)

船舶附属设备 behoudens afwijkende bedingen(第 8:1 条)

海船 onder zeeschepen(第 8:2 条)

内水船舶 onder binnenschepen(第 8:3 条)

航空器 onder luchtvaartuigen(第 8:3 条之一)

铁路车辆 spoorvoertuig(第 8:3 条之二)

铁路设施 spoorweginfrastructuur(第 8:3 条之二)

铁路设施管理人 beheerder van de spoorweginfrastructuur(第 8:3 条之二)

铁路企业 spoorwegonderneming(第 8:3 条之二)

《铁路法》 De Spoorwegwet(第 8:3 条之二)

内水 binnenwater(第 8:4 条)

行李 onder bagage(第 8:8 条)

船东 onder reder(第 8:10 条)

原子能损害赔偿责任的规定 die de aansprakelijkheid voor kernschade regelt(第 8:13 条)

货物运输合同 overeenkomst van goederenvervoer(第 8:20 条)

承运人 de vervoerder(第 8:20 条)

托运人 de afzender(第 8:20 条)

多式联运合同 overeenkomst van gecombineerd goederenvervoer(第 8:40 条)

多式联运承运人 de gecombineerd vervoerder(第 8:40 条)

多式联运提单 een document(CT-document)(第 8:44 条)

可流通的正本数量 de verhandelbare exemplaren(第 8:45 条)

水运提单 cognossement aangemerkt(第 8:46 条)

运输提单 vrachtbrief aangemerkt(第 8:46 条)

此种运输提单 voor dergelijk vervoer bestemd document aangemerkt(第 8:46 条)

货物运输承揽合同 overeenkomst tot het doen vervoeren van goederen(第 8:60 条)

运输承揽人 de expediteur(第 8:60 条)

旅客运输合同 overeenkomst van personenvervoer(第 8:80 条)

旅客 reizigers(第 8:80 条)

公共运输合同 overeenkomst tot binnenlands openbaar personenvervoer(第8:100

条)

可签发的运输票证　een mogelijkerwijs afgegeven vervoerbewijs(第8:100条)

旅客多式联运合同　overeenkomst van gecombineerd vervoer van personen(第8:120条)

海上航运合伙　rederij van het zeeschip(本编第三章标题内容)

《渔业法》　der Visserijwet(第8:194条)

执行变卖海船上的物　van uitwinning van zaken aan boord van een zeeschip(第8:221条)

执行变卖费用　de kosten van uitwinning(第8:221条)

执行变卖期间的保管费　de kosten van bewaking daarvan tijdens deze uitwinning(第8:221条)

优先债权　de bevoorrechte vorderingen(第8:224条)

顺位相同　in rang gelijk(第8:224条)

《地籍法》　de Kadasterwet(第8:231条)

海员　bemanning van een zeeschip(本编第四章标题内容)

海船所有权人、光船租赁承租人、定期租船承租人、船长　die loodsgelden kanaal-of havengelden dan wel andere scheepvaartrechten voldoet ten behoeve van de reder,een rompbevrachter,een tijdbevrachter(第8:360条)

经营合同　exploitatie-overeenkomsten(第8:361条)

经营合同链　keten der exploitatie-overeenkomsten(第8:361条)

海上货物运输合同　overeenkomst van goederenvervoer over zee(第8:370条)

海上航行　varen over zee(第8:370条)

内水航行　varen over binnenwateren(第8:370条)

《邮政法》　de Postwet(第8:370条)

公约修正案　onder gewijzigd Verdrag(第8:371条)

《统一提单的若干法律规则的国际公约》　ter vaststelling van enige eenvormige regelen betreffende het cognossement(第8:371条)

公约缔约国　onder verdragsstaat(第8:371条)

定期租船或者航次租船合同　tijdbevrachting of reisbevrachting(第8:373条)

船舶出租人　vervrachter(第8:373条)

船舶承租人　bevrachter(第8:373条)

运输合同和提单　onder vervoerovereenkomst onder cognossement(第8:377条)

国际货币基金组织 het bijzondere trekkingsrecht(第 8:388 条)

特别提款权 het Internationale Monetaire Fonds(第 8:388 条)

实际交付 de feitelijke aflevering(第 8:398 条)

“已装”的提单 “geladen”-cognossement(第 8:399 条)

滞期 de overligtijd(第 8:422 条)

滞期费 de vervoerovereenkomst overliggeld(第 8:422 条)

滞期费债务人 schuldenaren van overliggeld(第 8:422 条)

世界标准时间 universele Tijd(第 8:426 条)

提单下的承运人 de reder als vervoerder onder het cognossement aangemerkt(第 8:461 条)

调查费用 de kosten van gerechtelijk onderzoek(第 8:496 条)

光船租赁合同 onder de overeenkomst(rompbevrachting)(第 8:530 条)

光船租赁出租人 de rompvervrachter(第 8:530 条)

光船租赁承租人 de rompbevrachter(第 8:530 条)

事故 ongevallen(本编第八章标题内容)

碰撞 aanvaring(第 8:540 条)

救助作业 hulpverlening(第 8:551 条)

《国际宇航员救援协定》 de Astronautenovereenkomst(第 8:550 条)

环境损害 milieuschade(第 8:551 条)

《残骸打捞监管法》 de Wet op de strandvonderij beschouwd tot de zee(第 8:552 条)

海上文化遗产 een maritiem cultuurgoed(第 8:553 条)

《国际救助公约》 het Internationaal Verdrag inzake Hulpverlening(第 8:554 条)

救助报酬 het bedrag van het hulploon(第 8:563 条)

无因管理 de wetsbepalingen omtrent zaakwaarneming(第 8:577 条)

共同海损 avarij-grosse(第 8:610 条)

共同海损行为 een avarij-grosse handeling(第 8:610 条)

《安特卫普规则》 de York-Antwerp Rules(第 8:613 条)

海船上的危险物质 gevaarlijke stoffen aan boord van een zeeschip(第 8:620 条)

海事请求权的责任限额 beperking van aansprakelijkheid voor maritieme vorderingen(第 8:750 条)

气垫船　een luchtkussenvoertuig(第 8:750 条)

《国际船舶吨位丈量公约》 Internationaal Verdrag betreffende de meting van schepen(第 8:755 条)

《海事索赔责任限制公约》 het Verdrag inzake de beperking van aansprakelijkheid voor maritieme vorderingen(第 8:755 条)

《1996 年议定书》 het protocol van 1996(第 8:755 条)

计算单位　de rekeneenheid(第 8:755 条)

内水航运合伙　rederij van het binnenschip(第 8:770 条)

内水船舶　binnenschepen(第 8:770 条)

《日内瓦公约》 het Verdrag van Genève(第 8:781 条)

《关于内水船舶登记的公约》 te Genève gesloten overeenkomst inzake inschrijving van binnenschepen(第 8:781 条)

公约登记簿　verdragsregister(第 8:781 条)

买卖本金　de koopsom(第 8:803 条)

《关于内水货物运输合同的布达佩斯公约》 het Verdrag van Boedapest inzake de overeenkomst voor het vervoer van goederen over de binnenwateren(CMNI)(第 8:889条)

班轮运输合同　de overeenkomst van vletten(第 8:892 条)

舱位租赁　ruimtebevrachting(第 8:892 条)

托运单　een document(vrachtbrief)(第 8:915 条)

趸船合同　de ligovereenkomst(第 8:992 条)

趸船航行合同　de overeenkomst voor liggen en/of varen(第 8:994 条)

《国际莱茵河船舶注册协会的莱茵规则》 de Rijnregels I. V. R nader omschreven bij algemene maatregel van bestuur(第 8:1022 条)

《机动车责任保险法》 de Wet Aansprakelijkheidsverzekering Motorrijtuigen de verplichting tot verzekering(第 8:1081 条)

机动车交通保障基金　het Waarborgfonds Motorverkeer(第 8:1081 条)

道路货物运输合同　overeenkomst van goederenvervoer over de weg(第 8:1090 条)

殡葬服务合同　overeenkomsten tot lijkbezorging(第 8:1092 条)

搬家运输合同　overeenkomsten tot het vervoeren van verhuisgoederen(第8:1092 条)

统一邮政服务的合同 vereenkomsten tot het vervoeren van postzendingen(第8:1092条)

车辆出租人 vervrachter(第8:1093条)

车辆承租人 bevrachter(第8:1093条)

驾驶员 de bestuurder(第8:1093条)

道路旅客运输合同 overeenkomst van personenvervoer over de weg(第8:1140条)

搬家合同 verhuisovereenkomst(第8:1170条)

搬家人 de verhuizer(第8:1170条)

家庭物品 verhuisgoederen(第8:1170条)

车辆上的危险品 gevaarlijke stoffen aan boord van een voertuig(本编第十四章第一节标题内容)

《道路交通法》 de Wegenverkeerswet(第8:1210条)

《国际承认航空器权利的公约》 te Genève tot stand gekomen Verdrag betreffende de internationale erkenning van rechten op luchtvaartuigen(第8:1300条)

《航空器法》 de Wet luchtvaart(第8:1303条)

航空器承运人 het luchtvervoer(第8:1344条)

一系列合同 de vorm van een reeks van overeenkomsten(第8:1344条)

不可分割的航空运输 een enkele handeling(第8:1344条)

实际承运人 de feitelijke vervoerder(第8:1345条)

《关于航空承运人事故责任的欧洲共同体2027/97号条例》 nr. 2027/97 van de Raad betreffende de aansprakelijkheid van luchtvervoerders bij ongevallen(第8:1346条)

航空货物运输合同 overeenkomst van goederenvervoer door de lucht(第8:1350条)

国际邮政条约 en internationale postovereenkomst(第8:1350条)

航空货运单 een luchtvrachtbrief(第8:1365条)

选择和分类货物的费用 de kosten van sortering van de zaken(第8:1381条)

航空旅客运输合同 overeenkomst van personenvervoer door de lucht(第8:1390条)

铁路货物运输合同 overeenkomst van goederenvervoer over spoorwegen(第8:1550条)

集装箱运输单元　intermodale transporteenheid(第 8:1551 条)

铁路危险物质运输规则　regeling vervoer over de spoorweg van gevaarlijke stoffen(第 8:1551 条)

自轮运转铁路车辆　op eigen wielen rollende spoorvoertuigen(第 8:1572 条)

法定时限　een wettelijke termijn van verjaring(第 8:1700 条)

除斥期间　een wettelijke termijn verval(第 8:1700 条)

理算师　een dispacheur(第 8:1830 条)

共同海损理算书　en omslag van een avarij-grosse(第 8:1831 条)

第十编　国际私法　Boek 10. Internationaal privaatrecht

特别强制性法律　bijzonder dwingend recht(第 10:7 条)

选择法律　een rechtskeuze(第 10:10 条)

《姓氏和名字法律适用公约》《Overeenkomst inzake het recht dat van toepassing is op geslachtsnamen en voornamen》(第 10:18 条)

《关于承认婚姻效力的公约》《Verdrag inzake de voltrekking en de erkenning van de geldigheid van huwelijken》(第 10:27 条)

《承认离婚和合法分居公约》《Verdrag inzake de erkenning van echtscheidingen en scheidingen van tafel en bed》(第 10:54 条)

《承认与婚姻有效性有关的决定的公约》《Verdrag inzake de erkenning van beslissingen betreffende de huwelijksband》(第 10:54 条)

《抚养义务法律适用公约》《Verdrag inzake de wet die van toepassing is op onderhoudsverplichtingen》(第 10:90 条)

《关于确定亲生子女的母亲关系的公约》《Overeenkomst betreffende de vaststelling van betrekkingen tussen het onwettige kind en zijn moeder》(第 10:94 条)

《婚姻合法化公约》《Overeenkomst inzake wettiging door huwelijk》(第 10:98 条)

《关于在跨国收养方面保护儿童和进行合作的公约》《verdrag inzake de bescherming van kinderen en de samenwerking op het gebied van de interlandelijke adoptie》(第 10:103 条)

《关于保护儿童的当局权力和适用法律的公约》《Verdrag betreffende de bevoegdheid der autoriteiten en de toepasselijke wet inzake de bescherming van minderjarigen》(第 10:113 条)

《关于婚姻事务和父母责任事务的管辖权和判决的承认和执行》《de bevoegdheid en de erkenning en tenuitvoerlegging van beslissingen in huwelijkszaken en inzake de ouderlijke verantwoordelijkheid, en tot intrekking van verordening》(第10:113条)

《关于对儿童实施国际保护的法案》《de Uitvoeringswet internationale kinderbescherming.》(第10:113条)

《关于承认和执行有关儿童监护权的决定和恢复儿童监护权的公约》《Verdrag betreffende de erkenning en de tenuitvoerlegging van beslissingen inzake het gezag over kinderen en betreffende het herstel van het gezag over kinderen》(第10:114条)

《国际诱拐儿童民事事项公约》《Verdrag inzake de burgerrechtelijke aspecten van internationale ontvoering van kinderen》(第10:114条)

《关于请求将被诱拐儿童送回荷兰边境及其执行的一般规定》《Verdrag inzake de burgerrechtelijke aspecten van internationale ontvoering van kinderen alsmede algemene bepalingen met betrekking tot verzoeken tot teruggeleiding van ontvoerde kinderen》(第10:114条)

《关于抚养义务适用法律的议定书》《Protocol inzake het recht dat van toepassing is op onderhoudsverplichtingen》(第10:116条)

《抚养义务法律适用公约》《Verdrag inzake de wet die van toepassing is op onderhoudsverplichtingen》(第10:116条)

《关于对儿童的抚养义务的法律适用公约》《Verdrag nopens de wet welke op alimentatieverplichtingen jegens kinderen toepasselijk is》(第10:116条)

《关于为打击恐怖主义而对某些个人和组织采取具体限制性措施的(EC)2580/2001号理事会条例》《inzake specifieke beperkende maatregelen tegen bepaalde personen en entiteiten met het oog op de strijd tegen terrorisme, of in Bijlage 1 van Verordening(EG) nr. 881/2002》(第10:123条)

《关于采取具体措施打击恐怖主义的共同立场》《de toepassing van specifieke maatregelen ter bestrijding van het terrorisme》(第10:123条)

《正式外国公司法》《Wet op de formeel buitenlandse vennootschappen》(第10:124条)

《代理适用法律公约》《Verdrag betreffende het toepasselijke recht op vertegenwoordiging》(第10:125条)

《信托适用法律及其承认公约》《Verdrag inzake het recht dat toepasselijk is op trusts en inzake de erkenning van trusts》(第 10:126 条)

《关于归还从成员国境内非法移出的文物的指令》《de teruggave van cultuurgoederen die op onrechtmatige wijze buiten het grondgebied van een lidstaat zijn gebracht en houdende wijziging van Verordening》(第 10:126 条)

《国际民用航空公约》《Verdrag inzake de internationale burgerluchtvaart》(第 10:127 条)

《关于适用于信托的法律及其承认的公约》《Verdrag inzake het recht dat toepasselijk is op trusts en inzake de erkenning van trusts》(第 10:142 条)

《海牙信托公约》《het Haags Trustverdrag》(第 10:144 条)

《海牙继承公约》《het Haags Erfrechtverdrag》(第 10:145 条)

《关于继承死者遗产适用法律的海牙公约》《Verdrag inzake het recht dat van toepassing is op erfopvolging》(第 10:145 条)

《关于遗嘱处分形式的法律冲突公约》《Verdrag inzake de wetsconflicten betreffende de vorm van testamentaire beschikkingen》(第 10:151 条)

《关于合同义务适用法律的欧盟条例》《betreffende het recht dat van toepassing is op verbintenissen uit overeenkomst》(第 10:153 条)

《关于非合同义务适用法律的欧共体条例》《betreffende het recht dat van toepassing is op niet-contractuele verbintenissen》(第 10:157 条)

译后记

编纂民法典一直是民法学人的"中国梦"。自2009年原《侵权责任法》公布之后,民法典编纂体例和内容逐渐成为民法学界关注的热点。在王利明教授的带领下,中国人民大学法学院开始集中就民法典编纂展开研究。为了充实比较法资料储备,中国人民大学民商事法律科学研究中心决定翻译当时坊间尚未出版的外国民法典和相关文件。笔者承担了其中《欧洲示范民法典草案》《荷兰民法典》《美国加利福尼亚州民法典》的翻译工作。借助在美国明尼苏达大学的访学机会,笔者完成了《欧洲示范民法典草案》的初译稿,以此为基础获批2011年度国家哲学社科基金后期资助项目,并于2012年如期结项出版。《荷兰民法典》的初译稿历时1年接续完成,并获2013年度教育部哲学社会科学研究后期资助重点项目立项,此后一直根据评审意见修改初译稿。

《荷兰民法典》(Burgerlijk Wetboek)是20世纪下半叶以来欧洲民法法典化令人瞩目的成果,其独特的体例安排、对善意和信赖的强化保护、大量的准用规定、大量的留白设计、灵活性和模糊性的规则设计,已经广受学界关注,并为法典化国家制定或者修改民法典时参照。这些特色也使得《荷兰民法典》一直处于"增删修订"的动态过程中,从而保持了法典的现代化。新近包括于2018年9月19日、2019年1月1日、2019年1月29日、2019年9月7日、2020年7月1日、2021年1月1日、2021年7月1日、2022年10月1日、2022年11月4日,2023年1月1日、2023年2月18日、2023年2月22日等生效的荷兰民法典修订案,通过吸收和采纳最新的《关于内部市场支付服务的指令》《关于内部市场电子交易的电子识别和信托服务》《第2018/858号条例》等欧盟指令的内容，充实了法典在互联网时代所亟须的电子签名、交易支付、身份认证等新型制度方面的规范。《荷兰民法典》也因此当之无愧地成为21世纪较先进的法典之一。

《荷兰民法典》译本的定稿工作遇到了意想不到的困难。初译稿系根据荷兰司法部官网上的英译本翻译，尚须根据荷兰语文本进一步校译，以示严谨。基于对语言学习的畏惧，笔者委托北京外国语大学荷兰语专业的几位同学进行了校译，但笔者对校译稿并不满意，译事工作就此中断。至2020年3月，笔者接受中南大学法学院夏沁博士进入中国人民大学法学院博士后流动站从事研究工作。夏沁博士系中南大学与荷兰马斯赫里赫特大学联合培养，精通荷兰语，进站之后的第一个任务就是根据荷兰语文本校译《荷兰民法典》初译稿。经过她的艰辛努力，2020年年底，校译稿最终完成，笔者通读修订之后申请结项。根据评审专家的结项意见，我们对全书进行了详细的修改，呈现在大家面前的文本也就形成了。

在《荷兰民法典》的翻译过程中，我们主要以荷兰政府官方公布的《荷兰民法典》为译本参照（具体可参见 Overheid. nl），并参考了王卫国教授团队所翻译的第三编、第四编、第六编译本，参考了网络上流传的以繁体字编排的全译本，参考了《国际法和国际私法评论》上发表的马泰斯·田沃德、龙威狄、赵宁翻译的《荷兰民法典》第十编的中译本，参考了汉斯教授团队在克鲁维尔国际法律出版社翻译的英译本，以及亨利律师团队与荷兰司法部合作发布在荷兰民法网站（DCL）的英译本。在此，对这些文本的译者表示感谢。我们还要感谢参与初译的缪宇、罗蕾、秦鑫、孔嘉、陈清清、汪为、张尧、张华、李华莹等各位同学。

译事之难，人所共知，亲历者的体会尤甚。译本中的失当之处，敬请读者指正！

高圣平

2024年10月